국제 에너지 정책론

이 도서의 국립중앙도서관 출판예정도서목록(CIP)은 서지정보유통지원시스템 홈페이지(http://seoji.nl.go.kr)
와 국가자료공동목록시스템(http://www.nl.go.kr/kolisnet)에서 이용하실 수 있습니다.
CIP제어번호: CIP2016013009(양장), CIP2016013010(학생판)

국제 에너지 정책론

THE HANDBOOK OF GLOBAL ENERGY POLICY

앤드리스 골드소 엮음

진상현 · 이은진 · 박경진
박현주 · 오수미 · 오용석 옮김

한울
아카데미

The Handbook of Global Energy Policy

edited by Andreas Goldthau
This edition first published 2013
© 2013 by John Wiley & Sons Ltd.

한국 사회에서 국제 에너지 정책의 의미와 의의

지금은 에너지·기후변화의 시대

세계에서 가장 영향력 있는 신문인 ≪뉴욕타임스(The New York Times)≫의 논설위원을 맡고 있는 토머스 프리드먼(Thomas L. Friedman)은 현대 사회를 에너지·기후변화의 시대로 규정하고 있다. 심지어 현행 '서기(Anno Domini: AD)'라는 연대기를 '에너지·기후변화 시대(Energy Climate Era: ECE)'로 바꿔야 한다는 적극적인 주장까지 제기하고 있을 정도다. 이처럼 파격적인 주장을 제기하는 이유는 에너지와 기후변화라는 문제가 인류에 그만큼 중요해졌기 때문이다.

에너지가 얼마나 중요한 자원인지는 역사적으로 유명했던 몇몇 사건을 통해 짐작할 수 있다. 석유는 1970년대 두 차례의 파동을 통해 10여 년 동안 전 세계를 뒤흔들었지만, 다행히도 이후 2000년까지는 안정적인 가격으로 풍요로운 20년을 보낼 수 있었다. 그렇지만 2004년부터 석유 가격이 다시 폭등하기 시작했고 2008년에는 배럴당 150달러까지 치솟아 '신(新)고유가'의 충격을 가하고 말았다. 당시 한국 정부는 자동차 홀짝제라는 강력한 규제 방안을 제시해 사회적 논란을 불러일으켰을 정도다. 그렇지만 2015년부터는 거꾸로 셰일혁명으로 인한 '초(超)저유가'를 우려하는 상황이 되고 말았다. 이제 세계는 석유 가격을 예측할 수 없는 춘추전국의 시대로 접어들고 있다.

한편으로는 기후변화라는 지구적 환경문제도 인류의 심각한 골칫거리다. 2015년 12월 기후변화 당사국총회를 통해서 지구의 평균 온도를 향후 2도 이내에서 상승을 억제한다는 '파리협정(Paris Agreement)'을 체결했지만, 태평양의 섬나라들은 자국이 수몰될 수 있다며 1.5도의 강화된 목표치를 주장하고 있는 실정이다. 무정부 상태의 국제사회에서 세계 각국이 자발적인 방식으로 온실가스 배출을 과연 얼마나 감축할 수 있는가에 인류의 생존이 달려 있다고 해도 과언이 아니다.

세계 각국과 한국의 에너지 관련 공적 대응

에너지·기후변화 문제를 둘러싼 세계 각국의 대응도 체계적으로 이루어지고 있다. 미국은 1970년대 석유파동 당시부터 일찌감치 '에너지부(Department of Energy: DOE)'를 설립해서 정부 차원의 대책을 마련해오고 있다. 최근 들어서는 중국도 2008년에 국가에너지청(National Energy Administration: NEA)을 설립해서 에너지 위기에 대처하고 있다. 특히 영국의 경우에는 에너지와 기후변화 문제를 통합적으로 다루기 위해 '에너지·기후변화부(Department of Energy and Climate Change: DECC)'를 2008년에 신설해서 관련 정책을 선도적으로 추진하고 있다.

한국도 1977년에 '동력자원부(動力資源部)'라는 에너지 전담 부서를 설립했었다. 그렇지만 이후 20여 년간 석유 풍요의 시기를 겪으면서 1993년에 상공자원부로 개편된 뒤, 결국에는 에너지부가 폐지되고 말았다. 하지만 최근 들어서 에너지·기후변화 문제가 중요해지자 정부도 산업통상자원부의 영문 명칭을 'Ministry of Trade, Industry and Energy'라고 지정함으로써 에너지부를 절반쯤 복원해놓은 상태다. 즉, 상위 개념인 자원 대신에 실질적으로 더 중요한 에너지를 영문 명칭에 삽입함으로써 국제사회에서의 위상을 재정립한 것이다.

이처럼 국제적으로 기후변화 문제가 심각해지고 에너지 정책에 대한 관심이 높아지면서, 한국 정부도 에너지에 상당한 관심을 기울이고는 있다. 그렇지만 한국의 에너지 정책은 특정 분야에 치우쳐서 논의가 이루어지고 있는 실정이다. 즉, 경제학과 과학기술의 전문가들이 주도하고 있다는 측면에서 한국의 에너지 정책은 한계를 지니고 있다. 한 예로, 한국의 에너지 관련 연구소로 정부에 의해 설립된 경상 및 이공계열의 연구기관들이 정책을 장악하고 있다. 이처럼 국내에서는 에너지 정책이 과학기술 정책과 경제 정책의 일환으로서만 고려되고 있을 뿐, 행정학이나 정책학적인 관점에서는 체계적인 논의와 고민이 제대로 이루어지지 않고 있는 상황이다.

이 책의 번역 필요성 및 이유

이러한 한국적 맥락에서 이 책은 두 가지 측면에서 학문적인 욕구를 충족시켜 주는 서적이다. 먼저 이 책은 국제사회에서 중요하고 시급한 의제로 등장한 에너지·기후변화 문제를 거시적인 관점에서 짚어준다. 다음으로는 에너지·기후변화 문제를 바라보는 행정학적·정책학적 관점들을 체계적으로 제시해준다는 측면에서도 의미가 있다. 특히 이 책을 관통하는 핵심 개념인 시장, 안보, 지속가능성, 발전이라는 네 가지 요소는 국제 에너지 정책을 이해하는 데 대단히 유용한 분석틀이다. 2013년에 발간된 이래로 석유 가격이 급락해 저유가 상황이 지속되고 있고 이란의 핵협상 타결을 포함해서 국제 정세가 급격하게 변동하긴 했지만, 그럼에도 이 책의 관점은 여전히 유의미하고 적절하다.

이 책은 2015년 대학원 수업이던 '에너지·기후변화정책론'의 교재로 선정된 것을 계기로 번역 작업에 착수하게 되었다. 2013년의 동일한 수업에서 강의 교재로 활용했던『미래를 위한 에너지(Energy for the Future: A New Agenda)』도 정책학적인 측면에서 추천할 만한 책이다. 다만 시기적으로 2011년의 후쿠시마 원전 사고를 포함하지 못했기 때문에 이번 번역 작업에서는 배제되었다. 후쿠시마 원전 사고는 그만큼 역사적인 사건으로, 국제 에너지 정책의 전환에 크나큰 영향을 미쳤다.

앞에서 설명한 바와 같이 이 책은 대학원 강의 교재로 활용되었던 단행본 서적이다. 따라서 대학원생 수준에서 읽을 수 있을 정도의 전문적인 용어와 학술적인 이론들을 소개하고 있다. 그렇지만 에너지·기후변화 문제에 관심을 갖고 있고 관련 도서들을 몇 권 읽어본 대학생이나 일반인이라면 에너지 정책을 국제적인 관점에서 이해하는 데 도움이 되리라고 판단된다.

이 책을 번역하기까지 많은 사람들의 시간과 노력이 투입되었다. 강의를 종료한 이후 번역을 진행한 기간만 꼬박 1년의 시간이 소요되었으며, 번역팀 회의를 수차례 진행하고 이메일도 100여 건 교환했다. 결과적으로 이 책은 장별로 십여 차례의 검토 및 교정 작업을 거친 결과물이다. 번역진은 대학원 수업을 통해 함께 원문을 발제하고 토론했으며, 이 과정에서 2013년에 수업을 들었던 박사과정의 이은진 씨도 합류했다. 그 덕분에 글이 조금 더 매끄러워질 수 있었다. 한편으로는 2016년에 진행된 대학원 수업에서 다시 검토 작업을 맡아준 타카노 사토시, 허성엽, 정지영, 최성호 4명의 수강생뿐만 아니라 경북대에 파견을 나와 있던 한국가스공사의 김강룡, 박병목, 장인철 3명의 팀장님 덕분에 책의 완성도가 높아질 수 있었다. 이처럼 함께 번역에 참여했던 대학원 석박사 과정생과 수강생들의 고생이 없었더라면 이 책을 한국어로 옮기지 못했을 것이다. 그럼에도 불구하고 이 책의 출판을 결정하고 문장 하나하나까지 검토했던 책임은 온전히 필자에게 있다. 혹시라도 오역이 존재한다면 이는 다른 번역진이 아니라 필자의 탓일 것이다.

이 책에 대한 바람

필자는 지금까지 10여 편의 해외 도서를 번역한 경력을 가지고 있다. 레이먼드 머피(Raymond Murphy)의 『합리성과 자연(Rationality and Nature: A Sociological Inquiry into a Changing Relationship)』을 가장 먼저 번역했고, 이후 월드워치연구소에서 매년 발간하는 「지구환경보고서(State of the World)」를 여덟 편이나 번역했으며, 기타 여러 책을 한국어로 옮기는 작업을 맡았다. 2009년에 대학으로 자리를 옮긴 이후로는 다른 사람들의 생각을 한국어로 옮기는 대신 나만의 견해와 주장을 담은 논문을 작성하는 데 시간을 할애해야겠다고 생각해서 번역 작업을 중단했다. 그렇지만 이 『국제 에너지 정책론』은 반드시 한국에 소개해야 할 책이어서 오랫동안 중단했던 번역을 다시 진행하게 되었다.

이 책을 한국에 소개하기까지는 물론 번역에 참여했던 대학원생들의 노력이 가장 컸지만 흔쾌히 출판을 맡아준 한울엠플러스도 중요한 역할을 해주었다. 특히 한울엠플러스는 필자의 첫 번째 번역서인 『합리성과 자연』의 출판을 맡아준 인연으로 인해 이번에도 출간을 부탁드리게 되었다. 좋은 책을 출판하기 위해 정성을 기울여준 한울엠플러스에 특히 감사를 드린다.

대학의 교수로서 필자가 앞으로 평생을 기여해야겠다고 생각하는 분야가 에너지 정책이다. 즉, 한국 사회에서 에너지 문제를 과학기술이나 자원경제의 일부로 치부해버리지 말고 정부가 관심을 가지고 다뤄야 하는 정책의 영역으로 체계화시키는 작업을 앞으로 계속해나갈 생각이다. 이 책은 이러한 기획의 첫 단추라고 할 수 있다. 즉, 한국 사회에서 에너지의 '행정학적·정책학적 자리매김'을 외국 학자들의 논의를 빌려 물꼬를 트려 한다. 이번 책이 '국제 에너지 정책'의 학문적 틀을 제시했다면, 다음 편에서는 저자의 관점에서 '한국의 에너지 정책'을 풀어나갈 계획이다. 이러한 기획하에서 이 책이 한국 사회에 유용한 시사점과 함의를 제공해줄 수 있기를 바라는 바다.

2016년 6월
옮긴이를 대표해서 진상현

2부 국제 에너지와 시장

3부 국제 에너지와 안보

4부 국제 에너지와 발전

5부 국제 에너지와 지속가능성

6부 국제 에너지의 지역적 조망

/

국제 에너지 정책의 핵심 요소

앤드리스 골드소

정책 영역에 등장한 에너지

에너지 정책을 전공한 학자들은 격변의 시대를 맞이하고 있다. 이 책의 서문을 작성하는 시점인 2012년에 발표된 「포브스 글로벌 2000」의 순위를 보면, 엑슨 모빌(Exxon Mobil)은 세계에서 가장 크고 영향력이 있을 뿐만 아니라 가장 비싼 기업으로 다시 등극한 상태다. 그렇지만 원유 생산량이라는 측면에서는 페트로차이나(PetroChina)가 처음으로 엑슨 모빌을 추월하고 있다. 한편 아르헨티나는 탐사 작업을 진행 중이던 스페인계 기업인 렙솔(Repsol)로부터 자국 내 석유 자산과 자회사를 국유화하기로 최근에 결정한 바 있다. 볼리비아는 외국계 투자 업체인 레드 일렉트릭(Red Electric)으로부터 송배전망을 포함한 전력 부문을 몰수했다는 이유로 법적 분쟁에 말려든 상태다. 걸프만에서는 이란의 원자력 프로그램을 둘러싼 갈등이 전쟁광의 신경을 거스르는 아슬아슬한 줄타기를 계속하고 있다.[1] 당연하게도 해상 석유 거래의 3위를 차지하고 있는 이란은 세계 최고

---

[1] 이란의 핵무기 개발과 관련된 문제는 2015년 7월에 국제사회와의 협상이 타결되면서 지금은 해결

의 요충지인 호르무즈 해협을 통과하는 석유 수송을 막겠다며 으름장을 놓고 있다. 반면에 석유산업의 본고장인 미국에서는 최근 들어 수압 파쇄라는 새로운 기술혁신을 통해 화석연료 채굴 방식에서 지구적인 혁명을 일으키고 있다. 수압 파쇄는 가스 시장의 혁신을 초래했을 뿐만 아니라 세계적인 셰일혁명을 이끌고 있으며, 가스프롬(Gazprom)의 유럽형 사업 모델에 심각한 충격을 안겨주고 있다. 결과적으로 미국은 향후 몇 년 내에 석유 수입국의 지위에서 벗어날 것으로 전망된다. 반면, 추문에 휩싸인 투자기관 골드만삭스(Goldman Sachs)는 앙골라 연안에서 발견된 원유 관련 비리 혐의로 타격을 입었다. 앙골라는 풍부한 자원을 경제성장으로 연결시키지 못한 대표적인 산유국이다. 이율배반적일 수도 있지만, 최근의 조사 결과에 따르면 앙골라는 에너지 빈곤에 처한 국민들을 구제하는 데에도 실패했다고 한다. 깨끗한 에너지를 사용하지 못하는 13억 명의 에너지 빈곤 문제를 해소하기 위해 UN은 2012년 '모두를 위한 지속가능한 에너지의 해(International Year of Sustainable Energy for All)'를 선언했다. 획기적이었던 이 선언은 기후변화협약(UNFCCC)을 체결했던 리우회담이 개최된 지 정확히 20년 뒤에 이뤄졌다. 후속 점검회의 성격을 지녔던 리우+20 정상회담은 기후변화의 핵심 의제로 에너지를 지목했으며, 이러한 문제의식은 여전히 유효하다고 할 수 있다.

이러한 진전이 흥미로운 변화이기는 하지만, 여기에 어떤 의미를 부여할 것인가에 대해서는 정책 분석가와 학자들 사이에 아무런 교감이 형성되지 않고 있다. 이들 정책 공동체는 지구적인 에너지 문제의 특정 측면에만 주목해온 게 사실이다. 기본적으로 정책학자들은 시장·가격·자원 배분이라는 경제학적 가정을 기반으로 에너지를 시장의 실패와 외부 효과의 문제로 간주함으로써 공적 개입의 타당성을 확보하려고 했었다. 예를 들면, 국제 카르텔을 형성한 에너지 시장의 불균형(Alhajji an Huetner, 2000; Hallouche, 2006), 에너지 기반 시설의 공공재적 특성(Andrews-Speed, 2011; Goldthau, 2011; Helm, 2011; Kuenneke, 1999), 에

된 상태다. 2016년부터는 이란에 대한 제재 조치를 해제하는 작업도 진행되고 있다. _옮긴이

너지 기업의 국유화와 관련된 생산·투자·가격의 문제와 향후 과제를 다룬 연구들이 있다(Baker Institute, 2007; Marcel, 2006; Stevens, 2008; Victor et al., 2011). 몇몇 연구자는 공공정책에 대한 사회적·기술적인 접근법을 택하기도 했다(Brown and Sovacool, 2011). 결과적으로 정책적 처방은 시장의 기능이 제대로 작동하게 만들고 시장 메커니즘을 기반으로 정책의 결함을 개선하며 기술혁신을 유발하는 방향으로 제시될 수밖에 없었다.

반면 대부분의 외교 분석가들은 국가주의적인 관점을 취하며, 에너지를 국제 지정학적인 관점에서 해석하려는 경향이 있다. 예를 들면, 에너지 자원이 수출국에 의해 외교 정책의 수단으로 어떻게 활용되는지(Bilgin, 2011; Orban, 2008; Rutland, 2008; Stulberg, 2008) 또는 외국의 에너지에 대한 의존도가 자국에 어떤 영향을 미치는지 등에 초점을 맞춘다(Crane et al., 2009; Zha, 2006; Deutch et al., 2006; Youngs, 2009). 이런 측면에서 지구적 안보라는 도전적 과제인 에너지 문제는 일종의 자원 전쟁을 일으킬 수 있다. 즉, 자국의 인구와 경제, 국방을 위해 귀중한 자원인 에너지를 확보하려는 국가들 간의 군사적 충돌이 발생할 수 있다(Klare, 2001).

이처럼 에너지 정책에 대한 연구가 여전히 몇몇 특정 관점에 국한되어 있기는 하지만, 최근 들어서는 국제 에너지 거버넌스를 새로운 측면에서 접근하려는 노력이 진행되고 있다. 예를 들면, G8, G20, 국제에너지포럼(International Energy Forum: IEF), 국제에너지기구(International Energy Agency: IEA) 같은 국제적인 조직에 주목하면서 에너지 문제를 지구적인 차원에서 해결하기 위해 이들 국제기구의 역량을 평가하려는 작업들이 진행되고 있다(Graaf and Lesage, 2009; Jong, 2001; Lesage et al., 2009). 한편으로는 에너지 관련 게임에서의 '현명한 규칙'과 시장 거버넌스에 주목하면서 국제 레짐들이 가격 변동을 얼마나 완충시킬 수 있는지와 더불어 국제 에너지 안보의 장기 계획을 어떻게 확보할 수 있는지에 대한 연구도 이뤄지고 있다(Goldshau and Witte, 2010; Victor and Yueh, 2010). 이처럼 각각의 독립적인 연구들은 기후변화라는 도전적인 과제를 해결할 수 있는 국제 정책의 성과를 평가하는 작업에도 관심을 가지고 있다(Biermann et al., 2010;

Newell and Bulkeley, 2010). 이러한 연구 결과의 정책적 함의는 대부분 지구적인 차원에서 적절한 제도적 해결책을 마련해야 한다는 방향으로 결론이 내려지고 있다.

이런 선행 연구들은 각기 나름의 전제가 되는 가정을 갖고 있으며, 이러한 가정은 현실을 인식하는 개념적 틀의 역할을 할 뿐만 아니라 일관성 있는 모형을 구축하는 데에도 기여한다. 이런 접근 방식은 여러모로 장점을 갖고 있다. 먼저 대학에서 훈련받은 학문적 배경인 이론적 분석틀을 통해 문제의 복잡성을 줄일 수 있다. 즉, 국제 에너지 문제라는 도전적 과제를 이해하는 데 일관성 있는 관점의 해석을 제공해줄 뿐만 아니라 정책이라는 측면에서는 문제 해결 방향을 제시해줄 수도 있다. 그렇지만 지구적인 차원의 에너지는 단순히 일차원적인 문제가 아니라서 다차원적으로 접근해야 하기 때문에 학술적 접근은 오히려 한계를 지닐 수 있다. 따라서 특정 학문을 기반으로 한 접근은 오히려 연구의 궁극적인 목표를 놓치고 문제를 종합적으로 이해하지 못해 결과적으로는 부적절한 해결책을 제시할 수도 있다. 에너지 정책은 특정 제품을 생산하고 소비하는 과정에 대한 통제를 넘어서 일종의 외교적 수단으로 이해될 필요가 있다. 에너지는 한 나라의 경제 및 복지와 관련되는 대단히 중요한 요소이기 때문에 현대 사회의 활력으로 비유되곤 한다. 또한 전통적인 화석연료의 소비 과정에서 발생하는 온실가스로 인한 외부 효과 때문에 기후변화 문제를 해결하는 최전선의 핵심적인 쟁점이 바로 에너지라고 할 수 있다. 게다가 에너지 빈곤이라는 문제를 해결하려면 기후의 안정화를 추구하는 동시에 현대적인 에너지원에 대한 접근성을 높여야 한다는, 상충적인 목표의 달성이 전제되어야 한다. 왜냐하면 에너지 빈곤을 해소하기 위해 제공되는 에너지가 반드시 친환경적이지 않을 수도 있기 때문이다.

현대 사회에서 에너지의 당면 과제는 지구적 연결성이라는 개념으로 특징지을 수 있다. 에너지의 생산 및 소비 과정에서 발생하는 외부 효과는 더 이상 지역에 국한되지 않으며, 실제로 지구적인 차원에서 반향을 불러일으키고 있다. 게다가 지금의 사회경제 시스템은 지구적인 차원에서 노동의 복합적 분할이라는 특징을 지니고 있으며, 국가적인 차원의 에너지 수급 체계는 지구적 시스템과의 강한 연결성을 보여주고 있다. 에너지의 생산·유통·소비 과정에서 일어나는 지역적 변화는 국경을 넘어 지구적인 차원의 가치사슬뿐 아니라 제3국의 복지에도 영향을 주고 있을 정도다.

한마디로 에너지의 보편적인 접근성 확보나 에너지 안보 같은 공공재의 생산은 지구적인 차원의 정책적 과제일 뿐만 아니라 기후변화 같은 인류 공동의 환경문제를 예방하기 위한 주요 수단으로 자리 잡고 있다. 따라서 에너지 문제는 확실히 다양한 차원에서 다양한 방식으로 진행되고 있다. 국제적인 차원에서는 석유 가격의 급격한 상승으로 인해 원유 시장을 안정시키는 메커니즘의 작동이 요구되고 있으며, 국가적인 차원에서는 식량과 연료를 연계시킴으로써 지역 식료품 시장의 충격을 완화시키는 방식으로 정책이 추진되고 있다. 마찬가지로 세계 각국은 13억 명이 겪고 있는 에너지 빈곤을 해소하기 위한 정책의 일환으로 기반 시설을 구축하고 에너지 접근성을 개선하려는 사업들을 추진하고 있다. 동시에 상호 밀접하게 관련된 기후변화의 부정적인 영향을 줄이기 위해 청정에너지에 대한 기술 이전을 요구하는 국제사회의 목소리도 높아지고 있다.

따라서 지구적인 차원의 에너지 정책에서는 국경을 초월하는 에너지 관련 문제들을 해결해나가야 할 것이다. 결과적으로 에너지 정책은 분야와 영역을 종합적으로 다뤄야 할 뿐만 아니라 관련 문제를 국제·국가·지역이라는 모든 차원에서 해결해나가야 한다. 결과적으로 특정 학문의 분파라는 경계를 넘어서 다양한 방식으로 학술적인 차원의 문제를 조직화해나가야 한다. 즉, 국제 에너지 문제를 지구적인 차원에서 해결하려면 다양한 관점과 특성을 반드시 고려해야 한다.

국제 에너지 정책의 핵심 요소

국제 에너지 정책은 시장, 안보, 발전, 지속가능성이라는 상호 간에 밀접히 연결된 4개의 핵심 요소와 관련이 있다. 먼저 첫 번째 요소인 '시장(market)'에 대해 살펴보면 다음과 같다. 시장은 지난 30여 년 동안 기하급수적으로 늘어난 수요를 공급 부문이 충족시킬 수 있도록 유도했던 가장 지배적인 메커니즘이었다. 국제적인 차원에서는 석유 시장의 세계화가, 지역적인 차원에서는 천연가스 시장의 통합 등이 시장 메커니즘의 대표적인 사례라고 할 수 있다. 경제협력개발기구(OECD) 회원국의 경우 전력 시장은 이미 자유화되었으며 에너지 부문의 민영화도 진행되고 있다. 전기와 연료의 가격은 이제 정부가 아닌 민간 기업에 의해 결정되고 있는 실정이다. 이런 시장 메커니즘은 대단히 효과적인 것으로 입증된 상태다. 예를 들면, 석유 시장은 수요의 증가라는 신호를 공급 부문에 효과적으로 전달할 수 있었으며, 결과적으로 30년 전에는 일평균 6500만 배럴이던 공급 능력이 지금은 8600만 배럴로 늘어나게 되었다(IEA, 2011). 그렇지만 시장 메커니즘이 미래에도 지구적인 에너지 문제를 해결하기 위한 지배적인 거버넌스 체계로 남을지는 알 수 없다. 지난 수십 년 동안 에너지 정책의 지침으로 자리 잡았던 자유주의 패러다임은 최근 들어 분명히 쇠퇴하고 있으며, 정부와 국가가 다시 중요한 행위자로 등장하고 있다. 즉, 에너지 안보, 적절한 에너지 공급, 공공재적 특성을 지닌 사적 재화에 대한 기존의 시장 중심적 정책에 문제를 제기하는 경우가 점차 늘어나고 있다(Goldthau, 2012).

게다가 에너지의 지구적인 중심이 아시아로 이동하면서 자유시장주의적인 모형으로부터 더욱더 멀어지는 경향이 나타나고 있다. 2035년이면 전 세계는 오늘날보다 에너지를 40% 더 많이 소비할 것으로 예상된다(IEA, 2011). 미래에는 에너지 수요가 대부분 OECD 비회원국, 특히 아시아 국가에서 증가할 것으로 예측된다. 반면에 OECD의 에너지 소비는 2020년을 즈음해서 최고조에 달할 것으로 전망된다. 중국은 2035년이면 미국보다 70% 가까운 에너지를 더 많이 소비할 것이며, 이는 전 세계 에너지 소비의 23%에 달할 것으로 예상된다. 한편 인도의 에너지 소비는 2배 가까이 늘어나 결과적으로 중국과 미국의 뒤를 잇는 세계 3위의 에너지 소비국으로 자리매김하게 될 것이다(IEA, 2011). 예를 들면, 석유 시장에서의 이러한 변화는 시장에서의 규칙을 결정할 수 있을 정도의 권력 변동을 초래할 것이다. 그렇다면 이제는 이러한 변화가 에너지 거버넌스에 어떤 영향을 미칠 것인지보다는 더욱 근본적인 문제를 고민해볼 필요가 있다. 석유 자원에 대한 상업적인 접근은 중국뿐만 아니라 인도에서도 정책 결정의 핵심적인 원칙으로 자리 잡았다. 한편으로는 전혀 다른 정부 중심의 의사 결정 모형도 신흥개도국이나 브라질 같은 에너지 생산국에서 분명히 드러나고 있다. 이런 상황에서는 석유와 천연가스 시장에서의 최근 경향을 특징짓는 핵심적인 원인이 무엇인가라는 질문이 당연히 제기되어야 한다. 한편으로는 이러한 전환이 석유·천연가스의 상류 부문²에서도 관찰되는지, 어떤 중심 국가와 시장 참여자들이 에너지 기술의 혁신을 주도할 것인지에 대한 의문도 제기되고 있다. 따라서 에너지 공기업에 특별히 관심을 기울여야 할 것이다.

동시에 지구적인 차원에서 예상되는 에너지의 비약적인 수요 증가는 화석연료 매장량의 한계라는 문제로 인해 '안보(security)'의 핵심적인 요소로 등장하고 있다. 에너지는 시장에서 거래되는 상품일 뿐만 아니라 국가적인 안보 전략의 일환으로 복합적인 역할을 맡아왔다. 에너지 자원과 관련해서 매년 반복되는 국제적 갈등이 이를 증명하는 역사적 근거일 수 있다. 이로 인해 중국과 인도 같은 새로운 소비국의 등장, 동아시아 지역으로 에너지 중심의 이동, 에너지 부문에 국가 개입을 확대하려는 생산국 및 소비국의 증가 추세는 절체절명의 화석연료에 대한 접근권과 관련된 여러 가지 의문을 야기하고 있다. 지구적인 자원 쟁탈전의 양상을 둘러싼 끊임없는 논란은 현대 경제 시스템의 생명줄이라고 할 수 있는 에너지의 특성과 관련된 핵심적인 요소로서 안보라는 측면을 강하게 반영하는 현상일 수 있다. 이런 상황에서 제기되는 질문은 에너지와 관련된 국제적인 갈등 및 협력과 밀접한 관련성을 지닌다. 따라서 관련 국제기구들은 유리한 상황을 조성하는 역할을 맡을 수 있을 것이다. 이런 상황에서는, 국제 에너지 시스템의 새로운 참여자를 받아들이고 요구를 수용하며 책임성을 부여하는 국제

---

2 자원의 탐사·시추·생산 활동을 의미한다. 즉, 해당 지역에 자원이 매장되어 있는지 확인하는 탐사, 매장량 확인 및 생산 설비의 제작·설치, 마지막으로 해당 유정에서의 생산을 포함하는 개념이다. 그리고 이와 관련된 사업, 즉 자재 구매 및 보급, 지원 선박, 서비스업까지 모두 상류 부문이라고 한다. _옮긴이

기구와 통치 체제의 능력을 점검하는 작업이 중요할 수밖에 없다. 예를 들면, 국가적인 에너지 안보라는 측면에서 제기되는 잠재적·실질적 위협을 어떻게 해결해나갈 수 있을지, 핵 확산 같은 에너지 기술의 심각한 부작용을 해소할 수 있는 정책을 국제기구가 제대로 만들어낼 수 있는지를 검토해야 할 것이다.

에너지 수요의 급격한 증가로 인한 당연한 결과일 수 있겠지만, '지속가능성(sustainability)' 문제가 중요해지고 있다. 대표적으로 기후변화 문제는 에너지 관련 논쟁의 무게 중심을 옮겨놓고 있다. 산업혁명과 더불어 시작된, 화석연료의 연소로 인한 온실가스 배출은 대기 중 이산화탄소의 농도를 지속적으로 증가시켰으며, 결과적으로 지구온난화를 일으켰다. 기후를 지속가능한 수준에서 안정화시키려면, 즉 통상적으로 언급되는 섭씨 2도 이내에서 지구온난화를 멈추기 위해 대기 중의 이산화탄소 농도를 450ppm으로 억제하려면 전 세계는 저탄소 사회로 경로를 전환해야 한다(IPCC, 2007). 이는 달성하기에 사실상 벅찬 목표일 수 있다. 왜냐하면 섭씨 2도라는 목표를 달성하려면 전 세계 에너지 소비의 탄소 집약도를 2050년까지 21분의 1로 줄여야 하기 때문이다(Hoffmann, 2011). 게다가 향후 수십 년 동안 OECD 비회원국들이 온실가스 증가량의 대부분을 차지할 것이라는 문제도 있다. 왜냐하면 이들은 아직까지 에너지 소비와 경제성장이 분리되지 않고 결합된 상태이기 때문이다. 단언컨대, 에너지 효율을 개선하고 재생가능에너지의 비중을 높이는 방식의 탈탄소화는 지속가능성에 대한 우려만으로 달성될 수가 없다. 사실 저탄소 정책은 여러 가지 목적에 의해 동기가 부여될 수 있다. 예를 들면, 외국으로부터 수입되는 화석연료에 대한 의존도를 줄이는 방식의 에너지 안보 해결, 초기 기술에 경쟁력을 부여하는 방식의 산업화, 1970년대 석유파동 및 브라질의 바이오에탄올로 인해 야기된 가격 충격에 대한 대응 등을 통해서도 진행될 수 있다. 최근 주목받고 있는 연구 분야는 기후안보이며, 이는 기후변화가 분명히 국가 안보적인 측면과 관련된다는 사실을 보여준다(Barnett and Adger, 2007; Campbell et al., 2007). 그렇지만 동기가 무엇이건 간에 에너지 시스템의 탈탄소화는 막대한 비용이 소요된다는 문제가 있다. 몇몇 연구 결과에 따르면 25조 달러의 투자가 필요하며, 적절한 조치를 취하지 않을 경우에는 관련 비용이 기하급수적으로 증가할 수 있다고 한다(IEA, 2011). 이런 상황에서 제기되는 질문은 에너지 시스템의 탄소 집약도를 줄일 수 있는 여러 가지 정책 수단의 효과성과 관련이 있다. 예를 들면, 규제 정책뿐만 아니라 보조금 같은 재정적 인센티브, 총량 제한 거래 방식의 경제적 정책 수단 등이 있을 수 있다. 이때 지구적인 기후 레짐의 역할은 에너지 선택과 관련된 정보를 제공하고 청정에너지 기술이 확산되도록 유도하는 것이다. 또한 최적의 실천 방안과 정책이 선진국에서 개발도상국으로 이전되어야 한다. 예를 들면, 유럽연합(EU)의 전력 부문 탈탄소화 노력이 대표적인 사례다. 반대로 브라질 같은 에너지 신흥국에서 선진국·개도국으로의 정책 이전도 필요할 수 있다.

궁극적으로 에너지는 '발전(development)'과 밀접하게 관련될 수밖에 없다. 전통적인 농경사회에서 현대적인 산업사회로 진화하는 과정에서 인류는 목재 연료 같은 저품질의 에너지를 석유 같은 고품질의 에너지로 대체해왔다(Grübler, 2008; Smil, 2010). 바꿔 말하자면, 인류의 발전 가능성은 현대적인 에너지에 대한 접근성 및 이용 가능성과 불가분의 관계를 맺고 있다. 따라서 한 나라의 에너지 빈곤은 국가와 사회의 발전을 심각하게 저해하는 요소가 되고 있다(IEA, 2011; UN, 2010). 최근 들어 UN이 인식하게 된 것처럼, 현대적인 에너지에 대한 접근성을 높이는 것이 국제사회의 중요한 도전적 과제 가운데 하나로 자리 잡고 있다. 이때 개도국은 국내총생산(GDP)을 높이기 위해 선진국보다 더 많은 에너지를 소비하기 때문에 대부분은 에너지 집약적인 발전 방식을 선호하는 경향이 있다. 따라서 개도국의 에너지 효율 개선 프로그램은 국가적인 발전에 더욱더 긍정적인 영향을 줄 수 있을 것이다. 그렇지만 모순적이게도 풍부한 에너지 자원은 제대로 관리되지 않으면 오히려 발전에 부정적인 영향을 미칠 수도 있다. 악명 높은 '자원의 저주'가 대표적인 경우다. 이는 에너지 접근성의 강화를 토대로 경제 발전을 달성하려면 적절한 거버넌스의 구축이 필요하다는 사실을 명확히 보여주는 사례다. 게다가 긴밀한 상호 관련성을 감안했을 때 석유 시장의 가격 변동은 옥수수와 밀, 벼 같은 다른 제품의 시장에도 영향을 주기 마련이다. 결과적으로 가난한 나라의 일반 가정은 식료품 비용의 상승으로 인해 가처분 예산이 줄어들기 때문에 직접적인 타격을 입을 수밖에 없다. 예를 들면, 유가 상승으로 인해 미래 세대인 아이들의 교육비를 줄여야 하는 상황이 발생할 수 있다. 바이오연료 같은 지속가능한 에너지로의 전환도 세계적으로 비슷한 영향을 미치고 있다. 발전이라는 측면에서 에너지 접근성의 문제를 해결하기 위해서는 정책적 지원을 강화해야 할 뿐만 아니라 자원 부국의 거버넌스도 개선해야 한다. 즉, 지속가능성을 추구하는 정책이 발전이나 안보 문제와 충돌하는지, 에너지 기술이 경제성장 촉진에서 어떤 역할을 할 수 있는지에 대해서는 앞으로 고민해야 할 것이다.

책의 구성

에너지를 국제 정책의 쟁점으로 개념화하는 작업은 분명 학문적인 문제의식과 관련된 근본적인 질문을 동반할 수밖에 없다. 예를 들면, 명확하게 규정되는 연구의 영역으로 평가를 제한하면서도 에너지 정책의 다차원적인 특성을 어떻게 설명할 수 있을 것인가, 지구적인 차원의 에너지 문제를 지탱하는 복합성을 설명하기 위해 학술적 정책 연구의 편파적·분파적 성향을 어떻게 극복할 수 있을 것인가, 국제 에너지 정책의 지역적 요소를 어떻게 파악할 수 있을 것인가, 그리고 궁극적으로 이러한 질문에 수반되는 정책적 함의는 무엇인가에 대한 검토가 필요할 것이다.

첫째, 이 책은 이러한 질문에 대한 해답을 찾기 위해 앞서 언급된 네 가지 핵심 요소인 시장, 안보, 발전, 지속가능성을 2부에서 5부에 걸쳐 논의할 것이다. 이들 핵심 요소는 지구적인 차원의 에너지 문제를 이해하는 일종의 개념적인 틀로서, 각 장에서의 분석은 다양한 학문적 이론을 토대로 이뤄질 것이다. 둘째, 6부에서의 사례 연구는 국제적인 에너지 문제에 대한 지역적인 관점을 제공하기 위해 네 가지 핵심 요소에 기반을 둔 분석을 보충적으로 제공하고 있다. 개별 사례는 기존의 핵심적인 에너지 주도국(미국·EU)뿐만 아니라 에너지 생산국 및 신홍 에너지 부국(러시아·나이지리아·브라질), 신규 에너지 다소비국(중국·인도)을 포함한다. 각각의 사례는 지구적인 에너지 문제와 전환의 핵심적인 경향에 대해 탁월한 통찰력을 제공해줄 것이다. 따라서 하향식 접근 방식을 채택하는 각 장의 4개 절은 시장, 안보, 발전, 지속가능성이라는 핵심 요소의 관점에서 구성되며, 상향식 접근 방식을 적용한 다섯 번째 절은 개별 국가의 차원에서 경험적 통찰을 토대로 관련 논쟁을 종합적으로 결합하고 있다. 셋째, 이 책은 에너지 정책 분야의 저명한 학자들이 참여한 학제적 연구라는 특징도 지니고 있다. 또한 이들은 에너지 정책과 관련된 의사 결정뿐만 아니라 실제 현장에도 깊숙이 참여하고 있기 때문에 더욱 실질적인 관점을 제공해줄 수 있을 것이다. 구체적으로는 5개 대륙에서 경제학자, 정책분석가, 변호사, 자연과학자와 공학자가 참여했다. 이들의 식견은 이론과 정책적 실무를 연결시켜줄 뿐만 아니라 OECD 국가의 균형 잡힌 대표적인 입장이라고 해도 과언이 아니다. 또한 국제 에너지 정책 같은 광범위한 주제에는 규범적인 측면이 존재할 뿐만 아니라 문제 해결의 복잡성이라는 특성을 지닌다는 사실도 설명할 것이다.

이처럼 구체적인 분석에 들어가기에 앞서 1부에서는 더 큰 그림을 보여주는 작업부터 시작하려고 한다. 앨버트 브레샌드(Albert Bressand)는 '국제 에너지 시장과 투자의 역할'에서 시장이라는 핵심 요소를 이해하기 위한 질문을 제기할 것이다(1장). 이와 함께 에너지산업이 여러 가지 측면에서 다른 산업과 다를 수밖에 없다고 주장할 것이다. 왜냐하면 자본 집약도, 에너지 관련 기반 시설의 특성, 요금의 중요성, 지대 배분과 관련된 갈등의 심각성, 자원의 소유·통제·개발과 관련된 국가의 우월적 지위라는 측면에서 에너지는 다른 자원과 차별화되는 고유의 특성을 지니고 있기 때문이다. 따라서 에너지 시장의 등장과 전환 과정을 이해하기 위해서는 다음 세 가지가 핵심적인 요소다. 첫째, 에너지 관련 상호작용의 틀을 설정하는 제도·규칙·통치 체제, 둘째, 게임의 규칙을 결정하는 주체의 권력 구조, 셋째, 에너지 자산·제품·서비스의 거래다.

메간 오설리번(Meghan O'Sullivan)은 '에너지, 세계 전략, 국제 안보의 복합성' 이라는 제목으로 안보 문제를 보충하려 한다(2장). '강성' 안보 전략의 일환으로 에너지의 특성에 주목하면서, 에너지가 국가 안보 정책에 영향을 미치는 방식을 목적(정치·군사·경제 전략을 형성하는 에너지), 경로(비에너지 목표를 달성하는 도구로서의 에너지), 수단(국내외 의제를 형성하는 자원으로서의 에너지)이라는 세 가지로 개념화를 시도한다. 그렇다고 국제 전략이 에너지 문제에 영향력을 미치는 국가 간 협력의 중요성을 약화시키는 것도 아니다. 대신 국제 전략은 에너지 문제의 지형을 형성하는 국가별 정치·군사·경제 정책의 중요성을 강조함으로써 에너지 문제에 대한 새로운 관점을 제시할 것이다.

다음으로 마이클 브래드쇼(Michael Bradshaw)는 '지속가능성, 기후변화, 국제 에너지 전환'과 관련된 핵심적인 양상을 다룬다(3장). 그는 국제 에너지 딜레마에 초점을 맞추면서 기후변화를 해결하려면 에너지 시스템을 해체해서 면밀히 분석하는 작업이 중요함을 강조한다. 결론적으로는 에너지 시스템을 저탄소 패러다임으로 전환하는 데 초점을 두고 정책을 수립해야 한다고 주장한다. 에너지 소비의 중심이 동아시아로 이동하고 미래 온실가스 배출량의 대부분이 OECD 비회원국에서 발생한다는 사실을 고려했을 때, 중국이나 인도 같은 개발도상국의 에너지 시스템을 탈탄소화시키는 작업은 대단히 중요할 수밖에 없다. 질 카르보니에(Gilles Carbonnier)와 프리츠 브루거(Fritz Brugger)는 '국제 에너지와 발전의 관련성'을 묘사하면서 1부를 마무리한다(4장). 이들은 개발도상국이 겪고 있는 에너지 빈곤의 원인과 결과, 에너지·식량·수자원의 관련성, 산유국이 직면한 발전의 딜레마라는 세 가지 연결고리에 주목한다. 결론적으로 저렴한 석유 매장량의 고갈과 기후변화라는 두 가지 제약 조건으로 인해 석탄·석유·천연가스에 기반을 두었던 전통적인 발전 방식이 한계에 도달했다는 문제를 제기한다. 따라서 화석연료의 고갈, 온실가스의 배출, 생물학적 종 다양성의 위협을 일으키지 않으면서 발전을 도모하는 국내외적인 노력이 필요할 수밖에 없다.

2부에서는 '국제 에너지와 시장'의 핵심 요소를 더욱 구체적이고 세밀하게 평가한다. 크리스토퍼 올솝(Christopher Allsopp)과 바삼 파투(Bassam Fattouh)는 '석유 시장: 현황·특징·함의'를 다룬다(5장). 이들은 에너지 소비와 관련된 석유의 미래를 결정하는 데에 규제 정책이나 시장 설계뿐 아니라 에너지 안보와 기후변화 정책도 중요하다는 사실을 강조한다. 미래의 석유 시장은 다양한 방식으로 전개될 수 있기 때문에 시장의 본질적인 토대에 관한 불확실성이 높아지고 있다. 결과적으로 석유 가격과 원유 수급의 관련성이 줄어들고 있기 때문에 지금은 에너지 안보와 기후변화 정책을 둘러싼 불확실성을 줄이려는 노력이 요구되고 있다. 다음으로 매슈 헐버트(Mathew Hulbert)와 앤드리스 골드소(Andreas Goldthau)는 '천연가스의 세계화?: 가능성과 함정'이라는 제목으로 의문을 제기한다(6장). 이들은 북미 지역에서의 비전통적인 셰일가스 생산 증가와 서구의 수요 감소가 천연가스의 유동성 증가라는 폭풍으로 등장했다고 진단한다. 결과적으로 가스들 간의 경쟁이 발생하고 있으며, 현물 시장에서의 거래는 생산자와 소비자를 결속시켰던 전통적인 유가 연동 계약 방식에 위기를 초래하고 있다. 가스 시장의 국제화는 단기적인 측면에서 에너지 수급의 안정성을 높이고 경쟁을 유발함으로써 소비자에게 혜택을 줄 수 있다. 그렇지만 이런 추세가 지속되면 결국에는 공급 측면의 붕괴를 일으켜 가격과 판매량을 조정할 수 있는 천연가스 카르텔에 유리한 환경을 조성할 것으로 전망된다. 천연가스 시장의 이러한 양상 변화를 토대로 멜 호위치(Mel Horwitch)와 마이클 라벨(Micheal LaBelle)은 '에너지 혁신: 저탄소 에너지 시스템의 가속화'라는 주제를 다룬다(7장). 이들은 혁신이 기술적·제도적 구습을 타파할 수 있으며 저탄소 미래의 달성에도 기여할 수 있다고 주장한다. 이 장에서의 상향식 접근 방식은 셰일가스가 기존 천연가스 시장의 안정적인 기업 구조와 규제 정책을 폐기하게 만들었던 대표적인 사례임을 증명하고 있다. 한편으로는 유럽의 지능형 전력망 사업을 통한 하향식 접근의 중요성도 언급한다. 결론적으로는 지구적인 차원에서 발생하고 있는 에너지 분야의 기술혁신이 지역적인 차원에서 어떻게 결합될 수 있는지를 보여줄 것이다.

그다음 장에서는 산유국과 외국계 에너지 기업의 이해관계를 공정하게 조율하는 방법이라는 측면에서 탐사·개발 분야의 문제를 다룬다. 오노레 르 로슈(Honoré Le Leuch)는 '석유 상류 부문 합의의 최근 동향: 정책·계약·회계·법률 관련 쟁점'이라는 제목으로 이 주제를 다룬다(8장). 저자는 재무 회계 구조, 산유

26

국 간의 관계, 국영 석유회사 및 국제 석유회사를 중점적으로 다룬다. 결론적으로 국제 석유 시장의 불확실성을 고려했을 때, 가격 변동에 대비해 모든 계약 주체를 보호하고 상류 부문과 비전통적인 석유에 대한 미래의 투자를 촉진시키기 위해서는 혁신적인 회계 시스템의 도입이 필요하다고 제안한다. 끝으로 찰스 맥퍼슨(Charles McPherson)은 '국영 석유회사: 편익 확보 및 위험 회피'라는 제목으로 더 세부적인 문제를 검토한다(9장). '자원민족주의'라는 표현으로 자주 언급되듯이, 화석연료 채굴에 대한 정부 통제권의 강화라는 최근의 유행 덕분에 국영 석유회사는 막대한 화석연료를 통제할 수 있었다. 저자는 순수한 상업적 책임성뿐 아니라 국영 석유회사에 부여된 다양한 역할을 설명한 뒤, 국영 기업의 확대로 인한 지배 구조의 위험 요인을 보여준다. 결론적으로 국영 석유회사는 손쉬운 자금과 후견, 정치적 지원을 지배 계층에 제공하고 있기 때문에 앞으로도 존속될 가능성이 높을 것으로 판단된다. 따라서 국영 석유회사의 역량을 높이기 위한 국내외적 노력은 경제적인 영역뿐 아니라 지배 구조라는 측면에서도 대단히 중요할 것이다.

3부에선 '국제 에너지와 안보'를 다루는데, 외위스테인 노렝(Øystein Noreng)은 '지구적 자원 쟁탈전과 새로운 에너지 개척자'에서 석유 정점(peak oil) 이론을 중점적으로 분석한다(10장). 즉, 석유 정점 이론에 대한 비판적 검토를 토대로 원유 매장량의 미래 활용 가능성과 관련된 불완전한 예측은 정책에 잘못된 정보를 제공할 수 있다고 주장한다. 또한 에너지 정책의 근거인 자원 부족이라는 주장을 받아들일 경우 경제적 비용뿐 아니라 심지어 불필요한 군사적 개입까지도 유발할 수 있다고 경고한다. 다그 하랄 클라스(Dag Harald Claes)는 '석유·가스 시장에서의 갈등과 협력'에서 같은 맥락의 입장을 밝히고 있다(11장). 구체적으로는 국영 석유회사와 국제 석유회사라는 회사 차원, 천연가스 거래와 관련된 지역 차원, 석유수출국기구(OPEC)나 IEA 같은 국제적인 차원에서 역사적인 평가를 제시하고 있다. 결론적으로는 과거처럼 시장에서 어느 한 측이 일방적으로 영향력을 행사하는 상황은 앞으로 불가능할 것으로 전망된다. 이로 인해 석유와 가스 시장의 불안정성이 높아질 것이며, 이러한 문제를 해결하기 위한 제도적 장치가 요구될 것이다. 이를 보충하기 위해 찰스 에빈저(Charles Ebinger)와 고빈다 아바사랄라(Govinda Avasarala)는 국제 에너지 중심의 동아시아 이전 문제에 대처하기 위한 G2, G8, G20의 역할을 평가한다(12장). 즉, '다극화 시대 에너지 거버넌스의 미래와 다자간 협의체'에서는 더욱 효과적인 국제 에너지 거버넌스를 구축하기 위한 정부 간 협의체의 가능성을 검토한다. 이들은 G8은 능력을 상실하는 반면, G20이 에너지 문제를 다루는 최상위 포럼으로 등장할 가능성이 높을 것으로 보고 있다. 왜냐하면 국제 에너지 소비의 중심축이 동아시아로 이전하고 있을 뿐만 아니라 동아시아의 중요도가 높아지고 있기 때문이다. 3부를 마무리하면서 유리 유딘(Yury Yudin)은 '핵에너지와 확산 방지'라는 심각하고 도전적인 문제를 다룬다(13장). 세계 에너지 공급의 한 축을 담당하는 원자력은 양면성으로 인해 핵무기 확산과 관련해서 안보 위협이라는 문제를 분리해서 생각할 수 없다. 국제적인 핵확산금지조약(Nonproliferation Treaty: NPT)의 다양한 요소를 평가해 민감한 핵기술을 효과적으로 감시하고 지구적인 핵 확산을 방지하기 위해 국제원자력기구(International Atomic Energy Agency: IAEA)의 안전 보장 능력을 강화해야 한다고 주장한다.

4부는 '국제 에너지와 발전'이라는 주제하에 에너지 빈곤의 원인과 결과라는 문제를 다루고 있다. 수베스 바타차리야(Subhes Bhattacharyya)는 '에너지 접근성과 발전'에서 에너지 접근성의 확보를 통해 발전의 가능성을 높일 수 있는 정책수단을 검토한다(14장). 그는 정책 결정자들이 전력에 대한 접근성에 지금까지 관심을 제대로 기울이지 않았으며, 취사와 난방이라는 문제를 무시하는 경향이 있었다고 주장한다. 그 결과 전 세계 27억 명이 일용할 에너지원으로 목재 같은 바이오매스[3]를 여전히 사용하고 있는 실정이다. 따라서 적절한 계획과 재정 지출이 필요할 뿐만 아니라 지역의 수요를 충족시킬 수 있을 정도로 국제사회의 지원이 필요하다는 정책적 함의를 제시한다. 다음으로 후안 카를로스 키로스

---

3   에너지원으로 이용되는 식물, 미생물 등의 생명체를 가리키며, 전통적인 목재 연료가 해당된다. 최근 들어서 개발되고 있는 축산 분뇨를 이용한 바이오가스도 여기에 포함된다. _옮긴이

(Juan Carlos Quiroz)와 앤드류 바워(Andrew Bauer)는 풍부한 에너지 자원을 가진 국가들이 당면한 정책적 과제를 다룬다. 이들은 '자원 거버넌스' 문제를 검토하면서 에너지 자원은 국가 수입의 원천이 되는 다른 자원들과 차별화된다고 주장한다(15장). 왜냐하면 에너지 자원은 재생산이 불가능할 뿐만 아니라, 막대한 장치 비용이 소요되고 적시에 생산되어야 하며, 경제적 변동이 큼에도 불구하고 상당히 큰 초과 이윤이 발생된다는 특성을 갖고 있기 때문이다. 그렇지만 자원 보유국의 복지를 개선하기 위해서는 천연자원 가치사슬 전반의 투명성과 재무·회계적 책임성 강화, 법률에 기반을 둔 자원 소득 관리, 예산·투자·소비의 적절한 균형이 필요하다고 제안한다. 결론적으로 자원 부국의 능력을 배양하고 모범적인 사례를 발굴하기 위해서는 국제 개발 기구와 국제 금융 기구의 협력이 필수적이다.

저탄소 체제로 전환하려는 국제사회의 노력과 관련된 문제를 해결하기 위해 로버트 베일리(Robert Bailey)는 바이오연료의 지속적인 성장이 식량 안보에 미치는 영향을 고찰한다. 그는 '식량과 에너지의 연계'라는 제목으로 미국과 유럽의 바이오연료 정책을 농업 부문과 바이오연료 부문에 대한 재정 지출이라는 관점에서 평가한다(16장). 즉, 바이오연료 사업은 기후변화라는 정책 목표를 달성하는 효과가 적은 반면, 오히려 개도국에 대한 식량 안보 위협, 식량 가격의 폭등, 가격 변동성의 조장이라는 부작용이 더 클 것으로 판단된다. 따라서 식량 가격의 급등으로부터 취약 계층을 보호하고, 식량 시스템의 효율성을 높이며, 식량과 연료 사이의 경쟁 관계를 줄이는 방향으로 정책을 전환해야 한다는 주장을 제기하고 있다. 끝으로 조이아시리 로이(Joyashree Roy), 시아마스리 다스굽타(Shyamasree Dasgupta), 데발리나 차크라바티(Debalina Chakravarty)는 경제 정책의 목표를 달성하기 위한 에너지 효율의 기여와 역할을 다룬다. 이들은 '에너지 효율: 기술·행태·발전'이라는 제목으로 에너지 효율 개선이 다양한 방식의 에너지 절약 사업을 촉진시킬 뿐만 아니라 환경문제를 해결할 수 있으며, 거시적인 차원에서 여러 가지 부가적 편익을 가져다줄 수도 있다고 주장한다(17장). 결론적으로 효율적인 에너지 시스템으로의 전환은 지역뿐 아니라 지구적인 차원에서 각종 정책과 조치가 전략적으로 제대로 설계되어야 성공할 수 있음을 제안하고 있다.

5부 '국제 에너지와 지속가능성'에서 닐 거닝엄(Neil Gunningham)은 저탄소 경제를 지향하는 선도적인 정책 수단을 검토한다. '어떤 정책이 언제 어떤 이유로 작동하게 될 것인가'라는 직설적인 질문은, 배출권거래제, 탄소세, 보조금 같은 경제적 유인책뿐만 아니라 재생가능에너지 생산자를 위한 발전차액지원제(feed-in tariff: FIT) 같은 정책들을 분석하는 지침이 되고 있다. 이런 정책 수단들이 국가별 상황을 전부 설명할 수는 없겠지만, '규제, 경제적 유인책, 그리고 지속가능한 에너지'에서는 광범위한 정책적 학습의 결과뿐만 아니라 최적의 실천 방안에 대한 노하우도 국제적으로 공유해야 한다고 제안하고 있다(18장). 다음으로 야프 얀선(Jaap Jansen)과 아드리안 판데르 벨레(Adriaan van der Welle)는 '재생가능에너지 통합에서 규제의 역할: EU 전력 부문'의 사례 연구를 제시한다(19장). 에너지 시장의 경쟁을 촉진시키고 공급의 안전성을 확보하는 동시에 탄소 배출량을 제한하는 어려운 목표를 달성하기 위해 EU는 전력 부문을 저탄소 시스템으로 전환하겠다는 비전을 제시했다. 흥미롭게도 저자들이 주장하듯이 이런 노력은 정책적 학습 및 재정 지원의 기회뿐 아니라 규제 설계와 정책 집행의 기회도 제공해줄 것이다.

파리보즈 젤리(Fariborz Zelli), 필리프 파트베르흐(Philipp Pattberg), 한네스 스테판(Hannes Stephan)과 하로 판 아셀트(Harro van Asselt)는 '기후변화 국제 거버넌스와 에너지 선택'의 관련성을 탐색하기 위해 에너지 소비 방식에 영향을 미치고 청정에너지 기술을 촉진시키는 기존의 기후변화 국제 거버넌스의 구조적 역량을 평가한다(20장). 이들은 국제적인 권력의 지형과 이해관계가 복잡해지는 최근의 상황을 고려할 때 종합적이고 일관된 국제 에너지 통치 체제가 등장할 가능성은 낮을 것으로 전망한다. 그렇지만 기후 레짐이 저탄소 사회로의 국가 전환을 유도하는, 교향악단 같은 역할을 맡을 수는 있을 것으로 본다. 다음으로 크리스티안 에겐호퍼(Christian Egenhofer)는 국제 기후 레짐의 특징을 검토하고 기후변화 문제를 해결하기 위한 경제적 유인책의 가능성에 대한 논란을 되짚으면서, '에너지 시장과 탄소 가격'이라는 문제를 다룬다(21장). 그의 분석에 따르면, 탄소 시장은 에너지·기후변화 정책의 핵심 요소가 될 것이라고 한다. 교토의정서에 제시된 국제적인 시스템이 가까운 미래에 실현될 가능성은 없지만, 국가 간·자국 내·지역 내·부문별 거래 시스템은 이미 구축되고 있으며, 중요한 가격 신호를 만들어내고 있다. 또한 어떻게 하면 지역적인 시장이 형성되고 작동할 수 있는가를 보여주는 대표적인 사례로 유럽의 배출권거래제를 들고 있다. 5부는 저탄소 미래의 재정적인 측면에 초점을 두면서 결론을 맺고 있다. 즉, 롤프 뷔스텐하겐(Rolf Wüstenhagen)과 에마누엘라 메니체티(Emanuela Menichetti)는 '재생가능에너지 관련 전략적 투자와 에너지 정책'이라는 글에서 청정에너지에 대한 투자에 어떤 정책이 민간 자본을 충분히 끌어들일 수 있는가라는 질문을 제기한다(22장). 또한 2020년까지 재생가능에너지에 매년 2350억 달러의 투자를 유치하기에 공적 자금만으로는 충분하지 않을 것이라는 사실을 지적한다. 그렇다면 오히려 민간 기업이 열쇠를 쥐고 있을 수도 있다. 따라서 청정에너지에 대한 효과적인 투자 환경을 조성하기 위해서는 민간 부문의 전략적 투자 선택의 특성을 제대로 이해하는 것이 중요할 수밖에 없다. 이때 민간 투자는 고위험 - 고수익을 추구할 뿐만 아니라 정책과 직관에 의해 영향을 받는다는 사실을 유념해야 한다.

국제 에너지 정책의 네 가지 차원이라는 관점에서 설명한 이상의 내용들을 보충하는 차원에서, 6부는 상향식 접근 방식을 채택함으로써 관련 논쟁을 지역적인 관점에서 부가적으로 설명하고 있다. 국가적인 차원에서 7개의 사례를 깊이 있게 살펴봄으로써 저자들은 핵심적인 에너지 문제가 국가 내에서 제기되는 방식과 국제 정책에 수반되는 함의를 지적하고 있다. 먼저 앨빈 린(Alvin Lin), 푸창 양(Fuqiang Yang)과 제이슨 포트너(Jason Portner)는 '국제 에너지 정책: 중국의 입장'에서 지난 10여 년 동안 진행되었던 중국 에너지 부문의 동향을 분석한다(23장). 이들은 중국의 급격한 경제성장으로 인해 에너지 과잉 소비와 경제의 탄소화가 심각하게 진행되었다고 주장한다. 국제적인 차원에서 중국은 석유·가스 시장에 지속적으로 참여하고 있으며, 지금은 중요한 행위자로 자리 잡은 상태다. 그렇지만 지속가능성이라는 문제를 고려할 때 자국 내 탄소 시장 구축에서부터 지구적인 청정에너지 기술 개발에 이르기까지 다양한 정책 수단을 도입해야 한다는 결론을 제시한다. 수다 마하링감(Sudha Mahalingam)은 아시아의 또 다른 주요국인 인도와 관련해서 에너지 보조금의 장기화라는 문제를 강조한다. 특히 '보조금 문제의 딜레마: 인도의 화석연료 가격 정책'에서 보조금이 재생가능에너지로의 전환을 억제하고 고효율 연료 기술의 채택을 제한하며 인도를 화석연료 의존적인 성장 경로에 구속시키는 작용을 하고 있음을 보여준다(24장). 결론적으로는 강력한 이해관계 때문에 정책 개혁에 어려움이 있기는 하지만, 이러한 난국을 타개할 수 있는 유일한 대책이 에너지 의존적인 인도를 국제시장에 편입시키는 방법이라고 주장한다.

리처드 영스(Richard Youngs)는 저탄소 사회의 선구자인 유럽으로 관심을 돌리면서, 지난 몇 년 동안 EU의 기후·에너지 정책이 세계적인 추세를 견인해왔던 건 확실한 사실이라고 주장한다. 그렇지만 '유럽의 국제 기후·에너지 정책: 추진력의 가속? 감속?'에서 설명하듯이, 현재 EU는 국제적인 기후 정책의 추진에서 리더십을 시험받고 있는 실정이다(25장). 이 같은 현상은 전통적인 에너지 안보와 기후변화 정책을 지탱하는 정책 목표가 상이한 탓에 국내외 정책 목표가 대립하면서 발생하고 있다. 그렇다면 국제 에너지의 주요 행위자로서 EU가 어떤 역할을 맡아야 하는가라는 질문이 당연히 제기될 수밖에 없다. 왜냐하면 EU는 국가 중심적인 규제 정책을 전 세계에 수출하려는 생각을 갖고 있을 뿐만 아니라 기후 외교 정책을 안보적인 관점에서 보완하려는 의도도 분명히 갖고 있기 때문이다. 다음으로 벤저민 소바쿨(Benjamin Sovacool)과 로만 시도르초프(Roman Sidortsov)는 '미국의 에너지 거버넌스'에서 미국이 국제 에너지 거버넌스 구조하에서 영향력을 얼마나 행사할 수 있을 것인지를 평가한다(26장). 이들은 미국의 에너지 정책을 지배하는 어떤 철학이나 원칙도 존재하지 않는다는 사실을 강조한다. 오히려 미국은 다양한 기술과 에너지 시스템을 특징으로 하는 다각화된 백화점 식의 접근 방법을, 때로는 모순적일지라도, 동시에 채택하고 있는 실정이다. 게다가 미국은 국제 에너지 시장, 에너지 기구, 에너지 외교의 핵심적인 행위자일 뿐만 아니라 정책 혁신의 잠재력을 보유하고 있다는 측면에서 막대한 국제적 영향력과 리더십을 행사하는 주체라는 사실을 명심할 필요가 있다.

다음으로 수아니 코엘류(Suani Coelho)와 조제 골뎀베르그(José Goldemberg)는 브라질이 국제 바이오연료와 재생가능에너지의 선두 주자가 된 원인에 대해 살펴본다(27장). '국제 에너지 정책: 브라질의 사례'는 브라질의 경험을 다른 개도국에 전수하기 위한 잠재적 가능성에 대해서 검토한다. 여러 가지 중요한 정책적 함의 중에서도 식량 안보의 확보, 바이오연료 사업을 통한 농촌 개발, 적절한 인센티브의 제공, 해외 자금의 적절한 지원, 필요할 경우로 국한된 역량 강화를 가장 중요한 요소로 강조한다. 다음으로 안드레이 코노플랴니크(Andrei Konoplyanik)는 재생가능에너지의 생산국에서 석유·가스의 거점국으로 초점을 옮긴다. 그는 '국제 석유 시장의 발전과 러시아의 영향'에서 러시아가 중요한 생산국으로 분류될 수 있을지 모르지만, 사실은 국제 석유 시장의 순응자로 간주하는 게 타당하다고 주장한다(28장). 그는 시장 발전에 대한 역사적인 평가를 바탕으로 국제 석유 시장의 변화에서 러시아 에너지 정책을 이해하는 근거를 찾아내고 있다. 결국 러시아는 에너지 초강대국이 될 수 없을 뿐만 아니라 국제 석유 파생 상품 시장의 등장을 받아들여야 하고, 재정 안정이라는 패러다임을 추구해야 하며, 국영 석유 생산과 석유 세입이라는 비효율적인 방식에서 벗어나야 한다고 결론을 내린다. 6부를 마무리하면서 이케 오콘타(Ike Okonta)는 아프리카에서 인구가 가장 많을 뿐만 아니라 세계 최대의 산유국 가운데 하나이자 '자원 저주'의 대표적 사례인 나이지리아를 살펴본다. '나이지리아: 정책의 비일관성과 에너지 안보의 위기'에서는 노다지인 석유를 놓고 경쟁을 벌였던 인종별·지역별·계층별 갈등으로 인해 정책적 일관성이 부재했기 때문에 에너지 안보가 위기를 맞았다고 분석한다(29장). 그로 인해 권위적인 통치 체제, 사회·경제적 삶의 피폐, 원유 매장량의 감소로 인한 미래 발전의 제약이라는 결과가 초래되었다고 지적한다.

6부의 뒤를 이어 앤드리스 골드소는 이 책의 전반을 아우르는 핵심적인 통찰을 제시하면서 이 책의 끝을 맺는다. 즉, '국제 에너지 정책의 향후 연구 과제'라는 제목으로 국제 에너지 정책에 대한 네 가지 차원의 핵심 요소에서 발견된 연구 결과를 간략하게 정리하고 있다(결론). 요약하자면, 상향식 접근이 하향식 접근을 얼마나 보완할 수 있는지를 살펴본 뒤 향후의 연구 방향을 개략적으로 제시할 것이다.

1부

국제 에너지: 정책 영역의 도식화

01

국제 에너지 시장과
투자의 역할

앨버트 브레샌드

서론: 정치경제학적인 관점에서 바라본 에너지 시장

'에너지 시장'이라는 용어는 오해를 불러일으킬 만큼 단순한 개념이다. 70억 인구가 살아가고 있는 세계에서 에너지는 가장 필수적인 생산 요소 가운데 하나다. 즉, 노동, 자본, 기술뿐 아니라 인간의 욕구를 충족시키기 위한 상품에 비견될 만큼 중요한 자원이다. 그런데 에너지산업은 다른 경제 분야와는 구별되는 네 가지의 본질적인 특성을 지니고 있다. 첫째, 높은 자본 집약도, 둘째, 다수의 에너지 수송 기반 시설에서 기인한 내생성과 자연 독점성, 셋째, 지대 및 분배 과정에서의 갈등, 넷째, 안보에 대한 우려다. 그런데 마지막 특성은 앞서 언급한 세 가지 특성과 구별되는 특징을 갖고 있다. 즉, 안보에 대한 우려는 에너지 자원을 소유·개발·통제하는 과정에서 나타나는 정부의 역할에 관한 것으로, 국가 정책, 규제, 지정학적 요인 등과 관련이 있다. 많은 나라에서 정부의 역할이 에너지 소비 조건뿐만 아니라 가격의 결정에까지 확장되고 있는데, 이러한 경향은 특히 석유제품 및 재생가능전력과 관련된 분야에서 두드러지게 나타난다. 에너지 시장과 투자에 관한 정치경제학적인 시각을 알아보기에 앞서 이 네 가지 특성에 대해 간략히 살펴보도록 하자.

세계에서 가장 자본 집약적인 산업

자원을 둘러싼 관계라는 측면에서 봤을 때, 에너지는 세계에서 가장 자본 집약적인 분야라고 할 수 있다. 지난 반세기 동안 이러한 관점이 에너지 투자를 지배해왔으며, 그동안 100억 달러 이상의 대규모 프로젝트도 드물지 않았다. 1000억 달러 이상이 소요된 대규모 사업으로는 카스피 해에 위치한 카자흐스탄의 카샤간(Kashagan) 유전 개발과 유럽의 분산형 재생가능전력을 위한 국가 전력망 구축 사례를 들 수 있다. 석탄, 석유, 가스, 우라늄 같은 매장 자원과 풍력, 태양, 수력 같은 자연력을 에너지원으로 변환시켜 시장의 소비자에게 전달하려면 엄청난 비용을 투입해야 한다. IEA의 '신정책 시나리오(New Policies Scenario)'에 따르면 에너지 공급 기반 시설에 대한 투자가 2011년부터 2035년 사이에 38조 달러에 육박할 것이라고 하는데, 이는 미국의 연간 GDP의 10% 또는 스페인의 전체 GDP에 상응하는 금액이다. 이 같은 에너지 분야의 투자에서 17조 달러는 전력 부문에 해당되며, 24조 달러는 OECD 비회원국과 관련이 있다. IEA가 사용하는 '기반 시설'이라는 용어는 고정자본이라는 말과도 일맥상통한다. 이는 일반적으로 사용되는 것처럼 수송 및 유통과 관련된 기반 시설뿐 아니라 매장된 자원을 대체·개발하기 위해 상류 부문에 투자하는 것까지 포함한 개념이다. 상류 부문에 대한 투자비용은 자원별로 석유 8조 7000억 달러, 가스 6조 8000억 달러, 석탄 1조 1000억 달러에 이를 것으로 추산된다(IEA, 2011a: 96~97).

산업 집약과 에너지 수송 기반 시설

노동력, 자본, 기술, 원자재 등은 범용 기반 시설을 이용해서 손쉽게 이동 가능하지만, 다양한 형태의 에너지는 고유의 값비싼 전용 수송관을 통해 시장에 공급되거나, 자연 독점적이고 다른 산업에 비해 정치적 규제를 강하게 받는 전력망이나 기타 수송망을 통해 공급된다. 석유와 석탄은 기차나 화물차를 통해서도 운반이 가능하지만, 천연가스와 전기, 원유, 일부 석유제품을 운반·유통할 때에는 특별한 전용 기반 시설이 요구된다. 이러한 시설은 상류·중류·하류 부문이라는 3개 층으로 구분할 수 있다.[1]

여타 산업과 달리 중류 부문에는 에너지 자원과 영토의 연결 문제가 수반되기 때문에 정치적인 통제가 뒤따를 수밖에 없다. 즉, 비경제적 영역에 활용될 수 있는 힘을 에너지 자원이 수송되는 곳에 위치한 국가에 부여하는데, 이는 러시아와 우크라이나 간의 관계에서 잘 나타난다. 석유·가스의 중류 부문 영역에는 '파이프라인 전쟁'이 만연해 있다. 내륙 국가와 달리 해상 국가의 경우에는 바다를 이용해서 에너지를 수송하는 방식을 고려할 수 있다. 이때에는 대형 선박이나 항만 시설에 대한 투자가 발생할 수 있으며, 국경 분쟁이나 영토 지배에 관한 문제는 더 적게 발생할 것이다. 그렇지만 천연가스의 경우 아직까지 사용이 제한적인 압축천연가스(Compressed Natural Gas: CNG)를 제외하더라도 해상 무역이 비정치화를 위한 특효약은 아니다. 천연가스를 배로 운반하기 위해서는 액화 작업이 필수적인데, 수송 조건에 따라 40억~200억 달러의 비용이 소요되기 때문이다. 이는 현재 미국의 사례에서 보듯이 중·단거리 수송관 건설과 비교할 때 채산성이 없을 뿐만 아니라 국익이라는 측면에서도 복잡한 허가사항이 요구된다. 그럼에도 해상 수송은 다양한 시장으로의 접근성을 높여준다는 장점을 갖고 있다. 반면 육상 기반 시설을 이용하는 공급자에게는 사업 기회의 축소로 작용한다.

전력의 경우, 석유·가스 송유관과 같이 해상이 아닌 육상 송전망을 운송 수단으로 고려할 수 있다. 그렇지만 석유나 가스와 달리 전기의 경우 어느 국가에서나 생산되기 때문에 오늘날 국가 간 전력 거래는 매우 제한적인 실정이다. 한편으로 전력은 일별·계절별로 소비와 생산의 격차가 크다는 문제가 있다. 그렇지

---

1 석유산업의 사업 활동 가운데 하나로, 중류 부문(midstream)은 가스 수송 및 저장과 관련된 활동을 의미하고, 하류 부문(downstream)은 가공 및 판매와 관련된 사업을 의미한다. _옮긴이

만 이러한 격차 문제는 언제든지 해결될 수 있다. 예를 들면, 지중해 전역에 '녹색 전기'를 공급하는 대규모 송전망 프로젝트는 광범위한 영역을 연결하기 위한 사업이다. 즉, 간헐적인 태양광과 풍력 에너지의 예측 불가능성을 줄이기 위한 사업의 일환이라고 할 수 있다. 특히 석유와 가스를 이용해 전력을 생산하는 한 중류 부문에서의 쟁점은 더욱 중요해지고 정치화될 가능성이 높기 때문에 이에 대한 대비가 반드시 필요하다.

지대와 보조금

에너지 시장과 투자의 세 번째 특성은 경제적 지대(economic rent)가 가지는 중요성에 있다. 사실 이러한 문제는 바삼 파투(Bassam Fattouh)와 코비 판데르 린데(Coby van der Linde)에 의해 다시금 부각되었는데, 이들에 따르면 "경제적 지대는 시장 구성원들에게 경쟁할 가치가 있는 것으로 여겨져 왔으며, 이러한 경제적 지대는 정부가 모든 부분에서 생산자 또는 세금 징수자로서 개입하는 데 정당성을 부여한다"(Fattouh and van der Linde, 2011). 물론 지대는 모든 시장에 존재한다. 그렇지만 지대는 혁신, 규모의 경제, 마케팅, 대체 기술을 통해 경감되거나 제거될 수 있는 비교우위와 경쟁우위를 반영하는 특성이 있다. 그리고 에너지 시장은 다른 어느 시장에서보다 지대가 만연해 있을 뿐만 아니라 지대가 영속적이며 보호를 받는 특성을 지니고 있다.

석유·석탄 시장을 포함한 모든 시장에서는 특정 기업이나 국가 전체의 생산량을 고의로 제한함으로써 가격 체제에 의해 결정된 수요량을 충족시킬 수 없도록 만드는 일이 거의 불가능하다. 특히 시장 지배력의 남용을 금지하는 경쟁 규칙이 도입된 경우 더욱 그러하다.

석유 시장에서 낮은 비용으로 석유를 생산하는 OPEC 회원국은 생산 할당량을 준수해야 한다. 회원국에 대한 평가가 철저히 이뤄지지 않는 경향이 있긴 하지만, 이러한 할당은 고비용의 제품을 생산하도록 만들고 값비싼 생산자를 시장의 한계 공급자로 전락시키는 작용을 한다. 반면 OPEC 회원국은 유럽 국가가 부과하는 유류세가 자신들로부터 지대를 강탈하려는 부당한 처사라고 주장하며 맹렬히 비난한다. 석유와 천연가스의 가격에 포함된 높은 지대는 반대로 보조금을 지원받는 에너지의 수요를 늘린다. 아라비아 반도의 국민들은 국제시장에서 책정된 지대가 아닌 추출비용에 가까운 석유 가격을 지불하는 것이 적합하다고 생각하지만, 국영 정유기업은 그럴 경우 수출 이익이 감소된다며 예민하게 반응한다. 한편으로는 화석연료를 이용하는 수억 명의 사람들이 보조금 혜택을 받고 있는데, OECD가 통계 자료를 보유한 국가를 대상으로 이 보조금을 추정한 결과, 보조금의 규모가 2000년대 초 3400억 달러에서 2010년 초기에 4090억 달러로 증가했다고 한다. 이러한 보조금은 에너지 자원의 이용에 대한 시장의 상호작용을 현격히 변화시키는데, 이런 예로 사우디아라비아를 들 수 있다. 인구 3000만 명에 불과한 사우디아라비아는 2000년부터 2010년 사이에 석유 소비량이 1일 평균 120만 배럴로 엄청나게 늘어났다. 전체 인구가 10억 명이 넘는 중국이나 인도와 비교했을 때 사우디아라비아는 470만 배럴을 기록한 중국에 이어 세계에서 두 번째로 높은 석유 소비 증가세를 보였으며, 이는 105배럴의 인도보다 높은 수준이었다. 석유제품에 높은 소비세를 부과하는 유럽 국가의 소비자들도 석탄을 이용해서 생산한 전력에 지원하는 보조금의 혜택을 받고 있다. 이처럼 생산자 지대와 소비자 보조금은 에너지 시장에서 자원의 대체 효과를 가져오는 막강한 영향력을 행사하고 있으며, 투자 패턴과 관련해서는 완전 경쟁 시장에서 발생하는 방식과 전혀 다르게 자원 배분이라는 결과를 가져온다.

자원민족주의와 임기응변식 자원 믹스: 보편적 국가

앞서 설명한 세 가지 특성과 달리, 에너지 시장과 투자의 넷째 특징인 보편적 국가에 관한 내용은 안보 문제와 밀접한 관계가 있다. 오늘날 에너지 결정에 대한 공권력의 강화는 자원민족주의로 설명되는 경향이 있다. 자원민족주의라는 상투적인 용어는 OPEC과 러시아를 필두로 하는 생산국들이 에너지를 정치적·지정학적인 수단으로 이용하고 있을 뿐만 아니라 에너지 시장에도 개입한다는 것을 의미한다(Gustafson, 2012). 실제로 각종 보조금, 세금, 재생가능에너지 의무할당제, 발전차액지원제,[2] 또는 다른 정책 전반에서 볼 수 있듯이 국가도 에너지 영역의 주요 참가자라고 할 수 있다. IEA의 『세계 에너지 전망(World Energy Outlook)』에 따르면, "재생가능에너지에 대한 보조금이 2011년 880억 달러로 늘어나 전년 대비 24%의 증가를 보였으며, 신정책 시나리오가 제시한 목표를 달성하기 위해서는 보조금을 2035년까지 2400억 달러로 확대할 필요가 있다"라고 한다(IEA, 2012).

정부는 친환경을 선호하는 유권자나 경제적 어려움을 겪고 있는 빈곤층의 지지를 얻기 위해 에너지 소비 정책에 적극적인 관심을 갖는다. 이러한 경향은 과거 유럽과 일본에서 강하게 나타났으며, 최근 들어서는 미국, 아시아, 중동 지역에서 두드러지고 있다. 유럽뿐 아니라 미국의 워싱턴 DC와 28개 주는 자유 시장에서 탈피한 에너지 소비 정책을 추진 중이며, 이런 맥락하에 차량용 바이오연료와 재생가능전력의 소비를 늘려나가고 있다. 이때 정부는 시장의 불완전성을 교정하고 석탄에 대한 고착(lock-in) 현상[3]을 탈피한다는 명분을 내세우지만, 결과적으로 최종적인 자원 배분의 경우 시장의 힘과 정책이 결합된 산물일 수밖에 없다. 원자력 분야 역시 시장과 정책의 영향을 동시에 받는 분야로, 몇몇 국가는 핵에너지의 사용을 제한하거나 전면적으로 금지하고 있다. 실제로 프랑스는 2012년에 핵에너지 사용을 줄이기로 결정했으며, 이탈리아와 독일은 핵에너지 사용을 이미 전면적으로 금지한 상태다.

차선의 지침일 수 있지만, 자원민족주의라는 관점에서 에너지 정책 환경의 유형을 분류할 때에는 모든 국가에 존재하는 정부 목표와 시장 목표를 결합시켜야 한다(Bressand, 2009). 미국에서는 물론 시장 목표가 중요한 역할을 수행하지만 '에너지 자립'이라는 안보 목표와 환경 정책 역시 커다란 영향을 미치고 있다. 미

---

2   발전차액지원제는 신·재생에너지 발전을 통해 공급된 전기의 전력 거래 가격이 산업통상자원부 장관이 고시한 기준가격보다 낮은 경우 그 차액을 지원하는 제도를 말한다. _옮긴이
3   고착 현상은 기존 시스템에 대한 대체 비용이 어마어마하게 높아서 새로운 기술로 대체하지 못하는 상태를 말한다. _옮긴이

국의 '평균연비제도(Corporate Average Fuel Economy: CAFE)'는 차량용 연료의 소비에 큰 영향력을 발휘하고 있다. 멕시코나 사우디아라비아같이 또 다른 극단적인 사례는 한 국가의 주권과 안보를 확보하는 데 에너지가 얼마나 필수적인 요소인지를 보여준다. 러시아 연방 같은 중간적 입장의 국가는 국영 에너지 기업을 건립하는 방식으로 정책 목표와 시장 목표의 역동성 사이에서 균형을 유지하려고 노력하는 유형으로 분류될 수 있다. 이란의 석유 수출 및 천연가스 투자에 대한 국제적 제재는 국가가 개입하는 또 다른 유형의 방식이라고 할 수 있다. 콜롬비아는 국제적인 투자의 촉진을 통해 에너지 자립을 달성하기 위한 정책을 시행하고 있는 사례다. 이상 살펴본 6개의 서로 다른 국가는 화석연료 정책 및 시장·투자의 조건에 따라 구분할 수 있다(Bressand, 2009).

결과적으로 에너지 분야에서의 투자와 시장은 자유 경쟁 체제하의 표준적인 경제 모형과 상당한 차이가 있다. 앞에서 살펴본 네 가지 주요 특징 중에는 국제 가스 시장의 분열을 가속화시키는 대규모의 보조금이 포함되어 있다. 석유 자원은, 중동 지역에서는 저렴한 비용으로 개발될 수 있을 만큼 풍부하지만 심해에서는 이보다 10~15배 비싼 비용을 투입해 개발을 진행하고 있다. 마찬가지로 몇몇 국가의 경우 가격 경쟁력이 없는 재생가능 기술을 이용해 대규모 발전에 엄청난 투자를 하고 있는 실정이다. 이는 국가 에너지 정책의 방향에 따라 시장에서 자신들이 원하는 에너지 믹스(energy mix)를 조성하기 위한 신호를 만들려는 노력의 일환이라고 할 수 있다.

노스주의적 관점에서 본 자원, 제도, 거래 그리고 권력

에너지는 전 세계에서 가장 유동적인 시장일 뿐만 아니라 가장 자본 집약적인 투자가 이뤄지는 분야이며, 정치적·제도적·지정학적 요소의 영향을 크게 받는 부문이다. 그러므로 에너지 시장과 투자에 관한 연구는 정치경제학적인 관점에서 수행될 필요가 있으며, 우리는 이를 통해 우리가 제시한 요소에 의해 경제적 관계가 어떻게 형성되는지를 설명할 수 있다. 이런 맥락에서 에너지 시장과 투자의 미래를 내다볼 수 있는 선견지명적인 프레임은 다음 네 가지 요소로 구성된다.

- 자원: 전통적인 의미의 물리적 자원으로는 토양, 물, 바람, 햇빛, 열 등을 들 수 있다. 앞으로 탄소 흡수원 같은 새로운 자원이 자연의 세계에서 경제의 세계로 편입될 것이다. 그렇지만 그 밖의 자원은 국유화와 엄격한 규제로 인해 시장에서 거래되기 어려울 것이다(Heal, 2000).
- 제도: 에너지의 이용 및 거래를 지배하는 시장이나 규제처럼 거버넌스 메커니즘과 제도는 에너지 시스템 자체 및 이를 둘러싼 내외부의 상호작용과 밀접하게 관련되는 개념이다.
- 거래: 상류·중류·하류 부문의 전체 가치사슬을 관통하는 에너지 자산·상품·서비스의 거래는 전통적인 재화 시장에서부터 미래의 시장에까지 계속될 수 있다. 심지어 국가 간의 관계에서도 에너지에 대한 거래가 성립될 수 있다.
- 권력 구조: 에너지 자산의 생산과 운반을 통제하는 주체의 결정, 그리고 에너지 시장을 형성하는 제도에 영향을 미치는 권력도 중요한 요인이다. 물론 이러한 권력 구조가 에너지 시장의 형성·설계·작동 과정에서 저절로 발생할 수도 있다. 석유 시장의 권력 구조는, 1970년대 OPEC이 그랬던 것처럼, 당시의 국제 질서를 바꾸려 정부가 노력하기 전까지만 해도 소수의 국제적인 에너지 기업에 의해 좌우되었다. 영향력을 지닌 오늘날의 집단으로는 국영 에너지 기업, 국제 에너지 기업, 대량 수요자, 국회의원, EU 같은 정치적 단체 등이 있다. 한편 다양한 시민단체 역시 에너지 영역에 영향력을 행사하는데, 그린피스, 채굴 산업 투명성 이니셔티브(Extractive Industries Transparency Initiative: EITI) 등이 대표적인 사례다(Shell, 2005).

이 같은 네 가지 차원의 프레임은 노벨경제학 수상자 더글라스 노스(Douglass North)의 연구에서 영감을 받은 것으로, 정치경제학에 뿌리를 두고 있다(North, 1990). 정치경제학은 정치, 문화, 주권, 갈등, 권력이 어떻게 모형화될 수 있는가를 다루는 학문이 아니라, 이 세계를 수요와 공급의 법칙에 따라 이해하는 데 무엇이 필요한가를 알아보는 경제학의 한 분파라고 할 수 있다. 앞서 설명된 네 가지 요소는 경제 전반과도 관련이 있다. 그렇지만 상대적으로 안정적인 권력 구조는 대체로 시장친화적인 제도를 옹호하기 때문에 결과적으로는 자원과 거래라는 두 가지 요소에 초점을 맞추는 경향이 있다. 물론 현재의 에너지 시스템에서는 제도와 권력 구조 모두 이 정도 수준의 안정성과 시장친화성에 도달했다고 판단되지 않는다. 즉, 에너지 시스템은 아직도 논쟁적인 주제이며, 여전히 중요한 쟁점이라고 할 수 있다. 에너지 시장의 등장과 작동을 설명하는 데 필요한 노스주의(Northian)적인 정치경제학의 시각은 이 장의 나머지 부분에서 소개할 예정이다. 그렇지만 이러한 관점에서 네 가지 요소는 서로 영향을 주고받기 때문에 하나의 관점에서 개별적이고 독립적으로 설명하기보다는 4개의 관점을 통합적으로 살펴보는 편이 현실을 더 정확하게 바라보도록 해줄 것이다. 먼저 자원이라는 측면을 살펴본 후, 어떤 제도가 에너지 분야의 투자와 거래를 관장하는지, 특히 시장이 언제 어떻게 투자와 거래의 장소가 되는지 알아볼 것이다. 한편으로는 투자 영역과 시장에서의 거래에 관해 알아보기에 앞서 권력 구조와 정부의 역할, 지대를 둘러싼 경쟁도 제도적 관점에서 살펴볼 것이다.

에너지 자원: 패러다임의 전환

에너지 시장에서는 어떤 자원이 동원 가능한지뿐만 아니라 어떤 에너지원과 연료의 대체재가 존재하는지를 확인하는 일이 필수적이다. 그렇지만 노스주의는 경제적 기회라는 관점에서 자원을 "땅속에 묻힌 기름"이라고 잘못 제시하고 있는데, 자원은 단 한 번의 기회만 주어지는 것이 아닐 뿐만 아니라 모두를 위한 것도 아니다. 이들에게 자원은 현재 기술과 사회적 실천을 통해 생산과 소비 분야에서 경제적으로 이용할 수 있는 일종의 기능이라고 할 수 있다.

장기적인 관점에서 에너지 자원은 결코 안정적이지 않다. 중세 시대 유럽의 풍차와 같이 낡은 산물이 되어버린 에너지는 19세기 후반과 20세기 초에 이미 두 번이나 그랬던 것처럼 극적인 재기가 가능할 수도 있다. 당시 미국에서는 농업용 지하수를 취수하는 데 60만 개의 풍력 펌프가 활용되었지만, 오늘날에는 풍력발전용 터빈의 형태로 이용되고 있다(Gipe, 1995). 배출권거래제나 데저텍 프로젝트(Desertec project)에서 제안한 것처럼, 어떤 자원은 일시에 많은 국가가 참여하면서 구체화되기도 한다. 데저텍 프로젝트란 북아프리카 사막의 태양열을 이용해서 생산한 전기를 독일과 북유럽 국가로 공급하려는 대규모 프로젝트를 말한다. 한편 고갈 직전이라고 알려졌던 자원이 풍부해 보이는 경우도 있다. IEA는 몇 년 전에는 어느 누구도 예상하지 못했던 가스의 전성기를 예견하고 있다(IEA, 2011b). 반대로 원자력발전에 대한 투자는 일본 후쿠시마 원전 사고가 발생한 이후 불확실해진 상태다. 물론 중국은 몇 달간의 짧은 기술적 검토 이후 원자력발전에 대한 재투자를 빠르게 실시하고 있지만, 독일, 이탈리아, 스위스 같은 나라는 핵에너지 사용을 영구 중단하기로 결정했다. 따라서 오늘날은 에너지 시스템의 격변기라고 할 수 있다. 즉, 다양한 종류의 에너지 시스템이 형태를 갖춰가고 있으며, 이에 대한 윤곽이 드러나기 시작했다. 자원 분야의 불확실성은 석유 정점 논쟁에서 볼 수 있는 것처럼 지질학과 관련이 있으며, 북미 지역의 셰일가스 혁명 사례에서 살펴볼 수 있듯이 기술과도 관련이 있다. 뿐만 아니라 어떤 자원의 경우에는 사회적·정치적 수용 가능성과도 연관 있는데, 이는 원자력발전과 같은 직접적인 문제나 유럽 대륙의 타이트 오일(tight oil)[4]과 가스의 사례와 같이 자원의 개발에 필요한 기술과 관계되는 것이다.

석유 생산, 한계에 도달했는가

에너지 시스템의 핵심적인 문제는 석유 자원의 한계, 즉 석유 정점의 도달 여부에 관한 것이다. 여기서 말하는 자원의 한계란 석유 생산의 자연적 고갈을 투

---

4 타이트 오일은 셰일가스가 매장된 퇴적암층에서 시추하는 원유로서, 탄소 함량이 많고 황 함량이 적은 경질유다. 수평 채굴, 수압 파쇄 등의 방식으로 추출한다. _옮긴이

자자가 고려하지 않은 상태에서 탐사와 개발이라는 러닝머신을 계속해서 작동할 수 있는 한계점을 의미한다. 석유 정점에 대한 판단은 정유업체에만 중요한 것이 아니라 에너지 시스템의 가격 체계 전반에서 대단히 중요한 문제다. 석유 생산량의 감소는 잉여 석유의 채굴 비용을 급격히 증가시킬 수 있으며, 이는 석유가 아닌 다른 에너지원에 대한 투자를 증가시킬 것이다. 물론 재생가능에너지에 대한 투자를 증가시키는 것이 이상적이겠지만 현실에서는 독일처럼 친환경적인 국가에서조차 석탄에 대한 투자가 늘어나고 있는 실정이다. 수십 년 동안 지속된 석유 생산 감소는 정유회사 셸(Shell)의 지질학자인 매리언 킹 허버트(Marion King Hubbert)가 제안한 석유 정점이라는 용어를 설명하는 데 도움을 준다(Hubbert, 1956). 미국은 오랜 기간 동안 투자 부족을 겪었지만 최근 들어 자원 개발 분야에 대한 투자가 다시 증가하고 있다. 특히 셰일가스 개발 과정에서 얻은 경험의 축적을 통해 기술이 발전함으로써 48개 주의 원유 생산량이 다시 증가하고 있다. 사람들은 매장된 자원이 유한하다는 사실에 동의한다. 그렇지만 세계석유정점연구회(Association for the Study of Peak Oil: ASPO)의 에너지 경제학자들이 제시한 석유 정점 이론은 석유 고갈의 '발생 여부' 자체가 아니라 '발생 시점'에 관한 논쟁이 전개되면서 도전을 받고 있는 상황이다.[5] 업계 최고의 한 애널리스트에 따르면 "미국을 세계에서 가장 빠르게 성장하는 석유 생산국으로 만든 노스다코타(North Dakota) 주 때문에 석유 정점이라는 개념이 묻혀버렸다"고 한다(Morse, 2012).

수송과 석유화학업계에서 사용되는 에너지원이 석유가 아닌 액체연료라는 사실을 사람들은 쉽게 간과한다. 탄화수소 물질 가운데 일부는 디젤, 가솔린, 등유, 경유처럼 석유와 천연가스의 매장지에서 추출이 가능하다. 원유는 세계 여러 곳에 매장되어 있어서 채굴 및 개발하기가 쉽긴 하지만 원유가 지구상의 유일한 액체연료는 아니다. 액체연료는 가스, 석탄, 심지어 바이오매스에서도 추출이 가

---

5 콜린 캠벨(Colin Campbell)이 설립한 ASPO에 대한 더 많은 자료는 http://www.peakoilnet/을 참조하기 바란다. 그리고 이와 반대되는 입장의 자료를 확인하기 원한다면 Mills(2008)를 참조하라.

능하다.[6] IEA의 시나리오에 따르면 가스와 석탄에서 추출되는 액체연료의 총 생산량은 20년 안에 200만 배럴에 육박할 것이라고 한다(IEA, 2012: 106~107). 다만 원유라는 '전통적인 석유'는 중유, 심해유, 타이트 오일이라는 세 가지로 구분할 필요가 있다. 이때 황 성분이라는 요소를 반드시 고려할 필요는 없다. 마찬가지로 각기 다른 종류의 액체연료를 개발하고 생산하는 데에는 서로 다른 기술이 요구되며, 관련 경제 주체 역시 상이할 수밖에 없다.

- 첫째 분류 기준은 점도에 관한 것으로, 미국석유협회(American Petroleum Institute: API)가 고안했던 액체의 비중 단위인 API도다. API의 API도에 따르면 중유는 API도가 15 또는 20 이하이며, 초중질유는 API도가 10 이하여야 한다.
- 둘째 분류 기준은 기술적인 측면과 관련이 있다. 즉, 매장지가 내륙이나 연안 지대에 위치해 있어 비교적 개발이 쉽거나, 반대로 심해에 위치해 있어 소수의 에너지 기업만 복잡하고 값비싼 장비를 이용해서 접근할 수 있는 경우다. 현재의 일반적인 석유 굴착 기술로는 대략 400~500m까지 채굴이 가능하다.
- 셋째는 석유가 생산되는 암반에 따른 분류다. 화석연료 분자가 시추공으로 자연히 이동할 수도 있지만, 반대로 수압파쇄법 같은 기술을 이용해서 강제로 이동시킬 수도 있다. 여기에서 수압파쇄법이란 석유를 채취하기 위해 다량의 모래와 고압의 액체를 주입하는 기술을 의미한다.

이상에서 살펴본 기준을 고려했을 때 여기에서 제시되는 수치는 연구자나 국제기구마다 약간씩 다르게 사용될 수도 있다. 또한 일반적으로 통용되는 '비전통적 화석연료'라는 용어가 상당히 자의적일 뿐만 아니라 정교하게 정의된 개념이 아니라는 사실을 염두에 둘 필요가 있다. 따라서 '전통적인 석유'란, 세 가지 기준을 고려했을 때 API도가 15 이상이고, 수압파쇄법 없이 채굴이 가능하며,

---

6   정유회사 셸은 말레이시아 빈툴루(Bintulu)와 카타르의 펄(Pearl) 생산 기지에서 가스에서 액체연료를 추출하는 법을 고안했으며, 인종 분리 정책이 시행되던 시대에 남아프리카에서는 석유화학 회사인 사솔(Sasol)이 석탄으로부터 액체연료를 추출하는 데 성공했다. _옮긴이

수심 400m 이내의 해안 또는 지상에 위치한 원유를 의미한다. 반대로 비전통적인 석유는 이상의 조건을 충족시키지 못하는 화석연료로 정의될 수 있다.

한편 매장지는 에너지 관련 투자와 시장에 대해 관심 있는 사람들이 알아야 할 가장 기본적인 개념 가운데 하나다. 매장지는 묻혀 있는 주요 자원의 종류에 따라 분류된다. 예를 들면, 매장지에는 우리에게 친숙한 석유나 천연가스 같은 자원뿐 아니라 콘덴세이트,[7] 천연가스액체[8] 같은 화석연료도 포함되어 있다. 서로 다른 종류의 화석연료는 서로 다른 시장에서 상이한 제품으로 판매된다. 최근 미국에서 셰일가스에 대한 투자가 화석연료 간 공동 생산으로부터 크게 영향을 받고 있기는 하지만, 시장에서의 저가 거래로 인해 개발로까지 이어지기에는 아직 경제성이 낮다. 금융권에서는 이 같은 액체연료의 풍부함을 석유뿐 아니라 천연가스를 설명하는 데에도 동일하게 적용하고 있다. 그렇지만 현실은 정반대인데, 천연가스와 함께 생산되는 자원은 석유가 아닌 에탄, 프로판, 부탄 같은 천연휘발유다. 이런 화석연료들은 각각 별개의 시장에서 판매되며, 가격은 지역적 상황에 따라 달라지기 마련이다. 예를 들면, 에탄과 부탄에 대한 수요는 중유 생산, 트랙터 연료, 기타 프로판 연료 등과 관련이 있다. 석유 가격이나 석유·천연가스 부문의 투자에 대해 글을 쓴 대부분의 경제학자들은 이와 같은 공동 생산의 현실적 제약과 개별 시장의 특성을 무시하는 경향이 있다. 완전 경쟁 시장이라는 관점에서 세계 2대 원유 생산 지역 간의 유가 격차는 이론적으로 존재할 수 없다. 그렇지만 서부 텍사스산 원유와 브렌트유 간의 가격 차이는 실질적인 생산 체계의 특성을 부각시킬 수밖에 없는데,[9] 이는 복합적인 중류·하류 부문 설비의 맞춤형 수요로 인해 발생하는 것이다. 즉, 지역 간 가격 차이는 결국 석유 생산 과정에서의 가치 창출과 관련이 있다.

---

7   콘덴세이트(condensates)는 천연가스가 가스전 내부의 압력으로 인해 액체 상태로 변한 것 또는 산출된 가스에서 분리·회수된 액체 화석연료를 말한다. _옮긴이
8   천연가스액체(Natural Gas Liquid: NGL)는 시추공을 통해 추출된 천연가스에서 분리·회수된 액체 화석연료로서, 천연휘발유 등을 총칭하는 개념이다. _옮긴이
9   원유는 3대 유종으로 나뉘는데, 브렌트유의 가격이 가장 싸다. _옮긴이

결국 석유 정점 논쟁은 액체연료의 생산 정점에 관한 논쟁과 관련될 수밖에 없다. 이런 맥락에서 허버트의 가설이 옳았다는 사실은 ASPO에 희소식이라고 할 수 있다. 전통적인 원유의 생산량은 2005년에 정점을 기록한 이후 1.2% 감소했다. 2030년에는 페르시아만의 산유국들이 석유를 대량으로 비축한 덕분에 OPEC의 생산량이 65% 정도 수준에서 안정화되는 반면, OPEC 비회원국의 전통적인 원유는 절반 이하를 차지할 것으로 예측된다(Leonard, 2012). 그렇지만 앞서 살펴본 비전통적 원유와 천연가스, 석탄 그리고 바이오매스에서 생산되는 액체연료는 생산량이 예상보다 몇 십 년 빠르게 증가할 수도 있다. 또한 심해에 존재하는 메탄수화물처럼 새로운 미개발 화석연료가 많기 때문에 생산량의 감소를 섣불리 예측하기에는 시기상조다. 사실 지구는 석유 정점 이론이 제시하는 것보다 훨씬 더 많은 양의 화석연료를 보유하고 있을지도 모른다. 2012년 6월 스티븐 코피츠(Steven Kopits)가 주재한 원탁회의에서는 장기적으로 지속가능한 '석유 생산 지속'에 관한 처방이 내려졌다. 이 같은 석유 생산 지속은 2030년대 후반 또는 2040년대 초반까지 유지될 것으로 전망된다. 이는 다양한 종류의 액체연료가 잇따라 정점을 맞이하기 때문에 가능하다. 예를 들어, 전통적인 원유, 심해유, 타이트 오일은 각각 2005년, 2020년대 초반, 2030년에 생산 정점에 도달할 것으로 예상된다. 천연휘발유는 독립적인 채굴 과정이 아닌, 전통적인 천연가스나 셰일가스의 채굴 과정 또는 정유 공장의 운영 과정에서 부가적으로 생산되는 특징이 있다. 결과적으로 천연휘발유의 생산은 매년 3%가량 증가할 것으로 전망되며, 이와 함께 중유의 생산도 증가할 것으로 기대된다.

오늘날 에너지 시장과 투자의 영역에서 경제적 기회를 결정하는 또 다른 주요 자원은 탄소 흡수원이다. 20년 전까지만 해도 탄소 흡수원을 자원으로 생각하는 사람은 거의 없었다. 석유에 관한 논쟁과 달리 탄소 흡수원은 순수하게 정점 이론을 따를 수밖에 없다. 왜냐하면 외교적으로 정의된 2도 이내의 완화된 기후변화라는 국제 합의를 달성하기 위해 온실가스 배출량의 궤적을 추적하다 보면, 탄소 흡수원의 정점은 인간의 건강이나 복지만큼 중요한 문제이기 때문이다. IEA의 신정책 시나리오에 따르면, 지구상의 온실가스 배출량은 머지않아 더 많은 탄소 흡수를 필요로 할 것이다. 물론 유럽 국가들이 탄소 흡수계에 의존하지 않기 위해 노력하고 있기는 하지만, 세계 각국의 정책이 만족스러운 수준까지 변화되지는 않을 것으로 예상된다(IEA, 2011b).

에너지 통합자, 전력

전기의 역할 중대는 패러다임의 변화를 가져왔으며, 시장에서 1차 에너지에 대한 수요에 되레 영향을 주고 있을 정도다. 에너지혁명의 역사를 다룬 저서에서 대니얼 예르긴(Daniel Yergin)은 '석탄의 시대'가 '석유의 시대'로 대체되는 과정을 소개한 바 있다(Yergin, 1991). 그렇지만 지금은 전기가 에너지 시스템과 시장을 재구성하는 전환기에 접어든 시기다(Konoplyanik, 2009).[10] 여기서 중요한 사실은 전력으로 인해 다양한 에너지 간의 대체 가능성이 커졌다는 사실이다.

전력은 물, 바람, 태양, 지열, 바이오매스 등의 에너지를 이용해서 직접 생산이 가능하다. 이러한 에너지는 재생가능하기 때문에 현재의 소비가 미래의 소비를 감소시키지 않을 뿐만 아니라 석유, 가스, 석탄, 우라늄 같은 1차 연료를 전환하는 번거로운 과정을 거치지 않고도 생산할 수 있다. 이처럼 전기라는 자원을 생산하기 위해 사용될 수 있는 에너지원이 다양해지면서 전력 시장은 에너지 시스템의 강력한 통합자로 등장했다. 한 발 더 나아가서 경제의 전력화는 수송 영역으로까지 확장되고 있다. 이제는 크라이슬러의 볼트(Volt)나 오펠의 암페라(Ampera) 같은 전기차뿐 아니라 하이브리드 자동차도 점차 대중화되는 추세다. 현재 진행 중인 중국의 자동차 개발은 전기차와 하이브리드 차량의 거대한 실험실이 될 것으로 예상된다(IEA, 2011: 91). 결과적으로 새로운 대체에너지는 석유 시장과 연료 시장의 경계 지점에서 등장하고 있다. 여기서 말하는 연료 시장은 석탄, 천연가스, 핵에너지뿐 아니라 수력, 풍력, 태양열 같은 재생가능전력을 포

---

10 안드레이 코노플랴니크(Andrey Konoplyanik)의 다른 연구는 www.konoplyanik.ru를 통해 확인할 수 있다.

함하는 개념이다. 하지만 이 같은 기술의 발전이 경제 녹색화의 일환으로 등장하는 것인지에 대해서는 아직 의문이 제기되고 있다. 왜냐하면 전기차와 하이브리드 자동차는 풍력을 이용하는 것만큼이나 석탄도 쉽게 이용할 수 있기 때문이다. 게다가 전력화에 대한 결정은 자동차업계가 아닌 발전업계의 결정에 달려 있기 때문이기도 하다. 또 다른 중요한 사항으로는 열병합발전을 들 수 있는데, 이는 에너지 효율의 개선과도 밀접한 관련이 있다. 컬럼비아대 공대의 클라우스 래크너(Klaus S. Lackner) 같은 과학자는 훨씬 먼 미래를 예견한 바 있다. 이들은 풍부하고 저렴한 태양열을 이용해서 바다의 수소를 추출해 탄화수소 연료를 생산할 수 있을 뿐만 아니라 대기 중에 넘쳐나는 이산화탄소 역시 화석연료 생산에 이용될 수 있다고 주장한다. 이러한 미래가 실현된다면 에너지 시장은 전력 시장에 더욱 의존하게 될 것이며, 이는 에너지 시장과 투자에서 노스주의적인 네 가지 요소를 더욱 강화시킬 것이다.

에너지 제도: WTO 이전의 세계와 탈근대 합성 시장의 만남

노스주의적 견해는 앞에서 설명한 에너지 자원에 대해 상품성 있는 권리와 시장 과정에 제도가 어떻게 영향을 미칠 수 있을지 의문을 제기한다. 에너지 시장 간의 상호작용이 나타나는 제도적 틀은 아직까지 안정화되지 않은 상태다. 게다가 에너지 분야의 제도적 틀은 앞에서 강조했던 것처럼 시장의 역할을 제한할 뿐만 아니라 다른 대부분의 산업 부문에 비해 더 강한 제약을 가한다.

1990년 OECD에서 논의된 바 있는 다자간 투자 협정(Multilateral Investment Agreement: MIA)의 실패는 시장 중심적인 다자간 투자 레짐이 아직까지는 현실화되기 어렵다는 사실을 보여주는 대표적인 사례다. 지금은 수천 개의 양자 간 투자 협정(Bilateral Investment Treaty: BIT)이 이와 유사한 기능을 수행하고 있는 실정이다.

석유·가스 시장 참여자들 간의 경쟁에서 중요한 사항은 상류 부문 자원에 대한 접근이다. 즉, 에너지 자원 개발에 관한 토지 문제는 오늘날 OECD 비회원국의 쟁점 사항이며, 나머지 자원 개발 사업은 대부분 미국과 캐나다에서 이뤄지고 있다. 결과적으로 자원 보유국에서의 지배적인 투자 레짐은 시장 잠재력의 유형을 결정하는 데 중대한 영향을 미치게 마련이다. 따라서 자원 보유국은 재량권을 가지고 개발 사업에 대한 접근권에 규제를 가할 수 있다. 미국 본토의 사유지 같은 예외적인 경우를 제외하고서는, 천연자원의 개발권은 공공재로서 대체로 정부에 귀속된다. 이런 이유로 인해 저렴한 자원이 아닌 값이 비싸고 첨단 기술을 요하는 자원이 먼저 개발되는 역설적인 상황이 발생하고 있다. 따라서 다양한 시장 유형이 에너지 시스템 내에서 작동하고 있으며, 그중에는 석유와 천연가스 개발을 위한 경매가 존재하는 경우도 있다. 그렇지만 이는 국가가 보유하는 에너지에 대한 정부의 시각과 철학에 따라 달라지기 마련이다. 사실 외국계 기업의 투자에 대한 인허가는 지역 파트너 또는 국영 에너지 기업과의 합작 투자를 조건으로 이뤄지는 경우가 대부분이지만, 국제 투자자의 참여가 전적으로 배제되는 경우도 있고, 에너지 자원 개발이 정부의 엄청난 감시하에 진행되는 경우도 있다. 멕시코가 대표적인 사례다. 멕시코의 국영 에너지 기업인 페멕스(Pemex)는 정부의 수족 역할을 한 결과 기업 이익의 상당 부분이 국가 예산으로 귀속되었다. 이로 인해 멕시코는 이 부분에 대한 대대적인 개혁을 대선 이후인 2013년부터 진행하고 있다.

에너지 생산국인 미국에서는 투자 레짐에 인허가권이 부여된다. 인허가권이라는 용어는 '세븐 시스터즈(seven sisters)'[11]의 시대를 연상시키지만, 구체적으로는 개발 사업의 투자자와 토지 소유자 간의 사유지 임차에 관한 허가권과 관련이 있다. 미국 동북부의 농부들은 땅속의 천연가스 자원이 현재 농가들이 겪고 있는 경제난의 돌파구가 될 것으로 기대하고 있다. 그렇지만 공유지의 자원 개

---

11 세계 7대 석유기업이었던 엑슨(Exxon), 모빌(Mobil), 텍사코(Texaco), 스탠더드오일(Standard Oil), 걸프(Gulf), 브리티시 페트롤륨(British Petroleum), 로열 더치 셸(Royal Dutch Shell)을 가리킨다. 이들은 1980년대에 전 세계 석유 시장을 장악했지만, 최근 들어서는 규모를 키우기 위한 인수 합병을 진행하고 있다. _옮긴이

발은 결국 인허가 또는 경매를 통해 진행될 것이며, 오바마 정부는 이 같은 개발 사업을 더욱 빠르게 진행시키기 위해 규제를 완화하고 법적 분쟁의 가능성을 줄이려 노력하고 있다.

시장 작동에 필수적인 공공재 공급의 불확실성과 거버넌스

시장친화적인 국가를 포함한 모든 국가에서 사적 재화의 생산은 공공재로부터 부분적으로 영향을 받을 수밖에 없으며, 이때의 공공재는 에너지 시스템의 거버넌스와 관련이 있다. 에너지 시스템의 작동과 밀접하게 관련되는 세 가지 공공재로는 에너지 교역·투자와 관련한 공정한 경쟁의 장, 에너지 안보, 에너지의 지속가능성을 들 수 있다. 다음에서 살펴보겠지만, 이러한 공공재는 에너지 시스템에 전체적으로 또는 부분적으로 존재할 수 있다. 물론 이런 공공재는 특정 에너지 시장의 존재 및 운영과도 관련이 있다. 왜냐하면 시장 참여자에게는 계약의 체결 과정에서 사적 재화가 아닌 대안을 찾아야 하는 일이 종종 발생하기 때문이다.

근대화 전후의 시장

역설적이게도 에너지 시장은 다른 어떤 경제 분야보다 구식인 동시에 현대적이다. 먼저, 구식인 이유는 무기와 수자원을 포함한 에너지 분야의 주요 영역이 국제 무역 레짐이 아닌 매우 협소한 부문에 한정되기 때문이다(Keohane and Nye, 1977). 무역 레짐에 관한 국제적인 추세는 1946년 '관세 및 무역에 관한 일반 협정(General Agreement on Tariffs and Trade: GATT)'이 체결된 이후 등장했으며, 1995년부터는 세계무역기구(World Trade Organization: WTO)가 이를 계승한 상태다. 원유 같은 천연 에너지원은 WTO의 규정에서 제외된 반면, 석유화학제품처럼 정제된 상품은 면제를 받지 못했다. 이처럼 독특한 무역 레짐은 8장에서 오노레 르 로슈가 자세히 다룰 예정이다. 이를 간단히 정리하면, 에너지 투자자가 얻는 지대로 인해 자원 보유국들은 "상류 부문의 석유와 가스 프로젝트에 대한 과세는, 다른 경제 영역에서 적용되는 일반적인 과세와는 다르다"라는 결론을 내리게 된다. 영국 같은 선진국도 예외는 아니다. 이런 자원 보유국들은 시장 여건을 개선한다는 명목하에 조세 기준을 수정하는 기회주의적인 행태를 보인다.

에너지 분야와 여타 경제 영역 간의 이러한 차이는 2012년 미국에서 발생한 두 가지 모순적인 일화를 통해 확인할 수 있다. 2012년 3월 14일 미국, 일본, EU는 중국이 희토류의 배타적 생산자이면서도 충분한 양의 수출을 금지했다는 이유만으로 중국을 WTO에 제소했다. 그렇지만 정작 한 달 전인 2월 14일 민주당 대표인 에드워드 마키(Edward Markey)가 '미국 천연가스 금수법(The American Natural Gas Must Stay Here Act)'을 발의했을 때에는 미국 여론·통상 분야의 변호사들이 전혀 반대하지 않는 이율배반적인 행태를 보였다. 원유 수출을 오랫동안 금지해온 미국은 다른 재화 및 서비스 거래와는 다른 기준을 에너지 거래에 적용하는 '일반적인 국가'였던 셈이다.

그럼에도 석유 선물 시장과 전력 시장은 가장 복잡한 에너지 시장이자 규제기관과 사업가에게 가장 개방된 시장이다. 시민들이 귀가해서 불을 켤 때마다 적절한 시기에 적절히 전력을 공급하는 믿을 만한 시장의 목록을 매번 작성해야 한다면 불을 켜는 것조차 꺼려하게 될 것이다. 샐리 헌트(Sally Hunt)는 공급이 수요를 실시간으로 충당할 수 있으려면 규제가 완전히 철폐된 전력 시장 6곳이 공동으로 운영되어야 한다고 주장한다(Hunt, 2002). 값비싼 재생가능에너지를 전력망으로 끌어들이는 어려움뿐 아니라 풍력·태양 에너지의 간헐성도 시장이 다음 단계에서 해결해야 하는 도전적인 과제다. 결국에는 전혀 다른 종류의 시장, 즉 구조, 조직, 결과물이 전혀 다른 시장이 만들어질지도 모른다. 예를 들면, 새로운 시대의 시장은 다음과 같은 질문들을 해결해야 할 것이다. 즉, 시장은 전력 생산에만 초점을 맞춰야 하는가? 아니면 간헐적 전력 생산에 대비해서 예비 전력의 저장도 고려해야 하는가? 재생가능전력의 비용이 막대하더라도 시장에서 사용해야 하는가? 결과적으로 이런 질문들은 에너지 전환의 전체 영역에 걸처 전력 시장의 혁신가와 설계자에게 고민거리를 던져줄 것이다. 금융시장과 전력 시장의 차이는 시장 조직의 설계에서 월스트리트의 전략가보다 정부와 국제 기관이 더욱 핵심적인 역할을 수행해야 한다는 것이다. 또한 이런 특성은 에너지 시장이 경제성보다는 정치적 성향과 가치의 선호 체계에 더 부합해야 한다는 결론으로 귀결될 것이다.

에너지 투자에 영향을 주는 권력 구조와 시장의 관계

석유와 가스에 대한 국제적 투자는 네 단계를 거쳐왔다(Bressand, 2009). 첫 번째 시대는 인허가의 시대로, 미국을 제외한 많은 국가들이 천연자원으로 돈을 벌어들이는 개발 사업에 제한을 두었던 시기다. 당시에는 세계에서 가장 중심인 에너지 상품이 석유가 아니었다. 두 번째 시대는 두 차례에 걸친 석유파동으로 인해 OPEC이 권력을 장악했던 시기다. 그렇지만 이 시기에 산유국들은 지대를 추구하는 국제 기업의 공시 가격 제도를 대체할 수 있으면서 생산자가 통제할 수 있는 가격 형성 메커니즘을 만들어내지 못했다(Mabro, 2005). 역설적이게도 당시 OPEC 회원국들이 이룬 가장 큰 성과는 에너지 효율 개선을 위한 정책적 노력을 촉발시켰다는 점이다. 한편 국제 에너지 기업이 북해와 멕시코 만에 위치한 OECD 회원국의 화석연료 개발에 참여하게 만드는 역설적인 성과도 거두었다. 세 번째 시대는 정부의 직접적인 역할이 줄어들고 시장 원리가 강력해진 것처럼 보이는 시기다. 오늘날은 네 번째 시대에 해당하는 시기로, 다시 정부가 중심적인 역할을 수행하는 시기라고 할 수 있다. 여기서 말하는 정부에는 에너지 정책에 적극적으로 참여·개입하는 생산국뿐 아니라 수입국도 포함된다. 물론 미국에서 시작된 셰일가스 혁명이 게임의 판도를 바꾼 것이 사실이지만, 새로운 시대로 변화한 이유 가운데 하나는 OECD 회원국의 에너지 자원이 감소한 것과 관련이 있다. 오늘날과 같은 네 번째 시대에는 에너지업계의 대기업이라고 불리는 국제 석유회사(International Oil Company: IOC)가 에너지 자원에 대한 통제를 강화하는 정부의 입장을 고려해서 자신의 위상을 재정립해야 할 뿐만 아니라, 화석연료 매장지에 대한 접근성을 확보하기 위해 국영 석유회사(National Oil Company: NOC)와도 경쟁해야 한다. 이로 인해 국제 석유회사는 일반적인 다른 기업의 활동 범위를 넘어서는 노력을 기울임과 동시에 첨단기술이 필요한 도전적인 자원을 개발하기 위해 기술 개발자이자 은행연합으로서의 소임도 다해야 하는 상황이다. 바꿔 말하면 정부의 재정 능력을 넘어서는 프로젝트를 책임짐과 동시에 사내 유보 이익으로 대규모 기술 개발을 지원하기 위해 노력해야 하는 상황이다. 정리하자면, 국제 석유회사는 에너지 분야에 특화된 기술과 자본의 결합체인 셈이다. 이들은 자신의 역할을 이행하기 위한 재원을 충분히 확보하기 위해 AA 또는 A등급 정도의 평가를 받으려고 자기자본비율을 일부러 낮게 유지하려는 경향이 있다. 한편으로는 대차대조표를 안정적으로 유지하고 재정적 수단을 강화하면서도 프로젝트 비용을 충당하며 고위험이 존재하는 사업에서 수익을 확보하려는 성향도 갖고 있다.

　시민단체와 지역사회 역시 에너지 관련 상호작용을 유지하기 위한 기반을 형성하는 과정에 참여할 수 있다. 채굴 산업 투명성 이니셔티브의 사례에서 파악되듯, 이런 거버넌스 체계는 부패를 억제함으로써 시장 메커니즘을 강화하는 기능을 할 수 있다. 여기서 말하는 채굴 산업 투명성 이니셔티브는 국가와 기업이 자원의 채굴 과정에서 취득한 이익을 대중에게 공개하도록 촉구하는 국제기구를 가리킨다. 한편으로 시민단체의 영향력은 지역적인 목표를 달성하는 데 활용될 수 있을 뿐만 아니라 에너지 자원 개발과 관련된 성과물을 더욱 폭넓게 공유하도록 만드는 데에도 활용될 수 있다. 물론 일부 정치인들이 관변 단체를 설립할 수도 있기 때문에 시민단체는 어떻게 하면 정부와 기업으로부터 독립성을 확보하고 지지 기반을 넓힐지 고민할 것이다. 몇몇 사례를 보면, 권력 구조와 결합된 시민단체는 정치적·사회적 정당성 또는 프로세스의 통합성이라는 측면에서 개발 사업을 순수한 시장가격 체계로부터 탈피시키는 역할을 할 수 있을 것으로도 생각된다. 투자자, 정부, 시민단체의 지지를 받는 지역사회라는 3자 관계는 석유와 가스라는 천연자원의 지속가능한 발전을 위해 이들 각자의 다양한 목표

간의 균형을 맞추는 데 도움을 줄 것이며, 이러한 방식은 가장 이상적인 형태라 할 수 있다(Bressand, 2011).

에너지 자원의 거래: 가치사슬과 시장

이 절에서는 에너지 관련 결정을 정치·경제적인 관점에서 살펴볼 것이다. 즉, 자산, 제품, 서비스 같은 경제학의 가장 기본적인 측면을 중심으로 살펴보려 한다. 각각에 대한 세부적인 사항은 다른 장에서 더욱 구체적으로 논의할 것이다.

석유 시장, OPEC, 그리고 가격 선언 레짐

석유 시장은 가장 광범위한 상호작용이 이뤄지는 시장이다. 따라서 가솔린, 디젤 같은 석유제품 시장과 원유 시장 간의 차이점과 원유 시장에서 OPEC의 역할이라는 두 가지 측면을 살펴볼 필요가 있다.

먼저, 옥스퍼드대의 로버트 마브로(Robert E. Mabro)의 연구를 기초로 오늘날 원유 가격의 결정 과정을 살펴볼 것이다. 이 연구는 앞서 언급한 다양한 제약에도 불구하고 어떻게 브렌트유, 서부텍사스중질유(WTI), 두바이유 같은 원유의 선물 시장이 석유 가격의 결정에 중심적인 역할을 하게 되었는지를 보여준다. 즉, 저렴한 석유 자원이 페르시아 만에 여전히 미개발 상태로 풍부하게 존재하는데도 어떻게 고비용의 생산자들이 한계 생산자로서 가격을 결정하게 되었는지 설명해준다. 브렌트유는 런던에 본거지를 둔 국제석유거래소(International Petroleum Exchange: IPE)에서 판매되며, 서부텍사스유의 현물 및 선물은 뉴욕상업거래소(New York Mercantile Exchange: NYMEX)에서 거래된다. 이때 OPEC은 생산 쿼터제를 이용하는 방식으로 액체연료 선물 시장의 가격 결정에 영향을 미치려 한다. 물론 OPEC이 석유 가격의 수용자이기는 하지만 원유 생산량의 결정 및 할당량의 직접적인 이용이라는 정책적 신호와 기대를 기반으로 '순풍에 돛

단 듯이' 시장에 적절히 영향을 미칠 수 있다. 마브로가 강조했듯이 기업연합은 가격 규율을 강요할 수 있을 때만 존재할 수 있다. 여기에서 말하는 가격 규율에는 부정행위를 하는 집단의 무임승차를 처벌하기 위한 핵심 구성원의 과잉 공급도 포함된다. 이런 측면에서 OPEC은 역설적이게도 일종의 기업연합처럼 운영되었으며, 이러한 담합 중에서 가장 놀랄 만한 사례는 1985년 사우디아라비아의 '순가격제(netback prices)'였다. 이 사건으로 당시의 석유 가격은 붕괴되었으며, 사우디아라비아는 결과적으로 자신들이 원했던 고유가로의 전환도 달성하지 못하고 말았다. 이같이 공시 가격 레짐이 붕괴된 이후 약간씩 다른 가격 설정 레짐이 2~3개 등장했으며, OPEC은 가격 결정을 포기한 채 할당량 결정에 만족해야만 했다. 이것이 바로 예고 또는 비예고 방식의 탄력적 유가밴드제[12]다. 이러한 가격 메커니즘하에는 OPEC 회원국들이 석유를 팔아서 벌어들이는 수입에 의존적일 수밖에 없다. 석유 수출액은 '아랍의 봄(Arab Spring)'[13] 이후 엄청나게 증가했으며, 유가는 배럴당 70달러에서 100달러로 가격이 상승한 상태다.

　한편으로는 수요의 구조적인 변화도 유가 변동의 중요한 원인 가운데 하나다. 5장에서 크리스토퍼 올솝과 바삼 파투가 다루겠지만, 2000년부터 2010년 사이에 OECD 비회원국에서의 석유 수요는 일평균 1300만 배럴까지 증가한 데 반해, 같은 기간 OECD 회원국의 석유 소비는 일평균 150만 배럴로 하락한 상태다(BP, 2011). 이러한 OECD 비회원국의 소비 증가는 주로 아시아·태평양 지역에서 발생하고 있는데, 같은 기간 동안 세계 석유 소비 변화의 50% 이상이 이 지역에서 나타났다. 앞서 언급한 바와 같이 공급 측면의 구조적 변화는 2005년을 기점으로 한 전통적인 원유의 생산 정점과 관련이 있다. 한편으로는 새로운 석유 자원의 절반 이상을 차지하는 심해 자원과 중유, 타이트 오일에 대한 투자 및 북미 지역의 액화천연가스(Liquefied Natural Gas: LNG) 생산 증가와도 관련이 있다.

12　유가밴드제는 OPEC에서 국제 유가를 안정시키기 위해 국제 유가의 변동 범위를 정해놓고 그 범위 안에서만 유가가 움직이도록 산유량을 조절하는 것을 말한다. _옮긴이
13　아랍의 봄은 2010년 말 튀니지에서 시작되어 아랍의 중동 및 북아프리카로 확산된 반(反)정부 시위를 통칭해서 일컫는 개념이다. _옮긴이

천연가스 시장

천연가스 시장은 석유 시장만큼의 세계화를 기대하기는 어렵다. 북미 지역에서는 천연가스 가격이 100만btu[14]당 2~3달러 수준인 데 반해, 유럽에서는 10달러, 태평양 지역에서는 20달러로 차이가 크다. 이는 단순히 가격 자체가 다른 것이 아니라 가격 선언 메커니즘이 다르다는 것을 의미한다. 북미 시장의 경우 단 한 군데서만 완전 경쟁이 이뤄지는데, 관계자의 표현을 빌면 이른바 '가스 대 가스'의 경쟁이 유일하게 존재하는 지역이라고 할 수 있다. 반면 유럽과 태평양 지역에서는 천연가스가 장기적인 관점에서 거래되기 때문에 석유 가격의 변동과 관련된 핵심 요인을 고려하는 유가 연동 방식으로 계약이 이뤄지고 있다. 여기서 중요한 질문은 이 같은 지역 간 가격 격차가 이후 어느 정도까지 통합될 수 있을 것인가다. 이때 미국의 액화천연가스 수출은 가격 수렴의 주요 동력이 될 것이다. 앞서 설명한 제도적 맥락을 고려할 때, 미국에서는 천연가스의 수출을 금지·제한하기 위해 에너지 자립이라는 명분이 활용될 뿐 아니라 자국 내 기업을 보호하기 위해 가스와 전력 가격을 낮은 수준에서 유지하려는 각종 로비가 진행될 가능성도 있다.

에너지 시장의 본질적 속성인 기술혁신: 재생가능에너지를 중심으로

이 책의 7장에서 멜 호위치와 마이클 라벨이 언급하듯이 "혁신은 국제 에너지 분야에서 핵심적인 영역을 차지"하며, 이는 이 장에서 다룬 정치경제학적인 관점과도 어느 정도 일맥상통한다. 이들에 따르면 "기술은 기업, 정부, 사회의 협력에 의해 선택되기 마련"이며, 이는 "서로 강화되면서 시너지를 만드는 민간 부문과 공공 부문의 협력적 관계"로 정의되는 일반화된 규제 레짐의 일종이라고 할 수 있다(Knill and Lehmkuhl, 2002). 이러한 현상은 특히 재생가능한 자원의 시

---

14 btu는 1파운드의 물을 대기압하에서 화씨 1도 올리는 데 필요한 열량을 나타내는 단위다. _옮긴이

장에서 뚜렷이 나타난다. 재생가능한 자원에는 국가 안보 또는 환경 정책과 밀접히 관련되는 농업 정책의 산물인 바이오연료뿐 아니라 발전차액지원제 같은 가격 유지 제도에 의존하는 재생가능전력도 포함된다.

에너지 시장에서 진화는 심해 채굴 기술이나 태양전지와 같은 비약적인 발전에 대한 요구에 발맞춘 기술혁신의 결과다. 이러한 진화는 석유, 가스, 재생가능전력 시장에 매우 직접적인 영향을 미쳤으며, 석탄 시장은 현재 진행 중인 혁신으로부터 간접적인 영향을 받고 있다. 물론 석유와 가스 영역에서도 기술혁신이 끊임없이 이뤄지고 있는데, 매장지 지도화 및 채굴 기술의 혁신은 지하자원의 보유량을 어떻게 늘릴 것인지를 경제적으로 명확히 제시하는 데 도움이 될 것이다. 판도를 바꾸는 기술혁신은 적은 자본을 투입하는 군소 기업의 기업가적 전략의 결과물일 수도 있다. 이와 관련된 사례로는 미국의 석유 사업가 조지 미첼(George Mitchell)의 셰일가스 자원 개발 노력을 들 수 있다. 셰일가스는 대량으로 존재한다고 과거에도 알려진 자원이었지만, 지난 100여 년 동안 매우 적은 양만 이용되었을 뿐이며 경제적이지 못한 자원이라고 알려졌었다. 그렇지만 이러한 고정관념을 탈피하는 데에는 기업가 정신과 끈기뿐 아니라 정부의 계획적인 지원도 상당한 기여를 했다. 미첼 에너지(Mitchell Energy)는 미국 세법 29조의 비전통적인 천연가스에 대한 세제 지원과 더불어, 1976년 '동부 가스 셰일 프로젝트(Eastern Gas Shales Project)'에 투입되었던 연방자금과 바넷 셰일(Barnett Shale) 지역에 대한 공적 자금을 통해 돌파구를 마련할 수 있었다.

결론

현대 사회의 에너지 문제를 국제적인 관점에서 이해하기 위해서는 '시장 대 정부' 또는 '시장친화적 정부 대 자원민족주의적 정부'라는 흑백논리를 지양해야 한다. 대신 에너지 자원과 가치사슬 전반을 가로지르는 국가와 각종 행위자들의 복잡한 상호작용을 정확히 파악할 필요가 있다. 정부, 시민사회, 투자자의 상호

작용을 이해하는 방식으로는 정치경제학적인 관점이 대단히 유용할 수 있다. 예를 들면, 경제성을 확보한 자원을 평가하기 위해서는 이 장에서 적용한 상호작용, 자원의 접근·개발에 관한 제도주의, WTO 체제 밖에 존재하는 규칙의 진화를 지배하는 권력 구조, 그리고 화석연료·재생가능에너지·전력 시장에 참여하는 모든 구성원의 상호작용을 면밀히 검토해야 할 것이다.

02 에너지, 세계 전략, 국제 안보의 복합성

메간 오설리번*

서론

미국인들은 일반 대중들의 큰 관심이나 기대 없이도 에너지의 운명이 짧은 시간 동안 급격하게 변화한 데 대해 매우 놀라면서 한편으로는 다행이라고 생각하는 경향이 있다. 미국에서 생산되는 석유와 가스의 실제 생산량뿐 아니라 미래 생산량에 대한 예측도 과거 5년 동안 매우 급격히 변해왔다. 2000년대 중반까지만 해도 대부분의 전문가들은 미국이 미래에 수입 천연가스에 심각하게 의존하게 될 것이라고 예측했지만, 2012년이 되자 오히려 워싱턴에서 미국이 천연가스 수출국이 되는 것에 대한 찬반 논란이 벌어질 정도였다.[1] 미국의 석유 생산량은 아주 천천히 증가하고 있는데, 그중 상당 부분이 노스다코타와 텍사스 이글 포

---

* 이 장을 연구하는 데 도움을 준 카웨 사데 자데(Kaweh Sadegh-Zadeh)와 이전 초고를 논평해준 앤 드리스 골드소에게 감사드린다.

1 2005년 미국 에너지 기업들은 천연가스를 수입하기 위해서 40여 개의 액화천연가스 터미널을 건설하기 위한 계획을 세우는 데 집중했다. 터미널의 가격은 개당 5억~10억 달러 수준이었다(Romero, 2005).

드(Eagle Ford)의 바켄 암석(Bakken formation)에서 생산되는 타이트 오일의 개발로 인한 것이다.[2]

기술혁신이 이러한 변화를 가져왔다고 할 수 있다. 특히 수압파쇄법과 수평 시추기법의 발전으로 인해 과거에는 자원이 존재하더라도 경제성이 희박하다고 여겨졌던 지역에 매장된 석유와 가스를 개발하는 일이 이제는 가능해졌다. 이러한 기술 발전은 미국 주변 국가의 에너지 개발로 이어지고 있다. 캐나다는 오일샌드의 생산량을 2014년에 2배로 늘릴 예정이며, 브라질은 방대한 암염 하부에 있는 심해 석유의 채굴을 계획하고 있다.

이러한 에너지 개발이 미국의 중요한 경제적 수입원이 될 것임은 분명한 사실이다. 값싼 천연가스는 미국의 제조업을 부흥시키는 원동력이 되었고, 줄어든 석유 수입은 무역 적자를 감소시키고 달러 가치를 높여줄 것이다. 석유와 가스의 부흥은 고용 증가에도 직간접적으로 영향을 미칠 것이다(Morse et al., 2012). 그렇지만 무엇보다도 미국은 석유와 가스의 부흥으로 인해 상당한 안보 혜택을 누릴 수 있었다. 셰일가스 붐으로 인해 미국의 안보 이익은 상당히 축적되었으며, 이는 앞으로도 지속될 것으로 전망된다. 버락 오바마(Barack Obama) 미국 대통령은 미국의 전략적 요충지에서 발생한 에너지 전환의 긍정적 효과를 강조했으며, 전 CIA 국장 짐 울시(Jim Woolsey)도 에너지 혁명으로 인해 미국이 전 세계에서 다시 리더십을 발휘할 수 있을 것이라고 판단했을 정도다.

그렇지만 에너지 안보라는 측면에서 이러한 미국의 에너지 개발을 어떻게 바라봐야 하는가에 대해서는 의문이 제기될 수 있다. 이러한 문제는 대부분 에너지 안보를 어떻게 정의하느냐와 관련이 있다. 전통적으로 에너지 안보는 합리적인 가격으로 에너지가 충분히 공급되는가에 대한 접근을 의미했다. 따라서 에너지 안보는 주로 소비국이나 순 수입국과 관련되는 개념으로 인식되었으며, 핵심

---

2   미국의 타이트 오일 생산량은 2003년 하루 1만 배럴에서 2011년 90만 배럴로 지난 10년간 상당히 증가했다. 노스다코타, 몬태나, 텍사스의 이글 포드에 있는 바켄 암석은 미국의 전체 타이트 오일 생산량의 84%를 차지한다. 에너지 컨설팅업체인 우드 매켄지(Wood Mackenzie)는 타이트 오일 생산량이 2015년에는 하루 250만 배럴에 달할 것으로 예상하고 있다.

적인 요소는 접근력, 공급력, 구매력이라고 할 수 있다. 이처럼 전통적·기본적인 개념 정의에 따르면, 미국은 셰일가스와 타이트 오일이라는 최근의 기술 혁명으로 인해 상당한 양의 에너지를 확보한 것으로 판단된다. 이러한 신규 에너지원의 개발 덕분에 석유와 가스의 수입은 현저하게 줄어들었는데, 미국의 천연가스 수입은 2005년 43억 세제곱피트에서 2011년 35억 세제곱피트로 떨어졌다.[3] 이와 유사하게 순 석유 수입도 2005년 125만 배럴에서 2011년 84만 배럴로 줄어들었다(Nerurkar, 2011). 당시 125만 배럴은 미국 역사상 가장 높은 석유 수입량이었고, 84만 배럴은 1995년 이후로 가장 낮은 수입량이었다. 이는 미국이 인근 국가로부터 전체 석유의 49%와 천연가스의 89%를 수입했다는 사실을 알고 있는 미국인들에게는 특히 큰 위로가 될 것이다.[4]

에너지 안보라는 개념은 최근 몇 년 동안 더욱 다양한 관점을 포함하는 방향으로 수정되고 있다(Yergin, 2006). 특히 이 과정에서 소비자들이 에너지 확보라는 한 가지 문제에만 관심을 갖는 것이 아니라는 사실이 알려졌다. 예를 들면, 수요 확보는 에너지 수출을 통해 수입을 얻는 국가에 공급 확보만큼이나 중요한 개념일 수 있다. 특히 수송 확보는 소비자와 생산자 모두에게 중요한 개념이다. 접근 가능한 에너지를 적당한 가격에 최종 소비자에게 공급하기 위해서는 안전한 기반 시설 및 수송로의 확보가 핵심적인 사항이다. 다시 말해 이 같은 에너지 붐은 미국의 에너지 안보를 보장할 수 있도록 해주었다. 즉, 보스포루스 해협이나 호르무즈 해협을 통해 수송되는 석유보다 캐나다에서 수입된 석유가 공급이 중단될 위험이 당연히 낮을 것이다.

에너지 안보를 좀 더 정교하게 정의하면, 특정 국가의 정치·안보·외교·군사계획을 복잡하게 만들지 않으면서 적당한 가격으로 에너지를 확보하는 것 이상

---

3 이 같은 수입의 감소는 지난 몇 년간 세계경제 위기로 산업 활동이 줄어들었기 때문이기도 하고, 부분적으로는 시간이 흐르면서 효율성이 개선되었기 때문이기도 하다. 이로 인해 예르긴은 미국을 포함한 OECD 회원국들이 이미 수요 정점(peak demand)에 도달했다고 주장했을 정도다.

4 49%에는 베네수엘라에서 수입한 석유가 포함되어 있다. 베네수엘라에서 수입하는 석유는 전체의 10%를 차지한다. 달리 말하면, 미국은 39%의 원유를 가깝고 안정적인 인근 국가에서 수입한다.

을 의미하기도 한다. 만약 공급되는 에너지의 가격이 비싸고 위험성도 높으며 기회비용이라는 측면에서도 제한적인 상황에 놓여 있다면 해당 국가는 에너지를 제대로 확보했다고 할 수 있을까? 이처럼 확대된 개념에 따르면, 미국은 최근의 기술 개발로 인해 많은 에너지를 확보한 것처럼 보이지만 사실은 아닐 수도 있다. 예를 들면, 최근의 에너지 변화가 중동에서 주둔군의 축소와 기타 국제 정책에 상당한 재량권을 부여했다면 에너지 개발 덕분에 미국이 진정한 에너지 안보를 확보했다고 말할 수 있을 것이다. 미국의 에너지 혁명은 이러한 효과를 상당 부분 가져오기는 했지만, 앞으로도 계속 그럴 것이라고 단정하기에는 아직 이르다.

이 장에서는 에너지와 안보의 광범위한 상호작용뿐 아니라 이 두 개념의 다양한 상호작용 방식에 대해 구체적으로 살펴볼 것이다. 이를 위해 '에너지 안보'보다는 '에너지 지정학'을 살펴보는 편이 더욱 유용할 것이다. 이어 에너지와 안보사이의 중첩되는 부분도 고려할 것이다. 여기서 안보란 경제적·환경적인 개념이 아닌 '이해하기 어려울 수도 있는' 국가 안보에 관한 것이다. 현재 에너지와 안보가 중첩되는 부분에서는 수많은 쟁점이 발생하고 있는데, 이 장에서는 국제에너지 믹스에서 화석연료가 지배적이라는 사실을 고려해서 석유와 천연가스의 사례부터 살펴보려 한다. 물론 안보와 재생에너지 간의 복잡한 상호작용을 부인하거나 원자력과 같은 다른 에너지원과 관련된 안보 문제의 중요성을 부인하는 것은 아니다.[5]

에너지, 안보, 국가 패권 전략

에너지와 안보의 상호작용과 관련해서는 국가 패권 전략에 대한 이야기부터

---

5   이에 대한 예시로는 Evans and Kawaguchi(2009: 124~146), Lovins et al.(2008), Deutch et al.
    (2003)을 참고할 수 있다.

시작하는 것이 바람직할 것이다. 왜냐하면 국가, 행위자, 국제 협약의 수많은 상호작용을 포괄하는 패권 전략이라는 개념은 정부의 에너지 수요 충족이라는 좁은 의미의 안보 개념보다 에너지와 안보가 밀접하게 관련되는 방식에 대해 더 폭넓은 관점을 제공하기 때문이다.

이처럼 패권 전략은 포괄적인 개념으로, 국가가 국제 환경을 조성하고 안보 목표를 달성하기 위해 국력이라는 수단을 확보하는 것과 관련이 있다. 패권 전략은 일반적으로 세 가지 요소, 즉 원하는 결과에 대한 전망이나 지향점(목표), 목표 달성을 위한 도구와 제도(방법), 노력을 기울이기 위한 자원(수단)으로 구성된다. 좋은 패권 전략은 지도자, 정책 결정자, 시민 모두를 위한 하나의 전망을 제시하고 부족할 수밖에 없는 자원의 우선순위를 결정하는 데 도움을 준다.

그렇지만 모든 국가가 의도적으로 패권 전략을 세우는 것은 아니다. 의도적으로 전략을 세우는 국가는 일반적으로 자국의 강점·약점뿐 아니라 세계적·지역적인 여건을 평가함으로써 패권 전략을 공식화한다. 이때 패권 전략 수립국은 에너지를 경제성장의 핵심적인 요건으로 설정할 것이다. 예를 들어, 일본 패권 전략의 동력 가운데 하나는 전적으로 외부에 의존하는 에너지와 관련이 있다. 따라서 일본은 미래에 가장 안정적이고 저렴한 방법으로 에너지를 확보하기 위한 정치적·군사적인 전략을 만들어낼 것이다. 반면에 브라질 같은 국가는 자국의 에너지 자원을 거대한 전략적 자산으로 간주하고 있으며, 에너지와 무관한 정책 목표를 달성하기 위해서도 에너지를 이용하는 방식의 패권 전략을 전개시킬 가능성이 높다.

요약하자면, 에너지는 목표, 방법, 수단이라는 세 가지 요소의 핵심적인 동력이 될 수 있다. 사람들은 일반적으로 에너지를 국가의 목표로 생각한다. 그렇다면 '적당한 가격의 충분한 에너지 확보'라는 목표를 달성하기 위해 국가는 무엇을 해야 하는가를 고민해야 한다. 그렇지만 에너지는 패권 전략의 목표뿐 아니라 방식에도 엄청난 영향을 미친다. 왜냐하면 정부는 비에너지 정책 목표를 달성하기 위한 매개체와 도구로 에너지를 이용하는 경향이 있기 때문이다. 결국 에너지와 에너지로 인한 수입은 비에너지 정책 목표를 추구하기 위한 수단이 될 수도 있다. 에너지가 패권 전략을 공식화하고 실행하는 데 필요한 전혀 다른 역할들을 어떻게 수행하는지 알 수 있다면, 에너지에 의해 형성된 오늘날의 국제 풍경을 이해하는 데 도움이 될 것이다.

패권 전략의 목표로서의 에너지

적당한 가격에 충분한 에너지를 공급받는 것은 대부분 소비국에서 추진하는 패권 전략의 목표다.[6] 필수재인 에너지는 국가의 번영과 안정성에 매우 중요하다. 이때 국가의 안정성이란 에너지 안보를 충족시키는 도구가 무엇이든 간에 그 도구의 사용 가능성과 관련이 있다. 물론 대부분의 국가는 도구가 제한적이기 때문에 일차적으로는 에너지를 공급하는 국제시장에 의존할 수밖에 없다. 그러므로 이러한 국가의 패권 전략은 필요한 석유, 가스, 기타 에너지를 소비하기에 충분한 외화를 확보하는 데 초점을 맞출 것이다. 그렇지만 몇몇 국가는 에너지 확보에 필요한 도구와 자원을 충분히 보유하고 있다. 이런 국가들은 에너지 목표를 달성하기 위해 정치·외교·경제·군사적인 전략을 사용하는 경우가 종종 있다.

석유를 위한 희생?

사람들은 많은 국가들이 에너지 수요를 충족시키기 위해 군사력을 사용하거나 전쟁을 일으킨다고 생각한다.[7]

---

6 한편으로 수요 측면의 안보는 생산국의 외교 정책이나 국가 안보 전략을 추진하기 위한 목표가 될 수 있다. 예를 들어, 유럽이 러시아의 영향력으로부터 벗어나 가스 수입원을 다양화하려고 노력하자 러시아 정부는 중국을 대안적인 시장으로 고려하기 시작했다. 에너지는 오늘날 러시아와 중국의 협력을 가능하게 만드는 동력 가운데 하나다. 섣부른 판단일지 모르지만, 카타르가 리비아에 개입한 이유 가운데 하나는 장차 도하(Doha)에 가스 시장을 확보하는 것과 관련이 있을 수 있다. 카타르는 현재 리비아의 에너지 재건 사업에 참여하고 있는데, 이는 카타르에 두 가지 산업을 부분적으로 통합할 수 있는 기회를 제공해줄 것이다. 즉, 카타르가 유럽 시장에 대한 접근성을 지속적으로 유지하도록 해줄 것이다.

제2차 세계대전은 주축국[8]이 오로지 유전을 물리적으로 통제하는 것만이 자신들의 에너지 수요를 충족시킬 수 있다고 생각했음을 증명하는 강력한 사례다. 이러한 생각은 히틀러가 아제르바이잔의 수도 바쿠를 침공한 것과, 일본이 동남아시아의 보르네오를 공습한 데서 잘 나타난다.[9]

시간이 지나면서 세계 전쟁은 거의 사라졌으며, 에너지 자원에 대한 물리적인 통제권을 장악하려는 시도는 거의 이뤄지지 않고 있다(Jaffe et al., 2008). 소련이 이란의 유전을 장악하기 위한 토대로 아프가니스탄을 이용했다면, 이는 주목할 만한 예외가 되었을 것이다. 사실 이는 미국이 두려워했던 부분이었다. 1990년 8월 단행된 이라크의 쿠웨이트 침공은 아마도 자원 통제를 목적으로 삼았던 전쟁의 가장 훌륭한 최근 사례일 것이다. 당시 사담 후세인은 쿠웨이트가 루마일라 유전의 국경을 가로지르는 경사 시추를 중단하라고 요청했기 때문에 전쟁을 치러야 했다.

다수의 이라크인을 포함한 일부 사람들은 1991년과 2003년에 발생한 두 번의 이라크 전쟁은 광활한 석유 자원을 물리적으로 통제하려 했던 미국의 욕심 때문에 발발한 것이라고 증언한다. 한편으로는 미국이 이라크의 석유를 직접 통제하거나 자국의 기업을 통해 이라크의 석유를 개발하기 위해 이라크를 침공했다는 주장도 제기되고 있다. 반대로 어떤 이들은 이라크 전쟁과 석유 간의 어떠한 관련성도 인정하지 않기도 한다.[10] 사람들은 '석유를 위한 희생'이라는 뜨거운 논쟁 속에서 이 둘을 좀처럼 구분하지 않고 있다. 그렇지만 이들의 입장을 분석하

---

7   2007년 1월 16일부터 18일까지 미국의 여론조사 전문기관인 조그비 인터랙티브(Zogby interactive)가 실시한 조사 결과에 따르면 6909명의 응답자 중 32.7%가 이라크 석유가 중요하다고 대답한 반면, 그렇지 않다고 응답한 사람은 23.7%에 불과했다(www.upi.com).

8   추축국(Axis Powers)이란 제2차 세계대전 중 연합국 측에 대항해서 전쟁을 추진한 세력을 말한다. 1936년 독일과 이탈리아, 일본 3개 나라 사이의 우호 조약으로 시작되었다. _옮긴이

9   이러한 결정에 대한 모든 근거는 Kershaw(2008)의 글 가운데 2장과 8장을 참고할 수 있다.

10   2003년 7월 10일의 언론 브리핑에 따르면, 콜린 파월(Colin Powell) 미국 국무부 장관은 다음과 같이 언급했다. "우리는 미국을 위해 단 한 방울의 이라크 석유도 취하지 않았습니다. 사실 정반대로 …… 전쟁을 수행하기 위해서는 막대한 비용이 듭니다. 이라크의 석유는 이라크 사람들의 것입니다. 이라크 석유는 이라크 사람들의 재산이며, 그들의 이익을 위해 사용될 것입니다. 그러므로 우리는 석유를 얻기 위한 어떤 일도 하지 않았습니다."

려면 상업적 이익과 전략적 이익을 구분해서 이해할 필요가 있다.[11]

　미국이 이라크의 석유를 직접적으로 통제하기 위해 또는 자국의 기업을 통해 석유를 개발함으로써 상업적인 이득을 얻기 위해 1991년의 1차 걸프전을 일으켰다는 증거는 거의 없다. 만약 이러한 이유가 동기였다면 미국이 주도한 연합체는 석유 매장량이 세계에서 가장 많은 지역인 이라크 남부 지역을 그렇게 빨리 포기하지 않았을 것이다.[12] 더욱이 석유의 상업적 이익이 가장 중요한 미국 주도의 연합체는 쿠웨이트의 방대한 석유 자원과 관련된 조건이나 합의가 사실상 전혀 없었던 쿠웨이트에 주권을 이양하지 않았을지도 모른다. 실제로 쿠웨이트는 오늘날까지 유전 개발에 대한 외국의 개입을 전혀 허용하지 않고 있다.

　그렇지만 석유와 관련된 전략적 이익은 사실 후세인을 쿠웨이트에서 내쫓기 위해 군사력을 사용하기로 결정하게 된 중요한 요인 중 하나였다. 이라크가 쿠웨이트를 침공하고 유전을 점령했을 때 후세인의 통제하에 있던 석유 비축량은 전 세계의 19%였다. 후세인이 사우디아라비아를 계속 장악했더라면 세계 석유 비축량의 44%를 자신의 통제하에 두었을 수도 있다. 이처럼 미국과 세계를 둘러싼 상황이 전략적으로 함축하는 바는 매우 중요하다. 후세인이 이같이 석유를 통제했더라면 지역적인 힘의 균형이 미국의 동맹국에서 이라크로 옮겨갈 수도 있었을 것이다. 또한 당시는 소련의 붕괴로 인해 새롭고 불확실한 동력이 발생하는 시기였으므로 후세인이 다른 아랍 국가를 침공하고 이스라엘을 위협하며 국제 유가를 불안정하게 만들어 궁극적으로는 세계경제에 영향을 미쳤을 수도 있다. 이러한 이유 때문에 비록 미국은 이라크와 쿠웨이트에서 자국 기업이 안정적이고 유리한 위치를 확보하는 상업적 이익을 얻지는 못했지만 후세인의 쿠

11　앨런 그린스펀(Alan Greenspan)은 회고록에 다음과 같은 글을 남긴 바 있다. "나는 모두가 알고 있는 사실이 정치적으로 불편하다는 사실에 서글픔을 금할 수 없습니다. 이라크 전쟁의 목적은 대부분 석유와 관련이 있습니다"(Greenspan, 2007: 463). 그렇지만 이러한 진술은 그린스펀이 상업적 이익과 전략적 이익 둘 다를 전쟁의 숨은 요인으로 보았는지 아니면 어느 한 쪽만 그 요인으로 보았는지를 명확히 밝히지 않고 있다.
12　이라크의 동남쪽에 위치한 어마어마한 크기의 매장지는 세계에서 규모가 가장 큰 것으로 간주되고 있으며, 이라크 석유의 80%가 매장된 것으로 알려져 있다.

웨이트 장악을 무력화시키고 후세인이 사우디아라비아를 침공하지 못하게 만드는 전략적 이익은 얻을 수 있었다.

마찬가지로 2003년에 미국이 이라크 침공을 결정한 결정적인 요인 역시 상업적 이익이 아니었다. 미국의 주요 관심사가 이라크의 석유였다면 사실 석유를 확보하는 더 저렴하고 빠른 방법이 있었을 것이다. 실제로 2003년 전쟁 이전에도 몇 년 동안 후세인은 러시아의 루크오일(Luk Oil)과 중국석유공사(China National Petroleum Corporation: CNPC) 같은 세계적인 기업과 고수익의 상품 협정을 진행해오고 있었으며, 제재의 중단 여부는 그때까지 결정되지 않은 상태였다. 제재 중단을 해제하기 위해 이라크의 석유에 대한 접근권을 개방하려 했던 후세인의 의지를 고려한다면 미국은 UN 안전보장이사회에 영향력을 행사할 수도 있었을 것이다. 즉, 안전보장이사회의 다른 구성원들처럼 1990년대나 2000년대 초기에 제재를 끝내는 대신 미국 석유기업의 이익을 위해 협정을 타결할 수도 있었을 것이다.

이라크를 지배하는 미국 주도하의 단체 연합국임시기구(Coalition Provisional Authority: CPA)가 석유 문제에 개입했다는 것은 2003년 침공의 원인이 상업적 이익이 아니었음을 보여주는 증거다. CPA는 해외 투자와 사유재산법 변경을 위해 이라크과도통치위원회(Iraq Governing Council)[13]가 제정한 규제 제도를 지원하고 감독하기는 했지만, 에너지와 석유에 대해서는 관여하지 않았다. 왜냐하면 자원 배분은 합법적으로 선출된 이라크 정부가 결정해야 할 사항이라고 보았기 때문이다.[14] 이러한 결과는 이라크 석유에 대한 미국의 불간섭주의와 일치하지만 이들 간의 상관관계가 직접적으로 증명된 것은 아니다. 그렇지만 적어도 이라크에 영향력을 행사하려는 미국의 노력이 실패로 돌아갔다고는 볼 수 있다.

1차 걸프 전쟁과 마찬가지로 2003년 이라크 침공에 결정적인 역할을 한 석유가 상업적인 이익이 아닌 전략적 이익과 관련이 있음을 보여주는 강력한 증거가

---

13 CPA에 대응하기 위한 이라크의 정부 조직이다.
14 2009년과 2010년에 입찰에 참여해 11개의 석유 프로젝트를 성공적으로 입찰했던 협력단은 엑슨 모빌과 옥시덴탈(Occidental) 두 회사뿐이다(Bernstein Research, 2010).

있다. 그렇지만 이러한 관련성은 앞서 제시한 전쟁만큼 강력하지는 않다. 2003년에는 후세인의 석유 자원이 이라크 국경 내에 국한되기는 했지만, 사실 석유는 대량 살상무기를 추구하는 후세인의 비도덕적이고 위험한 행동을 가능하게 만드는 연료 이상의 의미를 지니고 있었다. 시간이 흘러 경제제재에 대한 국제사회의 지지가 약해지자 제재를 회피하려는 후세인의 능력은 미국의 우려를 심화시켰다. 즉, 미국은 후세인이 지역의 불안정한 정세를 전환시킬 만큼 충분한 자원을 축적하고 있다고 여겼던 것이다.[15] 더욱이 석유가 전쟁의 자극제는 아니었지만, 석유의 존재만으로도 전쟁 지지자들은 비용이라는 전쟁의 억제 수단을 묵살할 수 있었다. 부시 정부의 핵심 인물들은 무기력한 후세인과 관련된 비용을 심각하게 고려하지 않았으며, 이라크의 풍부한 석유가 국가 재건을 위해 사용될 것이라고 주장했다.[16]

자원 경쟁의 부산물인 갈등

에너지를 목표로서 추구하는 것은 덜 직접적이기는 하지만 갈등을 유발할 수 있다. 몇 가지 사례를 통해 볼 때 국가 에너지의 수요를 충족시키기 위한 탐색은 국제적인 긴장과 심각한 갈등을 일으킬 수도 있다. 이때 전쟁은 에너지 자원을 확보하기 위해 실제로 사용된 전략은 아니다. 그렇지만 무력이 사용되는 대립은 에너지를 확보하기 위해 국가가 사용하는 전략의 부산물일 가능성이 있다. 오늘날의 용어로 전쟁을 포함한 광의의 갈등은 세계 자원 쟁탈전의 결과일 수 있다.

---

15 2004년 미국 회계감사원(GAO)의 보고서는 1997년과 2002년 사이에 후세인이 101억 달러의 불법 수익을 취득했다고 추정했다. 석유 구매자가 지불한 과징금과 뇌물은 44억 달러에 불과한 반면, 불법 판매를 통해 거둬들인 수익은 57억 달러에 이르는 것으로 추정된다(Christoff, 2004).

16 2003년 2월 18일 백악관의 대변인 애리 플라이서(Ari Fleischer)는 기자회견에서 다음과 같이 언급했다. "아프가니스탄과 달리 이라크는 상당히 부유한 국가입니다. 이라크는 방대한 자원을 보유하고 있습니다. 그래서 이라크에는 자신의 국가를 재건하기 위해 지출해야 하는 부담을 감당할 수 있는 수단이 다양합니다." 2003년 3월 27일 폴 울포위츠(Paul Wolfowitz) 미국 국방부 차관은 하원세출위원회(House Appropriations Committee)에서 다음과 같이 말한 바 있다. "우리는 자국의 국가 재건을 위해 비교적 빠른 시일 내에 자금을 지불할 수 있는 국가를 상대하고 있습니다."

특히 국가는 자국의 에너지가 한계에 이르렀다고 판단될 때 자원 쟁탈을 위한 갈등이나 전쟁을 일으킬 수 있다.

이를 보여주는 적절한 사례가 남중국해에서 현재 벌어지고 있는 상황이다. 이 광활한 지역은 중국, 브루나이, 말레이시아, 필리핀, 대만, 베트남이라는 6개 아시아 국가의 전략적 이익과 관련이 있다. 여기에는 두 가지 주요한 이유가 있다. 첫째, 남중국해와 인접 해협인 말라카는 국제 석유의 핵심적인 수송로다. 2009년에는 급증한 아시아의 석유 수요를 충족시키기 위해 전 세계에서 운반되는 석유 가운데 30%가 말라카 해협을 통과했다. 즉, 한국 에너지 수요의 2/3, 일본·대만 에너지 수요의 60%를 충족시키기 위해 대형 선박이 움직였고, 중국 원유의 80%가 남중국해를 통해 수입되었다(Kaplan, 2011). 둘째, 비록 영토 분쟁 등으로 인해 정확한 자료를 산출할 수 있는 지질학적 연구는 없지만, 남중국해에는 상당한 양의 석유와 천연가스가 매장되어 있을 것이라고 여겨진다. 특히 석유 매장량은 280억 배럴에서 2130억 배럴에 달할 것으로 추정된다(EIA, 2008).

이러한 두 가지 전략적 이익과 이 지역의 오랜 영토·해양 분쟁이 결합되면서 위험한 상황이 야기될 수 있다. 중국은 남중국해에서 가장 넓은 범위의 영유권을 주장하면서, 마찬가지로 영유권을 주장하는 다른 국가들을 위협하기 위해 군대와 준군사 조직을 이용하고 있다. 각국은 남중국해에 대한 우선권을 선언했으며, 많은 국가들이 자국의 이익을 증진하기 위해 해군에 대한 재정 지출을 늘리고 있다. 1974년 이후 중국, 필리핀, 베트남이 상충되는 주장으로 대립하는 동안 이 지역의 화석연료에 대한 밝은 전망이 나오면서 갈등의 골은 깊어졌을 뿐만 아니라 이해관계의 충돌 또한 상당히 고조된 상태다. 2011년 중국 선박 3대가 석유와 가스를 탐사하는 베트남 선박의 측량 전선을 잘랐는가 하면, 같은 해에 중국 순시선이 필리핀 해안에서 250km 떨어진 곳에 있는 탐사선을 위협해 수도인 마닐라에서 2대의 군용기가 출격하는 사건도 있었다(Hookway, 2011).

일부 사람들은 아시아에서 에너지 수요가 급증하고 있기 때문에 이러한 갈등이 불가피하다고 보기도 한다. 로버트 캐플런(Robert D. Kaplan)은 "만약에 중국과의 큰 전쟁이 없다면 냉전 같은 교착 상태가 향후 몇 십 년간 지속될 가능성이 있다"라고 믿는다(Kaplan, 2005; Lieberthal and Herberg, 2006). 그렇지만 군사적 대립이나 전쟁은 불가피한 것이 아니다. 실제로 어느 누구도 증가하는 국제 무역과 주요 에너지 자원의 순탄한 항해를 위태롭게 만드는 군사적 대립에 관심이 있을 리 없다.[17] 게다가 에너지 자원의 개발이 오랜 시간 동안 뒤처져 있었다는 점을 생각하면, 모든 이해당사자는 남중국해를 적극적으로 탐사하고 개발하기 위해 분쟁을 해결하는 데 적어도 추상적으로나마 관심이 있을 것이다. 그렇지만 갈등은 자원에 대한 지배를 주장하는 패권 전략의 고의적인 산물이 아니라, 점차 확대되는 군사 분야에서의 계산 착오나 잘못된 의사소통의 결과일지도 모른다.

예방과 처벌의 장애 요인

결국 패권 전략의 목표로서 에너지를 추구하는 일은 안보 문제와 관련해서 매우 중요하다. 왜냐하면 에너지를 추구하게 되면 비에너지 부문에서 국가 안보를 해결하는 능력이 약화되기 때문이다. 이는 중국이 아프리카에 접근하는 방식에서 가장 잘 나타난다. 과거 20년 동안 몇몇 요인은 중국이 국가 안보에 접근하는 방식을 재고하게 만들었다. 첫째, 중국의 에너지 수요가 급증하기 시작하면서 중국은 1993년에 석유 순 수출국에서 순 수입국으로 전환되었다. 이후 중국의 석유 수입 의존도는 더욱 커졌으며, 2011년에는 55%의 석유를 해외에서 수입하게 되었다. 둘째, 1990년대에 악화된 중국과 미국의 관계는 2005년 미국의 대규모 종합 석유기업인 유노컬(UNOCAL)을 인수하려는 중국의 노력이 실패로 끝나면서 완화되었다. 이로 인해 중국은 자신들의 에너지 수요를 충당하기 위해서는 시장 메커니즘에 의존할 수밖에 없다는 결론을 내리게 되었다.

지난 10년간 중국은 '해외 진출(going out)' 전략으로 알려진 접근법을 개발해서 실행했다. 이러한 접근법을 활용해 중국은 영향력 있는 국영 석유회사가 획

---

17 중국과 동남아시아국가연합(Association of South-East Asian Nations: ASEAN) 사이의 교역량은 2012년 3500억 달러를 경신할 것으로 기대된다(Shan, 2012).

득한 지분권을 통해 석유를 직접 확보하는 방안을 모색했다. 개발 이익과 상업적 이익에 대한 공식적인 협의가 없는 서방 국가와는 달리, 중국은 중국석유공사를 통해 정부 간 지원 패키지를 결합시킴으로써 상업적 이익을 얻기 위해 노력해왔다. 많은 경우 중국은 중국석유공사에 석유 채굴권을 주면서 동시에 자원 보유국에는 대규모의 대출, 자금 조달, 직접 투자, 기반 시설을 지원해주었다.[18]

이러한 접근 방식은 상당한 논란을 일으켰다. 중국과 아프리카의 계약은 철로, 고속도로, 항만 시설 등의 건설 붐을 가속화시켜 거의 전례 없는 속도로 건설이 진행되고 있다. 그렇지만 이러한 중국의 해외 진출 접근법은 거버넌스, 투명성, 책임성을 개선하려는 아프리카 사람들과 국제사회의 노력을 약화시킨다는 우려도 증가시키고 있다. 미국이나 국제기구와 달리 중국은 아프리카를 원조하면서 아프리카의 자원 개발을 통해 상업적 이익을 얻을 뿐, 자신들의 원조에 어떤 정치적 조건도 부과하지 않는다. 이처럼 아무런 조건 없이 중국으로부터 원조를 받을 수 있기 때문에 몇몇 아프리카 국가는 국제기구의 재정적 지원을 포기하기도 했다. 2004년 이러한 중국의 원조는 앙골라 내전 이후 아프리카에서 경제적·정치적 개혁을 진전시키려는 국제통화기금(IMF)의 노력을 약화시켰다(Campos and Vines, 2008; Corkin, 2011). 한편 중국의 해외 진출 전략에 반대하는 이유에는 중국의 질 낮은 기반 시설이나 중국 노동력이 아프리카로 유입되는 데 대한 불만도 포함되어 있다.

그렇지만 진정 우려되는 것은 안보와 관련된 부분이다. 그렇다면 아프리카에 대한 중국의 해외 진출 접근 방식이 심각한 안보 문제를 야기하는가? 일부 평론가들은 중국이 아프리카의 풍부한 천연자원을 선점하는 것과 중국의 적극적인 접근 방식이 더 많은 석유와 천연가스를 비축하려는 미국과의 자원 경쟁을 확대시킬 수 있다고 우려한다.[19] 이러한 두려움은 분명히 과장되었는데, 그 이유는 다음과 같다. 첫째, 아프리카 석유에 대한 중국의 절대적인 지분은 여전히 적

---

18 중국의 에너지 전략에 대한 심도 있는 분석은 Kong(2010)을 참고할 수 있다.
19 미래 미국과 중국의 관계에 대한 다른 시각은 Kissinger(2011)와 Freidberg(2011)를 참고할 수 있다.

은 편이다. 2007년 우드 매켄지(Wood Mackenzie)의 연구에 따르면, 중국의 석유기업은 아프리카 대륙 전체 에너지의 3%만 차지하고 있을 뿐이다. 2006년 중국이 아프리카에서 생산한 석유는 엑슨 모빌의 1/3에 불과했으며, 대형 에너지 업체인 알제리의 석유가스공사 소나트락(Sonatrach)과 비교하면 1/7 수준이었다. 게다가 최근까지도 중국석유공사는 서구의 석유기업이 참여하는 인허가권이 걸린 사업과 경쟁조차 하지 못했었다. 따라서 중국은 서구의 주요 기업들이 정치적 위험과 낮은 수익으로 인해 포기했던 지역의 석유를 개발하는 상황이다.[20] 중국의 중국석유공사는 정부로부터 받는 특권적 자금을 조달해 다른 기업이 지나치게 위험하거나 수익이 낮다고 보는 자원을 개발할 수 있었다. 결과적으로 중국석유공사가 개발한 석유는 중국 정부가 아닌 자유 시장의 다른 구매자에게 판매되었다(Downs, 2007). 이는 중국의 이러한 개발 패턴이 급격히 바뀌지 않는 한 아프리카에서 자원 경쟁으로 인한 강대국들 간의 갈등이 야기될 가능성은 상당히 낮다는 것을 의미한다. 사실 중국은 아프리카의 석유를 자국을 위해 독점한다기보다는 자신들이 아니면 개발되지 않았을 석유를 세계에 공급하는 셈이다. 이는 치열한 국제시장의 고객들을 위한 일종의 서비스라고 볼 수 있다.[21]

중국의 지원에 힘입어 몇몇 아프리카 국가는 국제사회의 압력에서 벗어나게 되었는데, 이로 인해 안보 문제가 발생할 가능성은 여전히 존재한다. 이 같은 중국의 사업 방식 덕분에 몇몇 아프리카 국가는 국제기구의 제재를 피할 수 있었을 뿐만 아니라 집단 학살, 탄압, 내전을 해결하려는 중립적인 국제사회의 노력도 무력화되었다. 중국은 특정 국가에서 자국에 이익이 되도록 에너지를 조종하

---

20 그렇지만 이러한 패턴은 최근 변화하고 있다. 중국석유공사는 가나와 나이지리아에서 엑슨 모빌 같은 국제 석유회사와 경쟁하고 있다.

21 IEA의 연구에 따르면, 중국 정부가 자국 내에서 판매되는 석유를 중국석유공사에 할당했다는 증거는 없다고 한다(Jiang and Sinton, 2011). 앤드리스 골드소는 아프리카와 기타 국가에 대한 중국의 석유 투자가 국제 석유 공급에는 이롭지만, 자본의 이용이라는 측면에서 보았을 때 정치적 기회를 통해 석유 투자가 이뤄지는 것이 시장 메커니즘을 통해 석유 투자가 이뤄지는 것에 비해 덜 효율적이라고 주장한다(Andreas Goldthau, 2010).

기 위해 영향력을 행사하고 UN의 질책으로부터 이들을 비호했으며, 몇몇 사례에서는 심지어 제재 및 기타 규제 조치로부터도 이들을 보호했다. 예를 들어, 2004년에 수단을 규탄하고 처벌하려는 국제사회의 노력은 중국 정부의 보호로 인해 약화될 수밖에 없었다. 많은 이들은 이러한 중국 정부의 보호가 남(南)수단에 대한 대규모 투자를 옹호하기 위한 것이라고 추정했다.

국제사회의 견책으로부터 아프리카를 보호하려는 중국의 노력은 다른 국가에 대한 오래된 내정 불간섭 정책과도 관련이 있다. 지금까지 이러한 접근 방식은 저항 레짐을 지지하는 데 효과적인 에너지 전략과 행위에 좋은 보완물로 종종 작용했다. 그렇지만 시간이 흐를수록 중국의 국제 에너지 전략과 내정 불간섭 정책은 또 다른 이들과의 긴장을 유발하고 있다. 즉, 정치적 불안정과 종족 갈등은 향후 몇 년간 급격히 증가하는 석유 생산량을 가장 강하게 억제할 가능성이 있는 요인 가운데 하나다. 따라서 중국은 의도치 않게 이런 갈등의 확산에 관심을 가질 수밖에 없을 것이다. 중국은 결국에는 석유 공급을 촉진하기 위해 산유국 내부의 갈등에도 영향력을 행사해야 할 것이다.

안보 달성을 위한 도구로서의 에너지

에너지 자원을 보유하고 있는 국가는 자국의 이익에 부합되는 국제 환경을 조성하기 위해 자신들이 갖고 있는 자산을 이용하려 할 것이다. 많은 국가에서 에너지는 자신들의 이익을 촉진하고 보호하는 주요 수단인 만큼 에너지는 패권 전략에서 효율적으로 사용되는 방법 또는 도구인 셈이다.

정치적 무기인 에너지?

역사를 되돌아보면, 지도자, 정책 결정자, 소비자는 생산국의 '에너지 무기' 사용을 두려워하는 경향이 있었다. 1973년 아랍이 석유에 대한 금수 조치를 취한 사례가 여기에 해당될 수 있다. 그렇지만 오늘날에는 특정 국가가 에너지를 성공적인 정치적 무기로 사용할 수 있는 상황이 제한적이라는 냉정한 평가도 존재한다. 즉, 에너지 공급을 억제함으로써 정치적 양보를 받아내려는 생산국은 해당 상품에 대한 국제시장의 특성, 해당 국가의 고유한 특징, 고통을 감내해야 하는 생산자의 의지박약으로 인해 약해질 수밖에 없다는 것이다.

역사상 생산국이 특정 국가로의 석유 판매를 중단 또는 감소시킴으로써 정치적 목표를 달성하려고 시도했던 사례는 많다. 1956년, 사우디아라비아는 영국과 프랑스로의 석유 판매를 중단했고, 이스라엘에는 지속적으로 금수 조치를 시행했다. 이는 이집트가 석유를 국영화한 이후 이들 세 국가가 수에즈 운하를 장악한 데 대한 보복이었다. 그렇지만 정작 당시의 금수 조치로 인해 석유 부족을 경험한 국가는 없었다. 한편 1967년 아랍 국가는 이스라엘의 6일 전쟁(Six Day War)에 대한 서구의 지지를 중단시키기 위해 미국, 독일, 영국으로의 석유 수출을 1차적으로 중단했다. 그렇지만 당시에도 석유 공급 중단의 표적이던 국가 중어느 나라도 이로 인해 고통 받지 않았다. 반면, 1973년 10월 4차 중동전쟁(Yom Kippur War)이 시작되자 아랍석유수출국기구(Organization of Arab Petroleum Exporting Countries: OAPEC)[22]가 이스라엘의 무기를 보충하기로 결정한 미국에 반발해 미국, 네덜란드, 포르투갈, 북아프리카에 대한 석유 판매를 금지했는데, 당시에는 상황이 달랐다. 국제 유가는 급등했고, 세계경제는 심각한 경기 불황으로 휘청거렸으며, 이 기간 동안 치명적인 스태그플레이션이 발생하고 말았다.

이 같은 세 가지 사례가 언뜻 보기에는 유사한 것 같은데 전혀 다른 결과로 나타난 이유는 무엇일까? 처음의 두 사례에서는 생산국이 단지 특정 국가가 자국의 석유에 접근하는 것을 금지했다. 그렇지만 국제적인 석유 시장이 존재하는 상황에서 생산국의 석유는 다른 경로로 쉽게 수송될 수 있었다. 특정 석유 생산

---

[22] 사우디아라비아, 쿠웨이트, 리비아가 아랍제국의 이익을 증진시키기 위해 석유를 자원무기로 활용한다는 합의를 바탕으로 1968년에 설립된 조직이다. 기본적으로는 OPEC을 보완하는 역할을 맡고 있다. 이후에 이라크, 카타르, 바레인, 알제리, 시리아, 이집트, 튀니지, 아랍에미리트가 회원국으로 가입했다. _옮긴이

자로부터 수출 금지를 당한 국가는 국제 석유 시장에 재고가 있는 한 다른 곳의 석유로 충분히 대체할 수 있다. 석유와 정유 공장의 시차 또는 석유 질의 차이로 인해 이 과정이 조금 늦어지고 방해를 받을 수는 있지만 일반적으로 국제시장에서는 석유가 효율적으로 재분배된다. 게다가 1956년의 미국은 순 석유 수출국이었으므로 영국, 프랑스, 이스라엘로 전향해서 석유를 공급해줄 수 있는 재량권을 보유하고 있었다. 드와이트 아이젠하워(Dwight Eisenhower) 대통령은 이들 국가의 개입에 반대 의사를 표명했다.[23] 이와 대조적으로 1973년 OAPEC은 특정 국가에 대한 석유 금수 조치와 함께 석유 생산을 점진적으로 감소시켰다. 1973년의 시장 상황은 초기와는 상당히 달랐다. 급증하는 수요와 완만하게 증가하는 공급은 금수 조치 이전부터 이미 석유 시장을 압박하고 있었다. 이러한 요인들이 결집하면서 국제 유가는 1973년 배럴당 3.29달러에서 1974년 배럴당 11.58달러로 급증했다. 당시 휘발유 할당이라는 형편없던 미국의 정책은 실제로 휘발유가 부족하지 않은데도 기름을 넣기 위해 자동차가 긴 행렬로 대기하도록 만들었다.

이런 사건들은 특정 국가의 외교 정책이나 안보 정책의 특정 부분을 변화시키기 위해서는 해당 국가만 목표로 삼아서는 안 된다는 사실을 보여준다. 앞의 세 가지 사례가 보여주듯이, 실제로 금수 조치가 원하는 정치적 변화를 가져왔다고 보기는 어렵다.[24] 그렇지만 한편으로 이 사례들은 산유국이 생산을 감축시켜 국제 유가를 상승시키는 방식을 통해 자신들의 영향력을 행사한다는 사실을 강조하는 것이기도 하다. 다른 한편으로는 1970년대에 그랬던 것처럼 세계경제에 대한 이 같은 포괄적 공격이 선동자에게 오히려 부메랑이 될 수 있다는 사실을 경고하는 것이기도 하다. 즉, 석유를 고가로 판매해서 거대한 수익을 거두기는 했지만, 고유가와 세계경제의 침체로 인해 몇 년 뒤에는 에너지 수요가 줄어들

---

23 1956년 발발한 수에즈 전쟁에 대해서는 Yergin(2008)을 참고할 수 있다.

24 1956년 프랑스, 영국, 이스라엘은 수에즈 운하에서 결국 퇴출되고 말았다. 그렇지만 이는 석유 금수 조치가 아닌 미국의 외교적·재정적 압박으로 인한 것이었다. 심지어 1973년 미국은 상당한 경제적 어려움에 처했음에도 이스라엘에 대한 지지를 철회하지 않았다.

어 결국에는 산유국의 수입이 다시 급락하는 상황이 발생할 것이다. 게다가 1970년대의 석유파동으로 자극을 받은 소비국들은 1973년 금수 조치와 그 후의 이슬람 혁명을 통해 깨달은 위험을 완화시키기 위해 새로운 제도를 개발하기 시작했다. OECD 회원국들은 소비국들 간의 협력을 강화하기 위해 IEA를 설립했고, 그 후에는 미래에 정치적인 이유로 발생할지 모르는 석유파동으로부터 자신들을 보호하기 위한 예방책을 모색했다.

이러한 사례는 외교 정책이나 국가 안보의 무기로써 석유를 사용하기로 결정하는 데에는 세 가지 요인이 중요하다는 사실을 보여준다. 즉, 석유 시장의 상황, 노선 변경보다는 생산 감축에 대한 산유국의 의지, 생산국의 복지 축소를 감당해야 하는 위험성이다. 오늘날에 비춰 이러한 요인들을 평가할 때, 정치적 무기로써 에너지를 성공적으로 사용하기 위한 범위는 상대적으로 제한적일 수밖에 없다. 지금의 석유 시장에는 유가의 급격한 상승을 야기하는 혼란이 발생할 가능성이 내재되어 있어 가까운 미래에는 더욱더 석유 시장이 경직될 것으로 전망된다. 그렇지만 대부분의 산유국은 석유 가격이 지나치게 높으면 세계 경기의 침체를 야기하거나 석유 수입국이 대체재를 찾도록 자극할 수 있기 때문에 고유가가 오히려 자신들의 이익과 상충할 수도 있다는 사실을 인식하고 있다. 이러한 인식은 석유가 무기로 사용될 가능성을 낮출 뿐만 아니라 사우디아라비아와 기타 산유국들이 전체적인 석유 생산량을 조절해서 적당한 국제 유가를 형성하도록 유도하는 작용을 한다. 오늘날 중동의 산유국은 과거에 비해 자국의 소득 확보에 더욱더 민감해질 수밖에 없다. 왜냐하면 이들 사회 내부의 정치적 갈등은 국내 수요와 체제의 안정성을 보장하기 위해 더 높은 사회 지출을 요구하기 때문이다.

현재 주목할 만한 예외가 이란이다. 이란은 핵무기 포기라는 국제사회의 압력에 맞서고 있기 때문에 세계 석유 시장의 잠재적인 위험 요인이 될 수 있다. 2012년에 발생한 사건들과 함께 이란 정부는 2011년 세계 원유 거래의 20%를 차지하는 170만 배럴의 석유를 공급해온 호르무즈 해협을 폐쇄해 석유 수출 중단의 의지를 드러냈다. 이 같은 이란의 행동에는 상당한 경제적 비용이 소요되었다. 그렇다고 이러한 고통이 이란에 좋은 정치적 결과물을 가져다줄지에 대해 긍정적 전망만 존재하는 것도 아니었다. 이란은 국제시장에서 하루 22만 배럴 정도인 석유 수출량을 감소시키면서 국가 예산의 50~80%에 달하는 수입을 포기해야만 했다. 당시 이란은 이미 국제사회의 제재로 인해 고통 받고 있었으며, 이 같은 재정적 수입의 손실은 정치적 불안을 가속화시켰다.[25] 한편으로는 호르무즈 해협이 폐쇄되자 이란과 걸프만에서 생산되는 석유 수출량의 대부분이 국제시장에서 퇴출될 위기에 처했으며, 이 역시도 자국 내에서 비슷한 정치적 불안을 조성했다. 만약 사우디아라비아 같은 산유국이 원유의 감축분을 충당하기 위해 생산을 증가시킬 수 없었다면 국제시장에서 이란 석유의 부재는 다른 국가에만 타격을 가함으로써 정치적 변화를 유도하는 기회를 만들어낼 수도 있었을 것이다. 즉, 호르무즈 해협의 시나리오에서 유가 폭등은 거의 필연적이겠지만 미국은 해협의 폐쇄를 해제하기 위해 즉각 노력했을 것이며, 이는 결과적으로 이란에 대한 제재를 철회하려는 다른 국가들의 움직임을 사전에 예방할 수 있었을 것이다.

대조적으로 천연가스 생산자는 정치적 목표를 달성하기 위한 도구로 천연가스를 이용하는 데에서 적어도 이론상으로는 산유국보다 유리한 위치에 있을 수 있다. 석유와 달리 천연가스에 대한 국제시장은 형성되어 있지 않다.[26] 즉, 천연가스는 여전히 북미, 유럽, 아시아로 분리된 3개의 시장을 중심으로 판매되고 있다. 따라서 하나의 시장에서 생산자가 자원을 이동시켜 판매가 중단되면 공급 부족 문제를 해결하는 것이 쉽지 않은 상황이다. 즉, 석유는 송유관, 배, 철로, 심지어 트럭을 통해서도 운송이 가능한 반면, 천연가스는 거대한 기반 시설을 필요로 한다는 차이가 있다. 즉, 천연가스를 운송하려면 대규모 수송관이 구축되

---

25 그렇지만 반대로 제재는 '국가 위기 상황에서의 결집 효과'로 알려진 결과를 낳기도 한다. 국가 위기 상황에서의 결집 효과란 외부적 압력으로 인해 정부가 지지 기반을 더욱 견고하게 구축하는 역설적인 상황을 의미한다.

26 최근 다양한 천연가스 개발 사업을 통해 가스 시장을 통합하기 위한 동력이 생성되고 있다(Deutch, 2011).

어 있거나 아니면 액화 상태의 천연가스를 수송한 뒤 소비지에서 액화된 천연가스를 다시 가스화시키는 장비가 있어야 하기 때문에 가스 공급자 간에 매끄럽게 전환되기가 어렵다.

그럼에도 에너지 무기화의 이론적 가능성은 천연가스 생산자와 소비자의 상호 의존적인 관계로 인해 그나마도 제한될 수밖에 없다. 산유국과 마찬가지로 에너지의 전략적 무기화로 인해 대상인 소비국이 경제적 불황에 빠지거나, 대체 공급원이 확립되거나, 아니면 에너지 수요를 충족하기 위해 다른 자원이 개발된다면 가스 공급자도 이익의 손실이라는 위험에 처할 수밖에 없다. 가스 거래에서 기반 시설이 필요하다는 사실은 소비국들이 에너지 수요를 충당하기 위한 다른 방안을 찾는 것을 어렵게 만들 뿐만 아니라 생산자들이 천연가스를 다른 고객에게 판매할 수 있는 범위를 제한하는 기능도 한다. 그렇지만 액화천연가스 거래와 천연가스 현물 시장의 증가는 석유 대체재를 개발하기 위한 더 큰 기회가 될 것이다. 한 발 더 나아가 이런 경향은 천연가스를 정치적 무기로 이용하려는 생산자의 힘을 약화시킬 것으로 전망된다.

우크라이나에 대한 러시아의 가스 공급 중단은 천연가스를 정치적 무기로 사용했던 대표적인 사례이기도 하지만 실제로는 가스 거래에 영향력을 행사할 수 있는 가능성뿐 아니라 한계점도 명확히 보여준 사례다. 러시아와 우크라이나는 오렌지 혁명(Orange Revolution)[27] 직후 친서방적인 성향의 정부가 수립되자 2005년부터 본격적으로 대립하기 시작했다. 우크라이나는 러시아가 유럽으로 가스를 수출하는 핵심적인 수송 경로에 위치하고 있는데, 중간에서 영향력을 행사하며 더 높은 통과 요금을 요구하기 시작했다.[28] 동시에 우크라이나가 친서방

---

27 오렌지 혁명은 2004년 우크라이나에서 벌어진 대대적인 부정 선거 규탄 시위를 말한다. 우크라이나는 2004년 세 차례나 대통령 선거를 치른 끝에 정권 교체를 평화적으로 이룰 수 있었다. 특히 부정으로 얼룩진 11월 21일의 대선 2차 투표 이후 연일 계속된 집회가 폭력으로 비화하지 않고 재선거 요구로 수렴된 것은 우크라이나가 1991년 독립한 이후 쌓아온 민주적 역량을 잘 보여주는 사례였다. 오렌지색 깃발을 사용한 빅토르 유시첸코(Viktor Yushchenko) 후보는 오렌지 혁명의 구심점 역할을 함으로써 참신한 지도자로 자리 잡았다. _옮긴이

28 노르트스트림(Nord Stream) 가스관이 운영되고 유럽행 신규 노선이 개통되기 전까지만 해도 러시아 가스 수출의 80%는 우크라이나를 거쳐 수송되었다.

적인 방향으로 정책 노선을 변경함에 따라 러시아는 지금까지 우크라이나에 제공해왔던 천연가스 보조금의 혜택이 크지 않다는 사실을 깨달았다. 이로 인해 러시아는 기존의 보조금 정책을 다시금 돌아보게 되었으며, 이후로는 우크라이나에 보조금이 철폐된 완전한 시장가격으로 가스 요금을 지불하도록 요구하게 되었다. 이후 양국은 세력을 과시하며 갈등을 드러내기 시작했는데, 2009년 1월 러시아가 유럽으로의 가스 수출을 15일 동안 중단했을 때에는 대립이 정점에 도달한 상황이었다. 정확한 사건의 흐름은 아직까지도 완전히 드러나지 않았지만, 러시아는 우크라이나의 절도 행위를 문제 삼은 반면에 우크라이나는 러시아의 가스 공급 중단을 비난했다. 결과는 즉각적으로 나타나, 유럽 동남부 지역은 한겨울에 천연가스 부족을 겪어야 했다. 특히 대체 연료가 부족했던 국가는 말 그대로 혹한기 추위 속에서 떨어야만 했다.

그렇지만 이런 천연가스의 공급 중단이 러시아에 이익을 주었는지에 대해서는 논쟁의 여지가 있다. 대부분의 사례에서 러시아는 자국의 가스를 구매하는 수입국과 가격을 재협상할 수 있었다.[29] 벨라루스의 경우도 러시아는 할인된 저렴한 천연가스를 지속적으로 제공하는 대가로 통제권을 가졌을 뿐만 아니라 에너지 기반 시설을 이용해서 더 큰 이익을 얻었다. 물론 천연가스 중단은 러시아가 원하는 대로 정치적 영향력을 끼쳤으며, 서방과 가까워지려는 우크라이나 정치체제의 혁명에 제동을 걸었다. 그렇지만 일부 사례에서는 천연가스 금수 조치가 정치적 변화의 흐름을 역전시키기도 했는데, 그중 하나가 조지아의 사례다. 실제로 러시아의 가스 공급 중단은 조지아가 러시아로부터 벗어나서 가스 공급국을 다각화하게 만드는 계기가 되었다. 이 같은 사건이 미치는 궁극적인 영향은 여전히 상황에 따라 다를 수밖에 없다. 예를 들면, 일부 국가에서는 러시아의 가스 공급 중단으로 인해 안정적인 공급을 약속했던 러시아의 평판이 악화된 반면, 유럽 회원국들은 가스 공급을 다각화하기 위해 더 적극적인 행위를 취하게

---

29 이와 관련한 더 많은 사례는 Stern(2005), Boussena and Locatelli(2005), Rutland(2008)를 참고할 수 있다.

되었다.

앞서 언급했듯, 에너지를 외교 정책의 무기로 사용하는 경우는 대부분 생산국과 관련이 있다. 그렇지만 일부 사례에서는 제재를 가하는 생산국의 행위를 변화시키기 위해 소비국이 풍부한 구매력을 이용해서 영향력을 행사하는 경우도 있다. 그렇지만 특정 국가로부터 에너지 수입을 포기하겠다는 선언을 외교 정책의 수단으로 활용하는 경우라 하더라도 결국에는 생산국 금수 조치에 수반되는 필연적인 후속 과정의 일환으로 이해될 수 있다. 물론 금수 조치가 가해진 소비국이 국제 석유 시장에서 다른 나라로부터 석유를 구입할 수 있는 것처럼, 협박을 받은 산유국도 석유 판매를 위해 다른 나라를 찾을 수 있다. 실제로 협박을 받았던 대부분의 산유국은 미국이라는 고객을 다른 구매자로 간단히 대체했다(O'Sullivan, 2003). 한편으로 국제화된 시장에서는 생산자 시장에서든 구매자 시장에서든 관계없이 산유국들이 쉽게 이미지를 전환할 수 있다. 이런 이유로 인해 많은 소비국은 특정 산유국의 석유 소비를 거부하기로 단결하는 경우에 한해서만 산유국에 영향을 미칠 수 있다. 그렇지만 국제사회의 다자간 제재는 전 세계의 주요 소비국이 아닐 경우 석유의 흐름을 멈추는 데 오히려 효과적이지 않을 것으로 판단된다.

그렇지만 최근의 새로운 제재 방식은 제재를 가하는 소비국이 다자간일 때에만 효과적이라는 오래된 가설을 시험에 빠뜨리고 있다. 즉, 제재를 가하는 소비국이 제재 대상 국가의 석유를 소비하려는 비제재국의 시도를 무력화시킬 수 있는 다른 수단을 가지고 있다면, 제재를 가하는 소비국이 다자간의 연합을 이루고 있지 않더라도 단일 소비국이 제재 대상국에 효과적으로 제재를 가할 수 있는 것이다. 예를 들면, UN, 미국, EU라는 복잡한 집합체의 제재는 이란에 대한 포괄적 금수 조치와 관련해서 합의를 이루지 못할 수밖에 없다. 그렇지만 제재 레짐에 포함된 재정적 수단이 자국의 공식적인 정책은 아니더라도 이란 석유의 구매를 중단하도록 기업에 압력을 가하는 경우가 있다. 이 같은 치외법권적 제재는 이란중앙은행(Iranian Central Bank) 같은 기관과 일하는 3자를 위협할 수 있다. 즉, 이들은 이란중앙은행을 통한 석유 거래와 미국의 금융 제도에 접근하는 방식 가운데 선택을 해야 하는 상황에서 대부분 이란을 포기하는 경향이 있다. 그밖에 복잡한 제약을 준수해야 하는 번거로운 상황을 피하거나 단지 위험 비용을 지불하지 않기 위해 이란과의 거래를 포기하는 경우도 있다.

또한 이란의 사례는 석유 소비국의 정책 결정자들이 자국의 이익에 해가 되지 않으면서도 영향력 행사에 어떻게 더 능숙해지는지를 보여준다. 1990년대까지만 해도 이라크, 리비아, 이란, 수단에 대한 제재가 국제 석유 시장에 미치는 영향을 걱정하는 사람은 거의 없었다. 1998년에는 석유의 실제 가격이 배럴당 10달러도 채 되지 않았기 때문에 시장에서 일부 산유국의 생산을 배제하는 제재에 대한 우려는 거의 존재하지 않았다. 그렇지만 2012년 시장의 경직성과 지정학적 위험성으로 인해 정책 입안자들은 석유의 공급에 영향을 주지 않고 가격을 그다지 높이지 않으면서도 이란을 제재하는 방법을 모색하게 되었다. 결과적으로는 이란의 석유를 구매하려는 국가를 없애는 대신 그 수를 줄이는 방식으로 제재 레짐을 구축했다. 이로 인해 미래의 잠재적 구매자들은 석유 가격을 상당히 할인하도록 요구하게 되었고, 이란의 석유가 시장에서 거래되더라도 이란 정부가 벌어들이는 수입은 줄어들게 되었다.

동맹 강화의 수단인 에너지

결국 에너지가 정치적 무기로 사용되는 사례들을 봤을 때 에너지는 외교 정책뿐 아니라 동맹 강화, 특정 이데올로기의 지지, 국가 안전 보장의 확보에도 이용 가능하다는 사실을 알 수 있다. 산유국이 소비국에 대한 영향력을 유지하기 위해 자국의 에너지를 무료로 또는 크게 할인된 가격으로 제공해온 사례는 많다. 소련은 1970년대 후반과 1980년대 초반에 바르샤바 조약의 회원국들에 엄청난 에너지 보조금을 제공했다. 마찬가지로 소련 붕괴 이후의 러시아는 독립국가연합(Commonwealth of Independent States: CIS)에 보조금이 포함된 에너지를 지속적으로 제공해오고 있다. 1980년대에 이라크의 후세인도 그랬다. 심지어는 UN의 석유 식량 프로그램(UN Oil for Food program)[30]이 시행되던 1990년대에도 후세인은 요르단에 값싼 석유를 제공했다. 베네수엘라가 볼리비아와 쿠바에 저렴한 가격에 에너지를 제공하는 것도 같은 맥락이다. 베네수엘라의 우고 차베스(Hugo Chavez) 대통령은 라틴아메리카에서 반미 전선을 강화하기 위한 수단으로 이처럼 은밀한 에너지 거래를 이용했다.

이웃 국가에 에너지 보조금을 제공하는 공급국의 의도는 분명한 반면, 동맹을 강화하기 위한 행동은 미심쩍기만 하다. 이 같은 국가 간 에너지 보조금이 국제사회에서 지지를 확보하는 데에는 성공적일 수 있지만, 국익이 걸린 사안에서도 산유국에 대한 소비국의 충성심을 확보할 수 있었는가에 대해서는 기록들이 엇갈린다. 요르단은 후세인의 지배로 인해 경제적인 이익을 얻었기 때문에 적어도 걸프전에는 개입하지 않았다. 반면에 예멘은 후세인의 침공이 있기 전에 쿠웨이트와 사우디아라비아에서 값싼 에너지를 받았음에도 1차 걸프전 당시 쿠웨이트의 반대 측인 이라크의 편을 들었다.[31]

국가 안보를 위한 수단인 에너지

에너지가 패권 전략의 요소가 될 수 있는 마지막 방법은, 외교 정책이나 안보 이익을 발전시킬 수 있는 수단으로 에너지를 이용하는 것이다. 요약하자면 많은 국가들이 에너지를 판매해서 상당한 수익과 예산을 확보한다. 특히 석유와 천연가스의 채굴 및 판매에서 발생하는 지대로 인해 이러한 수익은 더욱더 중요하게 여겨진다. 이러한 맥락에서 에너지 수익이 없는 국가에는 각종 사업을 추진할 수 있는 재원이 부족하다는 의미로도 해석될 수 있다.

물론 에너지 수출로 인한 고수익 자체가 특정 국가의 대내외적 행위를 불안정

---

30   1990년 걸프전 이후 이라크는 석유 수출을 전면적으로 금지당했다. 그렇지만 1996년에 UN의 통제하에 식량, 의약품 등의 필수재를 생산하기 위한 최소한의 석유 수출이 가능하도록 허용된 이라크 제재 프로그램이 바로 UN의 석유 식량 프로그램이다. _옮긴이
31   이 사건에 대한 전체적인 내용은 Crane et al.(2009: 35~37)을 참고할 수 있다.

하게 만드는 결정적인 요인은 아니다. 민주주의와 세계 시민의 모범적인 국가인 캐나다는 2011년 에너지산업에서 수출 이익의 25.4%이자 GDP의 7%에 가까운 수익을 거두었다. 호주에서는 광업·에너지 부문의 수출이 2011년 전체 수출 이익의 72%를 차지했을 정도다. 호주만큼 에너지 부문의 수출 규모가 큰 국가는 없다. 마찬가지로 노르웨이, 브라질, 영국, 멕시코, 앙골라, 중국은 모두 세계 15위 이내의 산유국이지만, 그 어느 국가도 세계적인 무질서를 유발하거나 선동하지 않는다.[32]

정부는 높은 에너지 수입을 확보하기 위해 국민들을 억압하거나 세계적인 안보를 위협해서는 안 된다. 1979년 테러 지원국 지정에 따라 미국 국무부에서 매년 발간하는 「테러에 관한 보고서(Country Reports on Terrorism)」에 따르면, 2010년에는 쿠바, 이란, 수단, 시리아가 테러 지원국으로 기록되었다. 쿠바는 에너지를 확보하기 위해 외부 자원에 의존하는 국가다. 수단은 현재 에너지 수출국이지만, 석유를 수출하기 시작한 1999년보다 훨씬 이전인 1993년부터 테러 지원국으로 분류되었다. 시리아는 적은 양의 석유를 수출하고 있지만 조만간 순 수입국으로 전락할 전망이다. 물론 이란은 중요한 수출국이다. 사실상 에너지를 거의 생산하지 않는 북한은 1998년부터 2008년까지 테러 지원국 목록에 올라 있었으나, 2008년 북한의 핵 프로그램에 대한 협상이 진행되면서 목록에서 삭제되었다. 결국 북한, 파키스탄, 인도, 이스라엘같이 핵 확산 방지 체제에 도전해온 국가들은 이란을 제외하면 대체로 에너지 강국이 아니다.

풍부한 에너지가 불안정한 행동을 일으키는 유일한 요인은 아니다. 그렇지만 풍부한 에너지로 인해 야기되는 불안정한 행위에 몰두하는 성향을 지닌 국가들과의 교집합은 분명 존재한다. 소비국이 자국의 에너지 수입을 패권 전략에 활용하는지 여부는 여전히 논쟁거리다. 국제적으로 가장 문제가 되는 것은 해당 국가가 혁명적이거나 팽창주의적인 이데올로기를 가지는 경우다.[33] 이란은 지금

---

32 2010년 세계 석유 생산국의 순위와 관련해서는 미국 에너지정보국(EIA)의 데이터를 참고할 수 있다. http://www.eia.gov/countries/index.cfm, accessed 04/06/2012.
33 제프 콜건(Jeff Colgan)은 혁명적인 산유국은 비혁명적인 산유국에 비해 군사적 갈등이 발생할 가

의 체제하에서도 여전히 석유 수입 없이 자신들의 영향력을 지역적·국제적으로 확장시키는 방안을 모색할 것이다. 그렇지만 이러한 시도가 성공할 확률은 꽤 낮다. 이란은 레바논 헤즈볼라[34]를 지원하는 데 연간 1억~2억 달러를 사용했다. 그리고 하마스[35]를 지지하는 데에도 동일한 액수를 최근까지 사용했다(Bruno, 2011). 이라크 시아파의 민병대에 제공된 이란의 지원금은 상당한 액수일 것으로 추정된다. 이란은 지금까지 핵무기에 10억 달러에 가까운 비용을 지출했을지도 모른다(Crane et al., 2009). 결국 이란은 석유 수익을 기반으로 자국의 핵무장을 방해했던 국제사회의 압력과 제재를 견뎌낼 수 있었다. 또 다른 사례로는 베네수엘라를 들 수 있다. 베네수엘라의 풍부한 석유는 라틴아메리카 전역에서 차베스 대통령의 볼리바르 혁명[36]에 호의적인 후보를 지원하기 위해 사용되었다. 즉, 차베스 대통령은 볼리비아, 페루, 에콰도르, 파라과이에서 자신과 생각이 비슷한 정치인이 당선되도록 재정적으로 지원했던 것이다. 또한 베네수엘라는 석유 수익을 이용해서 주변 국가인 콜롬비아를 불안정하게 만들려는 콜롬비아 무장혁명군(Fuerzas Armadas Revolucionarias de Colombia: FARC)[37]에 재정 지원을 하기도 했다.

에너지 수익이 강압적인 통치 체제의 출현을 부추긴다는 우려도 존재한다. 학문적인 연구를 통해 알려진 바와 같이 지대 소득에 의존하는 국가는 석유, 가스, 기타 천연자원의 수익을 통치 집단이 지향하는 사회를 구축하는 데 사용하는 경향이 있다. 한편으로는 지대와 에너지 수입이 정부에 대한 세금 부담을 줄여주기 때문에 국민들도 통치자에게 책임감을 요구하는 의지를 거의 보이지 않는다. 비민주적인 레짐으로 인해 종종 어떠한 반대 의견도 용납하지 않는 강력

능성이 훨씬 크다고 주장한다(Colgan, 2010).

34 레바논에 기반을 둔 시아파의 이슬람 무장 조직이다. _옮긴이

35 팔레스타인의 대표적인 이슬람 무장 단체다. 이슬람 수니파이며, 이스라엘에 대한 테러를 주도하고 있다. 2006년부터 팔레스타인의 집권당이 되었다. _옮긴이

36 볼리바르 혁명은 19세기 라틴아메리카 혁명의 지도자이자 독립전쟁의 주도자인 시몬 볼리바르(Simón Bolivar)의 이상을 사회민주주의적으로 계승한 베네수엘라의 대규모 사회 운동이다. 이 혁명을 주도한 사람은 차베스 대통령이다. _옮긴이

37 영어로는 'Revolutionary Armed Forces of Colombia'다. _옮긴이

한 안보 조직체가 등장하게 된다. 다시 말해 모든 에너지 수출국이 지대를 추구하는 것은 아니지만, 일부 에너지 수출국에서는 지대를 추구하는 특징이 분명히 나타난다. 제도적 발달, 정치적 문화, 경제적 다양성이 구현되는 시기는 에너지 수출국이 지대를 추구하는 국가가 되느냐 아니냐를 결정하는 요인 가운데 하나일 수 있다.[38]

결론

이 장에서는 에너지와 국제 안보가 교차하는 지점에서의 쟁점을 재조명했다. 또한 에너지와 국제 안보가 중첩되는 광범위하고 다양한 방법을 생각해보는 프레임을 제시했다. 한편으로는 에너지가 어떻게 형성되며 국가 패권 전략에 어떠한 영향을 주는지에 대해서도 살펴보았다. 물론 에너지는 패권 전략의 목표일 수 있다. 에너지는 국가 경제와 국민을 위해 합리적인 가격으로 안전한 에너지 자원을 제공하는 방안을 모색하는 지도자의 정치·군사·외교·경제 전략에 영향을 미친다. 또한 에너지는 비에너지 부문의 정책 목표를 달성하기 위한 방법과 도구일 수도 있다. 국가는 더 광범위한 이익을 얻기 위한 방안으로서 자국에 우호적인 국제무대를 조성하기 위해 에너지의 생산과 수요를 모두 이용할 수 있다. 또한 에너지는 국제 안보에 영향을 주는 국내 의제나 외교 정책을 추구하는 국가에 수단과 수익을 제공할 수도 있다.

이러한 패권 전략의 프레임은 전통적인 에너지 안보보다 훨씬 넓은 시각에서 에너지와 국제 안보를 바라보도록 만든다. 한편으로는 에너지와 국제 안보에 대한 전통적인 지식을 다시 생각해보게 만들기도 한다. 에너지 자원이 갈등의 원인이 될 수 있으며, 다른 나라로의 침입을 유도하기보다는 팽창적인 국가에 힘

---

38 자원 부국이 반드시 비민주적인 국가로 전환되는지와 관련해서는 격렬한 논쟁이 벌어졌다. 이와 관련해서는 Ross(1999)를 참고할 수 있다.

을 부여하는 경우도 있다. 중국이 지금처럼 패권 전략의 일환으로 아프리카에 에너지를 제공할 경우에는 안보 문제를 야기할지도 모른다. 그렇지만 일반적으로는 그렇지 않을 것으로 예상된다. 중국의 대외 활동은 부족한 자원을 둘러싸고 갈등을 일으키기보다는 산유국의 불안정한 행동을 억제하려는 국제사회의 압력으로부터 이들의 에너지 생산 레짐을 분리시킴으로써 잠재적인 안보 문제를 일으킬 가능성이 있다. 물론 에너지는 정치적 무기로도 사용될 수 있다. 그렇지만 에너지의 정치적 무기화가 성공할 수 있는 상황은 매우 제한적이고 특수한 경우에 한할 뿐이다. 그리고 에너지를 무기로 이용하려는 선동자가 감내해야 하는 위험 부담도 매우 크다.

패권 전략이라는 프레임은 국제 에너지 전략에 새로운 의미를 부여했다. 이 장에서는 세계경제를 고유가의 충격으로부터 완화하기 위한 석유 재고 관리, 이산화탄소로 인한 환경문제의 최소화, 대안 에너지원 추구, 나부코[39]의 가스 파이프라인에서부터 데저텍의 방대한 태양 에너지와 풍력 에너지까지 아우르는 초국가적인 에너지 프로젝트 등을 위한 국제 협력의 중요성을 절대로 폄하하지 않았다. 이 장에서는 한 국가의 '에너지 정책'이 일반적으로 에너지와 관련된다고 여겨지는 사항들을 넘어서 무엇을 고려해야 하는지를 보여주었다. 정치·군사·외교·경제 정책 및 전략의 변화는 에너지 문제 및 국제 에너지 전망과 직접적으로 관련이 있다.

오늘날 세계에서 사용되는 에너지의 절반 이상이 석유와 천연가스라는 사실을 고려할 때 안보 쟁점과 관련된 에너지의 우선순위는 당연히 석유 및 천연가스로 귀결될 수밖에 없다. 이 장에서 보여준 것처럼, 석유와 천연가스 시장의 고유한 특성, 지대와의 관련성, 유한성 등은 에너지와 안보의 상호작용에서 특수성을 형성하는 중요한 요인이다. 예를 들면, 천연가스는 국제적인 시장이 거의 형성되지 않았고 거래에 필요한 대규모 기반 시설이 요구되기 때문에 가스 생산

---

39 아제르바이잔의 천연가스를 터키 - 불가리아 국경을 넘어 루마니아, 헝가리를 거쳐 오스트리아로 수송하기 위한 1300km의 가스 배관망 사업이다. 나부코 가스관 사업은 EU가 지난 10년간 러시아 천연가스에 대한 의존을 줄이고 가스 공급선을 다변화하기 위해 추진해왔다. _옮긴이

자는 석유 생산자보다 자원을 정치적 무기로 이용하기에 더 유리할 수 있다. 그렇지만 이들 두 생산자가 에너지를 전략적 무기로 이용할 수 있는 가능성은 생산자와 소비자의 상호 의존성에 의해 제한될 것이다.

석유와 가스의 고유한 특성이 오늘날의 안보 문제를 어떻게 형성하는지를 이해하기 위해서는 앞에서 제시한 에너지 전환에 대해 생각해볼 필요가 있다. 세계경제가 화석연료로부터 벗어나는 속도는 많은 이들이 희망하는 것보다 지금도 느리고 앞으로도 느릴 테지만, 이는 필연적일 수밖에 없다. 미래에는 화석연료가 새로운 에너지원으로 대체될 것이다. 그렇지만 태양이든 바람이든 바이오매스든 원자력이든 아니면 우리가 아직은 상상할 수 없는 에너지원이든 간에, 새로운 에너지로의 전환은 또 다른 안보 문제를 야기할 것이다. 이러한 새로운 전망에 대한 기대에서 발생하는 문제는 에너지가 전환됨에 따라 더욱더 복잡해질 것이다. 즉, 개발도상국이 에너지 수요와 기타 국제적인 추세의 중심으로 자리 잡으면서 우리는 다극화된 에너지 세계를 경험하게 될 것이다.

국제 에너지 믹스에서 석유와 천연가스의 비중이 줄어들면 이들의 사용과 관련된 안보의 딜레마가 국제정치와 갖는 관련성도 점차 줄어들 것이다. 대신 패권 전략의 목적, 방법, 수단을 유사하게 형성하는 새로운 요인들이 나타날 것이다. 국가는 계속해서 패권 전략의 목표로서 에너지를 추구하고, 국제적으로 영향을 미치는 방법이나 도구로서 에너지를 활용할 것이며, 에너지 거래를 외교정책과 안보 전략에 활용할 것이다. 오늘날 정책 결정자, 학자, 기업가, 환경 운동가, 소비자들은 모두 세계가 화석연료에서 어떻게 벗어날 수 있을 것인지에 관심을 갖고 있다. 이러한 질문이 주목을 끌고 있기는 하지만 한편으로는 이러한 전환이 우리가 살고 있는 세계를 어떻게 변화시킬 것인가에 대해서도 생각해볼 필요가 있다. 즉, 일상생활에서 어떻게 자동차에 연료를 공급하고 전기를 생산할 것인가에 대한 고민을 넘어서, 우리가 직면할 국제적인 안보 문제의 변화에 대해서도 고민하고 예상해봐야 할 것이다.

03 지속가능성, 기후변화, 국제 에너지 전환

마이클 브래드쇼

국제 에너지 시스템은 분명 선택의 기로에 놓여 있다. 에너지 수요와 공급에 대한 현재의 추세는 분명히 환경적·경제적·사회적으로 지속가능하지 않다. 그렇지만 이는 바뀔 수 있을 뿐 아니라 바뀌어야만 한다. 우리가 가고 있는 길을 바꾸기 위한 시간은 아직 충분하다(IEA, 2008: 37).

서론

이 장에서는 지속가능하지 않은 현행 국제 에너지 시스템과 극복해야 할 정책적 문제들을 확인한 뒤, 더욱 지속가능한 시스템으로 전환하기 위한 방법들을 다양하게 소개하려 한다. 1부의 다른 장에서는 현재 에너지 시스템의 경제, 안보, 발전이라는 측면에 초점을 맞추는데, 이 장에서도 불가피하게 이러한 문제들을 다룰 것이다. 그렇지만 이 장에서는 현행 에너지 시스템의 환경적 지속가능성, 즉 국제 에너지 정책의 핵심 요인 가운데 하나로 의심할 여지가 없는 기후변화 문제를 특히 강조하려 한다.

2012년 6월에 개최된 '리우+20 UN지속가능발전 정상회의(Rio+20 United Nations Conference on Sustainable Development)'에서는 1992년 개최된 '리우지구정상회담(Rio Earth Summit)' 이후의 20년 역사를 검토했다. '리우+20'에서는 우선적으로 주목해야 할 일곱 가지 주요 핵심 사안을 확인했는데, 그중 하나가 에너지 문제였다. 반기문 UN 사무총장은 2012년을 '모두를 위한 지속가능한 에너지의 해(International Year of Sustainable Energy for All)'로 선언했으며, 2030년까지 달성해야 하는 세 가지 연계 목표도 설정했다. 세 가지 연계 목표는, 전 세계적으로 현대적인 에너지에 접근 가능하도록 만들고, 에너지 효율성을 2배로 개선하며, 국제 에너지 믹스에서 재생가능에너지의 비율을 2배로 확대하는 것이다. 이 계획은 '새천년개발목표(Millennium Development Goals: MDG)'에서 현대적인 에너지에 대한 접근성 문제를 제대로 고려하지 않았다는 점을 약간 뒤늦게 인식한 결과라고 할 수 있다. 에너지와 발전의 문제는 다음 4장에서 본격적으로 다룰 주제이지만, 이 장의 주제인 에너지와 환경 간의 관계와도 직접적인 관련이 있기 때문에 이 글에서도 살펴보려 한다.

UN기후변화협약(United Nations Framework Convention on Climate Change: UNFCCC)이 체결되었기 때문에 1992년 개최된 지구정상회담은 대단히 중요한 의미를 지닌다. UN기후변화협약에는 현재 195개국이 가입한 상태다. 사실 1차 세계기후회의(World Climate Conference)가 개최된 것은 1979년 초다. '기후변화에 관한 정부 간 협의체(Intergovenmental Panel on Climate Change: IPCC)'는 1988년에 결성되어 1990년에 제1차 IPCC 평가보고서를 발간했으며, 가장 최근인 2014년에는 제5차 평가보고서를 발간한 바 있다. 1995년에는 1차 당사국총회(Conference of Parties: COP)가 베를린에서 개최되었는데, 1997년 3차 당사국총회(COP3)에서 이르러서야 교토의정서(Kyoto Protocol)가 채택될 수 있었다. 교토의정서는 2005년에야 겨우 비준을 받았는데, 결국에는 이를 대신할 새로운 협약이 준비되지 못한 채 2012년에 파기되고 말았다. 그렇지만 이로 인해 국제 에너지 정책 형성의 원인인 온실가스와 관련된 세계적인 합의에 도달하기 위한 국제 협상이 강력히 진행될 수 있었다. EU는 에너지·기후변화에 대한 정책을 자체적으로 수립하고 있는데, 2020년에는 1990년 대비 온실가스 배출량 20% 감축, 재생 가능에너지 비율 20% 증가, 에너지 효율 20% 개선이라는 목표를 설정해놓고 있다. 게다가 이른바 코펜하겐 협정(Copenhagen Accord)은 포스트 교토 국제 협약(post-Kyoto global agreement)의 부재로 인해 세계 각국이 독자적으로 만든 다양한 협정을 일컫는다. 이들 협정은 배출량 목표 설정에서 상당한 차이를 보이는데, 여기서 배출량이란 지구온난화 수준을 산업화 이전 수준인 2도 이내로 억제하기 위해 산정한 목표치다. 2011년 더반에서 열린 당사국총회에서는 이러한 배출량 목표치의 차이가 심각한 고민거리가 되었다. 그렇지만 2020년부터 시행될 새로운 협약을 2015년까지 모색한다는 내용의 '행동 강화를 위한 더반 플랫폼(Durban Platform for Enhanced Action)'에는 모두가 동의했다. 따라서 국제 기후변화 정책은 교토의정서의 목표치와 배출량 저감을 위한 새로운 국제 협정 사이에서 정체된 상태다. 2012년 말 도하에서 개최된 18차 당사국총회에서 회원국들은 교토의정서를 2020년까지 연장하는 데 동의하기는 했지만, 이로 인해 에너지·기후변화 정책은 정부와 지역 단체의 몫으로 남겨진 상태다.

앞에서 언급했듯이 환경적으로 지속가능한 국제 에너지 시스템의 발달에 대한 정책적 관심은 1990년대 초부터 시작되었다. 그렇지만 에너지산업의 관점에서 봤을 때, 당시는 석유와 가스를 낮은 가격에 충분히 공급할 수 있는 시기였고, 에너지 안보는 당시 정책의 주요 관심 사항에서 배제된 상태였다. 수입국과 소비자에게 확실하고 적절한 가격의 에너지를 공급하는 데 관심을 가졌던 시기는 오히려 그보다 이른 1970년대였다. OECD 선진국들은 OPEC의 아랍회원국에 대응하기 위해 IEA를 창설했으며, 공급 충격으로부터의 회복력을 강화하기 위해 에너지 정책을 조정하려고 노력했다. 또한 수많은 환경문제를 유발하는 알래스카, 북해, 멕시코 만과 같이 기술적으로 낙후된 지역에서의 생산량 증진에도 전력을 기울였다. 그러다가 2장의 주제였던 에너지 안보 문제가 최근에 다시 등장한 데는 많은 이유가 있다. 그 이유로는 OPEC 비회원국의 생산 정체, 석유·가스 비축의 주요 원인인 자원 민족주의의 성장, 생산 유지 비용의 증가 등을 들 수 있다. 그렇지만 가장 중요한 이유는 OECD 비회원국인 개발도상국에서 새로운 에너지 수요가 급증했기 때문이다.

결론은, 지난 10여 년 동안 국제 에너지 시스템은 수요와 공급의 증가를 일치시키기 위해 수많은 노력을 기울여왔다는 것이다. 물론 여기에는 세계 석유 생산량이 정점에 달했기 때문이라는 학설도 존재한다. 이에 대한 논의는 이 책의 다른 부분에서 다룰 것이다. 그렇지만 근본적인 원인이 무엇이든 상관없이, 여유 없는 에너지 시장은 유가 급증으로 이어졌다. 유가는 1990년대 배럴당 27달러에서 2000년대에는 배럴당 56달러 이상으로 상승했다(BP, 2012a).[1] 그러다가 2008년 여름, 배럴당 147달러로 정점을 찍었다. 이후 세계 금융위기의 결과로 인해 2009년 초반에만 배럴당 40달러 이하로 폭락했지만, 현재 다시 100달러 수준으로 회복된 상태다. 이러한 고유가 상황은 석유와 가스기업에 막대한 이익을 안겨주었고, 석유 생산국과 매장 지역에 높은 권한을 부여했다. 또한 에너지 수입국에서 수출국으로 거대한 자금을 이동시켰으며, 세계경제의 회복을 어렵게 만들었다(El-Gamal and Jaffe, 2010). 이러한 부의 이동은 양쪽 모두에 부정적인 결과를 낳았다. 예전의 경기 불황은 에너지 비용의 하락과 관련이 있었지만, 오늘날의 유가와 경기 순환은 예측할 수 없는 영역이 되고 말았다.

앞에서 제시한 논의를 통해 2008년 IEA가 현재의 추세는 지속 불가능하다는 결론에 도달했던 이유를 쉽게 알 수 있을 것이다. 다음에 다시 논의하겠지만, 현재의 추세가 환경적으로 지속 불가능한 이유는 화석연료 중심의 에너지 시스템이 환경 파괴의 주범이기 때문이다. 화석연료의 연소는 온실가스 배출의 직접적인 원인일 뿐만 아니라 세계 기후변화의 주범이라고 할 수 있다. 현재의 추세는 경제적으로도 지속 불가능한데, 그 원인은 경제성장을 위협하는 높은 에너지 가격과 에너지 가격의 유동성 때문이다. 결국 현재의 추세는 높은 에너지 가격으로 인해 사회적으로도 지속 불가능한 상황이다. 왜냐하면 고가의 에너지가 점점 더 많은 이들에게 빈곤을 안겨다주기 때문이다. 수십억 명에 달하는 사람들이 값비싼 에너지로 인해 빈곤 해소의 전제 조건인 현대적 에너지에 접근하는 데

---

1   2010년 가격 기준.

어려움을 겪고 있다. 그러므로 더욱 지속가능한 에너지 미래를 위한 '새로운 에너지 패러다임(NEW Energy Paradigm: NEP)'에 대한 요구가 필연적으로 도래하고 있다.

새로운 에너지 패러다임에 대해서는 다양한 시각이 존재한다. 일부에서는 에너지 관계를 국가 중심의 시스템에서 시장 중심의 시스템으로 전환해야 한다고 주장하고, 다른 이들은 기후변화에 적응해야 한다고 주장하기도 한다(Helm, 2007; Goldthau, 2012). EU와 같은 상황에서는 이 양측이 상호 배타적이지 않다. 그렇지만 더 일반적으로는 저탄소 에너지 시스템으로의 전환을 통한 기후변화 해결과 관련해서 새로운 에너지 패러다임을 생각해볼 수 있을 것이다(Bradshaw, 2011). 한편으로 국제 기후변화 정책의 초점은 사회적 형평성 및 에너지 접근성과 관련된 국가 발전의 문제를 점점 더 중시하는 쪽으로 나아가야 할 것이다. 그러므로 국가 에너지 정책의 주된 목표로서 에너지 안보라는 개념은 공급의 확보와 적절한 가격이라는 전통적인 개념에서 벗어나 이제는 환경적 지속가능성과 형평성이라는 쟁점을 추가하는 다차원적인 접근으로 전환되고 있다. 이는 유럽 위원회(European Commission)가 발표한 '2020 에너지전략(Energy 2020 Strategy)'에서도 다음과 같이 적절히 제시된 바 있다.

EU 공동의 에너지 정책은 시장에서 개인·산업 부문의 모든 소비자에게 적절한 가격으로 에너지 제품과 서비스를 물리적으로 끊임없이 이용할 수 있도록 보장한다는 공동의 목표에 맞춰 발전해왔다. 한편으로는 EU의 광범위한 사회적 목표를 달성하는 데에도 기여해왔다(European Commission, 2010: 2).

지금까지의 논의를 종합해보면, 지난 20년 동안 일어난 사건들은 국제 에너지 정책의 초점을 변화시켰다고 볼 수 있다. 이로 인해 현재와 미래의 전략은 안보, 적정 가격, 환경적 지속가능성, 에너지 서비스에 대한 사회적 평등 접근을 목표로 해야 한다. 국제 에너지 문제의 특정한 측면을 다룬 1부의 다른 장에서 논의되었듯이, 이는 쉬운 일이 아니다. 이 장에서는 두 가지 사항을 다시 상기시키려 한다. 첫째, 국제 에너지의 딜레마를 설명한 뒤, 에너지와 기후변화 간의 관계 및 에너지 수요의 세계화로 인한 결과를 다룰 것이다. 둘째, 국제적인 에너지의 변화를 설명하면서 역사로부터의 교훈뿐 아니라 저탄소 전환으로 인한 문제도 살펴볼 것이다. 결론적으로는 현재 에너지 정책의 결정자들이 당면한 핵심 문제를 확인하는 것으로 이 장을 마무리할 것이다.

국제 에너지의 딜레마

국제 에너지의 딜레마라는 개념은 언뜻 보기에 간단한 문제인 듯하다. 한마디로 정리하자면, 국제 에너지의 딜레마란 친환경적이면서도 적정한 가격의 에너지를 안정적으로 확보할 수 있는지에 대한 문제라고 할 수 있다(Bradshaw, 2010). 여기서 친환경이라는 용어는 에너지 시스템의 환경적 영향을 강조하기 위해 기후변화보다 훨씬 큰 개념으로 사용되고 있다. 예를 들면, 2010년 멕시코만의 마콘도 원유 유출 사건, 2011년 3월 발생한 쓰나미로 인해 현재까지도 사고를 처리 중인 일본의 후쿠시마 원전 사고, 2012년 북해 엘진 플랫폼[2]의 가스 누출 사고는 에너지산업의 환경적 영향을 보여주는 최근의 대표적인 사례들이다. 그렇지만 이 같은 우발적인 사고뿐 아니라 서아프리카의 니제르 삼각주, 캐나다의 오일샌드, 미국의 셰일가스 시추 작업과 같은 일상적인 산업 활동도 지구적 환경 파괴의 원인이 되고 있다. 이처럼 에너지 확보에는 환경적인 비용이 수반되기 마련이며, 대부분의 사례에서 이런 비용은 소비자에게 적절히 전가되지 않는다는 문제가 있다. 삼림 파괴의 주요 원인인 바이오연료 및 바이오매스 개발뿐 아니라 대규모 수력발전 건설 계획도 이전부터 환경에 부정적인 영향을 주는 사업으로 인식되어왔고, 원자력발전은 사용후 핵연료의 처분 문제가 발생

---

2   엘진 플랫폼이란 영국 북해에 설치되어 있는 석유나 가스를 얻기 위한 굴착 장비가 설치된 해상 구조물 또는 시추 시설을 말한다. _옮긴이

하며, 대규모 풍력발전은 시각적인 경관 문제에 소음 공해를 발생시키면서 철새들에게까지 위협을 가하고 있다. 이처럼 화석연료든 저탄소 연료든 간에 모든 에너지원이 환경에 부정적인 영향을 끼치기 때문에 결국은 정도의 차이만 있을 뿐이다. 그렇지만 앞서 제시한 대부분의 사례는 환경적인 영향과 관리가 대체로 특정 국가의 관할권에 속한다는 점에서 비교적 지역적인 사안이다. 그렇지만 에너지산업으로 인한 산성비 같은 문제는 지구적인 영향까지는 아니더라도 초국가적인 영향을 미칠 수 있다. 이와 마찬가지로 1986년 체르노빌 사고로 인한 방사능 누출도 세계적이 아닌 지역적인 영향을 미치는 데 그쳤다. 그러나 기후변화는 주요 온실가스 배출원이 특정 지역에 집중되어 있더라도 그 영향과 피해가 전 지구적이라는 점에서 차이가 있다. 이 장에서 지속가능성과 관련된 기후변화에 초점을 맞추는 이유는, 이 책의 주제인 국제 에너지 정책과 관련해서는 기후변화의 범위가 가장 중요한 쟁점이기 때문이다. 그렇다고 에너지 생산과 관련된 기타 환경문제의 중요성을 축소시키지는 않겠지만 필요에 따라서는 생략하기도 할 것이다.

에너지와 기후변화

정치가, 정책 입안자, 과학자들이 모여 인간의 활동이 지구적인 기후 체계에 상당한 영향을 미친다는 합의를 이루긴 했지만 이러한 합의 내용이 의심의 여지 없이 증명된 것은 아니다. 지난 200년 이상 화석연료에 기초해 경제 발전과 산업혁명을 이룬 결과 대기 중의 이산화탄소 농도가 실제로 증가한 것은 사실이다. 그렇지만 어려운 것은 다음 단계다. 즉, 이러한 이산화탄소의 농도 증가가 현행 지구온난화의 주요 원인이라는 사실을 의심할 여지없이 증명할 수 있을 것인가? IPCC의 4차 보고서에서는 다음과 같이 결론을 내린 바 있다. "기후 시스템에서의 지구온난화는 분명한 현상이다. 지구 평균 기온 및 수온의 증가, 녹고 있는 눈과 얼음, 해수면 상승을 관찰할 수 있다는 것은 지구온난화가 명확해졌다는 증거다"(Pachauri and Reisinger, 2007). 이 보고서는 다음과 같은 입장도 밝히고 있다. "1750년 이후의 인간 활동으로 인한 지구적 영향이 온난화의 원인 가운데 하나라는 사실은 매우 확실하다." 또한 "세계 이산화탄소의 농도가 증가한 것은 일차적으로 화석연료의 사용에 따른 것이다. 물론 토지 이용의 변화도 중요한 요인일 수 있지만 화석연료의 사용과 비교하면 영향력이 미미할 수밖에 없다"라고 언급했다. 그리고 같은 보고서에 따르면 화석연료 사용으로 인한 이산화탄소 배출량은 2004년 전체 온실가스 배출량의 56.6%, 전체 이산화탄소 배출량의 80%를 차지했다고 한다.

따라서 IPCC의 시각에서 보면 1750년대 이후 국제 에너지 시스템의 변화는 과거에 비해 급격히 증가한 온실가스 배출량에 따른 것이라고 할 수 있다. 실제로 온실가스 배출량은 산업화 이전 수준인 280ppm에서 2012년 393ppm으로 크게 증가했다. 이는 미국 해양대기청(National Oceanic and Atmospheric Administration: NOAA)이 발표한 최근의 수치다. 앞서 언급한 바와 같이 기후변화와 관련한 정책 결정자들은 자신들의 용어로 450ppm을 위험한 수준이라고 설정한 뒤, 재앙적인 수준의 기후변화를 막기 위해서는 그 이하의 수치로 안정시킬 수 있도록 배출량을 줄여야 한다고 판단하고 있다. 그러므로 기후변화 정책의 목표는 온실가스 배출과 관련된 에너지 소비량을 대폭 줄이는 것으로 귀결될 수밖에 없다. 그렇다면 에너지 시스템에서 이 같은 정책 목표는 무엇을 의미하는가?

에너지 전환에 관해서는 뒤에 설명하겠지만, 현재의 화석연료 에너지 시스템은 산업혁명이 도래하고 석탄 원료에 기초해 증기력을 사용한 이후로 끊임없이 발전해왔다. 오늘날 세계의 1차 에너지 믹스에는 세 가지 종류의 화석연료가 가장 많은 비중을 차지하고 있다. BP(2012a: 41)에 따르면, 2010년 세계 에너지 소비량의 33.6%를 석유가, 29.6%를 석탄이, 3.8%를 천연가스가 차지했다고 한다. 나머지 13%는 원자력, 수력, 재생가능에너지가 차지했는데, 특히 재생가능에너지는 아직까지 세계 에너지 소비량의 1.3% 수준에 불과한 상황이다. 에너지 믹스에서는 지역별 변수가 중요한데, 이는 해당 지역의 에너지 보유 수준과 경제 발전 수준을 반영한다. 예를 들면, 유럽과 유라시아에서는 천연가스가 1차 에너지 소비량의 34.4%를 차지하는 반면, 아시아 태평양 지역에서는 석탄 소비가 여전히 52.1%를 차지한다. 이러한 차이는 해당 지역의 에너지·기후변화 정책에 상당한 영향을 미칠 수밖에 없다. 따라서 에너지 믹스는 매우 중요한데, 이는 다양한 형태의 화석연료는 연소할 때 각기 다른 종류의 온실가스를 배출하기 때문이다.

IPCC의 4차 평가보고서는 개별 화석연료에서 배출되는 이산화탄소의 평균값을 보여주고 있다. 다음에 제시할 수치는 평균치로서, 실제로는 석탄 매장지, 유정, 가스전의 특성에 따라 조금씩 다를 수 있다. 한편으로는 석유와 천연가스 같은 전통적인 에너지원과 달리 오일샌드나 셰일가스 같은 비전통적인 에너지원들 사이에도 차이가 많이 난다. IPCC에 따르면 석탄의 평균적인 이산화탄소 배출량은 에너지 생산량 대비 92.0gCO$_2$/MJ이며, 전통적인 석유는 76.3gCO$_2$/MJ, 천연가스는 52.4gCO$_2$/MJ라고 한다(Pachauri and Reisinger, 2007; Metz et al., 2007). 따라서 천연가스에서 에너지 단위당 배출되는 이산화탄소가 석탄보다 43% 정도 적다는 차이점은 대단히 중요하다. 왜냐하면 두 연료가 전력 생산에서 경쟁적인 대체재이기 때문이다. 이를 통해 특정 국가의 에너지 믹스가 탄소 집약도에 영향을 끼치는 중요한 요인이라는 이유를 명확히 알 수 있다. 따라서 에너지 정책의 핵심은 저탄소 연료 중심의 에너지 믹스로 전환해 온실가스 배출을 감축시키는 것이다. 예를 들면, 지난 20년간 영국에서 진행된 이른바 '가스로의 돌진'은 천연가스가 에너지 믹스의 주요 에너지원인 석탄을 대체하도록 함으로써 온실가스 배출량을 상당히 줄이는 결과를 가져왔다(Bradshaw, 2012). 이로 인해 천연가스를 통한 석탄의 대체가 에너지 믹스를 탈탄소화하는 방법 중 하나라는 사실이 알려졌다. 비전통적인 석유와 가스의 출현은 상황을 더욱 복잡하게 만들었다. 이로 인해 에너지원별 탄소 배출에 대한 '전 과정 평가(full life cycle)'에 주목하게 되었다(Klare, 2012: 100~127).

앞서 제시한 통계 자료는 연소 과정에서 배출되는 정도를 의미할 뿐이지, 특정 연료의 채굴·생산 과정과 관련된 온실가스 배출량을 보여주는 것은 아니다. 마찬가지로 연료를 발전소나 가정으로 수송하는 과정에서 배출되는 수치도 배제되어 있다. 이 점이 대단히 중요한데, 왜냐하면 기후변화와 관련해서는 연소 과정이 아니라 전 과정에서 배출되는 온실가스가 문제를 일으키기 때문이다. 오 일샌드 같은 비전통적인 석유가 전통적인 석유에 비해 단위 에너지당 더 많은 온실가스를 배출한다는 것은 분명하다. 왜냐하면 많은 비전통적인 석유는 아스 팔트 추출에 사용된 뒤 수송관을 통해 이동되거나 정제 공장에서 사용할 수 있 는 합성 연료로 변형되기 때문이다. 셰일오일과 셰일가스는 덜 안정적일 뿐만 아니라 더 많은 논란을 일으키는 연료로, 생산 과정에서 석유와 가스 같은 전통 적인 에너지원보다 더 많은 온실가스를 배출할 수 있다(Hughes, 2011). 따라서 석탄을 이용한 전력 생산에서 셰일가스를 이용한 전력 생산으로의 이동은 탈탄 소화라는 기대 효과가 처음 생각했던 것보다 낮을 수 있고 심지어는 온실가스 배출량을 증가시킬 수도 있다는 사실에 주목할 필요가 있다. 일반적으로 북미 지역에서는 전통적인 석유와 가스가 비전통적인 가스로 전환되었는데, 이것이 실제로는 화석연료 연소와 관련된 온실가스 배출량을 증가시켰을 수도 있다. 이 는 명확하게 해결하기 어려운 문제이지만 서로 다른 에너지원의 온실가스 발생 과정을 둘러싼 복잡성과 논란을 설명해준다.

일단 기후변화 정책의 중심에는 에너지 정책이 있다고 결론지을 수 있다. 왜 냐하면 화석연료의 연소가 인간이 야기한 기후변화의 주요 원인인 온실가스의 가장 중요한 배출원이기 때문이다. 그러므로 기후변화 완화라는 정책은 반드시 국제 에너지 시스템의 탈탄소화를 목표로 삼아야 한다.

에너지 수요와 탄소 배출의 세계화

대기 중에 존재하는 온실가스 가운데 인류가 만들어낸 배출량의 대부분은 OECD 회원국으로 대표되는 선진국의 산업 발달과 관련이 있다. 이후에 좀 더 자 세히 살펴보겠지만, 에너지와 선진국의 국가 발전 간의 관계는 시간이 흐르면서 진화해왔으며, 에너지를 경제적 산출물로 전환하는 효율성도 크게 향상된 것으 로 나타난다. 아무리 그렇더라도 OECD 회원국이 현행 지구온난화를 유발하는

〈표 3.1〉 화석연료 사용으로 배출된 이산화탄소 누적량(전 세계에서 차지하는 비율)(단위: %)

국가	1850~2002년	순위	1990~2002년	순위	증감률
미국	29.3	1위	23.5	1위	-20
EU-25	26.5	2위	17.0	2위	-36
러시아	8.1	3위	7.5	4위	-8
중국	7.6	4위	13.9	3위	+83
독일	7.3	5위	4.0	6위	-46
영국	6.3	6위	2.5	8위	-61
일본	4.1	7위	5.2	5위	+26
프랑스	2.9	8위	1.6	13위	-44
인도	2.2	9위	3.9	7위	+79
우크라이나	2.2	10위	1.9	10위	-12
캐나다	2.1	11위	2.1	9위	-3
폴란드	2.1	12위	1.5	15위	-28
이탈리아	1.6	13위	1.9	11위	+17
남아프리카	1.2	14위	1.5	16위	+26
호주	1.1	15위	1.3	17위	+24
멕시코	1.0	16위	1.6	14위	+56
스페인	0.9	20위	1.2	20위	+31
브라질	0.8	22위	1.3	18위	+58
대한민국	0.8	23위	1.7	12위	+127
이란	0.6	24위	1.2	19위	+92
인도네시아	0.5	27위	1.1	21위	+110
사우디아라비아	0.5	28위	1.1	22위	+116
아르헨티나	0.5	29위	0.6	30위	+16
터키	0.4	31위	0.8	24위	+82
파키스탄	0.2	48위	0.4	36위	+105
산업화된 국가	75.6		60.8		-20
개발도상국	24.4		39.2		+61

자료: Baumert et al., 2005: 115.

온실가스 배출의 가장 큰 원인임은 부정할 수 없다. 국가 차원의 이산화탄소 배출량 산정은 1850년부터 시작되었다. 〈표 3.1〉은 1850년부터 2002년까지 화석연료로 인해 배출된 이산화탄소 누적량뿐만 아니라 최근인 1990년부터 2002년까지 화석연료로 인한 이산화탄소 누적량과 함께 국가별 순위를 보여주고 있다.

〈표 3.1〉은 여러 측면에서 설명이 가능하다. 첫째, 산업화된 국가에서 역대 배출량 농도가 높게 나타났는데, 1850년부터 2002년까지 미국과 유럽의 누적 배출량은 55.8%였다. 둘째, 선진국에서의 배출량 증가와 산업국에서의 배출량

〈표 3.2〉 국가 그룹별 기후변화 관련 핵심 지표(전 세계에서 차지하는 비율)(단위: %)

	CO$_2$ 배출량		에너지 사용		국민총소득(PPP)		인구	
	1990	2007	1990	2008	1990	2009	1990	2010
선진국	41.7	39.0	48.6	42.2	58.6	47.6	16.1	14.1
탈사회주의 국가	18.8	9.1	19.7	10.7	8.9	7.6	7.8	5.9
신흥국	23.4	38.3	22.2	34.7	17.8	29.9	50.5	49.9
개발도상국	7.0	8.8	8.4	11.0	12.0	12.8	25.3	29.7

주: 원 자료의 반올림 오차로 몇몇 항목은 합계가 100이 되지 않음.
자료: Bradshaw, 2013.

감소는 1990년 이후의 극적인 변화를 설명해주고 있다. 이른바 BASIC 국가[(브라질(Brazil), 남아프리카공화국(South Africa), 인도(India), 중국(China)]의 비율은 1990년 이전에는 11.8%였으나 1990년과 2002년 사이에 18.6%로 증가했다. 이로 인해 2007년에는 세계 최다 이산화탄소 배출국이 미국에서 중국으로 바뀌었으며, 실제로 지난 10여 년간 배출량 증가 추세가 가속화되었다. BASIC 국가를 제외하더라도 개발도상국의 비중은 1990년까지 12.6%였으나 1990년과 2002년 사이에 18.6%로 증가했다. 물론 이 수치는 배출량 감소를 경험했던 구소련 국가(러시아, 우크라이나, 폴란드)에서는 다소 차이가 있을 수 있다. EU가 확대되면서 이들 국가 가운데 일부는 EU의 온실가스 배출량 감소에 포함된 경우도 있다. 한편으로는 이와 달리 전 세계를 선진국, 탈사회주의 국가, 신흥국, 개발도상국이라는 4개의 집단으로 세분화할 수도 있다. 세계은행(World Bank: WB)의 개발지표 데이터베이스(Development Indicators database) 자료를 사용해서 최근의 배출량 변화를 분석한 결과는 〈표 3.2〉와 같다.

이 같은 CO$_2$ 배출량, 에너지 사용, 국민총소득, 인구를 기준으로 지역을 세분화한 결과, 경제적 세계화, 인구 증가, 소련 붕괴라는 변화에 처한 지금이 바로 세계 온실가스 배출과 에너지 소비의 중요한 전환점이라는 사실을 알 수 있다. 유럽부흥개발은행(European Bank for Reconstruction and Development: EBRD)의 통제하에 있던 27개의 탈사회주의 국가는 이 기간 동안 세계 배출량과 에너지 비중이 급격하게 감소하는 경향을 보였는데, 이는 인구가 줄어들면서 경제활동이 침체되었기 때문이다. 선진국 또한 감소하기는 했지만 탈사회주의 국가에 비하면 미약한 수준이었다. 그렇지만 BASIC 국가보다 더 큰 범위인 신흥국을 보면 온실가스 배출량, 에너지 사용, 국민총소득의 비중은 크게 증가한 반면 인구 증가율에서는 거의 변화가 없었다. 특히 이 집단에 속한 중국은 배출량 증가의 가장 큰 원인이었다. 중국은 2009년 세계 이산화탄소 배출량의 24%를 차지했는데, 이는 중국이 1990년부터 2009년까지 배출한 이산화탄소량의 3배에 이르는 수치였다(IEA, 2011a: 24). 결론적으로 개발도상국은 온실가스 배출, 에너지 사용, 경제활동에서 차지하는 비율의 변화가 거의 없었던 반면, 인구 비율은 상당한 수준으로 높아졌다. 이러한 변화로 인한 정책적 결과는 이후에 다시 논의할 예정이다. 다만 우리는 전반적인 변화가 이미 진행되고 있다는 사실에 주목할 필요가 있다. 이와 함께 2030~2040년까지 얼마나 더 많은 변화가 있을 것인지에 대한 질문도 제기해야 할 것이다.

많은 기관에서 미래의 에너지 사용과 탄소 배출량에 대한 추정 및 시나리오를 제시하고 있다. 이러한 논의는 『2011 세계 에너지 전망(World Energy Outlook 2011)』(IEA, 2011b), 『2011 국제 에너지 전망(International Energy Outlook 2011)』(EIA, 2011), 『2040년까지의 에너지 전망(The Outlook for Energy: A View to 2040)』(Exxon Mobile, 2012), 『2030 BP 에너지 전망(BP Energy Outlook 2030)』(BP, 2012b)이라는 최근 4개의 간행물을 기초로 한다. 여기서 관심의 대상은 에너지 소비로 발생하는 이산화탄소 배출량에 대한 지리학적 역학 관계를 어떻게 설명해야 하는가와 관련이 있다. 즉, 국제 에너지 수요가 얼마나 증가했는지, 앞으로 화석연료는 어떤 역할을 할 것인지, 국제 에너지 수요에 대한 OECD 회원국과 OECD 비회원국의 비율은 어떻게 될 것인지, 탄소 배출량과 관련해 어떤 일들이 발생할 것인지라는 네 가지 기본적인 질문에 대해서는 어느 정도 합의가 이뤄진 상태다. 먼저, 현행 정책을 기반으로 한 미국 에너지정보국(Energy Information Administration: EIA)의 기준 시나리오를 살펴보면, 2035년까지 전 세계 에너지 소비량이 53% 증가하면서 동시에 전체 에너지 수요에서 화석연료가 차지하는 비중이 79.1%가 될 전망이다(EIA, 2011). 또한 2008년부터 2035년까지 OECD 비회원국의 에너지 수요는 85% 증가하고, OECD 회원국의 에너지 수요는 18% 정도 증가할 것이라 추측된다. 이러한 증가율의 차이로 인해 전 세계 에너지 소비량에서 OECD 비회원국이 차지하는 비중은 2008년 51.6%에서 2035년 62.5%까지 높아질 것으로 전망된다. 종합해보면, 연료에서 발생하는 이산화탄소 배출량은 43%까지 증가할 것이고, OECD 비회원국의 온실가스 배출량은 2008년 OECD 회원국의 23.4% 수준에서 2035년에는 100%를 초과할 것으로 예상된다. EIA는 다르게 평가할 수도 있겠지만, 이런 시나리오로는 지구온난화를 2도 이내로 유지하는 수준으로 온실가스 배출량을 제한한다는 목표를 결코 달성할 수 없다. 한편 IEA는 온난화를 2도 수준으로 제한하겠다는 것을 목표로 한 450ppm 시나리오를 포함해서 다양한 시나리오를 제시하고 있다(IEA, 2011b). 그렇지만 현재 시행 중인 모든 정책을 고려한다는 '신정책 시나리오'와 관련해서는 논란의 여지가 있을 수 있다. 왜냐하면 신정책 시나리오도 앞으로 시행될지 모르는 미래의 정책이 포함되지 않은 EIA의 기준 시나리오와 유사하기 때문이다. 신정책 시나리오는 화석연료가 80%에 달하는 OECD 비회원국이 전 세계 에너지 소비량의 64%의 비중을 차지하게 될 2035년이면 세계 에너지 수요는 40%까지 증가해 이산화탄소 배출량이 20% 정도 증가할 것으로 예측한다. 이 수치는 EIA의 예상보다 상당히 낮지만 이 시나리오에 따르면 지구온난화는 3.5도 높아지는 결과가 초래될 것으로 예측된다.

　다음의 두 가지 예측은 국제 석유회사가 제시한 것으로, 앞의 기관처럼 다양한 시나리오를 제시하지는 않는다. 엑슨 모빌의 예측이 가장 낙관적인데, 특히 시간적 범위가 2040년까지라는 사실이 매우 놀랍다(Exxon Mobil, 2012). 구체적으로는 2040년까지 전 세계 에너지 수요가 30% 정도 증가하고 이 수요의 80%를 화석연료가 충당하며, OECD 회원국의 수요는 낮아지는 반면 OECD 비회원국의 에너지 수요는 60%까지 증가할 것이라고 예상했다. 배출량 증가에 대해서는 아무런 수치를 제시하지 않았지만, 2030년의 배출량은 현 수준을 유지할 것이라고 기대하는 한편, 2040년에는 에너지 사용으로 인해 이산화탄소 배출량의 70%를 OECD 비회원국들이 차지할 것이라는 전망을 제시했다. 최종 예측치는 BP가 제시한 것으로, 전망 기한은 2030년까지다(BP, 2012b). BP는 총 에너지 수요가

2030년까지 39% 정도 증가하는데 그중 96%가 OECD 비회원국에서 발생할 것으로 예측하면서, 이들의 에너지 수요는 2010년보다 더욱 높은 69%에 이를 것으로 전망했다. 그런가 하면 2030년 OECD 회원국의 에너지 수요는 2010년에 비해 단 4% 증가할 것이라고 예상했다. 종합적으로 BP는 이산화탄소 배출량이 28% 정도 증가할 것이라고 추측하는데, 이는 IEA의 450ppm 시나리오보다 매우 높은 수준이다.

앞에서 제시한 네 가지 질문으로 돌아가면, 이러한 예측을 통해 지금으로부터 2030~2040년의 기간 동안 전 세계 에너지 수요는 40% 정도 증가하고, 화석연료가 전체 에너지 수요의 80%를 차지하면서 여전히 국제 에너지 믹스를 지배할 것이라고 결론지을 수 있다. 또한 OECD 비회원국이 새로운 에너지 수요 증가의 대부분을 차지하면서 국제 에너지 시스템을 재조정할 것이라는 의견에 대해서도 합의가 이뤄진 상태다. 이러한 분석을 더 자세히 살펴보면, 중국, 인도, 중동이 이러한 수요 증가의 주요 원인임을 알 수 있다. 이산화탄소 배출량 증가와 관련해서는 그다지 합의가 이뤄지지 않고 있지만, 핵심적인 쟁점은 기술 발전, 에너지 효율 증대, 저탄소 에너지원의 증가에 대한 추정과 관련이 있다. 분명한 사실은, 이 모든 시나리오는 지구온난화를 2도 이내로 제한하는 데 필요한 조건에 전혀 미치지 못한다는 것이다. 누적 배출량 논의로 다시 돌아가면, IEA는 신정책 시나리오에서 향후 25년간의 누적 에너지 소비와 관련된 세계 배출량이 과거 110년간 배출된 양의 3/4이 될 것이라고 예측한 사실과 OECD 비회원국이 2035년 배출량 증가분의 전부를 차지할 것이라는 사실에 주목한다(2011: 100). 따라서 지금까지는 OECD 회원국의 산업화가 누적 탄소 배출량의 가장 큰 원인이었다면 앞으로 향후 수십 년간은 OECD 비회원국의 경제성장과 인구 증가가 미래 배출량 증가의 주요 원인이 될 것이다. 이는 에너지·기후변화 정책에서 중요한 함의를 지닌다. 왜냐하면 OECD 회원국이 채택했던 화석연료 집약적 방식을 OECD 비회원국에서도 개발을 위해 사용한다면 지구가 감당할 수 없을지도 모르기 때문이다. 결국 이러한 정책적 함의는 더욱 지속가능한 에너지 시스템으로 전환하도록 촉구하는 것으로 귀결될 수밖에 없다.

지구적인 에너지 전환

이상의 논의를 통해 전 세계는 현재 에너지 수요 변화의 시작점에 있으며, 지속가능한 에너지 시스템의 한 측면이 OECD 비회원국의 인구 증가 및 경제성장에서 비롯될 에너지 서비스의 수요에 따라 좌우되리라는 사실이 분명해졌다. 그렇지만 파국적인 기후변화를 피하려면 이러한 수요 증가에 따른 온실가스 배출량은 지구가 감당할 수 있는 범위 내에서 증가해야 한다. 현재와 미래의 수요는 저탄소 에너지를 통해 공급되어야 하며, 에너지 시스템은 더욱 친환경적으로 전환되어야 한다. 다음에서는 과거 화석연료 시스템의 변천사뿐 아니라 저탄소 시스템으로의 전환이라는 관점에서 앞으로 배워야 할 교훈에 대해 살펴볼 것이다.

에너지 전환에 대한 이해

산업혁명 이후 선진국이 경험했던 경제성장과 인구 증가는 사실상 저렴한 화석연료라는 토대에 의존했기 때문에 가능했다. 그렇지만 이 시기 동안 화석연료 시스템에도 많은 변화가 있었다. 그뤼블러에 따르면, 에너지 전환은 "특정 에너지 시스템이 다른 상태로 변화하는 것"으로 정의될 수 있다(Grübler, 2004: 163). 예를 들어, 소량의 비상업적·전통적인 에너지를 사용하는 상태에서 대량의 상업적·현대적인 화석연료를 사용하는 상태로 전환하는 것을 들 수 있다. 이 같은 근본적인 전환은 산업혁명과 함께 진행되었다. 이전의 에너지 시스템은 열, 빛, 동력 같은 필수 에너지 서비스를 제공하기 위해 태양, 바람, 물 같은 자연력과 축력 또는 인력에 의존해야만 했다. 이러한 "생물학적 에너지 시스템"은 인간의 능력 확장을 제한했다(McNeil, 2000). 푸케와 피어슨에 따르면, 에너지 사용에서는 세 가지 커다란 변화가 있었다고 한다(Fouquet and Pearson, 1998: 4). 첫째는 1950년 이후 1인당 에너지 소비량의 급격한 증가다. 둘째는 에너지 공급원의 변화다. 예를 들면, 바이오매스에서 화석연료로, 석탄에서 석유와 가스로, 천연 동력에서 고부가가치 에너지로의 변화 등이 포함될 수 있다. 셋째는 직접적인 이

〈표 3.3〉 전 세계 1차 에너지 수요의 에너지 믹스 변화(단위: %)

연도	석탄	원유	가스	수력전기	원자력	바이오매스
1800	1.7					98.3
1900	47.3	1.5	0.5	0.1		50.5
1950	45.1	19.5	7.5	1.2		26.8
1960	38.1	27.1	11.0	1.7	0.0	22.0
1970	27.9	38.2	16.1	2.2	0.4	15.2
1980	27.4	37.8	17.8	2.1	2.6	12.3
1990	27.1	32.9	20.6	2.3	5.5	11.6
2000	23.0	33.7	22.6	2.5	6.4	11.8
2008	28.9	30.9	22.8	2.5	5.7	9.2

자료: Smil, 2010: 154.

용 방식의 변화다. 즉, 생물자원, 바람, 물 등을 이용하는 방식이 변했다. 예를 들면, 열을 직접 가열에 사용하기보다는 증기기관이나 내연기관에 활용하는 방식으로 변화한 것이 해당된다.

〈표 3.3〉에 제시된 바와 같이, 지난 200여 년에 걸쳐 전 세계 인구가 6배, 에너지 사용이 20배 증가함에 따라 새로운 에너지원를 창출하려는 움직임이 진행되면서 화석연료 시스템 내에서는 세 차례의 '전환 과정'이 있었다(Smil, 2010). 처음에는 석탄과 증기력이 지배했으나, 증기기관은 석유 소비를 늘리는 내연기관으로 대체되었으며, 최근에는 천연가스의 수요를 유발하는 가스터빈이 도입되고 있다. 한편으로는 수력과 원자력도 크게 발달하기는 했지만 석탄, 석유, 천연가스라는 세 가지 화석연료에 비해서는 상대적으로 미미한 수준이었다. 전기의 발명은 석탄이 지속적으로 소비되는 기반을 마련해주었다. 경제성장이 급속도로 진행된 지금은 석유가 수송용 연료와 화학 원료로 사용되고 있으며, 석탄, 천연가스, 원자력은 전력 부문에서 경쟁하는 관계에 있다. 선진국의 가정에서는 난방과 취사를 위해 전력 또는 가스를 사용하고 있다. 따라서 오늘날의 우리는 화석연료를 기반으로 한 에너지 시스템에 구속된 상태다(Unruh, 2000). 앞서 언급했듯이, 다양한 에너지원 간에는 상당한 지역적 변수가 존재하는데, 이는 특정 국가의 경제 발전과 에너지 보유 수준에 따라 달라진다. 이전 절에서 논의한 다양한 예측을 통해 확인되었듯이, 세 가지 화석연료는 상호 경쟁하며 균형을

이룬다. 즉, 천연가스는 지속적으로 성장하고, 석유는 안정화되며, 석탄은 침체되는 상황이다. 그렇지만 지금은 여전히 화석연료가 지배적인 시대로 분류될 수 있다. 이는 2030~2040년에는 원자력 에너지, 수력 에너지, 재생가능에너지가 1차 에너지 수요의 단 20%만 차지할 것이라는 전망을 통해 확인된다. 이 정도 비중이면 결코 저탄소 에너지로 전환되었다고 단정 지을 수는 없을 것이다.

지난 200여 년 동안의 에너지 역사를 보면, 1차 에너지 공급 구조가 크게 변하는 데에는 몇 십 년이 소요되는 것으로 나타난다. 스밀은 다음과 같이 충고한 바 있다. "대규모의 에너지 전환은 항상 점진적인 형태로 진행된다. …… 따라서 유례없는 대규모의 재정 투입과 확정된 조치가 없다면 화석연료로부터 재생가능에너지로의 전환을 가속화하겠다는 오늘날의 약속은 아무것도 실현되지 않을 것이다"(Smil, 2010: vii). 혹자는 IEA의 450ppm 시나리오에 포함된 대책들이 바로 유례없는 신정책이라고 주장할 수도 있다. 그렇지만 좀 더 신중한 입장의 크레이머와 헤이그는 새로운 기술이 개발되는 속도에 물리적 제약이 존재한다는 사실에 주목한다(Kramer and Haigh, 2009). 즉, 21세기의 경험에 비춰볼 때, 이러한 에너지 기술들이 기하급수적으로 발전해서 보급되기까지는 30년 정도의 시간이 소요될 것으로 전망된다. 이들은 이른바 '에너지 – 기술 전개의 두 가지 법칙'이라는 조건하에 수요 감축과 효율 개선의 필요성을 훨씬 더 강조하고 있다. 물론 에너지 수요 측면을 해결하는 것은 다른 법칙을 적용시켜야 하지만 적어도 이론적으로는 짧은 기간 내에 에너지 전환을 달성할 수 있는 수단이다. 또한 화석연료 시스템 내에서의 에너지 전환은 에너지 효율을 높이고 비용을 줄이는 식의 기술혁신과 경쟁을 통해 이뤄졌다. 화석연료 시스템은 투자 대비 이윤이 줄어들면서 더 이상 지속가능하지 않은 상황으로 전락하고 있다. 다시 말해 이용 가능한 전통적인 매장지의 화석연료가 점차 소진되면서 이제는 접근성이 떨어지는 매장지의 자원과 비전통적인 자원에서 에너지를 추출하는 데 더 많은 에너지가 소비되고 있는 실정이다. 즉, 이처럼 신규 에너지의 생산 과정에 투입되는 에너지의 양도 늘어나고 있다(Murphy and Hall, 2010). 그럼에도 재생가능한 형태의 새로운 에너지는 아직 화석연료와 경쟁하기 어려우며, 재생가능에너지의 시장 점유율을 높이기 위해서는 상당한 지원금과 보조금이 필요하다는 사실이 밝혀지고 있다(21장 참조). 재생가능한 전력에 대해 높은 가격을 보장해주는 발전차액지원제 같은 직접적인 보조금 제도의 대안으로 원자력 또는 재생가능에너지 같은 저탄소 에너지원을 기준으로 화석연료의 가격을 올리는 탄소세를 생각해볼 수 있다(18장 참조). 탄소세는 일부 국가에서 시행되고 있기는 하지만, 에너지 비용을 증가시키는 결과를 가져왔다. 그렇지만 이는 저탄소 에너지 시스템으로의 전환을 가속화시키기 위해 사회가 지불해야 하는 비용일 수 있다. 결과적으로 탄소세 도입은 값비싼 에너지의 수요를 감소시키고 에너지 효율성을 증대시키는 효과도 가져올 것이다. 그렇지만 불행히도 이 같은 고비용은 에너지 빈곤과 접근성 문제를 악화시킨다는 단점이 있다. 이 책의 많은 장에서는 저탄소 에너지 시스템으로 전환하기 위한 기술적·정책적 처방을 논의할 것이다. 그렇지만 역설적이게도 이 같은 '새로운' 기술은 산업혁명 이전까지만 해도 일반적이었던 풍력이나 수력 같은 재생가능에너지의 확장판에 불과할 수 있다. 한편으로는 재생가능에너지의 규모가 아무리 커지더라도 화석연료에 비해 여전히 에너지 밀도가 훨씬 낮고 품질이 떨어진다는 문제도 있다(Smil, 2010: 113). 결론적으로 지속가능한 에너지 시스템으로의 전환이란 곧 에너지, 경제, 사회의 관계를 변화시키는 작업이 되어야 한다. 그래야 우리는 에너지 서비스를 안정적으로 보장받을 수 있을 것이다.

저탄소 에너지 시스템으로의 전환을 위한 과제

끝으로 이 절에서는 에너지 소비와 관련된 이산화탄소 배출 수준을 결정하는 핵심 요인을 살펴보려 한다. 이를 위해 가야 항등식(Kaya Identity)[3]을 사용해 에

---

3    $CO_2 = \dfrac{CO_2}{Energy} \times \dfrac{Energy}{GDP} \times \dfrac{GDP}{POP} \times POP = f \times e \times g \times P$

CO_2: 이산화탄소 배출량, Energy: 에너지 소비량, GDP: GDP 규모, POP: 인구, f: 탄소 집약도, e: 에너지 집약도, g: 1인당 GDP, P: 인구

너지 소비와 온실가스 배출을 유발하는 핵심 요인을 귀납적인 방식으로 분석할 것이다. 이 공식은 개발자이자 도쿄대의 공학자인 가야 요이치(茅陽一)의 이름을 따서 명명되었다.

가야 항등식은 에너지·기후변화와 관련된 연구에 큰 영향을 주었다. 예를 들면, 미래의 탄소 배출량을 예측하는 IPCC 모형, EIA의 『2011 국제 에너지 전망』(2011: 144~145)을 포함한 수많은 학술 논문과 대중 서적에서 가야 항등식이 사용되었다(Baumert et al., 2005; Jaccard, 2005; Raupach et al., 2007; Pielke, 2010). EIA는 가야 항등식을 "에너지와 관련된 이산화탄소 배출의 역사적 추세를 이해하고 미래를 예측하기 위한 직관적인 접근법"으로 묘사한 바 있다(2011: 144). 다만 가야 항등식이 에너지와 관련된 이산화탄소 배출량을 분석하기 때문에 온실가스의 특정 원인만 다룬다는 한계가 존재하기는 하지만, 이들 특정 원인이 가장 중요한 핵심 원인이라는 사실에 유념할 필요가 있다. 바우머트 등은 가야 항등식을 이용해 온실가스 배출량을 결정짓는 세 가지 요인을 확인했다(Baumert et al., 2005: 16). 즉, 탄소 집약도와 에너지 집약도는 따로 다뤄야 하지만, 1인당 GDP와 인구는 '활동도'라는 개념으로 함께 분류해도 된다는 사실이다. 정책적인 측면에서도 이들을 구별하는 것은 중요하다. 비록 많은 환경단체가 동의하고 잭슨이 대안적 성장 개념으로 제시하긴 했지만(Jackson, 2009), 제로 성장은 이산화탄소 배출을 줄이는 현실적인 정책 대안이 될 수 없다. 왜냐하면 특히 지금과 같은 전 세계적인 경기 침체 상황에서 OECD 회원국을 포함한 많은 나라의 정치인들은 경제성장을 촉진시킬 방안을 찾기 위해 부단히 노력하고 있기 때문이다. 그렇지만 한편으로는 에너지 소비와 탄소 배출량을 감소시킨 2008년의 세계경제 위기 덕분에 경제성장이 에너지 수요의 주요 원인임을 다시 한 번 분명히 확인할 수 있었다.

지금은 새로운 에너지 수요의 선구자인 아시아의 경제가 회복되면서 배출량이 또 다시 증가하고 있다. 피터스 등은 온실가스 배출량이 2009년 1.4% 정도 감소했다가 2010년에 다시 5.9% 정도 증가했다고 보고했을 정도다(Peters et al., 2012). 마찬가지로 개발도상국의 경우 인구 증가율의 감소로 인한 이점이 많기는 하지만, 인구 조정을 온실가스 감축을 위한 정책 수단으로 채택하지는 않을 것이다. 그렇지만 오닐 등은 "느린 인구 증가를 통해 온실가스 배출량을 16~29% 정도 줄일 수 있으며, 2050년의 심각한 기후변화 파국을 피하기 위해서는 출산 억제 정책이 필수적"이라고 주장한다(O'Neil et al., 2010: 17521). 따라서 인구 증가를 제한하는 효과가 있다고 알려진 여성 대상의 교육 강화와 노동 참여 증진 같은 수단은 환경적인 측면에서도 긍정적인 결과를 가져올 수 있을 것이다. 그렇다면 에너지 정책의 결정자들에게는 온실가스 감축을 위한 핵심 수단으로 세 가지 요인 가운데 에너지 집약도와 탄소 집약도라는 두 가지 요인만 남는다.

에너지 집약도는 특정 국가의 경제적 산출을 한 단위 생산하는 데 투입되는 에너지의 양을 나타내는 척도다. 만약 집약도가 소비되는 에너지 대비 생산되는 GDP로 정의된다면, 숫자가 높을수록 동일한 투입물 대비 산출량이 많음을 의미한다. 역으로 집약도가 GDP 대비 소비되는 에너지로 정의된다면, 숫자가 낮을수록 동일한 산출물 대비 소비되는 에너지가 적음을 의미한다. 다만 GDP 같은 경제적 산출과 소비되는 물리적 에너지의 단위와 차원이 다르기 때문에 에너지 집약도를 규정하는 구체적인 척도를 명확히 하는 작업은 중요할 수밖에 없다. 결과적으로 에너지 집약도를 개선한다는 것은 경제적인 산출량 대비 소비되는 에너지가 적어진다는 것을 의미한다. 다만 효율 개선이 에너지 집약도에 영향을 주기는 하지만, 에너지 집약도가 에너지 효율과 동일한 개념은 아니다. 세계에너지협의회(World Energy Council: WEC)는 국가의 에너지 집약도에 영향을 주는 많은 요인을 탐색해왔다(WEC, 2010: 13). 결과적으로 이런 요인으로 경제성장, 산업구조, 에너지 믹스, 기후 조건, 수송 여건, 기술적 효율성 등이 발굴되었다. 이러한 요인들을 전부 철저하게 조사하기는 힘들지만, 대부분 국가의 에너지 집약도에 영향을 미치는 것으로 밝혀졌다. 특히 산업구조는 경제성장과 에너지 집약도의 관계라는 측면에서 중요한데, 산업화 초기 국가의 산업구조는 에너지 집약적 활동을 요하는 경공업과 제조업에 집중되어 있다. 경제가 성숙하면 이들 부문이 차지하는 비중이 줄어들면서 에너지 집약도가 낮은 서비스 부문으로 산업구조가 변한다. 물론 선진 산업 경제에서도 중공업과 제조업의 생산품을 여전히 소비하기는 하지만, 자국에서 생산하기보다는 외국 수입 제품에 의존하는 경향이 있다(Peters et al., 2011). 따라서 탈산업국의 에너지 집약도와 탄소 배출량은 감소하지만 실제로는 다른 곳에서 배출이 늘어나는 결과가 발생한다. 이러한 양상은 OECD 회원국과 중국의 최근 관계를 정확히 설명해주고 있다. 뤼흘 등은 세계경제라는 차원에서 에너지 집약도의 등락이라는 일반적인 패턴이 존재하며, 한편으로는 에너지 집약도가 수렴되는 현상도 발견된다고 주장한다(Rühl et al., 2012: 20). 이들은 세계화가 이런 추세를 가속화시키는 것은 "경제성 있는 모든 연료가 이제는 국경을 넘어 거래될 수 있고, 기술이 전 세계적으로 공유되고 있으며, 심지어 에너지의 사용을 결정하는 소비 패턴이 과거에 서로 달랐던 국가와 문화를 뛰어넘어 표준화·동형화되고 있기 때문"이라고 설명한다. 이 같은 수렴 현상이 선진국과 신흥국에는 해당되지만 개발도상국에도 적용 가능한지는 명확하지 않다. 어쨌든 이런 수렴 현상과 감소하는 집약도가 에너지 소비의 증가세를 다소 둔화시킬 수는 있겠지만 적어도 기후변화를 빠르게 완화시킬 수는 없을 것이다. 정책적인 관점에서 봤을 때, 절약 및 효율 개선 대책은 에너지 소비 감축에 긍정적으로 작용할 것이다. 만약 정책 대상인 에너지가 화석연료라면 이러한 대책은 이산화탄소 배출을 줄일 수 있을 뿐만 아니라 해외 의존적인 국가의 에너지 수입을 줄여서 에너지 안보를 향상시키는 효과도 있을 것이다.

두 번째 정책 수단은 탄소 집약도다. 탄소 집약도는 소비되는 에너지 단위당 발생하는 이산화탄소의 양을 가리킨다. 예를 들면, 에너지의 석유환산톤(ton of oil equivalent: TOE)당 발생하는 이산화탄소의 배출량으로 정의될 수 있다. 어떤 대책이든지 탄소 집약도가 높을수록 소비되는 에너지 단위당 발생하는 이산화탄소는 많아진다. 물론 국가별 에너지 믹스는 해당 국가의 탄소 집약도에 영향을 미치는 핵심적인 요인일 수 있다. 즉, 석탄이나 비전통적인 석유, 가스 같은 탄소 집약적인 1차 에너지원에 의존할수록 탄소 집약도는 더 높아질 수밖에 없다. 이에 대한 해결책은 화력발전소, 가스발전소, 그 밖의 대규모 산업 공정에서 발생하는 이산화탄소를 전부 포집해서 보관하는 기술을 적용하는 것이다. 현재

탄소 포집 및 저장(Carbon Capture and Storage: CCS) 기술은 상업적 검증을 거치지 못한 상태로, 막대한 정책적·재정적 지원이 필요한 연구 개발 단계에 있다(Watson, 2012). 물론 CCS 기술에도 화석연료 경제와 관련된 환경적 영향뿐 아니라 지속가능성에 대한 우려가 존재한다.

앞서 언급한 바와 같이, OECD 회원국은 원자력이나 재생가능에너지 같은 저탄소 에너지원과 천연가스의 비중을 높이는 방식으로 에너지 믹스를 전환하고 있다. 반면 BASIC 국가 가운데 중국, 인도, 남아프리카공화국의 경우 석탄을 대규모로 소비하고 있으며, 브라질은 수력과 바이오연료에 의존하고 있다. 특히 중국은 중공업과 제조업에 역점을 두는 성장 전략으로 인해 석탄에 대한 의존도가 높아지고 있다. 이러한 측면에서 봤을 때, 중국이 에너지 사용으로 인한 탄소 집약도가 높은 이유뿐 아니라 절대적인 탄소 배출량이 급증하는 원인도 쉽게 파악할 수 있다(Guan et al., 2009). 가야 항등식이 제시하는 정책적 함의로 다시 돌아가면, 에너지 사용으로 인한 탄소 집약도를 줄이기 위해서는 에너지 믹스를 탈탄소화시킬 필요가 있다. 즉, 석탄처럼 탄소 배출량이 많은 화석연료에 대한 의존도를 줄이고 천연가스, 원자력, 재생가능에너지 같은 저탄소 에너지원으로 대체해서 전력을 생산하는 것이 국가적으로 바람직할 것이다.

결론

이 장에서는 지속가능한 국제 에너지 시스템으로의 전환에 대해 설명하면서 기후변화와 관련된 논의에 초점을 맞추었다. 화석연료 연소로 인한 온실가스 배출이 인위적인 기후변화를 촉진하는 가장 큰 요인이라는 사실은 이미 과학적으로 증명된 상태다. 따라서 파국적인 기후변화의 위험을 줄이기 위해서는 에너지 서비스의 제공 과정에 소비되는 화석연료의 양을 상당히 줄여야 하며, 이를 위해서는 저탄소 에너지 시스템으로의 전환이 요구될 수밖에 없다. 저탄소 에너지 시스템으로의 전환이라는 결론은 에너지 단위당 배출되는 이산화탄소의 감축으로 귀결될 수밖에 없다. 이러한 해결책은 에너지 수요가 안정적이고 저탄소 에너지 및 CCS와 관련된 정책이 존재하며 자금을 조달할 수 있을 만큼 경제력이 풍부한 OECD 회원국, 특히 유럽 에너지 정책의 핵심이라고 할 수 있다. 그렇지만 에너지 수요가 급격히 증가하고 지속적인 경제성장이 이뤄지는 신흥국의 경우 탄소 배출을 고려하지 않은 채 이용 가능한 에너지를 모두 사용한다는 문제가 있다. 즉, 선진국에서는 에너지 소비로 인한 탄소 집약도가 상당히 감소한 반면, 중국, 인도, 중동 같은 개발도상국에서는 에너지 사용으로 인한 탄소 집약도가 급격히 증가하는 상황이다. 따라서 당면 정책 과제는 이 같은 격차를 줄이고 조정할 수 있는 방안을 모색하는 것이다. 또한 이는 온실가스 배출량을 증가시키지 않고 에너지 서비스에 보편적으로 접근하도록 만들어야 한다는 숙제도 안고 있다. 가야 항등식은 수요 감소, 효율 개선, 에너지 소비의 탈탄소화라는 지속가능한 에너지 시스템을 촉진시키면서 실행 가능성이 높은 정책적 처방을 제시하고 있다. 정책 결정자들은 이를 잘 인식하고 있으며, 이러한 요소는 EU의 20-20-20[4]과 UN의 '모두를 위한 지속가능한 에너지 시스템'이라는 목표에 분명하게 명시되어 있다. 여기서 UN의 목표에는 에너지 효율 2배 개선과 국제 에너지 믹스에서 재생가능에너지 비중 2배 증가가 포함되어 있다. 이처럼 지속가능한 국제 에너지 시스템을 구축한다는 UN의 정책적 처방이 명확하기는 하지만 실제 진행은 아직까지 제한적이기만 하다. 『국제 에너지 전망』은 "현재 국제 에너지의 추세를 급격히 전환시켜야만 하는 몇 가지 징후가 있다"라는 논평으로 시작된다(IEA, 2011b: 39). 이 장의 글머리에서 언급했던 IEA의 문구를 다시 인용하자면, 우리는 지금의 고탄소 에너지 시스템을 전환하기 위한 시간이 충분하기를 바란다. 그리고 환경적으로 바람직한 에너지 서비스에 누구나 접근할 수 있도록 세계적인 에너지 정책이 실현될 수 있기를 바랄 뿐이다.

---

4   기후변화 및 에너지와 관련해 EU가 2020년까지 달성하기로 한 목표치다. 각 숫자는 온실가스 배출량 20% 감소, 재생가능에너지 비율 20% 증가, 에너지 효율성 20% 개선을 의미한다. _옮긴이

04

국제 에너지와 발전의 관련성

질 카르보니에, 프리츠 브루거

서론

에너지는 선사시대 이래 인간 발전의 견인차 역할을 해왔다. 인류가 불을 이용하게 되고 불로 철을 제련할 수 있게 되자 새로운 문명의 등장은 가속화되었다. 마구[1]와 등자[2]의 발명으로 인해 동물의 견인력을 교통과 농업에 이용할 수 있게 되었고, 한편으로는 풍력과 수력을 범선과 방앗간에 이용하게 되면서 생산력이 비약적으로 향상되었다.

그렇지만 이러한 전통적인 에너지원으로는 지속적인 경제성장을 감당할 수 없었다. 인간의 생활수준은 19세기 초 산업혁명 직전까지만 해도 그다지 개선되지 못했었다. 매디슨에 따르면, 세계경제는 1000년까지는 하락하다가 이후 1820년까지 인구 성장보다 약간 높은 수준인 연평균 0.05%의 성장을 보였다고 한다(Madison, 2001). 그렇지만 1820년부터 1950년 사이에 전 세계 경제는 매년

---

1   말을 타거나 부리는 데 쓰는 기구를 뜻한다. _옮긴이
2   말을 탈 때 두 발을 올려놓을 수 있도록 만들어진 물건을 뜻한다. _옮긴이

<그림 4.1> 화석연료 연소에서 발생하는 전 세계 이산화탄소 배출량(1800~2008년)

자료: Boden et al., 2011.

1%씩 눈에 띌 정도로 성장했고, 1950년과 1973년 사이에는 성장률이 거의 3%에 도달했다고 한다(Severino and Ray, 2011). 이는 저렴한 화석연료의 대량 소비와 이보다는 약간 적었던 화학물질의 소비 덕분이었다.

　<그림 4.1>은 19세기 석탄 소비의 증가와 제2차 세계대전 이후 석유 소비의 증가를 보여주고 있다. 특히 1800년부터 2007년까지는 화석연료의 연소로 인한 이산화탄소의 세계적 배출량이 급격하게 증가하는 것으로 나타나고 있다. 유럽과 북미 지역의 군사 및 토목공학 기술에 의해 지탱되었던 열역학 및 산업 분야의 혁명은 산업화의 새로운 시대를 개막했으며, 이로 인해 이동성과 교역이 증가되었다(Carbonnier and Grinevald, 2011). 따라서 목재나 수력 같은 전통적인 재생가능에너지는 신흥공업국과 개발도상국의 에너지 믹스에서 축소될 수밖에 없었다. 반면에 현대적인 에너지는 그동안의 인구 성장과 경제 발전을 감당할 수 있는 원동력이었다. 특히 저장과 운반이 용이하다는 장점을 지닌 액체 상태의 저렴한 석유가 개발됨에 따라 엄청나게 빠른 속도로 발전이 추진될 수 있었다. 그렇지만 종래의 진화론적 패러다임에서는 다른 에너지원에 대한 석유의 지배력 확대와 문명 발전의 선형적 관계가 간과되는 경향이 있어왔다.

　오늘날 에너지와 발전 간의 관련성은 다양한 직간접적 관계를 포함하고 있다.

이 장에서는 상호 관련된 세 가지 영역을 다룰 예정이다. 즉, 에너지 접근성과 개발의 관계, 에너지 안보·식량·수자원과 관련된 정책, 에너지원이 생산국의 발전에 미치는 영향이라는 문제를 검토할 것이다. 이들은 국가 발전이라는 측면에서 밀접한 관계가 있다. 차드, 가나, 우간다 같은 다수의 개발도상국이 최근 들어 에너지 생산국 반열에 포함되었으며, 모잠비크, 탄자니아, 소말리아, 에티오피아, 마우레타니아, 케냐 등도 이러한 전례를 따르려 한다. 이는 국가 발전을 위한 기회일 수도 있지만, 앙골라, 나이지리아, 가봉, 적도기니 같은 나라에서는 벼락부자처럼 주어진 수익이 오히려 위협 요인이 되기도 한다.

이 장의 후반부에서는 이러한 정책 간의 조화와 조정이 미흡하다는 문제를 다룰 것이다. 에너지의 생산과 소비로 환경적 외부 효과가 발생해 국가 발전에 큰 영향을 미치지만, 이와 관련해서는 다른 장에서 본격적으로 검토할 것이다.

에너지 빈곤, 불평등 그리고 국가 발전

석유환산킬로그램(kilogram oil equivalents: kgoe)[3]으로 측정한 1인당 에너지 사용량을 국가별로 살펴보면, 에너지 사용량과 인간개발지수(Human Development Index: HDI)의 상관관계를 명확히 확인할 수 있다. 인간개발지수는 소득, 건강, 교육 수준 등의 지표를 이용해서 인간 개발의 성취도를 평가하는 지수다. 〈그림 4.2〉는 에너지와 인간개발지수의 비선형적인 관계를 보여준다.

마르티네즈와 에벤핵에 따르면 인간개발지수의 증가 추세는 국가별로 다르게 나타난다고 한다(Martínez and Ebenhack, 2008). 즉, 에너지 빈국에서는 에너지 소비의 증가로 인해 인간개발지수가 빠른 속도로 향상되는 반면, 현대적 에너지를 이미 사용하고 있는 선진국에서는 인간개발지수가 거의 개선되지 않는

---

3 모든 에너지를 석유 기준으로 환산한 무게 단위다. 통상적으로 국가 통계에서는 석유환산톤(TOE)이 사용되지만, 개인별 에너지 사용과 관련해서는 1000분의 1인 석유환산킬로그램(kgoe)이 사용된다. _옮긴이

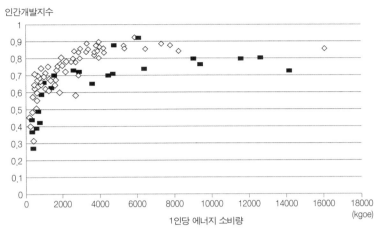

〈그림 4.2〉 1인당 에너지 소비량 대 인간개발지수(2008년)

주: 검정색 사각형은 석유 및 천연가스 생산국을 의미함.
자료: Martínez and Ebenhack, 2008.

다. 물론 선진국과 후진국의 중간에 위치한 국가에서는 인간개발지수의 상승 정
도가 중간 수준이었다. 이를 더 구체적으로 살펴보면, 연간 에너지 소비량이 1
인당 4000kgoe로 동일할 때에는 석유 수입국과 수출국의 인간개발지수가 각각
0.8과 0.7로 나타나 일정한 차이가 존재하는 것으로 확인되었다. 그렇지만 에너
지 소비량이 4000kgoe를 넘어서면 두 지역의 인간개발지수 차이는 유의미하지
않은 것으로 나타났다.

〈그림 4.2〉에서 검정색 사각형으로 표시된 석유 수출국은 자국의 인간개발지
수에 비해 에너지를 더 많이 소비하는 경향이 있는데, 이는 잘 알려진 '자원의 저
주'[4]와 관련이 있다. 한편 바이오매스 같은 현대적 에너지원과 인간개발지수 간
에는 더욱 뚜렷한 상관관계가 있다. 마르티네즈와 에벤핵의 연구를 보면, 전체
에너지원에서 바이오매스 에너지가 차지하는 비율이 60% 이상인 국가는 인간
개발지수가 0.6 이하다.

---

4   에너지, 식량 등의 자원이 풍부한 국가일수록 경제성장이 둔화되고 국민의 삶의 질이 낮아지는 경
    향을 의미한다. _옮긴이

현대적 에너지에 대한 접근성은 매우 불규칙하게 분포된 상황이다. 세계 인구의 10%를 차지하는 최빈국은 전 세계 에너지 소비와 GDP의 단 1%만 차지할 뿐이다. 반면 세계 인구의 4.5%에 불과한 미국은 세계 에너지의 24%를 소비하며, 전 세계 GDP의 30%를 차지하는 상황이다. IEA에 따르면 14억의 사람들이 전기를 이용하지 못하고 있으며, 그중에서 85%가 농촌 지역에 거주한다고 한다. 더욱이 27억 명은 취사와 난방을 위해 목재 같은 전통적 바이오매스에 의존해야 하는 상황이다(IEA et al., 2010: 9).

경제 발전과 인간개발지수의 결과는 매우 광범위한 영향을 미친다. 취사용 연료로 사용되는 장작으로 인한 실내 공기 오염 때문에 매년 150만 명의 사망자가 발생한다. 이는 결핵이나 말라리아로 인한 사망자 수보다 많은 수치다(IEA et al., 2010: 14). 특히 임산부와 어린이는 이러한 위험에 취약할 수밖에 없다(Gaye, 2007: 7). 또한 여성과 어린이들은 땔감을 구하기 위해 많은 시간을 소비하고 있는데, 이는 삼림 파괴를 가속화시키는 문제도 안고 있다. 전기를 이용할 수 없는 사람들이 등유를 이용해 조명을 밝히는 과정에서는 연간 400억 달러가 소비되는데, 이는 전 세계 조명 관련 비용의 20%에 해당된다(Mills and Jacobson, 2011: 524). 방의 불을 밝히는 데 저효율의 손전등과 등유를 사용하면 전기 조명기기를 이용하는 것보다 200배 많은 비용이 소요되는 딜레마가 발생한다.

아프리카 대륙은 역설적이게도 빈곤 해소와 경제 발전을 위해 에너지 접근성의 개선이 필요한 국가이면서도 정작 상업적 에너지의 수출국이라는 지위를 차지하고 있다(IAE, 2008: 355~376). 즉, 아프리카는 전 세계 상업 에너지의 8%를 생산하고 세계 수출량의 12%를 차지하지만, 정작 아프리카에서 이용되는 양은 전체 소비량의 30%에 불과하다. 〈표 4.1〉에서 볼 수 있듯이 사하라이남 아프리카의 상위 10위 석유·가스 수출국에서는 65%의 사람들이 전기를 이용하지 못하고 있으며, 75%는 취사에 여전히 땔감을 이용해야 하는 상황이다.

특히 농촌 지역 사람들의 에너지 접근성이 가장 우선적으로 개선되어야 한다. 에너지 접근성 개선에 매년 140억 달러를 투자한다고 가정했을 때,[5] 2030년까지 현대적인 에너지원에 대한 보편적인 접근성을 확보하려면 매년 340억 달러를

〈표 4.1〉 아프리카 국가들의 에너지 수출과 접근성

	석유			가스			인구				
	비축	생산	수출	비축	생산	수출	합계 (2006)	전기를 사용하지 않음		취사에 나무와 목탄 사용	
	bn b	100만 배럴/일	100만 배럴/일	bcm	bcm /연	bcm /연	100만 명	100만 명	%	100만 명	%
앙골라	9.0	1.7	1.64	270	0.8	-	16.6	14.6	88	15.7	95
카메룬	0.2	0.09	0.06	135	-	-	18.2	14.2	78	14.2	78
차드	1.5	0.14	0.14	-	-	-	10.5	10.1	97	10.2	97
콩고공화국	1.6	0.21	0.21	91	-	-	3.7	2.9	78	2.9	80
코트디부아르	0.1	0.06	0.03	28	1.7	-	18.9	11.6	61	14.7	78
적도기니	1.1	0.36	0.36	37	1.3	-	0.5	0.4	73	0.3	59
가봉	2	0.23	0.22	28	0.1	-	1.3	0.9	70	0.4	33
모잠비크	-	-	-	127	2.7	2.7	21	18.6	89	16.9	80
나이지리아	36.2	2.35	2.03	5207	29.3	18.9	144.7	76.6	53	93.8	65
수단	5	0.47	0.39	85	-	-	37.7	26.9	71	35.2	93
합계	56.8	5.61	5.09	6008	35.9	21.6	273.1	176.9	65	204.0	75
전 세계에서 차지하는 비중	4.3%	7.0%	12.1%	3.4%	1.2%	5.2%					

주: bn b(billion barrel): 10억 배럴, bcm(billion cubic meter): 10억m^3

자료: IEA, 2008: 356~358.

추가적으로 투입해야 하는데, 이는 2010년부터 2030년까지 에너지 인프라에 대한 지구적 투자액의 3%에 해당하는 금액이다(IAE, 2011: 20). 2030년에 현대적인 에너지원에 대한 보편적 접근이 가능해지면 발전량은 지구적으로 2.5% 증가할 것이며, 화석연료에 대한 수요는 0.8%, 이산화탄소 배출량은 0.7% 증가할 것으로 추정된다(IAE, 2011: 7).

이렇게 되면 이산화탄소 배출량은 2억 3900만 톤 더 증가할 것이다. 이는 오늘날 석유 생산 과정에서 매년 1500억m^{3}의 잉여 천연가스가 연소되면서 배출되는 이산화탄소의 60%에 해당하는 수치다(IAE, 2011: 7; World Bank, 2011). 이러한 잉여 천연가스의 낭비를 제거하는 데 가장 필요한 것은 바로 정치적 의지다. 노르웨이와 브라질은 잉여 가스 연소를 불법 행위로 규정한 바 있다. 특히 브라질은 프레살(Pre-Sal)[6]에 있는 초심해 매장지의 부수 가스[7]를 확보하기 위해서는

---

5 2009년에 투입된 비용은 91억 달러였다. _옮긴이

송유관 건설에 막대한 자금이 필요한데도 이 같은 결정을 내린 상태다. 그렇지만 대부분의 산유국은 부수 가스에 대한 규제를 가하지 않기 때문에 기업은 포집 설비에 투자하는 대신 가스 연소 방식을 선호할 수밖에 없다.

개발도상국에서는 에너지 의제를 채택하는 과정에서 정부가 가장 핵심적인 역할을 수행한다. 예를 들면, 1990년대 도미니카공화국의 천연가스 보조금 지급 결정은 주요 에너지원이던 목재의 이용을 줄이는 결과를 가져왔다. 결과적으로 히스파니올라 섬[8]의 동부 지역인 도미니카공화국에서는 삼림 지역이 회복되기 시작했다. 반면 아이티공화국의 영토에 속하는 나머지 부분은, 구글 어스에서 쉽게 확인할 수 있듯이, 삼림 면적이 2%에 불과한 실정이다. 이러한 차이는 에너지개발지수(Energy Development Index)의 국가 순위를 통해서도 드러난다. 이 지수는 개발도상국에서 현대적 에너지의 이용 수준이 어느 정도인지를 보여준다(IAE, 2010).

브라질, 가나, 인도, 남아프리카, 잠비아 같은 나라는 국가적인 차원에서 전력 공급 프로그램을 시행하고 있다. 그렇지만 유능한 전력 기업이 없고 왜곡된 인센티브를 제공하는 정치적 보조금 때문에 전기 접근성을 확보하는 데 어려움을 겪고 있다. 대다수의 전력공사는 효율적인 경영 능력을 방해하는 정치적 규칙을 기반으로 운영된다. 하지만 그렇다고 민간 부문에 위탁할 수도 없는 노릇이다. 왜냐하면 책임성의 부재와 대응의 미흡이라는 문제가 발생할 수 있기 때문이다. 결국 정치적 영향으로부터 자유로운 강력한 기업의 지배 구조를 만드는 것이 지속가능한 에너지 서비스를 공급하기 위한 핵심이다(Andrés et al., 2011).

---

6 브라질의 리우데자네이루 앞바다에 있는 심해 유전 프레살에는 500억 배럴 이상의 원유가 매장된 것으로 알려졌으며, 브라질 국영 석유기업 페트로브라스가 2020년부터 생산을 시작할 계획이라고 한다. _옮긴이

7 부수 가스는 원유를 채취할 때 함께 생산되는 탄화수소 가스를 가리킨다. _옮긴이

8 쿠바의 동쪽과 푸에르토리코의 서쪽에 위치한 섬으로 면적이 7만 6483km²다. 서인도제도에서 쿠바 다음으로 큰 섬이다. 히스파니올라 섬의 서쪽 1/3은 아이티공화국이고 동쪽 2/3는 도미니카공화국이다. 인구는 아이티공화국이 850만 명, 도미니카공화국이 890만 명이다. _옮긴이

에너지 안보, 식량, 물

이 절에서는 에너지 안보, 지정학, 식량·농업 정책, 수자원 정책 간의 관계에 대해 개략적으로 살펴보려 한다. 물론 각각의 정책 분야에 대한 선행 연구는 다수 존재하지만, 이는 개별 정책에 관한 내용을 다루고 있을 뿐, 정책들 간의 상호 관계를 다룬 연구는 거의 없는 실정이다. 이로 인한 정책의 일관성 부족은 어제오늘의 일이 아니며 놀랄 일도 아니다. 사실 오늘날의 에너지 정책은 사회적인 지속가능발전을 고려해 반드시 통합적으로 수립·논의해야 한다. 심지어 에너지 안보 문제는 다른 나라의 안보 문제와도 긴밀하게 연결되어 있는 실정이다.

지정학적 재구성: 아프리카 자원의 쟁탈

아시아 신흥국의 성장과 이 지역 채굴 기업의 해외 진출은 세계적으로 에너지 수요를 증대시켰으며, 각국의 에너지 안보 정책은 자원 쟁탈을 가속화시키고 있다. 이런 맥락에서 아프리카는 1차적인 자원 수출국으로 부상했으며, 지정학적인 측면에서도 중요한 의미를 지니게 되었다. 아프리카의 에너지 자원에 대한 관심이 고조됨에 따라 이 지역 나라들은 발전 방향을 재정립할 수 있는 기회를 얻었다.

특히 기니 만은 석유 공급에서 중요한 요충지로 부상했으며, 미국이 눈독을 들이는 지역이다. 미국은 셰일가스 생산이 호황기를 맞았음에도 2015년까지 자국 내 석유 공급량의 1/4을 이 지역에서 수입할 예정이다. 2001년의 9·11 테러 사건 이후 아프리카석유정책그룹(African Oil Policy Initiative Group: AOPIG)의 책임자와 석유기업은 로비 활동을 벌여 서부 아프리카에 대한 안전 보장을 강화하도록 미국 정부에 요청한 바 있다(AOPIG, 2002). 2008년에 출범한 미국의 아프리카사령부인 아프리콤(United States Africa Command: AFRICOM)은 이러한 배경에서 등장했다. 그렇지만 기니 만에 위치한 산유국의 불안정성은 미국에만 영향을 주는 것이 아니다.[9] 몇몇 전문가는 기니 만의 불안정한 정세로 인한 위험 할 증료가 배럴당 15~20달러일 것으로 추정했을 정도다(Blas, 2011). 이처럼 특정 지역에서 발생하는 사소한 사건이 세계 유가 상승의 직접적인 원인이 될 수도 있다. 대표적인 예로는 2011년 3월 31일에 발생한 가봉의 석유 노조 파업을 들 수 있다. 이 사건은 석유산업에 종사하는 외국인의 수를 정부가 약속한 대로 10% 수준으로 낮출 것을 요구하면서 발생했다.

세계적 패권 국가인 미국과 중국뿐 아니라 인도, 한국, 말레이시아 역시 지난 20년 동안 사하라 사막 이남 지역으로 꾸준히 진출하고 있다. 중국은 아프리카를 원자재의 공급처뿐 아니라 자국의 상품과 서비스를 판매할 수 있는 시장으로도 간주하고 있다. 이런 맥락하에 중국은 사하라 사막 이남 지역에 대한 주요 투자국이자 원조국으로서 지역의 지배 계층과 우호적인 관계를 맺고 있다. 한편으로는 상대편 국가의 내정에는 간섭하지 않는다는 정책적 입장도 유지하고 있다.

식량과 에너지

농업 분야에서의 에너지 집약 역시 증가하고 있다. 그뿐 아니라 식량 및 에너지 생산 과정에서 토지 이용 경쟁이 심화됨에 따라 식량과 에너지의 결합이 더욱 강해지고 있다. 이러한 경향으로 식량 가격이 상승했으며, 개발도상국 빈민의 소득 대비 식량 구입 비중이 선진국의 부자보다 높은 상황이 발생하고 있다.

11장에서 더 자세히 다룰 예정인 석유 정점과 기후변화에 대한 우려는 대체에너지원인 바이오연료의 개발을 촉진시키고 있다. 바이오연료는 유럽과 북미 지

---

9   서부 아프리카의 기니 만은 1990년대에 대규모 유전이 발견된 이후 '새로운 중동'으로 각광을 받고 있다. 이 지역은 하루 470만 배럴의 원유가 생산되고 매장량이 240억 배럴에 이르는 석유 자원의 보고다. 그렇지만 해상의 국경선이 명확하게 구분되지 않아서 앙골라, 카메룬, 콩고, 가봉, 적도기니, 나이지리아, 민주콩고, 상투메 프린시페 등 기니 만 연안 국가들 사이에 분쟁이 끊이지 않고 있다. _옮긴이

역에서 세금 감면, 의무 할당, 보조금 등의 다양한 조세 및 규제 혜택을 받고 있다. 1세대 바이오연료는 당분, 전분, 식물성 기름을 원료로 생산되었다. 이로 인해 농지와 농작물이 바이오연료 생산에 투입되어 전 세계 농산물의 공급량과 곡물 비축량이 줄어드는 결과가 벌어졌다. 즉, 1세대 바이오연료는 '구축 효과(crowding out effect)'[10]를 가져오고 만 것이다(Mitchell, 2008).

국제식량정책연구원은 바이오연료에 대한 수요 증대가 2000년부터 2007년 사이의 곡물 가격 상승에 30%가량 영향을 미친 것으로 평가했다(Rosegrant, 2008). 그렇지만 2세대 바이오연료는 1세대 바이오연료에 비해 농지 이용과 식량 생산에 더 적은 영향을 미칠 것이기 때문에 식량 가격 문제는 줄어들 것으로 예상된다(OECD, 2008). 16장에서는 바이오연료 및 관련 정책의 가능성과 한계에 대해 더 자세히 논의할 것이다.

바이오연료의 압박을 제외하더라도 현대적인 농업 방식은 화석연료에 상당히 의존하고 있는 것이 사실이다. 그 결과 〈그림 4.3〉처럼 석유 가격과 식량 가격 간에는 강한 상관관계가 존재하게 되었다. 농작물을 수확하기 위한 직접적 에너지 소비뿐 아니라 비료, 살충제, 농기계를 생산하기 위한 간접적 에너지 사용은 1960년대 이래 식량 생산의 증가에 큰 영향을 미쳤다(Woods et al., 2010).

질소 비료를 생산하는 과정에는 많은 양의 천연가스가 투입된다. 결과적으로 비료 가격의 90%가 이러한 천연가스 비용에 의해 결정되며, 이러한 질소 비료의 생산은 상업적인 농업에서 총 에너지 사용의 50% 이상을 차지하는 실정이다(Abram and Forster, 2005). 결과적으로 화석연료의 가격이 치솟자 비료의 가격도 불균형적으로 급등하게 되었다. 따라서 농업 부문에서 화석연료에 대한 의존도

---

10 경기 부양을 위해 정부가 직접 투자를 늘릴 경우 오히려 민간 부문의 투자가 줄어 별다른 효과를 얻지 못하는 현상을 가리킨다. 예를 들면 정부가 택지 개발, 인프라 건설 등의 사업을 추진할 경우 정부는 적어도 투자한 만큼의 국민소득 증가를 기대하지만 실제로는 그렇지 않을 수 있다. 왜냐하면 재원을 마련하기 위해 세금을 더 걷거나 국채를 발행하는 과정에서 시중에 돈이 풀리면서 이자율이 올라가 결과적으로는 기업들의 투자 의욕을 위축시키기 때문이다. 반대로 금전적 보상이나 벌금 제도를 도입할 경우 사람들이 갖고 있던 도덕성이나 책임감이 갑자기 사라져버리는 현상을 가리키기도 말한다. _옮긴이

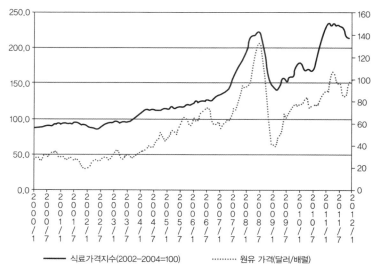

〈그림 4.3〉 식량 가격과 에너지 가격의 변화

식료가격지수(2002-2004=100) ·········· 원유 가격(달러/배럴)

자료: FAO 식량가격지수; 미국 EIA; FAOSTAT.

가 높은 채로 유지되면 식량 가격의 상승은 에너지 가격의 상승을 동반할 수밖에 없다. 마찬가지로 식량 생산은 온실가스 배출의 주범이 될 것이다. 뿐만 아니라 석유와 천연가스의 가격이 상승하면 개발도상국의 농부들은 비료 구입에 더 많은 비용을 지불해야 할 것이다.

개발도상국에 대한 소규모 자작농의 생산성을 높이고 이들 간의 농작물 생산량을 비슷한 수준으로 만들어주는 것은 식량 안보를 강화하는 데 중요하다. 한편 신흥국과 개도국에서 도시화가 진전되고 중산층이 증가하면 육류 및 유제품 소비의 증가라는 식생활 변화가 수반되는데, 이는 에너지 집약적 농업 방식의 확산을 야기했다. 이는 물론 비료와 농약 같은 합성물질의 사용과 농업 부문의 기계화를 촉진시키는 결과도 가져왔다. 혹자는 유전자 변형 작물[11]이 투입 의존

---

11 유전자 변형 작물(Genetically Modified Organism: GMO)이란 식량 증산의 한 방편으로서 유전자 조작 기술을 도입·접목한 작물을 말한다. 유전자 조작 농산물은 1994년 미국 칼진(Calgene) 사가 잘 썩지 않는 토마토를 처음으로 상업화한 이래, 1996년에는 몬산토(Monsanto) 사가 대두를, 노바티스(Novartis) 사가 옥수수를 상품화했다. 유전자 변형 작물은 일반 소비 시장에 첫 선을 보이기

적인 방식의 농업에 해결책이 될 수 있다고 주장한다. 그렇지만 식량 손실을 줄이는 것만으로도 에너지를 절약하고 이산화탄소 배출을 줄이며 식량 안보를 강화하는 데 도움을 줄 수 있다. 세계적으로 식용 농작물의 1/3가량이 손실 또는 낭비되고 있는데, 이는 1년에 13억 톤에 달한다(Gustavsson et al., 2011: 4). 이러한 손실은 주로 개발도상국에서 재정이나 운영력, 기술이 부족한 탓에 발생한다. 여기서 말하는 기술의 부족이란 저장 시설, 냉동 시설, 포장·유통 시설과 관련된 기술뿐 아니라 농작물 수확 기술 등의 부족도 의미한다. 반면 선진국 또는 중진국에서는 식량 손실이 대체로 소비 과정에서 발생한다는 차이가 있다.

에너지와 수자원 정책

식량과 에너지 관련성은 2008년에 발생한 식량 폭동[12]과 최근의 바이오연료 논쟁으로 많은 관심을 받고 있는 반면, 수자원에 관한 문제는 정책 참여자들로부터 그동안 무시되어왔다. 하지만 에너지의 생산 과정에는 물이 필요하고, 용수의 공급과 수처리, 정수 및 양수 과정에는 에너지가 필요하다. 따라서 물에 특별한 관심을 기울일 필요가 있다. 석탄, 천연가스, 석유, 우라늄으로 작동하는

시작한 지 5년 만에 미국의 수수, 대두, 면화 생산량의 50%를 차지하게 되었다. 유전자 조작 동식물의 생산은 이전보다 3~4배 많아졌으며, 영양분도 뛰어난 것으로 알려져 있다. 한편으로는 질병과 기생충에 강하기 때문에 획기적인 식량 증산의 수단이 될 것으로도 기대를 받고 있다. 그렇지만 유전자 변형 식품의 안전성에 의문이 제기되면서 유럽에서는 '프랑켄슈타인'이라고 불리고 있다. _옮긴이

12 식량 가격 폭등의 직접적인 원인으로는 곡물 생산국의 가뭄과 원유 가격의 상승을 들 수 있다. 석유 가격의 상승은 비료 값과 운송비, 농기계 운용비 등을 상승시켰다. 한편으로는 전체적인 소득 수준의 향상으로 아시아, 특히 중국과 인도의 중산층에서 소비되는 식량이 늘어난 것도 중요한 원인 가운데 하나다. 물론 선진국에서 바이오연료의 사용이 증가한 것도 하나의 원인이다. 이러한 복합적인 원인이 작용하는 가운데 전 세계의 식량 비축량이 줄어들자 식량 가격이 폭등한 것이다. 그렇지만 식량 가격 폭등의 근본적인 원인에 대한 논의도 여전히 진행되고 있다. 무역 및 농업 생산에서의 구조 변화, 선진국의 자국 농민 보호를 위한 막대한 보조금 지급, 값비싼 원료와 연료가 요구되는 식량으로의 농업 전환, 상품 시장에서의 투기, 기후변화 등이 중요한 원인으로 지적된다. 다행히 최근의 세계경제 위기로 인해 식량 가격이 하락한 상태이긴 하지만 학자들은 이것이 일시적인 현상에 불과하다고 주장한다. _옮긴이

발전소에서는 물이 냉각수로 이용된다. 이를 위해 1조m³의 물이 바다와 강에서 취수되며, 10억 갤런의 지하수와 호수물이 이용되는 상황이다. 화력발전소의 전력 생산 과정에서는 물이 오염되기도 한다(Florini and Sovacool, 2011: 67). 그렇지만 물이 적재적소에 제대로 사용되지 못할 수도 있다. 2025년이면 세계 인구의 60% 이상이 아시아, 아프리카, 남미에 거주할 것으로 예상되는데, 이들 지역에서는 이미 물 수요를 제대로 충당하지 못하고 있다(Freeley et al., 2008: 1).

오늘날 50개국 이상이 수력발전을 통해 전기를 생산하며, 대규모 댐에서 전 세계 전기의 19%가 생산되는 실정이다(Zehnder et al., 2003: 5). 유럽과 북미 지역에서는 상업적으로 이용 가능한 수력발전 자원이 전체의 절반 이상을 차지하지만 개발도상국에서는 이러한 자원의 60~80%가 미개발인 상태로 남아 있다 (Zehnder et al., 2003). 그렇지만 남아시아 지역에서는 에너지 생산을 위해 더 많은 댐을 건설하려고 계획하고 있기 때문에 이 문제는 향후 해결될 것으로 전망된다(Economist, 2011a). 특히 네팔과 부탄은 인도의 상류에 위치하고 있어 인도에 전기를 판매하는 방식으로 수익을 낼 수도 있을 것이다.

그렇지만 수력발전과 관개용수 공급을 위해 건설되는 대형 댐은 또 다른 갈등의 씨앗이 되기도 한다. 왜냐하면 댐 건설 지역의 주민들을 다른 곳으로 이동시키는 문제와 함께 수몰 지역에 부정적인 영향을 주는 문제가 발생할 수도 있기 때문이다. 댐 건설로 인해 하류의 사용자는 상류의 공급자에게 더욱 의존하게 되는데, 이는 주변 국가와의 갈등을 유발할 수 있다. 예를 들면, 파키스탄은 인더스 강 상류의 인도 지역에 자리 잡은 바글리하 댐으로 인해 위협을 받을 수도 있다. 몇몇 보고서에서는 "상류에서 진행 중인 수많은 댐 건설로 인해 인도는 농번기에 파키스탄에 대한 물 공급을 좌지우지할 수 있는 힘을 지니게 될 것" 이라고 경고한다(US Committee on Foreign Relations, 2011). 따라서 국가 간 대립이 아닌 협력 체계를 유지하기 위해서는 앞으로 수자원 외교가 필요할 것으로 전망된다.

자원 보유국의 자원 채굴이 국가 발전에 미치는 영향

변화하는 석유 생산의 광경

지난 10여 년 동안 석유와 천연가스의 탐사 부문에 많은 투자가 이뤄진 덕분에 석유와 가스를 생산하는 국가의 수가 증가했다. 이는 석유와 석탄에 대한 수요 증가를 비롯해 원자력에 대한 관점 전환 및 유가 상승에 기인한 것이다. 석유, 가스, 우라늄의 신규 매장지와 아직 탐사가 이뤄지지 않은 많은 지역은 주로 개발도상국에 위치한다. 몇 년 전까지만 하더라도 자원의 순 수입국이었던 수단과 차드는 순 수출국으로 변모했으며, 가나와 우간다는 2010년과 2011년에 순 수출국으로 전환된 상태다. 아시아 신흥공업국의 빠른 성장은 에너지 수요가 증가한 가장 큰 원인인데, 특히 1993년부터 석유 순 수입국이 된 중국을 포함해서 인도와 한국 같은 국가들이 여기에 해당된다. 이들 세 국가는 모두 에너지원을 확보하기 위해 국가 주도의 해외 자원 개발을 통한 국제화 전략을 공식적으로 선언한 상태다(Jian and Sinton, 2011; Jung-a, 2006; Lewis, 2007; Paik et al., 2007; PRC Minister of Foreign Affairs, 2006; Suh, 2006). 특히 한국은 자국 내에서 석유 생산이 불가능하기 때문에 이러한 전략이 더욱 중요한 국가다.

이러한 아시아 에너지 공기업의 해외 진출은 자원 채굴 분야에 많은 영향을 미치고 있다. 첫째, 상류 부문 개발에 대한 외국인 직접 투자(Foreign Direct Investment: FDI)를 늘리는 데 기여하고 있다. 둘째, 시장의 경쟁을 심화시키고 있다. 셋째, 아시아 국가가 세계 시장에서 석유 구매에 그치지 않고 직접 석유를 생산하려고 노력함으로 인해 새로운 에너지 안보 문제가 제기되고 있다. 마지막으로 아시아의 국영 기업이 환경 기준과 인권 및 노동권을 고려해서 채굴 산업에 진입했는지에 대한 논쟁이 계속되고 있다. 이는 정부의 규제 능력이 부족한 나라에서 특히 문제가 되고 있다. 투명성의 부재, 불간섭주의, 그리고 시민단체들과의 비협조적인 태도는 채굴 산업 투명성 이니셔티브 같은 거버넌스 체제를 변화시킬 수도 있다.

에너지 채굴 산업을 통한 국가 발전

자원 채굴과 국가 발전의 관계는 한마디로 '자원의 저주'라고 알려져 있다. 자원의 저주란 개발도상국 가운데 자원이 풍부한 국가가 자원 빈국에 비해 낮은 경제성장을 보이는 역설적인 상황을 가리킨다(Auty, 1993; Collier and Goderis, 2007; Karl, 1997; Sachs and Warner, 1997). 이 같은 상황은 심각한 부패와 산유국 내의 권위주의적 통치 체제, 높은 천연자원 의존도, 내전의 장기화, 심각한 인권 침해 등으로 설명되어왔다(Dietz et al., 2007; Ross, 2003; Collier and Hoeffler, 2004; Le Billon, 2003). 그렇지만 자원의 풍요로움이 부정적인 국가 발전을 야기하는 원인, 지대 추구적인 국가에서의 발생 가능성, 네덜란드 병[13]과 수익 손실의 관계, 제도적 수준과 거버넌스의 관련성에 대해서는 아직까지도 거의 합의가 이뤄지지 않고 있다(Papyrakis and Gerlagh, 2004; Torvik, 2009; Beblawi and Luciani, 1987; Madhavy, 1970; Auty, 1993).

로스가 지적한 바 있듯이(Ross, 1999: 307), 자원의 저주와 관련된 이론은 개발도상국 가운데 정부의 영향력이 큰 국가가 자원 개발 부문에서 시정 조치를 취하지 못하는 이유를 설명하지 못한다는 단점이 있다. 왜냐하면 이런 국가들은 적어도 이론상으로는 이러한 문제를 해결할 수 있는 정책적 수단을 가지고 있기 때문이다. 자원의 저주를 네덜란드 병이나 지대 추구적 국가 또는 지대 추구 행위로 설명하려는 이론적·실증적 노력이 아직까지 부족함에도 불구하고 조너선 디 존(Jonathan Di John)은 자원이 국가 발전에 미치는 영향은 적정 채굴 지대에 대한 정부의 성향에 크게 좌우된다는 사실을 밝혀냈다(Di John, 2011). 한편으로

---

13 네덜란드 병(Dutch disease)이란 천연가스나 석유 같은 천연자원의 가격 상승으로 일시적인 호황을 맞았던 나라들이 시간이 지나면서 제조업에서 경쟁력을 상실하고 경기 침체를 맞는 현상을 지칭하는 용어다. 1950년대 말 북해에서 대규모의 천연가스 유전을 발견한 네덜란드는 당시 에너지 가격의 상승으로 인해 막대한 수익을 얻었다. 그렇지만 이후 통화가치의 급등과 물가 상승, 급격한 임금 상승, 제조업의 경쟁력 하락으로 인해 극심한 경기 침체를 맞은 데서 이 용어가 유래되었다. 즉, 특정 자원이 풍부하면 오히려 경제 발전이 저해된다는 논리다. 지금은 의미가 확장되어 특정 부문의 경제 호황이 경제 전반의 호황을 일으킬 것이라는 착각에 대해 경고하는 의미로도 사용되고 있다. _옮긴이

는 특정 부문의 경제를 다원화시키기 위해 경쟁적인 산업의 등장을 촉진시키는 이중 트랙 성장 전략을 이용하는 정부의 능력뿐 아니라 수출 부문의 소유권 구조에도 크게 좌우되는 것으로 나타났다.

무엇보다도 자원이 풍부한 개발도상국에서의 성과가 천차만별인 이유를 파악하려는 근본적인 노력이 중요하다. 이와 관련된 논쟁은 크게 다음 세 가지로 구분될 수 있다. 첫째, 지대는 제도를 약화시킨다. 둘째, 예상치 못한 수익보다 제도의 질이 더욱 중요하다. 셋째, 거버넌스와 제도의 개념적 차이점을 정확히 이해해야 하며 '공정성 강화 제도'를 우선적으로 도입해야 한다(Acemoglu and Johnson, 2005; Kolstad and Wiig, 2008). 최근에는 행정권을 제한하는 효과적인 견제와 균형의 중요성을 강조하는 연구 결과물들이 발표되고 있다(Carbonnier et al., 2011b). 정부의 자의적인 권력 행사를 제한하는 견제와 균형이 존재하면 제도화가 자원의 저주를 막는 핵심적인 역할을 하는 수준으로 향상될 것으로 기대된다(Stoever, 2012). 17~18세기에 스페인은 식민지였던 남미 지역에서 약탈한 금은보화를 바탕으로 부를 축적했다. 하지만 이로 인해 초기 스페인의 민주적 제도가 침식된 것은 이를 설명하는 좋은 사례가 될 것이다(Dreichman and Voth, 2008; North, 1973).[14] 이런 사례들은 정치체제의 결과에 초점을 맞춘다. 자원 의존적인 국가에서는 정책 결정이 어떻게 이뤄지고 권력이 구성 원리의 공정성을 어떻게 해치는지가 중요한 문제다(Rothstein and Teorell, 2008: 15).

정책적 선택과 국가 발전

대부분의 판결에서는 지하자원의 소유권이 정부에 있는 것으로 규정하고 있

---

14 스페인의 이사벨라 여왕은 이탈리아 항해사인 콜럼버스의 아메리카 탐험을 지원했다. 이후 스페인은 아메리카 대륙에 광범위한 식민지를 개척해 금은보화를 약탈했다. 16세기부터 스페인은 축적된 막대한 부를 바탕으로 문화와 건축이 발전하고 문학과 철학이 융성했으며, 대외적으로는 프랑스, 잉글랜드, 스웨덴과 전쟁을 벌여 유럽 각국의 정치에 관여하는 강력한 제국으로 성장했다. 그렇지만 17세기 중반부터는 잦은 전쟁으로 인해 국고가 바닥나기 시작했으며, 특히 18세기 초에는 왕위 계승 전쟁으로 국내 정세가 혼란에 빠지면서 강대국의 지위를 상실하게 되었다. _옮긴이

다. 이를 바탕으로 국내외의 기업에 대해 에너지 자원을 채굴할 수 있는 권리가 부여된다.[15] 자원 채굴 정책은 개발 속도, 국산품 사용 조건, 자원 지대의 할당 등과 같은 국가 발전이라는 목표와 밀접한 관련성을 지니고 있다. 이때 정책 결정이란 국내적인 권력관계뿐 아니라 금융 기구, 다국적 채굴 기업, 주요 소비국 등의 국제적인 압력이 드러나는 과정이라고 할 수 있다. 따라서 정책 결정에 관계되는 모든 참여자는 자신들이 에너지 자원에 자유롭게 접근할 수 있도록 로비하고 영향력을 행사하는 경향이 있다.

그간 국가적인 정책은 민족주의, 국가 주도형 발전 모델, 신자유주의적 접근 방식 사이에서 갈팡질팡했다. 이로 인해 사용권 또는 생산분배계약(Production Sharing Agreement: PSA) 방식도 영향을 받을 수밖에 없었다. 물론 실제로는 사용권 방식과 생산분배계약 방식이 혼합적으로 존재하고 있지만, 각각의 경우를 극단적으로 고려해보면 논의를 좀 더 명확하게 진행하는 데 도움이 될 것이다. 신자유주의 모델은 외국인 직접 투자를 늘리고 세금 및 사용료를 최소화하며 면세 혜택을 제공할 뿐만 아니라 지역적 상황과 관련된 조건을 제시하지 않는다는 특징이 있다. 따라서 자원 채굴은 당연히 산업 활동의 일환으로 간주된다. 한편으로는 투자자의 위험을 보호하기 위해 사용료를 포기하며 세금은 기업 수익세로 제한하는 경향이 있다. 결과적으로 워싱턴 컨센서스(Washington Consensus)하에 설립된 국제 금융 기구는 외국인 투자를 늘리는 데에는 효과적이었지만 자원 채굴과 관련된 성과를 높이지는 못한 것으로 평가된다(Di John, 2011; UNCTAD, 2009). 신자유주의와 정반대의 접근 방식은 자원 보유국과 외국계 채굴 기업의 지대 할당을 가장 중요한 요소로 간주하는 경향이 있다. 물론 지대는 자원 보유국에 귀속된다. 극단적으로는 자국 내 국영 기업이 사업을 담당하거나 완전한 국유화를 추진하는 경우도 있다. 이러한 접근 방식하에 국제 석유회사는 국영 석유회사의 지시에 따라 기술 이전을 위한 투자를 요구할 수도 있다.

---

15 자원 소유권 문제와 관련한 법적·윤리적 측면의 논의는 Viñuales(2011)와 Schaber(2011)의 연구를 참고할 수 있다.

1970년대에는 국유화가 유행했으나 1980년대로 접어들면서 자유주의로 급격히 전환되었다. 이러한 경향은 흥미롭게도 석유 가격의 등락과 밀접한 관련이 있다. 이 같은 자원민족주의는 2003년 4월까지만 해도 베네수엘라, 에콰도르, 볼리비아를 필두로 하는 중남미에서 대대적으로 유행했다(UNCTAD, 2006). 많은 개발도상국이 채굴 자원의 가격에 엄격한 재정 협정을 적용하는 경향이 있었다(UNCTAD, 2007). 브라질은 대규모 프레살 유전을 발견함에 따라 국내외 기업이 공평하게 입찰할 수 있는 경매 방식의 자유주의 시스템을 폐기했다. 새로운 국영 기업인 '프레살 페트롤레우(Petróleo)'는 이 지역의 모든 광물자원을 소유할 뿐만 아니라 국익에 도움이 되지 않는 사업에 대해서는 거부권을 행사할 수 있게 되었다. 앞으로 프레살에서 생산되는 광물자원에 대해서는 브라질 국영 석유 회사인 페트로브라스(Petrobras)가 운영자인 컨소시엄에 채굴권을 경매 방식으로 부여할 예정이다. 게다가 이 컨소시엄이 초기 투자비를 감당할 수 있을 정도로 충분한 양의 석유를 생산했다고 판단되면 이후의 수익은 브라질 정부와 공유해야 한다. 그렇지 않으면 더 많은 이익을 브라질에 가져다주는 기업에 채굴권이 넘어갈 것이다(Economist, 2011b).

수익 관리

산유국의 건전한 수익 관리는 자원의 저주를 피하기 위한 정책의 핵심적인 요소라고 할 수 있다. 그렇지만 유가 변동은 전통적으로 정부의 수익 관리를 힘들게 만드는 주요 원인이었다. 지난 몇 년 동안 석유가 금융자산으로 간주된 이래 가격은 더 크게 변동되었다. 오늘날 석유 투자자의 70%는 석유 부문에 참여하지 않은 채 거래에만 개입하고 있다. 결과적으로 투기꾼들이 국제 석유 가격의 변동성을 높이고 있는 셈이다(Mabro, 2005). 이러한 방식의 거래는 2000년 제정된 '미국상품선물현대화법(US Commodities Futures Modernization Act)'에 의해 증가되었다. 왜냐하면 이 법률로 인해 장외 시장[16]의 파생 상품에 대해 투기적 거래를 하는 데 대한 법적 규제가 폐기되었기 때문이다(Fattouh, 2010; Medlock and

Jaffe, 2009). 반대로 2010년에 제정된 '도드 – 프랭크 월가 개혁 및 소비자보호법 (Dodd-Frank Wall Street Reform and Consumer Protection Act)'[17](이하 '도드 – 프랭크 법')의 몇몇 조항은 거래소 밖에서 거래되는 투기적 파생 상품에 대한 법적 제한을 복원해서 규제를 다시 강화한다는 목적을 지니고 있다. 그렇지만 여기에 포함된 많은 예외 조항은 법률의 실효성을 약화시킬 수 있다(Greenberger, 2011).

세계은행은 매장된 연료와 광물의 고갈에 대비해 미래 세대를 위한 자원 비축과 가격 변동의 보상을 목적으로 하는 국가 수익 기금을 조성하도록 세계 각국에 적극적으로 촉구해오고 있다. 2008년 세계경제 위기 이래로 이러한 자금 증가에 대한 비판이 고조되었으며, 가난한 나라에서는 이러한 기금의 효과가 미약했던 것으로 밝혀졌다(Luciani, 2011). 자원이 풍부한 개발도상국은 수익성이 낮은 해외 자산이 아니라 기반 설비와 공중 보건 시설처럼 높은 사회적 보상을 가져오는 자산에 초점을 맞춰 투자해야 한다(Collier et al., 2010: 85~86). 우리는 자본이라는 관점에서 다음과 같은 원칙에 동의할 수 있다. 즉, 고갈성 천연자원의 채굴은 물려받은 자본을 소진하는 행위이며, 자원 보유국은 자연 자본의 고갈이라는 파국을 맞이할 수밖에 없다. 기반 시설, 자본재, 그리고 인적 자원이라는 지대를 수반하는 투자는 단순한 자원 채굴을 넘어 지속적인 번영을 위한 필수 조건이라고 할 수 있다. 그럼에도 투자 기회는 약한 흡수 능력으로 인해 제한되고 있으며, 이는 저품질의 고비용 기반 시설과 낮은 투자 수익률로 귀결될 것이다(Dabla-Norris et al., 2010; Haque and Kellner, 2008). 자원이 풍부한 많은 개발도

---

16 장외 시장(Over The Counter market: OTC)은 증권거래소 밖에서 유가증권을 매매하는 비조직적인 매매 시장으로서, 점두 시장, 창구 거래라고도 한다. 특히 채권의 유통 시장에서 큰 역할을 한다. _옮긴이

17 2008년의 리먼 브라더스 사태로 인해 촉발된 금융위기의 재발을 막기 위해 오바마 행정부가 2010년 7월에 선포한 광범위한 금융 개혁 법안이다. 3500쪽에 걸쳐 400개 법안을 담고 있으며, 대공황이후 최대의 금융 개혁 법안으로 불린다. 법안의 내용은 주요 금융 기업에 대한 규제 및 감독 강화, 금융 감독 기구 개편, 주요 금융 기업의 정리 절차 개선, 금융 지수 기업 등에 대한 감독 강화, 지급 결제 시스템에 대한 감독 강화 등을 골자로 하고 있다. '도드 – 프랭크법'은 상업 은행과 투자 은행의 업무를 엄격히 제한한 1930년대 '글래스 – 스티걸법'의 부활이라는 평가를 받고 있다. 왜냐하면이 법안에는 금융 지주 기업에 대한 감독을 강화하는 방안의 하나로 상업 은행과 투자 은행의 역할을 분리한 볼커룰(Volcker rule)이 포함되어 있기 때문이다. _옮긴이

상국에서는 실제로 마이너스의 실질 수익률을 보이고 있는데, 이는 자국의 자산인 천연자원의 고갈에서 발생하는 이익을 다른 자본에 재투자하지 않는다는 것을 의미한다(Carbonnier et al., 2011b).

거버넌스 대응

수입국의 입장에서는 에너지 안보가 외교 정책의 최우선적인 과제다. 여기서 말하는 에너지 안보란 값싼 에너지의 이용 가능성과 채굴 산업을 위한 에너지 자원에의 접근성을 의미한다. 권위주의적인 정부와의 거래를 우려하는 경우는 이례적이며, 자원의 저주를 해결하기 위한 정책 수단은 소수에 불과하다. 그나마 채굴 산업 투명성 이니셔티브와 인권 및 안보에 관한 자발적 원칙이 이러한 정책에 해당된다. 이러한 정책은 시민사회의 요구에 대한 순응으로 도입되었으며, 자발적 거버넌스라는 방식으로 구조화되었다. 이러한 자발적 이해관계자 체제의 궁극적인 효과와 성과는 엄격하게 평가받고 있다. 아시아의 국가와 기업은 참여하지 않고 있을 뿐만 아니라 산유국의 시민단체들이 감시, 옹호, 고발 등의 기능을 효과적으로 이행하기에는 역량이 너무 약하기 때문에 지금 당장은 어려움을 겪고 있는 실정이다(Carbonnier et al., 2011a). 자발적 레짐은 2010년 '도드 – 프랭크법'의 1504절[18]로 보완될 수 있는데, 이 조항은 미국 증권거래위원회(Securities and Exchange Commission: SEC)에 등록된 모든 채굴업체에 대해 생산국에 지불한 총액을 국가별로 공개하도록 요구하고 있다. 이 같은 조치는 최종 시행 양상에 따라 관련 산업의 투명성을 개선할지도 모른다. 그렇지만 궁극적으로는 수익 할당에 대한 생산국의 책임을 증진시킬 수밖에 없는데, 이는 결국 국가를 발전시키는 결정적 요인이라고 할 수 있다. 수익 할당을 규제했던 유일한 시도는 차드와 카메룬의 국가 간 송유관 사례[19]다. 여기에서 세계은행의 투자는

---

18 카르딘 루거(Cardin Lugar) 규정이라고도 불린다. _옮긴이

19 차드 – 카메룬 파이프라인은 아프리카의 차드와 카메룬을 연결하는 대규모 토목 공사를 말한다. 그렇지만 국제사회의 인권 단체들은 이 사업이 부패한 차드 독재 정권의 기반을 강화한다며 강력히

미래 지향적인 측면을 부각시켰으며, 이를 통해 차드 정부는 안정적인 수익을 보장받았다(Gould and Winters, 2011; Pegg, 2009).

결론

이 장에서는 에너지와 국가 발전의 관계를 살펴보았다. 구체적으로는 식량 안보, 수자원 관리, 교역 및 투자와 관련된 수많은 정책과 환경 정책에 대해 검토했다. 이러한 정책들을 지역, 국가, 세계라는 세 가지 차원에서 다루었다. 에너지는 산업사회의 근간이었으며, 지난 400년 동안 우리는 값싸고 풍부한 화석 연료를 기반으로 해서 크게 성장할 수 있었다. 개발도상국의 수십억 인구가 부유한 산업국으로 진입할 무렵, 석유 생산은 한계에 이르렀고 기후변화 같은 문제도 발생했다. 이로 인해 우리는 기존의 발전 방식에 대해 근본적인 물음을 제기하게 되었다. 물론 가격이라는 수단은 탄소와 에너지 집약도가 낮은 발전 방식을 채택하게 만드는 강력한 유인 장치다. 그렇지만 이러한 가격 유인 체계가 자원 고갈, 온실가스 배출, 생물 다양성 감소 같은 문제를 해결해주지는 못한다.

에너지 부족 문제를 겪고 있는 세계 인구의 20%에게 현대적인 에너지를 사용하도록 하고 취사용으로 바이오매스를 이용하는 27억 명을 해방시키기 위해서는 국내외적으로 인류를 발전시키려는 노력이 필요하다. 또한 북반구처럼 남반구에서도 도시 중심부의 에너지 효율을 높이고 에너지의 낭비를 줄이는 작업이 정책적 우선순위가 되어야 한다. 2050년이면 인구가 90억 명에 이를 지구에서 에너지, 식량, 수자원의 관계는 학자들의 더 많은 관심뿐 아니라 정책 결정자들의 더욱 일관성 있는 정책도 요구하고 있다.

에너지 안보 문제는 인류 발전이나 평화 구축 같은 목표를 무시한 채 자원민

반대하고 있다. 한편으로 환경단체들은 이 사업이 카메룬 산악 지대 피그미족의 생활 터전을 파괴할 것이라며 우려를 표명한 상태다. _옮긴이

족주의적인 견지를 여전히 벗어나지 못하고 있다. 에너지 자원에 대한 접근성을 확보하기 위한 경쟁에 참여하는 서방 국가와 개발도상국은 수출국, 운송국, 수입국 간의 협력 증대와 자원 보유국의 지속가능한 발전이 에너지 안보를 증진시키고 자원 경쟁의 심화를 피할 수 있는 진지한 노력의 초석임을 잊지 말아야 할 것이다.

05

석유 시장
현황·특징·함의

크리스토퍼 올솝, 바삼 파투

서론

석유에 대한 관심이 높다는 것은 더 설명할 필요도 없는 사실이다. 석유는 정치적인 상품으로서, 중요한 국제 문제의 중심에 있어왔다(Penrose, 1976). 게다가 석유는 국제적인 상품이라고 할 수 있다. 원유와 관련된 상품들은 판매량과 금액 면에서 모두 세계적으로 가장 폭넓게 거래되는 상품이다(Stevens, 2005). 중량이나 부피를 기준으로 했을 때 석유는 가스나 석탄 같은 연료에 비해 가장 많은 에너지를 함유하고 있다. 국제 에너지 믹스에서 석유의 점유율이 지난 10년 동안 감소했음에도 1차 에너지원에서 석유가 차지하는 비중은 2010년 34.4%로 여전히 가장 높다. 다음으로는 석탄(29.1%)과 천연가스(23.4%)가 뒤를 이었다(〈표 5.1〉 참조). 액체연료인 석유는 사용하기 쉬울 뿐만 아니라 생산·수송 단계에서 '규모의 경제'를 보여주고 있다(Frankel, 1969). 현대 경제의 생명줄이라고 할 수 있는 운송 및 항공 분야는 여전히 석유 정제 상품에 의존하고 있다.

산유국의 입장에서도 석유는 매우 중요한 자원이다. 많은 국가에서 화석연료 의존도를 낮추기 위해 노력하고 있지만 석유는 대부분의 산유국에서 여전히 경

〈표 5.1〉 전 세계 1차 에너지 믹스에서의 연료별 점유율(2010년)

연료	점유율
석유	34.40%
천연가스	23.42%
석탄	29.09%
원자력 에너지	5.40%
수력전기	6.48%
신재생에너지	1.21%

자료: BP, 2011.

제성장과 발전의 원동력으로 자리 잡고 있다. 즉, 산유국은 석유를 수출함으로써 필요한 외화의 대부분을 벌어들이고 있다. 또한 석유 수출을 통해 주요 개발 사업과 사회적 프로그램을 수행하고, 지속가능한 경제성장을 달성하기 위해 경제를 다각화·산업화하며, 노동시장에 진입하는 수만 명의 노동자들에게 매년 취업의 기회를 제공할 뿐만 아니라, 정부 세수입원의 대부분을 벌어들이고 있는 실정이다. 그렇지만 대부분의 OECD 국가는 다양한 에너지원을 사용하는 데 비해, 산유국은 자국 경제에서 차지하는 석유의 비중이 높기 때문에 유가의 불안정과 지속적인 가격 하락에 취약할 수밖에 없다.

더욱이 1970년대의 대규모 석유파동 이후 야기된 유가의 급격한 변동이 제2차 세계대전 이후 미국의 경제 불황에 영향을 미쳤다는 사실은 이미 널리 알려져 있다(Hamilton, 1983). 그렇지만 최근의 연구는 2002년부터 2008년까지의 급격한 유가 상승이 국제 경제나 물가 상승에 영향을 미칠 것으로 예견했으나 정작 악영향은 주지 않았다는 사실을 보여주고 있다(Kilian, 2009; Segal, 2011; Cecchetti and Moessner, 2008).

예를 들어 라스무센과 로이트맨의 연구에 따르면, 미국을 제외하면 일반적으로 석유파동은 원유의 생산 감소와 무관하다고 한다(Rasmussen and Roitman, 2011). 그리고 석유파동이 OECD 국가의 경제에 부정적인 영향을 준 것은 사실이지만 그 정도는 아주 미미했다고 한다. 고유가가 세계경제에 미치는 영향에 대한 우려는 학계를 비롯해 일반 대중 사이에서도 공공연하게 논의된다. IMF의 총재인 크리스틴 라가르드(Christine Lagarde)는 최근의 유가 상승을 "경제 회복을 탈선시키는 새로운 위협"[1]이라고 묘사한 바 있다. 사우디아라비아의 석유부 장관인 알리 나이미(Ali Naimi)는 고유가를 "유럽에 나쁘고 미국에 나쁘며 신흥국에 나쁠 뿐만 아니라 최빈국에도 나쁜 것"[2]이라고 묘사했을 정도다.

석유 시장의 발전은 다음과 같은 이유 때문에 더욱 넓은 맥락에서 바라볼 필요가 있다. 먼저 에너지 정책은 다른 정치·경제적 정책 의제, 특히 에너지 안보 및 기후변화 문제와 긴밀하게 상호작용을 가질 수밖에 없기 때문이다. 또 다른 이유는, 석유가 가지는 중요성에 비해 장기적인 예측은 추정에 근거할 경우 대체로 크게 잘못된 전망을 제시하는 것으로 드러나고 있기 때문이다. 오늘날 유가가 높아질 것이라는 추정은 올바른가? 아니면 역동적인 석유 시장 역학이 지금의 경로를 돌려놓을 수 있을 것인가? 최근의 급격한 유가 변동으로 인해 석유 가격이 상승하는 새로운 원인이나, 유가 형성 과정에서의 펀더멘털 대 투기의 역할뿐 아니라 2008년 세계 금융위기 이후의 파생 상품에 대한 규제 관련 사항들이 추가되었다(Fattouh et al., 2012; Turner et al., 2011). 국제적인 맥락에서 석유를 분석하는 또 다른 이유는 지대 분배의 문제와 함께 석유의 공급 사슬에서 더 높은 지배 점유율을 획득하려는 경쟁이 생산자와 소비자의 관계에 미치는 영향을 알아보기 위해서다(Fattouh and van der Linde, 2011).

이 장의 목적은 국제 에너지 정책, 에너지 안보와 기후변화, 국제 경제, 생산자와 소비자 등의 더욱 넓은 맥락에서 국제 석유 시장의 제반 문제를 살펴보는 것이다. 이어지는 절에서는 에너지 믹스, 에너지 안보, 기후변화, 과세와 보조금, 국제 석유 시장의 가격 정책, 예상되는 피드백의 부재로 인한 석유의 불확실성을 다룰 것이다. 그리고 결론에서는 최근의 에너지 담론에서 나타나는 몇 가지 문제점과 모순의 해결 방안에 대해 살펴보도록 하겠다.

---

1   2012년 3월 18일 베이징에서 개최된 '2012 중국 발전 포럼'에서 라가르드의 연설(http://www.imf.org/external/np/speeches/2012/031812.htm, 2012년 11월 28일 검색).

2   "Saudi Arabia Will Act to Lower Soaring Oil Prices," *Financial Times*, 2012. 3. 28.

정책의 전망과 불확실성

지금까지 추정에 근거했던 유가 장기 전망은 대부분 들어맞지 않았던 것으로 밝혀졌다. 1950년대와 1960년대에 로마클럽(Club of Rome)[3]은 지구가 감당할 수 없는 경제성장과 급격한 가격 상승이 초래될 것으로 예상했었다. 고유가는 실제로 1970년대와 1980년대 초기에 실현되었다. 단순하게만 보였던 석유가 원인이 되어 두 차례의 세계적인 공황[4]이 발생했던 것이다. 그렇지만 전력 생산과 난방용 연료로 사용되던 석유가 천연가스로 교체된 사건뿐 아니라 석유 매장량이 풍부한 북해나 알래스카 같은 지역의 기술혁신 및 발전은 기존의 통념을 혼란스럽게 만들었다. 심지어 유가는 1985년에 접어들면서 사실상 붕괴되어 '역충격'이라고 묘사될 정도였다. 이후 석유 관련 분야에서는 저유가와 저투자 현상이 거의 20년 동안 이어졌다.[5]

반대로 ≪이코노미스트(Economist)≫는 정반대의 극단적인 전망치를 제시하기도 했다(Economist newspaper, 1999). 즉, "세계는 물건들로 넘쳐나게 될 것"이라면서, "유가 배럴당 10달러는 너무 낙관적인 전망이고 사실은 5달러 수준으로 낮아질 수 있다"라고 예측하기도 했다. 그렇지만 9년 뒤인 2008년 7월 브렌트유는 역사상 최고치인 배럴당 144.2달러의 고유가에 도달했으며, 경제 위기에서 점차 회복되고 지정학적 불확실성이 높아지면서 2012년 11월 기준 브렌트유가 다시 배럴당 110달러라는 높은 가격에 거래될 정도였다.

그렇다면 지금은 다시 고유가를 전망해도 되는 상황인가? 석유 애널리스트들은 구조 변화가 시장의 경제 여건을 경직되게 만드는 것이 유가 상승의 원인이

---

3 지구의 유한성이라는 공통의 문제의식을 가진 세계 각국의 지식인들로 구성된 민간단체로, 1968년 로마에서 첫 회의를 개최한 뒤 「성장의 한계(The Limit to Growth)」를 포함한 여러 편의 보고서를 발표했다. _옮긴이

4 1973년 이스라엘과 아랍 간 전쟁으로 인한 1차 석유파동, 1979년 이란혁명으로 인한 2차 석유파동을 말한다. _옮긴이

5 1979년 2차 석유파동 당시 유가는 배럴당 25달러였고, 1980년에는 이란·이라크 전쟁으로 배럴당 35.69달러였으며, 1985년에는 27.51달러였다(서부텍사스유 기준). _옮긴이

라고 설명한다. 최근의 석유 수요와 관련해서 가장 중요한 변화 가운데 하나는 OECD 비회원국의 석유 소비가 증가한다는 것이다. 2000년부터 2010년까지 OECD 비회원국의 석유 수요 증가는 OECD 회원국의 수요 증가를 능가했다. 이 기간 동안 OECD 비회원국의 석유 소비는 하루 1300만 배럴이나 증가한 반면, OECD 회원국의 석유 소비는 150만 배럴 정도 하락했다(BP, 2011). 이러한 석유 수요의 변화는 아시아와 태평양 지역에서 발생했는데, 이들 지역은 해당 기간 동안 국제 석유 수요 증가의 50% 이상을 차지할 정도였다.

일반적인 통념에 따르면 석유에 대한 수요는 경제 발전이 지속되고 가계 수입이 늘어나며 자동차 소유가 증가할 때에만 커질 것으로 전망된다. 미국, 일본, 유럽과 같이 장기 데이터가 축적된 국가의 자료를 보면 경제 발전 초기 단계에는 자동차 소유율이 느리게 증가하다가 1인당 국민소득이 임계치에 도달하면 자동차 소유율이 소득의 증가율보다 2배가량 높아진다고 한다. 물론 국민소득이 이를 넘어서 일정 수준 이상으로 높아지면 오히려 자동차 소유율의 증가는 둔화되는 경향도 있다. 그렇지만 이때에도 소득이 증가하는 속도만큼은 증가할 것으로 예상된다(Dargay et al., 2007). 비록 많은 사람들이 OECD 회원국의 자동차 소유가 곧 한계에 도달할 것으로 예상하지만, 아직까지는 이러한 한계의 증거가 많지는 않다. 결론적으로 일반적인 통념에 따르면 1인당 소득이 높은 국가들이 자동차를 많이 소유하는 경향이 있다.

공급이라는 측면에서는, 2001년부터 2008년 사이의 고유가와 2009년 이후 석유 가격의 반등에도 러시아를 제외한 OPEC 비회원국의 석유 공급에 대한 반응은 미온적이었다. 2000년부터 2010년 사이에 OECD 비회원국의 석유 생산은 러시아의 생산 증가로 인해 석유 공급량이 400만 배럴 추가되었을 뿐이었다(BP, 2011). 이처럼 느린 공급 증가는 기존 유전 지대의 급격한 감소와 새로운 매장지 개발·탐사에 들어가는 비용의 증가라는 여러 가지 요인으로 설명될 수 있다. OPEC에 따르면 이로 인한 연평균 감소율은 2000년과 2008년 사이에 4.6%였다고 한다(OPEC, 2009). 이는 석유 공급의 감소를 막기 위해서는 OPEC 비회원국이 매년 1800만 배럴을 공급해야 한다는 것을 의미한다. 고유가와 재정 긴축, 그리고 매장량에 대한 접근 제한 등의 복합적인 원인으로 인해 OPEC 비회원 산유 국들은 미개척지를 탐사하기 시작했다. 예를 들면, 멕시코 만, 아프리카의 앙골라와 나이지리아, 남미 브라질 등의 심해나 초심해에 매장된 석유의 탐사에 들어갔을 뿐 아니라 미국도 셰일오일을 탐사하게 되었다. 게다가 석유기업도 바이오연료, 석탄액화석유,[6] 액화가스,[7] 오일샌드,[8] 역청,[9] 극압용 오일,[10] 셰일오일[11] 등의 비전통적인 에너지원으로 관심을 돌릴 수밖에 없었다.

이러한 공급자 측면의 변화는 중요한 함의를 지닌다. 요약하자면, 세계는 이제 저렴한 추출 방식에서 값비싼 추출 방식으로 전환하는 국면에 접어들었다고 할 수 있다. 새로운 미개척지에서의 값비싼 추출법은 기술적·재정적·경영적인 측면에서 훨씬 도전적인 일이 되었다. 게다가 기존의 유전에서 석유를 안정적으로 공급하는 데에는 더 높은 비용을 수반하는 기술력이 요구되고 있다. 더욱이 오일샌드나 셰일오일 같은 비전통적인 자원의 생산은 온실가스 배출 등 환경적인 문제를 일으키고 있다. 마지막으로 개발 및 생산과 관련된 위험과 고비용 때문에 OPEC 비회원국은 유가에 더욱 민감해졌다. 특히 유가 변화와 관련해서는 전혀 다른 반응을 보이는데, 유가 급등은 OPEC 비회원국에 그렇게 중요하지 않은 투자 반응을 유발하는 반면, 유가 하락은 석유산업 가운데 한계 비용이 높은 부문에 대한 투자의 급락을 유발하고 있다.

---

6 석탄액화석유(Coal to Liquid: CTL)는 석탄을 액화해서 석유로 만드는 연료로, 액화석탄이라고도 한다. 석탄이 들어 있는 거대한 통에 산소와 증기를 집어넣고 500도의 고온과 고압에서 합성가스를 얻어 이를 액화시킨 뒤 정제해 만든 휘발유와 경유를 말한다. _옮긴이
7 액화가스(Gas to Liquids: GTL)는 기체를 냉각 또는 압축해 액체로 만든 연료를 가리킨다. _옮긴이
8 오일샌드(oil sand)는 원유를 함유한 모래를 의미했지만, 지금은 유층에 존재하면서 원유를 함유한 퇴적암 등 모든 암석에 쓰이고 있다. 따라서 원유를 대체할 수 있는 새로운 자원으로 기대되고 있다. _옮긴이
9 역청(bitumen)은 천연 상태의 고체, 반고체, 액체, 기체의 탄화수소 화합물을 총칭하는 개념이다. 넓게는 석유, 혈암유, 천연가스, 석탄 및 관련 가공물을 말한다. 그렇지만 일반적으로 역청이라고 하면 천연의 아스팔트나 그 밖의 탄화수소를 모체로 하는 물질을 가열·가공했을 때 생기는 흑갈색 또는 갈색의 타르 같은 물질을 말한다. _옮긴이
10 극압용 오일(extra heavy oil)은 분자량이 크고 특별히 농후한 오일을 가리킨다. _옮긴이
11 셰일오일(shale oil)은 석유가 생성되는 퇴적암인 근원암(source rock)에 넓게 분포되어 있는 원유로, 전통적인 원유와 달리 원유가 생성되는 근원암인 셰일층에서 뽑아내는 원유를 말한다. _옮긴이

단기적인 관점에서 석유가 수요·공급의 가격에 크게 영향을 받지 않는다는 사실은 고유가가 지속될 것이라는 미래 전망에 힘을 실어준다. 중요한 점은 석유가 수송 부문에서 대체하기 어려운 자원이라는 사실이다. 이처럼 석유는 '특별'하기 때문에 산유국들이 가격에 민감하게 반응하지는 않는다.

그렇지만 역사적 경험은 이러한 상황에 대해 경고해야 한다는 신호를 제시하고 있다. 다른 1차 에너지원의 가격 변화가 석유 시장에도 큰 충격을 줄 수 있기 때문이다. 1980년대 산업국의 경우, 상대 가격의 변화로 인해 전력과 난방에서 가스와 석탄이 석유를 대체하면서 에너지 믹스에서 석유가 차지하는 비중이 줄어들었다. 물론 비상용 디젤 발전기 같은 예비 전력의 확대라는 틈새 부문은 예외로 하더라도, 전반적으로 교체가 용이한 부문에서는 다른 에너지원으로 거의 대체되었다. 이러한 변화가 앞으로도 계속 유효할지는 알 수 없지만, 석유가 주로 이용되는 부문에서도 대체 연료는 존재하는 상황이다. 대표적인 대체 연료 가운데 하나가 바이오연료인데, 바이오연료의 이용은 아직까지 보편화되지 않고 있다. 다만 예외적인 사례로 브라질은 수송 부문에서 자국 내 휘발유 소비의 50% 정도를 사탕수수 에탄올로 교체했는데, 이는 비교적 짧은 기간에 이뤄졌다. 미국에서 옥수수 에탄올은 높은 생산 비용, 탄소발자국,[12] 토지 사용과 식량 가격에의 영향 등과 관련해서 많은 논란이 제기되고 있다. 그렇지만 이러한 문제는 획기적인 기술 발전을 통해 해결될 수 있으며, 정확히 예측하기는 어렵지만 대체 연료는 전반적으로 경제성이 있다고 여겨진다. 실제로 오늘날의 에탄올은 미국의 연료 공급에서 상당 부분을 차지하고 있는 실정이다.

원유의 대체 가능성은 다른 부문에서도 뚜렷이 나타난다. 예를 들어 석유, 석탄, 가스 등의 화석연료는 열 손실이나 이산화탄소 배출 같은 문제를 수반하지

---

12 탄소발자국(carbon footprint)은 일상생활 또는 영업을 하는 과정에서 얼마나 많은 이산화탄소를 만들어내는지를 양으로 표시한 지표. 환경적 부하를 토지로 환산했던 생태발자국(ecological footprint)을 어느 정도 차용한 개념이다. 이 지표는 기후변화에 대한 관심이 높아지면서 지구온난화의 원인 가운데 하나로 꼽히는 이산화탄소의 정화 비용을 고려하고 감축 관련 노력을 기울이자는 취지에서 사용되기 시작했다. _옮긴이

만 가격이나 비용 면에서는 상호 간에 전환이 가능하다. 북미에서는 현재 가격으로 봤을 때 액화가스와 석탄액화석유 모두 경제성이 있는 것으로 보인다. 대체 연료의 비용이 높기는 하지만 장기적으로 봤을 때 이와 관련된 기술 개발은 필요하다고 판단된다. 화석연료 부문에서 백스톱 기술(backstop technology)[13]로 인해 오일샌드나 셰일오일같이 채굴이 어려운 매장 석유의 개발 비용이 예상보다 낮아졌는데, 이는 석유 관련 제품들의 가격이 치솟지 못하도록 억제할 수도 있을 것이다. 수송 부문에서 원유 의존도를 낮추는 것은 기술적으로 가능하다. 물론 중동 지역의 저렴한 석유가 경쟁력이 있기는 하지만 그렇다고 해서 군이 이를 이용할 필요는 없다. 여기에서 도출되는 한 가지 함의는 물리적 이용 가능성에 근거해서 등장했던 '석유 정점'이라는 개념을 재평가할 필요가 있다는 것이다. 만약 석유, 석탄, 가스 모두를 수송 부문의 가용 액체연료와 화학 산업의 원료로 간주한다면 공급 부족의 문제는 해결될 수 있을 것이다. 그렇지만 기후변화라는 측면에서는 또 다른 문제가 발생할 것이다. 기후과학자들에 따르면 이산화탄소 배출을 다루는 기술적 수단을 구비하지 못한 채 자원을 지금과 같이 사용한다면 그 결과는 대재앙에 이를 것이라고 한다.

문제 해결을 위한 또 다른 방법은 석유를 천연가스로 대체해서 사용하는 것이다. 특히 OECD 비회원국에서는 아직도 전력 생산에 석유를 사용하고 있지만, 이런 방식은 앞으로 점차 경제성이 낮아질 것이다. 더욱 근본적으로는 압축천연가스나 액화석유가스(Liquefied Petroleum Gas: LPG)가 수송 부문에서 사용될 수도 있다. 예를 들어 인도의 델리에서는 모든 대중교통에 압축천연가스가 사용된다. 아시아에서는 디젤이 천연가스보다 비싸기 때문에 압축천연가스가 경쟁력 있는 자원일 수 있다(Jain and Sen, 2011). 이처럼 석유 대체 연료의 활용 가능성은 매우 높은 실정이다.[14]

---

13 온실가스 배출량이 낮거나 아예 없는 기술을 가리킨다. 기존 기술보다 비용 면에서 불리하지만 일정 시점에서는 상대적으로 가격이 낮아지므로 개발이 가능한 기술이다. _옮긴이
14 수송 부문에서 천연가스를 사용하면 대규모 매장량을 이용할 수 있고 환경에 미치는 영향이 적어 큰 이익을 얻을 수 있으며, 관련 기술 또한 개발되어 있다. 그렇지만 압축천연가스 자동차는 몇 가

화석연료를 대체할 마지막 후보는 전기 자동차와 열펌프 같은 전력이다. 특히 배터리 기술의 경우 현재 개발의 초기 단계에 불과하다. 심지어 가장 선호되는 기술의 개발은 아직까지도 지연되고 있는 상황이다. 그렇지만 복잡한 국제 에너지 시스템의 많은 요소가 전기 부문으로 결집될 것이다. 실제로 많은 사람들이 미래에는 하이브리드 및 전기 자동차가 중요한 역할을 할 것이라고 주장한다. 예를 들어, 도이치뱅크는 미국에서 하이브리드 및 전기 자동차가 2020년까지 신차의 25%, 전체 자동차의 8~9%를 차지할 것으로 예측했다. 중국의 경우 2030년 판매되는 신차 중 경차가 2/3를 차지할 것이며, 2030년에는 전체 경차 중 절반이 하이브리드 및 전기 자동차일 것으로 예측했다(Deutsche Bank, 2009). 또한 미국의 EIA는 자국 내 대체 자동차의 시장 점유율이 2008년 13%에서 2035년에는 신차 판매량의 49%까지 증가할 것으로 예상했다(EIA, 2010).

셰일가스 혁명은 기술혁신이 어떤 결과를 가져올 수 있는지를 보여주는 대표적인 사례다. 일반적인 통념에 따르면, 미국은 대서양에서 유럽·아시아와 경쟁하면서 액화천연가스의 주요 수입국이 될 것이라고 추측되었다. 그렇지만 셰일가스 개발로 예상과 달리 미국에서 액화천연가스의 수입 수요는 사실상 사라지고 말았다. 이로 인해 미국 내 천연가스의 가격은 급락했으며, 이 글을 쓸 당시인 2012년 11월 기준으로 아시아의 액화천연가스 가격에 비해 현저히 낮을 정도였다. 몇몇 분석가는 이제 미국을 천연가스 수출국으로 간주하고 있으며, 미국은 이 과정에서 차익 거래를 통해 이득을 얻을 것으로 전망된다. 한편으로는 미국의 타이트 오일 공급이 2020년에는 300만 배럴에 이를 것으로 예상되는데, 이는 수압 파쇄와 수평 시추 기법을 통해 수십억 배럴의 석유를 채굴할 수 있게 되었기 때문에 나타난 결과다(Wall Street Journal, 2012). 또 다른 분석가들은 여기서 한 발 더 나아가 미국 에너지 부문의 최근 발전 덕분에 "해외 에너지원에

지 측면에서 문제를 지니고 있다. 기반 시설의 부족, 천연가스 탱크의 크기와 중량, 구매 비용 등의 문제 때문에 수송 부문으로의 진출이 제한될 가능성이 있는 것이다. 또한 인프라가 중복되는 문제도 안고 있으며, 전기 및 하이브리드 자동차 같은 단일 기술로의 전환을 장려하는 정책이 효과적이지 않는가에 대해서도 여전히 논란이 진행 중이다.

의존하지 않겠다던 리처드 닉슨(Richard Nixon)[15] 대통령의 에너지 정책 목표가 이제야 달성되었다"라고 언급하면서, "미국의 외교 정책, 산업 경제 및 기타 여러 분야를 변화시킬 수 있는 엄청난 영향력"을 예측했다(Krauss and Lipton, 2012).

여기에서 얻을 수 있는 중요한 교훈은 석유가 비록 특별하긴 하지만 아주 특별하지는 않으며 장기적으로는 기술적·경제적으로 석유의 대체 연료가 등장할 가능성이 매우 높다는 사실이다. 특히 전기가 수송 부문에서 급속도로 활용될 경우 이런 가능성은 더욱 높아질 것이다. 물론 이 과정에서 가장 중요한 결정 요인은 가격이다. 여기서 말하는 가격이란 다른 재화와 비교했을 때 특정 에너지원 가격과 다른 에너지원 가격 간의 상대적인 가격을 의미한다. 지난 10여 년에 걸쳐 에너지 가격은 크게 높아졌으며, 상대 가격 역시 큰 변화가 있었다. 이런 추세가 계속된다면 미래는 결코 과거와 같지 않을 것이다.

석유가 에너지 믹스 내에서 앞으로 어떤 위치를 차지할 것인가에 대한 논란은 기술 발전 및 정책의 역할과 관련된다. 미래 석유의 위상과 전망에 대한 견해 차이는 주로 기술과 정책의 역할에 관한 것이다. 어떤 정책이 채택될 것인가, 그리고 이러한 정책이 과연 석유 시장을 효율적으로 작동시킬 수 있을 것인가 등에 대해서는 입장 차이로 인해 의견이 대립되고 있다. 이와 관련된 중요한 두 가지 정책이 바로 에너지 안보와 기후변화다.

에너지 안보와 투자

대부분의 석유는 중동과 정치적으로 불안정한 국가에 집중되어 있으며, 이들 지역은 소비가 이뤄지는 국가들과 상당히 떨어져 있다. 따라서 석유 수입국들은 석유의 안정적인 공급이 어려울 수 있다는 에너지 안보 문제를 우려할 수밖에

---

15 미국 제37대 대통령으로, 1969년 1월 20일부터 1974년 8월 9일까지 재임했다. _옮긴이

없다. 즉, 석유 공급의 중단은 원유의 정제뿐 아니라 국내외 수송 시설, 저장 시설, 배급 시설 같은 공급 사슬의 어느 단계에서도 발생할 수 있다. 한편으로는 기술적인 문제, 허리케인이나 폭풍 같은 기상재해, 석유 시설에 대한 테러, 산유국의 내전, 석유 수출국 간의 전쟁, 일부 생산국의 수출량 제한이나 정권 교체, 석유 운반로의 폐쇄, 특정 소비국으로의 석유 공급을 제한하려는 고의적인 행위[16] 같은 수많은 요인에 의해 석유 공급이 중단될 수 있다.

1990년대에는 석유 매장량이 충분했을 뿐만 아니라 OECD 회원국들이 석유 문제를 해결하려는 의지를 보였기 때문에 수입국들은 이 같은 물리적 상황에 크게 관심을 기울이지 않았다. 그렇지만 최근 들어서는 이처럼 안일했던 풍조가 바뀌었다. 이라크, 베네수엘라, 나이지리아, 리비아 같은 주요 산유국에서 매장량의 감소와 공급 충격은 에너지 안보 문제를 전면적으로 부각시킬 수밖에 없었다. 대표적으로 석유를 무기로 사용하겠다는 이란의 최근 위협, 이란산 석유 수입에 대한 유럽의 금수 조치,[17] 이란 중앙은행과 직접 거래하는 금융 기관에 대한 미국의 제재 등은 석유의 공급 차질이라는 우려뿐 아니라 지정학적 위험도 고조시켰다(El Katiri and Fattouh, 2012).

공급이 중단될 수 있다는 석유의 특징과 석유 매장량의 사용 가능성에 따라 시장은 종종 급격한 가격 인상을 통해 문제를 해결한다. 이 경우 석유 확보를 우려하는 소비국은 예방적인 차원에서 수요를 더욱 증대하는 경향이 있다. 결과적으로 가격은 석유 공급 중단으로 인한 공급 감소라는 명분을 내세워 정당화될 수 있는 수준보다 더 높이 상승된다. 따라서 석유 가격의 급격한 조절은 석유 수입국에 높은 경제적·사회적 부담을 안긴다. 이러한 공급 충격으로 인한 영향을 완화하기 위해 많은 국가에서 전략적으로 석유 비축분을 보유해놓고 있으며, 미국의 경우 최대한의 여유분을 전략비축유로 마련해놓고 있다. 이는 OAPEC이 미국과 몇몇 산업 국가로의 석유 수출을 제한하는 결정을 내리자 이에 대응하기

---

16 이를 석유의 무기화라고도 한다.
17 금수 조치(embargo)는 특정 국가가 다른 국가에 대해 직접적 또는 간접적으로 교역, 무역 거래, 금융 거래, 투자 등 모든 부문의 경제 교류를 중단하는 조치를 말한다. _옮긴이

위해 마련되었다. 이후 1973년에 설립된 IEA는 회원국들에 석유 수입량의 최소 90일분에 해당하는 비상 석유 비축분을 보유하고 갑작스러운 공급 중단 시 회원 국들 간에 석유를 상호 융통할 수 있는 체제를 갖추도록 권고했다. 마찬가지로 인도와 중국도 전략비축유제도를 마련하려는 야심찬 계획을 세워놓고 있다. 최근 고조된 지정학적 위험은 이러한 계획을 가속화시켰을 뿐만 아니라 전략비축 유의 규모를 확대하는 강력한 동기를 제공했다. 전략비축유를 보유하는 정책은 물리적인 공급 중단을 겪는 석유 수입국이 단기적으로 채택할 수 있는 가장 구체적이고 효과적인 대응 수단이다.

결국 많은 국가들은 석유 의존도의 감소, 에너지원의 다변화, 규제, 장려금, 과세, 도덕적 권고 등의 정책을 수립했다. 한편으로는 이러한 제도들을 결합한 석유 대체 장려 방안을 제시하기도 했다. 그렇지만 이 같은 다양한 정책의 실행 에 대한 불확실성뿐 아니라 이들 정책이 장기 석유 수요에 미치는 잠재적 영향 에 대한 불확실성도 여전히 높은 실정이다. 석유 의존도를 줄이기 위한 대체에 너지와 관련된 연구 개발에 대한 투자와 인센티브는 반복되는 정치적 의제일 뿐 이다. 이와 유사한 수준의 투자 계획과 인센티브 제공은 지난 100년 동안 가시 적인 성과를 이루었다. 이와 관련된 정책 및 논쟁은 경제 발전과 석유 가격에 의 해 크게 영향을 받았다. 즉, 저유가와 결합된 경제적 불황은 값비싼 대체에너지 프로젝트와 탄소세에 대한 요구를 약화시키는 반면, 불안정한 고유가는 반대로 대체에너지 보급 사업에 대한 지원을 늘릴 수 있다. 정리하자면, 에너지 믹스에 서의 탈석유화를 요구하는 압력은 앞으로도 지속되겠지만, 석유에 대한 수요 관 리 정책이 아무리 효과적일지라도 석유 시장을 붕괴시키지는 못할 것이다. 그렇 지만 이러한 정책의 영향은 누적되고 한 번 시행된 정책은 폐기되지 않기 때문 에 장기적으로는 상당한 영향력을 행사할 수 있을 것이다.

또한 수요와 공급의 역학 관계는 시장의 혼란을 일으킬 수도 있다. 최악의 시 나리오는 신규 유전에 대한 불충분한 투자로 인해 국제적인 석유 공급이 기대 수요를 충당하지 못하는 경우다. 이러한 최악의 시나리오에서는 석유 부문에 대 한 투자가 단기적인 효과를 거두지 못하기 때문에 대부분의 수급 조절은 가격 인상을 통해 이뤄질 수밖에 없을 것이다. 즉, 신규 석유 공급, 대체에너지의 등장, 효율 개선 사업의 개발은 즉각적인 수급 조절 기능을 발휘하지 못할 수밖에 없다. 결과적으로 경제성장의 둔화 및 고유가와 결합된 석유 수요의 감소는 대체에너지에 대한 투자의 병목 현상을 해결할 수 있으며, 심지어는 시스템 내에서 잠재적인 비축량을 발굴해낼 수도 있을 것이다. 마찬가지로 신규 매장량의 발견으로 인한 저유가 환경은 석유 부문에 대한 투자를 방해할 수 있다. 이 같은 투자 감소는 이후 석유 수요가 회복되면 다음 석유파동의 원인이 될 수 있다. 이처럼 석유 시장의 조절 메커니즘은 매끄럽지 않다는 문제를 안고 있다. 즉, 석유 시장은 장기적인 대규모 잉여 비축분을 만들어낼 수도 있으며, 이후에는 빠듯한 긴축의 시기가 이어질 수도 있다. 석유 시장의 이러한 대체 상태는 투자 결정 및 미래의 공급 가능성에 영향을 미친다.

이러한 순환적 특징은 물론 다른 분야에서도 흔하게 볼 수 있다. 그렇지만 석유업계를 여타 분야와 구분 짓는 세 가지 특징이 있다. 첫째, 석유의 확인 매장량이 고도로 집중된 국가에서는 정부 또는 관료들이 채굴 및 개발의 결정권을 지닌다. 이러한 특징의 중요한 함의는 투자 여부 및 규모에 대한 결정이 경제적·정치적 요인과 함께 석유 시장 안팎의 사건에 의해 영향을 받는다는 사실이다. 유가는 투자 결정과 관련된 요인 가운데 하나일 뿐이다. 그 밖의 요인에는 국제사회의 제재나 내전, 내부 갈등 같은 정치적 사건이 포함된다. 구체적으로는 유전의 소유주와 개발을 책임지는 국영 석유회사 간 관계의 특징, 국영 석유회사의 기술적·경영적 능력, 외국 투자자의 매장지에 대한 접근성, 국영 석유회사 및 국제 석유회사의 관계를 결정하는 정치·재정 시스템 등이 있다. 석유 소비국과 생산국의 관계에서 특히 중요한 요인은 장기 석유 수요의 불확실성이다. 산유국은 소비국이 발표·시행하는 정책들로 인해 불확실성이 증대되고 있다고 종종 주장한다. 이들은 석유 공급의 안보에 대한 요청에 직면해 '수요 안보'라는 개념을 만들어낼 정도였다.

둘째, 석유 개발 프로젝트는 준비 기간이 길 뿐만 아니라 지연되기 십상이다. 이러한 사업 지연은 대규모 프로젝트의 대규모 자금 지출과 유전에 대한 접근성 문제로 인해 발생한다. 한편으로는 투자 전후 단계에서 국내외 석유기업과 유전 소유주의 복잡한 협상 때문에 발생하는 경우도 있다. 유전 소유주인 정부 및 국영 석유회사와 국제 석유회사의 관계는 유가 변동의 영향을 받지만 한편으로는 투자를 통해 유가에 영향을 미치기도 한다.

셋째, 마지막으로 생산자의 투자 결정은 시장 구조에 근본적인 영향을 미친다. 고유가가 반드시 산유국 정부의 투자와 생산량 증가를 유도하는 것은 아니다. 반대로 고유가와 제한적인 매장량이 결합됨에 따라 많은 국제 석유회사가 새로운 개척지를 탐사해야 하는 상황이다. 그렇다고 해서 저렴한 석유 매장지가 가장 먼저 개발되는 것은 아니다. 이는 고비용 생산국과 저비용 생산국이 공존 가능한 유가 형성으로 귀결된다.

에너지 안보와 지정학적 문제의 상호작용과 더불어 한편으로는 투자같이 더욱 직접적인 경제 문제는 국제 석유 논의를 둘러싼 복잡성의 단면을 보여준다. 이러한 틀에서는 석유 시장과 참여자들이 심각한 혼란을 겪지 않도록 시장을 어떻게 통제하는가가 관건이었다. 그렇지만 이러한 분석 틀은 이미 시대에 뒤떨어진 것처럼 보인다. 왜냐하면 지금은 기후변화 문제가 대부분의 에너지 관련 논쟁에서 영향력을 발휘하고 있기 때문이다.

기후변화 의제

기후변화 의제는 지구 평균 온도가 상당히 위험하면서도 값비싼 비용을 치르는 수준 이상으로 상승하는 문제를 해결하는 방안으로서, 대기 중에 누적된 온실가스, 특히 이산화탄소 농도를 감축하기 위해 긴박하게 진행되고 있다. 기후변화 회의론자들이 제기하고 있듯이 과학은 상당한 불확실성을 가지고 있으며, 이 같은 불확실성은 정책적인 차원에서 기후변화 문제와 관련한 핵심적인 사안 가운데 하나다. 엄격히 말하자면 문제를 최소한의 비용으로 처리하는 것이 좋다는 경제적인 측면보다는 과학적·기술적인 측면이 중요할 수 있다.[18] 이와 관련된 기법으로는 특정 시기의 배출 목표를 달성하기 위한 방안들을 보여주기 위해 광범위하게 이용되는 시나리오와 백캐스팅(backcasting) 등의 방식이 있다. 예를 들면, IEA의 450 시나리오[19]에는 지구의 평균 온도 상승을 2도로 제한한다는 목표와 대책이 포함되어 있다(IEA, 2010). 이 같은 기후변화 시나리오에 대해 많은 경제학자들과 현실주의적인 분석가들이 매우 회의적이라는 사실은 놀랄 일이 아니다. 이는 경제학자와 과학자들이 요구하는 기준 시나리오(BAU)[20]와 목표치 사이에 상당한 간극이 존재함을 의미한다.[21] 다시 말해 IEA의 450 시나리오는 여러 국가에서 온실가스 배출 목표나 신재생에너지 보급 목표를 채택했던 것처럼 명확한 정책 대응이라기보다는 정치적 의지의 선언으로 해석될 수 있다.

그렇지만 기후변화 의제는 석유를 포함한 국제 에너지 논쟁의 본질을 근본적으로 변화시키는 측면이 있다. 첫째, 온실가스를 가장 많이 배출하는 에너지는 석유가 아닌 석탄이다. 전 세계에서 석탄을 가장 많이 사용하는 나라는 중국이며, 다음으로 미국, 인도, 인도네시아, 러시아, 독일이 뒤를 따른다. 동일한 에너지를 생산한다고 가정했을 때, 석탄은 천연가스보다 2배가량 많은 온실가스를 배출하며, 석유는 석탄과 천연가스의 중간 수준이다. 따라서 전력 생산에 주로 이용되는 석탄을 천연가스로 교체할 경우 온실가스 배출량은 상당히 감소할 것이다. 그렇지만 한 발 더 나아가서 수력, 원자력, 재생가능에너지 같은 저탄소

---

18 예를 들면, 영국의 2006년 스턴 보고서(Stern Review)에서 저자는 기후변화 문제를 경제적인 관점에서 해석하면서 온실가스 감축이 온실가스에 적응하는 것보다 비용이 적게 든다고 주장했다. 따라서 온실가스를 감축하기 위해 인위적인 조치를 취하지 않는다면 사회적 비용이 기하급수적으로 상승할 것으로 예측했다.

19 대기 중 이산화탄소 농도를 450ppm으로 억제하는 시나리오를 뜻한다. _옮긴이

20 온실가스 감축을 위한 인위적 조치를 취하지 않을 경우 예상되는 온실가스 배출량 추정치다. 예를 들면, 2020년 전망치는 인위적인 감축 노력을 하지 않을 경우 2020년에 배출될 것으로 예상되는 온실가스 배출량을 나타낸다. 우리나라는 2009년 11월 국가 온실가스 배출량을 2020년 배출 전망치인 기준 시나리오 대비 30% 줄이겠다는 자발적 목표를 국제사회에 공표한 상태다. _옮긴이

21 기준 시나리오가 아닌, 2030년까지 가장 개연성 있는 발전 경로에 근거해 BP가 실시한 국제 에너지 트렌드에 대한 최근의 시나리오에 따르면, 2030년에 IEA의 시나리오보다 35% 많은 이산화탄소가 배출되는 것으로 나타났다. 가장 공격적인 정책 시나리오도 21%가량의 상당한 차이를 보여준다(BP, 2011).

에너지원으로 전환해야 할 뿐만 아니라 화석연료를 사용하면서도 이산화탄소 배출을 줄일 수 있는 시스템의 개발도 필요한 상황이다.

둘째, 석탄액화석유나 액화가스 같은 일부 잠재력 있는 석유 대체 연료는 사실 탄소 배출이라는 관점에서 바람직하지 못하다. 따라서 석유 대체 연료는 기후변화 문제의 해결책이 아니라 석유 고갈에 대비할 수 있는 잠재적인 해결 방안 가운데 하나라고 할 수 있다.

셋째, 석탄을 이용해서 전력을 생산한 경우에는 수송 부문의 전력화가 기후변화의 해결책이 전혀 될 수 없다. 사실 세계 최대의 석탄 소비국인 미국과 중국이 전기 자동차에 열광한다는 것은 아이러니한 일이다. 대부분의 기후과학자는 IEA가 설정한 목표를 달성하려면 기준 시나리오와 비교했을 때 수송 부문의 화석연료 소비를 감소해야 할 뿐만 아니라 전력 부문도 탈탄소화해야 할 것으로 예측하고 있다.

넷째, 마지막으로 기후변화 정책은 국제 에너지 믹스에서 미래 석유의 위상에 대한 광범위한 불확실성을 유발할 수 있다. 불확실한 상황에서 불가역적인 투자를 하는 것에 관한 연구가 시사하는 것처럼, 석유 프로젝트의 대규모 투자 지출과 투자의 불가역성은 투자를 조속하게 결정하기보다는 관망하게 만드는 효과가 있다. 따라서 기후변화 정책이 석유제품에 어떤 영향을 미칠지, 그 효과가 얼마나 빠른 속도로 나타날지, 그리고 이러한 정책이 유가에 어떠한 영향을 미칠지 등을 명확히 판단할 수 있기 전까지 산유국은 자신들의 투자 결정을 무기한 연기할 수밖에 없을 것이다. 이산화탄소 배출에 보편적인 가격을 설정할 수 있을 정도로 공신력을 지닌 국제적인 합의가 존재하지 않기 때문에 이러한 불확실성은 점점 더 커질 것으로 예상된다.

기후변화 맥락하에서의 국제 석유 문제에 관한 전망은 많은 석유산업 분석가들이 생각하는 시장인 활성 시장(tight market)[22]에 대한 일반적인 통념과는 분명

---

[22] 빈번한 거래를 통해 매수와 매도의 가격 차이가 작게 나타나는 시장을 말하는 것으로, 보통 증권 시장에서 나타난다. 반대로 덜 활동적이고 가격차가 큰 시장을 여유 시장(slack market)이라고 부른다. 활성 시장에서는 딜러가 적은 스프레드를 많은 거래량을 통해 보충해야 한다. _옮긴이

크게 다르다. 단적인 예를 들면, '석유 정점'에 대한 우려와 반대 측 진영의 '표착유(stranded oil)'에 대한 우려 사이에는 전혀 상이한 가정들이 전제되고 있다. 즉, 효율 개선이라는 측면과, 대체에너지처럼 채택될 가능성이 높은 정책에 대한 기술적·경제적 평가에 근본적인 차이가 있다. 따라서 석유 예측은 향후에 채택될 정책이 얼마나 효율적인지에 대한 가정과 예측에 따라 달라지기 마련이다. 결국 미래의 정책에 대한 서로 다른 전망은 석유 시장의 변동에 광범위한 불확실성을 야기할 수밖에 없다.

미래에 실현될 가능성이 있는 정책의 기반인 가정이나 예측은 이런 상황에서 가장 합리적인 것으로 생각될지도 모르지만, 여기에는 모순이 존재한다. 기후변화 분석가들이 지적하고 있듯이 기준 시나리오는 제대로 작동하지 않으며, 따라서 가능성 있는 정책도 마찬가지일 것이다. 그렇다면 이러한 시나리오에 기반을 둔 정책적 함의는 근본적으로 모순적일 수밖에 없다. 즉, 예측의 불확실성으로 인해 가능성 있는 정책이 제대로 실현되지 않을 뿐만 아니라 만약 실현되더라도 온실가스 감축 전략의 긴급성으로 인해 무언가 예상하지 못했던 다른 부수적인 문제가 발생할 수 있다.

과세, 보조금 그리고 지대 분배

에너지 안보와 기후변화라는 의제는 석유 시장의 또 다른 핵심적인 특징과 밀접한 관련이 있다. 예를 들면, 석유 공급에 다양한 행위자가 참여할 뿐 아니라 산유국과 소비국이 지대를 분배한다는 것이 대표적인 특징이다. 파투와 판데르 린데가 설명했듯이, 석유는 막대한 경제적 지대를 만들어내기 때문에 이를 두고 산유국과 소비국 간에는 석유 가치 사슬의 여러 부분에서 활동하는 다양한 참여자가 각자 자신의 몫을 차지하려고 경쟁하기 마련이다(Fattouh and Van der Linde, 2011). 이 같은 대규모 지대는 시장 참여자 간의 정상적인 경쟁을 뛰어넘어서라도 싸울 만한 가치가 있는 목적물로 간주되기 마련이다. 따라서 경제적 지대는 생산자이자 세금 징수자로서 정부의 참여를 어느 나라에서나 보장해왔다.

석유 시장의 이러한 특성을 제대로 이해하지 못할 경우에는 정치·경제적 질서에서 석유가 담당하는 역할에 대한 분석이 어긋날 수밖에 없다. 물론 소비국의 정부는 EU의 배출권거래제나 탄소세 같은 방식으로 경제적 지대를 회수하고 싶어 할 것이다. 이때 석유제품에 대한 수요는 대체재가 한정적이기 때문에 비탄력적이며, 이들 제품의 소비는 대기오염뿐 아니라 건강에 좋지 않은 영향이라는 부정적인 외부 효과를 일으키기 마련이다. 따라서 석유제품에 대한 과세는 소비국의 세입을 올려주는 효과적인 방법일 뿐만 아니라 부정적인 외부 효과를 억제하는 정책 수단이기도 하다.[23] 주유소에서 판매되는 석유 가격에서는 세금이 차지하는 비중이 매우 높기 때문에 국제 원유 가격의 상승은 석유제품의 가격 상승에 영향을 적게 미친다. 따라서 많은 국가에서 시행하는 과세는 국제시장의 원유 가격 변화뿐 아니라 석유제품에 대한 수요 반응을 약화시키는 작용을 한다. 최근 많은 OECD 회원국과 비회원국은 보조금과 세금을 결합시킴으로써 에너지 믹스에서의 화석연료의 비중을 줄이기 위해 재생가능에너지의 보급을 촉진시키고 있다. 이 같은 정책 수단은 특정 연료에 대한 수요와 공급에 상당한 영향력을 미칠 수 있다.

석유제품에 대한 소비국의 과세는 산유국의 관점에서 봤을 때 단기적으로 수요 증가를 줄이고 장기적으로는 산유국의 수출 물량을 감소시키는 이중의 효과가 있다. 마찬가지로 석유 소비국은 과세를 통해 지대를 획득할 수 있다. 심지어는 소비국이 획득하는 지대가 생산국의 지대보다 큰 경우도 있을 정도다. 그 결과 이로 인해 분배 문제가 발생한다.

산유국의 파트너들도 석유제품에 대한 과세에 불만을 드러내는데, 이는 에너지 보조금에 대한 우려 때문이다. 에너지 가격을 엄격하게 통제하는 소비국의 정책은 많은 산유국의 정치·경제적 환경을 수십 년 동안 특징지었다. 이러한 정

---

23 석유제품에 대한 과세와 대체에너지 개발 정책은 OECD 국가에만 국한되지 않는다. 개발도상국으로 분류되는 여러 석유 수입국에도 석유제품에 대한 과세는 정부 세입의 주요 원천이다. 석유제품에 대한 과세는 정부 세입의 7~30%에 달할 정도다(Gupta and Mahler, 1995).

책의 이면에는, 에너지 접근성을 높임으로써 저소득 가정의 수입을 증가시키려는 복지적인 측면에서부터 산업 성장과 내수 증진을 통해 경제를 발전시키고, 자원 부국이 석유 및 천연가스 관련 지대를 에너지 보조금 형태로 국민들에게 배분하고자 하는 정치적인 고려까지 다양한 목표가 존재한다.[24] 이때 에너지 보조금은 국가의 다양한 목표를 달성하는 데 이용될 수 있는 정책 수단이기는 하지만, 많은 비용을 수반하는 비효율적인 방식이기도 하다. 결과적으로 에너지 보조금은 자원의 효율적인 배분을 결정하는 가격 신호를 왜곡시킬 뿐만 아니라 국가 부채에 막대한 재정적 부담을 준다. 또한 시간이 흐르면서 수요가 공급보다 가파르게 상승할 경우 에너지 보조금은 석유 수출량을 과도하게 늘릴 수도 있다. 또한 기후변화와 지속가능한 발전이라는 측면에도 악영향을 미칠 것이다.

유가 변동: 투기 대 펀더멘털

2002년부터 2008년까지 석유 가격은 계속해서 상승해 역사상 가장 지속적인 가격 인상으로 기록되었다. 당시는 OPEC이 가격 통제의 주도권을 잡았던 1973년의 1차 석유파동 때와 달리 산유국과 소비국의 권력 구조에 변동이 없었는데도 유가가 지속적으로 인상되었다. 또한 당시에는 이란혁명이 원인이었던 1979년의 2차 석유파동 때처럼 공급 충격도 전혀 없었다. 이 같은 유가 폭등은 2008년 말이 되어서야 극적으로 사라졌다. 당시 가격은 2008년 7월 절정에 달한 뒤 같은 해 12월 배럴당 100달러가량으로 폭락했다.[25]

2008년 급격한 유가 변동의 원인에 대한 견해는 양분되었다. 대표적으로 석유업계와 학계는 당시 유가 변동의 원인으로 석유 시장의 구조적인 변화를 제시했다. 이러한 견해에 따르면, 석유 수요의 폭등, 낮은 가격 탄력성, 장기간 투자

---

24 쿠웨이트 사례는 El Katiri et al.(2011)의 연구를 참고할 수 있다.
25 서부텍사스유 기준으로 2008년 7월에는 배럴당 145달러였던 유가가 12월에는 36달러로 하락했다. _옮긴이

부족으로 인한 석유산업의 경직성 및 OPEC의 구조 변화로 인해 석유 가격이 급등했다고 본다.

이러한 전통적 관점으로 미뤄볼 때 가격 불안정은 석유 시장의 본질적인 특징이라고 할 수 있다. 왜냐하면 유가 변동이 광범위한 범위 내에서 폭넓게 나타나기 때문이다(Mabro, 1991: 23). 이러한 변동 범위의 최저 경계치는 OPEC 주요국에서의 석유 생산이라는 최저 비용에 의해 결정되는 반면, 최고 경계치는 석유 대체 연료의 잠재적 진입과 금융시장 참가자들의 기대와 행동에 의해 결정된다. 석유 시장에서는 1998년처럼 석유가 과잉 공급되면 유가가 최저 경계 쪽으로 움직이는 경향이 있다. 하지만 수요가 공급을 초과하더라도 수요 패턴을 대체하거나 조정할 수 있기 때문에 단기적으로는 유가에 상한선이 설정되지는 않는다. 반면에 비축량이 없을 경우 시장의 변동으로 인해 유가가 급격히 상승할 가능성이 높다.

이와 반대되는 의견으로는 석유 시장의 펀더멘털 변화나 심지어는 펀더멘털에 대한 기대의 변화가 유가 급등을 설명할 수 있을 정도로 극단적이지 않다는 주장이 있다. 이러한 견해에 따르면, 금융시장에 참여자와 투기꾼이 개입하고 특히 규제가 철폐되었거나 느슨한 원유 파생 상품 시장에서 투자자들이 불안정하고 소극적으로 투자를 해서 석유 시장이 왜곡되었기 때문에 유가가 폭등했다고 할 수 있다(Masters, 2010).

1985년 이후 금융 기관이 최대 규모의 석유 거래자가 되면서 은행은 다양한 고객과 생산자의 간극을 메우는 일에 관여하게 되었다. 지난 몇 년 동안 연금 펀드, 헤지 펀드, 소매 투자자 같은 금융시장의 참여자들이 석유 시장에 투자할 수 있는 기회를 얻었다. 이를 석유 시장의 금융화라고 한다(Tand and Xiong, 2010). 이 같은 금융 혁신 덕분에 기관 투자자와 소매 투자자가 포함된 다양한 참여자가 손쉽고 저렴한 방법으로 선물, 옵션, 인덱스 펀드, 상장 지수 펀드, 기타 맞춤형 상품을 통해 석유제품에 쉽게 접근할 수 있게 되었다. 〈그림 5.1〉은 2000년부터 2011년까지 뉴욕상업거래소 거래 종료 시 두드러졌던 분기별 평균 석유 선물 계약 건수를 보여주는 것으로, 석유 선물 계약이 40만 건에서 140만 건으로

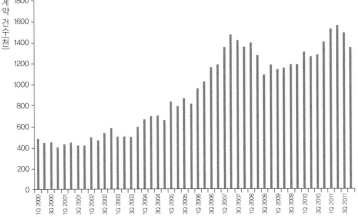

〈그림 5.1〉미국 거래소에서 거래되는 원유 선물의 1일 평균 미결제 약정*

* 미결제 약정이란 선물·옵션 시장에 참가하는 투자자가 선물·옵션 계약을 매매한 뒤 이를 전매·환매하지 않고 보유하는 선물·옵션 계약을 의미한다. 즉, 결제되지 않고 남아 있는 선물·옵션 계약이라고 할 수 있다. _옮긴이
자료: 미국 EIA 웹사이트.

가파르게 증가했음을 알 수 있다.

　수많은 금융시장의 참여자들이 석유제품의 시장에의 참여를 확대하는 이유를 설명하는 이론들이 많이 제시되었다. 활성화된 시장은 통화 펀드와 기관 투자자들을 원유 시장에 진입하도록 부추겼다. 특히 이러한 여건 변화는 다양한 이유로 인해 발생하는 갑작스러운 상황에서 금융 투자와 투기 배팅의 영향력을 증가시킬 수 있다. 역사적으로 보면 주식이나 증권 같은 금융자산과 일반적인 상품의 낮은 상관관계는 포트폴리오를 다변화하기 위해 상품을 보유하려는 유인을 증가시켜왔다. 즉, 상품 수익과 인플레이션이 밀접하게 관련되어 있기 때문에 많은 투자자들은 인플레이션의 위험과 달러 약세를 분산시키기 위해 상품 시장에 진입하는 것이다. 게다가 다른 금융자산에 비해 원유 상품에 대한 투자 수익이 비교적 높기 때문에 많은 시장 참여자들이 투자를 늘리고 있는 것이다.

　데이터 제약, 인과관계 및 내생성 문제,[26] 투기·금융화에 대한 불명확한 개념

26　통계 분석에 사용된 설명 변수에 오류가 있을 경우 분석 결과에도 문제가 있다는 것을 의미한다. _

정의 등으로 인해 학술 문헌들은 과도한 투기가 2002년부터 2008년까지의 유가 폭등의 주요 원인이었다는 증거를 설득력 있게 제시하지는 못했다.[27] 반대로 구조 모형은 국제 경제의 팽창으로 인해 야기된 석유 수요의 충격이 유가 폭등의 원인임을 대부분 설명해주고 있다. 몇몇 연구는 투기가 유가를 불안정하게 만든다는 증거를 일부 제시하고 있기는 하다. 그렇지만 이들 연구의 중요성은 특히 장기적 측면에서 설득력이 약하다는 한계를 안고 있다(Lombardi and Van Robays, 2011).

이는 금융시장 참여자의 대규모 진입이 석유 시장에 영향을 미치지 않았다는 것을 의미한다. 그렇지만 선행 연구들은 지금처럼 확대된 석유 시장의 금융화가 시장 기능에 손해를 입혔는지, 아니면 사회적 후생의 개선이나 악화로 귀결되었는지에 대한 해답을 아직까지 제시하지 못하고 있다. 예를 들면, 일부 연구에서는 금융화가 석유, 주식, 증권 같은 금융자산 간의 가격 변동을 증대시킴에 따라 금융시장은 석유 시장에 불안정한 과잉 효과를 강화시켰을 뿐만 아니라 정작 상품 시장에서는 폭넓은 혜택을 얻지 못해 손해가 발생했다고 주장한다(Tand and Xiong, 2010; Silvennoinen and Thorp, 2010). 해밀턴과 우는 2005년 이후 리스크 프리미엄(risk premium)[28]의 대규모 변동과 관련된 증거를 찾아냈으며, 뷔위크사힌 등은 증폭된 금융화가 효과적인 금융 파생 상품의 가격 정책과 관련이 있음을 밝혀냈다(Hamilton and Wu, 2011; Büyüksahin et al., 2009). 피롱은 대규모 금융시장의 통합은 미래 가격의 상승 가능성을 낮추는 효과와 더불어 자산을 현금화할 수 있는 유동성을 높이고 시장의 위험 가격을 줄이며 재고품의 수준을 향상시킨다는 사실을 보여준다(Pirrong, 2011).

그럼에도 '과도한 투기와 금융화'로 인한 영향을 염려해 많은 나라에서는 금융

옮긴이

27 이와 관련된 최근 논평은 Fattouh et al.(2012)의 연구를 참고할 수 있다.

28 특정 만기의 위험이 있는 투자 자산에 대한 요구 수익률과 동일 만기의 무위험 자산에 대한 요구 수익률 간의 차이를 말한다. 어떤 증권의 수익률과 그 증권의 위험은 상충 관계(trade-off relation)에 있기 때문에 위험이 클수록 동 자산의 요구 수익률이 높아지게 마련이다. 이런 의미에서 리스크 프리미엄은 투자자의 추가 위험 부담에 대한 보상이라고 할 수 있다. _옮긴이

파생 상품의 시장 규제를 강화시켰다. 2010년에 미국의 오바마 대통령은 1929년의 세계 대공황 이후 제정된 법률 가운데 가장 포괄적인 금융개혁법으로 평가되는 '도드 – 프랭크법'을 통과시켰다. 미국에서 선물과 옵션 시장에 대한 규제권을 지닌 상품선물거래위원회(Commodities Futures Trading Commission: CFTC)는 30개 분야에서 이 같은 법률이 필요하다는 사실을 깨달았다. 이러한 개혁은 금융 상품 파생 시장의 기능에 직접적인 영향을 미칠 것이다. 일부 규정은 어음 및 거래의 위임과 관련이 있는데, 그 목적은 '표준화된 금융 파생 상품'을 어음 교환소로 옮겨 위험을 줄이는 것이다. 다른 규정은 자료 보고와 관련이 있다. 여기에는 스왑[29]데이터저장소(SDR)의 설립이 포함된다. 또한 결제 여부와 상관없이 스왑 상품선물거래위원회에 등록된 스왑데이터저장소에 모두 보고해야 한다는 요건도 포함되어 있다. 또 다른 중요한 분야는 물리적 상품 선물에 대해 누구나 보유할 수 있는 밀집 포지션이나 선의의 연계 매매 포지션이 아닌 포지션 자체의 금액에 제한을 두는 것이다. 유럽위원회도 상품과 관련된 규정을 많이 만들었다. 대표적으로는 천연가스와 전기 공급 및 수송 계약과 금융 파생 상품을 포함해 EU 내 모든 도매 에너지 거래를 망라하는 '에너지 시장 통합 및 투명성에 대한 규제(Regulation Energy Market Integrity and Transparency: REMIT)'가 있다. 마찬가지로 적정 금융 파생 상품 계약의 청산 명령과 비상장 거래의 전자거래 저장소 보고를 통해 과정을 개선하려는 목적으로 제정된 '유럽 시장 사회간접자본 규제(European Market Infrastructure Regulation: EMIR)'도 여기에 포함된다.

불확실성의 증가와 피드백의 제한

파투는 장기적인 유가 변동을 해석하는 방법을 제안했다(Fattouh, 2010). 구체

---

29 장래 특정일 또는 특정 기간 동안 일정 상품 또는 금융자산을 상대방의 상품 또는 금융자산과 교환하는 거래를 말한다. _옮긴이

적으로는 석유 시장의 펀더멘털과 피드백 부족에 대한 불확실성이 증가하는 방향으로 레짐이 전환하는 것을 근거로 판단하는 방법이다. 최근까지만 해도 단기적 유가 변동에 대한 기대는 석유 가격이 상한선 이상으로 상승하거나 하한선 이하로 하락하는 것을 막아주는 수요, 공급, 정책 또는 이 세 가지의 결합으로부터 반응이나 피드백을 유발할 것이라는 가정을 근거로 예측했다. 먼저 수요 측면에서는, 고유가에서 수요의 피드백은 두 가지 경로를 주로 거친다. 즉, 고유가는 가격효과, 소득효과, 소비자 행태 변화를 유발해 석유 수요에 악영향을 미칠 뿐만 아니라 더 나아가서는 국제 석유 수요에 좋지 않은 영향을 주면서 궁극적으로는 경제 발전을 둔화시키고 경기를 후퇴시킬 수 있다. 다음으로 공급 측면에서는, 고유가가 석유 부문에 대한 투자를 장려하기는 하지만 여기에는 시간적인 지체가 수반된다. 또한 고유가는 다른 에너지원에 비해 대체 연료를 부분적으로 장려할 뿐이라는 한계가 있다. 전통적인 수급 체계가 오랫동안 존속할 수 있었던 요인 가운데 하나는 대규모의 매장량을 이용할 수 있었기 때문이다. 심지어 대규모 매장량은 공급 시장의 붕괴라는 강력한 충격에 직면했을 때 석유 공급의 탄력성을 효과적으로 증대시켰을 뿐만 아니라 강력한 피드백을 일으키기도 했다.

과거 고유가 시기에 급격히 증대된 피드백은 이제 제한적인 피드백으로 대체되었다. 가격에서 석유 수급에 이르는 피드백의 존재, 규모, 시기에 대해서뿐만 아니라 불확실성에 대한 견해 차이도 두드러지게 커지고 있다. 특히 유가의 상한선을 설정하는 것으로 기대되던 네 가지 주요 피드백은 이제 제대로 작동하지 않고 있다. 고유가는 이제 인플레이션 압력과 이에 따른 불황, 또는 즉각적인 공급 성장을 유발하지 않았다. 고유가 기간 동안 생산국의 영향력은 가격 상승의 원인으로 나타나지 않았으며 가격 상승을 억제시키려는 어떠한 힘으로도 제대로 작동하지 않았다. 석유 매장량의 지속적인 감소는 이미 비탄력적으로 변해버린 공급 곡선을 더욱 가파르게 만드는 결과를 가져왔다. 피드백의 제약은 유가 결정과 관련된 중요한 함의와 더불어 기대 방식에도 영향을 미쳤다. 시장은 불확정적인 신념의 국면으로 접어들고 있으며, 석유기업과 생산자 등의 시장 참여자들은 장·단기적으로 수요 공급의 균형을 잡아줄 것으로 기대되는 유가를 어느 수준으로 설정해야 할지 가늠하지 못하고 있다. 정리하자면, 석유 가격은 장·단기 모든 측면에서 특정 주체가 아니라 모든 시장 참여자에 의해 공동으로 결정되고 있다(Fattouh and Scaramozzino, 2011).

거래인의 이질성과 피드백의 불확실성이라는 견해차로 인해 발생하는 과도한 신념은 단기적인 가격 변동에 중요한 영향력을 행사할 수 있다. 여기서 과도한 신념이란 다른 참여자들의 신념에 대한 또 다른 참여자들의 신념을 의미한다. 즉, 다른 참여자들의 신념에 대한 다른 참여자들의 신념에 대한 또 다른 참여자들의 신념 등을 바로 과도한 신념이라고 할 수 있다.[30] 이는 존 메이너드 케인스(John Maynard Keynes)가 '미인대회'[31]에 비유했던 직관과도 일부 관련이 있다. 거래인은 유가의 단기 변동으로부터 혜택을 얻기 위해 다른 거래인의 추측을 통해 추측하도록 동기가 부여된다. 이는 2008년 상반기의 유가 급등을 설명하는 유익한 통찰력을 제시해줄 수 있다. 이러한 통찰은 공식적인 정보나 신호가 반드시 시장의 기반을 구축하는 펀더멘털의 대규모 변화를 반영하지 않으며 시장에 새로운 정보를 제공하지도 않지만, 미인대회 사례의 중요성을 직접적으로 보여주고 있다. 다른 참여자들의 추측에 대한 또 다른 참여자의 추측에 공적인 신호가 영향을 미치기 때문에 이는 유가에 불균형적인 결과를 가져올 수 있다(Morris and Shin, 2003). 또한 이 같은 구조는 석유 시장의 또 다른 흥미로운 특징을 설명해줄 수 있다. 뉴스와 정보가 끝없이 넘쳐나기는 하지만 거래인들은 종종 자신이 중요하다고 여기는 몇몇 특정 신호에만 관심을 보이는 경향이 있다. 조정 게임이 실제로 작동하려면 시장의 참여자들은 공적인 신호와 특정 시

---

30 과도한 신념이라는 개념은 앨런 등에 의해 공식화되었다(Allen et al., 2006).
31 케인스는 사람들이 자신이 가장 예쁘다고 여기는 미인을 선택하기보다는 많은 다른 사람들이 아름답다고 생각할 후보를 고를 것이라고 답했다. 왜냐하면 다른 사람들이 선호하는 사람을 맞추는 것과 같기 때문이다. 이는 최고의 미인을 뽑는 일반적인 미인대회의 심사위원들도 마찬가지다. 케인스는 미인대회와 마찬가지로 주식시장도 다른 사람들이 선호하는 주식을 사야 한다고 주장했다. 지금은 사람들이 많이 사지 않을지라도 사람들이 많이 살 만한 주식을 탐색하고 이를 매수하는 것이 주식 투자에서 성공하는 방법이라고 했다. John Maynard Keynes, *The general theory of employment, interest and money*(1936), p. 156. _옮긴이

점에 다른 참여자들의 기대에 영향을 미칠 것으로 여겨지는 신호만 고려하는 것이 바람직하다. 결과적으로 수많은 공적인 신호를 조정하는 것은 불가능하다. 주식시장에서 가격의 행태를 특징짓는 이러한 요인들이 상품 시장에서 어느 범위까지 동일하게 작동할 것인지는 아직 결정되지 않았으며, 앞으로도 더 많은 연구가 진행되어야 할 것이다.

결론

이 장에서는 석유 시장의 불안정성에 대한 전망만 특별히 논의했다. 즉, 펀더멘털의 불확실성과 피드백의 제약에서 기인하는 불확정성을 설명하면서, 상당히 광범위한 미래의 전망이 존재하는 상황에서 일관된 관점을 가지고 시장 조정의 필요성을 강조하고 있다. 그렇지만 만약 이러한 설명이 사실이라면 정책적 함의는 무엇인가? 이는 본질적인 불확실성과 관련이 있기 때문에 분명 유가를 예측하는 사람들에게는 그다지 도움이 되지 않는다. 그렇지만 어느 정도까지는 무조건적인 전망이 아닌 현실적 상황을 고려한 미래 시나리오의 적용을 정당화할 수 있을 것이다. 만약 지금의 상황이 설명한 대로라면 가변적이지 않은 공식적인 신호만 믿도록 규제하는 정책 수단과 그다지 큰 차이가 없기 때문에, 이는 투기 대 펀더멘털의 논쟁을 설명하는 데 도움이 될 것이다. 만약 시장 참여자들이 더욱 긍정적인 증거를 기초로 상황을 인식할 수 있다면 미래 가능성의 범위를 제한할 수 있는 요인을 더 많이 연구하고 분석해야 한다. 여기에 해당하는 분명한 사례로는 석유의 대체에너지에 대한 연구와 기술 개발을 들 수 있다.

한 가지 분명한 점은 만약 피드백의 결핍과 펀더멘털의 불확실성에서 문제가 발생한다면 이를 해결할 수 있는 정책이 존재한다는 사실이다. 이와 관련해서는 펀더멘털에 대한 정보의 단순 제공에서부터 수급 측면에 이르기까지 반응을 보일 것이라는 데 대한 인식을 강화하는 정책, 그리고 독특한 방식으로 행동하는 특정 참여자들의 공약에 이르기까지 다양한 정책이 있을 수 있다. 예를 들어, 시장에서는 실제로 존재하지만 실현 가능한 도구가 없다고 믿는 경우처럼, 만약 피드백의 정도와 시기에 대한 시장의 인식이 잘못되었다면 정책은 이러한 피드백의 가시성과 정책 반응을 증폭시킴으로써 급격한 가격 변동을 억제하는 역할을 할 수 있을 것이다.

국제에너지포럼 및 G20을 포함한 각종 기관의 분석은 관련 문제에 대한 투명하고 협력적인 국제적 접근이 필요하고 중요하다는 사실을 보여준다. 석유 시장 문제는 안보나 기후변화 같은 폭넓은 의제의 맥락에서 보았을 때 더 중요해 보인다. 왜냐하면 이러한 분야의 발전은 석유 시장의 성과에 분명한 영향을 미칠 수 있기 때문이다.

실제로 유가 상승을 설명하는 원인은 다양하다. 예를 들면, OECD 비회원국의 눈에 띄는 성장 둔화에 대한 뉴스를 기반으로 한 자료와 더불어 IMF의 새로운 분석을 토대로 유가가 하락할 것이라고 예상하는 것은 안전한 베팅일 수 있다. 멕시코 만과 브라질 연안의 심해 유전 발견에 대한 기술적인 문제와 관련된 뉴스뿐 아니라 이라크에서 생산 가능한 석유에 대한 뉴스 또한 대부분 예측 가능한 결과에 대한 정보를 제공한다. 물론 유가 변동의 원인을 설명하는 잠재적인 요인은 셀 수 없을 정도로 많다. 이처럼 많은 요인의 불확실성으로 인해 예측과 평가가 종종 아주 나쁘게 드러나도 별로 놀랍지도 않다. 당연하겠지만, 세상이 변할 때 석유 시장도 변하기 마련이다.

미래의 석유에서 특히 중요한 불확실성은 대규모 변혁에 수반된 기술 변화 및 보급 과정과 관련이 있다. 일관성 있는 국제 온실가스 감축 프로그램이 존재하지는 않지만, 국가마다 서로 다른 접근 및 정책하에 더 큰 거래가 진행되고 있는데, 이 거래는 지역 상황과 지역 시장의 실패에 반응한다. 물론 이런 거래는 대부분 뒤집을 수 없을 만큼 누적된 것이다. 이 거래는 미래의 석유 수요에 큰 영향을 미치기 때문에 중요한 과도기적 단계로 간주되고 있지만 정작 이를 정량화하기란 쉽지 않다. 그렇지만 이러한 과도기적 단계는 온실가스 감축 목표가 실현되기 위해 분명 필요한 과정이다. IEA의 450 시나리오가 실현되려면 전기 부문이 완전히 탈탄소화해야 하고 국제 수송 부문도 상당히 탈탄소화해야 한다는 사실을 우리는 이미 알고 있다. 결과적으로 장기적인 측면에서는 IEA의 450 시나리오와 좌초 자산(stranded assets)[32]과 더불어 석유 수요를 상당히 하락시키는 시나리오가 초래될 수 있다.

그렇지만 여기에도 역설적인 부분이 있다. 신재생에너지를 대대적으로 보급하려면 보조금이 반드시 필요한데, 이는 점차 더 많은 보조금을 수반해 결국에는 유가 하락을 야기할 것이다. 대체에너지의 공급 비용과 기술 비용이 크게 떨어지지 않는 한, 석유 소비국은 전통적인 화석연료에 대해 높은 탄소세를 부과하는 정책 수단을 도입할 필요가 있다. 이러한 높은 세금 문제는 국제적 차원에서 해결해야 한다. 그렇지 않으면 화석연료에 과세하지 않는 지역으로 값싼 석유가 흘러들어가기 때문이다. 마찬가지로 실행 가능성이 낮은 또 다른 해법은 농업에 적용되는 휴경지 제도를 응용하는 것이다. 즉, 생산자가 화석연료를 생산하지 않는 대신 보상금을 받는 것이다. 물론 지금도 열대우림 같은 이산화탄소 흡수계를 보호하는 정책은 이미 시행되고 있다. 물론 이런 문제는 매우 복잡하며, 석유 시장의 핵심 기능인 산유국과 소비국 간에 지대를 놓고 벌이는 경쟁을 심화시키는 경향이 있다. 즉, 소비국의 정부는 조세나 탄소배출거래제를 이용해서 지대를 획득하려 할 것이다. 반면, 생산국은 오히려 투자와 공급에 엄격한 제약을 유지하면서 지대의 권리를 점진적으로 주장할 것이다.

마지막으로 경제 현실주의적인 관점과 온실가스 감축이라는 측면에서 석유 및 기타 에너지 시장의 명백한 불일치와 단절로 돌아갈 필요가 있다. 이러한 문제는 과연 해결될 수 있을 것인가? 이 같은 질문에 대해서는 두 가지 입장이 제기되는데, 두 입장의 근본적인 차이는 기술과 능률이다. 즉, 어떠한 정책이 채택될 것이며, 이러한 정책들이 얼마나 효과가 있을 것인가와 관련이 있다. 여기에는 기술 및 효율성과 관련된 정책이 포함된다. 만약에 온실가스 감축을 의무적으로 규정하는 정책을 도입하는 것이 성공적일 것이라고 정책 입안자들이 예상

---

[32] 완전한 감가상각 이전에 이미 노후화해서 시장 가치가 대차대조표상의 가치보다 낮아진 자산을 의미한다. _옮긴이

한다면 기후변화 대응 시나리오는 지금 즉시 현실적인 전망이 될 것이다. 그렇지만 만약 적절한 정책이 도입되지 않거나 효과가 없을 것으로 예상된다면 또다시 불일치가 나타날 것이다. 이때 한 가지 반응은 이를 무시하는 것이다. 또다른 반응은 어떤 피드백을 기대할 것인지 물어보는 것이다. 첫 번째 반응은 지구온난화에 미치는 영향과 경제적 효과를 예측하고, 이를 현실주의적인 전망으로 포함시키는 것이다. 불확실성을 감안할 때 쉽지 않겠지만 기준 전망치에 따라 상당히 효과적인 정책이 될 수도 있다. 두 번째 반응은 상황이 전개됨에 따라 정책 변화를 기대하는 것이다. 이 역시 쉽지는 않다. 결국 이 글에서 결론을 내리기는 정말로 어려운 일이다. 이 글은 기후변화 문제와 공존하는 석유가 국제 에너지 미래에 미치는 광범위한 전망을 설명하는 데 도움이 될 것이다. 또한 이 글은 유가 같은 다양한 변수 가운데 정책 변화와 신뢰도가 에너지 시장에 정보를 제공할 수 있는 방식을 설명하는 데에도 도움이 될 것이다.

06 천연가스의 세계화?
가능성과 함정

매슈 헐버트, 앤드리스 골드소

멋진 가스 신세계

국제 가스 시장이 흥미로운 시기에 진입했다. 여러 가지 원인이 결합해서 세계 가스 시장의 엄청난 유동성 증대라는 완벽한 폭풍이 만들어지고 있는 것이다. 예를 들면, 북미에서 비전통적 가스의 생산 급증, 유럽을 포함해서 경제 위기에 직면한 소비국의 수요 저하, 국제 에너지 믹스의 탈탄소화 정책과 탈핵 정책, 주요 가스 생산자들이 취하는 전략적 결정 등이 국제 가스 시장의 유동성을 만들어내고 있다. 그로 인해 지난 수십 년간 생산자와 소비자 사이의 양자 관계로 단단히 묶여 있던 장기 계약 방식의 시장이 새로운 형태로 바뀌기 시작했다. 가스와 가스 사이에 경쟁이 벌어지고 있을 뿐만 아니라 국제적으로 현물 시장의 거래 비중이 늘어나면서, 전통적으로 석유 가격에 맞춰서 천연가스의 가격이 결정되었던 메커니즘인 유가 연동제에 대한 도전이 이뤄지기 시작했다. 간단히 말하자면, 실제 천연가스의 수요와 공급을 기반으로 해서 국제 가격이 결정되는 징후들이 드디어 처음으로 나타나기 시작한 것이다. 덕분에 국제 가스 가격은 지리적 경계를 넘어서는 활기찬 움직임을 보여주고 있다. 예를 들면, '아랍의 봄', 후쿠시마 핵사고, 신규 자원 탐사, 경제 위기처럼 지구 반대편에서 벌어지는 사건들이 지리적 제약을 뛰어넘어 가스의 수급, 가격 책정, 수요 전망에까지 영향을 미치게 된 것이다. 간단히 말하자면 천연가스는 '이제 막 세계로 진출'하려고 한다. 몇 가지 분석 자료에 따르면, 이는 혁명에 가까울 뿐만 아니라 천연가스의 지정학과 경제학을 근본적으로 뒤바꿔놓을 정도의 잠재력을 지니고 있다고 한다(Butler, 2011; Yergin and Inieson, 2009).

일반적으로 천연가스는 향후 수십 년 동안 주요 연료의 지위를 유지할 것으로 예상된다. IEA가 발표했던 것처럼 가스 수요는 지난 수십 년 동안 석유 수요 증가 속도의 2배로 늘어났으며, 향후 20년 동안에는 소비량이 50% 이상 증가할 것으로 예측된다. 이 같은 IEA의 분석이 맞는다면 천연가스의 황금기는 이제 막 시작되었다고 볼 수 있다(IEA, 2011a). 이러한 판단에는 여러 가지 근거가 있다. 첫째, 천연가스는 비교적 깨끗한 화석연료다. 전력과 열 분야에서 경쟁적 관계인 석탄보다 탄소 배출이 절반 정도 적다(Worldwatch and Deutsche Bank Climate Change Advisors, 2011). 둘째, 매장량이 풍부한 편이다. 급증하는 비전통적 가스 덕분에 전 세계 매장량을 현재 생산량으로 나눈 가채연도가 200년 이상으로 늘어났다(EIA, 2011; IEA, 2011a; MIT, 2010). 이로 인해 천연가스의 전망은 밝을 수밖에 없다. 즉, 석탄을 천연가스로 전환할 경우 국제 에너지 믹스를 대규모로 탈탄소화할 수 있을 뿐만 아니라 천연가스는 새로운 청정 재생가능에너지 기술로 넘어가는 징검다리 같은 역할을 맡을 수 있다. 또한 에너지 안보에 대한 정책적 관심도 높일 수 있다. 이처럼 연구자들이 세계 가스 시장의 미래를 장밋빛으로 성급하게 선포하기는 했지만, 아직까지 그런 단계는 아니다.

다른 어떤 부문에서도 전환이라는 것은 순탄하지 않을 수밖에 없는데, 천연가스 시장도 마찬가지다. 불확실성이 증폭될 경우에는 승자와 패자로 구분될 수 있으며, 실제로는 새롭고 안정적인 제도적 평형 상태를 찾는 데 예측된 시간보다 훨씬 더 오랜 시간이 걸릴지도 모른다. 이런 측면에서 현재 진행 중인 새로운 시장 구조로의 전환은 이해관계자들에게 빠르지 않을 뿐만 아니라 쉬운 과정도 아닐 가능성이 크다. 다시 말해 이제는 어떤 생산국도 과거의 '수요 보장형' 계약 방식을 바라지 않고 있으며, 마찬가지로 어떤 소비자라도 지구 반대편 지역에서의 저렴한 가격과 비교할 수 있기 때문에 자기 지역에서 높은 가스 가격이라는 무거운 부담을 짊어지려 하지 않을 것이다.

더구나 천연가스는 단순한 하나의 연료가 아니다. 천연가스는 지금까지는 물론 현재도 전략적 에너지원이며, 천연가스의 국제 교역은 전적으로 정부가 개입하는 대상이다. 따라서 천연가스가 정말 세계화될 수 있는지는 시장 원칙이라는 기술적 과정뿐 아니라 결국에는 정부가 세계화되도록 허용할 것인지 여부에 달려 있다고 해도 과언이 아니다. 만약에 세계가 '경제학의 철칙'에 따라 작동하는 상황이라면 천연가스의 거래는 가격의 차익을 반영해야 할 것이다. 그렇다면 액화천연가스는 유럽, 아시아, 미국이라는 권역별 시장을 연결해야 할 것이다. 예를 들면 천연가스가 저렴한 미국에서는 2.5달러/MMBtu[1]에 거래되는 반면, 천연가스가 가장 비싼 아시아의 현물 시장에서는 20달러/MMBtu에 거래되는 실정이다(Financial Times, 2012). 그렇지만 세계화된 시장에서 현물 천연가스는 미국 시장에서 아시아 시장으로 손쉽게 이동할 수 있어야 한다. 시간이 흐르면서 일평균 10억 달러에 달하는 차익 거래는 유럽이 지리적·가격적인 측면에서 중간자의 입장을 취하면서 점차 줄어들 것이다. 결국 가스 간 경쟁은 결국 대서양과 태평양을 뛰어넘어 단일 대륙, 즉 판게아(Pangaea)[2]라는 통합된 가스 시장 체제로의 전환으로 귀결될 것이다. 이것은 지구를 반 바퀴나 돌아서 보낼 정도로 충분한 '열량(calorific clout)'을 지니지 않았다고 여겨졌던 에너지원의 극적인 변화를 보여줄 것이다(Stevens, 2010).

그렇지만 만약 천연가스의 경제 여건들이 악화되고 국제적인 공급의 유동성이 줄어들 경우 과연 무슨 일이 벌어질 것인가에 대해 고민해볼 필요가 있다. 이때 경제학적인 이론은 '귀중한 재화(blue stuff)'를 세계에서 효율적으로 배분하는

---

1   MMBtu는 'Million Metric British Thermal Unit'의 약자로, 전통적 에너지 단위로는 1,055기가줄에 해당한다. 여기서는 천연가스 용량 단위로 25만kcal인 열량의 가스량이다. _옮긴이
2   판게아는 트라이아스기(紀) 이전에 존재했던 단일 대륙이며, 이후에 남과 북의 2개 대륙으로 분리되었다. _옮긴이

데 힘쓰기보다는, 지역적으로 천연가스를 공급하고 싶어 하는 정치적 선호라는 거친 암벽에 분명 부딪힐 것이다.[3] 세계 최대의 천연가스 생산자인 러시아는 과거의 공급 방식을 기반으로 해서 가격을 묶어두겠다는 명백한 목표를 가지고 있다. 한편으로 미래 액화천연가스의 주요 수출 시장인 미국에서는 이와 관련해서 복잡한 정치적 논쟁이 진행된 바 있다. 즉, 미국이 자국 내에서 저렴한 셰일가스의 막대한 과잉 공급을 지켜보고만 있는 상황에서, 얼마나 많은 가스를 세계 시장에 제공할 것인가라는 문제가 논쟁의 핵심이었다. 이 책의 저자 가운데 한 명은 "미국 가스는 반드시 국내에 머물러야 한다(American gas must stay here)"라는 발언을 해서 논란을 제기했던 장본인이다(1장 참조). 이처럼 각국의 고유한 정치적 선호는 가스 시장의 발전에 심각한 영향을 미칠 것이다.

이 장에서는 현재 국제 가스 시장의 전환을 넘어 정치·경제적 추진 요인들에 대해 논의한 뒤, 이 과정을 특징짓는 다양한 우발적인 사건을 덧붙여서 설명하려 한다. 가장 먼저 국제 가스의 수렴과 관련해서 심각한 논쟁을 불러일으켰던 '풍토적인 조건', 즉 어떤 요인들이 과거의 시장 구조에서 새로운 시장 구조로의 전환을 촉발시키는 데 기여하는지를 고찰할 것이다. 물론 아직까지는 그 요인이 정확히 밝혀지지 않고 있는 상황이다. 앞으로 살펴볼 예정이지만, OECD 국가의 줄어든 수요와 미국에서의 비전통적 천연가스의 급격한 생산 증대는 중동에서 생산되는 엄청난 물량의 액화천연가스 유조선들을 자유롭게 해방시켜주었다. 이로 인해 중동의 유조선들이 유럽 시장으로 경로를 수정하는 과정에서 미국의 항구를 가득 메웠을 정도다. 결과적으로 값비싼 러시아의 파이프라인 천연가스로 계약했던 유럽의 가스업체들은 소비자의 돈을 낭비하고 있다. 심지어 계약 기간이라는 측면에서 유리한 현물 시장에서 새로 구매한 신참자들보다도 훨씬 비싼 값을 치르고 있는 실정이다. 결과적으로 유럽은 새로운 가격 모델의 핵심적인 격전지로 등장했는데, 구체적으로는 유럽의 도매가격과 러시아 – 독일 국경 가격이 대표적인 전장이라고 할 수 있다. 그렇지만 투쟁에서 상호 충돌하

---

3   물론 석유의 경제 원리에 기반을 둔 국가적인 문제하고는 전혀 상관이 없다.

는 '시장 원칙들'을 고려했을 때 아직까지 결정적 승자는 없는 실정이다. 이 같은 천연가스 가격 모델과 관련된 전쟁은 유럽뿐만 아니라 아시아에서도 점점 확대되고 있다. 그렇기 때문에 아시아, 특히 중국에 대해 살펴볼 필요가 있다. 천연가스 수입에 핵심적인 역할을 맡고 있는 아시아 신흥 시장의 최대 수입국인 중국은 미래의 가격 책정 모델을 결정하는 데 결정적인 역할을 할 것이다. 이때 천연가스 생산국들이 중국에 석유 가격과 연동된 방식으로 가스를 계속해서 판매할 수 있을 것인지, 또는 이들이 가스 시장의 경제 원칙에 기반을 둔 가스 가격으로 전환해야 할 것인지가 가장 큰 의문일 수 있다. 이 글에서 주장하고 있듯이, 이 두 가지 방식이 최종적으로 어떻게 해결될 것인가는 러시아와 카타르 사이의 '공급 관계'에 따라 달라질 것이다.

상류 부문의 모든 행위자는 새로운 개발 사업에 상당한 자본을 투자하기 위해 수요 확보 및 기간에 따른 가격 설정 방식을 틀림없이 유지하고 싶어 할 것이다. 반면에 대부분의 생산자는 여전히 누군가가 비용을 확실히 부담해줄 수 있는 발전된 현장, 건설된 기반 시설, 용접된 파이프, 가득 찬 액화천연가스 탱크에 대한 장기 계약 방식을 선호할 수밖에 없다. 이러한 역사적 유산은 지금의 상황을 하룻밤 만에 뒤바꿔놓지는 않을 것이다. 왜냐하면 천연가스의 90%가 여전히 파이프라인을 통해 지역적으로 거래되고 있기 때문이다. 이로 인해 발생하는 진짜 문제는 양국 간의 공급 계약이 장기적으로 충돌할 것인가가 아니라, 두 나라 사이의 가격 기준점으로 무엇이 사용될 것인가 하는 것일 수 있다. 왜냐하면 현물 시장의 가격은 수요와 공급의 경제학적인 기본 원칙 또는 석유 가격과 연동해서 결정되기 때문이다. 이러한 맥락하에 다음으로는 가스 생산국이 새로운 국제시장 상황을 형성하는 옵션들에 대해 자세히 살펴보려 한다. 물론 생산국은 단일화된 집단이 아니다. 최근 들어 시장에 진출한 북미 지역의 추가적인 액화천연가스 공급에 대한 전망은 지금의 전통적인 방식을 고수하려는 러시아와 카타르뿐만 아니라 호주 같은 생산국에서도 가격 책정과 관련된 문제를 일으킬 가능성이 있다. 미국의 개발업체들은 대표적인 천연가스 현물거래소인 헨리 허브 (Henry Hub)[4]와의 연계를 유지하려는 경향이 있기 때문에, 전통적인 방식의 유가 연동제는 앞으로도 문제가 될 것이다. 따라서 이와 관련해서 많이 무시되었던 측면들을 다음 절에서 살펴보려 한다.

이 글에서 주장하는 바와 같이, '미국의 에너지 자립'에 대한 논의는 전통적으로 미국에서 강력한 호소력을 지니고 있으며, 미래의 대규모 액화천연가스 수출에 심각한 위협 요인이 될 수 있다. 유럽에서는 지질학적인 요인뿐만 아니라 다양한 위험 요소가 지역 내 셰일가스의 생산에 저항하는 강력한 환경 규제로 작동하고 있다. 한편으로는 기득권을 지닌 이해관계자들은 유럽에 매장되어 있는 비전통적인 가스를 개발하기보다는 러시아의 천연가스를 수입하는 방안을 선호하는 경향이 있다.

미래를 생각했을 때, 전환기에는 심사숙고해서 중요한 문제들을 해결해나가야 한다. 예를 들면, 결국 세계화된 가스 시장에서 누가 가장 이익을 얻을 것인가라는 질문에 대해 검토해야 할 것이다. 단기적으로는 가스 사이의 가격 결정 방식이 소비자들에게 혜택을 제공해주어야 하고, 경쟁의 촉진 및 효율의 개선을 유도해야 할 뿐만 아니라 공급의 다양화를 통해 더 나은 에너지 안보를 달성해야 할 것이다. 그렇지만 장기적으로는 사실 공급 측면에서의 더 큰 담합으로 결론이 날 수도 있다. 왜냐하면 생산국이 가격과 공급량을 조정하는 가스기업과 카르텔을 형성할 가능성이 있기 때문이다. 이 글에서 주장하는 바와 같이, 기준 소매가격은 독과점적인 생산자에게 칼자루를 쥐어주는 것이기도 하다. 이러한 주장은 가스 통합이라는 흥미로운 관점에서는 분명히 역설적인 반전일 수 있다. 왜냐하면 가스 생산업자들은 가상적인 위기 상황에서 역사상 가장 큰 기회를 맞이할 수도 있기 때문이다. 마지막으로 결론에서는 국제 에너지 정책과 관련된 몇 가지 정책적 시사점을 제시하는 것으로 글을 마무리 지으려 한다.

---

4   헨리 허브는 미국 루이지애나 주에 위치한 천연가스 파이프라인의 집결 지점이다. 이곳에서 거래되는 천연가스 가격은 북미 지역의 대표적인 천연가스 가격지표로 활용되고 있으며, 뉴욕상업거래소에서 선물거래도 이뤄지고 있다. 또한 미국에서 수입하는 액화천연가스 가격 역시 이 가격을 기준으로 책정되고 있다. _옮긴이

태풍의 눈, 유럽

천연가스 시장이 지난 몇 년 동안 판매자 시장에서 수요자 시장으로 전환해왔다는 사실에 대해 먼저 감사해야 할 것이다. 2008년까지만 해도 생산국들은 자신들에게 유리한 시장 환경이 조성된 것으로 인식하고 있었다. 가격 결정 욕구에 대해서는 거의 아무런 압력이 없었고, 석유 가격은 치솟는 중이었으며, 파이프라인 사업은 지역 시장에서 소비자와 생산자를 연결하는 전통적인 모델을 여전히 유지하고 있었을 뿐만 아니라 급성장한 액화천연가스의 국제 기업들은 더 많은 수익을 올리고 있는 상황이었다. 급증하는 수요와 공급으로 인해 소비자는 생산자가 제시하는 가격 및 공급 방식을 수용할 수밖에 없었다. 결과적으로 모든 소비국이 자국의 가스를 안정적으로 확보하기 위해 필사적으로 사들이는 상황이었다.

그렇지만 다음과 같은 두 가지의 주요 흐름이 2010년까지 기존의 시장 환경을 급격히 변화시켰다. 첫째, 세계 가스 수요가 장기적으로 지속되는 경제 위기로 인해 타격을 받게 되었다는 사실이다. 가스 수요는 2009년에 3% 정도 줄어들었는데, 특히 EU에서는 2011년의 경우 전년 대비 7% 하락했을 뿐만 아니라 이후인 2012년에는 9.9%나 급락했다(BP, 2012). 그로 인해 카타르 같은 지역의 액화천연가스나 파이프라인 천연가스(Pipe-line Natural Gas: PNG) 생산자에게는 아주 좋지 않은 시기였다. 그렇지만 반대로 북미 지역의 비전통적 가스 생산자에게는 대단히 중요한 돌파구가 되었다. 사실 셰일가스 개발의 규모와 영향력은 대단히 과소평가되어 있었다. 대부분의 '혁명'이 그렇듯이 셰일가스의 개발은 우연히 이뤄진 것이 아니며, 역사는 1970년대까지로 거슬러 올라간다. 당시 수압 파쇄 기술은 유동적인 미국 시장과 대규모 자본에 힘입어 기술 개발이 추진될 수 있었다.[5] 덕분에 마셀러스(Marcellus), 헤인스빌(Haynesville), 바넷(Barnett), 유티카(Utica) 지역에서 비전통적인 '가스 유전'의 개발이 대규모로 진행되었으며, 이들

---

5 역설적이게도 고유가로 인해 벌어들인 대규모 자본이 수압파쇄법의 개발에 투입되었다.

유전은 2011년에 6150억m³의 가스를 생산해 미국에 큰 도움을 주었다. 이로 인해 미국은 국제 가스 공급량의 20%를 차지해 세계 최대의 생산국이 되었으며, 현재 셰일가스는 미국 전체 에너지 소비량의 1/3을 공급하고 있다. 셰일가스의 개발과 기술 발전은 대단히 성공적이었으며, 가스 간 경쟁의 전형적인 사례로 미국 최대의 천연가스 거래소인 헨리 허브에서 1MMBtu당 2달러의 저렴한 가격 환경이 조성되었다. 최근 미국 에너지정보국의 추정에 따르면, 자국 내 비전통적인 가스의 가채 매장량은 13조 5600억m³에 달했다고 한다(EIA, 2012).

미국 시장에서 진행되었던 이러한 상황 변화는 세계적으로도 막대한 영향을 미쳤다. 가장 중요했던 국제적 영향은 기존의 가격 책정 체계를 혼란에 빠뜨린 것이었다. 세계적으로 가스 수요의 감소와 더불어 수출업자들은 미국이라는 '천연가스 물주'를 잃어버리고 말았다. 2000년대 초반에 미국은 빠듯한 국내 시장을 예상하면서 액화천연가스 인수 기지를 부지런히 건설하고 있었다. 그렇지만 최근에는 셰일가스의 호황 덕분에 천연가스의 수입을 중단한 상태다. 이로 인해 소비자에게 유리한 시장 상황이 조성되고 말았다. 이러한 상황 변화에 대비하지 못했던 생산자들은 놀랄 수밖에 없었으며, 성급한 소비자들은 시장에서 더 낮은 현물 가격과 더 짧은 계약 기간으로 장기 가스 구매 계약을 대체하기 시작했다. 갑자기 러시아, 중앙아시아, 아프리카, 중동, 북아프리카, 호주 같은 공급국들은 시장 점유율을 최대한 높이기 위해 치열한 경쟁을 벌여야만 했다. '섭씨 영하 162도의 화물'을 수송하는 2억 달러의 값비싼 액화천연가스 수송선은 말 그대로 가격 폭풍 속에서 새로운 항구를 찾아야만 했다. 이때 유럽은 당연한 선택의 귀착지일 수밖에 없었다.

결과적으로 '하이브리드' 방식의 계약이 유럽에서 등장하게 되었다. 즉, 8~10달러/MMBtu 가격에 거래되는 현물 시장에 대항해 12~14달러/MMBtu에 거래되는 유가 연동형 파이프라인 천연가스 방식의 계약 모델이 만들어졌다(Bloomberg, 2012; Stern and Rogers, 2011). 이런 변화로 인해 가장 성숙하고 유동적인 시장인 영국의 NBP(National Balancing Point)는 대륙과의 연결을 통해 유럽 도매가격을 결정했다.[6] 2011년 영국의 천연가스 수입량은 220억m³에 달했는데, 그중에서

85%가 카타르에서 공급되었다는 사실은 그다지 놀랄 만한 일이 아니다. 왜냐하면 카타르는 세계 최대의 천연가스 생산자로서 국제 가스 공급량의 30%를 담당하고 있기 때문이다. 소규모 유럽 시장에서는 현물거래 비중이 늘어났으며, 이로 인해 수많은 공급자가 추가되어 유럽에서는 2011년을 기준으로 천연가스의 50%가 현물 시장에서 거래될 정도였다(Energy Intelligence, 2011).[7] 이러한 거래 방식은 유럽 업체에 문제가 되었다. 이들은 경직적이고 비경쟁적인 가격으로 천연가스를 구입하고 있었기 때문에 '생산물 판매권 계약'[8]에 의거해 구매 의무를 지닌 최소한의 물량을 시장에서 처리해야 하는 어려운 시기를 겪을 수밖에 없었다. 게다가 유럽의 경기 회복마저 불확실해서 계약된 물량을 재협상하기도 힘들었다. 사실 문제는 가격이 아니었다. 즉, 가스 공급 비용을 소비자들에게 전가시켜버리는 기존 사업자의 무능력이 더 큰 문제였으며, 이로 인해 상황은 더욱더 극적으로 전환되고 말았다. 결국 독일의 에온 루흐르가스(E.ON-Ruhrgas), 이탈리아의 애니(Eni), 프랑스의 지디에프 수에즈(GDF Suez)는 지난 10여 년의 사업 모델에 근본적인 문제가 존재한다는 사실을 알게 되었으며, 이윤과 수익이라는 측면에서 위협을 받게 되었다. 한마디로 유럽의 에너지업체들은 수익을 내지 못하게 되었다.

그렇지만 그렇게 놀랄 만한 일도 아니었다. 사실 기존 사업자들은 EU가 시장 자유화 조치를 추진하고 있었음에도 경쟁 체제에 대비하는 데 실패하고 말았다. 지난 10여 년 동안 유럽위원회가 만들어낸 일부 '에너지 패키지'는 기존 사업자의 시장 점유율을 줄이는 대신 후발업체들의 참여를 확대하는 조치였으며, 전통적인 도매 사업자들을 건너뛰고 현물 시장에서 최종 소비자에게 직접 공급하려는 조치였다(Talus, 2012). 게다가 기존의 사업자들은 저렴한 할인가 공급을 통해 시장 점유율을 유지하기에도 불안정한 상황이었다. 당연한 결과겠지만 에온

---

6   유럽은 영국의 NBP 외에도 네덜란드의 TTF, 벨기에의 제브뤼헤(Zeebrugge) 같은 가스 가격을 가지고 있다.

7   역설적이지만 재수출을 목적으로 하는 거래도 종종 있었다.

8   생산물 판매권 계약(off-take agreement)이란 석유 및 천연가스 생산량의 특정 비중을 구입하기로 약속하는 방식의 계약을 의미한다. _옮긴이

을 포함한 관련 업체들은 2010년 즈음에 장기 계약에 더 많은 유연성을 주기로 생산자들과 합의했으며, 그로 인해 가격 책정 분쟁 및 중재 사례가 늘어났다 (RBC, 2010; Reuters, 2010). 결국 일부는 가까스로 계약을 재협상할 수 있었다. 이제 에온은 계약된 물량 가운데 일부를 물가와 연동하는 새로운 방식으로 러시아의 가스프롬[9]에서 구입하고 있다(RBC, 2012; Konoplyanik, 2011). 마찬가지로 노르웨이의 스타토일(Statoil)은 현물 가격으로 계약한 가스 물량의 30%까지 유럽 업체들에 판매하고 있으며, NBP 가격과 연계된 영국 최대의 가스업체인 센트리카(Centrica)와 공급 계약까지 체결한 상태다(RIANovosti, 2010). 결과적으로 유럽 전역에서 계약이 확정되지 못한 상태이며, 모든 유럽 업체는 더 큰 현물 시장을 확보하기 위해 혈안인 지경이다.

유럽 업체들은 기존의 계약을 좀 더 유연하게 조정하고 싶어 하는 반면, 가스 생산자들은 지금 현재 상태를 그대로 유지하려는 경향이 있다. 특히 러시아의 가스프롬과 유연한 타협안을 통해 유가 연동 또는 현물 시장 기준으로 계약을 체결하기는 어려운 실정이다. 첫째, 가스프롬은 유럽 수출을 통해 막대한 이윤을 얻고 있기 때문에 이 지역의 독점적인 공급업체로서 자신의 지위를 보존하는 데 큰 관심을 가지고 있다. 한 추정에 따르면, 가스프롬은 2009년에 수출 물량이 10% 이상 하락했을 뿐만 아니라 유럽 업체의 할인 공세 덕분에 2010년에만 20억 달러의 손해를 입었다고 한다(Moscow Times, 2010; RIA Novosti, 2010). 둘째, 유라시아의 자원부국인 러시아는 현재의 취약한 시장 환경을 끝까지 지켜보며 약간의 전략적인 양보를 하는 듯하다. 그렇지만 시장 상황을 고려한 뒤 결국에는 이전의 방식으로 돌아갈 수 있다고 생각하는 것 같다. 한편 핵발전소를 단계적으로 폐쇄하겠다는 독일의 정책 결정은 카타르에서의 액화천연가스 사업을 지연시키는 계기가 된 반면, 550억m³의 노르트스트림(Nord Stream)을 포함한 러시아의 파이프라인 사업에는 도움을 주었다. 이때 러시아는 예상되는 수익을 확보하는 데 별다른 문제가 없을 것이라고 주장해오고 있다. 어렵게 형성된 상류

---

9 러시아의 천연가스 생산업체이며, 전 세계 천연가스 매장량의 20%를 보유하고 있다. _옮긴이

부문 자산은 시토크만(Shtokman)과 사할린(Sakhalin) 개발 사업에서 논쟁이 되어 기존 도매업자들을 건너뛰고 중개인에게 직접 판매하는 방식이 논의되었다.[10] 값비싼 유럽의 재생가능에너지 수준으로 천연가스의 가격을 유지하려는 계획도 제시되었다. 이는 가격 책정 방식을 시험하려는 시도였으며, '두 가지 상반되는 효과'가 존재할 수 있다는 '사실을 입증'하기 위한 계획이었다(UPI, 2012). 가스프롬도 유럽 가스 공급의 토대인 러시아의 가스 없이는 현물 시장이 더 이상 존재할 수 없다는 구조적인 현실을 직시해야 한다고 주장했다(Komlev, 2012). 가스프롬의 최고 경영자인 알렉세이 밀러(Alexei Miller)는 이러한 상황을 오히려 매력적인 다른 시장을 찾을 수 있는 기회로 간주했다고 한다. 전해지는 바에 따르면, 그는 침대에서 일어나서 유럽이나 아시아 어느 지역으로 천연가스를 공급할지는 그날그날의 가격에 따라 달라질 수 있다며 빈정댔다고 한다. 이러한 러시아의 노골적인 유럽 위협과 동진 전략에 감춰진 의도는 장기 계약, 석유 가격 고정, 양자 간 계약이라는 지금의 상태를 유지하려는 것이 분명하다.

2010년 이래로 유럽은 자신들이 천연가스 시장에서 최악의 상황에 직면해 있으며, 생산자와 소비자가 서로 반대 방향으로 움직인다는 사실을 정확히 알고 있다. 그렇지만 계속되는 가격 전쟁에서 결국 누가 승리할 것인가라는 질문에 대해서는 유럽도 정답을 알지 못한다. 이 문제를 풀기 위해서는 반드시 중국을 살펴볼 필요가 있다.

복잡한 아시아

아시아에서 가장 중요한 시장은 중국이다. 중국은 이미 연간 가스 소비량이 1550만m^{3}에 달한다. 전문가들에 따르면 중국의 가스 소비량은 2000년 이래로 매년 15%씩 증가하고 있기 때문에 2030년이면 당연히 2배가 될 것이라고 한다.

---

10 이때 2차 업체와 최종 소비자는 별개로 고려되었다.

중국의 다섯 번째 인수 기지가 온라인에 공개되고 12개의 추가적인 인수 기지가 계획되었다는 사실이 밝혀지자마자 액화천연가스 시장은 31%나 급성장했다. 좀 더 넓게 보면 중국의 가스 소비량이 1% 증가하는 것은 250억m³에 해당되는데, 이는 유럽 최대 시장인 독일의 연간 가스 소비량의 1/4에 해당하는 물량이다(Economist, 2012). 따라서 중국은 어떤 생산자도 놓칠 수 없는 유일한 성장 시장이라고 할 수 있다. 과거의 선례를 참고해보면, 중국은 가격보다도 공급의 안정성을 중시할 뿐만 아니라 수급의 안정성을 확보하기 위해서는 어떤 계약이라도 체결하는 성향을 지닌 것으로 판단된다. 그렇지만 이러한 특성은 역동적으로 변화하고 있다. 왜냐하면 중국도 가격적인 부담을 줄이기 위해 최근 몇 년 동안 전략적 투자를 통해 기회를 충분히 확보했기 때문이다. 2000년대 전반기에 중국은 안정적인 공급을 위해 수많은 자원 보유국 정부와 양해각서를 체결했으며, 중앙아시아로부터도 실질적인 자원을 확보했다. 특히 투르크메니스탄은 이와 관련해서 중요한 역할을 맡아주었다. 왜냐하면 2015년까지 중국으로 수출될 예정인 투르크메니스탄의 천연가스가 300억m³에 달할 것이기 때문이다. 게다가 우즈베키스탄과 카자흐스탄으로 수입되는 650억m³에 대한 계약이 추가적으로 진행되고 있기 때문에, 이 정도의 물량이 중국의 카스피 해 목록에 추가될 것으로 예상된다(Downstream Today, 2012). 2018년에 연간 생산량 8000만 톤으로 세계 최대의 천연가스 생산국이 될 호주와도 중국은 조만간 계약을 체결할 예정이다(Foster, 2012). 중동과 북아프리카 국가들도 중국과 적극적으로 공급 계약을 체결하려 하고 있으며, 미얀마도 상당한 자원 잠재량을 지닌 국가로 분류된다. 탄자니아, 모잠비크, 케냐에서 채굴되고 있는 동아프리카의 천연가스는 중국의 태평양 해안을 통해 공급될 수 있을 것이다. 게다가 중국의 자국 내 비전통적 가스의 매장량은 엄청난 수준이다. 중국은 2011년에 100억m³의 '석탄층 메탄'을 추출했고, 2020년까지는 셰일가스를 1000억m³까지 생산하겠다는 야심찬 목표를 수립해놓은 상태다(IEA, 2011a; 2011b). 물론 중국이 목표를 제대로 달성할 수 있을지에 대해 논란의 여지가 있기는 하다. 그렇지만 중국은 기술 이전을 위해 셰브런(Chevron)과 셸의 자국 내 탐사·개발을 수용했는데, 여기에는 '비전통적

가스' 관련 기술을 미국으로부터 배워서 중국 본토의 셰일가스 자산을 획득해 자국의 기업에 자금을 조달하려는 의도가 숨어 있을 수 있다. 그로 인한 결과는 어쩌면 당연해서, 액화천연가스건 파이프라인 천연가스건 중국은 유가 연동 방식의 가격 책정 계약을 공급자들과 거의 체결하지 않고 있다. 이처럼 중요한 중국 시장에서 액화천연가스와 파이프라인 천연가스의 사업 영역은 단일 규칙에 의해 경계가 점점 더 모호해지며 하나로 합쳐지고 있다. 왜냐하면 중국이 어떤 방식의 천연가스에 대해서도 비용을 유가 연동 방식으로 지불하려 하지 않기 때문이다.

먼저 파이프라인 천연가스에 대해 살펴보기로 하자. 러시아는 2009년에 연간 700억m³의 가스를 공급하는 협정을 중국과 체결했다(China Daily, 2009). 이후 러시아는 대략적으로 유럽 기준의 유가 연동 방식으로 1000m³당 350~400달러 선에서 판매하려 한 반면, 중국은 자국 내 석탄 가격을 기준으로 대략 200~250달러 선에서 구입하려 했기 때문에 계약은 결렬되고 말았다. 중국은 '중국과 러시아(Sino-Soviet)'의 신뢰 관계를 거론하며, 유럽과는 별개로 매우 저렴한 가격으로 천연가스를 구입하고 싶어 했다. 이로 인해 중국과 유가 연동 장기 계약을 체결하는 데 실패하자 러시아는 동부 가스전에서 액화가스를 개발해 중국 시장이 아닌 베트남과 태국에 천연가스를 판매하려고 했다. 그렇지만 이러한 전략은 실행 가능할 것으로 보이지 않는다. 사실 러시아는 자국의 언론을 통해 시베리아의 천연가스를 파이프라인으로 중국에 비싸게 팔 수 있을 것이라는 보도 자료를 유포했다. 이는 액화천연가스의 소비자인 주변 아시아 – 태평양 지역뿐만 아니라 더 중요하게는 핵심적인 유럽에 대해서도 영향력을 행사하려는 의도를 지녔던 것으로 판단된다. 현재 러시아는 액화천연가스 관련 기술력을 제대로 갖추지 못하고 있는 실정이다. 게다가 중국은 러시아의 파이프라인 가스가 아니어도 아쉬울 게 없는 상황이다. 따라서 러시아의 '동부 전략(Eastern Strategy)'은 매우 공허한 협박으로 비춰질 수밖에 없다.[11]

---

11 그렇지만 2014년 우크라이나 사태 이후 러시아가 서방 국가의 경제적 제재로 인해 어려움에 처하

이로 인해 우리는 다시 액화천연가스에 대해 생각해볼 필요가 있다. 좀 더 구체적으로는 유럽 유동성의 뇌관인 카타르를 더욱 자세히 들여다봐야 할 것이다. 비록 천연가스 거래량은 작지만 핵심적인 주도권을 지닌 중동은 사업을 매우 전략적으로 추진하고 있는데, 수익의 극대화뿐만 아니라 장기적으로는 국제사회에서의 영향력 확대를 도모하고 있다. 카타르는 아시아를 장기적인 미래의 시장으로 간주하기 때문에, 중기적인 차원에서는 유럽의 현물 시장에 적극적으로 참여한다는 전략을 가지고 있다. 따라서 카타르는 14달러/MMBtu라는 값비싼 가격으로 아시아 현물 시장에서 천연가스를 판매할 수 있는데도 여전히 유럽 시장에 참여하고 있다. 여기서 14달러/MMBtu는 영국과 북서유럽에서 공급하는 가격의 2배에 달한다. 업계 관계자들은 카타르가 유럽 시장에서 완전히 철수하려면 아시아의 현물 시장가격이 25달러/MMBtu에 달해야 할 것이라고 추정한다. 카타르가 아시아 시장에 참여하는 것은 유망하면서도 위험한 작업일 수 있다. 카타르는 향후 몇 년 동안 아시아 시장에서 천연가스를 5000만 톤까지 판매하기 위해 노력하고 있다. 이미 전체 생산량 7700만 톤 가운데 절반가량인 3400만 톤을 상대적으로 '수월한' 수요국인 인도, 한국, 대만, 일본 같은 동아시아 지역으로 수출하고 있으며, 이 지역에 대한 물량 역시 늘어나고 있다. 그렇지만 카타르에 정말 소중한 시장은 다른 곳에 있는데, 바로 중국이다. 카타르는 유가 연동 방식의 가격 책정 및 계약 기간과 관련해서 완벽한 합의에 도달하지 못한 상태여서 아직까지는 연간 210만 톤이라는 쥐꼬리만 한 물량만 중국에 공급하고 있을 뿐이다. 종합적으로 봤을 때, 카타르는 아시아에 상당히 할인된 가격으로 연간 200만 톤밖에 판매하지 않고 있으며, 지질학적으로나 장부상으로나 파산하지 않기 위해 지금 당장 중국의 인민폐를 갈퀴로 긁어모을 필요는 분명히 없다. 카타르가 유럽에 지속적으로 천연가스를 공급하고 있기 때문에, 중국은 카타르의 천연가스를 수입하려면 반드시 적절한 조건에 정당한 가격을 지불해야만 한

자, 중국은 가격 문제로 지금까지 결렬되었던 파이프라인 천연가스 사업을 진행하기로 하고 러시아와 천연가스 공급 계약을 갑자기 체결했다. 이 역시 천연가스라는 에너지원이 러시아와 중국 사이의 전략적 동반자 관계를 강화시키는 자원으로 활용된 사례라 할 수 있다. _옮긴이

다. 그렇지만 이를 위해 카타르는 매우 조심스럽게 균형을 유지해야 하며, 궁극적으로는 중국과 장기 천연가스 계약을 체결하기 위해 가격을 낮출 필요가 있다. 다만 카타르가 천연가스를 높은 가격으로 판매하려면 태평양 지역에서의 가격 책정 전쟁에서 승리를 거둬야 할 것이다. 향후 몇 년 동안 태평양 지역에 유입될 것으로 예상되는 천연가스는 연간 5000만 톤가량인데, 이는 카타르가 새로 운영할 가스전과 멀지 않은 지역이다. 너무 늦게까지 방치해둘 경우 다른 경쟁자들이 더 낮은 가격에 더 일찍 천연가스를 공급할 수도 있기 때문에 중국 시장을 빼앗길 위험도 있다. 중국은 향후 5년 동안 공급을 감당할 대안이 다양하며, 높은 가격으로는 카타르의 천연가스를 수입하지 않을 것으로 짐작된다. 게다가 중국은 러시아와 다시 긴밀하게 협상하고 있어 카타르가 유럽 시장에 계속 남아 있게 될지도 모른다. 카타르의 천연가스를 들여오면서 유럽 시장의 현물 가격은 폭등했다. 이는 사실상 중국에 상당히 유리한 상황일 수 있다. 왜냐하면 장기적으로는 중국이 러시아로부터 막대한 천연가스를 수입하기에 적합한 여건을 조성할 수 있기 때문이다. 전략적 관점에서 중국은 유럽에서 현물 시장가격을 유지하기 위해 상대적으로 적은 양의 카타르 물량을 쉽게 포기할 것이다. 결과적으로 이는 장차 많은 양의 러시아 천연가스 가격을 대폭 깎는 데 도움이 될 것이다. 이는 중국이 러시아 서시베리아 가스 공급에 관여하고 싶어 하지 않는다는 의미일 수 있다. 왜냐하면 러시아가 서시베리아 가스전에서 생산된 천연가스를 중국과 유럽에 동시에 공급하는 상황을 중국이 우려하기 때문이다. 만약에 러시아가 중국 시장에 진입하고 싶다면 동부 전략의 다른 축인 동시베리아 가스전을 새롭게 개발해야 할 것이다.

태평양 지역에서 진행되는 천연가스의 세계화는 분명히 복잡한 상황이다. 러시아 - 카타르 - 중국의 연합이 중요한 이유는 미래의 가격 결정 방식에 영향을 줄 수 있기 때문이다. 만약에 중국이 현물 시장의 가격을 반영하도록 러시아에 압력을 행사한다고 가정해보면, '도미노' 효과로 중국은 향후 중앙아시아의 공급에 대해서도 동일한 압력을 행사할 수 있을 것이다. 중국은 기반 시설 대출에 대한 답례로 $1000m^3$당 200달러로 투르크메니스탄의 천연가스 가격을 이미 변경한 바 있다(Energy Intelligence, 2011). 이러한 압력은 중국의 장기 계약과 관련해 호주에도 적용될 수 있다. 구체적으로는 호주의 액화천연가스 가격에 대한 야망을 확인하기 위한 대비책으로 카타르를 이용할 수도 있다. 더 이상 가격 문제에 봉착하지 않으려면 카타르는 중앙아시아, 러시아, 호주, 중동, 북아프리카의 생산국들과 함께 차익 거래 옵션을 중국에 제공해야 한다. 즉, 생산국들이 중국의 영향력에서 벗어나 현물 시장을 반드시 지탱해야 할 것이다. 그렇지만 만약에 가격이 밑바닥까지 내려간다면 지금의 상황에서 유럽의 유동성을 흡수하는 역할은 당연히 중국이 맡게 될 것이다.

시장과 모델에 대한 생산자 경쟁

간단히 말해, '카타르 – 러시아 논란'은 동일한 의문 때문에 벌어지고 있다. 즉, 생산국이 유가 연동 방식으로 천연가스를 판매할 수 있는가, 또는 가스 시장 수급에 기반을 둔 가격 책정 방식으로 전환해야 하는가라는 문제 때문에 논란이 벌어진 것이다. 물론 이런 추세는 이미 시작된 상태다. 전 세계에서 배로 운반되는 천연가스는 3300m^{3}인데, 그중에서 25%는 현물 시장을 통해 거래되고 있다. 향후 10년 동안에는 2억 5000만 톤이 나이지리아, 앙골라, 이스라엘, 파푸아뉴기니, 모잠비크, 적도기니 같은 국가로부터 세계 각지의 시장으로 판매될 예정인데, 이러한 천연가스의 성장은 기존의 시장 규칙과 구조를 계속해서 약화시켜나갈 것이다. 그렇지만 결정적인 요인은 북미라는 핵심적인 시장이 앞으로 어떻게 발전해나갈 것인가와 관련이 있다. 최근 들어 가스를 자급할 수 있게 된 북미는 세계에서 가장 큰 수출 시장의 하나로 등장할 가능성이 있다(EIA, 2012: 3). 셸, 페트로차이나(PetroChina), 한국가스공사(Kogas), 미쓰비시(Mitsubishi)는 아시아 시장을 겨냥해 캐나다의 브리티시컬럼비아 주에서 연간 1200만 톤의 수출 물량을 대기시켜놓고 있다. 이 기업들은 캐나다 천연가스 매장지에서 7억 600만 톤을 채굴해 돈을 벌어들인 알래스카의 노스 슬로프(North Slope)나 키티매트(Kitimat),

액화천연가스 사업을 추진 중인 아파치(Apache)뿐만 아니라 영국가스(BG Group)가 체결했던 것과도 동일한 수출허가를 따르게 된다(EIA, 2012). 그리고 캐나다는 인접한 미국 시장에서 천연가스를 전량 소진하기 힘들 것이므로 2020년까지 연간 3000만 톤을 아시아에 판매할 가능성이 있다. 실제로 미국의 생산업체는 아시아에서 수출 시장을 모색하기 시작했다. 셰일가스의 눈부신 발전이라는 놀라운 돌파구로 인해 미국에서는 이제 헨리 허브의 가격이 너무 낮아져 자국 셰일가스 부문의 경제가 전반적으로 나빠졌다. 모순적이지만 미국은 자신들이 개척한 성공으로 자기 발등을 찍을 위험에 처했다. 가격이 구조적으로 안정화되지 않거나 미국의 생산업체들이 공급을 인위적으로 통제하지 않는 한, 지금의 생산량은 미국 소비자만 충당하기는 어려우며, 새로운 수요를 창출하기도 힘들 수밖에 없다. 비전통적인 가스 관련 선두 주자인 체서피크 만[12]의 사례처럼, 이로 인해 회사는 문을 닫고 가스전은 채굴을 멈추게 될 것이다. 헨리 허브를 지탱할 수 있는 4~7달러/MMBtu 수준으로 가격을 유지하고 중간 도매상들에게 가장 높은 수익성을 확보하기 위한 가장 손쉬운 해결 방안은 국제 액화천연가스 계약을 체결하고 수출 시장을 모색하는 것이다. 이는 정확히 지금 일어나고 있는 상황인데, 로열 더치 셸(Royal Dutch Shell)과 엑슨 모빌 같은 대규모의 국제 석유회사들도 대규모 지역을 활용해 천연가스의 수출을 적극적으로 추진하고 있다. 천연가스의 가격 책정과 액화천연가스 인수 기지를 관리하는 미국에너지규제위원회는 연간 1250만m³의 천연가스 신청서를 접수받았지만, 아직까지 승인이 이뤄지지 않아서 대기 중인 상태다. 이로 인해 2020년까지 400억~500억m³의 천연가스가 수출될 예정이며, 결과적으로 미국은 세계 3위의 천연가스 생산국으로 등극할 것이다.

사실 미국의 천연가스는 유가 연동의 이면을 깨뜨리는 결정타가 될 수 있다. 시장을 흔드는 북미 천연가스에 대한 전망은 카타르나 러시아뿐만 아니라 아시아에서 예전의 기존 체제를 유지하려는 주요 생산국에 중요한 가격 책정 문제를

---

12 미국 대서양 연안에 위치한 대규모 만(灣)으로, 셰일 유전의 선두 지역이다. _옮긴이

일으키고 있다. 호주는 비전통적인 가스인 석탄층 광구를 개발하면서 원래 예상했던 것보다 더 많은 비용 인상 문제에 직면했다. 역설적이게도 국제적인 생산자들은 미국의 천연가스가 완전히 실패할 위험에 대한 대비책에도 이중적으로 투자하고 있다. 그렇지만 호주의 천연가스가 17~18달러/MMBtu의 가격에 아시아의 부두로 수입될 상황이기 때문에 어떠한 가격 통제도 현재 및 미래의 천연가스 사업을 중단시키는 결과를 가져올 수 있다. 이는 물론 미래의 공급 전망에 문제가 있는 것처럼 들릴 수도 있지만, 아시아에 대한 최근 미국의 공급 계약이 어떻게 중개되고 있는지를 살펴보면, 매우 흥미롭다. 바로 헨리 허브가 기준 소매가격을 형성하게 된 것이다. 루이지애나 사빈패스(Sabine Pass)의 '셰니에르 에너지(Cheniere Energy)'는 수출 터미널을 통해 9~10달러/MMBtu 가격으로 한국에 천연가스를 판매할 예정이다(Economist, 2012). '일반적인' 공식으로는 천연가스가 선적되지 않았을 경우 (예를 들어 헨리 허브에서는) 3달러/MMBtu의 비용을 불이행 비용으로 책정하고 있다. 과거 20년 동안에는 매년 350만 톤의 실질적인 인도분에 대한 차이를 줄이기 위해 115% 인상되었다. 인도가스공사(Gas Authority India Limited: GAIL)도 매우 유사한 방식으로 거래했는데, 사빈패스 가스의 유럽 구매자인 영국가스는 연간 550만 톤, 스페인의 종합 에너지 기업인 가스 내추럴 페노사(Gas Natural Fenosa)는 매년 350만 톤을 구매했다. 이들은 2.25~2.5달러/MMBtu라는 낮은 가격으로 전대 비용을 고정시켰다. 미국의 에너지업체인 엑셀러레이트 에너지(Excelerate Energy)가 텍사스 해안에 보유한 부유식 천연가스 플랜트나 텍사스 프리포트 지역의 코노코필립스(ConocoPhillips) 사가 계획 중인 연간 1000만 톤 규모의 사업도 대략 비슷한 가격 책정 모델로 작동할 수 있다.

메릴랜드의 코브 포인트(Cove Point), 루이지애나의 레이크 찰스(Lake Charles), 오리건의 조단 코브(Jordan Cove)와 같이 계획된 미국의 천연가스 수출 터미널이 헨리 허브의 가격[13]과 개념적인 관련성만 지닌다고 하더라도, 전통적인 유가 연동 방식의 가격 체계는 수렁에 빠지고 말 것이다. 간단히 말해, 셰니에르 에너지

---

13 실제로는 헨리 허브의 가격에 이윤을 추가하는 방식으로 책정된다.

가 헨리 허브 가격을 일본의 미쓰이 및 미쓰비시와 연동시켰다는 사실은 지구상에서 가장 저렴한 시장과 가장 값비싼 시장 사이에 가격적인 유대 관계가 형성되었음을 의미한다. 미국과 아시아의 엄청난 가격 격차를 감안할 때, 파나마 운하의 관세와 상관없이 운송 비용은 그다지 핵심적인 비용이 아니며, 단순히 '반올림 격차' 정도에 불과할 것이다. 미국의 업체들은 저렴하고 유연한 계약을 체결하고 국제적인 도매 거래의 중심축이 되기 위해, 또한 엄청난 양의 천연가스를 공급하기 위해 더 많은 시장을 조성하는 방식을 채택하고 있다. 또한 이러한 발전 방식이 채택될 경우 미국 업체들이 시장 점유율을 유지하는 데에도 거의 문제가 없을 것으로 추정된다. 적어도 장기 계약은 가격 책정 면에서 더욱더 역동적으로 전환될 것이며, 카타르, 러시아, 호주 같은 나라뿐만 아니라 캐나다까지도 아시아 시장을 확보하기 위해서는 계약 조건을 조금 더 유연하게 제시할 필요가 있다. 그렇지만 액화천연가스, 파이프라인 천연가스, 국산 천연가스 사이의 경쟁을 유도하는 '미래의 상하이 현물 시장'으로 지금 당장 이동하도록 요구하는 것은 여전히 이른 감이 있다. 왜냐하면 상하이 석유거래소는 최근 들어서야 천연가스의 현물거래 체제를 도입했을 뿐이며, 아직까지는 액화천연가스가 거래에 포함되지도 않았기 때문이다. 그렇지만 싱가포르가 아시아에서 선도적인 에너지 허브 역할을 담당하기 위해 액화천연가스 거래량을 열심히 확장하고 있다는 사실은, 시장의 주요 이해관계자들이 아시아로 진출할 것이라고 기대하게 만드는 바람직한 조짐으로 해석될 수 있다.

유럽은 이러한 현장을 매우 유심히 관찰할 필요가 있다. 왜냐하면 유럽의 가격은 통상적으로 미국과 아시아의 중간 정도 수준이기 때문이다. 신규 액화천연가스업체들은 아시아 시장에서 적어도 2020년까지는 높은 이익을 기대하고 있으며, 역설적이게도 태평양 해역에서의 치열한 가격 경쟁은 액화천연가스 수송선이 유럽의 항구로 돌아오기 전까지는 유럽을 러시아의 수중에 맡겨놓을 수도 있을 것이다. 따라서 중요한 문제는 유럽이 러시아의 유가 연동 가격 체제에 얽히지 않도록 유럽과 아시아 사이의 가격 격차를 얼마나 빨리 좁혀나가는가 하는 것이다. 최근까지만 해도 이 문제를 해결하기 위해서는 몇 년의 시간이 필요할 것으로 예상되었다. 그렇지만 일본은 아시아 현물 시장에서 13달러/MMBtu로 가격이 한 달 만에 25%나 하락하는 현상을 목격한 뒤, 2012년 6월에 원전 중단으로 인해 부족한 전력을 대부분 천연가스로 충당했다. 이러한 추세를 고려할 때 점점 더 많은 천연가스 물량이 유럽으로 유입될 가능성이 높다. 천연가스 가격에서 아시아 프리미엄은 고정된 수요의 요건들을 지탱할 수 있겠지만, 전문가들이 주장하는 바와 같이 헨리 허브의 개념적인 5개년 곡선은 영국 천연가스의 기준가격일 뿐만 아니라 액화 및 선적 비용과 다소 유사하다는 사실에 주목할 필요가 있다. 실제로 시장은 대서양을 건너 미국으로 유조선을 직접 보내려고 준비하는 중이다. 대서양 해역에서의 내부적 확장은 장기적인 가격 통합의 지름길일 수 있다.

역풍: 승리의 문턱에서 좌절?

만약 상황이 지금까지 논의한 것과 같지 않다면 어떻게 될지에 대해서도 고민해볼 필요가 있다. 지금의 추세는 전반적으로 가스 시장의 진정한 세계화로 나아가고 있으며, 이와 함께 계약 방식의 근본적인 변화와 새로운 가격 책정 구조가 등장하는 것으로 보인다. 그렇지만 위태로운 전통적 가격 책정 방식만큼이나 우리의 토론은 선진 시장의 정치적 위험이라는 골칫거리인 방 안의 큰 코끼리[14]를 전혀 고려하지 못하고 있다. 이러한 문제를 해결하지 않으면 지배적인 체계로 등장할 독립적인 천연가스 가격 방식에 반드시 필요한 유동성이 해결되지 못한 상태로 남을 가능성이 있다. 논쟁의 여지가 있기는 하지만, 미국은 과도한 성장을 보이는 현물 시장의 거품을 제거할 위험이 가장 큰 나라다. 경제적인 논리만 따른다면 셰일가스를 당연히 액화천연가스로 전환시켜야겠지만, 결국 미국이 얼

---

14 '방 안의 코끼리'란 뻔히 보이는 가장 큰 문제이지만 여러 가지 이유로 인해 아무도 입 밖으로 꺼내지 않는 문제를 의미하는 서양 속담이다. _옮긴이

마나 많은 가스를 수출할 수 있을지는 여전히 정치적으로 해결해야 할 문제다. 실제로 미국의 에너지 정책과 관련해서는 다양한 집단이 천연가스 수출에 저항하는 이상하면서도 강력한 동맹을 형성할 가능성이 있다. 예를 들면, '에너지 자립'에 대한 주장은 매우 강력한 설득력을 지니며, 이는 국가 안보를 주장하는 사람들에 의해 전통적으로 지지를 받아왔던 담론이다(Jaffe, 2011; Morse, 2012). 한편으로 환경단체들은 미국이 더러운 석탄을 깨끗한 가스로 전환함으로써 지난 5년 동안 온실가스 배출량을 4억 5000만 톤 감축시킨 성과에 대해 매우 기뻐하는 경향이 있다. 게다가 석유화학업체들은 가스로의 전환을 통해 공짜에 가깝게 원료를 공급받고 있으며, 이로 인해 관련 업계는 낮은 천연가스 가격으로 막대한 이익을 거두었다. 결국 이 모든 이해관계는 미국 경제에 좋은 소식으로 간주되고 있다. 게다가 최근에는 미국 군함의 연료를 가스로 전환하는 방안에 대한 토론도 등장했을 정도다. 이 제안은 이론적으로는 대단히 흥미로운 것처럼 보인다. 왜냐하면 2.5달러/MMBtu의 가스는 배럴당 15달러의 석유와 동일한 수준이기 때문이다. 게다가 셰일가스는 압축천연가스나 액화천연가스로 전환해서 액체 상태로 주입이 가능하다는 장점도 지니고 있다. 미국 수송 분야에서 사용되고 있는 천연가스의 비중이 3%뿐이라는 사실을 감안했을 때 미국 가스 시장의 성장 가능성은 충분히 크다. 이 모든 사실은 미국산 천연가스의 수출을 제한하는 정책을 시민들에게 설득시키는 세련된 논거를 제공해주고 있다. 그렇지만 이는 저렴한 가격으로 인해 고통 받는 미국의 기업들과 화석연료 채굴권을 통해 이익을 얻는 30여 개의 주에는 피해를 입힐 것이다. 정리하자면, 정치적인 이유 때문에 정부가 헨리 허브의 가격을 5달러/MMBtu로 '규제'하면서 미국의 가스 시장을 고립된 혼란에 빠뜨린다면, 앞에서 논의한 아시아 태평양 지역에서 수많은 가격적 압력은 급속도로 줄어들 것이다(Levi, 2012).

한편으로 정치적 위험은 셰일가스가 다른 방식의 결말을 맞도록 만들 수도 있다. 유럽에서 규제 당국은 셰일가스와 관련해서 환경문제를 대단히 우려하고 있을 뿐만 아니라, 그로 인해 사업하기에 까다로운 조건들을 규정해놓았다는 특징을 지니고 있다. 거의 모든 측면에서 유럽의 비전통적인 가스 산업은 기껏 해야 초기 상태에 불과하다. 예를 들면, 셰일가스의 굴착 장비는 미국 2000개, 캐나다 700개, 남미 450개인 데 비해 유럽은 120개 수준에 불과하다. 게다가 유럽은 수압 파쇄와 관련한 전문 지식도 축적하지 못했다. 일반적으로도 광물 추출과 관련해 다소 짧은 역사를 지니고 있고, 자원채굴법도 불분명하며, 재정 관련 제도의 경우에도 비전통적인 가스를 완전히 반영하지 못하고 있다. 게다가 인구 밀도가 높은 유럽 대륙에서는 '지역 이기주의(nimbymania)'가 일반적인 현상이라는 문제까지 안고 있다. 그럼에도 EU는 셰일가스에 큰 관심을 갖고 있으므로 이 역시도 정치적으로 해결해야 하는 문제다. 프랑스는 5조 1000억m³의 셰일가스를 보유하고 있는데도 최근 셰일가스 개발을 금지한 상태다. 반면에 흐로닝언(Groningen)에 전통적인 가스전을 현재 운영 중인 네덜란드는 셰일가스에 관심이 없는 것 같다. 독일은 에너지 믹스와 관련해서 중장기적으로는 풍력과 태양광을 강화하는 대신 부족분을 충당하기 위해 자국 내 갈탄과 러시아의 천연가스를 이용하는 것으로 결정한 바 있다. 이 역시 독일 내 노르트라인 – 베스트팔렌의 셰일가스전을 개발할 가능성은 전혀 고려하지 않은 계획이다. 영국에서 셰일가스에 대한 우호적인 정치적 지원은 노스웨스트 잉글랜드(Northwest England)가 셰일가스 혁명의 영국판이 될 것으로 생각하는 몇몇 보수당 의원에게 달려 있다. 스웨덴은 1조 1620억m³로 추정되는 매장량을 개발하지 않고 있는 상황이다. 스페인은 알제리의 생산량에 의존하고 있으며, 이탈리아는 러시아와 리비아의 천연가스만으로도 이미 충분히 과잉 공급된 상태다.

중부·동부·남동부의 유럽은 천연가스 분야에서 정치와 경제의 복잡한 상호작용과 관련해서 또 다른 교훈을 준다. 예전에 공산권이었던 대부분의 국가에서는 러시아 천연가스에 대한 의존도가 높기 때문에 자국 내 셰일가스를 개발해야 한다는 정치적 요구가 높아지는 상황이다. 이런 맥락하에 폴란드나 헝가리는 셰일가스 혁명을 모방하기 위해 미국 업체들에 도움을 요청하는 정치적·재정적 노력을 기울이고 있다. 그렇지만 많은 사업이 빠르게 등장하는 만큼이나 빠르게 사라지고 말았다. 첫째, 지질학적으로 해결해야 하는 부분이 있다. 관련 지질학적 연구들은 매우 유망한 전망을 제시하고 있기는 하지만, 폴란드, 호주, 루마니아, 헝가리, 우크라이나에서 셰일가스를 개발하기 위해서는 기술적·경제적 실현 가능성을 매우 신중히 검토해볼 필요가 있다(EIA, 2011). 둘째, 러시아는 중동부와 남동부 유럽에 상당한 지정학적 영향력을 여전히 보유하고 있다. 가스프롬의 경우에는 전통적으로 가장 중요한 수출 시장인 유럽에서 최근 등장한 권역 내 경쟁에는 관심이 없는 반면, 러시아 인접국의 셰일가스 개발을 막기 위해서는 전력을 기울이고 있는 실정이다. 예를 들면, 엑슨 모빌이 서시베리아의 풍부한 유전을 개발하기 위한 계약을 러시아와 체결하자마자 폴란드의 셰일가스 탐사에서 철수했다는 사실이 대표적인 사례다. 불가리아는 국내 반발로 인해 어떤 형태의 셰일가스 개발도 공식적으로 금지한 상태다. 루마니아는 실제로 불가리아의 '소송(Sofia's suit)'을 준용해, 자국 내에서의 어떤 추가적 셰일가스 개발도 전면 중단하기로 선언했다. 헝가리에서는 미국의 아일랜드계 업체인 팔콘(Falcon)이 셰일가스를 여전히 탐사하고 있기는 하지만, 불가리아, 헝가리, 루마니아가 공동으로 소유하고 있는 5380억m³의 카르파티아 - 발칸 해역은 당장 개발되기 힘들 것이다. 마지막으로 체코에서는 상원이 해외업체와의 계약을 예전에 취소했던 셰일가스 사업을 금지하는 법안의 제정을 추진하고 있다.

물론 유럽이 스스로 셰일가스를 개발함으로써 러시아로부터 '에너지 독립'을 이루기는 힘들 것이다. 오히려 유럽 내 자원을 추가하면 새로 유입된 가스 물량이 현물 시장에 유동성을 줄 수 있을 것이다. 궁극적으로는 가스 간 경쟁을 강화함으로써 기존의 가격 책정 모델을 약화시키는 현재의 과정을 강화시키는 작용을 할 수 있을 것이다. 자국 내 셰일가스의 개발을 통해 서유럽 전역에 훨씬 더 성숙하고 유동적인 가스 도매 시장이 발전할 것이며, 결국에는 오스트리아의 바움가르텐 허브와 독일의 NCG로도 확장될 수 있을 것이다. 상호 연결과 역류 거래를 증진시키기 위해 기반 시설이 강화됨으로써, 중남부·남동부의 유럽 국가는 '비용을 반영한 계약'으로 러시아와 협상할 수 있는 유리한 위치를 확보할 수 있게 되었다.

전반적으로 유럽은 셰일가스의 지질학적 잠재력에 많은 관심을 갖고 있기는 하지만, 이는 역시나 매우 정치적인 문제다(Butler, 2012). IEA의 전문가들은 셰일가스의 개발과 관련된 문제들이 잘 해결된다면 향후 20년 이상은 셰일가스가 세계 연료 믹스의 25% 정도를 차지할 것으로 추정하고 있다(IEA, 2011a). 셰일가스는 가스 자원의 매장량을 2배로 늘리고, 전통적인 화석연료의 공급량을 5배까지 확대시키며, 가스 공급이 200년 이상 가능하도록 매장량 대비 생산 비율을 높였다. 이는 OECD가 선호하는 전통적인 8 대 10의 비율에 가깝다. 즉, OPEC과 러시아에 매장된 석유와 가스가 80%, OECD 국가가 10%, 중국이 10%를 차지하는 비중이 황금 분할이다. 그렇지만 유럽과 미국의 정치적 상황이 현재와 크게 달라지지 않는다면 장기적인 공급 전망은 훨씬 더 불투명해질 것이다.

수혜자는 누구인가? 위험한 전환

서론에서 강조한 바와 같이, 전환은 결코 부드러운 과정이 아니며 승자와 패자를 만들어낼 수밖에 없다. 이는 마지막 질문과도 관련이 있는데, 세계화된 가스 시장에서 궁극적으로 누가 가장 이익을 얻을 것인가라는 문제에 대해서도 고민해볼 필요가 있다. 먼저 만일의 사태를 생각해보면, 지질학적·지정학적인 측면에서 셰일가스가 국제적인 분포와 기반을 확보할 수 있을 것인지는 여전히 명확하지 않다. 아시아는 인도와 중국에서 필요한 셰일가스를 개발할 수 있다. 카타르 천연가스를 유럽에 계속해서 공급할 수 있도록 호주도 천연가스의 잠재력을 높여나갈 수 있을 것이다. 유럽은 자신의 자원을 개발한 덕분에 액화가스 거래의 허브가 될 수 있을 것이다. 동아프리카는 천연가스 공급에 추가적인 여유분을 제공할 수 있으며, 서아프리카는 자원 개발에 직접적으로 참여할 수 있을 것이다. 남미는 최근 다시 강력하게 추진 중인 자원 민족주의의 구렁에서 빠져나올 수 있을 것이다. 남부 노선(Southern Corridor)은 많은 이들이 생각하는 것보다 더 많은 가스를 카스피 해안과 더 많은 생산지에서 유럽으로 공급할 수 있을 것이다. 미국은 가스 시장의 기준을 '빠른 통합'으로 설정하기 위해 전 세계에 유조선을 보냄으로써 막대한 양의 액화천연가스를 수출할 수도 있을 것이다. 그리고 이 모든 것을 가능하게 만드는 데 필요한 대규모 민간 자본은 나름의 중요한 역할을 맡을 수 있을 것이다. 다만 지금의 경제 위기가 얼마나 지속될 것인지에 따라 달라질 수 있다. 셰일가스가 세계화된다면 지층은 쪼개지고 기차는 천연가스를 가득 싣게 될 것이며, 비전통적인 천연가스를 생산하는 기존의 업체들은 심각한 상업적·정치적 문제에 직면할 것이다. 그렇지만 '수많은 가정'으로 인해 비전통적인 가스가 어떤 역할을 맡게 될지는 명확하지 않다. 그리고 국제적으로 가격이 통합되지 않으면 여전히 분열된 상태일지에 대해서도 명확한 결론을 내리지 못할 수밖에 없다. 이는 궁극적으로 누가 승자이고 누가 패자인지를 결정하는 요인이 될 것이다.

만일의 사태는 제쳐두고라도, 지금까지 가스 시장은 전통적인 유가 연동 체제에 의문을 제기하는 방향으로 발전해왔다. 사실 석유는 더 이상 직접적인 경쟁 관계에 있지 않기 때문에 석유가 가스의 합리적인 가격 책정 방식의 기준으로 간주될 수 있는지에 대해서는 심각한 의문이 제기될 수 있다. 따라서 가스 시장의 수급 조건을 기반으로 해서 가격을 결정해야 한다는 주장은 설득력이 있으며, '가스와 가스'의 경쟁이라는 판도라의 상자는 이미 열린 상태다. 그렇다고 유동적인 세계 시장과 국제 가격 통합으로 가는 과정이 간단하지만은 않을 것이다. 아마도 시장 여건이 한 가지 방식 또는 다른 방식으로 균형이 무너지기 전까지는, 하이브리드 방식의 모델이 향후 10년 이상 작동할 것으로 짐작된다. 대규모 거래가 이뤄지는 석유 시장에 비해 가스 시장의 많은 업체는 가스 가격의 노출을 주저할지도 모른다. 일부 업체는 계약 조건을 재협상하기 위해 장기 계약의 유용성을 지적할 수도 있다. 이는 상류 부문의 생산업체들이 가스전을 개발하고 기반 시설을 건설하며 배관을 설치한 뒤, 액화천연가스 저장 탱크에 가스를 선적하기 위해 장기 계약의 체결을 요구하는 것과 같은 이치다. 그렇지만 가스 시장의 유동화가 계속해서 지체된다면, 계약은 역동적인 소매가격을 기준으로 진행될 뿐만 아니라 상당히 짧은 기간의 단기 계약으로 체결될 가능성도 있다. 따라서 첫 번째 결론은 이 모든 상황이 전통적인 생산업체에는 좋지 않을 것 같다는 사실이다. 러시아 같은 기존 생산국들은 유럽 소비자를 기반으로 하는 전통적인 시장과 아시아의 신흥 시장 양쪽에서 카타르 같은 신참 국가와의 경쟁으로 인해 강력한 압박을 받거나 아니면 공급과 관련해 타협을 할 수도 있다. 그러므로 러시아는 '표준 시나리오'하에서 만족할 만한 물량 대비 가격에 대한 어려운 결정을 내려야만 할 것이다. 이어서 대서양과 태평양 해역의 소비국들은 자신들이 선호하는 가격으로 많은 양의 액화천연가스가 공급되기를 기대하고 있다. 이들은 가스 시장 세계화의 승자로서 치열한 시장 경쟁에 처한 공급국으로부터 이익을 얻을 수도 있다.

그렇지만 다시 생각해보면, 이 모든 전망이 생산자에게 나쁜 것만도 아니다. 대부분의 소비자, 특히 유럽 대륙의 소비자는 현물 시장의 가스 가격이 저렴할 것이라는 환상에 사로잡혀 있는 것 같다. 유럽위원회의 에너지 패키지는 확실히 이러한 가정하에 수립되었다(European Commission, 2011). 그렇지만 가격이 순수하게 가스의 시장 수급을 토대로 결정된다면, 저렴해지는 것과는 아무런 관련이 없어진다. 왜냐하면 이 경우에는 시장의 수급 여건이 어떻게 변하더라도 가격 메커니즘에서는 전적으로 비용을 최적화시키는 가격이 반영되기 때문이다. 물론 가스 간의 경쟁에서 천연가스를 생산하기 위한 한계비용이 석유보다 통상적으로 저렴하다는 사실을 감안하면, 중기적으로는 가격을 어느 정도 하락시킬 수도 있다. 그렇지만 어떤 것도 확실하게 보장할 수는 없다. 사업의 특성상 현물 시장의 가격은 파이프라인 가스와 비교했을 때 훨씬 더 변동성이 높을 수밖에 없다. 물론 과거 석유의 '확실성'에 의존해왔던 투자 방식에서 벗어나서 새로운 상류 부문 투자 제도에 적응해야 하는 것은 두말할 필요도 없을 것이다. 영국은 가스 시장의 자유화가 진행되는 동안, 그리고 자유화 이후에도 변동성의 확대를 생생하게 보여준 대표적인 사례다.

그렇지만 이러한 초기 장애물을 해결함으로써 가스 시장을 정치적으로 엄밀히 조정할 수 있다고 가정한다면, 새로운 위험이 지금 당장 들이닥칠 것처럼 보일 수도 있다. 즉, 장기 계약에 묶기보다 현물 시장에서 거래되는 물량을 확대하는 것은 가스 시장에서 카르텔화의 확대를 초래할 가능성도 있다. 수입에 의존하는 소비자들은 시장의 자유화를 통해 가스 생산업체들의 칼자루를 뺏어왔다고 생각하는 경향이 있기 때문에, 현물 시장은 실제 가격 조정에서 더 많은 영향력을 생산업체에 미칠 수 있다. 이때 집단적 거래인지 아니면 양자 간 거래인지는 상관이 없다. 지도를 훑어보면 러시아가 영향력을 행사할 수 있는 지역인 유럽에서 공급 측면의 역동성이 독과점적으로 장악된다는 사실을 확인할 수 있다. 가격 결정 과정에서의 다양한 압력과 가격의 통합 정도에 따라 달라지겠지만, 생산업체들은 더 많은 돈을 벌어들이는 방향으로 시장을 조정하기 위해 강력한 담합을 주도할 것이다. 이러한 담합은 가격이 낮을수록 더욱더 활발히 진행되는 경향이 있다. 최근에 등장한 가스수출국포럼(Gas Exporting Countries Forum: GECF)은 이러한 목적을 위해 설립된 조직이다. 가스수출국포럼의 회원국들은 현재 전 세계 천연가스 생산의 70%를 차지하고 있다. 반면 러시아나 이란 같은 주요 생산국들은 이제야 공식적인 국제 조직을 만들기 위한 포럼에 흥미를 보이기 시작했다(Strem, 2010; Stern and Rogers, 2011).

이러한 가스 카르텔은 분명히 OPEC과 유사한 문제에 직면할 것이다. 따라서 누군가는 초기의 기회비용을 부담하고 무임승차를 배제하고 생산량을 할당함으로써 신참자들의 시장 진입을 통제해야 할 것이다. 또한 가스 카르텔은 주도적인 생산 조정국을 찾아내야만 할 것이다. 물론 카타르가 이러한 역할을 맡을 수도 있지만, 사실은 러시아가 여기에 큰 관심을 기울이고 있다. 현재 세계 가스 공급량의 30% 이상을 차지하고 있음에도 러시아의 액화천연가스 생산량은 전 세계 점유율의 5%도 채 되지 않는다. 즉, 석유에서 사우디아라비아와 같은 지위를 지니고 있음에도 가스 분야에서 러시아는 스스로를 세계 가스 시장의 비주류로 전락시켜놓은 셈이다. 시토크만, 사할린, 그리고 바제노프(Bazhenov)와 아키모프(Achimov) 가스전의 개발은 모든 사람이 틀림없이 원하는 바가 아닐 수도 있다. 그렇지만 러시아의 비전통적 가스 매장량은 유럽 전체의 10배에 달할 것으로 추정되기 때문에, 러시아는 물량이라는 측면에서 여전히 장기 가격을 좌우하는 주도권을 되찾기에 충분한 시간과 잠재력을 지닌 국가다. 세계 가스 시장을 통합하는 것이 미래의 발전 방향이라면, 러시아는 천연가스와 관련된 국제 생산자들을 조정하는 중추적인 역할을 맡을 가능성이 있다. 게다가 러시아는 카타르, 호주, 알제리, 동아프리카, 남미의 액화천연가스를 참조해 가격을 결정할 지도 모르며, 독립적인 국제 가스 가격의 논리적 귀착점이 될 수 있는 가스 카르텔을 구성하기 위한 단계들을 차근차근 밟아나갈 수도 있다. 무엇보다도 러시아가 주도하는 상황은 공급은 원활하지만 지역적으로 고립된 미국의 시장까지 장악하게 될지도 모른다. 만약에 미국이 '에너지 자립'을 추구한다면, 러시아는 가스 간의 경쟁이라는 논리를 적용하기 시작할 수 있다. 다소 모순적일 수 있지만, 기존 생산업체에 대한 실질적 위기인 가스 통합은 결국 자신들에게 좋은 방향으로 가스 시장을 재편함으로써 엄청난 기회를 창출해낼 수도 있을 것이다.

대체로 국제 가격 체계로의 전환은 경쟁 증진과 효율 개선을 유도하고 공급을 다변화함으로써 단기적으로는 소비자들에게 이익을 줄 것으로 예상된다. 그렇지만 장기적으로는 공급 측면의 대규모 담합이 거래량과 가격이라는 두 가지 측면에서 진행될 수도 있다. 따라서 잠재적인 가스 카르텔을 무시하는 것은 값비싼 실수로 드러날 수 있다. 왜냐하면 이는 1960년대 OPEC을 통해 자국의 이해관계를 조정했던 세계 최대의 산유국들을 무시하는 것과도 같기 때문이다.

결론

이 장에서는 지역화된 시장과 유가 연동 방식의 장기 계약이라는 특징을 지닌 천연가스와 관련해, 다소 불확실하기는 하지만 새로운 시장에 대해 살펴보았다. 즉, 장기 계약을 대체하는 유동적인 현물거래와 국제 가격 통합으로의 지속적인 전환을 특징짓는 광범위한 정치적·경제적 동인들에 대해 검토해보았다. 그렇지만 새로운 가스 세계의 전망은 다음과 같은 몇 가지 조건에 따라 달라질 것이다. 첫 번째는 경제적 조건이다. 천연가스의 유동성은 대체로 시장을 세계화시키는 핵심적인 동인일 뿐만 아니라 모든 조건의 전제가 될 수 있다. 이는 셰일가스가 세계적으로 개발되고 액화천연가스 수송선이 활발히 움직인다는 가정하에서만 충족될 수 있다. 물론 엄청난 금액의 투자가 필요할 수밖에 없는데, IEA의 추정에 따르면 필요한 투자액은 2035년까지 8조 달러에 달할 것이라고 한다(IEA, 2011a: 8). 공적 자금은 이와 관련해서 성공적인 성과를 거두지 못할 것이며, 민간 투자만이 상류 부문 프로젝트와 기반 시설에 대한 해법을 찾아낼 수 있을 것이다. 다만 투자에 대한 기대 수익률이 충분히 유망하고 자원 보유자에 의해 자원 개발이 허용되며 투자 위험이 제거되어야 민간이 참여할 수 있을 것이다. 그렇지만 앞에서 살펴본 바와 같이 북미 지역의 주요 시장은 매력적인 가격 책정 환경을 제공하지 못할 수도 있으며, 지질학적인 측면에서 검토해보면 유럽에서는 세일가스의 채굴이 불가능할 수도 있다. 그뿐만 아니라 사업과 무관한 요인들이 투자에 부정적인 영향을 줄 수도 있다. 천연가스 시장은 경제 체제가 허용하는 경우에 한해 세계화를 지속할 것이다. 이것은 두 번째 중요한 시사점을 제공한다. 즉, 정치가 이 과정에서 핵심적인 요인으로 등장한다. 예를 들면, 국내 매장량이 수출용으로 이용될 만큼 충분한가, 새로운 채굴장이 인허가를 받을 수 있는가, 가격 체계가 계속해서 세계화되는가라는 질문은 결국 생산국과 소비국의 정치적 의사 결정과 관련될 수밖에 없다. 가스 시장은 무중력의 진공 상태에서 작동하는 게 아니다. 아무리 비정치적인 시장이라고 하더라도 가스 시장은 국가에 의해 형성되고 제도에 의해 규칙이 마련될 수밖에 없다. 가스와 관련해서 경제학은 정치학을 뛰어넘을 수 없다. 결국 천연가스 시장의 미래는 미국, 벨기에, 중국, 카타르, 러시아의 전략적 결정에 따라 달라지기 마련이다. 유럽은 자국 내 세일가스 개발을 회피하고 있으며, 국제시장에만 의지할 수도 있다. 그렇지만 이러한 조치는 유럽이 카타르와 러시아의 전략적 게임의 영향력을 받게끔 만들어 그들 스스로의 운명을 규칙의 수용자로 전락시킬 수 있다. 미국은 자급자족의 고립된 섬이 될지, 아니면 새로운 가스 시장의 질서를 만들어나갈지에 대한 전략적 결정권을 지니고 있다. 러시아는 미국산 세일가스가 유럽과 아시아에서 에너지 가격의 수용자로 등장했다는 사실을 깨닫고 세계 가스 시장에 대한 통제력을 갖기 위해 액화천연가스 사업을 시작하거나 아니면 실패한 '동부 전략'을 고수하거나 둘 중 하나를 선택해야 할 것이다. 사실 앞에서 살펴본 바와 같이, 멋지고 새로운 가스 시장은 생산자에게 더 많은 혜택을 제공할 수도 있다.

사실 단일 가격 체계는 변동성을 줄일 수 있다는 장점이 있는 반면, 유연한 시장은 OPEC이 가격을 정하는 곳의 유가와 연동된 파이프라인의 끝에 자리 잡은 소비자가 아닌 다양한 사람들에게 더 좋은 기회를 제공할 수 있다는 장점이 있다. 이때 결정은 시장이 아니라 정부가 내릴 것이다.

　다만 한 가지 확실한 사실은 가스가 새로운 시장에 남아 있다는 점이다. 가스는 신흥 시장을 부흥시키고, 에너지 빈곤을 해소하며, 화석연료 에너지 믹스를 탈탄소로 전환하고, 미래의 저탄소 사회를 향한 다리의 핵심적인 역할을 도맡을 것으로 여겨진다. 그야말로 향후 수십 년 동안 선택될 연료이며, 세계 에너지 믹스에서 높은 비율을 차지하게 될 연료다. 물론 생산자와 소비자 모두에게 가격 조정이 수반되기는 하겠지만, 유동성의 확대와 시장 수급 여건에 기반을 둔 가격 책정 메커니즘에 이르기까지 세계화된 가스 시장이 제공하는 혜택은 셀 수 없을 정도다. 천연가스 거래와 관련해서 더욱더 시장 메커니즘에 기반을 둔 모델로 전환하는 것은 돌이킬 수 없는 추세이기 때문에 예전의 방식으로 회귀하는 것은 결코 바람직한 선택이 아니다. 시대적 추세인 가스 시장으로의 전환을 성공적으로 추진하기 위해 생산자와 소비자는 올바른 정책을 만들어나가야 할 것이다.

07 에너지 혁신
저탄소 에너지 시스템의 가속화

멜 호위치, 마이클 라벨

서론

혁신은 국제 에너지 분야에서 핵심적인 영역을 차지한다. 기술은 기업, 정부, 사회의 협력에 의해 선택되기 마련이다. 따라서 새로운 저탄소 에너지 시스템으로의 혁신은 기술적 돌파구를 마련해야 할 뿐만 아니라 모든 구성원의 동의가 필요할 수밖에 없다. 세계적인 기술은 연구·개발(R&D)을 통해 만들어지며, 사회와 기업의 파트너십에 결합된 연구·혁신(R&I)을 통해 현지화된다. 올바른 정치·경제적 환경은 청정 기술이라고 불리는 새로운 에너지 기술이 성공하기 위한 필수적인 토대다. 그렇지만 새로운 에너지 기술은 이해관계자들의 위험 기피적인 성향에 직면하기 마련이다. 이로 인해 가장 효과적인 기술을 도입하는 데에 많은 어려움이 존재하는 실정이다.

기후변화와 그에 따른 지구적 영향을 최소화하려면 지구 평균 기온의 상승을 억제하기 위해 온실가스 배출량을 급격히 감소시켜야 한다. 기존의 정책 방향을 변경하고 대기 중 온실가스 배출량을 줄이기 위해 국제사회는 2050년을 목표 시점으로 설정한 상태다. EU는 그때까지 온실가스의 80~95%를 감축한다는 목표를 제시한 바 있다(European Commission, 2011). 이와 관련해서는 혁신적인 해결책이 마련되어야 한다. 왜냐하면 급증하는 에너지 수요를 충족시키기 위한 지금의 탄소 기반을 조속히 변경하려면 혁신이 필요할 수밖에 없기 때문이다. 지속가능한 발전 경로에 위치한 새로운 저탄소 기술 기반을 구축하기 위해서는 시장에 적절한 수요와 공급 환경이 조성되어야 한다.

이 장에서는 에너지 신기술의 혁신과 파트너십을 통해 지속가능한 에너지 시스템이 화석연료에 기반을 둔 현행 에너지 체제를 대체할 수 있는지 살펴볼 예정이다. 물론 이런 시나리오에서도 고탄소 에너지 기술은 여전히 살아남을 수 있다. 미래에는 석탄, 석유, 가스도 중요한 역할을 담당하겠지만, 이러한 화석연료는 다양해진 국제 에너지 믹스의 일부분에 불과할 것이다. 또한 중앙 집중적인 전력 시스템이 여전히 남아 있겠지만, 발전소가 작아지고 분산화되어 대규모 전력망 없이도 생활이 가능해질 것이다. 한편으로 인구 증가와 경제성장은 감당할 수 있는 수용력을 넘어서 지구의 환경에 지속적인 부담을 주고 있기 때문에, 온실가스 배출량을 안정화시키거나 감소시키는 더욱 다양한 기술과 해결책을 지닌 새로운 에너지 체제가 등장할 것이다. 이처럼 화석연료와 중앙 집중적인 시스템이 유지되기는 하겠지만, 이는 더 크고 다양해진 에너지 시스템의 일부분으로 전락할 것이다.

이 장에서는 '완화된 규제와 정책 환경에서 작동하는 에너지 분야'라는 개념을 토대로 주장을 전개하려 한다. 이것은 전력 생산에서부터 에너지 절약에 이르기까지 다양한 기술의 선택 및 이용 규모가 정부의 규제, 대중들의 인식, 정치적 결정에 의해 강력한 영향을 받는다는 의미일 수 있다. 온실가스 배출을 감축하기 위한 경쟁에서 정부, 대중, 정치인의 활동은 절대적으로 중요하다. 막대한 기반 시설 투자비용을 완전히 회수하려면 수십 년의 시간이 소요된다. 이러한 자금이 중요한 기술적 규칙뿐만 아니라 정교하게 설계된 규제와도 잘 결합되어 있다면, 지금의 상태는 계속해서 유지될 수 있을 것이다. 만약 잘 결합되어 있지 않다면 새로운 에너지 시스템을 구현하는 데 수십 년의 시간이 필요할 수 있다.

다음의 첫 번째 절에서는 기술적 고착이 행위자들의 광범위한 레짐 내에서 국가 제도에 의해 지속된다는 사실을 살펴볼 예정이다. 또한 저탄소 시대로 빠르게 진입할 수 있는 기술의 진보를 가로막는 장벽들에 대해서도 살펴보려 한다. 두 번째 절에서는 결국 다양한 혁신의 폭넓은 인식 및 적용이 이러한 기술적 고착을 깨뜨릴 수 있는 가능성을 제공한다는 것을 보여줄 것이다. 또한 현행 체제의 이해관계자들이 이를 충분히 인지한다면 지금의 고탄소 에너지 체제를 타파하고 대체할 수 있음을 논증하려 한다. 세 번째 절에서는 파괴적·불연속적·연속적 혁신이라는 세 가지 유형을 설명한다. 구체적으로는 간단한 사례를 통해 재생가능에너지 기술, 스마트 그리드, 셰일가스가 어떻게 서로 다른 혁신의 유형을 대표하고 어떻게 현행 에너지 체제에 도전하는지 살펴볼 것이다. 마지막절에서는 이러한 사례 연구를 통해 에너지 기술의 혁신과 확산이 세계적인 규모에서 어떻게 발생해서 지역에 어떻게 뿌리내리는지 살펴보려 한다.

위험의 차단

20세기 초반 전력망의 전면적인 보급은 선진국에서 전력 분야, 심지어 가스 분야까지도 급격한 성장을 견인했다. 전력업체는 지역에 송전선을 설치했으며, 기술 개발 덕분에 송배전망은 더욱더 확대되었다. 미국에서는 지리적·정치적으로 다양한 차원에서 사업이 진행되었다. 즉, 지역·주·국가적인 차원에서 전력망을 설치할 때 여러 규제기관이 기술 기준을 감독하고 전력 시장을 조성하기 위해 개입했다. 1930년대 대공황은 사실 기업의 회계 부정에 의해 부분적으로 시작되었으며, 결과적으로 강력한 규제 환경을 야기하고 말았다. 이로 인해 수직적으로 통합된 전력업체들은 엄격한 규제를 받는 대신 독점적 지위를 부여받았으며, 결과적으로 관련 업체들은 생산에서 송배전에 이르기까지 모든 것을 소유할 수 있었다(Hirsh, 1999).

보편적인 에너지 서비스와 정반대되는 독점 관행은 1990년대 들어 주춤하기 시작했다. 발전업체 사이의 경쟁을 도입하려는 노력은 천연가스를 이용하는 독립적인 발전업체들의 전력 생산을 크게 확대시켰다. 이제 21세기는 에너지 규제 정책을 통해 감시되는 경쟁력 있는 참가자들이 가득한 네트워크라고 설명할 수 있을 것이다. 재생가능에너지 기술의 등장은 전력망에서 벗어나 독립할 수 있는 기회를 제공하고 있다. 마찬가지로 경쟁력 있는 참가자들이 등장해 독점 기업과 경쟁함으로써 혁신적 기술과 사업은 기존의 기업들을 약화시킬 수 있을 것이다. 규제 담당자와 시장의 지배자들은 여전히 독점적인 틈새시장을 유지하려고 한다. 이들은 기반 시설에 투자한 매몰 비용을 근거로 신규 투자를 제한하거나 중앙 집중화된 체제를 위태롭게 할 만한 위험을 제거해 기득권을 지탱하려는 경향을 가지고 있다. 이러한 위험 회피적 성향은 강력한 기술적 대응과 규제적 대응을 막아왔다. 그렇지만 사실은 이러한 기술 및 규제적 상황에서 더욱 큰 혁신이 이뤄질 수 있다.

현행 에너지 체제에 대한 규제는 뿌리 깊은 구조적 문제들에 대한 표출이라고도 할 수 있다. 규제적 제도는 '정책과 제도의 복합체'라고 할 수 있으며, 이는 경제 관련 분야에서 사회적 관심, 국가, 시장 행위자 사이의 관계를 구조화시킬 수 있다(Eisner, 1993: 1). 따라서 새로운 체제가 등장할 경우에는 "여러 가지 규제 영역에서 새로운 규제 정책이 도입될 뿐만 아니라 중요한 제도적 변화와의 결합이 이뤄지기 마련이다"(Eisner 1993: 3). 1990년대 이후 에너지 분야에는 새로운 규제 제도가 도입되었다. 이 시기는 "서로 강화되면서 시너지를 만드는 민간 부문과 공공 부문의 협력적 관계"라는 특징을 지니고 있다(Knill and Lehmkuhl, 2002: 42). 이는 고탄소 에너지가 어떻게 하면 저탄소 에너지 기술로 대체될 수 있는지에 대한 새로운 방식의 사업과 기술적 관계를 추가적으로 설명한다.

청정 기술 분야의 급격한 성장은 오랜 세월에 걸쳐 확립된 관행적인 관계를 변화시키는 기회를 제공하고 있다. 청정 기술은 '에너지 생산, 에너지 저장, 에너지 기반 시설, 에너지 효율 개선, 운송 수단, 상·하수, 대기·환경, 재료, 제조·공업, 농업, 재활용 및 폐기물'을 포함하는 광범위한 분야의 기술을 가리키며, 이는 다양한 분야의 요구를 충족시키기 위한 기술이다(Horwitch and Mulloth, 2010: 25). 이러한 기술은 다양한 비즈니스의 관계 및 관행과 결합될 수밖에 없다. 왜나하면 이는 새로운 해결책의 일환으로 사회적 관행에 따라 새로운 기술이 도입되기를 요구하기 때문이다.

원격 검침,[1] 태양광발전, 에너지 효율 개선 등의 기술은 소비자와의 직접적인 상호작용이 필요한 첨단 기술일 수 있다. 텔레비전과 라디오라는 대중매체가 인터넷 같은 첨단 통신 기술로 전환되자, 에너지 소비는 에너지 공급자와 소비자 사이의 전통적인 관계를 변화시키면서 양방향적인 소통의 혁명을 경험하고 있다. 따라서 스마트 기술은 소비자의 에너지 수요를 어떻게 관리할 것인지 재정립하고 개조하는 첨단 기술이라고 할 수 있다.

기술 변화는 다음 세 가지 이유로 받아들여지거나 아니면 저항에 직면한다. 첫째, 기술은 투자 수익을 요구하므로 완화된 규제 환경에서는 규정과 정책이 투자를 장려하기 위한 수단으로 도입될 수 있다. 특히 에너지 부문에서의 정부 활동은 기술의 발전에 영향을 미칠 수밖에 없다. 에너지 부문에서는 높은 자본비용과 완화된 시장 환경 때문에 점진적 변화가 원칙으로 자리 잡고 있으며, 이로 인해 낡은 기술이 유지되는 경향이 있다(Islas, 1997; van der Vleuten and Raven, 2006). 최적의 기술이 아닌 이러한 구식 기술의 영속화를 '기술적 고착(technological lock-in)'이라고 한다(Unruh, 2000).

둘째, 제도적 무관심은 에너지 기술의 혁신을 방해할 수 있으며, 막대한 온실가스의 배출을 그대로 방치하는 결과를 가져올 수 있다. "물론 자본 투자는 온실가스의 배출 수준에 장기적인 영향을 줄 수 있는데, 특히 에너지 분야의 투자는 오랜 시간이 소요된다는 특징을 지니고 있다"(Buchner, 2007: 13). 제도적 무관심으로 인해 구식 기술로 고착되는 것은 공공기관이 주도하는 기술 개발을 통해 해결될 수 있다. 운루라는 연구자는 기술적 진보와 제도적 진화의 관련성을 설명하

---

[1] 원격 검침(smart meter)은 시간대별 전력 사용량을 측정해서 관련 정보를 송신할 수 있는 기능을 갖추고 있을 뿐만 아니라 시간대별로 요금을 공지하는 전자식 전력량계를 가리킨다. 기존의 전력 미터기와 모양은 비슷하지만 LCD 디스플레이를 이용해 실시간 전력 사용량을 체크한다. 뿐만 아니라 전력 공급자와 사용자 사이의 양방향 통신을 함으로써 검침 비용도 줄이고 다양한 에너지 절약 효과도 거둘 수 있는 첨단 기술이다. _옮긴이

기 위한 도구로서 '기술 – 제도 복합체(Techno-Institutional Complex: TIC)'라는 개념을 제시했다(Unruh, 2000; 2002). 구체적으로는 제도가 첨단 기술을 활용하지 않은 채 여전히 과거의 비효율적인 기술이 표준으로 남아 있을 때 '제도적 고착(institutional lock-in)'이 발생했다고 한다(Unruh, 2000: 824; Calvert and Simandan, 2010). 에너지 분야의 장기적 발전이라는 관점에서 제도는 효율적인 기술로의 전환을 유도할 필요가 있다. 게다가 정책과 규제는 이를 통해 새로운 기술을 장려하는 공적 목표를 달성할 수 있을 것이다.

셋째, 기업과 제도의 적극적인 태도와 결합된 이해관계자들 사이의 오래된 관계는 신기술이 채택될 가능성을 높일 수 있다. 따라서 각종 장애 요인은 그대로 남아 있을 필요가 없다. 에너지 분야에서는 발전된 기술로 신속하게 전환할 수 있다. 이러한 전환이 선호될 수도 있는데, 왜냐하면 기존의 법률과 양립할 수 있는 '우수한 제도'가 중요한 기술적·체계적 변화를 일으킬 수 있기 때문이다(Woerdman, 2004: 74). 이는 정부와 기업의 관계에서 일관되고 신뢰할 수 있는 정보를 제공함으로써 '내부적인 사업'이 규제적 정책의 결정을 용이하게 만들 수 있다는 사실을 정확히 보여준다. 규제 정책 분야에서는 '명성과 평판이 중요한 요인'일 수 있다(Coen, 2005: 377). 새로운 기술을 기반으로 한 새로운 규제 구조를 위한 이니셔티브는 공동으로 개발될 수 있다. EU의 경우 다음에 설명할 '유럽 스마트 그리드 보급 사업'도 분야별 당사자의 협력에 의존하고 있는 실정이다.

따라서 에너지 분야의 이해관계자들과 친숙한 관계를 맺음으로써 온실가스 배출량을 감축할 수 있는데, 이들은 새로운 사업을 추진하려 할 뿐만 아니라 새로운 기술을 적극적으로 활용하려는 경향이 있다. 새로운 에너지 기술에서의 혁신과 기후변화의 완화라는 두 가지 목적의 결합은 혁신과 청정 기술의 적용 수준을 한 단계 더 높이고 있다(Jänicke, 2012: 51). 그렇지만 현행 체제의 영속화와 이에 대한 저항은 더 현실적일 수 있다. 이로 인해 청정에너지 기술의 지지자들은 지금의 제도화된 장벽을 정면 돌파하거나 우회하거나 회피하는 방법 중에서 선택해야 한다. 다음 절에서는 다양한 혁신 유형이 어떻게 등장하는지 살펴보자.

혁신과 협력

기술혁신은 점진적 개선이라는 연속적 과정으로 진행될 수도 있고 전혀 다른 경로로의 전환을 통해 낡은 기술을 쓸모없게 만들어버릴 수도 있다. 이 절에서는 에너지 체제를 전환시킬 가능성이 있는 혁신의 여러 가지 유형을 정의하려 한다. 이를 통해 지속가능한 기술을 이용하는 데 청정에너지 기술 관련 연구와 혁신이 어떻게 중심적인 역할을 하는지도 설명할 수 있을 것이다. 이때 협력적 파트너십은 저탄소 경로를 향한 에너지 체제로 광범위하게 전환하는 과정에서 새로운 에너지 기술을 육성할 수 있는 가능성을 지닌다.

혁신의 유형은 연속적 혁신, 불연속적 혁신, 파괴적 혁신이라는 세 가지로 정의될 수 있다(Walsh, 2012). 투자에 대한 수익을 보장하기 위해서는 이러한 세 가지 혁신 유형에 기반을 둔 차별화된 전략이 효율적으로 적용될 필요가 있다. "상업적 위험에 따라 다양한 상업화 전략이 선택될 수 있으며, 이때 비용 위험, 생산 위험, 시장 위험이라는 상업적 위험은 혁신의 유형에 따라 달라진다"(Walsh, 2012: 33). 따라서 위험 평가, 규제 체제, 고착화 유형의 관련성은 기술혁신의 확산에 중요한 역할을 맡는다. 이때 혁신의 세 가지 유형은 다음과 같이 정의될 수 있다(Walsh, 2012: 33).

- 연속적 혁신: 점증적 혁신이라고도 하며, 제품이나 서비스가 지닌 기존의 고유성과 우수성, 경쟁력을 그대로 유지하기 위해 지속적으로 개선해나가려는 혁신
- 불연속적 혁신: 기존 제품과 서비스의 가치를 높이기 위해 기술적 학습 곡선 자체를 전환시키려는 혁신
- 파괴적 혁신: 시장에서 제공되는 기존의 어떤 제품이나 서비스와 근본적으로 차별화되는 다른 제품이나 서비스를 도입하려는 급진적인 혁신

에너지 분야에는 다양한 혁신적인 제품이 가득하다. 이러한 신제품들은 기존

제품들을 파괴하고 개선함으로써 주도권을 강화한다. 다음의 개별적인 사례들은 기술혁신의 유형이 어떤 특성을 지니고 있는지 상세히 보여준다. 즉, 혁신의 유형과 특정 기술의 사례를 결합시킴으로써 기술의 변화를 위한 동력의 가속화를 정확히 보여준다.

혁신 유형별로는 다음과 같은 사례들을 자세히 다룰 예정이다. 첫째, 파괴적 혁신의 사례로는 중앙 집중적인 전력망에서 분리된 재생가능에너지 기술에 대해 살펴보려 한다. 그렇지만 월시의 주장에 따르면 "재생가능에너지는 국가와 기술의 종류에 따라 천차만별이기 때문에 혁신의 분류 체계를 바꿔야 할 정도"라고 한다(Walsh, 2012: 34). 따라서 재생가능에너지 기술은 해당 지역의 에너지 자원, 정부 정책, 경제 환경에 따라 지역적 특성이 달라질 것이다. 둘째, 불연속적 혁신의 대표적인 사례로는 지능형 전력망을 들 수 있다. 송배전망은 특히 정보 통신 기술의 발전에 의해 더욱더 강화되고 있다. 구체적으로는 중앙 집중화된 발전소와 소규모의 분산형 발전소뿐만 아니라 가전제품까지도 연결시킴으로써 전체 시스템으로 확대될 수 있다. 셋째, 연속적 혁신의 대표적인 사례로는 셰일가스의 수압 파쇄 기술에 대해 설명하려 한다. 비전통적인 가스의 개발은 과거 채굴 기술의 개선, 가스 공급의 확대, 가격의 인하, 제품 보급의 확산을 유발하는 상당한 진전일 수 있다. 이러한 기술혁신은 효율적인 저탄소 에너지 체제로 전환하기 위한 각종 기회를 제공해줄 것이다.

국제, 지역, 기업에서 당사자들 사이의 긴밀한 협력은 지속가능한 혁신의 핵심적인 요소일 수 있다. "지속가능한 혁신을 창출하고 가속화시키기 위한 유일한 방안은 대규모 조직들이 공개적·적극적으로 함께 협력하는 것이다"(World Business Council for Sustainable Development, 2011: 3). 기업과 사회가 경제적 성장과 생활수준 개선을 목표로 설정한다면 에너지 기술을 개발하는 방법과 장소를 전면적으로 전환해야 한다. 즉, 에너지 생산에서부터 에너지 저장, 에너지 효율 개선, 관련 기반 시설에 이르기까지 새로운 청정 기술 관련 제품과 서비스는 지역사회에 밀접히 결합될 수밖에 없다. 이때 사회적 기업가 정신을 활용한 혁신과 지역사회에서의 활동은 지속가능한 발전을 달성하기 위한 두 가지의 주요 동력이다(Horwitch and Mulloth, 2010; Seyfang and Smith, 2007).

기후변화 덕분에 온실가스 배출량을 감축할 수 있는 신기술과 기술혁신에 대한 요구가 늘어나고 있으며, 이로 인해 관련 연구·개발 프로젝트들이 활발히 추진되고 있다. 온실가스 감축 기술과 관련된 연구·개발 비용은 민간과 공공 부문을 구분하지 않고 모두 늘어나고 있다. "기업은 연구·개발이 수익성을 높일 수 있기 때문에 투자한다. 그렇지만 이들은 다른 기업과 소비자들이 혜택의 일부를 무상으로 가져갈 것을 알고 있기 때문에 사회적으로 바람직한 수준보다는 훨씬 적은 금액을 투자할 수밖에 없다"(Weyant, 2011: 675). 따라서 다양한 해결책의 일환으로 민간 투자를 활용할 수 있다. 에너지 분야에서 혁신을 창출하기 위해서는 공적 재정 지출을 확대함으로써 변화를 만들어낼 수 있다. 예를 들면, 온실가스 배출에 세금을 부과하기보다는 저감 사업에 대한 정부의 투자를 늘리는 것이 더욱 바람직한 해결책일 수 있다. 이때 민간 투자를 활용하면 '사회 수익'이 2배로 늘어날 것이다(Weyant, 2011: 675).

연구 관련 혁신은 새로운 에너지 기술의 장기적인 발전이라는 목표를 갖고 있는 EU와 미국의 중요한 정책 수단이다(Hervás Soriano and Mulatero, 2011). 이와 관련해서는 다양한 이해관계자, 기업, 정부의 협력 강화가 필요할 수밖에 없다. 이러한 협력을 통해 신기술이 뿌리내리는 데 필요한 인력과 자본을 효율적으로 이용할 수 있다. 연구실에서 벗어나 기술을 현실에 적용시키려는 노력은 이들의 협력적 관계에 달려 있으며, 이들의 협력은 숙련된 노동력을 사회의 적재적소에 적절히 배치하는 데에도 대단히 중요하다. 이때 정치적 경계를 넘어서 협력을 확대시키고 시장의 불확실성을 감소시키며 전력망의 개방을 장려하고 소비자를 교육시키는 데에는 당연히 제도적 노력이 필요하다(Ewing Marion Kauffman Foundation, 2010). 이러한 전략을 통해 연구·개발은 지식과 전문 기술이 보강될 뿐만 아니라 사회 구성 요소와의 연계도 가능해진다. 즉, 연구·혁신의 기반을 형성할 수 있다. 기업의 활동과 사회적 실천은 온실가스 감축 기술을 개발하는 데 주도적인 역할을 하고 있다. 이때 기술은 이러한 구조를 보완할 뿐만 아니라 장기적으로는 기존의 고착화된 기술을 대체할 수도 있을 것이다.

파괴적 혁신	• 급진적 혁신 • 시장에서의 차별성 • 사례: 분산형 재생가능에너지 기술과 효율 개선 기술
불연속적 혁신	• 진화 학습 곡선의 변화 • 기존 제품이나 서비스의 강화 • 사례: 지능형 전력망과 가정용 백색가전
연속적 혁신	• 지속적인 개선 • 시장에서 경쟁력 유지 • 사례: 비전통적인 석유와 가스

자료: Boden et al., 2011.

사례 연구

청정 기술이 고탄소 에너지에 도전하고 그에 맞서 경쟁하기 위해서는 사회, 기업, 정부의 광범위한 협력이 요구된다. 〈그림 7.1〉에 제시된 혁신 유형의 분류 체계와 해당 사례들은 현행 에너지 시스템에 도전하는 혁신이 늘어나고 있다는 사실을 정확히 보여준다. 이때 앞에서 설명된 혁신 유형의 분류 체계는 기술이 어떻게 등장해서 기존의 관행적인 경로를 어떻게 변화시켜나가는지를 이해하기 위한 개념적 틀로 활용할 수 있을 것이다.

다음에 제시할 사례 연구들은 세 가지 혁신 유형의 분류 체계에 각각 해당된다. 첫째, 재생가능에너지 기술의 이용은 기존 에너지 시스템에 의해 저지되었던 독립형 전력 체계, 즉 분산형 발전의 도전을 잘 보여주고 있다. 세계 시장에서 태양광발전의 출현은 혁신을 가속화시킬 뿐만 아니라 기술 경쟁과 관련된 새로운 기준을 만들어내고 있는데, 이는 파괴적 혁신을 통해 이뤄진다. 둘째, 불연속적 혁신의 대표 사례인 지능형 전력망은 새로운 사업 기회를 창출하고 저탄소 에너지 시스템의 토대를 구축함으로써 경제 발전을 위한 발판을 제공할 가능성이 있다. 셋째, 화석연료는 청정 기술이 성장하더라도 지배적 지위를 유지할 것이며, 이를 위해 스스로 연속적 혁신을 지속해나갈 것이다. 이와 관련해서 세일가스는 저탄소 에너지 체제로의 시장 전환을 촉진시키는 역할을 할 것이다. 그렇지만 셰일가스는 혁명적이라기보다는 점진적인 기술임에도 사회적 저항에 직면할 것으로 예상된다.

파괴적 혁신의 사례: 재생가능에너지와 효율 개선 기술

파괴적 혁신이라는 개념은 기존 기술의 고착 상태를 깨뜨리는 것을 기본적인 전제로 한다. 완화된 규제 여건하의 에너지 분야에서는 최첨단의 가장 혁신적인 기술이 시장을 장악하지 못할 수도 있다. 태양광과 LED 조명 관련 기술은 발전 업체의 기존 사업을 중단시킬 가능성이 있다. 왜냐하면 이러한 신기술은 송배전 망을 사용하지 않을 뿐만 아니라 전력 소비량을 극적으로 떨어뜨리기 때문에 발전업체의 수익을 급격히 줄어들게 만들 가능성이 있다. 전력 사업의 수익을 구조적으로 보장해주는 지금의 규제 방식은 기술의 발전과 진화를 반드시 고려해야 한다. 새로운 기술이 도입되는 시장과 규제를 담당하는 정부는 '장기적 혼란 유발자의 자격'을 정확히 이해해야 한다.

이러한 자격을 규명하기 위해서는 다음과 같은 사항들을 질문해볼 필요가 있다. 이러한 혼란은 누구를 위한 것이며, 무엇 때문에 혼란을 일으키는 것인가? 20세기 초 사회적·정치적 수용의 결과로 등장한 수직 통합된 독점적 전력 부문에 대한 규제와 구속은 아직까지 대부분 그대로 남아 있다. 최근에는 천연가스만 석탄, 원자력, 수력과 비교해서 경쟁력 있는 전력 기술로 등장했다.[2] 반면에 재생가능에너지 기술과 에너지 효율 개선을 위한 노력은 급진적이면서도 파괴적인 방식으로 전력회사 운영 체계를 뒤바꿀 수 있을 것이다. 즉, 정면 돌파가 아니라 우회하는 방식으로 100년 전통의 오래된 사업 모델을 파괴하거나 변형하거나 해체까지 할 수 있을 것이다.

"기존 시장에서는 직접적으로 적용되는 일이 매우 드물었지만 중장기적으로

---

2   천연가스 전력 기술은 물론 정부의 혁신적인 노력이 뒷받침되었기 때문에 경쟁력 확보가 가능했다.

시장 구조 자체를 바꿀 수 있다는 점이 파괴적인 기술의 특징이라고 할 수 있다"(Christensen and Bower, 1996; Richter, 2011). 새로운 기술은 틈새시장을 통해 침투하는 경우가 종종 있다. 그렇다면 최근에는 인도, 중국 및 기타 신흥 개발도상국들이 급격히 성장하고 있기 때문에 이들 국가가 과연 틈새시장인지를 살펴봐야 할 것이다. 시장은 선진국의 고부가가치 기술과 관련해서만 존재하는 것이 아니다. 초창기의 반도체 산업은 미국의 군대를 위한 산업이었지만, 현재 반도체 기술은 개발도상국의 시장에 맞도록 조정된 상태다(Alic et al., 2010). 개도국의 전기 요금은 매우 높아서 선진국보다 비싸다. 게다가 개발도상국에서는 농촌 지역에 거주하는 가난한 소비자들에게 더 높은 에너지 요금이 부과되는 상황이다. 예를 들면, 이들 국가에서 축전지, 등유, 양초를 이용하기 위해서는 1kWh당 4달러의 요금이 부과되는데, 이는 맨해튼에서 사용되는 에너지 가격의 66배에 해당된다(Pearson et al., 2012). 따라서 태양광 기술 관련 시장은 세계를 대상으로 조성되고 있다. 실제로 OECD 국가의 소비자들은 태양광에 대한 정부의 보조금을 지원받는 반면, 개발도상국의 소비자들은 높은 석유 가격에 기반을 둔 에너지 시스템 아래에서 살고 있는 실정이다.[3] 이때 태양광 기술은 각기 다른 경로를 통해 전달되기 때문에 광범위하게 보급되고 있다.

개발도상국들은 중앙 집중화된 전력 체계를 뛰어넘을 수 있는 기회를 가졌고, 결과적으로는 '두 번째 도약'을 낳았다(Pearson et al., 2012). 예를 들면, 등유 램프를 태양광 전등으로 교체하는 과정이 대표적인 사례다. "태양광 모듈의 가격은 2008년 1W당 4달러를 넘을 정도였지만, 2012년에는 1W당 1달러 이하로 하락했다. 그리고 전 세계에 설치된 태양광의 설비 용량은 같은 기간 4.5GW에서 지금은 65GW를 넘어설 정도로 늘어난 상태다"(Aanesen et al., 2012: 3). 이러한 태양광 시장의 세계적 확대는 광범위한 영향을 미치고 있다. 선진국에서 가정용·산업용 태양광발전은 상호 연결된 기반 시설을 통해 에너지 서비스와 가격

---

3 태양광 기술에 대한 선진국의 지원은 자국의 청정 기술 관련 산업을 육성하고 수요를 창출하기 위한 목적을 주로 지니고 있다.

에 영향을 미치고 있다. 화석연료 발전 단가와 태양광발전 단가가 같아지는 시점인 '그리드 패리티(grid parity)'는 2020년이면 달성될 것으로 전망된다(Buijs, 2012: 44). 송배전망으로부터 완벽히 독립한 형태로도 경쟁력을 지닐 수 있다면, 태양광은 발전업체들의 전력망 투자 및 운영 방법 등에 파괴적인 영향을 미칠 수 있을 것이다. 더욱 근본적으로는 "기존 화석연료의 비용 증가와 재생가능에너지의 비용 하락 간의 격차가 커지면서, 세계경제의 격변과 21세기 새로운 에너지 패러다임의 출현을 위한 단계들이 설정되어가고 있다"(Rifkin, 2011: 31). 이처럼 세계 태양광 시장은 새로운 경제 패러다임의 필수적인 부분이다.

재생가능에너지 확대는 에너지 효율 개선 수단의 비용 절감에 필수적일 뿐만 아니라 신규 발전소에 대한 필요성도 줄여갈 수 있다. 그렇지만 에너지 수요 절감은 기존 발전업체의 설립 목적 및 운영 방식과는 상충될 수 있다. 에너지 효율 개선은 보통 부수적인 편익의 형태로 나타나며, 2차적인 목적을 위해 성과가 정량화될 수 있을 뿐이다.[4] "장애물보다는 추진 요인이 더 많은데도 효율 개선과 관련된 부수적 편익은 산업용 에너지의 효율 개선과 관련되는 경우가 종종 있다. 즉, 효율 개선은 폐기물 감축, 자원 절약, 유지 보수 축소, 온실가스 저배출, 개선된 안정성, 향상된 품질의 결과인지도 모른다"(Fleiter et al., 2011: 3101).

혁신과 신기술의 활용은 공장과 가정의 전력 공급 방식까지도 크게 바꿀 수 있다. LED 가로등의 도입은 에너지 효율의 개선뿐만 아니라 전구 수명의 연장이라는 장점도 지니고 있다. 현행 나트륨 조명의 수명이 3.4년인 데 반해, LED 가로등의 수명은 15년에 달한다. 나트륨 전구의 교체 비용을 고려하면 LED 조명은 한층 더 경쟁력을 가진다. 그렇지만 발전업체들은 전력 판매 수익의 감소와 안정성이 검증되지 않은 신기술의 위험성을 우려해 전환을 꺼리는 경향이 있다(Linebaugh, 2011; 2012). 파괴적인 기술은 에너지 소비량을 급격히 감소시키면서 깨끗한 에너지를 만들어내는 엄청난 잠재력을 지니고 있다. 다만 위험 요인을 고려할 때, 과거의 고착화된 기술과 사업 방식을 깨뜨릴 수 있는 방안이 혁

---

4   엄격히 말하면 에너지 효율 개선은 지구를 보호하기 위한 목적을 지닌 정책이라고 할 수 없다.

신 과정의 핵심적인 단계다. 이처럼 부가적인 혜택이 기술 변화에 대한 주요 추진 동력으로 작동할 수 있다.

파괴적 혁신이 장기적인 계획에 따라 추진된다는 의미는 신기술의 '장점'이 전면적으로 보급되기 위해 명확히 드러나야 한다는 뜻일 수 있다. 2050년을 목표로 하는 재생가능에너지 기술은 규정, 운영, 사업 수행 등과 관련해서 광범위한 조정이 필요한 실정이다. 선진국의 중앙 집중적인 전력 시스템을 변경하기 위해서는 부수적인 혜택을 받는 지지자들이 필요하다. 왜냐하면 규제를 받고 있는 사업의 운영 방식을 전환하기 위해서는 제도에 압력을 가해야 하기 때문이다. 시장의 지배력에 개방된 상태인 개발도상국 소비자들에게는 혁신적인 해결책이 효율적으로 도입되어야 한다. 혁신적인 대책은 시간이 흐르면서 재생가능에너지 기술의 높은 초기 비용을 분산시킬 수 있을 것이다. 중장기적인 전망에 따르면, 현행 고탄소 기술의 매몰 비용을 감수하더라도 재생가능에너지 기술의 도입이 가속화될 것이라고 한다.

불연속적 혁신의 사례: 지능형 전력망

기존 기술에서 벗어나 새로운 제품과 서비스로 전환하기 위해서는 낡은 기술을 버리고 새로운 기술의 기반을 강화해야 한다. 지능형 전력망과 스마트 기술은 전반적으로 에너지 분야의 불연속적 혁신을 이룩하기 위한 토대를 제공할 수 있다. 지능형 전력망의 정보 통신적 요소는 구축된 고압 및 저압의 전력망을 인터넷에 기반을 둔 시스템으로 전환시킬 수 있으며, 가정용 세탁기에서 발전소에 이르는 개별 장치들은 이러한 인터넷 기반 시스템을 통해 긴밀하게 연결될 수 있다. 다양한 수준의 기반 시설이 존재하지만, 변화의 범위는 새로운 정보 통신 기술이 얼마나 결단성 있게 전환을 촉진시켰는지에 따라 달라진다. 경제 활동의 토대로서 에너지 분야는 새로운 제품과 서비스의 이용을 가속화시키는 정보 통신을 통해 좀 더 많은 영역을 확보하게 될 것이다.

에너지 기반 시설은 경제 활동을 조직화하는 역동적인 영역이기 때문에 이러한 분야에서의 혁신은 경제 전반적으로 막대한 영향을 미친다. 즉, "기반 시설은 경제에 활력을 부여하는 에너지 자원과 정보 통신 기술 사이에서 유기적인 관계를 구축할 수 있다"(Rifkin, 2011: 27). 따라서 지능형 전력망의 구축은 새로운 에너지 기술 및 경제 활동뿐만 아니라 기업의 생존을 위해서도 필수 조건이다. "이때 스마트 그리드는 중추적인 기반 시설로서의 역할을 담당할 것이며, 이는 에너지 관리 서비스를 포함하는 새로운 사업 모델과 새로운 에너지 가격 구조를 가능하게 할 것이다"(Accenture, 2009: 3). 이러한 사업 모델이 어떻게 개발되고 서비스가 어떻게 제공되는지는 이용되는 기술의 형태에 따라 달라진다.

스마트 그리드의 목적은 크게 보면 더욱 균형 잡힌 전력 시스템을 구축하는 것이다. 이때 정보 통신 네트워크는 재생가능에너지에 대한 발전차액지원제뿐만 아니라 전력 소비 정점의 완화에 이르기까지 다양한 영역에서 수급 조절을 담당할 수 있다. 정보 통신 기술 분야의 전문가에 따르면 스마트 그리드는 소비자 못지않게 가정용 기술에 의존하고 있다. "지능형 전력망과 스마트 이용자는 반드시 함께 가야 한다. …… 이들의 상호작용은 동태적인 가격 책정 및 다양한 반응을 만들어낼 수 있을 것이다"(LaBelle and Sajeva, 2010: 66). 또한 스마트 그리드의 역동성은 관리되어야 한다. 왜냐하면 스마트 기술이 전력망의 운영을 방해하기 때문이 아니라 오히려 정보 통신 기술이 에너지 네트워크를 보완하면서 전력 소비를 크게 감소시키지 않기 때문이다. 예를 들면, "스마트 미터링[5]은 더욱 정확하게 요금을 청구할 수는 있겠지만 전력 수요를 감소시키지는 않을 것이다. 따라서 공급 관리를 위한 부하 분산이라는 측면에서 본다면 에너지 효율 개선 수단처럼 소비자에게 혜택을 주는 것은 아니다"(Warren, 2009). 따라서 이러한 방식은 소비자들이 높은 가격 시간대에 전력을 사용하지 않도록 유도해서 전력 소비의 정점을 최소화시킬 뿐만 아니라 에너지와 비용의 절감 혜택을 제공할 수

---

5   스마트 미터링(smart metering)은 정보 통신 기술의 양방향 소통을 기반으로 한 디지털 계량 방식이 탑재되어 전력회사와 전기 관련 정보를 실시간으로 주고받을 수 있는 계량기를 가리킨다. 이러한 스마트 미터링 기기를 사용할 경우 전력 사용량을 디지털 방식으로 기록해서 원격으로 보고하기 때문에 가정에서 전력 사용량과 사용 요금을 실시간으로 체크할 수 있다. _옮긴이

도 있다.

결과적으로 스마트 그리드가 대규모로 확산되면 낮과 밤 동안 전력 생산을 다변화할 수 있는 풍력, 태양광 같은 재생가능에너지 분야에서 부하를 분산하는 효과를 가져올 수 있다. 각국의 정부 및 국제기구는 이처럼 광범위한 규모에서 기반 시설의 구축과 기술 표준의 적용을 촉진시킬 필요가 있다. '경제성장의 재도약'을 꿈꾸는 중국은 늘어나는 재생가능에너지를 분산시키기 위해 기존의 정적인 전력망이 아닌 동적인 전력망이 필요한 상황이다. 2006년 이래로 중국의 풍력발전은 매년 2배로 늘어났으며, 태양광발전은 연간 44%씩 증가하고 있다 (State Grid Corporation of China, 2010: 6; Buijs, 2012: 27). 이처럼 석탄 발전이 아닌 재생가능에너지 발전을 우선시함으로써 탄소 배출량을 감소시킬 수 있다. 전력망의 연결을 통한 기술혁신을 배제시키지 않기 위해 공동의 표준을 수립하고 개방된 체제를 지닌 전력 시스템을 조성할 경우에는 장기적 측면에서 큰 성과를 거둘 수 있을 것이다(State Grid Corporation of China, 2010: 20).

스마트 그리드를 전력 체계의 근간으로 구축하려는 유럽의 노력은 하향식 제도에 대한 거부로부터 시작되었다. 유럽은 스마트 그리드 구축에 필요한 1500억 유로의 자금뿐만 아니라 중요한 규정과 이해관계자의 협력도 함께 마련해야 한다(Smart Grid Today, 2009). 이는 유럽위원회가 도입하고 EU가 설립한 새로운 제도의 구조를 살펴보면 알 수 있다. 2009년 에너지규제협력기구(Agency for the Corporation of Energy Regulators: ACER)의 설립은 국가별 에너지 규제 담당자의 협력을 도모할 뿐만 아니라 이런 맥락하에서 기반 시설 조성 사업 및 시장 개방을 위해 국경을 초월한 협력을 증진시킨다는 목적을 지니고 있었다. 이러한 구조적 틀 내에서 EU는 기술 표준을 가능하게 하는 국가 규제 담당자와 함께 작업할 스마트 그리드 기술 관련 실무진을 구성했다. 이들은 2020년이면 소비자의 80%가 스마트 미터에 쉽게 접속할 수 있을 것으로 추정했다(LaBelle, 2012).

이처럼 스마트 그리드 기술에서의 혁신은 기술의 이용 가능성뿐만 아니라 정부 및 기업의 폭넓은 수용, 국경을 넘어선 확산, 마지막으로는 가정과의 연결에 달려 있을 것이다. 스마트 그리드 혁신의 핵심은 이해관계자와의 협력과 조정이다. 이와 같은 유기적 기술 플랫폼은 생산자와 소비자 사이의 더 큰 상호작용을 통해 신사업의 성장을 장려할 수 있다. 개선된 학습 곡선과 새로운 제품 및 서비스를 통해 나타나는 불연속적 혁신은 스마트 그리드와 맥을 같이하며 발전하는 경향이 있다. 연구·혁신은 기술 개발뿐만 아니라 소비자들이 신기술을 자신의 일상생활에 통합·확산시키기 위해 선택하는 방법에도 의존해야 한다.

연속적 혁신의 사례: 가스

연속적 혁신과 기술적 위험이라는 개념에 해당하는 대표적인 사례는 화석연료다. 천연가스의 경우 점차 감소하는 매장량을 보충하기 위해 더 큰 혁신이 필요할 뿐만 아니라 환경적 위험도 반드시 고려해야 한다. 이러한 기술적 위험은 신기술의 채택을 가로막을 가능성이 있으며, 이로 인해 비전통적인 가스의 채굴이 중단될 수도 있다. 현재 셰일가스는 환경적으로 위험한 기술에 의존하는 중요한 비전통적 가스로 부상하고 있다. 환경적 위험을 고려한 프랑스와 불가리아는 셰일가스의 채굴을 중단할 정도다. 하지만 북미 가스 시장에서는 기술적 위험성이 미치는 영향이 그다지 크지 않으며, 저렴한 가격으로 인해 시장은 공급 과잉 상태에 처해 있다. 미국에서 천연가스는 다음과 같은 두 가지 혜택 덕분에 석탄 산업보다 경쟁력을 확보할 수 있었다. 첫째, 천연가스는 저탄소 연료의 핵심이며, 저탄소 경제로 이끄는 실질적인 연료다. 둘째, 셰일가스 기술은 북미 시장에서 '게임 체인저(game changer)'라는 명예로운 타이틀을 얻고 있다. 현재 천연가스의 낮은 가격은 제조업 부문의 경쟁력을 높이고 있다. 왜냐하면 미국의 에너지 집약적인 업체들은 전력 시장의 가격 인하를 추구하는 경향이 있기 때문이다(Boxell, 2012). 그렇지만 셰일가스 기술을 둘러싼 환경적 위험은 전 세계에 널리 퍼져 있다. 미국에서는 성공적인 성과를 거두었지만, 유럽에서는 환경적으로 위험하다는 인식 때문에 논쟁이 벌어지고 있는 실정이다. 실제로 유럽에서는 천연가스 관련 기술이 한시적으로 중단된 상태이며, 이러한 기술의 도입에 반대한다는 공식적인 입장이 아직까지 유지되고 있다.

셰일 암석층에서의 수압 파쇄 기술에 대한 유럽의 반대는 이러한 기술이 에너지의 미래 전망에 대한 혼란을 최소화시켜야 한다는 사실을 정확히 보여주고 있다. 환경에 대한 우려는 셰일층에서 가스를 채굴하는 데 사용되는 기술에서 비롯된다. 구체적으로는 수압 파쇄 과정에서 많은 양의 물, 모래, 화학물질이 투입될 뿐만 아니라 각종 유해 화학물질과 가스도 방출되기 때문이다. 이러한 투입물과 배출물은 지하 대수층과 공기를 오염시킬 수 있다. 셰일층에서의 수압 파쇄는 화학물질이 섞인 물과 가스를 분사해서 셰일층을 강한 압력으로 쪼개 셰일가스를 방출시키는 데 이용되는 기술이다. 이후 '환류' 과정을 통해 폐수를 땅속으로 다시 주입해야 하며, 오염 물질은 분리해서 처리해야 한다.

셰일가스의 출현은 미국의 에너지 전망에 변화를 가져왔다. 1970년대 후반 미국은 가스가 고갈될 것으로 판단했기 때문에 가스 화력발전소의 건설을 일시적으로 중단했다. 1980년대 들어 발전소 건설이 다시 추진되기는 했지만, 가스 공급이 줄어들 것이라는 전망은 2000년까지 그대로 유지되었다. 이러한 전망하에 가스 수요에 대한 연료 공급을 충당하려는 목적으로 액화천연가스 인수 기지 건설이 진행되었다. 그렇지만 새롭게 등장한 셰일가스는 미국의 가스 시장에서 주요 공급자로 자리 잡았으며, 기존의 천연가스를 능가할 것으로 기대될 만큼 파괴적인 영향력을 행사하고 있다. 셰일가스가 미국 시장에서 이처럼 엄청난 영향력을 미칠 수 있었던 것은 비약적인 기술혁신 때문이다. 셰일가스전은 새롭게 개발된 수평 굴착 기술을 이용하고 있다. 이 신기술은 지질을 더욱 완벽하게 이해하도록 만들었을 뿐만 아니라 가스를 채굴하기 위한 최선의 방법도 제공해주었다. 3차원 영상과 맥동[6] 관측기는 이러한 기술적 진전을 가능하게 했다. 한편 정부가 장기적으로 연구 지원하고 석유·가스업계와 공동 작업한 뒤 몇 년이 지나 셰일가스는 모습을 드러냈다(Breakthrough Institute, 2011; Shellenberger and Nordhaus, 2011; Trembath, 2011).

비전통적인 가스에 대한 연구는 기업과 국책 연구 기관의 협력에 의한 연구·

---

6   맥동이란 지진 이외의 원인에 의해 발생하는 지각의 미약한 진동을 가리킨다. _옮긴이

혁신으로 이어졌다. 즉, 기술 축적, 인적 노하우, 정책적 지원의 결합 덕분에 셰일가스 혁명이 진행될 수 있었다. 1997년 기업 합병 이후 셰일가스 혁명은 발현되기 시작했다. 구체적으로는 '슬릭 워터'[7] 추출 기법이 수평 굴착에 적용되면서 셰일가스전을 굴착하는 데 드는 비용이 37만 5000달러에서 8만 5000달러로 낮아졌다. 2006년 후반과 2007년에는 연방경제지질국(Federal Bureau of Economic Geology)에 의해 시범 사업이 진행되었다. 이 과정에서 각종 야금 기술이 적용되었으며, 가스가 포함된 나노 크기의 기공이 발견되었을 뿐만 아니라 채굴 기술도 크게 향상되었다.

"셰일가스는 기술혁신을 반영할 뿐만 아니라 가스 부문의 지속적 혁신 과정에 동참함으로써 혁명적인 전환을 이뤄낼 수 있었다. 미국에서 개발된 혁신, 기술, 노하우는 전 세계 다른 나라에서도 적용이 가능하다"(Natural Gas Europe, 2012). 셰일가스 기술을 보유했던 기업의 사업가들은 셰일가스가 에너지의 미래 전망을 뒤바꿀 것이라는 관점을 지니고 있었다. "가스는 우리에게 다른 에너지를 개발할 시간을 벌어주고 있다. …… 정부는 그 길을 바라볼 필요가 있다. 우리는 다른 에너지가 개발될 때까지 넋 놓고 기다릴 여유가 없다. 기업들도 정부와 마찬가지로 그 길을 멀리 내다보려고 하지 않는다"(Breakthrough Institute, 2011). 따라서 새로운 에너지 기술에 대한 지식과 자원을 정부와 기업이 공동으로 제공하는 안정적인 토대가 마련되어야 에너지 분야에서의 혁신이 가능할 것이다.

석유와 가스를 채굴하기 위한 새로운 기술적 해결책은 환경문제에 직면할 수 있으며, 이로 인해 사회와 정부가 신기술을 거부할 가능성도 존재한다. 물론 연속적인 기술혁신도 마찬가지로 이런 가능성을 지니고 있다. 광범위한 제도적·사회적 위험은 경계면을 형성할 수 있다. 사회적 고려와 올바른 정책의 결합은 신기술을 활용하기 위한 필수 요소라고 할 수 있다. 판도를 뒤바꾸는 미국 셰일가스의 시장 확산과 유럽의 반발을 비교해보면, 기술적·제도적 고착화의 위험

---

7   슬릭 워터(slick water)는 셰일가스를 채굴하기 위해 물에 소량의 화학 성분을 첨가한 파쇄 용액을 가리킨다. _옮긴이

이 업계에 어떤 영향을 미쳤는지 알 수 있다. 유럽 셰일가스기업들의 위험에 대한 검토는 산업의 성장에 영향을 미치는 제약 조건들을 숨김없이 보여주고 있다. 유럽에서는 기술에 대한 사용을 중단시키고 있는 반면, 다른 나라에서는 기술 적용이 천천히 확대되고 있다. 이는 산업과 기반 시설의 한계 때문만이 아니라 광범위한 환경문제 때문일 수도 있다.

석유·가스의 채굴 기술은 연속적 혁신의 대표적인 사례다. 따라서 전통적 화석연료의 수요와 비용이 상승하면 비전통적인 기술들은 경쟁력을 확보하게 된다. 비전통적인 화석연료가 경제성을 지니면 시장에서 연료의 공급을 확보하고 가격을 안정시키는 데 도움이 될 수 있다. 미국에서처럼 시장 점유율이 대폭 높아질 수도 있다. 그렇지만 시민단체, 정치인, 정부 관료들의 우려가 해결될 수 없다면 전통적인 채굴 기술이 다시 주도권을 획득할지도 모른다. 물론 연속적인 혁신은 기술적 경계를 확장할 수 있다. 그렇지만 이러한 기술적 경계가 밀려날 경우 사회적 경계에 직면할 수도 있다. 따라서 연구·혁신은 정부, 사회, 기업의 협력에 기반을 둘 수밖에 없다. 그리고 화석연료의 감소와 고갈로 인해 에너지 문제가 더욱더 긴급한 사안으로 등장하자 새로운 에너지원을 찾아낼 수 있는 적정 기술에 대한 사회적 동의가 요구되고 있다.

기술적 고착화를 해제하는 혁신에 대한 논의

에너지 혁신은 광범위한 지원이 있어야 기존의 고착된 기술적 체제를 붕괴시킬 수 있다. 저탄소 기술로의 빠른 전환은 세계적으로 적용되는 혁신적인 해결책들을 기반으로 진행되어야 한다. 탄소 배출량을 줄이고 전기에 대한 보편적 접근을 허용하는 새로운 기술을 보급하기 위해 기존 기술에 대한 고착화를 해제하는 작업은 혁신적인 파트너십의 성패에 달려 있다. 이러한 협력은 새로운 기술과 관련된 다양한 위험을 감소시킬 수 있다. 연구·혁신은 지역적인 환경을 변화시키고 적절한 에너지 기술을 전 세계로 확대하는 기능을 담당한다. 이와 관련된 사례들은 혁신의 세 가지 유형을 통해 살펴볼 수 있다.

첫째, 파괴적 혁신은 현행 에너지 체계에서 가장 큰 도전으로 등장한 상태다. 물론 재생가능에너지 기술과 태양광을 현실에 적용하기까지는 오랜 시간이 걸릴 것이다. 그럼에도 불구하고 태양광발전의 세계적 확산이 가속화되고 있는데, 이는 선진국과 개발도상국 모두 공짜에 가까운 햇빛을 이용하기 위해 원가를 절감시키는 기술들을 빠르게 적용해나가고 있기 때문이다. 둘째, 스마트 그리드 기술은 학습 곡선을 향상시킬 뿐만 아니라 관련 제품과 서비스에 대한 새로운 시장을 창출해나가고 있다. 이때 불연속적 혁신은 광범위한 경제적·사회적 영향을 미칠 가능성이 있다. 통신망이 연결될 가전제품과 발전소의 결합은 분산형 전력의 생산을 가속화시킬 것이며, 재생가능에너지 및 저탄소 에너지 관련 기술 역량도 강화시킬 수 있을 것이다. 셋째, 연속적 혁신은 셰일층에서 수압 파쇄 기술을 통한 가스 채굴에서 확인될 수 있다. 즉, 수직적 가스전에서 수평적 가스전으로의 전환과 수압 파쇄 기술의 등장에서 보인 점진적 발전 덕분에 미국은 이제 천연가스를 수입하지 않게 되었다. 그렇지만 미국에서는 셰일가스가 활발히 개발되고 있긴 하지만, 유럽에서는 환경적·사회적 반발로 인해 전면적인 개발이 불가능할지도 모른다. 이러한 세 가지 유형의 기술은 온실가스 배출을 감소시킬 수 있지만, 이를 위해서는 이해관계자, 정부, 기업 간의 협력이 반드시 이뤄져야 한다. 청정 기술을 통해 지구적 탄소 에너지 체계를 해체하고 재구성하기 위해서는 연구·혁신이 필수적인 요소다.

새로운 기술을 위한 경로는 기존 기술과 관련된 지배적 이해관계자들이 수립한 제도와 규제라는 장벽을 깨뜨림으로써 다양하게 만들어낼 수 있다. 즉, 신기술로 인한 비용 절감이나 온실가스 감축 규제와 같은 외부적·부차적 동기들이 있어야 기술적 전환이 이뤄질 수 있다. 이러한 동기 가운데 하나는 새로운 기술이 낡은 기술보다 저렴하다는 것일 수 있다. 아니면 새로운 경제 패러다임으로 진입할 수 있는 기회를 제공하는 협력을 통해 다양한 부산물이 게임 체인저로 등장할 수도 있다. 이제 기술과 제도는 더욱더 고착화되기 어려운 상황으로 바뀌고 있다. 왜냐하면 기술들 간의 비용과 성과가 비슷해지거나 끊임없이 개선되고 있기 때문이다. LED 조명과 재생가능에너지 기술은 비용이 하락하면서 보급이 급속도로 확산되고 있다. 장기적으로는 기존의 낡은 기술이 새로운 체제로 전환되는 점진적인 대체 과정이라고 할 수 있다. 따라서 연구·개발과 연구·혁신은 협력의 성패에 따라 달라질 수밖에 없다. 다만 이때에도 정부가 중심적인 역할을 맡으며, 실험실에서 현실로 기술을 이전하는 과정에서는 각종 기술적·제도적·사회적·경제적 장벽을 극복해야만 한다.

결론: 세계적 기술과 지역적 시장

연구·혁신을 통한 이니셔티브는 기술 시스템의 장기적인 변화에 전략적으로 접근함으로써 탄소 배출을 줄일 수 있다. 이때 기술은 세계적이지만 해당 기술이 다른 자원들과 경쟁하는 방법은 지역적일 수밖에 없다. 혁신적인 기술과 혁신적인 관계는 견고한 고탄소 기술과 고탄소 사업의 관행을 대체할 수 있는 재생가능에너지 기술의 주요 수단이다. 세계적 기술은 지역적 맥락하에서 진행되는 작업을 통해 자리를 잡을 수 있으며 이미 확립된 기존의 기술들과 경쟁할 수 있다. 비용, 정부 지원, 사회적 수용성, 심지어 기업가 정신 같은 요소들은 새로운 기술의 지역적 확산과 침투에 영향을 미칠 수 있다.

특정 기술의 혁신 유형을 확인함으로써 저항이 어디에서 나타날 수 있는지에 대한 이해의 폭을 넓힐 수 있을 것이다. 파괴적·불연속적·연속적 혁신은 기업과 제도에 대한 위협으로도 작용할 수 있다. 왜냐하면 기업과 제도는 사회적 선택과 기술적 발전에 적응하는 방안을 제시해야 하는 책임과 의무를 지니고 있기 때문이다. 민간과 정부가 결합된 방식의 연구·개발은 단기적인 측면에서의 상업적 이익이 장기적인 측면에서의 전략과 일치해야 살아남는다는 사실을 보여주고 있다.

기후변화의 지구적 영향은 저탄소 기술의 신속한 보급을 필요로 한다. 이때 해결책은 지역적인 차원에서 진행될 수밖에 없다. 왜냐하면 신기술도 서로 다른 시장에서 적용되며, 기존의 지역적 가격과 기술 시스템에 적응해야 하기 때문이다. 물론 경제 발전이 계속되기 때문에 화석연료에 대한 세계적 수요는 지금과 같이 그대로 유지될 것이다. 그렇지만 경제 발전과 에너지 수요가 지속적으로 증가함에 따라 지구 자원의 한계는 더욱 비약적인 기술 개발을 요구하게 될 것이다. 화석연료 사용과 온실가스 배출의 억제는 지구를 인간이 살 수 있는 행성으로 유지하는 데 필수적인 작업이다. 청정에너지 기술은 기술과 파트너십의 결합을 통해 등장하고 있다. 혁신적인 에너지 해결책은 기술을 통해 직접적으로 드러나겠지만, 미래 지향적인 에너지 시스템을 구축하기 위해서는 사회와 정부가 민간 부문과 함께 작동해야 한다.

새로운 기술의 광범위한 확산은 물론 시장을 통해 이뤄져야 한다. 변화를 만들어내려는 정부의 약소한 지원을 받은 뒤에 새로운 기술은 위험한 시장 속으로 나아가야 한다. 전력 시장의 완화된 규제라는 한계로 인해 규제 당국의 승인과 정부의 입법은 새로운 기술의 의미 있는 확산을 억제하고 저해할 가능성이 있다. 또한 기술적·제도적 고착화는 전력의 공급과 수요를 감소시키는 더욱 효율적인 해법의 등장을 가로막을 수도 있다. 그렇지만 세계적으로 틈새시장이 늘어나면서 재생가능에너지를 위한 분산형 전력망이 중앙 집중형 전력 체계의 대안으로 등장하고 있다. 또한 새로운 기술이 소비자들에 의해 사용되고 점차 개선되다 보면 기존의 관행적인 사업들은 시간이 흐를수록 불안정해질 것이다. 고탄소 에너지 기술의 고착화를 깨뜨리는 것은 시간문제에 불과하다. 이제 필요한 것은 단지 새로운 기술의 혁신이다.

08 석유 상류 부문 합의의 최근 동향
정책·계약·회계·법률 관련 쟁점

오노레 르 로슈

석유 상류 부문 계약에 대한 개관

석유[1] 상류 부문의 협정과 재정 구조는 산유국 또는 이들의 국영 석유회사(National Oil Company: NOC)와 외국계 투자자인 국제 석유회사(International Oil Company: IOC) 사이의 관계를 규정하는 초석이다. 사실 이러한 협정과 재정 제도는 세계 각국의 고유한 석유 정책을 시행하기 위한 정책적 수단이라고 할 수 있다. 따라서 석유 협정은 국제 석유회사들이 상류 부문에 투자하도록 유도하는 조건을 직접적으로 반영하기 마련이다.

석유 상류 부문의 협정은 석유 탐사 및 개발 계약(petroleum exploration and production contract), 즉 탐사개발계약(E&P contract)이라고 불린다. 이는 산유국의 법, 특히 석유법에 의거해 석유 투자자의 의무와 권리를 규정한다. 특정 지역에 대한 장기적인 계약도 존재하는데, 이는 산유국의 법이나 세금 제도를 기반으로 한 독립적인 기준에 근거해 투자자가 체결한 것이다. 특히 석유를 상업적

---

1 이 글에서 석유(petroleum)는 오일(oil)과 천연가스(natural gas)를 통칭한다.

으로 개발·이용하는 경우 탐사개발계약과 관련된 재정 제도에 직접적으로 의존할 수밖에 없다. 즉, 이를 근거로 매장지를 개발·탐사할 때 발생하는 생산, 소득, 위험성을 배분하는 방식이 정부와 투자자 사이에서 결정된다.

탐사개발계약과 관련된 재정 제도는 해당 국가의 법적 시스템과 탐사개발계약의 정책에 따라 여러 가지 유형으로 구분된다. 탐사개발계약과 재정 제도의 주요 형태는 이미 오래전에 형성된 반면, 석유 상류 부문의 개별 계약과 재정 시스템에 관한 조항은 지난 수십 년 동안 상당히 수정된 상태다. 이 장에서는 석유 상류 부문의 협정과 재정 시스템의 유형을 검토하면서, 최근의 동향과 주요 발전 양상을 개괄적으로 살펴보려 한다. 특히 다음의 질문에 대한 해답을 모색하는 방향으로 진행할 것이다. 즉, 특정 국가의 석유 정책과 탐사개발계약은 어떻게 관련되어 있는가? 개별 탐사개발계약과 재정 제도의 주된 차이점은 무엇인가? 최근의 탐사개발계약은 어떻게 변해왔는가? 재정 제도하에서 '정부의 공정한 수익'은 어떻게 규정되는가? 재무적인 안정 조항은 언제 정당화될 수 있는가? 비전통적 석유와 가스의 처리에 요구되는 사항은 무엇인가?

석유 상류 부문 정책의 발전이 탐사개발계약에 미치는 영향

대부분의 국가에서 지하자원의 소유권은 정부가 단독으로 갖고 있다. 여기서 말하는 권리란 이름뿐인 권리가 아니라 지하자원을 탐사 개발할 권리를 의미한다. 또한 정부는 장기적인 석유 정책을 결정하는데, 특히 자국 석유의 탐사·생산에 대한 투자자의 역할을 규정할 수 있다. 여기서 투자자는 대부분 외국계 기업을 가리킨다. 이때 정부는 외국계 기업이 상류 부문의 활동을 전개할 수 있도록 지역을 선정한 뒤 배타적 경제 구역을 이들에게 개방할지 여부를 결정할 수도 있다. 예를 들면, 탐사개발계약의 체결 시기, 특정 지역의 유자격자 중에서 계약 체결의 대상인 기업을 선발하는 방법, 외국계 기업의 자국 내 직접 투자를 허용 또는 장려하는 범위에 관해 결정할 수 있다.

석유 상류 부문에 대한 정책은 산유국과 투자자 사이의 경제적 이익이 균형을 유지하도록 만든다. 이러한 균형은 여러 가지 요인과 시대적 상황에 따라 달라진다. 20년 전과 비교했을 때 지금은 극히 일부 국가만 국제 석유회사와 가까운 관계를 유지하고 있다(〈상자글 8.1〉 참조). 해외 투자를 유치하려는 나머지 대부분의 국가도 탐사개발계약의 체결과 계약 지역의 위치를 결정할 수 있는 독점적인 권한을 보유하고 있다. 또한 정부는 이해관계를 경합하는 과정에서 이들 기업을 자국의 산업 육성과 관련시키는 경향이 있다.

▌상자글 8.1▌ 석유 탐사와 생산에 외국계 기업의 직접 투자를 허용하는 또는 허용하지 않는 국가

1990년 초 구소련이 외국인 투자자의 석유 탐사 개발을 허용한 이후 지금은 대부분의 국가에서 외국계 석유기업의 직접 투자를 허용하고 있다. 그렇지만 다음과 같이 예외적인 경우도 있다.

• 멕시코: 1938년 이후 석유산업을 국유화했다. 그렇지만 현재 일부 영역에서는 위험부담계약(Risk Service Contract: RSC)이 허용되고 있다. 2005년 이후 몇 건의 위험부담계약이 체결되었는데, 이는 대부분 재개발 매장지의 탐사 개발과 관련된 것이다.
• 쿠웨이트: 1976년 이후 석유산업을 전면적으로 국유화했지만 국제 석유회사와 기술 지원 계약을 체결한 상태다. 위험부담계약과 같은 유형의 계약도 고려했지만 아직까지는 관련 법률이 공포되지 않았다.
• 사우디아라비아: 1976년 이후 석유산업을 전면적으로 국유화했지만 2003년 이후로는 국제 석유회사와 4건의 양허계약을 체결했다. 이들 계약은 오직 석유의 탐사 개발에만 관련되며, 천연가스는 대상에서 제외되었다.

석유산업을 이미 국유화한 그 밖의 산유국에서는 현재 석유에 대한 해외 직접 투자

가 일부 제한된 영역에서 허용되었음에도 여전히 국영 기업이나 지역 기업이 석유 채굴 사업의 지분을 대부분 보유하고 있다. 특히 해외 투자자들에게 일부 영역을 재개방하기 전부터 석유 부문에서는 이러한 경향이 나타났다. 대표적인 사례가 OECD 국가와 러시아, 중국이라고 할 수 있다. 오늘날 전 세계 석유 생산량의 50% 이상은 국제 석유회사의 참여 없이 국영 기업이나 지역 기업을 통해 공급되고 있다. 각국의 국영 석유회사는 전 세계에서 발굴된 매장량의 80% 이상을 채굴하고 있다.

지난 10년 동안에는 매장지를 재개발하기 위한 새로운 탐사 및 생산 지역에 대한 접근권이 국제 석유회사에 우선적으로 부여되었다. 왜냐하면 고유가로 인해 비전통적 석유와 가스 자원을 찾을 필요성이 생긴 상황에서, 이들은 새로운 지역이나 더 깊은 지층을 탐사할 수 있는 진보된 기술력을 보유하고 있기 때문이다.

개별 산유국은 석유 상류 부문의 정책을 시행하기 위해 석유상류부문법을 제정한다. 석유상류부문법은 국제 석유회사에 탐사 개발 작업 권한을 부여하는 방법과 특정 탐사개발계약의 조건과 기간 등을 규정한다. 그밖에도 유류세는 일반조세 제도뿐만 아니라 특별 조항에 따라 결정된다. 이 석유상류부문법은 석유 및 천연가스와 관련된 탐사 개발 조항, 상업적인 매장지의 발견, 매장지가 폐쇄될 때까지의 개발·생산, 탐사가 끝난 이후 해당 장소의 복원에 대한 사안을 다룬다. 계약 지역을 탐사하는 데에는 10년 이상 걸릴 수도 있으므로 석유 탐사는 별개의 위탁 업무와 함께 단계적으로 수행된다. 석유 탐사 작업이 이뤄진다고 하더라도 상업적인 매장지를 발견하지 못할 수도 있기 때문에 비교적 큰 위험성이 존재하기 마련이다. 상업적인 매장지가 발견되고 이에 정부의 승인이 떨어지면 계약자는 유류세 제도에 의거해 30년 이상의 장기간에 걸쳐 석유를 개발하고 생산할 수 있다.

석유 상류 부문의 신규 계약과 세금 조항은 선진국과 개발도상국의 정치적 상황과 국제 석유 및 가스 시장의 변화에 따라 지난 수십 년간 상당히 큰 변화를 겪었다.[2] 1960년 이후 OPEC의 역할과 정책이 석유 생산국과 투자자의 관계를 변화시키는 기폭제로 작용했다는 것은 의심의 여지가 없다. 이러한 관계의 변화로 인해 오늘날의 산유국 정부는 상류 부문의 수익을 더 많이 가져가는 반면, 상류 부문 활동에 대해 더 강력하게 통제하고 개입하게 되었다. 이러한 경향은 매장량이 풍부할 것으로 예상되는 국가에서 특히 강하게 나타난다. 반면 석유 매장량이 아직까지 이 정도 단계에 이르지 못한 국가는 외국계 기업이 자국 내에서 석유를 탐사하고 개발하도록 장려하기 위해 유인책이 될 만한 정책과 세금 혜택을 도입해오고 있다.

석유에 대한 수요와 공급의 균형이 변함에 따라 지난 수십 년 동안 국제 석유·가스 시장의 가격 유동성은 가속화되었다. 이는 탐사개발계약과 재정 제도의 조건에 큰 영향을 주었으며, 이로 인해 가격 변동이 극심한 상황에서도 적정한 정부 수익을 유지할 수 있을 정도로 충분히 강력하고 진보적인 재정 시스템이 필요해졌다. 게다가 산유국과 국제 석유회사 모두 환경적·사회적·경제적 쟁점을 점차 우선적으로 고려하기 시작했다. 그 이유는, 아직까지는 풍부하지만 재생 불가능한 석유 자원의 수명이 비교적 제한적이기 때문에 이러한 석유 자원을 개발할 수 있는 동안 이해당사자에게 이익을 주면서도 해당 국가와 지역의 지속가능한 발전을 가능하도록 할 수 있는 방안을 고려해야 하기 때문이다. 이제 다음 절에서는 탐사개발계약에 관한 구체적인 내용을 다룰 예정이다.

상류 부문 협정·면허·재정 제도의 주요 형태

자원 보유국과 투자자 사이에 체결된 탐사개발계약은 해당 국가의 법률 시스템, 구체적으로는 석유법 제정을 위한 정책과는 다른 형태를 띨 수 있다. 〈상자

---

2 법, 재정, 계약에 관한 쟁점에 대해 더 광범위하게 검토하기를 원한다면 Duval et al.(2009)을 참고할 수 있다.

글 8.2〉는 국가가 부여하는 다양한 형태의 탐사개발계약 또는 면허를 정리해서 요약한 것이다. 산유국의 석유법과 규제에 석유 관련 활동과 재정 시스템의 세부적인 부분까지 규정되어 있다면 별도의 협정을 체결하지 않고도 석유와 가스 면허를 발급받을 수 있다. 상업적인 개발의 경우 생산 면허를 통해 탐사 자격을 부여받는 것이 적절하다.[3] 대신 석유법이 주요 원칙만 제시하고 재정 시스템을 제대로 규정하지 않을 때에는 탐사개발계약을 통해 비교적 자세한 부분까지 규정함으로써 탐사 개발에 대한 투자자의 권리가 결정된다. 이렇게 체결된 탐사개발계약은 석유에 대한 투자 협정에 부합할 뿐만 아니라 석유법과 관련된 탐사개발 조항을 모두 포괄한다. 또한 이 계약에는 법률적으로 제대로 규정되지 못하는 재정 시스템의 세부 사항이 명시된다. 석유를 생산한 역사가 길지 않은 국가나 개발도상국은 종종 계약을 자세하게 체결하기를 요구하는 경향이 있다. 이러한 경우, 일반적으로 계약이 체결된 후에 석유법에 명시된 법적인 절차를 거쳐 탐사 및 개발 작업을 허가하는 짧은 행정 문서인 석유 면허나 배타적인 허가증이 발급된다.

▌상자글 8.2 ▌ 탐사개발계약과 면허의 차이

이 장에서 사용하는 '탐사개발계약'이라는 용어는 산유국 또는 산유국의 국영 석유 회사와 석유·가스 기업 사이에 적용되는 법에 의거해 승인된 협정을 의미한다. 이처럼 산유국이 선택한 기업은 탐사의 위험성을 감내하면서 자체적인 기준에 따라 특정 지역을 탐사할 수 있다. 이후 상업적인 매장지가 발견되면 해당 기업은 발견된 석유 및 천연가스 매장지의 개발과 생산을 담당하게 된다.

산유국에서 제정된 석유법은 일반적으로 탐사개발계약이라고 알려진 다른 종류의 법적 장치를 마련할 수 있다. 이런 법적 장치는 해당 국가의 석유 정책에 따라 달라

---

3   면허 제도를 도입한 국가의 사례와 관련해서는 Cameron(1984), Daintith and Willoughby(2000), Lucas and Hunt(1990)를 참고할 수 있다.

진다. 다음은 두 가지 주요 접근법이다.

1. 산유국의 법률과 규제하에 석유 면허를 발급한다. 이렇게 발급된 면허는 허용된 지역에 대한 탐사 면허나 허가증, 또는 개발 제한 구역에 위치한 상업적 매장지에 대한 생산 면허나 임대차 계약 또는 토지 사용권으로 사용될 수 있다. 이때 미국, 캐나다, 호주 등의 국가에서는 모든 조항이 법률과 구체적인 규제를 통해 규정되기 때문에 탐사개발계약 자체만으로는 탐사나 생산을 할 수 없다. 심지어 면허나 토지 사용권은 토지 이용 협정과 같은 별개의 법적 토지 이용 계약에도 종속되지 않는다. 다만 영국, 노르웨이, 덴마크와 같은 국가에서는 가끔 국가법하에서 발급된 면허가 탐사 작업에 대한 의무 사항에 관한 몇 개의 구체적인 조항이나 추가수익세와 관련된 세금 조항이 명시되어 있는 단기 면허·계약 협정의 집행에 종속된다.
2. 현재 많은 개발도상국과 같이 법률과 규제가 아직까지 광범위하게 구체화되지 못한 국가에서는 석유법하의 탐사개발계약이 일반적인 법률, 규제, 조세 제도를 제대로 준수하지 못하는 경우도 있다. 이때 석유법은 탐사와 생산에 적용되는 조항과 조건만 제공할 뿐이다. 다만 계약의 체결과 이행이 만족스럽게 진행된다면 대부분의 경우 해당 계약은 이후의 행정적인 탐사개발면허와 허가에 자동적으로 영향을 미친다.

이 장에서 언급하는 탐사개발계약에는 이 두 가지 상황이 모두 포함된다.

개별 탐사개발계약은 일반적인 계약자에게 적용되는 세금 조항을 규정하는 재정 제도와 관련이 있다. 이러한 재정 제도를 흔히 시스템이나 패키지라고 하는데, 이는 산유국의 조세법과 석유법에 따라 결정된다. 그렇지만 탐사개발계약이 법률에 의거해 체결될 때 몇 가지 특별 조항이 추가되기도 한다. 그러나 최근에는 새로운 계약의 체결과 관련해 일정 기간 동안 동일한 세제를 신규 투자자에게도 적용하는 사례도 생겨났는데, 이는 수많은 계약의 이행을 촉진시키고 투자자 간의 투명성을 증진하기 위해서였다.[4] 재정 제도는 국가와 계약자 간의 생산과 수익의 분배에 직접적인 영향을 미치기 때문에 정부와 기업에는 가장 중요한 요소다. 재정 제도는 정부에 지급되는 기타 세금의 총액과 생산 지분을 결정한다. 이때의 세금은 정부 수입이 되며, 대개 특정 계약 지역이나 프로젝트에서 발생하는 석유 수익에서 정부가 가져가는 수익의 비율로 표현된다. 어떤 국가에서든지 석유 사업은 정부의 수입원이 될 수밖에 없다. 이후 자세히 설명하겠지만, 석유 재정 시스템의 종류는 탐사개발계약의 유형에 따라 결정된다. 이는 이장에서 상류 부문 계약의 유형을 제시할 때 탐사개발계약과 재정 체제의 발달을 함께 강조하는 이유이기도 하다.

탐사개발면허가 발급되거나 탐사개발계약이 체결된 것은 오늘날 산유국이 투명한 입찰 과정을 통해 경쟁 입찰을 자주 추진한 결과다. 그렇지만 석유법과 상황에 따라 직접적인 협상을 통해 계약이 체결되는 경우도 존재한다. 탐사개발 면허를 부여하는 이상의 두 가지 시스템에서는 조세 제도를 포함한 극히 일부 조항만 오늘날 경매나 협상에 적용될 뿐이다. 또한 실제 계약은 입찰이나 협상 이전에 산유국이 정교한 검토 작업을 거친 탐사개발계약이나 면허의 표준안에 근거해서 체결된다.[5]

상류 부문 협정 및 관련 재정 제도 유형의 발전

산유국이 새로운 투자자를 유치하려 할 때 오늘날 전 세계적으로 이용 가능한 탐사개발계약 및 관련 재정 제도의 유형은 현대적인 양허계약과 생산분배계약

---

4 투명성은 지속가능한 발전을 추구하는 석유 상류 부문에서의 핵심 목표가 되고 있다. 계약, 세제, 수익과 관련된 투명성을 확보하기 위한 방법은 IMF(2007)의 자료를 참고할 수 있다.
5 상류 부문의 계약 및 정책과 관련한 더 자세한 내용은 다음 자료를 참고할 수 있다. 이는 인터넷에서 자유롭게 이용 가능할 뿐만 아니라 정기적으로 갱신되는 자료다. *The Extractive Industries Source Book for Oil, Gas and Mining* at http://www.eisourcebook.org.

이다. 위험부담계약이 종종 체결되기도 하지만 빈도는 낮은 편이다. 실제로 상류 부문에서는 지난 수십 년 동안 새로운 유형의 협정이 도입되지 않았다. 그렇지만 각 유형의 협정과 관련 재정 시스템은 새롭고 불안정한 국제 석유·가스 시장의 환경에 적응하면서 크게 변화해왔다. 해당 산유국의 석유 정책과 입찰된 면적의 특징에 따라 정부는 가장 적절하다고 여겨지는 탐사개발계약의 유형을 선택한다.

이 모든 협정에서 정부는 매장된 석유 자원의 소유주로서 권한을 행사할 수 있다. 계약자는 위험을 감수하는 대신 석유 관련 모든 작업에 착수하고 필요한 자금을 조달할 의무를 지니며, 탐사가 성공적으로 이뤄져 상업적인 개발로까지 이어질 경우에만 보수를 받을 수 있었다. 실제로 석유 상류 부문 계약의 유형은 계약자에 대한 보수 지불 방식에 따라 차이가 있다. 계약자에게 지불되는 보수는 매장지의 석유 생산에서 차지하는 지분을 말하는데, 계약자 보수의 특징은 첫째, 토지 사용권을 중심으로 낮은 비율의 지분만 인정하는 다른 유형의 계약과는 완전히 다르며, 둘째, 법률에 의거한 납세의 의무가 포함된다는 것이다. 한편으로는 계약에 따른 정부 수익에는 정부나 국영 석유회사의 기타 수입도 포함되며, 이들 세금은 모두 현금으로 납부된다. 만약 국가가 직접 생산에 참여한다면, 이로 인한 수익 역시 국가 소유가 된다. 탐사개발계약과 관련된 재정 체제의 유형별 주요 특징은 다음과 같이 요약할 수 있다.

양허계약

양허계약(concession agreement)은 19세기 광업 부문에서 유래되었다. 구체적으로는 정부가 계약자의 석유와 가스채굴권을 인정한 제도로, 통상적으로 탐사 면허나 생산계약이라고 불린다. 계약자는 허가받은 지역에서 추출된 모든 석유에 대한 배타적인 권리를 인정받는다. 따라서 기업은 생산된 모든 석유와 가스의 소유주가 되며, 이를 시장에 판매할 수 있다.

기존의 영업권 제도는 개발도상국에서 비판의 대상이 되었고, 이에 자원 보유국의 정당한 이익을 보장하는 방향으로 개선되면서 현대적인 양허계약의 형태로 발전했다. 대신 면허 소유자나 임차인으로 불리는 영업권자는 법률을 준수해야 할 뿐만 아니라 국가 정책에 의거한 납세의 의무를 진다. 구체적인 납세 항목은 다음과 같다.

- 생산에 대한 종가세(ad valorem royalty): 월별·분기별 석유 수익의 비율로 결정되며, 모든 국가에서 현금이나 현물로 지불해야 한다. 북해 연안의 유럽 국가와 같이 일부 사례에서는 영업권자가 이용료를 면제받기도 한다. 이용료는 일반적으로 법률에 의거해 정해지며, 캐나다처럼 고유의 경제적·기술적 요인에 따라 각국의 요금과 누진적인 이용료가 결정된다.
- 법인소득세(Corporate Income Tax: CIT): 기업 활동에 필요한 지출, 비용, 자본금을 공제한 뒤 산출되는 연간 순소득 또는 순이익의 비율로 결정된다. 법인소득세의 세율은 세법에 따라 일반적인 법인 세율이 적용될 수도 있고, 법률에 따라 석유 상류 부문 활동에만 국한해서 더 높은 세율이 적용될 수도 있다. 만약에 법률에서 세율 인하를 강제하지 않으면 상류 부문에서의 기업 활동에 대해서는 가장 높은 세율이 법인세로 적용된다.
- 추가수익세(Additional Profits Tax: APT): 추가수익세가 아닌 다른 이름으로 명명되기도 하며, 수익이나 유가의 특정 조건이 충족될 경우 법인소득세와 함께 매년 지불해야 하는 세금이다. 1970년대와 1980년대에 석유 가격이 갑자기 폭등했을 때 일부 국가에서 이러한 방식의 추가 세금을 도입했다. 예를 들면, 영국, 노르웨이, 덴마크, 네덜란드, 호주 등 많은 국가에서는 국가별 또는 사업별로 누적된 현금 흐름에 추가수익세를 부과했다. 지금은 점점 더 많은 국가들이 프로젝트의 실질적인 수익이 사전에 정해진 기준을 초과했을 경우 저마다 다른 메커니즘하에 추가수익세를 적용하고 있다. 이런 국가들은 더욱 진보적인 재정 체제를 구축하려는 목표를 지니고 있다.
- 잡세 또는 준조세: 보너스, 임대료, 연수비, 주주 배당금, 대출기관에 대한 이자, 서비스를 제공한 외국 하청업자에 지불한 보수, 인지세 등이 해당된다.

몇몇 국가에서는 수출세와 수입세에 대한 원천과세도 여기에 포함된다.

이러한 세금은 양허계약에 의거해 석유와 관련된 정부의 세입이 된다. 지불금의 액수 및 납부 시기는 석유법과 양허계약의 규정에 따라 결정된다. 양허계약의 단점 가운데 하나는 유연성이 부족하다는 것이다. 일부 재정 한도를 제외하고는 많은 국가에서 대부분의 재정 시스템이 세법에 따라 전적으로 규정되고 있다.

일부 국가에서는 상업적인 매장지가 발견되면 정부나 국영 석유회사가 생산에 비례하는 몫을 받으면서 양허계약하에서 정해진 수익을 함께 나눌 수 있는 옵션을 통해 이익을 챙길 수 있다. 탐사와 개발이 이뤄지는 동안 참여국이 면허를 보유할 경우, 참여국의 의무는 투자자에 의한 납세 의무에 흡수되기 마련이다. 이는 탐사 개발 기간 동안 정부나 국영 석유회사는 공동 투자자로서 재정 지원의 의무가 없을 뿐만 아니라 탐사의 위험도 직접적으로 감내하지 않아도 된다는 것을 의미한다. 그렇지만 생산의 경우에는 투자 지분에 의거한 할당과 관련 조항에 따라 투자자에게 배상하는 것을 원칙으로 하고 있다.

생산분배계약

생산분배계약(Production Sharing Contract: PSC)은 1966년 인도네시아에서 처음으로 도입되었다. 이후 많은 개발도상국에서 정치·경제적인 이유, 특히 재정적인 측면에서의 유연성을 확보하기 위한 목적으로 빠르게 채택하고 있다. 실제로 생산분배계약 덕분에 법률을 통해서는 규정할 수 없었던 혁신적인 생산 분배 수익이 확보되었다. 양허계약하에서는 정부에 귀속되는 추가수익세가 없을 수도 있지만, 생산분배계약은 초기 생산물에서 국가가 더욱 높은 수익을 거두도록 만든다는 장점을 지니고 있다.[6]

---

6   이론상으로 의사 결정 관점에서 투자자에 대한 경제성은 탐사개발계약의 유형과 무관하게 중립적으

생산분배계약을 근거로 기업이 해당 지역의 석유에 대한 권리를 직접적으로 보유할 수는 없지만, 정부나 국영 석유회사의 계약자로서 계약의 효력에 따라 석유 사업을 합법적으로 수행할 수는 있다. 따라서 어떤 영업권자든 생산분배계약하에서 규정된 모든 작업을 진행하고 그와 관련된 자금을 조달할 수 있다. 이때의 작업은 매장지의 석유와 천연가스를 탐사·개발하는 것을 의미한다.

상업적 생산을 단독으로 수행할 경우, 이러한 활동에 대한 보상으로 기업은 탐사·개발·생산으로 인한 비용과 자금 지출을 현물로 상환받는다. 최대 석유 비용분이라고 불리는 석유와 가스의 모든 생산분은 매년 시장에서 판매할 수 있는데, 이를 석유 비용 상한이라고 한다. 또한 기업은 투자에 대한 유인책으로 생산된 석유에서 석유 비용분을 공제한 후 잔여 수익을 획득하게 된다. 이렇게 얻는 이익을 석유 수익분이라고 한다. 이 석유는 탐사가 시작되기 이전에 체결된 생산분배계약의 조항에 의거해 계약자와 국가에 분배된다. 석유 수익분에 대한 정부의 몫은 자원 보유국이나 국영 석유회사에 귀속되며, 국영 석유회사에 의해 시장에서 직접 판매될 수도 있다. 생산 지분에 대한 산유국의 이러한 접근은 양허계약과 생산분배계약의 차이점을 적절히 보여준다.

생산분배계약하에서 계약자는 법률과 계약에 따라 납세의 의무를 지닌다. 이러한 의무에는 법률에 명시된 이용료, 법인소득세, 각종 조세나 준조세[7]가 포함된다. 생산분배계약을 더욱 간단히 이해하고 이행하기 위해서는 기존의 생산분배계약에서처럼 법인세를 공제한 다음 석유 수익분을 분배해야 한다. 기존의 생산분배계약에는 소득세에 산유국의 석유 수익이 포함되어 있었다. 세금 납부 이후의 분배 기준에 따르면 산유국은 분명 법인세를 공제하기 전보다는 더 많은

로 판단해야 한다. 물론 이론상으로는 국가와 투자자에게 비슷한 경제적 성과를 보장하는 양허계약과 생산분배계약의 재정 패키지 설계가 가능하다. 그럼에도 실제로 대부분의 생산분배계약은 양허계약보다 생산 초기에 자원 보유국에 더 높은 수익을 안겨주는 경향이 있다. 왜냐하면 기업 소득세를 지불하지 않았을 때에는 원유 비용 한계 메커니즘(the cost petroleum ceiling mechanism)으로 인해 양허계약에 따라 지불되는 이용료보다 생산분배계약이 국가에 더 많은 생산 수익을 가져다주기 때문이다.

7 관련 준조세로는 보너스, 토지 임대료, 사회적 비용 등이 있다.

석유 수익분을 지급받는다. 생산분배계약을 체결한 그 밖의 국가에서 채택하는 또 다른 시스템하에서 정부는 두 가지 종류의 수익을 얻는다. 첫째는 석유 수익분에서 차지하는 적은 양의 국가 지분이며, 둘째는 계약자가 현금으로 지불한 법인세다. 세계적으로 이 두 종류의 석유 지분 체제는 국가마다 비슷한 수익을 가져다준다. 그렇지만 전자는 생산물에 대한 국가의 지분을 더 많이 보장한다. 이때 국가가 얻는 지분은 현금이 아닌 현물 형태의 법인세로 지급된다.

위험부담계약

위험부담계약(Risk Service Contract: RSC)은 60년 전에 거대 산유국에 의해 처음으로 도입되었다. 물론 오늘날의 위험부담계약 형태로 자리 잡기까지는 수많은 변화가 있었다. 위험부담계약하에서는 투자 기업이 생산된 석유의 지분을 직접적으로 보유할 수 없다. 그렇지만 계약자로서 산유국 정부와 국영 석유회사를 위해 수행한 작업과 투자에 대한 보상의 일환으로 석유 지분을 배정받을 수 있다. 이는 상업적인 생산과 금전적 보수가 계약된 지역에서 생산된 석유의 시장 가치를 초과하지 않을 경우에 한해서만 가능하다. 현재 위험부담계약은 산유국과 국제 석유회사 간의 일반적이지 않은 이례적인 탐사개발계약의 형태로 남아 있다. 예를 들면, 석유산업을 국유화하고 국영 석유회사에 탐사와 생산 관련 독점권을 부여하는 이란, 이라크, 카타르, 베네수엘라 같은 산유국에 국한된다. 이 국가들은 두 가지 이유를 들면서 일부 특수한 경우에 한해 서비스 계약자로서 기업을 이용할 권리를 국영 석유회사에 부여하고 있다. 첫째는 첨단기술 사용을 위한 기술적인 측면에서의 수용력과 관련이 있고, 둘째는 더욱 좋은 조건의 투자와 대출을 유치하기 위해 제3자를 동원할 수 있는 재정적인 능력과 관련이 있다. 여기서 제3자는 산유국이 접근할 수 있는 대상을 가리킨다. 최근 들어 이러한 권리는 볼리비아, 에콰도르, 멕시코 같은 수출국에서 잘 보장되었다.

위험부담계약과 생산분배계약의 가장 큰 차이점은, 위험부담계약의 경우 기업이 생산 석유의 지분을 직접 보유하는 방식으로 이익을 얻지 못한다는 사실이다. 대신 투자 기업은 계약 기간 동안 서비스 요금이라고 불리는 보수를 매월 또는 매분기별로 지급받는다. 이렇게 지급되는 보수는 두 가지 방식에 따라 결정된다. 첫째는 몇 년에 걸친 생산 가치의 최대 증가율을 할당해서 투자와 운영비를 보상해주는 방식으로, 가끔 이자를 포함하기도 한다. 둘째는 배럴당 요금과 같은 이윤 요소를 제공해주는 방식으로, 예를 들어 생산 수준 같은 기준에 따라 달라진다. 이때 서비스 요금에는 일반적으로 이윤에 대한 법인소득세가 적용된다. 따라서 위험부담계약하에서 기업은 석유를 시장가격에 인수하거나 생산된 석유의 지분을 늘릴 수 있다. 이러한 역구매 조항은 계약자가 지불하는 서비스 요금과 동일한 가치의 생산 지분을 인정한다. 이것은 정부가 서비스 요금을 달러로 지불하지 못하는 문제가 생겼을 때 계약자가 보수를 받을 수 있도록 보장해주는 방식이라고 할 수 있다.

산유국이 체결한 석유 상류 부문 협정 유형의 동향을 시대별로 분석해보면, 세계적으로 신흥국과 개발도상국에서 체결된 생산분배계약의 건수는 매년 증가해왔다. 그렇지만 개발도상국에서는 양허계약도 지속적으로 체결되고 있다. 일부 개발도상국의 경우, 양허계약은 정부가 개입할 수 있는 권리와도 관련된다. 그렇지만 과거에 양허계약을 체결했던 신흥국과 개발도상국이 최근 들어서는 생산분배계약을 도입하고 있다. 예를 들면, 2010년 브라질은 신규 암염하층[8] 지역에 대한 석유 정책에 생산분배계약이 더욱 적합하다고 판단했다. 러시아, 카자흐스탄, 알제리는 생산분배계약을 이미 많이 체결했다. 한편 지난 10년간 다른 유형의 탐사개발계약만 선호하며 생산분배계약을 체결하지 않은 국가는 극히 일부에 불과하다. 러시아와 카자흐스탄의 개발 프로젝트[9]가 오랫동안 지연되면서 자국 고유의 공유 메커니즘이 실행되지 않았으나 결국에는 이러한 변

8　비교적 최근에 브라질 동부 연안에서 발견된 유전이다. _옮긴이
9　이들 두 국가에서는 한계율이 상당히 높은 수익률 증가를 기반으로 한 생산물 분배 제도를 이용함에 따라 생산 비용과 초과 비용을 배분하는 데에서 불균형 문제를 겪었다. 이는 프로젝트를 수행하는 데 필요한 예산이 엄청나게 초과되고 시간이 많이 지연되었기 때문이다. 그렇지만 이러한 결점은 정부가 더 나은 정부 수익을 보장하기 위해 수익률 시스템에 긴급 수입 제한 조항(safeguard clause)을 적절하게 도입해 새로운 생산분배계약을 체결하면서 쉽게 해결되었다.

화를 맞이하게 되었다. 지난 10년 동안 이라크, 멕시코, 에콰도르 같은 몇몇 산유국은 주로 매장지의 재개발과 관련해서만 위험부담계약을 체결했다. 이라크의 경우 탐사 개발 프로젝트의 일환으로 생산분배계약을 계속 선호했던 쿠르드 지역은 예외적인 사례라고 할 수 있다.

탐사 개발 재정 체제의 진화: 정부의 적정 지분은 어느 정도인가

탐사 개발과 관련된 석유 재정 시스템의 주요 목적은 산유국과 국제 석유회사 간의 수익 분배 방법을 결정하는 것이다. 그 첫째 이유는 투자의 성사 여부와 관계없이 수익 분배 방법이 결과적으로 기업이 평가하는 미래 투자에 대한 기대 수익을 직접적으로 결정하기 때문이다. 둘째 이유는 해당 국가에서 정부가 차지하는 석유 수익의 양과 시기 때문이다.[10]

산유국이 체결한 탐사개발계약의 신규 재정 조항은 계약 유형에 상관없이 탐사 개발을 가능하게 할 뿐만 아니라 문제점을 바로잡을 수 있다. 지난 몇 십 년간 이러한 재정 조항은 석유를 둘러싼 국제 환경의 변화를 반영하면서 산유국과 해당 지역의 석유 인센티브와 국제 석유 및 천연가스의 가격에 항상 의존하며 진화해왔다.

21세기 이후 OPEC 국가들이 토지 개발 면적을 제한하자 석유와 천연가스 가격은 상승했으며, 대부분의 국제 석유회사는 자연적으로 감소하는 매장물을 보충할 수 있는 우선권을 부여받았다. 이러한 요인이 복합적으로 작용하면서 국제 석유회사들 간에는 가장 유망한 지역을 차지하려는 경쟁이 치열해졌다. 이로 인해 최근 석유 상류 부문 협정에서 기업은 산유국에 이전보다 훨씬 유리한 재정 및 계약 조건을 제시할 수 있었다.

---

10 유류세 제도에 대한 더 상세한 분석은 Daniel et al.(2010), Kemp(1987), Nackle(2008), Tordo (2007)를 참고할 수 있다.

일부 국가가 높은 석유 가격과 유리한 계약 조건을 제시하자 다른 산유국들도 계약 조건을 재협상했으며, 때로는 새로운 계약을 체결하기도 했다. 이렇게 체결된 계약은 물론 투자자에게 덜 유리하기는 하지만, 다른 분야에서도 받아들여지는 일반적인 조건이라고 할 수 있다. 투자자는 이러한 요구를 수용하기도 하지만 가끔 거절하는 경우도 있다. 이와 관련된 조정 작업은 여전히 진행 중인 상황이다.

그렇지만 1986년과 1998년을 포함해 유가가 하락했던 과거 20년 동안의 시기에는 이와 상반된 경향이 나타났다. 당시 대부분의 국제 석유회사는 기존의 사업을 지속하거나 새로운 개발 프로젝트를 시작할 때, 투자자에게 이전보다 더 나은 조건을 제안하기 위해 산유국에 계약 조건과 석유 세제의 수정을 요구했다. 결과적으로 당시에는 많은 산유국이 석유 정책을 변경할 수밖에 없었다. 이들은 결국 저유가 상황에서는 상류 부문에 대한 투자를 촉진시키고 탐사 개발 관련 투자자를 끌어들이기 위해 기업의 요구 조건을 수용해야만 했다.

이처럼 석유의 시장가격이 탐사 개발 프로젝트의 경제성에 미치는 영향은 매우 불확실하며 예측이 어려울 수밖에 없다. 이처럼 유가의 막대한 영향력은 조건부 탐사개발계약과 관련해서 진보적인 재정 시스템의 설계가 얼마나 중요한지를 보여준다. 이러한 재정 시스템은 외부 환경이 기대했던 것과 다를 경우, 즉 석유와 가스의 가격이 급격히 증가하거나 감소했을 때 또는 석유 재정 설계 시 매장지의 특성이 추정했던 바와 크게 다를 때 국가와 계약자 간의 이익을 공평하게 배분하기 위해 필요하다. 결과적으로 새로운 재정 시스템은 서로에게 이익이 되는 목표를 달성하기 위해 도입되었다고 볼 수 있다.

실제로 특정 국가에서 이뤄지는 탐사 개발과 관련된 재정 패키지 설계에서 가장 두드러지는 제약 요인은 가격의 불확실성과 더불어 상류 부문 개발 사업의 성공 가능성이 프로젝트를 둘러싼 외부 환경의 특성에 크게 의존한다는 것이다. 이러한 외부 환경으로는 내륙·연안·심해처럼 개발 사업이 진행되는 장소, 해당 지역에 석유가 존재할 가능성, 사업의 성공 가능성, 기대 수익, 예상 생산량, 추출되는 석유의 질과 종류, 생산물 수송에 필요한 기반 시설의 구축 여부 등을 들 수 있다.[11] 결과적으로 특정 프로젝트에 대한 석유의 경제적 지대[12]는 지역마다 다를 수밖에 없다. 예를 들어, 지난 10년간 석유 가격은 유전의 특성에 따라 배럴당 20달러에서 125달러로 상승했는데, 그로 인해 석유의 지대는 배럴당 10달러에서 85달러까지 변동을 거듭했다. 실제로 향후 석유 지대의 변동 범위는 가격 상승을 기대하며 계속 증가할 것으로 예상된다.

따라서 경제 활동에 적용되는 일반적인 조세 제도만으로는 석유·가스 상류 부문의 프로젝트에 대한 세금을 효율적으로 부과하기 어려울 수밖에 없다. 따라서 계약과 세금에 대한 전문성에 입각해 석유 자원에 대한 조세 제도를 수립할 필요가 있다. 상류 부문의 장기 계약 체결을 위한 효율적인 재정 패키지를 설계할 때 가장 중요한 사항은 다음 두 가지 목표를 충족시키는 것이다. 첫째는 더 많은 기업의 투자를 장려하는 것이고, 둘째는 프로젝트의 경제성과 가격이 개선되었을 때를 가정해서 기업에 돌아가는 지대를 고정하지 않고 충분히 인상하는 것이다.

생산이 이뤄질 때 발생하는 정부의 수익과 생산 시기는 탐사개발계약의 유형과 해당 국가의 재정 제도에 따라 달라진다. 양허계약하에서는 국가가 단지 세금만 받는다. 이런 세금으로는 생산 관련 이용료, 수익 관련 법인세, 추가수익세, 기타 조세 등이 있다. 이용료는 생산을 시작하는 단계에서 지불하는 반면, 법인세는 수익이 발생하는 시점에 납부한다. 추가수익세는 미리 정해진 수익성이 실제로 나타난 이후에 지불하는데, 그 시기는 아마 몇 년 이후가 될 것이다. 국가 재정 시스템의 단점은 미래의 수입을 매년 정확하게 예측해야 한다는 것이다. 미래의 연간 수입을 예측하기 위해서는 선물 가격뿐만 아니라 미래 지출과 함께 공제된 과거 투자의 감가상각까지 고려해야 한다. 탐사 및 생산의 수준이 상이한 계약을 국제 석유회사가 체결했을 때, 매년 지불되는 법인세의 변동성을 억제할 수 있는 한 가지 방법은 법인세를 결정하는 계약마다 제한을 설정하는

---

11 유가에 대한 더 자세한 사항은 Favennec and Best-Rouzaut(2011)를 참고할 수 있다.
12 석유의 경제적 지대란 석유 생산을 통해 얻을 수 있는 총소득과 탐사, 개발, 생산, 유전 포기로 인해 발생하는 기술적 총비용의 차이를 의미한다.

것이다. 이를 통해 서로 다른 계약에서 공제되는 자국 내 세금을 어느 정도 제한할 수 있다. 그렇지만 이는 개발업자가 이미 생산 중인 계약 지역 이외의 지역에도 충분히 투자하도록 만드는 유인을 감소시킨다는 단점이 있다. 같은 이유 때문에 대부분의 추가수익세는 세금 납부가 지연되는 사태를 막기 위해 상업적 매장지마다 제한을 설정해놓고 있다.

생산분배계약하에서 정부는 시장가격으로 거래될 수 있는 석유를 국가나 공기업이 생산하지 못하도록 하는 대신 세금을 징수한다. 그렇지만 생산분배계약을 통제하는 재정적인 조건으로는 다음 세 가지를 들 수 있다. 첫째는 석유에 투입되는 비용과 자금의 회수 속도를 조정하는 규칙이고, 둘째는 경제성이 개선된 이후 이뤄지는 생산에서 국가가 얻을 수 있는 수익에 관한 혁신적인 수익 배분 메커니즘이며, 마지막으로 셋째는 기업에 대한 소득세나 보너스 같은 세금이다.

따라서 석유 수익의 배분 비율을 고정하는 방식인 기존의 단순한 생산분배계약 시스템은 더 이상 적용되지 않으며, 지금은 다른 방식의 혁신적인 시스템에 기초한 차등제(sliding scale)로 대체되고 있다. 이 같은 차등제를 통해 1일 생산량 및 누적 생산량의 증가, 계약 지역 및 매장지와 관련되는 R-인자인 실질 수익률(rate-of-return: ROR), 매장지 및 계약 지역과 관련된 수익성 기준 등을 달성할 수 있게 되었다. 여기서 R-인자란 계약이 체결된 날부터 생산량을 분배하는 날까지 축적된 수익과 비용 사이의 실질적인 비율에 해당하는 수익성을 의미한다. 지난 10년간 R-인자는 전 세계에서 혁신적인 분배 메커니즘으로 가장 많이 사용되는 수익성의 기준이 되었다. 왜냐하면 R-인자는 정책 입안자와 투자자가 이해하기 쉽고 간단할 뿐만 아니라 효과성이 입증되었기 때문이다. 게다가 이론적으로는 비용이 초과되거나 프로젝트가 지연될 경우 수익률보다 R-인자 시스템하에서 국가에 전가되는 위험성이 더 낮다. 왜냐하면 수익률을 계산하기 위해서는 현금 흐름의 시기를 매년 고려해야 하는 반면, R-인자는 어떠한 시간적 개념도 고려하지 않고 누적 수익과 누적 비용 사이의 비율을 결정하기 때문이다. 그렇지만 앙골라에서는 매장지별로 제한을 두는 수익률 시스템을 심해 매장지에 적용함으로써 큰 성공을 거두었다. 이는 아마도 심해 매장지가 빠른 속도로 개발·

생산되었기 때문일 것으로 짐작된다. 이처럼 석유의 경제적 지대는 매장지에서 산출되는 전체 이익에서 정부 수익이 차지하는 비율을 의미하며, 매장지에서 산출되는 이익은 매장지의 생산 수명에 따라 달라지기 마련이다.

석유의 경제적 지대로 인한 정부 수익은 국가마다 크게 차이가 나는데, 이는 계약 유형이 아니라 국가나 지역에서 합의된 재정 조건과 계약 조건에 따라 달라진다. 실제로 양허계약과 생산분배계약은 적어도 이론적으로 비슷한 경제적 성과를 산출할 수 있으며, 이는 정부가 적절한 조건으로 계약을 체결했을 때 가능하다. 그렇지만 계약 유형마다 특성이 다르기 때문에 수익을 거두는 시기에는 차이가 있다. 정부 수익 가운데 석유로 인한 수익은 70~90%를 차지하고 기업으로 인한 수익은 10~30%를 차지한다. 이는 물론 극단적으로 낮거나 높은 예외적인 경우 정부가 관여해 영향을 미친 사례를 제외했다고 가정한 추정치다. 결과적으로 정부의 평균 수익은 편중되어 있으며, 예외적인 상황을 고려하더라도 지금은 정부의 전체 수익에서 석유로 인한 수익이 65~75% 수준일 것으로 추정된다. 지난 10년간 세계적인 동향은 정부 수익을 계속해서 증가시키는 것이었다. 예를 들어, 투자자를 보호하는 재무 안정 조항이 존재하지 않는 영국에서는 탐사 개발 활동에 대한 기업의 소득세 비율이 2000년 30%에서 2011년 62%로 증가했다. 이는 더욱 높은 정부 수익을 보장하기 위한 것이었는데, 영국 정부는 이 기간 동안 급격히 증가한 고유가를 근거로 세금 인상을 정당화했다.[13]

재정 조건은 국가마다 크게 차이가 있다. 지질학적으로 전 세계에서 석유 자원이 가장 유망하며 기술적 비용과 위험성이 매우 낮다고 여겨지는 국가에서 가장 유리한 재정 조건이 갖춰진다. 국가의 재정 조건은 탐사개발계약의 유형, 탐사 능력, 계약 지역의 위험성, 매장지의 특성, 전통적이거나 비전통적인 석유의 종류, 무엇보다도 탐사개발계약의 체결 날짜에 따라 달라진다. 이는 국가 간 석유 재정 시스템의 비교를 어렵게 만든다. 왜냐하면 국가별 시스템은 항상 타당

---

13 매장지에 50%의 유류세를 추가로 적용하자 영국 정부의 수입은 2000년 65%에서 2011년 81%로 상승했으며 노르웨이의 수입은 78%에 가까워졌다. 이들 수치는 정부 개입에 따른 수익분을 제외한 값이다.

한 추정과 함께 세심한 주의가 필요하기 때문이다. 이는 특히 국가별 석유 재정 시스템이 개별 매장지에만 적용될 경우 특정 기업이 한 국가 내의 프로젝트에만 투자한다는 비현실적인 시나리오를 가정했을 때 더욱 그러하다.

결과적으로 정부 수익을 공정하게 정하는 특별한 방법은 존재하지 않는다. 예를 들어, 특정 매장지에서는 어떤 재정 조건이 정부 수익에 지나치게 관대하다고 여겨지더라도 수익성이 떨어지는 다른 매장지에는 상당한 부담이 될 수 있다. 이는 공정한 정부 수익을 담보하는 단일의 재정 조건이 존재하지 않는 이유다. 특정 국가나 특정 탐사개발계약에 적용되는 공정한 정부 수익률을 결정하는 엄밀한 과학적 기준은 없지만, 세밀한 분석과 엄격한 경제적 모델링을 통해 전 세계적으로 잘 알려진 기술, 전문지식, 또는 조언자를 활용함으로써 공정한 정부 수익을 결정할 수는 있다. 경제적 모델링은 잠재적인 석유 매장량과 투자의 모든 특성을 고려해서 공정한 정부 수익의 범위를 제시할 수 있다. 여기서 투자의 특성은 계약 체결 방식, 경쟁 조건, 재무 안정 조항이 계약에 포함되었는지 여부와 관련이 있다.

점점 관행이 되고 있는 탐사 개발 프로젝트와 관련된 경쟁 입찰의 경우, 특정 상류 부문 프로젝트에 대한 평가의 차이를 통해 체결 가능성이 높은 계약 조건 및 재정 조건이 크게 달라지는 이유를 설명할 수 있다. 관심 있는 기업의 제안은 기술적·경제적 요인에 대한 수많은 불확실성을 포함할 뿐만 아니라 장기적인 전략적 우선순위와 위험성 평가에 관한 입찰자의 차이점을 조정한다. 그렇지만 수익성이 변할 때 상류 부문 계약과 관련해서 더욱 혁신적인 재정 시스템을 설계하려는 경향이 나타난다. 좋은 재정 정책이라는 관점에서 보면, 상황이 바뀌었을 때 석유의 경제적 지대를 모든 당사자에게 공정하게 분배하기 위해서는 석유 프로젝트의 실질적 수익의 분배 작업이 더욱 혁신적으로 이뤄져야 한다. 여기서 석유 프로젝트의 실질적 수익성이란 프로젝트의 더 큰 수익성, 즉 더 높은 정부 수익을 의미한다. 재정 혁신 방안에 대한 구체적인 사례는 〈상자글 8.3〉을 참고할 수 있다.

▮상자글 8.3▮ 혁신적인 재정 제도의 구체적인 사례

양허계약에서의 혁신적인 재정 제도 사례: 이용료와 추가수익세

최근 들어 많은 국가가 이용료와 관련해서 생산량뿐만 아니라 유가나 특정 경제적 기준에 기초한 차등제를 도입해오고 있다. 여기서 말하는 경제적 기준의 예로는 자본 회수 기간까지는 낮은 이용료 비율을 적용한 뒤 이후로는 높은 비율을 책정하는 방식이 있다. 한편으로는 프로젝트의 실질적인 수익성을 기준으로 자본 회수 기간을 적용하는 방식도 자주 채택되고 있다. 이용료 비율도 다양해서 어떤 경우에는 면제율이 0%이지만 예외적인 경우에는 40%까지도 면제될 수 있다.

캐나다의 앨버타 주는 전통적인 석유에 대해서는 유정의 일간 생산량과 유가에 따라 0~40%의 비율을, 전통적인 천연가스에 대해서는 가스정의 일간 생산량과 가스 가격에 따라 5~36%의 비율을, 셰일가스와 석탄층 메탄에 대해서는 생산을 시작한 첫 36개월을 제외하고는 전통적인 가스와 동일한 비율을 적용하고 있다. 한편으로 앨버타 주는 오일샌드, 수평층 석유 및 가스, 향상된 석유 회수 프로젝트에 대해 고유의 제도와 함께 오늘날 가장 정교하고 복잡한 이용료 시스템을 적용하는 지역으로 유명하다. 미국에서는 이용료 비율이 대부분 일정한 편이다. 그렇지만 전통적으로 유지되던 12.5% 수준이 지난 10년간 붕괴되면서, 연안은 18.75%, 업체들이 가장 선호하는 내륙의 셰일가스 사유지는 25%까지 상승했다.

알제리, 덴마크, 가나, 아일랜드, 나미비아, 이스라엘, 카자흐스탄, 네덜란드, 세네갈 등 점점 더 많은 국가에서 저마다 다른 유형의 추가수익세를 도입해왔다. 추가수익세는 법인세와 별도로 추가 지불해야 한다. 이러한 추가적인 세금 시스템은 영국, 노르웨이, 호주에서 주로 채택되었다. 여기서 추가수익세는 균형 잡힌 누적 현금 유동성에 기반을 둔 세금 제도다. 또 다른 경향으로는 일부 국가에서 별도의 추가수익세를 도입하는 대신 일간 생산량이나 유가, R-인자, 또는 이들 요소의 결합 등과 같은 경제적 기준을 기초로 탐사 개발을 위한 가변적인 세율 제도를 채택하는

사례가 늘어나고 있다.

생산분배계약에서의 혁신적인 재정 제도 사례: 석유의 비용분과 수익분
첫째, 일부 국가에서는 석유의 비용 상한을 결정할 때 단일 비율 대신 석유의 종류, 생산량, 유가 등과 연동되는 차등제를 도입해왔다.
둘째, 동의된 석유 이익 분배에 대한 혁신적인 방법은 생산량에 기초하고 있으며, 21세기에는 탐사 개발 프로젝트로 인한 실질적인 수익성에 기초하는 경우가 더욱 늘어나고 있다. 이때 실질적인 수익성은 수익 분배 시에 정해진 수익성 기준을 통해 측정되었다. 앙골라, 카자흐스탄 같은 일부 국가에서는 투자 수익률을 기준으로 삼았으며, 알제리, 아제르바이잔, 카메룬, 인도, 리비아, 말레이시아, 카타르, 튀니지 등 더욱 많은 국가에서는 R-인자를 기준으로 삼았다.

재정 혁신은 오늘날 더욱더 수용되는 추세인데, 이는 재정 혁신이 투자와 계약의 구속력을 장려하는 윈윈 상황으로 이끌기 때문이다. 재정 혁신이란, 비용이 많이 들고 규모가 작으며 위험하지만 수익성이 높은 프로젝트의 개발을 장려하기 위해 국제 석유회사에 더 나은 재정 조건을 보장하는 것을 의미한다. 한편으로는 더욱 많은 정부 수익을 합리적으로 보장하기 위한 것이기도 하다. 이러한 혁신적 제도의 직접적인 결과는 국가가 유가와 비용의 위험성을 더 많이 감당하는 대신, 프로젝트의 수익성이 증가할 때에는 더욱 높은 수익을 얻는 시스템이다. 반대로 수익성이 증가할수록 정부가 더 적은 수익을 얻는 후진적인 재정 시스템은 더 이상 지속될 수 없다.

재정적인 측면에서는 유형별 탐사개발계약과 상류 부문의 재정 제도를 이행하면서 오랜 경험을 축적했다는 것이 한 가지 중요한 발전이다. 이는 오늘날 당사자들이 계약과 재정 제도를 어떻게 이해하고 결점을 줄여나가는지를 더욱 명확하게 보여준다. 그럼에도 국제 석유회사의 전략이 당사자 간의 장기적인 협력 증진을 추구하기보다는 오직 정부의 석유 수익을 감소시키려는 목적으로만 설

계될 경우를 대비해, 국제 석유회사의 적극적인 조세 회피 전략을 무마시키기 위한 방안들이 무수히 개발되고 있다. 〈상자글 8.4〉는 상류 부문의 재정 제도를 설계할 때 가장 세심하게 주의해야 하는 핵심 쟁점을 요약한 것이다.

▌상자글 8.4▌ 명확성을 높이고 조세 회피 전략을 무마시키기 위한 E&P 재정 시스템

많은 쟁점은 석유세법과 탐사개발계약에 따라 다뤄야 한다. 이는 계약자 스스로에 관한 쟁점일 뿐만 아니라 이들의 주주, 피고용자, 하청업자, 대출기관에 관한 쟁점이기도 하다. 그러므로 계약자는 일반적으로 하나 이상의 신분을 가지고 있으며, 각각의 신분에 따라 세금의 적용을 받는다.

산유국은 개발 탐사 부문의 법인세와 이용료가 단순하지 않고 세금이 예상했던 것보다 복잡할 뿐만 아니라 적절하게 설계되지 못했을 때, 석유 담당 장관 및 기관과 긴밀한 관계를 맺고 있는 전문적인 석유 세무서가 관련 세금을 관리하기 위해 필요하다는 것을 경험적으로 인식하고 있다.[14]

이러한 어려움이 추가수익세나 혁신적인 석유 이익 분배 제도를 거부하는 이유로 작용하는 것은 바람직하지 않다. 특히나 원칙이 쉽고도 완벽하게 이해 가능할 뿐만 아니라 적절하게 설계되어 규칙이 분명할 때는 더욱더 거부하지 말아야 한다.

물론 모든 재정 시스템에는 허점이 존재할 수 있다. 그렇지만 상류 부문의 재정 제도와 탐사개발계약을 확실하게 이해한 뒤 해당 재정제도와 계약의 원칙을 준수해야 하는 모든 이해당사자에게 이를 공정하게 적용하기 위해서는 이러한 허점을 점차 제거해야 한다.

세법에서는 다음 세 가지 석유 재정 쟁점을 매우 상세하게 다룬다. 즉, 세금 징수나 원가 회수를 위한 적절한 비용과 공제에 대한 광범위한 정의, 탐사개발계약에서 지분의 직간접적 양도에 대한 과세와 현금 지급의 경우에 발생하는 수익에 대한 과세 방법, 조세 회피 전략과 이중 과세 방지 협약으로 인한 조세 채무 감소를 완화시키는 방법이다. 예를 들어, 여전히 많은 국가에서는 탐사개발계약하에 발생한 지분을 직간접적으로 양도할 경우에 발생하는 자본 이익에 대한 과세 관련 법률이 부재한 상태다. 이는 엄청난 불확실성을 지속적으로 발생시킨다. 여기서 불확실성이란 석유산업에서 관례적으로 여겨지는 지분의 양도로 인한 조세 채무를 의미한다.

개발도상국의 새로운 생산자는 석유에 대한 과세 제도와 규제를 충분히 자세하게 정의한다는 점에서 국제 석유회사와는 다른 위치에 있다. 왜냐하면 이러한 영역이 상대적으로 새롭고 아직은 경험이 충분하지 않기 때문이다. 따라서 정부는 세심한 주의를 기울여서 자국의 석유법과 탐사개발계약의 모형, 세법의 중요한 개정과 관리 방법에 대해 외부 전문가의 도움을 받아야 한다.

마찬가지로 기업은 이러한 사실을 인지해야 하며, 생산국과의 장기적인 협력 증진을 목표로 상류 부문의 공정한 재정과 계약 체제의 명확한 실행을 가장 상위의 우선순위로 설정해야 할 것이다.

탐사개발계약에 재무 안정 조항이 포함되어야 하는 이유

산유국의 석유법이 준거법,[15] 분쟁 처리, 불가항력, 고정, 지분 양도, 법적 책임과 배상금, 계약 만기 등과 같은 쟁점을 제대로 처리하지 못할 경우 계약에는 기술·운영·경제에 관한 조항뿐만 아니라 이런 쟁점과 관련된 일련의 법적 조항도 포함될 수 있다. 왜냐하면 국제 석유회사는 다음에서 설명할 안정 조항을 탐사개발계약에서 요구할 수 있기 때문이다. 안정 조항은 지난 10년간 상당히 발전했으며, 오늘날의 산유국들은 투자를 허용하기 위해 이런 조항들을 받아들여야만 했다. 다만 일부 재정적인 쟁점과 관련해서는 조항의 범위를 축소해왔다.[16]

---

14 가장 구체적인 예로는 미국의 이용료를 들 수 있다. 미국은 이용료 제도를 오랫동안 시행했지만 여전히 많은 실질적인 쟁점, 특히 매장지의 시장가격 합의에 관한 사항은 아직까지 해결되지 못한 채 남아 있다.

15 국제 계약에서 기준이 되는 국가의 법률을 준거법(applicable law)이라고 한다. _옮긴이

16 안정화에 관한 더 많은 정보는 Cameron(2006)을 참고할 수 있다.

석유 탐사개발계약의 계약 기간이 40년이 넘을 정도로 장기 협정일 경우 합의된 재정 제도로 인한 계약의 전반적인 균형 상태는 예상치 못한 상황과 석유 가격 변동에 따라 크게 영향을 받는다. 탐사개발계약에서 원래의 균형 상태로 회복하기 위해 재정 조건을 자동적으로 변화시킬 수 있는 수정 조항[17]이나 당사자가 어려움에 처했을 때 상대편 당사자가 계약을 의무적으로 개정하도록 협상할 수 있는 조항을 두는 것은 일반적이지 않다.

권력을 지닌 산유국이 법을 개정하는 결과를 가져오는 식의 정치적 위험을 제한하기 위해 국제 석유회사들은 안정 조항을 보장하도록 요구하는 경우가 종종 있다. 국제 석유회사는 선진국에서는 아무런 안정 조항 없이 탐사개발계약을 체결하지만, 개발도상국에서는 이러한 안정 조항에 준하는 막대한 이익을 요구하는 경향이 있다. 과거에는 탐사개발계약에서 고정 조항이 이행되기가 대부분 어려웠다. 이러한 경험에 비춰볼 때 상류 부문의 최근 신규 계약에서는 안정 조항이 다음 원칙에 따라 발전되었다.

대부분의 신규 탐사개발계약과 관련된 재정 제도의 준거법은 과거에 사용된 동결 유형의 고정조항과 같이 계약이 체결되는 순간 효력을 지니는 법이 아니다. 이는 권력을 지닌 국가가 자국의 법이나 규제를 바꿔 이전에 공표된 면허나 계약에도 적용할 가능성이 있다. 그러므로 동결 유형에서 고정 조항을 강제하는 것은 문제가 있을 수 있다.

고정 조항은 현행 계약서에서 정확하게 언급한 특정 재정 쟁점과 세금에 국한된다. 이때 산유국은 환경 규제와 그 밖의 비고정 재정 규칙을 변경할 수 있는 권리를 지닌다. 기술의 급격한 발달 및 세계적인 변화와 더불어 주권 국가는 어느 계약자에게도 적용 가능한 새로운 규제를 만들 수 있는 권리를 보유하게 된다. 예를 들면, 새로운 환경, 보건, 노동, 안전, 신기술, 더욱 진보한 석유 관리, 또는 더욱 긴박한 상황에서의 작전 수행과 같은 사항 등을 들 수 있다. 더욱이

---

17 균형 상태 회복이라는 목표를 달성하기 위해 시도되는 새롭고 진보적인 재정 제도하에서의 경우는 제외한다.

노동법이나 세금, 차별 금지처럼 산유국의 어떤 산업에도 적용 가능한 재정적 쟁점은 일반적으로 더 이상 고정된 조항이 아니다.

고정 조항에 언급된 재정 조건의 변화가 정부나 계약자일지 모르는 어느 한 당사자에게 물리적인 영향을 준 경우, 해당 당사자는 계약상의 이른바 경제적 균형 유지 조항이라고 불리는 계약 조항에 부합하는 수익을 요구할 수 있다. 이 계약은 체결 당시 지배적이었던 경제적 이익을 회복할 수 있도록 설계된 계약으로, 상호 동의하에 적절한 방법으로 경제 조건이나 재정 조건을 조정할 수 있다. 한편으로는 전체적인 계약 기간보다 재정 안정화의 기간이 짧아지는 것을 제한하는 경향도 나타나는 추세다.

대부분의 선진국은 재무 안정 조항을 별도로 규정하지 않고 있다. 대신 상황 변화에 따라 재정 제도가 불공정한 이익 분배를 야기하고 면허 소지자들이 자동적으로 그러한 재정 변화에 종속된다고 판단되면 언제든 석유 세제를 수정할 수 있는 권리를 지닌다. 대표적인 사례로는 앞에서 언급한 바와 같이 지난 10년간 석유에 관한 법인세를 상당히 인상한 영국을 들 수 있다.

반면 대부분의 개발도상국과 같이 탐사개발계약하에서 재무 안정 조항이 적용될 때에는 정부가 상황 변화에 따라 유류세를 적절하게 조정하지 못한다. 따라서 계약 기간 동안 유가가 상승하거나 수익성이 큰 폭으로 변할 때 당사자들을 자동적으로 보호할 수 있는 탐사개발계약과 관련된 재정 제도를 설계하는 것이 매우 중요하다. 결과적으로 이들 개도국에서 이러한 목표를 달성할 수 있는 유일한 방법은 앞서 제시한 수익성에 기반을 둔 혁신적 재정 제도를 충분히 시행하는 것이라고 할 수 있다.

재무 안정 조항이 포함된 탐사개발계약의 당사자는 혁신적인 시스템의 설계에 대한 책임감을 특별히 지녀야 한다. 개발도상국에서는 계약의 구속력을 장기적으로 강화하고 투자자에 대한 정치적 위험성을 최소화하기 위한 다른 방법이 존재하지 않기 때문이다.

비전통적인 석유에 대한 상류 부문 탐사개발계약 조정의 필요성

지난 20년간 많은 국가에서는 전통적인 석유와 더불어 비전통적인 석유라 불리는 새로운 형태의 석유를 탐사하며 개발해왔다. 비전통적인 석유와 천연가스가 국제 석유 시장에서 차지하는 비율은 점차 증가할 것이며, 앞으로도 상당히 중요한 에너지원으로 자리 잡을 것이다. 이러한 사례로는 북미 지역에서의 성공적인 개발을 들 수 있다.

비전통적인 석유와 천연가스에 관한 내용이 국가가 제정한 특별 법률에 명확하게 제시되지 않는다면 일반적으로 대부분의 국가에서는 전통적인 석유 관련 상류 부문에 대한 법률과 계약이 최근의 비전통적인 석유에도 그대로 적용된다. 일부 국가는 비전통적인 자원을 탐사하려는 계약자들이 전통적인 석유와 천연가스를 탐색하기 위해 체결한 계약을 그대로 이용하고 있다는 사실에 놀라워한다. 비전통적 자원 계약에 전통적 자원 계약이 그대로 활용되는 이유는 많은 석유법에서 석유를 단지 화학적 조성에 기초해 정의하고 있기 때문이다. 결론적으로 별다른 반론이 제기되지 않으면 전통적인 석유와 관련된 계약에서 규정되었던 권리가 비전통적 석유에 관한 계약에서도 그대로 적용된다.

현재까지 석유와 천연가스의 상류 부문에 관한 법률, 규제, 계약, 재정 제도는 대부분 비전통적인 석유와 천연가스의 특수성을 염두에 두지 않고 오직 전통적인 석유와 천연가스에 대한 활동만 고려해서 만들어졌다. 당시까지만 해도 비전통적인 석유와 천연가스의 상업적인 개발 가능성은 거의 주목받지 못했다. 〈상자글 8.5〉에는 비전통적인 석유 및 천연가스의 주요 범주뿐만 아니라 전통적인 석유 및 천연가스와의 차이점까지 요약되어 있다. 전통적 석유 및 천연가스와 관련된 활동과 비전통적 석유 및 천연가스와 관련된 활동 간의 차이점은 주로 탐사 개발에 사용되는 기술, 위험성, 비용, 환경에 미치는 영향과 관련이 있다. 환경에 미치는 영향에서의 차이점은 특히 비전통적인 석유와 천연가스의 추출에 수압파쇄법을 사용할 때 두드러진다. 왜냐하면 수압파쇄법은 산업 부문에서 개발되었으며, 일부 국가에서는 아직까지 금지된 기술이기 때문이다.

▮상자글 8.5▮ 비전통적인 석유 및 천연가스의 상이한 범주

기본적으로 비전통적인 석유 및 천연가스는 전통적인 석유 및 천연가스와 화학적 조성이 동일하다. 그렇지만 탐사에 사용되는 기술, 환경에 미치는 영향, 투입되는 비용, 생산적 특성, 경제성에서 차이가 크다. 이러한 자원을 추출하는 데 사용되는 기술의 주요한 차이점은 석유 및 천연가스의 위치뿐만 아니라 추출된 석유의 특징과 관련된다. 비전통적인 석유 및 천연가스는 종종 전통적인 석유 및 천연가스보다 더 깊고 조밀한 암석층에 위치하며, 전통적인 석유 및 천연가스와는 밀도나 점성 등에서 차이가 난다. 오늘날 비전통적인 석유 및 천연가스의 범주는 다음과 같다.

비전통적인 천연가스

타이트 가스(tight gas)는 밀도 있는 심층 매장지에서 생산되는 가스다. 셰일가스는 셰일층[18]에서 직접 추출되는 천연가스를 말한다. 호주에서 탄층 메탄(Coal Seam Methane: CSM)이라고도 불리는 석탄층 메탄(Coal Bed Methane: CBM)은 석탄층에 존재하는 가스이며, 이를 추출하기 위해서는 석탄층까지 시추 작업이 이뤄진다. 셰일층은 다공성과 투과성이 극도로 낮기 때문에 셰일가스를 생산하기 위해서는 일명 '프랙킹(fracking)'이라는 수압파쇄법을 이용해서 지층을 부숴야 한다. 이러한 기술은 같은 이유로 타이트 가스를 생산할 때에도 사용된다.[19]

비전통적인 석유

비전통적인 석유는 깊은 바다 속 연안에서 주로 추출된다. 중질유나 오일샌드의 복원에는 특별한 기술이 요구된다. 그리고 가장 최근에 개발된 셰일오일은 조밀한 셰일층에서 추출되는데, 물론 수압파쇄법을 이용한 지층의 파괴 작업이 수반된다.

---

18 진흙으로 이뤄진 퇴적층을 셰일층이라고 한다. _옮긴이
19 수압파쇄법은 석유산업 부문에서 50년 넘게 사용되었지만 셰일가스정에서 더욱 대규모로 사용되고 있다.

전통적인 면허나 계약을 체결했던 계약국은 오늘날의 비전통적인 석유 및 가스와 관련해서도 동일한 면허나 계약을 체결하기를 원하는 경향이 있다. 이로 인해 계약국이 비전통적 석유 및 가스에 대해 명확한 입장을 표명하지 않을 경우 법과 계약을 해석하는 데 갈등이 유발될 수 있다. 예를 들어, 별도의 규정이 존재하지 않을 경우 비전통적인 석유와 천연가스에 어떤 규제를 적용해야 하는가, 석탄층에서 추출된 석탄층 메탄은 광업법이나 석유법의 영향을 받아야 하는가라는 문제가 발생할 수 있다. 따라서 미래의 석유법, 규제, 세제에는 전통적인 석유 및 가스를 다루는 조항뿐만 아니라 비전통적인 석유 및 가스의 특수성에 관한 조항도 별도로 포함시켜야 한다.

심층 연안에서의 활동은 탐사개발계약이 체결되기 이전부터 이미 관심의 대상이었으므로 예외적이라고 할 수 있다. 이는 대부분의 나라에서 많은 비용이 소요되는 심층 연안에서의 탐사 개발에 대해 자국의 석유법과 계약에 의거해 세제 혜택을 도입한 이유와도 관련이 있다. 심층 연안에서의 활동에 소요되는 비용으로는 양허계약하에서의 저렴한 이용료, 생산분배계약에 의거한 높은 석유 비용분, 고수익의 석유 분담금 등이 있다. 게다가 심층 연안에서의 탐사 개발에 대한 별도의 규제도 이미 충분하게 다뤄진 상태다.

몇몇 국가들은 비전통적인 석유에 대한 특별법이나 별도의 조항을 이미 도입했다. 오일샌드, 셰일가스, 석탄층 메탄과 관련된 가장 구체적인 사례로는 캐나다의 앨버타 주를 꼽을 수 있다. 이 지역의 법·재무·계약 체제로는 '오일샌드 보호법(Oil Sands Conservation Act)'과 '오일샌드 사용권 규정(Oil Sands Tenure Regulations)'이 있는데, 이는 오일샌드에 대한 별도의 허가증 및 임차 계약과 관련된 근거를 제공하고 있다. 한편으로 '오일샌드 이용료 규정(Oil Sands Royalty Regulations)'은 기존의 전통적인 석유 임차 계약과 비교했을 때 오일샌드 관련 임차 계약을 체결한 기업에 더욱 매력적이고 우호적인 석유 제도라고 할 수 있다. 게다가 앨버타 주의 셰일가스와 석탄층 메탄에는 기존의 천연가스 이용료 체계가 적용되지만, 초기 3년은 비전통적인 가스 생산에만 국한되는 별도의 인센티브를 통해 제도적 보완이 이뤄지고 있다. 그렇지만 캐나다의 앨버타 주와 달리 대부분의 국가는 비전통적인 석유와 가스에 대한 특별법 제정이 필요한 상황이며, 탐사 개발과 관련된 새로운 계약이 체결될 수 있도록 유도해야 한다.

결론: 상류 부문 개발을 장려하기 위한 제언

탐사개발계약의 발전 과정을 검토하면서 지난 20년간 새로운 유형의 계약이 도입되지는 않았지만 계약 조건은 상당히 변해왔다는 사실을 알 수 있었다. 이 과정에서 나타난 주요한 변화는 재무 안정 제도와 혁신적인 정부의 고수익 보장과 관련이 있다. 물론 정부의 수익은 계약이 체결된 지역의 경제적 유인, 국가 성향, 경쟁의 강도, 미래의 유가에 대한 기대치와 관련되기 마련이다.

산유국이 상류 부문에 대해 양허계약을 체결하거나 개발도상국에서 생산분배계약을 더욱 자주 체결하는 이유는 이들 국가의 석유 정책과 법률 때문이다. 몇몇 예외적인 경우에는 대규모 산유국이 위험부담계약을 체결할 수도 있다. 한편으로는 새로운 조건이 비전통적인 석유 및 천연가스에 적용될 수도 있다. 따라서 국가의 개입은 각국의 석유 정책에 따라 달라지기 마련이며, 이는 전체 재정 패키지의 일부분일 수밖에 없다.

다만 미래의 상류 부문에 대한 투자를 고려할 때, 관련 세법과 계약의 결과물인 재정 시스템과 정부 수익은 국가와 계약자 모두에게 이익이 되어야 한다는 사실이 무엇보다도 가장 중요하다. 합리적·개혁적인 재정 제도하에서 체결된 탐사개발계약은 다음과 같은 두 가지 목표를 장기적으로 달성할 수 있도록 설계되어야 한다. 첫째는 상황이 어떻게 변화하더라도 산유국이 적정한 이익을 얻을 수 있도록 보장하는 것이다. 둘째는 국제 석유회사가 수익을 확보해 지속적으로 운영할 수 있도록 재무 안정성을 높이고 이를 통해 새로운 투자를 유도하는 것이다.

09 국영 석유회사
편익 확보 및 위험 회피

찰스 맥퍼슨

서론

지난 몇 년간 천연자연과 관련한 정부 및 자원 공기업의 역할에 대해 정책적·학문적 관심이 크게 높아졌다. 국영 석유회사의 경우 특히 그렇다. 국내외에서 국영 석유회사의 정치적·경제적·사회적 중요성이 급속도로 확대되고 있다. 국영 석유회사의 활동은 거시 경제, 투자, 지배 구조, 안정성에 대한 영향력을 통해 국가 발전에 중요한 역할을 맡는다. 이러한 국영 석유회사들이 어떻게 운영되는지에 따라 국제적인 에너지 공급 및 안보에도 막대한 영향을 미칠 수 있다.

현재 IMF에 따르면, 석유가 풍부한 것으로 확인된 거의 모든 나라에 국영 석유회사가 설립되어 있다고 한다(IMF, 2010: Appendix 1; McPherson, 2010). 최초의 국영 석유회사는 아르헨티나와 멕시코에서 1920년대와 1930년대에 각각 설립되었다. 국영 석유회사의 수는 1960년대와 1970년대에 OPEC의 설립과 더불어 급격히 증가했다. 이로써 '핵심적인 기간산업(commanding height)'[1]에 대한

---

1 레닌이 1922년 소련 공산당 전당대회에서 처음 사용한 개념이며, 국가의 경제를 주도하는 기간산

국가 소유의 열망과 민족주의가 확산되었다(Yergin and Stanislaw, 1998). 이들이 국내외에 미치는 영향력은 무시할 수 없을 정도다. 국영 석유회사는 전 세계 석유 매장량의 73%와 생산량의 61%를 장악하고 있을 뿐만 아니라 국제적인 석유 거래에서도 상당한 부분을 차지하고 있다. 천연가스의 경우도 이와 비슷한 상황이다.[2] 국내적으로는 국영 석유회사와 관련한 수치들이 정부의 재정적 흐름을 보여주고 있다. 대부분 정부의 수입 및 수출 실적의 50%를 차지하고 있으며, 심한 경우에는 90%를 넘는 나라도 있다. 물론 GDP에서도 국영 석유회사들은 상당히 높은 비중을 차지하고 있다(IMF, 2007).

국영 석유회사의 실적 및 이들에 대한 정책적 지원은 주기적인 변동을 보여준다. 1960년대와 1970년대에는 고유가와 상당한 자금 덕분에 국영 석유회사가 상업적인 측면에서 상당히 성공적인 성과를 거둘 수 있었을 뿐만 아니라 비상업적인 측면에서도 상당히 어려운 문제들을 해결할 수 있었다. 이후 유가와 수익이 하락함과 더불어 자유화·민영화의 국제적인 흐름이 동시에 형성되면서 많은 나라에서 국영 석유회사를 재검토해 구조조정 및 시장 지향적 개혁을 추진하기에 이르렀다.

최근의 신고유가는 국영 석유회사의 역할에 대한 정부의 신뢰를 다시 높이는 계기가 되었다. 실제로 모든 신흥 산유국은 국영 석유회사를 설립하거나 기존 국영 석유회사의 책임을 강화·확대시키고 있다.[3] 국영 석유회사는 지금까지 계속되는 현상의 모든 징조를 잘 보여주고 있다.

국영 석유회사에 대한 연구는 분석의 범위와 깊이라는 측면에서 매우 다양한 문헌이 풍부하게 발표된 상태다.[4] 이 글에서는 이러한 선행 연구의 핵심적인 주

업 또는 주도 세력을 의미한다. _옮긴이

2 영국의 에너지, 금속 및 광물 관련 연구 및 컨설팅 회사인 우드 매켄지 사에서 인용(Victor et al., 2012).

3 아르헨티나의 석유 주력 회사는 스페인계 석유기업인 렙솔의 자회사 YPF(Yacimientos Petroliferos Fiscales)다. 최근에 정부가 이 회사를 재국유화하기로 결정함에 따라 동티모르뿐만 아니라 아프리카의 모리타니, 가나, 우간다, 모잠비크도 여기에 동참하는 추세다.

4 본 주제와 관련해서 더 나은 해석과 포괄적인 접근 방식을 이해하기 위해서는 Victor et al.(2012), Tordo(2011)의 연구를 참고할 수 있다. '천연자원헌장(Natural Resources Charter)' 제6조와 '채굴산업 자료집(Extractive Industries Source Book)'도 이 문제를 잘 요약해서 보여주고 있다.

제와 결과를 요약·정리해서 서술하려 한다.[5] 다음 절에서는 국영 석유회사에 주어졌거나 국영 석유회사가 행사할 수 있는 역할 및 책임을 살펴볼 것이다. 이러한 역할과 책임에 대한 주제는 과거에도 충분히 논의된 바 있으며, 개혁적인 방안이 제시된 적도 있다. 그다음 절에서는 국영 석유회사와 관련된 몇 가지 제도적인 지배 구조의 위험성에 대해 살펴보려 한다. 이러한 위험성은 기대 수익을 위태롭게 만들 수도 있다. 마지막 절에서는 이상의 논의를 요약·정리·평가하면서 앞으로의 전망을 제시할 계획이다.

국영 석유회사의 역할과 책임

모든 사항을 전부 포함시키지는 못하겠지만, 국영 석유회사의 대표적인 역할은 다음과 같다. 즉, 국영 석유회사는 상업적 참가자, 규제자 또는 감독관, 국가역량의 촉진자, 개발 기구, 재정 및 금융 기구, 외교 정책의 대리인 등의 역할을 맡고 있다.

상업적 참가자

설립 초기뿐만 아니라 지금까지도 지속적으로 기대되는 국영 석유회사의 역할은 국제 석유회사와 경쟁해서 이들의 영향력을 상쇄시키고 심지어는 이들을 대체하는 상업적인 참가자로서의 역할이다. 국영 석유회사는 효율적으로 운영되기 때문에 정부 입장에서는 세금, 수당, 배당금을 통해 수익을 창출해낼 것으로 예상되었다. 물론 이렇게 만들어진 수익은 자국의 지속가능한 경제·사회의 발전에 중요하게 기여할 것이다.

그렇지만 국영 석유회사의 상업적 성과를 평가하기 위해 필요한 자료에 접근

---

5 이 글은 저자가 이전에 발표했던 두 편의 논문을 기초로 작성했다(McPherson, 2003; 2010).

하기는 쉽지 않은 실정이다. 그럼에도 이론적 분석, 제한된 실증적 평가, 몇몇 사례를 통해 짐작해보건대 절대적인 기준 또는 민간 사업자와 비교했을 때 국영 석유회사들은 조직의 설립 목적을 제대로 수행하지 못한 것 같다(Hartley and Medlock, 2008; Victor, 2007; McPherson, 2003). 이처럼 좋지 않은 결과가 초래된 원인은 다양하다. 그중에서 두드러지는 원인은 취약한 제도적 역량과 경쟁력 부족이다. 그리고 공기업의 광범위한 비상업적 목적도 하나의 원인이다. 이와 관련해서는 다음 절에서 더욱 자세히 살펴볼 텐데, 이러한 비상업적인 목적이 성급하게 조직 성과의 기준으로 설정되었다는 측면에서 문제가 있다. 자금 조달, 지배 구조, 전반적인 정치적 맥락은 국영 석유회사들이 성과를 창출하는 데 크나큰 장애물이라는 사실이 입증된 상태다. 자금 조달은 바로 다음에서, 그리고 지배 구조와 정치적 맥락은 다음 절에서 다룰 것이다.

국영 석유회사의 상업적인 성과를 개선하기 위한 개혁은 이러한 장애 요인에 대응하기 위한 것이라고 할 수 있다. 구체적으로는 역량 개발 및 기업화 프로그램, 민간 부문 성과의 벤치마킹, 경쟁 체제의 도입, 비핵심적인 기능의 분리, 민간 부문과의 합작 투자, 증권거래소의 상장을 통한 부분적인 민영화, 부문 간 개혁 및 구조조정 등이 포함된다. 이러한 개혁 방안들이 얼마나 성공적인지를 판단하지는 못하겠지만, 초창기의 성과는 상당히 고무적이었다. 브라질의 국영 석유회사인 페트로브라스는 수많은 개혁을 실시했으며, 그 결과 전 세계에서 가장 존경받는 100대 기업의 하나로 집계되었다는 설문조사는 상당히 주목할 만하다.[6] 왜냐하면 100대 기업의 목록에서 석유회사로는 유일했기 때문이다.[7]

국영 석유회사가 석유 부문에 상업적으로 참여하는 데서 가장 중요한 문제 가운데 하나는 자금 조달이다. 주식 참여는 정부의 입장에서 상당한 수익을 창출할 수 있지만, 공적 자금과 관련해서는 막대한 수요가 발생할 수도 있다. 석유와

---

[6] 평판연구소(Reputation Institute)의 연례 조사에서 발표한 자료다(Upstream, 2012.6.11).

[7] 2016년 현재 브라질의 국영 석유회사인 페트로브라스는 정치권에 대한 뇌물 혐의와 스캔들로 인해 명예가 실추된 상태다. 국영 석유회사의 부정부패와 관련해서는 이 글의 뒷부분에서 자세히 다룰 예정이다. _옮긴이

가스는 자본 집약적인 산업으로 악명이 높다. 국영 석유회사가 지분으로 참여한 경우에는 자금을 중요하면서도 긴급한 다른 분야의 예산으로 불가피하게 우선적으로 전용해야 한다. 예를 들면, 건강, 교육, 도로, 통신 같은 사회적·물리적 기반 시설에 대한 자금 조달이 반대급부로 어려워질 수도 있다. 한편으로 자금 조달에 대한 경쟁은 국영 석유회사를 어려움에 빠뜨려 사업의 지연 또는 중단이라는 손해를 입힐 수 있다. 이와 관련해서는 나이지리아에서 실제로 심각한 문제가 발생한 바 있다.

국영 석유회사의 상업적 역할에서 국가 지분 참여 방식의 자금 조달이 지닌 또 다른 단점으로는 엄청난 위험에 대한 공적 자금의 노출을 들 수 있다. 한편으로는 단일 부문에 대한 집중으로 인해 폐해가 발생할 수도 있다. 그리고 노동집약적인 부문에 피해를 입혔던 '네덜란드 병'처럼 경제의 다양성을 축소시킬 뿐만 아니라 궁극적으로는 사회적·정치적 안정성까지도 해칠 수 있다.

반면에 국영 석유회사의 차입으로 주식 참여가 대안이 될 수도 있다. 그렇지만 자금을 조달하기가 어려운 것으로 입증되었을 뿐만 아니라 민간 기업에 부과하는 이자율보다 더 큰 이자율로만 차입이 가능하므로 막대한 비용이 소요될 가능성이 있다. 게다가 정부가 재정적인 위험을 부담하는 보증이나, 미래의 생산 및 수익에 대한 대가에 큰 담보가 수반된다는 문제도 있다. 국영 석유회사의 차입으로 주식 참여가 대안이 될 수도 있다.

이러한 문제점들을 고려했을 때, 별도의 좋은 대안이 있을 경우에는 국영 석유회사의 주식 참여를 신중하게 고민해볼 필요가 있다. 산유국의 자원 매장량이 매력적일 경우 민간 기업은 국영 석유회사를 대신해서 채굴 기술, 탐사 비용, 재정적 위험을 기꺼이 감내할 것이다. 이때 효율적인 재무 체제가 마련되었다면 수익의 손실이 아주 적거나 사전에 대략적으로 추정될 가능성도 있다(McPherson, 2010).

많은 나라에서는 국영 석유회사에 대한 자금 조달 의무를 줄이거나 연기하고 있으며, 아예 모든 조건을 배제한 참가 방식을 채택하기도 한다. 민간 부문과의 합작 투자는 국영 석유회사의 자금 조달 부담을 덜어줄 수 있다. 민간 부문의 이해당사자들은 국영 석유회사를 대신해서 개발 및 생산에 들어가기 전에 지출하는 '성과보수(carried interest)'를 통해 자금 조달을 지연시켜줄 수 있다. 마지막으로 투자자와 생산분배계약을 체결하는 경우에는 국영 석유회사의 지출이 전혀 필요 없지만, 투자 및 운영과 관련된 의사 결정에서는 국영 석유회사의 개입이 필요하다.[8]

규제자

국영 석유회사는 산업계와의 친밀성, 우수한 기술력, 정보에 대한 접근성 등의 장점을 지니고 있다. 이로 인해 국영 석유회사는 석유산업의 규제자 역할을 부여받거나, 공식적인 규제자가 존재하지 않는 상황에서 자연스럽게 규제자의 역할을 비공식적으로 맡는 경우가 자주 있다.

규제자로서 국영 석유회사는 다음과 같은 임무, 즉 석유산업 부문의 법률·의무 사항·계약 조건에 대한 준수 여부 확인, 규제 제도의 초안 작성, 석유산업의 기술 및 계약 관련 자료의 수집·보유, 물품 조달과 관련된 관리·감독, 비용 또는 자금 지출에 대한 감사 등의 업무를 맡게 된다. 특히 석유산업 부문의 법률 및 인허가 절차에 대한 초안 작성처럼 중요한 정책 기능은 전적으로 국영 석유회사가 맡거나 아니면 적어도 부분적으로라도 참여할 수밖에 없다. 실제로 나이지리아의 국영 석유회사인 나이지리아석유공사(Nigerian National Petroleum Corporation: NNPC)는 새로운 석유기본법의 초안 작성 과정에 대단히 깊숙이 개입하고 있는 실정이다.

이해관계자들 사이에서는 갈등이 발생할 수밖에 없다. 국영 석유회사가 상업적인 역할을 수행하는 동시에 규제자의 임무를 맡는다는 것은 국영 석유회사에 엄청나게 유리한 권한이 부여된 것이다. 왜냐하면 국영 석유회사들은 석유산업의 다른 참여자들에게 특혜를 부여하거나 아니면 다른 참여자들과 공동 협력을 함으로써 자신의 이익을 대폭 늘릴 수 있기 때문이다.

---

8 정부 참여의 여러 가지 형태에 관한 설명은 McPherson(2010)의 논문을 참고할 수 있다.

이러한 잠재적인 갈등을 해결하기 위한 교과서적인 정책 권고 사항은 다음과 같다. 바로 모든 규정 또는 관련 기능을 국영 석유회사로부터 분리시켜서 적합하고 독립적인 공공기관 또는 부처에 부여하거나 이들의 권한을 회복시키는 것이다. 물론 이러한 기관의 규제 역량을 강화하는 작업도 반드시 필요하다. 이를 노르웨이 모델 또는 '삼위일체(trinity)' 모델이라고도 한다(Al-Kasim, 2006). 그렇지만 실제로는 반드시 좋은 대책이 아닐 수도 있다. 정부의 관리 능력이 전통적·만성적으로 취약한 국가에서는 규제 기능을 국영 석유회사에 부여하는 편이 나을지도 모른다. 왜냐하면 국영 석유회사를 통해 규제 기능과 상업적 운영 사이에 이상적인 '방화벽(firewalls)'이 만들어질 수도 있기 때문이다(Thurber et al., 2011).

앙골라는 이런 방법을 채택했다. 석유부가 분명 취약점을 갖고 있음에도 수많은 석유 정책 및 규제 기능이 부서에 부여되거나 앙골라의 국영 석유회사인 소난골(Sonangol)에 맡겨졌다. 이때 규제권을 보유한 정부 기관은 소난골과 대단히 친밀한 관계를 지니게 마련이다.[9] 이처럼 국영 석유회사가 규제 기능을 맡는 것은 차선책일 수밖에 없다. 결국 앙골라는 국영 석유회사 스스로 비핵심적인 부문에서 책임을 지지 않는다면 공기업 외부에서 제도적 역량을 구축하는 것이 매우 중요하다는 사실을 명백히 보여주는 사례다.

국가 역량의 촉진자

국영 석유회사는 내부적인 능력을 강화하고 대외적인 교섭력을 확대함으로써 국가적인 석유 부문의 역량을 폭넓게 촉진시키고 개발해나갈 수 있다. 국영 석유회사 내에서 관리 및 기술 역량을 완벽하게 발전시키기란 많은 나라에서 어려운 실정이다. 왜냐하면 이들 국가에는 전문 인력 및 교육 시설이 갖춰져 있지 않기 때문이다. 이러한 상황에서는 석유 탐사·개발의 경험이 풍부한 외국계 투

---

[9] 앙골라의 국영 석유회사인 소난골의 역할에 대한 통찰력 있는 분석으로는 Heller(2012), Soares de Oliveira(2007)의 자료를 참고할 수 있다.

자자와 합작 기업을 설립할 필요가 있다. 한편으로는 법률이나 계약의 형태로 제공되는 필수적인 교육 프로그램을 시행하는 것도 효과적일 수 있다. 이러한 협력을 통해 이전된 기술을 방치한 채 내버려둘 것이 아니라 필요에 맞춰 적절히 변용해서 활용해야 한다는 사실을 반드시 유념해야 한다. 특히나 이러한 기술의 가치를 인식해서 이를 활용할 수 있도록 기회와 인센티브를 제공하는 기업 문화에 의해 기술 발전이 보완될 필요가 있다.

국가적인 역량이 민간 부문에 의해 효과적으로 구축될 수 있다는 사실은 주목할 만한 가치가 있다. 셸의 나이지리아 자회사인 셸석유개발회사(Shell Petroleum Development Corporation: SPDC)는 지역 차원의 소규모 사업에서부터 세계적 대규모 사업에 이르기까지 광범위한 영역을 담당하고 있다. 그렇지만 이 회사의 최고 경영자 및 회장을 포함한 모든 직책의 셸석유개발회사 인력은 대부분 나이지리아 출신이다.

최근에는 국가적인 산업 역량의 개발이 산업계 내부적인 영역을 넘어서 국영 석유회사로까지 확장된 상태다. 구체적으로는 국영 석유회사와 투자자의 탐사·개발 활동과 관련해서 전후방으로 다양한 연계망이 구축되고 있다. 석유산업에서의 후방 연계는 식료품 조달에서부터 드릴 파이프의 제작에 이르기까지 핵심적인 석유 채굴 작업을 지원·수행하는 다양한 활동을 가리킨다. 전방 연계는 채굴된 원유를 활용해서 석유화학제품을 생산하거나 가스 보급망을 통해 공급하는 방식으로 자국 내 처리를 장려·촉진함으로써 현지 생산에서 가치를 높이는 작업을 의미한다. 이른바 '현지 제품화' 정책은 국내 경제와의 연계 증진에 초점을 맞추고 있다. 물론 정책이 남용되지만 않는다면 연계된 활동의 역량을 개발하는 일은 매우 중요하다. 다시 말해 국영 석유회사는 석유산업과 관련된 전문 지식의 공적인 집합체로서의 역할을 종종 맡을 수 있을 것이다.

개발 기구

정부가 개입하지 않은 채 국영 석유회사가 상업적 효율 및 수익의 극대화에만 집중할 수 있도록 방치하는 나라는 사실상 거의 없다.[10] 비상업적인 임무는 지금까지 그래왔듯이 앞으로도 지극히 일반적인 관행일 것이다. 이러한 비상업적인 임무들은 석유 관련 전문 지식과는 무관한 영역이며, 대신 국영 석유회사의 경영권 및 자금의 조달 능력에 따라 달라진다. 학교, 병원, 도로, 교량 같은 사회적·물리적 기반 시설을 마련하도록 국영 석유회사에 책무를 부여하는 것이 대표적인 사례다.

석유가 풍부한 산유국에서 국영 석유회사에 가장 일반적이고도 부담이 되는 사회적 의무 가운데 하나는 소득의 재분배다. 대표적으로는 저소득 가구에 시장보다 저렴한 가격으로 석유제품을 공급하는 임무가 부여된다. 주요 산유국에서는 석유제품에 대한 가격 보조가 일종의 권리문제로 여겨지는 경향이 있다.[11] 보조금은 정치적 지지를 획득하기 쉬운 수단이지만, 막대한 비용이 수반될 뿐만 아니라 일단 한 번 정책으로 채택되고 나면 폐지하기 어렵다는 단점이 있다. 과거 인도네시아의 국영 석유회사인 페르타미나(Pertamina)는 보조금으로 국가예산의 15%인 30억 달러를 매년 지출해야만 했다. 이란국영석유회사(National Iranian Oil Company: NIOC)와 아제르바이잔국영석유회사(State Oil Company of Azerbaijan Republic: SOCAR)도 비슷한 정책을 시행했으며, 이와 관련해서 지출된 보조금은 GDP의 10%를 초과하는 것으로 추정된다(Gupta et al., 2003). 심지어 이런 보조금을 없애거나 단계적으로 폐지하려는 나이지리아의 노력은 폭력적인 시위와 파업을 주기적으로 일으키고 있다.

사실 이러한 역할은 모두 정부의 소관 업무이며, 이로 인해 국영 석유회사의 임무를 '준재정 활동(quasi-fiscal functions: QFAs)'이라고도 한다. 이러한 업무는 국영 석유회사에 위임되었기 때문에 정부의 공식적인 예산 편성에서 배제될 수 있다. 그렇지만 그로 인해 거시 경제, 재정, 예산 관리에 대한 책임 소재가 불분명해질 뿐만 아니라 문제가 더욱더 복잡해지는 경향이 있다. 이 때문에 국영 석

---

10 사우디아라비아가 대표적인 사례다(Steven, 2007).
11 "주요 산유국의 국영 석유회사들은 소비자와 지역 산업에 대부분 보조 연료를 지급하고 있다"(Jaffe, 2010).

유회사의 경쟁력이 아닌, 책임 소재의 혼란이 촉진되는 경우가 자주 있다. 국영 석유회사를 통해 자금을 조달하면 입법기관인 의회나 기타 관련 기관의 달갑지 않은 감사를 피할 수 있다. 그렇기 때문에 이는 정치적 지배 계층이 가장 선호하는 정책 수단이기도 하다.[12]

정부의 역량이 충분하다면 사회적·물리적 기반 시설과 관련된 국영 석유회사의 개발 기능을 관련 정부 기관이나 해당 부서로 이전해야 한다. 물론 이전하는 기간에도 지속적으로 관심을 가져야 한다. 만약에 보조금에 대한 책임 소재 문제가 계속적으로 제기된다면 재무부가 이를 책임져야 할 것이다. 이러한 이전이 불가능하거나 역량 부족 때문에 해당 기능을 수행할 수 없는 나라에서는 준재정 활동을 정부 예산으로 분류해 합법적인 예산 처리 및 지출 계획의 수립 절차에 따라 집행해야 한다.

재정 및 금융 기구

국영 석유회사는 일반적으로 법률, 계약, 관행 등을 통해 재정 및 금융 관련 업무를 상당 부분 수행하고 있다. 특히 규제자의 역할을 위임받았을 경우 국영 석유회사는 채굴 요금의 책정 및 징수와 관련해서 책임을 맡게 된다. 생산분배계약을 체결할 때 국영 석유회사는 정부를 대표해서 세부적인 비용 감사를 수행할 뿐만 아니라 석유 관련 수익을 사정·평가해서 징수하는 역할도 맡는다. 운영 관련 지분을 보유하고 있기 때문에 국영 석유회사는 관련 자금의 흐름, 정부에 대한 배당금의 계산 및 지불을 관리하는 책임을 보유하게 된다. '지분 참여 협정' 은 재정적인 측면에서 혜택이 국영 석유회사에 돌아가거나 아니면 적어도 그러한 혜택을 국영 석유회사가 관리하는 방식이다(Daniel, 1995: McPherson, 2010).

유전 채굴 요금 관련 조항 및 생산분배계약은 본질적으로 현물 지급을 요구할

---

12 베네수엘라의 관점에서 살펴보면 "국영 석유회사를 통할 경우 우선적인 수혜자를 대상으로 자금을 쉽게 제공할 수 있으며, 자금의 통제권을 의회가 아닌 회장단과 임원들에게 부여할 수 있다"라고 할 수 있다(McPherson, 2010).

수밖에 없다. 국영 석유회사는 마케팅 또는 상업화와 관련해서 현물을 지출해야 하는 책임이 있다. 이때 상당한 금액이 이러한 여러 가지 기능과 관련이 있다. 생산분배계약의 체계에 수반되는 총 금액은 정부 수입의 50% 또는 그 이상일 수 있다. 국영 석유회사에 이러한 기능을 부여하는 이유는 이들이 기술적인 측면에서 전문 지식을 지니고 있기 때문이기도 하지만 운영상의 접근성 때문이기도 하다. 그렇지만 재무적인 기관으로서의 역할을 수행할 경우 국영 석유회사는 수익의 징수 기관으로서 재무부에 부여된 전통적인 권한을 실질적으로 빼앗아가는 셈이다. 이러한 책임성의 분리는 수익을 징수하는 데 문제를 일으킬 수 있으며, 재무 및 재정적인 흐름의 감시와 통제를 어렵게 만들지도 모른다. 특히 석유 부문에서는 실수, 낭비, 남용, 부정 등의 문제를 회피하기 위해 성과가 중요할 수밖에 없다.

국영 석유회사에 부여된 재정 기관으로서의 역할은 당분간 그대로 유지될 가능성이 높다. 따라서 국영 석유회사는 재정부와 긴밀하게 협력함으로써 필요한 정보와 자료를 적절한 시기에 공유하는 것이 중요하다. 그렇지만 지금은 협력 수준이 턱없이 미흡한 실정이다. 재무부 및 국세청이 자신들의 전통적인 핵심 임무를 빼앗긴 상황이 되고 말았다. 이로 인해 이들 부처는 자신의 조직 내에 소규모의 석유 전담 부서를 전략적으로 구축하기 위해, IMF나 세계은행 같은 기관에 지원을 요청하는 사태마저 발생하게 되었다. 이때의 목적은 내부적인 역량을 강화하는 것이다. 즉, 관련 정부 부처 및 국영 석유회사와 더욱 효과적으로 소통하고 재정 및 금융과 관련해서 적절한 발언권을 확보하는 것이다.

외교 정책의 대리인

국영 석유회사를 보유하고 있는 수입국들은 자신들의 국영 석유회사에 해외의 석유 자산을 취득하도록 부추기고 있다. 이러한 국가로는 중국, 인도, 한국이 대표적이다. 이때 자산을 팔거나 채굴권을 수여하는 국가에 대한 상호 대출 방식인 보조금성 대출이나 기반 시설 건설에 대한 직접적인 해외 원조 및 기술 원조의 형태로 지원을 제공할 수 있다. 이러한 정부 지원에 대한 표면적인 명분은 국가적인 에너지 안보를 확충하는 것이다. 왜냐하면 석유 자원에 대한 접근성을 확보하는 것은 외교 정책의 중요한 목표이기 때문이다.[13]

잘 발달된 경쟁적인 국제시장에서 석유를 충분히 구입할 수 있다는 사실을 고려할 때, 해외 자산을 공기업이 직접 취득하는 정책이 과연 합리적인지는 분명하지 않다. 국제시장에서 석유를 구매하는 방안은 국가 간의 협상 및 거래뿐 아니라 자국 내 거래와 비교해서도 기술적·정치적인 측면에서 훨씬 더 저렴하고 위험 가능성도 낮다. 다양한 사항을 고려해야 하는 거래는 불투명한 경우가 대부분이기 때문에 국제 거버넌스라는 관점에서도 국영 석유회사가 자원을 획득하는 것은 부정적인 결과를 가져올 수밖에 없다.

물론 국영 석유회사는 매력적인 투자 기회, 수입원의 다변화, 핵심적인 경쟁 기술의 획득 같은 여러 가지 이유 때문에 외국에서 활동하는 경우가 있다. 이러한 이유는 외교 정책과 거의 관련이 없으며, 오히려 국영 석유회사의 상업적 목적에 대단히 일치하기도 한다.

거버넌스와 투명성

자원 부문 및 공기업에 대해 높아진 관심은 에너지 거버넌스에 대한 관심을 불러일으키고 있다.[14] 국영 석유회사가 통제·감독하는 막대한 자금뿐만 아니라 각국의 경제에서 이들이 차지하는 영향력으로 인해 국영 석유회사는 사적·정치적 이익을 추구하는 엘리트들에 의해 장악되었고, 이로 인해 이들 국영 석유회사에는 부정부패가 초래될 수밖에 없었다(McPherson and MacSearraigh, 2007).

---

13 외교 정책을 시행하는 주체로서 국영 석유회사의 역할과 관련해서는 Goldthau(2010)의 자료를 참고할 수 있다.

14 에너지 거버넌스 문제와 관련한 더 자세한 논의는 Benner and Soares de Oliveira(2010)의 제15장을 참고할 수 있다.

이로 인해 다음과 같은 두 가지 결과가 나타났다.

첫째, 많은 국영 석유회사의 거버넌스가 심각하게 훼손되었다. 엘리트들은 국영 석유회사의 시장 기업화에는 관심을 거의 보이지 않았으며, 이사회와 경영진을 정치화한 비밀스러운 경영 구조를 장려하는 경향이 있었다. 국영 석유회사의 공식적 거버넌스 구조가 어떻든지 상관없이 인맥과 정치적 설득에 의한 비공식적인 거버넌스 채널이 확대되면서 공식적인 의사 결정의 힘은 서서히 약화되는 상태다(Hults, 2012). 나이지리아의 국영 석유회사인 나이지리아석유공사는 이러한 거버넌스의 문제를 정확히 보여주는 대표적인 사례다(29장 참조). 국영 석유회사의 경영진들은 상업적인 효율성을 추구하기보다는 정치적인 이해관계를 관리하고 로비하는 데 더 많은 시간을 소비하는 경향이 있다. 이는 공기업을 위한 좋은 거버넌스의 원칙과 정반대되는 행위다(OECD, 2005).

둘째, 이러한 부작용이 만연한 나라에서는 국영 석유회사가 엘리트에 의해 포획되어 정부 자체의 거버넌스 수준을 다시 후퇴시키는 악순환이 반복되고 있다. 막대한 자금과 경제적 영향이 불투명하게 사용됨으로써 지배 계급은 책임성을 거의 느끼지 못할 뿐만 아니라 책임성에 대한 관심 자체가 없을 가능성이 있다. 석유로 인한 풍요는 예상했던 편익을 제공하는 것이 아니라 경제성장, 인간 개발, 사회·정치적 안정성에 오히려 부정적인 영향을 끼칠 수도 있다. 이러한 부작용을 '풍요의 역설' 또는 '자원의 저주'라고 한다(Humphreys et al., 2007; Karl, 1997).

이러한 부정적인 결과를 불가피한 선택으로 당연하게 받아들여서는 안 된다. 실제로 악순환을 예방해 선순환으로 역전시킨 나라의 사례들도 많다. 이때 정치적 맥락은 대단히 중요하다(Eifert et al., 2003; Warshaw, 2012). 부정적인 결과는 지배 권력에 대한 견제와 균형이 매우 미흡하거나 짧은 정치적 경험을 지닌 '약탈적 독재 정치' 또는 '파벌 민주주의'에서 나타날 가능성이 높다. 좋은 결과는 정반대의 경우라고 할 수 있다. 즉, 적절한 견제와 균형, 그리고 오랜 시간의 정치적 경험이 풍요로운 자원의 선순환을 만들어낼 수 있다. 수준 높은 정치적 의지와 공적 지원은 둘 다 똑같이 중요하다. 역설적이게도 부정적인 결과를 허용할 수 없는 상황에 도달했을 때 이러한 긍정적인 특징들이 발현되며 광범위한 지원과 함께 개혁의 여지를 만들어낼 수 있다.

이때 투명성은 거버넌스의 개선을 뒷받침하는 강력한 힘으로 알려져 왔다.[15] 석유 부문의 관리, 자금 흐름, 국영 석유회사의 경영에 대한 신뢰할 만한 정보가 공적 영역에서 공개될 수 있다면 낭비, 부실 관리, 부정부패는 감추기가 힘들어질 뿐만 아니라 책임성을 강제할 가능성도 높아질 것이다.

비정부 조직의 연합체인 '원유 수입액 공개(Publish What You Pay: PWYP)'의 설립과 '채굴 산업 투명성 이니셔티브(Extractive Industries Transparency Initiative: EITI)'의 출범은 채굴 산업에서의 더욱 높은 투명성에 대한 여러 이해관계자의 일관된 노력이 시작되었음을 의미할 뿐만 아니라 이들이 석유에 주목하게 된 첫 번째 사례다.[16] 이때 국영 석유회사에 대한 관심이 특별히 높았다. 설립 당시 채굴 산업 투명성 이니셔티브의 투명성 기준에는 국영 석유회사를 포함시켜야 실질적인 이니셔티브가 형성될 수 있는 것으로 여겨졌다. 이러한 투명성 운동은 지난 10년 동안 상당히 핵심적인 역할을 해냈다. 채굴 산업 투명성 이니셔티브는 37개 산유국에서 승인되었으며, 그중에서 16개국이 지금도 투명성 기준을 준수하고 기준을 충족시키는 것으로 알려져 있다. 원유 수입액 공개 캠페인도 비슷한 성공을 거두었다. 예를 들면, 뉴욕증권거래소에 상장된 업체에 대한 최근 요구사항의 하나인 채굴 산업의 지출 투명성은 미국이 법률적 근거를 마련하는 계기가 되었다. 유럽위원회도 EU의 기업들에 대해 이와 유사한 요구사항을 고려하는 중이다. G8 및 G20 정상회담에서도 채굴 산업 투명성 이니셔티브와 원유 수입액 공개 캠페인을 토대로 많은 나라에서 채굴 산업의 투명성을 확보하기 위해 노력하고 있다.

이러한 모든 조치는 석유산업의 투명성을 개선하기 위한 노력이지만 결과는 아직까지 실망스러운 수준이다. 채굴 산업 투명성 이니셔티브는 기업들이 지불

---

15 채굴 부문의 거버넌스에서의 투명성의 필요성은 Karl(2007), Gillies(2011), McPherson(2005)의 자료를 참고할 수 있다. 한편으로는 '천연자원헌장'의 수칙 제2·3조와 '채굴 산업 자료집'도 유용하다.
16 이와 관련해서는 다음 홈페이지를 참고할 수 있다. www.publishwhatyoupay.org, www.eiti.org.

한 금액과 정부가 받은 수익에 대해 검증된 수치들을 공개하기만 할 뿐이다. 따라서 이 돈을 더 나은 용도로 지출하거나 국영 석유회사의 거버넌스 개선에 활용하는 작업은 이러한 정보를 수신한 자들에게 온전히 달려 있다. 즉, 이들이 석유산업의 책임성과 개혁을 요구하는 능력을 갖출 뿐만 아니라 자금의 지출에 대해 끊임없이 설명을 요청해야 실질적인 개선이 이뤄질 수 있다. 또한 이러한 요구를 하기 위해서는 정치적 역량도 충분히 확보해야 한다. 지금까지 그렇게 원했을지는 모르겠지만, 투명성을 개선한 이후에 이러한 역량의 강화가 쉽게 진행되지는 않았다. 채굴 산업 투명성 이니셔티브에 서명한 뒤 기준까지 충족했던 나라들은 대부분 투명성에 기반을 둔 거버넌스의 개혁을 적극적으로 추진하지 않았다. 이들은 단순히 채굴 산업 투명성 이니셔티브가 국제사회에서 획득한 '점수와 평가'를 그저 향유했을 뿐이다(Benner and Soares de Oliveira, 2010). 게다가 석유 소비국과 투자자들은 투명성 강화와 거버넌스 개선을 강요하는 데 주저해왔다. 왜냐하면 석유 개발권 또는 접근권을 빼앗기거나 자신들의 투자가 위험에 빠지는 것을 두려워했기 때문이다.

평가 및 전망

지금까지 살펴본 바와 같이, 국영 석유회사는 관심과 비판을 반복적으로 받으면서도 놀라운 생명력을 보여주었다. 세계적으로 비석유 부문의 공기업들이 민영화되거나 엄청난 개혁의 압력을 받을 때에도 국영 석유회사는 사라지지 않고 끝까지 남아 있었다. 이 절에서는 국영 석유회사의 지속, 국내외 에너지 정책의 지속가능한 발전과 관련된 국영 석유회사의 함의, 국제적인 에너지의 공급 및 안보 관련 시사점을 다음과 같은 세 가지 관점에서 살펴봄으로써 이 글을 마무리하려 한다.

첫째, 국영 석유회사의 발전에 대한 거의 모든 평가는 제도적 역량의 중요성을 보여줄 뿐만 아니라 제도적 역량의 강화를 강조하고 있다. 국영 석유회사는 내부적인 역량의 확보 없이는 성과의 개선 및 성장을 기대할 수 없다. 국영 석유 회사에 비핵심적인 목표와 활동이 부담스럽거나 본업을 방해하는 것이 아니라면 다른 정부 기관의 관리 능력 개발도 똑같이 중요할 수 있다. 국영 석유회사의 부정적인 기능 및 속성이 아직까지 남아 있고 국영 석유회사 자체가 지속되는 이유는, 사실 제도적 역량이 강화되지 못했기 때문이다. 이러한 역량 강화는 자국 내에서 시작되어야 한다. 그렇지만 원조기구, 국가 간 기부, 투자자 같은 국제사회의 지원을 받아 역량을 강화할 수도 있다. 이런 방향으로 제도가 개선되지 않는다면 석유 부문의 지속가능한 발전을 이루겠다는 약속은 이행되기 어려울 수밖에 없다.

둘째, 국영 석유회사는 앞으로도 인기가 높을 수밖에 없다. 왜냐하면 지배 계층에 상당한 자금, 후원금, 정치적·경제적 영향력을 손쉽고 불투명하게 제공할 수 있기 때문이다. 이러한 거버넌스의 남용이 해결되지 않는 한 지속가능발전에 대한 어떠한 약속도 지연되거나 중단될 가능성이 상당히 높다. 전통적인 산유국에서 이미 깊숙이 고착화된 이해관계와 신흥 산유국에서의 기회주의는 이러한 개혁에 강력히 저항할 것이다. 이러한 장애물을 극복하기가 어려울 수도 있다. 왜냐하면 이러한 장애 요인들은 국가의 전반적인 거버넌스가 실패한 이유 중 하나이기 때문이다. 투명성이 지속적으로 광범위하게 확대된다면 이는 개혁을 지원하는 강력한 도구가 될 수도 있다. 그렇지만 투명성을 개선하려면 이를 활용할 수 있는 지역사회가 유의미하게 참여해야 한다. 한편으로는 산유국의 엘리트들이 관심을 가질 수 있도록 국제사회에 상당한 압력을 지속적으로 가하는 경우에만 이러한 개혁이 가능할 것이다.

셋째, 일부 국영 석유회사는 정부가 개혁과 발전을 약속한 덕분에 앞으로도 계속해서 살아남을 수 있을 것이다. 물론 이런 국영 석유회사들의 수가 늘어나기를 바란다. 참고로 여기서 언급한 다양한 연구와 이 글을 통해 국영 석유회사의 엄청난 문제 및 남용을 밝혔다. 이제는 이러한 문제를 제대로 인지해 바람직한 정책적 대응 방안도 비교적 적절히 수립한 상태다. 이러한 정책적 대응 방안을 실행함으로써 정반대의 부정적인 결과의 위험성을 줄일 수 있을 뿐만 아니라 예상되는 이익을 실현시킬 가능성이 상당히 높아질 것으로 기대된다. 이때 정책적·기술적인 차원 모두에서 개혁에 대한 국제적 지원이 중요한 역할을 담당할 것이다.

정리하자면, 국영 석유회사가 제대로 작동하면 국내적인 경제 정책과 거버넌스를 수용함으로써 석유 부문의 성과를 증진시켜 자국의 지속가능한 발전과 안정성에 상당히 기여할 수 있을 것이다. 그렇다면 이러한 결과는 국제적인 에너지 공급 및 안보에 좋은 징조라고 할 수 있다. 다만 국영 석유회사와 관련해서 명백히 드러나는 제도적 위험을 예방하고 더 나은 성과를 보장하기 위해서는 국내외의 정치적 의지가 반드시 수반되어야 할 것이다. 즉, 제도적 역량의 강화, 투명성의 개선, 재무적 책임성의 확대에 대해 더 높은 수준에서 정치적으로 약속해야 할 것이다.

10 지구적 자원 쟁탈전과 새로운 에너지 개척자

외위스테인 노렝*

서론: 석유 분열증

석유의 역사를 검토해보면 격렬한 논쟁을 불러일으킨 주제가 몇 가지 있다. 예를 들면, 석유가 부족한지 아니면 풍부한지, 이로운지 아니면 해로운지 같은 쟁점들이 대표적인 주제라고 할 수 있다. 자원 부족의 시대가 임박했다는 주장은 환경적인 위험에 도달했다는 주장과 번갈아가면서 등장했다. 정리하자면, 세계는 에너지 자원과 관련해서 정신분열증을 겪고 있는 것 같다. 왜냐하면 인간은 에너지를 이용함으로써 혜택을 받고 있기는 하지만, 그 사실이 결코 좋은 것만도 아니기 때문이다. 석유 자원이 너무 많거나 너무 적은 것, 그리고 석유 가격이 너무 높거나 낮은 것 모두 염려스러운 일이다. 이와 관련된 비난은 석유기업뿐만 아니라 수출국, 특히 OPEC의 회원국 같은 산유국에도 돌아간다.

적어도 1900년 이후부터 석유는 현대 산업 사회에서 필수불가결한 자원이 되고 말았다. 이는 석유 시장의 조작 때문이 아니라 자체의 물리적 성질 때문일 수

---

* 「석유 정점: 이론과 반론」이라는 연구를 의뢰하면서 자금을 지원해준 스웨덴의 재무부에 감사드린다.

있다(Muller, 2008). 휘발유나 경유 같은 석유제품과 원유, 연료유는 무게와 부피라는 측면에서 에너지 함량이 대단히 높을 뿐만 아니라 수송 및 저장이 손쉬워 석탄이나 축전지, 심지어는 수소 같은 경쟁 자원들보다 우수하다. 실제로 19세기 후반에 접어들면서 석유 연료에 기반을 둔 내연기관은 단숨에 자동차의 주요 엔진으로 자리 잡았으며, 그로 인해 석유에 도전할 만한 경쟁 에너지는 사라지고 말았다(Blair, 1976).

20세기에 접어들면서 석유는 수송과 물류, 산업 특화, 생산성 향상을 위해 필수적인 에너지원으로 자리 잡았으며, 그로 인해 세계적으로 실질 임금이 증가하고 생활수준이 높아졌다(Ridley, 2010). 반면 이 시기의 석유 공급 중단과 급격한 유가 상승은 경제적 후퇴, 사회적 고통, 정치적 불안을 야기하고 말았다. 20세기에 두 차례 발생했던 세계대전의 중요한 원인 가운데 하나도 석유였다. 연합군의 승리도 사실은 석유라는 자원을 확보했기 때문에 가능했다. 21세기 들어서도 석유라는 에너지원의 군사적 중요성은 근본적으로 동일하게 유지되고 있다(Le Bideau, 2010). 물론 핵잠수함과 항공모함이 등장했다고 해도 육해공군의 석유 수요가 줄어들지 않았기 때문에 석유의 군사적 중요성은 여전히 줄어들지 않고 있다.

이러한 상황에서 석유의 안정적인 공급은 세계 주요국의 핵심적인 관심 사항일 수밖에 없다. 이때 석유 안보의 실질적인 의미는 안정된 물량에서 안정적인 가격까지 다양하다. 소비자의 관점에서 안정적인 석유의 공급이란 석유를 적당한 가격에 연속적으로 공급하는 것을 의미할 수도 있고 아니면 석유 공급량의 확대를 의미할 수도 있다. 매출이라는 측면에서도 석유는 여전히 세계에서 가장 중요한 상품 가운데 하나다. 수송 분야에서도 석유는 필수적인 투입 요소라고 할 수 있다. 소비자에게 석유는 필요하지만 값이 비싸 이용하기 힘든 자원이기도 하다. 석유 부족으로 인한 경제난의 실제 사례나 가정된 상황을 생각해보면, '석유 정점'에 대한 논의는 묵시록적인 재앙에 대한 미래 전망으로 이어지곤 한다. 이러한 비관적 전망은 석유의 수요가 공급보다 빠르게 증가할 것이기 때문에 설득력을 지닌다(Roberts, 2004). 그렇지만 석유 정점에 대한 대부분의 주장은 경제적 측면을 얼버무리고 유가의 중요성을 무시하는 경향이 있다(Holland, 2008). 일부 국가에서는 부족한 석유를 안정적으로 확보하기 위해 군사적 수단을 사용하고 있으며, 다른 국가에서는 석유를 안정적으로 확보하기 위해 돈을 사용하는 경우도 있다. 이러한 두 가지 접근법은 모두 석유 시장에 대한 불신을 반영하고 있다. 이것은 지구적인 자원 쟁탈전이 지난 몇 년 동안 급격히 변해온 원인을 설명하는 이유이기도 하다.

이 장에서는 경제적 가정, 정치적 의미, 전략적 선택을 강조하는 석유 정점과 관련된 논쟁이 전제로 삼고 있는 몇 가지 중요한 사항을 검토하려 한다. 첫째, 석유에 대한 정신분열적 태도에 초점을 맞출 예정이다. 석유가 필수적인 자원임에도 전 세계는 석유에 대해 논의하는 것을 극도로 싫어하는 경향이 있기 때문이다(Hofmeister, 2011). 둘째, 석유 정점 이론과 관련된 논란을 살펴보려 한다. 즉, 석유 정점 이론이 제한적인 경험을 토대로 만들어졌기 때문에 완벽한 논리적 타당성을 지닐 수 없음을 증명하려 한다. 셋째, 석유 정점 이론의 경제학적 오류를 검토하려 한다. 구체적으로는 수요와 공급이 독립적으로 발전할 수 없는 이유를 검토할 것이다. 넷째, 석유 정점의 위험한 정치적 측면을 다루려 한다. 즉, 석유 부족에 대한 잘못된 생각이 군사 개입이라는 역효과를 유발할 수 있음을 보여줄 것이다. 마지막으로 결론에서는 석유 정책 및 전략에 대한 새로운 관점을 제시하려 한다.

석유 정점과 관련된 논란

석유 정점과 관련해서는 지질학자와 경제학자 사이에 여러 가지 논란이 있다. 지질학자는 유한한 석유 자원의 추출이 부족해질 시기가 임박했다고 주장하는 경향이 있다. 반면 경제학자는 가격이 잠재적인 공급량과 대체 자원의 비용을 정확히 반영하기만 한다면 자원의 수급이 역동적으로 변화하는 유가에 적절히 적응해 석유 부족이 발생하지 않을 것이라는 주장을 제기해왔다(Mills, 2008). 이러한 경제학적인 관점에서 석유의 부족은 유가의 지나친 하락을 의미하는 것일 수 있다. 즉, 잠재적 공급 가능성, 대체에너지, 소비자 효용이라는 측면에서 시장의 실패로 정리될 수 있다. 이때 소비자에 대한 지나친 보조금 또는 불충분한 과세 등을 이유로 제시할 수 있다. 이와 반대로 시장에서 수요가 정체되고 공급이 늘어나면서 발생하는 석유 과잉은 자원 기반과 소비자 효용이라는 측면에서 유가가 너무 높게 책정되었음을 의미한다. 즉, 이는 다른 측면에서 시장의 실패라고 할 수 있다. 이러한 실패가 발생하는 이유 가운데 하나가 바로 불완전한 경쟁이다.

그렇다고 석유 정점 이론은 단일화된 이론적 체계도 아니다. 절대적이고 불가역적인 석유 공급의 감소와 연료 부족에 대한 계속적인 논의는 전통적인 값싼 석유 시대를 대체하는 새로운 값비싼 석유 시대로 접어들면서 전혀 다른 논쟁이 진행되고 있다(Meadows et al., 2010).

지금 공동의 관심사는 석유 정점이 가까운 미래에 경제의 핵심적 투입 요소인 석유 부족으로 이어지고, 이로 인해 시민들의 생활 여건과 사회적 조건이 좋지 않은 방향으로 변할 것이라는 우려다. 일부 전문가들은 석유 부족과 유가 상승으로 인해 금융위기, 실업, 저성장이라는 암울한 미래를 맞이할 것이라고 전망하기도 한다(Rubin, 2009). 이라크 전쟁 같은 정치적 요인이나 금융 규제의 완화 같은 경제적 요인뿐만 아니라 적자 예산 편성 같은 정책적 요인도 석유 시장의 자율적 균형을 깨뜨리는 가격 상승의 원인 가운데 하나라는 주장도 제기되고 있다(Reinhart and Rogoff, 2011).

한편으로 석유의 수요와 공급은 상호 간에 독립적으로 발전한다는 것이 일반적인 생각이다. 그렇기 때문에 석유 재앙은 공급이 수요를 충족시키지 못할 때 발생할 것으로 예상된다. 이것은 지질학자, 물리학자, 언론인들이 공통적으로 지니고 있는 견해다. 이들은 상업화된 에너지가 현대사회를 움직이는 필수적인 재화라는 사실을 중요하게 언급하면서도 에너지 절약과 대체에너지의 가능성을 무시하는 경향이 있다. 결과적으로 상업화된 에너지는 인간의 기본적인 요구에 필수적인 재화일 뿐 상품과 서비스의 생산자에게 이익을 가져다주는 재화로는 간주되지 않는 경향이 있다(Rosa et al., 1988).

논쟁의 근원

로마클럽의 의뢰로 매사추세츠공과대 연구진이 작성한 「성장의 한계(Limits to Growth)」라는 보고서로 인해 석유 부족에 대한 논란이 본격적으로 시작되었다(Meadows et al., 1972). 이 보고서의 여러 가지 시나리오는 모두 동일한 결론을 제시하고 있었다. 즉, 세계적으로 소비를 너무 많이 하고 있고, 환경적 위험이 극단적으로 증가하고 있으며, 식량과 원료의 공급이 줄어들 것이라는 암울한 전망이었다. 이때 에너지 이용은 중요한 변수이며 이와 관련해서는 1980년대 초에 석유가 고갈될 것이라는 내용이 포함되어 있었다.

그렇지만 이 보고서는 결론을 뒤바꿀 수 있는 요인이던 효율 개선, 기술 개발, 가격의 결정적인 신호 체계 및 선행적 역할 같은 항목을 제외했다는 한계를 지니고 있다. 한마디로 인간의 창의력과 적응력을 무시한 것이다. 비평가들은 이 보고서가 새로운 통찰을 제시하기 위한 객관적 분석이라기보다는 소설에 가까운 허위 보고서라고 비난했다(Smil, 2003). 지나고 나서 돌이켜보니 정치적·경제적·기술적 조건은 고려하지 않은 채 재앙이 불가피함을 알리는 것이 이 보고서의 목적이었던 것 같다.

기업들이 오랜 기간 동안의 안정된 석유 가격에 적응하고 난 후 1973~1974년 유가가 상승하자 석유 자원에 대한 관심이 높아졌다. 셸에서 후원한 연구에서는 늦어도 2000년이면 석유의 공급이 수요를 충족시킬 수 없을 것이라는 결론을 내렸다(WAES, 1977). 1979년 이란의 혁명기에 CIA는 석유 수요가 당장 공급을 추월해 추출 물량이 1980년대부터 감소할 것이라는 연구 결과를 발표했을 정도다(CIA, 1979).

1998년 영국의 지질학자인 콜린 캠벨(Colin Campbell)과 프랑스 동료인 장 라에레르(Jean Laherrère)는 ≪사이언티픽 아메리칸(Scientific American)≫에 실은 논문에서 석유 정점 논쟁을 다시금 제기했다(Campbell and Laherrère, 1998). 이들의 주장을 간단히 정리하면, 유전에는 이른바 '허버트 곡선(Hubbert's curve)'이라고 불리는, 상승, 정점, 쇠퇴라는 세 단계의 자연스러운 생산과 복구 경로가 존재한다는 것이었다. 이는 유전의 물리적인 특성으로 인한 지수함수에 기반을 둔 주장이었다. 이때 허버트 곡선은 정점에서 생산량이 줄어드는 종 모양의 이상적인 곡선이었다(Laherrère, 2000). 저자의 핵심적인 전제는 이러한 허버트 곡선이 다른 지역과 전 세계에도 적용 가능하다는 것이었다. 이러한 주장의 논리적 근거는 추출 및 소비되는 물량이 새로 발견되는 유전의 매장량을 능가하기 때문에 세계적으로 석유의 공급이 부족해질 것이라는 것이었다. 또한 OPEC의 회원국들이 신용도를 높이기 위해 매장량의 추정치를 과장하고 할당량을 늘리기 때문에 새롭게 발견된 유전이 기존 대규모 유전의 고갈을 상쇄시키지 못해 석유 추출이 정점에 도달한 후 감소할 것이라고도 주장했다.[1] 따라서 석유 추출의 정점이 임박한 것처럼 보였다. 왜냐하면 석유 추출의 감소는 기술이나 경제와 상관없이 물리적 조건을 따를 것이기 때문이었다. 이러한 석유 정점 이론가들은 자원 고갈 문제에 대한 중요한 매개 변수들을 고정된 것으로 가정했을 뿐만 아니라 경제 및 기술과 관련된 요인들이 생산 곡선에 영향을 주지 않는다는 기계론적인 접근 방식을 채택했다는 비판을 받을 수밖에 없었다(Clarke, 2007).

반론을 간단히 정리하면, 유전의 자연스러운 추출 경로라는 석유 정점 이론은 미국의 경험에 국한되는 제한적인 추정이라는 것이다. 즉, 미국은 정부 규제가 아예 없거나 약할 뿐만 아니라 자원을 사적으로 소유하기 때문에 석유의 추출과 소득의 극대화를 추구하는 경향이 존재하는 독특한 국가다. 요약하면 즉각적인 수요를 충당하기 위한 상업적 고려로 인해 미국에서는 석유 탐사와 유전 개발이 가속화될 수 있었다. 그렇지만 미국과 캐나다의 일부 지역을 제외하고는 전 세계 다른 나라에서는 이러한 조건이 적용되지 않는 상황이다.

석유는 여러 가지 다양한 종류로 이뤄진 복합적인 제품이며, 셰일석유나 중

---

1   이들은 실제로 신규 석유 매장지의 발견율이 1964년에 이미 정점에 도달했다고 주장했다.

유 같은 비전통적 석유와 전통적 원유 사이에는 명확한 차이가 거의 없다(Smil, 2010). 반면 석유업계가 경험을 축적하고 성숙한 단계로 성장하면서 비전통적인 석유의 생산 비용이 줄어들고 있는 상황이다. 반면 정치적 조건은 국제 석유 산업계가 세계의 대규모 석유 매장지에 접근하는 것을 거부하거나 제한한다. 실제로 캐나다, 이라크, 이란, 멕시코, 노르웨이, 러시아, 사우디아라비아는 탐사 대상으로 분류되지 않는 대규모의 유망한 유전을 상당히 많이 보유하고 있다. 이러한 상황은 심지어 여러 지역에서 시추를 금지하는 미국에도 동일하게 적용될 수 있다.

역동적인 석유 공급

기술 개발은 비용을 지속적으로 감소시키고 세계화된 석유산업은 혁신을 전파하는 경향이 있다. 따라서 신기술과 비용 하락은 새로운 자원을 이용하게 만드는 조건이다. 그로 인해 규모가 작고 이용 가능성이 낮았던 매장지들도 경제성을 확보하게 된다. 예를 들면, 기술이 개발되면 앙골라와 브라질 연안에서 멀리 떨어진 대서양의 심해와 북극해에서도 막대한 잠재적 자원을 보유한 새로운 매장지가 개발될 수 있다. 경험이 축적되면 유전의 비용이 낮아질 뿐만 아니라 작고 접근성이 떨어지는 신규 유전을 개발함으로써 기존의 유전도 대체할 수 있게 된다. 앙골라와 브라질 연안에서 멀리 떨어진 심해와 대서양의 유가는 물론 중동, 북해, 멕시코 만의 유가보다 비싸지만 최근의 유가보다는 훨씬 더 저렴할 수 있다. 1970년대까지만 해도 북해는 개발하기에 지질학적·기술적·경제적 위험이 높은 한계 지역이었지만 지금은 석유 채굴의 중심지가 되었다.

전 세계에 매장된 전통적·비전통적인 석유의 매장량은 공개적인 논의를 통해 일반적으로 합의된 추정치보다 훨씬 더 많을 수 있다(Mills, 2008). 전 세계가 집중적으로 탐사하는 대상이 되기까지는 자원에 대한 지식이 불완전하며 석유 종말에 대해 어떤 결론을 내리는 것이 시기상조일 수도 있다(Smil, 2010). 게다가 수많은 사례에서 경험을 통해 확인되었듯이 새로운 유전을 개발할 때 추정하는 매장량의 규모는 해당 유전의 수명 전반에 걸쳐 추출되는 전체 규모의 일부에 불과할 뿐이다. 왜냐하면 지식과 기술이 매장지의 회복률, 규모, 수명을 늘릴 수 있기 때문이다. 따라서 생산 중인 유전에 대한 투자와 기술 개발을 통해 점차 상당한 규모로 발견율이 높아진다고 해서 매장량이 증가되는 것은 아니다. 미국 정부 당국자들의 추정치에 따르면, 멕시코 만에서 지금까지 확인된 매장량 석유 1배럴은 향후 150년 동안 5배럴로 증가할 것이라고 한다.

결론은 세계 석유 자원에 대해 아무도 제대로 알지 못한다는 것이다. 특히 석유산업이 어떤 기술로, 얼마의 비용으로, 어느 정도의 시기에, 얼마나 빠른 속도로 회복될지 전혀 모른다. 따라서 석유 정점 이론을 무조건적으로 수용해서는 안 된다. 특히 기존 유전 지역인 이라크, 이란, 리비아, 러시아, 사우디아라비아의 엄청난 매장지에서는 유전 탐사가 거의 또는 전혀 이뤄지지 않은 상태다. 허버트 곡선이나 다른 모델을 통해 미래 석유의 생산을 추정하려면 매장량과 생산자의 이익과 전략을 가정해야 하지만 이는 불확정적인 수치일 수밖에 없다. 미국은 석유 매장량 대비 생산량의 비율이 지난 30년 동안 10 대 1이었지만, 여전히 세계 선두 석유 생산국 중 하나다.

요약하자면, 허버트 곡선과 석유 정점은 다음과 같은 여섯 가지 주요 가정을 토대로 설립된 이론적 체계다.

- 세계 석유 매장량에 대한 지식을 완벽하게 갖추고 있다.
- 매장량의 추정은 변하지 않는다.
- 추출은 반드시 대칭적인 곡선 형태로 나타난다.
- 기술은 발전하지 않는다.
- 유가는 중요하지 않다.
- 석유 생산자는 모두 동일한 수익, 이윤, 목표를 가진다.

그렇지만 이러한 가정 중 어느 것도 현실적이지 않다. 세계 석유 매장량에 대한 지식은 탐사를 통해 변하기 마련이다. 석유 탐사 기술과 전문 지식은 매장량의 증가에 지속적으로 영향을 미칠 수 있다. 실제 추출은 기술적·경제적인 측면뿐만 아니라 자원 소유자의 이익과 전략에 따라서도 다양한 형태로 나타날 수 있다. 기술은 변하지 않는 게 아니며, 새로운 장비와 방식은 채굴 비용을 절감할 뿐만 아니라 신규 채굴의 기회를 창출할 수도 있다. 게다가 경제성이 없는 자원에 대한 투자에서는 석유의 가격이 가장 중요한 판단 요인일 수밖에 없다. 마찬가지로 모든 석유 생산자가 동일한 목표를 갖고 있는 것도 아니다.

1991년에 콜린 캠벨은 허버트 모델을 기초로 2050년 세계 대부분 국가에서 주요 유전의 연간 생산량을 상세히 예측했다(Campbell, 1991). 1980년부터 2010년까지 전 세계 석유의 매장량 추정치는 75%, 연간 추출량은 40% 늘어나는 것으로 예상되었다. 마찬가지로 매장량 대비 생산량의 비율은 30%에서 40%로 증가하는 것으로 예상되었다(Mohn, 2010). 하지만 이러한 정적인 추정 방식은 오늘날의 역동적인 석유산업을 이해하는 데 적합하지 않다(Lynch, 2002).

석유산업에서 가장 중요한 변수는 역동성이다. 비용, 매장량, 가격, 이윤, 경쟁, 규정은 늘 변하기 마련이다. 어떤 자연과학에서도 추출량이 대칭적인 곡선을 따라야 한다고 생각하지 않는다. 대신 다양한 물리적·기술적·경제적·정치적 요소들이 석유의 추출 물량을 결정할 수 있다. 따라서 정점에 빠르게 도달하지 않도록 하기 위해서는 더 적은 물량을 오랜 시간 추출하는 것이 대안일 수 있다. 게다가 이러한 대안은 회수율을 높여줄 수도 있다. 현재 대부분 석유 매장량의 소유자는 정부인데, 대부분의 정부는 단기 물량과 수익의 극대화가 아닌 장기적인 회복을 궁극적으로 추구하는 경향을 지니고 있다.

그렇다면 부족함이나 풍부함보다는 자원과 회복의 불확실성을 강조하는 것이 중요할 수 있다. 왜냐하면 석유에 대한 정의가 불분명하고 전통적 석유를 대체하는 자원의 공급이 불확실하기 때문이다. 지질학자들은 종종 부족함을 강조함으로써 비관적인 전망을 제시하는 경향이 있다. 반면 경제학자들은 물리적 자원의 기반에 상관없이 에너지 수급과 관련된 인센티브의 효과를 과대평가하려는 경향이 있다. 그럼에도 지금까지는 경제학자들이 지질학자들보다 더 옳았던 것으로 보인다(Mills, 2008).

석유 정점의 경제학적 오류

전통적인 경제학 이론에서는 자원의 유한성과 관련된 정점을 가정하지는 않는다. 그렇지만 가격이 자본비용에 의해 결정되며, 추출비용은 시간이 지남에 따라 늘어날 것으로 간주된다. 다만 정점에 반드시 도달하는 것은 아니라고 여긴다(Dasgupta and Heal, 1979). 이러한 가정은 기술적 변화를 고려하지 않은 것이다. 석유 정점 이론은 예정대로 진행되는 정점이라는 개념을 도입했지만, 이것이 경제학과 지질학을 통합한 개념은 아니다. 즉, 당장 닥칠 석유 부족은 자원의 고갈과 물량이 가격에 의해 영향을 받지 않는다는 가정을 전제로 삼고 있다. 석유 정점의 지지자들은 경제학이 아닌 물리학만 석유 공급을 결정한다고 생각하는 경향이 있다.

석유 정점이라는 재앙을 경고하는 사람들이 저지르는 일반적인 오류는 가격의 역할과 구조를 무시한다는 점이다. 수요와 공급의 예측이 틀릴 때마다 수정을 해야 하는데, 이때 가격은 수급 조정의 도화선이 된다. 물론 이러한 조정은 양방향으로 작동하기 마련이다. 공급 부족이나 과잉 수요가 예상된다는 것은 균형을 회복하기에 가격이 너무 낮게 설정되었다는 사실을 의미한다. 1970년대 초반과 2000년대 초반이 이러한 경우였다. 반면 공급 과잉 및 수요 부족은 시장에서 가격이 너무 높게 설정되었다는 의미일 수 있다. 1980년대와 1990년대 후반이 이러한 상황에 해당하며, 앞으로 다시 발생할 가능성도 있다.

최근 몇 년 동안 석유와 관련된 금융의 거래량이 크게 증가했는데, 유가 상승과 변동에 투기 세력이 어느 정도 영향을 미쳤는지에 대한 의혹이 제기되고 있다. 이 문제는 연구의 대상이며, 결론이 명확하지는 않다(Babusiaux et al., 2011). 수요와 공급의 양적 균형, 생산 비용과 소비자 효용, 기술, 정부 정책 같은 근본적인 요인뿐만 아니라 금리, 환율, 인플레이션에 대한 기대, 자금의 단기적 보관소로서 석유의 지위를 이용하는 금융 세력 같은 일시적인 요인도 장기 유가에 영향을 미칠 수 있다. 금융 세력은 장기 유가에 영향을 미치지 않는 경우에라도 단기 거래를 통해 시장을 안정화시키거나 증폭시키는 방식으로 영향력을 발휘할 수 있다. 2008년부터 2009년 사이의 극단적인 유가 변동이 대표적인 사례다. 석유 공급이 부족한 사태가 발생하자 금융권에서는 석유를 사들이기 시작했으며, 반대로 석유 공급이 과잉 상태로 접어들자 석유를 팔기 시작했다.

가격의 결정력

정리하자면, 석유 정점에 대한 종말론적 전망은 시장의 특성을 무시하는 경향이 있다. 실제로 석유 소비는 추출되는 생산량과 저장된 비축량을 통해 이용할 수 있는 물량을 초과할 수 없다. 따라서 수요와 공급의 격차를 보여주기 위해 이와 관련된 추정치들을 비교하는 것은 바람직하지 않을 수 있다. 이때 유가는 공급과 수요를 연결하는 다리 역할을 맡는다. 석유 시장에서 가격 구조는 때로는 느리고 잔혹할 수 있지만, 장기적인 측면에서는 대부분 정상적으로 작동하는 편이다. 예를 들면, 소비자들이 지불할 수 없거나 꺼릴 정도로 가격이 높다면 석유의 수요가 줄어들면서 결국에는 공급도 감소할 수밖에 없을 것이다. 왜냐하면 팔리지 않거나 팔 수 없는 석유를 생산하는 것은 공급자에게 의미가 없기 때문이다. 반대로 유가가 너무 낮다면 공급자 입장에서는 석유 탐사 및 유전 개발에 대한 인센티브가 감소할 수밖에 없으며, 결과적으로 석유 생산량도 점차적으로 줄어들고 말 것이다.

그렇지만 단기적인 측면에서 수요와 공급의 낮은 가격 탄력성은 석유 시장의 전형적인 특성이며, 이는 유가 변동이 생산량과 소비량에 미치는 즉각적인 영향이 제한적이라는 것을 의미한다. 수요와 공급의 변동과 관련해 장기 발주하거나 대규모 자금을 요구하는 것은 가격 변동에 대한 적응을 느리게 만들 뿐만 아니라 소비자가 지불할 수 있는 한도 내에서 석유 가격을 공급가보다 훨씬 높게 유지시키는 경향이 있다. 따라서 단기적인 측면에서 가격보다는 수익이 석유의 수요에 더욱 중요한 영향을 미칠 수 있다.

석유 수요의 전제 조건은 다음과 같다. 즉, 소비자들은 지불 가능한 가격으로 석유를 소비하는 것이 석유를 소비하지 않는 것보다 이득이기 때문에 소비자들은 가격과 소득에 따라 변하는 소비자 잉여의 혜택을 누릴 수 있어야 한다. 이때 소비자는 서비스를 생산하는 투입 요소로서 자본, 노동, 시간과 더불어 석유 같은 에너지 자원을 포함시키는 경향이 있다(Becker, 1978). 이러한 경우 석유 같은 에너지를 투입하는 것은 노동력과 시간을 절약할 수 있다. 노동력과 시간을 절약하기 위해 대중교통 대신 자가용을 이용하는 경우가 대표적인 사례다. 이때 자본은 효율적인 신규 장비에 투자함으로써 석유를 대체할 수 있다. 앞서 살펴본 사례에서는 첨단 고효율 자동차를 구매하는 경우가 여기에 해당된다.

한편으로 이윤을 얻기 위해 기업들은 수익성을 고려해야 할 뿐만 아니라 높은 에너지 가격에도 적응해야 한다. 이러한 목적을 달성하기 위해서는 효율적인 장비에 투자하고 절차를 변경해야 한다. 가정에서는 값비싼 에너지 때문에 생활 습관의 변화를 고민해야 하며, 더욱 효율적인 장비와 일상생활을 편리하게 만드는 제품에 투자해야 한다(Lutzenhiser, 1993). 이처럼 기업과 가정에서는 에너지를 투입 요소로 간주함으로써 에너지 비용을 줄일 수 있다. 실제로 더 많은 에너지를 사용할 경우 더 많은 에너지 비용을 지불해야 하기 때문에 고효율 장비를 사용해야 할 것이다(Wirl, 1997). 20세기 구(舊)산업화 시대에 가정용 에너지의 수요가 대규모로 늘어났다가 21세기에 접어들면서 새로운 경제 체제가 등장한 이유 가운데 하나도 에너지 때문이다. 이러한 생활양식의 전환은 석유 수요에도 영향을 미친다. 따라서 에너지 및 석유에 대한 수요는 경제적인 문제일 뿐만 아니라 사회적·행태적인 문제로도 분석될 필요가 있다. 이러한 관점에서 보면 수요와 공급뿐만 아니라 소비자 효용도 에너지의 가격을 결정한다(Jesse and van der Linde, 2008). 석유는 수송 부문에서 대단히 중요한 자원이다(Beaudreau, 1998). 경제성장은 소득을 늘릴 뿐만 아니라 소비자의 시간 비용도 늘리기 마련이다. 따라서 경제성장은 빠른 운송 수단을 이용함으로써 시간을 절약하기 위해 석유를 소비하는 비용을 증가시킬 뿐만 아니라 소비자들이 고유가의 상황을 감내하게 만드는 경향이 있다. 따라서 경제성장 덕분에 석유 수요의 가격 탄력성이 줄어든다.

이러한 요인들로 인해 유가는 불안정할 뿐만 아니라 예측이 불가능할 수밖에 없다. 높은 석유 가격에 대한 소비자들의 수용성과 지불 의사는 자신들의 소득이 증가하는 한도 내에서 점유율 경쟁이 벌어져 시장이 과열되지 않도록 석유 수출업자에게 인센티브를 제공하는 경향이 있다. 실제로 석유 수요는 공급자들이 석유 추출을 줄이고 시장에 석유를 공급하지 않도록 함으로써 공급자들에게 더 큰 이익을 안겨주는 특성을 지니고 있다. 이는 OPEC이 그랬던 것처럼 결국 주요 산유국 간의 협력적인 카르텔 형성을 유도한다. 이처럼 석유 수요의 낮은 가격 탄력성은 잠재적인 판매량 증가와 관련된 가격 하락과 소득 불균형이라는 위험도 만들어낼 수 있다. 이로 인해 석유 생산자들 간의 시장 점유율 경쟁은 경제적일 뿐만 아니라 비합리적이라는 특성을 지닌다.

IEA의 『세계 에너지 전망』이라는 연례 보고서는 다음과 같은 한계를 늘 지니고 있다. 즉, 이 보고서는 석유 수요의 추정과 관련해 석유의 공급 부족을 제시하기는 하지만, 균형을 회복하기 위한 유가 인상 가능성은 언급하지 않는다. 시장은 신기술의 개발을 촉진하고 대체에너지원의 등장을 검토하는 방식으로 고유가 상황에 대응할 수 있다. 예를 들면, 석유 가격이 높아지면 브라질 및 기타 지역의 심해 유전들이 개발될 수도 있다. 최근의 고유가로 인해 미국에서의 셰일가스 및 석유의 탐사는 경제성을 확보할 수 있게 되었다. 그렇지만 이들 비전통적인 화석연료의 매장량에 대한 지식은 사실 전혀 새롭지 않다(Brodman, 2012). 실질적인 사용에서 셰일석유와 셰일가스는 전통적인 석유 및 가스와 동일하지만, 지질학적으로 다른 지층에 존재한다는 점이 다르다. 따라서 채굴 비용이 높을 뿐만 아니라 대기오염과 수질오염을 일으킨다는 문제를 안고 있다. 현재 유가는 지역적으로 상당한 차이가 있기 때문에 셰일가스의 개발은 충분한 경제성을 확보하고 있다(IEA, 2010). 다만 이산화탄소 배출량은 전통적인 석유보다 훨씬 더 많은 실정이다.

시장 지배력에 대한 의문

석유 시장의 불완전 경쟁으로 인해 소수의 대규모 생산자는 시장의 균형에 심각한 영향을 미칠 수밖에 없다. 이로 인해 석유 시장의 가격은 자원 수급의 물리적 균형에 대한 기대에 매우 민감하게 반응하고 있다(Hofmeister, 2011). 따라서 석유 가격이 채굴 비용을 넘어서면 대체에너지와 대안의 개발을 장려하게 된다.

그렇다면 물량 부족은 석유 정점과는 아무런 상관이 없으며, 시장의 지배력 및 불완전 경쟁과 밀접한 관계를 지닐 수밖에 없다. 예를 들면, OPEC 및 기타 산유국들은 석유 수요가 늘어나면 생산량을 늘려 가격을 안정시킬 수 있다. 한편으로는 물량을 일정한 수준으로 유지해 가격을 올리는 등 여러 가지 방법을 조합함으로써 늘어나는 석유 수요를 충족시키기 위한 다양한 방법을 선택한다. 반대로 석유 수요가 줄어들 경우에는 가격을 유지하기 위해 생산량을 줄이거나 일정한 물량을 유지해 가격을 하락시키는 등의 방법을 조합해서 사용할 수 있다. OPEC의 회원국들은 가끔 서로 의견이 일치하지 않아 각자 다른 방식으로 대응하는 경우도 있다.

따라서 단기적으로는 유가 상승이 석유 시장에서 반드시 생산량의 증가로 이어지지는 않는다. 풍족한 예산과 경상수지 흑자를 내는 산유국들은 설비 용량에 대한 투자를 늘리기 위한 인센티브를 몇 가지 지니고 있다. 예를 들면, 자국 내 경제 여건이 감당할 수 있는 수용력에 어느 정도 한계가 있을 수 있다. 그로 인해 추가적인 석유 수입의 증가는 자국 경제를 불안정하게 만들거나 물가 상승으로 이어질 수도 있다. 일부 산유국은 수익 목표를 기준으로 석유를 판매하는 경우도 있다. 이는 유가 상승이 생산량의 감소와 맞물릴 경우 석유 공급의 부정적 가격 탄력성이라는 최악의 상황을 의미할 수도 있다. 다시 말해 이러한 유가 상승은 석유 정점과 아무런 관련이 없다. 반대로 유가 상승은 주요 산유국이 외국계 투자나 자국 내 이용과 비교한 뒤 석유 생산량을 늘리지 않는 것이 바람직하다고 판단한 정책적 결정과 밀접한 관련이 있다(Holland, 2008).

고전적인 경제학은 유한한 천연자원과 관련해서 높은 가격을 유지하기 위한 공급 축소의 가능성과 생산자의 협력을 무시했다는 한계를 지닌다. 따라서 경제학 이론은 중동의 OPEC과 기타 산유국의 산발적 협력이 결합된 자원의 집중 및 과점이라는 석유 시장의 중요한 특성을 놓치는 문제를 안고 있다. 중동은 석유 공급에서 핵심적인 지역이다. 왜냐하면 사우디아라비아 같은 나라가 가장 큰 매장량과 가장 저렴한 가격으로 석유를 공급하는 중심적인 역할을 맡고 있기 때문이다. 소수의 대규모 판매자가 지배하는 과점적인 시장은 일반적으로 불안정할 수 있다. 그렇지만 OPEC은 수요가 불안정하거나 다른 산유국들이 생산량을 늘릴 때 반대로 공급을 줄이는 방식으로 높은 가격을 유지할 수 있다. 이러한 결정 방식으로 인해 석유의 가격은 점진적이기보다는 극단적인 방식으로 조정되는 경향이 있었다. 예를 들면, 1986년과 1998년의 유가 하락과 2008년부터 2009년 사이의 급격한 유가 하락이 대표적인 사례다.

이러한 시장의 결함은 통상적으로 한계 추출비용을 넘어선 높은 가격으로 유가를 유지하면서 주요 생산자가 지대를 획득할 수 있게 한다. 이는 전통적 경제학 이론에 의해 설명되는 점진적인 비용 상승의 궤도에서 이탈해 시장이 전혀 다른 경로로 도약한다는 것을 의미한다. 경제적 자원의 지대에 대해 시장은 대체에너지와 대체재가 등장하는 것으로 대응할 수 있다. 고유가로 인해 대체재에 대한 관심이 높아질 경우 대체재는 점점 더 비용적인 효율성이 높아지면서 경쟁력을 획득하게 된다(Nordhaus, 1973). 시간이 지나면서 대체재는 시장 점유율을 높일 것이며, 결국에는 유가의 상한선을 설정하는 방식으로 유가 인상을 억제할 것이다(Watkins, 1992).

역사적인 선례는 1970년대의 심각한 유가 상승이었다. 이후 1980년대 중반부터 1999년까지 유가 하락의 장기화가 실제로 나타났다. 이러한 유가 하락은 1991년 1차 걸프 전쟁에 의해 일시적으로 중단되었을 뿐이다. 이 기간에 석유는 석탄, 천연가스, 원자력을 이용한 전력 생산 및 난방 같은 고정적 에너지 부문에서 지배적인 지위를 상당 부분 빼앗기고 말았다. 최근 10년 동안 현저하게 높은 석유 가격은 알래스카와 북해 같은 주변부 유전 지역에 대한 투자의 경제성과 효율성을 재평가하게 만들었을 뿐만 아니라 대체에너지의 개발을 촉진시켰다.

역사상 가장 높은 고유가를 기록하고 있는 지금 상황에서 핵심적인 문제는 앞으로 몇 년 뒤에 어느 정도의 규모로 얼마나 빨리 수송 부문에서 석유의 지배적인 위치가 잠식될 것인가 하는 것이다. 경쟁력 있는 후보군은 비전통적인 석유뿐만 아니라 하이브리드 및 전기 자동차일 수도 있다. 게다가 OECD는 정책 보조금을 통해 바이오연료 및 기타 대체에너지의 도입을 지시·장려하고 있을 정도다. 또한 OECD는 세계은행 같은 국제기구와 비정부 조직을 통해 신흥 경제국에도 탈석유의 방향에 합류하도록 압력을 행사하고 있다.

기술의 중요성

고유가는 에너지 절약과 효율 개선뿐만 아니라 기타 지역의 전통적인 석유 개발에 대한 투자도 촉발시킬 수 있다. 한편으로는 천연가스의 경쟁력을 높이고 액화연료로의 전환을 확대할 수도 있다. 이때 마지막 관건은 신흥국에서 늘어나는 석유 수요가 '과거의' 선진국에서 감소하는 수요를 어느 정도 규모로 보충할 수 있는가 하는 것이다. 정리하자면, 석유에 대한 위협 요인은 이처럼 다양하다. 2012년 중동 지역의 분쟁은 고유가를 유지하게 만들었지만, 시장의 수급 여건을 고려해서 판단하는 유가의 위험은 낮아질 것으로 전망되었다. 앞으로는 세계경제의 상황에 따라 1985년 이후의 경험이 반복될 가능성도 충분하다.

채굴 비용을 훨씬 초과하는 가격이 유지되는 불완전한 시장에서 전통적인 석유는 비용 효율성이라는 완벽한 장점을 전혀 이용하지 못한 채 경쟁자들을 만나야만 했다. 즉, 배럴당 100달러의 유가로 인해 셰일석유와 중유 같은 경쟁자들이 경제성을 확보했을 뿐만 아니라 천연가스의 액체 전환이 촉진되었다(IEA, 2010). 게다가 이러한 고유가는 지금까지 북극과 대서양의 심해 같은 한계 지역에서 전통적인 석유에 대한 투자를 장려했다. 이는 1980년대와 1990년대에 알래스카, 멕시코 만, 북해에서 진행된 유사한 경험을 다시금 떠올리게 만들었다. 즉, 투자가 회복되고 경험을 축적하고 기술을 개발해야 가격이 하락하고 경쟁이 촉발된다. 결과적으로 가격 하락의 압력은 늘어날 것이다. 이처럼 가격이 하락할 때 전통적 석유에 대한 경제적 지대는 줄어들 것이다. 반면 이미 운영 중인 유전 지역에서는 비용 절감이라는 압력이 늘어날 것이다.

이러한 전망은 전통적인 자원 추출 이론에서 제시하는 처방과는 정반대의 해법일 수 있다. 즉, 한계비용이 꾸준히 증가하고 물량이 감소할 것으로 예상하는 석유 정점 이론과는 완전히 반대되는 전망일 수 있다. 불완전한 석유 시장에서의 가격 하락은 어느 정도 시간이 필요하겠지만, 뒤늦은 조정은 훨씬 더 치명적인 결과를 가져올 수도 있다. 이러한 관점에서 석유 매장량의 회복 가능성 여부는 아무런 관련이 없다. 경제적으로 추출할 수 없을 뿐만 아니라 이익을 남기고 팔 수 없게끔 땅에 묻혀 있는 석유는 아무런 가치도 없다. 이는 다시 석유 정점 이론을 약화시킬 수 있다. 반면에 낮은 가격과 경쟁으로 인해 촉발되는 기술적 변화는 시간이 지남에 따라 생산성이 거의 없는 유전의 개발 가능성을 높이는 한계비용의 하락으로 이어질 수 있다. 이것은 1980년대와 1990년대에 북해에서 실제로 진행된 사례이자 전 세계, 특히 멕시코 만에서 반복되고 있는 사례다. 실제로 산유국들은 석유를 주요 소득원으로 반드시 돈을 벌어들여야 하는 상황이기 때문에 낮은 가격으로 더 많은 물량을 생산할 수 있다. 이는 전통적인 경제학 이론뿐만 아니라 석유 정점 이론과도 반대되는 현상이다.

정책의 중요성

허버트 모델과 석유 정점 이론은 정부의 개입을 무시한 결과, 정책적 프레임과 오늘날 석유산업의 경제적 현실을 제대로 파악하지 못하고 있다. 거의 대부분의 국가는 석유 탐사, 개발, 채굴과 관련해서 전폭적인 승인을 해주지 않는 경향이 있다. 따라서 석유 정점 이론의 역사적인 실증적 근거인 탐사, 개발, 채굴의 연속적인 흐름이 세계적으로 어떤 지역에서도 전혀 발견되지 않고 있다. 정부의 간섭이 전혀 또는 거의 없었던 탐사, 개발, 채굴의 흐름은 1930년대부터

1960년대까지 미국 대륙에서만 존재했었다.

실제로 정부 정책은 석유산업의 틀과 활동 범위를 형성한다. 일반적으로 정부는 돈을 발행하고 개인 투자자보다 더 긴 시간을 고려할 수 있기 때문에 자원 소유자로서 기업의 접근을 제한하고 물량을 조절해 자신들의 비축 기간을 늘리려는 경향이 있다.

걱정이 많은 사람들은 대규모 가와르(Ghawar) 유전이 명확히 쇠퇴한 것을 근거로, 석유 정점의 대표적인 전형이 사우디아라비아라고 지목한다(Simmons, 2006). 발견, 개발, 업그레이드에 대한 면밀한 분석은 사우디아라비아의 공식 추정치에 신뢰성을 부여해준다(Mills, 2008). 실제로 사우디아라비아의 가장 큰 고민은 수출을 일정 수준으로 유지하는 것이다. 왜냐하면 낮은 국내 가격과 경제 발전으로 인해서 자국 내 석유 소비가 급증하고 있기 때문이다(Alyousef and Stevens, 2011). 대규모 매장량의 보유는 석유 정책에서 선택의 자유를 제공할 수 있다.

이라크는 탐사가 제한적으로 이뤄지고 있음에도 세계에서 가장 오래된 산유국 가운데 하나이자 세계 2위의 석유 매장량을 보유한 국가다. 이라크에서는 정치적 불안정, 국제사회의 제재, 전쟁, 외국 자본의 독점 등이 그동안 탐사, 개발, 생산을 방해했다. 2003년 미국의 침공 당시 98개의 유전이 존재하는 것으로 확인되었지만, 단지 21개의 유전에서만 여전히 생산이 진행되었다. 그중에서도 거대한 2개의 유전인 루마일라(Rumaila)와 키르쿡(Kirkuk)은 이라크 석유 생산량의 90%를 차지할 정도다. 이처럼 이라크는 막대한 잠재력을 지니고 있기 때문에 정치적으로 안정되기만 하면 생산량을 지금보다도 몇 배나 늘릴 수 있을 것이다.

이란도 오랜 석유산업의 역사를 갖고 있다. 하지만 이라크와 마찬가지로 탐사가 제한적이었을 뿐만 아니라 현대적 탐사업체의 투자와 접근마저 제약을 받았을 정도다. 이란의 막대한 석유는 대부분 6개의 대규모 유전에서 생산된다. 이 오래된 유전들은 유지 보수와 투자의 부족이라는 어려움을 겪고 있으며, 이로 인해 겨우 15~20%의 회수율을 보이고 있을 뿐이다. 그럼에도 이란은 최근 몇 년 동안 탐사에 성공하면서 석유 생산량을 늘릴 수 있는 잠재력을 보여주고 있다. 따라서 이란 석유 자원의 개발은 자본과 기술의 접근 여부에 따라 달라질 것이다.

베네수엘라도 세계에서 가장 오래되고 가장 큰 산유국 가운데 하나이지만, 석유의 품질이 낮기 때문에 중동 지역에 비해 상대적으로 더 높은 추출비용이 소요된다. 그렇지만 베네수엘라는 거대한 중유 및 오일샌드 매장지를 보유하고 있는데, 이들은 현재 유가에서도 경제성을 확보하는 것으로 추정된다(IEA, 2010). 게다가 베네수엘라는 아직까지 탐사가 완료되지 않은 연안 지역에서도 상당한 잠재량을 지닌 것으로 알려져 있다(Mills, 2008).

리비아는 아프리카 최대의 석유 매장량을 지닌 산유국이다. 이 나라에서는 아직까지 많은 지역이 탐사되지 않은 상태이며, 석유와 천연가스 모두 막대한 잠재력을 보유하고 있다.

노르웨이는 수십 년 동안 석유 생산을 규제하는 정책을 펼쳐왔다. 즉, 엄격한 환경 보호 조치 외에도 높은 세금 및 적극적인 정부 참여를 통해 석유산업을 상당히 제한해왔다. 그렇지만 노르웨이에서는 탐사를 상대적으로 적게 진행했음에도 많은 유전이 새로 발견되었으며, 잠재량도 상당한 것으로 추정된다(Mills, 2008). 탐사가 거의 이뤄지지 않았던 노르웨이 해역의 중간 부분에는 멕시코 만과 비슷한 정도의 대규모 석유와 천연가스가 매장되어 있다. 그렇지만 이를 개발하기 위해서는 기술적 문제가 존재할 뿐만 아니라 생산 비용마저 상당히 높을 것으로 예상된다. 북부 지역의 바렌츠 해(Barents Sea)[2]는 몇 년 안에 석유와 천연가스가 발견될 것으로 기대되는 지질층이다. 노르웨이에서 석유를 개발하는 데서의 제약 요인은 자원 고갈이라는 석유 정점이 아니라 노동 비용, 세금, 환경문제, 인허가 제한이다. 노르웨이 대륙붕의 남부에 위치한 성숙한 지질층에서 대규모 유전이 발견됨에 따라 감소 추세에 있는 노르웨이의 석유 생산량이 증가할

---

2 바렌츠 해는 러시아 북서부 해안과 노르웨이 북단 사이의 해역으로, 북극해의 일부로 분류된다. _ 옮긴이

것이다.

　러시아는 세계에서 두 번째로 오래된 산유국일 뿐만 아니라 앞으로도 개발이 매우 유망한 지역으로 분류된다. 게다가 생산량을 늘릴 수 있는 잠재력을 지닌 성숙한 지질층도 충분히 확보하고 있다. 2000년 이후 생산량이 회복되었는데, 이는 고유가라는 시장 여건뿐만 아니라 현대적인 기술 및 관리 체계의 도입으로 인해 가능했다. 현재 수준에서 수십 년 동안 추출이 가능할 것으로 확인된 매장량은 러시아에서의 탐사를 가속화시키는 인센티브를 제공해주고 있다. 러시아에서도 역시나 석유 정점은 전혀 문제가 되지 않는다.

　멕시코는 석유 개발의 잠재력이 크기는 하지만, 이와 더불어 몇 가지 문제도 함께 지니고 있다. 독점적 국영 공기업인 페멕스는 설비를 유지할 수 있을 만큼의 충분한 자금을 지원받지 못하고 있으며, 중앙정부의 현행 회계 체제하에서는 신규 투자도 거의 이뤄지지 않을 것으로 예상된다. 멕시코에서도 제약사항은 석유 정점이 아니라 정치적인 부분이다.

　브라질의 석유 생산량은 빠르게 늘어나는 추세다. 심해 암염층에서의 유전 탐사는 세계적으로 막대한 영향을 미치는 중요한 기술적 발전의 대표적인 사례다. 수백만 년 전 남미에서 분리된 서아프리카와 일치하는 지질학적 특징으로 인해 브라질에서는 엄청난 양의 석유가 발견될 가능성이 높은 상황이다. 대부분의 아프리카 지역에서도 탐사가 거의 이뤄지지 않았기 때문에 석유의 잠재적인 매장량이 상당한 수준일 것으로 추정된다.

　캐나다는 석유 및 천연가스 부문에서의 확고한 생산국으로 자리 잡은 상태다. 게다가 오일샌드라는 비전통적인 석유를 생산하는 신흥 산유국이기도 하다. 따라서 캐나다에는 전통적인 석유뿐만 아니라 비전통적인 석유까지 엄청나게 많이 잠재되어 있을 것으로 예상된다.

　세일석유의 탐사는 많은 국가에서 오래된 전통을 지니고 있다. 이와 관련해서 높은 비용과 대기·수질 오염은 심각한 문제를 일으키고 있다. 따라서 지금의 유가로는 세일석유의 탐사가 경제성을 확보할 수 있지만, 지역적으로는 상당한 격차를 보이고 있다. 게다가 생산 과정에서의 이산화탄소 배출량은 전통적인 석유보다도 훨씬 더 많은 실정이다.

석탄 합성 석유는 100년 전부터 개발이 진행된 오래된 에너지원이다. 다만 생산 과정에서의 고비용, 높은 초기 투자, 심각한 원가 변동성, 수자원 확보, 정수 처리 등이 요구된다는 단점이 있다. 오일샌드로 만든 석유도 비슷한 문제를 지니고 있다. 지금의 유가로는 이러한 합성 석유의 생산이 경제성을 확보하기는 어려울 것 같다. 게다가 이들의 이산화탄소 배출량은 셰일석유보다도 많다.

식물에서 추출한 바이오연료는 시장에서 이미 성숙된 기술로 자리 잡았다. 그렇지만 바이오연료로는 지금의 농업 기술에 따른 수요를 충족시킬 수 없는 실정이다(Smil, 2010).

전기 자동차와 하이브리드 자동차는 관련 기술이 빠르게 발전하는 분야다. 수송 부문에서 휘발유나 경유 같은 석유제품의 지배 체제가 수십 년 동안 유지되더라도 결국 석유제품들은 시장에서 급격히 늘어나는 경쟁자들에 맞서 버텨내야 할 것이다(Bryce, 2010).

석유 정점의 위험한 정치

고유가 상황이 지속되는데도 공급량이 늘어나지 않으면 사람들은 석유가 조만간 고갈될 것이라는 결론을 쉽게 내리는 경향이 있다. 최근 진행된 신고유가 상황뿐만 아니라 1970년대의 석유파동 당시에도 동일한 주장들이 제기되었다. 앞에서 살펴본 바와 같이, 이러한 주장은 석유 시장의 기본적인 특성을 간과하는 지나치게 단순한 개념이다. 신규 투자에 필요한 장기간의 시간, 석유 소비가 늘어남에 따라 집중된 매장지에서 발생하는 불완전한 경쟁, 금융시장의 영향력 확대 등으로 인해 석유 수급은 단기적인 측면에서 가격 비탄력적일 뿐만 아니라 시장의 대응이 당연히 느릴 수밖에 없다. 이러한 특성을 지니고 있음에도 석유 정점에 대한 인식은 확고하게 유지되었다. 게다가 석유 정점과 관련된 논란은 이해관계로부터 자유롭지 않을 뿐만 아니라 중립적이지도 않다. 석유 정점이라는 개념은 에너지 자원을 놓고 경쟁하는 투자자, 고유가에 대한 변명을 찾는 일부 석유기업뿐만 아니라 환경운동가의 입장에서는 도움이 될지도 모른다. 반대로 석유 정점이 존재하지 않는다는 입장은 사업을 확장하려는 대부분의 석유기업 및 산유국의 이해관계와 부합하는 주장일 수 있다(Gorelick, 2010). 한편으로 석유 정점 이론은 임금 인상과 소비 증가를 억제하는 반면, 자원이 풍부하다는 인식은 임금 상승을 초래할 수 있다.

게다가 화석연료가 고갈될 것이라는 인식은 석유에 대해 강압적으로 접근하게 만들어 결국 다른 세력들의 접근을 부정하는 군사적 갈등을 초래할 수도 있다. 예를 들면, 20세기의 핵심적인 제국주의 국가였던 영국과 프랑스는 이라크와 알제리에서 자국 석유를 확보하기 위해 군사적 수단을 동원했을 정도다. 1953년 이란에서 영국과 미국의 쿠데타가 진행된 중요한 원인은 석유와 관련된 이익이었다. 2003년에 미국이 주도했던 이라크 침공에는 몇 가지 이유가 있지만, 가장 큰 이유는 석유 자원을 확보하는 것이었다(Greenspan, 2008). 물론 이라크에서의 정권 교체를 추구했던 이스라엘의 압력 행사도 중요한 요인이었다(Cooley, 2005). 마찬가지로 2011년 리비아에서 영국과 프랑스가 개입한 것은 단지 인도주의적 우려에서가 아니라 석유 자원을 확보하는 일도 숨겨진 동기였다고 알려져 있다(Browser, 2011). 북대서양조약기구(North Atlantic Treaty Organization: NATO)가 리비아에서 장기 주둔해야 한다고 미국이 주장하는 것도 상당 부분 석유 때문이다(Haass, 2011).

하지만 전쟁은 석유 공급을 확보하는 데 비용이 가장 많이 들고 비효율적인 방법이다. 미국의 이라크 침공은 석유산업에 혼란을 야기했으며, 결과적으로는 석유 생산량의 감소를 초래해 결국에는 잇따른 유가 상승의 원인이 되었다(Muttitt, 2011). 마찬가지로 2011년 리비아 봉기는 석유산업에 막대한 피해를 입혔으며, 결국 생산량 감소로 인해 유가 상승이 발생하고 말았다. 그렇다면 석유 정점 때문이 아니라 산유국에 대립하는 석유 수입국의 실패한 전쟁과 그로 인한 부수효과 때문에 2003년 이후 석유의 생산량이 줄어들고 유가가 상승했을 수 있다. 실제로 1920년대 이후의 역사를 돌아보면, 평화로운 시기에 석유가 물리적으로 부족했던 적은 없었으며, 일시적 공급 부족은 대부분 정치적 혼란과 전쟁이 원인이었다. 1970년대 미국 석유 시장에서의 공급 부족은 직접적인 물량 부족 때문이라기보다는 비효율적인 규제가 원인이었던 것으로 추정된다.

이라크 전쟁의 목적이 이라크의 생산량을 늘려 유가 하락을 압박함으로써 석유 시장을 안정화시키는 것이었다면, 이는 완전히 실패한 전쟁이라 할 수 있다. 반대로 전쟁의 목표가 부시 대통령과 체니 부통령의 지지 기반이던 상류 부문의 석유회사와 정유회사의 이윤을 높이기 위해 유가를 인상하는 것이었다면, 이라크 전쟁은 성공적이었다고 할 수 있다. 또한 이라크 전쟁은 지정학적인 이해관계를 지닌 사람들에게도 혜택을 제공했다. 이들은 고유가 정책을 중동산 석유에 대한 미국의 '의존도'를 줄이려는 유인책으로 간주하는 경향이 있다. 한편으로는 전쟁의 목적이 이라크 석유를 장기간 미국의 통제하에 두는 것이었다면, 비용이 너무나 많이 소요되었기 때문에 실패한 정책으로 간주될 수 있다.

그렇다면 이라크 석유에 대한 통제권을 확보하기 위해서뿐만 아니라 중동을 정치적으로 지배하기 위해 이라크를 침공했다는 것이 미국이 이라크 전쟁을 벌인 이유에 대한 가장 합리적이고 핵심적인 설명일 것이다. 이러한 관점에서 부시 행정부는 적극적인 외교 정책의 일환으로 미국이 이라크 석유에 대한 통제권을 거머쥐기 위해 군사적 수단을 채택해야만 했다. 그렇지만 석유를 획득하기 위해 군사력을 동원한 것만은 아니었다(Bromley, 2005).

이러한 전쟁의 명분이 공개적으로 표명되지는 않았다. 이러한 설명에 석유가 포함되기는 했지만, 미국의 주요 동기는 석유 공급을 안정적으로 확보하는 것보다는 석유와 관련해서 폭넓은 통제력을 획득하는 것이었다. 즉, 중동에 대한 지배권을 획득한 덕분에 미국은 새로운 적수, 특히 중국에 대한 석유 유출을 제어할 수 있었다(Learsy, 2008). 이처럼 전 세계 주요 석유 생산 지역에 대한 통제권을 확보하는 것이 미국의 전략인 듯하다. 이는 미국에서 석유가 반드시 필요하기 때문이 아니라 잠재적 적들에 대한 접근을 차단하기 위한 목적이라고 할 수 있다. 미군이 새로운 아프리카사령부인 아프리콤을 설립한 것은 이러한 가설에 신뢰성을 높여주는 사례다. 이러한 맥락하에서 이라크 전쟁은 미국 점령기에 군사를 잘못 운용했음에도 실수가 적었던 셈이다. 왜냐하면 경제적 우위가 약화되면서 미국이 군사적 수단을 통해 세계적인 지배력을 더 크게 확장하려고 욕심을 부렸기 때문이다. 이라크 지역에서 미국이 침공한 기록들은 이러한 주장을 충분히 뒷받침해준다(Bromley, 1991).

석유 자원의 고갈이라는 인식은 석유에 대한 우선적 접근성을 확보하기 위해 중상주의적인 전략도 유발할 수 있다. 중국이 대표적인 사례다(Ebel, 2005). 중국 정부는 단독으로 또는 공기업 간의 부분적 협력을 통해 저금리의 장기 차관 방식으로 중동, 아프리카, 남미 등지의 수많은 산유국에서 거점을 확보하기 위해 노력하고 있다. 이는 공급선을 다변화하고 위험을 분산시키며 석유·천연가스로 상환되는 대출 우선권을 확보하기 위한 전략이자 산유국에서 중국 제품에 대한 투자, 신용, 시장 지분을 높이기 위해 상호 의존적인 거래를 늘리려는 전략이다.

중국은 특별우대와 장기 거래를 통해 여러 국가의 석유에 대한 우선권을 확보하려 한다. 따라서 중국은 석유 공급이 계속되는 한 물리적인 공급 위험에 덜 노출되겠지만, 가격 위험은 피할 수 없을 것이다. 2000년 이후 중국은 많은 산유국들의 주요 파트너이자 투자자로 자리 잡고 있다. 현재 중국은 사우디아라비아 원유의 가장 큰 구매자이자 이란·이라크의 가장 큰 투자자이며, 브라질·앙골라의 주요 무역 파트너다. 이러한 전략은 석유를 포함한 각종 거래에서 중국 통화가 더 많이 유통되게 함으로써 장기적으로는 미국 달러의 역할을 점진적으로 제한하려는 목적을 지니고 있다. 따라서 자금, 투자, 무역은 군사력에 의지하지 않으면서도 석유와 관련된 중국의 이익을 보장하는 효과적인 수단일 수 있다.

석유 정책 및 전략에 대한 새로운 관점

지난 10여 년의 역사적인 고유가는 새로운 에너지산업 시대를 열어주고 있다. 최종적으로는 매장량이 풍부하고 비용이 저렴하다는 이유 덕분에 천연가스가 승자가 될 수 있었다. 천연가스는 석탄보다 오염 물질 배출량이 적은 반면 풍력이나 태양광보다 저렴하고 신뢰성이 높아서 지역에 상관없이 대규모로 활용이 가능하다는 장점이 있다. 특히 천연가스의 매장지는 에너지 소비량이 많은 나라에 넓게 분포한다는 장점도 지니고 있다. 전환 비용을 낮춘 가스 액화 기술의 발전은 석유와 천연가스 시장을 통합시킬 수 있을 뿐만 아니라 유가 하락과 천연가스 가격의 상승도 일으킬 수 있을 것이다. 현재 유가에서도 가스 액화 기술은 이미 경제성을 확보한 상태다(IEA, 2010). 게다가 액화가스의 이산화탄소 배출량은 전통적인 석유에 비해 훨씬 적다.

미국에서 셰일가스와 셰일석유의 선전은 국제 에너지 시장의 균형 상태를 뒤바꾸고 있다. 불과 몇 년 전까지만 해도 미국은 액화천연가스의 주요 수입국으로 전락해 가스 시장의 경쟁을 촉진시킬 것으로 전망되곤 했다. 그런데 최근 셰일 추출과 관련된 기술의 비약적인 발전은 미국이 천연가스 자립을 달성할 수 있게 만들었으며, 머지않아 미국은 수출국으로도 탈바꿈할 것이다. 석유와 관련해서는 미국의 생산량이 증가하면서 수입량은 줄어들 것으로 전망된다. 이로 인한 즉각적인 효과는 세계 천연가스 가격의 하락일 것이다. 북미 지역의 석유 수입이 줄어드는 상황에서 아프리카와 남미 지역의 석유 생산이 늘어날 경우, 아시아 시장에서 이용할 수 있는 물량은 훨씬 더 많아질 것이다. 이때 유가 하락의 장애물은 자원 부족이 아니라 중동에서의 분쟁이라는 '위험 할증(risk premium)'일 수 있다.

고유가는 전통적인 석유와 비전통적인 석유·천연가스뿐만 아니라 대체에너지 모두에서 투자를 활성화시킨다. '리드 타임(lead time)'[3]이란 시장에 대한 영향이 당장 드러나지 않는 현상을 가리킨다. 그렇지만 시간이 흐르면서 석유에 대한 경쟁이 시장에서 점차 형성되고 있다. 즉, 주요 시장이 석유의 지위에 새로 도전하고 있을 뿐만 아니라 수송 부문을 포함한 에너지 시장 전반에서도 석유에 대한 경쟁이 활발해지고 있다. 전통적인 석유 경쟁 업체 가운데 일부는 상당한 잠재력을 이미 지니고 있다. 따라서 이들에 대한 투자가 늘어나고 기술이 성숙

---

3   리드 타임이란 제품이 생산에 들어가서 완성되기까지 걸리는 시간을 가리킨다. _옮긴이

하고 경험이 축적될수록 생산 비용이 감소할 가능성이 있다. 석유 정점 이론과 달리 석유업계는 아프리카나 브라질 같은 새로운 유전 지역뿐만 아니라 멕시코 만이나 북해 같은 기존 유전 지역에서도 연안 및 내륙에서 전통적인 석유 탐사를 지속적으로 진행하고 있다. 석유와 천연가스의 더 많은 물량과 더 저렴한 가격에 대한 전망은 원자력, 석탄, 재생가능에너지의 경쟁력을 약화시킬 수 있다(Yergin, 2011). 그렇지만 이러한 상황은 경기 침체기에 특히 중요할 수 있다.

석유산업에서의 이러한 전망은 더 큰 투자 기회로도 간주된다. 이는 전통적·비전통적인 석유뿐만 아니라 기존·신흥 유전 지역 모두에 해당된다. 이러한 투자를 성공적으로 진행하기 위해서는 석유 및 가스 업체들이 필요한 관리 능력을 확보하고 기술 개발을 지속적으로 추진해야 한다.

석유 수입업자는 유가와 관련된 정책 판단을 고려해야 한다. 유가 예측의 역사적 기록은 빈약한 실정이다. 게다가 석유 정점과 관련된 몇 가지 위기 시나리오는 실현되지 않았다. 석유 정점은 '녹색 재생가능에너지'에 대한 투자와 관련해서도 논란을 일으킬 수 있다. 이때 재생가능에너지는 친환경적일 뿐만 아니라 경제성이라는 측면에서도 충분히 수익을 얻을 수 있는 사업이다(Helm, 2011). 이때 우리는 경험을 통해 신중함을 배워야 한다.

1970년대 후반에 지속된 유가 상승으로 인해 많은 나라에서 원자력을 선택했지만, 1980년대 중반의 유가 하락과 스리마일 섬 사고 및 체르노빌 사고로 인해 원자력에 대한 투자가 줄어들고 말았다. 마찬가지로 최근 들어 정부는 석유 정점을 언급하면서 석유와 가스의 지속적인 가격 상승으로 인해 태양광과 풍력이 경쟁력을 확보할 수 있다는 가정하에 재생가능에너지 사업을 지원하고 있다. 그렇지만 여기에는 위험성이 어느 정도 존재한다. 즉, 석유와 천연가스의 가격이 낮아질 경우 재생가능에너지의 경쟁력도 약화될 수밖에 없으며, 정부도 비용 부담을 이유로 지원을 중단할 것이다(Azelton and Teufel, 2009).

앞으로 비싸고 희귀한 석유에 제대로 대비하지 않는다면 우리는 에너지 부족과 비용 문제에 직면할 것이다. 미국이 대표적인 사례다. 2005년에 에너지부는 석유 정점이 미국에 심각한 타격을 줄 것이며 이로 인해 경제는 돌이킬 수 없는 심각한 피해를 입을 것이라는 결론의 보고서를 작성했다(Hirsch, 2005). 그렇지만 지금은 몇 년 뒤 미국의 석유 수입이 줄어들 것으로 전망되는 상황이다. 즉, 석유 정점 가설은 취소되어야 하거나 아니면 적어도 오랜 시간이 흐른 뒤에나 실현될 것으로 지금은 전망된다. 한편 최근의 유가 상승으로 인해 기술이 혁신되었을 뿐만 아니라 투자에 대한 인센티브도 제공되었다. 비록 사회적 비용이 크기는 했지만, 시장은 잘 작동하는 편이었다. 미국의 에너지 정책은 시장과 함께 작동할 수밖에 없다. 에너지 독립이라는 미사여구는 정치적 무책임과 관련된 일종의 위장막이었다(Bryce, 2008).

미국은 현재 군사적인 힘과 전략으로 석유 자원의 확보를 지속할지, 아니면 더욱 중상주의적인 수단을 이용할지를 두고 딜레마에 처한 상태다. 식량이 부족한 중동에 대해 미국은 식량 수출국이라는 유리한 위치를 차지하고 있다. 그렇지만 미국은 정치적으로 강력한 힘을 지닌 군산 복합체로 인해 군국주의적인 전략을 선호하는 경향이 있다. 특히 군국주의적인 전략이 비용과 편익이라는 측면에서 타당하지 못한 수단이라고 하더라도 고유가라는 상황에서 이러한 전략은 더 많은 국방 예산으로부터 다양한 혜택을 받는 관료들과 산업계에 이득이 되는 선택일 수밖에 없다. 게다가 몇몇 특수 이익 단체는 미국의 정치, 특히 외교 정책을 지배하며, 친이스라엘적인 성향으로 로비하는 경향이 있다(Friedman, 2011). 이러한 이익 단체들은 자신들의 예산을 정당화하기 위해 적을 만들어야 한다(Zenko and Cohen, 2012). 소련이 붕괴된 이후 이슬람 세력이 쓸 만한 적군이 된 듯하지만, 다음 차례로는 중국이 될지도 모른다(Alexander, 2011). 이처럼 사람들에게 인식된 위협은 소련이든 이슬람이든 중국이든, 누구든 상관없이 중동에서 미군의 주둔을 정당화시킬 수 있다. 물론 석유가 중동 지역에서 미국이 펼치는 정책의 유일한 동인은 아니다. 이스라엘과의 이해관계가 더 중요한 것처럼 보이는 경우도 종종 있다(Mearsheimer and Walt, 2007).

미국은 세계 최대의 석유 소비국임에도 자국 내 생산량의 증가로 인해 수입량이 줄어드는 실정이다. 이러한 변화는 국제 석유 시장에서 대단히 중요한 의미를 지닌다. 에너지 절약에 큰 관심을 갖고 있는 유럽이나 일본에 비해 미국의 석유 소비는 경제적 효율성이 떨어진다. 그렇지만 석유 소비 효율을 기준으로 정부 재정에 도움이 되는 자동차 연료에 세금을 부과하는 것은 정치적인 부담이 클 수밖에 없다. 실제로 자동차, 석유, 부동산, 건설 부문의 이익 관계자들은 석유 수요를 줄이려는 조치를 막기 위해 의회에 막강한 영향력을 미치고 있다. 이들의 요구는 공급량을 늘리는 것이며, 이로 인해 민간업자들은 이익을 얻을 수 있다. 게다가 미국의 소비자들은 대형 차, 큰 집, 쇼핑센터, 장거리 주행을 포기하고 싶어 하지 않는 경향이 있다.

석유와 천연가스가 지속적으로 고갈될 것이며 비용이 많이 소요될 것이라는 이론에 기반을 둔 에너지 정책은 소비자와 기업을 희생시키면서 값비싼 대체에너지와 에너지 절약에 과잉으로 투자할 위험성도 있다. 이러한 주장은 저렴하고 풍부한 에너지를 소비하려는 경쟁자들에 의해 도전을 받게 될 것이다. 에너지 효율 개선과 재생가능에너지는 공짜로 도입되지 않는다(Smil, 2010). EU는 2050년까지 대부분의 화석연료 사용을 단계적으로 폐지한다는 계획을 가지고 있다. 이는 EU를 세계 석유 시장으로부터 가능한 한 멀리 분리시키는 정책일 수 있다. 한편으로는 중동, 북아프리카, 러시아 같은 유럽 '주변국'과의 무역을 암암리에 제한하는 정책일 수도 있다.

이러한 정책에서는 효율 개선과 청정에너지 기술이 주로 강조된다. 이때 경제적인 제약 요건들은 거의 주목받지 못하는 경향이 있다. 경제적 생산이라는 측면에서 유럽은 이미 일본을 넘어 세계 최고의 에너지 효율을 달성한 상태다. 그렇지만 에너지를 절약하기 쉬운 부분에서 그러했을 뿐이다. 지금보다 에너지 효율을 더 높이려면 당연히 투자가 필요할 수밖에 없다. 대부분의 유럽 회원국이 재정 적자에 집착할 때 새로운 에너지에 대한 보조금은 중단되기 쉬운 먹잇감일 수 있다. 이런 상황에서 유럽위원회의 에너지 로드맵은 투자비용, 경제성장, 산업구조, 고용 변화 등에 대한 아무런 비용·편익 분석도 언급하지 않고 있다. 이러한 로드맵은 일본처럼 덜 일하고 덜 소비하고 덜 오염시키는 인구 감소 및 고령화의 비전일 뿐만 아니라 실업률과 사회적 긴장이 높은 경기 침체 상태인 제로 경제성장의 비전이기도 하다. 게다가 이러한 비전은 실물 경제와 분리된 정책이라는 한계도 지니고 있다(Morris et al., 2011). 이러한 EU 에너지 정책은 시장 메커니즘과 반대로 작동하기 때문에 위험성이 높을 수밖에 없다. 물론 지속적인 고유가와 높은 천연가스 가격은 태양과 풍력발전의 경쟁력을 높일 가능성이 있다. 다만 이러한 경우에도 전력망에서 재생가능에너지를 수용하려면 상당한 지원금이 필요할지도 모른다(Newbery, 2012). 반면 국제시장에서 석유 및 천연가스의 가격이 오랫동안 하락하면 재생가능에너지의 경제성이 사라지고 관련 산업의 경쟁력과 고용은 타격을 입을 것이다.

이때 중국의 대책은 무역 균형과 공급원 다변화라는 목표하에 석유 및 천연가스의 생산국들과 긴밀하게 협력하는 것이다. 실제로 공급 안정성에 대한 중국의 우려를 해결해주는 산유국들은 시장과 수익에 관심을 갖고 있다. 중국은 중동, 아프리카, 남미에서 생산되는 석유의 주요 경쟁자다. 중국은 현재 석유 수요의 절반 이상을 이들 지역에서 수입하고 있을 뿐만 아니라 그 비중이 급격히 늘어나는 추세다. 아시아 지역의 전체 석유 수입량은 중동의 수출량을 초과할 정도다(Mitchell, 2010). 중국은 대체로 정부와 공기업의 전면적 또는 부분적인 협력에 기반을 둔 중상주의적인 전략으로 석유를 조달한다(Kong, 2010). 이러한 전략은 자금을 동원해서 장기 계약과 우선적 지위를 보장하는 방식의 무역을 통해 진행된다. 이때 전략적 목표는 공급원을 다변화하고 중국의 투자, 신용, 수출과 연계된 상호 의존적인 관계를 수립하는 것이다.

2000년 이후 중국은 아프리카, 중동, 남미의 많은 국가와 주요 무역 파트너이자 투자자가 될 수 있었다. 중국은 사우디아라비아 원유의 가장 큰 구매자이고, 이란의 주요 투자자이자 무역 상대이며, 이라크 석유산업의 가장 큰 투자자다. 또한 앙골라와 브라질의 주요 무역 파트너다. 자본, 투자, 무역은 군사력을 사용하지 않고도 중국에 국제적인 영향력뿐만 아니라 주요 국가에서의 강력한 지배력을 제공하고 있다(Brautigam, 2009). 장기적 목표는 중국의 통화로 석유와 무역의 점유율을 확대하는 것일 수 있다.

중국과 이란이 2004년 가을에 체결한 계약은 새로운 에너지 중상주의의 출현과 더불어 석유 거래 방식에 역사적인 변화를 예고하는 획기적인 전환점이다.

새로운 방식의 거래는 정부와 기업의 밀접한 관계 및 전략적 국익을 장려하는 공기업의 활발한 참여라는 특징을 지니고 있다. 기본적으로는 석유 수입국이 장기간의 전략적 사고와 위험 감수를 촉진시키기 위해 저리의 융자를 국유 기업에 제공하는 방식이다. 이때 산업 수출이 석유와 천연가스 수입 비용을 지불하고 장기 공급을 보장하도록 하면서 더욱 포괄적인 경제적 협력 관계를 통해 에너지 의존도를 줄여나간다는 목적을 가지고 있다. 이로써 석유의 안정적인 공급이 경쟁 체제하의 시장보다 바람직하다는 교훈을 얻을 수 있다. 물론 이러한 교훈은 천연가스에도 그대로 적용 가능하다.

이런 상황에서 미국의 석유 수입이 줄어들면 중국의 석유 수입은 늘어난다. 이는 석유에 대한 접근과 관련된 긴장 및 충돌의 가능성을 줄여줄지도 모른다. 한편으로는 석유 수입의 무게 중심이 북대서양에서 동남아시아로 변하고 있으며, 그로 인해 중요한 경제적·정치적 결과가 초래될 수밖에 없다. 석유 수입에 대한 반대급부로 중국은 공산품을 수출하고 있으며, 이로 인해 석유 및 기타 원자재뿐만 아니라 세계 무역의 일반적인 패턴마저 전환되고 있다. 새로운 투자 및 대금 지불 방식은 국제 금융의 패턴을 바꿔놓고 있으며, 중국 통화의 주도권과 국제화는 점진적으로 강화되는 추세다. 결국 석유, 공산품, 자금이라는 흐름은 정치적 동맹의 새로운 패턴을 만들어내고 있다. 중국은 확대된 정치적 지배력을 이용해서 중동의 경제에 막대한 영향을 미치고 있다. 그로 인해 이란에 가혹한 제재를 가하려는 미국과 유럽의 조치는 반대로 중국에 더 큰 이익을 제공할 수도 있다.

이런 상황에서 미국은 세계 석유 시장에서 점점 소외되고 있는 것처럼 보인다. 석유 수입량이 줄어들면서 미국은 주요 산유국들에는 덜 중요한 파트너가 되겠지만 무역 적자는 해결될 수 있을 것이다. 이때 석유의 자급자족과 예산 제약으로 인해 미국이 중동 지역에서의 군사적 개입을 줄여나갈 것인지, 아니면 반대로 더욱더 일방적인 친이스라엘 성향을 고수함으로써 중동과 국제 석유 시장을 더 불안하게 만들 것인지가 관건이다(Parsi, 2007). 중동에 대한 미국 정책을 무조건적으로 지지한다면 EU는 분명히 구분되는 유럽의 경제적·정치적 이익을 무시한 채 국제 문제에 개입하는 부적절한 선택을 하는 것이다. 초창기에는 유로화가 석유 무역에서 달러의 경쟁자로 등장했다. 그렇지만 지금은 중국 위안화가 경쟁자로서의 지위를 차지하고 있다(Subramanian, 2011).

11 석유·가스 시장에서의 갈등과 협력

다그 하랄 클라스*

서론

에너지산업과 시장의 발전에 영향을 미치는 몇 가지 요인이 있다. 화석연료 시대에는 석탄, 석유, 천연가스를 물리적으로 이용할 가능성이 에너지의 생산과 소비를 결정하는 기본 조건이었다. 전 세계 소비자의 에너지 관련 선호와 이들의 수요 탄력성은 생산자에게 또 다른 상황을 제공할 수 있다. 그렇지만 거시적인 측면에서 석유·가스와 관련된 국제적인 산업 및 시장의 발전은 정치적·상업적 이해관계자들의 갈등과 협력을 통해 이뤄졌다고 할 수 있다. 이것이 이 장에서 다루려는 핵심 주제다. 물론 에너지 분야의 모든 측면을 전부 망라하는 것은 불가능하다. 최근 들어 급성장하는 재생가능에너지 분야도 여러 가지 측면에서 중요할 뿐만 아니라 정치적인 관심을 얻고 있다. 그렇지만 이 분야는 이 책의 다른 장에서 다루고 있다. 이에 이 장은 국제적 석유·가스 시장에 국한해서 논의

*   이 장은 노르웨이 연구위원회가 자금을 지원한 극지 지정학 프로그램(www.geopoliticsnorth.org)의 일환으로 작성되었다.

를 진행하려 한다.

이 장은 크게 두 부분으로 구성된다. 전반부는 역사적인 부분, 즉 국제 에너지와 관련한 과거의 갈등과 협력을 다룬다. 구체적으로는 석유에 초점을 맞추는데, 이는 오히려 최근 들어 천연가스가 에너지 믹스에서 중요한 부분을 차지하게 되었다는 사실을 보여줄 것이다. 후반부에서는 갈등과 협력의 다음과 같은 세 가지 측면을 다루려 한다. 첫째, 수직적인 시장 구조에서 기업 간 협력의 새로운 형태, 둘째, 석유 시장의 정치적 지배 구조에서 정책적 도구로서의 국제적인 정부 조직의 역할, 셋째, 가스 시장에서 국제적인 협력과 지역적 갈등의 사례에 대해 살펴보려 한다. 이 글은 한편으로는 협력적이지만 다른 한편으로는 갈등적인 에너지 관계의 미래를 예측하는 것으로 결론을 마무리할 예정이다. 무엇보다도 에너지와 관련된 갈등과 협력의 핵심적인 개념과 주제를 개괄적으로 살펴보는 작업부터 시작하려 한다.

갈등과 협력의 형태

석유산업에서의 갈등과 협력은 수직적·수평적 시장 모두에서 나타난다. 수직적 구조는 소비자에게 판매되는 제품의 원료에서부터 최종 생산품에 이르기까지 제품과 관련된 모든 단계를 의미한다. 수직적 시장에 대한 지배력은 행위자가 다른 행위자의 판로를 통제할 수 있거나 제품 사슬의 다양한 수직적 단계에서 거래되는 제품에 접근할 수 있을 때 만들어진다. 석유산업에서는 보통 원유의 생산·탐사를 시장의 상류 부문, 그리고 운송·정제·마케팅·판매를 하류 부문이라고 한다. 반면 수평적 구조는 수직적 구조의 각 단계에서 기업들 간의 수평적 관계를 의미한다. 따라서 수평적 시장에서의 지배력은 행위자들이 독점·과점 또는 다양한 방식의 카르텔을 형성할 때 만들어진다. 결과적으로 수평적 구조는 시장 지배력의 기반을 형성하는데, 이는 독점적 이익을 구현하려는 행위자 그룹의 일관된 행위에 따라 형성되는 경향이 있다. 석유산업의 본질적인 기능은 상류 부문인 원유 탐사·생산 단계에서 석유 자원이 확보되는 경우에만 발생할 수 있다. 이러한 화석연료 자원에 대한 접근은 관련된 모든 상업적 활동의 기본적인 전제조건이다.

일반적으로 석유는 다른 천연자원과 마찬가지로 '자원 지대'라고 불리는 잉여가치, 즉 모든 비용과 정상적인 수익이 처리된 뒤에도 남아 있는 이익을 발생시킨다. 이러한 지대를 차지하기 위한 장악력은 특히 수익률이 높은 핵심 상류 부문에서 두드러지는 경향이 있다. 천연자원에 대한 접근은 자원의 소유자인 정부가 일반적으로 관리한다. 따라서 정부와 기업들 간에는 특수한 관계가 발생한다. 이들 기업은 석유산업의 상류 부문에서 자본과 기술을 가지고 있으면서도 외국인의 직접 투자를 유치하려는 행태를 보인다. 그리고 이들은 석유의 소유권을 보유한 정부를 관리하면서 자원으로부터의 수익을 추구하는 성향을 지니고 있다. 초반에는 자원 개발의 여부를 결정하는 기업이 주도권을 지니지만, 일단 투자가 어느 정도 이뤄지고 나면 오히려 정부에 의해 좌우되는 볼모로 전락하고 만다. 즉, 이때 기업의 투자비는 매몰비용[1]이 될 수도 있다. 게다가 정부는 이들 기업에 조건을 추가적으로 부과할 수 있을 뿐만 아니라 사업을 포기하지 않는 한도 내에서 세금을 인상할 수도 있다. 레이먼드 버넌(Raymond Vernon)은 이러한 현상을 '퇴행적 계약'이라고 이름 붙였다(Vernon, 1971: 46~59). 이후 석유산업에서는 자원의 사용료와 관련한 정부와 기업의 권력관계가 오랜 시간에 걸쳐 끊임없이 변화해오고 있으며, 퇴행적 계약의 적합성도 시대에 따라 변해왔다. 비보다는 이런 적합성이 과거 수십 년 동안 오히려 증가했다고 주장한다(Vivoda, 2008).

에너지는 대부분의 산업에서 중요한 투입 요소일 뿐만 아니라 인간의 거의 모든 활동과 보편적 복지를 위한 현대적인 교통과 생명에 필수적인 재화다. 이로 인해 지방적·국가적·권역적·국제적인 차원에서 정치는 에너지산업에 개입해왔다. 석유의 공급 부족이나 고갈에 대한 전망은 석유 소비국, 특히 미국이 안정

---

1   매몰비용(sunken cost)이란 이미 투입된 자금으로, 회수가 불가능한 비용을 가리킨다. _옮긴이

적인 석유 자원을 확보하기 위해 외교력, 교섭력, 군사력을 사용하도록 만들었다(Klare, 2004: 26~74). 이런 방식의 정치적 개입은 많은 대중의 주목을 끌었다. 게다가 이러한 정치적 개입은 석유산업의 분석적인 접근 방식과 관련해서도 시사점을 제공해준다. 예를 들어, "석유는 다른 상품과 달리 현실 세계에서 산업 발전에 경제적 원리가 적용되지 않는 보편적인 특성을 지니고 있다"(Odell, 1986: 38). 실제로 에너지는 "공급원의 다변화를 추구하는 국가의 정책 및 조치와 시장의 영향력에 연결시키는 분석적인 관점을 제시할 뿐만 아니라 경제 발전과 국가 안보를 통합적으로 논의할 수 있는 흥미로운 주제다"(Strange, 1988: 191).

에너지 공급은 갈등과 협력이 동시에 이뤄진다는 측면에서 다음과 같은 정치적 중요성을 지니고 있다. 첫째, 국가 간에는 OPEC 회원국들 사이의 생산자 협력뿐만 아니라 IEA를 통한 소비자 협력도 이뤄지고 있다. 둘째, 기업 간에는 7대 메이저 석유기업의 과거 사례에서뿐만 아니라 오늘날에도 수직적·수평적 시장 구조에서 기업 간에 다양한 협력이 이뤄지고 있다. 셋째, 정부와 기업 간 일어난 갈등과 협력의 대표적인 사례는 1970년대 미국 의회 산하의 교회위원회가 석유 파동을 일으켰던 석유회사를 비난했던 것이다. 스톱포드와 스트레인지는 이러한 복합적 관계를 삼각외교라고 불렀다(Stopford and Strange, 1991: 1). 즉, 정치적 행위자들이 점차 기업 활동에 참여하고 기업 활동이 정치적 의미를 지님에 따라 이 세 가지 관계는 역동적인 상호작용을 맺게 되었다. 특히 세계화의 시대로 접어들고 2008년의 금융위기를 겪으면서 이 모든 관계가 더더욱 분명해지고 있다. 그렇지만 국제 석유회사는 항상 지배적인 정치력을 행사해왔다. 사실 지금처럼 광범위한 상업적 중요성을 확보하기 훨씬 전부터 석유는 전략적 자원이었다고 할 수 있다. 영국의 해군 사령관이었던 윈스턴 처칠은 제1차 세계대전이 발발하기 이전에 독일과의 해군 경쟁의 일환으로 군함의 동력을 석탄에서 석유로 전환한다는 결정을 내린 바 있다. 이는 두 가지 측면에서 중요한 의미를 지닌다. 첫째, 군함에 사용되는 석유는 중동에서 공급되기 때문에 석유 시장의 국제 시장화가 시작되었다. 둘째, 전쟁과 관련한 안보적 중요성 때문에 석유 자원은 고도로 정치화될 수밖에 없었다. 다음 절에서는 국제 석유 시장의 갈등과 협력의 역사에 대해 간략히 살펴볼 것이다.

국제 석유 시장의 갈등과 협력의 역사

중동에서 석유의 전략적 중요성은 민간 석유기업에 직접적인 영향을 미쳤을 뿐만 아니라 제1차 세계대전에서 승리한 연합국들 사이에 갈등을 일으키는 계기가 되었다.

전쟁이 끝난 뒤 영국은 국제연맹의 규정에 따라 메소포타미아를 식민지로 지배할 생각이었다. 영국은 이 지역의 석유 자원에 대한 통제권을 확보하는 것이 가장 큰 목적이었다. 그렇지만 1920년에 체결된 영국과 프랑스의 산 레모 석유 계약에 의거해 프랑스는 메소포타미아 석유의 25%를 획득했다. 이는 미국을 당황하게 만들었다. 왜냐하면 이는 제1차 세계대전에서 함께 싸워서 승리한 모든 연합국은 경제적 이익을 동등하게 보장받아야 한다는 파리평화협정의 원칙을 파기한 것이었기 때문이다(FRUS, 1920: 649~659). 또한 미국은 "산 레모 협정이 미국의 권리에 차별을 가하는 것"이라고 주장했다. 즉, 이라크의 석유에 대한 어떠한 권리도 터키석유회사(Turkish Petroleum Company: TPC)에 귀속되지 않으며 어떠한 합법적 권한도 해당 지역의 정부를 통해 부여될 수 없다고 생각했다(FTC, 1952: 51~52). 반면에 영국 정부는 영국이 "획득한 권리"[2]를 가지고 있다고 주장했다. 따라서 미국이 연합군이라는 사실만으로는 해당 권리를 침해할 수 없다는 입장이었다.

기나긴 협상 끝에 1928년 미국, 영국, 프랑스는 합의를 도출해 미국 기업은 터키석유회사의 전신인 이라크석유회사(Iraq Petroleum Company: IPC)의 권한 가운데 1/4을 획득했다. 또한 이라크석유회사와 정부는 이른바 '1914 자기부정조

---

2   획득한 권리라는 용어는 터키석유회사가 보유한 권리와 오토만 수상이 약속한 권리에서 차용된 개념이다. 오토만 수상의 약속은 1914년 6월 28일 영국과 독일 대사에게 보낸 편지를 통해 입증된 상태다(FTC, 1952: 51~52).

항'에 동의했다. 자기부정조항에는 모든 당사자는 그 지역에서 반드시 공동으로 작업해야 한다고 규정되어 있었다(Yergin, 1991: 204). 이때 해당 지역이란 쿠웨이트를 제외한 아라비아 반도를 가리키며, 이라크와 터키가 포함되었다. 이것은 이른바 '레드라인 협정(Red Line Agreement)'[3]이었다(Yergin, 1991: 203~206). 이 협정에서 석유기업은 붉은 선 안쪽 지역에서 공동의 권리를 추구해야 한다고 규정했다. 결과적으로 미국 기업이 이 협정에 포함되면서 개방 정책이 중단되었을 뿐만 아니라 다른 신규 업체에 대한 문호도 닫혀버리고 말았다(Anderson, 1981: 19). 국제 석유회사가 중요한 이해당사자로 자국의 정부를 중동 지역에 진출하도록 압력을 행사하기는 했지만 이 지역에서 에너지 사업의 규칙을 규정하는 역할을 주도적으로 진행한 것은 사실 미국, 영국, 프랑스의 정부였다. 또한 정책은 국가 간 교섭의 결과물이라고 할 수 있었다. 그렇지만 석유기업은 정교하지만 암묵적인 협력을 통해 곧바로 국제 석유산업을 완벽하게 장악했다.

1928년이 되자 미국을 제외한 지역에서 석유 생산량의 절반 이상이 엑슨, 셸, BP에 의해 통제되었다. 이러한 기업들은 비밀리에 만나서 한층 더 높은 협력 관계를 맺어나갔다. 또한 이들은 이른바 '아크나카리 협정(Achnacarry Agreement)'[4]을 체결해 '지금 그대로' 두자고 합의함으로써 시장의 장악력을 유지했다(Yergin, 1991: 260~265).[5] 이는 각자의 시장 점유율을 유지하기 위한 협정이었기 때문에 다른 업체의 위치에 도전하지는 않았다. 이 계약의 또 다른 중요한 특징은 '걸프 플러스 가격 책정 시스템(Gulf plus pricing system)'이었다. 이 계약에 따르면, 실제 원산지와 관계없이 멕시코 만에서 생산된 것으로 간주해서 원유의 가격을 결정해야 했다. 나중에 기업들은 심지어 생산량까지 통제하기로 합의했을 정도다. 이후 수십 년 동안 대부분의 미국 기업이 협정에 동참했다. 그 밖의 다양한 협정

---

3   레드라인 협정은 1928년 7월 31일에 터키석유회사가 서명한 합의서를 가리킨다. _옮긴이
4   아크나카리 협정은 1928년 엑슨, 셸, BP가 다른 4개 주요 석유기업과 손을 잡고 생산량, 가격, 판매 조건을 자신들에게 유리하게 만든 비밀협정을 가리킨다. _옮긴이
5   BP의 초판은 밤베르크의 책에 포함되어 있다(Bamberg, 1994: 528~534). 이것은 최종 협약에 상응하는 내용으로 추정된다.

은 미국과 소련을 제외한 모든 국가를 담당했다. 1920년대 말경 석유기업들은 전체 생산 체인에서 기업 간의 상호 관계를 관리하는 방식으로 협정을 채택했다. 제2차 세계대전 이후 국제 석유 시장은 '세븐 시스터즈'로 알려진 7대 석유기업에 의해 완전히 지배되는 구조로 전환되었다.[6] 이들은 석유의 탐사·개발에서 정제·판매에 이르기까지 전체 생산 과정을 관리하는 수직 통합적인 기업이었다. 1953년 당시 이들 기업은 미국과 공산권 이외의 지역에서 전체 매장량의 95.8%, 생산량의 90.2%, 정제 능력의 75.6%, 판매 제품의 74.3%를 지배할 정도로 안정적인 구조를 구축했다(Schneider, 1983: 40).

따라서 소수의 기업만 황량한 오지에서 모험적인 석유 탐사를 진행할 수 있었다. 소비국에서의 정제와 마케팅은 생산지와의 원거리로 인해 자국 정부에 의해 보호되는 소규모 산업이었다. 다만 석유 생산은 "원유의 안식처를 찾아서"라고 불리는 안정적인 판로 없이는 너무나 위험성이 높은 사업이었다. 물론 정제 사업도 원유 공급을 보장받지 못할 경우에는 당연히 위험할 수밖에 없었다. 따라서 각 국가에서 소수의 판매자는 소수의 구매자와 직면해야 했고, 어느 쪽도 상대방이 장악하지 않기를 바랐다. 이때 확실한 해결책은 역시 수직적 통합이었다(Adelman, 1995: 44).

이러한 수직통합적인 구조는 신출내기라고 불리는 신규 석유기업에 높은 진입장벽을 형성했다. 7대 석유기업은 모두 2개국 이상에서 활동하는 컨소시엄 방식으로 중동에서의 사업을 비공식적으로 조직했다(〈표 11.1〉 참조).

7대 석유기업은 이런 방식으로 하나의 정부에만 전적으로 의존하지 않았기 때문에 산유국의 규제에 더욱 강한 입장을 유지할 수 있었다. 따라서 산유국 정부가 세금을 높이거나 불리한 조건을 도입하기 위해 7대 석유기업 가운데 한 기업을 압박할 경우 그 기업은 다른 국가에서 사업을 확대하는 방식으로 대응했

---

6 세븐 시스터즈(Seven Sisters)라는 명칭은 이탈리아의 국영 석유회사인 ENI의 임원 엔리코 마테이(Enrico Mattei)가 처음으로 사용했다. 이후 앤서니 샘프슨(Anthony Sampson)이 석유 대기업에 관한 자신의 책 제목으로 인용했다(Sampson, 1975). 세븐 시스터즈에는 엑슨, 텍사코, 스탠더드오일, 모빌, 걸프, BP, 셸이 포함된다.

〈표 11.1〉 중동의 석유 생산량에 대한 기업별 소유권(1972년 기준, 단위: %)

기업명	이란	이라크	사우디아라비아	쿠웨이트
엑슨(Exxon)	7	11.875	30	
텍사코(Texaco)	7		30	
스탠더드오일(Standard Oil)	7		30	
모빌(Mobil)	7	11.875	10	
걸프(Gulf)	7			50
BP	40	23.75		50
셸(Shell)	14	23.75		
CFP	6	23.75		
이리콘(Iricon)	5			
굴벤키안(Gulbenkian)		5		

자료: MNC Hearings, 1974: part 5, 289.

다. 한편으로 다른 7대 석유기업은 산유국의 압력을 받았던 기업에 대한 보상책까지 마련해주었다. 이처럼 7대 석유기업의 연대는 산유국 정부가 자국의 영토 내에서 석유 생산에 대한 통제력을 높이고 관련 수익을 늘리는 것을 힘들게 만들었다. 7대 석유기업은 1970년대 초 미국 시장에서 스탠더드오일(Standard Oil)의 전략 뒤에 숨은 논리를 이용해 반독점법으로 잃어버렸던 지위를 국제무대에서 다시 만들어냈다.[7] 중동에서 7대 석유기업의 암묵적인 협력은 미국 내에서였다면 분명히 불법이었을 것이다(Odell, 1986: 16). 이처럼 7대 석유기업은 시장에서 다국적 기업의 협력이 어떻게 게임의 규칙을 설정할 수 있는지를 보여주는 극단적인 사례다.

국제 석유 시장에 대한 7대 석유기업의 통제는 1971년까지 계속되었다. '아랍 – 이스라엘 전쟁'에서 이스라엘에 대한 미국의 지원을 중단시키기 위해 아랍 산유국들이 미국에 대한 금수 조치를 도입했던 1973년부터 석유 시장의 급격한 변화가 시작된 것으로 많은 사람들이 믿고 있다. 그렇지만 이는 잘못된 생각이다.

---

[7] 1890년 미국 의회는 대기업의 독점과 반경쟁적인 시장 행동을 금지한다는 취지의 '셔먼 독점금지법(Sherman Antitrust Act)'을 통과시켰다. 1906년에 미국 정부는 셔먼법을 위반한 스탠더드오일을 기소했다. 1911년 대법원은 이 기업의 마지막 항소를 기각했으며, 결국 스탠더드오일은 34개의 기업으로 분할되고 말았다(Yergin, 1991: 106~110).

석유 시장의 결정적인 변화는 국제 석유회사들과 OPEC 회원국 사이에 체결된 '테헤란 - 트리폴리 협정'에서 시작되었는데, 이는 그보다 2년 전인 1971년에 일어난 사건이었다. 이로써 석유 시장에 대한 통제권은 국제 석유회사에서 산유국으로 이전될 수밖에 없었다. 이러한 변화의 이면에 작용한 가장 중요한 두 가지 요인은 산유국의 강화된 결속력과, 7대 석유기업의 암묵적인 협정을 따르지 않는 '신규 진입자'인 새로운 국제 석유회사들의 등장이었다.

1956년의 수에즈 위기와 1967년 아랍 - 이스라엘 전쟁 이후 북아프리카에서의 석유 탐사가 한층 더 강화되었다. 북아프리카에서 생산된 석유는 걸프 만과 수에즈 운하 주변의 분쟁 지역을 통과하지 않고 운송될 수 있어서 페르시아 만의 석유보다 유리한 장점을 지니고 있었다. 게다가 리비아의 석유는 걸프 지역의 석유보다 황 함유량이 적어서 더욱 저렴한 비용으로 정제가 가능했다. 결과적으로 리비아 석유는 걸프 만 석유보다 높은 가격으로 판매될 수 있었다. "이러한 장점 때문에 리비아는 아랍 지역의 석유보다도 배럴당 가장 높은 가격을 받았지만 대부분의 전문가들은 리비아의 석유가 여전히 저평가 상태인 것으로 판단했다"(Schneider, 1983: 140). 게다가 리비아는 7대 석유기업과도 관련이 없다는 장점도 갖고 있었다. 실제로 미국과 유럽의 독립계 석유기업들은 리비아 석유 생산의 52%를 차지했다. 이는 새로운 급진적인 시스템의 등장과 더불어 7대 석유기업과의 대결이 불가피함을 의미하는 전조 현상이었다. 때마침 1969년 9월에 리비아에서 쿠데타가 일어나 무아마르 알 카다피가 지도자가 등극했다. 1970년 1월 리비아 신(新)정부는 기업연합이 아닌 개별 기업과 가격 협상을 시작했다. 독립계 석유기업인 옥시덴탈(Occidental)이나 기타 다국적 기업들과의 협력을 통해 리비아는 고시 가격을 인상하려고 노력했다. 결과적으로 정부는 이로부터 이익을 챙길 수 있었다.

리비아 사태 이후 이란과 베네수엘라는 배당금을 늘렸으며, '가격 인상 경쟁'이 시작되고 말았다(Yergin, 1991: 580). 몇 차례 내부 갈등을 겪은 뒤 석유기업은 공동 연합전선을 형성했으며, 걸프 만 및 지중해의 OPEC과 두 차례에 걸쳐 협상을 진행했다. 그렇지만 정작 시장의 구조가 변하지는 않았다는 사실에 주목할 필요가 있다. 왜냐하면 수요와 공급 관계에서의 핵심적인 변화인 석유 부족 현상이 발생하지 않았기 때문이다. 즉, "1971년 초부터 1972년 말까지 상당한 공급 과잉 상태였음에도 가격은 지속적으로 상승"했다(Adelman, 1995: 93).

1971년 2월 국제 석유회사와 OPEC 회원국 사이에는 페르시아 만을 통한 수출 허용 협정, 즉 '테헤란 협정'이 체결되었다. 같은 해 4월에는 유사한 협정인 지중해를 통한 수출 허용 협정이 OPEC 회원국을 위해 체결되었다. 이 협정에는 세금과 가격의 인상, 인플레이션에 대한 보상, 이들 비용의 단기적 보장 방안이 포함되었다. 결과적으로 사우디아라비아의 원유 가격이 1.80달러에서 2.18달러로 21% 인상되었으며, 이윤은 38.9% 늘어났다. 그렇지만 이보다 더 중요한 사실은 산유국이 이로써 가격에 대한 통제권을 확보하게 되었다는 점이었다. 이 협정에 따라 국제 석유 시장에서 권력의 무게 중심이 급격히 이동하기 시작했다.

테헤란 – 트리폴리 협정의 성과는 국제 석유회사들의 결속력 약화와 OPEC 회원국의 새로운 연합 구축이 어우러진 결과였다. 혹자는 이 두 가지 요소가 모두 필요했다고 주장했다. 실제로 그중에서 어느 것도 단독으로는 1971년의 사건을 설명하기에 충분하지 않다. 석유기업의 연합이 분열되지 않았다면 통합된 OPEC의 전략도 성공하지 못했을 것이다. 반면에 OPEC 회원국들이 우호적으로 결속하지 않았다면 석유기업의 약한 연합도 사실 큰 문제가 되지는 않았을 것이다.

1971년 이후 국제 석유 시장을 지배하는 석유기업의 영향력은 줄어들고 말았다. 그로 인해 국영 석유회사라는 새로운 기업이 등장하기 시작했다. 사실 초창기의 국영 석유회사는 정부 정책 수단의 일환으로 만들어졌다. 설립 목표도 주로 산유국의 자원에 대한 주권적 권리를 보장하기 위한 것이었다. 그렇지만 자원 민족주의라는 맥락에서 이들 공사는 석유 개발의 속도를 통제하고 고갈성 자원의 가격을 결정하는 권한을 국가에 부여했다. 또한 국영 석유회사는 산유국의 공정한 이익을 보장할 수도 있었다(Marcel, 2006: 8). 따라서 1970년대 중반까지 OPEC 회원국은 대부분 자국의 석유산업을 사실상 국유화시킬 수 있었다. 정리하자면, 1970년대의 국영 석유회사는 독립적 목표와 이권을 지닌 이해당사자가 아니라 산유국 정책의 일부분으로 간주해도 큰 무리가 없다.

그렇지만 1980년대와 1990년대 들어 국제 석유 시장의 성격은 다시 한 번 급격한 변화를 겪었다. 특히 1986년의 유가 하락은 시장을 크게 변화시킬 수밖에 없었다. 당시 유가가 배럴당 15.25달러로 하락하자 기업과 정부 모두 이윤을 제대로 확보할 수 없게 되었다. 사실 석유는 다른 제품과 동일한 일종의 상품이다. 따라서 과거 10여 년 동안의 가격 상승으로 인해 석유 시장에 대한 투자는 당연히 늘어났다. 결과적으로 중국을 포함한 신흥 소비국과 대부분의 산유국은 국영 석유회사를 적극적으로 활용하기 시작했다. 일부 전문가들은 국영 석유회사가 시장을 장악한 사실을 근거로 다음과 같은 비관적인 결론을 도출했다.

> 국제 석유·천연가스 자원을 국영 석유회사가 통제하는 상황이라면 석유 및 천연가스의 탐사·개발이 정치적인 목적에 의해 좌우될 수밖에 없다. 따라서 상업적인 측면에서는 수익 극대화와 관련해서 비효율이 초래될 것이다. 결과적으로 국영 석유회사의 수익은 다른 민간 기업에 의해 발생되는 수익보다 당연히 낮을 것이며, 그로 인해 석유 가격은 앞으로 더 높아질 것이다(Eller et al., 2007: 33~34).

그렇지만 현재 국영 석유회사의 성격과 활동, 역할은 여러 가지 측면에서 1970년대와는 매우 다른 양상을 보이고 있다. 첫째, 1970년대의 국영 석유회사는 대부분 자국 내 석유산업만 담당했지만, 오늘날 국영 석유회사는 상당수가 해외 사업에도 참여하고 있다. 따라서 이들은 협상 테이블에서 다른 나라 국영 석유회사를 마주할 수밖에 없다. 마르셀은 중동의 국영 석유회사가 다른 나라 국영 석유회사를 신뢰하지 않을 뿐만 아니라 그다지 매력적인 파트너로 여기지 않는다는 사실을 밝혀냈다(Marcel, 2006: 218). 왜냐하면 다른 나라의 국영 석유회사는 독립계 석유기업과 비교했을 때 자산 규모가 작을 뿐만 아니라 그다지 큰 도움이 되지 않는 것으로 판단했기 때문이다. 그럼에도 국영 석유회사 간의 협력은 기존 구조가 아니라 새로운 구조를 통해 다양한 방식으로 형성되기 시작했다. 소나트락(Sonatrach), 스타토일(Statoil), 페트로브라스, 사우디 아람코(Saudi

Aramco)가 '국영 석유회사 포럼'에 적극적으로 참여하면서 이 포럼을 주도적으로 조직해나갔던 과정이 대표적인 사례다. 이 포럼은 국영 석유회사의 핵심 역량을 어떻게 개발할 것인지에 대한 아이디어를 공유하기 위해 국영 석유회사의 경영진을 한곳으로 모았다(Marcel, 2006: 220). 둘째, 석유기업들이 공학적·기술적 서비스를 외부에 위탁하면서 석유산업은 지난 30년 동안 더욱더 세분화되었다. 따라서 국영 석유회사들은 국제 석유회사들과는 다른 통로를 통해 기술을 습득할 수 있었다(UNCTAD, 2007: 118). 셋째, 산유국과 국제 석유회사 사이의 다양한 계약 형태가 새롭게 등장했다(Likosky, 2009). 결과적으로 국제 석유회사들은 1970년대에 추방되었던 많은 산유국에서 다시 자원을 탐사하고 생산할 수 있게 되었다. 넷째, 국제 석유회사와 국영 석유회사의 다양한 협력이 유행처럼 확산되었다. 이는 상업적인 측면에서 국영 석유회사의 운영과 행동에 잠재적인 영향을 미쳤다. 마르셀은 이를 "국영 석유회사와 국제 석유회사의 차이가 점점 사라지고 있다"라고 설명했다(Marcel, 2006: 209).

현재 석유 및 가스 시장에서의 갈등과 협력

시장의 수직적 구조를 고려했을 때 이들의 차이가 사라지는 현상은 더 분명해지고 있다. 즉, 석유산업의 다양한 가치 사슬 단계에서 판매자 및 구매자로 활동하는 기업들 사이의 갈등과 협력은 손쉽게 발견될 수 있다.

석유기업의 수직적 갈등과 협력

1970년대에 OPEC 회원국들은 상류 부문을 사실상 지배했다. 그렇지만 정유, 마케팅, 제품, 판매 같은 시장의 하류 부문은 여전히 국제 석유회사들이 장악하고 있었다. 주요 석유 수출국 가운데 일부는 1980년대 초부터 서유럽과 미국의 하류 부문에 투자를 시작했다. 왜냐하면 급변하는 석유 시장에서 안정적인 판로를 확보한다는 목표하에 주요 소비국에 수출하는 원유를 정제·판매할 수 있는 기업에 대한 장악력을 높이고 싶어 했기 때문이다. 결과적으로 산유국은 소비국에서의 유조선, 항만 및 저장 시설, 석유화학 공장을 매입하기 시작했다. 따라서 하류 부문의 가장 큰 투자자는 쿠웨이트, 베네수엘라, 사우디아라비아, 리비아, 노르웨이였다. 1990년까지 쿠웨이트와 베네수엘라는 생산량의 90~100%에 대한 정제 능력을 국내외에서 확보했다. 반면 사우디아라비아의 자체 정제 능력은 50% 수준이었다(Finon, 1991: 264).

　시장의 상류 부문에서도 비슷한 문제가 발생했다. 1985~1987년 사이에 7대 석유기업은 새로운 유전 발견뿐만 아니라 기존 유전의 확장 및 생산성 개선을 통해 미국 내 소비 석유의 40%와 기타 지역 소비 석유의 59%만 대체할 수 있었다. 그렇지만 석유 매장량과 구매량의 변화를 고려했을 때 주요 석유기업의 대체품은 생산량에 비해 여전히 11%가 부족한 수준이었다. 당시 엑슨, 셸, BP 같은 주요 기업들은 석유 활동을 축소·중단했던 소규모 기업으로부터 매장량을 구입했다. 7대 석유기업이 소규모 업체보다 강점을 지니고 있기는 했지만, 이들은 여전히 '원유 부족' 문제를 겪고 있었다. 기업들은 더욱 경쟁적인 환경에 대비하고 있었으며, 규모 확대는 상류 부문 투자의 높은 위험을 감수하기 위한 필수 요건으로 간주되었다. 반면 OPEC 회원국의 본질적인 문제는 기존 생산 시설의 투자 자금을 독자적으로 조달할 능력이 없다는 점이었다. 더 정확히 말하자면 투자 능력의 부족이었다. 대부분의 OPEC 회원국이 최대 용량으로 생산하고 있었기 때문에 설비 용량 확대는 곧 신규 투자로 직결될 수밖에 없었다. 그럼에도 불구하고 OPEC 회원국의 당시 예비 자금은 절정기였던 고유가 당시와 비교했을 때 턱없이 부족한 수준이었다. 1990년까지 사실상 모든 OPEC 회원국은 더 많은 자금, 더 많은 기술, 더 많은 조직을 필요로 하는 상황이었다(Finon, 1991: 263). 따라서 많은 OPEC 회원국은 외국 기업과 생산물 공유 협정을 체결하는 방향으로 정책을 수정해야만 했다.

　1990년대의 이러한 개발 방식은 탐사나 생산과 관련된 기술적·재정적 지원을 제공했을 뿐만 아니라 석유 자원에 대해 산유국의 통제권을 행사할 수 있도록 허가하는 국제 석유회사의 타협에 기반을 둔 새로운 질서를 만들어냈다. 대규모 석유 수출업체는 향후의 시장 변동으로부터 자신을 보호하기 위해 원유의 안정적인 생산 방안을 모색하기 시작했다. 이때 대규모 석유 수출업체가 하류 부문을 통합한 것은 위험 회피적인 전략의 일환이었다. 이는 1980년대 석유 시장에서 이들이 겪었던 경험을 고려할 때 이해할 수 있는 합리적인 판단이었다. 따라서 재정적인 어려움을 겪고 있는 기업들에는 새로운 투자가 필요했다. 예를 들면, 원유 부족을 겪는 석유 정제업체는 매장지의 개발권을 확보하는 협정에 관심을 가질 수밖에 없다. 따라서 OPEC 회원국의 국영 석유회사와의 합작투자는 국제 석유회사들에 1970년대의 악몽이었던 석유 부족에 대비하기 위한 전략적 선택이었다. 이는 상류 시장에서 이들 기업의 수익을 확보하는 계기가 되었으며, 부분적으로는 1970년대의 구조를 변화시키는 원인이 되었다.

국제기구: OPEC과 IEA

국가 간 협력은 어느 정도 제도적인 협정에 의존할 수밖에 없다. 따라서 국가 간 협력에 대한 모든 논의는 국제기구의 역할을 통해 살펴볼 수 있다(Keohane, 1989: 3). 국제기구는 국가 간 협력을 확대하기 위해 다음과 같은 여러 가지 방법을 활용할 수 있다. 첫째, 다른 이해당사자의 선호에 대한 정보를 제공할 수 있다. 둘째, 거래 비용을 줄여주는 방식으로 국가 간 거래의 효과를 확대할 수 있다. 구체적으로는 관련 규약을 설정함으로써 이해당사자의 기대를 조정하는 데 기여할 수 있다. 셋째, 당사국의 손익 계산을 변경할 수 있을 뿐만 아니라 이들이 입장을 바꿔놓고 생각하게 만들 수도 있다. 이를 위해서는 통합적 논의의 장을 제공하고 당사국 사이의 중재자 역할을 담당해야 할 뿐만 아니라 협약의 이행 또는 불이행을 확인하고 제재하는 수단을 제공해야 한다. 넷째, 의사 결정자들이 집단적인 정체성을 형성하는 데 기여할 뿐만 아니라 집단적 선택권을 이해하는 '관점의 개념적 틀'을 형성해줄 수도 있다.

지난 40년 동안 석유 시장에서 가장 중요한 정부 간 협력은 OPEC 회원국의 결속이었다. 유가를 상승시키거나 판매 물량을 증가시킬 수 있는 통제 기관인 OPEC은 1970년대까지만 해도 석유 시장에서 조연에 불과했다. 당시만 해도 산유국으로서의 공동 규칙이나 규정은 전혀 필요하지 않았다. 그렇지만 이란 혁명과 '이란 – 이라크 전쟁'의 발발로 인해 유가가 상승함에 따라 석유 수요가 줄어들었다. 결과적으로 1970년대의 가격 상승은 소비자 측면에서 에너지 효율 개선을 촉진시켰으며, 생산자 측면에서는 북해와 알래스카 같은 신규 유전의 개발을 활성화시켰다. 이런 상황에서 산유국들은 유가를 지탱하기 위해 생산량을 조정하는 실효성 있는 카르텔이 필요했으며, 이로 인해 1982년에 OPEC의 필요성이 공론화되었다. 물론 국가별 생산 할당량을 기꺼이 준수하기 위한 OPEC 회원국 사이의 의지에는 상당한 격차가 존재했다. 다행히도 사우디아라비아는 막대한 권한을 이용해서 소규모 회원국을 배려하는 조정국으로서의 역할을 담당할 수 있었다. 그렇지만 사우디아라비아가 일간 석유 생산량을 1982년 850억 배럴에서 1985년 250억 배럴로 줄였음에도 시장에서는 유가가 지속적으로 하락했다. 이는 1985년에 사우디아라비아가 시장 점유율을 회복하기 위해서 전략을 변경하는 결정적인 원인이 되었다. 이후 사우디의 전략은 더욱 강압적인 패권주의의 확대로 대체되고 말았다. 결과적으로 사우디아라비아는 생산량을 줄여 가격을 유지한다는 기존의 전략에서 석유를 과잉 공급해 시장 점유율을 회복하는 것으로 전략을 변경해 다른 산유국과 가격 전쟁을 일으켰다. 정리하자면, 사우디아라비아가 전략을 변경한 목적은 다른 OPEC 회원국에도 생산을 줄이는 데 협력하도록 강요하기 위해서였다. 한편으로는 OPEC 비회원 산유국들을 시장에서 몰아내려는 목적도 지니고 있었다. 왜냐하면 이들의 석유 생산 비용이 일반적으로는 OPEC 회원국보다 매우 높은 것으로 추정되었기 때문이다(Claes, 2001: 281~297).

반면 주요 석유소비국들은 1974년에 IEA를 만들어 OPEC의 시장 지배력 확대에 대응하려 했다. IEA의 원래 목표는 하루 석유 공급량이 7% 감소함으로써 촉발된 비상사태에 대응하기 위해 석유 위기관리 시스템을 도입해 미래의 석유 공급 혼란을 해결하는 것이었다. 1979년에는 더욱 유연한 위기 대응 시스템이 채택되었는데, 이는 1991년 걸프전과 2005년 허리케인 카트리나 이후에 다시 채택되었다. 최근 들어 IEA는 에너지 관련 정보를 제공하는 중요한 기관으로 자리 잡았다. 의제 설정과 관련해 IEA의 역할은 최근 몇 년 동안 크게 증가했다. 그렇지만 시장 지배적인 기관이라는 측면에서 IEA는 시장 동향과 관련 정보를 제공하고 회원국의 공동 행동을 제안하는 방식으로 소비국의 행동을 조직하는 데 기여할 수도 있지만, 사실은 "시장의 규칙 제정과 시행이라는 측면에서는 제한적인 권한만 지닌 것"으로 결론내릴 수 있다(Kohl, 2010: 198). 당시 OPEC 카르텔은 7대 석유기업과 유사한 방식으로 시장을 통제했으며, 상류 부문에서의 지배적인 위치 덕분에 경제적 이득이 대규모 석유기업에서 산유국으로 이전될 수 있었다.

1970년대 후반으로 접어들면서 산유국과 소비국 간에는 합의를 도출하려는 대화가 시도되기 시작했다. 이후 1991년에는 산유국과 소비국의 장관급 회담이 파리에서 개최되었다. 이 회담은 2년마다 개최되었으며, 지금은 리야드(Riyadh)에 상설 사무국을 둔 국제에너지포럼이라는 준공식적인 국제기구로 발전한 상태다(Lesage et al., 2010: 61~63). 산유국의 협력은 정치적인 측면에서 지난 40년 동안 매우 중요한 영향력을 행사했다고 말할 수 있다. 반면 석유 소비국의 협력은 상대적으로 영향력이 작기는 했지만 그렇다고 전혀 중요하지 않았던 것은 아니다. 한편으로는 산유국과 소비국 사이의 협력 체계를 구축하기 위한 노력도 몇몇 시도되었다. 그렇지만 이러한 시도들이 아직까지는 국제 석유 시장에서 그다지 영향을 미치지 못하고 있다.

국제 천연가스 교역에서의 갈등과 협력

천연가스는 석유와 전혀 다른 방식으로 거래된다. 이 절에서 얘기하려는 가장 중요한 사항은 진정한 의미의 국제적인 천연가스 시장이 존재하지 않는다는 사실이다. 전 세계적으로는 북미, 유럽, 아시아 3개의 지역적인 가스 시장이 존재한다. 구체적으로는 세계 전체 가스 소비량의 30%만 국경을 넘어 거래될 뿐

〈표 11.2〉 세계 천연가스의 소비 및 거래(2010년 기준)

	10억m³	소비 비중	수입 비중
전체 소비량	3193.30		
국제 거래량	975.22	30.54%	
파이프라인 수입량	677.59	21.22%	69.48%
액화천연가스 수입량	297.63	9.32%	30.52%

자료: *BP Statistical Review of World Energy*, June 2011.

이며, 그중 70%는 그나마 파이프라인을 통해 거래되는 실정이다(〈표 11.2〉 참조). 여기서 파이프라인에 의한 가스 교역은 판매자와 구매자를 물리적으로 연결시키는 방식이며, 천연가스 허브를 포함한 기반 시설이 경쟁을 촉진시키기 위한 방식으로 구축되지 않는다면 일반적인 경쟁시장에서 나타나는 자유로운 거래를 저해하는 요인이 될 수 있다. 이는 미국의 천연가스 시장에서 이미 드러난 현실이며, 유럽 시장에서도 이러한 문제가 제기되고 있다. 그럼에도 천연가스의 경쟁은 파이프라인 배관망이 보급된 지역으로 제한될 것으로 전망된다.

3개의 지역적인 가스 시장에서 천연가스의 경쟁을 유발할 수 있는 유일한 수단은 액화천연가스다. 액화천연가스는 세계 천연가스 소비량의 10%, 거래량의 30%를 차지한다. 이러한 액화천연가스 교역의 절반가량인 46.34%가 일본과 한국에서 수입되고 있다. 따라서 액화천연가스는 다양한 천연가스 시장의 핵심적인 요소가 아니다. 그럼에도 액화천연가스의 실질적인 역할을 증대시키는 것은 세계 가스 시장의 미래를 발전시키는 데 핵심적인 전제조건이다(de Jong et al., 2010: 221). 대규모 가스 매장량을 보유한 국가들은 2001년에 가스수출국포럼을 결성했다. 이들 11개 회원국은 세계 천연가스 생산량의 42%, 매장량의 70%를 차지한다.[8] 이 포럼은 OPEC처럼 작동하는 카르텔은 아니지만 천연가스 거래가 세계화되는 상황에서 생산국 간에 일관된 행동을 조율할 수 있는 잠재적 신호로 인식되고 있다.

---

8   이와 관련해서는 가스수출국포럼 사무총장 레오니트 보카노프스키(Leonid Bokhanovsky)와의 인터뷰 및 2010년 7월 5일 자 ≪걸프 타임스(Gulf Times)≫를 참고할 수 있다.

앞에서 기술한 바와 같이 석유 시장과 형태가 유사한 진정한 의미의 국제 가스 시장은 존재하지 않는다. 다만 미래 국제 가스 시장의 발전에 영향을 미치는 여러 가지 요인이 현재 빠른 속도로 변화하고 있다. 그렇지만 상이한 요인들이 서로 다른 방향을 가리키고 있다는 점이 문제다. 예를 들면, 생산 비용이 줄어든 액화천연가스는 파이프라인이 이미 구축된 지역 시장에서 가격 경쟁력을 높일 수 있다. 한편 기술혁신에 따라 셰일가스가 상업성을 확보하면서 적어도 북미 시장에서 미국은 천연가스 자립이 가능해졌다. 이는 국제 천연가스 교역의 세계화를 둔화시키는 요인일 수도 있다. 게다가 미국과 유럽의 경기 침체는 천연가스의 수요 증가를 억제하고 있으며, 가스 교역의 세계화를 먼 미래로 지연시키는 상황이 벌어지고 있다. 다만 목표가 국제 가스 시장을 형성하는 것이라면 가장 핵심적인 도전 과제는 천연가스 탱크와 수출입 터미널 같은 기반 시설이 경쟁력을 확보할 수 있도록 유도하는 투자 방안 및 액화천연가스의 거래를 늘릴 수 있는 대책을 수립하는 일일 것이다. 진정한 국제 가스 시장을 형성하기 위해서는 개별 액화천연가스 공급자가 가스 터미널에 경쟁적인 허브를 조성해나가야 한다. 이러한 경쟁적 시장은 가격이 하락하도록 압력을 행사할 것이며, 결과적으로는 액화천연가스에 대한 투자 위험성을 높일 것이다.

지금 상황에서 가까운 미래에 진정한 의미의 국제 가스 시장이 새롭게 등장하기는 어려울 것으로 전망된다. 물론 액화천연가스 거래가 3개의 지역적인 시장에서 일부 진행되기는 할 것이다. 그렇지만 거래량이 소비자 사이에서 지역 간 경쟁을 촉진하거나 가격 평준화를 유도하기에는 불충분한 수준이다. 천연가스 기업의 국제적 협력은 아직까지 크게 필요하지 않은 상황이다. 이런 관점에서 세계 석유 시장의 구조 변화와 비교해보면 최근의 가스·석유 시장은 예전보다 더 큰 구조적 변화를 겪고 있는 것으로 판단된다.

천연가스 거래의 협력적·갈등적 측면에서 가장 눈에 띄는 사례는 유럽 시장이다. EU의 에너지 정책은 당연히 협력적인 측면을 지니고 있다. 그렇지만 이 절에서는 EU와 천연가스 공급자인 러시아의 충돌에 관한 부분으로 논의를 한정하려 한다.

천연가스 수출을 다변화할 기회가 없는 상황에서 러시아는 가스 생산량의 50%를 현재 유럽으로 수출하고 있다. 마찬가지로 EU는 거의 비슷한 비율로 러시아의 천연가스를 수입하고 있다. 따라서 이들 두 주체는 상호 간에 의존적일 수밖에 없다. 그렇지만 러시아가 유럽시장에 천연가스를 수출함으로써 얻는 소득에 의존하고 있음에도 유럽 소비자들이 러시아의 가스 공급에 더 의존하는 것처럼 보인다. 그 이유는 크게 다음 두 가지 때문이다. 먼저 천연가스가 필수품이기 때문이다. 즉, 유럽 소비자들은 난방, 취사라는 기본적인 욕구를 충족하기 위해 천연가스에 의존하는 상황이다. 또 다른 이유는 단기적인 측면에서 천연가스는 거의 대체 불가능한 에너지원이기 때문이다. 실제로 기계 작동에 사용되는 천연가스는 사실상 다른 에너지원으로 거의 대체할 수 없다. 따라서 러시아에서 유럽으로의 가스 공급을 차단하는 것은 유럽 국가들에 매우 값비싼 희생을 요구할 수밖에 없다. 러시아가 2009년 1월 우크라이나로 공급되는 가스를 중단했을 당시 일부 유럽 국가에서는 천연가스에 얼마나 취약한지가 드러났다. 구조적 측면에서 이는 매우 불균형적인 관계라고 할 수 있다. 게다가 유럽 국가에서도 천연가스 수입량 가운데 러시아가 차지하는 비중은 각 국가별로 천차만별이기 때문에 러시아의 가스 공급 중단은 실제로 몇몇 유럽 국가에 치명적인 위협 요인이 될 수 있다(〈그림 11.1〉 참조). 이는 국가 간에 경쟁적인 상황을 만들어낼 수 있으며, 결과적으로는 외부 에너지에 대한 일반적인 접근 원칙을 제시하려는 유럽위원회의 야심을 위태롭게 할 수 있다. 이러한 개별국 고유의 무역 구조는 천연가스를 수입에 의존하는 일부 EU 회원국이 러시아의 정치적 압력에 취약하도록 만들 수 있다. 물론 몇몇 국가는 러시아 천연가스에 대한 의존을 우려하는 반면, 이를 전혀 우려하지 않는 국가도 있다. 한편으로 발틱 국가들과 폴란드는 자신들을 서유럽으로부터 분리할 수 있다는 이유 때문에 러시아에서 독일로 직접 연결되는 신규 노르트스트림 파이프라인에 대해 매우 우려하고 있다. 즉, 노르트스트림 파이프라인이 신설되면 통과국으로서 이들의 역할은 약화되고, 이들은 결국 러시아의 정치적 압력에 취약해질 수밖에 없다. 따라서 동유럽에 대한 가스 공급을 중단하겠다는 러시아의 위협은 더욱 현실적인 외교 정책 수단이다.

〈그림 11.1〉 유럽 국가들의 러시아 가스 의존도(2006년 수입 비중)

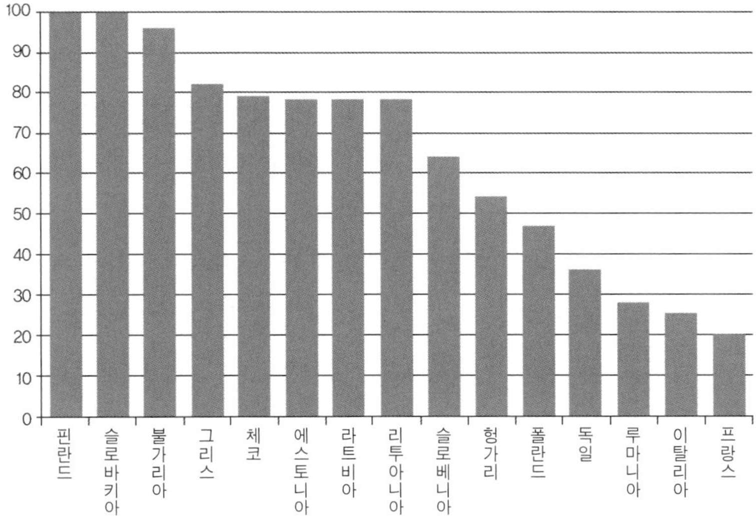

자료: Eurostat, 2007.

왜냐하면 신규 파이프라인이 서유럽에 전혀 영향을 미치지 않을 것이라는 사실을 보장하기 때문이다. 반면 러시아는 벨기에, 이탈리아, 우크라이나의 천연가스 수입 시장에 대해서는 아무런 지분을 가지고 있지 않다. 마찬가지로 프랑스의 경우 전체 가스 수입의 23%, 에너지 소비량의 3.6%만 러시아로부터 공급받고 있을 뿐이다. 따라서 이들 국가는 러시아로부터의 천연가스 수입에 대해 전혀 걱정할 필요가 없다.

1980년대에 유럽으로 수출하는 소련의 천연가스가 증가한 것은 유럽과 미국에서 커다란 정치적 문제를 일으켰다. 이러한 문제는 냉전 이후에 완화되었지만 에너지 수입 다변화라는 보편적인 목적은 모든 유럽 국가의 중요한 정책 목표로 남아 있는 실정이다. 동유럽 국가들은 소련이 지배하는 코메콘[9]의 일부였을 당시 전기와 가스의 기반 시설이 구축되었기 때문에 특별한 상황이라고 할 수 있

---

9 코메콘(COMECON)은 소련, 동유럽의 나라를 중심으로 하는 경제협력기구로서, 경제상호원조회의라고 불리기도 한다. 서방측의 마셜 플랜에 대항하기 위해서 만들어졌으며, 'Council for Mutual Economic Assistance'의 약자다. _옮긴이

다. 예전 동맹국 간의 에너지 갈등은 러시아와 우크라이나 사이에서 특히 심각한 상황이다. 2000년대에 다른 유럽 국가로 수송되는 천연가스에 대해 부과되는 운송료와 우크라이나의 가스 수입 가격은 경제적·정치적인 차원에서 모두 큰 논쟁거리였다. 게다가 유럽으로 수출되는 대부분의 러시아 가스가 파이프라인으로 우크라이나를 거쳐 운송되기 때문에 이러한 충돌은 유럽의 가스 소비국과 러시아의 관계에도 영향을 미칠 수밖에 없었다.

2009년 1월 1일, 러시아는 우크라이나로의 가스 수출을 완전히 중단했다. 다른 EU 회원국에 전달하는 가스는 여전히 그대로 공급했지만 다음 날 헝가리, 루마니아, 폴란드로 공급되는 파이프라인은 중단되었다. 2주 후 이에 관한 분쟁이 해결되기는 했지만, 러시아 가스에 대한 지나친 의존도뿐만 아니라 이에 대한 신뢰성에 문제가 있음이 드러나고 말았다. 또한 유럽은 러시아 가스에 대한 높은 의존도가 정치적으로 악용될 수 있음을 우려하면서 러시아와 우크라이나의 가스 분쟁을 에너지 자원이 정치적인 무기로 전환된 사례로 해석했다. 한편 러시아의 이러한 정책은 다른 관점에서도 살펴볼 수 있다. 즉, 냉전 시대에 소련은 동유럽 공산국가의 정치적 충성도를 유지하기 위한 정치적 도구로 에너지를 값싸게 공급했다. 그렇지만 냉전이 종식되면서 가스프롬은 더욱 상업적으로 기업 활동을 전개해 우크라이나의 가스 소비자에게 시장가격을 요구하기 시작했으며, 더 이상 대금 지불 연체를 허용하지 않았다. 솔직히 말하자면 상업화된 가스프롬은 우크라이나에 더 정치적으로 대응한 셈이었다.

미래 국제 에너지 시장에서의 갈등과 협력

이 장에서는 장기간에 걸친 역사적 관점을 적용했다. 처칠이 석유의 정치화와 세계화를 도입한 이래 100년이 지나갔다. 이 기간 동안 석유 사업은 소수의 긴밀한 협력을 통해 통제되었다. 즉, 제1차 세계대전에서 승리한 뒤에는 연합국이, 이후에는 7대 석유기업이, 마지막으로는 OPEC 회원국이 주도권을 장악했다. 오늘날에는 석유산업에서 영향을 미치는 이해관계자들이 늘어났으며, 구조는 더욱 복잡해졌다. 물론 이러한 '네트워크' 구조가 전통적인 국제 석유회사를 배제하지는 않는다. 그렇지만 이들의 역할은 변하고 있으며, 산유국과 소비국 모두 국영 석유회사와의 협력관계를 계속해서 유지할 것으로 전망된다. 또한 대부분의 산유국은 에너지 자원 개발의 파트너로서 국제 석유회사를 환영하게 될 것이다. 전환기를 거치면 이러한 구조는 7대 석유기업과 OPEC의 시대만큼이나 안정될 것으로 전망된다. 그렇지만 예전에 그랬던 것처럼 단일 그룹의 이해관계자에게 시장의 지배력을 부여하지는 않을 것이다. 이는 액면 그대로 약화된 거버넌스와 증폭된 불안정성을 포함하는 복잡성의 증가를 의미할 것이다. 결과적으로는 기업과 국가 모두에 갈등을 증가시킬 수도 있다. 이러한 파국을 예방하려면 "정책 결정자는 국제적인 석유·천연가스 관계의 제도적 구조를 강화·변경할 필요가 있다"(Goldthau and Witte, 2009: 390).

석유 거래가 국제화되고 이해관계자의 상호 의존성이 높아지기 때문에 이에 발맞춰서 정치 제도도 개선해야 할 것이다. 물론 이는 더욱 협력적인 분위기로 이어질 수 있다. 골드소와 위테는 다음과 같이 지적한 바 있다. "미래의 에너지 세계에서 생산자와 소비자가, 또는 낡은 소비자와 새로운 소비자가 대립하지 않을 것인데, 그 이유는 에너지 분야에서 모든 이해관계자가 이익을 공유할 것이기 때문이다"(Goldthau and Witte, 2010: 355). 이들은 거래 비용을 낮추고 기준과 규칙을 설정해야 할 뿐만 아니라 시장의 실패를 보완하기 위해 제도 마련이 필요하다는 사실을 제안하고 있다(Goldthau and Witte, 2010: 344~350). 그렇다면 상업적인 이해관계자와 정책 결정자는 세계 에너지의 미래에 대해 앞으로 어느 정도까지 유사한 관점을 유지할 수 있을 것인가에 대해 고민해볼 필요가 있다.

화석연료가 2112년에도 오늘날과 동일한 역할을 담당할 가능성은 낮다. 아마도 향후 100년은 세계적으로 에너지 전환의 시기가 될 것이다. 환경 파괴와 기후변화 문제를 우려하는 주요 국가와 세계 각국이 화석연료를 대체하는 재생가능에너지를 장려하는 에너지 정책을 적극적으로 추진한다면 이러한 전환은 더 빠르게 이뤄질 것이다. 반면 이러한 전환은 기존 석유·천연가스 매장량의 회수율 증가, 새로운 지역에서 신규 유전을 발견할 수 있는 역량의 확대, 비전통적인 석유·가스를 추출할 수 있는 기술의 개발로 인해 지연될 수도 있다. 그렇지만 이러한 시대적 전환이 기업과 국가의 충돌을 일으키는 것은 분명하다. 그리고 이러한 전환의 성공 여부가 협력적 제도를 마련하려는 모든 이해관계자의 능력에 달려 있다는 사실만큼은 부정할 수 없다. 따라서 화석연료의 고갈과 기후변화라는 문제에 직면해서 전 세계의 모든 기업과 국가는 분명히 한배를 타고 있는 셈이다.

12 다극화 시대 에너지 거버넌스의 미래와 다자간 협의체

찰스 에빈저, 고빈다 아바사랄라

서론

국제 에너지 분야는 지정학적·경제적·재정적인 측면에서의 격랑을 맞아 에너지·환경 정책에 대한 국제사회의 관심은 줄어든 상태다. 중동의 불안을 둘러싼 국제 석유 시장의 변덕, 후쿠시마 사고 이후 원자력 산업의 불투명한 미래, 기후변화에 대한 긴박한 대응같이 국제 에너지 분야의 불확실성이 높아지는데도 다자간 포럼인 G8,[1] G20, G77[2]은 눈앞에 닥친 문제를 우선시하는 경향이 있다. 예를 들면, 2008년의 세계 금융위기와 2009년 세계경제의 경기 침체에 대한 대응이 대표적인 사례다. 일각에서는 이처럼 다자간 협상을 진행하는 이유가 현 시점의 국제적인 문제에 시급하게 대응하는 것이기 때문에 다자간 협의체가

---

1   G8뿐만 아니라 G8+5 체계로 논의가 이뤄지는 경우도 있다. 이때 G8+5는 G8과 신흥경제를 이끄는 브라질, 중국, 인도, 멕시코, 남아프리카공화국을 가리킨다. _옮긴이

2   UN무역개발협의회(United Nations Conference on Trade and Development: UNCTAD)의 1964년 총회 이후 77개 국가의 모임으로 출범한 다자간 협의체다. 즉, UN 내에 결성된 개발도상국의 연합체로서, 개도국의 경제적 이익을 증진시키고 선진국으로 도약할 수 있는 발판을 다지기 위해 만들어진 기구다. _옮긴이

'위기관리위원회'로 전락한 상태라고 주장할 정도다. 그로 인해 국제회의에서는 에너지·환경과 관련된 정책에 대한 논의가 제한적으로 이뤄지고 있을 뿐이다(Subacchi and Pickford, 2011).

사실 이러한 다자간 협상이 세계 여러 국가에 에너지와 관련된 다양한 정책적 처방을 제공하거나 환경 정책의 개혁을 요구하기는 쉽지 않다. 왜냐하면 에너지·환경 정책들은 대부분 지정학적 관계에서 힘의 균형 상태를 깨뜨릴 것이기 때문이다. 최근의 경기 침체는 생각보다 길어질 것으로 전망되며, 이로 인해 미국, 유럽, 일본 등의 선진국은 경제 회복에 상당한 시간이 필요할 것으로 예상된다.[3] 이에 비해 신흥국들은 경기 침체를 대체로 잘 견딘 편이었다. 그로 인해 이들은 다자간 협상에서 선진국들보다 더 많은 지정학적인 영향력을 발휘할 수 있었다. 이러한 상황은 국제적인 의사 결정을 복잡하게 만들고 있다. G8 또는 이보다 덜 공식적인 G8+5 같은 작은 규모의 다자간 포럼은 이권의 상당 부분을 포기한 채 더 큰 대규모의 포괄적 협의체에 자리를 내준 상태다. G20이 대표적인 사례다.[4] 이러한 시대적 전환은 다자간 협력이 이제 신흥국의 정치력에 포섭된다는 의미를 지닌다. 따라서 이제는 선진국의 정책적 우선순위와 상관없이 신흥국의 정치적 여건에 맞춰 국제 협상을 진행해야 하는 상황이다. 국제 협상은 신흥국에 의해 주도되는 경우도 있지만, 선진국의 정치력에 의해 주도되는 경우도 있다. 결국 이제는 선진국도 다자간 협의체에서 신흥국과 경쟁해야만 하는 상황이다.

신흥국과 선진국의 이러한 분열이 미래의 예측을 불투명하게 만들고 있지만, 다자간 협의체 내에서의 정책 결정이 지니는 생산적인 가치는 여전히 유의미하다. 물론 포괄적인 합의가 어려울 수는 있지만 국제 에너지 시장의 불확실성과 변동성의 일부를 완화시키는 데에는 다자간 협의체가 연구, 자금, 협력이라는

---

3 IMF는 2012년과 2013년 미국, 일본, 유로존의 경제가 각각 연평균 2.16%, 2.17%, 1.75% 성장할 것으로 예상했다(IMF, 2011a).

4 2009년 피츠버그에서 열린 G20 정상회담의 최종 선언문에서는 G20이 국제적인 경제 협력을 위한 최고의 포럼이 될 것이라고 선포한 바 있다(www.g20.utoronto.ca/2009/2009communique0925.html).

측면에서 분명히 도움을 줄 것이다.

이 장에서는 다자간 협의체에서 진행되었던 에너지·환경 정책과 관련된 과거의 사례들을 분석한 뒤, 세 가지 주요 협의체인 'G8, G8+5, G20'[5]에 초점을 맞추려 한다. 구체적으로는 최근 변화하는 에너지 지형이라는 관점에서, 정책 결정자들이 국제 에너지 거버넌스와 에너지·환경 협상을 장려하는 데 어떤 어려움이 수반되는지 살펴보려 한다.

다자간 협의체의 역사와 국제 에너지 정책

G8

1975년 11월 프랑스, 독일, 이탈리아, 일본, 영국, 미국의 정부 지도자들은 프랑스 대통령 발레리 지스카르데스탱(Valéry Giscard d'Estaing)의 제안으로 프랑스 랑부예(Rambouillet)에서 회담을 가졌다. 이들이 논의한 다양한 경제 문제에서 가장 중요한 사안 가운데 하나는 1973~1974년의 석유파동으로 인한 '심각한 에너지 문제'의 해결이었다. 최종 선언문에서 참가국들은 "세계적인 경제성장은 에너지 자원의 이용 가능성과 분명히 관련되어 있으며, 국제시장의 균형 잡히고 조화로우며 안정적인 발전을 위해 노력을 아끼지 않겠다"라는 합의를 도출했다.[6] 1976년부터 캐나다가 참여하면서 이 협의체는 비공식적인 G7으로 전환되었다. 1979년 초 발발한 2차 석유파동 이후 G7 회의는 더 큰 영향력을 발휘했다.[7] 1979년 도쿄 정상회담은 OPEC의 석유장관 회의와 같은 시기에 개최되었

---

5 G8과 G20에서의 에너지 거버넌스 역사에 대한 세부 배경은 Van de Graaf and Westphal(2011)을 참고할 수 있다.

6 www.g8.utoronto.ca/sumMIT/1975rambouillet/communique.html.

7 2차 석유파동은 1978년 12월 호메이니가 회교혁명을 일으킨 이란이 석유 수출을 전면적으로 중단하면서 발생했다. _옮긴이

는데, 여기에서 G7의 지도자들은 가장 시급한 과제가 석유 소비의 감축과 대체 에너지 개발의 촉진이라는 인식을 공유했다.[8]

그렇지만 7명의 지도자들은 도쿄 정상회담에서 향후의 미래 전망에 대한 미흡한 해결책만 제시했을 뿐이다. 왜냐하면 표면적으로는 화합하고 협력했지만 정부가 석유 시장을 규제해야 하는지에 대해서는 회원국 사이에서 실질적인 합의가 이뤄지지 않았기 때문이다. 이와 관련해서 프랑스는 시장 규제를 선호하는 반면, 독일과 영국은 어떠한 시장의 개입에도 단호하게 반대하는 차이를 보였다. 게다가 프랑스는 석유파동 대책과 관련해서 아무런 조치도 취하지 않는 미국을 공개적으로 비난했다. 왜냐하면 1973년부터 1974년까지 OAPEC의 금수 조치가 단행된 이래 미국의 석유 수입량이 27% 늘어났기 때문이었다. 반면에 유럽경제 공동체(EEC)[9]는 석유 수입량을 5% 정도 줄인 상태였다. 미국의 정책에 대한 프랑스의 비판이 반향을 일으키기는 했지만, 사실 1978년 미국의 석유 수입은 1977년 대비 7% 줄어들었으며, 1979년 상반기에는 3%가량 추가로 감소된 상태였다. 게다가 미국의 GDP 대비 에너지 소비는 1973년 이후로 매년 줄어드는 추세였다 (Ebinger et al., 1982: 19).

당시 도쿄 정상회담의 참가국들은 석유 소비를 절감하기로 합의는 했지만, 이를 어떤 방법으로 달성할 것인지에 대해서는 세부적인 합의를 도출하지 못했다. 미국과 일본은 1979년과 1980년의 수입 삭감만 지지했던 반면, 유럽의 지도자들은 석유 수입을 1985년까지 동결하는 방안을 주장했다. 게다가 참가국들은 그 밖의 많은 문제에 대해서도 합의를 형성하지 못했다. 예를 들면, 개별국 또는 권역별로 배정된 석유 수입의 할당량이라든가, 고유가로 인해 심각한 영향을 받는 국가들과의 석유 소비와 관련된 정책 조정의 필요성 등에 대해서는 합의를 이루지 못했다(Ebinger et al., 1982: 19). 1979년 추가적인 석유파동이 일어났음에도 G7의 지도자들은 합의를 도출하지 못했다. 1979년의 2차 석유파동은 선진

---

8 www.mofa.go.jp/policy/economy/summit/2000/past_summit/05/e05_a.html.
9 유럽경제공동체는 유럽 지역의 경제적 통합을 위해 설립된 조직이다. 이후 유럽경제공동체는 유럽 공동체(EC)를 거쳐 지금의 유럽연합(EU)으로 발전했다. _옮긴이

국들이 석유의 안정적인 공급이 경제성장에 대단히 중요하다는 사실뿐만 아니라 석유 공급을 페르시아 만에 지나치게 의존하고 있다는 사실도 깨닫는 계기가 되었다. 당시 석유파동은 나이지리아의 수출 터미널 파괴로 인한 서아프리카 석유의 공급 차단, 소련과 EEC의 삼각 가스 계약에 대한 이란의 파기, 나이지리아에서 BP의 석유 자산에 대한 주식 강제 인수 방식의 국유화 등과 함께 진행되면서 충격이 커졌다. 1979년 말부터 1980년까지 석유 가격이 급등하자 국제 금융 시스템의 안정성에 대한 우려가 높아졌다. 1979년 8월 미국의 에너지장관인 제임스 슐레진저(James Schlesinger)가 "에너지 미래는 암울할 뿐만 아니라 앞으로 10년 동안은 더욱더 암울할 것"이라고 경고했던 고별 연설은 당시의 분위기를 가장 잘 보여주는 사례다(Ebinger et al., 1982: 20).

단기적으로는 슐레진저 장관의 말이 옳았다. 도쿄 정상회담이 있은 지 몇 달 뒤 세계는 격동에 빠져들었다. 구체적으로는 소련의 아프가니스탄 침공,[10] 이란에서의 미국인 인질 사건,[11] 사우디아라비아 메카에서 그랜드 모스크의 탈취 미수, 사우디아라비아 메디나에 위치한 무하마드 무덤의 파괴, 사우디아라비아 동부에서 발발한 시아파 유전 노동자들의 폭동, 이스라엘 – 팔레스타인 평화 협상의 교착 사태 등이 연이어 발생했다. 그로 인해 고유가 상황이 1980년까지 지속되었으며, 이탈리아의 베네치아에서 1980년에 개최된 G7 정상회담에 참가했던 회원국들뿐만 아니라 IEA도 긴급한 수사적 표현을 동원할 수밖에 없었다. G7 참가국들은 최종 성명서에서 "우리들의 주된 관심 사항인 경제 위기는 바로 에너지 공급과 가격의 문제라는 사실에 우리는 동의했으며, 우리가 에너지 문제를 해결할 수 없다면 다른 문제도 해결할 수 없을 것"이라고 언급했다.[12] 에너지에

---

10 1979년 12월 24일 소련은 카불공항에 공수사단을 투입하면서 아프가니스탄에 대한 침공을 시작했다. 지정학적인 측면에서 아프가니스탄은 소련이 중동과 인도양으로 진출하기 위한 남진 정책의 주요 통로인 전략적 요충지였다. 이에 소련은 제정러시아 때부터 아프가니스탄을 지배하기 위한 팽창 정책을 집요하게 추진했다. _옮긴이

11 1979년 11월부터 1981년 1월까지 미국인 50여 명이 이란 주재 미국 대사관에서 인질로 억류되는 사건이 발생했다. 미국에서는 '이란 인질 사건(Iran hostage crisis)'으로 알려져 있다. _옮긴이

12 1980년 6월 23일의 베네치아 선언(www.g8.utoronto.ca/summit/1980venice/communique/index.html).

대한 이런 우려는 다음과 같은 사실에 초점을 맞추게 만들었다. 실제로 정상회담 전후로 많은 나라가 비축량만으로 버텨야 하는 상황에 처해 있었다. 이는 사우디아라비아 및 OPEC 국가가 석유 개발 사업에 대한 계약 조건을 갑작스럽게 변경하고 에너지 가격을 높임에 따라 발생한 일이었다. 정상회담에서 각국의 지도자들은 높은 에너지 가격이 저개발 국가의 경제에 미치는 파급효과에 특별히 높은 관심을 표명했다. 이와 관련해서 전통적인 에너지의 탐사, 개발뿐만 아니라 재생가능에너지의 개발도 신속히 진행하도록 세계은행, 산유국, 선진국의 지원을 촉구했다. 구체성이 결여되기는 했지만 정상회담의 지도자들은 자국 경제에서 석유의 비중을 53%에서 40%로 감소시키고 1990년까지 하루 1500만 배럴에서 2000만 배럴에 해당되는 대체에너지를 개발하기로 합의했다. 이러한 목표를 달성하기 위해 정상회담의 지도자들은 더 '많은' 석탄의 사용과 원자력의 사용 '강화'를 요청했다. 또한 장기적으로는 합성연료, 태양광, 기타 재생가능에너지를 개발하겠다고 선언했다.

1970년대에 개최된 랑부예, 도쿄, 베네치아 등의 정상회담을 제외하면, 에너지라는 한 가지 사안에 초점을 맞춘 다자간 회의는 최근까지도 거의 개최되지 않았다. 1980년 9월 이란 – 이라크 전쟁이 발발한 이후 1980년대 초에는 석유 가격이 지속적으로 인상되었으나 1982년에는 상당히 하락했다. 1990년의 1차 걸프 전쟁[13] 이후 일시적으로 석유 가격이 급등하기는 했지만, 1980년대와 1990년대는 대부분 저유가 시대였다. 그로 인해 1997년에 러시아가 정회원으로 추가된 G8은 에너지에 대한 논의를 거의 진행할 필요가 없었다(Van de Graaf and Westphal, 2011).

1997년 개최된 UN기후변화협약 제5차 당사국총회에서는 이산화탄소 배출량의 목표 설정과 준수를 강제하는 교토의정서가 체결되었다. 에너지 문제가 심도

---

13 1990년 8월 2일부터 1991년 2월 28일까지 진행된 1차 걸프 전쟁은 사담 후세인이 통치하던 이라크가 과거 자신의 영토였다며 쿠웨이트를 침략하자 미국, 영국, 프랑스, 사우디아라비아를 포함한 30여 개 나라가 UN의 결의와 미국의 주도하에 다국적군을 결성해 쿠웨이트를 지원함으로써 벌어진 전쟁이다. _옮긴이

있게 논의되었음에도 교토의정서는 향후 G8 회담에서 에너지 논의를 위한 전환 점만 되었을 뿐이다. 즉, 석유 공급과 가격 충격의 영향에 대한 논의는 기후변화, 지구온난화, 재생가능에너지의 중요성으로 인해 국제 협상 테이블에서 또다시 밀려나고 말았다.

2000년 일본 오키나와에서 개최된 G8 정상회담에서 각국의 지도자들은 재생가능에너지 대책반을 구성했다. 이는 "개발도상국에서 재생가능에너지를 장려하는 방안을 고려해, 다음 정상회담에서 이와 관련된 구체적인 권고 사항을 준비하기 위한 노력의 일환"이었다.[14] 재생가능에너지 대책반을 설립하는 데 관한 최종 보고서가 2001년 7월 이탈리아 제노바에서 개최된 G8 정상회담에서 제출되었다. 이 보고서에서 제시된 권고 사항은 다음과 같다. 즉, G8 국가는 시장에 대한 접근성을 확대시킴으로써 재생가능전력의 기술적 비용을 줄이고, 재생가능에너지를 개발하기 위해 견고한 시장과 자금을 조성하며, 재생가능에너지 프로젝트의 경쟁력을 확보하기 위한 시장 메커니즘을 촉진시킨다는 것이었다.[15] 그렇지만 이 보고서는 2001년의 정상회담에서 거의 주목을 받지 못했다. 당시 정상회담의 최종 성명서에는 대책반 참가자들의 노력을 인정하는 내용만 유일하게 언급되었다.[16] 한편으로 기후변화와 재생가능에너지를 교착 상태에 빠뜨린 원인 가운데 하나는 미국의 조지 W. 부시 대통령이었다. 당시 부시 대통령은 교토의정서에 서명하지 않겠다고 맹세했을 정도다. 게다가 부시 대통령이 교토의정서를 "현 정부와 아무런 관련이 없는 클린턴 정부의 사업"이라고 여기며, 대책반의 활동을 쓸모없는 작업이라고 생각했다고 일부 비평가들은 주장했다.[17]

2000년 들어서는 에너지·기후변화 문제마저 밀려나면서, 결국에는 G8 의제

---

14 2000년 7월 23일 G8 오키나와 성명서(www.mofa.go.jp/policy/economy/summit/2000/pdfs/communique.pdf).

15 2001년 7월 G8 재생가능에너지 대책반 최종 보고서(www.climate.org/PDF/g8_ren_energy.pdf).

16 2001년 7월 22일 G8 제노바 성명서(www.g8.utoronto.ca/summit/2001genoa/finalcommunique.html).

17 이와 관련해서는 Florini(2009: 163)의 연구와 ≪이코노미스트≫ 2001년 7월 22일 자 "제노바 혼란"을 참고할 수 있다.

에서 누락되고 말았다. 당시에는 9·11 테러 및 국제 안보 문제가 캐나다 정상회담에서 가장 시급한 문제로 등장했기 때문이다. 2003년의 프랑스 정상회담에서도 에너지 문제는 비슷한 이유로 배제되었다. 즉, 더욱 청정하고 효율적인 에너지 이용에 대한 약속과 '민간에서 핵에너지 기술의 안전한 사용 촉진'이라는 목표를 재천명하는 정도에 그쳤다.[18]

그렇지만 2005년 영국의 글렌이글스 정상회담에서는 에너지 문제가 G8의 핵심 의제로 다시 주목받았다. 당시 정상회담 이전의 몇 년 동안 석유 시장에서는 상당히 긴박한 상황이 전개되고 있었다. 왜냐하면 OPEC이 생산을 제한했을 뿐만 아니라 2차 이라크 전쟁[19]이 진행 중이었으며, 베네수엘라와 나이지리아 같은 산유국들은 내부의 정치적·사회적 갈등으로 인해 생산량이 줄어드는 상황이었기 때문이다. 2005년 8월 배럴당 60달러로 유가가 최고가를 기록하며 상승하자 정상회담의 개최국인 영국의 토니 블레어 총리는 앞으로 기후변화가 에너지 논의의 핵심적인 중심 주제가 될 것이라고 전망했다. 당시 정상회담의 결과물은 '기후변화·청정에너지·지속가능발전에 관한 글렌이글스 계획(Gleneagles Plan of Action on Climate Change, Clean Energy and Sustainable Development)'이었다. 여기에는 63개의 비구속적인 에너지 또는 기후변화 합의가 포함되었다(Van de Graaf and Westphal, 2011).

지난 10년을 뒤돌아보면, 에너지 및 환경과 관련해서 수많은 계획이 발표되었다. 2006년에 러시아가 주최했던 정상회담에서는 '국제 에너지 안보의 원칙(Global Energy Security Principle)'과 '국제 에너지 안보에 관한 실행 계획(Plan of Action on Global Energy Security)'이 수립되었다. G8의 지지자들은 고도의 국제 에너지 정책을 제시했던 이 실행 계획을 긍정적으로 평가한 반면, 일각에서는

---

[18] 2003년 6월 3일 G8 에비앙 성명서(www.g8.utoronto.ca/summit/2003evian/communique_en.html).

[19] 2001년 9월 11일 테러 사건이 일어난 뒤 미국은 북한, 이라크, 이란을 '악의 축'으로 규정했다. 이후 미국은 이라크의 대량 살상무기를 제거함으로써 자국민의 보호와 세계 평화에 이바지한다는 대외 명분을 내세워 동맹국인 영국, 호주와 함께 2003년 3월 20일부터 미사일 폭격을 가함으로써 전쟁을 일으켰다. 당시의 작전명은 '이라크의 자유(Freedom of Iraq)'였다. _옮긴이

당시 계획의 많은 부분에 실현 가능한 목표와 이를 달성하기 위한 구체성이 누락되었다는 문제를 지적했다. 그렇지만 '국제 에너지 안보의 원칙'은 어느 정도 점진적인 발전을 보여주었다. 2008년 일본에서 개최된 G8 정상회담을 위해 IEA가 작성했던 보고서만 봐도 이를 알 수 있다(IEA, 2008). 일본의 정상회담에서 지도자들은 이산화탄소의 국제 배출량을 2050년까지 50%로 감축하는 UN기후변화협약을 채택하는 데 합의했다. 이 협약과 관련해서는 특히 다음 두 가지 사항에 주목할 필요가 있다. 첫째, 이산화탄소 감축 목표와 관련해서 기준연도를 설정하지 않았다. 둘째, 일본 홋카이도 정상회담에 참여했던 G8 이외의 대규모 에너지 소비국들로 구성된 '주요국 경제포럼(Major Economies Forum: MEF)'의 성명서에는 이산화탄소 배출 목표에 대한 동의가 포함되어 있지 않았다. 2009년의 이탈리아 라퀼라 정상회담에서 각국의 지도자들은 지구 평균 온도의 상승폭이 2도를 넘지 않아야 할 뿐만 아니라 선진국은 온실가스 배출량을 2050년까지 1990년 대비 80% 줄여야 한다는 목표에 합의했다.

마지막으로 G8은 일부 에너지 분야에서의 역할을 확장하기 위해 노력했다. G8+5 체제는 '기후변화·청정에너지·지속가능발전에 관한 글렌이글스 계획'의 일환으로 2005년 포럼에 등장했다. 여기에는 G8뿐만 아니라 브라질, 중국, 인도, 멕시코, 남아프리카공화국이 G5로 추가되었다. 이는 대단히 중요한 변화라 할 수 있다. 왜냐하면 기후변화에 대한 대책을 시행하기 위해서는 선진국과 신흥국의 긴밀한 협조가 반드시 필요하다는 사실을 인지하게 되었음을 의미하기 때문이다. 2007년 독일의 하일리겐담에서 개최된 정상회담에서 도출된 '하일리겐담 프로세스(Heiligendamm Process)'에서도 G5는 G8에 추가적으로 통합되어 있었다. 인도네시아와 한국 같은 신흥국들은 기후변화 및 청정에너지와 관련된 G8+5 협상에 포함된 반면, 사우디아라비아와 터키 같은 개발도상국들은 참가할 수 없었다(Kirton, 2010).[20]

---

20 www.g20.utoronto.ca/biblio/kirton-g20-g8-g5.pdf.

G20

일반적으로 G20은 재정 문제를 해결하기 위한 포럼으로 간주된다. 그렇지만 G8과 G8+5에 비하면 G20은 최근 들어 급변하는 에너지 체계의 질서를 잘 보여주는 다자간 협의체라 할 수 있다. G8과 달리 G20은 사우디아라비아, 인도, 중국, 터키 같은 주요 에너지의 수출국, 소비국, 신흥소비국을 모두 포함하는 협의체다.

G20은 아시아에 금융위기가 닥친 1999년 9월에 설립되었다. 설립 초기에는 경제적 지형 변화 중에서도 국제 금융의 역할 및 경제의 안정화를 회복시키는 것이 주요 업무였다. 이처럼 아시아의 금융위기가 국제 금융 시스템에 엄청난 영향을 미쳤다는 것은, 지구가 그 어느 때보다도 경제적으로 더욱더 강하게 연결되었음을 의미한다. 또한 이는 G7 같은 과거 패권국의 경제적 중요성이 상당히 약화되었음을 의미하는 것이기도 하다.[21] 2000년대 초반까지 G20은 금융위기의 예방·해결뿐만 아니라 개발금융[22]에 이르는 각종 재정적인 문제를 검토하는 정례 모임을 가졌다.

G20 회의가 초창기에 금융 문제를 주로 논의했다는 사실을 고려했을 때, 에너지 이슈가 거의 토론되지 않았다는 사실은 어쩌면 당연할 수도 있다. 그렇지만 2005년부터 2008년 사이에 석유 및 원자재의 가격 상승으로 인해 협의체의 성격이 변하고 말았다. 이 시기에 G20은 금융 중심의 조직에서 벗어나 경제성장에 방해가 되는 장·단기적인 장애물들을 찾아내 해결하려는 조직으로 분명히 변하고 있었다. 2006년에 원자재 가격이 G20의 토론 안건으로 상정되자, 회원국들

---

21 경제포럼으로서 G20을 공식화하기 전에 금융 및 경제의 안정을 논의하기 위한 협의체로서 G22와 G33을 실험했다는 사실이 대단히 중요하다. 그렇지만 이러한 협의체는 진실하면서 생산적인 대화와 해결책을 유도하기에는 너무나도 임시적이며 포괄적인 것으로 여겨졌다(G20, 2008: 16).

22 개발금융은 대부분 장기적인 융자이기 때문에 국제적인 차관이나 국내 특수은행을 통해서 자금이 조달된다. 개발금융의 대표적인 국제 전문 기관으로는 국제부흥개발은행(IBRD), 아시아개발은행(ADB) 등이 있다. 국내에서는 대외경제협력기금의 수탁기관인 한국수출입은행이 여기에 해당된다. _옮긴이

은 가격 변동의 불확실성을 해소하기 위한 방안을 검토해야 했다(G20, 2008: 41). 이러한 논의는 2007년 남아프리카공화국에서 개최된 G20 정상회담에서도 유사한 취지의 선언문으로 맥락이 계승되었다.

2008년 미국의 워싱턴에서 G20 정상회담이 개최되었을 당시 유가는 배럴당 147달러로 정점을 찍은 뒤 급락하고 있었다. G20 정상회담이 시작되기 하루 전인 11월 14일 금요일의 유가는 57달러였다.[23] 회담 당시 에너지는 논의에서 거의 무시되었다. 물론 급격한 유가 하락 때문일 수도 있지만, 그보다는 예상보다 훨씬 심각했던 경제 위기 때문이었을 가능성이 더 크다. 결의안에는 에너지·환경문제와 관련해서 다음과 같은 문구가 포함되었을 뿐이다. "우리는 에너지 안보, 기후변화 같은 중요한 과제를 해결하는 데에도 전념할 것이다."[24] 2009년 4월 열린 런던 G20 정상회담의 성명서에는 에너지·환경 정책이 단 한 차례 언급되었을 뿐이지만, 이는 상당히 중요한 내용을 포함하고 있었다. 즉, 같은 해 12월 덴마크 코펜하겐에서 개최될 예정인 "기후변화 당사국총회에서 합의를 도출하겠다는 각국 지도자들의 약속"을 재확인할 수 있었다.[25]

런던 정상회담이 개최된 지 5개월 뒤, G20의 지도자들은 '위기에서 벗어나 회복으로 전환'하기 위해 미국 피츠버그에 다시 모였다. 이때 에너지·기후변화 문제는 세계경제의 회복을 추구하는 G20의 종합적인 계획에서 가장 중요한 두 가지 축이었다. 실제로 결의안의 많은 부분에는 IEA, 국제에너지포럼, OPEC 같은 국제기구의 책임 및 관련 대책에 대한 권한 위임 등이 포함되어 있었다. 이러한 결의안을 토대로 석유 시장의 투명성 및 정보 수집, 상품 거래의 규제, 에너지 효율 개선, 화석연료의 보조금 철폐, 깨끗한 재생가능에너지의 개발 등과 관련된 다양한 문제를 해결하기 위한 노력이 진행되었다. 당시 피츠버그 정상회담에서는 UN기후변화협약과 관련해서 '코펜하겐 합의'의 도출이라는 약속이 유지되

---

23 이와 관련해서는 미국 에너지정보국의 자료를 참고할 수 있다.

24 2008년 11월 15일 워싱턴의 금융시장 및 세계경제 관련 정상회담 선언(www.g20.utoronto.ca/2008/2008declaration1115.html).

25 2009년 4월 2일 런던 정상회담 선언문(www.g20.utoronto.ca/2009/2009communique0402.pdf).

었다.[26]

2009년의 피츠버그 정상회담 이후 에너지 문제는 G20 정상회담에서 다시 사소한 사항으로 전락하고 말았다. 다만 UN기후변화협약과 관련된 각국 지도자들의 지속적인 지원 방안이나 개선된 석유 시장의 투명성, 규제는 더욱 원활한 상품이 취급되는 금융시장에 대한 지도자들의 관심으로만 나타날 뿐이었다. 이처럼 G20은 경제 문제에 대한 국제 포럼으로서, 일종의 G8 같은 지위를 차지했다고 할 수 있다. 이 글의 나머지 부분에서는 G20이 어떤 부문에서 성공적이었으며, 에너지 거버넌스의 미래와 관련해서 어떤 역할을 맡았는지에 대해 살펴보려 한다.

G20은 어떤 일을 해왔는가

G20은 에너지와 관련해서 다음과 같은 여섯 가지 핵심 문제에 초점을 맞추고 있다. 즉, 석유 시장의 안정 및 저렴한 유가, 기후변화 협상, 국제 에너지 자료의 투명성, 상품의 금융시장, 청정에너지 및 에너지 효율 개선 사업의 증진, 화석연료 보조금의 철폐다.

이러한 6대 핵심 사안과 관련해서 G20이 실제로 문제를 성공적으로 해결한 경우는 대단히 제한적이지만, 몇 가지 측면에서는 낙관적인 성과를 거두기도 했다. 당연한 얘기일 수 있지만, 성공적으로 진행된 사업의 경우에는 G20 회원국들의 전면적인 합의가 이뤄졌던 분야였다. 예를 들면, G20의 주요 회원국이 해외 석유에 크게 의존한다는 사실을 고려했을 때, 석유 시장이 예측 가능하면서도 적절한 가격으로 운영될 필요성에 대해서는 G20의 회원국들이 동의할 가능성이 높다. 미국은 석유 수요의 40% 이상을 수입하고 있으며, 한국과 일본은 석

---

26 2009년 9월 24~25일 피츠버그 G20 정상회담 선언문(www.g20.utoronto.ca/2009/2009communique 0925.html).

유의 전량을 해외에서의 수입에 의존하고 있다. IEA의 예측에 따르면, 2035년에 중국과 인도는 필요한 석유의 85%와 91%를 각각 수입할 것이라고 한다.[27] G20 회원국인 러시아와 사우디아라비아는 세계 최대의 원유 생산국이기 때문에 고유가로부터 상당한 이익을 얻을 수 있지만, 이들에게도 급격한 가격 변동은 자국의 경제에 부정적인 영향을 미칠 수밖에 없다. 예를 들면, 2008년의 초고유가는 오히려 석유의 소비를 줄이는 수요의 파괴를 가져왔다. 결과적으로 초고유가는 석유에 의존하는 산유국의 경제도 어렵게 만들 수 있다. 이러한 문제를 해결하기 위해 G20은 석유 시장의 투명성 및 자료 수집을 장려하고 유가의 변동성을 제한하는 중요한 진전을 달성했다.

그렇지만 석유가 아닌 다른 부문에서는 G20 회원국의 에너지 소비 특성이 나라마다 전혀 다른 상황이다. 예를 들면, 아시아 신흥국의 석탄 소비는 지속적으로 증가하는 반면, 일부 서방 선진국들은 석탄 화력발전소를 단계적으로 서서히 폐쇄시킬 계획이다. 마찬가지로 원자력 정책도 G20 회원국마다 다양한 양상으로 진행되고 있다. 예를 들면, 독일은 원전을 단계적으로 폐쇄시킬 예정인 반면, 중국은 27개의 신규 원자로를 건설하는 중이다. 이산화탄소 배출 및 에너지 보조금 관련 정책도 회원국마다 상이한 실정이다. 이러한 국가별 차이는 국제 에너지 거버넌스의 프레임을 형성하는 데 장애 요인이 된다. 이러한 측면에서 국제적 합의의 장애물은 지정학적이라기보다는 지역적일 수 있다. 회원국의 시민, 즉 유권자의 입장에서 에너지 정책의 중요성을 고려할 때 이러한 문제에 대한 합의는 자국의 정치적 갈등에 의해 무산되는 경우가 자주 있다. '새로운 에너지 소비자'의 정치적 역동성과 더불어 국내 정치가 국제 에너지 협상에 미치는 영향을 밝혀낸 연구는 여러 편 있다.[28]

---

27 미국의 석유 수입 의존도에 대한 자료는 미국 에너지정보국의 자료를, 일본·한국·인도·중국의 석유 수입 의존도에 대한 자료는 IEA의 자료를 참고할 수 있다(IEA, 2011).

28 이와 관련해서는 골드소와 위테의 연구(Goldthau and Witte, 2010)와 국제 에너지 거버넌스의 특별호로 발간된 국제 학술지인 ≪글로벌 폴리시(Global Policy)≫ 2011년 9월호를 참고할 수 있다. 당시의 특별호에는 중국, 인도, 필리핀 같은 신흥경제국에서의 에너지와 관련된 국내 정치뿐만 아니라 그러한 국내 정치가 국제 에너지 거버넌스에 미치는 영향을 분석한 논문이 몇 편 포함되어 있

에너지 수급의 특징이 나라마다 다르기 때문에 유권자들의 선호와 우선순위도 국가별로 다를 수밖에 없다. 이처럼 국가별로 상이한 정책 영역에서 G20이 성공적으로 문제를 해결한 경우는 극히 드물었다. 실제로 G20은 기후변화에 대한 국제적 합의를 에너지 소비자 및 이산화탄소 배출자에게 제대로 이해시키지 못하고 있다. 마찬가지로 IEA가 보조금 때문에 화석연료에 대한 국제 수요가 얼마나 늘어나는지를 정확히 보여주는 소중한 연구 결과를 발표했음에도 아직까지 G20은 에너지 보조금을 철폐하는 정책과 관련해서 별다른 성과를 얻지 못하고 있다.[29]

기후변화 문제에 관한 협정

기후변화와 관련된 국제 협상이 성공적이지만은 않지만, 최근 들어 상당한 진전을 이룬 것으로 전문가들은 평가하고 있다. 포괄적인 기후변화협정에 동의하지 않는 나라에서도 소규모의 기후 프로그램은 수용하는 경우가 있다. 예를 들면, GCF나 기타 재정 지원 대책 등이 대표적인 사례다. 그렇지만 UN기후변화협약의 궁극적인 목표는 이산화탄소 배출 감축에 대한 포괄적인 합의인데, 이와 관련된 전망은 그다지 밝지 않은 실정이다. 2020년 전까지 도입될 예정인 '법률적 제도 또는 합의된 결과물'이라는 미래의 목표에 대해서뿐만 아니라 현재 온실가스 배출량의 감축과 관련해서 주요 배출국들 간에 모호한 합의가 이뤄지기는 했지만, 신흥국과 선진국 사이에는 여전히 견해 차이가 존재하는 상황이다 (UN, 2012). 중국이나 인도 같은 신흥국은 이산화탄소 감축에 대한 부담을 선진국과 개발도상국에 동등하게 부여해서는 안 된다는 확고한 입장을 보이고 있다. 국제 협약을 국내 법률로 승인·제정하는 데 발생하는 어려움은 국제적인 합의를 이행하는 과정에서 겪는 또 다른 장애 요인이다. 이러한 측면에서 미국은 선

다(Bo Kong, 2011; Navroz Dubash, 2011; Antonia La Vina, 2011).

29   이와 관련해서는 전 세계 화석연료의 보조금 및 그로 인한 영향을 면밀히 분석한 IEA의 특별 보고서를 참고할 수 있다(IEA, 2010).

진국이라기보다 오히려 신흥국과 공통점이 더 많다. 왜냐하면 양극화된 미국의 정치체제에서는 기후변화와 관련된 입법화가 거의 실현되기 어렵기 때문이다.

이러한 논쟁은 UN기후변화협약과 관련한 G20 회원국과 비회원국 간의 견해 차이 때문에 발생하는 문제가 아니다. 교착 상태는 대부분 G20 회원국 내부의 이해관계 충돌로 인해 발생한다. 뒤에서 더 자세히 설명하겠지만, G20의 회원국들은 기후변화에 대한 책임과 경제 발전에 대한 열망 간의 적절한 균형점이 무엇인지를 놓고 서로 견해가 다르다. 결론적으로 G20 정상회담에서는 회원국들이 국제 협정을 준수하겠다는 일반적인 약속만 재확인했을 뿐, 기후변화 협상과 관련해서 더 큰 진전을 이루지는 못했다.

에너지 보조금의 축소

G20이 제기했던 또 다른 문제는 세계적으로 만연해 있는 에너지 보조금의 축소다. 이 문제는 개발도상국에서 특히나 더욱 심각한 상황이다. 2010년에 발표된 『세계 에너지 전망』에서 IEA는 세계 각국의 에너지 보조금 현황뿐만 아니라 보조금 합리화의 결과를 철저히 평가해달라는 G20의 요청에 따라 관련 내용을 보고서에 포함시켰다. IEA에 따르면 2009년 현재 전 세계의 에너지 보조금은 3120억 달러였다(IEA, 2010: 587). 화석연료 소비에 가장 많은 보조금을 지급하는 5개국 가운데 4개국인 사우디아라비아, 러시아, 인도, 중국은 G20 국가에 속했다(IEA, 2010: 579).

남아공, 중국, 인도, 인도네시아, 멕시코를 포함한 G20의 신흥국들은 에너지 제품과 관련해서 시장 메커니즘에 기반을 둔 가격 구조를 마련하려는 초기적인 노력을 진행하고 있다. 그렇지만 IEA와 G20의 지원을 업고서도 이러한 시도는 한계에 부딪히고 있다. 대부분의 경우 연료에 대해 시장가격을 실현하려 했던 초창기의 계획은 강한 반대 여론에 부딪히고 말았으며, 이로 인해 정부는 입장을 후퇴해야만 했다. 설사 개혁이 추진된다고 하더라도 집행을 보장할 수는 없었다. 2010년 6월 인도는 시장 금리에 따른 석유 가격의 변동을 허용하기로 합의했다. 그렇지만 인도의 석유 판매업체들은 가격을 인상하기 전에 석유천연가스부에 여전히 승인을 요청하고 있다. 가끔은 요청된 가격 인상을 포기하도록 요구받는 경우도 있다.[30]

G20이 합리적인 에너지 가격 구조로의 전환을 성공적으로 이행했더라면 모든 이해관계자에게 혜택을 제공할 수 있었겠지만 사실상 그러지 못했다. 이를 통해 G20 내부에서 진행되는 심각한 분열을 파악할 수 있다. 이러한 문제는 지금까지도 거의 해결되지 못한 상태이며, 이는 최근 몇 년 동안 진행된 국제 에너지 지형 변화의 결과라고 할 수 있다.

국제 에너지 지형의 변화

전 세계의 주도적인 정책 결정자를 위한 핵심적인 경제포럼으로 등장했던 G20의 부상과 동시에, 국제 에너지 지형을 변화시킬 수 있는 세 가지 동향이 진행되었다. 즉, 새로운 에너지 소비국의 출현, 정점이 아닌 서구권 국가의 에너지 수요 침체, 미국 셰일가스의 혁명이 바로 그러한 동향이다. 이러한 세 가지 경향은 동시에 진행되면서 세계 에너지 수급의 시장구조에 막대한 영향을 미쳤다. 게다가 상당히 진전된 형태였던 G8, G20 같은 다자간 협의체의 조정 능력에도 영향을 미쳤다.

이후 진행된 국제적인 에너지 지형의 변화는 놀라울 정도다. IEA는 OECD 비회원국이 2008~2035년 사이에 세계 에너지 수요 증가의 93%를 차지할 것으로 예상하고 있다. IEA는 아시아의 에너지 수요가 이 기간에 2배 늘어날 것으로 예측했는데, 중국과 인도에서만 국제적인 수요 증가분의 1/3과 1/5을 각각 차지할 것으로 예상했다. 이와 대조적으로 OECD의 국제 에너지 소비 점유율은 1965년에는 70%에 가까웠는데, 2035년이면 40%가 채 안 될 것으로 예측되었다(IEA,

---

30 "오늘 석유 비용 때문에 연료 가격이 인상되지는 않을 것이다"(The Hindu, 2012.3.31).

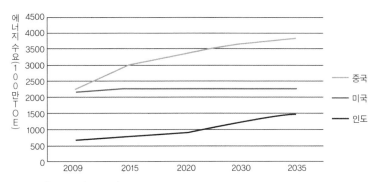

〈그림 12.1〉 미국, 중국, 인도의 에너지 수요 변화(2009~2035년)

자료: International Energy Agency data.

2011). 미국을 포함한 서구권 국가의 생산 증가와 결합되었던 OECD 회원국에서의 석유 소비 감소는, 그동안 서구권으로 치우쳐 있던 석유 및 가스의 소비가 아시아로 이동하는 결과를 가져왔다. 이로써 아시아는 중동의 산유국들에 새로운 수요의 중심지로 인식되기 시작했다.

에너지와 관련된 전통적인 생산자 – 소비자 관계의 이러한 구조 변화로 인한 결과는 엄청난 상황이다. 이러한 결과에는 중동에서 미국의 잠재적인 역할 변화, 에너지 안보 개념의 변경, 에너지 소비에서 정부와 시장의 역할 전환 등이 포함된다. 한편으로 다자간 협의체 및 기타 국제 포럼의 역할은 국제 에너지 시장에서 일어나는 급격한 변화에 발맞춰 적절성을 유지하는 방향으로 조정되어야 할 것이다.

중동에서 미국의 잠재적인 역할 변화[31]

한편으로 미국에서는 다음과 같은 세 가지 경향으로 인해 중동산 에너지의 수입이 줄어들었다. 즉, 국내 석유 소비의 감소, 자국 내 셰일 생산의 증가, 서구권

---

31 이 글의 일부는 2012년 2월 19일 카타르 도하에서 개최된 '브루킹스 도하 에너지포럼(Brookings Doha Energy Forum in Doha)'에서 발표된 내용이다.

의 가스 생산 증가라는 추세가 등장한 것이다.

자동차의 효율 개선과 거시 경제의 완만한 성장 전망으로 인해 미국의 석유 소비는 비슷한 수준을 유지하면서 몇 년 이내에 감소할 것으로 예상된다. 미국의 에너지정보국에 따르면, 석유[32]에 대한 수요는 2007년 하루 2100만 배럴이었지만 2011년에는 1900만 배럴 미만으로 떨어졌다고 한다.[33] IEA는 미국의 석유 수요가 이미 정점에 도달했으며, 2035년까지 매년 1%씩 감소할 것으로 전망하고 있다(IEA, 2011: 107). 이러한 미국의 수요 감소는 자국 내 셰일가스 생산의 급격한 증가와 동시에 진행되는 상황이다. 천연가스의 엄청난 생산 증가를 가져온 수압파쇄 기법은 셰일오일의 국내 생산량을 늘리는 역할도 맡고 있다. 이로 인해 미국의 석유 생산량은 2020년까지 매년 하루에 20만 배럴 이상 증가할 것으로 예상된다. 현재 미국의 석유 생산량은 역사상 최고치를 기록하고 있으며, 해외로부터 수입하는 석유의 비중을 나타내는 수입 의존도는 수십 년 만에 처음으로 50% 이하로 떨어진 상태다.

마지막으로 미국 내 석유 생산의 부활은 가까운 이웃인 캐나다와 브라질의 생산 증가와 함께 진행되고 있다(〈그림 12.2〉 참조). 캐나다의 오일샌드와 브라질의 심해 유전에 매장된 석유의 발견으로 인해 이들 국가에서는 하루에 500만 배럴의 석유를 수출할 수 있게 될 것으로 예상된다. 사실 미국이 중동 지역에서 군대를 주둔시켰던 중요한 근거는, 이들 지역의 석유에 대한 의존도가 높다는 것이었다. 그렇지만 세 가지 요인[34] 덕분에 미국은 중동산 석유의 수입을 줄일 수 있을지도 모른다.

그렇다고 중동산 석유에 대한 의존의 감소가 미군의 주둔에 어떤 결과를 가져올지는 명확하지 않다. 심지어 미국은 에너지를 자급자족하는 경우에도 세계 최대의 석유 소비국으로 국제시장의 영향을 받을 수밖에 없으며, 석유 공급 루트의

---

32 여기서 말하는 석유에는 액화천연가스 및 바이오연료가 포함된다.

33 미국 에너지정보국의 원유·석유의 생산·공급 자료(www.eia.gov/dnav/pet/hist/LeafHandler.ashx?n=PET&s=MTTUPUS2&f=A).

34 국내 석유 소비의 감소, 자국 내 셰일 생산의 증가, 서구권의 가스 생산 증가를 뜻한다.

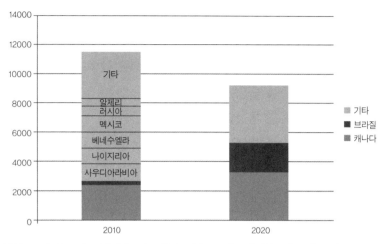

〈그림 12.2〉 미국의 현재 석유 수입량 및 전망치(2010년과 2020년)

자료: US Energy Information Administration, National Energy Board of Canada and Petrobras.

전략적 요충지를 확보하고 공급 중단을 방지하는 데 관심을 가질 것이다. 게다가 중동 지역에서 미국은 에너지와 무관한 안보 관련 이익을 상당히 획득하고 있기 때문에 군사적·외교적인 이유로 군대의 주둔을 정당화해나갈 가능성이 높다.

그렇지만 군대의 예산 지출이 늘어나는 시기에는 중동 지역에 대한 미국의 개입에 국민들이 지칠 수밖에 없었다. 게다가 전략적 우선순위가 아시아로 이동하면서 미국은 중동 지역에서의 주둔을 축소하거나 안보 비용을 분담해야 한다는 정치적 압력을 받을 가능성이 있다. 중국 및 다른 나라들이 중동의 석유·가스에 대한 안보의 제공자로서 미국을 도와줄지 아니면 미국과 경쟁할지는 국제적·지역적 에너지 시장에서 광범위한 전략적 함의를 지닐 것이다.

'에너지 안보'의 새로운 정의

제2차 세계대전 이후 미국과 서유럽의 경제성장 기간 동안 '에너지 안보'는 '풍요로운 사통팔달의 소비사회를 가능하게 할 뿐만 아니라 소비사회를 촉진시키는 시장가격을 통해 적절한 양의 에너지를 확보하는 능력'으로 정의될 수 있었다. 그렇지만 소비의 중심지가 아시아로 이동하면서 이와 같은 정의는 변하고 있다. 아시아의 신흥국인 중국, 인도 등의 국가에서는 에너지 안보의 초점을 모든 국민에게 최소한의 기본적인 에너지 서비스를 보장하기 위한 '에너지 접근성'에 맞추고 있다. 이들 국가에 에너지는 국민들의 생존에 필요한 필수재일 뿐만 아니라 경제성장과 정치적 안정에 필요한 필수적 요소다. 에너지 안보에 대한 새로운 개념 정의는 다자간 협상의 무대에서 이미 세력을 형성하고 있다. 예를 들면, 개발도상국에서는 이산화탄소 배출 규제를 산업화 및 경제성장에 대한 추구권을 제한하는 것이라며 반발하고 있다. 한편 지정학적 측면에서 중국과 인도는 서방이 주도하는 이란에 대한 석유 제한에 반대하고 있는 실정이다.

중동 산유국들에는 에너지 안보가 '수요의 안보'로 정의되는 경향이 있다. 그렇지만 이처럼 서구에서 아시아로 이동하는 소비 패턴의 변화는 위험요소를 지니고 있다. 과거의 산유국들은 선진국 및 개발도상국 소비자의 선호도에 따라 수출을 다변화할 수 있었다. 따라서 서구의 수요 감소는 중동 지역의 산유국들이 석유 및 가스를 수출하기 위해 불안한 신흥국에 점점 더 의존해야 한다는 것을 의미한다. 예를 들면, 중국과 인도의 경제적 불확실성은 OPEC의 수출을 과거에 비해 더욱더 극단적인 상황에 빠지게 만들지도 모른다. 중국과 인도의 경제는 다른 나라와 비교했을 때 급속도로 성장하고 있기는 하지만 둘 다 잠재적인 경제 위기의 징후를 보여주고 있다. 예를 들면, 중국 정부는 부동산 거품에 대한 우려와 인구통계학적 잠재 위기에 직면해 있다. 인도는 정체된 정치적 지형으로 인해 절박한 에너지·경제 개혁이 불가능해졌으며, 이로 인해 외국계 투자자들의 관심이 줄어들고 있다.

에너지 흐름 및 소비 패턴을 형성하는 국가와 시장의 역할에 대한 재검토

이처럼 변화된 '에너지 안보'에 대한 개념 정의를 통해 국제적인 에너지 무역 및 투자의 영역에서는 새로운 참여자들이 나타날 가능성이 있으며, 이로 인해 에너지가 소비되는 방식도 변할 것이다. 에너지 수요의 중심지가 미국과 서유럽

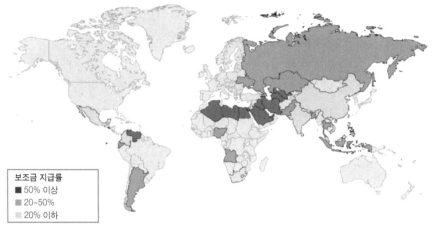

〈그림 12.3〉 화석연료 소비 관련 보조금의 지급률(2010년)

보조금 지급률
■ 50% 이상
■ 20~50%
▨ 20% 이하

자료: IEA, 2010.

이었을 때에는 에너지 소비가 시장 지배적인 방식으로 이뤄졌으며, 에너지는 효율적 소비를 위한 상품으로 간주되었다. 반면 개발도상국의 경우에는 많은 나라에서 경제 발전과 생활 안정을 촉진하기 위해 연료에 보조금을 지급하고 있는 실정이다. 이로 인해 에너지는 필수적인 자원으로 간주되며, 무슨 일이 있어도 국가가 확실히 보장해서 제공해야 하는 재화로 인식된다(〈그림 12.3〉 참조).

　이러한 변화로 인해 지금은 시장 메커니즘이 최고라는 인식이 낮아진 상태다. 가장 크게 성장하고 있는 에너지 소비국인 중국과 인도는 이미 '자유 시장'에 회의적이며, 이들은 정부가 시장을 어느 정도까지는 관리·조정해야 한다고 믿는 경향이 있다. 실제로 중국과 인도는 고유의 보조금 체계를 가지고 있다. 이러한 보조금은 명시적으로든 아니면 암시적으로든 상관없이 국민들이 저렴한 비용으로 에너지에 대해 소비·접근할 수 있도록 보장하기 위한 목적으로 지급되고 있다. 시장 메커니즘에 대한 이런 거부는 국제적인 에너지 무역에 광범위한 영향을 미칠 가능성이 있다. 따라서 산유국 입장에서 아시아가 주요 에너지 소비국으로 등장한다는 것은 새로운 이해당사자와의 새로운 상호작용을 의미할 것이다. 예를 들면, 정치적·지정학적 고려에 따라 정부의 지원을 받는 공기업이 민간 기업과 직접적으로 경쟁할 수도 있고, 새로운 사업 모델·관계·갈등이 잠재적으로 등장할 가능성도 있다.

에너지 소비국으로서 중동의 부상

중동은 더 이상 단순한 에너지 소비자가 아니다. 2020년이면 중동은 세계 석유 수요 증가의 1/3을 차지할 것으로 예상된다. 왜냐하면 인구가 지속적으로 늘어날 뿐만 아니라 경제가 성장할 것이기 때문이다(〈그림 12.4〉 참조).

게다가 '아랍의 봄' 덕분에 수요의 억제가 더욱더 어려워질 것이다. 일부 산유국들은 정부 정책에 대한 불만을 최소화시키기 위해 사회 지출, 보조금, 기타 복지 혜택을 대폭 늘려야만 했다. 이처럼 후한 정부 지출을 불안에 대비한 보험이라고 보는 경우도 있지만, 이는 결국 공공 재정에 대한 압박을 가중시킬 수밖에 없다. 그로 인해 산유국들은 유가를 인상시켜야만 했다. 왜냐하면 산유국들은 재정 지출과 예산이 균형을 이루기 위해 국제시장에서 높은 가격으로 석유를 판매해야 했기 때문이다. IMF에 따르면, 사우디아라비아, 아랍에미리트, 이라크, 이란은 정부 지출에 필요한 재원을 마련하기 위해 유가를 배럴당 80~100달러 수준으로 유지해야만 하는 상황이라고 한다(IMF, 2011b).

이처럼 새롭게 등장한 현실은 사우디아라비아 석유부의 성명서를 통해 분명하게 밝혀질 수 있었다. 사우디아라비아는 석유의 국제적인 조정자이자 OPEC의 실질적인 의장국으로서 국제 석유의 가격을 배럴당 100달러 안팎으로 안정시키기 위한 방법을 모색하고 있다.[35] 지역적·정치적 불안정에 대한 산유국의 이러한 대응이 장기적으로 지속되기는 힘들 것이다. 왜냐하면 늘어난 보조금 및 복지 지출은 단순히 혜택을 확대해줄 뿐이기 때문이다. 실제로 많은 시민, 특히 젊은 세대들의 경우 이러한 혜택을 이미 당연하게 여기고 있는 상황이다. 특히 이전 세대보다 '지대 추구적 국가'의 역할에 대한 의식이 낮은 젊은이들 사이에서는 정보통신 기술에 의해 주도된 정치개혁의 요구가 복지 지출로 무마되지 않

---

35 "사우디아라비아는 100달러라는 석유의 가격을 목표로 삼고 있다"(Financial Times, 2012.1.16).

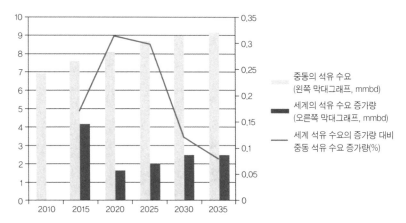

〈그림 12.4〉 세계 석유 수요의 증가량 대비 중동 석유 수요의 증가량

자료: International Energy Agency data.

고 지속될 가능성이 있다. 만약 확대된 복지 지출이 현 상태를 견고히 함으로써 정치·경제적 제도의 본질적인 개혁을 억제할 수 있다면, 이는 저항의 증폭기로 작동할지도 모른다.

다자간 협의체 및 에너지 정책의 미래에서 이러한 변화의 의미

앞에서 살펴본 국제 에너지 분야의 변화로 인해 '다자간 협의체'는 국제적 합의를 형성하기 어려워질 것이다. 또한 에너지 소비가 지정학적으로 평준화됨에 따라 신흥국의 국내 정치는 국제 에너지의 생산 및 소비와 관련된 동향을 형성하는 데 더욱 중요한 역할을 담당하게 될 것이다. 한편으로 이는 국제 에너지와 관련된 무역에서 선진국들의 영향력이 예전보다 상대적으로 줄어든다는 것을 의미하기도 한다.

이러한 에너지 지형의 급진적인 변화로 인해 사람들의 기대만큼 국제 에너지 거버넌스가 지속적으로 발전하지는 못했다. 경제 발전을 목표로 하는 신흥 에너지 소비국의 등장은 미국에서 석유·가스의 급격한 생산 증가와 결합되면서, 선진국의 에너지 수입과 개발도상국의 에너지 생산이라는 전통적인 역할 구분 및 균형을 깨뜨리고 있다. G8과 G20은 에너지 거버넌스의 대표적인 제도로서 이러한 변화에 직접적으로 영향을 받고 있다. 이러한 지형 변화에 G8은 관련성이 없으며, G20도 훨씬 더 많이 이탈하는 상황이다. 그렇지만 에너지가 국제 금융 시장과 세계경제에 미치는 영향력으로 인해 G20은 국가 지도자들이 소집할 수 있는 중요한 포럼으로 남아 있을 것이다. 다자간 협상에서 에너지 문제를 성공적으로 다루기 위해 G20 회원국들은 민감한 에너지 정책에 대한 단순 반론을 넘어서 다음 세 가지 개선 사항에 주목할 필요가 있다.

첫째, G20이 지금의 내부적 분열을 극복하려면 회원국들은 국제적인 에너지 소비의 변화와 새로운 주요 에너지 소비국의 선호를 명확히 인식해야 한다. 산업화된 세계에서 주요 에너지 소비국들은 자원 할당 및 투자를 촉진시키기 위해 시장 메커니즘에 크게 의존했다. 그렇지만 부상하는 신흥국은 에너지 부문에서 자유 시장의 원리보다는 정부의 통제를 선호하는 경향이 있다. 특히 지대의 할당 및 연료에 대한 보조금 문제와 관련해서는 더욱더 그런 편이다. OECD의 전통적인 에너지 소비국들은 '에너지 안보'를 단순히 '적절한 에너지 자원에 안정적으로 접근하는 것'으로 간주했지만, 오늘날의 OECD 비회원 소비국들은 '에너지 안보'를 '경제성장과 빈곤 문제를 해소하기 위한 본질적인 권리'로 간주하고 있다. 따라서 이렇게 변화된 새로운 현실에 맞춰 국제적인 에너지 거버넌스를 조정해야 할 것이다.

둘째, G20은 에너지 문제와 관련된 목표를 상정하는 데 더욱 구체적이면서도 현실적이어야 한다. 예를 들면, 이산화탄소 배출 상한제에 관한 국제적 합의를 기대하기는 어렵겠지만, G20은 석유 시장의 투명성뿐만 아니라 정보 수집의 개선과 관련해서 성공을 거둘 수 있었다. 유가의 변동성을 최소화하고 석유 시장의 유동성을 극대화하려는 지속적인 노력은 G20 산유국과 소비국 모두에 이익일 수 있다. 기후변화와 관련해서 G20은 이산화탄소 포집 및 격리 프로그램을 개발하고 세계적으로 배포할 수 있는 초창기의 노력을 대폭적으로 늘려야 한다. 이러한 분야에서 초기 투자와 기술 개발 프로그램이 일부 시작되기는 했지만,

문제 해결에 초점을 맞춘 목표 설정은 기술의 상용화를 가속화시키는 데 도움을 줄 수 있을 것이다. 이 기술은 기후변화와 에너지 빈곤이라는 이중적·상충적 문제를 해결하기 위해 반드시 개발해야 한다.

셋째, G20은 다음 단계에 주요 에너지 소비국으로 등장할 국가에 대한 계획을 미리 수립해놓을 필요가 있다. 베트남, 파키스탄, 나이지리아를 포함한 여러 나라가 아직까지는 G20에 속하지 않고 있지만, 향후 10년 내에는 에너지 소비의 대국이 될 것이다. 이러한 나라들이 국제적인 에너지 거버넌스의 협의체에 어떻게 통합될지는 대단히 중요한 문제다. 왜냐하면 다음 단계에서 출현하는 주요 에너지 소비국은 오늘날 발전된 에너지 제도를 보유하고 있는 선진국에 비해 미래에 대한 예측 능력이 떨어질 가능성이 있기 때문이다.

경제적인 측면에서의 영향력으로 인해 G20은 향후 수십 년 동안 경제·금융과 관련된 중요한 다자간 협의체로 남아 있을 것이다. 그렇지만 점점 더 다극화되는 시대에 에너지 거버넌스의 미래를 이끌어나가는 생산적인 역할을 담당하려면, 국제적인 에너지 지형의 구조적인 변화를 인식하고 이러한 변화의 의미를 이해해야 할 뿐만 아니라 주요 에너지 신흥 소비국의 의사를 수용해야 할 것이다.

13 핵에너지와 확산 방지

유리 유딘

서론

원자력 시대로 접어들면서 핵에너지의 평화로운 사용과 핵무기 확산 방지는 당면 과제가 되었다. 그렇지만 인류 최초로 핵무기를 만들어서 '원자폭탄의 아버지'라 불리는 로버트 오펜하이머(Robert Oppenheimer)는 평화적인 용도의 핵에너지와 군사적인 용도의 핵에너지는 기술적 유사성과 상호 관련성으로 인해 핵 확산을 방지하기는 어려울 것이라고 보았다. 이 2개의 부문에서 사용되는 핵에너지는 모두 핵분열성 물질이라는 방사능 원료를 필요로 하는데, 이를 생산하는 기술에는 차이가 없다. 따라서 평화적인 용도의 핵에너지와 군사적인 용도의 핵에너지는 구분이 불가능하다. 우라늄 농축과 플루토늄 분리라는 이른바 '민감한' 원자력 기술을 이용해서 만든 농축 우라늄과 플루토늄은 전력 생산과 폭탄 제조에 이용된다. 이런 민감한 물질에의 접근을 통제하는 기술적 장벽과 제도적인 규제가 존재한다면 평화적 원자력과 군사적 원자력이라는 샴쌍둥이를 분리하는 데 그나마 도움이 될 것이다.

이 장은 세계 핵에너지의 지위와 미래 전망, 핵 확산 방지라는 관점에서 당면 과제를 기술하는 것으로 시작하려 한다. 그런 다음 핵분열성 물질과, 이러한 물질의 생산에 사용되는 민감한 핵 확산 관련 기술에 대해 논의할 것이다. 왜냐하면 핵 확산 방지의 핵심 요소를 이해하지 않은 채 이들 문제를 완벽히 파악하기란 불가능하기 때문이다. 또한 이 장에서는 현존하는 국제 핵 확산 방지 레짐의 주요 요소를 살펴본 뒤, 원자력 핵심 기술의 전파로 인해 발생하는 핵 확산의 위험을 완화시키기 위한 다각적인 접근법을 논의할 것이다.

핵에너지의 과거, 현재, 미래

오늘날 원자력은 전 세계 에너지 믹스의 일부를 차지하며, 비중으로는 석탄, 천연가스, 수력 다음가는 전력원이다. 원자력은 2010년에 세계 전력 생산량의 12.4%(2조 6300억kWh), 1차 에너지 생산량의 5.3%를 차지하는 것으로 나타났다 (IAEA, 2011b: 19). 1995년에는 전 세계적으로 원자력에 의한 전력 생산량이 2조 1900억kWh였고 비중이 16%에 달했던 것과 비교하면 조금 축소된 상황이다. 다만 지난 15년간 원자력으로 생산된 전력량의 절대치는 증가했으며, 성장률은 20% 정도다. 그렇지만 이는 같은 기간 동안 국제 전력 생산이 60% 증가한 것과 비교할 때 그다지 높은 성장이라고 볼 수 없다.

사실 원자력발전은 1960년대 초에서 1980년대 중반까지 급격하게 성장했다. 1974년에는 26개의 동력용 원자로가 전력망에 연결되었으며, 1984년과 1985년에는 각각 33개의 원자로가 전력망과 연결되면서 원자력은 두 차례의 전성기를 누렸다(IAEA, 2011b: 82). 그렇지만 1979년의 스리마일 섬 사고와 1986년의 체르노빌 사고 이후 세계적으로 원전의 신규 건설이 둔화되고 원전 건설에 대한 대중들의 반대가 심해지면서 건설에 필요한 착수 비용이 증가하게 되었다. 2011년 12월 현재 전 세계에서는 435개의 동력용 원자로가 가동 중인데, 여기에서 생산되는 전체 순 전력량은 368GW에 달한다. 한편 대만을 포함한 14개국에서 65개의 원전이 건설되고 있는데, 여기에서 생산될 순 전력량은 63GW다(IAEA,

2011d).

사실 2001년 이후 원자력 에너지의 르네상스 또는 전 세계적인 확산에 대해 활발한 논의가 진행되었다. 이러한 원자력의 부흥을 이끌었던 요인은 무엇이었을까? 첫 번째 요인은 에너지 안보다. 당시에는 제한적인 에너지 공급, 불평등한 분배, 화석연료의 불안정한 가격으로 인해 경쟁력 있는 대체에너지가 필요했는데, 그중에 원자력이 포함되었다. 두 번째 요인은 인류가 야기한 이산화탄소와 그 밖의 온실가스로 인한 기후변화의 위험성에 대한 인식 증가다. 지난 10년 동안 원전 산업계는 원자력이 깨끗한 '제로 배출' 에너지원이라고 주장했다. 비록 원자력이 완벽한 제로 배출 에너지원은 아니지만, 화석연료를 연소하는 발전소에 비하면 온실가스를 거의 배출하지 않는다. 세 번째 요인은 원자력의 명성이다. 오늘날 사용되는 모든 원자력 기술은 대부분 1950년대와 1960년대에 개발되었음에도 민간용 핵에너지는 경제적 진보와 현대적 에너지의 상징으로 여겨지는 경향이 있다. 일부 국가에서는 원자로와 핵연료 주기 설비를 선진국 수준으로 '따라잡는' 것을 국제사회에서 자신들의 지위, 역할, 명성을 높이는 방법으로 간주하기도 한다. 60개국은 최근 자국 내에 원자력 도입 여부를 검토하는 과정에서 국제원자력기구(International Atomic Energy Agency: IAEA)와 논의를 진행한 바 있다. 이들 중 일부는 실제로 원자력 기술, 규제, 안전 관련 시설을 적극적으로 개발하고 있다. 2011년 2월 IAEA의 사무총장인 아마노 유키야(天野之弥)는 "2030년까지 10~25개의 국가가 첫 번째 원자력발전소를 도입할 것으로 예상된다"라고 언급했을 정도다.

그렇지만 2011년 3월 일본 후쿠시마에서 발생한 심각한 원전 사고는 분명 원자력 산업에 큰 타격을 주었다. 당시에는 후쿠시마 원전 사고로 미래 민간 부문에서 원자력의 성장이 어려워질 것으로 예측되었다. 실제로 후쿠시마 원전 사고 직후 벨기에, 독일, 스위스를 포함해 원전을 보유한 많은 국가에서는 핵에너지 비중을 점진적으로 축소하겠다는 계획을 발표했다. 동시에 일부 신규 도입 후보국들은 원자력 도입 관련 계획을 유예하기도 했다. 그렇지만 시간이 흐르면서 원자력을 포기하는 경향은 점차 줄어들고 있다. 최근 발간된 세계원자력협회

(World Nuclear Association: WNA)의 보고서에 따르면 원자력을 도입하지 않은 아시아, 중동, 아프리카의 45개국이 원자력 도입을 여전히 진지하게 고려하고 있다고 한다(WNA, 2011). 즉, 오래전부터 원자력 프로그램이 잘 발달된 국가는 원전 설비를 서서히 폐기하거나 중단하는 반면, 아주 적은 원자로만 보유하고 있거나 원전을 아예 보유하지 않는 국가는 증설하려는 경향이 있어왔는데, 후쿠시마 사고 이후부터는 이러한 경향이 더욱 두드러지고 있다.

이는 오히려 핵 확산 방지에 대한 관심을 높이는 결과를 가져올 수 있다. 그 이유는 첫째, 원전을 계획하는 국가는 자국 내 연료 공급과 핵연료 주기에 대해서도 고려하고 있으므로, 이 국가들로 인한 원전 확대는 민감한 원자력 기술의 확산이라는 결과로 이어질 수밖에 없기 때문이다. 즉, 핵무기로 쉽게 전환되거나 핵무기 제조에 바로 사용할 수 있는 물질을 생산할 수 있는 국가는 점점 더 많아질 것이다. 둘째, 원자력을 도입하려는 많은 신규 도입국은 대체로 국가 신뢰도가 낮고 역사적으로 갈등을 일으켰던 정치적 격동지에 자리 잡고 있기 때문이다. 실제로 이후 핵 확산 방지를 위한 정치적 결정이 내려졌을 때 이들 국가는 자국의 안보 능력을 확대하기 위해 핵무기를 취득하기 위한 선택사항을 제시하면서 원자력 기술을 확보하려고 노력할 수 있다. 이 경우 이들 국가의 요구는 핵무기 생산에 대한 자국의 기술적 자립과 관련이 있을 것이다. 따라서 레이저 농축(laser uranium enrichment), 고속 증식로(fast breeder reactors),[1] 파이로프로세싱(pyroprocessing)[2] 같은 신규 원자력 기술도 잠재적으로는 핵 확산 위험을 증가시킬 수 있다. 이들 신규 기술은 핵무기에 직접 사용할 수 있는 핵분열성 물질의 생산과 관련되는데, 이는 이런 기술을 규제하고 검증하려는 IAEA의 새로운 도전 과제가 될 것이다.

---

1   소모되는 핵연료보다 더 많은 연료가 새롭게 만들어지는 원자로를 가리킨다. _옮긴이
2   원자력발전에 사용되고 남은 핵연료를 재활용하는 기술이다. _옮긴이

핵분열성 물질과 원자력 기술의 양면성

핵에너지는 원자의 중핵체인 핵을 분열시키는 과정, 즉 핵반응을 통해 발생한다. 반대로 화석연료의 연소 같은 화학반응은 원자 주변을 도는 전자에 의해 반응이 일어나는데, 이때 궤도전자는 원자핵에 아무런 영향도 주지 않는다. 이와 달리 핵분열은 무거운 원자핵이 가벼운 원자핵으로 변한다는 점에서 핵반응이라고 볼 수 있다. 이때 무거운 원자핵의 핵분열은 자연스러운 과정으로 진행될 수 있다. 그렇지만 중성자, 양성자, 중양자, 알파 입자 같은 다양한 아원자 입자와 원자핵에 방사선을 조사하는 방식으로도 인공적인 핵분열을 유도할 수 있다. 다만 일부 원자핵은 저에너지의 느린 중성자를 포함해서 모든 에너지의 중성자를 포획한 뒤에도 핵분열을 지속할 수 있다. 이러한 핵종(核種)을 '핵분열성 물질'이라고 한다. 이는 충분한 에너지와 속도를 지닌 중성자와 충돌해야만 분열할 수 있는 핵종들과는 구분된다. 핵분열 과정에서는 방사능 물질과 자유 중성자가 생성되는데, 이 과정에서 상당한 양의 에너지가 방출된다. 이들 중성자는 적절한 조건하에서 추가적인 원자핵이 더해지면 다시 반응을 일으킬 수 있다. 이를 통해 자유 중성자는 원자핵이 분열하는 연쇄반응을 일으켜 엄청난 양의 에너지를 방출하게 된다. 만약 핵분열의 연쇄반응으로 인해 방출되는 에너지를 오랜 기간 동안 통제할 수 있다면 핵반응은 사회의 이익을 위한 평화적 전력 생산에 사용될 수 있다. 그렇지만 만약 방출되는 에너지를 통제할 수 없다면 핵무기의 일부가 되어 엄청난 폭발을 일으키게 된다.

일반적인 핵분열성 물질로는 우라늄-233, 우라늄-235, 플루토늄-239가 있다. 우라늄-235는 유일하게 자연 상태에서 존재하는 핵분열성 핵종이다. 반면 나머지는 인공적으로 만들어졌기 때문에 지난 60년 동안만 지구상에 존재했을 뿐이다. 우라늄-235의 동위원소는 천연 우라늄의 0.71%만 차지하는 반면, 우라늄-238의 동위원소는 천연 우라늄의 99.28%를 차지한다. 이 두 가지 동위원소는 화학적 특성이 유사하지만 우라늄 동위원소처럼 핵분열이라는 측면에서는 전혀 다른 성질을 갖고 있다. 0.71%의 우라늄-235는 경수로나 핵무기로 사용되기 위한 핵분열 연쇄반응을 지속하기에는 분량이 충분하지 않다. 여기서 경수로는 전세계 원자로의 80% 이상을 차지하는 가장 상업적인 원자로다. 따라서 우라늄을 분열시키기 위해서는 농축되어야 하는데, 이는 핵분열성 우라늄-235의 동위원소가 증가해야 한다는 것을 의미한다. IAEA의 분류에 따르면, 저농축 우라늄 (low enriched uranium: LEU)은 동위원소 U-235를 20% 미만으로 함유하고 있는 우라늄인 반면, 고농축 우라늄(high enriched uranium: HEU)은 20% 이상의 동위원소 U-235를 함유하고 있는 우라늄을 말한다(IAEA, 2002: 31~23). 우라늄이 U-235를 90% 이상 함유하고 있으면 이는 핵무기용으로 사용될 수 있다(Alberight et al., 1993). 물론 설계나 제작이 어렵기는 하지만 적어도 이론상으로는 20% 이하의 U-235와 저농축 우라늄을 이용해서도 핵무기를 만들 수 있다. IAEA는 고농축 우라늄의 경우 "어떠한 변형을 가하거나 추가적인 농축 작업 없이도 직접적으로 핵무기에 사용될 수 있다"라고 본다(IAEA, 2002: 33).

경수로에는 우라늄-235가 3~5% 농축된 우라늄이 사용된다. 우라늄을 농축하는 데 캐나다형 중수로(Canadian-designed heavy water CANDU reactor)[3] 같은 상업적 원자로가 필요한 것은 아니다. 핵분열성 우라늄의 비율을 높이거나 농축하는 데에는 특별한 기술이 사용된다. 산업 및 연구 분야에서 논의된 농축 방법으로는 기체확산법, 열확산법, 기체원심분리법, 원자증기 레이저 동위원소 분리법(atomic vapor laser isotope separation: AVLIS), 분자 레이저 동위원소 분리법(molecular laser isotope separation: MLIS), 레이저 활성 동위원소 분리법 (separation of isotope by laser excitation: SILEX), 공기역학 동위원소 분리법 (aerodynamic isotope separation), 전자기 동위원소 분리법(electromagnetic isotope separation), 플라즈마 분리법(plasma separation), 화학분리법(chemical separation) 등이 있다. 물론 기체확산법과 기체원심분리법이라는 두 가지 방법만 현재 상업적으로 이용되고 있을 뿐이다. 다만 구식이고 경쟁력 없는 기체확산법은 원심 농축 기술(centrifuge enrichment technology)로 점차 대체되고 있는

---

3   캐나다형 중수로는 천연 우라늄 연료를 사용한다.

추세다. 이러한 두 가지 우라늄 농축 기법은 과거 핵무기 제조를 위해 핵분열성 우라늄 생산에 이용되었던 전자기 동위원소 분리법과 공기역학 동위원소 분리법을 대체하고 있다. 2009년 6월 제너럴일렉트릭(General Electric)은 미국의 원자력규제위원회(Nuclear Regulatory Commission: NRC)에 레이저 활성 동위원소 분리법을 이용한 최초의 상업적 우라늄 농축 공장 건설에 대한 면허를 신청한 상태다.

우라늄 농축은 핵 확산이라는 위험을 수반할 수밖에 없다. 무기용의 고농축 우라늄 생산과 원자로용 저농축 우라늄 생산에는 아무런 기술적 장벽이 존재하지 않는다. 핵무기를 제조할 때에는 전력 생산을 위한 저농축 우라늄을 생산하는 데 사용하는 것과 동일한 농축 장비를 사용할 수 있다. 원심 농축 시설과 최신의 레이저 농축 설비는 물리적으로 눈에 잘 띄지 않을 뿐만 아니라 소비하는 전력량도 보통 수준이며[4] 대기로 배출하는 물질도 거의 없기 때문에 인공위성 사진이나 그 밖의 다른 방법으로도 감지하기가 어렵다. 이로 인해 핵무기 확산의 위험성이 점차 높아지고 있다. 현재 군사용 또는 민간용 우라늄 농축 능력을 보유한 국가는 14개국으로, 아르헨티나, 브라질, 중국, 북한, 프랑스, 독일, 인도, 이란, 일본, 네덜란드, 파키스탄, 러시아, 영국, 미국이다.

핵폭발 응용 프로그램을 통해 핵분열성 물질을 생산하는 방법으로는 우라늄 농축과 플루토늄 생산이라는 두 가지 방법이 있다. 원자로에서 사용되는 연료의 대부분을 차지하는 우라늄-238 동위원소는 원자로에서 더 무거운 동위원소로 전환된다. 이는 플루토늄-239와 플루토늄-240, 플루토늄-241, 플루토늄-242를 포함한 다른 플루토늄의 동위원소가 원자로 작동 과정에서 형성되는 방법을 보여준다. 이들 다양한 플루토늄 동위원소는 물질의 사용 가능한 등급과 관련이 있다. 먼저 무기로 사용될 수 있는 등급, 즉 핵무기용으로 가장 안정적인 플루토늄은 플루토늄-239이며, 일반적으로 핵무기에서는 플루토늄-239가 93%를 넘지 않는다(Albright et al., 1993). 많은 다른 플루토늄 동위원소를 함유하고 있는 플

---

4   기체 확산 시설과 비교했을 때 분리 작업 단위(SWU)당 전력 소비량은 30~40분의 1 수준이다.

루토늄은 일반적으로 원자로용으로 사용된다. 원자로용의 플루토늄을 통해 핵폭발 장치를 만들면 대량의 열과 중성자를 방출하고 수치가 높은 방사능에 노출될 위험성이 크다. 이러한 현실적인 장애가 존재하므로 무기용 플루토늄을 사용하지 않고 원자로용 플루토늄을 사용해 핵폭발 장치를 설계·제작·작동하는 것은 어렵다고 볼 수 있다. 그렇지만 지난 27년 동안 로스앨러모스 국립연구소(Los Alamos National Laboratory)의 이론분과를 이끌어온 카슨 마크(Carson Mark)는 "가장 간단한 유형의 핵무기를 설계할 때에는 원자로용 플루토늄을 사용하는 것이 무기용 플루토늄을 사용하는 것보다 기술적으로 크게 어렵지 않다"라고 강조한다.[5] 실제로 IAEA는 모든 종류의 플루토늄 동위원소를 핵무기에 직접 사용가능한 물질로 분류하고 있다.[6] 이로 인해 상업적인 원자로에서 만들어지는 플루토늄은 사실상 핵무기용 물질로 규정되고 있다. 따라서 플루토늄의 동위원소 구성과 핵무기로 사용될 수 있는 잠재성은 원자로가 작동하는 방식에 달려 있다고 할 수 있다. 결과적으로 낮은 등급의 연료는 연소되고 마는데, 이는 핵연료로 인한 방사능의 지속 기간이 짧기 때문이다. 반면 높은 등급의 연료는 플루토늄-239의 구성비가 높은데, 이 플루토늄은 핵무기로도 사용될 수 있기 때문에 더욱 선호된다. 비록 핵무기 제조를 위해 특수 설계된 원자로에 비해서는 덜 적합하지만 상업적인 경수로에서도 무기용 플루토늄이 생산될 수 있다.

원자로 조사(照射) 이후의 연료에는 여전히 대부분의 우라늄-238이 함유되어 있다. 이때의 우라늄-238은 우라늄-235와 플루토늄 동위원소 등의 핵분열성 핵종, 원자로에서 생성되는 악티늄 원소(actinides)라고 불리는 다른 인공적 요소들, 엄청난 양의 방사선이 매우 집중적으로 담겨 있는 연료 속에서 나타난다. 재

---

5 로스앨러모스 국립연구소의 이론분과는 미국의 핵무기 설계에서 중요한 역할을 맡고 있다. 마크는 핵분열 무기와 수소폭탄을 설계했다(Mark, 1993).

6 IAEA는 여기에 80% 이상의 플루토늄-238은 포함시키지 않고 있다. 왜냐하면 해당 동위원소가 배출하는 높은 열과 방사능으로 인해 이 동위원소는 핵폭발 장치에 사용하기가 매우 어렵기 때문이다. 이는 플루토늄-238의 특성 때문인데, 플루토늄-238은 방사성 동위원소 열전기 발전기(radioisotope thermoelectric generator)와 방사선 동위원소 히터 유닛(radioisotope heater unit)에 사용된다. 상업적 원자로에서 연료로 사용되는 플루토늄-238은 극히 일부에 불과할 뿐이다(IAEA, 2002: 33).

처리 기술을 적용할 경우에는 플루토늄과 우라늄을 방사선 핵분열 생성물과 악티늄 원소에서 화학적으로 분리할 수 있다. 이렇게 분리된 플루토늄은 다른 유형의 원자로에서 사용되는 혼합 산화물 핵연료(mixed oxide uranium/plutonium fuel: MOX)[7]라고 불리는 연료를 생산하는 데 사용된다. 그렇지만 이 또한 핵무기 제조에 사용되는 핵심적인 핵분열성 물질이며, 평화적인 목적으로 우라늄을 농축할 때 사용되는 기술과 군사적인 목적으로 우라늄을 농축할 때 사용되는 기술에는 차이가 없다.

　사용후 핵연료에서 분리된 플루토늄은 우라늄 농축에 비해 기술적으로 덜 정교하고 더 쉽게 관리될 수 있다. 그렇지만 사용후 핵연료를 재처리하는 시설은 대개 대규모이며, 특정 방사능 핵종을 배출하는 등 눈에 띄는 특징을 지니고 있다. 그래서 이러한 시설은 쉽게 발견된다. 또한 재처리 시설은 엄청난 양의 고방사능 물질과 위험한 물질을 취급하기 때문에 사용후 핵연료의 재처리는 심각한 환경문제와 안전 문제를 일으킨다. 오늘날 군사용 또는 민간용 핵연료 재처리 기술을 보유하고 있는 국가는 9개국으로, 중국, 북한, 프랑스, 이스라엘, 인도, 일본, 파키스탄, 러시아, 영국이다. 벨기에, 독일, 이탈리아, 미국 같은 몇몇 국가는 과거에 핵연료 재처리 기술을 보유하고 있었지만, 이를 방사성 폐기물 처리 같은 다른 임무를 수행하도록 전환하거나 아예 폐기한 상태다.

　이처럼 우라늄 농축, 사용후 핵연료의 재처리, 플루토늄 취급, 혼합 산화물 핵연료의 생산 같은 원자력 기술은 이중적인 용도를 갖고 있다는 특징을 지니고 있는데, 이러한 특징은 핵 확산의 위험성을 직접적으로 일으킬 수밖에 없다. IAEA는 이런 원자력 기술을 '민감한 기술 영역'으로 분류하고 있다(IAEA, 1979). 이런 기술들은 핵무기 제조에 필요하며, 정부 또는 테러 집단에 핵무기용 물질을 제공하는 데 활용될 수 있다. 군사용 원자력의 생산 주기와 민간용 원자력의 생산 주기는 〈그림 13.1〉에 제시된 바와 같이 호환성과 상호 의존성을 지닌다.

7　플루토늄을 효율적으로 연소시키기 위해 처음부터 플루토늄 산화물을 우라늄 산화물에 혼합한 연료로 핵분열을 일으킨다. _옮긴이

〈그림 13.1〉 핵에너지의 생산 주기와 원자력 무기의 생산 주기

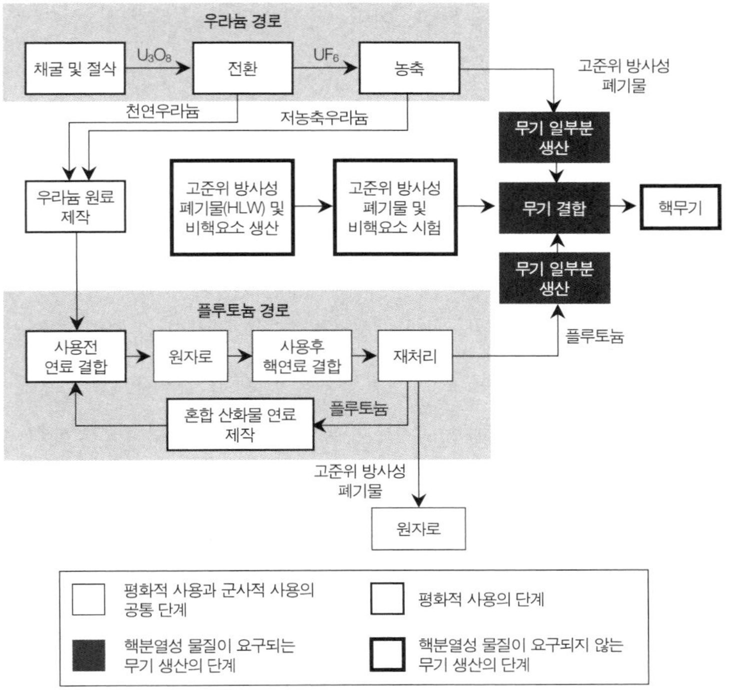

자료: Yudin, 2010.

역사적으로 거의 모든 우라늄 연료 주기의 주요 기술은 핵에너지가 개발되기 이전에 민간 부문에서 활용되었던 기술이며, 미국, 소련, 영국의 핵무기 프로그램에서 적용되었다. 이러한 기술과 이들이 생산해낸 핵분열성 물질이 원자폭탄 제조에 사용된 이후에야 정치인, 과학자, 기술자들은 이러한 기술과 물질의 평화적 사용에 대해 심각하게 고민하기 시작했다. 당연하게도 이로부터 60여 년이 지난 오늘날에도 군사용 및 민간용 원자력에 동일하거나 거의 유사한 물질, 기술, 장비가 여전히 사용되고 있다.

원자력 시대의 초창기에는 일부 원자력 기술, 특히 우라늄 농축 기술이 매우 복잡했기 때문에 이를 도입하려던 대다수가 관련 기술을 습득하는 데 많은 비용이 필요하다고 여겼다. 그렇지만 지난 수십 년 동안 원자력 지식과 기술은 빠른 속도로 발전되어왔다. 이중용도 기술의 적용과 세계화된 무역의 급격한 성장과

더불어 기술과 지식의 보급으로 인해 후진국은 손쉽게 원자력 기술에 접근할 수 있게 되었다. 최근 수십 년간 북한, 이란, 파키스탄같이 과학적·산업적 토대가 빈약한 국가들도 원자력 기술을 획득할 수 있다는 사실이 증명되었다. 이런 국가들의 원자력 프로그램은 불안을 가속화시키고 있다. 이들 국가의 프로그램은 첨단 원전업체와 경쟁할 수 없을 정도의 구식 기술을 사용하고 있다. 이러한 경제적·기술적 한계로 인해 후진국들은 상업적으로 경쟁력 있는 농축 프로그램이나 재처리 프로그램을 설계하지 못하는 반면, 핵무기나 핵폭발 장치에 사용되는 물질을 직접 생산하거나 관련 기술을 습득한 상태다. 민간용 원자력 프로그램과 군사용 원자력 프로그램에서 요구되는 기본적인 과학 분야는 상당 부분 중첩된다. 이러한 분야로는 물리, 화학, 수학, 컴퓨터 공학, 원자력 공학, 화학 공학, 기계 공학 등이 있다. 이들 국가는 민간용 원자력 프로그램을 통해 다른 나라와 IAEA의 도움을 받아 인력을 양성할 뿐만 아니라 연구용 원자로와 고방사능 물질 처리용 차폐 구획, 기타 장비를 제공하는 원자력 연구 센터를 설립하는 방식으로 원자력의 이중용도 적용에 필요한 전문가를 양성해 경험을 쌓아나갈 것이다.

핵폭발 장치의 설계·제조, 원전 및 핵연료 설비의 설계·구축·작동을 위해서는 기타 분야의 과학적 지식과 기술적 전문성이 필요하다는 사실에도 주목할 필요가 있다. 이러한 차이점은 원자력 기술을 습득하는 데 장애 요인이 될 수도 있지만 과대평가해서는 안 된다. 특히 원자력 기술을 습득하려는 주체의 목표가 비교적 덜 정교한 핵무기를 설계하고 제조하는 것이라면 더욱 그러하다. 캘리포니아의 로렌스 리버모어 국립연구소(Lawrence Livermore National Laboratory)의 과학자는 '악의 없는 원자력(nuclear innocents)'을 이용해 핵폭발 장치를 설계할 수 있는지를 밝히기 위해 1964년 'N번째 국가 실험(Nth Country Experiment)'이라고 명명된 실험에 착수했다. 이들은 핵무기 경험이 전혀 없는 2명의 물리학자를 고용한 뒤 어떠한 기밀 정보도 제공하지 않은 채 군사적으로 중요한 핵폭발 장치를 설계하도록 요구했다. 이들 2명의 과학자는 산업화된 국가가 아니라, 자원이 거의 없기는 하지만 "좋은 대학 도서관과 플루토늄과 우라늄을 만들 수 있는 숙련된 기계공과 폭발팀"이라는 최소한의 조건만 갖춘 가상의 국가를 설정했다

(Stober, 2003: 58). 7개월 후 이들은 핵무기 제작이 실제로 주어진 과제가 아니기 때문에 자신들의 평판에 전혀 도움이 되지 않음에도 고농축 우라늄을 사용하는 총 모양의 핵무기를 제조하기가 매우 쉽다는 사실을 밝혀냈다. 특히 플루토늄 내파 설계를 채택했는데, 이것은 더욱 의미 있는 성과였다. 1967년 4월에는 "컴퓨터와 폭탄 설계자가 머릿속으로 구상했던 핵폭발 장치"가 제대로 작동할 것이라는 것을 확인하고 실제로 설계하기 시작했다(Stober, 2003: 61). 오늘날에는 핵폭발 장치를 설계하기가 1960년대보다 훨씬 더 쉽다. 왜냐하면 정보 혁명으로 지식 보급이 용이해졌을 뿐만 아니라 컴퓨터가 훨씬 더 강력해지고 저렴해졌기 때문이다. 따라서 이제는 고농축 우라늄이나 분리된 플루토늄 같은 핵분열성 물질을 확보하는 작업이 핵폭발 장치를 제조하는 데서의 유일한 기술적 장벽이라고 할 수 있다.

국제 핵 확산 방지 레짐

국제적인 핵 확산 방지 레짐은 핵무기의 확산을 억제할 뿐만 아니라 궁극적으로는 핵무기 없는 세계를 지향하는 다자간 또는 쌍방 간의 협정·합의·메커니즘의 복합적인 시스템을 가리킨다. 구체적으로는 핵에너지를 평화적으로 사용하려는 국가들이 협력 체계를 구축할 목적으로 형성한 협의체라고 할 수 있다. '핵확산금지조약(Treaty on the Non-Proliferation of Nuclear Weapons: NPT)'은 핵확산을 방지하기 위한 국제 레짐의 초석으로, 일반적으로는 확산 방지, 핵에너지의 평화적 이용, 군비 축소라는 세 가지 핵심 기조를 토대로 체결된 국제 협약이다. 이 같은 핵확산금지조약을 활용하면 특정 지역을 대상으로 비핵 지대가 설정될 수 있다. 한편 국제사회는 핵확산금지조약에 따라 IAEA가 '핵안전조치협정(Safeguard Agreement)'하의 모든 핵물질과 설비를 독립적으로 감독하도록 권한을 부여하고 있는데, 세계 각국은 이를 통해 자국이 핵 확산 방지 임무를 준수했는지 여부를 확인받는다. 따라서 IAEA는 세이프가드를 제정·관리하며, 각국의 핵무기 제조에 사용되는 핵물질이나 장비의 사용 여부를 감독할 수 있다. 쟁거위원회(Zangger Committee)[8]와 원자력공급국그룹(Nuclear Suppliers Group: NSG)[9]이라는 두 가지의 원자력 수출 통제 레짐은 국경을 넘어 거래될 수 있는 민감한 핵물질과 관련 기술에 대한 지침을 제정할 수 있다.

핵확산금지조약

핵확산금지조약은 다자간 핵 확산 방지 노력의 기초가 되는 법률적 토대이자 국제적인 핵 확산 방지 레짐의 초석이라고 할 수 있다. 이 조약은 현행 군축회의(Conference on Disarmament: CD)의 전신인 18개국 군축위원회(Eighteen-Nation Disarmament Committee: ENDC)에서 협상이 진행된 지 3년 뒤인 1968년에 체결되었다. 구체적으로는 '1967년 1월 1일 이전에 제조된 핵무기와 기타 핵폭발 장치를 보유한 5개국을 제외한 나머지 국가의 핵무기 확산 방지를 위한 조약'이라고 할 수 있다. 여기서 말하는 5개국이란 프랑스, 중국, 소련, 영국, 미국을 의미하며, 소련에 대한 의무와 권리는 러시아가 승계한 상태다. 핵확산금지조약 외에 폭넓게 지지되는 국제적인 군사 통제 조약은 없는 실정이다. 오늘날 이 조약에 가입한 국가는 189개국이며, 인도, 이스라엘, 파키스탄, 북한만 핵확산금지조약에 참여하지 않고 있다. 파키스탄은 아예 서명을 하지 않았으며, 북한은 2003년에 조약을 탈퇴한 상태다. 북한의 조약 철회와 관련된 유효성 논쟁은 아직까지도 진행 중이다. 핵확산금지조약으로 핵무기의 확산은 크게 억제되었다. 이 조약으로 인해 핵 확산이 일어날 가능성은 상당히 줄어들었는데, 만약 이 조약이 없었더라면 아마 핵무기는 걷잡을 수 없을 만큼 확산되었을 것이다. 1950

---

8   IAEA의 안전조치 위반국에 대한 원자력 수출 금지를 목적으로 1974년에 설립된 국제 조직이다. 현재 31개국이 가입했으며, 한국은 1995년에 가입한 상태다. _옮긴이

9   핵확산금지조약 회원국만 쟁거위원회에 가입할 수 있다는 제도적 한계를 극복하기 위해 만들어진 조직이다. 1978년에 설립되었으며, 핵물질, 장비, 기술의 수출 통제 체제로서 활발히 활동하고 있다. _옮긴이

년대와 1960년대의 많은 전문가들은 핵무기를 보유한 국가가 급격하게 증가할 것이라고 예측했다. 당시 아르헨티나, 브라질, 이집트, 독일, 이라크, 일본, 리비아, 폴란드, 루마니아, 남아프리카, 한국, 스웨덴, 스위스는 핵무기 관련 프로그램을 보유하고 있었다. 그렇지만 1970년대 이후로는 오직 4개국만 원자력 프로그램을 발전시켰으며, 이들은 모두 핵확산금지조약에 참여하지 않는 나라다.

핵확산금지조약은 5개국의 핵무기 보유를 합법화한 뒤 '핵보유국'과 '비핵국'이라는 두 집단에 대해 권리와 의무를 다르게 설정하고 있다. 해당 조약은 일부의 약점, 조항의 모호성, 핵보유국과 비핵국의 격렬한 논쟁 후에 제시된 특정 절충안으로 인한 모순성 등이 내재된 복잡한 절충안의 형태로 체결되었다. 이렇게 체결된 핵확산금지조약은 세 가지 핵심 기조에 기반을 두고 있다.

- 핵심 기조 1(핵 확산 방지): 핵보유국은 '핵무기 및 다른 핵폭발 장치'를 이동·관리하지 않는다. 그리고 비핵국의 핵무기 보유에 대해 '어떠한 도움·장려·설득'도 시도하지 않는다(제1조). 비핵국은 핵무기를 제조 또는 습득하거나, '핵무기 및 기타 핵폭발 장치를 제조하는 방법을 모색하거나 관련 도움'을 받지 않는다(제2조). 또한 비핵국은 '핵에너지의 평화적 사용에서 핵무기 및 기타 핵폭발 장치'를 전용하지 않기 위해 IAEA의 안전조치를 받아들인다(제3조).
- 핵심 기조 2(핵에너지의 평화적 사용): 핵확산금지조약은 '모든 당사자가 차별 없이 평화적인 목적으로 핵에너지를 연구·생산·사용하기 위한 핵에너지 개발과 관련된 양도할 수 없는 권리'를 인정하며, 이들 국가에 핵 확산 방지 의무를 부여한다(제4조 1항). 결과적으로 모든 당사국은 '핵에너지의 평화적 사용을 위해 장비·물질·정보의 교환에 참여할 수 있는 권리를 가지며, 이를 이용하는 것'에 동의한다(제4조 2항).
- 핵심 기조 3(군비 축소): '조약의 당사국은 신념을 가지고 가까운 시일 내에 핵무장이라는 군사 경쟁을 중단하고 핵군축과 관련된 효과적인 방안을 협상하는 데' 동의한다(제6조).

핵확산금지조약의 핵심 기조 1과 2는 상대적으로 명확한 편이다. 왜냐하면 비핵국은 어쨌든 핵무기를 보유하지 않아야 하고, 핵보유국은 어쨌든 비핵국의 핵무기 취득에 어떠한 도움도 주지 않아야 하기 때문이다. 그렇지만 '제조'라는 단어가 들어가 있는 조항은 해석이 애매한 상태다. 핵무기를 제조하지 않는다는 핵확산금지조약의 임무에 핵무기의 설계, 무기용 핵물질의 생산, 핵무기 구성 요소의 제작을 위한 연구·개발 같은 관련 활동을 전부 또는 일부 금지하는 것이 포함되는지에 대해서는 논란이 있다. 한편에서는 오로지 핵폭발 장치의 최종 조립에만 적용되는 조항이라는 반론도 제기되고 있다. 이처럼 제조의 정확한 의미와 범위는 아직까지 불명확한 상황이다.

핵확산금지조약의 초안 작성에 참여했던 대표단은 핵무기 '제조'의 마지막 단계만 금지하는 것으로는 충분하지 않다는 인식을 갖고 있었다. 1965년에 소련이 핵확산금지조약의 초안을 공식적으로 제시했을 당시에는 제1조에 "핵보유국은 비핵국이 핵무기를 제조하거나 또는 제조를 준비하거나 테스트하는 단계에서 어떠한 도움도 주지 않아야 할 뿐만 아니라 핵무기의 제조 및 사용을 목적으로 이뤄질 수 있는 제작, 연구, 기타 정보의 문서화와 관련해서 어떠한 도움도 주지 않아야 한다"라는 의무가 규정되어 있었다(UN, 1965). 1966년 2월 스웨덴 대사인 알바 뮈르달(Alva Myrdal)은 18개국 군축위원회가 개최되기 직전에 다음과 같이 주장했다.

물론 우리는 핵무기 개발로 가는 길을 최대한 빨리 차단하는 것이 중요하다는데 동의한다. 그렇지만 우리가 직면한 상황이 수많은 단계의 긴 사다리라는 사실뿐아니라 '국제적인 규제의 도입이 합리적이고 실현 가능한가?'라는 질문이 가장 현실적인 고민거리라는 사실도 알아야만 한다. …… 단지 '제조'의 마지막 행위만 금지하는 것은 이러한 행위를 결정하는 긴 사슬을 끊기에는 너무 늦은 조치일 수 있다(UN 1966: 11~12).

그렇지만 핵확산금지조약의 협상자들은 '제조'라는 용어가 사용된 국제적인 규제를 도입해야 하는 "수많은 단계의 긴 사다리"에 대해 합의를 이루지 못했다. 이는 많은 국가가 원자력의 이중용도와 관련된 지식과 기술의 이전을 금지하면서도 이것이 원자력 기술을 획득하려는 자국의 능력에 부정적인 영향을 미칠지도 모른다는 두려움으로 인해 해당 금지 조항에 반대했기 때문이다. 이런 국가들은 1968년부터 평화적으로 이용될 수 있는 원자력 관련 지식과 기술에 접근하기 위한 로비를 벌여왔으며, 결과는 성공적이었다.

한편으로 "양도할 수 없는 권리"라고 명시된 핵확산금지조약의 권리도 심각한 논란을 일으켰다. 일부 국가는 제4조를 원자력 활동에 대한 '주권적' 권리, 다시 말해 절대적이고 무조건적인 권리를 암시하는 것으로 해석했다. 즉, 그들은 이 조항은 핵에너지를 오직 평화적인 목적으로만 사용하기로 약속하고, IAEA와 포괄적인 안전조치 협정을 체결한 비핵국에 무기화할 수 있는 기술을 제외한 모든 원자력 기술을 개발할 수 있도록 하는 권리를 부여하는 조항이라고 보았다. 여기에 반대하는 국가는 첨단 우라늄 농축 기술과 사용후 핵연료 재처리 기술 같은 특정 원자력 기술을 습득할 경우 여러 나라가 IAEA의 안전조치를 직접적으로 위반하지 않으면서도 핵무기의 제조 시간을 단축함으로써 핵무기를 사실상 제조할 수 있게 되었다고 주장했다. 또한 핵확산금지조약이 "조약국에 IAEA가 효과적으로 보호할 수 없는 핵물질·기술·활동들에 대한 '양도할 수 없는 권리'를 부여한다고 볼 수 없다"라고 주장했다.

우라늄 농축과 재처리 시설이 핵물질의 전용을 막기 위한 보호조치의 효과성을 낮춘다는 주장이 기본적으로 옳을지라도, 핵확산금지조약이 당사국의 우라늄 농축과 재처리 시설의 개발과 작동을 명백히 금지한다고 해석될 수는 없다. 더욱이 핵확산금지조약의 역사는 협상국들이 이러한 금지 조항을 의도적으로 도입하지 않았다는 사실을 보여주고 있다. 18개국 군축위원회의 미국 측 군축국장인 윌리엄 포스터(William Foster)는 "핵폭발 장치의 제조와 취득을 금지하는 핵확산금지조약이 모든 유형의 원자력 기술의 보급을 금지하는 것은 아니다"라고 강조했다(US Arms Control and Disarmament Agency, 1969: 81). 1967년 11월 17일의 비망록에서 스위스 정부는 핵확산금지조약의 제1조와 제2조가 "민간 부문에서 이뤄지는 매장 우라늄의 개발, 우라늄 농축, 핵연료로부터 추출된 플루토늄, 재처리연료, 중수의 생산"에 대해서는 적용되지 않는다고 해석했다(US Arms Control and Disarmament Agency, 1969: 81).

평화적인 목적의 핵에너지 사용을 위한 핵확산금지조약 당사국의 양도할 수 없는 권리는 이후에도 여러 차례 재확인되었다. 2010년 개최된 '핵확산금지조약 당사국 평가회의'의 최종 문서는 이와 관련해서 다음과 같이 언급했다.

> 본 회의에서는 조항 1, 2, 3, 4에 준거해 핵확산금지조약에서 평화적인 목적으로 핵에너지가 연구·생산·사용되는 것과 관련된 조약에 서명한 모든 당사국의 양도할 수 없는 권리에 영향을 미치는 조항이 없음을 재확인한다. 본 회의는 이러한 권리가 조약의 근본적인 목표 가운데 하나임을 공식적으로 인정한다. …… 이에 본 회의는 핵에너지의 평화적 이용에 관한 각국의 선택과 결정은 존중되어야 하며, 핵확산금지조약이 그들의 정책이나 국제 협약, 핵연료 주기 정책을 위태롭게 해서는 안 된다는 것을 확인한다(UN, 2010: para. 31).

결과적으로 핵확산금지조약 당사국의 연료 주기 선택과 정책을 존중함으로써 최종 문서는 우라늄 농축과 사용후 핵연료의 재처리를 포함한 이중용도의 원자력 활동에 관한 당사국의 권리를 다시금 인정해준 셈이다.

핵에너지의 평화적인 이용에 대한 양도할 수 없는 권리의 법적 의미와 기술적 모호성은 핵확산금지조약의 핵심 기조인 핵 확산 방지와 핵에너지의 평화적인 이용 사이에 애매한 긴장감을 일으키고 있다. 핵확산금지조약의 일차적인 목표는 핵무기 확산의 억제이지만, 조약은 당사국이 직접적으로 무기화되는 원자력 활동을 제외한 모든 활동을 할 수 있도록 허용해주고 있다. IAEA의 전 사무총장인 모하메드 엘바라데이(Mohamed ElBaradei)는 이를 두고 "'사실상의 핵보유국'이 엄청나게 증가하는 결과를 가져왔다"라고 말했다(IAEA, 2006). 이런 국가들은 플루토늄 및 고농축 우라늄의 생산 능력, 핵무기 제조에 필요한 원료, 비핵물질의 개발 등에 대한 지식을 습득할 수 있었다. 결과적으로 이들은 핵확산금지조약을 기술적으로는 준수하고 있지만, 사실상 핵무기를 신속하게 취득할 수 있는 잠재력을 이미 보유하고 있는 상태다. 이처럼 핵확산금지조약이 사실상 거의 제한하지 않고 있는 첫 번째 핵심 기조로 인해 핵무기를 신속하게 보유할 수 있는 잠재력이 확산되고 말았다. 정리하자면, 첫 번째 핵심 기조는 핵확산금지조약의 나머지 핵심 기조로 인해 핵무기 포기 약속과 충돌할 수밖에 없었고, 결과적으로는 핵 확산 방지 레짐을 약화시키는 사태를 초래하고 말았다.

비핵지대

국제적인 핵 확산 방지 레짐의 다자간 법적 장치 중 가장 중요한 부분은 비핵지대(nuclear-weapon-free zone: NWFZ)조약이다. 비핵지대라는 개념은 새로운 핵보유국의 등장을 막기 위해 만들어졌다. 핵확산금지조약의 제7조는 비핵지대를 설정할 국가의 구체적인 권리 사항을 명시하고 있다. 1975년 UN 총회에서는 이러한 권리가 재확인되었으며, 비핵지대의 기준이 제시된 상태다. 자주국의 집합체인 UN 총회가 승인한 비핵지대는 당사국이 조약 또는 협약을 통해 특정 지역에 핵무기를 개발·제조·시험·배치하지 않겠다고 스스로 결정한 구역이다. 대신 비핵지대에는 이러한 의무를 준수하기 위해 당사국을 감독하고 통제하는 시스템이 갖춰져 있어야 한다(UN, 1975).

현재까지 남반구의 4개 비핵지대를 포함해 총 5개의 비핵지대가 지정된 상태다. 구체적으로는 1967년 '틀라텔롤코 비핵지대조약(Treaty of Tlatelolco)'을 통해 지정된 라틴아메리카와 카리브 해 지역, 1985년 '라로통가 비핵지대조약(Treaty of Rarotonga)'을 통해 지정된 남태평양, 1995년 '방콕 비핵지대조약(Treaty of Bangkok)'을 통해 지정된 동남아시아, 2006년 '세미팔라틴스크 비핵지대조약(Treaty of Semipalatinsk)'을 통해 지정된 중앙아시아가 남반구의 4개 비핵지대다. 그리고 2000년 UN 총회는 추가적으로 몽골을 비핵지대 국가로 승인했다. 한편으로 1959년에는 '남극 비핵지대조약(Antarctic Treaty)'을 통해 남극 지대에서의 핵무기 배치 및 시험이 별도로 금지된 바 있다. 마찬가지로 1967년에는 '우주 비핵지대조약(Outer Space Treaty)'을 통해 달 또는 기타 천체의 우주에 핵무기를 배치하는 것을 금지했다. 같은 맥락에서 1971년에는 '해저 비핵지대조약(Seabed Treaty)'을 체결해 바다 밑 해저에 핵무기를 배치하는 것도 금지한 상태다.

핵확산금지조약과 달리 비핵지대조약은 당사국 영토 내에서의 핵무기 '배치' 뿐 아니라 핵보유국과 비핵국의 '원자력 공유' 협약도 허용하지 않는다. 펠린다바 조약(Treaty of Pelindaba)[10]이나 세미팔라틴스크 비핵지대조약처럼 최근에 체결된 비핵지대조약은 핵확산금지조약에 비해 더 엄격하고 덜 모호하게 핵 확산 방지 조항을 규정해놓고 있다. 이들 조약은 당사국에 "핵무기나 핵폭발 장치를 연구·개발·제조·비축·취득·소유할 수 없을 뿐만 아니라 어느 장소에서 어떤 수단을 동원해서라도 이를 통제해야 할 의무"를 부여하고 있다. 이처럼 모든 비핵지대는 핵에너지의 평화적 사용을 위한 국제 협력의 증진을 추구한다. 핵확산금지조약의 제3조와 마찬가지로 비핵지대조약의 당사국은 IAEA의 안전조치 협정을 체결하고 준수해야 한다. 세미팔라틴스크조약은 감독을 강화하기 위해 당사국의 안전조치 협정에 추가 의정서 체결을 요구하고 있을 정도다.

IAEA의 안전조치

국제적인 핵 확산 방지 레짐과 관련된 주요 조직은 IAEA다. IAEA는 1957년에 원자력 기술의 안전·안보 및 평화적 사용을 장려하기 위해 '평화를 위한 원자력(Atoms for Peace)'이라는 슬로건하에 설립된 UN 산하 조직이다. 2011년 11월 기준 152개국이 IAEA에 가입해 있다. IAEA는 내부 규정을 통해 지정된 핵물질과 핵시설이 군사적인 목적으로 사용되는 것을 제한하는 안전조치규정을 수립하고 집행하며 적용할 수 있는 권위를 부여받은 조직이다. 오늘날 IAEA의 안전조치 시스템은 핵물질과 기타 세부적인 것들이 평화적인 목적으로만 사용되도록 규제하는 국제 조직을 구성할 수 있으리라 기대되는 유일한 기제다.

---

10 아프리카 비핵지대조약이라고도 한다. _옮긴이

IAEA의 안전조치 시스템은 출범 이후 상당한 변화를 겪어왔다. 1960년대의 모든 안전조치 협정은 오직 협약에서 명시된 핵물질, 핵시설, 핵장비, 비핵물질만을 다루는 단일 국가나 국가 연합에 의해 맺어진 자발적인 협정이었다. 그렇지만 1968년 이후 이러한 자발적인 안전조치 협정은 문서 INFCIRC/66/Rev.2의 조항에 기초하는 것으로 변경되었다. 현재 IAEA는 핵확산금지조약의 비회원국인 이스라엘, 인도, 파키스탄과도 자발적인 안전조치 협정을 체결하려고 노력하고 있다.

핵확산금지조약에 명시된 의무 조항에 따라 비핵국은 자국의 핵 확산 방지와 관련된 책임을 이행했는지 여부를 검증하기 위한 목적으로 만든 안전조치에 동참해야 한다. 1972년 IAEA는 이른바 '광범위한 안전조치 협정'이라고 불리는 INFCIRC/153(Corr.)을 승인한 상태다. INFCIRC/153(Corr.)은 해당 국가의 사법권이나 통제권하에 자국의 영토 내에서 행해지는 모든 평화적인 원자력 활동에 사용되는 국가 자원이나 핵분열성 물질에 대한 안전조치를 규정하고 있다. 2010년 IAEA는 167개국과 광범위한 안전조치 협약을 맺었다(IAEA, 2010: 79). 이 협정이 광범위한 내용을 다루고 있기는 하지만, 이미 공표된 핵물질과 핵시설에 안전조치가 적용되었다는 점에서 완벽하지는 않다. 결과적으로 광범위한 안전조치 협정하에서 IAEA는 공개되지 않은 원자력 활동을 검증할 권한을 가지고 있기는 하지만 현행 협정하에서는 이를 구체적으로 이행할 수 있는 수단이 제한적인 실정이다.

1990년대 초 이라크와 북한이 비밀리에 핵무기 관련 활동을 벌인 사실이 발각되자 1997년 5월 IAEA는 INFCIRC/540이라고 불리는 모델 추가 의정서(Model Additional Protocol)를 신속히 체결했다. 당시의 추가 의정서는 독자적인 문서가 아니라 기존 안전조치 협약에 몇 가지 조항을 추가한 것이었다. IAEA는 이 추가 의정서를 통해 광범위한 안전조치 협약을 토대로 해당 국가가 제출한 신고서의 정확성과 완성도를 검증할 수 있게 되었을 뿐만 아니라 관련된 법적 권한, 더 많은 정보, 향상된 기술적 수단을 추가적으로 확보할 수 있게 되었다. 그렇지만 해당 국가는 IAEA와 체결한 안전조치 협정이 강제적인 조항으로 이행되는 것을 용납하지 않고 있다. 그래서 이러한 협정은 아직까지도 자발적인 상태로 남아 있다. 2010년 12월 31일 기준 184개의 비핵국 가운데 99개국만 추가 의정서에 서명한 상태다(IAEA, 2010: 79). 예를 들면, 아르헨티나, 브라질, 이집트, 이란, 시리아, 베네수엘라 같은 국가들은 다양한 원자력 사업을 진행하고 있음에도 여러 가지 이유를 들면서 추가 의정서에 대한 서명 및 집행을 거부하고 있다.

1990년대 이후 IAEA는 안전조치를 강화하기 위한 모든 수단을 동원해왔다. 그러나 실제로 기관이 효과적으로 보호조치를 취할 수 있는 핵물질과 핵시설의 범위에 대해서는 여전히 논란이 진행 중이다. 특히, 전환·농축·연료 가공·사용 후 핵연료 재처리 공장과 같이 "대량의 핵물질이 존재·처리·사용되는" 대규모 처리시설(IAEA 2002: 42)과 같은 핵시설의 범위는 더욱더 큰 논란거리가 되어왔다.[11] 이러한 시설에서는 가스, 용액, 분말, 입자 형태의 핵물질이 만들어지며, 일부는 다른 형태로도 전환된다. 더욱이 재처리된 플루토늄이나 농축 공장의 우라늄 같은 경우 투입되고 산출되는 핵물질 양을 측정하는 데 불확실성이 수반되기 마련이다. 실제로 대규모 처리 시설이 작동하는 동안 처리 장비, 배관, 필터에는 상당한 양의 핵물질이 축적될 수 있다. 이러한 이유들로 인해서 "중요한 안전조치 수단인 물질 계량 관리"를 적용하기가 어려울 수밖에 없다(IAEA, 1972: para. 29). 결과적으로 대규모 처리 시설이 다른 용도로 이용되지 않을 때에도 핵시설의 기록과 실제 재고량 사이에는 차이가 발생할 수 있다. 따라서 측정의 불확실성과 실질적인 핵물질 전용을 구별하기 위해 통계적인 기법이 물질 계량 관리에 적용되고 있다.

INFCIRC/153 문서에 따르면, IAEA 안전조치의 기술적 목표는 평화적인 용도로 사용되는 핵물질의 상당량이 핵무기나 다른 핵폭발 장치의 제조에 사용되거나 기타 알려지지 않은 군사용 목적으로 사용되는 것을 적기에 감지해 이를 저지하는 것이라고 할 수 있다(IAEA, 1972: para. 28). 여기서 상당한 양의 핵물질이란 "핵폭발 장치를 제조할 수 있을 정도의 핵물질"로 규정된다(IAEA, 2002: 23).

---

11 대규모 처리 시설을 통제하는 것과 관련한 더욱 자세한 논의는 Yudin(2010)을 참고할 수 있다.

구체적으로는 고농축 상태의 우라늄-235 25kg, 플루토늄 8kg이 여기에 해당된다. 밀러는 물질 수지의 실질적인 재고량이 매년 제대로 관리되기만 한다면, 연간 800톤의 핵물질을 처리하는 일본의 롯카쇼 핵재처리장 같은 대규모 처리 시설에서는 물질 계량 관리를 통해 플루토늄 236kg의 최소 핵물질 손실분을 감지할 수 있다고 추정한 바 있다(Miller, 1990).

그렇지만 IAEA의 경우 물질 계량 관리에만 전적으로 의지하지는 않는다. IAEA는 일반적으로 감시, 감독, 환경 검사, 설계 검증, 불시 점검 같은 수단들도 채택하고 있다. 그렇지만 IAEA의 안전조치 및 검증을 담당했던 전 심의관인 피에르 골드슈미트(Pierre Goldschmidt)는 "심지어 대규모 시설에 투입되는 수십 톤의 핵물질 중 몇 킬로그램 정도의 적은 양도 어떠한 징후 없이 핵물질의 전용이 불가능한데도 IAEA의 관리 시스템에는 여전히 내재적인 문제점이 존재한다"라고 인정한 바 있다(Goldschmidt, 2008: 295). 만일 핵물질을 전용할 징후가 보이면 의심국이 빼돌린 물질을 이용해 핵무기를 제작하기 전에 이러한 시도를 미리 감지하는 것이 바람직하다고 할 수 있다. 그래야만 국제사회가 적절한 대응책을 마련하기에 충분한 시간을 확보할 수 있기 때문이다. 그렇다면 핵물질 전용을 감지하는 시간은 전용되는 시간보다 짧아야 할 것이다. 그렇지만 특정 유형의 핵물질이 핵폭발 장치로 전환하기 위해 필요한 시간은, 금속성 플루토늄과 고농축 우라늄은 7~10일, 산화물·질산염 및 이들의 복합물 같은 비조사(非照射) 화합물은 1~3주, 조사 핵연료의 플루토늄이나 고농축 우라늄은 1~3달로 추정된다(IAEA, 2002: 22). 이는 정치적 대책을 마련할 만한 시간적 여유가 거의 없다는 사실을 보여준다.

국제적인 안전조치의 효과성을 제한하는 다른 요인들도 있다. 예를 들면, 핵확산금지조약에는 당사국이 조약을 준수하지 않았을 때 IAEA가 취할 수 있는 조치에 대한 언급이 전혀 없다. IAEA의 규정에 따르면, 간사회는 위반국에 안전조치의 불이행에 대한 개선을 요구해야 하며 UN 안전보장이사회와 UN 총회에 이러한 불이행 행위를 보고해야 한다. 다만 IAEA의 규정에는 이러한 보고에 대한 구체적인 기한이 명기되어 있지 않다. 물론 UN 안전보장이사회는 외교적·경제적 제재와 같은 구체적인 처벌을 가할 수 있다. 그렇지만 위반국은 이런 제재를 받더라도 여전히 안전조치의 이행을 거부할 수 있다. 게다가 안전보장이사회의 5개국은 제재를 지연 또는 약화하기 위해 거부권을 행사할 수도 있다.

수출 통제

핵확산금지조약의 제3조 2항은 원자력 물품의 공급과 관련해 의무를 부과하고 있는데, 구체적인 내용은 다음과 같다. 첫째, 특정 핵분열성 물질 및 그 원천이 본 조항에서 요구하는 안전조치의 대상이 아니라면, 당사국은 핵에너지를 평화적인 목적으로 사용하기를 원하는 비핵국에 이들 물질과 원천을 공급하지 말아야 한다. 둘째, 특정 핵분열성 물질 및 그 원천이 본 조항에서 요구하는 안전조치의 대상이 아니라면, 당사국은 핵에너지를 평화적인 목적으로 사용하기를 원하는 비핵국에 이들 물질의 처리·사용·생산을 위해 특별히 설계되거나 준비된 장비와 물질을 제공하지 말아야 한다.

이 조항을 토대로 핵물질과 관련 장비에 관심이 있는 국가들은 1971년 쟁거위원회를 조직했다. 이 위원회는 설립된 지 3년 만에 IAEA 문서 INFCIRC/209에서 명시된 이용 가능한 물품에 대한 '트리거 목록(trigger list)'[12] 초안을 작성했다. 이후 핵확산금지조약의 당사국들은 평화적인 목적으로 원자력을 이용하려는 비핵국이 목록에 포함된 핵물질을 전용할 수 있도록 허가해주었다. 이로 인해 원자력의 비군사적 이용 보장, 다른 국가로 이송된 핵물질에 대한 IAEA의 안전조치 요구, 수출된 핵물질의 원형 상태로의 반송이라는 세 가지 상황이 벌어지고 말았다. 현재 쟁거위원회는 38개국으로 구성되며, 트리거 목록의 개정 작업은 정기적으로 이뤄지고 있다. 이 목록에는 핵시설뿐 아니라 플루토늄과 고농축 우라늄을 포함하는 핵물질까지 포함된다. 물론 쟁거위원회는 스스로를 비공

---

12 쟁거위원회가 핵무기 확산 방지를 위해 마련한 핵 관련 수출 통제 가이드라인 중 원자력 전용 품목을 채택한 것을 트리거 목록이라 한다. _옮긴이

식적인 조직으로 간주하고 있으며, 해당 국가에 수출 규제를 통한 제재가 법적 구속력이 없음을 명시하고 있다. 그렇지만 오히려 각 회원국은 수출 규제를 통한 제재를 가할 것을 서로에게 일방적으로 통보했고, IAEA가 이러한 통제를 지속하도록 만들었다. 결과적으로 회원국들은 자국의 수출 통제법을 통해 민감한 핵물질과 원자력 기술의 수출 규제를 강화할 수 있었다.

한편 1974년 인도 핵실험을 계기로 원자력공급국그룹이라는 더 공식적인 수출 규제 레짐이 출범했다. 당시 인도의 핵실험으로 인해 평화적인 목적으로 취득한 핵물질과 장비가 군사적 용도로 전환될 수 있다는 우려가 현실이 되었다. 2011년 12월 현재 46개의 원자력 공급국으로 구성된 원자력공급국그룹은 원자력 수출 규제의 조직화에 자발적으로 참여하고 있으며, 이를 통해 민간 부분의 원자력 및 핵물질, 장비, 기술의 비핵국 이전을 통제하고 있다. 이와 관련해 원자력공급국그룹은 다음 두 가지 지침을 수립한 뒤 이를 정기적으로 개정해오고 있다. 즉, 핵 이전 지침(INCFCIRC/254/part1)과 이중용도의 원자력 장비·물질·기술에 대한 이전 지침(INFCIRC/254/part2)이다. 원자력공급국그룹의 지침은 쟁거위원회의 트리거 목록에 비해 훨씬 더 포괄적이다. 원자력공급국그룹의 목록 1부에 제시된 수입품 관련 자격을 획득하기 위해 해당국은 IAEA의 광범위한 안전조치 협정을 준수해야 한다. 원자력공급국그룹의 지침에는 추가적인 수출 조건도 포함되어 있다. 여기서 말하는 추가적인 수출 조건에는 물리적 보호 수단, 민감한 설비의 이전에 관한 주의사항, 쟁거위원회의 2차 양도 조항 강화 등이 포함된다.[13]

2011년 6월 원자력공급국그룹은 원자력 기술의 이전과 관련된 새로운 지침을 공표했으며, 회원국들은 이러한 기술 이전이 지침에 근거해서 접근하고 있다는 사실에 동의해주었다. 농축 및 재처리 설비, 장비, 기술의 이전은 수혜자가 핵확산금지조약의 조약국일 때에만 허용되기 때문이다. 또한 기술을 이전하면

---

13   IAEA의 문서 INFCIRC/539/Rev.3은 이 2개의 원자력 수출 규제 레짐에 대한 유용한 역사적 이력을 밝혀놓고 있다.

광범위한 안전조치 협정과 관련 추가 의정서가 자동으로 발효된다. 여기서 말하는 광범위한 안전조치 협정과 추가 의정서는 IAEA와 협력해서 시행하고 있는 안전조치 협정 및 추가 의정서에 근거해서 마련되는데, 근거가 되는 안전조치 협정 및 추가 의정서는 IAEA 운영위원회의 승인을 받아 핵물질의 재고 관리와 규제에 대한 책임을 규정하고 있다(IAEA, 2011a). 추가 의정서의 가장 마지막 조항은 실질적으로 아르헨티나와 브라질에는 예외로 작용하며, 원자력공급국그룹의 회원국은 추가 의정서가 발효되는 것을 거부하고 있다.

원자력공급국그룹의 회의에서 많은 당사국은 효과적이고 투명한 수출 규제를 지지해왔다. 그렇지만 일부 비핵국은 수출 통제의 차별성을 비판하면서, 수출 통제가 자국의 경제 발전에 악영향을 끼칠 뿐만 아니라 핵에너지의 평화적 사용에 대한 양도할 수 없는 권리를 침해한다고 주장했다. 특히 북한, 인도, 이라크, 이스라엘, 파키스탄의 핵무기 개발 사례를 근거로 들어 수출 규제의 효과성에 대해서도 의문을 제기했다. 파키스탄의 압둘 카디르 칸(Abdul Qadeer Khan)이 설립해 운영하고 있는 핵 관련 암시장의 출현으로 인해 수출 규제 레짐의 효과성과 적절성에 대한 의문도 제기되었다. 이에 대해 IAEA의 전 사무총장인 엘바라데이는 2004년 다음과 같이 주장한 바 있다.

현행 원자력 수출 규제 시스템에는 분명 미흡한 부분이 있다. 이 시스템은 구성원을 강제하거나 제한하지 않는 비공식적인 의무를 구성원에게 부여한다. 게다가 산업화된 선진국은 이런 시스템에 구속되지 않는다. 물론 지금의 수출 규제 시스템과 검증 시스템을 통합하는 연결고리도 존재하지 않는다(ElBaradei, 2004).

더욱이 공급국의 지정학적·경제적 관심은 사실 핵 확산 방지 문제와 거의 관련이 없다. 게다가 패권국은 자국의 정치·경제적인 힘을 다른 국가를 압박하는 데 사용하는 경향이 있다. 심지어 이들은 원자력공급국그룹 같은 국제기구를 이용해 영향력을 행사하기도 한다. 예를 들어, 2008년 프랑스, 러시아, 영국, 미국 같은 국가의 압력 때문에 원자력공급국그룹의 몇몇 국가는 인도의 권리를 무효화하는 데 동의할 수밖에 없었다. 민간용 원자력 시설에서 사용되는 핵물질이나 핵연료를 원자력공급국그룹에 수출하기 위해서는 IAEA의 안전조치를 준수하는 것이 전제조건인데, 인도의 권리를 무효화시켰기 때문에 인도에는 이를 요구할 수 없게 되었다.

정리하자면, 핵 공급자를 통한 원자력 기술 이전이나 암시장을 통한 불법적 획득을 막을 수 있는 가장 효과적인 수출 규제 레짐조차도 결과적으로는 핵기술의 개발을 막을 수 없다.

새로운 제도적 메커니즘의 필요성

평화적인 목적으로 생산되는 핵물질과 전쟁을 목적으로 생산되는 핵물질 사이에는 기술적 장벽이 전혀 존재하지 않기 때문에 단순히 기술적 수단만으로 현행 핵 확산 방지 레짐의 한계를 보완할 수 없는 실정이다. 따라서 핵물질·시설·기술에 대한 접근을 차단하기 위해서는 다양한 정치·경제·외교적 국제 전략을 포함한 제도적 메커니즘이 추가적으로 필요한 상황이다. 2003년 이후 핵 확산 방지 레짐을 강화하고 평화적인 핵에너지의 사용으로 인한 이익을 다른 나라들이 안정적으로 향유하기 위해서는 핵연료 주기에 대한 다자간 접근이 필요하다는 사실이 여러 차례 강조된 바 있다. 넓은 의미에서 핵연료 주기의 다국가화는, 본질적으로 위험하다고 여겨지는 핵에너지를 특정 국가가 아닌 여러 국가 또는 국제적인 통제하에 두는 것을 의미한다.

이러한 제안은 특별히 새로운 주장이 아니다. 핵연료 주기의 국제적인 책임에 대한 요구는 사실 원자력 시대 초창기부터 계속되고 있다. 핵에너지를 국제적으로 통제하자는 제안은 일찍이 1946년에 작성된 애치슨 릴리엔솔 보고서(Acheson-Lilienthal Report)에서 최초로 시작되었다. 1970년대와 1980년대에는 핵연료 주기에 대한 다자간 접근과 관련된 현실적인 연구가 몇 건 착수되었다. 비록 이런 연구들이 대개 다자간 접근의 경제적·기술적 실현 가능성이라는 측면에서 선호되는 결과를 제시하지는 못했지만, 이런 접근 방식을 거부하는 것이 적어도 국제사회의 정치적 의지 부족이나 원자력 기술에 대한 규제를 포기하려는 몇몇 국가의 방해 때문만은 아닌 것으로 판명되었다. 찬성 측의 주장에 따르면, 다자간 핵연료 관리는 국가적 연료 관리와 비교했을 때 핵 확산의 위험성을 줄일 수 있는 더 나은 방법일 수 있다. 즉, 핵연료 주기의 다국가화가 원자력 기술의 이중용도라는 특성은 바꿀 수 없겠지만 원자력 기술의 관리 방법은 바꿀 수 있다. 사실 국가적으로 운영되는 농축 및 재처리 시설 없이 핵폭탄에 필요한 핵물질을 직접적으로 획득하거나 핵무기를 은밀하게 제조할 수 있는 나라는 없다.

만약 국가들이 공동으로 소유하고 관리하는 핵연료 주기가 적절히 마련된다면 다음과 같은 장점이 발생할 것이다.

- 민감한 원자력 기술이 오용될 가능성이 적다는 확신을 국제사회와 당사국에 심어주기 때문에 중요한 신뢰 구축 방안이 될 수 있다.
- 핵물질의 전용 및 절도 가능성이 낮은 참여국이 세밀한 공동조사를 하도록 보장할 수 있다.
- 더욱 높은 기준의 투명성과 협력을 보장함으로써 IAEA 안전조치를 적용할 수 있게 만든다.
- 다자간 핵연료 주기 대상국 그룹에서 탈퇴하기가 복잡해진다. 왜냐하면 핵시설을 장악하기 위해서는 당사국이 상대국을 퇴출시켜야 하는데, 이는 당사국에 상당한 정치적 부담으로 작용할 것이기 때문이다.
- 핵무기를 보유하려는 의도를 지닌 국가를 더 분명히 드러낼 수 있다.
- 비용 효율성과 규모의 경제를 가능하게 한다.
- 다자간 핵연료 관리를 선호하는 모든 국가에 연료 주기 서비스의 핵심 요소에 관한 기득권을 부여할 수 있다.

물론 핵연료 주기 구성 요소의 다국가화와 우라늄 농축 및 사용후 핵연료의 재처리를 위해서는 새로운 국제 기준을 만들어야 한다. 왜냐하면 이를 위해서는 핵확산금지조약 제4조의 범위를 변화시켜야 하는데, 이는 기존 조약의 입법 취지를 넘어서는 것이기 때문이다. 이러한 기준이 완전히 불가능한 것은 아니지만 이는 개괄적인 수준의 협상에서만 동의를 얻을 수 있을 것이다. 또한 일반적인 원칙을 적용해야 많은 국가가 새로운 기준을 받아들일 것이다. 그러면 결과적으로 모든 국가가 예외 없이 동일한 수준으로 새로운 기준을 준수하게 될 것이다. 다만 핵 확산 방지, 군비 축소, 핵에너지의 평화적 사용과 관련된 쟁점에 대해 오늘날 국가 간에 확고한 견해 차이가 존재한다는 사실을 고려할 때 이러한 합의가 이뤄지기는 쉽지 않을 것이다.

2005년부터 2007년까지 엘바라데이가 다자간 접근과 다각적인 통치 체제에 대한 논의를 다시 요청하자 원자력 산업계와 시민단체는 핵연료 주기와 핵연료 공급 보증의 다각적 접근에 관한 12가지 방안을 제시했다. 당시 제안은 비전, 범위, 목표, 기간, 수준이 매우 다양했으며, 많은 제안이 1970년대와 1980년대에 만들어진 방안과 상당히 유사했다.[14] 즉, 핵 공급자, 핵연료 은행, 다각적 핵연료 주기에 대한 추가적인 보장은 지금까지도 논의되는 사안이다. 그렇지만 다각적 핵연료 관리 방식의 방향과 관련해서는 최근 큰 진척이 있었다. 러시아의 국제 우라늄 농축 센터 설립, 저농축 우라늄 비축 보장, IAEA의 고농축 우라늄 은행 설립, 영국의 핵연료 보장이라는 네 가지 제안이 추가된 것이다.

최근 들어 다자간 메커니즘을 일부 성공적으로 도입했지만 핵연료 주기에 대한 다각적인 접근은 아직까지 불투명한 상황이다. 공급국은 이와 관련해서 일관된 정책이 없으며, 자국의 핵연료 설비를 다자간 운영 체계로 전환하는 방안에 대해서는 아무런 관심도 보이지 않고 있다. 평화적인 목적으로 원자력을 연구·개발할 수 있는 핵확산금지조약의 권리를 침해할 가능성 때문에 많은 비공급국도 다자간 접근을 반대하고 있다. 한편으로는 다각화를 빌미로 공급국들이 카르텔을 형성할 가능성도 두려워하고 있다. 원자력 기술에 대한 통제권을 포기하기

---

14 본 안에 대해 더 자세한 설명과 논의를 살펴보려면 Yudin(2009; 2011)을 참고할 수 있다.

위한 개별 국가의 정치적 의지와 열의의 부족은 30년 전이나 지금이나 다각화의 가장 강력한 장애 요인 가운데 하나다. 이러한 의지 부족을 극복하고 다각화를 위한 정치적 열정을 불러일으키기 위해서는 핵연료 주기의 다각화와 관련해 정치·경제적으로 매력적인 전략을 수립함으로써 공급국과 비공급국 모두 참여하는 국제 조직을 구성해야 한다. 여기서의 관건은 개별 국가의 관심이 주권 행사에서 핵 확산 방지, 에너지 안보, 경제 발전, 강화된 국제 협력이라는 공통된 관심 사항으로 전환되어야 한다는 것이다.

공급자와 저농축 우라늄 은행의 추가적 보증을 통해 연료 공급을 보장하면 원자력 기술을 개발하려는 국가의 욕심을 소멸시킬 수 있을 것이다. 따라서 연료 보증 협정을 장려하는 것은 공급 안보에 관심이 있는 국가에 효과적인 유인책이 될 수 있다. 만약 연료 보증 협정이 성공적으로 체결되면 핵연료 주기의 다각화라는 쟁점이 오히려 더욱 확산될 수 있을 것이다. 즉, 국제화된 핵연료 주기 시설을 소유·운영하기 위해 개발된 현행 국제 기준이 지금의 정치 풍토에 부합되지 않는다는 사실이 드러나야만 다각화를 향해 점진적으로 접근하게 될 것이다. 다각적인 통제하의 현행 또는 미래의 잠재적인 일부 농축 및 재처리 시설을 어디에 위치시킬 것인가에 대해서는 심각하게 고려할 필요가 있다. 국제 농축 및 재처리 시설은 소유·관리·운영·의사 결정·이윤 배분뿐 아니라 원자력 기술에 대한 직접적인 접근을 포함해 기타 활동에 참여하기 원하는 나라에 공평한 환경을 조성하는 데 일조할 것이다. 즉, 대규모의 다각적 원자력 사업의 동등한 파트너가 됨으로써 핵에너지를 통해 경제 발전을 이룩하고, 점점 비싸지는 화석연료에 대한 의존을 줄이며, 환경오염을 개선하려는 국가에 의미 있고 매력적인 대안이 될 것이다.

결론

원자력 에너지의 다음 두 가지 특징은 국제 핵 확산 방지 레짐의 핵심적인 약점과 밀접한 관련이 있다.

- 원자력 기술의 이중용도: 핵에너지의 평화적인 사용과 군사적인 사용은 절대 분리될 수 없다. 즉, 우라늄 농축, 플루토늄 분리, 혼합된 우라늄·플루토늄 연료와 같이 전력 생산 또는 핵무기 제조에 사용되는 핵물질을 만들어낼 수 있는 원자력 기술에는 광범위한 중간지대들이 존재한다.
- 원자력에 대한 지배적인 국가 관리 및 통제: 손쉽게 핵무기의 원료로 전환될 수 있는 고농축 우라늄과 플루토늄이 정부에 제공되고 있으며, 이와 관련해 정부는 지배적인 통제 및 관리의 권한을 보유하고 있다.

핵확산금지조약의 모호한 조항들로 인해 회원국들이 원자력 기술의 개발에 몰두하게 되면서 핵 확산 방지의 주요 관심사인 핵무기 보유 능력이 오히려 확산되고 말았다. 우라늄 농축 기술을 포함해 핵 확산과 관련된 기술적 장벽은 지난 수십 년 동안 상당히 제거되었으며, 앞으로는 더욱 줄어들 것이다. 핵연료 주기 능력에 대한 정부의 획득 욕구는 여전히 높은 편인데, 이는 에너지 자립, 경제 발전, 국위 선양 그리고 원자력 헤징(nuclear hedging)[15]에 대한 지속적인 관심을 보여준다.

물론 IAEA의 안전조치와 수출 규제는 매우 중요할 뿐 아니라 강화되어야 하지만, 이는 원자력 기술의 개발과 보급을 제한한다는 단점이 있다. 따라서 미래에는 새로운 정치적 접근과 다자간의 제도적 접근이 필요하다. 핵 확산의 망령과 원자력 에너지 공급 간의 긴밀한 관계는 지속될 텐데, 이는 국가의 에너지 선택과 복잡한 국제 안보 상황에도 영향을 미칠 것이다.

최근 들어 폭넓게 논의되고 있는 다자간 제도적 메커니즘은 현행 핵 확산 방지 레짐의 한계를 보완할 수 있을 것이다. 이는 원자력 기술의 확산을 억제하기 때문에 궁극적으로는 개별 국가가 해결할 수 없는 문제를 어느 정도 완화시킬

---

15 핵주권의 획득을 통해 국가적인 위험을 회피하려는 전략을 가리킨다. _옮긴이

것이다. 이러한 메커니즘과 국제 협력을 통해 모든 국가는 원자력 기술을 평화적인 용도로 공평하게 사용할 수 있을 뿐만 아니라 이 과정에서 발생하는 경제적 이익에도 접근할 수 있을 것이다. 또한 핵확산금지조약의 세 가지 핵심 기조도 모두 강화될 것이다.

4부

국제 에너지와 발전

14

에너지 접근성과 발전

수베스 바타차리야*

서론

국제 에너지 분야의 과거 발전 과정을 돌아보며 미래를 전망해볼 때 에너지의 생산, 소비, 접근성에서의 극심한 격차가 발전을 지속 불가능하게 만든다는 사실을 확인할 수 있다. 지속가능한 발전에서 에너지의 역할이 중요하다는 것은 잘 알려진 사실로, 에너지에 대한 접근성 문제는 앞으로 더욱 중요해질 것이다. 마찬가지로 청정에너지에 대한 대중적 합의 없이는 지속가능성이라는 목표 역시 달성하기 어려울 것으로 전망된다. 결과적으로 현재 전 세계 수십억 명에 달하는 사람들이 에너지 서비스의 혜택을 누리지 못한 채 살아가고 있으며, 그중에서 상당수는 앞으로도 이러한 혜택을 받지 못할 것이다. UN은 2012년을 '모

* 이 글은 '영국 에너지 프로그램(UK Energy Programme)'의 일환으로 국제개발부(DfID) 공학·자연과학연구위원회(EPSRC)의 연구보조금(EP/G063826/1)을 지원받아 작성되었다. 이 에너지 프로그램에는 공학·자연과학연구위원회의 주도하에 경제·사회연구위원회, 환경과학연구위원회, 생명공학연구위원회, 과학·기술위원회가 참여하고 있다. 이 과정에서 연구에 도움을 주신 분들에게 감사드린다.

두를 위한 지속가능한 에너지의 해'로 지정한 뒤 이에 관한 문제를 많은 사람들에게 알리는 동시에 이를 해결하기 위한 구체적인 행동을 취하기 시작했다.[1] 이 장에서는 이러한 UN 선언에 의거해 첫째, 에너지 접근성에 대한 문제를 검토하고, 둘째, 에너지 접근성에 관한 현재의 정책을 살펴본 뒤, 끝으로 지속가능한 대안을 제시하려 한다.

'에너지 접근성'이라는 용어는 주로 현대적인 청정에너지에 대한 접근을 의미한다.[2] 일반적으로 이 용어는 에너지 수요를 충족시키기 위해 전통적인 에너지에 의존하는 개발도상국 국민의 상황을 설명하는 데 사용된다. 따라서 에너지 접근성은 소비자의 에너지 공급에 대한 물리적 접근성이나 관련 제품의 시장에 대한 접근성에 초점을 둔다. 이는 경제적 관점에서 논의되는 '에너지 빈곤'과는 구분되는 개념이다. 에너지 빈곤이란 가구 소득 가운데 에너지 소비에 사용되는 금액의 크기와 관련 있다. 따라서 이런 경제적 부담이 특정 한계 수준을 넘어서면 그 가정은 에너지 빈곤 또는 연료 빈곤을 겪는 것으로 분류된다(Bhattacharyya, 2011: 507). 이 장에서는 에너지 빈곤이 아닌 에너지 접근성에 관한 문제를 다룰 것이다.

에너지 접근성 문제는 도시 지역의 영세민과도 관련이 있지만, 대부분의 경우 개발도상국의 농촌 지역에 해당되는 문제다. 이에 이 장에서는 도시보다도 농촌 지역의 문제에 초점을 맞출 예정이지만, 도시 지역의 에너지 접근성 문제 역시 소홀히 다뤄서는 안 될 것이다. 여기서는 먼저 에너지 접근성 문제를 개괄적으로 검토한 뒤, 에너지 접근성과 발전의 관련성을 측정할 수 있는 지표에 대해 살

---

1   이와 관련해 반기문 UN 사무총장은 '모두를 위한 지속가능한 에너지(Sustainable Energy For All: SE4ALL)' 프로그램을 2011년에 제안한 바 있다. 이는 2030년까지 '에너지 접근성 확보, 에너지 효율 2배 향상, 신재생 비중 2배 확대'를 목표로 한다. UN은 2000년부터 2015년까지 지구적인 정책 목표였던 새천년개발목표(Millenium Development Goal: MDG)를 대체할 새로운 개발 의제를 설정했는데, 이것이 바로 지속가능발전목표(Sustainable Development Goal: SDG)다. _옮긴이

2   에너지 접근성이라는 용어에 대한 보편적인 정의가 존재하지 않으나, IEA는 이를 "한 가정이 신뢰할 수 있는 적정 가격으로 청정 취사 시설과 전기에 접근할 수 있으며, 시간이 지남에 따라 전기 소비의 증가가 지역 평균에 도달하는 것"이라고 정의한다(IEA, 2011). 하지만 이러한 정의는 가정이라는 단위에만 초점을 두는 데다 지속 불가능한 자원을 이용해 에너지를 소비한다는 문제점을 가지고 있다. 따라서 이 장에서는 이러한 형식적인 정의를 지양한다.

퍼볼 것이다. 다음으로는 에너지 접근성을 강화하기 위해 사용할 수 있는 다양한 접근법을 알아본 뒤, 결론에서 당면 과제와 이에 대한 해결 방안을 제시하려 한다.

에너지 접근성 문제의 개관

저소득 가구는 대부분의 에너지를 조명이나 급탕을 포함한 취사에 사용하는 경향이 있다.[3] 특히 전체 에너지 소비량의 90%가량이 취사 부문에 집중되어 있다. 이처럼 에너지 사용량 가운데 취사용 에너지의 비중이 높은 이유는 효율이 낮은 탓도 있지만, 에너지 사용 분야가 제한적인 것도 하나의 원인이다. 전기가 조명에 가장 적합한 에너지의 형태라고 여겨지면서 국가별 청정에너지에 대한 접근성은 전기화의 정도와 당연히 결부되는 것으로 간주된다. 한편으로 취사용 청정에너지는 다른 차원에서 논의가 전개될 수도 있다. 따라서 에너지 접근성과 관련해서는 일반적으로 전기와 취사용 에너지를 구분해서 다루는 편이 바람직할 것이다.[4] 물론 이 장에서는 이러한 관점에 따라 논의를 전개할 것이다.

이 절에서는 먼저 현재 전기화의 수준에 대해 살펴보고, 다음으로 취사용 에너지를 검토한 뒤, 끝으로 미래의 전망을 제시할 것이다.

다양한 지역에서 전기화의 정도

〈표 14.1〉은 지역별 전기화의 정도를 정리한 것이다.[5] 2009년 기준 전기를 사

---

3 기후 조건에 따라서는 실내 난방을 위한 에너지 소비가 더 중요한 나라도 있을 것이다.
4 많은 국제기구가 노력을 기울이고 있으나 이에 대한 자료가 충분하지 않다는 점을 짚고 넘어가야 할 것이다. 자료의 질은 인구의 분산, 전통적 에너지를 체계적으로 기록하기 위한 행정적 노력의 부족, 광범위한 조사의 어려움, 소통과 기반 시설의 부족 등으로부터 영향을 받는다. 이 주제를 분석할 때는 이러한 사항을 염두에 둬야 한다.
5 에너지 접근성에 관한 더 자세한 자료는 UNDP-WHO(2009)를 참고하기 바란다.

〈표 14.1〉 지역별 전기화 수준(2009년)

지역	전기 미보급 인구수 (100만 명)	전기화율(%)		
		전체	도시	농촌
북아프리카	2	98.9	99.6	98.2
사하라 사막 이남	587	28.5	57.5	11.9
중국과 동아시아	195	90.2	96.2	85.5
남아시아	614	60.2	88.4	48.4
중앙아시아	21	89.1	98.5	70.6
전체 개발도상국	1453	72.0	90.0	58.4
체제 전환국+OECD	3	99.9	100.0	99.5
전 세계 합계	1456	78.2	93.4	63.2

자료: IEA, 2010.

용하지 못하는 사람이 14억 명으로 집계되었는데, 이는 전 세계 인구의 22%를 차지한다. 전기를 이용하지 못하는 사람의 수가 가장 많은 곳은 남아시아 지역으로, 전기를 이용하지 못하는 전 세계 인구 중 42%가 이 지역에 살고 있다. 그 다음으로 전기에 대한 접근성이 떨어지는 곳은 사하라 사막 이남 지역으로, 5억 8700만 명이 전력을 사용하지 못하고 있으며, 이는 전기를 사용하지 못하는 인구 가운데 40%를 차지한다. 이들 두 지역 다음으로 전기에 대한 접근성이 취약한 곳은 동아시아로, 1억 9500만 명의 사람이 전기 이용에 어려움을 겪고 있으며, 이는 전기 이용이 어려운 전 세계 인구 중 13%에 달하는 수치다.

전기를 자유롭게 사용할 수 있는 전 세계 30%의 사람들은 골고루 분포되어 있는 반면, 전력 소비에 어려움을 겪고 있는 나머지 70%는 단 12개국에 밀집되어 있는 상황이다(〈그림 14.1〉 참조). 일부 국가에서는 도시 거주민이 전기를 사용하지 못하는 경우도 있지만, 대체로 전기 접근성이 낮은 국가에서는 농촌 주민들이 전기 접근에 어려움을 겪고 있다. 따라서 전기 접근성이 낮은 사람의 수는 남아시아 지역이 가장 많으나, 비율 측면에서는 사하라 사막 이남 지역이 더 높은 수치를 보인다. 실제로 전기 접근성이 낮은 하위 10개국 가운데 아시아 국가는 미얀마 하나뿐인 반면, 나머지 9개국은 아프리카의 사하라 사막 이남 지역에 속한다.

대체로 이들 국가는 1인당 GDP가 세계 평균을 밑도는 지역이라는 점도 주목

〈그림 14.1〉 전기 접근성이 낮은 주요 지역(2009년)(단위: 100만 명)

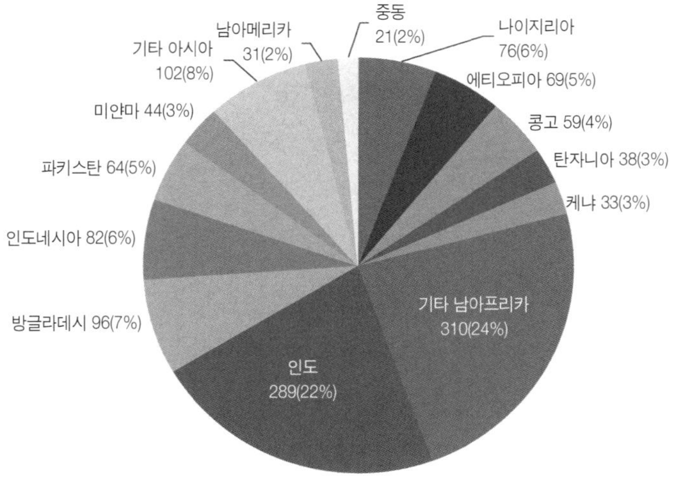

자료: IEA, 2011.

할 필요가 있다(Ailawadi and Bhattacharyya, 2006). 〈그림 14.1〉에 제시된 국가 가운데 인도네시아를 제외한 나머지 국가는 1인당 GDP가 세계 평균보다 10% 정도 낮으며, 1차 에너지 소비량 역시 세계 평균의 8~42% 수준인 것으로 나타났다. 또한 1인당 에너지 소비량도 세계 평균의 1~15% 수준이다.

흥미로운 사실은 세계에서 인구가 가장 많은 중국에서는 전체 인구의 0.6%에 해당하는 800만 명만 전기 이용에 어려움을 겪고 있다. 태국, 말레이시아, 베트남, 필리핀을 포함한 대다수의 동남아시아 국가도 전기화 과정에서 놀라운 발전을 이룩했다. 마찬가지로 남미에서 인구가 가장 많은 국가인 브라질은 전체 인구의 2%만 전기를 이용하지 못하고 있는데, 이들 대부분은 아마존에 거주하는 원주민이다. 이처럼 전 세계의 다양한 전기화 성공담과 실패 사례는 우리에게 많은 교훈을 준다.

취사용 에너지의 접근성

최근 IEA는 개발도상국의 바이오매스 사용 현황에 관한 구체적인 자료를 제

<그림 14.2> 취사용 에너지 접근성이 낮은 주요 지역(2009년)(단위: 100만 명)

남아메리카 85(3%)
나이지리아 104(4%)
에티오피아 77(3%)
콩고 62(2%)
탄자니아 41(2%)
케냐 33(1%)
기타 아시아 648(24%)
기타 남아프리카 335(13%)
남아프리카 4(0%)
미얀마 48(2%)
인도 836(31%)
파키스탄 122(5%)
인도네시아 124(5%)
방글라데시 143(5%)

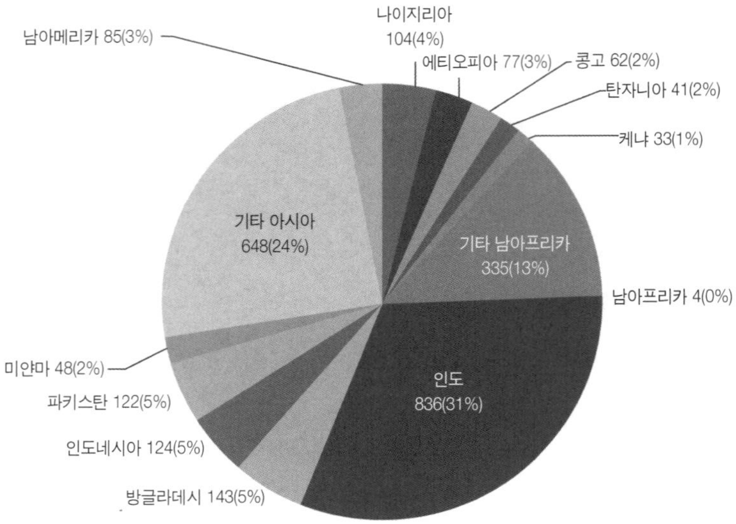

자료: IEA, 2011.

<표 14.2> 취사용 에너지로서의 바이오매스 이용 현황(2009년)(단위: 100만 명)

지역	전체 인구 대비 비율(%)	전체	농촌	도시
사하라 사막 이남	78	653	476	177
아프리카	65	657	480	177
인도	72	836	749	87
중국	32	423	377	46
아시아	63	731	554	177
남미	19	85	61	24
합계	51	2662	2221	441

자료: IEA, 2011.

시한 바 있다(IEA, 2011). 이 자료에 따르면, 개발도상국에서는 270만 명에 이르는 사람들이 취사 및 난방을 위한 용도로 바이오매스 연료를 사용하는 것으로 추정된다(〈그림 14.2〉 참조).

농촌 주민의 80% 이상은 청정에너지에 대한 접근이 어려운 상태다(〈표 14.2〉 참조). 지역별로 봤을 때 아시아 지역은 전체 인구의 72%가 청정에너지를 사용하지 못하는 실정이며, 이는 사하라 사막 이남 지역의 뒤를 잇는 높은 수치다.

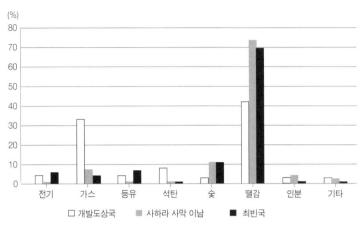

〈그림 14.3〉 개발도상국의 취사용 연료별 이용 현황

자료: UNDP-WHO, 2009.

다만 이들 두 지역에서 청정에너지에 대한 접근이 어려운 사람의 수는 비슷하다. 마찬가지로 청정에너지에 대한 접근이 어려운 도시민의 규모 역시 사하라 사막 이남과 아시아 지역 모두 유사한 수준이다. 그렇지만 농촌의 경우에는 아시아 지역이 사하라 사막 이남 지역보다 3.5배나 더 많은 사람들이 청정에너지에 접근하지 못하는 것으로 나타났다.

현재 다양한 연료가 취사용으로 사용되고 있으나, UN개발계획과 세계보건기구에 따르면 26억 명의 사람들이 여전히 전통적인 에너지를 이용하고 있으며, 4억 명이 석탄을 이용 중이다(UNDP-WHO, 2009). 취사용으로 사용되는 연료는 지역에 따라 다양한데, 일반적으로 농촌 지역에서는 고체형 연료가 주로 사용되고 있다(〈그림 14.3〉 참조). 취사용 난로가 보급되면서 취사용으로 고체 연료를 사용하는 비율이 30%로 줄어들기는 했지만, 사하라 사막 이남 지역과 최빈국의 경우에는 여전히 전통적인 형태의 난로가 이용되고 있다.

전통적인 에너지원에 대한 지나친 의존은 해당 국가의 경제적 비용을 증대시키는 결과를 가져온다. 예를 들면, 고체 연료는 아동 폐렴, 만성적인 폐쇄성 폐질환, 폐암 등을 유발해 건강에 악영향을 미친다. 개발도상국에서는 고체 연료 사용으로 200만 명의 조기 사망자가 발생한 것으로 추정된다(UNDP-WHO, 2009).

실제로 조기 사망자의 지역 분포는 바이오매스 사용 패턴과 일치하며, 사하라 사막 이남 지역과 남아시아는 조기 사망자 수가 가장 많은 곳으로 집계된다. 조기 사망으로 인해 죽은 사람의 나이 또는 질병을 고려해 생존 연수를 나타낸 보정 수명(Disease-Adjusted Life Years: DALY)[6]은 건강 피해를 나타내는 지표로 사용된다. 이 지표에 따르면 4000만 명 정도가 취사용 고체 연료로 인해 생명을 잃는 것으로 추산되며, 여성과 아동은 이러한 문제에 더욱 취약한 것으로 알려져 있다 (UNDP-WHO, 2009).

취사용 에너지에 대한 접근성의 문제는 전기 사용에 대한 접근성보다 훨씬 더 광범위한 영역에서 문제를 일으키고 있다. 아직까지는 많은 사람들이 이 문제에 대해 무관심한 실정이다. 그렇지만 빈곤 계층이 필요로 하는 난방 및 취사용 에너지의 양이 막대하다는 점에서 더욱 많은 관심이 요구된다.

대체로 인간개발지수가 높으면 전기와 취사용 에너지의 접근성 역시 높은 수준이라고 가정할 수 있다. 마찬가지로 기대 수명과 학력도 전기 접근성과 양의 상관관계를 갖는 것으로 이해될 수 있다. 그렇지만 에너지 접근성이 낮은데도 여러 국가에서는 인간개발지수가 0.3~0.4로 비교적 높게 나타난다. 그뿐 아니라 청정에너지에 대한 접근성이 낮은 국가의 기대 수명이 50세라는 점은 주목할 만하다. 이는 아마도 인간개발지수를 결정하는 주요 요인이 에너지 접근성과는 무관하기 때문일 것이다. 그렇지만 에너지 접근성을 향상시키려는 노력은 더 나은 삶을 보장하는 것과 밀접한 관계를 지닐 것으로 예상된다.

미래 전망

IEA는 2030년까지 10억 명의 사람이 전기 접근에 어려움을 겪을 것이며, 27억 명의 사람이 취사용 청정에너지를 사용할 수 없을 것이라고 전망했다(IEA,

---

6   DALY는 일반적으로 장애 보정 생존 연수, 즉 질병에 시달리지 않고 건강하게 살 수 있는 기간을 의미한다. _옮긴이

〈표 14.3〉 현대적 에너지원에 접근 불가능한 인구의 전망치(2030년 기준)(단위: 100만 명)

지역	전기에 접근 불가			취사용 에너지에 접근 불가		
	도시	농촌	비율	도시	농촌	비율
사하라 사막 이남	107	538	49%	270	638	67%
인도	9	145	10%	59	719	53%
중국	0	0		25	236	19%
아시아	40	181	16%	114	576	52%
남미	2	8	2%	17	57	14%
중동	0	5	2%			
합계	157	879	16%	485	2230	43%

자료: IEA, 2011.

2011). 이 같은 전망치도 연평균 130억 달러에 달하는 투자를 한다는 전제하에 추정된 것이다. 사하라 사막 이남과 남아시아를 포함한 개발도상국의 인구 증가는 여전히 전기 접근성에의 문제를 유발할 것이다. 이는 수치로 표현하면 3억 5600만 명의 아시아인과 6억 4500만 명의 사하라 사막 이남 지역 사람들이 미래에도 전기를 이용하지 못하리라는 것을 의미한다.

취사용 청정에너지에 대한 접근이라는 측면에서 상황은 더욱 악화될 것으로 예상된다. IEA는 아무런 규제를 가하지 않는다면 4억 8500만 명의 도시민과 22억 명의 농촌 인구가 2030년까지 화석연료를 계속 사용할 것으로 예상한다(IEA, 2011). 사하라 사막 이남 지역에서 화석연료에 의존하는 인구는 2030년까지 9억 명으로 증가할 것이며, 취사용으로 청정에너지를 사용하지 않는 세계 인구의 1/3이 이들 지역에 거주할 것으로 예측된다. 즉, 미래에는 오늘날에 비해 상황이 더욱 악화될 것으로 예상된다. 결과적으로 아시아 지역은 이런 상황이 악화되는 데 아주 미미한 영향만 미치겠지만, 2030년까지 세계 인구의 2/3나 되는 인구가 취사용으로 여전히 청정에너지를 사용하지 않을 전망이다. 이때 인도는 미래에도 취사용으로 청정에너지를 사용하지 않는 비율이 가장 높은 나라로 분류될 것이다. 이처럼 미래가 낙관적이지 않기 때문에 이러한 문제를 해결하기 위한 정책의 분석과 집행에 대해 심각하게 고민할 필요가 있다.

이런 맥락하에 대부분의 국가는 이 같은 문제의식을 공유하면서 에너지 접근성에 대한 목표를 설정하고 있다. 대표적으로 UN개발계획과 세계보건기구에 따르면, 개발도상국 가운데 절반에 가까운 국가가 에너지 접근성에 관한 목표를 설정했으며, 특히 사하라 사막 이남에 위치한 국가들이 에너지 접근성에 대한 목표를 설정하는 데 주도적인 역할을 했다고 한다(UNDP-WHO, 2009). 다만 취사용 청정에너지와 관련해서는 소수의 국가만 문제 해결과 관련된 목표를 설정 했다고 한다. 그렇지만 사하라 사막 이남 지역에 있는 국가의 경우 여기서 한 발 더 나아가 사전 예방적인 대책을 마련해나가고 있다.

에너지 접근성 강화에 대한 현행 방안 검토

에너지 접근성을 강화하기 위해 국가별로 다양한 종류의 방안이 제시되고 있 다. 그렇지만 기존의 방안들은 주로 취사용 에너지의 접근성이라는 측면에서 전 기화에만 초점을 맞추는 경향이 있었다. 이 절에서는 현행 방안을 비판적으로 접근함으로써 다음에 제시할 정책 대안에 대한 이론적 토대를 제공하려 한다. 이런 맥락에서 에너지 접근성의 강화에 관한 내용을 먼저 다룰 것이며, 다음으 로는 취사용 에너지에 관한 내용을 제시할 예정이다.

전 세계 전기화에 대한 간략한 소개

농촌 지역의 전기화와 접근성에 대해 다룬 문헌은 여러 편 있다. 물론 전기는 중앙 집중적인 전력망을 통해 공급되기는 하지만, 일부 분산된 시스템을 통해 공급되는 경우도 있다.[7] 특히 전력망 연결에 막대한 비용이 요구되는 낙후 지역 은 독립적인 분산형 발전 시스템을 통해 전기를 공급한다. 하지만 전력 공급 방

---

[7] 이 글에서는 영국 연구위원회의 지원을 받아 '남아시아 분산형 발전 시스템(off-grid access systems for South Asia)'의 일환으로 시행된 연구의 결과를 주로 이용한다. 구체적으로는 WP1, WP2, WP4, WP10 같은 여러 편의 보고서가 이용되었다. 더 자세한 사항은 www.oasyssouthasia.info와 Palit and Chaurey(2011), Barnes(2011), Cook(2011)을 참고하기 바란다.

식의 세계적인 추세는 전력망을 확장시키는 것이므로, 독립적인 분산형 발전은 전기화의 이전 단계나 전력망의 확장 과정에서 임시방편으로 사용될 뿐이라는 한계가 있다. 독립 분산 발전이 아닌 전력망 확충은 남아프리카공화국, 브라질, 태국, 베트남, 필리핀 등 전 세계에서 쉽게 찾아볼 수 있으며, 이러한 방식의 전기화는 상당한 성공을 거둔 것으로 평가된다. 독립적인 분산형 발전은 국제기관과 시민단체의 주목을 받았는데, 그중에서도 특히 태양광 주택 같은 기술에 대한 관심이 높아지고 있다. 그렇지만 아직까지는 솔라홈 시스템의 도입에 대해 미온적인 태도를 보이는 경향이 있다. 왜냐하면 비용이 많이 들고 실현 가능성이 낮을 뿐만 아니라 기술적 성과도 미미하기 때문이다. 그리고 이런 기술은 품질이 낮고 일시적이라는 인상을 주는 탓에 독립적인 분산형 발전의 개발이 늦어지고 있다.

앞서 설명했듯이 동아시아와 동남아시아 지역에서는 전기화와 관련해서 엄청난 발전을 거두었다. 중국은 인구가 10억 명이 넘는데도 국가적인 전기화를 이룩할 수 있었다. 태국, 말레이시아, 필리핀, 베트남 같은 동남아시아 국가는 짧은 기간에 빨리 전기화를 성공적으로 이루었다. 현재 전기에 대한 접근성이 낮은 지역은 사하라 사막 이남과 남아시아 지역에 주로 집중되고 있다. 스리랑카 같은 남아시아 국가는 놀라울 정도로 높은 전기화를 이룩했지만 인도 같은 국가는 여전히 상황을 개선하기 위해 고군분투하고 있는 실정이다. 사하라 사막 이남과 남아시아 지역에서는 국가적인 전기화가 빠른 시일 내에 실현되기 어려울 것으로 전망된다.

다음에서는 몇몇 국가의 대표적인 사례를 살펴볼 것이다. 이와 관련해 더욱 자세한 사항은 팰릿과 쇼리(Palit and Chaurey, 2011), 바타차리야(Bhattacharyya, 2011), 바타차리야와 오이어(Bhattacharyya and Ohiare, 2011)의 자료를 참고할 수 있다.

중국
세계에서 인구가 가장 많은 국가임에도 전기 접근성에서 매우 큰 성공을 거둔 대표적인 국가다. 중국은 다른 개도국과 달리 100%에 가까운 전기 보급률을 기록했다. 다른 개발도상국들은 대부분 하향식 접근 방식에 의거해 전기를 보급한 데 반해, 중국은 상향식 접근 방식을 통해 지방정부와 구성원들이 지역의 문제에 대한 해결책을 제시하도록 유도했다. 즉, 중국에서 전기화가 성공할 수 있었던 이유는, 지방정부는 중앙정부의 총괄적인 계획을 준수하고 중앙정부는 지방정부 스스로 지역적인 사업에 대해 책임지도록 유도하는 실용적인 접근 방식을 채택했기 때문인 것으로 판단된다.

결과적으로 9억 명의 사람들에게 전기를 보급한 것은 전 세계에서 유례없는 전기화의 성공 사례라 할 수 있다. 중국은 1979년 농촌 경제 개혁을 시작한 이래 1997년에는 전체 농촌 가구의 96%에 전기를 공급했다. 최근 자료에 따르면 200만 가구에 대해서만 전기가 공급되지 않는다고 하는데, 오늘날에는 이들에게도 전기를 보급하기 위한 독립적인 분산형 발전 계획이 마련된 상태다. 이처럼 농촌 지역의 전기화는 중앙 집중적이며 지역적인 전력망 또는 혼합적인 전력망을 통해 이뤄진다. 이때 지역적인 전력망에서는 지자체의 수자원 담당 부서나 소수력발전 기업을 담당하는 관할 부서가 매우 중요한 역할을 담당한다. 하지만 아직까지도 중앙 집중적인 전력망의 확대가 전기 공급에서 중요한 부분을 차지하고 있다.

중국은 중앙정부, 광역자치단체인 성(省), 기초자치단체인 현(縣), 이렇게 3등급으로 행정구역이 구성된다. 이처럼 분권화된 지방정부를 통한 국정 운영은 지역에 전기를 성공적으로 보급하는 원동력이 되었다. 결과적으로 농촌 지역에 전기를 보급하기 위한 재원이 중앙과 지방정부에서 지급되었으며, 지역 주민들 또한 이를 위한 자금을 직접 제공하기도 했다. 이 같은 성공의 이면에는 분권화된 지방정부의 전기화 계획, 농업 및 향촌 기업의 활성화, 빈곤 해소 프로그램 등의 농촌 개발이 자리 잡고 있다.

중국은 마을이나 지역사회 수준의 전력망이 구축되었을 때부터 이에 대한 단계적인 발전 전략을 채택해왔으며, 국가 전력망과 연결하기 위한 시스템을 지속적으로 개선해왔다. 이처럼 현실적인 접근 방식을 통해 국가의 재정적·경제적 상황이 나아짐에 따라 시스템의 확대·개선이 더욱 용이해졌다.

대부분의 국가가 전기화를 사회 정책의 목표로 채택했지만, 중국은 농촌 지역의 전기화와 이들 지역에 대한 에너지 공급이 농촌의 경제 발전과 밀접한 관계가 있다고 인식했다. 실제로 계획경제 단계에서는 농업과 향촌 기업의 발전에 대한 관심이 높았으며, 개혁적인 시대에는 이런 관점이 더욱 부각되었다. 또한 일관된 농촌 경제개발을 통해 이들 지역의 빈곤 문제를 빠르게 해소할 수 있었으며, 삶의 질 향상을 도모할 수 있었다.

게다가 중국은 지역 자원의 중요성을 강조하면서 상당한 에너지 자원을 지역적으로 충당할 수 있었다. 결론적으로는 기술적 다양성도 갖출 수 있었다. 물론 소수력발전과 석탄의 이용이 주된 방식이기는 했지만 '모든 문제를 하나의 방식으로 해결할 수 있는 대책'은 당연히 존재하지 않을 것이다. 따라서 이 같은 기술적 유연성은 지역의 자원을 활용하는 과정에 상당한 도움이 되었으며, 많은 비용이 수반되고 개발이 어려운 지역에서 비용 절감이라는 효과를 가져왔다. 이 같은 지역 중심의 접근 방식은 낙후 지역에서의 개발 사업 역시 성공으로 이끌어낼 수 있었다.

지역의 기반 시설을 구축하는 과정에서 정부의 강력한 원조와 지역 공동체의 참여를 독려하는 능력은 성공의 기반이 되었다. 게다가 가격 체계도 비용을 회수하는 데 일조해 현행 시스템을 미래에도 지속할 수 있도록 만들었다. 결론적으로 중국은 남아시아 국가와 달리 전기 보조금의 덫에 빠져들지 않을 수 있었다.

그렇지만 중국에서도 장기적 관점에서 지속가능성을 보장하기 위해 지역의 자원을 통합하려는 노력이 부족했다. 게다가 농촌은 도시와 비교했을 때 서비스의 질이 훨씬 떨어지는 경향이 있기 때문에 전기화로 인한 사회적 편익이 다소 낮았던 것도 사실이다.

인도

정부가 농촌 지역의 전기화를 위해 막대한 노력을 기울이기는 했지만 여전히 많은 사람이 전기를 이용하지 못하고 있다. IEA에 따르면 인도 전체 인구의 25%

가 여전히 전기를 이용할 수 없다고 한다(IEA, 2011). 물론 관개용 펌프를 농촌 지역에 보급하는 것을 최우선 과제로 여겼던 시대에는 가정에 전기를 공급하는 것이 그다지 중요한 문제로 주목받지 못했다. 당시 중앙정부는 다양한 계획을 통해 전기에 대한 접근성을 개선하기 위해 노력했지만 이것이 농촌의 전기화나 지역 발전과 연결되지는 않았다. 그렇지만 관련 프로그램이 무수히 존재한다는 사실은 개별 프로그램을 위한 자금이 충분하지 않다는 것을 의미하며, 이는 프로그램 간의 협력과 관리를 약화시키는 결과를 가져왔다. 이로 인해 농촌의 가격 신호를 왜곡시키지 않았던 중국과 달리 인도는 전기를 무료로 공급하는 등 농촌 지역에 과도한 보조금을 투입했으며, 이는 전력업체에 과도한 재정적 부담을 떠넘겼다. 결과적으로 전력업체는 농촌 지역에 대한 전력 공급에 적극적으로 참여하지 않게 되었다. 1990년대 들어 뒤늦게 전력 부문에 대한 개혁을 추진했지만, 농촌 지역의 전기화와 접근성 문제는 당시 보류되었다가 2001년 이후 다시 쟁점화되었다. 덕분에 2005년에는 2012년을 목표로 한 '농촌의 전기 공급을 위한 라지브 간디 전기화 계획(Rajiv Gandhi Rural Electrification Scheme)'이 마련되었다. 이 계획에 따르면 중앙정부는 기반 시설의 구축 과정에 90%의 비용을 부담하며, 저소득 가구를 위한 보조금 사업도 실시할 예정이다. 이 계획을 통해 상당한 발전이 이뤄진 것은 사실이지만 목표를 달성하기에는 아직 요원한 실정이다.

필리핀

동남아시아의 7000개가 넘는 섬으로 이뤄진 필리핀은 전기화를 90% 달성한 국가다. 그렇지만 가구별로는 아직까지 77%만 전력을 공급받고 있어 필리핀 정부는 2017년까지 전체 가구의 90%에 전기를 공급한다는 계획을 추진 중이다. 농촌 지역 전기화에 대한 중앙정부의 계획은 1960년 전력청(Electricity Agency)이 설립되면서 시작되었다. 1969년 국가전기국(National Electrification Administration: NEA)이 설치됨에 따라 많은 변화가 일어났으며, 농촌 지역의 전기화를 위한 협력이 뒤를 이었다. 하지만 1990년대에는 시장 개혁이 최우선 과제로 부각되면서 전기화의 속도가 늦춰졌다. 2003년 들어 정부는 '농촌 전기화 프로그램(Expanded Rural Electrification Program)'을 통해 2008년까지 전기 보급률 100%를 달성하겠다는 목표를 수립했지만, 이는 2010년으로 연장되고 말았다. 지금은 2017년까지 전체 가구의 90%에 전기를 보급한다는 목표를 추진하고 있다. 이 프로그램은 배전망의 확대, 소규모 전력망 설치, 분산형 발전 시스템 도입 등 다양한 접근 방식을 결합하는 데 초점을 맞추고 있다. 이때 정부 기관이나 전력 기업에 소속되지 않은 사람 가운데 자격을 갖춘 제3자의 참여를 허용하고 있다. 한편으로는 정부가 부여하는 독점적인 사업권을 취득할 수 있을 뿐 아니라 협력 체계를 구축할 경우에는 전력 공급이 불가능한 지역에서 '선교적 전기화(Missionary Electrification)' 프로젝트를 시행할 수도 있다. 이 프로젝트는 전기 사용자로부터 지원받은 자금을 바탕으로 지속적으로 보조금을 지급받는 시스템에 기반을 두고 있다. 결과적으로 필리핀은 전기의 접근성을 향상시키기 위해 정부와 시장 양쪽으로부터 도움을 받을 수 있다.

베트남

베트남은 농촌 지역 전기화가 빠른 속도로 이뤄지고 있는 국가 가운데 하나다. 베트남은 1976년까지만 해도 120만 명만 전력을 사용할 수 있었지만, 2009년 들어서는 820만 명에게까지 전력 보급이 확대되었다. 나머지 200만 가구는 전력 공급이 어려운 산간벽지에 거주하고 있는데, 이들 지역에서는 분산형 발전 시스템이 도입되고 있다. 사실 전기화의 급속한 확산은 1990년대 중반부터 시작되었는데, 당시는 전력 공급과 송전망을 활용할 수 있었던 시기로, 전력 산업의 종합적인 개발을 위해 베트남전력공사(Electricity of Vietnam: EVN)가 설립된 시점이다. 당시 정부는 전기화의 전반적인 과정에서 정책 결정, 전략 개발 및 시행 등 중요한 역할을 담당했다. 즉, 베트남은 발전소의 증설과 기반 시설의 건설을 최우선으로 추진했을 뿐만 아니라 농촌 지역에 송배전 시스템을 확장했으며, 전기 수요를 창출하기 위한 에너지의 생산적인 이용을 강조했다. 결론적으로는 베트남전력공사의 설립과 농촌 지역 전기화는 이런 프로그램의 성공에 기여했다.

이들 사례에서 볼 수 있듯이 전기화 과정은 정부 보조금에 크게 의존하며, 이런 보조금은 기반 시설의 건설과 다양한 시스템의 운영 과정에 주로 사용되고 있다. 따라서 사람들이 필요로 하는 기반 시설에 보조금을 지급하는 방안을 공공재 측면에서 고려해야 한다. 즉, 수익성이라는 측면만 고려한다면 수요가 충분히 존재하지 않은 경우 민간 부문이 투자를 하지 않기 때문에 해당 재화가 시장에서 제대로 공급되지 않았을 것이다. 그렇지만 전기 접근성의 강화는 환경 파괴를 줄이고 삶의 질을 향상시키므로 여기에서 창출되는 사회적 편익은 개인적인 비용을 훨씬 상회한다. 따라서 시장 실패를 교정하기 위한 정부의 개입이 필요할 수밖에 없다. 한편으로 에너지 사용이나 운영비에 대한 지원은 시민들이 생활을 영위하기 위해서 필요한 최소한의 에너지 수요를 지탱하는 대책이다. 만약에 몇몇 사람이 최저 수준의 에너지 수요도 확보할 수 없다면 사회적 형평성이라는 측면에서 정부의 지원을 받을 수 있을 것이다. 실제로 빈곤층의 에너지 수요를 충족시키기 위한 최저요금(lifeline rates for electricity)과, 보조금이 지급되는 방식의 전기 요금 체계는 여러 나라에서 흔히 발견된다. 한편으로 몇몇 국가에서는 교차 보조금에 의존하기도 하는데, 태국지방전력청(Provincial Electricity Authority)의 농촌 지역 소비자는 전력 요금 교차 보조의 혜택을 받을 수 있다. 그렇지만 이러한 보조금은 공급자와 정부에 재정적 부담을 주기 때문에 장기적 관점에서는 조직의 생존 능력과 지속가능성에 관한 논란을 불러일으킨다. 따라서 잘못된 대상에게 보조금을 지급하는 것은 기득권층에 더 큰 혜택을 줄 수 있기 때문에 효율적인 에너지 사용을 저해하는 요인이 될 것이다. 이에 대한 더욱 자세한 내용은 바타차리야의 자료를 참고할 수 있다(Bhattacharyya, 2010).

전기화 전략

국가마다 전기화 전략은 상이하다. 예를 들어, 중국은 중앙정부, 성 차원의 지방정부, 지방위원회라는 3단계로 전략이 수립된다. 반면에 동남아시아 국가는 농촌 지역의 전기 공급에 초점을 맞춰 정부가 중요한 역할을 담당하고 있는데,

대표적인 사례로는 태국지방전력청과 베트남전력공사가 있다. 한편으로 남미에서는 전력 공급 과정에 민간을 참여시키는 경향이 있다. 그렇지만 많은 아프리카 국가는 농촌 지역 전기화 전담 기관의 운영 및 재정상의 제약으로 인해 전력 보급률 개선에 실패한 상태다.

안타깝게도 대부분의 국가에서 시행 중인 전기화 사업은 지속가능한 발전과 농촌 지역의 개발이라는 측면을 고려하지 않은 채 진행되고 있다. 즉, 농촌 지역의 소득 기회를 창출하는 경제적 생산 활동과 전력 공급 사업 간의 연계가 제대로 이뤄지지 않고 있다. 결과적으로 농촌 지역의 전기화는 소득 창출 효과가 낮을 뿐만 아니라 지역 발전에도 그다지 도움이 되지 못하는 상황이다. 특히 가난한 사람들의 경우에는 고정적인 수입이 생기지 않는 한 시장성 있는 에너지나 이와 관련된 전기 제품을 구입하려 하지 않을 것이다(Bhattachryya, 2006). 이는 전기화 과정에서 심각하게 고려해야 할 문제라 할 수 있다.

독립적인 분산형 발전이라는 관점에서 운반이 용이하고 안정성이 높은 디젤 발전기는 이들 지역에 전기를 공급하는 전통적인 방식이다. 그렇지만 디젤 발전기는 국제시장에서 석유의 가격 변동과 환경오염 문제로 인해 지속가능하지 않은 공급 방식이라고 할 수 있다. 따라서 재생가능에너지 중에서는 수력, 바이오매스, 태양열 에너지 같은 에너지원이 가장 일반적으로 선택할 수 있는 대안이다. 특히 솔라홈 시스템은 독립적인 분산형 발전의 영역에서 가장 두각을 보이는 성장 분야다. 국제 원조 기관에 의해 주도되거나 지원금을 받는 경우가 대다수인 국가에서는 독립적인 분산형 발전을 채택하는데, 시장에서는 이와 관련된 기술들이 자발적으로 개발되기 시작했다. 실제로 케냐에서는 솔라홈 시스템 시장이 번창하고 있으며, 방글라데시와 스리랑카에서도 유사한 상황이 관찰되고 있다. 이와 관련해서는 대체로 사용료를 받는 형태를 취하거나 임대 또는 판매라는 형식을 따르며, 몇몇 국가에서는 이를 이용하려는 고객들이 소액 금융의 지원을 받는 경우도 있다.

이처럼 독립적인 분산형 발전은 고객의 욕구를 충족시켜주는 것처럼 보인다. 즉, 분산형 발전은 조명, 라디오나 TV를 이용할 수 있게 함으로써 사람들에게 오락적인 즐거움을 주기도 한다. 그렇지만 소득 창출을 목표로 생산적인 에너지 사용을 촉진시키는 과정에서는 정작 이러한 노력이 그리 활발히 이뤄지지 않고 있다. 물론 민간 부문도 분산형 발전 사업에 참여하고 있으며, 정부의 지원금이나 보조금 같은 경제적 수단이 독립적인 분산형 발전의 촉매제로도 작용한다. 이처럼 적절한 지원 제도를 마련하고 책임 소재를 명확히 규정하는 총괄적인 프로그램이 존재하는 경우에는 더 나은 성과가 도출될 수도 있다. 이때 국지적인 배전망은 성공적인 전력 수송 체계를 구축하기 위해 중요한 조건이다.

이상에서 살펴보았듯이 국가별로 다양한 전략이 활용되고 있으며 나라마다 성공 여부가 다르기는 하지만, 전기화의 성패는 대부분 정부의 보조금에 달려 있다는 사실을 알 수 있다. 그렇다고 정부의 개입만으로는 전기화의 성공을 보장하기 어려울 것이다.

농촌 지역의 전기화를 통해 에너지 접근성 문제를 해결할 수 있을까

빈곤 계층의 에너지 수요 문제를 해결하려면 상업적인 에너지는 다음의 경제적 요인을 충족해야 한다(Bhattacharyya, 2006).

- 수요를 충족하기 위해 적절하고 다양한 형태로 존재해야 한다.
- 경쟁 우위를 확보해야 한다. 즉, 현재의 상황에서 공급 비용을 낮추거나 또는 비용을 전혀 발생시키지 않아야 한다.
- 빈곤층에 대한 충분한 자금이 공급되어야 현대적인 에너지가 사용될 것이다. 자금이 충분해야 시장에서 에너지 구입에 돈을 지출할 것이기 때문이다.

전기화 과정에서는 이런 전제 조건이 에너지의 접근성 문제를 해결하기 위한 단초를 제시할 수 있을 것이다. 일반적으로 빈곤 가구의 에너지 수요 가운데 전기가 차지하는 비중은 전체 에너지 소비의 10%도 되지 않을 뿐만 아니라 취사용으로는 전기가 거의 사용되지 않고 있다. 이처럼 빈곤 계층의 취사용 에너지원으로 전력이 아닌 다른 종류의 연료가 사용되고 있기 때문에 조명에 필요한 전기를 공급하는 것만으로는 농촌 지역의 에너지 접근성 문제를 해결할 수 없다. 그렇지만 정책 결정자는 이처럼 단순한 사실을 망각하는 경향이 있다. 이유는 아마도 전기화 프로그램이 더욱 번듯해 보일 뿐만 아니라 가시적인 성과를 즉각적으로 도출하는 사업이어서 이로부터 정치적 이익을 얻을 수 있기 때문인 것으로 짐작된다. 게다가 전기화는 다른 전통적인 에너지와 비교했을 때 상당한 보조금이 지급되지 않는 한, 가격 측면에서 경쟁력이 거의 없다. 그렇지만 이처럼 보조금 혜택을 지속적으로 제공하면서 전기를 계속 공급할 수 있을지는 의문이다. 게다가 전력의 품질이 낮은 최빈국의 농촌 지역에서는 실제로 전력이 아닌 다른 에너지원에 의존할 수밖에 없는 상황이다. 마찬가지로 전통적인 에너지와 비교했을 때 취사용으로 사용되는 전기는 설비의 초기 투자비용이 상당히 커서 재정적 여건이 열악한 빈곤 가정은 이를 감당할 수가 없다. 그렇기 때문에 전기화는 다른 연료에 비해 비용 측면에서 경쟁력이 매우 낮은 실정이다.

개발도상국의 취사용 청정에너지 공급 사례

고체 연료는 개발도상국에서 취사용으로 가장 많이 사용되는 에너지원이다. 많은 국가에서는 청정에너지의 이용을 늘림으로써 고체 연료에서 발생하는 부정적인 효과를 줄이기 위한 계획을 세우고 있다. 전력 공급이라는 측면에서는 전통적인 에너지와 재생가능에너지가 모두 이용되고 있다. 한편으로 수요 관리라는 측면에서는 기술의 향상을 통해 고체 연료의 효율성을 개선하기 위한 노력이 이뤄지고 있다. 이 절에서는 이에 관한 국제사회의 경험을 간략히 살펴보려 한다.

현대적인 연료의 사용 증가

많은 국가에서는 현대적인 에너지의 이용 증진을 핵심 전략으로 삼고 있다.

액화석유가스나 등유 같은 현대적인 에너지는 취사에 사용되는 고체 연료의 대체재로서 이용이 촉진되는 추세다. 특히 등유는 취사용뿐 아니라 조명용 연료로도 이용되는 사례가 증가하고 있다. 이때 국민들의 소비 행태를 변화시킴으로써 더 많은 사람들이 현대적인 연료를 사용할 수 있도록 유도하는 정책이 바로 공급 과정에서 보조금을 지급하는 것이다. 그렇지만 이러한 현대적 연료를 이용하기 위해서는 특정 기기가 필요한데, 정작 이는 설비 가격이 너무 비싸 관심을 얻지 못하고 있다. 즉, 보조금 혜택을 받은 연료일지라도 소비자에게는 그다지 이득이 되지 않는 것이다. 결과적으로 이러한 보조금은 부자들을 위한 특혜일 뿐이며, 빈곤층에는 특별한 도움이 되지 않고 있다. 게다가 공급 과정에서 보조금이 지급되는 연료의 경우 원래 의도했던 용도가 아닌 다른 용도로 사용되기도 한다. 예를 들면, 보조금이 지급된 등유가 전동기의 연료로 사용되기도 하며, 액화석유가스가 자가용 자동차의 연료로 쓰이기도 한다. 게다가 에너지 수입국은 국제시장에서 가격이 급등할 경우 보조금 혜택에 기반을 둔 공급이 재정적인 부담으로 작용할 것이며, 장기적인 관점에서는 예산 제약으로 인해 보조금 정책을 지속하기 어려울 것이다. 실제로 인도는 대상이 정해지지 않은 보조금 제공으로 인해 정부가 엄청난 재정 부담을 떠안아야 했다.

한편으로는 정부가 공급망에 적절한 관심을 기울이지 못하기 때문에 소비자가 현대적인 연료를 사용하기로 결정했을 때조차 이용 가능성을 보장받지 못한다는 문제가 발생하고 있다. 이러한 문제는 현대적인 에너지에 대한 빈곤 가정의 제한적 수요, 농촌 지역에 공급과 관련된 공기업의 빈약한 조직 체계, 높은 거래 비용으로 인해 약화된 경제성에 기인한다. 다만 최근 들어서는 소규모 용기에 담긴 액화석유가스의 등장으로 운송이 용이해져 고질적인 비용 문제를 해결할 수 있게 되었다. 게다가 지금은 연료가 다른 목적으로 전용되는 것을 막기 위해 규제 시장과 자유 시장처럼 상이한 시장에 공급되는 제품을 다른 색으로 구분해 공급을 하고 있다. 또한 몇몇 분야에서는 가전제품을 구입하기 위한 초기 비용을 지원하는 등 정책적 개선이 이뤄지고 있다. IEA는 12억 명이 액화석유가스를 이용하게 되면 석유 수요가 하루 평균 90만 배럴까지 증가할 것으로 추정한다(IEA, 2010). 그렇지만 국제시장에서의 유가 변동과 국제 교역의 증가 뿐 아니라 우선적인 사업에 대한 보조금의 지출 증가로 인해 이러한 접근 방식의 장기적 지속가능성에 대한 의문이 제기되고 있다. 결과적으로 액화석유가스가 중요한 역할을 할 수는 있겠지만, 전 세계의 농촌 문제를 해결하기 위한 대안으로 채택될 가능성은 낮다고 판단된다.

지역 자원의 이용 증가

수입 연료에 대한 의존으로 인해 발생하는 에너지 안보 문제를 해결하기 위해 많은 국가들이 취사 및 난방용 연료를 국내 차원에서 충당하기 위한 노력을 기울이고 있다. 바이오가스의 이용 증가는 이를 위한 노력의 대표적인 결과라고 할 수 있다. 특히 중국의 사례는 우리에게 많은 시사점을 제공해준다. 현재 중국에서 바이오매스는 농촌 지역의 에너지 공급에 매우 중요한 역할을 하고 있다. 반면 바이오가스화(bio-gasification)는 1980년대부터 급격히 성장하기 시작했는데, 이로 인해 중국은 현재 바이오가스 종주국으로 자리 잡았으며, 오늘날 2600여 개의 바이오가스 설비가 가동되고 있을 정도로 큰 성공을 거두었다(Chen et al., 2010). 한편 바이오가스는 석탄을 대체하고 있을 뿐만 아니라 온실가스 배출량을 줄이는 데에도 기여하고 있다(Chen et al., 2010). 인도, 스리랑카, 네팔과 같은 남아시아 국가 역시 바이오가스를 활용하고 있으며, 베트남, 브라질, 탄자니아 등지에서도 이용이 확대되고 있다.

중국은 대규모 사업을 시행하기에 앞서 핵심적인 정보를 획득하기 위해 시범 사업을 실시했다. 비교적 좁은 범위를 대상으로 실시된 이 실험은 프로그램의 문제점을 개선했을 뿐만 아니라 자원을 적재적소에 공급하는 데 기여했다. 게다가 역량 강화, 표준화, 보급 확대 등을 강조하면서 지역적인 자원을 전국적으로 확산시키는 데에도 보탬이 되었다. 특히 환류 과정을 통해 프로젝트 담당자와 기술자 그룹의 상호 발전과 성과 향상을 이루었으며, 대규모 제조업의 기반과 기술적 이점을 향상시키는 데에도 기여했다. 결과적으로 수요를 지속적으로 증가시켰을 뿐만 아니라 규모나 범위의 경제를 통해 공급 비용을 낮춤으로써 공급을 더욱 원활하게 만들었다. 게다가 지역을 기반으로 한 자원 공급은 외부에 대한 의존을 줄임으로써 프로젝트의 완료 시점을 앞당겼다. 하지만 무엇보다도 지속적인 인식 제고 캠페인을 통해 지역 참여자의 구매 행위를 증가시킨 것이 중요한 역할을 했다.

기술적 개입

고체 연료의 사용이 앞으로도 계속되고 현재와 같은 추세가 단기간에 변화하기는 어려울 것으로 예측되기 때문에 수요 측면에서 정책적인 개입이 시작되었다. 향상된 기술을 이용해서 자원을 더욱 효율적으로 이용할 수 있다면 이는 확실한 국가 전략으로 자리 잡을 수 있을 것이다. 이와 관련해서는 지난 25년 동안 국제 협력 단체와 기금 지원 기관의 도움을 받아 여러 수요 관리 계획이 수립되었다. 만약 이 분야에 대한 세계은행의 계획을 알고 싶다면 에코비와 툰티베이트의 자료를 참고할 수 있다(Ekouevi and Tuntivate, 2011). UN개발계획과 세계보건기구에 따르면 취사용 개량 난로의 65%가 중국에서 이용되고 있으며, 나머지 가운데 20%가량은 기타 아시아 - 태평양 지역에서 사용된다고 한다(UNDP-WHO, 2009). 그렇지만 고체 연료를 사용하는 인구의 80%가 사하라 사막 이남 지역에 거주하고 있으며, 취사용 개량 난로를 사용하는 인구 중 단 4%만 이 지역 사람이라고 한다. 즉, 정작 도움이 필요한 지역은 기술 개입에 따른 편익을 충분히 제공받지 못하고 있는 것이다.

이처럼 문제가 심각한데도 취사용 및 난방용 청정에너지에 대한 국제적 관심은 전기화에 비해 상대적으로 낮다(Foell et al., 2001). 그렇지만 앞서 언급했듯이, 취사용 청정에너지의 보급 없이는 환경적·경제적 편익을 달성할 수 없다. 게다가 대부분의 기술적 개입은 국제기관이나 기부 단체의 지원을 받아야 진행되는 실정이며, 그나마도 이제 겨우 예비 조사가 끝난 상황이다. 이러한 기술적 개입이 비록 유용하기는 하지만 프로그램이 대대적으로 확산되기 위해서는 중앙정부가 이 같은 변화의 과정에서 주된 역할을 맡아야 하며, 동시에 주민 참여가 뒷받침되어야 한다. 즉, 산발적이고 일시적인 국제 원조와 시민단체의 개입만으로는 문제를 해결하지 못할 것이다.

핵심 정책과 대안

이처럼 에너지 접근성 문제가 현재 시점에서 중요할 뿐만 아니라 앞으로도 계속해서 중요할 것이기 때문에 전 세계는 가급적 빠른 시일 내에 해결책을 모색해야 한다. 이런 맥락하에서 IEA, UN개발계획, 세계보건기구 같은 국제기구는 상황을 개선하기 위한 여러 가지 시나리오를 검토하고 있다. 이와 관련한 더욱 자세한 내용은 IEA의 2009, 2010, 2011년 자료와 UN개발계획 - 세계보건기구의 2009년 보고서를 참조할 수 있다. 여기서 UN개발계획 - 세계보건기구의 2009년 보고서는 국가적인 발전 목표와 UN의 새천년개발목표의 교집합인 전기화를 달성하기 위해 12억의 개발도상국 국민들에게 전력을 공급해야 한다고 주장한다. 마찬가지로 새천년개발목표를 달성하기 위해서는 2015년까지 200만 명에게 취사용 청정에너지를 제공해야 한다. UN의 새천년 프로젝트는 전통적인 에너지에 의존하는 사람들의 수를 2015년까지 절반으로 줄이도록 권고하고 있는데, 이 같은 목표를 달성하기 위해서는 매일 88만 명의 사람들에게 청정에너지를 보급해야 한다(Foell et al., 2001). 이런 사례들을 통해 에너지 접근성 문제가 얼마나 광범위하고 보편적인 사안인지를 알 수 있다. 그렇지만 이 같은 에너지 접근성 문제가 대부분 아시아와 아프리카의 최빈국에서 발생한다는 사실은 문제 해결을 더욱 어렵게 만들고 있다. 왜냐하면 이런 국가의 대부분에서는 청정에너지 공급에 관한 국가 목표조차 설정되어 있지 않은 상태이기 때문이다.

발전 전략과 적절한 계획의 필요성

따라서 전 세계가 해결해야 하는 당면 과제는 개발도상국에 청정에너지를 공

〈그림 14.4〉 취사용 에너지 접근성과 빈곤선 이하 인구

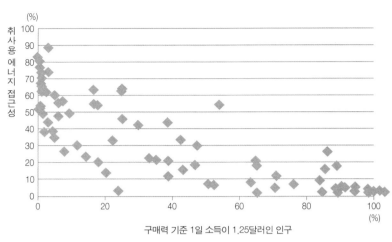

자료: 인간개발지수(HDI) 데이터베이스.

급하는 것과 관련된 전략 및 계획을 수립하는 일이라고 할 수 있다. 여기서 말하는 개발도상국은 주로 사하라 사막 이남과 남아시아를 가리킨다. 이들 두 지역에는 구매력 기준 1일 소득이 1.25달러 이하인 사람들의 수가 많고 이 지역의 경제적 여건이 좋지 않기 때문에 문제를 해결하기가 더 어렵다(〈그림 14.4〉 참조). 심지어 이와 관련된 전략이 구축되어 있더라도 거버넌스가 제대로 구축되지 않고 경제적 다양성이 제한적일 뿐만 아니라 산업 기반과 인적 자본이 풍부하지 않기 때문에 이런 정책을 집행하는 데에는 많은 시간과 노력이 필요할 수밖에 없다. 특히 대부분의 정책을 농촌 지역에서 시행해야 한다는 측면에서 보면 시범 사업에 대한 국제사회의 지원이 충분하지 않은 것으로 판단된다. 게다가 지역사회에서 강한 내부적 역량이 뒷받침되지 않을 경우에는 의미 있는 성과를 기대하기 어렵다.

충분한 자금의 필요성

상황을 개선시키기 위해서는 대규모 투자가 중요하다. IEA에 따르면 2030년

408 4부 국제 에너지와 발전

까지 모든 사람에게 전기를 공급하기 위해서는 2010년 가치로 환산해서 6410억 달러의 추가적인 투자가 필요하다고 한다(IEA, 2011). 이는 2011~2015년 사이에 연평균 300억 달러를 투자해야 하며, 2026~2030년 사이에 매년 550억 달러를 투자해야 한다는 것을 의미한다. 게다가 취사용 에너지에 대한 접근성을 개선하기 위해서도 추가적인 투자가 요구될 수밖에 없다. 즉, 모든 사람에게 취사용 청정에너지를 공급하기 위해서는 2010년 달러를 기준으로 환산했을 때 2030년까지 740억 달러가 추가적으로 필요하다. 이 정도의 금액은 저소득 국가들에 대단히 큰 액수다. 그렇지만 수십조 달러가 소요되는 국제 에너지 분야의 투자에서는 매우 적은 금액에 불과하다.

사실 사회사업에 대한 투자나 자금 조달은 국가 재정이나 국제사회의 지원에 의존할 수밖에 없다. 정부가 민간 투자에 대해 충분한 비용 회수를 보장하더라도 선진국의 민간 투자가 주도권을 장악할 수 없다면 경제적인 이윤을 추구하는 민간 투자자는 에너지 접근성에서 중요한 역할을 수행하지 않을 것이다. IEA에 따르면 에너지 접근성에 대한 세계적인 관심이 높아졌음에도 개발도상국의 에너지 접근성을 개선하기 위한 양자 간 투자와 다자간 지원은 2009년에 40억 달러를 겨우 넘었을 뿐이다(IEA, 2011). 게다가 국제사회의 지원은 특정 프로그램이나 기술에 집중되는 경향이 있다. 설상가상으로 이 같은 지원이 외국 전문가에 의해 이뤄진다는 측면에서, 이것이 지역사회의 요구에 부합하는 지원이 맞는지에 대한 의문이 제기되는 실정이다. 물론 지원금이 문제를 해결하기에 충분하지 않은 수준이라는 한계도 있다. 게다가 이러한 국제 원조는 선진국의 경제 여건이 악화되면서 앞으로 점차 줄어들지도 모른다. 또한 개발도상국은 예산 제약이라는 문제를 안고 있어 에너지 접근성을 개선하는 사업에 충분한 자금을 할당하기 어렵기 때문에 사회적으로 아무리 훌륭한 명분을 지닌 사업이라고 해도 적절한 수준의 자금을 지원받기는 어려울 것으로 판단된다. 이처럼 에너지 접근성 문제를 해결하기 위해서는 후진국에 대한 대규모 투자가 요구된다는 점에서 자금 동원이 관건일 수밖에 없다.

지역적·국제적 맥락의 균형

국제사회의 에너지 수급 과정에서의 접근성을 개선하기 위해 청정에너지 공급을 확대한 결과는 매우 미미한 수준으로 나타났으나, 개발도상국은 그렇지 않다. 게다가 청정에너지를 수입해야 하는 나라는 무역 수지와 국제 수지라는 측면에서 거시 경제의 영향을 받을 수밖에 없다. 게다가 취약한 산업적 역량 역시 더 많은 원료와 기기를 수입해야 한다는 부담을 안길 것이다. 결과적으로 앞서 제시한 해결책은 장기적 관점에서 실행 가능성이 낮다. 특히 이로 인해 공급 과정의 관리 문제, 적정 수준의 비용 문제, 국제시장의 가격 변동에 따른 경제의 취약성이라는 부작용이 일어날 수도 있다.

이를 위한 해결책은 개별 국가의 지역적 상황을 고려하는 것이다. 즉, 천편일률적인 방식으로는 문제를 해결할 수 없다. 그렇지만 대부분의 연구는 보편적인 해결책을 찾는 데 급급할 뿐, 지역적인 측면에 대한 관심을 기울이는 데 소홀한 경향이 있다. 정리하자면, 보편적인 해결책을 강구하는 과정에서는 지역적인 상황을 반드시 함께 고려해야 한다.

대안

지속가능한 에너지를 통해 접근성을 개선하기 위해서는 소득과 수익의 창출, 적정 가격의 에너지 공급 등 전체적인 상황을 고려할 필요가 있다. 즉, 청정에너지에 대한 보조금 지원만으로는 문제를 해결할 수 없으며, 이런 문제에 대한 단편적인 해결책 역시 도움이 되지 못한다. 따라서 장기적인 관점에서는 청정에너지를 이용한 생활 방식이 가능하도록 개별 가정에 충분한 자금을 공급해야 할 것이다. 정리하자면, 에너지 접근성을 개선하기 위해서는 경제 발전이라는 문제를 함께 고려해야 한다. 즉, 에너지 공급 및 전기화라는 문제를 해결하려면 경제 발전을 위한 다양한 노력을 지역 차원에서 함께 기울여야 한다.

해결책은 반드시 지역 차원에서 제시해야 하며, 이와 동시에 중앙과도 연계가 되어야 한다. 이때 정책 목표는 문제에 대한 처방을 내리기보다는 혁신적인 해결 방안을 제시하는 방향으로 수립해야 한다. 중국에서 진행된 유연한 접근 방식은 지역 차원에서 해결책을 강구하도록 지방정부의 책임 의식을 고취시켰다. 이때 정부는 선택 가능한 해결책을 제시하고 이를 지원하지만 시장의 에너지 공급 과정에 함부로 개입하지는 않는다. 이처럼 유연하게 정책을 집행하려면 다양한 상황에 적용할 수 있는 보편적인 분석틀을 개발해야 한다. 여기서 말하는 다양한 상황에는 정책을 실행하기 위한 조직의 체계 및 역량, 적절한 자금, 정부와 공공 기관의 역할뿐 아니라 경제 활동에 대한 전반적인 평가 및 점검도 포함된다. 결과적으로는 이를 통해 기능의 분권화를 촉진시킬 수 있을 것이다.

여기에서 제시된 장기적인 접근 방식은 문제의 완벽한 해결을 목표로 삼고 있지만 단기적인 관점에서의 해결 방식도 소홀히 다뤄서는 안 된다. 이 같은 단계적인 접근 방식을 취하는 것이 바람직하며, 문제의 유형에 따라서는 장·단기적인 해결책을 적절히 조합하는 것이 더욱 유용할 것이다. 이때 독립적인 분산형 발전과 솔라홈 시스템은 전기화를 위한 단기적인 대안이 될 수 있으며, 취사용 개량 난로는 조리 과정에서 에너지 사용으로 발생하는 외부 효과[8]를 줄이는 데 도움이 될 것이다. 사람들이 제공받는 서비스에 관심을 가지게 되면서 해당 서비스는 재정적으로 제공 가능해졌을 뿐만 아니라 기업 친화적인 방식으로 바뀌었다.

결론

이 장에서는 취사용 에너지와 전기에 대한 접근성이라는 관점에서 당면한 문제를 다루었다. 한편으로는 오늘날 에너지 접근성의 현황과 미래의 전망을 살펴

8　외부 효과는 경제 주체의 행위가 의도치 않게 제3자에게 영향을 주었음에도 이에 대한 적절한 보상이나 대가를 지불하지 않는 것을 의미한다. _옮긴이

보고 국제 에너지라는 측면에서 에너지개발지수를 포함해 일반적으로 사용되는 접근성 지표들을 검토했다. 정리하자면, 에너지 접근성을 개선하기 위한 지금까지의 경험을 살펴봄으로써 정부의 지원이 얼마나 중요한 역할을 수행하는지에 대해 확인할 수 있었다. 또한 취사용 청정에너지에 대한 접근성 문제가 최근 들어 중요해지는데도 에너지 접근성에 대한 관심이 전력 부문에 치우쳐 있었음을 확인할 수 있었다. 사실 에너지의 생산적인 이용에 대한 관심은 제한적이었으며, 에너지 관련 사업과 프로그램에서 에너지 접근성과 경제 발전을 연결시키려는 노력이 그다지 주목받지 못했던 게 사실이다. 그렇다면 정책 집행 과정에 어려움이 있더라도 이러한 문제를 해결하기 위한 방안으로 상향식 접근 방식을 생각해볼 수 있을 것이다. 물론 에너지 접근성 문제와 관련해서 더욱 실질적이고 실행 가능한 해결책을 제시하기 위해서는 후속 연구를 계속적으로 진행해야 할 것이다.

15

자원 거버넌스

후안 카를로스 키로스, 앤드류 바워

서론

석유, 천연가스, 광물자원은 에너지원이나 산업용 원자재로 이용될 수 있기 때문에 자원이 풍부한 국가에서는 중요한 수입원이다. 2006~2010년 27개 자원 수출국 매출액의 60% 이상이 석유와 천연가스의 판매를 통해 얻은 이익이었으며, 이는 전체 세수입의 절반 이상을 차지할 정도였다. 같은 기간 상위 28~37위의 산유국에서 석탄을 포함한 광물자원의 수출로 벌어들인 금액은 전체 세입의 30%, 전체 수출액의 40%를 상회하는 수준이었다(세계 각국의 자원 의존도는 〈그림 15.1〉 참조). 게다가 아직까지 개발되지 않은 자원이 전 세계에 많을 뿐만 아니라 여기에서 거둬들일 수 있는 수익이 풍부하다는 측면에서 자원 부국의 가능성을 지닌 국가가 여전히 많이 남아 있다. 즉, 아프리카, 아시아, 남미는 이런 가능성이 존재하는 지역이다(Collier, 2010). 이처럼 막대한 천연자원은 국가 발전의 기회가 될 수 있기 때문에 이들 국가의 성장 가능성은 여전히 무궁무진하다.

산유국은 석유 자원이 없는 국가에 비해 일반적으로 덜 민주적이고 더 비밀스러운 특성을 지니고 있다. 대부분의 산유국은 천연자원을 판매해서 벌어들이는

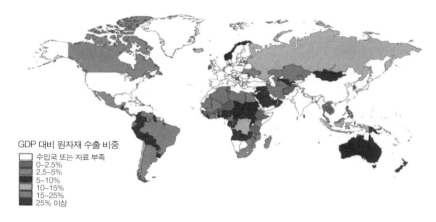

〈그림 15.1〉 세계 각국의 자원 의존 현황 및 분포

GDP 대비 원자재 수출 비중
- 수입국 또는 자료 부족
- 0~2.5%
- 2.5~5%
- 5~10%
- 10~15%
- 15~25%
- 25% 이상

자료: IMF, 2012.

수익의 양에 비해 상대적으로 성장을 하지 못하고 있다(Ross, 2012). 게다가 천연자원의 관리 과정에서 발생하는 불안전성, 불확실성, 폭력적 충돌은 시장가격에 심각한 변동을 일으키며, 이는 전 세계 에너지 소비자에게 높은 비용으로 전가되고 있다. 이처럼 취약한 자원 거버넌스 구조는 국제시장에서 에너지 공급을 위협하고 있으며, 아프리카, 중앙아시아, 중동 지역의 국가 발전을 저해하고 있다.

이 장에서는 자원을 채굴하는 과정에서 발생한 국부가 개별 국가의 복지 안정화에 어떠한 영향을 주는지에 대해 살펴보려 한다. 즉, 국가별로 바람직한 자원 거버넌스를 구축하기 위해서는 다양한 사회 집단이 바탕이 되어야 하기 때문에 여기서는 기업, 국제기구, 시민사회 같은 비정부 조직과 공공 정책의 상호작용에 초점을 맞추려 한다. 다음 절에서는 자원 거버넌스를 정의한 뒤, 천연자원이 풍부한 국가가 왜 잠재력을 제대로 발현하지 못하는지에 대해 간략히 살펴볼 것이다. 그다음 절에서는 공공재인 석유, 천연가스, 광물자원을 관리하기 위한 기본 원칙을 제시할 예정인데, 특히 이 과정에서 '천연자원 가치사슬'이라는 프레임을 적용할 것이다. 세 번째 절에서는 자원 부국이 자국의 장점을 충분히 활용할 수 있는 정책에 대해 살펴보고, 마지막에서는 자원 거버넌스의 세계적 개선 방안에 대한 제언을 결론으로 제시하려 한다.

자원 거버넌스

바람직한 자원 거버넌스란 석유, 천연가스, 광물자원을 효과적이면서도 책임감을 가지고 투명하게 관리하는 것이라고 할 수 있다. 이러한 정의에 따르면 복지 향상을 목적으로 하는 천연자원이용증진법을 제정해야 할 뿐만 아니라 관련 법률을 강화하는 제도를 개선하고 정보기관을 포함한 정부의 역량도 강화해야 한다. 따라서 자원 거버넌스는 정치적 의지가 뒷받침되어야 한다. 이 같은 정치적 의지를 토대로 천연자원은 단순히 자원 자체로 머물지 않고 시민에게 도움이 되는 편익을 창출하는 방향으로 활용되어야 한다.

그렇지만 공공재로서 석유, 천연가스, 광물자원을 이용하는 것은 결코 쉽지 않다. 예를 들면, 기원전 5세기 중국에서는 철을 제련하는 기술이 발명되고 이로 인해 철에 대한 수요와 생산이 늘어나자 철을 생산하는 계층이 등장했다. 이러한 신흥 계층의 등장은 한(漢) 왕조를 약화시켰으며, 국정 불안정의 요인이 되었다(Lynch, 2002). 게다가 철 생산의 증가로 인해 자본과 노동이 중국 경제의 근간이던 농업에서 광업으로 이동되었다. 결과적으로 무제(武帝)는 철 생산에서 발생하는 사익과 공익의 격차를 해소하기 위해 서기 117년에 제철업을 국유화할 수밖에 없었다.

이와 유사한 사례가 서기 483년 그리스 아테네에서도 나타났다. 테미스토클레스와 아리스티데스는 라우레이온 은광산에서 나오는 수익 관리를 두고 논쟁을 벌였다. 21세기에 발생한 이라크와 몽골의 논쟁에서처럼 아리스티데스는 광산에서 얻은 수입을 아테네 시민들에게 나눠주어야 한다고 주장했다. 그렇지만 테미스토클레스는 이 천연자원 수입을 군함 건조에 사용하자고 제안했다.[1] 결

---

1   고대 아테네의 정치가였던 테미스토클레스는 라우레이온의 은광산에서 나오는 수익을 군함 건조에 충당하도록 민회(民會)를 설득했지만, '공정한 사람'이라는 별명을 가지고 있던 또 다른 정치가 아리스티데스는 이 의견에 반대했다. 결국 페르시아의 위험에 맞서 군비 증강에 따른 자력 방위론을 주장했던 테미스토클레스는 아리스티데스를 추방해 정권을 획득한 뒤 광산 수익을 국고에 귀속시켜 군비 증강에 활용했으며, 결과적으로 200여 척의 군함을 만들어 아테네를 그리스 제일의 해군국으로 육성했다. _옮긴이

과적으로 군함에 대한 투자는 2년 뒤 페르시아가 아테네를 공격했을 때 빛을 발했으며, 아테네는 이 군함을 이용해서 페르시아군을 격퇴시킬 수 있었다(플루타르코스의 책에서 인용).

마찬가지로 중국은 1078년에 황실 칙령을 공포해 채굴 활동을 금지시킨 바 있다. 이는 열악한 자원 거버넌스 체제에 관해 기록한 전 세계 최초의 문서라 할 수 있다. 다음은 당시의 채굴 사업에 관한 내용이다.

> 자연은 일종의 훌륭한 예금으로 이용되었으며, 사람들은 이로부터 훨씬 많은 이윤을 얻을 수 있었다. 지배 계층은 채굴 산업으로 막대한 돈을 벌어들일 수 있다고 생각했으며, 여기에서 발생하는 이윤이 자신들에게 귀속되기를 희망했다. 이로 인해 거의 모든 광산에서 부정부패가 발생했으며, 결과적으로 많은 사람들이 피해를 입을 수밖에 없었다. 이런 상황에서 부자들은 광산에 대한 자본 투자를 기피하기 시작했으며, 결국 광산업은 점차 쇠퇴하고 말았다. …… 따라서 당시 중국의 채굴 사업은 제대로 관리되지 못했을 것으로 예상된다(Collins, 1918).

우리는 지난 100년 동안 자원 개발에서 창출되는 산출물이 그다지 크지 않다는 사실을 확인할 수 있었다. 자원 부국들이 풍부한 잠재력을 제대로 발휘하지 못했던 사례들은 다수의 문헌 자료를 통해 확인할 수 있다. 물론 이 같은 경험적 증거뿐 아니라 다른 반대 의견도 존재하지만, 자원과 성장의 부정적인 관계는 경제적인 이유뿐 아니라 정치적인 실패 등 다양한 방식으로 설명되고 있다.

첫째, 정부는 계약의 협상 과정에서 기업에 비해 상대적으로 불리하기 때문이다. 석유 및 광업 관련 기업들은 자원의 가치와 지질학적 특성, 국제 계약의 조건 등에 대해 더 잘 알고 있기 때문에 협상 과정에서 정부보다 유리한 위치를 선점한다(Humphreys et al., 2007). 게다가 이런 기업들은 경제적·법적 전문 지식도 보유하고 있기 때문에 자신들에게 더욱 유리한 재정 조건을 강력하게 요구할 수도 있다. 이렇게 되면 자원 개발을 통해 얻는 수익 가운데 아주 미미한 금액만 국가에 귀속될 것이다. 예를 들어 콩고민주공화국은 2008년 한 해 동안 20억 달러의 광물 수출에 부과된 광물세와 관세를 통해 단 9200만 달러만 거둬들였을 뿐이다. 마찬가지로 노르웨이는 달러당 78센트가량의 수익을 세금으로 거둬들이는 반면, 카메룬은 달러당 12센트밖에 부과하지 못하는 실정이다. 이 같은 재정 시스템은 자원 보유국이 자원 개발로 인한 수익을 제대로 배분받지 못하는 결과를 가져왔다. 게다가 자원 고갈과 관련해 정부와 지역 공동체에 효과적으로 보상하는 데에도 실패하면서 시민들의 불만족과 국가의 불안정성을 증대시키는 결과를 가져오고 말았다. 또한 이 같은 세수 부족은 국내 투자에 필요한 자금을 마련하는 데에도 어려움을 준다.

둘째, 거시 경제적인 측면에서 자본의 대량 유입에 따라 영향을 받기 때문이다. 경제학자들은 1970년대 후반 호주, 네덜란드, 영국, 노르웨이, OPEC 국가 등 다수의 자원 부국에서 호황이 지속되는 반면 수출은 감소하는 현상에 대해 연구하기 시작했다. 북해 지역에서 발견된 유전이 경제적으로 부정적인 영향을 미친 '네덜란드 병' 현상은 다음과 같은 두 가지 결과가 상호작용한 것으로 설명될 수 있다. 우선 천연자원의 수출로 인한 막대한 자본의 유입은 환율에 영향을 주었으며, 이로 인해 자국 내에서 석유를 생산하지 않는 수출업자와 다른 광물 수출업자는 경쟁력을 상실한 것이다. 그다음은 적정 수준의 환율에 관한 문제로, 소득이 증가하자 국산품이 아닌 수입 물품에 대한 소비가 늘어나는 결과가 초래되었다. 게다가 이로 인해 수출 산업 부문에서 사용되던 국내 자원이 천연자원 부문과 비교역 부문으로 전환되는 결과도 초래되고 말았다(Corden and Neary, 1982). 이처럼 네덜란드 병이 미치는 지속적인 영향에 대한 증거는 다른 나라에서도 많이 발견된다. 예를 들면, 이란, 나이지리아, 러시아, 트리니다드 토바고, 베네수엘라에서는 30년 동안 네덜란드 병이 나타났다. 이들 국가에 비해 단기적이기는 하지만 그 밖의 여러 나라에서도 네덜란드 병의 완화된 형태인 다른 종류의 '병'들이 발생했다(Darvas, 2012; Ismail, 2010).

셋째, 정부와 민간 부문의 수익 변동성과 예측 불가능성 때문이다. 이 문제는 보통 가격과 생산량의 변동이 클 때 발생한다. 즉, 천연자원에서 얻는 수익에 크게 의존하는 국가의 경우 국고 수입과 관련된 예상치 못한 대규모 충격을 받으면 다음과 같은 세 가지 결과가 야기된다. ① 장기적인 국가 계획의 수립이 어려워진다. 이는 특히 장기간에 걸쳐 지원이 보장되어야 하는 재정 지출 사업에서 문제가 된다. 호황과 불황이 반복되는 경기 순환은 정부가 선택해야 하는 지출에 영향을 준다. 예를 들면, 정부는 예상치 못한 대규모의 수익이 발생하면 교육이나 보건 프로그램처럼 경직된 사업이 아니라 규모를 빨리 확장할 수 있는 공항, 병원, 기념관 건설 같은 사업에 몰두한다. 수많은 사례에서 볼 수 있듯 정부는 대규모 수익이 발생하면 방만한 지출을 하는 반면, 수익이 감소하면 지출을 삭감하는 경향이 있다. 따라서 이 같은 경기 순환은 정부 당국이 지출의 규모 확장을 통제하기 어려운 상황에서 엄청난 비효율을 발생시킬 수 있으며, 이로 인해 경제적 타당성이 전혀 없는 사업들이 시행되는 결과가 발생하고 만다(Ramey and Ramey, 1995). 물론 경기 순환은 불가피한 부분이 있다. 이란과 베네수엘라 같은 정부는 석유 수익의 변동성을 '선행적 재정 정책'인 '입금 - 출금(money-in, money-out)' 방식으로 시정하려 했지만, 이는 문제를 더욱 악화시키는 결과를 가져왔을 뿐이다. 반면 노르웨이와 사우디아라비아는 '역행적 재정 정책'을 통해 이러한 문제에 대응하려 했다. 〈그림 15.2〉는 앞에서 언급한 4개국의 자료를 정리한 것인데, 이 같은 대응 방식이 어느 정도 긍정적인 결과를 가져왔다는 사실을 보여주고 있다. 사하라 사막 이남 지역에서는 산출물의 변동성이 줄어들면 GDP가 연간 1%가량 상승할 것으로 추정된다(Pallage and Robe, 2003). ② 민간 기업도 수익률의 변동성에 영향을 받게 된다. 즉, 민간 기업은 정부 지출이 늘어날 때에는 생산과 차입을 늘리며, 정부 지출이 급격히 줄어들 때에는 경제적인 어려움을 겪는다. 최근 카자흐스탄의 경제 위기와 몽골의 경우에서처럼 정부 지출의 변동성은 경제 전체의 파산으로 이어질 수 있다(Esanov and Kuralbayeva, 2011). ③ 예상치 못한 큰 소득은 차입의 규모를 증가시킬 수 있다. 즉, 자원 부국의 정부와 기업은 기대 수익이 높기 때문에 대출 관련 신용도가 높다는 장점이 있다. 이로 인해 멕시코, 나이지리아, 베네수엘라의 정부는 1970년대에 석유 수익을 담보로 돈을 빌렸지만, 1980년대 들어 석유 가격이 하락하자 정부 재정이 악화되면서 결국에는 국가 채무라는 위기를 겪게 되었다(Humphreys et al., 2007).

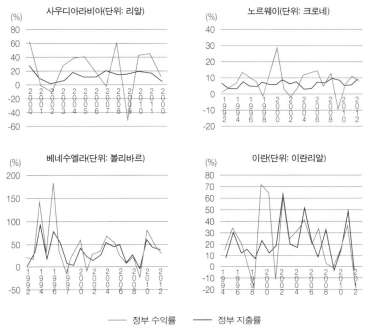

〈그림 15.2〉 주요 석유 의존국의 선행적·역행적 재정 정책

사우디아라비아(단위: 리알)

노르웨이(단위: 크로네)

베네수엘라(단위: 볼리바르)

이란(단위: 이란리알)

―― 정부 수익률   ―― 정부 지출률

자료: IMF, *World Economic Outlook Database*, 2012.

넷째, 자원 개발로 인한 사회적 성과물이 예상보다 낮은 또 다른 이유는 석유, 천연가스, 광물자원의 채굴 과정에서 나타나는 지대 추구 행위와 관련 있다. 이는 제도적인 발전에도 영향을 미친다. 특정 지점에서 대규모 수익이 발생할 경우에는 수익이 권력 집단에 의해 포획되기 쉽다. 실제로 자원 부국의 지배 계층은 제조업 같은 생산적 활동에 대한 투자나 일자리 창출에 그다지 관심을 두지 않는다. 이들의 유일한 관심은 자원에 대한 장악력과 이를 배분할 수 있는 권리이며, 이 같은 행태를 '지대 포획'이라고 한다(Auty, 2007; Ross, 2001). 몇몇 학자는 지배 계층의 이러한 지대 추구 행위가 부패를 유발하고 제도적인 발전을 저해할 뿐만 아니라 결과적으로는 정부를 약화시키고 공공 서비스의 수준을 떨어뜨리며 경제성장을 저해한다고 주장한다(Arezki and Brückner, 2009; Bulte et al., 2005; Isham et al., 2005; Karl, 1997).

다섯째, 석유와 광물로 수익이 발생하면 시민들이 정부 개입을 축소하도록 요구해 공공복지 증진에 대한 정부의 동기를 직접적으로 줄이기 때문이다. 이러한 관점에서 천연자원 수익에 지나치게 의존한다는 것은 정부가 포괄적인 세금 제도를 실시하고 있지 않다는 것으로 해석될 수 있다. 즉, 정부와 시민들의 연결고리가 약화되면서 시민들은 정부 개입의 축소를 요구하게 될 것이다. 결과적으로 정치인과 관료는 공익에 대한 관심을 줄이고 최소한의 사회적 서비스만 제공할 뿐만 아니라 다각적이고 광범위한 경제성장을 달성하기 위한 노력을 하지 않게 될 것이다(Brautigam et al., 2008; Humphreys et al., 2007).

자원 개발과 경제 침체의 인과 관계에 대한 학문적 결론을 내리지는 못했지만 '자원의 저주'가 반드시 불가피한 것은 아니라는 데 대한 합의는 어느 정도 이뤄졌다. 예를 들어 IMF에 따르면 보츠와나, 캐나다, 칠레, 노르웨이, 아랍에미리트 같은 국가는 '신중하고 투명한 관리' 덕분에 자원 개발로 인한 혜택을 풍부하게 누릴 수 있었다고 한다(IMF, 2007). 즉, 풍부한 자원으로부터의 혜택과 제도적 발전 사이에는 강력한 상관관계가 존재하기 때문에 채굴 부문과 공공 재정을 관리하는 기관의 역량을 향상시켜야 한다는 정책적 함의를 도출할 수 있다. 다음의 2개 절에서는 이와 관련된 기관을 소개하는 한편, 복지 증진에 도움이 되는 형태로 천연자원을 개발한 정책을 살펴볼 것이다.

천연자원 가치 사슬:
석유, 천연가스, 광물자원의 관리를 위한 프레임

폴 콜리어(Paul Collier)는 수익감시기구(Revenue Watch Institute: RWI)나 세계은행 같은 자원 거버넌스 기관이 다양한 형태의 '천연자원 가치사슬'을 프레임으로 채택하고 있으며, 이는 천연자원을 지속가능한 방식으로 국가 발전 과정에 이용하기 위한 것이라고 설명한 바 있다(Collier, 2007).[2] 가치사슬의 구체적인 개

---

2   콜리어는 옥스퍼드대 경제학과 교수로, 『빈곤의 경제학(The Bottom Billion)』이라는 책을 통해 빈

넘은 기관마다 상이하게 정의되고 있지만, 일반적으로 다음과 같은 다섯 단계를 따르는 것으로 알려져 있다.

1단계: 채굴 결정

자원 탐사와 채굴 활동에 대한 참여 결정을 포함하는 단계로, 그중에서도 탐사권 허가가 가장 핵심적인 활동이라고 할 수 있다. 탐사권의 인허가는 면허의 범위가 부합하는지, 자원 채굴과 관련된 자금을 조달할 수 있는지, 탐사권 소유자가 누구인지 등을 근거로 결정된다. 일단 자원이 발견되면 채굴에 대한 결정은 철저한 평가를 바탕으로 이뤄져야 한다. 여기서 말하는 평가는 땅에 구멍을 내거나 구덩이를 파서 자원을 추출함으로써 얻는 비용과 편익에 대한 지역과 국가의 판단을 가리키며, 이는 사회적·경제적·환경적 영향에 관한 전반적인 분석을 포괄하는 개념이다. 그렇지만 이 단계가 생략되는 경우가 자주 있다. 즉, 산유국의 정부는 채굴 과정을 감시하거나 자체 평가를 실시하겠다는 의지를 보이지 않는 경우가 대부분이다.

2단계: 좋은 거래 조건

석유나 광물자원이 발견되면 여기서 발생하는 지대를 채굴 기업, 정부, 지역사회가 어떤 식으로 나눠가질지에 대한 의사 결정이 반드시 이루어져야 한다. 지대의 할당은 대체로 지방 및 중앙 정부의 세금 제도, 계약, 법에 따라 결정된다. 그렇지만 어떤 거래 조건이 공정하고 좋은지에 대해서는 논란이 있다. 그렇지만 나이지리아의 니제르 삼각지나 필리핀 민다나오의 사례에서처럼, 많은 나라에서 지대가 공평하게 분배되지 않고 있으며, 이것이 재정 시스템을 불안정하게 만드는 것을 쉽게 관찰할 수 있다. 이처럼 불공정한 지대 배분은 폭력적인 충돌을 일으킬 수밖에 없다.

곤의 악순환이 계속되는 이유로 분쟁의 덫, 천연자원의 덫, 나쁜 이웃을 둔 내륙 국가의 덫, 작은 나라의 나쁜 정치 지도자의 덫을 제시했다. _옮긴이

3단계: 세입 평가 및 징수

정부는 때때로 징수 대상에 대해 세금을 부과하지 않는 경우가 있다. 세금을 징수하지 않는 이유는 다양하다. 예를 들면, 과세 회피, 이전 가격 조작,[3] 무능한 행정 시스템, 통제·감시의 부재, 부정부패, 구식 감세 조치의 폐해 등의 이유 때문이다. 동일한 이유로 지역사회도 자원 개발에 대해 실망하게 된다. 즉, 이들은 일자리와 수익의 창출, 경제의 발전을 약속받았지만, 자원 개발이 만병통치약이 아니라는 사실을 깨닫게 된다. 예를 들어, 채굴 과정에서 그리 많은 일자리가 만들어지지 않을 뿐만 아니라 심각한 환경문제가 발생하며 인구 증가 효과 역시 크지 않다. 계약, 생산량, 지불 금액, 비용, 이윤 등에 대한 정보 공개는 공공 부문의 생산·계약에 대한 감시 능력의 향상, 세금 징수 과정에 대한 감독, 규정의 강제 집행이 뒷받침되어야 한다. 그래야 세입의 징수가 가능해지고 자원 채굴의 직간접 영향에 대한 대중적 기대치를 조절하는 데에도 도움을 줄 수 있다.

4단계: 한정적·가변적 대규모 세입 관리

설령 모든 세수가 징수되더라도 세금이 잘못 관리되거나 낭비될 수도 있다. 그 이유로는 첫째, 정부가 세입이 증가하는 속도에 맞춰 공공 부문에 대한 투자를 확대시킬 능력이 없을 수 있기 때문이다. 이는 흡수 능력의 부재라고 불린다. 둘째, 가변적인 대규모 세입은 앞서 개략적으로 설명했듯이 선행적인 재정 정책으로 귀결되는 경향이 있기 때문이다. 셋째, 예멘의 최근 사례에서 볼 수 있듯 세입은 무한하지 않기 때문이다. 따라서 만약 세입이 고갈된다면 정부는 공공 지출을 급격히 줄여야 할 것이다. 결과적으로 이는 경제에 심각한 제약을 가할 것이다. 따라서 정부는 이 단계에서 세입을 어느 정도로 절약하고 지출해야 할 지에 대해 정확히 추정할 필요가 있다. 그리고 중앙정부, 지방정부, 특별 기금, 국영 석유회사, 국영 광물업체, 지역사회, 국민들에게 수익을 어떻게 할당할 것

---

3 이전 가격 조작이란 특수 관계에 있는 기업 간의 거래에서 설정 가격을 조작함으로써 조세 부담을 줄이려는 행위를 말한다. _옮긴이

인지 결정해야 할 것이다.

5단계: 지속가능한 발전에 대한 투자

지대를 많이 획득한 개발도상국 가운데 자원 부국은 충분한 자본을 지니고 있음에도 투자를 제대로 하지 않는 경향을 보인다. 석유와 광산을 지배 계층이 통제하는 국가나 독재 국가의 경우 대중의 압력은 정부 지출에 대한 결정에 거의 영향을 미치지 못한다. 게다가 이런 국가들은 정부 지출을 효율적으로 관리할 만한 능력도 갖추고 있지 않다. 물론 국가의 발전 계획과 지출 시스템은 각국 고유의 독특한 환경에 부합되는 방식으로 구축되어야 한다. 따라서 개별 국가는 조달 체계나 사업 평가 같은 자본 투자 과정을 강화해야 하며, 예산의 투명성을 확보하고, 국익을 증진시키기 위한 책임성 있는 메커니즘을 도입하기 위해 노력해야 한다. 또한 자원 부문과는 별개로 경제 다각화에도 초점을 맞춰야 한다.

투명성과 책임에 관한 원칙은 이러한 다섯 단계를 거쳐야 한다.[4] IMF와 천연자원헌장에 따르면, 시민들은 정보를 제공받을 때 공적 의사 결정 과정에 대해 신뢰하게 된다고 한다(IMF, 2007; Natural Resource Charter, 2010). 이처럼 투명성은 대중의 기대치를 정부 목표에 맞춰 조정하고, 대중적인 신뢰를 구축하며, 채굴 과정을 둘러싸고 이해관계 간 합의를 도출하는 과정에서 발생하는 내부적 갈등을 줄여줄 수 있다.

결과적으로 공시의무제는 정부가 수집하고 관리하는 정보의 질을 향상시킬 뿐만 아니라 정부 부처와 규제기관의 업무를 더욱 용이하게 만든다. 또 한편으로는 정부 정책의 효율성과 효과성 역시 증대시킬 수 있다. 2005년 채굴 산업 투명성 이니셔티브는 석유 부문의 비밀스러운 지급금을 해명하려 한 나이지리아

---

[4] 투명성이란 ① 정부 기관과 관료의 역할 및 책임의 명확화, ② 정보·예산의 편성·집행·보고에 대한 대중적 이용 가능성 및 접근성, ③ 고품질 데이터와 적절한 감시의 완벽성 보증 등을 의미한다. 여기서 공적 책임이란 공공에 대한 공무원의 책무로 정의된다. 이는 공공 서비스에 바탕을 둔 공무원의 의사 결정과 행위를 설명하고 정당화하는 데 사용되는 개념이다.

의 사례를 보고한 바 있다. 이 보고서에 따르면 47억 달러가량의 부도 어음이 나이지리아석유공사에 의해 발생했다고 한다. 게다가 민간 석유기업에 대한 지급금과 미납된 세금이 5억 6000만 달러 이상인 것으로 추산되었다.

투명성은 정부 정책 및 결정 사항에 대한 대중의 이해를 높이고 투자자에 대한 신뢰를 강화해 국내외 자본 시장에 대한 접근을 순조롭게 한다는 장점이 있다. 또한 이는 잠재적인 위험을 부각시킬 뿐만 아니라 결과적으로는 재정 정책을 통해 경제 상황의 변화에 능동적으로 대응할 수 있도록 해준다. 한편으로 위기의 발생 가능성과 심각성도 어느 정도 경감시킬 수 있다.

끝으로 투명성은 공적 책임을 향상시키는 장점을 지닌다. 실행력을 갖춘 숙련된 일반 대중은 정책 형성 및 자원 거버넌스에 대한 정부의 감시 과정과 관련해 건설적인 토론에 적극 임할 것이다. 예를 들어, 공개 조사를 실시하면 관련 공무원은 비도덕적인 행동을 하지 못하게 될 뿐만 아니라 개인적인 이득을 위해 권력을 남용하지도 않게 된다. 결국 책임성은 재정 제도, 조세 시스템, 예산 결정 과정의 지속가능성을 보장하는 데 중요한 개념이다. 왜냐하면 책임성은 경제 정책을 효율적으로 결정하도록 만들며 공무원이 정년퇴직한 이후에도 계속될 공공 자원을 효과적으로 관리하기 위한 규칙과 원칙을 제시하기 때문이다.

자원 거버넌스의 개선 방안

바람직한 자원 거버넌스의 원칙을 이론적으로 이해한다고 해서 현실에서 올바른 자원 거버넌스가 보장되는 것은 아니다. 공공 정책은 반드시 자원 부국의 복잡하고 독특한 정치적 현실을 반영해야 한다. 이 절에서는 이러한 실제 정책에 대해 상세히 다룰 예정이다. 즉, 자원 채굴 과정에 실제로 나타나는 공익의 극대화 방안과 관련해 의견을 제시하려 한다. 이를 위해서는 가상의 국가가 채굴을 하기로 결정했다는 가정이 필요하다. 특히 앞에서 살펴본 다섯 단계 중 5단계에 해당하는 '지속가능한 발전에 대한 투자'를 지향한다는 전제하에 천연자원 가치사슬의 2단계부터 4단계까지를 살펴볼 것이다.

좋은 거래 조건의 획득

채굴 부문은 지대가 중요한 역할을 한다는 점에서 다른 산업 부문과 구별되는 특성을 지니고 있다. 땅속에 묻힌 자원을 발견하는 것은 국가나 기업의 입장에서 봤을 때 복권에 당첨된 것이나 마찬가지다. 왜냐하면 어떤 국가는 매장 자원이 풍부한 반면, 어떤 국가는 천연자원이 전혀 없는 경우도 있기 때문이다. 그렇지만 일단 자원이 발견되면 채굴에 드는 비용은 개발 후 천연자원이 지닐 경제적 가치의 극히 일부에 불과하기 때문에 엄청난 이윤과 경제적 지대를 창출할 수밖에 없다.[5] 이때 국가는 정부, 이익집단, 채굴 기업 사이에서 지대를 분배하는 방식을 결정해야 한다. 사실 이를 결정하는 작업은 쉽지 않다. 왜냐하면 지대의 분배가 기업에 지나치게 유리할 경우 시민과 정부는 더 많은 몫을 요구할 수 있으며, 이는 계약의 불안정이나 심지어 폭력을 유발할 수도 있기 때문이다. 반대로 기업이 충분한 액수의 지대를 얻지 못한다면 채굴에 대한 투자나 생산이 중단될 가능성이 있다.

이보다 더 복잡한 문제는 석유, 천연가스, 광물자원의 채굴과 생산 과정이 아주 불확실하다는 사실이다. 이미 고갈된 유전을 시추하게 될 위험성은 개발이 진행 중인 전체 석유 매장지 10곳 가운데 9곳에 해당될 정도로 크다. 이로 인해 광물자원의 채굴 여부는 수백 개의 검사를 실시한 후에 결정된다. 게다가 실제로 자원을 생산하기 위해서는 장기간에 걸친 대규모 투자가 요구된다. 그렇지만 석유나 광물자원은 가격 변동성이 크기 때문에 투자에서 얻을 수 있는 수익이 불확실하다는 문제마저 안고 있다. 따라서 기업은 투자에 따른 손해, 계약 재협상, 대규모 투자 이후 정부에 의한 몰수 가능성을 우려하기 때문에 가급적 최대한 많은 지대를 추구하는 경향이 있다.

---

5   여기서 지대는 채굴에 필요한 최소 비용을 초과하는 투자 수익을 의미한다.

게다가 기업은 대다수의 계약 체결 과정에서 유리한 입장에 놓인다. 〈상자글 15.1〉은 석유, 천연가스, 광물자원과 관련해 정부와 기업의 사이에서 체결되는 재정 협정의 유형을 정리한 것이다. 일반적으로 기업은 협상 대상인 정부에 비해 지질학, 생산 비용, 국제 계약 표준에 대해 더 잘 알고 있으며, 우수한 법률 지식과 강력한 로비력도 지니고 있다. 결과적으로 개발도상국과 선진국에서 체결되는 엄청난 계약은 기업의 구미에 맞게 체결되는 경향이 있다. 캐나다의 앨버타는 정치적·사회적 위험성이 매우 낮은 지역이지만, 1999년부터 2008년까지 오일샌드 개발 과정에서 발생하는 경제적 지대의 단 47%만 지방정부에 회수된 반면, 기업은 1210억 달러에 이르는 이득을 얻었다(Campanella, 2010). 마찬가지로 인도네시아 정부는 구리 생산에서 발생한 순수익의 45%만 차지했다. 그렇지만 이와 달리 앙골라에서는 석유 생산에서 발생하는 이익의 89%를 정부가 회수했다(McPherson, 2010).[6]

▌상자글 15.1▐ 정부와 채굴 기업 간 관계 유형

석유, 천연가스, 광물자원과 관련해서 기업은 일반적으로 다음 세 가지 유형의 재정 협정을 정부와 체결한다.

- 양허계약: 이는 자원에 대해 기업의 소유권을 보장해주는 방식이다. 즉, 기업은 세금과 사용료를 지불하는 대신 자원의 탐사, 개발, 생산, 판매에 대한 모든 권리를 보유한다. 이 같은 방식은 흔히 캐나다와 미국에서 나타난다.
- 생산분배계약: 기업의 생산 비용을 공제하고 남은 석유,[7] 가스, 광물자원 등의 수익 원유 또는 가스를 생산 기업과 정부가 나눠 갖는 방식이다. 이때 정부는 자원의 소유권을 보유하는데, 그중 일부를 판매할 수도 있고 아니면 현물 형태의 석

---

6   여기서 말하는 정부 수입(government take)이란 사용료, 세금, 할당 석유의 가치를 전부 합한 금액이다. 할당된 수익 석유에 관한 설명은 〈상자글 15.1〉을 참조.
7   이는 비용 회수 석유(cost oil)로, 투자 자본을 회수하도록 하기 위해서 사업자에게 할당되는 원유를

유를 정유사로부터 받을 수도 있다. 아프리카, 바레인, 구소련이나 일부 중동 국가가 이러한 방식을 채택하고 있다.

- 위험부담계약: 정부가 자원의 소유권을 보유하는 대신 기업은 생산의 대가로 석유, 광물자원 또는 현금을 지급받는 방식이다. 이는 라틴아메리카나 이라크 같은 일부 중동 국가에서 주로 체결되는 방식이다.

진정한 의미의 지속가능한 발전을 이룩하고, 해외 원조에 대한 의존도를 낮추기 위해서는 국가 내부에서 자원을 동원하고 이용할 수 있어야 한다. 석유, 가스, 광산업은 특히 아프리카와 같이 자원이 풍부하지만 소득 수준은 높지 않은 국가에서 자금을 벌어들이기 위해 필요한 미개발 자원이라고 할 수 있다. 예를 들면, 사하라 사막 이남 지역에 대한 원조 규모는 2008년 360억 달러에 달한 반면, 이들 지역에서 천연자원의 지대 규모는 260억 달러였다(Revenue Watch, 2011). 그렇다면 정부가 천연자원의 개발 과정에서 좋은 거래 조건을 획득하기 위해서는 어떻게 해야 할까?

이에 대한 적절한 답은 사용료 및 세금 체계의 개선이라 할 수 있다. 이로 인한 수익은 줄어든 천연자원의 가치를 보상할 수 있을 만큼 충분히 커야 할 것이다. 결과적으로 재정 조건을 잘 구축하면 최고의 투자자를 유치해서 국익에 보탬이 되는 방향으로 협상을 진행할 수 있다. 〈상자글 15.2〉는 채굴을 위한 핵심적인 조세 수단을 정리한 것이다.

▮상자글 15.2▮ 채굴 관련 주요 조세 수단
정부는 채굴 기업과의 협상에서 다양한 조세 수단을 이용할 수 있다. 다음은 여러

의미한다. 따라서 생산된 총 원유에서 비용 회수 석유를 제외한 나머지가 수익 원유(profit oil)다. _ 옮긴이

가지 조세 수단 가운데 가장 널리 사용되는 수단이다.

- 보너스: 계약 체결, 프로젝트 개시, 법률·계약상의 목표 달성 같은 상황에서 한 차례 주어지는 지급금을 의미한다. 그 규모는 수만 달러에서 대형 석유 프로젝트의 경우 수억 달러에 달할 정도로 다양하다.
- 사용료: 재생 불가능한 천연자원의 채굴에 대한 권리와 관련해 정부에 지불하는 금액이다. 대부분의 사용료는 종가세나 단위당 가격으로 부과된다.
- 소득세: 몇몇 사례에서 나타나듯, 석유·가스·채굴 기업은 자국 내 모든 기업과 마찬가지로 법인소득세를 납부해야 한다. 한편 다른 사례에서는 채굴 부문을 대상으로 한 특별한 레짐이 존재한다는 사실을 알 수 있다. 석유의 채굴 사업에는 막대한 자본과 운영비 투자가 요구되기 때문에 세금 제도에 의한 납부금과 공제 방식에 대한 법률이 정부와 기업의 이익 배분 구조를 결정한다. 구체적으로는 이자의 공제 가능성, 유형 자산의 감가상각, 차기 연도의 이득을 상쇄하기 위한 당해 연도의 손실액을 계산하는 방식 등이 대표적인 사례다.
- 초과 이윤세: 몇몇 국가에서는 가격이나 이윤이 투자를 유인할 만한 수준을 상회할 경우 사업의 시행 과정에서 발생하는 잉여분에 특별세를 부과하고 있다. 즉, 추가적인 세금 납부 같은 방식으로 초과 이윤의 대부분이 국가에 귀속된다.
- 정부 지분: 석유·채굴 프로젝트는 현지의 여러 기관이 공동으로 진행하며, 해당 수익은 민간 기업과 국영 기업 또는 기타 공공기관에 적절히 분배된다. 이러한 지분 참여 덕분에 정부는 배당금의 일부를 할당받을 수 있다.
- 기타 세금과 수수료: 배당금에 대한 원천세, 내국 소비세, 관세, 토지 임대료 등은 채굴 관련 국가의 또 다른 재정 수입원이 된다.

이처럼 재정 조건은 천연자원의 가격 변동과 생산 시나리오에 따라 국가 세입과 채굴 협정에 영향을 미칠 수 있다. 산유국에 이익이 되는 법률 제도의 성패는 정부의 재정 조건 준수와 규칙에 대한 구성원들의 이행 정도에 달려 있다. 따라서 특정 조세 체계에 대한 연구를 수행할 경우에는 정부가 이러한 시스템을 통해 어떻게 하면 국가의 편익을 효율적으로 늘릴 수 있을지를 반드시 고려해야 한다. 이때 재정 조건이 탄탄하면 정부의 부패, 규정 불이행, 법률·계약의 허점을 줄일 수 있다.

법률·계약의 허점을 악용하는 방식의 하나는 이전 가격을 조작하는 것이다. 다국적 기업은 특정 국가에 대한 조세 의무를 줄이기 위해 자회사를 설립하는 방식으로 부담을 회피할 수 있다. 즉, 특정 자회사에서 다른 자회사로 시장가격보다 낮은 수준으로 광물과 석유를 판매한다면 정부에 보고하는 수익이 줄어들 것이다. 이렇게 하면 물론 사용료와 세금도 함께 줄어들 것이다. 이와 유사한 방식으로 가격이 폭등한 시점에 다국적 기업이 재화와 서비스를 구입하면 정부에 보고되는 비용을 올릴 수 있다. 즉, 결국 기업은 공제액을 증가시키면서 소득 세액을 줄일 수 있다. 이 같은 이전 가격 조작을 막기 위해 정부는 기업의 내부 거래에 대한 엄격한 평가 정책을 마련해야 한다. 예를 들면, 수익 징수 평가에 이용되는 가격을 객관적인 시장가격과 연결시키는 방식도 가능할 것이다.

또한 대출에 대한 이자는 소득세 공제에 종종 사용된다. 다국적 기업은 채굴 자원이 풍부한 국가에 위치한 자회사에 높은 이자로 자금을 빌려줌으로써 부채를 떠넘길 수 있다. 이는 자회사에서 모회사로 지급되는 이자를 공제시켜 결국 자회사의 조세 의무를 감면하는 결과를 가져온다. 정부는 이런 문제를 해결하기 위해 자회사가 자본금에 비례해서 대출을 받을 수 있도록 부채를 제한하거나, 채무 대비 자기자본의 비율을 초과하는 이자에 대해서는 세금을 공제해주지 않는 방식을 채택할 수 있다.

어떤 국가에서는 다양한 분야에서 활동하는 기업이 특정 프로젝트에서 얻은 이윤을 상쇄하기 위해 다른 프로젝트에서 발생한 손실분을 보상하는 경우도 있다. 여기서 말하는 손실에는 생산에 착수하지 않은 신규 광산에서 발생하는 채굴 비용 같은 것이 포함된다. 기업은 이런 방식을 통해 전체적인 세금 납부액을 줄일 수 있다. 이런 상황에서 정부는 분리 과세를 통해 일정 금액이 특정 목적에만 사용되도록 용도를 지정할 수 있다. 이런 규제를 통해 정부는 기업이 해당 프로젝트에서 벌어들이는 이윤을 매년 세입으로 거둬들일 수 있다.

많은 국가의 조세 제도에서 납세자는 특정 연도에 발생한 손실을 다음 연도에 벌어들일 수입에서 공제할 수 있다. 이러한 특례 제도는 사업 초기에 막대한 비용이 발생하는 부담을 줄여주기 위한 배려다. 그렇지만 일부 국가에서는 장기적으로 수익을 감소시키는 손실 이월을 막기 위해 이런 특례 제도의 혜택 기간이나 액수를 제한하고 있다.

마지막으로 석유 및 광물자원과 관련된 계약에는 통상적으로 특별 조항이 포함된 경우가 많다. 이러한 조항은 계약 체결일로부터 효력을 지니며, 이에 따라 합의된 사항들이 이행된다. 따라서 이후에 발생하는 법률적 변경은 계약에 아무런 효력도 미치지 않는다. 이러한 '안정화 조치'는 투자를 결정했던 시점의 조세 시스템과 비교해서 급작스럽게 발생하는 법률 개정으로부터 투자자가 영향을 받지 않도록 보호해준다. 그렇지만 안정화 조항은 일반 시민들의 이익을 보호하고 국가 주권을 보장하며 정치적·경제적 상황의 변화에 유연하게 대처하기 위해 그 대상을 사용료, 세금, 수수료 같은 주요 세입원으로 한정해야 한다. 또한 환경이나 노동 같은 기타 관련 규칙을 구속해서는 안 될 것이다.

국가별 재정 조항은 경제적 우선순위, 정부 능력, 석유와 광물자원의 매장량, 정치적 위험 등의 정도에 따라 달라진다. 그렇지만 재정 시스템의 설계 과정에서 정부는 다음과 같은 준수 사항을 반드시 고려해야 한다.

첫째, 재정 시스템은 쉽게 확인할 수 있는 법률과 규정에 의거해 정립해야 한다. 계약별로 재정 조건을 변화시킬 수 있는 재량권을 최소화해야 하고, 일관성 있는 재정 전략의 활용 및 계약 이행이 가능해야 하며, 협상 과정에서 부패가 발생할 가능성을 줄여야 한다.

둘째, 재정 시스템은 원자재의 가격이 상승했을 때 계약의 안정성을 향상시키고 시민들의 요구에 부응하기 위해 정부의 세입을 증가시키는 누진적인 특성을 지녀야 한다. 이는 누진적 소득세, 초과 이윤세, 변동 금리가 적용되는 사용료 같은 다양한 제도를 통해 달성될 수 있다.

셋째, 모든 계약은 공개적으로 체결되어야 한다. 그래야 정부 관료가 협상 과정에서 부당한 행동을 취할 유인이 사라질 것이며, 시민들은 정부와 산업체 간의 협정이 얼마나 복잡한 특성을 갖고 있는지 이해하게 될 것이다.

재정 조건을 개선하고 기업이 빠져나갈 수 있는 여지를 원천적으로 제거할 경우 정부 세입은 엄청나게 늘 것이다. 예를 들면, 기니는 새로운 채굴 규정을 제정함으로써 철광석으로부터 매년 30억 달러의 추가 소득을 벌어들였다. 한편으로 재정 조건 외에도 환경, 지역 발전, 공동체 보전, 분쟁 관리, 정보 공개 등의 다양한 조건에도 정부가 개입할 필요가 있다. 따라서 산유국이 '바람직하고 공정한' 조건으로 채굴 계약을 체결하는지를 평가하기 위해서는 이 같은 조건들을 모두 고려해야 할 것이다.

세입 징수

특정 연도에 석유, 가스, 광물자원에서 발생하는 정부의 평균 세입은, 아제르바이잔, 이라크, 노르웨이 같은 국가는 자원 생산 1달러당 90센트 정도인 반면, 콩고민주공화국은 거의 0센트에 가깝다. 몇몇 국가의 정부 세입이 낮은 이유는 불리한 재정 조건이나 이례적인 감세 조치 때문이다. 그렇지만 한편으로는 미약한 계약 집행력이나 세입 '손실'이 원인인 경우도 있다.

세금이 완벽히 징수되지 않는 데에는 몇 가지 이유가 있다. 첫째, 조세 행정 및 회계 실무 능력이 부재하기 때문이다. 이러한 사례는 개발도상국에서 매우 흔히 볼 수 있다. 이를 더 자세히 살펴보면, 복잡한 서류 처리와 세금 지불 방식, 중복된 세입 징수 담당 기관, 검증되지 않은 직원, 후진적인 정보 관리 시스템 등을 들 수 있다(Calder, 2010). 둘째, 많은 나라에서 채굴 및 수출되는 석유와 광물자원의 양과 질을 제대로 감시하지 않고 있기 때문이다. 채굴 과정을 평가하기란 거의 불가능한데, 비공식적인 추정에 따르면 필리핀 광물자원의 70% 이상이 시장가격 이하의 낮은 가격에 신고된다고 한다. 셋째, 설령 정부가 생산 자원의 양과 질을 제대로 파악하고 있더라도 세금을 계산하는 과정에서 가격이 조작되거나 낮게 평가될 수도 있기 때문이다. 넷째, 다국적 자원 기업은 조세 회피 전략을 적극적으로 취하는 경우가 많기 때문이다. 이런 기업은 이윤을 허위로 신고하는 방식으로 세금을 적게 납부하려 한다(Mullins, 2010). 다섯째, 심지어 기업이나 정부 관료에 의해 절도나 부정부패가 발생하는 경우도 있기 때문이다. 암립(AmLib)이라는 채굴 기업은 라이베리아 정부에 10만 달러를 납부하지 않은 것으로 알려져 있다. 조사 결과 암립의 직원은 정부에 제출하는 영수증을 위조했으며, 이 돈을 개인적인 용도로 유용한 것으로 밝혀졌다.

이러한 문제를 해결하기 위해 2002년 채굴 산업 투명성 이니셔티브가 발족되었다. 즉, 정확한 확인 기준이 있다면 기업에서는 자신들의 활동을 공시하고 자발적으로 순응할 것이라는 매우 단순한 가정하에 이니셔티브가 설립된 것이다. 만약 채굴 기업이 정부에 납부한 세금을 정확히 밝히고 정부가 이를 투명하게 공개한다면, 양측의 수치를 확인함으로써 세입이 공적 재원으로 이용되었는지 여부를 정확히 입증할 수 있을 것이다. 게다가 지불 과정이 이처럼 투명해질 수 있다면 시민들은 자원 채굴로 인한 세입을 더욱 잘 보고하도록 정부에 요구할 수 있을 것이다. 2012년 12월, 16개국이 '채굴 산업 투명성 이니셔티브 준수국(EITI compliant)'으로 지정되었으며, 추가적으로 21개국이 후보국으로 참여하게 되었다.

채굴 산업 투명성 이니셔티브는 공개된 자료의 수준 및 범위와 관련해 어려움을 겪기는 했지만, 일단 시민들의 관심을 끌어내는 성과를 거두었을 뿐만 아니라 자원 거버넌스에 대한 국제적인 관심도 이끌어냈다(Gillies, 2011). 그렇지만 투명한 관리·감독과 인식 제고의 영향력을 정량적으로 수치화하기에는 여전히 어려움이 따른다. 그럼에도 연구자들은 채굴 산업 투명성 이니셔티브가 공무원의 부패를 얼마나 줄일 수 있었는지를 분석하기 위해 노력하고 있다. 실제로 채굴 산업 투명성 이니셔티브의 보고서는 분명하고 가시적인 성과를 거둘 수 있다고 전한다. 예를 들면, 나이지리아의 채굴 산업에 대한 보고에 따르면, 기업이 정부에 납부했다고 밝힌 금액과 정부가 기업으로부터 받았다는 금액은 8억 달러가 차이난다고 한다. 8억 달러는 나이지리아 보건부와 교육부의 한 해 예산보다 많은 금액이다. 게다가 전체 8억 달러 가운데 5억 6000만 달러가 기업 측에서 누락시킨 금액인 것으로 밝혀졌다(EITI, 2012).

미국 국회는 2010년 '도드 - 프랭크법'의 일부로 카딘 - 루거(Cardin-Lugar)의 '투명성을 통한 에너지 안보(Energy Security Through Transparency: ESTT) 개정안'을 통과시킨 바 있다. 이 개정안은 공화당과 민주당 양측 모두의 지지를 받았으며, 채굴 관련 기업을 증권거래소에 등록시켜 국가별·사업별로 정부에 납부한 금액을 공개하도록 요구하고 있다. 게다가 이 모든 정보를 온라인을 통해 공개하도록 규정하고 있어 관련 정보에 대한 접근성을 획기적으로 개선했다. 이 법률은 불안정한 체제하에서 발생하는 부정부패를 줄여 에너지 안보를 향상시키고 투자자에게 석유·채굴 사업 영역의 정치적·사회적 위험과 관련된 정보를 제공함으로써 관련 시장의 안정성을 높인다는 취지에서 만들어졌다. 이 법률은 한편으로는 채굴 산업 투명성 이니셔티브를 보완하는, 일종의 강행 규정으로서의 역할도 맡고 있다. 미국이 개정안을 통과시킨 이후 EU 의회와 이사회는 유사한 규정의 법안을 논의하기 시작했다. 노르웨이는 개별 국가 차원에서 이러한 규정을 채택한 상태다.

채굴 산업 투명성 이니셔티브와 카딘 - 루거의 에너지 안보 조항은 세금 납부 과정의 투명성을 향상시키기는 했지만, 세금을 완벽하게 징수하기에는 여전히 부족한 점이 많다. 예를 들면, 납부액의 의무 공시는 주요 채굴 기업으로까지 확대되어야 하며 이들 기업의 본사가 위치한 캐나다나 호주 같은 나라에 더욱 확대될 필요가 있다. 또한 채굴 산업 투명성 이니셔티브는 생산, 비용, 이윤의 공개로 범위를 확대할 필요가 있으며, 계약과 세금 징수 과정에서 정부의 감시 능력을 향상시킬 필요가 있다. 물론 이러한 개선 작업이 단기간에 이뤄지기는 어렵겠지만, 국제 금융 기구나 국제 개발 기구와 협력한다면 더 쉽게 달성할 수 있을 것이다. 또한 조세 회피의 가능성을 줄이고 조세 피난처에 이윤을 숨기려는 시도를 막기 위해서는 조세 협약을 개선해야 할 뿐만 아니라 조세 투명성과 관련한 국제 기준도 향상시켜야 할 것이다.

세입 관리

아제르바이잔과 노르웨이는 석유 생산액 1달러당 80~90센트를 징수할 수 있는 좋은 거래 조건을 보유하고 있다. 두 나라 모두 대규모 산유국일 뿐만 아니라 개발·생산 경로도 유사하다. 이들 2개국에 대한 채굴 산업 투명성 이니셔티브의 보고와 영국 BP의 통계 자료에 따르면, 아제르바이잔은 2010년에 190억 달러를 조세로 거둬들였고 아직까지 70억 배럴의 석유 매장량을 보유하고 있으며, 노르웨이는 2009년에 440억 달러의 조세 수입을 올렸고 67억 배럴의 석유를 보유하고 있었다고 한다. 그렇지만 이들 두 국가의 세입은 매우 다른 방식으로 관리되고 있다. 유럽에서 가장 가난한 나라였던 노르웨이는 거둬들인 세금을 보건·교육·기반 시설·석유 부문에 집중적으로 투자함으로써 40년 만에 1인당 국민 소득이 가장 높은 선진국으로 발돋움했다. 또한 석유 수입을 통해 '정부 연금기금(The Government Pension Fund)'을 2011년 말까지 5330억 달러나 충당할 수 있었다. 그렇지만 1991년에 독립한 아제르바이잔은 노르웨이와 대조적인 행보를 걷고 있다. 아제르바이잔의 영토에서는 산업용 석유가 130년 전부터 생산되었으나 농촌 인구의 29%는 여전히 깨끗한 식수조차 제공받지 못하고 있을 뿐만 아니라 국가 예산의 11%만 교육에 투자되고 있다. 게다가 아제르바이잔은 2012년 10월까지 '국가석유기금(State Oil Fund)'을 330억 달러밖에 모으지 못한 상태다.

이처럼 노르웨이와 아제르바이잔은 정부 정책과 관련해 극단적인 차이를 보여주는 대표적인 사례로 꼽힌다. 즉, 이 두 나라는 미래 세대를 위해 투자하거나 저축한 경우와 현 세대를 위해 수입을 사용한 경우로 대변될 수 있다. 물론 막대한 이익이 생겼을 때 이를 당장 사용하고 싶은 유혹을 이겨내는 것은 어려운 일이다. 왜냐하면 대규모로 자금을 지출하는 것이 정치적으로 유리할 뿐만 아니라 대중들은 어떠한 형태로든 당장 수익을 이용하길 바라기 때문이다. 게다가 돈이 한 번 유입되기 시작하면 웬만해서는 이를 되돌리기가 어렵다. 물론 수입이 공정하게 사용될 수도 있다. 하지만 자원 부국의 15억 명은 하루 2달러 미만으로

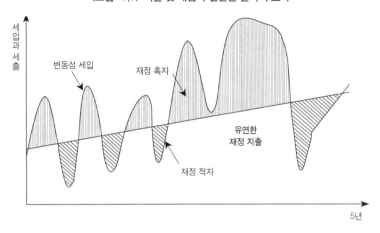

〈그림 15.3〉 지출 및 세입과 관련한 준칙의 효과

세입과 세출

변동성 세입

재정 흑자

유연한
재정 지출

재정 적자

5년

생활하고 있는데, 이 같은 극심한 빈곤은 반드시 해결해야 할 과제다.

　많은 나라에서는 특별 행정 규칙과 메커니즘을 도입함으로써 채굴 사업으로 창출된 부를 예산 변동성에 대비하고 저축－투자－소비를 조정하는 데 사용하는 경향이 있다. 이를 위한 방안으로 공공 지출을 제한하는 공식적·비공식적 재정 준칙이 가장 많이 이용된다. 예를 들어, 보츠와나는 GDP에서 공공 지출이 차지하는 비중을 40%로 제한하는 준칙을 제정했다. 호주와 페루는 국채와 GDP 비율을 제한하고 있다. 그렇지만 자원 부국에서 나타나는 가장 흔한 재정 준칙은 자원에 기반을 둔 '세입 준칙'이다. 세입 준칙은 석유 및 채굴 사업에서 발생하는 수익 가운데 세입에 포함될 수 있는 최대한도를 정하는 방식이다. 가나, 멕시코, 나이지리아, 동티모르는 구속력이 있는 세입 준칙을 법률로 공표한 상태다. 예를 들면, 가나는 7년 평균 석유 수익의 최대 70%까지를 국가 세입으로 할당했다. 남은 수익 가운데 적어도 30%는 '미래 세대를 위한 기금(Heritage Fund)'으로 사용하고, 나머지 70%는 예상치 못한 급격한 예산 부족에 대비한 환평형 기금[8]으로 사용해야 한다. 〈그림 15.3〉은 이러한 유형의 재정 준칙이 작동하는

8　환평형기금이란 정부나 중앙은행이 환시세를 안정시킬 목적으로 환시장에 개입해 외국환의 매매를 조작하는 데 쓰려고 설정한 자금을 의미한다. _옮긴이

방식을 보여준다. 즉, 재정 흑자가 발생할 때에는 미래 세대를 위해 저축을 할 수도 있으며, 반대로 국가 예산에 세입 변동성이 부정적인 영향을 미칠 때에는 유연한 공공 지출을 통해 문제를 완화시키는 용도로 사용할 수도 있다.

재정 준칙 가운데 세입 준칙은 허용된 범위보다 세입이 더 크게 발생할 때 정부의 의사 결정을 도와주는 역할을 한다. 바꿔 말하면, 정부가 재정 흑자를 어디에 비축해야 하는가에 대한 방향을 제시해준다. 만약 흑자를 중앙은행에 준비금으로 예치할 수 없거나 부패한 관료의 예금 계좌에 둘 수 없다면 국부펀드(Sovereign Wealth Fund: SWF)의 일환인 '천연자원기금(Natural Resource Fund: NRF)'으로 비축할 수 있다. 이러한 형태의 기금이 자원 부국에서 급증하고 있다. 2009년 현재 세계 34개국에서 48개의 천연자원기금이 운영되고 있으며, 기금의 규모는 대략 2조 300만 달러다. 이에 관한 자료는 〈표 15.1〉과 같다.

천연자원기금은 다음 몇 가지 역할을 수행하고 있다. 첫째, 위기 상황이 발생했을 때 이에 대응하고 미래 세대를 위한 재원을 마련하기 위해 자원 수입을 축적하는 역할을 한다. 대표적인 사례로는 '아부다비 투자청'과 '트리니다드토바고 유산기금'이 있다. 둘째, 국가 재정에 심각한 적자가 발생했을 때 이를 보충하는 역할을 맡기도 한다. 이 같은 안정화 기금은 자금 변동성의 충격을 흡수하는 작용을 한다. 이런 기금의 대차대조표를 살펴보면 석유·광물자원의 가격과 생산의 변동에 따라 일정하게 상승 또는 감소하는 패턴을 보인다. 대표적인 사례로는 멕시코의 세 가지 '석유수익안정화기금'과 칠레의 '경제사회안정기금'을 들 수 있다. 셋째, 유입된 자금을 '소독'하는 기능도 할 수 있다. 예를 들면, 외국인 투자자로부터 유입된 자금으로 인한 네덜란드 병을 완화시킬 수 있다. 그렇지만 카자흐스탄, 쿠웨이트, 사우디아라비아 천연자원기금의 경우 2001년부터 2007년 사이에 석유 가격이 250%나 증가했을 때 기금을 활용해 문제를 해결하는 데 도움을 줄 수 있었음에도 고정 환율로 인해 실질적인 효과가 미흡했다. 넷째, 가나, 동티모르 같은 국가에서는 기금 관련 재무제표를 통해 징수된 천연자원 수익을 공개함으로써 자원 수익의 투명성과 책임성이 향상되었으며 저축과 지출을 결정하는 데서의 효율성이 개선되었다. 다섯째, 개발 사업이나 자본 지출을

국가 또는 지역	최근 명칭	목적	설립 연도	자산 규모
아부다비 (아랍에미리트)	아부다비투자청(Abu Dhabi Investment Authority)	저축	1976	6270억
노르웨이	정부연기금(Government Pension Fund)	저축	1990	5200억
쿠웨이트	쿠웨이트 준비기금(Kuwait General Reserve Fund)	다목적	1953	2960억
	차세대를 위한 준비기금(Reserve Fund for Future Generation)	저축	1976	
카자흐스탄	국가기금(National Fund)	안정화	2000	390억
칠레	연금준비기금(Pension Reserve Fund)	저축	2006	40억
	경제사회안정기금(Economic and Social Stabilization Fund)	안정화	2007	130억
앨버타(캐나다)	앨버타 유산저축신탁기금(Alberta Heritage Savings Trust Fund)	저축	1976	150억
동티모르	석유기금(Petroleum Fund)	저축	2005	90억
	기반 시설 및 인력개발 기금 (Infrastructure and Human Capacity Development Funds)	개발	2011	10억
보츠와나	풀라 기금(Pula Fund)	저축	1996	70억
멕시코	석유수익안정화기금(Oil Revenues Stabilization Fund)	안정화	2000	60억

자료: Bauer, 2012.

위한 자원 수익을 별도로 할당함으로써 투자를 촉진시킬 수 있다. 대표적인 사례로는 동티모르의 '기반 시설 및 인력개발 기금'을 들 수 있다.

사실 천연자원기금은 단일 목적이 아닌 다양한 목표를 달성하기 위해 설립된 상태다. 예를 들어 '와이오밍 광물자원 신탁기금(Wyoming Permanent Mineral Trust Fund)'은 정부의 지출을 제한할 뿐만 아니라 위기 시 미국 정부에 자금을 지원하기 위해 설립되었는데, 이는 한편으로 환평형기금으로도 사용될 수 있다.

따라서 천연자원기금을 규제하는 예금·인출·투자·거버넌스 관련 규칙은 해당 국가의 예산 낭비, 지출 변동, 네덜란드 병, 지대 추구 등을 시정하는 데 얼마나 효과적인지를 보여줄 수 있다. 실제로 천연자원기금은 다음과 같은 조건하에 공익을 증진시킨다.

첫째, 정부는 천연자원기금의 설립 목적을 분명히 밝혀야 한다. 또한 국가별 세입은 지출의 변동성, 과도한 반복 지출, 자본 투자의 부족에 대응하는 방향으로 관리되어야 한다.

둘째, 사용료, 정부 지분, 소비세, 법인세, 수수료 등의 세입원 가운데 어떤 항

〈그림 15.4〉 자원 수익 관리를 위한 기금 방식

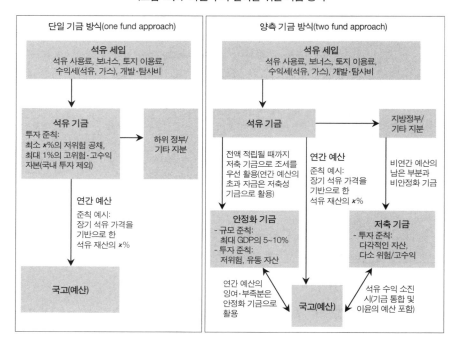

목을 기금으로 적립·인출할 것인지를 결정하는 규칙은 기금의 설립 목적과 밀접한 관련이 있다. 예를 들어, 시장 안정화가 기금의 목적이라면 와이오밍 광물자원 신탁기금 같은 방식으로 운영하는 것이 적합할 것이다. 한편으로 모든 세입원은 미래 세대를 고려하는 방향으로 기금을 설계하고 예치해야 한다. 물론 안정화기금처럼 예산 변동성을 시정하기 위한 경우라 하더라도 가나유산기금(Ghana Heritage Fund)처럼 석유 생산이 중단되기 전까지는 저축 기금을 인출하지 않는 것이 바람직하다. 〈그림 15.4〉는 예금·인출 규칙과 관련해 상이한 방식의 두 가지 천연자원기금을 보여주고 있다. 실제로 천연자원기금은 명확하게 제정된 규칙을 갖고 있지 않은 경우가 대부분이다. 이란이 대표적인 사례라고 할 수 있다. 휴티가 이란중앙은행과 IMF의 자료를 이용해 분석한 결과에 따르면, 이란에서는 2006년부터 2011년 사이에 정부 지출로 1500억 달러 이상이 인출되었다고 한다(Heuty, 2012). 이는 경제적으로 타당한 이유 없이 인출된 것으로 판

단된다. 마찬가지로 아제르바이잔과 쿠웨이트의 기금도 인출 관련 규정이 명확하게 설정되어 있지 않아 유사한 상황에 빠지고 말았다.

셋째, 몇몇 국가는 인출에 필요한 가격과 세입의 가정을 조작하는 방식으로 추가적인 자금의 여유분과 재정적인 유연성을 확대할 수 있었다. 규칙을 준수하기 위해서는 천연자원에서 발생할 것으로 예상되는 세입의 규모를 산정하는 공식을 반드시 만들어야 한다. 가격 추정과 세입 예측은 이처럼 엄격한 기준을 따라야만 한다. IEA의『세계 에너지 전망』에서 제시한 것처럼 법률 및 규제 영역에 객관적인 가격 추정을 포함시키는 방식은 이런 측면에서 도움이 될 수 있다.

넷째, 천연자원기금은 명확한 투자 규칙에 기반을 둬야 한다. 또한 이러한 규칙은 기금의 설립 목적과 가능한 투자 범위에 부합해야 한다. 천연자원기금은 분기 또는 연간에 정부 세입에 적자가 발생할 경우 활용될 수 있기 때문에 안정화 기금의 자산은 유동적이며 위험성이 낮은 방식으로 운영되어야 한다. 이와 반대로 천연자원기금이 저축을 목적으로 설립되었다면 고위험의 고소득 자산에 투자하는 편이 바람직할 수도 있다. 물론 이러한 투자의 위험 요소에는 자금을 운용하는 능력과 자금 관리자에 대한 감시 능력이 반영되어야 한다. 리비아투자청(Libyan Investment Authority: LIA)의 경험은 이런 측면에서 교훈을 준다. 카다피 정권하의 불충분한 보호 장치, 불안정한 규칙, 투명성의 미확보로 인해 리비아에서는 높은 관리 비용이 발생했으며, 결과적으로는 10억 달러가 넘는 손해를 입었다. 이로써 공적 자금인 천연자원기금을 관리하는 기관은 높은 투명성, 책임성과 위기관리 능력을 지녀야 한다는 사실을 알 수 있다.

다섯째, 정부는 대규모 천연자원기금을 부채의 담보로 활용하면 자금의 접근성을 높일 수 있을 것이라고 생각한다. 그렇지만 차용 자금의 증가는 공적 예금의 낭비를 발생시킨다. 게다가 예금의 규모가 클 경우 정부는 여기서 자금을 융통할 수 있기 때문에 외부로부터 자금을 빌릴 필요가 없어진다. 다시 말하지만 자원 수입에 영향을 주는 결정에는 기금의 설립 목적이 반영되어야 한다. 예를 들어 기금의 목적이 미래 세대를 위한 자금 상속이라면 고위험 사업에 투자하는 것은 바람직하지 않다.

여섯째, 재정 규칙을 충실히 이해함으로써 책임성을 향상시키고 이사회와 관리자가 원활하게 소통하는 것이 중요하다. 정치적인 개입을 통한 산업 보호 및 운영 관리는 규칙 준수에 도움이 된다. 기금 관리자가 법제화된 정책을 이행할 수 있는 능력과 동기를 갖는 것도 중요하지만, 실제로는 내부적으로 책임성이 제대로 부여되지 않은 경우가 대부분이다. 따라서 천연자원기금은 기금을 분석할 수 있는 능력과 기술적 지식을 갖춘 독립적 기관이 운영해야 할 뿐만 아니라 다양한 외부 감사 제도도 갖춰야 한다. 한편으로는 공식적인 감시 활동도 필요하다. 예를 들면, 가나공익성책임위원회(Ghana Public Interest and Accountability Committee)나 국회 같은 전문화된 감독 기관을 통해 감사를 실시하는 것이 규칙 준수에 필수적이다.

끝으로 국회, 시민단체, 언론이 감시자 역할을 제대로 수행할 수 있도록 천연자원기금의 투명성을 보장해야 한다. 예를 들면, 연례 보고, 투자 포트폴리오, 자금 흐름, 정부 구조, 이사회, 관리자에 관한 내용을 공개해야 할 뿐만 아니라 이 내용들이 국제 기준에도 부합해야 한다.

최근 들어 지출 및 투자 규칙에 대한 학문적 관심은 높아지는 반면, 공적 배분에 대한 결정은 아직까지도 예금 관련 규칙으로 인해 제약을 받고 있는 실정이다. 특히 국영 석유회사는 관리가 제대로 이뤄지지 않고 있으며, 배상금, 비용 산정, 투자 규칙이 불명확하게 설정된 지역에서는 공유 자원을 고갈시킬 우려가 있다. 게다가 공기업의 수익은 천연자원기금에 투입되기보다는 이들 기업이 그대로 가져가는 경우가 많다. 예를 들어 2011년 가나에서 석유가 본격적으로 생산되기 시작하자 정부의 석유 수익 가운데 47%를 가나석유공사가 회수했으며, 석유 수익이 천연자원기금으로는 거의 전환되지 않았다.

한편으로 국영 석유회사는 또 다른 방식으로 공적 자산을 고갈시키고 있다. 2010년 나이지리아석유공사는 현금을 요구함으로써 납세자에게 70억 달러의 비용을 떠넘겼으며, 나이지리아석유공사에 대한 보조금은 2008년 9월 정부에 110억 달러의 비용을 발생시켰다. 그런가 하면 멕시코의 페멕스는 2009년에 300억 달러의 손해를 기록했는데, 당시의 손실 금액은 세금으로 메워졌다. 이들 국가에서는 사회 기반 시설을 건설하고 권한을 부여하는 과정에서 높은 위험이 수반되기 때문에 이에 대한 보상을 당연하다고 여기는 풍조가 있다. 일반적으로 이러한 문제는 사회 기반 시설과 정부 유인책 정비, 사회 기반 시설과 관련된 규칙 강화, 정부·감독 기관·국민에 대해 맡은 바 책임을 다하는 사회 기반 시설의 보장을 통해 해결될 수 있다.

이때 저축 – 소비 – 투자로 이어지는 의사 결정은 중앙정부, 지방정부, 이익 집단, 일반 시민들 사이에서 자원 수입을 분배하는 기능을 담당한다. 여기서 세입은 환경 훼손을 포함한 외부 비용의 지역 보상, 부유한 지역과 낙후 지역 간에 채굴과 관련된 편익의 평준화, 갈등의 방지 및 최소화, 세수 관련 책임의 분산이라는 목적을 가지고 지방정부나 지역사회에 분배된다. 실제로 많은 나라가 이러한 목적을 달성하기 위한 보편적으로 수용 가능한 안정적인 시스템을 구축해야한다는 과제에 직면해 있다. 예를 들면, 인도네시아와 페루의 석유 및 광물자원과 관련된 세입의 교부 방식은 잘못된 관리와 낭비를 증가시키고 있다. 나이지리아와 몽골의 배분 방식은 생산 지역과 비생산 지역의 불평등을 증대시키고 있다. 반면 캐나다, 멕시코, 아랍에미리트는 세입의 배분이 공식에 기반하고 있고 예측 가능하며 투명성이 보장되는 방식이라는 점에서 개발 성과를 더욱 향상시킬 수 있을 뿐 아니라 국가가 세입 교부의 목적을 달성할 수 있다는 사실을 보여주는 실제 사례라 할 수 있다.

최근 글로벌개발센터(Center for Global Development)와 세계은행의 연구자는 자원 세입의 책임 증대와 지출의 효율성 향상을 위한 세입 할당 개선 방안을 제시한 바 있다. 구체적으로는 석유 및 광물자원에서 발생하는 수익을 일반 시민들에게 직접 배분하자는 것이다. 글로벌개발센터는 다음과 같이 주장한다. "정부는 천연자원 채굴에서 얻은 수익의 전부 또는 일부를 시민에게 정기적으로 투명하게 지불해야 한다. 이렇게 되면 정부는 이를 국민들의 일반 소득으로 취급해 세금을 부과할 수 있다. 이를 통해 정부는 과세권을 행사할 수 있을 뿐만 아니라 정부가 천연자원 수익을 투명하고 신뢰할 수 있는 방식으로 관리해주길 바라는 대중들의 기대와 공공 서비스에 대한 대중들의 수요도 충족시킬 것이다"(Moss, 2011). 이미 알래스카, 볼리비아, 이란, 몽골은 이러한 배분 방식을 채택했으며, 최근 들어 이라크도 도입 여부를 검토 중이다. 한편으로 이란은 '석유 현금화' 프로그램 덕분에 2010년 한 해 동안 7000만 명의 시민에게 매달 40달러씩 지급할 수 있었는데, 이는 연간 450억 달러에 달하는 금액이다(Heuty, 2012).

이 같은 무조건적인 총액 일괄 이전은 부자보다 가난한 사람들에게 더 큰 혜택을 주었다. 따라서 이러한 직접 이전 방식은 빈곤 문제가 심각한 나라에서 더욱 정당화될 수 있다. 그렇지만 소득세는 자원은 풍부하지만 저개발 상태에 놓인 국가에서는 도입되기 어려울 것이다. 게다가 현금의 직접적인 분배는 공적 부문에 대한 투자를 어렵게 만들 수도 있다. 심지어 정부는 기반 시설과 인재 개발 사업에 필요한 능력을 배양하지 않을지도 모른다. 정부는 기업과 마찬가지로 성공과 실패의 경험을 통해 학습할 수밖에 없다. 요약하자면 자원에서 얻은 수익을 관리하는 것은 한 국가가 세금을 징수하고 이를 국가 예산으로 귀속시키는 일만큼이나 쉽지 않은 작업이다. 자금의 흐름은 다양한 기관의 참여로 인해 복잡해질 뿐만 아니라 낭비와 관리 실패, 지대 추구의 가능성을 높일 수 있다(〈그림 15.5〉 참조). 또한 이러한 체제는 자원 의존 국가에서 흔히 나타나는 거시 경제적인 문제를 해결하기 어렵게 만들어 예산 변동 및 과다 지출과 네덜란드 병을 야기할 수 있다. 따라서 주요 핵심 기관들은 예측 가능하고 적합한 규칙에 의거해 관리되어야 한다. 또한 이런 기관은 투명하게 활동해야 하며, 독립적이고 믿을 만한 주체에 의해 철저하게 감독되어야 한다. 물론 이런 대책들이 자원 수익의 유용한 투자로 연결된다고 보장할 수는 없다. 그렇지만 이러한 과정을 통해 정부가 올바른 방향으로 선택할 가능성이 조금이라도 높아질 것이다.

결론

석유, 가스, 광물자원은 기타 소득원과는 전혀 다른 특성을 지니고 있다. 이들 자원은 재생 불가능하기 때문에 해당 정부가 자원 고갈에 대해 충분히 보상받을

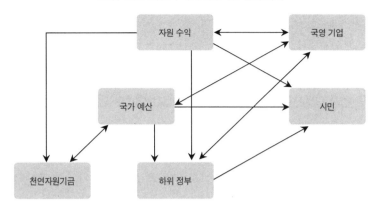

〈그림 15.5〉 자원 수익의 전형적인 관리 체계

수 있을 때에만 개발할 가치를 갖는다. 기업과 정부의 정보가 비대칭적인데도 자원 개발은 특정 지역에서 이뤄질 수밖에 없으며, 계약 및 생산의 초기 단계에서 착수금이 크기 때문에 협상 과정에서 정부가 유리한 고지를 선점할 수 있다. 이때 천연자원은 막대한 경제적 지대를 발생시키며, 수익은 변동성이 매우 클 뿐만 아니라 경제·사회 전반에 영향을 미친다. 이러한 이유로 인해 석유, 가스, 광물자원은 다른 자원과는 상이하게 다뤄야 한다.

예를 들면, 기업의 재무 정보와 계약 사항을 모든 사람에게 공개해야 한다. 또한 계약 조건에서는 이전 비용이나 국내의 행정 능력 부족으로 인해 세금을 완벽하게 징수하기 어렵다는 현실적인 한계를 반영해야 한다. 마찬가지로 자원 수익은 규칙에 기반을 두고 관리해야 하며, 투명성을 반드시 확보해야 한다. 이때 강력한 재정 조건은 정부 부문의 '유연한' 저축·소비·투자·지출 수준을 향상시킬 수 있을 것이다. 따라서 재정 규칙의 준수는 필수적이며, 이와 관련해서 회계 감사 기관, 국회, 언론, 시민단체가 순응 여부를 감독할 수 있어야 한다. 또한 국영 기업 같은 공공 기관이나 천연자원기금은 규칙에 의거해 관리해야 하며, 이 역시 공적 감독의 대상이라고 할 수 있다. 결론적으로 천연자원으로부터 창출된 수익은 공익을 위한 최선의 방식으로 사용해야 하며, 정부는 관련 지출에 대해 책임을 져야 한다.

이때 에너지 소비자는 바람직한 자원 거버넌스에 대해 전략적인 관심을 기울일 수 있다. 많은 생산국에서 채굴 산업의 수익은 생산적인 투자에 활용되기보다는 부패, 재정 낭비, 갈등, 불안정의 원인이 되고 있다. 이는 빈곤을 심화시키고, 채굴 지역의 폭력을 증가시키며, 체제 불안정과 세계적인 자원 공급의 불확실성을 확대시키는 경향이 있다. 따라서 거버넌스의 개선은 지역 공동체의 신뢰를 강화시킬 뿐만 아니라 투자 위험을 줄이고 기업의 안정적인 운영 환경을 조성해줄 수 있다. 결과적으로 자원 공급에 관한 신뢰성을 확보한다면 에너지 안보 역시 향상될 것이다.

정리하자면, 대규모 자원 채굴이 이뤄지는 국가와 채굴 기업의 본사가 위치한 국가에서는 더 나은 거버넌스 이니셔티브를 구축함으로써 국제사회에 긍정적인 영향을 줄 수 있다. 따라서 대부분의 개발도상국은 계약의 협상 과정, 재정 시스템의 분석, 조세의 징수, 자원 수익의 관리, 사업의 효율적 관리 등을 위해 국가의 능력을 향상시킬 필요가 있다. 왜냐하면 이러한 대책이 국가의 성장 및 발전을 돕고 경제적 다각화를 지원하기 때문이다. 따라서 이 같은 정부의 능력 배양과 진취적 발전은 자국 내 강제적인 명령 체계에 따라 이뤄져야 하며, 이 과정에서 국제 금융 기관 및 발전 기관들로부터 자금을 지원받을 수 있다. 이때 국제사회는 자원 관리에 관한 최고 수준의 표준을 제시한 뒤 이를 고수해나가야 한다. 즉, 국제사회는 산유국 정부에 납부한 금액의 공개, 모든 계약의 세부 사항 공시, 조세 피난처의 제거, 관할권 내에서 기업의 책임 향상 등을 위해 노력해야 한다.

16 식량과 에너지의 연계

로버트 베일리

서론

바이오연료 사용이 빠른 속도로 늘어나고 있다.[1] 2000년에서 2010년까지 바이오연료 생산은 900만TOE에서 5200만TOE로 5배 이상 증가했는데, 이는 전세계 수송 에너지의 3%를 차지하는 수치다(BP, 2011). 그렇지만 이러한 현상과 관련해서 논쟁이 없었던 것은 아니다. 특히나 미국과 유럽의 대규모 바이오연료 프로그램은 식품의 가격 상승을 일으켰는데, 이는 다른 나라의 식량 안보를 위협할 정도로 심각한 결과로 이어졌다.

이 장에서는 이른바 '식량과 에너지의 연계(nexus)'라는 식량 안보와 에너지 정책의 관련성에 대해 살펴보려 한다. 특히 다양한 에너지 가운데 수송 부문의 바이오연료에 초점을 맞출 예정이다. 수송 부문의 바이오연료는 식량을 통해 생산되는 에너지 중에서 가장 높은 비중을 차지한다. 한편 바이오연료 자체뿐만 아니라 관련 지원 정책들에 수반되는 사회적·환경적 위험의 여러 가지 근본적

---

1 바이오매스로 생산되는 액체연료의 개념 정의와 관련해서는 〈상자글 16.1〉에 자세히 설명되어 있다.

인 원인을 검토할 것이다. 마지막으로는 바이오연료, 식량 가격, 농업 개발의 관련성을 살펴본 뒤, 정책적 함의를 제시하려 한다.

┃상자글 16.1┃ 바이오연료의 정의

바이오연료는 바이오매스라는 유기물질로부터 생산되는 연료를 가리킨다. 나무 같은 유기물질이 바이오연료의 대표적인 사례이지만, 이 글에서는 바이오연료라는 용어를 수송 부문에서 사용되는 액체연료로 국한시키려 한다. 특히나 최근 들어 수송용 액체연료를 바이오연료라고 칭하는 경향이 있다. 수송 부문의 바이오연료에는 기본적으로 에탄올과 메탄올 두 가지 종류가 있다. 에탄올은 사탕수수, 옥수수, 밀처럼 녹말을 지닌 작물이나 설탕이 발효되는 과정에서 만들어진다. 이렇게 생성된 에탄올은 휘발유와 혼합될 수도 있고, 다른 연료와 섞지 않고 순수 에탄올만으로 소형 엔진에서 사용될 수도 있다. 반면 바이오디젤은 야자열매, 해바라기, 유채 또는 유채 씨 같은 식물성 오일이 개질 과정을 거쳐 만들어진다.[2] 이렇게 생성된 바이오디젤은 일반적인 석유 디젤과 혼합해서 사용될 수 있지만, 개조 엔진에서는 다른 연료와 섞지 않은 순수 바이오디젤이 사용될 수도 있다.

바이오연료 지원 정책의 필요성과 위험성

바이오연료를 지원하는 정책의 논리적 근거로는 다음과 같은 세 가지를 들 수 있다. 즉, 에너지 안보, 기후변화, 농업 개발이라는 이유 때문에 바이오연료에 대한 지원이 필요하다는 주장이 가장 일반적이다.

---

2   여기서 개질 과정이란 '에스터 교환(transesterification) 과정'을 가리킨다. 즉, 에스터에 알코올, 산 또는 다른 에스터를 작용시켜서 산 또는 알킬기를 교환하는 반응이다. 지방산을 교환함으로써 기름의 융점 같은 각종 물성을 개질(改質)할 수 있다. _옮긴이

• 에너지 안보: 선진국은 산업용 및 수송용 연료를 액체연료에 의존하는 경향이 있다. 마찬가지로 신흥국에서도 액체연료의 수요가 빠르게 증가하고 있다. 심지어 향후 수십 년 내에 액체연료 수요의 증가는 모두 선진국이 아닌 국가에서 발생할 것으로 예측될 정도다(BP, 2011). 따라서 중장기적으로는 액체연료의 실질적인 대안이 나타날 것 같지 않다. 향후 수십 년간 한계 수익만 가져다줄 것으로 예상되는 전기차 같은 신기술을 봐도 짐작할 수 있다. 이로 인해 많은 국가들이 심각한 석유 경쟁에 직면하게 되었다. 왜냐하면 경제적으로 대단히 중요할 뿐만 아니라 필수적인 유한 자원이 불안정한 중동 지역에서 주로 생산되기 때문이다. 이때 바이오연료는 석유 자원의 가능성 있는 대안일 수 있다.

• 기후변화: 에너지 믹스라는 측면에서 석유를 대체하는 바이오연료는 저탄소 에너지원이라는 측면에서도 환경적 편익이 있다. 이론적으로 바이오연료는 석유제품에 비해 상당한 양의 온실가스를 절감하는 효과가 있다. 왜냐하면 연소 과정에서 배출되는 바이오연료의 이산화탄소는 공급되는 작물이 자라나는 과정에서 대기로부터 제거했던 것과 동일한 탄소여서 이들의 순 합이 0이기 때문이다. 이를 바이오연료의 탄소 중립이라고 한다. 그렇지만 이론상으로만 그럴 뿐이지, 실제 바이오연료는 탄소 중립이 아니다. 왜냐하면 농업용 기계, 화학 비료, 산업 공정 같은 생산 과정에서 또 다른 온실가스가 배출되기 때문이다. 그렇지만 이러한 공정 배출량을 모두 합하더라도 대부분의 바이오연료는 온실가스를 상당한 수준으로 절감할 수 있다(〈그림 16.1〉 참조). 그렇지만 이러한 근거에도 한 가지 주의해야 할 중요한 사항이 있다. 바로 공급 원료의 생산 과정에서 고려되는 온실가스 배출량에는 삼림의 벌채 같은 토지 이용의 변화에서 발생한 탄소가 포함되지 않았다는 사실이다.

• 농업 개발: 선진국들은 에너지와 기후 안보를 이유로 바이오연료에 대한 지원을 정당화하는 반면, 많은 개발도상국의 주요 관심사는 농업 개발이라고 할 수 있다. 전 세계 기아 인구의 80%가 농촌 지역에 거주하는 것으로 추정된다. 따라서 농업 분야에 대한 투자는 빈곤 완화나 기아 감소뿐만 아니라 광범위한

<그림 16.1> 바이오연료의 온실가스 절감량(토지 이용 변화를 고려하지 않은 일반적인 추정치)

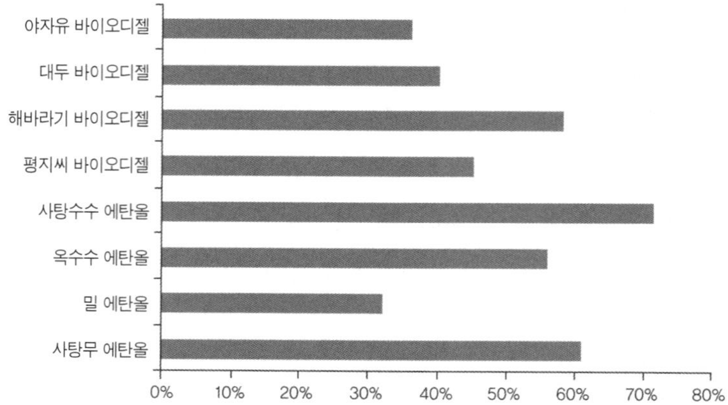

야자유 바이오디젤	
대두 바이오디젤	
해바라기 바이오디젤	
평지씨 바이오디젤	
사탕수수 에탄올	
옥수수 에탄올	
밀 에탄올	
사탕무 에탄올	

0%   10%   20%   30%   40%   50%   60%   70%   80%

자료: European Commission.

경제 발전의 핵심 사업으로 간주될 수밖에 없다. 이런 상황에서 개발도상국은 바이오연료의 호황으로 인한 농업 개발의 이익을 기대하는 경향이 있다. 왜냐하면 낮은 인건비, 저렴한 지대, 사탕수수나 야자유와 같은 생산성 높은 원료의 성장 잠재력으로 인해 개도국이 원료 생산에 경쟁력을 지니고 있기 때문이다.

석유를 대체하는 특성 때문에 바이오연료의 경제성은 공급 원료의 비용뿐만 아니라 유가에 따라서도 달라진다. 따라서 고유가일 경우에는 바이오연료의 경쟁력이 높아지는 반면, 원료 가격이 높을 경우에는 경쟁력이 하락할 수밖에 없다. 결과적으로 바이오연료의 경제성 확보 여부는 석유와 원료의 상대 가격에 따라 달라지기 마련이다. 그렇지만 이러한 균형은 바람직하지 않을 수 있다. 왜냐하면 석유와 달리 바이오연료의 생산을 유지하기 위해서는 공적 자원의 투입이 요구되기 때문이다. 정부는 이런 특성을 고려해 다음과 같은 정책 수단을 활용하고 있다.

• 절대적인 사용량을 요구하는 법률: 미국의 '재생가능 연료 기준(Renewable

Fuels Standard)'은 2022년까지 360억 갤런의 재생가능 연료를 혼합해서 사용하도록 요구하고 있다.

• 화석연료와 바이오연료의 혼합 비율을 명시하는 법률: 영국의 '수송용 재생가능 연료 혼합의무제(Renewable Transport Fuel Obligation)'는 도로 수송용 바이오연료를 2013년까지 부피 기준으로 5% 이상 포함하도록 규정하고 있다.

• 석유제품에 비해 경쟁력 있는 바이오연료를 생산하도록 지원하는 보조금과 세금 공제: 미국에서는 2012년까지 휘발유와 혼합하는 에탄올에 대해 갤런당 45센트의 세액 공제 혜택을 제공해주었다.

• 경쟁력 있는 외국 업체로부터 자국 내 생산업체를 보호하는 수입 관세: EU는 브라질의 에탄올 수입을 제한하는 관세를 유지하고 있다.

그렇지만 이러한 모든 정책은 경제적인 측면에서 비용을 수반하기 마련이다. 즉, 이러한 정부의 지침들은 바이오연료가 석유보다 비쌀 경우에도 에너지 소비자들이 바이오연료를 구매하도록 요구하는 규정이다. 수입 관세는 저렴한 외국 바이오연료에 대한 소비자들의 접근을 억제하는 작용을 하며, 보조금과 세금 공제는 납세자의 돈을 산업체로 이전시켜주는 역할을 한다. 당연히 이로 인해 많은 나라들이 상당한 재정적 압력을 받고 있는 실정이다. 게다가 2008년 금융위기로 인해 정부가 더욱 강력한 재정 정책을 채택하면서 부담은 더욱 커지고 있다(Jung et al., 2010). 그럼에도 정부는 관련 정책을 축소하겠다는 신호를 거의 보이지 않고 있다. 실제로 IEA는 바이오연료에 대한 연간 지원금이 2009년 200억 달러에서 2020년 450억 달러로 확대될 것으로 전망하고 있을 정도다(IEA, 2010). 마찬가지로 BP는 2030년까지 바이오연료의 세계 생산량이 4배 가까이 증가할 것으로 전망하고 있다(BP, 2011). 특히 세계 각국은 정부의 권한을 확대하는 방식으로 바이오연료의 생산을 늘리기 위해 최선을 다하고 있는 실정이다. 예를 들면, 바이오연료 의무 보급량 또는 보급 목표를 수립하거나 이행하고 있는 나라는 현재 50개국을 넘는다.

이처럼 바이오연료에 대한 지원 정책을 추진하는 나라가 늘어나는데도 세계

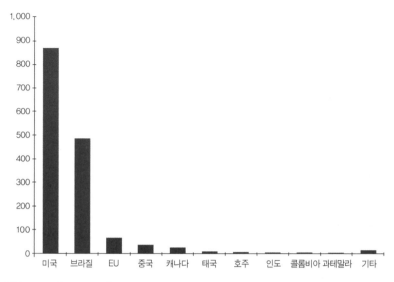

〈그림 16.2〉 2010년 세계 바이오에탄올의 생산량(1000배럴/일)

자료: US Energy Information Administration.

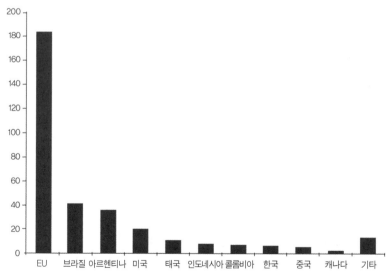

〈그림 16.3〉 2010년 세계 바이오디젤의 생산량(1000배럴/일)

자료: US Energy Information Administration.

적으로 바이오연료는 고도로 밀집된 지역에서 생산되고 있는 실정이다. 현재 에탄올 생산은 과거 가장 큰 생산국이던 브라질의 뒤를 이어 미국이 주도하고 있으며, 에탄올의 생산과 소비는 미국의 지원 정책 덕분에 빠른 속도로 확대되고 있다(〈그림 16.2〉 참조). 반면 바이오디젤의 생산량은 에탄올 생산량의 1/4 수준에 불과하다(〈그림 16.3〉 참조). 가장 큰 생산국은 유럽인데, 유럽은 2009년에 수립된 '재생가능에너지 지침'의 목표를 달성하기 위해 바이오연료 생산량을 늘리고 있다. 이에 EU의 모든 회원국은 2020년까지 수송 에너지의 최소한 10%를 재생가능에너지로 공급해야 하는 상황이다. 물론 전기 자동차가 EU의 목표를 달성하는 하나의 방안이 될 수 있겠지만, 실제로 압도적인 점유율은 바이오디젤과 2순위의 바이오에탄올이 차지할 것으로 예상된다.

세계적으로 바이오디젤에 대한 정부 지원의 80%는 미국과 EU에서 실시되고 있다(IEA, 2010). 이러한 정부 지원의 확대로 최근 들어 납세자와 운전자에 대한 비용 부담이 증가하고 있지만, 에너지 안보와 환경적인 이유를 근거로 해당 정부는 이를 정당화하고 있는 상황이다. 이처럼 바이오연료 생산이 지속적으로 확대될 뿐만 아니라 더 많은 나라에서 유사한 정책을 시행하려고 하기 때문에 미국과 EU 정책의 성공 요인을 살펴볼 필요가 있다.

에너지 안보라는 측면에서 바이오연료 기술은 현재 한계 수익만 제공할 뿐이다. 바이오매스는 석유보다 에너지 밀도가 훨씬 낮기 때문에 휘발유나 경유에 비해 상대적으로 많은 양의 식량이 필요할 수밖에 없다. 세계 최대 옥수수 생산국인 미국은 2010년에 옥수수 생산량의 40%를 에탄올 생산에 이용했지만, 결과적으로는 휘발유 소비량의 10%도 대체하지 못했다. 앞으로 에탄올 생산이 늘어나겠지만, 그렇더라도 미국에서 에탄올은 2020년 휘발유 소비량의 8.4%만 대체할 수 있을 것으로 예상된다(OECD-FAO, 2011). 세계적으로도 바이오연료는 수송용 에너지의 3%만 차지할 뿐이지만, 바이오연료 생산에 투입되는 식량의 양은 상당한 수준이다. 최근 몇 년 동안 바이오연료를 생산하기 위해 사용된 잡곡과 식물성 기름은 전체 생산량의 11%, 사탕수수는 21%를 차지할 정도였다(OECD-FAO, 2011).

기후변화라는 측면에서 바이오연료는 가장 값비싼 온실가스 감축 수단이다. '세계 보조금 이니셔티브(Global Subsidies Initiative)'가 EU를 대상으로 추정한 정책 수단별 이산화탄소 감축량의 톤당 보조금을 보면, 분석 기간 동안 유럽의 평균 시장가격은 16.25유로인 데 반해 곡물을 활용한 에탄올의 경우 669~1422유로에 달했다(Jung et al., 2010).

더 큰 문제는 배출량 감축이 특별한 조건하에서만 달성될 수 있다는 사실이다. 즉, 공급되는 원료의 생산에 토지 이용 변화로 인한 이산화탄소 배출량이 포함되지 않을 경우에만 온실가스 감축이 가능하다. 새로운 경작지에서 바이오 작물이 자라나면 초목이 사라지고 토질이 완전히 바뀔 수밖에 없다. 만약에 이러한 신규 경작지가 열대우림이나 이탄습지 같은 탄소 저장소라면 토지 이용 변화로 인한 배출량은 엄청나게 많아질 수 있다. 한 연구에 따르면 인도네시아의 열대우림을 바이오디젤 원료인 야자 기름으로 전환한다면 막대한 양의 이산화탄소가 발생하기 때문에 화석연료의 연소로 인한 온실가스를 바이오연료로 상쇄시키려면 420년이라는 시간이 걸릴 정도라고 한다(Fargione et al., 2008).

적절한 감시와 검증을 가정하면, 토지 이용의 변화로 인한 배출량은 EU가 추진하는 접근 방식인 바이오연료의 확대에 사용된 토지의 종류에 제한을 둠으로써 어느 정도 조절할 수 있다. 그렇지만 토지 이용 변화는 간접적으로도 일어날 수 있다. 왜냐하면 바이오연료는 농산물과 농업 국경의 원거리 확장을 고려한 총수요의 증가로 이어지기 때문이다. 이처럼 간접적 토지 이용의 변화는 국제 농업 시장을 통해 특정 농산물에서 다른 농산물로, 특정 지역에서 다른 지역으로 확산되면서 아무런 보장도 없이 토지를 관리할 수 없는 상태로 만들어버릴 수 있다.

예를 들면, 에탄올 수요의 급속한 팽창으로 인해 옥수수 가격이 상승한 미국을 살펴볼 필요가 있다. 이로 인해 농부들이 옥수수 생산을 늘리고 대두 생산을 줄였고, 결국 이는 대두 가격의 상승으로 이어졌다. 이는 남미의 농민들이 대두 생산을 증가시키는 가격 신호로 작동했으며, 간접적으로는 열대우림이 농지나 목장으로 전환되는 결과를 가져왔다. 한편으로 사료용 옥수수와 식용 옥수수의 생산 감소는 대체 작물의 생산으로 이어진다. 즉, 사료용 옥수수는 밀로, 식용 옥수수와 밀은 쌀로 대체된다. 이로 인해 곡물의 가격은 상승하고, 간접적으로는 다양한 지역에서 토지 이용 변화가 발생할 수밖에 없다. 이러한 간접적 영향의 크기는 농산물과 가축 시장을 어떻게 조정할 것인가에 따라, 즉 증가한 수요가 생산 증가에 의해 얼마나 충족될 수 있는가에 따라 결정된다. 이는 국가 내 또는 국가 간의 가격 이전과도 관련이 있으며, 토지의 확장과는 반대로 작동한다. 이러한 간접적 효과의 크기는 절대로 작지 않다. 미국 에탄올의 직간접적인 효과와 관련해서 2008년에 발표된 논문은 상당한 논란을 일으켰는데, 이 연구에 따르면 에탄올 소비로 인한 배출량을 회복하는 데 167년이 걸릴 것으로 추정된다고 한다. 더 최근의 논문은 바이오연료와 관련된 모든 의무량과 목표치가 현재 알려진 대로 2020년까지 실현될 경우를 가정해서 세계 토지 이용의 변화를 예측해서 보여주고 있다. 이 논문은 토지 이용 변화로 인한 온실가스 배출량이 2043년까지 순증가한 뒤에야 상쇄될 수 있을 것으로 예측했다(Timilsina and Mevel, 2011).

간접적인 토지 이용의 변화는 중요한 배출원 가운데 하나이기 때문에 바이오연료 산업과 일부 학자들이 여전히 반론을 제기하는 논쟁적인 영역으로 남아 있다(Kim and Dale, 2011; Oladosu et al., 2011). 기후변화의 해결책에서 골칫거리일 정도로 관심을 모으는 바이오연료 잠재력은 기후변화 해결을 위한 수단으로 지원 정책을 정당화하려는 미국과 EU에 까다로운 숙제일 수 있다. 간접적인 토지 이용의 변화는 통제 불가능한 문제를 만드는 대규모 농장에서 발견되기 때문에 정책 결정자가 이 문제를 어떻게 처리할 것인지는 명확하지 않은 상태다. 게다가 이와 관련된 배출량은 기후 정책의 잠재적인 고려사항이고, 바이오연료를 부정할 수 있는 가능성도 충분하며, 추정 방식이 대단히 어렵고 민감한 방법론을 요구하기 때문에 논쟁이 매우 복잡해질 수밖에 없다.

미국은 바이오연료가 화석연료에 비해서 20%의 온실가스 감축 효과를 지닌다고 주장하는데, 간접적인 토지 이용 변화로 인한 배출량을 추정한 환경청(Environmental Protection Agency: EPA)의 2009년 연구에 따르면, 미국에서 생산되는 옥수수 에탄올은 이 기준에 부합하지 않는 것으로 확인되었다. 이후 곧바로 에탄올과 옥수수업체에서 로비가 들어왔고, 상원의원의 초당파 그룹은 환경청이 성급하게 무리한 규제를 도입했다고 경고하기 시작했다. 이듬해 환경청은 옥수수 에탄올이 21%의 온실가스 감축 효과가 있는 것으로 수정해서 발표해야 했다(IPC, 2011).

EU에서는 바이오연료가 35%의 온실가스 감축 효과를 지녀야 한다. 이를 위해서는 새로운 작물로 인한 탄소 감축 효과를 2017년까지 50%, 2018년까지 60%로 높여야 한다. 간접적인 토지 이용 변화를 포함시켰을 때 이러한 목표치는 상당히 달성하기 어려운 수치다. 유럽위원회의 모델링 결과에 따르면 간접적인 토지 이용을 줄이는 조치가 없을 경우 유럽의 바이오연료에서 발생하는 순배출량의 감소가 그다지 크지 않을 것이라고 한다. 이 연구는 끝으로 EU 목표의 실효성에 의문을 제기하는 것으로 결론을 맺었다(Labore, 2011; Malins, 2011). 특히 바이오디젤은 유해한 것으로 밝혀지고 있다. 왜냐하면 유채 기름이라는 식물성 기름에 주로 의존하는데, 이에 대한 수요가 증가함에 따라 인도네시아와 말레이시아의 열대 이탄지대와 열대우림에서 야자 기름의 재배가 간접적으로 확대될 수 있기 때문이다. 미국과 마찬가지로 유럽의 바이오연료업체들도 집중적으로 로비를 펼치고 있으며, 2017년 전까지 수정될 가능성이 높아 보인다.

정리하자면, 기후변화와 에너지 안보에 대해 각종 미사여구를 붙이긴 하지만 미국과 EU는 농업을 전환하는 새로운 자원으로 활용하는 것이 바이오연료의 원래 목적이었다. 미국이 1978년에 농장을 지원하는 방식으로 바이오연료 보조금을 지급하기 시작했던 것과 마찬가지로, EU가 2003년에 처음으로 바이오연료의 보급 목표를 설정했던 주된 요인도 농민을 지원하는 것이었다. 이들 두 가지 사례에서 기대되는 효과는 농장 프로그램[3]의 축소를 통해 농가 지원과 직접 지원을 늘리는 것이었다. 그렇지만 이는 다른 농업 보조금과 마찬가지로 정부 지원을 유지·증가시키기 위한 각종 부문별 이해관계 및 종속 관계를 만들어냈다.

---

3 '농장 프로그램(farm programs)'이라는 용어는 일반적으로 미국의 농업진흥청이 관리하는 상품 프로그램뿐만 아니라 농민들에게 직접적으로 이익을 주는 다른 프로그램을 포함하는 정책을 가리킨다. _옮긴이

예를 들면, 바이오연료의 로비 단체에는 경작 농민, 토지 소유자, 종자회사·투자회사, 농업·에너지업체 등이 있다.

바이오연료의 이면에 존재하는 이러한 많은 이권은 미국과 EU에서 정책 확장을 주도해오고 있다. 현재 미국 옥수수 수확량의 40%가량과 EU 식물성 오일 생산의 2/3가 바이오연료를 생산하는 데 사용되고 있다. 이는 농부들에게는 좋지만 식량 소비자에게는 나쁜 상황일 수 있다. 이로 인해 바이오연료 정책을 가장 강력하게 비판하는 집단은 급격한 원가 변동을 경험한 산업계다. 예를 들면, 원료비 인상을 경험한 가축업계나 고가의 식용유, 설탕, 곡물을 판매하는 식품 및 음료업체들의 불만이 늘어나고 있다.

게다가 비싼 국제 농산물 가격은 가장 어려운 사람들을 곤경에 빠뜨리는 경향이 있다. 가난한 가정은 가구 소득에서 식료품 비용이 차지하는 비중이 더 많을 수밖에 없다. 실제로 가장 가난한 국가에서는 이 비중이 75%에 달한다. 또한 이들은 덜 가공되고 덜 포장된 음식을 소비한다. 반면 농산물 가격은 전체 식료품 생산 비용에서 작은 비중만 차지할 뿐이다. 그렇지만 옥수수, 밀, 쌀 같은 가공되지 않은 기본 식료품은 지출의 큰 몫을 차지한다. 따라서 옥수수 가격이 2배가 되더라도 부자 나라에서 콘플레이크를 먹는 사람들은 그다지 영향을 받지 않지만 옥수수를 주식으로 하는 가난한 가족에게는 그 영향이 재앙이 될 수 있다.

정리하자면, 바이오연료는 높은 수준의 공적 지원을 받기 때문에 에너지 안보를 개선하는 데는 그 효과가 제한적일 수밖에 없다. 따라서 바이오연료는 기껏해야 수송 부문의 온실가스를 감축하기 위한 값비싼 방법에 불과하다. 반면에 바이오연료 정책은 농산물에 대한 수요를 증가시킴으로써 토지 이용을 변화시키고 식량 가격을 인상시켜 상당한 사회적·환경적 위험을 유발한다.

바이오연료와 식량 가격

수십 년의 침체기를 겪었던 국제 식량 시장은 2007년부터 2008년 사이의 빠

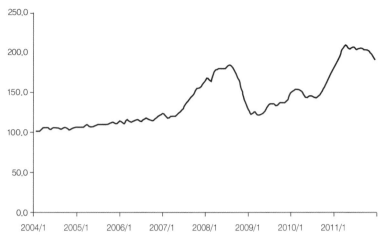

〈그림 16.4〉 세계식량기구의 식량가격지수(2004~2011년)

자료: FAO.

른 가격 상승으로 인해 급격한 가격 변동 시기에 진입했다. 2005년부터 2008년 사이에는 밀, 쌀, 기름작물의 가격이 극심하게 변동했으며, 옥수수 가격은 이 기간에 거의 3배 가까이 폭등했다. 공급 시장의 자동적인 대응과 금융위기 이후 수요 붕괴로 인해 식량 가격이 다시 하락하기는 했지만, 예전보다는 여전히 높은 수준을 유지하고 있다. 2011년 들어서는 새로운 기록을 세우면서 식량 가격이 다시 오르기 시작했다(〈그림 16.4〉 참조). 수많은 연구 결과에 따르면, 이러한 최근의 가격 변동은 바이오연료가 원인인 것으로 확인되고 있다.

바이오연료는 식용 및 사료용 농산물을 연료용 농작물로 전환하기 때문에 장기적으로는 식량 가격을 상승시킬 수밖에 없다. 이러한 현상은 직접적으로 진행될 수도 있다. 예를 들면, 미국 에탄올 생산업체는 옥수수를 놓고 식품 소비자나 축산업체와 경쟁해야 한다. 한편으로는 대체 효과를 통한 간접적인 방식으로도 식량 가격이 상승될 수 있다. 예를 들면, 유럽의 식품업체는 바이오디젤로 전환되는 유채 기름을 대체하려면 외국의 야자 기름을 구입해야 할 것이다. 또한 바이오연료는 토지를 놓고도 식량 생산과 경쟁해야 한다. 바이오연료가 기존 토지의 식량 생산을 대체하기 때문에 바이오연료는 비식료품 원료이더라도 역시 식량 가격을 인상시킬 수 있다. 몇몇 사람은 바이오연료가 전 세계 경작지에서 아주 작은 부분을 차지하고 있기 때문에, 특히 곡물과 기름작물의 경작지는 1.5% 밖에 되지 않기 때문에 이들이 가격 상승의 주요 원인일 수는 없다고 주장한다(Baffes and Haniotis, 2010). 그렇지만 이러한 해석은 오해의 소지가 있다. 2008년 부터 2010년 사이에 바이오연료의 소비량은 잡곡과 식물성 기름의 11%를 차지할 정도로 상당히 높은 수준이었다(OECD-FAO, 2011). 게다가 바이오연료의 점유율은 여전히 지속적으로 증가하는 추세다.

또한 바이오연료 정책은 식량 가격의 변동성 문제를 더욱 심화시킨다는 문제도 안고 있다. 석유를 대체할 수 있는 농산물을 제공함으로써 바이오연료 정책은 에너지 시장뿐만 아니라 식량 시장에 대해서까지도 가격의 변동성을 촉발시킨다. 예를 들면, 고유가는 소비자들이 석유의 대체에너지로 바이오연료를 사용하도록 장려하는데, 이는 공급 원료인 작물에 대한 수요와 식량의 가격을 증가시키기 마련이다(OECD-FAO, 2011). 게다가 세계 각국의 의무공급제도는 비탄력적인 수요를 만들어내기 때문에 농산물의 가격을 더욱더 불안정하게 만드는 요인이 된다(OECD-FAO, 2011). 게다가 미국의 에탄올 의무공급제도는 농작물 간의 탄력적 이동이라는 생산의 유연성을 제한하기 때문에 이는 공급 측면의 비탄력성까지 초래했다는 주장마저 제기되고 있다(Abbott et al., 2011).

바이오연료는 재고의 사용 비율을 늘리는 방식으로도 가격의 변동성을 증가시킨다. 1945년 이후 곡물 시장의 사용 가능한 재고율이 낮아질 때면 항상 가격 폭등이 발생하곤 했다. 농산물은 저장이 가능하기 때문에 시장 참가자들은 재고를 보유할 수 있으며, 수익을 높이기 위해 가격이 높을 때 물량을 내놓는 경향이 있다. 이런 대응 작용의 영향으로 인해 수요와 공급의 탄력성이 높아지면서 가격의 변동성이 둔화되는 것이다. 따라서 재고가 고갈될 경우 시장 참가자들은 높은 식량 가격에 대한 대응으로 물량을 내놓을 수 없어진다. 그러면 식량의 수요는 당연히 비탄력적이게 된다(〈그림 16.5〉 참조). 실제로 2007년과 2008년 가격 폭등 시기에는 소비량 대비 재고 비율이 역사적으로 가장 낮았는데, 이는 급격히 늘어난 바이오연료의 사용이 주요 원인이었다(Tangermann, 2011). 이처럼 농산

〈그림 16.5〉 재고량의 고갈로 인한 가격 변동성의 증폭

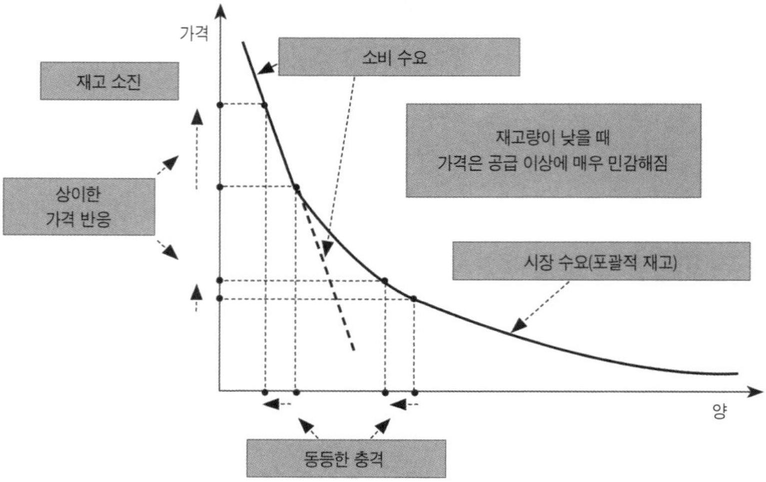

가격

재고 소진

상이한
가격 반응

소비 수요

재고량이 낮을 때
가격은 공급 이상에 매우 민감해짐

시장 수요(포괄적 재고)

양

동등한 충격

자료: Wright, 2009.

물의 가격은 기상 현상으로 인한 공급 충격뿐만 아니라 바이오연료로 인한 수요 충격에도 매우 민감하게 반응했다. 즉, 가격 폭등을 이끈 곡물과 기름작물에 대한 수요 증가의 60%를 바이오연료가 차지했던 것으로 추정된다(OECD, 2008). 이후 2010년부터 2011년 사이의 가격 폭등으로 인해 재고 비율은 임계점에 가까워졌으며, 향후 10여 년 동안 국제시장은 이를 회복하기 위해 고군분투해야 할 것이다(OECD-FAO, 2011).

식품 가격의 변동성을 증가시킨 데에는 다른 요인도 존재한다. 2007~2008년과 2010~2011년의 수확량 급감으로 인한 가격 폭등은 모두 날씨와 관련이 있었다(Trostle et al., 2011). 또한 고유가는 운송비와 생산비를 높일 뿐만 아니라 바이오연료의 생산을 늘려 식량 가격의 인상을 일으킨다(Baffes and Haniotis, 2010). 일부 경제분석가들은 파생 상품 시장에서의 금융 활동이 가격 폭등에 기여했다고 주장하기도 한다. 그렇지만 이와 관련해서는 아직까지 치열한 논쟁이 진행 중이다(De Schutter, 2010). 예를 들면, 몇몇 통계적인 분석의 결과는 관련성을 보여주고 있지만, 결정적으로 파생 상품 가격과 농업 현물 가격 사이의 인과관계

는 아직까지 입증되지 않은 상태다(Irwin and Sanders, 2010).

　신흥국 식품 수요의 증가는 확실히 구조적인 측면에서 가격 상승에 기여하고 있으며, 장기 초과 수요와 재고 감소를 일으켜 현행 가격 변동의 직간접적인 동기가 되었을 수 있다. 마지막으로 정부의 일방적인 수출 통제가 2007~2008년과 2010~2011년의 가격 폭등에 모두 중요한 영향을 미쳤다는 사실은 의심의 여지가 없을 정도다. 특히 2007~2008년에는 30개국 이상의 정부가 농업 분야의 수출 통제를 실시했다. 당시 이러한 정부 조치는 식품의 공급을 줄여 가격을 상승시켰을 뿐만 아니라 다른 나라에도 유사한 정책을 시행하도록 유도하는 효과마저 있었다. 논란의 소지가 있기는 하지만, 세계은행에서 발표한 연구에 따르면 이러한 수출 통제는 식품의 가격을 올려 바이오연료 부족 현상을 일으키지 않았을 뿐만 아니라 재고 비율을 떨어뜨리지도 않았다고 한다(Mitchell, 2008).

　바이오연료가 식량 안보에 해로운 영향을 미친다는 증거를 확보한 바이오연료업체의 로비는 주로 불만을 제기하는 것이었다. 즉, 식료품업체, 가축업체, 정유업체처럼 바이오연료로 인해 위협받는 집단이 통제하는 왜곡된 정보의 캠페인에 대해 불평을 표출하곤 했다. 대신 이들은 투기 세력과 중국의 수요 증가 같은 다른 요인을 지적하면서 바이오연료를 비난해서는 안 된다고 주장했다.

　그렇지만 이런 집단의 주장은 전부 잘못된 근거하에 계산된 것이었다. 변동성이 심하고 값비싼 식량 가격이 바이오연료와 관련되었다는 주장은 산업계의 로비에 의해 제기된 것이 아니라, 신뢰할 수 있을 정도로 공정한 경제분석가들에 의해 제기된 견해였다. 2011년에 세계은행, IMF, 세계식량기구(FAO), 세계식량계획(WFP), OECD, WTO 등 10개 국제기구는 식량 가격의 변동성과 관련된 원인을 바이오연료로 규정한 뒤, 정책적 지원의 철회를 권고하는 보고서를 G20 정상회담에서 발표했다(FAO et al., 2011). 이와 유사한 내용의 「식량 안보 및 영양에 관한 고위급 전문가 패널의 UN 보고서(UN High Level Panel of Exports on Food Security and Nutrition)」도 정확하게 같은 결론을 도출하고 있다(HLPE, 2011). 이 보고서들이 바이오연료 정책이 식품 가격 변동성의 유일한 원인이라고 주장하는 것은 아니다. 실제로 두 보고서에서 공통적으로 지적하는 사항은 바이오연료 정책은 분명 식품 가격 변동의 여러 가지 요인 가운데 하나라는 사실이다. 또한 그렇다고 이 지적이 바이오연료 정책이 식품 가격 변동의 가장 큰 요인이라는 뜻도 아니다. 물론 논쟁의 여지가 있기는 하지만, 바이오연료가 가장 지독한 요인일 수는 있다. 왜냐하면 바이오연료 정책은 정치적으로 만들어졌고 정치적으로 폐지될 수도 있지만, 사실 식량 안보에 미치는 해로운 영향에 대한 증거들이 늘어나는데도 여전히 유지·확장되어왔기 때문이다.

바이오연료와 농업 개발

앞에서 살펴본 바와 같이 미국과 EU가 주도하는 바이오연료의 호황은 가난한 식량 소비자의 식량 안보에 심각한 영향을 미쳤으며, 2007~2008년 식량 위기 같은 가격 폭등의 원인을 제공했다. 이 시기에 60개국 이상의 가난한 나라에서는 소비자들이 절망에 빠져 거리로 뛰쳐나와 시위를 벌여야 했다. 가격 상승과 고정 예산으로 인해 무력화되었던 세계식량계획은 시급하게 대응해야 했던 공급을 확충할 수 없었다. 2009년 전 세계에서 굶주린 사람의 수는 역사상 처음으로 10억 명을 넘어선 것으로 추정되었다. 세계은행은 극심한 빈곤에 처한 사람이 1억 명 이상 증가했다고 추정했다(Ivanic and Martin, 2008).

물론 높은 식량 가격은 가난한 식량 생산자에게 긍정적인 영향을 미칠 수도 있다. 가난한 사람들이 대부분 여전히 농촌 지역에서 거주하고 있음을 감안할 때, 가난한 농부가 받을 수 있는 가격을 바이오연료가 올려주기 때문에 농촌 개발에 기여할 것으로 생각할 수도 있다. 가난한 농부가 참여해서 작동하는 시장에서는 이러한 효과가 발생할 수도 있다. 그렇지만 대부분의 가난한 농촌 가구들은 실제로 식품의 순소비자이기 때문에 손해를 입을 수밖에 없다. 2011년의 가격 폭등에 대한 세계은행의 분석에 따르면, 높은 식량 가격으로 인해 2400만 명이 빈곤에서 벗어났지만 반대로 6800만 명이 빈곤의 나락으로 떨어졌다고 한다. 이러한 역설적인 상황은 가장 가난한 나라가 식량의 최종적인 수입자라는 국제적인 구조와도 관련이 있다. 81개의 최빈국은 현재 세계은행에서 보조금을 지원받는 나라로서 자격을 인정받고 있으며, 식량농업기구는 66개국을 '저소득 식량 부족국(Low Income Food Deficit)'으로 분류하고 있다. 따라서 이들 최빈국 은 식량 가격이 상승할 때 국제 수지의 하락, 인플레이션의 급증, 공공 재정의 압박이라는 문제에 직면할 수밖에 없다.

이상에서 살펴본 바와 같이 바이오연료 정책은 장기적으로 세계 식량의 가격 을 높일 뿐만 아니라 심각한 변동성 문제를 일으킨다. 그로 인해 식량 가격은 계 속 높은 수준을 유지하면서 아래위로 변동하는 모습만 보여주게 된다. 이는 농 촌 개발과 관련해서 더 많은 과제를 남겨줄 뿐이다. 즉, 높은 수준에서 가격이 변동하기 때문에 가격 폭등이 더욱 심해질 뿐만 아니라 앞에서 살펴본 소비자 문제도 더욱더 심화될 수밖에 없다. 또한 변동성으로 인한 불확실성은 가격이 하락할 때 타격을 받는 생산자에게도 문제를 일으킬 수 있다. 즉, 높은 가격을 예상하고 생산을 확대한 농민들은 수확하기 전에 가격이 하락할 경우 제대로 된 적정 가격을 받지 못해 투자한 금액을 회수하지 못할 수도 있다. 특히 저축이 부 족해서 신용이나 연계 매매 방식으로 생산하는 소농들은 이러한 가격 변동으로 인해 파산에 처할 수도 있다. 이처럼 생산국의 거시적인 관점에서 봤을 때 가격 하락은 즉각적으로 국제 수지에 충격을 줄 수 있는 반면, 변동성은 자원 할당의 부족, 투자의 감소뿐만 아니라 국가적인 저성장을 더욱 광범위하게 초래할 수도 있다(FAO et al., 2011).

이 모든 사항을 고려했을 때 국제 식량 가격이라는 측면에서 미국과 EU의 바 이오연료 생산이 식량 안보와 농업 개발에 피해를 입히기는 했지만, 많은 가난 한 나라들은 소비를 증진시키고 수출을 확대하기 위해 노력하고 있다. 이미 앞 에서 언급한 바와 같이 그 이유 중 하나는 농업 개발이고, 두 번째는 유가다. 많 은 가난한 나라들은 석유 수요를 수입에 의존하고 있기 때문에 고유가 상황이 지속되면 국내 바이오연료가 더 큰 매력으로 다가올 수밖에 없다. 브라질과 말 라위는 국가적인 차원의 바이오연료 계획을 통해 석유 의존도를 줄이는 데 성공 했다. 그렇지만 이런 사례가 다른 나라로 확산되지 않는 중요한 이유 가운데 하나가 바로 비용이다. 왜냐하면 가난한 나라는 바이오연료의 생산을 보조할 예산이 부족하기 때문이다. 그렇지만 앞으로 유가가 상승할 경우에는 바이오연료의 재정 부담이 다소 줄어들 수 있을 것이다.

식량 수급이 불안정한 국가에서 수출용 또는 내수용으로 바이오연료를 생산하려고 할 경우에는 다음과 같은 사항을 반드시 고려해야만 한다. 즉, 다음 사항들은 바이오연료의 생산과 관련해서 발생할 가능성이 높은 문제다(FAO, 2010).

- 식량 대체: 식량을 수확하거나 재배하는 데 사용되는 토지가 바이오연료를 생산하기 위한 토지로 전환된다.
- 토질 저하: 바이오연료를 위한 원료를 생산하는 데에는 많은 자원이 소요되므로 잠재적으로는 토지의 생산성과 토질에 장기적인 악영향을 미칠 수 있다.
- 농부 이동: 투자자들은 바이오연료를 생산하기 위해 토지를 취득하거나 임대한다. 이렇게 구입한 토지는 이전에 가난한 지역사회에서 사용되던 토지로, 이는 식량을 재배·구매하는 빈농들의 능력을 약화시키거나 빈농들의 생계 기반을 약화시킬 수 있다.
- 물 부족: 바이오연료의 원료는 상당한 양의 물과 관개용수를 필요로 하는 경향이 있다. 따라서 바이오연료는 식량 생산을 위한 경작과 물을 놓고 경쟁을 벌여야 하는 상황에 처할 수 있다.
- 소득과 고용: 바이오연료 생산은 새로운 일자리를 창출하거나 지역 주민 소득을 향상시키는 방식으로 식량 안보를 개선할 수 있다. 그렇지만 바이오연료의 생산이 높은 식량 가격으로 연결된다면 개선 효과는 미흡할 뿐만 아니라 폭넓은 경제적 파급효과가 사라져 많은 주민들에게 부정적인 영향을 미칠 수 있다.

바이오연료에 대한 국제적인 수요가 증가함에 따라 많은 개발도상국들은 바이오연료를 수출용으로 생산하려는 기업들로부터 상당한 투자 제안을 받고 있다. 한 연구에 따르면, 최근에 바이오연료의 생산용으로 개간된 토지가 세계적으로 개간된 토지의 40%, 아프리카 개간 토지의 66%에 달하는 것으로 추정된 바 있다(Anseeuw et al., 2012). 그렇지만 이 연구는 농업 개발이나 일자리 창출이라는 긍정적인 결과로 연결되는 사례가 많지 않다는 사실을 보여주고 있다. 게다가 투자자들은 종종 세금을 회피하려 하며, 지역사회의 농민들은 토지와 물을 사용할 수 없어지는 데다 적절한 보상도 없이 이주하는 경우가 대부분인 것으로 조사되었다.

물론 바이오연료가 가난한 사람들에게 반드시 나쁜 것만은 아니다. 브라질의 '국가 바이오디젤 계획'은 수천 명의 가족 소농의 소득을 향상시키고 다변화시킬 수 있었다. 반면 브라질과 탄자니아에서 가난한 농촌 사람들의 에너지 접근성을 향상시켜주기 위해 설계된 소규모의 바이오연료 프로젝트는 별다른 성과를 얻지 못했다(Bailey, 2008). 그렇지만 이러한 사례들은 가난한 사람들의 욕구를 해결하기 위해 특별히 설계된 프로그램이기 때문에 극히 예외적인 사례라고 할 수 있다. 따라서 거버넌스와 제도가 취약한 개발도상국에서는 국내용이든 수출용이든 바이오연료 생산을 대규모로 빠르게 확산시키는 작업이 농촌 지역의 생활을 개선하기보다는 약화시킬 가능성이 높다.

요약하자면, 개발도상국에서의 바이오연료 프로젝트는 식량 안보, 에너지 안보, 각종 이해관계자 집단의 수입에 긍정적·부정적인 영향을 미칠 수 있다. 이는 개별 프로젝트가 어떻게 관리되는지, 식량의 이용 가능성과 가격에 어떤 영향을 미치는지, 고용 창출·에너지 접근·경제 파급효과라는 측면에서 어떻게 이윤이 공유될 수 있는지에 따라 달라진다. 만약 중요한 생계 수단을 제공하는 프로젝트가 잘 관리되기만 한다면 농촌 지역에 상당한 혜택을 줄 수도 있다. 일반적으로 도시에서는 식량 생산의 대체로 인해 단기적인 손해가 예상될 수도 있다. 그렇지만 만약 바이오연료 생산이 장기적으로 더욱 광범위하게 농업 개발을 촉진하거나 에너지 가격을 낮출 수 있다면 바이오연료 프로젝트가 중단되고 말 것이다. 실제로 정부의 역량이 부족하거나 제도가 취약하거나 예산이 부족한 국가에서는 이미 빈곤과 기아의 수준이 높기 때문에 바이오연료를 개발하려는 시도가 대부분 실패하고 있는 실정이다.

국제적인 차원에서 급성장하는 바이오연료의 생산은 식량 생산과 경쟁을 벌일 수밖에 없는데, 이마저도 지금은 심각한 도전에 직면해 있다. 2050년이면 식량에 대한 수요가 70%가량 증가하고, 일부 개발도상국에서는 100% 가까이 증가할 것으로 추정된다(FAO, 2011). 그렇지만 경작할 수 있는 땅은 점점 줄어들고 있으며, 곡물 생산의 증가율은 서서히 둔화되고 있는 실정이다. 유명한 기사에서는 "우리는 새로운 토지가 거의 없는 상황을 가정해야만 한다"라고 단정 짓고 있다(Foresight, 2011). 게다가 지금은 물도 희소 자원이 되고 있다. 농업은 전 세계 담수의 70%를 사용하고 있지만, 이 비중은 국가가 발전하고 도시화가 진행되면서 산업용과 생활용으로부터 압력을 받게 될 것이다. 마지막으로 기후변화로 인한 사막화, 해수면 상승, 해빙 같은 현상 때문에도 토지와 물의 부족 문제가 심화될 것이다. 지구 평균 기온의 상승으로 인해 식량 수익은 저하될 것이며, 극단적인 기상이변은 수확량을 감소시켜 식량 생산을 위협할 것이다. 이러한 상황에서 바이오연료가 온실가스 배출을 줄이고 에너지 안보를 강화한다는 주장은 논란의 여지가 대단히 큰 견해이기 때문에 바이오연료의 지속적인 확장은 잘못된 정책적 판단일 수 있다.

정책 옵션

식량 안보를 강화하고 바이오연료의 부정적인 결과를 억제하는 방향으로 결정할 수 있는 정책은 다음과 같이 다양하다.

국가 정책의 개혁

바이오연료에 대한 정부의 지원 대책은 기후·에너지 안보 문제뿐만 아니라 선진국이 당면한 재정 문제도 일으키기 때문에 지원을 줄여야 한다는 주장이 강력히 제기되고 있다. 이때 바이오연료의 수입 관세를 철폐하면 온실가스 감축과 에너지 안보의 강화라는 목적에는 부합할 것이다. 예를 들면, EU의 경우 온실가스를 감축하기 위해 브라질의 사탕수수 에탄올을 손쉽게 수입하도록 만들면 바이오연료의 믹스를 다변화해 에너지 안보도 강화시키고 식량 안보에도 도움을 줄 것이다. 예를 들면, 밀에서 사탕수수로 원료를 전환하면 곡물 가격의 상승 압력이 감소될 것이다.

보조금과 세금 감면이라는 혜택을 없애는 정책은 고유가 시기에 식량 가격이 상승하는 것을 완화하는 데 도움이 될 수 있다. 고유가 시기의 자유 시장적인 방식은 바이오연료의 수요를 할당된 수준 이상으로 증가시킬지도 모른다(Babcock, 2010). 반면 지원이 그대로 유지되는 한도 내에서 재정적인 지원을 철회할 경우에는 경제적 부담이 납세자에게서 소비자에게로 전가될 뿐이다. 지원을 철회하면 바이오연료업체와 농장주의 로비로 인해 경쟁이 더욱더 치열해질 것이기 때문에 정치적인 갈등이 심화될 것이다.

더욱 실현 가능한 정책적 선택은 긴급한 식량 부족 또는 가격 폭등 시기에 지원을 일시적으로 줄이거나 중단하는 것처럼 재정 지원을 유연하게 운영하는 방식이다(de Gorter and Just, 2010). 그렇지만 이러한 탄력적 접근 방식은 지원을 영구적으로 폐지하는 것만큼 위협적이지는 않지만, 바이오연료 생산자에게 여전히 별로 매력적이지 않은 정책일 수 있다. 왜냐하면 급작스러운 수요 감축이 예상될 경우에는 가격이 안정될 때까지 공장이 버려지고 노동자들은 실직 상태에 처하기 때문이다. 이러한 조치들의 구체적인 세부 항목에 동의하고 이를 활성화하는 방법은 원칙적으로 간단할 수 있지만, 바이오연료업체들이 로비를 통해 이득을 얻기는 실제로 어려울 수 있다.

중요한 사항은 보조금과 의무보급제를 철폐하면 바이오연료의 소비가 급격히 줄어든다는 것이다. 지금 상상하는 것보다도 훨씬 더 줄어들지도 모른다. 강력하고 지속적인 정책적 지지는 바이오연료 설비를 상당히 많이 구축하게 만들었으며, 이로 인해 지금은 더 이상 바이오연료에 대한 의무보급제와 보조금 지급이 필요하지 않을 정도다. 오히려 지금은 석유와 바이오연료의 적절한 가격 격차가 필요한 상황이다. 미국의 에탄올 프로그램을 분석한 연구에 따르면, 2006년부터

2009년 사이 옥수수 가격 상승분의 36%가 에탄올 때문인 것으로 나타났다. 게다가 이 연구는 결정적으로 지원 대책으로 인한 증가분은 단지 8%이며, 나머지 28%는 시장 원리에 의한 증가분이라는 사실을 보여주었다(Babcock and Fabiosa, 2011).

이러한 위험을 관리할 수 있는 방법 가운데 하나는 옵션계약[4]이다(Wright, 2011). 이런 접근 방식을 통해 정부는 바이오연료 생산자로부터 주식매입선택권[5]을 구매할 수 있다. 계약이 활성화되면 생산자들은 의무적으로 공급 사슬에 다시 원료를 제공할 것이며, 바이오연료 생산에 유연성을 도입할 수 있을 것이다. 이러한 방식은 시장 메커니즘이 작동해 심지어 의무 할당 수준 이상으로 바이오연료가 공급되었을 때에도 적용될 수 있다. 또한 이런 접근 방식은 바이오연료 생산자에게도 만족스러워야 하는데, 자유롭게 계약을 체결하고 그에 상응하는 대가를 받을 수 있어야 한다. 물론 잠재적인 어려움은 여전히 존재한다. 궁극적으로 이런 접근 방식의 실효성은 바이오연료 생산자들의 참여 규모에 달려 있다. 이론적으로는 경매 계약에 따라 정부가 적절한 옵션 가격[6]을 통해 만족스러운 참여를 이끌어낼 수 있을 것이다. 그렇지만 가격이 너무 높을 경우에는 보조금이 이미 대규모로 지급된 산업에 다시금 고가의 계약을 체결하는 데 대해 납세자들이 반발할 수도 있다.

기준

식량 안보를 고려해 바이오연료에 대한 지속가능성 기준을 개발하려는 시도

---

4 옵션계약(option contract)은 계약의 성립 조건을 충족시켰을 때 청약자의 취소권을 제한하는 방식의 계약이다. 즉, 승낙자를 청약자의 임의 계약 취소로부터 보호하는 계약이라 할 수 있다. _옮긴이
5 주식매입선택권(call options)은 기업이 임직원에게 자기 회사의 주식을 일정한 가격으로 매수할 수 있도록 권리를 부여하는 제도다. 스톡옵션(stock option) 또는 주식매수선택권이라고도 한다. _옮긴이
6 옵션은 매수자에게는 권리가 부여되는 반면 매도자에게는 의무가 따른다. 따라서 옵션 매수자는 권리에 대한 대가를 지불해야 하고 옵션 매도자는 의무를 부담하는 데 대한 보상을 요구하는데, 이를 옵션 가격이라고 한다. _옮긴이

는 일반적으로 생산업체들이 해당 지역이나 국가의 식량 안보에 대한 바이오연료의 영향을 고려하도록 요구하는 방식으로 진행되고 있다. 대표적인 사례로는 '국제 바이오에너지 파트너십'과 '지속가능한 바이오 원료에 관한 원탁회의'를 들 수 있다(GBEP, 2011; RSB, 2011). 이런 접근 방식은 미국과 EU에서는 대부분 실패했다. 왜냐하면 식량 안보와 관련된 바이오연료의 가장 심각한 영향이 다른 국가에서 발생하기 때문이었다. 또한 이런 접근 방식은 국가별 사정에 따라 제한적으로만 이용될 수 있을 뿐이다. 왜냐하면 업체의 생산 방식에 대해 한계나 제한을 설정하기가 사실상 어렵기 때문이다.

그렇다면 이러한 난관을 뚫고서라도 과연 식량 안보 기준을 개발해야 할 것인지에 대해서는 고민해볼 필요가 있다. 현실적으로는 대규모 탄소를 저장하는 토지의 이용을 억제할 뿐만 아니라 생물 다양성의 가치가 반영된 EU의 기준을 확장하는 것도 하나의 방법이다. 토질에 따라 경작지를 분류하기 위한 방법론은 이미 존재하는 상황이다. 그렇기 때문에 풍부한 옥토 사용을 방지하는 기준을 설정하는 것도 현실적으로는 충분히 가능하다. 다른 방법으로는 곡물과 기름작물 같은 주요 식품의 가격에 가장 영향을 미치는 원료의 사용을 제한할 수도 있다. 옥수수, 밀, 유채 기름 같은 선호 작물의 사용이 금지된다면 미국과 EU의 산업체는 당연히 이 기준에 저항할 것이다. 또한 자신들의 농경지 사용을 제한하는 어떠한 기준도 수용하려 하지 않을 것이다. 또한 정책 결정자들이 식량 안보를 확보하기 위해 법적 구속력이 있는 기준을 적용하려 할 경우 WTO에서 문제를 제기할 수도 있다. 왜냐하면 WTO는 자국에서 생산되는 방식에 기반을 두고 정부가 자체적으로 동일한 제품을 차별하는 어떤 제도의 도입도 허용하지 않기 때문이다. 그렇지만 정작 EU는 환경기준의 적용과 관련해서 아무런 문제 제기도 받아본 적이 없다.

대체 연료와 2세대 기술

바이오연료는 생산한 식량을 에너지 생산에 활용하기 때문에 세계 식량 안보에 부정적인 영향을 주고 있다. 일부 지역에서는 자트로파[7]나 스위치그래스[8] 같은 비식용 작물을 이용해서 식량과의 경쟁을 피할 수 있다고 주장한다. 그렇지만 이러한 주장은 비식용 작물이 토지, 물, 기타 투입 요소와 관련해서도 식량 생산과 경쟁을 벌이지 않을 경우에만 수용될 수 있다. 반대로 비식용 작물이 식량 생산을 대체하거나 식량 생산의 확대를 방해할 경우에는 여전히 식품 가격의 상승을 일으킬 것이다.

이것은 이른바 2세대 바이오연료 기술과 관련이 있다. 여기서 2세대 바이오연료란 대체 원료를 이용해서 다른 방식의 제조 기법으로 제조되거나 효율성을 높여 제조되었기 때문에 일정량의 바이오연료를 생산하기 위해 더 적은 연료가 투입되는 방식의 바이오연료라고 할 수 있다. 앞에서 살펴보았듯이, 투입 요소에 식량과 경쟁하는 원료는 생산 경로가 1세대인지 2세대인지 여부와 상관없이 식품 가격의 상승을 일으킬 수밖에 없다. 이 때문에 가장 유망한 기술 가운데 하나는 조류를 이용한 바이오연료라고 할 수 있다. 왜냐하면 바이오조류는 공급 원료가 땅이 아닌 물에서 자라기 때문이다.

하지만 이런 2세대 기술들은 아직까지 바이오연료의 공급에 거의 기여하지 못하고 있으며, 예측 가능한 미래에도 큰 차이가 없을 것으로 전망된다(Cheng and Timilsina, 2010). 그럼에도 이러한 기술들이 결국에는 상업적으로 이용될 수 있고 바이오연료의 생산량을 크게 늘릴 수 있다면 의무량을 채우기 위한 토지 수요와 식량 가격에 대한 압력을 줄일 수 있을 것이다. 그렇지만 라이트는 두 가지의 미흡한 시나리오가 더욱 현실적일 것이라고 지적한다(Wright, 2011). 하나는 2세대 바이오연료의 보급이 확대될 경우 의무량이 늘어날 수 있다는 시나리오다. 이는 효율성이 개선되었기 때문에 더 많은 의무량을 부과해야 한다고 주장하는 이해

---

7 자트로파(jatropha)는 야생낙엽수의 일종으로, 검은 씨앗에서 나오는 기름이 바이오디젤의 원료로 사용된다. 인도차이나반도 등의 아열대 지역에 주로 분포한다. _옮긴이
8 스위치그래스(switchgrass)는 키가 2.5m까지 자라는 한해살이 들풀로, 큰개기장풀이라고도 불린다. 섬유질이 많아 연료용으로 적합하며, 옥수수보다 에너지 효율이 높은 차세대 바이오에너지로 주목받고 있다. _옮긴이

관계자 집단의 로비 활동과 관련이 있다. 다른 하나는 바이오연료가 영구적으로 석유와 경쟁하게 된다는 시나리오다. 두 가지 시나리오 모두에서 토지와 식량 가격에 대한 바이오연료의 압력은 지금 그대로이거나 늘어날 것이다.

바이오연료와 무관한 정책

손쉽게 이용 가능한 기술을 통해 차량 효율을 개선한다면 상대적으로 큰 힘을 들이지 않고도 수월하게 바이오연료를 수송에너지로 활용할 수 있을 것이다. 이러한 효율 향상은 경제적이면서도 더 많은 온실가스 감축 효과가 있을 뿐만 아니라 식량 안보에도 부정적인 영향을 미치지 않을 것이다(Bailey, 2008). 장기적으로는 전기 자동차가 내연기관의 대안일 수 있다. 전기 자동차는 수송 부문의 액체연료 수요를 급격히 줄일 수 있을 것이다. 그 결과 항공기와 선박을 넘어 바이오연료까지 쓸모없게 만들 뿐만 아니라 석유 의존도도 엄청나게 줄여줄 수 있을 것이다.

농업이 미래 식량 수요의 충족이라는 문제에 당면했고 2세대 바이오연료가 등장했다는 사실을 감안했을 때, 식량 시스템의 효율성을 높이는 작업은 대단히 중요하다. 이와 관련해서는 두 가지 중요한 정책이 가능할 수 있다. 첫 번째는 농업의 생산성을 향상시키는 것이다. 가난한 나라에서 재배되는 주요 작물의 단위 수확량은 선진 산업국과 비교할 때 대단히 열악한 실정이다. 선진 산업국에서는 농민들이 비료, 종자, 기계, 관개 기술, 기반 시설, 토지, 융자, 보험, 기술에 광범위하게 접근할 수 있을 뿐만 아니라 대규모의 공적 지원을 받을 수도 있다. 이처럼 자원 및 기술에 대한 가난한 농부의 접근성 격차로 인해 발생하는 수익률의 차이를 줄이는 방안이 미래의 식량 안보를 해결하는 핵심적인 사안일 수 있다. 그렇지만 이와 관련해서는 개발도상국과 원조국의 노력이 상당히 요구된다. 왜냐하면 사회 기반 시설, 기상 정보, 연구 개발 등의 공공재를 제공하는 방식으로 시장의 실패를 교정해야 하기 때문이다.

두 번째는 손실을 줄이는 정책이다. 전 세계의 모든 식량 가운데 1/3가량이 소비되기도 전에 버려지는 것으로 추정된다(Foresight, 2011). 선진국에서는 이러한 손실이 가치사슬의 최종적인 소비 단계인 상점, 가정, 식당에서의 폐기물 형태로 발생한다. 반면에 개발도상국에서는 가치 사슬의 최종적인 생산 단계에서 버려진다는 차이가 있다. 이러한 차이는 농장의 부실한 관리 관행, 빈약한 인프라, 기술에 대한 접근성의 부족 때문에 발생한다. 음식 폐기물과 수확기의 손실을 줄이는 정책은 식량의 유용성을 상당히 개선할 수 있을 것이다.

사회적 보호와 긴급 구호

실효성 있는 조치가 마련되지 않는다면 바이오연료는 앞으로도 계속 식량 가격의 폭등과 변동을 유발하고 개발도상국의 식량 문제를 일으킬 것이다. 따라서 가장 취약한 사람들을 보호하는 정책이 중요할 수 있다. 각국의 정부와 국제기구는 위기의 시대에 굶주린 지역사회의 식량으로 바이오연료를 전환하는 옵션 계약을 사용하는 정책뿐만 아니라 긴급 식량 비축과 관련된 분산형 체계도 개발할 수 있을 것이다.

개발도상국에서의 사회보장제도는 가난한 사람들의 요구에 부응해 효과적으로 관리될 때 굶주림과 취약성을 감소시키는 것으로 밝혀졌다. 그렇지만 이러한 사회보장제도는 식품의 수입 비용을 상승시켜 가장 가난한 국가의 재정적 부담을 가중시킬 가능성도 있다. 원조국은 이러한 격차를 줄이는 데 직접적인 도움을 줄 수 있지만, 가난한 나라를 지원하는 바이오연료 생산자에 대한 추가 부담금을 지급함으로써 간접적으로 도와주는 방안도 고려해볼 필요가 있다.

국제적인 대책

일반적으로 정책적 선택은 해당 국가의 결정 사항이지만 국제적 차원에서의 대책도 국내적인 정책과 연동해서 추진함으로써 상승효과를 일으킬 수 있다. 특히 다음과 같은 국제적 조치들은 유념할 필요가 있다.

• 의무량 변동 관련 국제 협력: 가격 폭등기에 의무량을 줄이기 위한 정부의 노력은 충분히 효과적일 수 있기 때문에 국가별 정책을 조정하기 위한 국제적 합의를 통해 국내 로비를 억제하고 영향력을 극대화시킬 필요가 있다.

• 지구적 지속가능성 기준에 대한 합의 및 제도화: 생산국 내·외부에서 취약 집단의 식량 안보를 확보하기 위해서는 국제적으로 수용되는 적절한 기준을 마련해야 한다. 이를 효과적으로 달성하기 위해서는 생산국과 소비국의 정부가 결속력을 보이고 이를 공동으로 집행해나가야 한다.

• 가난한 국가의 사회 안전망에 자금을 지원하기 위한 바이오연료 생산업체의 지구적인 비용 부담: 생산국 정부는 자국의 바이오연료에 대한 세금을 조정할 수 있다. 즉, 가난하고 식량 수급이 불안정한 국가의 안전망을 보장하기 위한 목적으로 국제기구 자금을 지원하도록 세금을 부과할 수 있다. 이는 대규모 바이오연료 생산업체에 가장 큰 부담금을 부과함과 동시에 취약한 지역사회에 연동해서 보상을 실시하는 효과적인 방식이다.

• 주식매입선택권과 세계식량계획의 연계: 바이오연료의 생산국은 비상 시기에 식량으로의 전환을 일으키는 바이오연료의 주식매입선택권 구매를 세계식량계획에 요구할 수 있다(Wrigh, 2011). 이로써 가격 폭등을 세계식량계획에 보고한 뒤 미래의 식량 가격 위기에 대응하는 능력을 요구할 수 있을 것이다. 이러한 연계 체계는 가상적인 국제 비상식량을 보유하는 것으로도 작동할 수 있기 때문에 개별 국가의 바이오연료 부문을 효율적으로 전환시키는 데에도 기여할 것이다.

• 농업 효율성을 제고하기 위한 새로운 지구적 노력: 가난한 국가에서 농업의 생산성을 높이고 수확 후 손실을 줄이는 것은 바이오연료와의 경쟁력 확대뿐만 아니라 농촌 지역의 빈곤 문제 해결에도 도움이 될 것이다. 이러한 정책은 각국의 정부뿐만 아니라 G8, G20, 세계은행, 국제식량정책연구소(IFPRI), 세계식량기구, 국제농업개발기금(IFAD) 같은 국제기구들이 관심을 갖는 가장 중요한 안건이다. 이처럼 국제사회가 노력을 기울이고 있기 때문에 이와 관련해서 재정적·인적·기술적 자원을 늘릴 수 있는 영역이 상당히 많이 존재한

다. 물론 이를 위해서는 선진국 및 개발도상국 정부의 새로운 약속과 파트너십이 필요할 것이다.

결론

바이오연료는 이미 식량 안보와 농업 개발에 심각한 영향을 미치고 있다. 국제적인 차원에서는 미국과 EU의 대규모 프로그램이 식량 가격의 폭등, 바닥난 식량 비축, 높아진 가격 변동성을 일으켰을 정도다. 그렇지만 개발도상국에서 가난한 사람들의 요구를 제대로 관리하고 이 요구를 정책 목표로 설정한다면 바이오연료 생산은 부분적으로 발전적인 기회를 제공할 수 있을 것이다. 하지만 물론 실패할 위험성도 상당히 높으며, 지금까지의 경험으로는 이를 장려하지 않는 것이 합리적인 판단일 수도 있다.

한편 온실가스 배출을 줄이고 에너지 안보를 강화하려는 바이오연료 정책의 정당성과 관련해서는 매우 심각한 논쟁이 벌어지고 있다. 아무리 낙관적으로 전망하더라도 바이오연료는 온실가스 감축의 가장 비효율적인 수단일 수밖에 없다. 게다가 최악의 상황을 가정할 경우에는 바이오연료가 전기 자동차 같은 더 바람직한 대안을 배척할 뿐만 아니라 대규모 탄소가 저장된 땅을 경작해 온실가스 배출을 오히려 증가시키는 상황까지도 발생할 수 있다.

이런 이유 때문에 선진국에서는 납세자와 연료 소비자가, 그리고 개발도상국에서는 취약 계층이 바이오연료의 의무 할당, 보조금 지급, 세금 감면, 수입 관세 같은 지원 정책의 철회를 가장 강하게 요구할 것이다. 이러한 지원 철회는 바이오연료의 생산을 줄임으로써 납세자와 에너지 소비자의 부담을 덜어줄 것이다. 또한 식량 가격 상승의 압력을 완화시키고 가격의 변동성을 줄이며 가난한 식량 소비자의 부담을 줄여줄 것이다. 물론 고유가 시기에는 바이오연료가 일부 생산되기는 하겠지만, 그로 인한 부정적인 영향은 대폭 해소될 것이다.

그렇지만 불행히도 이런 정책 철회의 가능성은 보이지 않는다. 바이오연료 정책은 납세자와 소비자의 비용으로 바이오연료 로비업체와 농부들에게 돈을 전달하는 가장 효과적인 수단이라고 할 수 있다. 이러한 이해관계는 정책 혁신에 저항하는 데 효과적으로 작동할 뿐만 아니라 정부가 제대로 행동하기 어렵게 만드는 요인이다. 따라서 바이오연료의 정책 대응과 관련해서는 국제적인 협력이 중요하다. 이러한 국제 협력은 바이오연료 정책 개선의 영향력을 전반적으로 높일 뿐만 아니라, 자국 내 로비업체의 영향력도 무마시켜줄 것이다. 왜냐하면 해당 국가의 바이오연료 부문이 모두 동등하게 취급되므로 아무런 차별적 요구도 반영되지 못할 것이기 때문이다.

정치적으로 가장 실현 가능한 대응은 일반적으로 특수한 이해관계를 최소한으로 위협하는 방안이다. 따라서 바이오연료를 위기 상황에서 인도주의적인 원료나 식량으로 전환할 수 있는 주식매입선택권을 도입하는 방안이 현실적으로 가장 적용 가능한 정책 수단 가운데 하나다. 국제적인 차원에서 각국의 정부는 식량의 수령인을 세계식량계획으로 규정하는 옵션 방식의 구매를 통해 목적을 달성할 수 있을 것이다. 물론 식량 시스템의 효율성을 높이기 위한 정책뿐만 아니라 사회적 보호와 취약 계층의 안전망을 확대하는 정책도 우선적으로 다뤄야 할 것이다.

17 에너지 효율
기술·행태·발전

조이아시리 로이, 시아마스리 다스굽타, 데발리나 차크라바티

서론

고전적인 경제성장 이론은 지속적인 '기술'의 진보가 장기적인 성장의 견인차 역할을 한다고 주장한다. 그렇지만 경제성장에 중요한 또 다른 잠재적 요인으로는 사용자를 들 수 있다. 사회적 맥락에서 '사용자'는 기술의 선택을 통해 발명가의 창의성을 고취시킬 수 있다. 이렇게 해서 고취된 발명가의 창의성은 기계 장치를 통해 구현되며, 그 뒤에야 우리는 이를 '기술'이라고 부른다. 따라서 기술과 사용자는 모두 중요할 수밖에 없다. 이때 생산자와 소비자의 기술 수용도는 생산성 향상의 정도를 결정한다. 마찬가지로 기술에 대한 접근성뿐만 아니라 사용자의 태도도 기술의 확산과 수용 범위를 결정하는 데 중요한 역할을 한다. 실제로 만년필, 타자기, 재봉틀, 양초, 백열전구의 등장은 소설이나 영화를 통해 사회의 변화와 밀접하게 맞물리며 확산될 수 있었다. 이처럼 세련된 문화적 산물들뿐 아니라 저렴한 잡지, 전래 동화, 신문, 전단지도 마찬가지다. 이들 역시 '발명가들'이 새로운 기술의 혜택을 설명하기 위해 '사용자'에게 어떻게 접근하는지를 잘 보여줄 뿐만 아니라 긍정적 밴드왜건 효과[1]를 통해 발전 레짐을 형성했다.

인도에서는 1995년부터 2011년 사이에 8억 8000만 대의 휴대폰이 보급되었는데, 이처럼 빠른 휴대폰 사용 증가는 '계획된 전략적 기술 확산'을 통해 통신업계가 변했음을 보여주는 대표적인 사례다.[2] 이러한 기술 발전의 '경로의존성(path dependency)'은 여러 문헌에서 다루고 있다(Allen, 1983; Barro and Sala-i-Martin, 1992; Solow, 1956). 따라서 적절한 인위적 산물, 기반 시설, 제도는 행위자가 바람직한 기술을 선택하도록 유도할 수 있다.

그렇지만 여기서 주목해야 할 부분은 사용자에게 '전략적으로 시장화'된 기술 자체가 아니라 기술이 제공해주는 '서비스'와 관련이 있다. 즉, 에너지 서비스가 접근성 향상을 통해 삶의 질을 어떻게 높이는지, 돈·시간·자원 등의 비용을 어떻게 줄이는지, 사회적 지위와 경쟁력을 어떻게 높이는지, 친환경적인 저탄소의 혜택을 어떻게 제공하며 사회적 형평성을 어떻게 보장하는지가 기술의 확산 과정에서 점점 더 중요해지고 있다. 사회경제적인 제도들을 총괄적인 관점에서 바라보는 것은 에너지 기술과 이용의 복잡한 관계를 이해하는 데 매우 중요하다. 사회적 실천 과정에서 체제의 전환과 일관된 변화는 소규모 또는 점진적 방식을 통해 촉발될 수 있으며(Clark, 2002), 체제의 변화를 통해 매우 급진적인 형태로 나타날 수 있다. 여기서 체제의 변화란 기술의 발명과 혁신을 아우르는 개념이다. 기술의 발명과 혁신은 새로운 기술과 상업적으로 이용 가능한 제품의 생산에 관한 것이다. 또한 체제의 변화는 사용자에 의해 어떠한 기술이 선택되고 적용되는지에 관한 것이기도 하며, 소비자, 시장, 규제, 기간산업, 문화적 상징 등의 사회적 위상 변화를 포괄하는 개념이기도 하다(Geels and Schot, 2011). 즉, 기술의 발명과 혁신은 사회적·경제적·생태적·기술적·제도적 발전의 복잡한 상호작용이 만들어내는 결과라고 할 수 있다(Rotmans et al., 2000). 물론 사회에는 다양한 행위자가 존재하며, 이들은 스스로 내린 결정과 그로 인한 결과에 따라 행동한다(Abbott, 1992). 그리고 사회·기술 체제가 변화하는 과정에서 새로운 기술

1　밴드왜건은 대열의 선두에서 행진을 이끄는 악대 차량을 말한다. 경제학적으로는 특정 재화에 대한 수요가 많아지면 소문이 나면서 다른 사람들의 수요도 늘어나는 편승 효과를 의미한다. _옮긴이
2　http://en.wikipedia.org/wiki/Communications_in_India

에 대해 우호적일지 또는 적대적일지가 결정되며 최종적으로 수용 여부가 판가름 난다. 이때 정책은 기술의 발전 및 전수, 에너지 가격의 교정, 에너지 집약도의 개선에 영향을 미칠 수 있는 가장 중요한 요소다. 인도는 발전이라는 측면에서 관련 증거들을 풍부하게 지니고 있다. 따라서 이 장에서는 인도의 사례를 중점적으로 다룰 것이다.

다음 절에서는 에너지 효율을 개선하는 기술이 도입되려면 특정 분야의 노력뿐 아니라 다양한 사회적 맥락 속에서 범경제적인 기술의 이용 및 확산을 구현할 수 있도록 잘 설계된 지구적인 전략도 필요하다는 것을 보여주려 한다. 그다음 절에서는 인도의 사례를 통해 에너지 효율 개선 기술의 도입에 관해 살펴볼 예정이다. 즉, 인도의 사례를 통해 에너지 효율 개선 기술이 과거에 어떤 속도로 도입될 수 있었는지, 에너지 가격이 기술의 도입에서 어떠한 역할을 수행했는지, 과거의 고착화된 추세로부터 지금 왜 탈피해야 하는지, 그리고 에너지 집약도를 통해 역사적 추세의 영향력이 어떻게 정량적으로 측정될 수 있는지 살펴볼 것이다. 세 번째 절에서는 몇 가지 사례를 통해 기술 확산 정책이 가격 정책과 인센티브의 도움을 받지 않는다면 결국 사용자의 관리 방식을 결정하는 회수 효과로 인해 확산이 어려울 수 있음을 설명하려 한다. 마지막 절에서는 에너지 효율 개선 기술의 확산에 국가적·지구적인 차원의 노력이 필요하다는 결론을 제시하려 한다.

에너지 효율: 사회 – 기술적 제도 변환에 주목하라

오늘날 생산 및 소비 과정에 적용될 수 있는 에너지 효율 개선 기술이 충분하다는 사실에 대해서는 학술적 동의가 이뤄진 상태다(IPCC, 2007; Stern, 2007). UN공업개발기구(UNIDO)는 산업 부문에 적용 가능한 기술의 잠재력이 25~30%라고 추정한다(UNIDO, 2011). 가정 부문에서는 특히 난방 조절과 관련된 기술적 잠재력이 상당한 수준이라고 한다(Roy et al., 2011). 조명기기의 경우 상황에 따라 다르겠지만, 대략적으로는 70~90%의 효율 개선이 가능하다. 농업 부문에서

<그림 17.1> 에너지 효율 개선: 기술과 사용자 간 복합적인 상호 관계

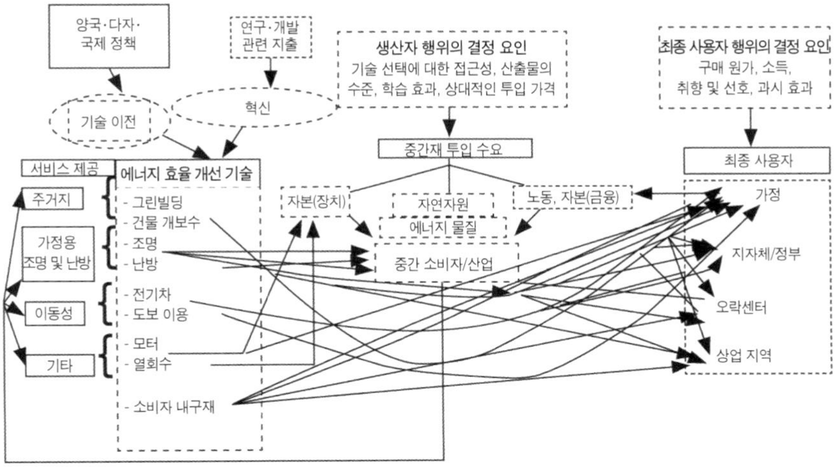

도 에너지 효율 개선 기술은 아직까지 제대로 보급되지 않은 상태다(Roy, 2007). 게다가 이처럼 부문별·제품별로 에너지 효율 격차가 클 뿐만 아니라 지역별로 도 에너지 집약도의 편차가 크기 때문에 에너지 효율 개선 기술의 발전 가능성 은 앞으로도 충분히 클 것으로 판단된다.

경제성이 확인된 하나의 발명품과 아이디어로 원하는 결과를 도출할 수 있었 던 전통적인 기술혁신 방식과 달리, 에너지 효율 개선 기술은 하나의 발명만으 로는 기대하는 효과를 얻을 수 없다. 따라서 에너지 효율 개선 기술은 발명의 한 '장르'라고 할 수 있다. 이처럼 다양한 종류의 복합적인 발명은 〈그림 17.1〉과 같이 범주화될 수 있으며, 이들은 에너지뿐만 아니라 자원까지 절약한다는 공통 적인 목표를 지니고 있다. 최근에는 환경적인 목표의 달성 및 거시적인 편익의 확보를 목표로 하고 있는데, 이는 자원 절약이라는 하위 목표와 직접적으로 결 합될 수 있다(Kanbur and Squire, 1999; Sathaye et al., 2005; Worrell et al., 2003). 전 통적인 혁신 이론은 시장을 통해 관찰할 수 있는 직접적인 편익에 초점을 맞추 는 경향이 있다. 반면 최근 에너지 효율 개선 기술의 확산은 간접적인 환경 편익 및 기타 편익을 추구하는 훨씬 더 복잡한 형태를 보이고 있다. 왜냐하면 오늘날 효율 개선 정책의 목표는 급진적·점증적인 직접 변화를 추구하는 것이 아니라 체제 자체의 전환에 초점을 맞추고 있기 때문이다. 이러한 시스템에서는 각종 영역뿐만 아니라 행위자를 초월해서 직접적인 시장 편익 이상의 기대 효과를 추구하는 방향으로 대응이 이뤄져야 한다.

에너지 효율 레짐의 전환이란 현행 저효율의 에너지 이용 시스템을 고효율의 시스템으로 변화시키는 체제 전반적인 행위 및 상호작용을 의미한다. 그리고 이를 위해서는 지구적인 차원에서 시스템을 전환하기 위한 전략적인 관리가 필요하다. 행위자, 제도, 기술의 긴밀한 네트워크에서는 종합적인 접근 방식을 통한 전체론적인 관점이 필수적이다. 즉, 기술 중심적인 관점 또는 가격 중심적인 관점만으로는 복합적인 특성을 지닌 시스템을 성공적으로 관리하기 힘들다. 다음에서는 기술 관련 정보 제공, 비용 문제를 해결하기 위한 재정적 인센티브, 사전 예방적인 정책, 명령 및 통제 방식의 목표 설정, 에너지 절약을 위한 감사 보조금 등의 사례를 제시할 예정이다(Ghosh and Roy, 2011). 그렇지만 이들 사례는 사용자 행태의 불확실성으로 인해 결과를 보장해주지 못하기 때문에, 한정된 경우에만 유용하게 적용될 수 있다. 다만 에너지 효율 개선을 촉진시킬 수 있는 다양한 경제적 인센티브 및 시장 메커니즘 방식의 지원 체계가 마련되어야 할 것이다. 이때 환경적인 외부 효과를 고려한 가격 체계나 탄소 시장이 에너지 효율 개선 기술의 도입을 촉진시키는 데 중요한 역할을 할 수도 있다(Ethridge, 1973). 그렇다고 경제적 인센티브가 행태의 유일한 동기 요인은 아니다. 사회·정치·문화적인 측면에서의 행위가 모두 중요할 수 있으며, 이로 인해 문제가 더 복잡해질 수 있다(Roy and Pal, 2009). 이러한 중간 및 최종적인 사용 행위의 장애 요인을 이해할 수 있다면 지속가능한 에너지 효율 개선 기술의 보급을 통해 시스템을 전환할 수 있는 미래 지향적인 정책 대안을 결정하는 데 도움이 될 것이다.

효율 개선을 통해 동일한 투입으로 더 많은 결과물을 생산할 수 있는 기술은 자원이 한정된 현실에서 매우 중요한 발전 동력이라고 할 수 있다. 이러한 기술 변화는 '발명 – 혁신'의 경로나 '기술 – 이전'의 경로를 통해 확산될 수 있다. 이때 전략적인 행위는 발명 – 혁신과 기술 – 이전 모두에 직접적으로 영향을 줄 수 있다(Baumol, 1994; Clark, 2002). 기술의 진보 및 도입은 사실 〈그림 17.1〉에서 보듯 '네트워크적인 현상'이며, 이는 특정 기업이나 사람에 의해 결정되는 사항이 아니다. 그렇지만 기술의 수명과 네트워크의 외부 효과를 고려했을 때 경로의존 적인 특성이 발현될 수도 있다. 여기서 '경로의존성'은 이전의 사건과 경향에 대한 계속적인 관성이 지속되면서 어떤 시점 이후에도 특정 체제가 '불변'하는 현상을 가리킨다(Allen, 1983; Arthur, 1988; David, 1975; Katz and Shapiro, 1985; Tomson, 1988). 따라서 특정 기술에 대한 선택은 그 기술이 어떤 시점에 적용되기 시작했는지와 상관없이 그 선택이 오랫동안 변화하지 않는다는 점에서 중요한 결정이라 할 수 있다.

방법론적인 측면에서 문제가 되는 부분은 기술 진보의 동인과 이러한 동기가 경제 발전에 기여하는 효과를 정량적으로 수치화하는 작업이다. 솔로(Solow, 1956)가 처음으로 제시한 뒤, 데니슨(Denison, 1972, 1979, 1985)을 포함한 몇몇 학자들이 발전시킨 '표준성장회계' 접근법은 에너지 소비와 경제적 변수 간의 관계에 관한 장기 추세 연구에 주로 이용되고 있다(Roy et al., 1999). 이때 '총요소생산성'[3]의 증가는 기술의 진보를 포함한 전체 투입 요소의 변화가 생산량의 변화에 어느 정도 기여했는지를 보여주는 정량적인 개념이다(Berndt and Watkins, 1981; Dasgupta, 2010; Goldar and Kumari, 2003; Pradhan and Barik, 1998; Roy, 1992; Roy et al., 1999; Sarkar and Roy, 1995).

에너지 효율 개선 기술의 도입: 인도 산업의 사례

생산 과정에서 투입의 효율성을 개선하는 기술

성장회계와 총요소생산성의 추정치에 따르면, 1973년부터 1993년 사이에 인

---

3   총요소생산성(Total Factor Productivity Growth: TFPG)에는 노동이나 자본 같은 단일 요소의 생산성 측정에 포함되지 않는 기술, 노사관계, 경영체제, 법, 제도 등이 반영된다. 이로 인해 총요소생산성의 증가는 기술혁신을 의미하기도 한다. _옮긴이

<표 17.1> 인도의 에너지 집약적인 산업의 연평균 성장률(1994~2008년)(단위: %)

산업	생산량	자본	노동	원료	에너지	총 투입	생산성
제조업 전체	9.7	0.9	0.2	7.0	0.2	8.4	1.4
시멘트	9.7	2.2	0.1	3.3	7.4	7.1	2.6
화학	7.1	1.2	0.1	5.8	0.1	7.2	-0.1
비료·살충제	8.7	0.5	0.1	5.0	0.1	5.7	3.0
철강	6.9	1.3	0.1	1.7	1.1	4.1	2.8
펄프·제지	5.1	1.0	0.1	3.4	0.2	4.7	0.4
섬유	5.9	0.8	-0.1	3.4	0.0	4.1	1.8

자료: Roy et al., 1999; Dasgupa, 2010 참조.

도 제조업 분야가 평균 5% 성장한 것은 총요소생산성이 증가했기 때문이라고 한다(Roy et al., 1999). 즉, 인도 제조업 분야는 투입 요소의 양을 늘리지 않고도 기술의 진보를 통해 이 같은 성장을 달성할 수 있었다. 1993년 이후의 성장에서 도 생산성의 증가(14.4%)가 크게 기여했다.

〈표 17.1〉은 1994년부터 2008년까지 에너지 집약적인 산업에서의 연간 산출물 성장률을 투입 및 생산성의 향상과 비교해서 보여주고 있다. 여기에서 에너지 집약적인 산업의 연평균 성장률은 펄프·제지의 5.1%에서 시멘트 산업의 9.7%까지 매우 다양하다. 총요소생산성의 경우 화학 분야를 제외하고는 모두 양의 값을 기록했다. 따라서 이러한 에너지 집약적 제조업 과정은 1994년부터 2008년까지 투입 효율의 개선을 경험할 수 있었다. 구체적으로는 철강 분야가 41%로 가장 높았으며, 다음으로는 비료 34%, 섬유 31%, 시멘트 27%의 순이었다. 그렇지만 생산량의 증가는 투입량의 증가 덕분에 투입 효율성의 증가보다 훨씬 더 높았다. 비록 제조업 전체 산출량의 증가와 비교해 투입량의 증대가 적은 편이기는 하지만, 1994년부터 2008년까지의 기간 동안 85.6%라는 여전히 높은 비중을 차지했다.[4]

여기에서 주목해야 할 부분은 생산성 증대로 인한 제조업 산출물의 증가가 시간의 흐름에 따라 산업별로 달라진다는 사실이다. 만약 자연스러운 성장 추세를

---

4   이 비중이 1973년부터 1993년 사이에는 95%를 기록했다.

투입	제조업 전체	시멘트	화학	비료·살충제	철강	펄프·제지	섬유
원료	소비*	절약*	소비	소비*	절약	소비*	소비*
노동	절약*	절약*	절약*	절약*	절약*	절약*	절약*
에너지	절약	소비*	소비	소비	절약	절약	소비
자본	절약	소비	소비	소비*	소비*	절약*	소비*

주: *는 5% 유의수준에서 통계적으로 유의함.

뛰어넘는 기술의 발전을 목표로 삼는다면 전략적인 개입이 필요할 수도 있다. 혁신이 기술 이전을 통해 이뤄지는 경우에는 기존 기술의 관성에서 벗어나기 위해서라도 이러한 전략적 개입이 더욱더 중요할 수밖에 없다. 사실 기술 이전은 생각만큼 쉽지 않으며, 단순히 외국으로부터 수입한 기계를 설치하거나 설계 도면이 유입되는 것 이상으로 복잡한 문제일 수 있다. 특허라는 장벽이 없는 경우에도 새로운 기술을 습득하기 위해서는 기술자, 계획가, 노동자, 투자자, 사용자 같은 관계자들의 적극적인 개입이 요구되기 마련이다. 어떤 장비의 기능을 온전히 파악하기 위해서는 풍부한 경험을 통한 학습이 반드시 전제되어야 한다(Nelson and Wright, 1994).

인도의 산업 부문이 자체적인 기술혁신과 관련해서 긍정적인 모습을 보이고 있다는 것은 명백한 사실이다. 그렇지만 에너지의 소비라는 관점에서는 중요한 의문이 남아 있다. 즉, 생산선 향상이라는 측면에 비춰봤을 때 에너지 절약이 자발적인 기술의 발전을 어떻게 가져올 수 있었는지에 대한 문제는 미제로 남아 있다. 〈표 17.2〉에서 볼 수 있듯 계량경제학적 방식의 비용 - 생산함수를 통해 추정된 계수 값은, 에너지 집약적 제조업 분야에서의 기술 진보가 항상 에너지 절약적인 방식으로 나타나지는 않는다는 것을 보여준다.[5] 오히려 과거의 기술 발전은 오랫동안 에너지를 과잉으로 소비하는 방식이었다(Roy et al., 1999). 이는 자발적 기술 발전과 더불어 전체 비용에서 에너지가 차지하는 비중이 늘어났다는 의미다. 그렇지만 제조업 전체의 경우 1973년부터 2008년까지의 장기적인

---

5   철강 및 펄프·제지 산업만 예외적인 사례다.

측면에서는 에너지 절약 기술이 발전하는 추세를 보인 반면, 1973년부터 1993년까지의 전반기에는 에너지 소비 기술이 발전하는 추세가 나타났다는 사실이 대단히 흥미롭다(Roy et al., 1999). 이러한 변화가 흥미로운 이유는 생산자의 행태 변화를 설명하고 있기 때문이다. 실제로 생산자들은 전체 생산 비용에서 에너지 비용을 줄이는 데 큰 관심을 가지고 있었다.

이처럼 기술의 변화를 보여주는 에너지 집약적인 제조업 분야의 이면에는 기술 고착화 같은 문제가 존재할지도 모른다. 물론 이 글에서 그 문제를 검증하고 다루지는 않을 것이다. 그렇지만 계량경제학적인 분석을 통한 평가를 통해 알 수 있는 또 다른 이유는 전체 생산에서 기타 투입물 대비 에너지가 차지하는 상대 가격과 관련이 있다(Dasgupta, 2010; Roy, 1992; Roy et al., 1999). 추정 결과에 따르면, 1994년과 2008년 사이에 어떤 제조업에서도 에너지 비용이 20%를 초과한 적이 없었던 것으로 밝혀졌다.[6] 만약 과거에도 그랬듯이 앞으로도 기술혁신이 에너지를 소비하는 방식으로 진행된다면, 기술이 진보하더라도 산업 부문에서의 에너지 이용은 늘어날 수밖에 없을 것이다(Roy et al., 1999). 그렇기 때문에 기술의 발전·확산·이전을 위해서는 전략적인 정책이 반드시 뒷받침되어야 한다.

다양한 산업 부문에서 기술은 투입 요소인 에너지를 대체할 수 있는 방법을 늘려나가고 있다. 덕분에 에너지는 자본, 노동, 원료로 대체될 수 있게 되었지만, 철강과 시멘트 부문에서는 이러한 대체 관계가 미약한 실정이다. 이에 관한 세부 사항은 〈표 17.3〉을 참고할 수 있다. 시멘트 산업에서 원료와 에너지는 항상 함께 이용되며, 철강 산업에서도 똑같은 논리가 적용될 수 있다. 그렇지만 이들 2개의 부문을 제외한 나머지 산업 부문에서는 기술적인 변화를 보이고 있다. 덕분에 기술 발전을 통해 에너지를 대체할 수 있는 방안을 찾아낼 수 있게 되었다. 결과적으로 이러한 변화는 전략적인 관리라는 측면에서 상당한 도움을 줄 수 있을 것이다.

---

6 다만 시멘트 부문은 예외적으로 34%를 차지했다.

〈표 17.3〉 산업 부문별 요소의 대체 가능성(1973~2008년)

투입	제조업 전체	시멘트	화학	비료·살충제	철강	펄프·제지	섬유
자본 - 노동	대체	보완	보완	보완	보완	대체	대체
자본 - 원료	대체	보완	대체	대체	보완	대체	대체
자본 - 에너지	보완	대체	대체	대체	보완	대체	대체
노동 - 원료	대체	대체	대체	대체	대체	대체	대체
노동 - 에너지	대체	대체	대체	대체	대체	대체	대체
원료 - 에너지	대체	보완	대체	대체	대체	대체	대체

가격 유발 효과는 투입 요소의 이용 행태에 얼마나 중요한가

1970년대의 석유파동 이후 계량경제학은 생산자들의 행위를 분석함으로써 에너지 가격의 변화가 어떠한 행태적 대응을 일으키는지 파악하려 노력했다. 이런 맥락하에서 몇몇 학자는 상대적인 가격의 변화로 인해 발생하는 대체 효과 간의 관계와 순수한 '생산성' 추세를 분석하기 위한 방법론을 개발하고 적용했다 (Christensen et al., 1971; Hogan and Jorgerson, 1991; Jorgenson and Fraumeni, 1981). 이들은 기술적 변화를 모형화하는 과정에서 '내생성'이라는 특성을 결합시켰으며, 이러한 분석 방식은 전통적인 방법론으로는 밝혀내지 못했던 행태를 밝혀냈다. 예를 들면, 캐나다의 제조업 분야에 대한 1957~1976년 사이의 연구와 미국의 제조업 분야에 대한 1948~1979년 사이의 연구는 장기적인 성장과 에너지 가격이 점증적인 변화를 통해 행태 변화에 미친 영향을 보여주고 있다 (Berndt and Watkins, 1981; Hogan and Jorgenson, 1991; Jorgenson and Fraumeni, 1981). 마찬가지로 개발도상국에서도 이와 유사한 모습을 확인할 수 있었다.

에너지에 대한 수요의 가격 탄력성으로 인해, 에너지 가격이 상승하면 수요가 줄어들며, 따라서 에너지 소비와 이산화탄소 배출에 긍정적인 영향을 미친다는 사실이 증명되었다(Roy et al., 2006). 그렇지만 〈표 17.4〉를 보면 에너지 가격이 상승하면 기술적 추정치(b_{ee})는 전체 비용에서 에너지 비중이 증가하는 것으로 나타나지만, 에너지 가격 탄력성 추정치(E_{ee})는 산업계가 에너지 소비를 줄이도록 결정한다는 상반되는 사실을 알 수 있다(Roy et al., 1999). 예를 들면,

<표 17.4> 인도 제조업에서 업종별 투입물의 가격 탄력성

	제조업 전체	알루미늄	시멘트	화학	비료·살충제	철강	펄프·제지	섬유	유리	총 산업	비고
E_{ee} (1973~1993)	-0.198	-0.389	-0.568	-	-0.132	-0.382	-0.238	-	-0.040	-0.018	저자의 추정 (Roy et al., 1999)
b_{ee} (1973~1993)	0.052	0.091	0.040	-	0.101	0.066	0.096	-	0.085	0.076	
E_{ee} (1973~2008)	-1.34	-	-0.54	-0.85	-0.71	-0.68	-0.34	-0.68	-	-	
b_{ee} (1973~2008)	-0.031	-	0.04	-0.007	0.021	0.025	0.081	0.02	-	-	

주: b_{ee}는 기술적 추정치를, E_{ee}는 에너지 가격 탄력성 추정치를 의미함.

1973~1993년 제조업계에서 에너지 가격을 1% 올리면 에너지 투입 비중은 행태적 대응이 없을 경우 0.052% 상승했지만, 이후에는 가격 탄력성으로 인해 실제 에너지 소비는 0.2% 감소한 것으로 나타났다(Roy et al., 1999). 에너지의 가격 탄력성은 산업 전체적으로 -0.02였으며, 시멘트 부문의 경우 -0.57이었을 정도로 차이가 있었다. 가장 최근인 2008년까지 동일한 분석 방법을 확대 적용해 보면, 행태적인 반응은 더 높은 가격 변화를 통해 에너지 사용을 더 많이 줄이는 것으로 나타났다. <표 17.4>에서 가격 탄력성의 범위는 실제로 최근 들어 더 높은 값을 보여주고 있다. 또한 이러한 추정치는 기술혁신이 전체 비용의 일부분으로서 에너지 비용을 점진적으로 낮출 가능성이 있다는 사실도 보여준다. 그렇지만 이 행태적 반응이 에너지 집약적인 산업 분야 전체에 적용되는 것은 아니라는 점에 유의할 필요가 있다.

가격 탄력성은 다양한 요소에 관한 생산성의 행태를 보여준다. 예를 들어, 1973~1993년 제지 산업에서는 에너지의 가격 탄력성이 -0.24였는데, 이는 에너지 가격이 1%가 높아지면 에너지 생산성이 0.24% 증가한다는 것을 의미한다. <표 17.3>에서 볼 수 있듯 에너지와 자본이 대체 가능하다는 점을 고려할 때 에너지 가격의 상승은 에너지 집약도를 낮춰 생산성을 향상시킬 수 있다. 왜냐하면 에너지에 대한 수요는 부(-)의 가격 탄력성을 지니고 있기 때문이다. 그렇지만 한편으로는 자본 생산성을 추가적으로 하락시키고 자본의 집약도를 높일 수도 있을 것이다. 평균 요소 생산성과 관련되기 때문에 에너지 가격의 상승은 산업 전반에 제각기 다른 영향을 미칠 것이며, 결국에는 에너지 사용에 균형적인 변화를 가져오지 못할지도 모른다. 에너지 사용이 편향되어 있고 기술의 변화가 매우 점진적이라는 점에서, 인도에서 가격을 이용한 정책의 영향력은 매우 한정적일 것으로 예상된다. 기술의 확산을 통한 혁신의 전략적 관리는 에너지 이용의 왜곡, 원료 이용의 왜곡, 원자재 비중의 확대, 불균형적인 가격 반응, 변덕스러운 기술혁신이라는 결과를 강화시킬 수 있다. 사실 생산의 지속가능성은 자원의 이용 가능성, 특히 제조업 부문의 경우 에너지 및 원료의 이용 가능성과 밀접한 관련성을 지니고 있다. 앞으로는 자원을 얼마나 효율적으로 이용하는지가 기업의 지속가능성 지표에 중요한 의미를 지닐 것이다.

투입의 생산성을 강화하는 중요한 요인으로는 이용 가능성, 확산성, 신기술의 도입을 들 수 있다. 인도에서는 에너지 효율 개선 기술을 도입할 가능성이 매우 높다. 왜냐하면 동일한 산업 부문 내에서도 산출량 단위당 에너지 이용에서 업체별로 상당한 격차를 보이기 때문이다(Goldar, 2010). '국가기후변화행동계획(National Action Plan on Climate Change: NAPCC)'하에 채택된 '에너지효율거래제(Perform Achieve and Trade Scheme)'는 에너지 절약 목표를 초과 달성한 업체가 미달 업체에 에너지 절약 증서를 판매할 수 있는 제도다. 이 거래제는 에너지 절약의 왜곡을 고려해서 전략적인 방식으로 기술을 개발한 지원 제도라고 할 수 있다. 그렇지만 기업체의 행태적 대응을 정확히 예측할 수 없다는 측면에서는 이처럼 잘 설계된 에너지 증서 거래제 또한 어느 정도 한계를 지닐 수밖에 없다(Dasgupta et al., 2011; Roy, 2010).

에너지 효율 레짐의 역학 관계: 역사적 추세로부터의 탈피

에너지 효율 레짐은 1970년대 들어 지구적인 차원에서 변화를 보이기 시작했다. 에너지 효율 개선과 관련된 지표 가운데 하나인 에너지 집약도가 낮아지기 시작한 것이다. 에너지 집약도의 하락은 석유 가격이 매우 불안정했던 1970년대 후반과 1980년대 초반에 선진국을 중심으로 빠르게 진행되었다(Roy, 2007).

1970~1990년대에 선진공업국에서는 에너지 집약도뿐만 아니라 1인당 및 GDP 당 에너지 이용도도 29%가량 감소했다(Clark, 2002).[7] OECD 회원국을 포함해서 이러한 발전 경로를 채택했던 국가들은 1970년대 후반과 1980년대 초반에 두 자릿수의 에너지 집약도 하락과 에너지 효율 개선을 경험했다(Roy, 2007). 많은 연구에서 이 시기 에너지 집약도가 감소했음을 확인할 수 있는데, 이러한 성과 는 높은 에너지 비용, 자발적인 기술 발전 추세, 제조업 분야에서의 기술 발전, 전략적으로 설정된 에너지 효율 개선 프로그램 등이 있었기에 가능했다(Boyd et al., 1988; Farla et al., 1997; Golove and Schipper, 1996, 1997; Greening and Greene, 1998; Greening and Khrusch, 1996; Howarth and Andersson, 1993; Reitler et al., 1987; Schipper et al., 1992; Schipper et al., 1998; Schipper and Grubb, 2000; Sun, 1999; Torvanger, 1991; Worrell et al., 1997). 이후 에너지 가격이 안정적이었던 시 기에 에너지 집약도가 하락한 것은 새로운 기술을 채택한 결과라고 할 수 있다. 후속 연구에서는 1973~1993년 사이 산업 부문에서 에너지 집약도가 40% 감소 했다고 밝혔다(Liaskas et al., 2000). 이 같은 하락은 시멘트, 철강, 화학, 제지처럼 몇몇 산업에서 필요한 연료의 양이 줄어든 데 기인한다. 한편으로는 중공업에서 저렴한 에너지와 원자재를 이용하는 산업으로의 구조 전환, 제품 구성의 변화, 연료 변화 등을 통해서도 약간의 에너지 절약 효과를 얻을 수 있었다. 1990년대 이전과 비교했을 때 OECD 국가 제조업 부문에서 에너지 집약도가 하락하는 속 도는 상당히 둔화된 상태다. 성장 경로에 뒤늦게 동참한 개발도상국의 경우에는 선진국보다 10년 늦은 1980년대 후반과 1990년대 초반에 이르러서 에너지 집약 도가 감소하는 추세를 보이기 시작했다. 이러한 시차는 기술의 해외 이전 및 확 산의 결과라고도 할 수 있다. 대만, 중국, 멕시코, 태국, 인도 같은 국가의 제조업 분야에서는 OECD 국가가 달성한 것과 유사한 수준의 에너지 집약도 개선이 나 타났다(Ang and Zhang, 1999; Sheinbaum and Rodriguez, 1997; Sheerin, 1992; Dasgupta and Roy, 2001, 2002).

---

7 그렇지만 이와 반대로 개발도상국에서는 30%의 증가세를 보였다.

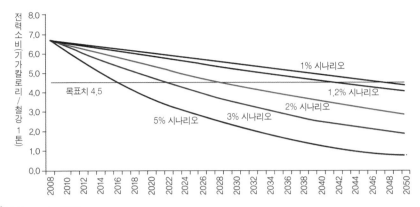

〈그림 17.2〉 인도 철강 부문의 전력 소비 시나리오

전력소비기가칼로리 / 철강 1톤

목표치 4.5

1% 시나리오
1.2% 시나리오
2% 시나리오
3% 시나리오
5% 시나리오

자료: Dasgupta, 2010.

그렇지만 2000년 이래로 에너지 효율에 대한 관심은 석유 가격에 의한 조정에서 벗어나 지금은 기후변화 대책에 기여할 수 있는 친환경 기술의 전략적 확산이라는 측면으로 이동하고 있다. 1990~2008년 사이에는 전 세계 기업체의 에너지 집약도가 매년 1.7%씩 감소했지만, 지금은 2030년까지 매년 3.4%를 감소시킨다는 목표가 설정된 상태다(UNIDO, 2011). 즉, 기존의 점증적인 변화에서 급진적인 변화로 목표가 수정되었다고 할 수 있다. '국가기후변화행동계획'의 2008년 자료는 인도가 이러한 이행을 어떻게 전략적으로 관리해야 하는지를 잘 보여주고 있다. UN공업개발기구의 2011년 보고서는 소비자의 선호 변화를 통해 에너지 효율이 시스템 전반적으로 어떻게 개선될 수 있는지를 잘 설명해주고 있다. 즉, 기술 이전을 위한 국제 협력, 교육, 인식 개선 등을 통해 소비자들의 선호가 바뀔 수 있다고 한다.

비록 인도 제조업 부문의 에너지 집약도가 시간이 흐름에 따라 감소하고 있기는 하지만, 여전히 모든 부분에서 세계 최고로 높은 수준을 기록하고 있다. 예를 들면, 인도 철강 산업의 경우 1985~2008년 사이 생산량 대비 전력 소비의 감소율이 여전히 연평균 1.6%에 불과했다. 2008년의 세계 평균 수준에 도달하기 위해서는 2030년까지 매년 적어도 2.5%씩 줄여야 하는 상황이다(〈그림 17.2〉 참조).

철강 부문에서의 에너지 사용은 탄소 배출과 관련해서 매우 중요한 함의를

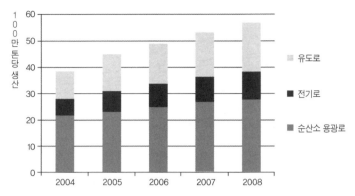

〈그림 17.3〉 인도 철강 산업의 전환 과정

유도로

전기로

순산소 용광로

자료: Dasgupta, 2010.

지니고 있다. 왜냐하면 아무리 비중이 줄어들고 있더라도 용광로가 여전히 생산 과정에서 지배적인 위치를 차지하고 있기 때문이다(〈그림 17.3〉 참조). 김과 워렐은 세계 철강 생산량의 50% 이상을 차지하는 상위 5개국에서 에너지 효율 개선의 잠재력을 평가하고 벤치마킹한 바 있다(Kim and Worrell, 2002). 이들의 연구는 상위 5개국에서 이산화탄소 배출을 줄일 수 있는 에너지 효율의 잠재력이 인도와 비교했을 때 40%가량 더 높고, 중국·미국과 비교했을 때도 40%가량 높으며, 일본과 비교했을 때는 15%가량 더 높다는 사실을 밝혀냈다. 이러한 연구 결과를 통해 철강 부문에 효율 개선 기술을 시급히 도입해야 한다는 결론을 내릴 수 있다. 매년 3%씩 개선할 경우 세계 평균 전력 소비량 목표를 2020년에 달성할 수 있으며, 연간 5% 감축할 경우 2016년에 달성할 수 있을 것으로 전망된다. 또 다른 사례로 인도의 시멘트 산업을 살펴보도록 하자. 비록 인도는 세계에서 가장 효율적으로 시멘트를 생산하는 국가 가운데 하나이기는 하지만, 시멘트 1톤을 생산하는 데 3.2기가줄을 소비하고 있는 실정이다. 가장 효율적이라고 알려진 일본은 톤당 3.0기가줄이며, 세계 평균은 3.6기가줄인 상황이다(Saxena, 2010). 이처럼 세계 최고 수준에 도달하기 위해 기술 도입에만 수십 년이 걸렸다(〈그림 17.4〉 참조).

1960년대에는 건식 시멘트 플랜트의 에너지 효율이 전체 시멘트 생산에서 1%

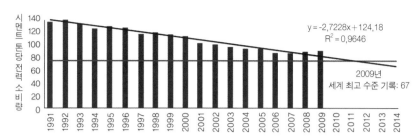

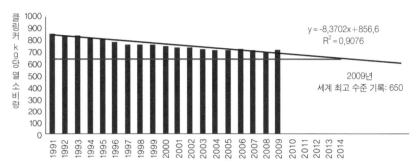

자료: www.iea.org/work/2010/india_bee/saxena.pdf

를 차지했을 뿐이지만 2008년에는 그 비중이 97%까지 늘어나 시멘트 제조 공정이 50년 만에 변화되었다(Saxena, 2010). 시멘트 제조 과정에 적용되는 기술의 개선은 〈그림 17.5〉와 같이 1990년대 초반에 이뤄졌다. 그렇지만 에너지 효율적인 건식 플랜트 기법은 벌써 낡은 방식이 되어버렸으며, 오늘날에는 소규모 플랜트가 도입되어 생산 과정 전반에 엄청난 변화를 일으키고 있다. 이처럼 시멘트 공정은 1960년대의 점진적 변화와 1990년대의 급진적 변화를 모두 경험했다. 특히 1990년대 이후는 에너지 효율뿐만 아니라 기후변화 대책의 중요성이 강조된 시기라는 특징도 지니고 있다. 그리고 〈그림 17.4〉에서 볼 수 있듯 시멘트 산업에서도 에너지 집약도는 지속적으로 감소하는 모습을 보이고 있다.

에너지 효율의 격차는 화학 산업 분야에서도 발견된다. 인도에서 암모니아 1톤을 생산하기 위해 소비되는 에너지 사용량은 2007년에 37.5기가줄이었으나, 첨단 가스 기술을 적용할 경우에는 톤당 28기가줄로 줄어들 수 있다. 인도에서

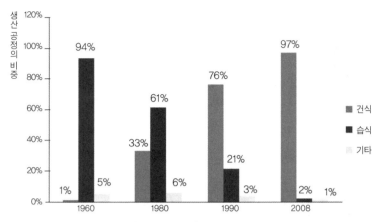

〈그림 17.5〉 인도 시멘트 산업의 기술 이전

자료: www.iea.org/work/2010/india_bee/saxena.pdf

는 최신 기술이 도입될 수 있는 가능성도 풍부하다. 실제로 화학 산업 내에서는 현행 기술로 인한 에너지 집약도의 에너지 격차가 막대하므로 잠재적으로 기술이 도입될 가능성이 있다. 예를 들어, 알루미늄 산업의 생산 단위당 소비 전력은 0.18~6.4, 섬유는 0.01~6.3, 제지는 0.22~1.6, 철강은 0.05~1.91로 차이가 크게 나타난다(MPGI, 2012). 그렇다면 에너지 집약도 감축 목표를 빠르게 달성하기 위해서는 기술을 도입하는 과정에서 과거 역사적 추세에 편승한 점증적 변화에서 탈피해야만 한다. 이제는 국가적인 차원에서 선언적으로 목표를 제시해야 할 뿐만 아니라 산업계를 포함한 경제 전 부문에서 에너지 효율을 개선하기 위해 노력해야 한다(INCCA, 2010).

에너지 집약도의 개선 목표

기술적 유인과 행태적 유인이 에너지 이용에 어떻게 기여하는지를 이해하기 위한 방법으로 가야 항등식을 이용해서 에너지 소비의 동인을 다양한 지수로 분해하고 분석한 연구들이 여러 편 발표된 바 있다(Kaya, 1990; Kaya and Yokobori, 1993; Albrecht et al., 2000; Duro and Padilla, 2006; Kawase et al., 2006; Sheerin,

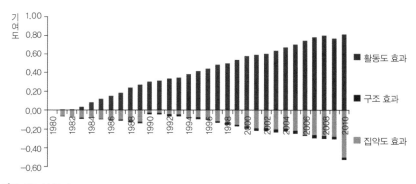

〈그림 17.6〉 세계 에너지 소비량의 지수분해분석 결과

자료: World Bank.

1992; Sun, 1999; Wang et al., 2005). 산업 부분, 특히 에너지 집약적인 제조업 부문의 에너지 집약도는 지난 수십 년 동안 감소해왔다. 지수분해분석[8]을 이용한 선행 연구는 1980년부터 2010년까지 30년 동안 에너지 집약도의 감소가 에너지 소비량을 늘리는 데 기여했다는 사실을 밝혀냈다. 활동도 효과는 기술적·행태적 변화 없이 전 세계의 에너지 소비량을 3.5% 증가시킨 반면, 에너지 집약도와 구조적 변화는 각각 2.4%와 0.13% 감소시켰다. 인도 제조업 분야에서는 이 수치가 각각 3.8%, 2%, 0.81%를 기록했다(〈그림 17.6〉 참조). 마찬가지로 활동도 효과는 에너지 소비량을 늘리지만, 에너지 집약도뿐만 아니라 기술 발전과 행태적 대응도 에너지 소비량을 낮추는 경향이 있음을 인도에서도 확인할 수 있었다. 따라서 에너지 소비량의 감축이라는 목표를 달성하려면 급진적인 에너지 집약도의 개선과 산업의 구조적인 전환이 더욱더 필요할 수밖에 없다. 물론 이때에는 전략적인 측면에서 기술의 혁신 및 확산 계획을 마련해야 할 것이다.

유사한 지수분해분석을 이용해서 UN공업개발기구는 1995년부터 2008년까지 모든 국가의 산업 부문에서 에너지 집약도가 감소했다는 사실을 밝혀냈다(UNIDO, 2011). 흥미로운 점은 선진국의 경우 고도의 기술 발달과 기술 집약적

---

8   지수분해분석(Index Decomposition Analysis: IDA)은 에너지 소비의 변화를 인구, 경제성장, 기술이라는 요인으로 분해해서 설명하는 방법론이다. _옮긴이

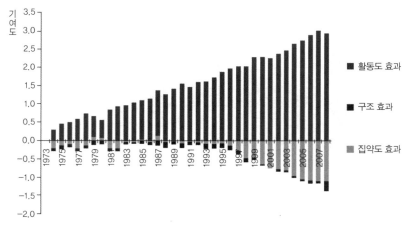

〈그림 17.7〉 인도 산업 부문 에너지 소비량의 지수분해분석 결과

자료: Annual Survey of Industries in India.

인 생산물 덕분에 산업 발전의 경로가 선진화되면서 '구조 효과'가 에너지 소비량을 하락시키는 데 가장 크게 기여했다는 사실이다. 이는 선진국의 경제 활동이 에너지 집약적인 제조업으로부터 벗어났음을 의미한다. 반면 개도국의 경우 기술 발전으로 인한 에너지 집약 하락이 두드러진다는 측면에서 차이를 보이고 있다.

자발적인 에너지 효율 개선은 GDP 대비 에너지 비율을 나타내는 에너지 집약도의 변화율을 반영하며, 에너지 가격을 일정하게 유지시킨다(Babiker et al., 2001; Manne and Richels, 1990, 1992; Sanstad et al., 2006). 이러한 에너지 효율의 개선은 시간이 지남에 따라 기술 발전의 확산 정도를 이해하는 데 도움을 줄 수 있다(Ausubel, 1995). 그렇지만 기준 시나리오에 따르면, 자발적 효율 개선만으로는 충분하지 않다. 만약에 가격 탄력성이나 반등효과[9]를 통해 관찰된 행태적 반응을 추가한다면 기준 시나리오는 자발적인 효율 개선마저 보장하지 못할 것이다(Roy, 2007). 즉, 전략적인 관리가 이뤄지지 못할 경우 정부는 추구하는 목표

---

9 반등효과(rebound effect)란 효율 개선으로 인해 소비자가 에너지 서비스의 가격 하락을 인식하게 되면서 발생하는 소비 증가의 부작용을 가리킨다. _옮긴이

를 달성할 수 없을 것이다. 정책 실패의 결과가 어떻게 나타나는지는 다음의 사례들을 통해 좀 더 자세히 살펴볼 예정이다.

에너지 효율 개선 기술의 역효과: 인도 최종 에너지 사용자의 사례

반등효과가 에너지 효율 개선의 혜택을 상쇄시킬 수 있는가

기술의 발전은 현행 또는 개선된 수준의 서비스를 더욱 적은 에너지 소비로 누릴 수 있게 해준다(Weizsacker et al., 1998). 그렇지만 반등효과가 효율 개선으로 인한 에너지 절약 혜택보다 크게 발생할 수도 있다. 즉, 특정 상황에서는 반등효과로 인해 에너지 소비가 줄어드는 것이 아니라 반대로 증가할 수도 있다(Roy, 2000). 반등효과에 대한 초기의 개념적 정의는 협의의 관점을 취했다. 즉, 에너지 서비스 이용에서 기술적 효율을 개선함으로써 에너지 서비스에 대한 공급이 증가해서 늘어난 수요로 정의되었다(Khazzoom, 1980, 1987, 1989; Khazzoom and Miller, 1982). 그렇지만 시간이 흐르면서 반등효과의 이론적 중요성뿐만 아니라 성질과 범위마저 변하게 되었다. 최근에는 반등효과를 고려하려면 '전과정평가(Life Cycle Assessment: LCA)'까지 포함해야 한다는 주장도 제기될 정도다(Girod, 2009). 반등효과는 효율 개선으로 인해서 실효가격[10]이 줄어들어 에너지 서비스에 대한 수요가 증가하는 현상을 의미한다(Khazzoom, 1980; Binswanger, 2001; Brookes, 1990; Greene, 1992). 반등효과는 다음과 같은 간단한 사례로 설명이 가능하다. 예를 들어 75W짜리 백열등을 15W짜리 고효율 형광등으로 교체한다고 했을 때, 소비자는 똑같은 밝기의 조명 서비스를 이용하면서도 60W의 전력을 절약할 수 있다. 즉, 효율 개선으로 80%가량의 에너지를 절약한 것이다. 이 경우 소

10　실효가격(effective price)이란 실제의 소비 시장에서 유효하게 작용하고 있는 실질 평균 가격을 의미한다. _옮긴이

비자는 동일한 서비스에 대한 에너지 비용이 기존에 비해 낮아져 돈을 더욱 효과적으로 절약하게 되었다고 생각해 결과적으로 전등의 전원을 끄는 데 소홀해지게 된다. 심지어 어쩌면 멋진 분위기를 연출하기 위해 밤새 전기를 켜둘 수도 있다. 이처럼 에너지 서비스의 상대적인 가격 하락은 다른 모든 조건이 동일하다면 일종의 소득효과[11]를 가져온다. 이처럼 소득효과는 에너지 서비스에 대한 수요를 추가적으로 늘린다. 왜냐하면 예전과 비교했을 때 똑같은 예산으로 더 많은 전력을 이용할 수 있기 때문이다. 결과적으로 소득효과는 에너지 서비스에 대한 수요를 증가시킨다. 왜냐하면 소득이 일정 수준을 넘어서기 전까지는 에너지 서비스에 대한 수요가 줄어들지 않기 때문이다(Lovins, 1988). 선행연구에 따르면 스위스는 에너지 효율을 개선하려 노력했음에도 온실가스 배출량이 1990년부터 2004년까지 거의 비슷한 상태였는데, 그 이유가 바로 반등효과 때문이었다고 한다(Jungbluth et al., 2007, Girod, 2009에서 재인용). 이는 기술의 발전이 행태적인 반응을 이끌어내 결과적으로 에너지 효율을 1% 개선하면 에너지 수요가 1% 감소하는 것이 아니라 오히려 자원 이용이 증가된다는 사실을 보여준다(Khazzoom, 1980; Roy, 2000). 학자들은 반등효과를 다음과 같이 세 가지 유형으로 구분한다.

- 직접적인 반등효과: '특정' 에너지 서비스에 대한 에너지 효율 개선은 이러한 서비스에 대한 실질 가격을 감소시키며, 이로 인해 에너지 서비스의 수요가 증가된다. 이는 효율 개선으로 실현되리라고 예상했던 에너지 소비의 절약분을 상쇄하게 된다(Greening et al., 2000; Herring and Roy, 2007; Sanne, 2000).
- 간접적인 반등효과: 에너지 서비스의 실질 가격이 하락하면 '다른 재화와 서비스'에 대한 수요마저 변화시킬 수 있다(Greening et al., 2000; Herring and Roy, 2007; Sanne, 2000).

---

11 가격이 하락하면 소비자의 실질소득이 증가되고 이에 따라 상품에 대한 구매력이 증가한다. 이는 소득이 증가해 수요가 늘어나는 효과와 동일하기 때문에 이러한 경우를 소득효과(income effect)라고 부른다. _옮긴이

<표 17.5> 반등효과의 범위

반등효과	에너지 효율 개선의 결과
0%	에너지 효율 개선이 완전히 실현됨.
0~100%	에너지 효율 개선이 부분적으로 실현되기는 했지만, 에너지 상대가격의 하락으로 인해 절감효과가 부분적으로 상쇄됨.
100%	에너지의 상대가격이 낮아짐. 에너지 수요가 증가해 에너지 효율 개선의 긍정적인 효과가 모두 사라짐.
>100%	에너지의 상대 가격이 낮아져서 수요의 증가가 효율 개선을 압도하는 상황임. 이는 별도로 '역효과'라고도 함.

자료: Turner, 2009; Anson and Turner, 2000.

- 경제 전반적인 반등효과: 에너지 서비스의 실질 가격이 하락하면 경제 부문 전반의 모든 중간재와 최종재의 가격이 낮아진다. 이는 결과적으로 에너지 집약적인 재화의 가격과 수량까지도 조절하게 만든다. 즉, 에너지 효율 개선은 경제성장을 촉진시키고 이는 다시 에너지 소비를 늘리는 경향이 있다 (Greening et al., 2000; Herring and Roy, 2007; Sanne, 2000; Saunders, 1992).

반등분석의 메커니즘에 대해서는 대부분의 사람들이 인정하고 있지만, 정작 반등효과의 범위 및 중요성에 대해서는 여전히 논쟁이 벌어지고 있다. 물론 반등효과를 정확히 계량화하는 작업은 어려울 수 있다(Girod, 2009; Greening et al., 2000; Sorell and Dimitropoulos, 2008). 어떤 연구자는 반등효과가 대부분의 에너지 서비스 영역에서 별다른 영향을 주지 않는다고 주장한 바 있다(Schipper and Grubb, 2000). 반면 다른 연구자는 경제 전반적인 효과까지 고려할 경우 에너지 효율의 개선으로 인한 절약분을 상쇄시키고도 남을 정도로 반등효과가 크다고 반박하기도 했다(Brookes, 1990; Saunders, 1992). 실증적으로 가정용 전자제품에 대한 반등효과의 범위는 0~100%에 이를 정도로 다양하며, 심지어는 200%에 달하는 역효과(backfire effect)가 발생하는 경우도 있다고 한다(Greening et al., 2000; Roy, 2000). 이처럼 심각한 역효과가 발생하는 경우에도 서비스 대비 에너지의 소비는 소비자가 에너지 효율을 인지하는 경우에 따라 달라질 수밖에 없다.

물론 에너지 효율 개선으로 인한 실제 반등효과가 기술적인 잠재력보다 훨씬 낮은 수준일지도 모른다. 따라서 기술 개선을 활용한 에너지 효율 개선 정책의 도입은 반등효과에 관한 정확한 정보를 바탕으로 설계되어야 한다. 만약 그렇지 못할 경우에는 에너지 또는 탄소 절약분의 상당한 양을 반등효과로 잃을지 모르며, 궁극적으로는 에너지 효율 개선 정책에 대한 신뢰마저 상실할지도 모른다.

반등효과의 시사점: 인도의 두 가지 사례

여기서는 2개 그룹의 소비자들에 대한 연구를 제시할 예정이다. 즉, 고효율 조명 및 난방에 대한 시장의 행태적 반응이 전혀 다른 결과를 도출하는 이유를 설명하기 위해 2개의 사례를 상호 비교하려 한다. 다만 반등효과를 측정하기 위해서는 전자제품의 수량, 제품당 전력 소비량, 사용 시간, 사용 방법 등의 자세한 정보가 필요할 수밖에 없다. 게다가 이들 정보는 2개의 시점, 즉 평상시의 기준연도와 에너지 효율이 개선되고 난 뒤라는 전후의 시점으로 구분해서 수집해야 한다. 따라서 여기서는 직접적인 반등효과의 크기를 추정하기 위해 조명과 냉난방이라는 대표적인 두 가지 에너지 이용 방식을 선정했다. 구체적으로는 로이와 베르크하우트 등이 제시한 방법론을 활용해서 추정하려 한다(Roy, 2009; Berkhout et al., 2000).

- 사례 1: 어느 건강 서비스 센터에서는 조명기구 및 냉방설비의 효율을 높이기 위해 전문가의 조언에 따라 개선 작업을 실시했다. 이는 높은 반등효과를 보여주는 대표적인 사례로, 에너지 효율이 높은 장치에 대한 이용이 늘어나면서 고효율 형광등의 에너지 소비량이 오히려 늘어난 것으로 나타났다(〈그림 17.8〉, 〈그림 17.9〉 참조). 2006년과 2010년의 전력 소비량을 비교하면 시간당 몇 킬로와트의 전력이 절약되었는지를 측정할 수 있다. 그렇지만 결과적으로 조명기구는 488%, 냉방설비는 80%의 반등효과를 보여주었다.
- 사례 2: 사무실 겸 주거 공간으로 이용되는 장소는 기술 도입 및 행태 반응에 대해 전략적으로 의사 결정을 내릴 뿐만 아니라 에너지 소비를 일상적으로

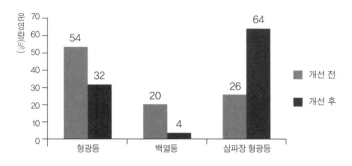

〈그림 17.8〉 사례 1의 조명기구 효율 개선 전후 사용 비중

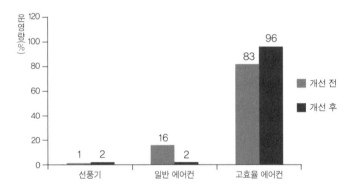

〈그림 17.9〉 사례 1의 냉방설비 효율 개선 전후 사용 비중

감시하는 공간이다. 이 사례에서는 조명기구를 고효율 기기로 교체하는 계획을 종합적으로 실시했다. 개선 사업을 실시한 결과, 조명 서비스의 반등효과는 -0.028에서 -0.005%로 측정되어 마이너스의 반등효과가 발생한 것을 확인되었다. 이 같은 부의 반등효과는 실제 에너지 절감량이 예상했던 기대치보다 훨씬 높다는 것을 의미한다(Turner, 2009).

첫 번째 사례와 달리 두 번째 사례에서는 효율 개선을 위한 조치를 내린 이후 이용량이 더 낮아진 것을 확인할 수 있다(〈그림 17.10〉 참조). 이 두 가지 사례의 연구 결과는, 반등효과가 사람들의 행동 방식에 따라 기술 잠재력을 얼마만큼 실현시켜줄 수 있으며, 효율 개선 관련 정책을 통해 목표가 얼마나 달성될 수 있

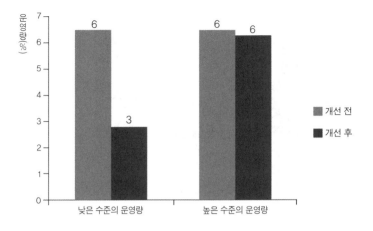

〈그림 17.10〉 사례 2의 조명기구 효율 개선 전후 사용 비중

는지를 알려준다는 측면에서 매우 중요한 지표임을 보여준다. 게다가 이 두 가지 사례에서 관찰할 수 있듯이 반등효과는 상당히 크게 발생한다.

사례 1은 기술적인 자문을 받기는 했지만 소비자들의 행태 변화로 인해 조명기구와 냉방설비 모두에서 반등효과가 발생해 이용량이 늘어나는 현상을 보여주었다. 반등효과로 인해 조명기구에서 발생한 기술적 잠재력의 손실분은 60.53%이고, 냉방설비와 관련해서는 46.95%의 손실이 발생했다. 사례 2의 경우에는 기술적·행태적 이유로 인해 플러스의 반등효과가 발생하지 않았으며, 대신 '엄청난 양의 절감 효과'를 거둘 수 있었다. 따라서 전자제품의 효율 개선을 통해 경제적·환경적인 혜택을 얻기 위해서는 고효율 제품의 사용 행태를 더욱 전략적으로 관리해야 한다는 사실을 이 두 사례를 통해 알 수 있다.

결론

에너지 기술은 경제 발전에서 매우 중요한 요소다. 따라서 사회·경제적인 시스템 전반에 대해 생각해보는 것은 에너지 기술과 이용의 복잡한 역학관계를 이해하는 데 핵심적이다. 게다가 개별 국가의 정책만큼이나 국제적인 상황의 변화도 기술의 발전과 이용, 효율적인 사용, 에너지의 가격 및 집약도에 영향을 미치는 중요한 요소로 작용하고 있다. 게다가 자원 이용 및 폐기물 감축과 관련해서는 기술혁신을 통해 효율을 비약적으로 개선해야 할 것이다. 기술혁신은 자원의 유한성으로 인한 한계를 뛰어넘어 성장을 지탱하는 기반을 마련해줄 것이다. 물론 새로운 기술을 발명하고 이를 실제로 적용하기까지 걸리는 시간적인 격차는 인도의 시멘트 공업 사례에서처럼 상당한 기간 동안 지속될 수도 있다. 그러나 전략적으로 관리되는 목표 지향적 에너지 효율 기술을 통해 기술의 확산이 더욱 가속화될 수 있을 것이다. 그렇지만 정부의 일방적·쌍무적 노력만으로는 불가능하다. 에너지 효율 개선이라는 기술의 '장르'를 고려할 때, 지구적인 차원의 지속가능성을 달성하기 위해서는 국제적 차원의 노력뿐만 아니라 인접 학문 분야의 관심도 반드시 뒷받침되어야 한다. 즉, 지속가능성은 특정 국가의 노력만으로는 달성될 수 없다. 게다가 기술의 사회·문화적 결합과 행태적 변화를 통해 체제 전환을 빠른 속도로 이루려면 기술 보급 정책을 교육, 연구, 훈련, 역량 강화 등의 정책과 전략적으로 통합해야 할 것이다.

5부

국제 에너지와 지속가능성

18 규제, 경제적 유인책, 그리고 지속가능한 에너지

닐 거닝엄*

서론

2008년 IEA는 에너지 혁명을 위해 국가적·지역적 차원의 대책뿐 아니라 국제 협력도 촉구한 바 있다. 이러한 혁명을 완수하기 위해서는 정부의 역할과 더불어 국가 목표를 달성하기 위한 정책 수단이 중요하다. 즉, 정부는 '에너지 믹스 관련 투자'를 결정할 수 있을 뿐만 아니라 정책과 규제를 통해 '투자 및 소비를 결정하는 저탄소 정책의 방향'을 제시할 수 있을 것이다(IEA, 2008: 41).

이 장에서는 저탄소 경제로 이행하기 위한 정책 수단의 역할과 범위를 살펴볼 것이다. 특히 수송이나 삼림이 아닌 에너지 부문에 주로 초점을 맞추는데, 구체적으로는 '특정 정책이 언제 어떤 이유로 수립되는가'에 대한 질문에서부터 논의를 진행하려 한다.

그렇지만 온실가스 배출량을 감축하기 위한 정책 수단은 대단히 다양하다. 그렇기 때문에 이 장에서는 이런 정책 수단을 선별적으로 검토할 것이다. 정리

* 연구 조교인 데이비드 로(David Rowe)에게 감사를 표하는 바다.

하자면, 온실가스 감축 수단 가운데서는 '탄소 배출을 줄이기 위해서는 적절한 당근과 채찍을 사용해야 한다'라는 통찰력을 바탕으로 수립된 정책만 실제로 채택되고 있다(Banks, 2011: 5). 이러한 측면에서 오늘날의 정책은 온실가스 배출에 대해서는 처벌하고 배출량 감축에 대해서는 보상하는 방식으로 실시되고 있다. 또한 국가적인 온실가스 배출에 규제를 가하거나 비용을 증대시키는 방식 역시 채택되고 있다(Productivity Commission, 2011).

이 장에서는 이 같은 기준에 따라 저탄소 경제를 달성하기 위한 정책 수단을 분류할 것이다. 여기에는 배출권거래제, 전기의 생산 및 소비 과정에 대한 부과금, 저공해 기술에 대한 보조금, 규범적인 규제 및 인허가, 재생가능에너지와 관련된 발전차액지원제 및 의무할당제 같은 경제적 수단이 포함된다.

EU는 배출권거래제, 표시제, 지역적 목표 관리라는 측면에서 예외적인 사례로, 온실가스 감축에 관한 정책이 주로 국가나 하위 지방정부 수준에서 수립된다. 지금까지 에너지 부문의 혁신은 대개 국가 내부적으로 이뤄졌으며, 이 장에서 다룰 내용 역시 이와 관련 있다. 국가적인 차원에 초점을 맞추기는 하지만 그렇다고 국제적인 협력과 노력을 경시하는 것은 아니다. 실제로 국제 협력이 에너지 부문의 개혁에 중요하다는 사실은 널리 인정되고 있다. 따라서 어떻게 하면 맨해튼 프로젝트(Manhattan Project)[1] 규모 정도의 기술혁신을 유도하고 지적 재산의 제약을 극복하면서 에너지 혁신을 효과적으로 달성할 것인가, 그리고 개발도상국이 기후변화 문제를 일으키지 않는 방식으로 에너지 빈곤 문제를 해결할 것인가라는 질문은 거버넌스와 관련된 근본적인 질문이라 할 수 있다. 그리고 이 같은 질문은 지구적 또는 그보다 좁은 범위의 지역적 차원에서 더 효과적으로 논의될 수 있을 것이다. 물론 EU의 에너지 및 기후변화 패키지 같은 지구적·초국가적인 목표는 국가적인 사업을 이끌어내는 데 기여할 수도 있다. 그렇지만 지구적인 에너지 거버넌스는 그 자체로 너무 크고 복잡한 주제이며 이 장에서 다루려는 범위를 벗어난다(Gunningham, 2012).

---

1   맨해튼 프로젝트는 제2차 세계대전 중 미국이 주력했던 원자폭탄 제조 계획을 가리킨다. _옮긴이

따라서 이후에 다룰 내용은 몇 가지 측면에서 한계를 지닌다. 예를 들면, 서로 다른 국가에서 채택된 다양한 전략을 고려할 때 이러한 전략을 국가별로 분석하기란 불가능한 상황이다. 즉, 단 하나의 분석 방식과 공식으로 지속가능한 에너지를 전망하는 것은 불가능하며, 다양한 관점이 뒷받침되어야 한다. 그리고 이러한 분석 방식은 국가별 발전 과정과 지정학적인 위치, 각 국가의 고유한 성격에 따라서도 영향을 받을 수 있다.

이에 이 장에서는 개괄적인 접근 방식을 채택하려 한다. 한편으로는 최근의 동향과 발전 현황, 직면한 장애 요인과 기회 요인, 관련 성공 및 실패 사례를 살펴볼 것이다. 따라서 미시적으로 세밀하게 분석하기보다는 지속가능한 에너지의 발전을 이끄는 규제와 경제적 수단을 개략적으로 검토한다는 목적하에 논의를 전개하려 한다.[2]

국가적인 에너지 정책: 에너지 혁명을 향해 가고 있는가

국가 내에서의 에너지 부문에 대한 개혁은 아직 초기 단계다. 8개국의 에너지 정책을 살펴본 2009년 보고서에 따르면, "장기적인 저탄소 정책을 위한 틀과 일관성 있는 정책"이 존재하지 않는다고 한다(Global Climate Network, 2009: 4). 그렇지만 상황은 변하고 있다. 정부는 점차 고갈되는 화석연료에 적극적으로 대응해야 하며, 미래의 에너지 수요를 고려해야 한다는 필요성 역시 증가하고 있다. 게다가 에너지에 대한 낭비적 소비는 앞으로도 상당한 정도의 불안정을 야기할 것이다. 그럼에도 에너지 안보 문제는 기후변화로 인해 더욱 심화될 것이며, 저탄소 목표를 달성하기 위한 정책 수단에 직접적으로 영향을 미치기도 할 것이다

---

2 이 장에서는 다양한 자료를 참고했지만, 특히 「재생가능에너지원과 기후변화 완화에 관한 특별보고서(Special Report on Renewable Energy Sources and Climate Change Mitigation)」의 자료를 많이 참조했다(IPCC, 2011). 이 보고서는 지속가능한 에너지 정책을 상당히 포괄적이면서도 세련된 방식으로 다루고 있다.

(Helm, 2007; Mitchell, 2008). 그렇지만 이러한 국제사회의 압박은 때때로 재생가능에너지, 에너지 효율 개선, 원자력에 대한 우려를 증가시킬 수 있다. 게다가 서유럽을 포함한 일부 국가에서는 기후변화 완화에 대한 문제가 정치적 의제로 등장했으며, 이로 인해 정책 결정자는 더욱 적극적으로 대책을 수립해야 하는 상황이다.[3] 이와 대조적으로 전 세계 인구의 20%에 달하는 14억 명이 거주하는 개발도상국에서는 전기에 대한 접근성이 여전히 낮은 상황이며, 27억 명이 취사 과정에 전통적 방식의 바이오매스를 이용하고 있다. 따라서 이들 지역에서는 무엇보다도 경제·사회적 발전이 변화를 위해 가장 중요한 유인책이라고 할 수 있다.

이처럼 에너지 정책이 중요해지자 이 글을 작성하던 시점에는 100여 개에 달하는 나라에서 에너지에 관한 국가 목표를 수립하고 있다. 이들 계획에서는 전체 에너지 생산량에서 재생가능에너지가 차지하는 비중이 대부분이다. 예를 들면, 2020년까지 최종 에너지 사용량의 20%를 재생가능에너지로 대체한다는 EU의 목표는 가장 잘 알려진 계획 가운데 하나다. 이는 개별 국가가 자국의 목표를 달성할 수 있도록 유도하는 '국가 재생가능에너지 행동 계획(National Renewable Energy Action Plan)'의 일환이라고 할 수 있다. 또 다른 에너지 정책 목표로는 반기문 UN 사무총장의 2030년 비전 선언문이 유명하다. 즉, UN은 현대적인 에너지에 대한 접근성 확보, 에너지 효율 2배 향상, 국제 에너지 믹스에서 신재생에너지의 비중 2배 확대 등과 같은 목표를 설정해놓고 있다(Ban, 2011: 4).

일부 국가는 다양한 기술이라는 측면에서 더 분명한 목표를 수립해놓고 있다.[4] 몇몇 사례에 따르면, 이러한 목표는 단지 상징적인 목표가 아니라 실제로 현장에 활기를 불어넣는 데 일조하고 있다. 이 같은 에너지 목표는 사람들의 관심과 자원을 집중시키고 계획의 필수 요소 및 달성 동기를 제공하며 정책 목표의 달성을 지원하는 역할을 한다.

이 같은 목표를 달성하는 데 가장 적절한 수단과 전략, 즉 탄소 정책이 무엇인

---

3 한국이 2010년 제정한 '저탄소 녹색성장 기본법'을 참고할 수 있다.
4 UN 총회의 2011년 자료를 참고할 수 있다.

지에 대한 물음은 오늘날 가장 중요한 화두 가운데 하나다. 이와 관련해서 고려될 수 있는 정책 대안은 무수히 많다. 그렇지만 대부분의 탄소 배출 저감 정책은 규제와 경제적 유인책이라는 두 가지 방식으로 구분해서 이해할 수 있다.

경제적 유인책

환경경제학자들은 환경오염에 관한 일반적인 문제와 마찬가지로 기후변화도 환경 비용이 시장에 제대로 반영되지 못해서 발생하는 문제라고 주장한다. 이런 관점에서 보면 희소자원의 가치가 가격에 적절히 반영되지 못하기 때문에 시장은 자원을 효율적으로 분배하는 데 실패할 수밖에 없다. 따라서 기후변화 문제의 전통적인 해결 방식은 에너지와 관련된 이산화탄소 배출에 가격을 부과하는 것이다. 그밖에는 지구가 감당할 수 있는 수준의 탄소 배출량을 산정하는 방식, 시장이 적정 가격을 설정하도록 방임하는 방식, 탄소세를 부과하는 방식 등과 같이 희소자원의 사용에 비용을 부과함으로써 시장에 적절한 신호를 반영하는 방안을 고려할 수 있다.

이처럼 경제학자들은 경제적 수단이 직접적인 규제보다 비용적인 측면에서 더 효율적인 방식이라고 주장한다. 왜냐하면 경제적 수단을 채택할 경우 에너지 공급자와 소비자는 자원의 생산성을 높이고 탄소 오염을 예방하는 데 더 유연하고 융통성 있게 대응할 수 있기 때문이다.

실제로 에너지 정책과 관련한 경제적 수단은 부정적인 인센티브를 제거하는 방식에서부터 에너지 사용에 대한 과세, 탄소 시장의 조성, 법적 책임 및 재산권과 가격을 기반으로 한 수단에 이르기까지 다양하다. 경제적 수단의 대표적인 예로는 지속가능한 에너지 시스템을 구축하는 데 매우 중요한 역할을 담당하는 배출권거래제, 재정 지출, 공공 재정 메커니즘 등이 있다. 이러한 전략은 에너지 효율성의 향상과 재생가능에너지의 개발 및 활용에 공통적으로 이용되어왔다. 에너지 효율성의 향상은 가장 큰 편익을 가져올 수 있는 부문에서의

'윈윈(win-win)'에 초점을 맞추고 있다. 반면 재생가능에너지의 개발 및 활용은 첨단기술 개발과 신규 시장의 창출에 더 큰 관심을 가진다.

배출권거래제

기후변화를 완화시키기 위해 국제 협약에 막대한 노력을 기울였음에도 이에 대한 국제사회의 대응은 그다지 성공적이지 못한 상태다. 기후변화협정에서 온실가스 배출 저감이라는 목표를 달성하기 위해 고려되는 주요 정책 수단은 합의된 감축량을 달성하기 위해 탄소에 가격을 부과하거나 시장 메커니즘을 이용하는 방식이 대표적이다. 고탄소 제품의 가격을 인상할 경우 관련 제품의 소비가 줄어드는 결과가 초래될 것이다. 이런 상황에서 에너지 효율에 대한 높은 관심은 저탄소 기술의 개발뿐 아니라 새로운 연료로의 전환을 장려하는 효과를 가져올 수 있을 것이다. 탄소 가격을 상승시키기 위한 경제적 수단으로는 배출권거래제가 선호되는데, 이 제도는 궁극적으로 지구적 차원의 제도로 통합될 것으로 전망된다(Antes et al., 2011; Hoel, 2010; Kerr, 2000; McKibbin and Wilcoxen, 2008). 이런 모든 제도에서 공통적으로 발견되는 사항은 경제적 수단이 중심적인 역할을 담당한다는 점이다. 물론 시장이 가장 유연한 메커니즘이며 합의된 탄소 감축 목표를 달성하기 위한 저비용의 정책 수단이라는 사실에는 논란의 여지가 없다. 따라서 이 같은 경제적 수단은 국제적으로 가장 선호되는 방식이며, 이 절에서 본격적으로 다루려는 주제이기도 하다.

국제 협정이 부재함에도 EU처럼 배출권거래제를 통해서 탄소에 가격을 부과하려는 나라들이 늘고 있다. EU가 배출권거래제(The European Union Emissions Trading System: EU ETS)를 먼저 도입하기는 했지만, 이것이 유일한 제도라고 할 수는 없다. 뉴질랜드도 배출권거래제를 마련했으며, 일본과 한국도 도입을 고려하고 있다(Anger, 2008; Tyler et al., 2009).[5] 호주는 고정가격제를 2012년 세계 최

---

5 한국은 2010년 4월에 제정된 '저탄소 녹색성장 기본법'을 바탕으로 2015년 1월부터 배출권거래제

초로 실시했으며, 이제는 3~5년마다 탄소 가격이 기간별로 다르게 산정될 예정이다. 중국도 일부 지역에서는 배출권거래제를 시범적으로 운영하고 있다. 미국의 경우에는 주정부 차원에서 이러한 노력을 수행하고 있는데, 미국 동북부의 10개 주를 중심으로 기후변화에 대응하려는 계획인 '지역 온실가스 이니셔티브 (Regional Greenhouse Gas Initiative: RGGI)'가 대표적인 사례라고 할 수 있다.[6] 그렇지만 '지역 온실가스 이니셔티브'는 안타깝게도 법적 구속력을 확보하지 못한 상태다. 이런 상황에서 '동부 기후 이니셔티브(Eastern Climate Initiative)'는 미국의 7개 주와 캐나다 4개 지방으로 참여 범위가 확대되고 있다. 주정부 차원의 배출권거래제 가운데 가장 발전된 형태는 캘리포니아의 탄소 시장으로, 이는 2012년부터 시행되고 있다.

배출권거래제가 온실가스 배출을 막는 효율적인 정책 수단이라는 측면에서 제도적 장점을 소개한 문헌은 무수히 많다(Garnaut, 2008). 반면 배출권거래제의 제도적 결함을 다룬 문헌은 마이클 해너먼(Michael Hanemann)의 연구를 포함해서 그 수가 훨씬 적은 실정이다(Hanemann, 2010). 정리하자면, 배출권거래제가 제도 설계에 일부 결함이 있을 뿐만 아니라 초기의 집행 단계에서 몇 가지 문제를 드러내기는 했지만 지금까지는 대체로 잘 운영되었던 것으로 평가될 수 있다 (Ellerman et al., 2010).

그렇지만 여러 연구 보고서에서 지적하고 있듯, 배출권거래제의 탄소 가격이 소비자의 행태를 변화시킬 정도로 높다고 하더라도 기후변화를 해결하기에 충분한 수준은 아니라고 판단된다. 즉, 배출권거래제만으로는 한정된 시간 동안 온실가스 배출량을 효과적으로 저감하지 못할 것으로 전망된다.[7]

를 이미 도입한 상태다. 이와 관련한 더 자세한 자료는 온실가스종합정보센터의 홈페이지(www.gir.go.kr)를 참고할 수 있다. _옮긴이

6 지역 온실가스 이니셔티브는 미국 동북부의 10개 주가 향후 10년 동안 지역 내 공장에서 배출되는 이산화탄소를 현재의 10%까지 줄인다는 목표를 세우고 있다. 여기에 참여하는 미국 동북부의 10개 주는 구체적으로 코네티컷, 델라웨어, 메인, 뉴햄프셔, 뉴저지, 뉴욕, 버몬트, 메릴랜드, 매사추세츠, 로드아일랜드다. _옮긴이

7 이와 관련해서는 미국 회계감사원(US Government Accountability Office)의 2009년 자료를 참고할 수 있다. 이 보고서는 에너지세(energy taxes)가 그다지 중요한 역할을 하지 못할 것이라는 주장을

이러한 결과가 초래되는 이유는 매우 다양하다. 그중 일부는 제도 설계의 제약에 기인하며, 일부는 인센티브를 기반으로 한 경제적 수단의 태생적인 한계에서 비롯된다. 전자의 경우 탄소 시장에서 결정된 가격이 지나치게 낮을 뿐만 아니라 안정적이기 못하기 때문에 주요 온실가스 배출 기관들이 탄소 저감 기술을 채택하도록 유도할 만큼 충분한 가격 신호를 제공하지 못하고 있는 실정이다. 후자의 경우 탄소 시장에서 제공되는 인센티브가 '불분명'하기 때문이다. 이러한 불명확성은 시장의 불완전성을 수반한다. 구체적으로 이산화탄소 배출자는 감시, 집행, 정보의 비대칭성 같은 문제로 인해 가격 신호에 대한 반응이 제약될 수밖에 없다. 게다가 심각한 경우에는 사기, 투기, 지대 추구 같은 더 나쁜 상황이 벌어질 수도 있다(OECD, 2009: 20~21).[8]

하지만 여기에서 언급한 시장의 불완전성보다 더 심각하고 근본적인 문제가 있다. OECD가 지적한 것처럼 "탄소 가격의 책정은 기후변화 완화에 관한 연구 개발을 약화시키는 시장 실패 문제를 해결하지 못한다. 여기서 말하는 시장 실패 문제란, 현존하는 사회 기반 시설과 지적재산권의 보호가 양립할 수 없는 것을 의미한다". 게다가 배출권 거래 같은 시장 메커니즘은 단기간에 저탄소 기술의 개발 및 보급에 그다지 큰 영향을 미치지 못한다는 문제도 안고 있다(Sims, 2009: ch. 4).

정책적인 접근 방식뿐 아니라 기반 시설의 변화도 중요한 문제다. 특히 지능형 전력망(smart grid)[9]에 대해 살펴볼 필요가 있다. 최근의 지능형 전력망은 정부가 재정을 지원하는 다양한 연구·개발 프로젝트뿐 아니라 각종 저탄소 기술에 대한 투자를 촉진시키는 역할을 하고 있다.[10] 마찬가지로 재생가능에너지와

제기하고 있다. 즉, 에너지세가 사회적으로 필요하기는 하지만 충분하지 않다는 사실을 정확히 보여주고 있다(Schmidt et al., 2011).

8   색스는 효과적인 시장 메커니즘이 다음과 같은 태생적인 문제를 내포하고 있다고 주장한다. 즉, 시장의 가격 신호는 주인 - 대리인 문제, 에너지 설비 제품의 구매에 반영되는 높은 할인율 문제, 소비자의 기기 이용 및 에너지 가격과 관련된 정보 부족, 효율적인 수단에 투자하게 만드는 인센티브의 결핍 같은 문제를 지니고 있다는 것이다(Sachs, 2009).

9   기존의 전력망에 정보 통신 기술을 접목함으로써 전력의 공급자와 소비자가 양방향으로 정보를 교환해 에너지 효율을 최적화시키는 시스템을 가리킨다. _옮긴이

관련한 기술과 지식재산권의 구축은 저탄소 기술의 개발을 독려할 뿐 아니라 제3세계로의 기술 이전도 용이하게 만들 것이다.

재정적 인센티브

재정적 수단이란 "재무적 특성을 지닌 모든 경제적 수단 또는 환경적으로 유해한 활동을 더욱 깨끗하고 지속가능한 대안으로 변화시키기 위한 직접적인 보조금"으로 정의된다(Kosonen and Nicodème, 2009: 2). 따라서 재정적 인센티브는 친환경적인 경제활동을 고취시키는 방향으로 사용되며, 소비 및 생산 과정에 소요되는 전체적 또는 부분적 비용을 지원하는 방식으로 이용된다. 결과적으로 재정적 수단은 공유재나 비시장 재화에 대해 재산권을 부여하기보다는 가격을 설정함으로써 외부 효과를 내부화시키는 방식이라고 할 수 있다.[11] 그렇지만 재산권에 기반을 둔 정책 수단과 마찬가지로, 재정적 수단도 기업이 외부의 간섭 없이 자신의 에너지 소비 행태를 자발적으로 조절하도록 유도하기 때문에 전통적인 규제 방식에 비해 이점이 있다고 평가된다. 게다가 이런 방식은 가장 적은 비용으로 탄소 배출을 줄일 수 있는 정책 수단이기도 하다. 따라서 재정적인 정책수단은 적어도 이론적으로는 에너지 정책의 목표를 달성할 수 있는 효율적인 수단이라고 할 수 있다. 여기서 말하는 재정적 수단의 유형은 크게 조세와 보조금으로 구분된다.

앞서 언급한 바와 같이 세금 공제나 기타 유사한 인센티브 제공 방식은 초기 비용이 높을 뿐 아니라 장기적 관점에서 수익이 불확실한 신기술에 관한 사업을 시행하는 데 매우 중요한 역할을 한다. 예를 들면, 미국은 2009년에 '경제 회복

---

10 그렇지만 알디와 파이저는 지능형 전력망의 연구 개발로 인한 편익이 혁신자가 누리기에는 충분하지 않을 것이라고 설명한 바 있다(Aldy and Pizer, 2008: 21).

11 예를 들면, 재산권을 부여하는 방식은 배출거래제와 관련 있다. 즉, 탄소에 대한 재산권으로 인해 관련 기업은 법적 권리를 가지고 자신이 배출하는 탄소에 대해 책임을 질 뿐만 아니라 배출량을 줄여야 하는 동기를 확보한다.

및 재투자법(American Recovery and Reinvestment)'을 제정한 이래 지속가능한 에너지 정책을 진작시키기 위한 용도로 세금 공제를 실시하고 있다. 이에 따라 주택 소유자가 건물의 에너지 효율을 개선할 경우에는 주거용 에너지 자산 크레디트를 부여하고 있으며, 대체에너지 설비를 설치한 경우에는 주거용 에너지 효율 자산 크레디트를 부여하고 있다. 마찬가지로 인도에서는 소수력발전과 바이오매스의 가격을 낮추기 위해 재생가능에너지 프로젝트에 세금을 특별히 감면해주는 방식으로 재생가능에너지의 보급을 촉진시키고 있다.[12]

세금 공제나 감면 같은 혜택은 조명 및 난방 기기를 포함한 가전제품의 에너지 효율 개선 사업에도 이용될 수 있다. 왜냐하면 이런 제품의 에너지 효율 개선을 통해 얻을 수 있는 사회적 이득이 매우 크기 때문이다. 예를 들어, 이탈리아의 소비자는 고효율 냉장고를 구입할 때 세금 공제를 받을 수 있으며, 프랑스에서는 컨덴싱 보일러[13]를 구입하는 사람도 세금 공제 혜택을 받을 수 있다(Kosonen and Nicodème, 2009: 22).

한편으로 재정적 인센티브는 재생가능에너지를 이용하는 냉난방 제품의 개발을 촉진시키는 데에도 이용된다. 물론 앞에서 언급한 이탈리아와 프랑스의 사례처럼 재정적 인센티브는 소비 과정에 이용될 경우 매우 효과적이지만, 제품 개발에서도 효과적인 정책 수단으로 간주되고 있다. 재정적 인센티브 가운데 효과적인 정책 수단으로는 보조금, 세금 공제, 자본금 환급, 변동 소비율, 생산 인센티브 등이 있다(IPCC, 2011: section 11.5.5.1).

이보다 덜 일반적인 재정적 수단으로는 화석연료에 대한 세금이 있다. 인도와 일본에서는 전력 생산에 사용되는 화석연료에 세금을 부과하고 있으며, 영국에서는 '기후변화세(Climate Change Levy)'와 같이 발전 기술별로 차등 전기세를 도입한 상태다. 기후변화세는 비주거용 전기 사용자에게 부과되며, 재생가능에너지를 기반으로 한 전기를 사용하는 경우에는 세금을 공제해주고 있다.

---

12 UN 총회의 2011년 자료를 참고할 수 있다.
13 보일러 외부로 빠져나가는 수증기 형태의 잠열을 회수해서 다시 온수 가열에 활용하는 방식이다. 일반 보일러와 비교해 10~15% 정도 효율이 개선되는 효과가 있다. _옮긴이

반면 수요 관리 부문의 재정적 정책 수단에 대한 자료나 사례는 상대적으로 적다. 실제로 에너지의 수요 관리 정책은 독일이나 영국 같은 몇몇 예외적인 사례를 제외하면 선진국에서조차 관심을 받지 못하고 있다(Productivity Commission, 2011: 98~99).

앞서 언급한 경제적 수단들을 평가할 때에는 이론과 실제를 반드시 구분해야 한다. 그리고 시장의 불완전성이 재정 수단의 효과적인 작동을 얼마나 방해하는지도 정확히 알고 있어야 한다. 예를 들면, IEA는 재생가능에너지의 보급과 관련해 다음과 같은 문제를 지적한 바 있다(IEA, 2010a; IEA, 2011b; Productivity Commission, 2011). 첫째, 소비자가 전자 기기를 구입할 때 해당 제품의 에너지 효율에 관한 정보를 제대로 획득하기 어렵다는 '불완전 정보의 문제'다. 둘째, 냉장고를 포함한 각종 전자제품을 구비할 의무를 지닌 사람은 집주인이지만, 정작 고효율 제품으로 인해 전기료 절약의 혜택을 누리는 주체는 세입자라는 모순, 즉 '주인 – 대리인의 문제'다. 셋째, 소비자의 선택이 경제적으로 합리적이지 않은 경우가 있다는 '행위 실패의 문제'다.

물론 이런 문제들은 상황에 따라 심각성의 정도가 다르며, 때로는 극복 가능하거나 해소될 수 있는 여지가 상당히 많다. 예를 들어, 직접적인 규제를 통해 상품의 정보 표시를 강제함으로써 '불완전 정보의 문제'를 해결할 수 있다. 마찬가지로 이런 장애 요인들이 심각한 수준일 경우에는 규제 같은 정책 수단이 더욱 적절한 방안으로 고려된다. 특히 건물의 에너지 효율 개선에 관한 문제에서는 특히 그러하다.

한편으로 보조금은 재정적 유인책 가운데 두 번째로 중요한 정책 수단이다. 일부 환경경제학자들은 보조금 도입에 반대한다. 이들은 보조금이 '외부성의 내부화'를 막는다는 면에서 비효율적일 뿐만 아니라 정부의 세입까지 줄이기 때문에 바람직하지 않다고 주장한다. 반면 재무부는 보조금의 혜택을 받을 수 있는 제품을 분류하기가 쉽지 않을 뿐 아니라 더 바람직한 해결책을 모색하는 기술 개발을 저해할 가능성이 있다는 이유로 보조금에 반대하고 있다.

그럼에도 불완전 정보, 자본의 결핍, 기술의 공공재적 특성 등으로 인해 보조금은 나름대로 의미 있는 정책 수단으로 여겨진다. 결과적으로 "친환경적인 기술·기법·제품의 보급과 생산에 대한 투자가 충분히 이뤄지지 않고 시장 실패가 만연한다면 이 같은 기술과 제품의 개발 및 이용을 장려하기 위해 정부의 보조금이 필요하다"라는 주장이 제기될 수밖에 없다(Pearson, 2000: 162). 따라서 바람직한 목표하에서 적절히 설계된 보조금은 에너지의 효율성을 향상시키는 데 효과적일 수 있으며, 저탄소 기술의 발전에도 도움이 될 것이다(IPCC, 2011: ch. 11).

실제로 많은 국가에서 재생가능에너지에 보조금을 지급하고 있다. 즉, 풍력 같은 대규모의 재생가능에너지 발전 시설에서부터 태양광 전지를 이용하는 가정이나 중소기업의 소규모 프로젝트에 이르기까지 여러 사업에 다양한 목적으로 보조금이 지급되고 있다. 이러한 보조금은 발전차액지원제 같은 재정적 인센티브와 함께 중복 지급되기도 한다(Productivity Commission, 2011: 26). 물론 보조금과 세금 공제가 비용에 비해 사회적 편익이 큰 효과적인 방식이라는 사실이 증명되었지만, 이와 같은 효과가 모든 영역에서 동일하게 나타나지 않을 뿐만 아니라 특정 상황과 기술에 한해서만 비용 대비 효과적이라는 사실에 주목할 필요가 있다(Kosonen and Nicodème, 2009: 25). 예를 들면, 태양광 전지에 대한 보조금은 다른 탄소 배출 저감 방식에 비해 상대적으로 비용이 많이 소요된다는 단점이 있다(Productivity Commission, 2011: 80).

보조금은 에너지 효율 개선 사업에도 이용 가능하다. 예를 들어, 미국 정부는 2009년 7월과 8월에 노후 차량 보상 프로그램(cash-for-clunkers)[14]이라고 불리는 '신차 구매 지원제(Car Allowance Rebate System)'를 통해 노후 차량을 연비가 좋고 효율이 높은 신차로 바꾸는 소비자들에게 30억 달러의 보조금을 지급한 바 있다(Sivak and Shoettle, 2009; Yacobucci and Canis, 2010).

중국도 이와 유사한 보조금을 통해 에너지 효율을 비약적으로 개선했다. 실제

---

14 노후 차량 보상 프로그램은 기존의 낡은 차량을 탄소배출권과 교환해주거나 연비가 높은 신형 차량에 할인 혜택을 부여하는 정부 지원 프로그램을 가리키는 신조어다. 이는 1990년대에 처음 만들어졌다가 2009년에 다시 등장한 정책 수단이다. _옮긴이

로 중국은 2010년에 '제11차 5개년 계획'을 종결하면서 1인당 GDP 대비 에너지 소비를 19.6%나 감축했으며, '제12차 5개년 계획'에서도 야심찬 목표를 설정한 상태다. 최근의 연구에 따르면, 중국의 에너지 효율 개선 정책은 '텐 키(Ten Key) 프로젝트'를 포함한 보조금과 관련 있다고 한다(Zhou et al., 2010). 즉, 텐 키 프로젝트는 대규모의 에너지 효율 개선 사업에 투자하는 기업과 지방정부에 재정적인 인센티브를 제공하는 프로그램이다. 이 프로그램의 참가자는 정부의 감독하에 초기 설비 투자비용의 60%를 보조금으로 지급받으며, 나머지 40%는 에너지 절약 목표를 달성한 뒤 이를 확인받은 후 지급받는다(World Resource Institute, 2009: 2). 이 프로젝트의 네 가지 주요 사업은 석탄 보일러의 개조, 지역 단위의 열병합발전, 석유의 보존 및 대체, 건물 에너지의 효율 개선 관련 사업이다. 중국 국가발전개혁위원회(National Development and Reform Commission: NDRC)에 따르면 이 프로그램만으로 '제11차 5개년 계획'의 에너지 효율 목표 가운데 40%가량을 달성할 수 있었다고 한다(NDRC, 2004). 그렇지만 텐 키 프로젝트 같은 대규모의 보조금 사업이 개발도상국 이외의 지역에서도 비용·편익 분석 과정을 무사히 통과할 수 있을지 의문이다.

게다가 에너지 효율 개선 관련 보조금과 재생가능에너지 보조금이 중복되는 문제도 있다. 앞에서 살펴본 바와 같이 어떤 종류의 보조금은 지급의 정당성을 확보하고 있지만, 반대로 그렇지 않은 경우가 거의 대부분이다. 실제로 2009년 한 해 동안 화석연료에 숨겨진 보조금 같은 불필요한 재정을 지출함으로써 3120억 달러나 되는 낭비적인 추가 소비를 유발한 것으로 추정된다(IEA, 2010b). 이로 인해 G20을 포함한 여러 국가에서는 지속가능한 에너지로 정책을 개선하기 위해서는 이러한 나쁜 보조금을 완전히 철폐하거나 제거하는 것이 급선무라고 주장하고 있다. 왜냐하면 이러한 보조금의 철폐가 에너지 안보를 강화시키고 온실가스 배출과 대기오염을 줄이며 경제적인 이익을 가져올 것이기 때문이다(IEA, 2010b: 13).

그렇다면 재정적 인센티브의 다양한 비용과 편익을 어떻게 평가할 수 있을 것인가? 유럽위원회의 2008년도 연구는 에너지 효율의 관점에서 실시된 조사

가운데 가장 포괄적인 연구라고 할 수 있다(Bio Intelligence Service, 2008). 코소넨과 니코뎀은 EU의 4개 회원국을 대상으로 네 가지 종류의 제품에 대한 연구를 실시한 후 다음과 같은 결론을 도출한 바 있다. 첫째, 에너지 관련 증세는 상당한 이윤과 세수를 유발해 편익이 비용을 초과하기 때문에 경제학적인 관점에서 에너지 효율성을 향상시키는 효율적인 방식이라고 할 수 있다. 둘째, 보조금은 경우에 따라 에너지세보다 더 많은 에너지를 절약할 수도 있다. 셋째, 반대로 제조업자에 대한 세금 공제는 상당한 비용만 유발하는 정책일 수 있다(Kosonen and Nicodème, 2009).

재생가능에너지에 대한 평가는 더 어려울 수 있다. 왜냐하면 "투자 보조금, 리베이트, 조세 감면 같은 지원 수단들은 대부분 보조적인 정책 수단으로 이용되어 측정이 어렵기" 때문이다(IPCC, 2011: 40). UN의 IPCC가 지적하듯이 "세금을 재원으로 하는 인센티브 제도에 크게 의존하는 국가는 풍력 및 바이오가스의 시장이 불안정하거나 불충분하다는 문제를 겪고 있다. 게다가 세금 공제 효과가 큰 국가는 일반적으로 수익성이 높은데, 이런 나라에서는 납세의 의무를 지닌 민간 기업들이 이러한 혜택을 충분히 활용하고 있다"(IPCC, 2011: 40).

정리하자면, 재정적 수단은 명령·지시적이거나 처방적이지 않은 인센티브 방식이기 때문에 규제보다 훨씬 효율적이라는 장점을 지니고 있다. 게다가 재정적 수단은 정부의 세입을 증대시킬 수 있으며, 세입의 증가분은 연구·개발에 활용될 수 있고 다른 영역에서 발생하는 왜곡된 조세 문제를 해소하는 데에도 이용될 수 있다. 이후에 다시 살펴보겠지만 재정적 수단은 불완전 정보나 시장 실패를 시정하는 다른 정책 수단들과 결합될 때 가장 효과적이다. 이와 관련해서는 이 장의 결론에서 다시 다룰 것이다.

공공 재정 메커니즘

공공 재정 메커니즘은 '금전적 이익이 발생할 것으로 예상되는 대출 및 자본에 대한 공적 지원'과 관련이 있다. 이는 또한 재무적인 책임이 발생하는 보증금에 대한 공적 지원과도 관련이 있다(IPCC, 2011: 883). 예를 들어, 저금리 융자나 무이자 대출 같은 우대 제도는 채무 불이행에 대한 위험을 정부가 부담함으로써 친환경 전력 기술에 대한 자본금 조달을 지원하는 역할을 한다(Productivity Commission, 2011: 26). 기타 공공 재정 메커니즘으로는 재생가능한 기술 제품을 구매할 때 혜택을 제공하는 공공 조달 정책, 재생가능에너지 소유주에게 자금 조달을 지원하는 투자 정책 등이 있다. UN환경계획(United Nations Environment Program: UNEP)은 공공 재정 영역에서 활용 가능한 각종 정책 수단을 포괄적으로 분류한 바 있다(UNDP, 2008: part II).

정부의 채권 금융은 '소프트론 또는 연화차관'이라고 불리는데, 대출 조건이 까다롭지 않기 때문에 민간 채권 금융보다 훨씬 유리한 조건의 채권이다. 이런 연화차관은 대표적인 공공 재정 메커니즘의 방식이라고 할 수 있다(IEA, 2007: 64~65; IPCC, 2011: 893). 그 밖에도 다양한 종류의 금융 혜택이 선진국과 개발도상국에서 제공되고 있다. 이런 정책들은 인도의 사례와 마찬가지로 태양광 전력 업체가 분산형 독립 배전망을 이용해서 전력을 공급할 경우 낮은 금리로 자금을 대출해주는 방식의 미시적 차원에서도 시행될 수 있다. 한편으로는 브라질의 사례에서처럼 풍력, 소수력, 바이오매스에 대해 금융 혜택을 부여하는 등 중범위 수준에서도 도입될 수 있다(Productivity Commission, 2011: 26). 그리고 거시적인 차원에서 정부 당국이 제공하는 채권 금융의 효과는 대규모 자금의 가용성 여부에 따라 달라질 수 있다.

공공 재정은 재생가능에너지와 관련된 기술을 장려한다는 측면에서 특히 중요성을 갖는다. 왜냐하면 이런 기술은 재정적인 위험성을 고려했을 때 상업적인 자금 조달이 어려울 수 있기 때문이다. 따라서 공공 재정 메커니즘은 재정적인 유동성을 높이고 외부 자금을 유치하기 위한 상업적 투자에서 중요한 역할을 수행한다. 마찬가지로 재생가능에너지와 관련된 기술을 위한 시장을 조성하고 이러한 시장의 지속적이고 상업적인 운영이 가능하도록 지원하는 데에도 기여할 수 있을 것이다(IPCC, 2011: 892). 그렇다면 공공 재정의 투입은 지구온난화에 대응하기 위해 평균 기온의 상승폭을 2도 이내로 제한하고 온실가스 배출을 줄이는 과정에 반드시 필요하다고 할 수 있다. IPCC의 2011년 보고서에 따르면, 개발도상국에서의 상업적 금융은 아직까지 미성숙한 단계로, 재생가능에너지에 대한 재정 지원 체계가 제대로 갖춰져 있지 않은 상태다. 따라서 이들 국가에서는 공공 재정 메커니즘이 가지는 의미가 선진국에 비해 훨씬 크다고 할 수 있다.

공적 지원 체계가 확립되지 않은 상황에서 공공 재정 메커니즘의 유형 및 구조는 온실가스 감축 프로젝트에 자금을 지원할 수 있는 민간 기관의 능력에 따라 달라질 수밖에 없다. 그런데 여기서 말하는 공적 지원이란 국가적인 차원의 정부가 아니라 세계은행을 포함한 초국가적 또는 국제적인 개발 기구의 지원을 의미한다(IPCC, 2011: 893; UNEP, 2008). 따라서 공공 재정 메커니즘은 민간 부문의 능력을 고양시키는 데에도 가장 효율적인 수단이다. 실제로 UN환경계획은 공공 재정 메커니즘에 대한 평가를 통해 공공 금융 지원 정책을 제대로 구축한다면 파급효과가 상당히 클 것이라 설명한 바 있다(UNEP, 2008: 6).

다만 금융시장의 발전 수준이 낮은 국가는 재생가능에너지 보급 사업에 대한 대규모 자금 지원을 상업 금융 기관에 의존하는 경향이 있다. 이와 관련해 UN환경계획은 태국을 대표적인 사례로 언급하고 있다(UNEP, 2012: 27). 태국 정부는 '에너지효율개선회전기금(Energy Efficiency Revolving Fund: EERF)'을 조성함으로써 민간 은행들이 재량권을 갖고 가치 있는 사업에 대출을 하도록 지시했다. 물론 원금의 일부는 국고로 상환하는 대신 나머지 부분에 대해서는 후속 사업에 이용할 수 있도록 허가해주었다(APEC, 2005).

이처럼 정책 수단의 범위는 민간 영역의 취약성에 따라 결정될 수밖에 없다. 예를 들면, 정부는 연구 개발을 장려하기 위해 민간의 벤처 자금이나 재정에 관여하기도 한다. 한편으로 민간 부문에 전문성이 부족할 경우에는 시장의 주요 행위자들에게 기술을 직접 지원해주기도 한다.

물론 공공 재정 메커니즘을 평가하기란 쉽지 않은 일이다. 이와 관련해 UN환경계획은 2011년 '청정에너지 공공 재정 메커니즘에 관한 평가 보고서(Irbaris and Climate Bonds Initiative)'를 통해 각종 공공 재정 메커니즘의 성과뿐 아니라 상이한 조건과 정책적 맥락하에서 지속가능성을 평가하는 방법론을 제시한 바 있다. 이 보고서에 따르면, 정부의 청정에너지 정책, 규제 프레임, 투자 환경이 가장 핵심적인 변수라고 한다.

규제

이론적으로 규제는 시장 메커니즘에 비해 덜 유연하고 덜 효율적이다. 그렇지만 실제로는 그렇지 않은 경우도 존재한다. 왜냐하면 앞서 언급한 것처럼 현실에서는 시장 실패와 시장 기능의 약화로 인해 시장 메커니즘의 장점이 제대로 발현되지 못하는 경우가 비일비재하기 때문이다.

경제적 수단과 대비되는 규제의 상대적인 효과성과 효율성은 규제 대상의 특성과 정부의 집행 능력에 따라 달라진다. 중국은 계획 국가이기 때문에 저탄소 기술의 개발과 보급 확대라는 목표를 달성하기 위해 규제라는 정책 수단을 주로 채택하는 경향이 있다. 예를 들면, '제11차 5개년 계획'에는 에너지 집약도 목표에 관한 규제로 비효율적인 산업 부문의 폐쇄를 요구하는 대책이 포함되기도 했다.[15]

이때 저탄소 경제로 전환되는 과정에는 다양한 방식의 규제가 이용될 수 있다. 다음 절에서는 이 가운데 중요한 규제 정책을 다루되 모든 정책을 다룰 수는 없으므로, 기술 기준과 성과 기준이라는 전통적인 분류 체계를 이용해서 많은 국가에서 성공적이라고 여겨지는 규제적 방식의 주요 에너지 정책 수단을 살펴볼 것이다.

기술 기준과 성과 기준

기술 기준은 정부가 특정한 장비, 과정, 절차를 요하는 방식의 규제다. 반면

---

15 그렇지만 11차 계획에서는 정책의 효율성을 높이기 위해 석탄을 이용한 화력발전에 세금 인상 등의 경제적 유인책을 도입한 사례들도 존재한다. 게다가 최근 들어서는 이런 경제적 유인책의 중요성이 점차 커지고 있다(Watson et al., 2011: 52).

성과 기준은 '허용되는 오염 물질의 배출량을 제시하기는 하지만 해당 기준을 달성하기 위한 수단에 대해서는 피규제 집단에 재량을 부여하는 방식'이다. 따라서 성과 기준은 다양한 이유로 기술 기준에 비해 더 바람직한 방식으로 여겨지고 있다. 즉, 성과 기준은 달성해야 하는 목표치만 제시할 뿐 이를 달성하기 위한 방법은 제시하지 않기 때문에 더 유연한 방식이라 할 수 있다.

특히 성과 기준은 최저 에너지 효율 기준을 충족시키지 못한 제품 등 비효율적인 재화를 시장에서 제거하고 효율적인 첨단기술을 장려함으로써 결과적으로 에너지 수요를 억제시킬 수 있는 것으로 기대된다. 캘리포니아 주는 '모든 제품에 성과 기준을 집요하게 적용함으로써 에너지 효율을 달성한 모범적인 사례'로 평가받고 있으며, 특히 에너지 저소비 전자제품과 건물에서 두드러진 성과를 보여주고 있다. 이와 유사하게 미국의 다른 주에서도 신규 발전소에 온실가스 배출량의 집약도 한계치를 제시한 바 있다.[16]

게다가 성과 기준 규제는 앞에서 언급한 바와 같이 경제적 수단의 효율성을 심각하게 저해하는 문제들, 즉 주인 - 대리인 문제, 정보의 비대칭성, 제한된 합리성 같은 문제를 시정하는 데에도 효과적인 것으로 평가받고 있다. 예를 들어 신축 건물과 관련해 에너지 효율성 기준을 제시하는 건축법이 많은 국가에서 도입되었는데, 이를 통해 에너지 효율이 상당한 수준으로 개선된 것으로 추정된다 (Stern, 2006: 382). 반면 경제적 수단은 주인 - 대리인 문제로 인해 성과 기준 규제만큼 효과적이지는 않은 것으로 알려져 있다.

기술 기준 규제는 경직적인 특성을 지니고 있음에도 불구하고 여러 나라의 에너지 정책에 도입되어 좋은 결과를 가져왔다. 예를 들면, 발전소, 생산자, 소비자에게 재생가능에너지 목표를 달성하도록 요구하는 신재생에너지 의무할당제 (Renewable Portfolio Standard: RPS)는 성과 기준의 형태를 지니고 있긴 하지만 신재생에너지 보급 정책에서 목표를 어떻게 달성할 것인지를 구체적으로 제시하는 형태로 활용되는 경우가 많다.

---

16 발간 예정인 Andy and Stavins의 자료를 참고할 수 있다.

물론 재생가능에너지 목표와 관련해 발전 사업자에게 일정량 이상의 재생가능에너지 기술을 의무적으로 이용하도록 규제하는 정책은 매우 흔한 기술 기준 방식이다. 이러한 의무 규정을 설정한 나라는 호주, 독일, 영국, 일본, 한국 등 상당수다. 미국의 경우에도 41개 주에서 재생가능에너지 목표에 관한 의무 규정을 두고 있다(Productivity Commission, 2011: xviii). 영국은 신규 석탄 화력발전소에 대해 탄소 포집을 위한 설비를 반드시 갖추도록 규정하고 있는데, 이 역시 기술 기준 규제가 적용된 사례라고 할 수 있다. 그리고 어떤 건축법은 에너지 효율과 더불어 투자 효율성이라는 측면에서 특정 재생가능에너지의 도입을 강제하기도 한다.

기술 기준 규제가 비효율적이라는 주류 경제학의 전통적인 견해는 상당히 과장되었을 뿐만 아니라 현실과 대단히 다르다는 사실이 여러 가지 사례를 통해 밝혀진 바 있다(Latin, 1984: 1271). 경우에 따라서는 기술 기준 규제의 도입이 첨단기술의 보급에 일조하기도 한다(Gunningham et al., 2003: ch. 3). 그렇지만 기술 기준 규제는 전반적으로 기술 발전을 둔화시키는 경향이 있다. 특히 개발도상국에서는 기후변화 문제를 완화시키는 과정에서 "저렴하지만 깨끗하지 못한 기술"이 채택될 가능성이 크다.[17]

발전차액지원제와 의무할당제

어떤 에너지 정책은 다른 정책에 비해 더 효과적인 것으로 알려져 있다. 그렇지만 이러한 주장의 사실 여부는 현실에서 수많은 시행착오를 거친 뒤에야 확인할 수가 있다. 이와 관련해서 재생가능에너지의 보급을 확대하기 위해 의무할당제와 발전차액지원제 가운데 어떤 정책을 선택할 것인지에 대한 논의가 지금까지도 계속되고 있다(Lauber, 2005). 흔히 전자는 선진국에서 주로 채택하는 방식

---

17 인도네시아는 이에 관한 대표적인 사례라 할 수 있다. 인도네시아 사례에 대한 더 많은 자료는 PT Media(2008)를 참고할 수 있다.

이다. 여기서 '거래 가능한 증서'란 발전소에서 생산된 재생가능한 전력 한 단위당 제공되는 인증서를 가리킨다. 이때 해당 발전소와 전력업체는 재생가능한 전력이라는 정책 목표를 달성하기 위해 거래 가능한 증서를 구매해야 하는 의무를 지닌다. 따라서 재생가능한 전기의 생산자는 자신들의 거래 가능한 증서를 시장에서 다른 발전사와 전력업자에게 적당한 가격으로 판매해 추가적인 보조금을 얻을 수 있다(Productivity Commission, 2011: 23).

그렇지만 이와 대조적으로 재생가능에너지 기술에 대한 투자 증진이라는 동일한 목표를 가진 발전차액지원제는 풍력이나 바이오가스 같은 대규모 재생가능에너지 생산자뿐 아니라 가정용 태양광 전지 같은 소규모 사업자도 보장된 금액을 받을 수 있도록 지원하는 방식이다. 발전차액지원제는 재생가능에너지 기술별로 생산 비용을 반영해 가격을 설정해줌으로써 필요한 인센티브를 충분히 제공하는 것을 목표로 한다. 그리고 이를 바탕으로 재생가능에너지 생산자에게 생산 비용에 기초해 보상함으로써 이들의 장기적인 투자가 수익성을 확보할 수 있도록 안정성을 제공하는 것이 궁극적인 목표라고 할 수 있다. 이러한 지원 방식은 독일, 일본, 한국, 영국 같은 많은 국가에서 채택되고 있다.[18] 중국과 인도 역시 중앙정부와 지방정부 차원에서 발전차액지원제를 운영하고 있다(Productivity Commission, 2011: 25).

반면 일반적인 통념과 달리 의무할당제가 신재생에너지의 가격을 높이고 역동적인 효율성을 떨어뜨려 재생가능에너지의 보급과 혁신이 제대로 이뤄지지 못하고 있다는 증거들이 여러 차례 제기되었다(Lauber, 2006). 이로 인해 의무할당제보다 발전차액지원제가 더 나은 대안으로 여겨지게 되었다. 특히 독일에서는 발전차액지원제가 풍력, 태양, 바이오매스에 대한 투자 활성화와 각종 재생가능에너지의 보급 증가에 중요한 역할을 담당한 것으로 평가받고 있다.[19] 물론

---

[18] 한국의 경우 발전차액지원제가 2001년 10월 도입되었지만, 신재생에너지 의무할당제가 새로 도입되면서 이 제도는 2011년 이후 폐지된 상태다. 그렇지만 환경단체와 몇몇 지방정부를 중심으로 소규모 신재생에너지원에 한해 발전차액지원제를 다시 도입해야 한다는 주장이 제기되면서 여전히 논란이 되고 있다. _옮긴이

독일이 발전차액지원제만으로 우수한 성과를 이룬 것은 아니다. 그럼에도 IPCC의 2011년 보고서는 발전차액지원제가 국가 차원에서 재생가능에너지의 발전 용량을 급격히 증가시킬 수 있었으며, 이것이 재생가능에너지를 활성화시키는데 핵심적인 정책이었다고 설명한 바 있다(IPCC, 2011: ch. 11).[20]

그렇다고 발전차액지원제의 성공이 보장되는 것은 아니다. 즉, 효과성 측면에서는 성공적일 수 있지만 효율성이라는 측면에서는 성공적이라고 말하기 어려울지 모른다.[21] 다만 발전차액지원제를 성공으로 이끈 요소로는 "장기간에 걸친 고정 가격 및 프리미엄, 전력망의 연결, 재생가능한 전기의 구매 보장" 등을 들 수 있다(IPCC, 2011: 23). 반면 태양광의 발전 비용이 급격히 하락하자 발전차액지원제의 입지가 점차 줄어들었다. 물론 이로 인해 발전차액지원제가 완전히 철폐되지는 않았으나 적어도 한시적으로는 영향을 받을 수 있을 것이다.

게다가 "발전차액지원제는 재생가능에너지 믹스의 최저 비용보다 높은 가격에 지원금이 설정될 수 있으며, 이로 인해 재생가능한 특정 전기를 공급하기 위해 필요한 자원 비용이 의무할당제를 선택했을 때보다 높을 수밖에 없을 것으로 추정된다"(Productivity Commission, 2011: 81). 이런 이유 때문에 의무할당제를 선호하는 주장이 제기되고 있는 것이다.

기타 규제

앞에서 언급한 규제 수단은 저탄소 정책에서 가장 보편적으로 이용되는 정책들이다. 반면 소규모로 몇몇 국가에 한하긴 했지만 그 밖의 성공적인 정책 수단

---

19 그렇지만 독일처럼 재생가능에너지 보급을 확대하기 위해서는 전력망의 확충, 재생가능 전기 구매 시 우선순위 부여, 전력 생산 비용에 적정 보수를 부가한 개별 기준가격 설정이라는 정책이 수반되어야 한다(UN, 2009: 60).

20 IPCC는 발전차액지원제가 재생가능한 전기의 보급에 효과적·효율적이라는 사실을 명시하고 있다(IPCC, 2011).

21 예를 들면 독일의 발전차액지원제는 상대적으로 비싼 편이며 다른 나라로의 탄소 누출(carbon leakage)을 유발시켰다는 의심도 받고 있다(Traber and Kemfert, 2011: 33~41).

도 다수 있었다. 예를 들면, 중국은 소규모 산업을 대규모 산업으로 대체(Large Substitute for Small)한다는 정책에 의거해 에너지 비효율적인 소형 화력발전소를 폐쇄하고 효율적인 대형 발전소의 건립을 독려하고 있다. 이 정책은 경제적인 측면에서 효과적이며 발전 비용과 탄소 배출량을 줄이고 환경 목표도 달성한 것으로 평가받는다.

'정보 표시제'도 중요한 역할을 했는데, 이는 정부가 직접 개입하는 방식이 아니라 관련 정보를 제공하도록 규제하는 방식이다. 이러한 접근 방식은 여론과 인센티브를 이용함으로써 에너지 효율을 더욱 향상시키는 규제 수단이라 할 수 있다. 즉, 탄소 정책이라는 측면에서 에너지 성능에 따라 제품에 라벨을 붙이거나 인증을 하는 방법이 대표적인 사례다. 이런 표시제는 해당 제품의 에너지 소비와 관련된 정보를 제공함으로써 제품 사용으로 인한 비용과 편익을 수치로 보여줄 수 있다는 장점이 있기 때문에 많은 국가에서 채택되고 있다. 이 제도는 해당 제품에 대한 인증 및 경고 라벨을 부착하는 방식뿐만 아니라 소비자에게 에너지 소비·비용·속성을 비교할 수 있는 정보를 제공하는 방식으로도 설계될 수 있다. 환경·안전 기준을 지킨 제품임을 보증하는 '에코 라벨', 즉 친환경 제품 인증이 가장 보편적인 형태다.

이러한 정책 수단은 이제 탄소 저감 정책을 뛰어넘어 지속가능한 에너지 정책을 뒷받침하는 핵심적인 역할을 하고 있다. 한편으로 규제는 원자력이나 탄소 포집 및 저장의 실행 가능성을 높이는 데에도 간접적이기는 하지만 중요한 역할을 담당하고 있다.

저탄소 경제의 또 다른 특징은 전력 생산이 중앙 집중적인 형태에서 분산화된 형태로 변할 것이라는 사실이다. 이는 단순히 몇몇 기술만으로 실현될 수 없으며, 적절한 규제 등 제도적인 뒷받침이 마련되어야 가능할 것이다(Zerriffi, 2010). 잘 설계된 전력망, 즉 재생가능에너지를 위한 지역 전력망과 독립형 전력망은 소규모 발전을 상당한 수준까지 가능하게 할 것이다. 그리고 이는 재생가능에너지를 비용 효율적으로 만들 뿐만 아니라 '지능형 전력망'의 등장을 촉구하는 계기가 될 것이다.[22] 결과적으로 이를 달성하기 위해서는 에너지 공급자와 소비자가 분산형 에너지에 참여할 수 있도록 인센티브를 제공해야 할 뿐만 아니라 재생가능에너지에 대한 전력망 접속에 우선권을 부여하는 규제 개선이 반드시 선행되어야 한다.

끝으로 EU나 캘리포니아 주처럼 환경 분야에서 선도적인 역할을 수행하는 지역의 규제는 파급효과가 대단히 크다는 사실도 반드시 언급해야 한다. 이들 지역의 시장으로 수출하려는 국가는 이 지역 정부의 요구 기준을 충족시켜야 한다. 데이비드 보겔(David Vogel)은 이것이 규제 기준을 높이는 '상향 구매(trading up)'[23]의 역할을 할 것이라고 설명한다(Vogel, 1995). 이와 같은 규제 관련 압박으로 인해 전 세계의 플라스틱, 전자제품, 장난감, 화장품, 가구 등의 제조 과정이 변화하고 있으며, 이러한 변화는 앞으로도 계속될 것으로 전망된다. 그리고 이러한 경향은 EU가 자신의 기준을 적극적으로 세계화하면서 더욱 강화될 것이며, 다양한 전자제품의 에너지 효율 기준에서도 이와 유사한 움직임이 발생할 것으로 예상된다.

결론

경제 유인적인 방식과 규제, 이 둘 중 단 하나의 정책과 수단만으로는 지속가능한 에너지라는 측면에서 항상 좋은 결과를 가져오기 어렵다. 이론상으로는 경제적 수단이 규제에 비해 탄력적이기 때문에 효율성이라는 측면에서 우위를 선점할 수 있다. 그렇지만 현실에서는 항상 그런 것만은 아니다. 때로는 시장의 불완전성으로 인해 경제적 수단보다 규제가 더 바람직할 수도 있다. 가장 적합한

---

22 지능형 전력망은 기존의 전력망에 정보 통신 기술을 접목함으로써 전력 공급자와 소비자가 정보를 실시간으로 교환할 수 있는 시스템이다. 즉, 에너지 효율을 최적화하는 차세대 전력망으로, 에너지 혁신을 촉진하는 중요한 역할을 할 것이다(Farhangi, 2010).
23 상향 구매는 중저가의 제품을 구매하던 중산층 소비자가 품질과 만족감을 높이기 위해 비교적 저렴한 명품 브랜드를 소비하는 것을 의미한다. _옮긴이

형태의 규제는 국가적 맥락에 따라 달라지며, 또한 특정 정책 수단이 항상 우월하다고 말할 수도 없다. 예를 들면, 성과 기준 규제가 기술 기준 규제에 비해 항상 우월하다고 할 수는 없다.

그럼에도 우리는 지속가능한 에너지 정책이라는 측면에서 어떤 정책이 언제 작동하는지에 대해 잘 알고 있다. 온실가스와 관련해 배출권거래제의 효과가 제도의 설계 및 집행 방식에 따라 영향을 받는 것은 사실이지만, 다른 정책 수단에 비해 상대적으로 비용 효과적이라는 것 역시 사실이다(Ellerman et al., 2010). 그렇지만 배출권거래제만으로 에너지 혁명을 이룰 수는 없다. 재생가능에너지와 관련한 목표를 달성하기 위해서는 의무할당제, 발전차액지원제, 에너지 효율 개선, 재생가능에너지의 기술 개발 및 보급 촉진을 위한 보조금 등 다양한 정책 수단 역시 매우 중요하다(IEA, 2011b).

다른 한편으로 재생가능한 소규모 전력을 생산하기 위한 몇몇 지원 정책은 상대적으로 많은 비용을 유발하기도 한다. 특히 태양광발전 시스템에 대한 보조금의 경우 지원금의 규모에 비해 효과가 미약한 것으로 알려졌다(Productivity Commission, 2011: ch. 4). 태양광 제품의 가격에 대한 공급 측면의 정책도 독일과 영국의 사례를 제외하고서는 그다지 효과가 크지 않은 편이다(Productivity Commission, 2011: ch. 6). 그렇다고 EU처럼 에너지 프로젝트에 민간 자금의 투입을 확대하기 위해 정부 자금을 이용하는 방식이 가장 우월한 정책 수단이라고 말하기에는 시기상조다.

그렇다면 다양한 정책 수단을 적절히 조합해서 사용할 경우 '단일 수단'을 이용하는 것보다 더 나은 결과를 가져올 수 있을 것이다(Buchan, 2011). 예를 들어, 소비자는 전자제품의 에너지 절약 성능에 관한 정보를 충분히 확보할 수 없는 경우가 비일비재한데 에너지 라벨링 같은 표시제를 세금 감면 방식과 함께 시행하면 고효율 기기의 보급을 증대시킬 수 있을 것이다. 이에 관한 사례로 한국은 재생가능에너지의 보급을 늘리기 위해 발전차액지원제를 이용하고 있을 뿐 아니라 재생가능에너지 제조업체에 대해 장기 대출 시 세금을 면제해주고 있다. 중국의 경우 풍력발전과 태양광 전지에 대한 발전차액지원제를 통합한 다양한 종류의 청정에너지 정책을 복합적으로 사용하고 있다. 일본도 솔라 지붕 프로그램과 관련해서 전기 요금 인하, 저금리 대출, 교육·홍보 등 여러 정책을 조합하고 있다.[24]

그렇지만 정책 수단 간 결합은 당초 의도했던 바와 반대되는 결과를 초래할 수도 있다. 호주는 재생가능에너지 목표를 달성하기 위해 중앙정부와 지방정부 차원에서 발전차액지원제를 동시에 실시한 바 있다. 그러나 결과적으로 온실가스 배출량은 줄어들지 않았으며, 재정적인 비용만 증가했다. 심지어는 '발전차액지원제를 실시하기 전보다 온실가스 배출량이 더 증가하는 결과'가 나타났다(Productivity Commission, 2011: 83).

정책을 조합하는 데 어떤 정책을 선택하는지는 개별 국가의 에너지 환경과 밀접한 관련이 있다. 여기서 말하는 에너지 환경이란 에너지 수입업자, 특정 에너지원의 이용 가능성, 기술력, 경제적 환경 등을 아우르는 포괄적인 개념이다. 한편으로 정책을 조합할 때에는 해당 국가의 정치·경제·사회적 제약뿐 아니라 정부의 정책 결정 과정도 고려할 필요가 있다.[25]

그렇지만 정부는 비용이 가장 적게 드는 대안이 아니라 상대적으로 더 많은 비용이 소요되는 대안을 선택하는 경우가 많다(Productivity Commission, 2011: 151). 예를 들어, 건축 분야는 에너지 소비를 줄일 수 있는 잠재력이 가장 높은 영역으로 알려져 있지만 스칸디나비아 국가나 독일, 프랑스 정도만 건물과 관련한 에너지 효율 목표를 달성하기 위해 자금을 투입하고 있다. 그리고 형평성 문제를 제대로 다루지 않고 있는 개발도상국에서는 에너지 효율 개선보다 에너지 빈곤 문제를 더욱 중요하게 고려해야 할 것이다.

다만 에너지 정책과 관련된 네트워크가 확대되면서 이런 상황이 어떻게 변할 것이며 정책 학습과 정책 이전이 얼마나 이뤄질지는 좀 더 지켜봐야 할 부분이다. 국제에너지규제연맹(International Confederation of Energy Regulators) 같은

---

24 2011년 UN 총회 자료를 참고할 수 있다.
25 IEA는 현행 탄소 가격하에서의 에너지 효율 개선 방안과 재생가능에너지의 정책적 보완에 관한 지침을 제공하고 있다(IEA, 2011a).

네트워크가 설립됨으로써 초국가적인 차원에서 실행 가능한 최선의 대안이 등장할 수 있는 가능성이 높아졌다. 그렇지만 이러한 가능성이 이론적 가능성을 넘어 현실에서도 발현될 수 있을지는 아직 미지수다.

게다가 정책을 조합하고서도 정책 조합이 전략적으로 실행되지 않는 경우가 빈번하다. 오히려 똑같은 프로젝트를 지지하는 여러 정부 기관이 중복됨에 따라 일관성을 상실하거나, 반대로 동일한 정부 기관 내에서 서로 다른 정책을 제시하는 경우도 있다. 예를 들면, 독일은 EU가 배출량거래제를 도입했음에도 다양한 정책 수단을 통해 재생가능한 전기에 대한 지원을 계속해서 유지하고 있다. 이는 다른 유럽 국가의 온실가스 감축 부담을 줄이고 배출권거래제의 가격을 떨어뜨리며 다른 유럽 국가의 배출을 늘리는 결과를 가져오고 있다(Traber and Kemfert, 2011).

끝으로 여전히 많은 국가가 효과적·효율적인 지속가능에너지의 발전 과정에 대해 충분한 관심을 기울이지 않고 있다. 즉, 지속가능한 에너지 체제로 전환하는 데 걸림돌이 되는 정보의 부족과 시장 실패, 기술 부족, 정부의 무능력, 불충분한 재정 등의 문제에 그다지 관심을 갖지 않는다는 점이 더 큰 문제일 수도 있다(IPCC, 2011: ch. 11).

19 재생가능에너지 통합에서 규제의 역할
EU 전력 부문

야프 얀선, 아드리안 판데르 벨레

서론

기후변화 문제가 지구상의 인류 및 동식물에게 비극적인 결과를 가져오는 상황은 불가피할 것으로 전망된다. 1992년에는 유례없이 많은 전 세계의 국가 수장들이 브라질의 리우데자네이루에서 개최된 '지구정상회담'에 참석했다. 이 회담에서는 국제적으로 가장 중요한 문제를 적절히 해결하기 위해 가장 부유한 나라가 가장 먼저 가장 큰 부담을 짊어지는 의무를 져야 한다는 결론을 내렸다. 이러한 기후변화 문제와 관련해서 EU는 야심찬 정책 목표를 채택함으로써 적극적인 자세를 취했다. 이들의 정책 목표는 2020년까지 1990년 대비 온실가스를 20% 감축하고, 최종 에너지 소비에서 재생가능에너지의 비중을 20%로 늘리며, 2020년까지 에너지 소비 전망치 대비 20%의 에너지를 절약한다는 것이었다. 유럽위원회와 일부 EU 국가는 여기서 한 걸음 더 나아가 2050년까지 온실가스 배출량을 1990년 대비 80~95% 감축한다는 목표를 설정했다. 게다가 2011년에 EU의 주요국들은 국가적·지역적으로 분산된 전력 시스템을 2014년까지 EU 전역의 단일 전력 시스템으로 통합해야 한다는 규정을 명문화했다. 유럽의 전력망이 아직까지 충분하게 연결되어 있지 않을 뿐만 아니라 회원국들의 규정과 계통 연계 기준이 상호 간에 호환되지 않는다는 점을 고려하면 이러한 목표는 사실상 달성하기 어려울 것으로 전망된다.

2011년에 유럽위원회가 발표한 '에너지 로드맵 2050(Energy Roadmap 2050)'에 따르면, 2050년까지 온실가스 감축 목표를 달성하는 데 전력 부문이 핵심적인 역할을 담당할 것이라고 한다. 즉, 2050년까지 전력 부문에서는 90~95%의 온실가스 감축이 필요할 뿐만 아니라, 최종 에너지 소비에서 전력이 차지하는 비중이 상당히 늘어날 것으로 예상된다. 교통 부문과 난방 시스템에서도 화석연료를 단계적으로 축소하기 위해서는 엄청난 규모로 전력화를 실시해야 하는 상황이다.

이러한 목표를 달성하기 위해서는 전력 믹스에서 저탄소 기술들을 적극적으로 도입해야 할 뿐만 아니라 에너지의 전환·분배·소비 과정에서 에너지 효율 개선을 상당히 진행해야 할 것이다. 풍력이나 태양력 같은 각종 재생가능에너지가 온실가스 감축에 상당히 기여할 수 있을 것이며, CCS 기술이 결합된 석탄·가스나 원자력이 나머지를 감당할 수 있을 것이다. 따라서 미래 유럽의 전력 공급에서는 재생가능에너지가 가장 큰 부분을 차지할 것으로 예상되지만, 재생가능에너지는 상대적으로 통제하기 어렵다는 문제를 지니고 있다. 게다가 전력 부문은 자본 집약적 특성을 지닐 뿐만 아니라 초기 단계에 막대한 비용이 투입되기 때문에 투자의 위험성이 높다는 문제도 안고 있다.

유럽의 에너지 정책은 세 가지 정책 목표를 가지고 있다. 첫 번째는 온실가스 배출량을 규제해 에너지로 인한 환경문제를 해결하는 것인데, 이는 유럽 에너지 정책의 목표이자 특성이다. 나머지 두 가지 주요 목표는 적절한 가격으로 공급하는 유럽 단일의 경쟁적인 에너지 시장을 구축하는 것과 에너지 안보를 확충하는 것이다.

그렇지만 EU의 이러한 세 가지 정책 목표는 가끔 충돌하는 경우가 있다. 예를 들면, EU 회원국의 정책 결정자들은 재생가능에너지를 이용한 전력 생산의 확산을 크게 장려하는 경향이 있다. 일반적으로는 이러한 재생가능에너지의 전력화가 유럽 경제의 탈탄소화에 이바지할 것으로 여겨진다. 그렇지만 전력망에 사용되는 재생가능에너지는 가격 변동성이 높을 뿐만 아니라 발전량 자체의 변동성도 급격하고 잦은데, 앞으로 이러한 상황이 크게 개선되지 않는다면 재생가능에너지는 경쟁력을 확보하기 어려울 뿐만 아니라 중단기적으로도 공급 안보에 부정적인 영향을 미칠 것으로 예상된다.

이 글에서는 EU의 전력 부문에서 재생가능에너지의 비중을 급격히 늘리려는 정책 결정자들이 당면한 문제점과 최근에 추진된 몇 가지 규제 개혁의 중요한 성과에 초점을 맞춰 논의를 진행하려 한다. 그리고 적절한 전기 요금을 유지하기 위한 노력과 안정적인 전력 공급 사이에서 발생하는 모순을 해결하면서도 한편으로는 재생가능전력을 지속적으로 공급할 수 있는 방안에 대해 살펴볼 것이다. 저탄소 에너지 로드맵을 추진하기 위해서는 유럽 전력 부문에 바람직한 제도와 규정을 반드시 마련해야 한다. 이를 위해서는 논란이 되고 있는 몇몇 관련 이슈를 해결해야 한다. 이 글에서는 다음과 같은 몇 가지 이슈에 대해 논의할 것이다. 유럽의 전력 시스템은 어떻게 에너지 전환 비용을 절감할 수 있으며, 어떻게 가격 인상에 대한 반발을 해소할 수 있을 것인가? 유럽의 전력 시스템은 어떻게 에너지를 적절히 공급할 수 있을 것이며, 적절한 에너지 공급이 '단일 에너지 시장'이라는 프레임에서 가능할 것인가? 가능하지 않다면 발전 설비 용량과 관련된 별도의 메커니즘이 필요할 것인가? 시장 중심적인 시스템하에서 이러한 방법들이 모두 해결책으로 작용할 수 있을 것인가? 유럽의 전력 시스템이 늘어나는 에너지 비용을 감당하면서도 적절한 가격에 전력을 공급한다는 목표를 어떻게 달성할 수 있을 것인가? 재생가능에너지에 대한 국가별 지원 제도는 유럽 단일 시장에서 보조적인 역할만 담당하게 될 것인가? EU가 현행 시장의 교란을 해소하는 방법에 대한 조정이 필요하지는 않은가? 현재 지배적인 국가 전력망 접근 방식이 EU 차원의 전력망으로 반드시 전환되어야 하는가? 유럽의 경험이 다른 나라의 전력 시스템에도 교훈을 주어 직간접적으로 적용할 수 있는가? 다음의 절에서는 이러한 질문들에 대해 자세히 살펴볼 것이다.

유럽의 에너지 시장과 재생가능전력

이 절에서는 여러 국가의 전력 시장을 EU의 단일 전력 시장으로 통합하는 과정에 대해 살펴보는 작업부터 시작하려 한다. 이어서 재생가능전력 시장을 활성화하기 위한 EU 내의 다양한 정책 수단을 검토할 것이다. 마지막 부분에서는 재생가능전력을 이용하는 송배전망과 관련해서 유럽 규제 시스템의 몇 가지 핵심적인 양상을 설명하려 한다.

유럽 에너지 시장

EU의 전력 부문은 하나의 '내부 에너지 시장(Internal Energy Market: IEM)'으로 통합되는 오랜 진화 과정을 겪고 있다. 논의의 출발점은 1990년대 초의 파편화된 상황이었다. 당시 회원국들은 국가별로 폐쇄적인 전력 시장을 지니고 있었으며, 일반적으로 단일의 전력공사나 다수의 민간 전력업체로 시장이 구성되어 있었다. 이들은 전력의 생산, 송전, 배전 모든 과정을 총괄적으로 담당했다. 2007년부터 EU의 회원국은 모든 소비자가 발전사를 자유롭게 선택할 수 있도록 전력 시장에 대한 규제 완화를 실시했다. 그로 인해 단일의 내부 에너지 시장을 향한 엄청난 진전이 이뤄졌다. 그렇지만 대부분의 회원국에서는 여전히 공급 중심·시장 집중적인 시스템을 여전히 보유하고 있으며, 수직적으로 통합된 소수의 대기업이 아직까지 시장의 90%를 점유하고 있는 실정이다. 일부 회원국에서는 대다수의 소비자들이 과거에 전력공사였던 업체로부터 여전히 전기를 공급받고 있다.

EU의 전력 및 가스 시장과 관련된 이른바 '제3차 패키지' 법률 제정은 2009년에 실시되었다. 이 패키지 입법화의 핵심적인 이슈는 수직적으로 통합된 전력회사의 송전망을 분리하는 것이었다.[1] 즉, 자유화된 시장에서 이뤄질 상업적 활

---

1   전력과 관련해서 2009년에 도입된 핵심 3차 패키지 법률은 구체적으로 디렉티브(Directive) 2009/

동인 생산과 공급은 송배전 부문으로부터 분리해야 한다. 왜냐하면 송배전 서비스는 전력망업체가 자연스레 독점적으로 운영할 가능성이 높기 때문이다. 따라서 전력의 송배전 서비스에 부과되는 관세율의 상한치는 국가규제청(National Regulatory Agency)이 결정하는 것으로 법률을 마련했다. 구체적으로 EU의 법률은 전력 부문을 수직적으로 분할하기 위해 다음과 같은 세 가지 방안을 제시하고 있다.

- 송전망의 총괄 분리(total unbundling): 가장 급진적인 방안이다. 즉, 수직적으로 통합되었던 전력회사로부터 송전망을 분리해서 독립적인 사업자가 송전망을 소유·운용하도록 이관하는 방식이다.
- 독립 시스템 운영업체(Independent System Operator: ISO)에 위임: 수직적으로 통합된 전력회사의 송전망을 독립적인 사업자가 운영하는 방안이다. 이른바 '독립적인 운영·소유' 방식이라고도 한다. 이때 송전망의 소유권은 운영업체(ISO)로부터 완벽하게 분리된 별도의 업체(Transmission Owner: TO)가 보유하는 방식이다.
- 송전망의 법적 분리(legal unbundling): 수직적으로 통합된 전력회사로부터 구조조정을 통해 분리된 법인이 송전망을 운영하는 방안이다. 구체적으로는 송전망 운영자(Transmission System Operator: TSO)가 전력의 생산, 공급 같은 상업적인 활동을 담당하는 자회사로부터 철저히 분리되어 송전망의 운영을 담당하는 방식이다.

첫 번째 대안을 채택해서 EU의 법률을 국내법으로 받아들인 나라가 네덜란드다. 네덜란드에서는 심지어 배전망까지도 분리되어 운용되고 있다. 반면 EU의

72/EC, 레귤레이션(Regulation) 713/2009, 레귤레이션 714/2009라는 세 가지로 구성되어 있다. 먼저 디렉티브 2009/72/EC는 내부 전력 시장의 체계를 규정하는 법률이고, 레귤레이션 713/2009는 에너지규제협력기구의 설립과 관련된 법률이며, 레귤레이션 714/2009는 전력의 국가 간 교류를 위한 전력망에 접근하는 것과 관련된 법률이다.

다른 회원국은 기존의 전력공사가 우위를 차지하면서 송전망의 분리가 상당히 늦게 시행된 편이다. 게다가 EU 법률과의 차이로 인해 일부 회원국에서는 전기요금의 소매가격이 여전히 정부에 의해 통제되고 있다.

EU는 전력 및 가스 시장에 대한 3차 패키지를 통해 관련 제도 및 규제 시스템을 개혁할 것으로 예상된다. 이와 더불어 정부가 개입하는 시장 시스템의 발달은 유럽 전력 부문에 진정한 통합 에너지 시장이 출현할 수 있다는 것을 의미한다. 지금은 이른바 '권역별 주도권(regional initiative)'이라는 방식으로 회원국의 전력 시장이 6개의 권역별 시장으로 진화하고 있는 상황이다. 2011년 초 EU의 수장들은 통합된 내부 에너지 시장을 2014년까지 구축하기로 결정했다. 이 과정에서 '유럽송전망·가스관운영자연합체(ENTSO-E/G)'[2]가 핵심적인 역할을 맡았다. 유럽송전망운영자연합체(ENTSO-E)의 핵심적인 업무 가운데 하나는 모든 회원국에서 통용될 수 있는 전력망 규정을 수립하는 것이었다(European Union 2009b: Art. 8.1/2). 게다가 EU 에너지규제협력기구는 유럽위원회를 대신해 전력망 문제와 관련해서 모든 회원국의 국가별 규제와 전력망 조항이 호환될 수 있도록 지원하는 역할을 맡고 있다. 결과적으로 에너지규제협력기구와 EU의 유관 기관들은 2014년까지 시행될 예정인 '타깃 모델(target model)'을 만들어낼 수 있었다.

이러한 타깃 모델에는 여러 가지 방안이 포함되어 있으며, 다음의 사항을 종합적으로 포괄하고 있다.

• 국가 간 송전 설비 용량의 암묵적 할당량을 기반으로 연결망의 송전 용량(Transfer Capacity: TC)을 산정할 것. 그리고 '일반 전력망 모델(Common Grid Model: CGM)'을 이용해서 국가 간 양방향 거래를 승인할 것.
• 유럽 전역에서 '하루 전 시장(day-ahead market)'[3]에 '단일 가격제(Single Price

---

2   ENTSO-E는 유럽송전망운영자연합체(European Network of Transmission System Operators for Electricity)의 약자인데, ENTSO-G에서 G는 가스를 의미한다.
3   하루 전 시장은 거래일 전날에 가격과 거래량이 결정되는 방식의 전력 거래 시장을 가리킨다. 일반

Coupling: SPC)'를 도입할 것. 이때에는 '단일 매칭 알고리즘(single matching algorithm)'이 유럽 내수 시장 전역에서 가격과 규모를 설정할 수 있음.

• 국가 간 당일 시장(intra-day market) 조성을 위해 지속적인 권역 간 용량 할당제를 도입해 궁극적으로는 범유럽적인 용량 할당제로 발전시킬 것.

• 상호 간에 호환되는 조화로운 접근을 통해 국가 간 수급 조절 시장을 창출할 것. 예를 들면 마감 시간의 일치·조정이 필요할 수 있음.

재생가능에너지의 시장 활성화 정책

EU에서는 2009년에 재생가능에너지의 사용을 장려하는 '재생가능에너지 지침(RES directive)'이 도입되었다.[4] 이 지침은 2020년까지 최종 에너지 소비에서 재생가능에너지가 차지하는 비율에 대한 목표치를 회원국들이 의무적으로 설정하도록 요구하고 있다. 또한 이 지침은 회원국들에 재생가능에너지와 관련된 정책 및 대책의 기본 틀도 제공하고 있다. 구체적으로 EU 전체의 재생가능에너지 목표치는 20%다. 그렇지만 '재생가능에너지 지침'의 초안을 작성하던 당시에는 재생가능에너지의 시장 활성화를 위한 EU 차원의 접근 방식에 대해 합의가 이뤄질 수 없었다. 따라서 이 지침뿐만 아니라 EU의 다른 법률에 명기된 목표치와 체계를 준수하는 데에도 회원국들은 관련 정책 및 대책을 마음대로 설계하고 시행할 수 있는 특권을 지니고 있다.

실제로 EU의 회원국들은 재생가능에너지 정책과 관련해서 저마다 서로 다른 목표를 추구하고 있다. 구체적으로 재생가능에너지 정책의 범위는 국가 주도의 야심찬 산업화 정책, 탈탄소화 정책, 낙후 지역에서의 사회적 결속력 증진에서

적으로 전력 시장에는 쌍방 계약에 의한 장기 계약, 하루 전 시장, 1시간 전 시장 및 실시간 시장 같은 여러 가지 형태가 존재한다. 이는 시장 참여자에게 위험을 단계별로 해소할 수 있는 기능을 제공한다. _옮긴이

4 디렉티브 2009/82/EC는 궁극적으로 재생가능전력(디렉티브 2001/77/EC)과 바이오연료(디렉티브 2003/30/EC)에 대한 기존의 2개 지침을 대체하기 위해 마련되었다.

부터 '재생가능에너지 지침'에 따라 설정된 회원국의 국가 목표치를 준수하는 과정에서 수반되는 비용 효과까지 다양하다. 그로 인해 회원국마다 서로 다른 지원 메커니즘이 수립되었으며, EU 전력 시장의 재생가능에너지 부문을 국가마다 세분화시키고 말았다. 예를 들면, 발전차액지원제(feed-in tariff: FIT)와 발전가격할증제(feed-in premium: FIP)[5]는 재생가능에너지를 활성화시키는 메커니즘으로 가장 인기가 많다. 이들 정책은 사전에 정해진 기술별 생산 단가(발전차액지원제)와 생산 보조금(발전가격할증제)으로 각각 구성된다. 일반적으로는 발전차액지원제의 혜택을 받고 있는 재생가능전력의 발전업체는 자신들이 생산한 전력을 전력망에 무료로 투입할 수 있으며, 이로 인해 전력망 운영자나 다른 사용자들에게 미치는 비용적인 영향을 고려하지 않을 수 있다.

송전망 운영자처럼 법적으로 규정된 전력망의 이해관계자들은 재생가능전력을 위한 시장을 창출해야만 한다. 결국 소규모의 최종 소비자는 가장 큰 비용을 부담해야 하는 반면, 산업계의 대규모 소비자인 기업들은 국제적인 경쟁력을 강화시킨다는 명분을 가지고 부담을 줄이고 있다. 이와 관련한 대표적인 사례가 독일이다. 이와는 반대로 발전가격할증제를 통해 혜택을 받는 재생가능전력회사는 자신들이 생산한 전력을 스스로 시장에 공급해야 한다. 또한 이들 업체는 송전망 운영자에게 전력 생산 일정을 사전에 고지해야 한다. 만약 일정을 어기면 전력 시스템의 불균형으로 인해 발생한 비용을 별도로 부담해야 하는 상황이다. 따라서 발전가격할증제의 혜택을 받는 재생가능전력의 생산자는 시장의 위험에 노출되는 반면, 발전차액지원제의 수혜자는 시장의 위험으로부터 안전할 수밖에 없다.

결론적으로 발전차액지원제와 비교하면, 발전가격할증제 시장을 통합했을

---

5 발전차액지원제는 재생에너지 발전 전력의 시장가격이 정부가 고시한 기준가격보다 낮을 때 그 차액을 정부가 지원하는 방식인 반면, 발전가격할증제는 재생에너지 발전 사업자가 생산 전력을 시장가격에 따라 판매하고 수익성 보장 및 재생에너지 발전 설비의 설치 비용을 보전하기 위해 일정 수준의 프리미엄을 덧붙여서 거래하는 방식으로, 재생에너지 발전 사업자가 전력 시장 경쟁에 참여하도록 유도한다. _옮긴이

때 더욱 바람직한 최적의 상태가 될 가능성이 높다. 또한 발전가격할증제 시장의 전력망 통합은 일반적으로 더 우수하다고 알려져 있다. 이러한 이유로 인해 스페인과 독일이라는 거대 회원국들은 초창기 발전차액지원제의 단일 시스템에서 지금은 둘 중 하나를 선택하는 시스템으로 변경한 상태다. 따라서 이들 국가에서의 재생가능전력업체는 사전에 정해진 발전차액지원제나 발전가격할증제 중 하나를 선택할 수 있다. 정부는 발전차액지원제를 발전가격할증제로 전환하고 싶을 경우 발전차액지원제보다 발전가격할증제의 기술별 혜택을 더욱 유리하게 설정하는 경향이 있다. 최근 발전가격할증제의 비율은 이전에 경험한 초과 수익 문제에 기초해 도매가격에로의 적응 메커니즘에 종속되고 있다.

원래 발전차액지원제와 발전가격할증제는 정해진 형식이 없었다. 그렇지만 최근의 재정 부족 문제로 인해 고비용 재생가능에너지 판매량의 상한선을 설정하거나 고비용 재생가능에너지 가격을 하향 조정하고 있다. 예를 들면, 2011년 이후로 독일 정부는 태양광발전 기술에 대한 발전차액지원제의 보급 효과가 가시적으로 확인됨에 따라 태양광발전에 대한 특별 보조금을 일부 삭감해야 했다. 즉, 2010년과 2011년에는 각각 7.4GW와 7.5GW의 신규 태양광발전 설비가 설치될 정도였다. 이로 인해 가정용 소비자들의 전기 요금 부담이 늘어났으며, 재생가능에너지 지원 수단의 효율성에 대한 비판이 증가했다. 스페인에서도 최근 태양광 설비에 대한 발전가격할증제의 보조금이 완전히 축소되었을 정도다.

EU의 몇몇 회원국은 고유의 주요 지원 수단으로 '재생가능에너지 의무할당제(Renewable Quota System: RQS)'를 채택하고 있다. 의무할당제의 수혜자인 재생가능에너지 발전업체는 전력망에 공급한 발전량에 대한 증서를 지급받는다. 이들은 의무할당제의 거래 시장에서 자신들의 증서를 중개업자에게 판매할 수도 있고 자신이 직접 전력 공급업체에 판매할 수도 있다. 이때 전력 공급업체는 매년 배정된 재생가능에너지 목표치에 상응하는 증서를 제출해야만 한다. 따라서 의무할당제의 수혜자들은 자신들이 생산한 전력을 시장에서 스스로 판매해야 할 뿐만 아니라 자신들로 인한 시스템 불균형 비용도 스스로 지급해야만 하는 상황이다. 이와 관련해서는 시스템 균형의 책임을 다른 사용자에게 전가시키는 계약 변경 방식 등의 해결책을 마련할 수 있다. 대표적인 사례로는 전력구매협약을 들 수 있다. 이때 잘 설계된 의무할당제는 재생가능에너지를 상당히 비용 효율적인 방식으로 보급·확산시킬 수 있다. 반면에 제도가 적절히 설계되지 않는다면 고비용이지만 유망한 기술을 보급하는 전망이 어두워질 수도 있다. 지금까지 EU의 의무할당제는 영국이나 이탈리아처럼 중요한 설계 결함의 문제를 대부분 겪어왔다. 한편으로는 벨기에의 플랑드르와 왈로니아처럼 증서 시장의 경직성으로 인해 사소한 문제가 발생한 경우도 있었다. 반면에 스웨덴의 의무할당제는 효과성과 효율성이라는 목표를 달성했다는 측면에서 상당히 성공적이었던 것으로 평가된다.

이처럼 다양한 재생가능전력 지원 시스템들은 아직까지 평준화되지 않은 상태이며 호환되기 어려운 것으로 밝혀져 있다. 그럼에도 의무할당제와 관련된 지침은 재생가능전력의 생산 용량에 대한 국제적인 투자의 효율성을 강조하는 경향이 있기 때문에 이 지침에는 상호 협력적인 메커니즘이 그나마 포함되어 있다. 그렇지만 이러한 협력 메커니즘의 운용은 지금까지도 상당히 제한적인 실정이다. 이와 관련해서 가장 중요한 진전은 노르웨이와 스웨덴의 의무할당제 공동지원 체계였다. 이 협력 체계는 2012년 초부터 시행되었다.

재생가능에너지업체에 대한 전력망의 이용 규제

EU의 '재생가능에너지 지침'은 회원국들이 아래 사항을 반드시 보장하도록 규정하고 있다.

1. 재생가능전력의 승인·허가·면허 과정에 대한 명확한 정의와 조정 작업이 이뤄져야 한다. 또한 이러한 작업의 계획 및 시행과 관련된 명확한 스케줄을 함께 명시해야 한다.
2. 신규 건축물 및 재건축 대상인 기존 건물뿐만 아니라 에너지 사용에 대한 모범 사례가 될 수 있는 공공건물에서도 에너지를 최소한으로 사용해야 하며,

필요한 에너지는 최대한 재생가능전력으로 공급해야 한다.

3. 전력 시스템에서 송배전망, 지능형 전력망, 전력 저장 시설을 충분히 개발해야 한다. 이는 회원국의 상호 연계, 회원국과 제3국 사이의 연계, 더 나은 재생가능전력의 개발을 촉진시키는 목적뿐만 아니라 전력 시스템을 안정적으로 운영하기 위한 목적도 지니고 있다.

4. 승인 절차를 최대한 신속히 처리하고 행정 절차와 계획 과정을 간소화시킴으로써 전력망 기반 시설을 확충해나가야 한다.

5. 투명성과 형평성에 기반을 둔 신뢰성과 안전성을 기준으로 전력망을 다음과 같이 유지해나가야 한다.

　　a. 재생가능에너지에 송배전망을 연결해야 한다.

　　b. 전력망 시스템에 대한 재생가능에너지의 우선권 또는 접근권을 보장해야 한다.

　　c. 송전망 운영자는 투명성과 형평성에 기반을 둔 재생가능에너지 설비를 우선적으로 배치해야 한다.

6. 만약에 재생가능전력에 대해 상당한 축소 조치를 취할 경우 재생가능에너지의 축소를 최소화하기 위해 송전망 운영자는 이를 보고해야 할 뿐만 아니라 부적절한 삭감을 예방하기 위한 방안을 제시해야 한다.

7. 송전망 운영자와 배전망 운영자(Distribution System Operator: DSO)는 전력망을 확장·강화하는 데 소요되는 비용의 분배와 관련해서 표준 규칙 및 전력망 규정을 설정해 공표해야 한다. 이는 재생가능에너지를 상호 연결된 전력망으로 공급하기 위해 필수불가결한 조건이다. 이러한 규칙은 특히 재생가능에너지 전력회사와 전력망을 연결시키는 데 소요되는 비용과 연결로 인한 혜택을 고려해야 한다. 이때는 물론 지역적 특수성이 존재할 수도 있다. 또한 필요할 경우 송전망 운영자와 배전망 운영자는 전술했던 전력망의 확장·강화에 소요되는 일부 또는 전체 비용을 부담해야 할 수도 있다.

8. 연결 비용과 관련해서 명료한 계획과 포괄적이고 세밀한 계통 연계 비용을 제시해야 한다. 또한 전력망 연결에 대한 재생가능에너지 전력회사의 요구를

처리하는 과정도 간소화해야 한다.

9. 재생가능전력회사를 차별하지 않고 송전망 및 배전망에 대한 요금을 부과해야 한다. 또한 재생가능전력회사의 전력망 연결로 인한 비용 및 편익을 현금으로 충당할 수 있어야 한다.

많은 회원국에서 국내법으로 전환한 '재생가능에너지 지침'의 내용을 요약하면 다음과 같다.

- 계통 연계 비용을 '적게' 또는 '매우 적게' 부과한다. 예를 들면, 연안 풍력발전기를 내륙의 전력망에 연결하는 데 드는 비용은 '사회화'될 수 있다. 즉, 주로 작은 규모의 전력 사용자들이 요금 고지서를 통해 전력망의 비용을 분담한다.
- 재생가능전력회사를 포함한 전력 생산자에게 시스템 사용 요금을 최소한으로 부과하거나 아니면 전혀 부과하지 않아야 한다.
- 혼잡한 전력망 지역에는 재생가능전력회사에 우선순위를 부여해야 한다.

반면 일부 회원국에서는 잠재적인 생산자를 포함해서 상당히 많은 재생가능전력회사에서 불만이 발생했다. 이들은 전력망 연결과 관련해서 자신들이 차별적 대우를 받고 있다며 민원을 제기했다. 이러한 문제는 반독점적인 상태의 전력망업체가 존재하는 나라에서 특히 두드러지는 경향이 있다. 2004년 5월 이후 EU에 참여한 신규 회원국들도 비슷한 상황이다.

2020년 재생가능에너지 보급 목표는 EU가 '재생가능에너지 지침'을 작성할 때 우선적으로 고려한 사항이다. 즉, 재생가능에너지 목표는 에너지 운반비용을 줄이고 단일 내부 에너지 시장을 형성함으로써 EU의 경쟁력을 제고시키는 것보다 중요하게 고려되었다. '재생가능에너지 지침'은 재생가능에너지 전력업체에 시장의 위험 대비 조치를 일종의 혜택으로 허용할 뿐만 아니라 강제할 수도 있다. 이것은 에너지 시장의 활용을 손쉽게 만들기 위한 '특정 지원 혜택'을 허용하는 것일 뿐만 아니라 전력망의 우선적 연결을 허용하는 조치이기도 하다. 한편으로는 제한적인 상황에서도 우선적으로 전력망을 이용할 수 있는 권한을 부여한 것이자 다른 사용자가 전력망을 교차 보조하도록 한 것이기도 하다. 이러한 특혜는 재생가능에너지 시장의 발전을 촉진시키는 장점이 될 수 있다. 그렇지만 급격하게 늘어난 각종 재생가능에너지의 이용으로 인해 비용이 불균형해지고 적정 가격에 대한 압력이 높아지면서 2009년에는 '재생가능에너지 지침'을 근본적으로 재구성해야 했다. 2012년 현재 몇몇 EU 회원국에서는 이용 요금 연체로 에너지 공급이 끊긴 가구가 상당히 늘어난 것으로 보고되고 있기 때문에 적정 가격은 EU의 정책 결정자들에게 중요한 사안일 수밖에 없다.[6]

공급 안보

공급 안보는 서로 다른 시간 범위에 따라 달라지는 개념이다. 예를 들면, 전력은 안정성을 확보하기 위해 매순간 공급과 수요가 일치해야 한다. 이때 공급의 적절성은 전력 시스템의 수요 최고치를 충족시키기 위한 발전소의 용량뿐 아니라 송배전망과도 관련이 있다. 따라서 공급의 적절성을 상당한 시간을 두고 사전에 고려할 필요가 있다. 왜냐하면 발전원별로 조금씩 다르긴 하지만 발전소를 건설하기까지 준비 기간을 포함해서 몇 년의 시간이 소요되기 때문이다. 반면 송배전망을 건설하는 데에는 10년 이상의 시간이 걸릴 수도 있다. 다음에서 설명하겠지만, 시장 실패가 존재하기 때문에 공급의 적절성과 안정성을 반드시 고려해야 한다.

---

6   남유럽과 동유럽 지역의 회원국뿐만 아니라 독일 같은 중부유럽과 서유럽의 회원국에서도 요금이 체납되는 사례가 늘어나고 있다. 이와 관련해서는 다음의 자료를 참고할 수 있다(Die Welt: Teure Engergie: Hunderttausende Haushalten wird der Strom gesperrt, 2012.2.21; Wegen Netzausbau: Deutschen droht Strompreis-Erhöhung, 2012.3.29).

각종 재생가능에너지의 통합 문제

풍력, 태양광발전, 파도에너지, 조력 같은 '가변적 재생가능에너지(Variable Renewables Energy: VRE)'를 기존의 에너지 시스템에 통합시키려면 별도의 추가적인 노력이 필요하다.[7] 가변적 재생가능전력의 투입은 예측의 오차가 크고 변동성이 높기 때문에 가변적 재생가능에너지가 많은 부분을 차지하는 전력 시스템은 균형적인 상태를 유지하기가 어려울 수 있다.

전력 수요·공급의 변동성을 관리하기 위한 기존의 탄력자원은 다음과 같다.

- 전통적인 발전소의 탄력적인 운영
- 전기 저장
- 수요 관리
- 인근 전력 시장과의 연계

가변적 재생가능에너지와 관련해서 공급 측면의 변동성과 불확실성은 수요 측면의 변동성과 불확실성보다 훨씬 크다. 수요 측면의 변동을 예측하는 것은 공급 측면의 변동을 예측하는 것보다 훨씬 더 쉽다. 그렇다면 기존의 탄력자원을 이용해서 가변적 재생가능에너지의 이용으로 인한 변동성 문제를 효과적으로 해결하고 균형을 회복할 수 있을 것인가?

전력 시스템의 운영자는 수요의 변동 및 탄력자원의 증감으로 인해 발생할 수 있는 만일의 사태와 관련해서 방대한 경험을 축적하고 있다. 예를 들면, 비상사태에 신속히 대응해야 하는 상황에서 시스템의 운영자들은 다음과 같은 최적의 탄력자원을 작동시킬 수 있다.

- 최고치의 수요를 고려해서 설계된 발전소(사례: 가스 터빈, 수력발전소)

---

7 이 절은 IEA의 보고서를 기초로 작성되었다(IEA, 2011).

- 전력 저장 장치(사례: 양수 발전)
- 상호 연계
- 계약된 수요 관리 및 부하 관리

IEA는 4단계의 '유연성 평가 체계(Flexibility Assessment: FAST)'를 제시한 바 있다(IEA, 2011). 이는 36시간이라는 균형 시간을 15분, 1시간, 6시간, 36시간이라는 4개의 척도로 구분한 뒤 가변적 재생가능에너지의 비율을 어떤 식으로 구성해야 기존의 탄력자원을 효과적으로 적용할 수 있는지를 판단하는 평가 틀이다. 이때 4단계는 다음과 같다.

1. 탄력자원에 대한 기술적 평가를 실시한다. 예를 들면, 균형 시간 프레임 동안 증감하는 네 가지 탄력자원의 최대 유연성을 평가한다. 이때 전력망의 제약은 고려하지 않는다.
2. 전력 부문의 어떤 특성이 기술적 자원의 효용성을 어느 정도로 제한하는지 평가한다. 이로써 '이용 가능한 탄력자원(available flexible resource)'을 산출한다.
3. 시스템의 최대 유연성 요건을 계산한다. 예를 들면, 수요의 변동성, 가변적 재생가능에너지로 인한 전력망의 부하, 비상사태를 결합해 최대 유연성을 계산한다. 전력망이 감당할 수 있을 경우에는 가변적 재생가능에너지의 보급을 통해 격차를 줄일 수 있다.
4. 유연성 확보의 전제조건인 '가변적 재생가능에너지의 현재 투입 잠재량 (Present VRE Penetration Potential: PVP)'은 이용 가능한 탄력자원의 비중을 결정할 수 있다.

그렇지만 IEA의 연구(IEA, 2001)가 선구적이었음에도 가변적 재생가능에너지 발전소의 송전 수준만 검토했을 뿐이라는 한계를 지니고 있다. 즉, 가변적 재생가능에너지의 현재 투입 잠재량을 산정할 때에는 전력망의 제약 상황을 고려하지 않았다. 게다가 가변적 재생가능에너지 생산량의 변동성과 수요의 상보성도 고려하지 않았기 때문에 전력망 부하의 변동성이 어느 정도 간과되었을 가능성이 있다. 한편으로는 변동성 극복을 위한 평활화 작업뿐만 아니라 가변적 재생가능에너지의 생산을 축소하는 방안도 고려하지 않았다.

이러한 문제를 해결하기 위해 IEA는 오늘날의 전력 시스템이 예전보다 훨씬 높은 비중의 재생가능에너지를 감당할 수 있다는 내용의 실증적인 사례 연구를 여러 차례 수행한 바 있다. 예를 들면, 감당 가능한 재생가능에너지의 비율은 가장 낮은 일본의 경우 16%였으며, 가장 높은 덴마크의 경우 63%로 나타났다. 이들 연구에서는 기상 조건에 따라 결정되는 가변적 재생가능전력의 활용을 극대화시킬 수 있는 주목할 만한 권고 사항을 다음과 같이 제시하고 있다.

1. 기존 송전망의 약점을 지체 없이 평가한 뒤 이를 해결해야 한다.

2. 적절한 시기에 탄력자원이 전력 분산에 완벽히 일조하기 위해서는 시장을 재구성해야 한다. 즉, 전력 시장은 수요와 공급 차원의 탄력자원에 충분히 대응할 수 있는 메커니즘을 갖춰야 한다. 장기간의 쌍무 계약에 구속된 전력 공급에 의존하는 시장은 변동성과 불확실성을 해결하기가 힘들 것이다. 왜냐하면 쌍무 계약은 탄력자원을 실시간으로 이용하기 어렵게 만들기 때문이다.

3. 사회경제적으로 최적화된 상황에서는 중규모의 발전소가 경제성을 확보할 수 있다. 가변적 재생가능에너지의 보급이 확산되면 전기 요금이 낮아지고 전통적인 발전소는 시장에서 퇴출될 수밖에 없다. 짧은 운영 시간과 짧은 순환 주기로 인한 유지·관리 비용의 증가는 전통적인 발전소가 조기에 폐기되도록 만드는 요인일 수 있다. 새로운 시장 메커니즘은 탄력자원의 부족 문제를 해결해야 할 것이다. 이 문제는 다음 절에서 본격적으로 다룰 예정이다.

4. 탄력자원의 소유주는 불안정한 전기 요금에 추가적인 인센티브를 지급받아야 한다. 그래야 탄력자원의 소유주에게 자신들의 자원을 시장에 충분히 제공하려는 동기가 부여될 수 있을 것이다. 또한 이로써 가동, 정지, 증발[8]로 인한 소모적인 누락 비용이 포함될 수 있을 것이다. 이때 새로운 메커니즘에

서는 36시간을 미리 내다보고 예측하는 유동성 요구에 대응하기 위해 더욱 신속하고 점진적인 탄력자원이 필요해질 것이다.

5. 가변적 재생가능에너지 발전소에서 생산된 전력은 역동적인 전력 거래 시스템 및 운영 계획과 긴밀하게 결합되어 있다. 따라서 가변적 재생가능에너지 발전량을 가장 정확하게 예측할 수 있는 송전망 운영자는 탄력자원을 더욱 효율적으로 사용할 수 있을 것이다.

6. 전력 시장을 확대하기 위해 노력해야 한다. 강력한 전력망을 통해 더욱 확대된 전력 시장은 가변적 재생가능에너지가 광범위하게 도입되더라도 탄력자원의 필요성이 그다지 크지는 않을 것이다.[9]

7. 분산된 지역이 통합되면 탄력자원의 필요성이 줄어들어 수요 격차가 해소될 뿐만 아니라 탄력자원의 공유도 가능해질 것이다.

8. 값비싼 신규 발전소도 최후의 수단으로 고려해야 한다. 즉, 기존 탄력자원의 이용 가능성이 한계에 도달했을 때에는 신규 발전소를 증설해야 한다. 이는 마지막 권고 사항이지만, 앞의 제안 못지않게 중요한 사항이다.

IEA는 기존의 선행 연구와 지역적 상황을 기초로 풍력이 전력 수요의 20%를 차지하기 위한 평균 비용을 1MWh당 1~7달러로 추정했다. 이 수치에 포함되지 않았던 추가적인 시스템 비용은 송전망 비용 및 공급의 적절성과 관련이 있다.

공급의 적절성

탄력자원의 발전량에 대한 적정 투자는 재생가능전력의 보급에 따라 결정될 수 있다. 특히 풍력이나 태양광처럼 한계비용이 제로에 가까운 재생가능에너지

---

8   증발(ramping)은 발전소에서 출력을 높이는 작업을 의미한다. 반대로 출력을 낮추는 작업은 감발이라고 한다. _옮긴이
9   그렇지만 전력망을 효율적으로 통제하기 위한 조치는 취할 필요가 있다. 이와 관련해서는 다음에서 더욱 자세히 설명할 것이다.

에서 생산되는 전력의 비중이 높아지면서 전통적인 석탄 및 가스 발전소에서 생산되는 화력계통의 전력 비율은 낮아질 것이다. 따라서 에너지 전용 시장[10]에서 기존 발전소의 가동 시간은 대개 줄어들 것이다. 따라서 기존의 발전소는 전력 수요가 최고치에 도달하거나 풍력 및 태양광의 이용 가능성이 낮은 단 몇 시간 동안만 원가를 회수할 수 있을 것이다. 화력발전소의 가동 시간은 매년 짧아지고 있는데 단기 한계 비용을 초과하는 가격이 형성되기 어려워지면서 가동 시간은 점점 더 줄어들고 있다. 따라서 고정 원가의 회수가 더욱 어려워지기 때문에 전력업체는 새로운 탄력자원에 대한 설비 투자를 꺼릴 것이다. 결론적으로 급등한 가격과 급락한 가격 사이에서의 심각한 격차가 도매시장에서 발생할 것이다. 심지어는 마이너스 가격으로도 하락할 수 있다. 정리하자면, 전반적인 가격의 변동성은 더욱더 커질 것이다.

이러한 시장가격의 변동성은 중요한 쟁점을 만들어낸다. 한편으로는 시스템의 안정성과 공급의 적절성을 확보하기 위해 유연한 발전소가 필요하기 때문에 '수익이 감소한 생산자들'은 투자한 금액을 회수하기 위해 전력 가격이 급등하기를 바라게 된다.[11] 반면 정치인들은 시장에서 전기 요금이 높아지는 것을 원하지 않을 것이다. 따라서 이들은 도매시장가격에 더욱 엄격한 상한선을 설정하거나 다른 방식의 정책적 개입을 행사할 수 있다. 그렇지만 이러한 개입은 전통적인 전력 생산자들의 수익을 제한할 뿐만 아니라 전력업체들이 발전 설비를 철수하도록 만들 수도 있다. 게다가 이러한 개입은 전통적이지만 유연한 신규 발전 시설에 대한 미래의 투자를 차단시킬 가능성도 있다. 그로 인해 결국에는 발전 설비의 용량이 부족해지는 사태가 발생할 것이다.

이로 인해 전통적인 방식으로 전력을 생산하기 위한 보상 체계를 유럽에서 새로 도입해야 한다는 논쟁이 벌어졌다. 이러한 보상 체계는 전력 수요가 최고치

---

10 이러한 도매 전력 시장에서 전통적인 발전 사업자에게는 설비 용량의 확보가 아니라 공급한 에너지의 물량을 근거로 보수가 지급된다.
11 이때는 전력 수급의 적절한 균형과 시스템의 유동성 확보라는 두 가지 목적을 달성하기 위해 탄력자원이 필요하다.

에 도달했을 때 전통적인 전력회사들이 발전소를 가동할 수 있도록 예비설비에 대한 비용을 지불하는 방식이다. 그렇지만 '예비설비 지불금' 방식과 '예비설비 의무제' 방식에는 차이가 있다. 먼저 예비설비 지불금은 규제기관이 금액을 설정하면 구매자가 시장에서 이용 가능한 예비설비를 선택하는 방식이다. 반면 예비설비 의무제는 규제기관이 사전에 필요한 전체 예비설비를 결정하면 이를 달성하기 위해 시장에서 예비설비의 가격이 결정되는 방식이다.

예비설비에 대한 보상 메커니즘은 사실 재생가능전력이 도입되기 전부터 스페인이나 아일랜드 같은 유럽 회원국뿐만 아니라 미국의 많은 전력 시장[12]에서도 오랜 기간 동안 사용되어왔다. 미국의 전력 시장에서 이러한 보상 메커니즘이 적용될 수 있었던 이유는 시장의 비합리적인 지배력을 완화시키기 위한 법적인 규제가 필요했기 때문이기도 하다. 실제로 예비설비가 부족해지면서 전기 요금이 급등했으며, 이는 가격 상한제 같은 지대 추구 금지 규정을 마련하는 계기가 되었다. 스페인에서도 동일한 이유로 인해 예비설비에 대한 시장이 만들어졌다. 게다가 대규모 생산자의 시장 지배력이 완화되자 스페인에서는 자유화 이전의 시대부터 묶여 있던 자산의 원금 회수가 가능해졌다. 한편으로 아일랜드의 경우에는 유럽의 서쪽 가장자리의 고립된 지역에 위치하고 있었기 때문에 주변 국가들과는 소규모의 예비설비만 연계할 수 있었다. 그로 인해 발전소의 가동이 중지되었을 당시 다른 나라로부터 전력을 수입하기가 거의 불가능한 상황이었다(Roques, 2008).

그렇지만 정부 개입의 강화와 관련된 어떤 논쟁도 예비설비에 대한 보상 메커니즘만으로 국한되지는 말아야 한다. 왜냐하면 다음과 같은 이유 때문이다. 첫째, 공급의 적절성은 관련 정책 수단뿐만 아니라 송전 혼잡 관리 및 균형 시장 설계 같은 수요 차원의 안보 문제에 의해서도 영향을 받는다(Roques, 2008). 이해 당사자와 일부 학자들은 정책 결정자가 도매 전력 시장의 설계 변화를 고려할

---

12 미국에서는 예비설비 보상 메커니즘이 PJM, ISO-NE, NYISO 등의 전력 시장이 위치한 동부 해안 지역에서 주로 채택되었다.

때 에너지 전용 시장뿐만 아니라 예비설비 및 공급된 에너지에 대한 보상 방안도 반영해야 한다고 생각하는 경향이 있다(Eurelectric, 2011).[13] 이때 분석의 범위는 더욱 광범위해야 한다. 또한 전통적인 발전사업자의 수입은 제도적 상황, 예비설비의 여유분, 혼잡 관리에의 참여, 전력망의 계획 기준, 균형 시장 설계에 대한 시장 규칙 등에 따라 영향을 받을 수밖에 없다. 이는 전력 시스템의 유동성을 저해함으로써 가격의 변동성을 높이는 시장 규칙 및 상황에 적응하는 것이 중요하다는 의미도 지니고 있다. 이러한 상황에는 전력 생산 지원 체제와 혼잡 시 선호 시장 접근에 대한 규칙이 포함되는데, 선호 시장 접근에 대한 규칙은 재생가능전력회사와 같은 시장 참여자들의 반응성을 시장가격으로 제한한다.

둘째, 전력 시장에서 가격의 변동성은 시장 실패와 관련이 있다. 왜냐하면 저장이 불가능한 전력의 특성으로 인해 수요와 공급이 매순간 일치해야 하기 때문이다. 생산자는 수요를 충족시킬 정도의 충분한 전력을 생산하기 위해 투자를 늘려야 할 이유가 없다. 이는 전력 수급의 수많은 불확실성을 설명해준다. 왜냐하면 그래야 생산자들이 원가를 회수하지 못하는 상황에 처하지 않기 때문이다. 이들은 공급 과잉으로 인해 판매되지 않은 전력으로 인한 비용만 걱정할 뿐이지, 공급 부족으로 인한 사회적 비용에는 아무런 관심이 없다. 게다가 개별 소비자의 사용량을 실시간으로 측정해 요금을 부과하지 않아서 발생하는 수요의 비탄력성도 정보 부족 문제와 관련이 있다. 결과적으로 많은 소비자들은 시공간에 따라 달라지는 시세에 따라 전기 요금을 지불하는 것이 아니라 정해진 기간 동안 평균적인 가격으로 요금을 지불하는 혜택을 누릴 수 있다. 결론적으로 가정을 포함한 전력 소비자들은 대개 높은 실시간 가격이 형성되거나 가격의 변동성이 큰 시기라 하더라도 전혀 영향을 받지 않는다. 따라서 가정 부문의 전력 소비는 시장 여건의 변화에 전혀 반응하지 않거나 기껏해야 큰 시간차를 두고 반응이 나타날 뿐이다.

수요와 공급이라는 두 시장의 실패와 관련해서 예비설비를 포함한 공급 안보

---

13 이해당사자에는 유럽전기사업자연합회가 포함된다.

는 상당 부분 공공재의 특성을 지닐 수밖에 없다. 이는 고객들에 대한 전력 공급을 마음대로 중단하는 작업이 기술적·경제적인 이유로 인해 불가능하다는 사실과도 관련이 있다. 심지어 소비자들이 예비설비를 필요로 하는 상황에서도 예비설비의 유지 비용을 지불하지 않아도 되는 상황까지 벌어지고 있다. 이는 예비설비의 비배제성과 관련이 있다. 예비설비에 대한 전력 소비자의 무임승차 현상은 여러 가지 사례에서 확인된다. 이러한 상황에서 수요의 반응성을 높이려는 대책들은 대단히 중요한 정책일 수밖에 없다. 왜냐하면 수요 반응이 시장의 실패와 그로 인한 엄청난 가격의 변동성 문제를 해결해줄 수 있기 때문이다.

앞에서 살펴본 수요 반응 정책을 실시하는 데에도 가격의 변동성이 감당할 수 없을 정도로 높은 수준이라면, 예비설비에 대한 보상제를 도입해야 할 것이다. 그렇지만 여기에는 주의를 기울여야 할 두 가지 중요한 사항이 있다. 첫째, 이러한 보상 체계는 오직 한시적인 변동성 해결자로서의 역할만 해야 한다. 즉, 전력 수요가 최고치에 도달했을 때 발전량을 대폭 늘리거나 수요가 급격히 하락했을 때 발전량을 대폭 축소하는 역할을 맡아야 한다. 보상 체계는 탄력적인 전력 공급뿐만 아니라 수요 반응 수단과도 관련이 있다. 다만 비탄력적인 발전량에 대해서는 보상금을 지급해서는 안 된다는 사실에 유념할 필요가 있다. 둘째, 전력 시스템에서 엄청난 양의 가변적 재생가능에너지를 받아들이면서 전력 시스템을 이전보다 폭넓게 조정할 필요가 있게 되었다. 이는 지금까지 일부 국가에서 적용되었던 예비설비에 대한 보상이 더 이상 미래에 통용되지 않을 수 있기 때문에 전 세계 다른 나라에서 이를 적용하기가 부적절하다는 의미를 지닐 수도 있다. 물론 발전 용량이 정점에 도달한 수요를 충족시키기에는 충분하지 못할 수도 있다. 이때 전력 시스템에 재생가능전력을 통합하기 위해서는 저수요·과잉 공급이라는 상황을 활용하는 추가적인 유동성을 발휘하는 것이 적절한 해답일 것이다.

EU의 전력망 계획

이 절에서는 유럽 전력망 계획 수립 과정의 개선 필요성에 초점을 맞춰 논의를 진행하려 한다. 왜냐하면 유럽에서 전력망 계획이 지연되면서 야심찬 에너지·환경 목표를 달성하기가 어려워졌기 때문이다. 유럽의 전력 시스템은 전환기라고 할 수 있으며, 대부분 탈탄소화를 지향하는 정책과 관련되어 있다. 또한 이는 유럽 전력 시장의 발전과 관련될 뿐만 아니라 공급 안보의 유지·강화라는 정책 목표와도 관련이 있다.

이처럼 전력 시장을 발전시키기 위해서는 전력망의 확장 및 개선에 필요한 추가적인 투자를 반드시 실시해야 한다.[14] 재생가능전력, 특히 풍력발전은 수요가 많은 지역으로부터 멀리 떨어진 지역에 위치하는 경향이 있다. 이로 인해 전력이 먼 거리에서부터 전송되어야 하는 상황이다. 게다가 재생가능전력의 높은 변동성과 낮은 예측 가능성은 송전망과 관련된 변동성을 더욱 높이고 예측 가능성을 더욱더 떨어뜨리는 실정이다. 따라서 전력망을 개선할 필요가 있다. 특히나 풍력이나 태양광 같은 가변적 재생가능에너지를 통해 공급되는 전력은 전통적인 발전소와 부하 패턴이 동일하지 않으며, 국경을 가로질러 넓은 지역에서 전력이 거래되는 상황을 요구하게 될 것이다.

그렇지만 적절한 수준의 전력망을 구축하기 위한 송전선의 확장 작업은 여러 가지 어려움에 직면해 있다. 실제로 2050년까지 재생가능전력이 가장 큰 비중을 차지하도록 전력 시스템을 전환하는 데에는 전력망이 가장 큰 장애물로 여겨지고 있다. 전력망의 문제는 구체적으로 다음과 같다. 첫째, 인구가 밀집된 유럽에서는 전력망 확장에 대한 대중적인 수용성이 낮을 수밖에 없다. 즉, 지금은 전력망 확장에 대해 주민들의 동의를 얻는 데 걸리는 시간이 10년 이상으로 늘어난 상황이다. 이러한 이유 때문에 유럽의 기간 전력망 프로젝트 가운데 33%가

---

14 이것은 전력의 물리적 특성과 관련이 있다. 전력은 저장이 불가능하다는 특성을 가지기 때문에 수요와 공급은 매순간 균형 상태를 유지해야 한다. 이로 인해 전력의 저장은 실질적으로 거의 불가능한 상황이다. 게다가 수요의 비탄력성은 시간의 흐름에 따른 수요의 변화 가능성도 제한하고 있다.

실제로 지연되었다(ENTSO-E, 2012). 둘째, 전력망에 대한 낮은 투자는 부적절한 제도 때문일 수 있다. 이처럼 불합리한 제도적 조건에는 송전망 운영자에 대한 비효율적인 투자 인센티브가 포함된다.[15] 이 문제는 유럽 전역의 파편화된 전력 망 계획과 일차적으로 관련이 있다. 이들은 개별 국가의 전력 시스템과 초국가적인 전력망의 외부성 사이에 존재하는 밀접한 상호 관련성을 제대로 고려하지 않는다는 문제를 지니고 있다.

국가 간에 전력이 전송될 때 교류 전력망 내의 전기도 물리적 법칙에 따라 흐를 수밖에 없다. 따라서 송전망 내의 전류는 국가 간의 상업적 거래인 '계약 경로'와 다른 방향으로 흘러갈 수도 있다. 즉, 주변 국가의 전력 시스템을 통해 우회하는 경우도 있을 수 있다. 이러한 전기의 흐름을 '평행 전류(parallel flows)' 또는 '우회 전류(loop flows)'라고 한다. 이러한 우회 전류는 국경을 넘나드는 국제적인 전력망뿐만 아니라 국가 내부의 송전망 구조에서도 발생할 수 있다.

우회 전류에서 발생하는 전력망의 외부 효과는 현재 EU 내의 쌍방향 전력망 계획의 방법론을 전혀 고려하지 않는다. 따라서 국가 간의 상호 연계를 포함한 송전망의 확장을 고려하는 EU의 회원국들은 다른 나라에 미칠 수 있는 긍정적·부정적인 영향을 고려하지 않는 경향이 있다. 결과적으로 특정 국가에 손해를 입힐 가능성이 있지만, 유럽 전체에 이익을 가져오는 프로젝트들이 지금까지 실현되지 않고 있다. 유럽위원회는 더욱 적절한 전력망 계획을 수립하도록 절차를 개선하려면 쌍방향 정책을 적절히 조정할 필요가 있는 것으로 보고 있다.

'3차 패키지' 법률이 수립되었음에도 유럽 국가들이 중요하다고 생각하는 국가 간 상호 연계 프로젝트에서는 지금까지도 해당 국가의 견해와 생각이 최우선적으로 고려되었다(ENTSO-E, 2010). 따라서 국제적인 기반 시설에 대한 투자와 부가적인 영향을 평가할 수 있는 표준화된 단일 체계는 없는 실정이다. 이런 상황에서 유럽위원회는 최근 들어 논쟁이 되고 있는 이러한 국가별 차이의 문제를

---

15 유럽에서의 투자는 주로 독점적인 송전망 운영자에 의해 이뤄진다. 왜냐하면 송전망과 관련한 상업적인 투자는 EU의 법률에 의해 제한되기 때문이다.

해결하기 위해 관련 규정안을 제안한 바 있다(European Commission, 2011). 이 위원회는 '공동 이익 프로젝트(Projects of Common Interests: PCI)'를 검토하기 위해 일반적인 비용·편익 기법을 적용하고 있다. 이후 공동 이익 프로젝트로 분류되는 사업에 대해서는 승인 과정을 더욱 빠르게 처리하기 위해 우호적인 규칙을 적용할 뿐만 아니라 규제 자체도 유리하게 적용한다.

전력 및 가스의 공동 이익 프로젝트는 다음과 같은 3단계로 진행된다. 첫째, 회원국의 대표, 국가 규제기관, 송전망 운영자, 프로젝트 기획자, 에너지 규제기관의 협력기구, 유럽송전망운영자연합체, 프로젝트의 위원단으로 구성된 지역그룹은 비용·편익 기법을 이용해서 제시된 공동 이익 프로젝트를 평가해야 한다. 둘째, 에너지 규제기관의 협력기구는 검토 의견을 포함한 서류를 유럽위원회에 제출해야 한다. 셋째, 유럽위원회는 검토 의견의 채택 여부를 결정해야 한다.

대략적인 과정은 미국과 유사하다. 미국에서도 통상적으로는 동일한 시장에서 비용·편익 분석을 실시하고 난 뒤 프로젝트의 진행 여부를 지역적인 차원에서 결정한다(FERC, 2011). 이처럼 프로젝트의 목적이 동일할 뿐만 아니라 똑같은 비용·편익 기법이 적용되기 때문에 이러한 절차는 기본적으로 적절히 수립된 것으로 판단된다.

이때 EU의 규정은 공동 이익 프로젝트에 대한 승인 절차의 간소화, 프로젝트 개발자에 대한 통합 승인 체계, 부당하게 지연된 프로젝트에 가해지는 제재 조치의 도입과 관련된 내용을 담고 있다(European Commission, 2011). 통합 승인 체계와 제재 조치의 도입은 유럽의 전력망을 적절한 수준으로 현실화시키는 데 중요한 장애 요인들을 해결하는 데 기여할 수 있을 것이다.

혼잡 관리

이 절에서는 혼잡 관리와 관련해서 EU 전력 시장의 설계를 조정해야 하는 필요성에 대해 논의하려 한다. 먼저 새로운 혼잡 관리 방안에 대해 살펴본 뒤, 다음으로는 유럽 내부의 전력 시장에 관한 현행 법률과 재생가능전력의 촉진을 지원하는 법률 사이의 양립 불가능성을 검토할 예정이다. 마지막으로는 '모선가격제(nodal pricing)'[16]에 대해 알아볼 것이다. 여기서 말하는 모선가격제는 미국에서 이미 성공적으로 적용되고 있는 가격 결정 방식이다. 이는 유럽에서도 궁극적·매력적인 해결책이 될 것으로 기대된다.

혼잡 관리 방안

각종 지원 제도로 인한 간헐적 재생가능전력의 낮은 이용률과 전력망 확장의 어려움 때문에[17] 기존 송전망의 이용 수준을 개선하는 작업이 시급해질 것이다. 이로 인해 전력망의 혼잡 관리 방안이 도입될 필요가 있다. 특히 스마트 그리드의 적용과 수요 반응 정책은 혼잡 관리 비용을 축소시킬 뿐만 아니라 수요 반응 정책을 폭넓게 적용하게 만들 것이다.

기본적인 혼잡 관리 방법은 예방 조치와 시정 조치라는 두 가지로 구분된다. 여기서 예방 조치는 하루 전 시장을 마감하기 전의 운영 계획 단계에서 미리 송전 혼잡을 해결하려는 목적을 지니고 있다. 반면 시정 조치는 하루 전 시장의 마감 이후 운영 단계에서 발생하는 예상치 못한 혼잡을 해결한다는 목적을 지니고 있다(ETSO, 2005). 이때 예방 조치는 다시 두 가지 메커니즘으로 구분된다. 즉, 경제적인 원칙을 토대로 예비설비를 할당하는 시장 기반 메커니즘과, 다른 기준을 토대로 예비설비를 할당하는 분배 메커니즘으로 구분된다. 이때 분배 메커니즘에서 채택하는 대표적인 기준으로는 우선순위에 따른 기준과 비례적 기준이

---

16 모선 가격 체제는 전력망의 제약을 반영해서 모선별로 별도의 전기 요금을 책정하는 방식이다. 모선 가격이 사회적 잉여를 극대화시킬 수 있는 최적의 가격 체제이기는 하지만 실제로 도입하기에는 현실적으로 여러 가지 장애 요인이 있다. _옮긴이

17 이용률이 낮다는 것은 일반적으로 전력망 신설·증설의 편익이 기존 망에서의 혼잡 비용보다 크지 않다는 것을 의미한다. 지금의 낮은 전력망 이용률은 교류 전력의 낮은 제어 특성 때문일 뿐만 아니라 '전력망 안보 규정(N-1 criteria)' 때문이기도 하다. 특히나 재생가능전력의 높은 변동성과 낮은 예측 가능성은 전력망의 이용률을 더욱 감소시키는 경향이 있다.

〈표 19.1〉 송전망 혼잡 관리 방안의 분류

예방 조치(마감 이전)	시정 조치(마감 이후, 거의 실시간)
재무적 송전권 경매	
물리적 송전권 경매	
역송전	역송전
	단일 국가 송전/양방향 국가 간 송전

있다(de Jong, 2009).

먼저 시정 조치는 예방 조치에 비해 상대적으로 많은 비용이 소요될 수밖에 없다. 생산과 소비라는 두 가지 측면에서 볼 때 대부분의 이용 가능한 자원은 하루 전 시장이나 에너지 계약 가운데 하나를 통해 정해진 시간보다 먼저 이용될 가능성이 있다. 따라서 시정 조치는 더 낮은 비용이 드는 수단을 적용할 수 없을 경우에만 허용되어야 한다.[18] 따라서 시정 조치는 일반적으로 최후의 수단으로 간주되고 있다. 〈표 19.1〉은 예방 및 시정 조치라는 측면에서의 혼잡 관리 방안을 더 자세하게 분류해서 보여준다.

재무적 송전권 경매와 물리적 송전권 경매는 예방 조치에 속한다. 왜냐하면 이들은 이용 가능한 송전망의 허용량만 할당하기 때문이다. 설비 용량과 에너지는 분리해서 물리적 송전권 경매에서와 같이 별도로 거래될 수도 있고, 재무적 송전권 경매에서와 같이 결합해서 함께 거래될 수도 있다. 반면에 국가 간 재전송이 이뤄질 경우 송전망 운영자는 하루 전 시장의 마감 시간 이후 공급된 전력의 처리에 직접적으로 개입해서 혼잡을 해결할 수 있다. 이들은 경제성 평가에 대한 아무런 조건 없이 국가 간 하류 부문에서는 전력회사의 구속력 있는 생산을 줄이고 상류 부문에서는 생산을 늘리는 방식으로 혼잡을 해결할 수 있다. 재전송은 시장 원리에 기반을 둔 대책이 아니기 때문에 주로 국가 간 혼잡 관리에서의 시정 조치로 이용되고 있다. 한편으로는 역송전도 시정 조치로 사용되는데, 이는 일반적으로 재전송의 일부로 여겨진다.[19] 만약 시장의 정산 작업 이후

---

18 Congestion Management Guidelines, Regulation (EC) 714/2009, Annex I, Article 1.3(European Union, 2009b).

19 역송전이 예방 조치로 사용될 수도 있다(ETSO, 2005).

에 혼잡이 발생한다면 송전망 운영자는 이 문제를 해결하기 위한 시장을 구성해야 한다. 즉, 송전망 운영자에게 제출된 입찰서를 기초로 혼잡이 발생한 전력업체는 생산을 줄이도록 요구를 받는 반면, 혼잡이 없는 전력업체는 생산을 늘리도록 요구된다.

일반적으로 역송전과 재전송은 전력 시장 설계에서 전력망의 혼잡을 관리하는 직접적인 기법들에 비해서 효율성이 떨어지는 것으로 알려져 있다(Dijk and Willems, 2011). 역송전은 발전소의 입구와 출구에 잘못된 신호를 제공할 뿐만 아니라 나중에 더 큰 혼잡을 야기할 수 있는 재송전이라는 도박을 허용한다. 수출 혼잡 구역에 위치한 전력회사는 혼잡 관리 기간 이후 하루 전 시장에서 생산하지 않을 상당한 양의 전력을 팔아서 돈을 버는 '증감(incremental-decremental: inc-dec)' 게임을 즐길 수 있다. 마찬가지로 수입 혼잡 구역에 있는 전력회사도 하루 전 시장에서 송전망 운영자가 생산을 요청할 때까지 생산하지 않은 채 기다리는 게임을 진행할 수 있다. 이처럼 유럽 하루 전 시장의 타깃 모델은 경매를 통한 시장의 연결 방식이라고 할 수 있다.[20]

유럽 전력 시장 법률과 재생가능에너지 법률의 충돌

한편으로 전력 시장의 메커니즘은 유럽의 내부적인 시장 조성을 목표로 하는 법률에 의해 규정되고 있다.[21] 반면 재생가능에너지 촉진법은 EU 회원국의 국내법에서 비시장적인 분배 메커니즘을 규정하도록 요구하거나 권장하는 상황이다(European Union, 2009a). 즉, 재생가능에너지 촉진법들은 재생가능전력회사가 전력망에 쉽게 접근할 수 있도록 우선권을 부여하고 있다. 그렇지만 지역적으로 혼잡한 전력망의 경우에는 전력 부족이라는 긴급 상황이 발생했을 때 재생

---

20 타깃 모델을 정교하게 만드는 과정에서 볼 때 재무적 송전권 경매는 시간적인 차원에서 하루 전 시장에 가장 적합한 것으로 알려져 있다.

21 Regulation (EC) 714/2009, Article 16 and the Congestion Management Guidelines, Annex I, Article 2.1(European Union, 2009b).

가능전력회사에 발전량을 줄이지 않도록 설득해야만 한다. EU의 에너지 믹스에서 재생가능전력의 비중이 빠르게 증가해 주류로 자리 잡은 상황이므로 재생가능에너지 촉진법을 내부 에너지 시장의 규칙에 맞춰 조정해야 한다. 물론 전통적인 전력회사에 대한 기존의 우호적인 편견과 보조금도 단계적으로 제거해야 한다.

유럽의 시장 정산: 왜 모선가격제가 해답인가

일반적으로 재무적 송전권 경매가 선호된다. 왜냐하면 짧은 시간에 혼잡을 관리할 수 있는 가장 효율적인 방법으로 여겨지기 때문이다. 송전망 제약이 발생한 상황에서 잠재적인 가격은 전력망의 용량에 따라 달라질 수밖에 없다. 전력망 용량으로 인한 가격은 전력망의 측정 단위와 다르다. 지역별 가격제의 경우 전력망의 발전 설비 용량은 연결망 전체에 대해 가격을 책정한다. 반면 모선가격제는 연결망마다 별도로 가격을 설정한다. 모선가격제는 기술적으로 상당한 문제가 있을 것으로 예상된다. 그렇지만 경제적으로는 대단히 큰 의미를 지닌다. 왜냐하면 연결망 전체에 대한 평균 가격은 개별적으로 분리된 연결망에 대한 최적 가격이 아니기 때문이다. 그러므로 서로 다른 연결망에 대한 단일 가격의 책정 방식은 전력 생산 및 소비를 결정하는 데 비효율적일 수 있다. 결론적으로 지역별 가격제를 채택하는 전력망은 예비설비들이 제대로 가동되지 않을 뿐만 아니라 기존 전력망의 기반 시설로 인한 혜택이 예상했던 수준보다 훨씬 낮아질 것이다.

현재 미국은 열악한 전력망 기반 시설과 이로 인한 전력망의 혼잡으로 인해 모선가격제를 도입한 상태다. 반면 유럽은 여전히 국가적인 차원의 지역별 가격제를 채택하고 있다(van der Welle et al., 2011). 그렇지만 앞서 지적했던 바와 같이 유럽에서는 현재 더욱 효율적인 혼잡 관리 시스템의 도입이 시급한 실정이다. 게다가 효율적인 혼잡 관리는 경제적인 측면에서도 대단히 큰 혜택을 제공할 수 있다. 예를 들면, 유럽에서 단일 전력 시장을 조성할 수 있을 뿐만 아니라 가변적인 재생가능에너지에서 생산된 막대한 양의 전력을 네트워크로 통합할 수 있다는 측면에서도 중요한 가치를 지니고 있다.

지금까지 유럽에서는 상호연계 설비 용량이 계약 경로 패러다임에 기반을 둔 시장에 할당되었다. 즉, 상업적인 거래의 계약 경로에 이용 가능한 설비 용량이 충분하다면 그 거래는 유럽에서 받아들여질 수 있다. 상업적 거래에서 야기된 물리적 흐름은 용량 할당 단계에서 고려되지 않았지만, 가용거래용량(Available Trading Capacity: ATC)은 설명될 수 있다. 지금은 기존의 가용거래용량에 기반을 둔 용량 할당에서 벗어나 상업적 거래의 물리적인 결과로의 전환 작업이 준비되고 있다. 특히 전력망에서의 상호 연계를 고려한 흐름에 기초한 용량 할당으로의 전환 작업이 준비되고 있다(ACER, 2011). 이것이 유럽 전력 시장 개선의 중요한 단계이기는 하지만, 아직까지는 해결해야 할 과제들이 많은 실정이다. 이와 관련해서는 대부분 구역별 가격 책정 방식을 채택하는 유럽의 시장 정산 구조와 관련이 있다. 또한 이러한 문제는 지역 내 혼잡 관리 체계와 지역 간 혼잡 관리 체계 간의 차이와도 관련이 있다. 즉, 이러한 혼잡 관리 체계는 지역 간 혼잡 관리 비용을 초과할 정도로 지역 내 혼잡 관리 비용을 증가시킬 가능성이 있다. 게다가 주기적인 지역 조정을 위한 인센티브의 재검토 작업이 너무 길고 시간이 오래 걸린다는 문제점도 지니고 있다(van der Welle et al., 2011).

이러한 이유 때문에 미국의 일부 지역 시장은 모선가격제로 변경한 상태다(Baldick et al., 2011; Leuthold et al., 2008; Neuhoff and Hobbs, 2011).[22] 미국이 모선가격제를 통해 얻은 경험은 시장 기능적인 측면에서 상당히 벗어나기는 했지만 비교적 만족스러운 편이었다. 앞에서 살펴본 가변적 재생가능전력의 증가로 인해 유럽에서도 이러한 방향으로의 전환을 더욱 심각히 고려해야 하는 상황이다. 간헐적인 전력 생산은 2050년까지 혼잡 상황을 더욱더 자주 일으키는 중요한 요인이 될 것이다. 이처럼 빈번한 변화로 인해 전력회사에 급격한 전환과 가격의 조정을 요구하는 상황이 증가할 것이며, 혼잡이 빈번한 지역은 정치적으로

---

22 미국에서 모선가격제를 도입한 전력 시장은 PJM, ERCOT, CASIO 등이다.

도 더 이상 버티기 힘들어질 것이다. 이러한 조정이 모선가격제에서는 필요하지 않다. 왜냐하면 모선별 가격은 송전망의 용량에 대한 기회비용을 반영하기 때문이다. 게다가 모선가격제는 다른 중요한 이점도 지니고 있다. 즉, 모선가격제는 소비자와 전력회사에 더 나은 가격 및 투자의 신호를 제공할 수 있을 뿐만 아니라 가격 결정 및 전력망 투자의 투명성이 확보된다는 장점도 있다.

그럼에도 유럽에서 모선가격제의 도입은 정치적인 저항에 부딪히는 상황이다. 독일을 포함한 몇몇 나라는 모선가격제를 시장의 경쟁과 유동성을 확보하는 데 유해한 것으로 생각하는 경향이 있다(Frontier Economics and Consentec, 2011). 반면 물리적 제약이 시장에서 적절하게 해결되지 않을 경우 거래자나 투자자는 현행 시장 참여자에 의한 전략적 행위의 위험성뿐만 아니라 복잡성과 예측 불가능성으로 인한 정부의 시장 개입을 경험하게 될 것이다. 이런 상황에서 미국의 경험은 모선가격제가 시장의 유동성에 영향을 미치지는 않았다는 사실을 보여준다.

게다가 모선가격제의 도입은 수출 혼잡 지역의 전력회사와 수입 혼잡 지역의 수요 부하를 적절하게 배분·정리하는 효과를 발휘할 수도 있다. 풍력터빈은 전통적인 발전소보다 수요처에서 멀리 떨어진 곳에 위치하는 경향이 있기 때문에 수출 혼잡 지역에 위치한 풍력발전은 수입이 줄어드는 상황에 직면해 있다. 이처럼 손해를 보는 사람을 보상하는 방법 가운데 하나는 '재무적 송전권(Financial Transmission Rights: FTRs) 제도'를 시행하는 것이다. 재무적 송전권은 시장의 당사자들에게 가격의 지역적 차이를 실시간으로 제공하는 매우 중요한 수단이다. 그렇지만 재무적 송전권은 순차적인 시간의 장애물로 작동하는 경우가 있기 때문에, 간헐적 재생가능에너지원이 전력을 생산할 수 없는 위험에 처했을 때 재생가능전력의 지역적 가격 차이를 설정하는 차선의 대비책이다. 사실 간헐적 재생가능에너지에 대한 현실적인 해결책은 아직까지 마련되지 않았으며, 미래의 연구 과제로 남아 있는 상태다. 결론적으로 모선가격제의 효율성 및 투명성으로 인해 실현될 수 있는 사회적인 혜택은 유럽에서 모선가격제를 도입했을 때 발생하는 잠재적인 손실분을 충분히 상쇄하고도 남을 것으로 예상된다.

신흥국과 개발도상국의 관련성

EU는 재생가능전력의 보급과 전력 부문의 탈탄소화를 장려하는 대표적인 선구자다. 그리고 이를 달성하기 위해 2020년과 2050년까지의 중·장기적인 목표를 수립해놓았을 정도다. 이는 가변적인 재생가능에너지에서 생산되는 전력에 대한 전력망의 통합 및 단일 시장과 관련해서 엄청나게 많은 문제를 해결해야 한다는 사실을 의미하기도 한다. 따라서 유럽이 전력 시스템과 관련된 야심찬 정책적 목표를 달성하기 위해서는 막대한 자금이 필요할 뿐만 아니라 규제 장벽과 기타 비재정적인 정책 집행의 장애 요인들을 해결해야 하는 상황이다. 이러한 측면에서 신흥경제국 및 개발도상국은 유럽의 성공과 실패의 경험을 통해 중요한 교훈을 얻을 수 있을 것이다. 지금까지 많은 개발도상국의 발전 시설들은 전력망을 소유·운영하는 권한뿐만 아니라 전력을 공급하는 권한까지도 수직적으로 통합해서 운영해온 실정이다. 따라서 EU 규제 시스템의 진화는 전력 부문을 자유화하려는 개발도상국들에 유용한 기준이 될 수 있다.

EU는 전력 시스템을 더욱 친환경적으로 지속가능하게 만드는 선구자로 여겨질 뿐만 아니라 발전된 형태의 전력망도 갖추고 있지만, 미국의 사례를 통해 배울 점도 있다. 예를 들면, 모선가격제의 도입과 더욱 적절한 수요 대응 체계의 확립이 대표적인 사례다. 게다가 EU는 재생가능전력에 대한 시장에서의 보급 촉진이라는 흥미로운 정책적 실험을 진행하고 있다. 이와 관련해서 시장 지향적인 보급 촉진 정책의 초기 단계에서 전력 가격에 대한 사후 조정 방식의 지원금이나, 이후의 발전된 단계 및 대규모 시장에서의 증서에 기반을 둔 재생가능에너지의 할당 방식은 시장과 전력 시스템의 통합 비용을 눈에 띄게 줄일 수 있다는 장점이 있다. 게다가 발전차액지원제나 발전가격할증제 같은 장려 정책은 값비싼 기술에 대해서는 제한적으로 적용할 필요가 있다. 더욱이 시장의 구조 개혁은 탄력자원을 장려하는 방향으로 진행해야 한다. 왜냐하면 그래야 시장에 제공될 탄력자원들이 최대의 비용효과를 달성할 수 있기 때문이다. 예비설비에 대한 보상 메커니즘은 제도적 특성을 강화시키는 탄력자원이 절대로 충분하지 않다는 사실이 증명되는 경우에 한해 최후의 수단으로 도입해야 한다. 그리고 보상 메커니즘을 도입하더라도 시장 원리에 기반을 둔 방식으로 설계해야 하며, 탄력자원의 활용을 충분히 보상하는 한도 내에서 도입해야 한다.

마지막으로는 재생가능전력의 통합과 관련된 기술 이전에 대한 함의를 제시하려 한다. 아부다비에 본사가 있는 국제재생에너지기구(International Renewable Energy Agency: IRENA), 파리의 IEA, 세계은행, 유럽부흥개발은행, 기타 개발은행 같은 조직들은 최근의 기회를 효과적으로 활용할 필요가 있다. 실제로 이들은 신흥경제국과 개발도상국에서 지속가능한 전력으로의 효과적인 전환을 촉진시키기 위해 지식과 기술을 이전하는 데 더욱 중요한 역할을 맡아야 한다. 즉, 이런 국제기구들은 재생가능전력과 관련된 기술 이전을 조직의 최우선적인 목표로 설정해야 한다.

20

기후변화 국제 거버넌스와 에너지 선택

파리보즈 젤리, 필리프 파트베르흐, 한네스 스테판, 하로 판 아셀트

서론

이 장에서는 파편화되어가는 기후변화 거버넌스의 구조를 분석한 뒤 국제 에너지 선택과의 관계에 대해 설명하려 한다(Biermann et al., 2009; Keohane and Victor, 2011). 파편화된 거버넌스 구조와 관련해서는 국제적·공적 개입에서부터 민관협력적·사적 개입에 이르는 일련의 연속선상에 서로 다른 제도적 접근 방식이 존재한다는 사실을 이해할 필요가 있다. 부분적으로는 국제적 합의 및 규범과 관련되는 시스템의 통제를 받는 경우가 있지만, 기타 거버넌스적 요소는 권한이 없는 비체계적인 영역으로 분류된다(Patter and Stripple, 2008). 기후 에너지 연합은 UN기본협약, UN기후변화협약, 교토의정서 같은 기존의 국제 기후변화 레짐을 넘어서는 정책과 제도를 이상적인 그림으로 요구하고 있다. 이때 에너지 선택은 기술 선택과도 맥락을 같이한다. 이 글에서는 국제 기후 레짐 및 기후변화 관련 제도들이 국가 에너지 정책의 수단으로서 청정에너지 기술의 확산 및 사용에 얼마나 영향을 미치는지 살펴보려 한다.

기후변화를 일으키는 인위적 원인이라고 할 수 있는 온실가스 배출은 인구 증

가, 1인당 GDP로 측정되어 경제력을 나타내는 경제성장, GDP당 이산화탄소 배출이라는 기술력과 관련이 있다. 인구 증가는 지난 수십 년 동안 성장률이 늦춰지기는 했지만 여전히 연평균 1%의 증가율을 보여주고 있다. 다만 최근 몇 년 동안은 성장률이 0.7%로 줄어든 상태다. 세계적으로 1인당 GDP는 연평균 1~2% 증가한 반면, 기술의 진보 덕분에 이산화탄소 배출량은 GDP 대비 평균 1% 감소했다. 그렇지만 20세기 전체적으로는 연평균 1% 정도로 배출량이 증가한 것으로 나타났다(Dessler and Parson, 2010: 126~127). 따라서 인구 증가 및 추가적인 경제성장을 억제하거나 에너지 단위당 탄소 집약도를 낮추고, GDP 단위당 이산화탄소 배출량을 감소시키는 방식의 기후변화 대책과 관련해서 광범위한 정치적 논쟁들이 벌어져왔다. 다만 이러한 논쟁에서 비산업 활동으로 인한 이산화탄소와 기타 온실가스인 메탄을 감축하려는 지구공학적 시나리오들은 철저히 무시되고 있다.[1]

산업화 이전을 기준으로 지구의 평균 기온 상승을 2도 이내에서 억제하겠다는 정치적 합의가 도출될 경우, 각종 효율 개선 대책을 통해 2050년에 이산화탄소 배출량을 750기가톤으로 감축해야 한다. 게다가 현재의 증가 추세를 고려할 때, 즉 연간 소득이 1.4% 증가하고 2050년의 세계 인구가 90억 명에 달할 것으로 예측할 때 제품의 탄소 집약도는 현행 GDP당 770g에서 21배의 효율 개선을 통해 GDP당 36g으로 감축해야 한다(Hoffmann, 2011). 이런 목표는 지금까지의 효율 개선과 비교할 때 불가능하지는 않지만 감축하려는 목표치를 달성하기는 어려운 수치일 수 있다. 전 세계 이산화탄소 배출량은 2009년 금융위기로 인해 1.5% 감소한 뒤 2010년 다시 5.3% 증가했다(IEA, 2011). 그렇지만 제품의 탄소 집약도는 오히려 뒤처졌으며, 2009년에는 1% 개선되었으나, 2010년에는 전년

---

1 지구공학적 시나리오는 지구적인 차원에서의 공학 기술을 이용해 기온 상승을 억제하려는 대책들을 가리킨다. 예를 들면, 햇빛을 반사하는 물질을 대기 중에 살포해서 온실효과를 차단하는 대책 등이 제안되고 있다. 그렇지만 이런 지구공학적 대책의 경우 막대한 규모로 인한 다양한 환경 파괴라는 부수효과가 우려되어 실현 가능성이 낮을 뿐만 아니라 실질적인 논의도 거의 이뤄지지 않고 있다. _옮긴이

도보다 0.7% 향상된 1.7% 개선되는 데 그치고 말았다(Friedlingstein et al., 2010). 마찬가지로 OECD 비회원국들은 국제 에너지 서비스에 대한 접근을 신속하게 확대함으로써 에너지 소비와 경제성장의 '탈동조화(decoupling)'를 어렵게 만들고 있다. 국제 에너지 수요 증가의 90%를 차지하는 OECD 비회원국에 대한 에너지 투자에는 대략 25조 달러가 필요할 것으로 예상된다(IEA, 2011). 반면에 저탄소 에너지 기반 시설에 대한 지금의 재정적 지원금으로는 예상되는 추가 비용의 일부만 보장할 수밖에 없는 실정이다(World Bank, 2010).

이러한 현실과 달리, 탄소 집약도를 감소시키고 에너지 생산 효율을 증가시키는 기후변화 완화 대책에서는 에너지 정책이 매우 중요한 문제다. 국제 에너지 정책은 공급 안보, 국내 에너지 거버넌스, 지속가능성, 에너지 빈곤 해소 등의 광범위한 문제들과도 관련이 있다(Dubash and Florini, 2011). 그렇지만 이 장에서는 기후변화와 에너지의 연계에만 초점을 맞추려 한다. 제도적 장치들 간의 상호 연계를 분석하기에 앞서, 이 책의 다른 3개의 장에서 언급한 에너지 시장·안보·발전과 함께, 기후변화 국제 레짐을 포함하는 국제 기후변화 거버넌스에 초점을 맞춰 국제적인 에너지 정책과 국제 기후변화 레짐의 역할에 대해 살펴보려 한다. 끝으로는 밀접히 관련된 제도를 개선하기 위한 대안을 간략히 제시하면서 미래의 향후 연구 과제에 대한 함의를 제시하는 것으로 마무리할 예정이다.

국제 기후변화 레짐과 에너지 정책

이 절에서는 국제 에너지 정책과 관련된 국제 기후 레짐의 역할에 대해 간략히 살펴보려 한다. 그리고 국가별 에너지 선택에 영향을 미치는 UN기후변화협약과 교토의정서의 규정에 대해 간단히 설명한 뒤, 국제 기후 레짐이 청정에너지 기술의 연구·개발 및 확산에 어떻게 기여하는지도 살펴볼 것이다. 다음으로는 청정 기술의 개발 및 이전을 촉진시키는 UN기후변화협약의 역할과 효과성에 대해 논의한 뒤, 아직까지는 미흡한 청정 기술 관련 국제 협력 시스템의 다양한 측면을 살펴보려 한다.

국제 기후 레짐의 관점에서 에너지의 수급 문제가 직접적으로 관련되는 것은 아니지만, 전 세계 온실가스 배출량의 2/3가량이 에너지 부문에서 발생한다는 사실은 매우 중요한 의미를 지닌다. 두바시와 플로리니는 "포괄적인 국제기후 협약이 전 세계의 이산화탄소 배출을 제한하는 데 중요한 역할을 할 것이며, 이를 중심으로 국제 에너지의 거버넌스 레짐이 구축될 것"이라고 주장한 바 있다 (Dubash and Florini, 2011: 14). 그렇지만 교토의정서의 온실가스 감축 목표에는 선진국의 의무 감축만 포함되었으므로 개발도상국은 에너지 정책을 당장 변경할 필요가 없었다. 게다가 국제 기후 레짐은 기후변화 완화 대책을 대부분 개별 국가에 위임하면서 상향식 접근 방식을 통해 정책 결정이 지속가능한 방향으로 전환되도록 내버려두었다는 한계를 안고 있었다. 이는 국제 에너지 정책의 발전에서 국제 기후 레짐의 관련성을 감소시키는 문제도 안고 있었다. 그럼에도 국제 기후 레짐은 에너지 정책이라는 관점에서 몇 가지 중요한 메커니즘을 포함하고 있다.

청정에너지 기술과 관련된 국제 협력 촉진

UN기후변화협약은 '온실가스의 인위적 배출을 규제·감축·방지하는 기술·실천·과정을 개발·적용하고, 이러한 기술의 이전과 확산을 촉진하고 협력한다'라고 규정하면서, 당사국들이 이를 지키도록 요구하고 있다(제4조 1항 C호). 또한 개발도상국에 대한 선진국의 기술 이전을 포함해 새로운 재원을 추가적으로 마련해서 개도국들이 이용할 수 있다고 규정하고 있다. 교토의정서에서는 설비를 포함한 '하드웨어'뿐만 아니라 노하우 같은 '소프트웨어'를 포괄하는 개념으로 '환경적으로 건전한 기술'이라는 용어를 사용하면서, UN기후변화협약의 규정을 확장시키고 있다(Yamin and Depledge, 2004: 306~307).

기술 제공에 대한 규정은 UN기후변화협약을 위한 후속 조치로 2001년에 채택되었다. 이와 관련해서 기술 이전을 촉진시키는 방식을 확인하고 분석하기 위해 '기술이전전문가그룹(Expert Group on Technology Transfer: EGTT)'이 설립되었다. 이 전문가그룹의 다섯 가지 핵심 주제는 기술의 필요와 요구에 대한 평가, 기술 정보의 제공, 우호적인 환경 조성, 역량 구축, 기술 이전의 메커니즘이다(UNFCCC, 2002a). UN기후변화협약의 당사국들은 다섯 가지 주제와 관련된 프로그램을 수립·이행한 뒤, 이를 정기적으로 분석하고 있다. 게다가 이 전문가그룹은 최근에 기술 이전과 관련된 자금을 조달하기 위한 혁신적인 대안을 논의하기도 했다(UNFCCC, 2007).

청정에너지와 관련된 기술 이전에 UN기후변화협약이 미친 효과를 전반적으로 평가하는 데에는 어려움이 따를 수밖에 없다. 실제로 UN기후변화협약 사무국의 최근 보고서에 따르면, 기본적인 협력 체계는 유의미할 수 있지만 민간 부문의 참여 확보를 위한 기술 개발 및 이전과 관련된 재정 지원을 위한 통찰력은 부적절한 것으로 평가되었다(UNFCCC, 2010: 47~48).

과학기술은 2012년 이후의 국제 기후변화 협상에서 눈에 띄게 중요한 역할을 차지하고 있다. '기술 개발 및 이전의 강화'는 2007년 발리 실천계획(Bali Action Plan)[2]의 네 가지 구성 요소 가운데 하나였다(UNFCCC, 2007). 새로운 기술 메커니즘에 관한 초창기 협정은 2009년 열린 15차 당사국총회에서 합의된 코펜하겐 협정[3]과 2010년 열린 16차 당사국총회에서 체결된 칸쿤 협정(Cancún Agreements)[4]에 의해 구체화되었다. 그리고 칸쿤 합의문(Cancún Decision)에 의거해서 기술 개

---

2 2007년 12월 인도네시아 발리에서 개최된 13차 당사국총회에서는 2012년 이후 선진국 및 개도국의 의무부담에 대한 논의가 활발히 이뤄졌다. 특히 교토의정서의 의무 감축에 상응하는 수준으로 노력하기 위해 모든 선진국이 협상에 임하기로 했으며, 개발도상국을 포함한 모든 국가에 측정·기록·검증 가능한 방법으로 온실가스 감축을 수행토록 하는 '발리 로드맵'이 채택되었다. 당시 당사국총회에서는 구체적인 실천계획(Bali action plan)도 함께 채택되었다. _옮긴이

3 2009년 12월 덴마크 코펜하겐에서 개최된 15차 당사국총회는 선진국과 개도국의 대립으로 인해 난항을 겪었으나, 최종적으로는 코펜하겐 협정이라는 형태로 합의가 도출되었다. 그렇지만 당시 합의는 법적 구속력이 없었으며, 선진국과 개도국 사이의 민감한 쟁점들을 해결하지 못한 상태로 도출된 정치적 합의문 수준이었다. _옮긴이

4 2010년 12월 멕시코 칸쿤에서 개최된 16차 당사국총회에서는 지구온도의 2도 상승 억제 및 2050년까지 상당한 규모의 온실가스 감축이라는 공유 비전이 제시되었다. 그밖에도 녹색기후기금(Green Climate Fund)이라는 신규 기금의 설립이 포함된 칸쿤 합의문이 채택되었다. _옮긴이

발 및 이전의 메커니즘으로서 '기술집행위원회(Technology Executive Committee)'와 '기후기술센터네트워크(Climate Technology Center and Network)'가 만들어졌다(UNFCCC, 2011). 기술집행위원회의 임무는 기술의 필요성 인식, 기술 개발 및 이전과 관련된 장애 요인 제거, 국제 기술 이니셔티브와의 협력, 기술 개발 및 이전의 효율성 향상을 위한 지침 제공 등으로 광범위했다. 기후기술센터네트워크는 기술 이니셔티브의 상이한 거버넌스 차원을 고려해서 폭넓은 연결망을 조성하고 발전시킨다는 목적을 갖고 있었다. 기후기술센터네트워크는 특히 개발도상국의 기술 개발 및 이전을 지원하는 유연한 제도적 틀을 마련하고, 기술의 필요성 인식, 기술 이행, 역량 구축 등을 지원하고 있다. 이로써 공공 부문과 민간 부문 사이의 기술 개발 및 이전이 촉진될 것으로 예상되었다. 다만 이런 기술 메커니즘이 도입됨으로써 기술 이전 전문가그룹의 의미는 퇴색할 수밖에 없었다.

청정개발체제와 청정에너지 기술

청정에너지의 기술 이전은 '청정개발체제(Clean Development Mechanism: CDM)'[5]와 관련해서 간접적이기는 하지만 매우 중요한 역할을 담당했다. 청정개발체제하에서 선진국은 개도국과 자발적인 협력 관계를 형성하는 방식으로 온실가스 감축 사업을 수행할 수 있다. 이는 당사자인 개도국의 지속가능한 발전에 도움이 될 뿐만 아니라 선진국의 입장에서도 비용 대비 효율적으로 온실가스 감축 목표를 달성한다는 이중적인 목적을 지니고 있다. 교토의정서에서는 청정개발체제의 목표로 청정에너지 기술 이전을 명시하지 않았지만, 이후의 결정에서는 이를 분명히 밝히고 있다(UNFCCC, 2002b).

---

5 이산화탄소 절감을 통한 탄소배출권 확보로 수익을 창출하는 사업을 말한다. 청정개발체제는 1997년 12월에 체결된 교토의정서에 의거해 선진국이 개발도상국에서 온실가스 감축 사업을 통해 달성한 실적을 자국의 온실가스 감축 목표 달성에 활용할 수 있도록 허용하는 제도를 말한다. 이로써 선진국은 저렴한 비용으로 온실가스 감축 목표를 달성할 수 있고, 개발도상국은 선진국으로부터 첨단 기술과 자금을 지원받을 수 있다. _옮긴이

청정개발체제 사업들이 대부분 재생가능에너지 분야를 대상으로 진행되지만, 감축량을 기준으로 부여되는 크레디트는 대부분 수소불화탄소(HFCs)나 아산화질소(N_2O)처럼 지구온난화를 일으킬 가능성이 높은 산업 분야의 온실가스 감축 사업을 통해 부여되고 있다. 예를 들어 2012년 3월 수립한 청정개발체제 프로젝트 가운데 재생가능에너지 분야는 사업 수를 기준으로 67%나 차지했던 반면, 산업 부문의 온실가스 감축 사업은 1.7%에 불과했다. 그렇지만 발급된 크레디트는 반대로 산업 부문의 온실가스 감축 사업이 68%를 차지하는 반면, 재생가능에너지는 18%에 불과했다. 한편으로 에너지 효율 사업은 수나 크레디트 모두에서 미미한 수준이었다(Fenhann, 2012). 결과적으로 청정개발체제를 재생가능에너지 및 에너지 효율 개선 분야로 확대하는 데에는 다음과 같은 장애물들이 존재하는 것으로 확인되었다. 첫째, 다른 사업들과 달리 청정개발체제 고유의 '추가성(additionality)'[6] 조건이 가장 큰 장애 요인일 수 있다. 에너지 효율 개선 사업의 경우 장기적인 비용 절감 효과는 클 수 있지만 재생가능에너지 및 에너지 효율 개선 관련 사업은 온실가스 감축 크레디트가 작기 때문에 이러한 프로젝트에는 청정개발체제가 그다지 효과적이지 않을 수 있다(Driesen, 2006). 반면 산업용 불소가스를 포집·제거하는 종말처리식 프로젝트에서는 추가성을 증명하기가 쉽다. 특히 온실가스의 배출을 규제할 만한 법률적 규정이 없거나 청정개발체제 크레디트가 아니면 수익을 얻을 수 없을 정도로 경제성이 열악한 사업의 경우에는 특히 수월할 수 있다. 둘째, 재생가능에너지 및 효율 개선 관련 사업들은 다른 프로젝트에서 생성되는 탄소 크레디트당 투자비와 비교할 때 더 많은 자금이 필요하다는 단점이 있다(Matschoss, 2007: 119). 결론적으로 재생가능에너지 및 효율 개선 프로젝트는 저비용의 대규모 감축 사업들에 의해 '배척' 당하고 있는 실정이다.

---

6 청정개발체제의 추가성 조건은 설비 투자의 경제성이 없을 뿐만 아니라 다른 환경 법률에 의해 강제적으로 규제되지도 않기 때문에 오직 기후변화 해소를 목적으로 '추가'된 사업이라는 증명을 요구하는 조건이다. 즉, 기후변화기금이 지원되지 않았더라면 사업이 진행되지 않았을 것이라는 사실을 입증해야 하는 조건으로, 청정개발체제 사업 등에도 적용되는 원칙이다. _옮긴이

최근에는 청정개발체제의 기술 이전 효과와 관련된 수많은 연구 결과들이 발표되고 있다. 이는 '청정개발체제가 UN기후변화협약하에서 기술을 이전할 수 있는 강력한 메커니즘'이라는 주장에 힘입은 것이다(Schneider et al., 2008: 2936). 이러한 연구 결과는 청정개발체제 개발자의 프로젝트 관련 문서나 독립적으로 수집된 데이터에 기반을 두고 있으며, 한편으로는 하드웨어 및 소프트웨어를 통한 기술 이전이라는 개념 정의와도 관련성이 깊다. 그렇지만 하드웨어의 이전만 포함시키는 기술 이전이라는 좁은 의미로 개념을 정의할 경우에는 청정개발체제가 상당히 긍정적인 것으로 평가되는 반면, 소프트웨어를 포함하는 포괄적인 개념으로 기술 이전을 정의할 경우에는 청정개발체제의 기여가 '그다지 크지 않다'는 방향으로 결론 내려진다(de Coninck et al., 2007: 455; Haites et al., 2006: 346; Das, 2011: 28). 이처럼 연구 결과들이 다양하게 제시되고 있긴 하지만 청정개발체제와 관련해서는 다음과 같은 공통점이 도출될 수 있다. 즉, 청정개발체제는 특정 청정 기술과 관련해서 더욱 효과적일 뿐만 아니라 개발도상국을 대상으로 기술을 이전하는 속도도 나라마다 큰 차이가 존재하는 실정이다(Dechezleprêtre et al., 2009: 710; Seres et al., 2009: 4924).

화석연료 생산국과의 관계

국제 에너지 정책 및 국제 기후 레짐과 관련된 또 다른 쟁점은 화석연료 생산국의 지위를 어떻게 자리매김할 것인가 하는 것이다. UN기후변화협약에서는 화석연료의 소비에 대해 규정하고 있을 뿐만 아니라 화석연료의 생산·가공·수출에 의존할 수밖에 없는 국가별 고유의 특수한 상황도 인정하고 있다(제4조 8항 h호). 마찬가지로 교토의정서의 부속서 I 국가에 해당하는 선진국은 개발도상국에 미치는 사회적·환경적·경제적인 측면에서의 '부정적 영향'을 최소화시키는 방식으로 UN기후변화협약을 이행하기 위해 노력해야 한다고 규정하고 있다(제2조 3항 및 제3조 14항). 이 규정은 화석연료 생산국이 온실가스 감축 대책으로 인한 수출 감소와 관련해 보상받을 수 있는 권리를 주장하는 근거가 되고 있다. 이후에 더 자세히 설명하겠지만, 사우디아라비아를 포함한 OPEC 회원국은 새로운 기후변화 정책의 도입을 지연시킬 뿐만 아니라 이를 보상 대책으로 연결시키려는 목적을 지닌 기후협상의 방해자로 악명을 높여왔다(Depledge, 2008; Dessai, 2004). 물론 화석연료 생산국에 대한 보상 요구는 선진국의 반대에 부딪혔으며, 산유국의 경제 다각화를 위한 보상 메커니즘은 마련되지 않았다.

국제 기후 레짐을 넘어서는 새로운 기후변화 거버넌스

이 절에서는 먼저 국제 기후 레짐을 초월하는 국제기구와 UN기관의 역할을 다음과 같은 측면에서 분석하려 한다. 첫째, 자금 조달, 프로그램 활동, 관념적 리더십을 통해 세계의 에너지 선택에 상당한 영향을 미치는 UN개발계획, UN환경계획, 세계은행 등의 국제 금융기관 및 UN 산하기관의 활동을 에너지의 지속가능성이라는 관점에서 살펴보려 한다. 둘째, 기후변화 및 에너지 문제를 다루는 국제기구의 관련성을 살펴보려 한다. 특히 G8나 G20 같은 비공식기구에 대해서도 살펴볼 예정이다. 셋째, 2002년 남아프리카공화국의 요하네스버그에서 열린 지속가능발전 세계정상회담의 결과물인 '요하네스버그 선언'으로 인해 마련된 국제 에너지 정책의 파트너십뿐만 아니라 지속가능발전을 위한 350개 이상의 공공·민간 파트너십의 기여도를 분석하려 한다. 넷째, 마지막으로 국제 에너지 정책과 다국적 거버넌스의 관련성을 간략히 살펴보려 한다.

공식적인 국제기구

국제기구는 저탄소 경제를 지향하는 세계적 추세를 지원하는 중요한 역할을 맡고 있다. 구체적으로는 에너지 효율 개선의 잠재력을 활용하지 못하는 국가에 지속가능한 에너지 기반 시설의 건설을 촉진하고 있다. 결과적으로 에너지 및 기후변화와 관련된 재정적인 지원이 지속적으로 늘어나면서, 전통적 국제기구인 UN뿐만 아니라 에너지 관련 기관과 다자간 개발은행에 이르기까지 많은 국제기구의 관심이 높아지고 있다(Newell, 2011: 97).

UN환경계획은 재생가능에너지 시스템을 조성하기 위한 6개의 하위 프로그램을 시행하고 있다. 그렇지만 예산 제약으로 인해 UN환경계획의 활동은 '21세기를 위한 재생가능에너지 정책 네트워크(REN 21)' 같은 공공·민간 네트워크 구축에 초점을 맞추고 있다. '녹색 경제'로의 지구적 전환을 추구하는 UN환경계획의 비전은 장기적 투자처로서 재생가능에너지 및 에너지 효율과 청정 수송을 강조하고 있다(UNEP, 2011). 이런 정책 기조는 이들 분야에서 빠르게 증가하는 투자 규모를 보고해 금융권의 관심을 촉발시키려는 연간 간행물인 ≪재생가능에너지 투자의 국제 동향≫에서도 명확히 드러나고 있다.

UN환경계획의 자매기관인 UN개발계획은 에너지 문제를 지속가능발전이라는 관점에서 바라보고 있다. 2010년에 UN개발계획은 '지속가능한 발전을 위한 에너지 및 환경 관리'를 위한 전체 지출액의 11%에 달하는 5억 800만 달러를 에너지 효율 개선과 관련된 14개의 프로그램과 30개의 재생가능에너지 프로젝트에 지출한 바 있다(UNDP, 2011: 6).

지속가능한 에너지는 최근 들어 기후변화 문제의 핵심적인 쟁점으로 자리를 옮겼지만, 사실 IEA는 이미 1990년대 중반부터 이와 관련된 핵심적인 전문 지식을 축적해왔다. 석유파동에 대한 OECD의 대응책으로 1974년에 설립된 IEA의 주요 의제는 시간이 지남에 따라 점차 확대되고 있다. 1990년대 초반부터 2005년까지는 화석연료 및 원자력과 관련된 기존의 정책 기조를 유지하면서 에너지 안보와 지속가능성 문제를 가장 우선시하는 방향으로 전환되었다. 정책 자문, 정보 공유, 기술 이전 같은 IEA의 전통적인 기능은 재생가능에너지 및 에너지 효율 개선에 대한 세계적인 이해를 높이는 데 기여할 것이다. 또한 IEA 사무총장이 G8 정상회담에 정기적으로 참여함으로써 정책적 영향력을 더욱 확대했으며, 추가적인 자금 조달이 용이해짐으로써 조직의 위상도 향상되었다. 이 같은 영향력의 확대는 IEA의 역량 강화에 상당한 도움이 되었다. 이는 저탄소 에너지로 전환하는 데 대한 전문지식을 쌓는 계기로도 작용했으며, IEA의 입지를 강화하는 특정 기술을 확보하는 데에도 기여했다(Florini, 2011).

반면 국제재생에너지기구는 2009년에 설립되었으며, 2012년 현재 88개 회원국으로 구성되어 있다. 그렇지만 정작 지속가능한 에너지의 국제 조정자로서 역량을 발휘하기 위해서는 많은 협의를 거쳐야 하기 때문에 독자성은 여전히 부족한 실정이다. 연간 2500만 달러에 달하는 예산과 직원 채용 부담뿐만 아니라 업무의 중복성 문제 때문에 국제재생에너지기구와 IEA는 계약제 근로 같은 고용 부문의 파트너십을 맺기도 했다(Van de Graaf, 2013). 초창기에는 국제재생에너지기구가 재생가능에너지에 대한 국제적인 권한을 가지고 목표를 적극적으로 추구했는지, 주요 지역의 공공·민간 네트워크와 파트너십을 잘 구축했는지를 활발히 평가했다. 예를 들면, 재생가능에너지 및 에너지 효율 개선과 관련된 REN 21과의 파트너십 등에 관한 평가가 이뤄졌다.

이상 언급한 국제기구의 촉진 및 촉매 기능이 무엇이든지 간에, 세계은행 및 '다자간 개발은행(Multilateral Development Bank: MDB)'[7]의 에너지 선택에 대한 영향력과는 어떤 차이가 있는지를 다음과 같은 측면에서 비교해볼 필요가 있다. 첫째, 자금을 확보하려는 국가 및 개인 투자자는 적절한 기술, 규제, 정책, 서비스 제공과 관련된 특정 아이디어 및 가이드라인에 종속될 수밖에 없다(Nakhooda, 2011). 페리에 따르면, "세계은행의 개입과 지원은 중요한 시작점"이 된다고 한다(Ferrey, 2010: 113). 세계은행은 다른 다자간 개발은행에서뿐만 아니라 선진국의 국가수출은행과 민간 은행에서도 대출 관련 지침을 형성할 수 있다. 둘째, 자금 조달을 위해 2008년에 설립된 '기후투자기금(Climate Investments Funds: CIF)'은 더 많은 재정 분야를 대표하면서 그 어느 때보다 기후변화 문제에 전념하고 있다. 구체적으로 청정 기술 기금 45억 달러는 저탄소 기술의 이전 및 확산과 관련

---

7   다자간 개발은행이란 경제개발자금을 지원하는 은행으로, 다수의 차입국(개도국)과 다수의 재원공여국(선진국)이 가입 자격 제한 없이 참여하는 은행을 일컫는다. 다자간 개발은행의 대표적인 사례로는 세계은행(World Bank: WB)그룹, 아프리카개발은행(African Development Bank: AFDB), 아시아개발은행(Asia Development Bank: ADB), 유럽부흥개발은행(European Bank for Reconstruction and Development: EBRD) 및 미주개발은행(Inter-American Development Bank: IDB)을 들 수 있다. _옮긴이

해서 양허성 자금을 대출해주고 있으며, 공동 자금 조달에도 360억 달러가 투입될 것으로 예상된다. 또한 재생가능에너지의 비중을 증가시키기 위한 프로그램에도 전략적 기후기금 20억 달러가 지원되고 있다(World Bank, 2011).

그렇지만 회원국이 적절하다고 인정하는 사업에 대해서는 '재정지원관'의 역할을 맡기 때문에 세계은행이 완벽한 독립기관이라고 할 수는 없다(Ferrey, 2010: 112). 시민단체와 몇몇 정부의 압력으로 인해 세계은행은 온실가스 감축 목표를 자신의 지원 사업에 좀 더 체계적으로 통합하려고 했다. 그렇지만 세계은행 의사 결정 방식인 투표에서 신흥국의 영향력이 커지는 상황이었으므로 온실가스 감축 목표를 에너지 관련 사업 대출에 제한적으로나마 반영함으로써 2011년에는 58억 달러를 지원할 수 있었다(Nakhooda, 2011: 127).

단체 협정

2000년대 중반 이후에는 다양한 단체 협정이 기후 에너지 연합에 적용되었다. 일반적으로 단체 협정은 '핵심 국가의 소규모 그룹'을 포함하는 거버넌스 이니셔티브와 관련이 있다(Victor, 2009: 342). 이로 인해 얼마나 많은 국가를, 그리고 어떤 국가를 참여시켜야 하는지에 대한 문제가 제기되고 있다(Eckersley, 2012). 몇몇 국가는 온실가스 배출량과 경제력으로 인해 핵심적인 역할을 맡는다. 따라서 그룹의 회원국이 다양하기는 하지만, 미국, 중국, 인도 같은 핵심 국가는 반드시 포함된다. 단체 협정은 제한된 수의 국가들만 참여할 경우에는 당연히 훨씬 더 쉽고 효과적으로 합의에 도달할 수 있지만 해결하기 어려운 국제 기후 레짐하에서의 다자간 논의 과정에서는 전혀 그렇지 않다는 문제를 안고 있다. 결국 국제 기후 레짐과 다자간 협정을 비교한 결과 참가자 수를 제한하면 효과적인 합의를 쉽게 도출할 수 있다는 것으로 정리할 수 있다(Naím, 2009; Victor, 2009). 이러한 소규모 접근 방식의 다양한 사례는 예전에도 많았다.

G8이 창설되었던 1975년까지만 해도 기후변화에 대한 문제의식이 거의 없었지만, 2005년 스코틀랜드 글렌이글스에서 개최된 G8 정상회담 이후로는 기후변

화 의제가 반복적으로 제기되고 있다. 당시 G8 정상회담에서는 에너지·기후변화 쟁점과 관련된 활발한 참여를 부추겨 기후변화 및 청정에너지와 지속가능한 발전에 대한 행동 계획을 이끌어냈다. 이와 같이 에너지·기후변화와 관련된 새로운 관점은 다양한 공약과 행동으로 구현되고 있다(Van de Graaf and Westphal, 2011). 주목할 만한 공약은 2008년 일본 홋카이도에서 개최되었던 G8 정상회담이었는데, 이 회담에서는 전 세계 이산화탄소 배출량을 2050년까지 절반 이상 감축한다는 목표를 채택했다. 구체적으로는 2050년 온실가스 감축량의 80% 이상을 선진국에서 달성하는 것으로 세부 목표를 마련했다. 이후 2009년 이탈리아 라 퀼라에서 개최된 G8 정상회담에서는 산업화 이전과 비교해서 지구 온도 증가를 2도 이내로 유지한다는 합의를 이루었다. 이처럼 G8은 기후변화에 관한 상징적 의미의 약속뿐만 아니라 '에너지 효율 개선 증진을 위한 국제 협력(International Partnership for Energy Efficiency Cooperation)'이라는 실질적인 이니셔티브도 홋카이도 정상회담에서 설립한 상태다(Lesage et al., 2010).

또한 2007년 독일 하일리겐담에서 개최된 G8 정상회담에서는 중국, 인도, 브라질, 멕시코, 남아프리카공화국 5개국이 추가되었으며, 비공식적인 대화를 위한 협의체인 G8+5가 설립되었다. 그렇지만 이 회담에서는 에너지 문제를 논의하면서 효율 개선에 초점을 두었으며, 2009년 덴마크 코펜하겐에서 개최된 당사국총회 이후 기후변화 관련 의제는 G20의 출현과 함께 쇠퇴하고 말았다(Bausch and Mehling, 2011: 28~30). G20은 선진국과 개발도상국을 포괄하는 대규모의 경제 연합으로, 주로 국제 경제 정책을 조정하는 데 관심을 갖고 있었다. 물론 G8의 역할을 승계해서 국제 금융 및 경제 발전에도 초점을 맞추었다. 기후변화라는 관점에서 볼 때 이 포럼에서 이룬 가장 주목할 만한 진전으로는, 2009년 미국 피츠버그 정상회담에서 화석연료 보조금을 중기적·단계적으로 폐지하기로 약속한 것을 들 수 있다(Van de Graaf and Westphal, 2011).

또 다른 측면의 이니셔티브는 2007년 조지 부시 대통령이 시작한 '에너지 안보와 기후변화에 관한 주요 경제 프로세스(Major Economies Process on Energy Security and Climate Change)'다. 이는 오바마 대통령의 '주요국 경제포럼'[8]으로 계승되었다. 주요국 경제포럼의 주요 논의사항은 G20과 관련된 경제 문제였지만, 정작 기후변화·에너지 쟁점이 중점적으로 다뤄졌으며, 선진국 및 개발도상국 17개국이 참여했다. 처음에는 UN기후변화협약과 분리되는 경향이 있었지만, 점차 국제 기후 레짐을 지원하는 문제에 관심을 기울이기 시작했다. 주요국 경제포럼은 기후 친화적인 기술의 개발과 확산을 진척시키기 위한 국제 파트너십을 형성하는 것을 중심 의제로 삼았으며, 주로 기술 협력에 초점을 맞추었다. 주요국 경제포럼의 의제였던 청정에너지 기술의 진전은 '청정에너지장관회의(Clean Energy Ministerial Conference: CEM)'[9]를 수차례 개최하는 데 도움을 주었다. 그렇지만 주요국 경제포럼과 청정에너지장관회의가 앞으로 어떻게 지속될지는 지켜봐야 할 문제다. 왜냐하면 미국이 주도하고 있기는 하지만, 정작 자국 내에서의 지지가 약화되면서 이에 대한 관심이 줄어들 것으로 예상되기 때문이다(Bausch and Mehling, 2011: 23~25).

기후변화·에너지와 관련된 공공·민간 파트너십

기후변화 문제를 해결하기 위한 국제적인 노력은 점차 국가를 기반으로 하지 않는 월경성 다국적 거버넌스에 의해 보완되고 있다고 학자들은 주장한다. 이런 맥락에서 몇몇 학자는 공적 목표를 초월하는 권위를 부여한다는 측면에서 다국적 거버넌스가 초국가적 관계를 넘어 더 많이 설립되는 것이 효율적이라고 주장

---

8   미국은 재생가능에너지 개발을 통한 에너지 독립을 추진하고 있으며, 기후변화 대처에서 주도적인 역할을 하기 위해 노력하고 있다. 이를 위해 오바마 대통령은 클린턴 행정부에서 백악관 고위관리를 지냈던 토드 스턴(Todd Stern)을 2009년 1월 26일 기후변화 특사로 임명했으며, 미·중 청정에너지 파트너십 구축을 추진했다. 또한 2009년 4월 27일부터 에너지·기후변화 관련 주요국 포럼 준비회의를 개최했을 뿐만 아니라 '녹색 외교 이니셔티브(Greening Diplomacy Initiative)'를 추진하고 있다. _옮긴이
9   2010년 미국 워싱턴에서 처음으로 개최되었으며, 이후 아랍에미리트, 영국, 인도를 거치면서 국제 에너지 협의체로 자리매김했다. 에너지에 대한 관심이 높아지면서 매년 23개국의 에너지 장관들이 한자리에 모여 에너지 관련 의견을 나누고, 청정에너지 기술에 대한 정보를 공유하며, 청정에너지를 확산시키기 위한 방안을 논의하고 있다. _옮긴이

하기도 한다(Abbott, 2012; Andonova et al., 2009; Pattberg, 2010; Pattberg and Stripple, 2008).

이처럼 폭넓은 시야를 가지는 것이 바로 공공·민간 파트너십이라 할 수 있다. 즉, 정부를 포함한 각종 사회적 행위자, 국제기구, 기업, 연구 기관, 시민단체로 구성된 네트워크는 담론과 현실이라는 측면에서 국제 환경적 질서를 마련하는 초석이 되고 있다. UN 차원에서는 기업과의 자발적인 협력을 통해 승인된 '글로벌 콤팩트(Global Compact)'[10]를 발족했다. 그뿐만 아니라 2002년에 남아프리카공화국 요하네스버그에서 개최되었던 '지속가능발전 관련 세계정상회담(World Summit on Sustainable Development: WSSD)'[11]에서 코피 아난(Kofi Annan) UN 사무총장은 생물 다양성 쟁점에서부터 에너지 부문에 이르기까지 공공·민간 협력 관계를 구축하기 위해서 각국이 담당해야 하는 파트너십을 제시했다(Pattberg et al., 2012).

2012년에 UN지속개발위원회(UN Commission on Sustainable Development: UNCSD)[12]에 등록된 340개의 파트너십 가운데 46개는 에너지 문제를 주로 다루

---

10 UN이 전 세계 대기업에 세계경제의 국제화로 인한 각종 문제에 적극적으로 대처해달라고 요구했던 선언적 협약이다. 구체적으로는 코피 아난 UN 사무총장이 1999년 1월 스위스의 다보스에서 열린 세계경제포럼에서 처음으로 제창했으며, 2000년 7월에 정식으로 발족했다. 금융, 경제, 정보 같은 국제화의 혜택을 모든 사람이 받을 수 있도록 지원하기 위한 UN의 활동에 민간 기업이 협력해줄 것을 요구하고 있다. 세부 조항은 인권, 노동, 환경, 반부패라는 4대 분야의 10대 원칙으로 구성되어 있다. _옮긴이

11 2002년도 8월 26일부터 9월 4일까지 남아프리카공화국 요하네스버그에서 개최되었던 환경회의다. 1992년 브라질 리우회담에서 지속가능발전의 미래를 위해 채택되었던 '의제 21'을 실천에 옮기기 위해 지난 10년간 어떠한 노력을 해왔는가를 평가한 뒤, 앞으로 10년간 무엇을 할 것인가를 세계 정상들이 모여 논의했던 자리다. 리우회의 개최 이후 10년 만에 열린다는 의미에서 일명 '리우(Rio)＋10' 회의라고도 불린다. _옮긴이

12 본 위원회는 리우에서 채택된 '의제 21'의 이행 상황을 검토·감시하기 위한 목적으로 1992년 12월 UN 총회의 결의에 따라 설치되었으며, 1993년 2월 경제사회이사회에서 한국을 포함한 53개국을 이사국으로 선임했다. UN 환경개발회의에서 채택된 세부 실천 계획인 '의제 21(Agenda 21)'에 대한 각국의 이행 상황을 정기적으로 평가하고 지구적인 차원의 지속가능발전 전략을 마련하기 위해 상설 기구로 발족되었다. UN 경제사회이사회(ECOSCO)의 산하 기구로, 각국의 '의제 21' 이행 상황, 특히 재정 이전 및 기술 이전 분야의 이행 상황을 중점적으로 검토하고, 각국 정부·국제기구·민간단체의 '의제 21' 이행에 관한 보고서와 각종 국제 환경 협약의 체결 및 이행 상황을 평가하며, '의제 21' 이행을 위한 국제 협력을 증진하는 역할을 담당하고 있다. _옮긴이

고 있다. 이러한 에너지 파트너십에 대한 연구에 따르면, 대부분의 파트너십이 효과성이라는 측면에서는 기대만큼의 성과를 거두지 못했다고 한다(Szulecki et al., 2011). 많은 파트너십이 기존의 국제기구처럼 제대로 작동하지 않았으며, 조직의 구조를 강조하는 사람도 파트너십의 중요성에 대해 약간의 흐름만 감지했을 뿐이라고 한다. 연구 결과를 보면, 지속가능한 발전을 위한 세계정상회담이라는 파트너십은 지속가능성으로의 전환에 그다지 기여하지 못했다는 다소 부정적인 평가가 다수이지만, 개별적인 협력 관계는 지속가능한 발전에 뚜렷하게 기여한 것으로 인정받고 있다. 파트베르흐 등은 파트너십이 잘 운영되기 위해서는 조직 구조, 자원, 적극적인 참여자의 역할이 다른 무엇보다도 중요하다고 강조한 바 있다(Pattberg et al., 2012). 또한 문제 해결의 효율성이라는 측면에서 보면 지속가능한 발전을 위한 파트너십의 가장 좋은 실천 방법 또는 이상적인 모델이 존재한다고 결론 내렸다(Pattberg et al., 2012: 106~109).

'재생가능에너지·효율 개선 파트너십(Renewable Energy and Energy Efficiency Partnership: REEEP)'은 2002년 요하네스버그 정상회담 즈음에 설립된 대규모 공공·민간 파트너십의 대표적인 사례이자, 앞서 언급된 이상적인 모델의 일례라고 할 수 있다. 이는 재생가능에너지·기후변화·지속가능발전 분야에서 이해 관계자의 협력을 촉진시킬 수 있는 개방형 이니셔티브로, 국가 및 지방 정부를 포함하는 45개국의 정부 관계자와 3500명이 넘는 회원과 250개 파트너의 협력을 토대로 만들어졌다. 구체적으로는 러시아를 제외한 G8 회원국, 180개의 민간단체, 6개의 국제기구를 포함하고 있다. 연간 예산은 780만 달러, 집행 가능한 자금은 1645만 달러로, 지속가능발전을 위한 최대 규모의 공공·민간 파트너십의 하나라고 할 수 있다. 조직 구성이라는 측면에서는 업무를 총괄하는 국제 사무국, 8개의 지역 사무국, 그리고 2개의 핵심 거점 지역으로 북아프리카와 서아프리카를 설정해놓았으며, 총 57개국에서 관련 활동과 프로그램을 집행하고 있다.

'재생가능에너지·효율 개선 파트너십'은 지속가능한 발전을 지향하며, 참가자들은 시장 지향적인 성향을 지니고 있다. 이 파트너십은 기술 교류를 촉진시키고, 재생가능에너지 시장에서의 규제 및 정책적 장벽을 제거하며, 일반 대중을 포함한 다양한 이해 관계자에게 정보를 제공한다는 목적을 지니고 있다. 이 파트너십은 협력자들 사이에서 최선의 의사소통 기반일 뿐만 아니라 일반 대중에게는 교육·홍보를 통해 재생가능에너지와 관련된 창의적 아이디어를 실현하기 위한 최적의 수단이다. 따라서 이 파트너십은 규제를 완화하는 동시에 규제를 강화하는 이중적인 역할을 맡고 있다. 즉, 재생가능에너지 시장에서 국가적·지역적 장벽을 제거할 뿐만 아니라 새롭게 등장하는 영역에 대해서는 규제를 신설한다는 목표를 지니고 있다. 따라서 회원을 공개적으로 모집·유지하는데, 참여자 수가 지속적으로 증가하고 있다. 2012년 현재 정부 측 참여자의 33%는 유럽 지역이고, 다음으로 31%는 인도의 6개 지방정부를 포함한 아시아이며, 18%는 미국 지역이다. 마지막으로 11%는 호주, 뉴질랜드, 아프리카가 차지하고 있다.

게다가 2000년대 초반 들어서는 지속가능한 에너지 기술에 대한 다자간 공공·민간 협력 방식이 계획·도입되기 시작했다. 이는 UN기후변화협약에 대한 보완적·대안적 제도를 모색하려는 노력의 일환이었다. 특히나 불확실성이라는 측면에서 교토의정서의 발효 여부에 관한 우려가 상당히 심각한 수준이었다(van Asselt and Karlsson-Vinkhuyzen, 2009). 이때 몇몇 포럼은 탄소 포집·격리 또는 바이오에너지 기술이라는 특정 분야에 초점을 맞추기도 했다. 그 예로, 2003년 6월에 창설된 '탄소 격리 리더십 포럼(Carbon Sequestration Leadership Forum)'과 '국제 메탄 이니셔티브(Global Methane Initiative)'[13]를 들 수 있다(November, 2004). 여러 가지 기술을 결합시키기 위한 또 다른 이니셔티브인 '청정개발 및 기후변화에 관한 아시아태평양 파트너십(Asia-Pacific Partnership on Clean Development and Climate: APP)'은 2006년 1월에 출범했지만 5년 뒤 중단되고 말았다(McGee and Taplin, 2006).[14]

---

[13] 국제 메탄 이니셔티브는 쓰레기 매립지와 유기성 폐기물 등에서 발생하는 메탄가스를 줄이는 데 관심을 갖고 있는 협의체다. _옮긴이

[14] 기후변화 및 청정개발 관련 아시아태평양 파트너십은 미국, 호주, 캐나다, 중국, 인도, 일본, 한국이 주도해서 결성한 파트너십이다. 에너지 안보, 대기오염, 기후변화에 대한 대응뿐만 아니라 지속가능한 경제성장과 빈곤 퇴치를 목적으로 2006년 1월 출범했다. _옮긴이

이러한 이니셔티브들은 모두 협의의 G20 또는 주요국 경제포럼과 유사한 형태의 단체라고 할 수 있다. 여기에는 미국의 주도로 기후변화 대응에 발목을 잡는 비유럽 선진국의 느슨한 연합체인 우산그룹(Umbrella Group)[15]이 참여하거나 중국, 인도 같은 신흥 경제국뿐만 아니라 EU도 포함되는 경우가 대부분이다. 반면 작은 섬나라를 포함한 개발도상국과 최빈국들은 거의 참여하지 않고 있다. 따라서 이러한 이니셔티브들은 주로 특정 프로젝트를 담당하면서 친기업적인 성향의 사업들을 주도할 것으로 예상된다.

정보 공개를 통한 국제 기후 거버넌스

광범위한 기업 및 산업 수준의 온실가스 감축 계획이나 탄소 시장 조성 방식뿐만 아니라 수많은 다국적 네트워크도 등장하고 있다. 이들은 온실가스 감축 목표를 간접적으로 설정하고 있을 뿐이며, 실은 정보 공개와 투명성 확대에 초점을 두고 있다. 구체적으로는 사회적 행위자들이 기후변화와 관련된 기업의 대응을 쉽게 파악함으로써 지속적 행동 변화를 이끌어내도록 유도한다는 목적을 지니고 있다. 이러한 계획은 기관 투자자들이 선호하는 방식인데, 이들은 최근 들어 투자 결정 시 지속가능성을 중요한 판단 요인으로 고려하기 시작했다. 이러한 정보 공개 프로세스는 결과적으로 기업 활동에 심각한 타격을 줄 수 있으며, 기후변화를 해결하기 위한 시장 참여자들 사이의 국제적인 경쟁을 촉진시킬 수 있다. 예를 들면, 기업의 탄소 배출량을 공개함으로써 정보에 기반을 둔 새로운 거버넌스 체계를 구축할 수 있다. 결과적으로는 이를 통해 국가에 기반을 둔 종전의 UN기후변화협약을 보완하는 다국가적인 규범을 새롭게 제도화할 수 있을 것으로 기대된다(Florini and Saleem, 2011: 144~145).

이런 취지를 지닌 대표적인 국제기구로는 '기후위험에 대한 투자자 네트워크

---

15 EU의 노선을 따르지 않는 선진국 그룹으로, 교토의정서가 발효된 이후 느슨하게 결속되었으며, 호주, 캐나다, 아이슬란드, 일본, 뉴질랜드, 노르웨이, 러시아연방, 우크라이나, 미국이 속해 있다. _옮긴이

(Investor Network on Climate Risk: INCR)'가 있다. 이 네트워크는 기후변화 관련 비용의 내부화를 통해 에너지 및 기후변화 관련 사업에 영향을 줄 수 있는 투자자 중심의 거버넌스를 구축하려 한다(INCR, 2008). 다른 사례로는 '석유 데이터 이니셔티브(Joint Oil Data Initiative: JODI)',[16] '국제 리포팅 이니셔티브(Global Reporting Initiative: GRI)',[17] '전력 거버넌스 이니셔티브(Electricity Governance Initiative: EGI)', '채굴 산업 투명성 이니셔티브(Extractive Industries Transparency Initiative: EITI)' 등이 있다.[18]

국제 기후 레짐과 기타 국제 거버넌스 제도의 연계

지금까지 국제 기후변화 레짐을 초월하거나 포함하는 에너지 관련 국제기구를 살펴보았는데, 이에 대한 개략적 이해를 토대로 이 절에서는 이러한 기관들 사이의 연계에 초점을 맞추려 한다. 최근의 연구 결과에서는 임기응변식 국제 에너지 거버넌스의 제도적인 문제를 해결하려 노력하고 있다(Dubash and Florini, 2011). 즉, 지금의 국제 에너지 거버넌스는 '혼돈, 모순, 파편화, 불완전, 비논리, 비효율'라는 개념으로 대변될 수 있다(Cherp et al., 2011: 76). 몇몇 사례를 제외하면, 에너지의 제도적 관계에 대한 개념을 중심으로 한 체계적인 접근은 거의 이뤄지지 않고 있다(Bradshaw, 2010; Cherp et al., 2011; Colgan et al., 2011). 반면 국제 환경 거버넌스와 관련된 선행 연구들은 상대적으로 훨씬 진일보한 편이며, 복

---

16 국제에너지포럼은 IEA, OPEC, 전 세계의 주요 에너지 대국들이 참여해서 생산국과 소비국 간의 에너지 안보에 대해 토의하는 격년제 포럼이다. 이때 국제에너지포럼은 아시아태평양경제협력기구(Asia-Pacific Economic Cooperation), EU통계청(Eurostat), IEA, 라틴아메리카에너지기구(Latin American Energy Organization), OPEC, UN통계청(United Nations Statistics Division)과 함께 석유 관련 자료의 투명성을 제고하기 위해 '석유 데이터 이니셔티브'를 운영하고 있다. _옮긴이
17 1997년 세리즈 원칙을 제정한 미국의 환경단체와 UN환경계획이 주도해 설립한 국제기구다. 국제 리포팅 이니셔티브의 참가자는 세계 각국의 기업, 시민단체, 컨설턴트, 회계사협회 등으로, 환경 보고서 작성에 관여하는 모든 단체와 개인이 참여하고 있다. _옮긴이
18 이와 관련해서 더욱 자세한 내용은 15장 '자원 거버넌스'를 참고할 수 있다.

잡성, 파편화, 제도적 상호작용이라는 개념들을 정립해놓은 상태다(Keohane and Victor, 2011; Oberthür and Stokke, 2011; Biermann et al., 2009; Zelli, 2011a; Oberthür and Gehring, 2006).

스토케는 국제 에너지 정책을 분석하는 데 유용한 개념을 다음과 같은 세 가지 유형으로 구분해서 설명한 바 있다(Stokke, 2001: 10~23). 첫째 유형은 실용적 연계로, 특정 제도가 다른 제도의 비용과 편익을 변경하는 것이고, 둘째 유형은 관념적 연계로, 특정 제도가 학습 과정을 통해 다른 제도에 영향을 미치는 것이며, 셋째 유형은 규범적 연계로, 특정 제도가 다른 제도의 규범 준수에 영향을 미치는 것이다. 기후 레짐과 다른 제도 사이의 연계되는 특징을 시장, 안보, 발전, 지속가능성이라는 네 가지 차원에서 밝혀내기 위해서는 스토케의 유형별 분류 체계를 활용할 수 있다(Cherp et al., 2011; Dubash and Florini, 2011).

지속가능성 및 재생에너지의 영역에서 UN기후변화협약과 공식 조직 간의 관계는 '관념적 연계'로 설명할 수 있다. 심지어 화석연료와 원자력에 대한 태생적인 편견을 지닌 IEA와의 관계조차 강한 긴장 관계에서 벗어나 지금은 상호 학습적인 관계로 변화된 상태다. IEA가 기후변화협상의 초창기에는 적절히 참여하지 못했지만, 결국에는 기후정상회담에서 에너지 기술 분야의 전문적인 지식을 공급해줄 수 있었다. 마찬가지로 2005년 영국 글렌이글스에서 개최된 G8 정상회담 이후, IEA는 전문 지식을 제공하는 방향으로 기후 관련 사업을 확대하기 시작했다(Van de Graaf and Lesage, 2009: 304~305). 그럼에도 이러한 관념적 연계는 실용적인 측면에서 여전히 대립하는 부분이 있다. 결국 기후 레짐은 탄소 배출량에 대한 제한과 전통적인 에너지 사업자에 대한 가격 인상을 통해 전 세계가 에너지를 신중하게 선택하도록 설계할 수밖에 없다. 기후 레짐의 이러한 역할을 옹호하는 일부 유럽 국가는 결국 IEA의 재생에너지 프로젝트에 대한 미온적인 태도에 불만을 품고 국제재생에너지기구를 창설했다(Van de Graaf, 2013).

마찬가지로 에너지와 관련된 공공·민간의 협력과 국제 기후 레짐 간의 연계는 시너지 효과를 가져오기도 하지만, 상호 대립하는 경우도 있다. 즉, 저탄소 발전을 촉진시키기 위해 구성원들에게 인센티브를 제공하고 인식을 확대하는 과정에서 실용적 연계와 관념적 연계가 상호 중복되는 경우도 있다. 영국 글렌 이글스 정상회담의 후속 조치로 등장한 G8+5와 G20이 이 문제를 주요 핵심 사안으로 다루고 있다. 2007년 독일 하일리겐담 정상회담에서는 앞에서 언급한 내용 외에 추가적인 사항을 담고 있으며, 설명한 바와 같이 2009년 G8 이탈리아 라퀼라 정상회담 및 2009년 G20 미국 피츠버그의 정상회담에서 채택한 최근의 선언문은 UN기후변화협약의 승인을 포함해 지구 평균 온도의 증가가 산업화 이전 대비 2도를 초과하지 않아야 한다는 약속뿐만 아니라 비효율적인 화석연료 보조금을 단계적으로 폐지한다는 내용도 담고 있었다. 2009년 덴마크 코펜하겐의 기후변화 당사국총회, 주요국 경제포럼, 청정에너지 장관회의, 메탄·수소·탄소격리 같은 특정 분야의 공공·민간 파트너십을 통해 국제적 에너지를 전환하기 위한 동기가 부여되고 실질적인 자금을 마련할 수 있었다(Florini and Dubash, 2011).

반면에 전문가들은 이들 다양한 그룹의 파괴적 영향력에도 주목하고 있다. 즉, 이러한 단체들의 비구속적인 성향과 접근 방식은 강경한 입법화를 추구하는 기후협상의 추진력을 훼손시킬 우려가 있다(Vihma, 2009). 또한 특정 집단에 기반을 둔 포용력의 결여로 인해 대다수 개발도상국의 에너지 문제를 해결하지 못하는 한계도 지니고 있다(Biermann et al., 2009). 이러한 문제의 역사는 사실 2000년대 초반의 공공·민간 기술 협력으로까지 거슬러 올라갈 수 있다. 그렇지만 지금은 오히려 아시아태평양 파트너십의 약화된 협력 관계에 주목하는 학자들이 오히려 늘어나는 실정이다(Karlsson-Vinkhuyzen and van Asselt, 2009). 부정적 연계라는 측면에서 국가적으로 강도 높은 목표를 결정하지 못했을 뿐만 아니라 법적 구속력도 확보하지 못했던 아시아태평양 파트너십의 경우 야심찬 다자간 목표를 설정하려는 UN의 열정을 오히려 상쇄시키는 작용을 했다. 또한 이는 '공통의 차별화된 책임' 같은 UN기후변화협약의 핵심적인 원칙을 방해함으로써 규범이라는 측면에서 오히려 파괴적인 효과를 일으키고 있다(McGee and Taplin, 2006; van Asselt, 2007).

한편으로 국제 기후 레짐과 다국적 이니셔티브의 관계는 상호 간에 긍정적인 영향을 미치는 것으로도 설명될 수 있다. 이러한 이니셔티브는 규범적 측면에서 '새로운 규제를 요구하는 에너지 거버넌스에서 인식의 격차를 해소하는 역할'을 담당하는 경우도 종종 있다(Newell, 2011: 102). 게다가 '기후 위험에 대한 투자자 네트워크'나 탄소 정보 공개 프로젝트(Carbon Disclosure Project: CDP)[19]와 같이 정보에 기반을 둔 거버넌스를 통해 새로운 규범을 제도화할 뿐만 아니라 UN기후변화협약의 실용적인 연결 고리를 형성하는 민간 차원의 에너지 관련 자발적 행동 변화를 유도할 수 있었다(Florini and Saleem, 2011: 149~150). 그럼에도 '기후자본주의(climate capitalism)'의 파괴적 잠재력에 대해서는 여전히 비판적인 목소리가 존재한다. 특히 가난한 개발도상국에서 재생가능에너지와 관련된 투자를 하는 것은 목표를 손쉽게 달성하려는 안이한 태도일 뿐이라는 우려와 더불어 개도국에 오히려 해를 끼칠 수 있다는 심각한 우려가 제기되는 실정이다. 이러한 문제는 사실 앞서 논의한 기후 레짐의 하나인 청정개발체제와도 관련이 있다 (Patersonand Newell, 2010: 129~140).

　　UN기후변화협약과 국제무역협정 사이에서 발생하는 규범적인 측면의 세 가지 파괴적인 관련성은 시장이라는 관점에서 다룰 수 있다. 첫째, 가장 논쟁이 되는 쟁점은 탄소 국경 문제다. 미국 의회와 유럽위원회를 포함해서 많은 이들은 탄소 집약적인 제품의 수입을 규제하도록 요구하고 있다. 이와 관련해서 일부 법률가들은 이런 요구가 WTO의 규정과 충돌할 수 있다고 주장한다(Van Asselt and Brewer, 2010). 그렇지만 외교 전문가들은 이러한 우려가 국제 기후 레짐하에서 에너지 문제와 무역을 연결시키는 조치를 마련하는 데 오히려 걸림돌이 된다며 반대하고 있다(Eckersley, 2004; Zelli, 2011b). 둘째, 규범적 충돌은 지적재산권 문제일 수 있다. 최근의 기후정상회담에서는 OPEC 회원국과 인도를 포함한 개발도상국들이 지적재산권과 관련한 WTO의 규정을 완화하자는 목소리를 높이고 있다. 이는 지적재산권 측면에서 많은 비용이 들어가는 재생가능에너지 기

19　2000년에 설립된 이래로 탄소 정보 공개 프로젝트는 기업의 탄소 배출 관련 정보를 공개하도록 요구하는 운동을 진행해오고 있다. 세계적으로 1550개가 넘는 주요 기업들이 탄소 정보 공개 프로젝트를 통해 자신들의 탄소 정보와 기후변화 대응을 보고해오고 있다.

술의 이전과 관련해서 도와달라는 의미일 수 있다. 그렇지만 특허권을 보유한 기업의 압력을 받는 대부분의 선진국은 이러한 제안을 거부하고 있으며, 지적재산권 시스템을 유지하는 한도 내에서도 연구 개발을 유도하고 기술혁신을 촉진시킬 수 있다고 주장한다(Littleton, 2008). 셋째, 청정개발체제는 수백 개의 양자 간 투자 협정과 충돌할 수 있으며, 심지어는 투자 조항이 포함된 지역무역협정과도 상충될 가능성이 있다. 특정 단체와 절차에 제한을 두는 청정개발체제는 자유로운 투자를 보호하는 무역 협정을 침해할 소지가 있다(Brewer, 2004: 7~8). 반면에 몇몇 협정은 에너지 관련 투자 활동에 대한 별도의 환경 보호 조항을 포함시킴으로써 기후 레짐과의 규범적 일관성을 강화하는 선진적 조치를 마련했다(Ghosh, 2011).

우리는 IEA와 G8을 포함한 몇몇 기관과 동맹이 에너지 안보의 영역에서 담당하는 역할에 대해 살펴보았다. 이와 달리 OPEC은 UN기후변화협약에서 파괴적인 관계를 유지하고 있다. 최근 들어서는 OPEC 대표단이 적어도 기후변화 자체에 대해 더 이상 의문을 제기하지 않으면서 가치와 지식이라는 관념적 충돌이 다소 완화되기는 했지만, 기후변화 정책 및 대응을 바라보는 부정적인 시각은 앞으로도 계속 해결해나가야 할 핵심적인 갈등 요소다. "기후변화 관련 OPEC의 전략적 목표는 천연자원 중심의 경제로부터 탈피하기 위한 보상과 지원, 이 두 가지"다(Goldthau and Witte, 2011: 36). OPEC 회원국은 화석연료와 관련해 미국으로부터 정기적으로 로비와 조언을 받아왔으며, 처음부터 UN기후변화협약에 유리한 조항을 포함시키기 위해 전력을 기울였다. 또한 이들은 능숙하게 G77을 주도하면서 오랫동안 '명성에 어울리는 지위'를 누렸으며, 석유를 제외한 회원국들의 이해관계를 배제시켰다(Dessai, 2004: 25). OPEC의 영향력이 최근 들어 줄어들기는 했지만, 기후 레짐의 에너지 관련 논의에서는 여전히 걸림돌이 되고 있을 뿐만 아니라 항공기의 온실가스 배출 규제에 대해서는 반대 의견을 강력히 개진하고 있다.

IEA, G8, OPEC을 배제한 채 에너지 안보에 관한 기후 레짐과 다른 기관들 사이의 연계를 평가하기는 어렵다. 왜냐하면 이러한 거버넌스의 영역은 '국가의 정치·경제적 상황과 깊숙이 관련'되기 때문이다(Florini and Dubash, 2011: 2). 아세안과 같은 권역별 협약의 증가로 인해 향후 몇 년 동안은 에너지 시장과 투자의 관계 개선처럼 에너지 안보 문제와 국제 기후 레짐의 연계가 활발해질지도 모른다.

에너지와 관련된 국제 기후 레짐의 복합적 연계를 개발 영역에서 구성하려면 밀접하게 관련된 저탄소 발전, 기후 금융, 기후변화 적응이라는 문제를 명확히 구분할 필요가 있다. 지속가능한 발전이 UN기후변화협약의 핵심 원칙 가운데 하나로 제3조 4항에 명시되어 있기는 하지만, 개발이라는 에너지 소비와 지속가능성 목표 사이의 관념적 긴장 상태는 기후협상에서 자주 등장하고 있다. 이때는 온실가스 제한이라는 부담을 떠안으면서 국가 발전이 결국 교착 상태에 빠지는 경우가 대부분이다(Dubash and Florini, 2011: 9). 어쨌든 이러한 긴장은 국가 발전과 관련된 의제에 기후변화 문제를 포함시키는 과정에서 UN기구와 UN기후변화협약 간에 강력한 갈등으로 표출되기도 한다. 기후 문제가 2002년 지속가능한 발전을 위한 세계정상회담에서 '에너지' 의제에 포함되기는 했지만, 정작 UN기후변화협약 사무국은 기껏해야 2012년의 '리우+20 정상회담'을 준비하는 역할을 담당했을 뿐이다. UN환경계획, UN개발계획, UN기후변화협약은 1990년대 후반부터 상호 경쟁적인 관계에서 벗어나 재생가능에너지 및 에너지 효율을 개선하는 데 대한 공통된 인식을 바탕으로 상당한 시너지 효과를 발휘할 수 있었다. 이들은 UN지속개발위원회와 함께, 'UN 의제에서 에너지를 강화시킴으로써 비옥한 국가적 토대'를 제공하기 위한 상호작용과 학습을 촉진시켰다(Karlsson-Vinkhuyzen, 2010: 191). 이로 인해 관련 기관들은 에너지 빈곤에서 탈피하기 위한 구체적인 전략이 결핍되어 있음에도 이러한 문제를 해결하기 위해 '녹색 경제'라는 역동적인 수사법을 동원할 수 있었다(Bruggink, 2012: 6).

세계은행의 기후 투자 자금이라는 인센티브로 인해 개발도상국은 온실가스를 줄일 수 있는 기회를 마련했으며, 덕분에 국제 기후 레짐과의 실용적인 시너지 관계를 형성할 수 있었다. 그렇지만 이러한 실용적 연계에도 대립되는 측면이 존재한다. 왜냐하면 세계은행이 상업적인 측면에서 매력적인 프로젝트를 진행하기는 하지만, 정작 빈곤층에는 초점을 맞추지 못하기 때문이다(Michaelowa and Michaelowa, 2011). 기후 레짐의 특성 가운데 하나인 일국가 일투표 체계에 반대하는 원조국 중심의 의사 결정 방식은 세계은행의 저탄소 프로젝트에 편견을 개입시킬 수 있다. 실제로 새로운 녹색기후기금(Green Climate Fund: GCF)[20]은 이러한 사업의 우선순위 문제를 피해가면서 에너지 선택과 UN기후변화협약의 목표에 부응할 것으로 예상된다. 그렇지만 사업 배정은 결국 거버넌스 구조와 할당 조건에 따라 달라질 수밖에 없다.

마지막으로 기후변화에 대한 적응이라는 측면에서는, 온실가스 감축과 에너지 개발 사이에 더욱더 적절한 연계를 구축해야 할 것이다. 주류화를 통해 상생으로 가는 길을 찾는 기존의 희망은 비현실적인 것으로 입증되었다. 사실상 '저탄소 성장'과 '녹색 경제'라는 타협은 적응이라는 문제를 다루지 못하고 있다. 에너지 안보 및 접근성 문제를 해결하기 위한 공적 개발 원조와 다자간 기후 자금 간의 부정적인 연계를 해결하기 위해서는 합리적인 분업이 필요하다. 특히 브루힝크에 따르면, "온실가스 감축 목표를 포함하는 친성장 발전 전략과 기후변화 적응 목표를 포함하는 친빈곤 발전 전략은 명확히 구별"될 수 있다(Bruggink, 2012: 6).

정리하자면, 우리는 네 가지 차원의 국제 에너지 정책 전반에서 기후 레짐과의 다양한 연계 방식을 발견할 수 있었다. 이는 네 가지 차원을 대변하는 행위자 집단, 목표, 논리, 행위자 간의 약한 연계를 고려할 때 그다지 놀랄 만한 일이 아니다. 지속가능성이라는 측면에서 기후 레짐에는 에너지를 새롭게 선택함으로써 기후변화 문제를 해결한다는 공동의 목표와 관련해 관념적 중복의 문제가 개입될 수밖에 없다. 그렇지만 새롭게 등장하는 제도로 인해 기후 레짐은 이런 목표를 달성하는 방법과 관련해 실용적인 관점에서 경쟁적 연계에 직면할 수 있다. 시장과 안보라는 분야에서는 정반대의 상황을 발견할 수 있다. 원래 관념과 규범 간에 갈등이 존재하는 경우에는 이런 상호 연계가 제한된 실용적 수렴 또

---

20 개발도상국의 온실가스 감축을 지원하기 위한 UN 산하의 국제기구로, 사무국은 2012년 10월 한국의 인천 송도에 설립되었다. _옮긴이

는 보완의 가능성을 제공할 수 있다. 예를 들면, IEA나 권역별 무역협정 같은 경우가 대표적인 사례다. 국가 발전이라는 관점에서는 다양한 갈등과 함께 상승·대립이 중첩되는 복잡한 양상이 드러날 수 있다. 이러한 복잡성은 국제 기후 레짐 내에서 지속가능성과 발전 사이의 균형을 맞추려는 움직임을 그대로 보여주고 있다.

결론

이 장에서는 현재의 기후변화 거버넌스와 국제 에너지 정책의 관계를 신중히 검토하고 평가하는 작업을 진행했다. 즉, 이산화탄소 배출 추세를 간략히 설명한 뒤, 기후 에너지 연합과 국제기구 및 다국적 기관·단체 등을 포함한 국제 기후 거버넌스의 구조를 분석했다. 그다음으로는 지속가능성, 시장, 안보, 발전이라는 문제와 기후변화가 에너지와 관련해 어떻게 상호 연계되어 있는지를 살펴보았다.

수많은 이해관계와 영향력을 고려할 때 국제 에너지 레짐 같은 중요한 제도적 프레임은 실현 가능하지 않을 것으로 전망된다(Newell, 2011: 103). 서로 다른 목표와 생각을 적절히 반영하고 조화시킬 수 없기 때문에 바람직하지도 않을 것이다(Cherp et al., 2011). 더욱 현실적이면서도 더욱 야심찬 다자간 선택은 제도적 협력의 강화를 통한 '공동의 상호작용 관리'일 것이다(Oberthür, 2009: 375~376). 예를 들어, 기후변화 및 에너지 원조라는 영역에서 공적 자금에 의한 빈곤 예방 원조와 탄소 시장에 기반을 둔 녹색성장 원조를 명확히 구분함으로써 자금의 배당을 늘릴 수 있을 것이다(Bruggink, 2012: 32~35). 이러한 작업은 더욱 나은 다자간 거버넌스 체제로 계승될 수 있으며, '거버넌스 분야의 독특하고 중요한 특성을 유지하면서도 상호 연계를 강화'할 수 있을 것이다(Cherp et al., 2011: 86).

한편 개별 기관이 '일방적인 상호작용 관리'를 하는 것도 성공할 가능성이 있다(Oberthür, 2009: 375~376). 기후 레짐은 분리된 제도적 영역 내에서 '조정자'의 역할을 담당할 수 있다. 즉, 저탄소 사회를 향한 국가 차원의 전환을 지원·조정하기 위한 정보센터로서 도움이 될 수 있을 것이다(Dubash and Florini, 2011: 15; van Asselt and Zelli, 2012). 마찬가지로 IEA와 세계은행은 국가별 에너지 정책에 영향을 줌으로써 기후변화와 에너지 문제를 통합하는 데 기여할 수 있을 것이다(Karlsson-Vinkhuyzen and Kok, 2011). 결과적으로 기존의 대립적 파편화를 해결하는 방안으로는 각종 국제기관의 에너지 정책을 합리화하는 작업이 반드시 포함되어야 한다.

이제 국제적·다국적 기후 거버넌스와 국제 에너지 정책에 대한 함의를 기반으로 기후와 에너지 연합과 관련해 향후 진행해야 할 연구 방향을 제시하려 한다. 첫째, 학자들은 기후변화와 에너지 거버넌스가 중첩되는 문제를 발견함으로써 원인을 근본적으로 해결하기 위한 개념화를 시작하고 있다(Cherp et al., 2011; Colgan et al., 2011; Goldthau, 2012). 여기서 한 발 더 나아가 제도적 복잡성의 지배적인 원인을 해결하기 위한 이론 정립 등 체계적인 노력을 기울여야 한다. 한편으로는 효율성이나 형평성 같은 제도적 결과도 연구할 필요가 있다. 둘째, 기후 레짐 및 다국적 기후 거버넌스와 관련해서는 많은 논의가 이뤄지고 있지만, 기후 에너지 연합 내 거버넌스 그룹 사이의 관련성에 대해서는 거의 연구되지 않고 있다. 다만 G8, G20 정책 결정의 복잡한 관련성을 체계적으로 연구하기 위해서는 국제 기후 레짐인 UN기후변화협약과 다국적 거버넌스 이니셔티브에 대해 더욱 넓은 시야를 가질 필요가 있다.

셋째, 상호 연계에 대한 논의의 연속선상에서 질적인 평가를 추가할 필요가 있다. 지금까지의 연구는 다자간 기관의 수평적인 상호 연계에 초점을 맞추는 경향이 있었다(Young, 2002). 그렇지만 에너지 거버넌스의 국내 정치에 대한 영향력을 고려했을 때, 국제 기후 레짐과 연방·지방정부의 연계는 훨씬 더 많은 장점을 지니고 있기 때문에 앞에서 살펴본 복잡한 문제를 개선시킬 여지가 있다. 이러한 수직적 상호 연계 분석을 통해서 "기존의 연구 결과가 어떻게 도출되었으며, 향후 어떤 방향으로 전개될 것인지를 이해하는 것이 중요하다"(Floriniand Dubash, 2011: 3). 정리하자면, 기후·에너지의 연계와 에너지 거버넌스의 발생

원인 및 결과에 대한 추가적인 연구가 시급하다.

결론적으로 지금의 기후변화 거버넌스는 지속가능한 에너지를 위한 방향으로 설계되지 않았다는 문제를 안고 있다. 그렇지만 올바른 전략과 인센티브를 제공한다면 기후변화 거버넌스는 국제적·다국적이라는 두 가지 차원에서 에너지를 전환하는 데 중요한 원동력이 될 것이다.

21

에너지 시장과
탄소 가격

크리스티안 에겐호퍼

서론

에너지 분야는 수요의 급증, 생산 비용의 상승, 투자의 위축, 정부의 과도한 개입, 신규 산유국의 등장 같은 문제를 지금까지 겪어왔으며, 최근에는 기후변화라는 새로운 문제에 직면했다. 실제로 선진국의 전체 온실가스 배출량 가운데 80% 이상이 에너지 부문에서 발생한다. 21세기가 끝나기 전까지 지구 평균 기온의 상승을 2도 이내로 제한하기 위해 2009년 코펜하겐 총회에서 합의가 이뤄졌으며, 이듬해 칸쿤에서는 법적인 구속력을 갖게 되었다. 그렇지만 이러한 목표가 실현되기 위해서는 에너지 제도의 근본적인 변화가 반드시 수반되어야 한다. 에너지 시스템의 변화는 선진국뿐만 아니라 개발도상국에서도 이뤄져야 한다. 즉, 전 세계가 온실가스 배출량을 2050년까지 50% 감축해야 목표를 달성할 수 있을 것이다.

이 같은 목표를 달성하기 위해 선진국은 2050년까지 현재 배출량의 80~95%를 줄여야 한다. 그렇다면 선진국은 수송 부문뿐만 아니라 전력 부문에서도 현재 수준의 1/2 또는 1/3 수준으로 탈탄소화를 반드시 진행해야 한다. 설령 이러한 목표를 완벽히 달성하는 것이 어렵다고 할지라도, 탈탄소화는 지역·국가·지구적인 차원의 에너지 정책에 큰 영향을 미칠 것이다. 특히 대규모의 전기화, 재생가능에너지의 개발, 수송 부문에서 석유 소비의 감소, 발전 부문에서 천연가스의 비중 증가, 에너지 효율 개선을 위한 지속가능한 접근 방식, 새로운 저탄소 에너지 기술의 탐색 등에 따라 에너지 정책은 영향을 받을 수밖에 없다.[1]

에너지 분야가 당면한 기후변화 문제가 심각해짐에 따라 시장 메커니즘을 활용한 경제적 유인 수단에 대한 관심이 높아지고 있다. 물론 이론적으로 봤을 때 이러한 유인 수단은 가장 낮은 비용으로 의도하는 정책 목표를 달성할 수 있는 방식이다. 교토의정서에 대해 적대적인 입장을 취하는 국가들이 존재하는 것도 사실이지만, 1997년 교토의정서를 체결한 이후 시장 유인적인 정책 수단은 기후변화 담론에서 중심적인 위치를 차지하게 되었다. 이는 주로 미국에 국한되었던 배출권거래제가 다른 나라에서도 활용되기 시작했음을 의미한다.

배출권거래제가 확산되는 또 다른 이유는 다음과 같다. 에너지 부문에서는 현재 상태를 그대로 유지하려는 관성이 매우 크게 작용한다. 따라서 개별 국가의 차원에서는 감축 목표를 달성하기가 매우 어려우며, 이는 공급 안정성의 확보라는 측면에서 더욱 그러하다. 그렇다면 특정 국가에서 달성하지 못한 목표는 다른 나라의 감축 실적을 통해 상쇄해야 한다. 따라서 배출권거래제는 저렴한 비용으로 지구적인 온실가스 감축 목표를 달성하게 만든다는 측면에서 효과적인 메커니즘이라고 할 수 있다. 배출권거래제가 이처럼 효과적인 이유는 탄소 시장이 구축되기만 하면 배출권의 거래는 자동적으로 이뤄지기 때문이다. 이는 국제 협상이나 개발 원조와 같은 '정치적 거래'나 일상의 정치로부터 훨씬 자유로운 방식이라고 할 수 있다.

그렇다고 탄소 시장이 에너지 정책에서 가장 중요한 역할을 수행한다고 주장하는 것은 아니다. 오히려 반대로 최근 미국은 탄소 시장을 형성하는 데 어려움

---

1   여기에서 말하는 새로운 저탄소 에너지 기술은 원자력이나 청정석탄처럼 아직까지 상용화되지 않은 기술을 포함하는 개념이다.

을 겪고 있다. 마찬가지로 캐나다도 탄소 시장에 무관심하며, 호주 역시 관련 제도를 구축하는 데 어려움을 겪고 있다. 그럼에도 불구하고 탄소 시장은 각국 정부의 에너지·기후변화 정책에서 가장 중요한 부분이 될 것이며, 지역·국가·지구적인 에너지 정책에서 영향력을 확대해나갈 것으로 전망된다. 지금으로서는 이러한 확대 경향이 얼마나 가속화될지 알 수 없다. 그렇지만 지역·국가·지구적인 차원의 기후변화 및 에너지 정책에서 시장 메커니즘을 활용한 경제적 유인 수단과 배출권거래제의 도입이 중단되지 않을 것이라는 사실만큼은 분명하다.

탄소 시장의 현황 및 역학 관계

온실가스 관련 배출권 시장은 UN기후변화협약과 교토의정서가 체결됨에 따라 등장했다. UN기후변화협약과 교토의정서에는 감축 대상인 온실가스의 상쇄 및 감축분의 거래와 관련해 세 가지 조항이 포함되어 있다. 먼저 교토의정서는 부속서 I[2]이라고 불리는 온실가스 감축 의무국을 지정해놓고 있다. 따라서 부속서 I에 해당하는 국가는 교토의정서에 의거해 정해진 '할당량' 내에서 자국 배출권의 일부를 사고팔 수 있다. 한편으로는 비부속서 I 국가라고 불리는 개발도상국에서 실시한 프로젝트를 통해 확보된 배출권을 구입할 수도 있다.[3] 정리하자면, 배출권의 거래는 다음과 같은 세 가지 메커니즘하에서 이뤄진다.

• 청정개발체제(Clean Development Mechanism: CDM): 교토의정서 제12조에 의거해, 부속서 I 국가 및 기업은 개발도상국에서 온실가스 감축 프로젝트를 실시한 뒤 인증을 거친 배출권인 CER(Certified Emissions Reduction)을 획득할

---

2 부속서(annex) I 국가란, UN기후변화협약 부록에서 규정하고 있는 국가다. 이들 40여 개국은 온실가스 감축 의무를 지니고 있으며, 선진국들이 주로 여기에 해당된다. _옮긴이
3 예를 들면, 교토의정서에 의거해 태양광이나 풍력 같은 신재생에너지 보급 사업을 실시한 개도국은 이에 대한 보상으로 이산화탄소배출권을 다른 나라나 기업에 판매할 수 있다. _옮긴이

수 있다.

- 공동이행제(Joint Implementation: JI): 교토의정서 6조에 의거해, 부속서 I 국가 및 기업은 자신의 지역 내에서 온실가스 감축 사업을 실시해 획득한 배출권인 ERU(Emissions Reduction Unit)를 다른 나라에 이전·판매할 수 있는 제도를 가리킨다.

- 배출권거래제(Emission Trading System: ETS): 교토의정서 17조에 의거해, 부속서 I 국가 및 기업은 의정서에 의거해 할당된 AAU(Assigned Amounts Unit)의 일부를 거래할 수 있는 제도를 가리킨다.

이 3개의 배출권 거래 메커니즘은 각자 상이한 기능과 내용을 포함하고 있다. 예를 들면, 청정개발체제는 재정적인 측면에서의 지속가능한 발전을 추구할 뿐만 아니라 대단히 정교한 거버넌스를 필요로 한다는 특징을 지니고 있다. 이 3개의 메커니즘을 통해 획득한 배출권은 상호 간에 거래 및 교환이 가능하다. 즉, 이 3개의 메커니즘은 하나의 국제 시스템으로 연계되어 운영되고 있다.

이들 거래 메커니즘은 온실가스 배출을 감축하기 위한 다른 정책 수단들과 통합적으로 운영될 수 있도록 설계되었다. 이러한 통합적 방식을 통해 가장 저렴한 비용으로 온실가스 배출을 줄일 수 있을 뿐만 아니라 제도적인 순응 비용도 낮출 수 있다. 또한 거래 메커니즘의 이면에는 국제적인 탄소 시장을 조성하고 단일 탄소 가격을 설정한다는 전망이 자리 잡고 있었다. 아직까지 이러한 전망이 실현되지는 않았지만, 이를 위한 노력은 오늘날까지 계속되고 있을 뿐만 아니라 이를 위한 기반도 차근차근 마련되고 있다.[4]

물론 지금도 탄소 시장은 존재한다. 그렇지만 현재의 탄소 시장은 파편화되어 있으며, EU나 일본 같은 선진국과 몇몇 개발도상국에서만 도입되었을 뿐이다. 교토의정서에 의거한 배출권거래제는 EU와 일본에서 운영되고 있다. 물론

---

4   이 책의 저자들이 글을 작성하던 시기에는 국제 탄소 시장에 대한 합의가 이뤄지지 않았다. 그렇지만 번역이 진행되던 2015년 기후변화 당사국총회에서 합의된 파리협정에는 배출권거래제의 국제적 통합 운영이라는 내용이 실제로 포함되어 있다. _옮긴이

다른 국가에서도 배출권거래제를 도입하려는 움직임이 나타나고 있으며, 탄소 가격과 무관한 자발적인 방식의 배출 기준을 채택해나가고 있다. 사실 자발적인 탄소 시장은 미국이 교토의정서의 비준을 거부하면서 등장했다. 교토의정서의 비준을 오랫동안 미루었던 호주뿐만 아니라 기후변화와 관련해서 아무런 정책적 대응을 보이지 않던 캐나다도 교토의정서 비준 거부에 동참하는 상황이다.

2011년 11월과 12월 남아프리카공화국의 더반에서 개최된 기후변화 당사국 총회에서는 미래의 국제 탄소 시장에 관한 사항이 새롭게 추가되었다. 이러한 논의들은 교토의정서에 의해 등장한 국제적인 탄소 시장과 단일 탄소 가격에 관한 전망의 실현 가능성에 대한 해답을 마련하는 데 도움이 될 것이다. 반대로 장기간에 걸쳐 마련된 상향식 접근 방식이 통합된 국제 탄소 시장을 구축할 수 있을지에 대한 해답을 제공해줄 수도 있을 것이다(Marcu, 2011). 사실 머지않아 이러한 두 가지 방식이 동시에 진행될 수도 있을 것이다. 실제 결과가 어떻든 간에 탄소 시장은 에너지 정책에서 당면한 국제적인 문제들을 해결하기 위한 수단으로 활발히 이용될 것이다.

EU는 2005년에 의무 감축 제도를 종합적으로 도입했다. 또 다른 거래제는 뉴질랜드에서 도입되었으며, 최근에는 호주도 의무 감축 제도를 검토하고 있는 상태다. 미국의 경우 연방 차원에서는 배출권거래제에 대한 논의가 중단되었지만, 2009년부터 북동부 지역의 주에서는 지역적 차원의 배출권거래제가 운영 중이며, 캘리포니아에서는 2012년에 도입되었다. 그렇지만 무엇보다도 중국이 제12차 5개년 계획의 일환으로 온실가스 배출량의 측정·보고·검증 제도를 구축하기 시작했다는 사실에 주목할 필요가 있다. 여러 개발도상국과 신흥경제국에서도 탄소 시장을 확대하기 위한 계획을 수립하고 있으며, 몇몇 국가는 필요한 조건을 모두 충족시킨 반면 몇몇 국가는 아직 실험적인 수준에 머물러 있다. 끝으로 자발적 시장의 경우에도 이러한 국제 탄소 시장과 관련해서 또 다른 역학 관계를 구축하고 있는 실정이다.

이처럼 세계의 다양한 지역에서 배출권거래제 프로그램이 급증하고 있다. 이들은 온실가스 배출 감축을 목적으로 하는 기후변화 정책의 일환으로 이용된다.

청정개발체제 및 유관 메커니즘에 대한 기대는 배출권 거래가 지속적으로 늘어날 수 있는 기반을 마련해주고 있다. EU는 이러한 경향이 가장 두드러지게 나타나는 지역으로, 이미 2005년부터 배출권거래제를 운영하고 있다. 국제 탄소 시장의 가치는 2010년 1억 4000만 달러에 달했다. 2011년에는 EU의 탄소 가격이 하락하면서 가치가 떨어지기는 했지만, 배출권거래제에 대한 관심은 여전히 늘어나고 있다(Linacre et al., 2011).

유럽의 배출권거래제

EU는 교토의정서에 의거해 규정한 온실가스 감축 의무를 이행하기 위해 배출권거래제를 도입했다. 이를 통해 유럽경제지역(European Economic Area: EEA)[5] 내에서는 20억 톤의 배출량이 관리되었으며, 2010년 EU의 배출권거래제는 전체 국제 탄소 시장의 84%를 차지할 정도였다(Linacre et al., 2011). 이처럼 세계 탄소 시장에서 차지하는 막대한 비중을 고려할 때, EU 탄소배출권(European Union Allowance: EUA)은 국제 탄소 가격을 결정하는 주체라고 볼 수 있다.[6]

유럽의 배출권거래제는 원래 자신의 권역에 국한된 정책으로 설계되었다. 즉, 당시 교토의정서에 의거해 도입될 가능성이 있었던 청정개발체제, 공동이행제, 배출권거래제 같은 국제 탄소 시장으로부터 자신을 보호하기 위한 정책이었다. 이처럼 유럽이 국제 탄소 시장으로부터 자신을 보호해야겠다고 결정한 계기는 교토의정서와 마라케시 합의(Marrakech Accord)[7]하에서 마련된 의무 규정에 대

---

5 유럽경제지역에는 EU뿐만 아니라 노르웨이, 아이슬란드, 리히텐슈타인처럼 EU 시장과 관계를 맺어서 EU의 경제 규제가 의무적으로 도입된 국가들이 포함된다.
6 교토의정서를 비준한 국가의 배출권 수요가 빠르게 줄어들고 있기 때문에 EU의 배출권거래제는 적어도 일시적으로라도 국제 탄소 시장에서 더욱 중요한 위치를 차지하게 될 것이다.
7 2001년 11월 모로코 마라케시에서 개최된 7차 기후변화 당사국총회의 합의로서, 교토 메커니즘, 의무 준수 체제, 흡수원 등의 정책적 현안에 대한 합의문의 성격을 지니고 있다. 구체적으로는 청정개발체제를 포함한 교토 메커니즘 관련 사업을 추진하기 위한 기반을 마련한 문서라고 할 수 있다. _ 옮긴이

한 우려 때문이었다(Egenhofer, 2007). 당시 교토의정서는 배출권거래제 운영의 필수 조건인 배출량의 측정 방법론과 감축 의무의 강제 메커니즘을 확보하지 못하고 있었다. 이런 이유로 EU의 배출권거래제는 회권국과 EU 권역의 범위 내에서만 효력을 미칠 뿐이지, UN이라는 국제적인 차원에서는 작동하지 못하게 되었다.

초기 설계

EU의 배출권거래제는 '총량 제한(cap and trade)'의 방식이다. 이런 원칙 아래에서 부문별로 배출할 수 있는 온실가스 양이 제한되고 있다. 지금까지 이 제도는 대규모 산업체[8]와 1만 5000개에 달하는 발전소에 대해 이산화탄소 배출량을 제한해왔으며, 이는 EU 전체 온실가스 배출량의 40%를 차지한다. 기업은 이러한 총량 제한 방식을 통해 배출권을 획득한 뒤 이를 필요에 따라 사고팔 수 있다. 매년 말이면 해당 기업들은 감당할 수 있는 수준의 배출 허용치를 밝혀야 한다. 만약 이를 공개하지 않을 경우 벌금이 부과된다. 남은 배출권의 경우 추후에 사용할 수 있도록 이월이 가능하다. 이러한 배출권거래제의 유연성은 가장 저렴한 비용으로 온실가스 배출을 줄이도록 보장해줄 수 있다. 청정개발체제와 공동이행제 같은 교토의정서 메커니즘에 의해 창출된 크레디트는 한도 내에서 이용 가능하다(Lefevere, 2006).

EU의 배출권거래제는 시행 초기에 많은 어려움을 겪어야만 했다. 특히 거래제가 시범적으로 운영되던 2005년부터 2007년까지의 1단계 시행 기간이 그러했으며, 2008년부터 2012년까지의 2단계 시행 기간에도 문제가 지속되었다. 이처럼 시행 초기에 발생했던 문제와 배출권거래제의 설계 결함에 관한 내용은 여러 문헌에서 소개된 바 있다(Egenhofer, 2007; Ellerman et al., 2010; Skjærseth and

---

8　유럽 배출권거래제에 의무적으로 참여해야 하는 대규모 업체란 에너지 사용량이 20MWh 이상인 기업을 가리킨다. 구체적으로는 전력 및 열 발전, 시멘트 생산, 펄프 및 제지 생산, 정유, 코크스 제조, 철강, 유리, 도자기, 종이 및 판자 등의 1만 5000여 개 업체들이 참여하고 있다. _옮긴이

Wettestad, 2010). 2008년 1단계 완료 이후 검토 작업을 통해 이제는 대부분의 문제가 해결된 상태이며, 구체적으로는 3단계가 시작되는 2013년부터 개선 작업의 효력이 발생할 예정이다.

초기 단계에서 겪었던 몇 가지 문제는 배출권거래제를 성급하게 도입함에 따라 발생했다. EU는 기후변화 대응에 대한 강력한 의지를 표방하며 배출권거래제를 빠르게 도입했다(Skjærseth and Wettestad, 2008). 그렇지만 유럽 기업의 경쟁 상대인 다른 경제권의 국가에서는 이런 탄소 가격 시스템이 부재한 상황이었다. 따라서 '국가할당계획(National Allocation Plans)'에 따라 회원국에 배출량을 할당하는 것은 '출혈 경쟁'을 가져올 수밖에 없었다. 예를 들면, 회원국들은 자국의 기업들로부터 유럽의 다른 나라보다 많은 할당량을 받도록 압력을 받아야만 했다(Ellerman et al., 2007, 2010; Kettner et al., 2007). 이는 과잉 할당을 부추겼으며, 결국에는 가격의 폭락을 가져오고 말았다.

게다가 국제적 합의가 부재한 상황에서 시장 경쟁력과 탄소 누출에 대한 우려는 중요한 문제였다. 이와 관련해서 EU의 배출권거래제가 제시한 해결책은 배출권을 단계적으로 무상 할당하는 것이었다. 결과적으로 무상 할당은 기업들에 일종의 보상과 보조금으로 여겨졌으며, 이는 유럽에서의 지속적인 생산을 가능하게 만드는 유인책으로 작동했다. 그렇지만 배출권거래제의 도입 초기인 1단계와 2단계에서는 상당한 불로소득이 발생하는 문제도 나타났다. 이 기간에 EU 배출권의 시장가격은 상당히 높게 형성되었으며, 덕분에 배출권이 무상으로 할당된 발전 부문을 포함한 여러 부문이 불로소득을 얻게 되었다. 가장 권위 있는 연구로 꼽히는 엘러먼의 연구 결과에 따르면, 배출권거래제가 막대한 지대를 만들어냈다고 한다(Ellerman et al., 2010). 만약 탄소 가격을 12유로라고 가정한다면 이로부터 거둬들인 불로소득은 290억 유로가 넘을 것으로 추정된다. 결국 배출권거래제와 관련된 수많은 불확실성을 고려하더라도 이러한 불로소득은 엄청난 규모라 할 수 있다.

다만 2단계 시행 기간 동안에는 회원국들의 협력을 통해 이런 문제들이 시정될 수 있었으며, EU 집행위원회는 회원국에 배정된 할당량을 줄일 수 있었다.

1·2단계 시행 기간에 배출권거래제는 탄소 가격을 대체로 적절히 조절할 수 있었다. 이는 국제사회가 탄소 가격을 주요 논의 과정에 포함시키는 데 성공했다는 것을 의미한다(Ellerman and Joskow, 2008). 또한 이는 EU 배출권거래제가 기업에까지 탄소 관리 시스템을 도입시켰다는 측면에서도 중요한 의미를 지닌다.

평가

1·2단계 시행기의 경험을 바탕으로 2008년에는 평가 작업이 진행되었고, 이를 바탕으로 EU 배출권거래제는 근본적으로 변화되었다. 당시의 변화는 배출권거래제가 처음으로 도입되었던 2005년 이전에는 상상하지 못했던 내용이었다(Egenhofer et al., 2011). 새롭게 바뀐 배출권거래제의 주요 변경 사항으로는 EU 내의 단일 배출 허용량을 들 수 있다. 이 방식은 2013년부터 도입되었으며, 배출 허용량을 매년 1.74% 감축한다는 내용을 담고 있다. 그렇지만 배출 허용량의 연 단위 정기 감축을 종료하는 시점에 관한 조항은 마련되지 않았다.

개정된 배출권거래제의 지침 역시 EU 전반에 걸친 조화로운 분배 규칙을 중시한다. 2013년에 수정된 배출권거래제가 도입된 이래로 전력회사는 배출 허용량을 경매를 통해 구입하고 있다. 그렇지만 석탄에 대한 의존도가 높은 가난한 회원국은 일정 기간 동안 배출권 경매에서 제외되는 특권을 부여받았다. 배출권거래제하에서 산업 부문의 경매 참여율은 2013년에 20%를 기록하고 2020년에 70%까지 증가한 뒤, 2027년에는 100%를 달성할 것으로 예상된다. 나머지 무상 할당량은 EU 전역의 통일된 기준에 근거해 골고루 배분될 것이다. 여기서 말하는 기준이란 온실가스 저배출 상위 10% 설비의 평균 성능을 근거로 마련되었다. 물론 기업들은 EU가 아닌 국가와 치열한 경쟁을 벌여야 할 것이며, 비규제국으로 탄소가 누출될 가능성도 지니고 있다. 그렇지만 산업 부문의 경우에는 배출권을 2020년까지 100% 무상으로 지급받을 예정이며, 이는 유럽 전체의 모든 제품에 해당된다. 이 기준 역시 온실가스 저배출 상위 10% 설비의 평균 성능을 토대로 설정될 것이다.

또 다른 변화로는 회원국 사이에서 경매권의 부분적인 재분배, 청정개발체제 및 공동이행제 크레디트의 허용량 제한, 이산화탄소 포집·저장 및 혁신적인 재생가능에너지 관련 기술을 개발하기 위한 재정적 지원 등이 있다.[9] 그리고 경매로 벌어들인 수입의 절반 이상을 EU와 개발도상국에서 기후변화 대책에 사용하도록 요구하는, 일반적이지만 구속력이 없는 협약도 새롭게 도입된 변화 가운데 하나라고 할 수 있다. 이렇게 체결된 협약에는 개발도상국에서의 산림 파괴를 막고 숲을 조성 및 관리하는 활동도 포함된다. 그 밖의 또 다른 변화는 다음과 같다.

- 배출권의 10%는 회원국 가운데 1인당 GDP가 낮은 나라에 분배될 것이며, 온실가스 감축 대책을 조기에 도입한 국가에도 2%가 지급될 예정이다.
- 배출권거래제는 화학 및 알루미늄 산업에도 적용될 것이며, 비료에서 발생하는 이산화질소와 알루미늄에서 생성되는 과불화탄소 같은 기타 온실가스 배출 산업 부문에도 도입될 예정이다.
- 회원국들은 전력 집약적인 산업 부문에서 전력 가격의 인상분에 대해 경제적인 보상을 제공할 수 있다. EU 집행위원회는 이를 위한 관련 규정을 마련하고 있다.
- 항공 부문도 2012년부터는 배출권거래제의 적용을 받게 되었다. 구체적으로는 국제선 여객기가 들어오고 나갈 때 탄소 가격이 적용되고 있다. 해상운송 부문에도 이와 유사한 방식이 2012년 EU 집행위원회에 의해 제안되었다.

1·2단계와 마찬가지로 3단계에서도 EU 외부의 다른 나라로부터 교토의정서 체제하의 프로젝트 크레디트가 유입되는 것은 적절한 수준에서 통제될 것이다. 즉, 수정된 배출권거래제는 EU 배출권거래제가 요구하는 감축량의 50%를 넘지 않는 범위 내에서 외부 크레디트의 유입을 제한하고 있다. 다만 2008년부터 2012년 사이에 사용하고 남은 청정개발체제 및 공동이행제의 크레디트는 2020

---

9   기술 개발 관련 재원은 3억 톤의 이산화탄소배출권을 통해 마련할 예정이다.

년까지 사용할 수 있다.

수정된 배출권거래제는 국제적인 기후변화협정이 개정될 가능성 역시 예상하고 있다. 즉, 국제 기후변화협정의 진행에 따라 EU의 배출 총량을 낮출 수 있다. 예를 들면, EU가 일방적으로 배출량을 30% 감축하기로 결정할 수도 있다. 이러한 변화는 수많은 실행 규칙을 필요로 한다. 예를 들면, 현행 1.74%인 총량 배분에 대한 연간 추가 삭감, 연성 메커니즘의 역할, 산림 크레디트의 포함, 토지 이용 변화 등의 규칙을 마련해야 한다. 그리고 가장 중요한 점은 배출권거래제가 다른 권역·국가·지방정부의 배출권거래제와 연계될 수 있다는 사실이다.

EU 배출권거래제를 평가하는 데에는 다음과 같은 일반적인 믿음이 존재한다. 즉, 새로운 배출권거래제는 기후변화협정이 체결되지 않는 상황에도 대처할 수 있고, 경쟁을 촉진시키며, EU 경제의 탈탄소화를 추구한다는 것이다. 그렇지만 2008년 9월에 발생한 경제 위기는 이 같은 믿음을 깨뜨리는 계기가 되었다. 경제 위기로 인해 생산량이 급격히 줄어들면서 배출권거래제의 탄소 가격이 폭락하고 말았다. 이후부터 배출권의 가격은 이산화탄소 1톤당 5~9유로 수준에 머무르고 있으며, 애널리스트들은 가격이 예상보다 더 낮은 수준으로까지 하락할 수도 있다고 예상한다.

결과적으로 시장에 대한 감시 체계뿐만 아니라 가격 안정화 메커니즘에 대한 요구가 늘어나게 되었다. 많은 사람들이 가격 안정화와 탄소 가격의 유지가 필수적인 것은 아니지만 배출권거래제에는 이롭다는 주장에 대해 대체로 동의한다. 그러나 배출권거래제의 특성이나 이를 전담하는 조직, 그리고 이 같은 제도가 언제까지 지속되어야 하는지에 대해서는 논란이 일고 있다. 이에 대한 논의는 2013년 이후부터 더욱 본격적으로 다뤄질 것이다.

기타 OECD 국가

탄소 시장에 대한 관심은 유럽에만 국한되지 않는다. 다른 선진국들도 다수의 관련 계획을 수립해놓고 있으며, 이미 배출권거래제를 운영하고 있거나 도입을 고려하는 중이다.

뉴질랜드

뉴질랜드는 배출권거래제를 2008년에 도입했으며, 2013년부터는 전면적으로 확대할 예정이다.[10] 이 거래제는 뉴질랜드 경제 부문의 대규모 온실가스 배출업체를 대상으로 운영된다. 여기서 말하는 주요 경제 부문에는 산림 관리, 고정에너지, 산업 공정, 수송 부문 연료, 농업, 합성 가솔린, 폐기물 등의 영역이 포함되며, 전체 온실가스 배출량의 50%가량이 해당된다. 뉴질랜드의 배출권거래제는 법률에 의거해 만들어졌으며, 온실가스 총량이 정해져 있는 방식이다. 그렇지만 만약 국제사회의 기후변화협정이 집약도 방식으로 전환될 경우에는 뉴질랜드의 배출권거래제 역시 집약도 방식으로 바뀔 가능성이 있다. 농업 부문에는 배출권거래제가 2015년부터 도입될 예정이다.

호주

호주는 기후변화 종합계획이라는 측면에서 배출권거래제를 도입했는데, 2012년 7월부터 온실가스 배출량의 60%에 대해 이 제도를 실시하고 있다. 이 제도가 시행된 초기 3년간은 고정된 탄소 가격을 부여하는 방식이 적용되었으며, 이후에는 배출권을 거래하는 방식으로 전환된 상태다. 이 프로그램이 교토의정서의 준수 의무를 충족할 경우에는 크레디트를 이용할 수 있도록 허용될 예정이다(C2ES, 2011).

---

10 이와 관련해서는 Egenhofer and Georgiev(2010: 43)의 자료와 뉴질랜드 정부의 자료를 참고할 수 있다(www.climatechange.govt.nz).

미국

사실 총량 제한 방식의 배출권거래제뿐 아니라 배출권을 거래한다는 개념과 선례 모두 미국에 기원을 두고 있지만, 정작 연방정부 차원의 탄소 시장은 미국에서 조성되지 못하고 있다(Klaassen, 1996). 2009년 6월 '왁스먼 – 마키(Waxman-Markey) 법'이 통과되면서 연방 차원의 총량 제한 배출권거래제에 대한 논의가 본격화되기는 했지만, 당시에도 탄소 시장을 조성하려는 시도는 실패하고 말았다. 이 법안은 미국 내 온실가스 배출량을 2020년까지 2005년 대비 17% 감축한다는 목표를 제시했으며, 산림 부문에서 3%를 추가적으로 상쇄시킨다는 내용을 포함하고 있었다.

이와 같은 연방정부의 미진한 노력과 시도는 주정부 및 지방정부 차원의 노력을 촉발시켰다. 대표적인 사례로는 미국 동북부의 '지역 온실가스 이니셔티브'와 '캘리포니아 지구온난화 해결법(California Global Warming Solutions act)'이 있다. 2009년부터 시행된 '지역 온실가스 이니셔티브'는 미국 동부 전력 부문의 이산화탄소 배출을 제한하고, 이를 2018년까지 10% 감축한다는 목표를 수립해놓고 있다.[11] 캘리포니아는 2011년 말, 총량 제한 방식의 배출권거래제를 주요 산업 부문과 전력 부문에 2013년부터 도입하기로 결정했으며, 2015년부터는 이를 수송 부문과 다른 연료 부문까지 확대해나갈 예정이다. '서부 기후 이니셔티브(Western Climate Initiative: WCI)'는 미국과 캐나다의 몇몇 주가 지역적인 차원에서 기후변화를 해결하기 위해 힘을 합치려는 협의체다. 물론 이 이니셔티브는 배출권거래제를 포함해 다양한 노력을 기울이고 있으며, 캘리포니아 주에서는 '지구온난화 해결법'과 연계될 가능성이 높다. '퓨 지구기후변화센터(PEW Center on Global Climate Change)'로 발전된 워싱턴의 싱크탱크인 '기후·에너지 해결센터(Center for Climate and Energy Solutions: C2ES)'에 따르면, 미국, 캐나다, 멕시코

---

11 지역 온실가스 이니셔티브는 코네티컷, 델라웨어, 메인, 메릴랜드, 매사추세츠, 뉴햄프셔, 뉴욕, 로드아일랜드, 버몬트 주 등으로 구성된다. 이 밖에도 미국 및 캐나다의 몇몇 주가 참관인 자격으로 참여하고 있다.

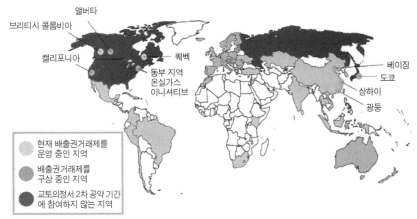

〈그림 21.1〉 배출권거래제 채택 현황

앨버타

브리티시 콜롬비아

캘리포니아

퀘벡

동부 지역
온실가스
이니셔티브

베이징

도쿄

상하이

광둥

- 현재 배출권거래제를
  운영 중인 지역
- 배출권거래제를
  구상 중인 지역
- 교토의정서 2차 공약 기간
  에 참여하지 않는 지역

자료: 2012년 1월을 기준으로 작성되었으며, IETA에 의해 2012년 4월에 수정됨.

의 몇몇 주에서도 서부 기후 이니셔티브의 가입에 관심을 갖고 있다고 한다.

일본

일본은 자발적인 배출량거래제를 2005년부터 시행해오고 있다. 일본에서 시행 중인 배출량거래제는 연료 소비, 전기 및 열, 폐기물 관리 과정에서 배출되는 이산화탄소를 관리하며, 여기서 더 나아가 300여 개의 기업에 대해서도 이산화탄소의 배출을 관리하고 있다. 일본은 강제적 방식의 배출권거래제를 2013년부터 도입하려고 했다가 연기한 상태이며, 이에 대한 논의가 계속 진행되고 있다. 2010년에는 도쿄 지사가 지역 내 상업용·사무용 건물에 총량 제한 방식의 배출권거래제를 강제로 도입한 바 있다.

개발도상국

개발도상국 가운데 중국은 가장 앞장서서 배출권거래제 계획을 세우고 있는 나라다. 2011년부터 2015년까지 적용되는 '국가경제 및 사회발전에 관한 제12차 5개년계획'은 탄소 시장의 점진적 설치라는 목표를 제시하고 있다. 이 계획은 온실가스 배출량의 측정·보고·검증 체계를 포함하고 있을 뿐만 아니라 기존의 배출권거래 프로그램과는 다른 방식을 채택하고 있다는 측면에서 특히 주목할 필요가 있다(Lin et al., 2011). 물론 배출권거래제가 중국에서 실제로 운영되려면 몇 년의 시간이 필요하겠지만, 이 같은 계획이 기후변화 대응방안으로 정부 차원에서 고려되고 있다는 사실이 중요하다. 게다가 배출권거래제 확대 실시의 전단계로 진행되는 지역 차원의 시범 사업과 자발적인 탄소 시장도 중요한 의미를 지닌다(Lin et al., 2011; Babu, 2011).

자발적 탄소 시장

교토의정서에 대한 호주의 비준 지연, 캐나다 당국의 미흡한 대응, 교토의정서에서 탈퇴하겠다는 미국의 결정으로 인해 자발적인 탄소 시장이 세계 각국에서 등장하게 되었다. '자발적 탄소 기준(Voluntary Carbon Standard)'은 북미 지역의 민간 기업에 의해 마련되었으며, 이는 총량 제한 방식의 배출권거래제나 미국 동·서부의 기후변화 이니셔티브와는 다른 특성을 지니고 있다. 최근 들어 이러한 자발적 탄소 시장이 중국, 인도, 페루, 브라질 등에서 강제적인 탄소 시장을 구축하기 직전의 시범 사업으로 이용되는 실정이다. 비록 자발적 탄소 시장의 규모가 강제 시장의 2%에 불과할 정도로 작지만, 향후에는 기준, 방법론, 기반 시설 등의 구축을 통해 구속력 있는 시장을 형성하는 데 기여할 것으로 기대된다(Babu, 2011).

새로운 상쇄 메커니즘의 국제적 확산

2011년 12월 남아프리카공화국 더반에서 개최된 기후변화 총회는 새로운 협약을 포함해서 시장 메커니즘과 온실가스 상쇄에 대한 국제적 합의의 가능성을 열어주었다. 교토의정서가 국가 간 탄소 상쇄 메커니즘에 관한 아이디어를 제공했을 뿐이라면, 더반협약은 탄소 상쇄 및 새로운 시장 메커니즘의 가능성을 발전시켰다는 측면에서 의미가 있다. 한편으로 EU는 기후변화 총회를 통해 기후변화에 관한 목표를 더욱 진전시킬 수 있었다. 예를 들면, 배출량을 줄였을 뿐만 아니라 지속가능한 발전, 기술 이전, 자원 조달 등의 목표를 달성하기 위해 수정된 유연성 체제라는 아이디어를 발전시켰다. 게다가 국가 및 지역 차원의 배출권거래제에서 상쇄 메커니즘을 순응 기제로 이용할 수 있는 가능성도 제시했다. 탄소 시장의 도입은 탄소 저감 사업을 위한 개별적이고 지역적인 상쇄 및 시장 메커니즘에서 벗어나 경제 전반적으로 적용 가능한 총량 규제 방식의 배출권거래제로 확대하기 위한 디딤돌 역할을 수행할 수 있을 것으로 예상된다. 상쇄 기능을 도입할 경우 다양한 상쇄 메커니즘 간의 중개 거래가 가능해질 것이다. 즉, '세계적'으로 통용되는 탄소 가격의 등장은 서로 다른 메커니즘과 상쇄량에 대한 국가별 규정이 더욱 쉽게 호환되도록 만들 것이다.

청정개발체제

청정개발체제는 상쇄 메커니즘 가운데 역사가 가장 길 뿐만 아니라 가장 성공적인 방식으로 알려져 있으며, 세계 탄소 시장의 10%를 담당하고 있다. 그렇지만 청정개발체제의 복잡성, 거래 비용, 완결성 등의 문제점을 고려했을 때 미래에는 중요도가 낮아질 것이라고 전망되는 경우도 있다. 그럼에도 청정개발체제는 확대될 가능성이 높다. 이른바 '프로그램 청정개발체제(Programs of Activities: PoA)'라 불리는 개선 방안은 개별 사업에 기반을 둔 프로젝트 방식에서 벗어나 동일 기관에서 추진하는 같은 유형의 활동을 묶어서 패키지로 등록하는 방식으로 전환시킬 수 있을 것이다. 청정개발체제의 이러한 확대는 '부문별 기준'을 통해서도 달성될 수 있다. 이때 부문별 기준이란 부문별 또는 하위 부문별에서 사전에 결정된 기준을 토대로 청정개발체제의 크레디트를 쉽게 계산하는 방식이다. 이처럼 청정개발체제를 부문별 기준으로 확장하거나 프로그램 방식으로 확대하는 것은 온실가스 감축을 더욱 효과적으로 수행하도록 만드는 데 기여할 것이다. 그렇지만 이는 사무 절차의 효율성 개선과 거버넌스의 투명성 증대를 반드시 요구할 것이다(Fujiwara, 2012).

공동이행제

공동이행제는 교토의정서에 의거해 도입된 또 다른 유형의 메커니즘이지만, 청정개발체제에 비해 범위가 좁아서 중요도가 낮아지는 추세다. 게다가 공동이행제에서는 감시위원회의 행정 및 관리 능력의 부족뿐만 아니라 기준이나 방법론 같은 기술적인 문제까지도 드러나고 있다. 공동이행제의 다양한 문제점에 대한 더욱 자세한 내용은 엘스워스와 워딩턴의 자료를 참고할 수 있다(Elsworth and Worthington, 2010).

부문별 크레디트 메커니즘

유럽에서는 '부문별 크레디트 메커니즘'이 각광을 받고 있다. 이 메커니즘은 특정 지역의 배출량 감축분에 대해 크레디트를 부여해주는 것이다. 이때 부문별 크레디트는 기준치 이하의 감축에 대해서만 부여된다는 측면에서 청정개발체제와 구분된다. 다만 이 기준은 대부분 상당히 낮게 설정되어 있다. 국제적인 관점에서 봤을 때, 이러한 방식의 배출량 감축은 다른 지역의 배출량을 상쇄시키지 않으면서도 배출량을 추가적으로 줄인다는 장점이 있다. 그로 인해 산업 부문별 크레디트 부여 방식은 '손해 보지 않는 프로그램'이라고 불린다. 왜냐하면 이러한 방식을 이용하는 국가는 특정 부문에서 배출량을 초과 감축하면 보상을 받지만 기준치를 달성하지 못하더라도 아무런 제재가 없기 때문이다. 물론 기준치를 설정하기 위한 제도의 설계 방식은 다양하다. 예를 들면, 국제 협정이나 특정 국가 내부에서 산업 부문별 기준의 형태로도 설정될 수 있다. 이때 기준치는 배출량, 탄소 집약도, 기술 보급률 등의 방식으로 표현될 수 있다(Fujiwara, 2009).

부문별 트레이딩

부문별 트레이딩은 특정 국가 내에서 하나의 부문 또는 하위 부문에 적용되는 총량 제한 방식의 거래제이지만, 기준선 및 크레디트 프로그램 방식으로도 운영될 수 있다(Fujiwara, 2009). 이때 부문별 트레이딩은 합의된 기준선을 강화하거나 절대적인 배출량 규제 방식으로 전환되는 경우도 있다. 부문별 트레이딩은 아직까지 국가 전반적으로 적용되는 목표를 설정하지는 못했지만, 발전이나 산업 같은 핵심 부문에 한해서는 이를 도입할 준비가 되어 있는 국가의 온실가스를 감축하는 데 유용한 메커니즘이다. 배출 허용량은 부문별로 법적 구속력 있는 목표를 제시한 국가에 할당된다. 이때 정부는 특정 부문에서 규칙이나 규정에 의거해 설정된 양만큼의 배출량 감축에 대해 책임을 진다. 이론적으로 절대 배출량의 방식을 따르기만 한다면, 부문별 트레이딩은 부문별 크레디트 방식보다 단순할 뿐만 아니라 거래 비용도 훨씬 저렴할 수 있다. 예를 들면, 중국 같은 국가의 경우에는 부문별 크레디트 방식이나 청정개발체제보다 부문별 트레이딩 방식을 더 선호할지도 모른다. 실제로 부문별 트레이딩은 EU의 배출권거래제 같은 총량 제한 방식의 초석일 뿐만 아니라 총량제한거래제를 본격적으로 시행하기 전에 '시범적'으로 이용되는 방식이라고 할 수 있다. 항간에 소문으로 떠돌던 EU와 중국의 상호 협정이 대표적인 사례라 할 수 있다.

산림 황폐화 및 벌목 방지를 통한 탄소 배출 감축 시장

산림 파괴의 방지가 환경적으로 바람직한 사업이라는 사실에는 대부분 동의하고 있다. 삼림의 무분별한 훼손 방지가 갖는 중요성은 실제로 EU의 배출권거래제가 검토되는 과정에서도 논의되었으며, 배출권거래제 관련 지침 제10조 3항에서 이에 대한 내용을 다루고 있다. 따라서 EU 회원국 및 기타 국가의 산림 조성 탄소 시장(REDD+)[12]에 대한 자발적 참여는 배출권거래제나 국제 탄소 시장과 연계될 가능성이 있다. 이때 참여하는 방식은 국제적인 크레디트가 발급되는 청정개발체제 방식이건 아니면 국가적인 크레디트가 발급되는 공동이행제 방식이건 상관없다. 다만 이처럼 국제 탄소 시장과 연계되기 위해서는 산림 조성 탄소 시장을 더욱 명확히 설계하는 것이 요구된다. 특히 성과·감시·보고·검증의 문제, 일반화될 수 있는 규정의 준수, 발행 예상 크레디트를 감당·흡수하는 방안 등과 같은 어려운 문제들을 해결해야 한다(O'Sullivan et al., 2010).

지금까지 EU 배출권거래제는 배출권의 경매와 연계되어왔다. 이때 경매를 통해 벌어들인 수입은 EU 회원국의 자발적 참여를 위한 자금으로 활용될 예정이다. 그렇지만 EU의 재정위원회는 현재 발행된 배출권의 가격뿐만 아니라 향후 발생할 것으로 예상되는 배출권의 추정도 미흡한 수준이라고 판단하고 있다.

국가별 적정감축행동 크레디트

'국가별 적정감축행동(Nationally Appropriate Mitigation Actions: NAMA)'은 개발도상국이나 신흥 국가의 온실가스 감축 정책 가운데 국제 금융 및 유관 지원을 받는 정책을 의미한다. 국가별 적정감축행동에 대한 논의가 지속적으로 진행 중이기는 하지만, 지금까지도 국가별 적정감축행동의 크레디트 발급은 아주 복잡한 문제로 남아 있어서 앞으로도 더 많이 분석해야 할 것으로 판단된다. 대부분의 문제는 UN 협약에서 국가별 적정감축행동과 관련된 크레디팅에 대해 획기적인 돌파구를 마련하는지 여부에 따라 해결될 수 있을지도 모른다. 이와 상관없이 여러 나라는 고유의 기후변화 자금을 이용해 국가별 적정감축행동을 지원할 것이며, 이는 탄소 가격을 뒷받침해줄 것이다.

---

12 REDD+는 'Reducing Emissions from Deforestation and Forest Degradation in developing countries'의 약자다.

새로운 시장 메커니즘

2011년 11월 더반에서 개최된 기후변화 당사국총회에서는 새로운 시장 메커니즘에 대한 논의가 본격적으로 이뤄졌다. 여기서 말하는 새로운 시장 메커니즘에는 하향식과 상향식 두 가지 방식이 있다. 먼저 하향식 메커니즘은 UN의 지침 및 지휘를 따르는 방식인 반면, 상향식 메커니즘은 국가별로 자신의 상황에 따라 접근법을 발전 및 집행할 수 있도록 설계된 방식이다(Marcu, 2012). 새로운 시장 메커니즘으로 앞서 언급한 상쇄 크레디트, 부문별 크레디트, 국가별 적정감축행동 크레디트뿐만 아니라 기타 새로운 메커니즘에 대한 논의들도 활발히 진행되고 있다.

지역별 탄소 시장의 함의

주요 국가를 포함한 단일 탄소 시장이 존재하지 않을 뿐만 아니라 적어도 합리적으로 일관성 있는 탄소 가격 신호를 형성하는 국제적 제도의 부재로 인해 권역, 국가, 지방마다 상이한 배출권거래제가 난립하고 말았다. 그 결과 탄소의 잠재적인 가격이 동일하지 않게 되었다. 그렇지만 기후변화 대책의 주요 수단이 배출권거래제일 경우 개별적인 탄소 시장들은 결국 연계될 수밖에 없는데, 이와 관련한 더욱 자세한 내용은 스태빈스의 연구를 참고할 수 있다(Stavins, 2011). 이때 탄소 시장의 연계는 공식적·비공식적인 형태로 진행될 수 있다. 먼저 공식적인 연계는 특정 배출권거래제가 다른 배출권거래제의 배출권과 크레디트를 융통성 확보의 수단으로 인지할 때 등장한다. 다음으로 비공식적 연계는 상이한 탄소배출권제하의 시장 참여자들이 서로 다른 탄소 시장과 상품으로부터 중개거래의 가능성을 발견하면서 발생한다. 국가 및 지역 단위의 배출권거래제가 이러한 프로젝트에서 발생하는 크레디트를 이용하는 것을 허용하고 나아가 이러한 크레디트의 양이 충분히 보장된다면 탄소 가격의 단일화가 실현될 가능성이 높아질 것이다(Jaffe et al., 2009; Mehling and Haites, 2009).

'공식적' 연계

EU의 배출권거래제 지침은 처음부터 국제협정에 의거해 다른 배출권거래제와 연계될 수 있는 가능성을 열어놓고 있다. 이러한 규정은 지금까지 더욱 강화되어왔으며, 자세한 내용은 다음과 같다. 즉, 유럽의 배출권거래제 지침 제25조에 따르면, '새로운' 배출권거래제는 국제 협약이나 각국의 정책을 통한 상호 협약 같은 방식을 통해 다양한 형태로 연계 가능하다. 특히 상호 협약을 통한 방식은 행정적 합의에 따라 연계가 허용된다는 점에서 국가적인 차원만이 아니라 국제적인 차원에서도 혁신적인 방식이다. 이것은 EU 배출권거래제를 채택하는 국가와 그렇지 않은 국가 간의 연계가 가능함을 의미하며, 이때 EU의 배출권거래제는 국제 탄소 시장에서 일종의 '도킹 스테이션'으로 이용될 수 있을 것이다. 실제로 다른 지역의 배출권거래제도 유럽과 비슷한 규정 및 조항을 채택할 것으로 예상된다.

다만 국가별 배출권거래제는 각국의 정치적 상황에 따라 상당히 다른 모습으로 설계되어 있다. 그럼에도 배출권거래제 간의 연계에는 근본적인 문제가 없을 것으로 판단된다. 왜냐하면 이를 위한 기술적 해결책이 마련되어 있기 때문이다. 그렇지만 이러한 해결책들은 거래 비용의 증가, 시장의 세분화, 예상치 못했던 기타 문제 등으로 인해 효율성이 떨어질 수도 있다(Delink et al., 2010; Ellis and Tirpak, 2006).

게다가 잠재적 분배로 인한 정치적 장애 요인도 고려해야 한다.[13] 서로 다른 두 제도가 연계되면 한 지역의 탄소 가격은 연계 이전보다 높아지는 반면 다른 지역의 탄소 가격은 연계 이전보다 낮아지므로 결국 승자와 패자가 발생하기 마련이다. 이때 저비용 시스템을 갖춘 승자는 탄소 가격의 상승으로 시장에서 배

---

13 독일 사례와 관련해서는 Bode(2003)의 연구를 참고할 수 있다.

출권의 순매도국이 되는 반면, 고비용 시스템의 패자는 가격 하락에 따라 순매입국으로 전락할 것이다. 즉, 저비용 체제의 순매입국과 고비용 체제의 순매도국 사이에는 정반대의 관계가 성립할 것이다.

최근 부상하는 국제 탄소 시장을 위한 또 다른 접근 방식은 세계적인 규모의 부문별 협정이다(Sterk, 2011). 이는 특정 국가 내의 다양한 부문을 포괄하는 것과는 전혀 다른 방식이다. 이는 비슷한 특성을 지닌 유사 '부문 및 제품'을 결합시킴으로써 혜택을 얻는 방식이라고 할 수 있다.

'비공식적' 연계

현재 운영 중인 모든 배출권거래제는 자국 내 정치·경제적 상황이 추가적인 질적·양적 제약을 '요구'함에도 불구하고 청정개발체제나 공동이행제 같은 국제적인 상쇄 시스템을 허용하고 있다. 이는 EU 배출권거래제가 채택한 것과 동일한 방식이며, 호주, 뉴질랜드, 미국도 유사한 방식을 따르고 있다.

그렇지만 아직까지 배출권거래제가 도입되지 않은 나라가 많을 뿐만 아니라 도입되었더라도 제대로 운영되지 않고 있다는 사실을 고려했을 때, EU를 제외한 대다수의 지역에서는 현재 상태에서 필요한 상쇄 크레디트의 양이 정확히 얼마인지를 추정하기 어려울 수밖에 없다. 유럽에서 배출권거래제를 시행 중인 나라와 그렇지 않은 나라에서 전부 필요로 하는 상쇄 크레디트의 양은 2012년까지 3억 톤CO_2e를 초과할 것으로 추정된다. 게다가 2020년까지 EU의 20% 감축 목표를 달성하기 위해서는 17억 5000만 톤CO_2e에서 21조 톤CO_2e가량이, 30% 감축 목표를 달성하기 위해서는 25억 5000만 톤CO_2e에서 38조 톤CO_2e가량이 필요할 것으로 추정된다. EU 집행위원회가 발간한 「에너지로드맵 2050」[14]에 따르

---

14 EU 집행위원회는 에너지의 공급 안보와 경쟁력 개선을 담보하면서, 동시에 2050년까지 배출가스 감축률 80% 목표를 달성하기 위한 방법론을 제시한 '에너지로드맵 2050'을 발표했다. 이 보고서는 저탄소 발전을 이행하기 위한 2050년까지의 계획을 포괄적으로 기술한 최초의 정책 제안서로 평가받고 있으며, 매킨지와 런던제국대학을 포함한 유럽의 주요 학계, 산업계, 컨설턴트, 비정부 조직이

면, 2020년까지 배출량의 25%를 감축하기 위해서는 에너지 효율 개선 계획을 제대로 수행해야 할 뿐만 아니라 법적으로 구속력 있는 재생가능에너지 목표를 설정해야만 한다(European Commission, 2011). 게다가 30%를 감축하기 위해서는 교토의정서의 1차 공약 기간이 끝나는 2012년 이후의 크레디트를 추가적으로 늘리거나 비부속서 I 국가의 상쇄분을 늘려야 한다고 언급하고 있다. 이와 관련한 더욱 자세한 내용은 후지와라의 연구를 참고할 수 있다(Fujiwara, 2012).

다행히 2008년 이후의 경기 침체로 인해 수요가 감소하면서 당분간 유럽 지역은 대규모의 크레디트를 필요로 하지 않을 전망이지만, 현행 및 신규 메커니즘을 발전시키는 방안에 대한 관심은 여전히 높은 실정이다. 실제로 국제 탄소 시장과 가격에 대한 유럽의 막대한 관심이 이를 어느 정도 설명해준다.

탄소 가격과의 예상치 못한 동맹: 탄소수입세

무역 정책은 청정개발체제처럼 유연한 메커니즘을 확대·수정하려는 노력뿐만 아니라 국제 탄소 가격을 점진적으로 형성해나가기 위한 새로운 메커니즘의 구축에도 도움을 줄 수 있다. 예를 들면, EU와 미국은 자국에 수입되는 모든 수입품에 포함된 온실가스라는 내포탄소에 대해 수입세를 도입할지도 모른다. 이때 이러한 제품을 수출하는 대다수의 국가는 총량 제한 방식의 배출권거래제나 이에 상응하는 관련 수단을 보유하지 않고 있는 실정이다. 유럽에서는 탄소수입세에 대한 논의조차 크게 꺼리는 상황이지만, 미국에서는 현재 탄소수입세가 총량 제한 배출권거래제의 핵심 요소로 여겨지고 있다. 특히 최근 왁스먼과 마키가 발의한 '청정에너지안보법'에서는 탄소수입세가 중요한 정책 수단으로 포함된 바 있다. 순수하게 경제적인 측면만 고려했을 때, 탄소수입세는 이산화탄소의 잠재 가격을 변화시키는 가장 손쉬운 방법일 수 있다. 게다가 탄소수입세는 국가 간 교역에서 온실가스 배출 규제 정책을 수립하지 않은 나라의 탄소 가격

참여한 결과물이다. _옮긴이

에도 영향을 미칠 수 있는 정책 수단이다. 이러한 이유로 인해 탄소수입세는 세계적으로 탄소 비용에 관한 새로운 메커니즘으로 간주되고 있다. 이러한 관세 형태의 탄소수입세는 결과적으로 지구상의 온실가스 배출을 낮출 수 있을 것이다. 나아가 WTO 체제와의 양립 가능성을 확보하고 형평성이라는 측면에서 촉발되는 문제를 해결하기 위한 방안 역시 존재한다. 특히 후자의 경우에는 할인 방식을 이용할 수 있다(Gros et al., 2010; Gros and Egenhofer, 2011). 국제 항공 운항을 배출권거래제에 포함시키기로 한 EU의 결정은 비록 경제 영역에서 아주 작은 규모에 해당하는 조치이지만, 유럽의 경계를 초월한 국제적 규제 조치라는 측면에서 큰 의미를 지닌다.

결론

2009년 코펜하겐에서 개최된 당사국총회가 비록 기후변화 체계에 관한 국제적인 합의를 도출하는 데 실패하기는 했지만, 온실가스 감축과 관련해서 국제사회의 공감대를 형성했다. 즉, 코펜하겐 협정과 칸쿤 협정에 따라 지구 평균 온도 상승의 한계 목표치가 섭씨 2도로 설정되었으며, 이는 국제법적인 효력을 지니고 있다. 이와 동시에 코펜하겐 합의문은 배출량의 상한선을 결정할 때 '하향식 접근 방식'에서 탈피해야 한다는 점을 명확하게 규정해놓았다. 따라서 앞으로의 국제 기후변화 레짐은 상향식 접근 방식을 채택할 것이다. 총량 제한 방식의 배출권 거래는 이러한 상향식 접근 방식의 핵심적인 요소다. 게다가 코펜하겐 총회 이후 호주, 캘리포니아, 도쿄에서 새로운 배출권거래제가 도입되고 있을 뿐만 아니라 EU, 미국 동북부, 뉴질랜드의 기존 배출권거래제에 대한 제도도 보완되고 있다. 같은 맥락에서 중국과 한국도 국가적 차원의 배출권거래제를 구축할 것이라고 표명한 상태다.[15]

---

15 중국은 배출권거래제를 2013년 6월 선전 지역에 처음 도입한 이래로, 지금은 베이징을 비롯한 7개

향후 10년 안에는 현행 배출권거래제뿐만 아니라 새로운 배출권거래제도 여러 국가와 지역에서 도입될 것으로 예상된다. 예를 들면, 캘리포니아의 제도가 미국, 캐나다의 주는 물론이고 멕시코를 아우르는 서부 이니셔티브로 확대될지도 모른다. 마찬가지로 미국 동북부의 '지역 온실가스 이니셔티브'는 캐나다로 확장될 가능성이 있다. EU의 탄소 시장은 유럽 남동부 국가로도 확대될 계획이며, 심지어 구소련 국가들이 참여할지도 모른다. 미국에서는 2012년 대선이 끝난 이후 연방 차원의 배출권거래제가 다시 논의될 수도 있으며,[16] 일본에서는 이에 관한 논의가 지금도 계속되고 있다.

한편으로는 앞으로 도입될 배출권거래제뿐만 아니라 기존의 거래제에 대해서도 국제적인 상쇄 메커니즘을 도입해나갈 것으로 예상된다. 이는 개별 시장 사이의 중개 거래를 가능하게 만들 것이며, 국제 상쇄 메커니즘을 탄소 가격에 반영하도록 유도하는 계기가 될 것이다. 이와 동시에 권역, 국가, 지역이라는 상이한 수준의 탄소 시장을 연계시키는 것도 가능하다. 그렇지만 빠른 시장 통합을 위해 이들 간의 공식적인 연계를 기대해서는 안 된다. 왜냐하면 배출권거래제는 여전히 논란의 여지가 많을 뿐만 아니라 서로 다른 이해관계를 조율하기 위해서는 다양한 절충안이 필요할 수 있기 때문이다. 이때 공식적인 시장 연계란 서로 다른 방식의 제도들을 복합적으로 수용한다는 의미인데, 이는 어렵게 만들어놓은 제도적 균형 상태를 오히려 깨뜨리는 결과를 가져올 수도 있다. 그럼에도 중장기적인 관점에서는 더욱더 광범위하고 강력한 시장을 통해 효율성을 더욱 많이 추구하려는 경제적인 측면의 논쟁이 중요한 의미를 지닐 것이다.

또한 탄소 가격에 대한 관심도 지속적으로 높아질 것으로 전망된다. 초기에는 지역적인 차원에서 시작되었다가 관심의 범위가 점차 단일 지점으로 수렴되

지역에서 이를 시행하고 있다. 또 2016년부터는 배출권거래제를 전국적으로 확대 시행하겠다는 계획을 발표했다. 한국의 경우 이미 2015년부터 배출권거래제를 국가적인 차원에서 도입해 운영하고 있다. _옮긴이

16 미국에서는 2012년에 오바마 대통령이 재선에 성공하면서 기후변화 대책들을 적극적으로 수립해 나가고 있다. 그렇지만 배출권거래제에 대한 공화당의 강한 반발에 가로막혀 아직까지는 탄소 시장을 개설하지 못하고 있다. _옮긴이

면서 강력한 시장의 신호를 만들어낼 것이다. 이로 인해 에너지 부문은 탄소 가격을 무시하지 못하게 될 것이다. 배출권거래제의 기원이라고 할 수 있는 미국에서 탄소 시장을 도입하는 것은 이러한 역학 관계를 근본적으로 바꾸어놓을 것이며, 중국도 이 과정에서 엄청난 영향력을 행사할 것으로 예상된다.

EU의 배출권거래제는 개별 국가의 탄소 시장을 잘 조율한 좋은 사례라고 할 수 있다. 물론 EU의 사례로부터 얻은 교훈을 다른 국가와 지역에 그대로 적용할 수 있는 것은 아니지만, EU의 배출권거래제에 대한 연구와 이를 통합하려는 시도는 탄소 시장이 앞으로 어떻게 발전할 수 있을지에 대한 더욱 폭넓은 시각을 제시해줄 것이다.

22 재생가능에너지 관련 전략적 투자와 에너지 정책

롤프 뷔스텐하겐, 에마누엘라 메니체티*

서론

재생가능에너지 기술과 에너지 효율 개선은 전통적인 화석연료에 의한 에너지 공급의 위험성을 낮추는 데 크게 기여할 것이다. 다만 이를 위해서는 상당한 규모의 초기 투자가 요구된다. IEA는 기후변화와 관련해 '2도 감축 시나리오'를 실현하기 위해서 2020년까지 재생가능에너지에 매년 2350억 달러를 투자해야 할 것으로 전망한 바 있다(IEA, 2012). 정부의 예산이 한정적이기 때문에 공적 자금만으로 재생가능에너지와 에너지 효율 개선 사업을 진행하는 것은 그다지 효과적인 방법이 아닐 수 있다. 따라서 민간 자본의 유입을 늘릴 수 있는 정책적 방안이 무엇인가라는 질문이 제기될 수밖에 없다. 이 물음에 답하기 위해서는 에너지 투자자의 전략적 선택 과정을 이해할 필요가 있다.

지난 10년 동안 청정에너지 부문에 대한 투자가 엄청나게 증가했는데, 이는

---

*   이 장은 전문학술지인 ≪에너지 정책(Energy Policy)≫의 특별호에서 「재생가능에너지 투자의 전략적 선택」이라는 제목으로 발간된 논문을 수정한 글이다(Wüstenhagen and Menichetti, 2012).

정책적 지원의 결과라고 할 수 있다. 그렇지만 정책은 기회를 창출하는 긍정적인 역할만 담당하는 것이 아니라 때로는 재생가능에너지 투자자에게 위협을 가하기도 한다. 투자자들은 이런 위험과 기회 속에서 어떻게 의사 결정을 내리는가? 이들의 의사 결정 과정은 완전한 합리성에 기반을 둔 전통적인 경제 모형에 의해 어느 정도로 설명되는가? 또한 제한된 합리성과 경로의존성, 기타 '행태적' 요인은 수익에 대한 기대와 위험에 대한 인지 작용에 어떤 영향을 미치는가? 그리고 더 나은 정책을 마련해야 하는 정책 결정자는 투자자의 의사 결정과 관련된 통찰력으로부터 무엇을 배울 수 있는가?

이러한 질문들에 대한 답을 얻기 위해서는 의사 결정 과정을 더욱 폭넓은 시각에서 바라봐야 할 뿐만 아니라 이와 동시에 전략적 선택에 대해서도 관심을 둘 필요가 있다. 전략적 선택은 새롭고 애매모호하며 복잡한 일회성 의사 결정 과정이라고 할 수 있다. 왜냐하면 투자는 자원의 투입 또는 중단을 결정하며, 게다가 이러한 선택은 쉽게 뒤바뀌지 않기 때문이다(Bansal, 2005; Eisenhardt and Zbaracki, 1992; Mintzberg et al., 1976). 에너지 투자와 관련해서 재정, 기업, 소매에 대한 결정이 지니는 중요성이 모두 동일하지는 않다. 벤처 자본가가 생명공학 펀드나 청정에너지 펀드에 투자하려고 결정하는 것은 기존의 펀드에 대한 투자를 점증적으로 늘리는 것에 비해 훨씬 더 큰 영향을 미친다. 즉, 석유회사가 태양광 산업에 새롭게 뛰어들거나 그 사업에서 물러나기로 결정하는 것은 다른 태양광 기업이 생산라인을 증설하기로 결정을 내리는 것보다 훨씬 큰 영향을 미칠 수밖에 없다.

신규 석탄 화력발전소와 해상 풍력 단지 중 어느 쪽에 투자하기로 결정을 내리든 간에, 이 결정으로 인한 영향은 향후 수십 년 동안 지속되기 마련이다. 이는 직장을 고려해서 주거지를 선택할 때 주택의 위치에 따라 교통 관련 에너지의 소비가 결정되는 것과 마찬가지다. 전통적인 에너지 기술과 재생가능에너지 기술 사이에 연구 자금을 제공하는 기관은 전략적으로 포트폴리오를 배분하는 과정에서 특정 사업에 더 많은 가중치를 부여하는 경향이 있다. 이는 경로의존성 때문이며, 이러한 배분 결정은 일단 이뤄지면 거의 변하지 않는다. 따라서 전략적 선택의 결정 요인을 이해하는 것은 재생가능에너지 투자에 관한 효과적인 정책을 설계하는 데 도움을 줄 수 있을 것이다.

투자와 정책 간 관계에 대한 현행 관점

재생가능에너지 관련 국제 투자

최근 들어 재생가능에너지 기술에 대한 투자가 선진국과 개발도상국 모두에서 급격히 늘어나고 있다. IPCC에 따르면 2008년을 기준으로 재생가능에너지는 전 세계 에너지 공급의 12.9%를 담당했으며, 그중에서도 바이오매스가 가장 높은 비중을 차지했다고 한다(IPCC, 2011a). 풍력 및 태양광 같은 신규 재생가능에너지가 세계 에너지 공급에서 차지하는 비중은 매우 적었으나, 재생가능에너지 정책이 적극적으로 추진되는 국가에서는 재생가능에너지의 비중이 확대되는 추세다. 덴마크는 전력 공급에서 풍력발전이 차지하는 비중을 1990년 이후 25%까지 늘렸으며, 2020년까지 이를 49.5% 수준으로 확대시킬 계획이다. 독일은 1990년부터 2011년 사이에 재생가능에너지의 전력 비중을 3.1%에서 20.0%로, 열 공급은 2.1%에서 10.4%로 증가시킬 수 있었다(BMU, 2012). 중국은 풍력에너지 부문에서 엄청난 성장세를 기록하고 있어 풍력발전 용량이 2010년 한 해 동안 26.8GW에서 44.7GW로 증가해 미국을 제치고 세계 풍력 에너지 시장의 선두주자가 되었다(GWEC, 2011). 기술 향상과 비용 절감은 이 같은 성장에서 중요한 견인차 역할을 담당해오고 있다. 예를 들면, 육상 풍력의 단가는 1982년부터 2002년 사이에 1/3로 하락했으며, 태양광 모듈은 비용이 1/9로 줄어들어 2008년부터 2011년 사이에 비용이 75%가량 낮아졌다(Wiser and Bolinger, 2008; IEA, 2012). 게다가 기술의 발전과 확산, 규모의 경제 등으로 인해 재생가능에너지의 비용은 앞으로 더 낮아질 것으로 예상된다.

사실 2000년대 초반까지는 재생가능에너지에 대한 투자가 상당히 제한적이

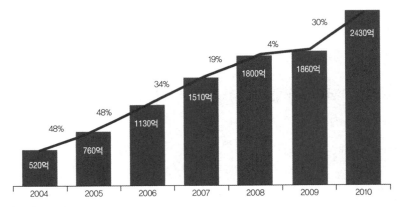

〈그림 22.1〉 청정에너지 관련 전 세계 투자 추이(2004~2010년)(단위: 달러)

자료: Bloomberg, 2011.

었다. 블룸버그에 따르면, 청정에너지에 대한 전체 투자는 2004년 한 해 동안 520억 달러 규모였다고 한다(Bloomberg, 2011). 그렇지만 이후 청정에너지에 대한 투자가 엄청난 속도로 증가하자 2008년에는 관련 투자도 1800억 달러로 증가했다. 2009년에는 세계 금융위기로 인해 재생가능에너지에 대한 투자가 거의 이뤄지지 않았지만, 이듬해인 2010년부터는 다시 투자가 매년 30%씩 증가하고 있다. 물론 세계적인 금융위기는 재생가능에너지와 관련된 투자 영역에 전반적으로 영향을 주었으며, 이는 구조적인 측면에서 중요한 방향 전환을 이끌어냈다(UNEP, 2010). 예를 들면, 미국에서 풍력 관련 신규 투자는 2009년과 2010년에 급격히 감소했지만, 중국에서는 여전히 꾸준한 성장세를 기록하고 있다. 또한 2010년에 들어서는 태양광발전에 대한 투자가 급격히 늘어나기 시작했다. 구체적으로 중국은 태양광 제조에 관심을 갖기 시작했으며, 독일의 경우 신규 태양광발전소에 대한 관심을 높이기 시작했다. 이로 인해 2010년 태양광발전으로 생산된 에너지는 7.4GW를 기록했는데, 이는 전년도와 비교해 75%나 증가한 수치다(BMU, 2012).

10년 전까지만 해도 재생가능에너지와 관련된 가장 중요한 투자자는 정부였다. 그렇지만 최근 들어서는 민간 투자가 점차 중요해지고 있으며, 심지어 재생가능에너지 프로젝트에 대한 민간 투자의 규모가 정부 투자를 추월했을 정도다.

이러한 성장세는 두 가지 요인의 결과라고 할 수 있다. 먼저 기술 개발이 투자에 대한 신뢰를 증대시키면서 재생가능에너지와 관련된 비용을 낮추었기 때문이다. 다른 측면에서는 재생가능에너지 관련 정책들이 새로운 시장의 가능성을 제시해주었기 때문에 민간 부문의 투자가 촉진되었을 수도 있다.

풍력 에너지는 지난 10년 동안 재생가능에너지 투자에서 성장 동력의 역할을 담당했다. 세계적인 금융위기가 재생가능에너지의 투자를 둔화시켰음에도 풍력발전의 설비 용량은 2009년 30% 이상 늘어났으며, 2010년에는 24%의 증가세를 보였다(GWEC, 2011). 유럽에서는 신규 풍력발전의 설비 용량이 2009년에 10GW를 넘었으며, 지난 15년 동안 풍력 에너지 시장은 매년 23%씩 성장해왔다(EWEA, 2010). 풍력발전은 2009년 유럽에서 전체 신규 설비 용량의 39%를 차지해 다른 발전 기술보다 훨씬 높은 수치를 기록했다. 풍력발전에 대한 유럽의 투자는 2009년에 130억 유로를 기록했는데, 그중 115억 유로는 육상 풍력발전에 투입되었으며, 나머지 15억 유로는 해상 풍력발전에 투입되었다. 2010년은 유럽에서 전년 대비 풍력 설비가 처음으로 감소한 해이지만, 여전히 9.9GW의 막대한 설비가 신규로 추가되었다(EWEA, 2011).

풍력에 비해 투자 규모는 비록 작지만 태양광발전에 대한 투자 역시 엄청난 성장세를 보이고 있다. 10년 전과 비교했을 때 태양광발전은 설비 용량이 14배나 증가했다. 덕분에 태양광은 같은 기간 동안 매년 30%의 성장률을 기록해 재생가능에너지 가운데 가장 빠른 성장 속도를 보이고 있다. 2050년이면 태양열발전[1]과 태양광발전 모두 풍력발전이 전력 생산과 온실가스 감축에 기여하는 바와 동일한 효과를 가져올 것으로 예상된다(Frankl and Philibert, 2009).

---

[1] 태양열발전(Concentrated Solar Power: CSP)은 반도체 소재의 광전 효과를 이용하는 태양광발전과 달리 여러 장의 거울을 이용해서 태양빛을 한곳으로 모아서 형성된 높은 열을 이용하는 방식이다. 기본적으로는 돋보기의 원리를 이용하는 증기터빈 방식의 발전 시스템이라고 할 수 있다. 주로 햇볕이 강하고 부지 면적이 넓은 사막 지대에 주로 적용된다. 국내의 태양광발전은 대부분 광전 효과를 이용하는 방식이며, 태양열발전은 유일하게 대구에서 설치·운영되고 있다. _옮긴이

탄소를 규제하는 현실에서 재생가능에너지 투자의 미래

오늘날 같은 탄소 집약적인 세계에서는 재생가능에너지에 대한 투자가 앞으로 더욱 늘어날 것으로 예상된다. IPCC가 최근 발간한 재생가능에너지 관련 특별 보고서는 재생가능한 전기에 대한 투자가 지금의 1조 3600억 달러에서 10년 뒤에는 5조 1000억 달러로 증가할 것이라고 전망했다. 또한 2021년부터 2030년 사이에는 1조 4900억 달러에서 7조 1900억 달러로 증가해 이산화탄소의 농도를 450ppm 수준으로 유지하는 데 기여할 것으로 예측된다(IPCC, 2011a). 이처럼 향후 20년 동안 5조~7조 달러가 투자된다는 것은 전 세계 GDP의 1%가 매년 투입되는 것과도 같다. 또한 기후변화 완화 시나리오는 재생가능에너지가 앞으로 50년 안에 가장 우세한 에너지원이 될 것으로 전망하고 있으며, 투자 규모는 전 세계 연금기금, 뮤추얼펀드, 보험기금, 자금운용업계 자산의 5%에 달할 것으로 예측된다(McKinsey, 2011). 또한 IEA의 2012년 자료는 재생가능에너지와 에너지 효율에 대한 추가 투자비용 가운데 80%가량이 연료비 절약으로 상쇄될 것으로 예상했다. 재생가능에너지에 대한 현재의 투자 규모는 2003년에 IEA가 발표한 전체 에너지 투자 자금과 같은 수준이다. 이 자료에서는 전통적인 에너지원을 포함해 에너지 공급 시설에 대한 전 세계의 투자액을 추정했는데, 투자 규모가 2001년부터 2030년 사이에 160조 달러에 육박할 것으로 추정했다. 이는 연간 5조 3000억 달러에 해당하는 수치다. 따라서 민간 부문의 투자를 이끌어내는 것은 그다지 어려운 일이 아니며, 정책 결정자는 '녹색 프리미엄의 부과'가 아니라 자본을 투입하는 투자자의 전략적 선택에 대해 더욱 신중히 고민해야 한다. 이때 투자자들은 전통적 에너지원과 재생가능에너지 중에서 유리한 사업을 선택하는 경향이 있다.

재생가능에너지 투자의 규모를 늘리기 위해서는 물론 사회적·제도적 맥락의 지원이 뒷받침되어야 한다(Krewitt et al., 2007). 그러므로 "기술적 진보와 해결책이 반드시 필요하다. 그렇지만 이것만으로는 충분하지 않다"라고 지적된 바 있다(Grubb, 1990: 716). 정책 결정자뿐만 아니라 일반 시민, 산업·시장 운영자, 투자자에 이르기까지 다양한 행위자를 고려해야 한다. 한편 금융권의 동의를 얻는 것은 미래의 에너지와 기후변화 정책을 성공적으로 추진하기 위한 핵심 요소라고 할 수 있다.

재생가능에너지 투자와 에너지 정책의 연결

대부분의 문헌은 재생가능에너지 정책의 효과성을 측정하기 위해 투자액이 아닌 설비 용량을 변수로 설정하는 경향이 있다. 한편으로 다양한 재생가능에너지 기술과 정책 수단을 대상으로 국가적인 차원의 사례 연구들이 세계 각지에서 실시된 바 있다(Breukers and Wolsink, 2007; Jacobsson and Lauber, 2006; Lipp, 2007; Toke et al., 2008; Wüstenhagen and Bilharz, 2006). 이러한 연구는 여러 정책 수단 중에서 어떤 수단이 더 나은지에 대한 질문을 던지고 있으며, 이에 대한 대답은 "상황에 따라 다르다"라는 것이다(IPCC, 2011b). 예를 들면, 경제 모형을 이용해 분석하는 연구자는 신재생에너지 의무할당제가 비용을 최소화하는 효과적인 방식이라고 주장한다(Palmer and Burtraw, 2005). 반면 학제적 관점의 연구자는 에너지 정책의 실질적인 집행이 시장 지배력과 거래비용 등으로 인해 어려움을 겪을 것이라고 지적한다(Bergek and Jacobsson, 2010; Jacobsson et al., 2009; Jensen and Skytte, 2002; Menanteau et al., 2003; Verbruggen, 2004). 반면 독일에서는 발전차액지원제가 발전 설비 용량을 늘리는 데 크게 기여했으나 태양광발전과 관련해서는 상당한 비판을 받았다(Frondel et al., 2008). 그 밖의 다른 국가에서도 에너지 정책의 집행은 각기 상이한 결과를 가져왔다(Campoccia et al., 2009; Lüthi, 2010; Rowlands, 2005). 결국 동일한 정책이라고 해도 집행 과정에서 이러한 차이가 발생할 수 있다(Dinica, 2006; Menanteau et al., 2003; Ringel, 2006).

그렇다면 정책적 성과를 분석할 때 독립변수로 발전 설비 용량 대신 투자액을 이용하면 어떠한 차이가 발생할까? 메가와트라는 전력 단위가 아닌 달러라는 화폐 단위를 이용하면 더 나은 통찰력을 제공해줄까? 이러한 물음에 대한 답변을 모색하기 위해서는 정책 설계의 중요성을 역설한 최근의 에너지 정책 관련 문헌이 참고가 될 것이다(Usher, 2008). 선행 연구는 정책적 결과가 다르게 나타나는 이유가 투자자에 대한 정책적 위험의 수준이 상이하기 때문이라고 설명한다. 따라서 발전차액지원제나 녹색인증제 같은 정책 수단이 투자 위험에 대한 고려 없이 실시된다면 결국에는 어느 정책이나 비슷비슷한 결과를 산출할 것이다. 반면 투자 위험에 대한 고려가 뒷받침된다면 특정 제도가 다른 제도에 비해 더 나은 결과를 도출할 수도 있을 것이다. 이는 어떠한 이유에서 발전차액지원제가 녹색 인증제에 비해 신규 재생가능에너지 발전용량을 늘리는 데 더 나은 성과를 가져왔는지를 설명해줄 수 있다(Mitchell et al., 2006). 즉, 낮은 투자 위험은 투자자의 자본 비용에 영향을 미쳐 재생가능에너지 사업의 재정 비용을 낮출 수 있다(De Jager and Rathmann, 2008; Langniss, 1999; Wiser and Pickle, 1998). 따라서 투자자가 인식하는 위험을 감소시키는 정책은 재생가능에너지의 발전을 가져올 것이다. 이 장에서는 에너지 정책의 효과성을 평가하는 데 투자자의 관점을 추가해서 살펴보려 한다(Dinica, 2006; Gross et al., 2010; Hamilton, 2009; IEA, 2003). 사실 지금까지는 투자 위험과 정책이 투자자와 사업 개발자에게 어떻게 인지되는지에 대한 실증적인 증거 자료가 충분하지 않았다(Bürer and Wüstenhagen, 2008, 2009; Lüthi and Wüstenhagen, 2012).

물론 설비 용량이 아니라 투자라는 측면을 고려하는 것은 마치 타임머신을 타고 미래를 예측하는 것과도 같다(Usher, 2008). 이때 연구자들은 특정 발전 사업에 대한 현재의 투자를 측정하는 방식으로 미래의 설비 용량을 예측할 수 있다. 즉, 풍력발전용 터빈이나 태양광 전지 같은 재생가능에너지 설비에 대한 제조업 분야의 투자는 향후 2~5년 안에 어떠한 장치가 나타날 것인지에 대한 실마리를 준다. 그리고 벤처 자본에 대한 오늘날의 투자는 기술을 선도하는 역할을 하며, 향후 5~10년 내에 기술의 확산을 가져올 것이다. 끝으로 현시 선호가 아닌 잠재 선호는 이러한 효과를 더욱더 지속시킬 수 있다. 특히 최근 들어 급격한 성장세를 보이고 있는 재생가능에너지 분야에서의 투자 및 투자 관련 의사 결정에 대한 분석은 설비 용량에 대한 이전의 분석 방식과 달리 자료의 가용성 문제를 해결해줄 수 있다. 그리고 이것은 정책 결정자의 의사 결정을 도와줄 수도 있다.

재생가능에너지 투자에 대한 전략적 선택의 개념화

재생가능에너지 투자의 기능: 위험·수익·정책

재생가능에너지에 대한 투자 수준을 결정하는 요인은 위험, 수익, 정책에 관한 모형으로 설명이 가능하다. 이와 관련해서는 〈그림 22.2〉를 참고할 수 있다. 여기서 위험과 수익은 재정학에서 투자를 결정하는 핵심적인 요소로 간주되는 가장 일반적인 항목이다. 실제로 투자자들은 투자의 위험성과 수익성을 합리적으로 예측·판단한 뒤, 주어진 위험성을 고려해서 최대의 수익을 얻을 수 있는 사업을 선택한다. 이때 투자자는 위험을 고려한 조정 수익을 기준으로 투자 기회를 비교한다. 다만 재생가능에너지에는 환경적인 측면에서 긍정적인 외부 효과가 포함된다. 이로 인해 재생가능에너지에 대한 투자는 전통적인 화석연료에 대한 투자에 비해 불리한 측면이 있다. 따라서 이 같은 친환경적 외부 효과를 반영하기 위한 에너지 정책이 존재한다. 즉, 발전차액지원제를 통해 재생가능에너지에 대한 투자로부터 얻는 수익을 높이거나 대출 보증을 통해 위험을 줄이는 정책은 투자자가 위험성과 수익을 고려하더라도 재생가능에너지에 대해 우호적인 태도를 취하게 만드는 효과가 있다. 이로 인해 재생가능에너지 투자에 대한 '순수 위험 – 수익'과 '정책적 효과'의 관계에 대한 논쟁은 여러 논문에서 전개된 바 있다. 즉, 한편에서는 이 같은 정책이 재생가능에너지 투자를 촉진시키는 중요한 역할을 담당한다고 주장하지만, 다른 한편에서는 정책에 의한 투자 기회를 탐색하는 과정에서 민간 자본의 역할을 강조한다는 차이가 있다(IPCC, 2011b). 이와 관련해서 뷔스텐하겐와 테포는 벤처 자본 투자자를 대상으로 인터뷰를 진행한 바 있다(Wüstenhagen and Teppo, 2006). 결과적으로 재생가능에너지 정책이 투자를 결정하는 데 중요한 요소 가운데 하나이기는 하지만, 정책만으로 시장과 시장 참여자들을 움직일 수는 없다. 따라서 정책과 투자의 연합에 관한 미시적인 사항을 검토하는 것은 나름 의미가 있다.

다음 절에서는 재생가능에너지 투자에 관해 더욱 심도 있는 내용을 다룰 예정

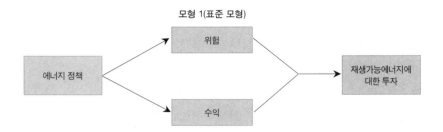

모형 1(표준 모형)

인데, 이는 비단 정책에만 국한되지 않는다. 이는 재생가능에너지 투자를 위한 전략적 선택과 관련해서 개념적인 모형을 도출하는 것을 궁극적인 목표로 하고 있다. 결과적으로는 향후 연구를 진행하기 위한 이론적 토대가 될 것으로 기대된다(〈그림 22.4〉 참조).

포트폴리오 측면

일반적으로 투자에 관한 위험 – 수익 모형은 포트폴리오 이론에서 출발한다. 마코위츠는 포트폴리오의 다양화라는 개념을 가장 먼저 강조한 인물로, 상이한 자산의 결합이 위험을 감소시킬 수 있다고 주장했다(Markowirz, 1952).[2] 이러한 이유로 인해 포트폴리오식 투자는 단일 투자를 통한 위험 – 수익과 구조적으로 전혀 다른 특성을 지닌다. 이것은 재생가능에너지 투자에서 두 가지 차원에서 중요한 의미를 지닌다.

첫째, 전통적인 발전 설비에 재생가능한 전력을 추가하면 일종의 다양화 효과가 창출된다. 그렇지만 대부분의 전력 사업에서 전력 설비의 자산 가치를 평가하기 위해 채택하는 기존의 공학 및 경제학적 모형은 이러한 효과를 설명할 수

---

2   해리 마코위츠(Harry Markowriz)는 현대적인 '포트폴리오 이론'을 체계화시킨 인물이다. 포트폴리오 이론이란 자산을 분산 투자해 포트폴리오를 구성하면 이전보다 위험을 감소시킬 수 있다는 이론이다. 이 이론은 합리적 투자자를 가정하고 있다. 즉, 투자자는 위험회피적인 성향을 지니고 있으며, 이와 더불어 기대 효용 극대화라는 목표를 갖고 있어야 한다. _옮긴이

없기 때문에 재생가능에너지를 과소평가할 가능성이 크다(Awerbuch, 2000a, 2000b, 2004; Bhattacharya and Kojima, 2012). 반면 포트폴리오의 다양화는 투자자가 투자 기회를 판단하는 과정에 상당한 영향을 줄 수 있다. 이는 보험 회사나 연금 펀드 같은 금융 투자가 재생가능에너지 자산에 투자하는 데 기존의 발전업체에 비해 더욱 적극적이라는 사실을 설명해준다.

둘째, 재생가능에너지원들 사이에서의 다양화 효과가 존재하게 된다. 태양광이 결합된 풍력발전 설비는 이 둘이 따로따로 운영될 때에 비해 위험과 수익 측면에서 유리할 수 있다. 라우리카는 이를 발전 설비 관련 위험의 다양화라고 부른다(Laurikka, 2008). 이 같은 다양화의 노력이 부족할 경우 재생가능에너지에 대한 투자가 제대로 이뤄지지 않는 결과를 가져올 것이다.

그렇다면 재생가능에너지 투자 정책에 영향을 주는 포트폴리오의 다양성이 의미하는 바가 무엇인지 생각해볼 필요가 있다. 첫째, 포트폴리오의 효과를 제대로 인식하지 못할 경우 재생가능에너지 투자에 대한 인지적 장벽이 형성될 수도 있다. 둘째, 투자자는 발전 사업자보다도 포트폴리오의 효과를 평가하는 데 경험이 많다. 따라서 재생가능에너지에 대한 투자를 확대하려는 정책 결정자들은 더욱 다양한 투자자를 포함시킬 수 있는 정책을 마련해야 한다. 물론 이것이 전력 시장의 현직 종사자에게만 국한되어서는 안 된다. 셋째, 재생가능에너지 정책은 1kWh당 추가 비용에 근거해서 가격을 부가하므로, 비용 대비 효과적인 재생가능에너지 정책에 관한 논의는 그러한 계산식의 중요한 부분을 놓칠 가능성이 있다. 따라서 핵심적인 판단 기준을 수정해야 할 것이다. 그래야 포트폴리오 다양화의 가치와 회피된 연료 가격의 위험성을 제대로 파악할 수 있기 때문이다.

투자자의 이질성과 정책의 세분화

다만 〈그림 22.2〉는 현실 세계를 지나치게 단순화한 모형이라는 한계를 지니고 있다. 사실 재생가능에너지에 대한 투자 결정은 금융 분야의 단일 행위자가 아니라 다수의 이질적인 투자자에 의해 이뤄진다. 실제로 기술혁신의 단계마다

〈그림 22.3〉 기술혁신 과정별 금융 투자자의 유형

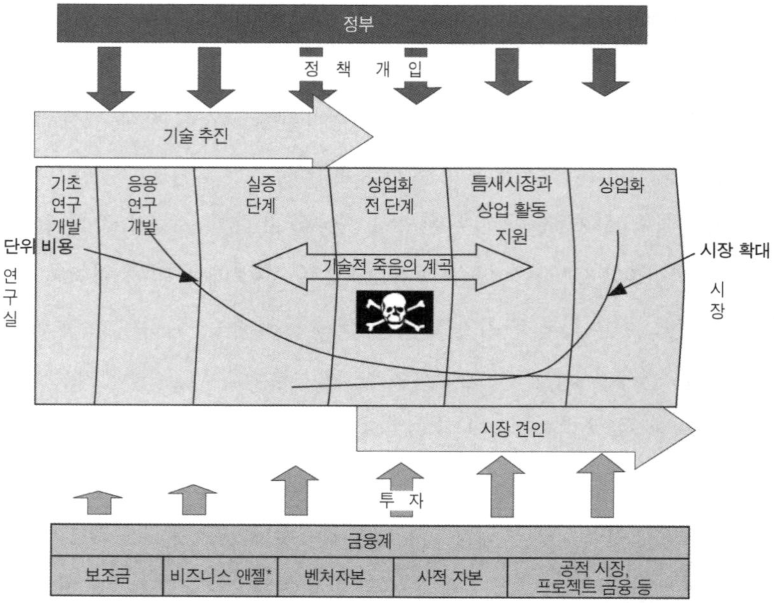

* 비즈니스 앤젤: 기술과 아이디어는 있지만 자본이나 경영 수완이 부족한 벤처 기업 창업가에게 경영 노하우와 지분 투자의 형태로 자금을 지원하는 개인 투자가를 말한다. 벤처 기업의 창업 자금난을 해결해주는 천사라는 의미에서 이렇게 부른다.
자료: Bürer and Wüstenhagen, 2009; Grubb, 2004.

다양한 투자자가 등장한다. 이와 관련해서는 〈그림 22.3〉을 참고할 수 있다. 예를 들어, 초기 단계의 기술 회사에 투자하는 벤처 자본가들은 더욱 성숙한 기술에 투자하는 사람들과는 전혀 다른 정책을 요구하는 경향이 있다(Bürer and Wüstenhagen, 2009; Lüthi and Wüstenhagen, 2012). 대규모 재생가능에너지와 관련해서는 투자자의 규모와 다양성이 더 중요할 수밖에 없다. 예를 들어, 발전 사업자, 보험 회사나 연금 펀드 같은 금융업체, 주택 보유자와 같은 소매 투자자들이 모두 태양광발전 사업에 투자하기는 하지만, 이들의 정책적 선호는 상이할 수 있다. 이와 관련한 실증적인 연구가 아직까지는 그다지 많이 이뤄지지 않은 상태이지만, 이에 대한 체계적인 조사가 앞으로 중요한 함의를 제공할 것으로 기대된다. 그리고 이러한 정책 선호의 차이를 알아보기 위해서는 초기 착수금과 세금 우대 조치 등에 관한 수익률을 반드시 고려해야 한다.

마케팅 분야에서 사용되는 용어를 빌리자면, 세분화라는 용어로도 설명할 수 있다. 마케팅 효과를 증가시키기 위해 소비자를 몇 개의 그룹으로 구분한 뒤 관심 있는 투자자를 모집하는 방식은 재생가능에너지 시장을 확대하기 위한 민간 자본과 공공 정책의 효율성 및 효과성을 높일 것이다.

인지, 위험 인식, 제한된 합리성의 역할

지난 수십 년에 걸쳐 진행된 '행태 금융'에 관한 연구 덕분에 제한된 합리성을 지닌 인간에 의해 투자가 결정된다는 사실이 밝혀졌다(Simon, 1955). 즉, 위험과 수익에 대한 '객관적' 측정보다는 행태주의적인 관점이 이러한 문제를 인지하는 데 유용할 수 있다. 이때 위험의 인지와 기대 수익은 인지적인 요소에 의해 영향을 받기 마련이다. 이는 불확실한 상황에서 이뤄지는 수많은 의사 결정을 통해 설명되어왔으며, 1970년대 이후 트버스키와 카너먼이 본격적으로 연구를 진행했다(Tversky and Kahneman, 1974). 행태적 금융이론가가 규명한 인지적 편향으로는 기점화와 조정,[3] 가용성, 대표성, 현상 유지 등이 있다(McFadden, 2001; Barnes, 1984; Katz, 1992; Pitz and Sachs, 1984; Samuelson and Zeckhauser, 1988). 이러한 편향은 새로운 정보를 받아들이는 것을 어렵게 만들 뿐만 아니라 의사 결정 과정에서 이익과 손실에 대한 가중치를 다르게 부과하는 결과를 가져온다(Kahneman, 2003; Tversky and Kahneman, 1974; Kahneman and Tversky, 1979). 이러한 관점에서 행동경제학 및 행태 금융과 관련된 논문들은 주식시장을 포함한 실제 금융시장의 작동 방식이 고전적인 경제 모형과 얼마나 다른지를 밝혀냈다(Chan and Lakonishok, 2004; Jordan and Kaas, 2002; Lakonishok et al., 1994). 한편으로는 외환 투기, 관리적 의사 결정, 에너지 부문에서의 행태 금융에 대한 연구도 진행되었다(Bikhchandani et al., 1992; Bikchandani and Sharma, 2001; Froot et al., 1992;

---

3   기점화와 조정(anchoring and adjustment)은 트버스키와 카너먼이 1973년에 발견해낸 것으로, 어림짐작에 의한 의사 결정을 가리킨다. 즉, 순수한 합리적 계산에 의한 판단이 아니라 초기 제시 값에 따라 영향을 받는 제한적 합리성하의 의사 결정을 의미한다. _옮긴이

McNamara and Bromiley, 1999; Masini and Menichetti, 2012).

그렇다면 이를 토대로 재생가능에너지의 투자 및 정책 관련 함의에 대해 고민해볼 필요가 있다. 만약 투자자가 제한된 합리성을 지닌 존재라는 사실을 인정한다면, 이는 위험과 기대 수익에 관한 정책에도 영향을 미칠 것이다. 물론 위험과 기대 수익은 여전히 중요한 투자 결정 요소다. 그렇지만 모든 투자자가 재생가능에너지에 대한 투자 결정을 내리기 전에 위험과 수익에 대한 포괄적인 정보를 가지고 있지는 않다. 따라서 위험을 줄이고 수익을 늘리기 위해서는 정책 결정자가 기대치를 조정하는 것이 중요하다. 예를 들어, 위험 – 수익에 대한 인지 과정은 정책 변동이 잦거나 목표가 불확실할 경우 매우 부정적인 영향을 받을 수밖에 없다. 인간의 완전한 합리성에 기반을 둔 고전적인 경제 모형하에서는 명확하지 못했던 장기적인 정책 안정성이라는 요소가 제한된 합리성이라는 관점에서는 핵심적인 요인으로 등장한다. 따라서 녹색 공공 조달 정책은 인지된 위험의 크기를 줄일 뿐만 아니라 재생가능에너지 기술이라는 인증을 추가하는 방식으로 민간 부문의 투자 확대에 긍정적인 영향을 미칠 수 있다. 마찬가지로 정책 결정자는 금융 투자자에 대한 교육과 훈련을 지원하거나 금융권의 여론 주도층과 협력하는 방식으로 인지적 장애 요인을 해결해나갈 수도 있다.

에너지 투자의 경로의존성

제한된 합리성이 우리에게 주는 중요한 시사점 가운데 하나는 '경로의존성'이다(Goldstone, 1998; North, 1990). 여기서 경로의존성이란 과거의 선택이 현재의 선택에 영향을 주는 고착화된 성향을 의미한다. 예를 들면, 뷔스텐하겐과 테포의 경우 신규 재생가능에너지 부문에 대한 벤처 자금의 흐름을 둔화시키는 자본시장의 경로의존적인 성향을 밝혀냈다(Wüstenhagen and Teppo, 2006). 한편 핀란드가 주에너지원으로 화석연료를 사용하는 데서 탈피해 이를 다양화하려 했던 사례를 통해 경로의존성을 증명한 연구도 발표된 바 있다(Lovio et al., 2011). 경로의존성은 고착 효과를 초래할 수도 있는데, 전 세계가 고탄소 사회가 되어버릴 뿐만 아니라 앞으로 이러한 경로에서 벗어나기 어려울 것이라는 전망이 제기되어왔다(Unruh, 2000, 2002). 이러한 경로의존성은 산업계나 혁신 시스템뿐만 아니라 개별 기업 차원에서도 발견된다. 예를 들면, 화석연료에 대한 투자는 위험과 수익에 관한 석유회사 의사 결정자의 관점에 영향을 주었으며, 상대적으로 친숙도가 낮은 재생가능에너지 영역보다는 기존의 경로에 좀 더 의존하게 만드는 경향이 있었다(Pinkse and van den Buuse, 2012).

그렇다면 정책 결정자가 재생가능에너지에 대한 투자를 촉진시키기 위해 경로의존성으로부터 끌어낼 수 있는 함의에 대해서도 고민해볼 필요가 있다. 정책 입안자에게 첫 번째로 제시될 수 있는 함의는 새로운 재생가능에너지 기술이 시장에 자유롭게 진입할 수 없으며, 현행 기득권 세력의 위험 - 수익과 관련된 과거의 경험을 바탕으로 오늘날의 선택이 제약을 받는다는 사실이다. 그렇다면 이러한 인간의 제한적 합리성을 고려했을 때 재생가능에너지에 대한 '공평한 경쟁의 장'을 제시하거나 최적 배분을 가져오는 시장의 '보이지 않는 손'을 기대하기는 어려울 뿐만 아니라 투자 결정이 기존의 경로를 고수할 것이라는 예측이 오히려 합리적일 것이다. 이처럼 제도는 특정 경로에서 벗어나 다른 경로로 변화하는 것을 거부하는 경향이 있기는 하지만, 다른 한편으로는 새로운 경로가 도입되기 위한 자극을 필요로 하는 성질도 지니고 있다. 예를 들면, 몇몇 정책 결정자는 발전차액지원제가 재생가능에너지와 관련해서 지나친 재정 지원 정책이라고 반대하는 반면, 경로의존성이라는 관점에서 발전차액지원제가 금융 제도의 기존 관성을 극복하기 위해 필요한 일종의 초기 자극이라고 설명하기도 한다. 이는 마치 새로운 도로를 건설하려면 초기 투자가 필요한 것과 마찬가지로 에너지 분야에서도 신규 경로를 형성하려면 비용이 수반되어야 한다는 의미다.

결론: 재생가능에너지 정책과 투자 간의 세부적인 관계

이상의 모든 사항을 종합적으로 고려하면 재생가능에너지 투자에 관한 더욱

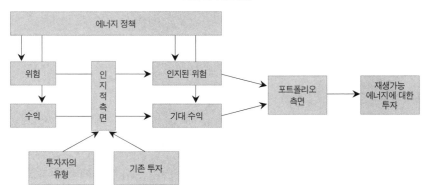

〈그림 22.4〉 재생가능에너지 정책과 투자의 상세 모형

모형 2(확장 모형)

구체적인 모형을 제시할 수 있다. 물론 위험과 수익은 투자를 이끌어내는 중요한 동기다. 따라서 재생가능에너지의 비중을 확대하려는 정책 결정자는 위험을 줄이고 적절한 수익을 보장해주기 위해 노력해야 한다. 한편 공정한 경쟁의 장을 조성해야 하며, 시장이 재생가능에너지의 긍정적인 외부 효과를 제대로 인지하도록 유도하는 것 또한 중요하다. 그렇지만 이것이 결론으로 제시하려는 내용의 전부는 아니다. 사실 우리는 제한된 합리성의 세계에서 살아가고 있으며, 이 세계에서는 인지적 작용이 중요한 역할을 담당하기 때문에 정책 결정자는 이러한 인지·지각 과정을 반드시 고려해야 한다. 투자자의 태도와 선호를 조사하는 것은 어떤 위험이 상대적으로 더 중요하게 고려되는지를 알 수 있게 해주며, 이는 정책 입안 과정에 우선순위를 부여하는 데 도움을 줄 수 있다. 특히 장기적 결정에 관한 문제에서 투자자의 선호는 전략적 투자 결정을 전면적으로 대체하기보다는 보완하는 역할을 담당한다. 투자의 결정 요인을 이해하기 위해서는 포트폴리오 효과와 다양화라는 개념을 고려해야 한다. 왜냐하면 투자와 관련해서 다양한 자산이 활용되면 그로부터 도출되는 함의 역시 달라지기 때문이다. 끝으로 모든 투자자가 동질적이지 않으며, 유사한 투자 기회는 투자자에 따라 서로 다르게 평가되기 마련이다. 이러한 차이는 포트폴리오 다양화의 효과처럼 합리적 측면에서 고려해야 하는 부분이다. 그렇지만 한편으로는 제한된 합리성이라

는 요인이 작동한다는 증거로 경로의존성과 고착된 우선순위를 제시할 수도 있다. 결론적으로 정책을 효과적으로 조합하기 위해서는 인지적 요소와 투자의 세분화라는 현실을 제대로 이해해야 한다.

향후 연구 과제

재생가능에너지 투자의 전략적 선택이라는 주제는 시의적절할 뿐만 아니라 최근 들어 각광 받는 정책적 연구 분야라고 할 수 있다. 결론적으로 향후에 연구를 더욱더 진전시켜야 할 몇 가지 방향을 제시하면 다음과 같다.

첫째, 지리적 위치와 자산 보유 정도에 따라 재생가능에너지 투자와 관련된 위험, 수익, 자본비용에 대한 이해 방식이 달라진다. 사도르스키뿐만 아니라 도노반과 누네즈의 연구에서도 확인되듯이, 재생가능에너지 관련 투자는 국가별·자산별로 위험성의 정도가 다른 상황이다(Sadorsky, 2012; Donovan and Nuñez, 2012). 재생가능에너지 관련 투자의 위험성을 설명해주는 이러한 연구는 정량적인 평가도 가능할 정도다. 그렇지만 위험성의 실질적인 측정은 여러 가지 전제 조건과 가정으로부터 많은 영향을 받는다. 즉, 자산 가격 모형의 전제 조건뿐만 아니라 모형 자체의 경제적 논리 체계라는 가정이 중요한 요인이다. 따라서 정책 결정자는 재생가능에너지 투자의 자본 비용을 판단하려면 투자자들이 이용하는 수단에 대해 익숙해질 필요가 있다. 그렇지만 앞에서 언급한 선행 연구들은 순수 합리성에 기반을 둔 이론적 분석틀로는 전략적인 투자에 대한 의사 결정을 이해하기가 어려울 수도 있다고 주장한다. 게다가 방법론이라는 측면에서, 이러한 초창기의 연구는 재생가능에너지 투자의 역사가 짧기 때문에 분석된 내용이 제한적일 수밖에 없다. 따라서 향후 진행될 연구는 재생가능에너지산업이 성숙해짐에 따라 더욱 향상된 자료를 바탕으로 진행될 수 있을 것이다. 또한 시장 전체의 움직임과 비교해서 개별 산업과 기업의 민감도를 설명하는 각종 자산 가격 결정 모형의 적합성에 대해서도 연구할 수 있을 것이다.

둘째, 위험·수익에 대한 이해와는 별개로 일부 연구자들은 포트폴리오 효과의 중요성을 강조하고 있다(Awerbuch, 2004; Bhattacharya and Kojima, 2012; Fuss et al., 2012). 앞으로 진행될 향후 연구에서는 포트폴리오 이론이 화석연료 가격의 위험성을 줄이는 유용한 수단이 될 것이다. 또한 포트폴리오 이론은 재생가능에너지의 가치를 평가하는 데서도 유용하다는 사실을 밝혀낼 필요가 있다. 그리고 2011년에 발생한 후쿠시마 원전 사고 이후 최적의 전력 포트폴리오를 구축하기 위한 결정 요인을 정부가 어떤 식으로 설정하는지에 대해서도 조사해야 할 것이다. 그리고 다양한 재생가능에너지 기술에 대한 투자가 어떤 함의를 지니는지에 대해서도 살펴볼 필요가 있다.

셋째, '맞춤형' 정책을 개발하기 위한 출발점은 투자자를 세분화하는 것이다. 〈그림 22.3〉에서 살펴보았듯이, 혁신의 단계마다 투자자의 이질성, 기업의 규모,[4] 지리적 여건[5] 등을 고려해야 한다. 즉, 투자의 전반적인 영역에서는 어떤 정책이 잘 작동했는지, 특정 영역이 왜 어떤 투자자에게는 효과적이고 다른 투자자에게는 효과적이지 않았는지 등에 대한 더 많은 실증 연구가 필요하다. 물론 이러한 연구는 투자자의 태도뿐 아니라 실제 투자 행태도 고려해야 할 것이다.

'합리적인 금융계'에서 행태적인 세계로 이행되면서 투자자가 제한된 합리성을 바탕으로 내리는 실질적인 의사 결정을 연구하는 작업도 의미가 있을 것이다. 이 분야에 관한 향후의 연구는 다음 두 가지 철학적 접근 방식 중 하나를 따를 수 있다. 먼저, 인지적 편향을 밝혀낸 뒤 현상 유지 편향 같은 '비논리적인 측면'을 증명하려는 행동경제학자의 방식을 따를 수 있다. 아니면 시행착오를 반복적으로 평가해서 자기발견적으로 문제를 해결하거나 직관적으로 의사 결정을 하는 방식을 택할 수 있다. 다만 이러한 관점에서 합리성은 상대적인 개념일 수 있다. 만약 실제 투자 행위가 경제학 교과서의 예상을 빗나갈 경우, 이는 합리성의 부재에서 기인한 것이라기보다는 연구자의 잘못된 설명 방식에서 비롯

---

4 현재 영업 중인 기업과 새로 시장에 진입하려는 기업의 규모 차이를 뜻한다.
5 선진산업국과 개발도상국의 지리적 여건을 뜻한다.

된 것일 수 있다. 예를 들어, 골드스타인와 기거렌처는 복잡한 의사 결정 과정에서 주먹구구식의 판단법이 적용되는 사례를 보여준다(Goldstein and Gigerenzer, 2009). 특히 정보가 제한적이고 의사 결정 과정에서 시간 제약이 있을 때 이러한 경향이 더욱더 심화되는 것으로 나타났다. 마찬가지로 재생가능에너지 같은 신생 산업 분야에서도 이러한 경향이 확인되었다.

물론 어떤 철학적 접근 방식을 따르건 제한된 합리성은 위험과 수익의 예측에 관한 인지적 측면의 역할을 좀 더 분명히 설명해줄 것이다. 예를 들면, 석유업계 종사자와 태양광 산업의 신규 진입자 사례에서처럼 투자자가 재생가능에너지에 자금을 투입하는 것이 너무 위험하다고 느끼게 하거나 반대로 매력적인 투자 기회라고 느끼게 만드는 인지적 과정을 밝혀낼 것이다. 한편으로는 전통적인 에너지 프로젝트에서 위험과 수익을 파악하기 위해 사용하던 분석 수단들을 재생가능에너지의 비용과 편익을 산출하는 데에도 이용할 것이다. 마찬가지로 에너지 부문에 대한 투자 관련 경로의존성의 결정 요인도 밝혀낼 것이다. 그리고 이에 관한 연구 조사가 이뤄진 뒤에는 이러한 지식을 바탕으로 제한된 합리성의 세계로부터 더욱 효과적인 규제를 이끌어낼 수도 있을 것이다. 예를 들면, 실제 금전적 가치와 비교해서 '상징 정책'의 상대적 중요성을 밝혀낼 수도 있을 것이다. 비록 투자자의 선호가 장기적인 정책 결정에 얼마만큼의 영향을 주었는지에 대한 연구가 부족하기는 하지만 정치학, 사회학, 재정학, 마케팅, 경제학, 심리학 등의 인접 학문 분야는 현상을 바라보고 이해하는 과정에서 새로운 통찰력을 제시해줄 것이다.

미래에는 전략적 선택과 관련해 이처럼 다양한 연구가 진행될 것이다. 이때 이 장에서 제시한 내용이 독자들에게 에너지 정책·금융·행동과학 부문의 복합적 의존성에 대해 생각해보는 출발점을 제공해줄 수 있기를 바랄 뿐이다. 또한 이 분야에 대한 향후 연구는 재생가능에너지로의 성공적인 전환을 위해 필요한 투자의 활성화에 대한 통찰력도 제시해줄 것이다.

6부

국제 에너지의 지역적 조망

23

국제 에너지 정책
중국의 입장

앨빈 린, 푸창 양, 제이슨 포트너*

서론

지난 10년간 중국은 에너지를 광범위하게 개발하고 이용해왔으며, 이는 국제 에너지 시장에 상당히 큰 영향을 끼쳤다. 중국의 에너지 생산량은 2011년 31억 3000만TCE¹였으며, 에너지 소비량은 34억 8000만TCE였다(National Bureau of Statistics, 2012a). 이는 당시 전 세계 에너지 소비량의 21.3%에 달하는 수치였다 (BP, 2012). 2009년까지만 해도 중국은 전 세계에서 가장 큰 에너지 소비자일 뿐만 아니라 생산자였다(IEA, 2010). 그렇지만 급격한 경제성장으로 중국의 에너지 소비가 증가함에 따라 지금은 자국의 수요를 충당하기 위해 외국으로부터 에너지를 수입하는 국가로 전락하고 말았다. 2011년 현재 중국은 석유 55.2%, 천

---

* 이 글의 작성에 기여한 앤절라 셴(Angela Shen)에게 감사드린다.

1 TCE(tons of coal equivalent)는 석탄환산톤으로 번역할 수 있으며, 모든 에너지의 단위를 석탄 1톤으로 환산한 단위라고 할 수 있다. 일반적으로 국제사회는 석유환산톤(TOE)이라는 개념을 사용하는데, 중국은 석탄을 주력 에너지원으로 사용하는 국가적 특성을 반영해서 TCE라는 단위를 사용하고 있다. _옮긴이

연가스 21.6%, 석탄 5.3%를 수입하고 있다(China Energy Research Society, 2011). 중국의 에너지 수입이 국제 에너지 시장을 팽창시키기는 했지만, 그로 인해 안정적인 에너지 공급은 중국의 핵심적인 관심 사항으로 자리 잡았다.

석탄은 산업용 연료로 사용될 뿐만 아니라 주거용 전기와 난방용으로도 이용되고 있다. 석탄에 대한 중국의 의존은 심각한 대기오염·공공 보건·석탄 수송과 관련된 각종 문제들을 일으키고 있다. 중국의 석탄 소비량은 2011년에 역대 최고치인 36억 톤을 기록했는데, 이는 국가 전체 에너지 소비량의 70%를 차지하는 수치였다(National Bureau of Statistics, 2012b). 이처럼 지나친 석탄 소비를 문제로 인식한 정부는 지속가능한 발전을 에너지 정책의 핵심 목표로 제시했다. '제11차 5개년 계획(2006~2010)'[2] 기간 동안 중국은 에너지 효율 개선과 청정에너지의 보급 확대를 위한 재생가능에너지 정책을 수립한 바 있다. 여기에는 에너지 집약도 20% 감축이라는 국가 목표가 처음으로 포함되었다. 여기서 에너지 집약도는 GDP 단위당 소비되는 에너지를 의미한다. 이러한 정책 기조는 최근의 '제12차 5개년 계획(2011~2015)'에서 더욱 강화된 상태다.

산업화와 도시화로 인한 중국 에너지 소비 증가는 지구적인 차원의 기후변화에도 심각한 영향을 미치고 있다. 중국은 이미 2006년부터 세계에서 탄소를 가장 많이 배출하는 국가로 등극한 바 있다(PBL, 2007). 최근의 배출량 증가율을 고려하면 2020년에는 미국과 EU의 배출량을 합친 만큼 이산화탄소를 배출하게 될 것으로 전망된다. 이에 중국 정부는 기후변화가 농업 생산량, 수자원, 해안 도시에 심각한 영향을 미칠 수 있다는 것을 깨닫고, 탄소세나 배출권거래제 같은 정책의 도입을 검토할 뿐만 아니라 청정에너지에 대한 투자 확대를 통해 저탄소 국가 발전으로 이행하는 방안을 모색하고 있다. 중국의 제12차 5개년 계획은 지금까지의 계획 가운데 가장 환경 친화적인 계획으로 평가받고 있다. 이 계획에는 역대 가장 많은 환경 목표뿐만 아니라 에너지 절약 및 저탄소 국가 발전과 관련해서 강화된 의무 조항들이 포함되어 있다(Yu and Elsworth, 2012). 그렇

---

2 국가 경제 발전을 위해 중국 정부가 5년 단위로 수립·시행하는 경제 계획을 말한다. _옮긴이

지만 에너지 정책을 더욱 효과적으로 추진하기 위해서는 정책 조정을 담당하는 행정 기관의 개혁이 필요하다. 이러한 개혁을 포함해 중국이 앞으로 선택할 정책은 국제 에너지 정책뿐만 아니라 국제 기후변화 정책에도 중요한 영향을 미칠 것이다.

중국의 에너지 사용 증가에 따른 비용

2010년에 중국은 일본을 앞지르면서 미국 다음가는 세계에서 두 번째로 큰 경제 대국이 되었다. 이는 1980년대에 중국이 개혁·개방을 선언한 이래로 지난 30년 동안 산업화·세계화·시장화한 결과라고 할 수 있다. 물론 중국 경제가 이처럼 급격하게 성장하고 삶의 질이 개선된 것은 에너지가 풍부하게 공급되었기 때문에 가능했다. 그렇지만 중국의 발전 방식은 투입은 높지만 산출과 효율성은 낮은 성장 모델로 알려져 있다. 2010년 중국은 세계 GDP의 9.3%, 에너지 소비량의 20.3%를 차지했다(China Energy Research Society, 2010). 현재 중국의 국가 발전 방식은 급격한 경제성장을 유지하기 위해 과도한 에너지 소비에 의존하는 성장 모델이라고 할 수 있다.

실제로 기반 시설과 부동산의 증가, 도시화와 산업화, 2001년 WTO 가입 이후 급증한 수출입의 결합으로 인해 중국의 경제 발전은 에너지 집약적인 패턴을 갖게 되었다. 1980년부터 2002년까지만 해도 중국의 에너지 소비 증가율은 GDP 증가율보다 낮았다. 이는 "산업 부문에서의 에너지 사용에 대한 엄격한 감독, 에너지 효율 개선 사업에 대한 재정적 인센티브, 중국 전역에 위치한 200개 이상의 에너지 서비스 센터에서 제공되는 에너지 절약 프로그램, 에너지 효율에 관한 교육·훈련·연구·개발·실증 사업"의 결과라 할 수 있다(Price et al., 2011). 그렇지만 1980년부터 2002년까지 매년 5% 정도씩 줄어들던 에너지 집약도는 2002년부터 2005년 사이에 완전히 역전되어 5%씩 증가하게 되었다. 자세한 내용은 〈그림 23.1〉에서 살펴볼 수 있다.

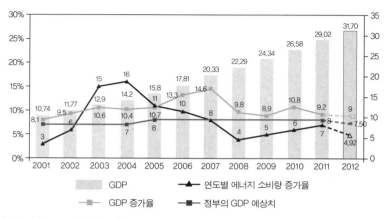

〈그림 23.1〉 GDP와 에너지 소비량 증가율(2000년 1조 위안 기준)

자료: National Bureau of Statistics, 2011.

에너지 집약도가 이같이 급격하게 증가한 것은 철강이나 시멘트 같은 에너지 집약적 산업인 중공업의 성장에 기인한 것이다(Rosen and Hoser, 2007). 이처럼 중국의 에너지 집약적인 산업은 국가 에너지 구조에 지배적인 역할을 맡고 있다. 이와 관련해 중국의 전체 산업 생산에서 중공업이 차지하는 비중은 2001년 61%에서 2010년 71%로 증가한 상태다(National Bureau of Statistics, 2002; 2011). 이처럼 에너지 집약도가 증가하자 중국 정부는 전력 공급을 증가시키기 위해 석탄발전소를 새로 건설하려고 노력했다. 2001년부터 2011년까지 중국은 발전소를 빠르게 구축하는 시기에 접어들었으며, 매년 100GW 용량의 발전소가 건설되었다(National Bureau of Statistics, 2002; 2011).

제11차 5개년 계획에서 중국 정부는 에너지 과소비의 탈피를 국가 목표로 설정한 바 있다. 이를 달성하기 위한 첫 번째 세부 목표는 에너지 집약도를 20%까지 줄이는 것이었다. 이와 관련해서 감축 의무가 지방정부와 대규모 공기업에 부과되었으며, 지방정부와 기업의 대표들은 할당된 목표에 대한 성과를 평가해서 보고해야만 했다. 이에 중국 정부는 상위 1000개 산업체의 에너지 절약에 집중하는 '1000대 기업 프로그램(Top 1000 Enterprises Program)'과 산업·건축 부문의 에너지 효율 개선에 초점을 맞춘 '10대 에너지 절약 중점 사업(Ten Key Energy

Saving Projects)'을 수립해 보조금을 지급하기 시작했다(Price et al., 2011). 결과적으로 2010년 후반에 중국은 에너지 집약도를 19.1% 감축했으며, 6억 3000만 톤의 석탄과 15억 5000만 톤의 이산화탄소 배출량을 감축하는 성과를 거두었다(Qi Ye et al., 2012).

제11차 5개년 계획 동안 중국은 71GW 규모의 저효율 소형 화력발전소를 폐쇄했으며 이를 고효율 대형 발전소로 대체했다. 이로 인해 2011년 중국 석탄발전소의 효율은 전력 1kWh당 330g의 석탄만 필요할 정도로 개선되었다. 또한 중국은 시멘트, 철강, 화학, 기타 중공업 분야의 비효율적인 구형 제조 설비를 폐쇄했다.

에너지 절약과 관련된 중국의 이 같은 노력은 상당한 성과를 거두었지만 에너지 집약적인 중공업과 에너지 과소비 성향의 경제 발전 방식을 바꾸기에는 역부족인 것으로 드러났다. 2011년 현재 중국은 여전히 석탄에 의존하고 있으며, 전체 에너지 소비에서 석탄이 차지하는 비중은 69.7%에 달한다. 반면 석유와 천연가스가 에너지 소비에서 차지하는 비중은 22.8%에 불과하며, 수력·원자력·풍력 및 기타 재생가능에너지는 단 7.5%만 차지할 뿐이다(National Bureau of Statistics, 2011; 2012b). 이 같은 고탄소 에너지 구조는 저효율, 심각한 대기오염, 높은 이산화탄소 배출, 석탄 채굴 산업에서의 높은 사망률이라는 문제를 일으키고 있다.

공급이라는 측면에서 보면 중국은 에너지 공급의 탈탄소화를 위해 상당한 노력을 기울여왔다. 이러한 노력의 일환으로 중국은 '재생가능에너지법'을 2005년 통과시켰으며, 풍력 에너지를 포함한 재생가능에너지를 확대하기 위해 발전차액지원제와 각종 보조금 정책을 수립한 상태다. 덕분에 중국은 2011년 현재 계통 연계형과 독립적인 전력망에 연결된 62.4GW의 풍력발전소를 설치했는데, 이는 세계에서 가장 큰 풍력발전 설비 용량이다(Xinhua, 2012c). 그렇지만 풍력발전 지역과 전력망의 연결, 풍력발전과 전력망의 통합, 재생가능에너지 정책과 인센티브의 개선 및 조정 등과 관련해 여러 가지 문제가 여전히 남아 있다.

국제 에너지 시장에 대한 중국의 의존과 영향

중국의 에너지 자원은 크게 보면 석탄은 풍족한 반면 석유와 천연가스는 부족한 실정이다. 특히 석유와 천연가스의 수급 격차가 확대되면서 국제시장에 대한 수입 의존도가 급격히 커져 수입 석유 및 천연가스의 안정적인 공급원을 확보하는 데 국력을 기울일 수밖에 없게 되었다.

중국 석유 수요의 증가와 국제 석유 시장

1960년대부터 1980년대까지 중국은 석유를 자급자족했을 뿐만 아니라 심지어 석유를 수출하기까지 했다. 실제로 석유 수출이 최고조에 달했던 1986년에는 3300만 톤의 석유를 수출할 정도였다(National Bureau of Statistics, 1990). 그렇지만 상황이 바뀌면서 1993년부터는 급증하는 자국 내 수요로 인해 석유 순 수입국으로 전락하고 말았다. 이후 중국의 석유 수입량은 지속적으로 증가했으며, 2011년에는 2억 5000만 톤의 석유를 수입했다. 이는 국가 전체 석유 소비량의 55.2%에 달하는 규모였다(China Petrochemical News Net, 2012). 2011년 중국의 석유 해외 의존도는 미국을 앞질러 일본, 인도, EU의 뒤를 이었다(BP, 2011; China Energy Research Society, 2010; First Caijing, 2012).

중국의 전체 에너지 소비량 대비 석유의 비중이 2001년 21.8%에서 2010년 19%로 줄어들기는 했지만 같은 기간 동안 석유 소비량은 지속적으로 증가해 2010년에는 세계 석유 소비량의 10.7%를 차지할 정도였다(BP, 2011). 이러한 자국 내 수요 증가는 주로 중국에서의 자동차 생산 및 판매가 급격히 증가했기 때문인데, 중국의 자동차 판매량은 2009년 미국을 초월할 정도였다(China Daily, 2009, 2010). 2011년에는 중국의 자가용이 20.4%가량 증가해 7만 9000대에 이르렀다(National Bureau of Statistics, 2012b). 더욱이 중국의 자동차 시장은 여전히 엄청난 잠재력을 지니고 있는 것으로 추정된다. 왜냐하면 2010년 현재 도시에서는 가구당 평균 0.13대의 자동차만 보유하고 있기 때문이다(National Bureau of

Statistics, 2011). 최근의 시나리오에 따르면 2020년 중국은 연간 6억~6억 5000만 톤의 석유를 소비할 것이며 석유의 해외 의존도는 65~70%에 이를 것이라고 한다(China State Council Development Research Center et al., 2009).

중국의 주요 3대 국영 석유회사인 페트로차이나, 시노펙(Sinopec), 중국해양석유총공사(China National Offshore Oil Corporation: CNOOC)는 증가하는 석유 수요를 충족시키기 위해 석유 탐사와 해외 시장에의 참여를 크게 확대해오고 있다. 특히 석유기업과 유전의 인수 합병, 석유·가스의 탐사 및 개발, 생산 및 판매, 파이프라인 수송, 정제 사업을 중심으로 영역을 확장해왔다. 현재 중국의 석유기업들은 세계 석유 자원의 거의 모든 부문에서 협력적인 사업 체계를 구축해놓고 있다. 여기에는 7900만 톤의 석유 개발권도 포함된다(China News, 2012).

이처럼 자국 내 석유·가스의 수급 격차가 심각하게 증가하자 중국 석유기업의 해외 사업 확장에 대한 찬반 논쟁이 벌어졌다. 즉, 직접 투자 방식으로 해외 석유 자원에 접근할 수는 있었지만, 실질적인 석유 수입과 관련된 정치적·경제적 위험성을 모두 제거할 수는 없었다. 한편으로는 자국 내 해양 굴착 사업도 확장하고 있는데, 이와 관련해서는 기술적인 문제뿐만 아니라 2011년에 보하이 만에서 발생한 유출 사고 같은 해양 오염의 위험성이라는 문제도 발생하고 있다.

석유와 천연가스가 풍부한 전 세계 대부분의 지역은 이미 선진국의 다국적 기업에 의해 점령 및 개발된 상태다. 중국은 국제 석유 시장에서 후발주자였기 때문에 자국 내 석유기업들은 정치적 위험성이 높은 반면 상업적 이익이 낮은 아프리카, 남미, 중앙아시아의 유전 개발에 집중적으로 참여하고 있다.

중국 해관총서(General Administration of Customs)[3]에 따르면, 2011년에는 2010년에 비해 6% 증가한 2억 5400만 톤의 원유를 수입했다고 한다. 〈표 23.1〉에 제시된 10개국은 중국 전체 석유 수입량의 81.2%를 차지하는 산유국인데, 그중에서도 중동 국가의 비중이 47%에 달한다(China Oil News, 2012). 최근 들어 중국은 에너지 안보를 강화하기 위해 석유 공급원을 다변화하는 데 노력을 기울

---

3   중국의 수출입과 관련된 통관 업무를 담당하는 국무원 직속 기구다. _옮긴이

〈표 23.1〉 중국의 상위 10개 원유 수입국(2011년 기준)

국가	수입 규모(톤)	전체 수입률(%)	2010년 대비 증가율(%)
사우디아라비아	50,277,700	19.8	+12.61
앙골라	31,149,700	12.3	-20.9
이란	27,756,600	10.9	+30.19
러시아	19,724,500	7.8	+29.42
오만	18,153,200	7.2	+14.4
이라크	13,773,600	5.4	+22.57
수단	12,989,300	5.1	+3.1
베네수엘라	11,517,700	4.5	+52.66
카자흐스탄	11,211,000	4.4	+11.51
쿠웨이트	9,541,500	3.8	-2.94

자료: *China Oil News*, 2012.

이고 있다. 그 결과 2011년에는 베네수엘라, 이란, 러시아로부터 수입한 석유의 비중이 크게 늘어났다. 그렇지만 사우디아라비아가 여전히 중국 전체 석유 수입량의 20%를 차지하고 있기 때문에 석유 수입의 다변화는 여전히 중국의 당면 과제다.

이들 가운데 사우디아라비아, 러시아, 캐나다, 베네수엘라는 가장 풍부한 석유 산지로, 전 세계 석유 매장량의 각각 19.1%, 5.6%, 2.5%, 12.9%를 보유하고 있다. 또한 이들 국가는 세계 석유 매장량의 40%를 차지하며, 세계 석유 시장의 공급에 결정적인 역할을 담당하고 있다(China Energy Research Society, 2010). 다만 이런 국가들은 상대적으로 정치적 안정성이 확보되었을 뿐만 아니라 특정 지역에 편중되지 않기 때문에 석유 거래가 중단될 가능성이 낮다는 장점을 지니고 있다. 게다가 이들은 중국과 우호적인 관계를 유지하고 있기 때문에 중국에는 매력적인 석유 수출국이다.

세계적인 주요 석유 수입국으로서 중국의 부상은 역동적인 국제 석유 시장에 상당한 구조적 변화를 일으켰다. 2008년 금융위기 이후 세계의 경제성장과 석유·가스 수요의 중심은 아시아와 브릭스(BRICs) 국가[4]로 이동했다. 중국, 인도,

---

4 2000년대를 전후해 빠른 경제성장을 거듭하는 신흥 경제 4국, 즉 브라질(Brazil), 러시아(Russia),

<그림 23.2> 중국의 천연가스 수입량 및 해외 자원 의존도(2006~2011년)

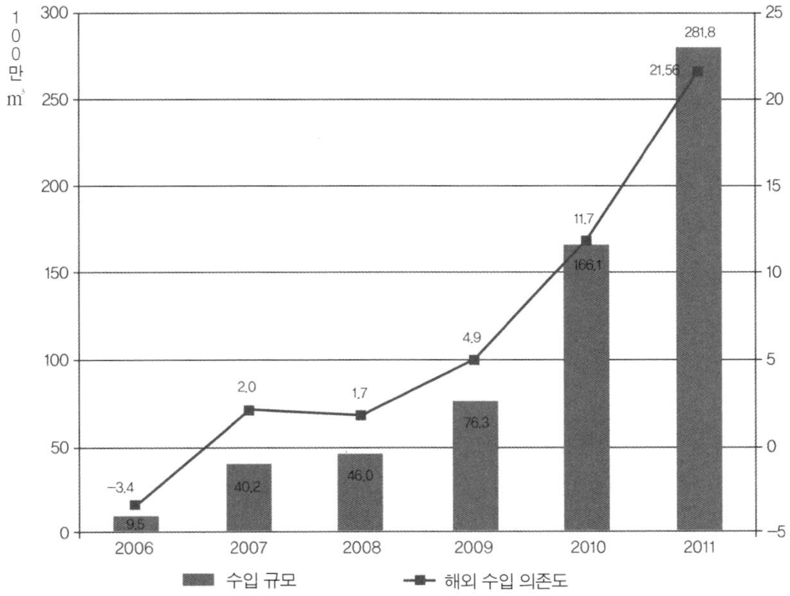

자료: China Energy Statistics 2010 Annual Report; China Customs Statistics.

일본, 싱가포르, 한국, 대만은 현재 중동 석유 수출량의 75%, 국제 석유 수출량의 45%를 차지할 뿐만 아니라 비중이 지속적으로 증가하는 나라들이다(China Energy Research Society, 2010). 이와 대조적으로 유럽의 석유·가스 수입량은 지속적으로 감소하는 추세였다가 최근 들어서는 급락한 상황이다. 유럽과 비슷하게 석유 자급과 에너지 독립을 강화하려는 미국도 셰일가스 같은 자국 내 석유 자원을 빠르게 개발하는 중이며, 이로 인해 석유의 해외 의존도를 53.5%까지 낮추었다(First Caijing, 2012). 반면에 중국은 다양한 산유국으로부터 석유가 지속적으로 공급된다는 데 초점을 맞춰 정책을 추진해왔다. 이는 시장의 급격한 변동성과 국제 석유 공급의 붕괴라는 취약성을 억제할 뿐만 아니라 급증하는 자국 내 석유 소비를 충당하기 위한 정책이라 할 수 있다.

───────────────

인도(India), 중국(China)의 영문 앞 글자를 따서 명명한 경제 용어다. _옮긴이 또한 중국은 국제 석유 공급 시스템의 붕괴로부터 안정성을 확보하기 위해 전략비축유를 개발하고 있다. 그렇지만 현재 비축유는 목표를 달성할 만큼 충분하지 않은 실정이다. 즉, 2012년을 기준으로 전략비축유는 40일분에 해당되는데, 이는 IEA의 권고치인 90일분에 비해 상당히 적은 양이다(Cui, 2012). 중국은 2020년까지 90일분의 확보를 목표로 비축유를 지속적으로 확충해나가고 있다(Xinhua, 2012a).

중국의 국산 및 수입산 천연가스 소비 증가

중국이 보유한 전통적인 천연가스의 매장량은 2조 4500억m^{3}이며, 2011년 말 기준 채굴 가능한 석탄층 메탄의 매장량은 2020억m^{3}라고 한다(China Energy Research Society, 2010; Ministry of Land and Resources, 2012). 그리고 지질학적으로 채굴 가능한 셰일가스의 매장량은 25조m^{3}다(National Energy Administration, 2012b). 그렇지만 천연가스는 여전히 중국 에너지 믹스에서 상대적으로 작은 비중을 차지하고 있을 뿐이다. 2010년 중국의 천연가스 생산량 및 소비량은 전체 에너지 가운데 각각 4.1%(950억m^3)와 4.2%(1060억m^3)만 차지한 것으로 나타났다(National Bureau of Statistics, 2011).

미국에서는 천연가스가 전체 에너지 소비량의 22%를 차지하는데, 중국에는 미국의 1/7에 해당하는 천연가스가 매장된 반면 천연가스 소비량은 미국의 1/6에 달한다(China Energy Research Society, 2010). 증가하는 천연가스 생산량 및 소비량은 빠른 속도로 탄소화되고 있는 중국의 에너지 믹스에 변화를 가져올 수 있는 핵심적인 요인이다.

급증하는 천연가스 소비량을 충족시키기 위해서 중국은 전통적·비전통적 천연가스에 대한 국내외 시장을 모두 이용할 필요가 있다. 국가발전개혁위원회는 천연가스 소비량을 2015년까지 2600억m^{3}로 확대한다는 계획을 갖고 있는데, 이 중에서 900억m^{3}의 천연가스는 해외로부터 수입해야 한다. 한편 2030년에는 오늘날 유럽의 천연가스 소비량과 비슷한 수준인 5000억m^{3}의 천연가스를 소비할 것으로 예측되는데, 이 중 절반은 해외 수입에 의존해야 할 것으로 전망된다 (Wang Xiqiang, 2012).

물론 중국의 셰일가스와 석탄층 메탄은 엄청난 개발 잠재력을 지니고 있다. 그렇지만 중국이 풍부한 석탄층 메탄 자원을 보유하고 있기는 하지만, 개발이 시작된 지 15년이 지난 2010년에 사용된 양은 고작 100억m^{3}에 불과했다(National Energy Administration, 2012a). 만약 중국이 제12차 5개년 계획에서 설정한 2015년 연간 100억m^{3}의 석탄층 메탄 생산이라는 목표를 달성하려면, 석탄층 메탄 관련 기술을 더욱 발전시키고 사업을 확대해야 한다(National Energy Administration, 2012a).

중국은 2015년까지 6000억m^{3}의 지질학적인 셰일가스 매장량과 2000억m^{3}의 셰일가스 가채 매장량을 탐사·확인한다는 목표를 갖고 있다. 또한 2015년에는 60억m^{3}의 셰일가스를 생산해서 2020년까지 연간 600억~1000억m^{3}로 증산한다는 계획도 수립한 상태다(National Energy Administration, 2012b). 그렇지만 이러한 목표를 달성하기 위한 과정에서 수많은 문제에 직면하게 되었다. 중국의 셰일가스는 대부분 산악지대와 외딴 지역에 위치해 있기 때문에 추출하는 과정에서 엄청난 양의 물과 거대한 규모의 파쇄 장비가 필요하다는 문제가 있다. 그렇지만 중국은 아직까지 최신 파쇄 기술을 습득하지 못했을 뿐만 아니라 신기술을 확보하기 위한 합작 투자 방식에만 의존하고 있는 실정이다(National Energy Administration, 2012b). 게다가 수압 파쇄에는 엄청난 양의 물이 필요할 뿐만 아니라 파쇄에 사용되는 화학물질로 인해 환경오염이 발생하기 때문에 셰일가스를 개발하려면 수자원을 보호하는 기술과 규제도 함께 신중히 고려해야 할 것이다.

중국의 천연가스 수입량은 이미 2011년에 300억m^{3}를 초과한 상태이지만, 여전히 천연가스의 수입 확대를 계획하고 있다(Ministry of Commerce, 2012). 중국은 주로 투르크메니스탄, 우즈베키스탄, 카자흐스탄으로부터는 파이프라인 천연가스를 수입하며, 호주, 인도네시아, 말레이시아, 카타르, 예멘, 러시아로부터는 액화천연가스를 주로 수입하고 있다(BP, 2011). 현재 러시아와는 파이프라인

〈표 23.2〉 중국의 상위 7개 천연가스 수입국(2010년 기준)

국가	수입 규모(10억m³)
호주	5.21
투르크메니스탄	3.55(PNG)
인도네시아	2.45
말레이시아	1.68
카타르	1.61
예멘	0.70
러시아	0.51

주: 투르크메니스탄의 파이프라인 천연가스를 제외한 나머지는 전부 액화천연가스임.
자료: BP, 2011.

천연가스 수입에 대한 협상을 진행하는 중이다.[5] 이러한 수입원의 다각화는 경제 변동에서 중국의 천연가스 공급을 더욱 안정적으로 보호해줄 것이다.

그렇지만 정부가 가격을 설정하는 현행 시스템하에서는 중국의 석유·가스기업들이 천연가스 개발에 대한 동기를 지니지 못할 수밖에 없다. 특히 인플레이션을 막기 위해 민간 사용자에 대한 천연가스의 소매가격은 낮게 유지되고 있다. 이는 기업에 부과되는 가스 요금보다 훨씬 낮은 실정이다. 예를 들어, 기업들은 2차 서기동수[6] 파이프라인을 통해 중앙아시아에서 베이징으로 운반되는 천연가스에 1m³당 3.5위안을 지불해야 한다. 이는 가스전의 공급 가격과 운송 비용을 고려한 것이다. 그렇지만 베이징의 소매가격은 1m³당 2.05위안에 불과해 기업은 1.45위안을 손해 보는 셈이다(Wang Xiuqiang, 2012). 그러므로 시장이 더욱 효율적으로 작동하고 자국 내 기업이 천연가스를 개발·판매하도록 유인하기 위해서는 가격의 혁신이 필요하다. 특히 개발·채굴에 높은 비용이 소요되는 비전통적인 천연가스뿐만 아니라 상대적으로 고가인 전통적인 천연가스를 수입하기 위해서는 가격 혁신이 특히 중요하다(IEA, 2012).

---

5   2014년 우크라이나 사태로 서방 국가들이 러시아 제재에 돌입한 이후 중국은 그동안 가격 문제 때문에 결렬되었던 러시아와의 파이프라인 천연가스 계약을 전격적으로 체결한 상태다. _옮긴이

6   중국 중서부의 풍부한 천연자원과 동부 연안의 자본을 연계해 중국의 균형 발전을 도모하기 위한 '서부 대개발 계획'의 하나로, 서부 지역의 천연가스를 동부 지역의 상하이까지 연결하는 작업을 '서기동수(西氣東輸)'라고 한다. _옮긴이

석탄·전기의 수입, 원자력·수력·재생가능에너지의 지속적인 성장

중국의 에너지 소비와 석유·가스의 수입이 증가하면서 중국은 석탄을 해외에서 수입하고 있다. 한편으로는 원자력, 수력, 풍력, 태양력으로 자국의 에너지원을 지속적으로 개발해오고 있다. 이로 인해 국제시장에서 중국의 영향력은 급격히 증가하게 되었다.

2009년 이후 중국은 석탄의 순 수입국이 되었으며, 몇 년이 지난 지금은 1억 6700만 톤의 석탄을 수입하는 실정이다. 이들 석탄은 주로 베트남, 인도네시아, 남아프리카, 호주에서 수입되고 있다(NDRC, 2012). 남동부 연안 지역의 높은 에너지 수요와 국내 석탄의 수송 문제로 인해 이들 지역에서 국산 석탄의 가격은 톤당 800위안으로 증가하게 되었다. 이로 인해 수입 석탄은 가격적인 경쟁력을 확보하게 되었다(State Coal Mine Safety Supervision Bureau, 2011). 캐나다와 미국은 자국 내 석탄 소비를 줄이는 방식으로 환경오염을 감소시켜왔으며, 이로 인한 잉여 석탄이 이제는 중국으로 수출될 예정이다. 게다가 중국은 몽골의 석탄 채굴에도 적극적으로 뛰어들고 있기 때문에 조만간 몽골산 석탄의 수입도 증가할 것으로 전망된다(Thermal Energy Net, 2012).

또한 중국은 향후 10년간 막대한 양의 원자력발전 확대를 계획하고 있다. 현재 12GW인 원자력을 2020년까지 최소 58GW로 확대할 예정이다. 2011년 후쿠시마 원전 사고 이후 설비를 개선하기 위해 민간 원자력 시설에 대한 안전성 평가를 실시했으며, 2012년 10월에 국무원이 원자력의 안전성 및 개발 관련 계획을 승인할 때까지 신규 원전 프로젝트는 유보되었다.

중국은 머지않아 전력의 순 수입국이 될 것으로 전망된다. 중장기적인 측면에서 보면 러시아로부터는 화력이 중국의 북동 지역에 공급될 예정이며, 몽골로부터는 수력이, 동남아시아로부터는 석탄 화력이 공급될 것으로 예상된다. 최근에는 러시아와 1000억kWh의 화력발전 구매 계약서를 체결한 바 있다(China Energy Net, 2012). 한편 중국 국가전력망공사(State Gird Corporation of China)는 해외로 진출해 스페인과 호주의 전력 기업에 주주로 참여하는 방안을 모색하고 있다.

특히 중국은 세계에서 수력발전과 관련된 설비가 가장 대규모일 뿐만 아니라 건설 능력이 가장 발달된 국가 가운데 하나로 인정받고 있다. 또한 중국 기업은 외국의 석탄 발전 시설을 건설하고 있는데, 비용이 1kW당 4500위안 이하로 유지되고 있다고 한다(Zhang, 2011). 한편 중국의 태양광 전지는 국제 재생가능에너지 시장의 50%를 차지하고 있다. 이는 중국에서 생산되는 태양광 전지의 90%가 해외로 수출된다는 것을 의미하기도 한다(US Department of Commerce, 2011). 또한 중국의 풍력 터빈 제조업체는 생산된 풍력 터빈을 해외로 수출하는 방안을 모색하고 있으며, 2012년에는 바람이 풍부한 지역에서 석탄과 경쟁하기 위해 풍력의 비용을 1kW당 3500위안으로 줄였다(Zhang, 2012).

기후변화에 대응하고 청정에너지를 추구하게 된 중국의 동기·관련 정책·당면 과제

지난 30년간 중국은 에너지를 안정적으로 공급한 덕분에 빠르게 경제성장을 달성할 수 있었다. 그렇지만 중국 정부는 이 같은 공급 중심의 에너지 시스템과 경제성장 방식이 높은 수준의 투자비용, 대규모 자원 소비, 심각한 오염 물질 배출, 낮은 수준의 효율로 인해 더 이상 지속가능하지 못하다는 사실을 깨달았다. 또한 심각한 기후변화가 자국의 경제와 국민들에게 위협이 된다는 사실을 인식하면서 국내 및 국제적인 차원에서 기후변화에 대응하기 위해 노력하고 있다.

중국이 기후변화에 대응하게 된 동기

중국은 현재 세계 최대의 이산화탄소 배출국이다. 이로 인해 자국 내 온실가스 배출과 관련해서 적극적인 조치를 취해야 한다는 국제사회의 압력을 받고 있다. 2011년 중국의 이산화탄소 배출량은 77억 톤으로 증가했는데, 이는 전 세계 배출량의 22%를 차지하는 수치다. 물론 1인당 배출량도 5.7톤에 달할 정도다. 이러한 배출량 증가 추세가 줄어들지 않으면 2020년 중국은 전 세계 온실가스의 28~30%를 배출하게 될 것으로 예상된다(Qi Ye et al., 2012).

또 다른 중요한 쟁점은 중국의 온실가스 배출량이 언제 정점에 도달하고 언제부터 다시 줄어들 것인지와 관련이 있다. 수많은 연구기관이 중국의 이산화탄소 배출 관련 시나리오를 분석한 결과에 따르면, 현재의 추세가 유지될 경우 2030년 즈음 배출량이 정점에 도달할 것으로 예측된다(China State Council Development Research Center et al., 2009). 또한 탄소 집약도를 비약적으로 개선하더라도 전체 배출량은 계속해서 증가할 것으로 전망된다. 따라서 중국의 온실가스 배출량이 가능한 한 일찍 정점에 도달하게 만들려면 관련 대책을 획기적으로 마련해야 할 것이다. 덕분에 이산화탄소 배출량이 더욱 일찍 정점에 도달하면 세계 기후변화의 심각한 영향력을 최소화시키는 데 중국이 크게 기여할 것이다.

그러나 겉으로 보이지는 않지만 중국은 실제로 기후변화에 대응하기 위한 각종 대책을 부지런히 수립하고 있다. 그 이유는 바로 자국 내 상황과 관련이 있는데, 구체적으로 보자면 중국이 기후변화에 가장 큰 영향을 받는 국가 가운데 하나이기 때문이다. 「제2차 국가 기후변화 보고서(Second National Climate Change Assessment Report)」에 따르면 1951년부터 2009년까지 중국의 평균 기온은 섭씨 1.38도 증가했다고 한다. 이러한 온도 상승으로 인해 중국의 빙하가 10% 이상 소실되었으며, 이미 한계에 도달한 수자원 고갈과 더불어 전체 인구의 1/3이 물 부족으로 고통 받는 상황이 더욱 악화될 것이라고 한다. 게다가 이 보고서는 중국의 해수면이 향후 30년 동안 지속적으로 상승할 것이며, 기온이 2.5도 증가할 경우 곡물 생산량이 20% 정도 줄어들 것이라고 예측한다(Science Publishing, 2011).

에너지 효율, 재생가능에너지, 기타 저탄소 청정에너지 관련 정책 강화

중국은 제12차 5개년 계획(2011~2015)의 일환으로 '자원 보존 및 환경 친화적 사회'를 국가 목표로 제시한 바 있다(NDRC, 2011a). 제11차 5개년 계획에서는 에너지 집약도 16%, 탄소 집약도 17% 개선이라는 목표를 설정했다. 여기서 에너지 집약도란 GDP 단위당 소비되는 에너지를 가리키며, 탄소 집약도란 GDP 단위당 배출되는 이산화탄소를 의미한다. 같은 맥락에서 제12차 5개년 계획에서는 에너지 집약도 목표를 20% 개선으로 설정한 상태다. 원자력이나 재생가능에너지 같은 비화석 에너지는 2015년까지 전체 에너지의 11.4% 이상을 차지하게 될 것으로 전망된다.

이러한 목표는 2009년 코펜하겐에서 열린 UN기후변화협약에서 중국 정부가 선언한 기후변화 목표와도 밀접한 관련이 있다. UN기후변화협약에서 각국 정부는 2020년까지 탄소 집약도를 2005년 수준인 40~45%로 줄이고, 전체 에너지 소비에서 비화석 에너지가 차지하는 비중을 15% 증가시킨다는 목표를 설정한 바 있다(Qi Ye et al., 2012). 중국 정부도 제12차 5개년 계획에서 핵심적인 환경오염 물질의 배출량 감소에 관한 목표를 수립한 상태다. 구체적으로는 2015년까지 제11차 5개년 계획의 규제 대상이던 화학적 산소요구량(Chemical Oxygen Demand: COD)과 아황산가스(SO_2)를 8%로, 암모니아 질소와 질소산화물(NOx)의 배출량을 10%로 줄인다는 목표가 포함되어 있다.

중국 정부는 제12차 5개년 계획 동안 상대적으로 낮은 연평균 7%의 GDP 성장률을 목표로 삼았다. 이는 중앙정부가 환경을 희생시키는 무제한적인 GDP 성장을 더 이상 방치하지 않겠다는 정책 기조를 지방정부에 제시했다는 측면에서 중요한 의미를 지니고 있다. 따라서 지방 공무원은 에너지 집약도, 탄소 집약도, 기타 오염원의 감축 목표와 관련해서 성과를 평가받게 될 것이다.

한편으로 중국 정부는 제11차 5개년 계획에서 도입된 에너지 효율 개선 프로그램을 마련할 것이다. 예를 들면, 상위 1000개 기업을 대상으로 했던 '1000대 기업 프로그램'을 확장해나갈 예정이다. 중국은 에너지 효율 개선에 힘쓸 뿐만 아니라 재생가능에너지에 대한 투자도 크게 늘리고 있는데, 제11차 5개년 계획에서는 에너지 효율과 재생가능에너지에 각각 1조 7300억 위안과 8600억 위안을 투자했다(Gi Ye et al., 2012). 게다가 2010년에 도입된 국가 차원의 수요 관리 규제를 지방의 에너지 효율 개선 프로그램으로 확장시켰으며, 향후 이 프로그램에는 전력업체들이 강제로 참여하게 될 것이다(Finamore, 2010). 그렇지만 제11차 5개년 계획의 에너지 절약 목표가 성공적으로 달성되었음에도 정책 효과는 상당히 뒤늦게 발생했다. 그렇다면 중국의 에너지 절약 잠재력은 여전히 상당한 규모라고 짐작할 수 있다.

2005년에는 '재생가능에너지법(Renewable Energy Law)'이 통과되면서, 재생가능에너지와 관련된 산업이 급격하게 성장했다. 한편으로는 재생가능에너지와 관련된 국가 목표가 수립되었고, 재생가능에너지 기금을 지급하기 위해서 재생가능전력에 추가 지원금이 설정되었다. 또한 송배전망업체가 재생가능전력에 연결되도록 지원하는 데서도 이 법률이 중요한 역할을 담당했다(Schuman, 2010).

특히 풍력은 제11차 5개년 계획에 따라 급격히 확대되었다. 2006년까지만 해도 중국은 2.6GW의 풍력 설비만 보유했는데, 이후 4년 동안 풍력 관련 설비 용량은 매년 2배 이상 증가했다. 2011년 말에는 65GW의 누적 설비 용량을 보유했으며, 45GW를 전력망에 연결할 수 있었다. 이로 인해 중국은 미국을 제치고 세계에서 가장 거대한 규모의 풍력 설비를 보유하게 되었다. 또한 허가제에서 발전차액지원제로 정책도 전환되었다. 허가 제도는 프로젝트 개발자가 신청한 개인 풍력 사업을 의미하는 반면, 발전차액지원제는 모든 풍력 사업을 대상으로 지리학적인 위치에 따라 사전에 결정된 계통연계전력 비율에 의거해 비용을 지불하는 방식을 말한다. 중국의 발전차액지원제는 2009년에 도입되었지만, 대규모 풍력 에너지의 전력망 통합 관련 문제는 여전히 해결되지 않고 있다. 예를 들어, 풍력발전 지역에 대한 계통 연계, 터빈의 기술 개선, 풍력발전 지역의 관리 개선 등의 문제들이 해소되지 않고 있다. 그럼에도 풍력은 중국의 가장 중요한 에너지원으로 자리 잡게 되었다.

마찬가지로 중국은 자국의 대규모 태양광 설비에 대해서도 지원하기 시작했다. 2011년 말 누적으로 3GW의 태양광 설비를 갖추었으며, 같은 해에는 태양광 전기에 대한 발전차액지원제를 도입했다. 그리고 수출용 태양광 모듈을 제작하기보다는 내수용 태양광 모듈을 대량 생산하는 것으로 계획을 변경했다. 또한 풍력과 태양력의 발전 설비 용량을 2015년 각각 100GW와 15GW에서 2020년까지 200GW와 50GW로 확대한다는 목표하에 미래의 풍력 및 태양광을 성장시킨다는 야심찬 계획을 세워놓고 있다.

또한 중국은 수력발전의 설비 용량이 2020년까지 350GW 이상 증가할 것으로 예상하면서, 수력발전원의 한계를 극복하기 위해 노력하고 있다. 한편으로는 다른 형태의 재생가능에너지도 적극적으로 개발하고 있다. 예를 들면, 2010년 바이오매스의 설비 용량은 512만kW, 지열에너지는 2만8000kW, 태양열 온수기는 4900만m^2에 달했는데, 이는 전 세계 생산량의 80%를 차지하는 수치였다(China Energy Society, 2011).

게다가 중국은 저탄소 기술을 개발하는 데에도 엄청난 노력을 기울이고 있다. 예를 들면, 석탄발전소에서 발생하는 이산화탄소를 처리하는 탄소 포집 및 저장(Carbon Capture and Storage: CCS) 기술, 전기차, 원거리의 전력 송전을 위한 극고압 전선, 배터리 저장 기술 등이 대표적인 기술이다. 또한 청정 기술을 미래의 핵심적인 전략 사업으로 설정했으며, CCS 기술이 결합된 석탄가스화 복합발전소(Integrated Gasification Combined Cycle)의 시범 사업을 대규모로 실시하고 있다. 이 사업은 톈진의 '그린젠(GreenGen) 사업'으로 알려져 있으며, 최종적으로는 CCS 기술을 함께 적용할 예정이다. 실제로 석탄은 2050년 중국 에너지 소비량의 35%를 차지할 것으로 예상되기 때문에 미래에도 여전히 중요한 에너지원일 수밖에 없다. 따라서 석탄발전소에서 발생하는 이산화탄소를 지하에 저장하는 CCS 사업을 기술적·경제적인 측면에서 실현 가능하도록 만드는 방안은 불가피한 선택일 수밖에 없다.

마지막으로 2010년 중국 정부는 광둥, 랴오닝, 후베이, 산시, 윈난이라는 5개 지방과 톈진, 충칭, 선전, 샤먼, 난창, 구이양, 바오딩, 항저우라는 8개 도시를 대상으로 저탄소 지역 개발과 관련된 시범 사업을 실시한 바 있다(NDRC, 2010). 이는 중국의 다른 도시와 지방에도 적용 가능한 저탄소 지역 개발 정책의 모범적인 사례가 될 것이다.

탄소세와 탄소 시장의 메커니즘 탐구

중국 정부는 제11차 5개년 계획에서 에너지 절약과 재생가능에너지 장려라는 목표를 성공적으로 실현했으나 제12차 5개년 계획에서는 강제적인 규제 수단이 충분하지 않다는 판단하에 탄소세와 탄소 시장을 도입하겠다는 정책적 의지를 밝힌 바 있다. 이러한 규제 수단은 중공업에서 탈피하고 막대한 화석연료 소비 추세로부터 벗어나라는 신호를 시장에 보낼 뿐만 아니라 청정에너지의 보급 확대를 추구하는 정부에 수익을 제공할 수도 있다. 이로써 저탄소 규제 수단은 기존 청정에너지 정책을 보완하는 역할도 담당할 것이다.

2007년에 중국 정부는 탄소세를 의제에 포함시켰으며, 국립 재정 연구 기관과 환경 연구 기관은 탄소세의 효과 및 제도의 설계 방안에 대한 연구를 정책 결정자들에게 제공할 수 있었다. 지금은 이산화탄소 톤당 10위안의 낮은 세율로 탄소세를 도입한 뒤, 석탄·석유 및 천연가스를 포함시키면서 세율을 점차 높여 나갈 계획이다(Caijing, 2012; Ministry of Finance, 2009). 물론 이렇게 확보된 탄소세 수익은 청정에너지 사업에 재투자될 것이다. 중국 정부는 이 같은 탄소세를 제12차 5개년 계획 기간의 중후반에 도입할 예정이며, 가급적 빠른 시일 내에 도입하도록 노력하고 있다(Caijing, 2012).

또한 중국 정부는 탄소배출권거래제를 시험적으로 운영하고 있다. 2011년 말 현재 광둥과 후베이 2개 지방과 베이징, 충칭, 상하이, 선전, 톈진 5개 도시에서 실시되고 있는 탄소 시장 시범 사업이 대표적인 사례다(NDRC, 2011b; Yu and Elsworth, 2012). 제12차 5개년 계획에 의거해 시범적으로 실시되는 탄소 시장은 제13차 5개년 계획의 탄소배출권거래시장이 발달하는 데 풍부한 경험과 학습 기회를 제공할 것이다. 현재 중국은 상호 충돌되지 않는 탄소 시장과 탄소세를 개발하고 있다.

그렇지만 탄소 시장의 운용과 관련해서는 여전히 많은 과제가 남아 있다. 예를 들면, 탄소 시장의 설계와 관련된 '허용량 할당, 전략적 담합, 거래 규제, 당사자의 책임성, 법률적 기반' 등이 대표적인 문제다(Yu and Elsworth, 2012). 이때 탄소 가격은 일관된 시장 신호를 보낼 수 있어야 하기 때문에 탄소 가격이 지나치게 높거나 낮은 것도 바람직하지 않다(Lin and Yang, 2012). 또 다른 근본적인 문제는 탄소 시장의 본질적 기능에 관한 것으로, 철저한 모니터링, 보고, 배출권이 할당·거래되는 탄소 시장이 실제 온실가스 배출량의 감축으로 연결되느냐 하는 것이다. 이러한 문제들을 안고 있긴 하지만 탄소 시장을 도입하기 위한 중국의 노력은 시장 메커니즘을 활용해서 온실가스 배출량을 억제하려는 국제사회에 활력을 불어넣을 것이다.

석탄 소비 증가에 대한 중국의 해결책, 국가 석탄 소비 제한 계획

세계에서 가장 큰 석탄 소비국인 중국은 석탄 소비 및 사용의 감소라는 중요한 과제에 직면한 상태다. 중국의 석탄 매장량은 전 세계의 14%에 불과하지만 석탄 생산량은 전 세계의 거의 절반을 차지하고 있다(China Energy Research Society, 2010). 중국은 2000년에 14억 톤의 석탄을 소비했고, 2011년에는 더욱 증가해 전 세계 소비량의 절반인 34억 3000만 톤을 소비했으며, 이후로도 가속도가 붙어 계속적으로 소비량이 증가하고 있는 실정이다. 따라서 중국의 석탄 소비량은 지금의 성장 속도를 유지할 경우 2020년 50억 톤을 초과할 것으로 예상된다. 이 정도의 석탄 소비는 환경오염을 심화시켜 지역에서 감당할 수 없을 뿐만 아니라 세계적으로도 기후변화 문제에 대처할 수 없는 상황이 될 것이다.

접근이 용이하고 저렴한 에너지원인 석탄은 중국 경제 발전의 중요한 원동력이다. 그렇지만 석탄의 채굴·운송·이동·연소 과정은 환경문제를 일으키고 국민 건강에 엄청난 악영향을 줄 뿐만 아니라 기후변화의 주원인이기도 하다. 외부 비용이 내부화된다는 전제하에 중국의 석탄 가격이 70~80%까지 증가할 것이며 석탄 연소로 인한 환경오염 비용 및 공중보건 비용은 GDP의 7.1%를 차지할 것이라는 연구 결과가 발표되기도 했다(Mao et al., 2008).

물론 중국의 석탄 소비는 증가하겠지만 이로 인한 환경오염 및 건강 피해를 고려할 때 중국 정부는 미래 석탄 소비의 억제 또는 감소, 석탄의 대체재 확대와 관련된 정책을 반드시 구축해야 한다. 현존하는 에너지 효율 개선, 재생가능에너지 보급, 저탄소 지역 개발 정책은 석탄 억제 기조에 도움이 될 것이며, 에너지·탄소 집약도 및 오염 물질 배출 감소와 관련된 목표는 석탄 소비를 실제로 억제하는 데 기여할 것이다.

중국의 정책 결정자는 이미 국가 및 지역의 에너지 소비와 관련해 각각 목표 수립을 고려하고 있다. 2012년에 중앙정부는 2015년까지 석탄 소비량이 42억 톤을 넘지 않도록 규제하는 국가 에너지 소비 목표를 제시한 바 있다. 이러한 국가 목표는 주정부와 지방정부에 의무적으로 할당되기보다는 융통성 있게 적용될 것이다(China Daily, 2012). 다만 국가적인 에너지 소비량의 한계를 설정함으로써 에너지 소비의 통제가 중요한 정책적 우선사항임을 지방정부가 깨닫도록 할 것이다.

중국의 환경보호국(Ministry of Environment Protection)은 3개 지역과 10개 도시 복합체에 석탄 소비량을 제한하는 상한선을 설정할 예정이다. 이들 지역은 2011년의 주요 관심사였던 대기오염, 특히 초미세먼지 문제가 심각했던 지역이다. 이들 시범지역에서의 석탄 소비는 환경 영향 평가 항목의 일환으로 규제될 예정이다(Xinhua, 2012b). 베이징, 톈진, 장저 지역은 제12차 5개년 계획 기간 동안 석탄 소비 관련 목표를 설정할 계획이다. 특히 베이징은 2010년에 2700만 톤이던 석탄 소비량을 2015년까지 1500만~2000만 톤까지 억제한다는 계획을 수립해놓고 있다(Xinhua, 2012b). 게다가 석탄 산업 개발과 관련된 제12차 5개년 계획에서 국가발전개혁위원회는 석탄의 수요·공급을 규제할 예정이라고 언급한 상태다(NDRC, 2012). 이러한 규제는 이산화탄소를 전국적으로 억제하기 위해 필수적인 지역 목표를 설정하고 시스템을 도입하기 위한 토대가 될 것이다.

석탄 산업 발전에 대한 제12차 5개년 계획에서 중국 정부는 2010년에 36억 톤이던 석탄 생산량을 2015년에 39억 톤으로 제한한다는 목표를 세웠다(NDRC, 2012). 그렇지만 석탄 소비 목표와 전체 에너지 소비 목표는 이전의 5개년 계획에서 지속적으로 초과 달성되었기 때문에 지금은 석탄의 소비 제한 정책에 좀 더 초점을 맞출 필요가 있다. 이처럼 국가 석탄 소비 제한 정책을 적극적으로 수립할 경우 중국은 온실가스 배출량의 정점에 더욱 빨리 도달할 것이며, 환경오염이나 건강 피해와 관련된 다양한 혜택을 제공할 것이다. 한편, 석탄 소비 상한선을 설정하기 위해서는 하향식 계획·설계와 더불어 국민과 기업의 상향식 참여가 반드시 필요하다.

중국 에너지 규제 시스템의 개혁과 시장 개혁

중국 에너지 부문의 규제기관 및 시장 구조의 개선은 더욱 조직화되고 합리적인 에너지 부문의 발전을 위해 필수적인 사안이다. 2008년 3월 중국은 에너지 정책 결정 기구를 재구성하면서 국가에너지위원회(National Energy Commission: NEC)와 국가에너지청(National Energy Administration: NEA)을 설립했다. 국가에너지위원회는 17개 부처와 유관 기관의 대표로 구성되며, 총리가 위원장을 맡는다. 그리고 국가에너지청은 국가발전개혁위원회의 산하기관으로, 여러 부처의 협력을 통해 에너지 계획과 정책 결정에 더욱 조직적으로 접근하기 위해 설립되었다(Downs, 2008). 그렇지만 에너지청의 설립은 공사를 효과적으로 통제하는 권한을 지닌 에너지부(Ministry of Energy)의 설립 요구에는 부응하지 못했다. 특히 에너지 가격을 설정할 수 있는 권한이 부족하다. 에너지 가격은 인플레이션의 방지 같은 거시적인 경제 정책에 영향을 줄 정도로 중요하기 때문에 에너지 가격의 결정권은 국가발전개혁위원회의 가격관리부가 지니고 있다(Downs, 2008). 마찬가지로 가격 결정에 대한 권한 부족은 국가전력감독관리위원회(State Electricity Regulatory Commission: SERC)와 같은 규제기관의 통제 능력을 제한하고 있는 실정이다.

따라서 에너지 공급과 절약, 탄소 배출 저감 등에 관한 계획·정책과 관련된 권한을 지니고 부처 간 에너지 정책을 지도·조정하는 에너지부를 설립할 필요가 있다. 즉, 에너지부를 통해 중국의 에너지 계획과 규제 시스템을 개혁해야 한다. 또한 중국의 에너지 시스템 개혁은 기후변화 관련 적응 능력, 에너지의 지속가능한 사용, 환경보호에 역점을 두고 진행해야 할 것이다(Li, 2012).

기후변화 정책과 관련한 중국의 조직으로는 기후변화대응 국가실무지도위원회(National Leading Working Group on Addressing Climate Change)와 기후변화국(Climate Change Department)이 있다. 기후변화대응 국가실무지도위원회는 총리가 위원장이며, 부처 간 정책 조정을 담당하고 있다. 기후변화국은 국가발전개혁위원회의 산하기관이며, 기후변화 정책의 결정에 선구적인 역할을 맡고 있다. 그렇지만 중앙정부와 달리 지방에서는 이와 동일한 수준의 기관이 존재하지 않는다. 이로 인해 지역적인 차원에서는 기후변화 대응 정책이 효과적으로 시행되지 못하고 있다.

그 밖의 중요한 에너지 규제 개혁으로는 원자력 안전 규제기관의 강화를 들수 있다. 원자력 안전 규제기관을 강화하기 위해 중국 정부는 독립적인 원자력안전규제위원회(Nuclear Safety Regulatory Commission)를 설립하고, 원자력 안전규제에 대한 독립성, 책임성, 권한 등을 충분히 보장해야 한다. 또한 에너지 규제를 개혁하기 위해서는 기존의 국가전력감독관리위원회에 천연가스 파이프라인과 천연가스 시장을 규제할 수 있는 권한 부여, 에너지 가격의 합리화, 생산 원가를 반영한 전기 요금 인상, 에너지 절약 장려를 위한 실시간 에너지 가격제, 단계별 에너지 가격 등의 대책을 도입해야 한다. 끝으로 중국의 석탄발전소는 현재석탄을 연소할 때에는 시장가격으로 구입해야 하는 반면 판매할 때에는 정부가결정한 가격으로 판매해야 하기 때문에 이 과정에서 손실분이 발생할 수밖에 없다. 따라서 생산 원가를 반영하는 방향으로 전기 요금을 연동해야 한다.

결론

중국의 에너지 소비·생산 및 에너지와 관련된 정책은 국제적인 에너지·기후변화 정책뿐만 아니라 에너지 시장에도 막대한 영향을 미치고 있다. 실제로 중국은 세계에서 가장 큰 에너지·석탄 소비국이자 탄소 배출국이다. 동시에 에너지 효율을 개선함으로써 저탄소 에너지와 청정에너지를 개발하는 시범 국가로 전환하기 위한 정책을 적극적으로 장려하는 국가이기도 하다. 향후 10년간 중국의 노력과 성과는 자국의 에너지 및 환경 문제뿐만 아니라 국제사회에서의 위상에도 중요한 영향을 끼칠 것으로 판단된다.

24 보조금 문제의 딜레마
인도의 화석연료 가격 정책

수다 마하링감

서론

선진국의 반열에 오르려는 인도는 성장 동력을 유지하기 위해 에너지 접근성을 향상하는 데 주력하고 있다. 최근 인도의 GDP는 소폭 증가하는 추세인데, 경제성장과 연동해 상업적 에너지의 소비도 늘어나고 있다.[1] 하지만 에너지 소비와 경제성장을 분리시키려는 노력은 제한적인 성과만 달성했을 뿐이다. 인도의 경제성장 패러다임과 배치되는 정책 신호도 이러한 결과의 부분적인 이유에 해당된다.[2] 지금까지는 에너지 집약도가 낮은 서비스 부문이 농업과 제조업을 앞질렀지만, 최근 들어 자동차, 철강, 시멘트, 건설 같은 에너지 집약적인 산업이

---

[1] 인도계획위원회에 따르면 GDP 성장률 9%를 달성하기 위해서는 에너지 소비가 6.5~7%가량 증가해야 한다(http://planningcommission.nic./plans/planrel/12appdrft/approach_12plan.pdf, 2012년 4월 28일 검색).

[2] 인도는 연비가 좋은 자동차의 보급과 석유 소비의 절약을 지지하는 반면, 다른 한편으로는 자가용 사용의 촉진을 장려하는 정책도 추진하고 있다. 인도는 2006~2016년 사이에 자동차 산업이 전체 GDP의 10%를 차지하고 관련 산업의 매출이 350억 달러에서 1450억 달러로 증가할 것이며, 이로 인해 25만 명의 고용이 창출될 것으로 예상하고 있다.

빠른 속도로 성장하는 추세다.[3] 게다가 서비스 부문의 주도적인 성장은 전통적인 생활양식을 뒤집어놓았는데, 주요 원인은 점점 늘어나는 풍족한 노동 인구의 에너지 과소비적인 생활 방식 때문인 것으로 나타났다.

에너지에 대한 해외 의존도가 높은 인도는 다른 수입국들과 마찬가지로 저소득 가구의 에너지 접근성 확보와 충분한 에너지 공급뿐 아니라 10억 명이 넘는 인구 규모를 고려해서 상업적인 에너지의 접근성 향상에도 신경을 써야 하는 상황이다. 인도에서는 하루에 1달러 미만으로 살아가는 인구가 3억 명인데, 이들은 상업적인 에너지원을 거의 사용할 수 없는 실정이다.[4] 농촌 가구의 절반 이상은 전기를 공급받지 못하고 있으며, 심지어는 간헐적으로라도 에너지에 접근할 수 없는 실정이다.[5] 2011년의 인구 조사에 따르면, 도시 지역에 살고 있는 3억 7700만 명 정도가 정부의 운영 능력 부재로 인해 경제적 어려움을 겪고 있으며, 전력을 제대로 공급받지 못할 만큼 가난하게 생활하고 있다고 한다. 심지어 저렴한 취사용 연료도 제공받지 못할 정도로 기본적인 인간의 욕구조차 충족하기 어려운 상황이다. 이는 형평성 차원의 문제가 아니라 취사용 연료가 저렴한 가격에 공급되지 못해 쾌적한 환경에서 살아갈 수 없는 생존의 문제를 안고 있음을 의미한다.

인도계획위원회가 에너지 정책과 관련해 작성한 최초의 종합 문서인 '통합 에너지 정책(Integrated Energy Policy)'에서는 에너지 안보를 "지불 능력에 관계없이 일반 시민의 '생존권'이라는 측면에서 에너지 수요에 대한 접근을 포함하는 개념"이라고 정의내리고 있다. 이러한 개념 정의는 인도 고유의 포괄적인 의미를 지니고 있다.[6] 사실 이 문서가 표방하는 주요 내용은 에너지를 필요로 하는

---

3 인도의 2012년 경제 현황 조사에 따르면, 2011년 기준 건설 부문을 제외한 서비스 산업의 비중이 56.3%였다. 그렇지만 2011년 3분기 들어서는 자동차 산업이 17.6%, 철강 산업이 9.6%, 건설업이 8.1%의 비중을 차지했다고 한다.
4 2012년 4월 29일 현재 인도의 도시에 거주하는 사람들의 60%가 빈곤선 이하로 생활하고 있다.
5 www.cea.nic.in/reports/national_elec_policy.pdf(2012년 4월 29일 검색).
6 인도 정부가 정책으로 이미 채택한 개념이다(http://planningcommission.nic.in/reports/genrep/rep_intengy.pdf, 2012년 4월 29일 검색).

시민들에게 지불 능력과 관계없이 인간의 기본적인 욕구를 충족시킬 수 있는 에너지를 제공하는 것과 관련이 있다. 이런 의미에서 인도는 에너지를 일반 시민들이 원하는 에너지의 수요 충족과 기본적인 생활에 필요한 필수적 에너지의 충족으로 구분하고 있다.

이러한 구분은 정책 설계 시 개념적으로 혼선을 초래하고 정책 집행 과정에서 실효성을 떨어뜨릴 수밖에 없다. 결과적으로 정책의 혼선과 왜곡은 심각한 재정 적자를 초래할 뿐만 아니라 에너지 보조금에 대한 자금 투입 자체를 어렵게 만들 수도 있다.[7] 게다가 오늘날 정치의 민주적인 특징은 정부의 신속한 대처를 저해하는 경향이 있다. 오늘날은 지역 정당의 발언이 강화되고 연합 정치를 선호하는 추세이므로 합리적이고 지속가능한 정책을 추구하는 국가의 경우 여러 가지 대안을 선택할 수 있는 기회가 제한될 뿐만 아니라 에너지 정책이 약화될 수도 있다.[8]

이 장에서는 연료에 대한 보조금을 상세히 분석함으로써 인도의 에너지 공급에 관한 각종 문제를 하나씩 살펴보려 한다. 인도는 국가 발전에 대한 열망과 업적 달성을 위해 점진적이기는 하지만 지속적으로 국제 에너지 시장으로 편입하면서 더욱 통합적인 방법으로 경제를 견인하려 했다. 하지만 인도 정부는 이러한 통합에 소극적이었다. 정책 결정자들이 연료 보조금을 통해 국제 에너지 시장의 예측 불가능한 변동으로부터 국민들을 보호하려 했던 것만 보더라도 인도 정부가 통합에 소극적이었음을 알 수 있다. 에너지 정책과 관련해 이처럼 상충되는 모순적인 접근법은 국가를 지속 불가능한 보조금의 패러다임에 구속시키는 결과를 가져왔다. 이처럼 시장과 관련된 소극적인 접근은 화석연료뿐 아니라 석탄

---

[7] 2011년 예산에서는 GDP의 5.9%에 해당하는 재정 적자가, 2012년 예산에서는 GDP의 5.1%에 해당하는 재정 적자가 나타났다. 특히 화석연료 보조금에서 발생하는 재정 적자의 8.5%를 일반 예산에서 지원한다는 문제가 있다(http://indiabudget.nic.in/ub2012~13/bag/bag1.pdf, 2012년 4월 29일 검색).

[8] 취사용 연료의 제공과 관련해서는 인도 정부가 책임을 져야 한다. 그렇지만 중앙에서 연정을 구축한 집권 여당은 지역을 대표하는 연정 파트너의 요구를 받아들여야만 한다. 과거에는 연정 파트너가 취사용 연료의 가격을 인상해야 한다는 미국의 요청을 받아들이면서 정책이 후퇴하고 말았다.

이나 전기 같은 다른 부문에도 영향을 미친다는 사실을 눈여겨볼 필요가 있다.

어떤 연료도 화석연료만큼 환경 파괴적이지는 않은데, 화석연료는 인도에서 사용되는 전체 에너지의 41%를 차지할 정도로 가장 많은 비중을 차지하는 에너지원이다. 게다가 인구 증가와 수송 부문의 성장으로 인해 화석연료의 이용률은 매년 5.5%씩 증가하고 있다. 이 같은 추세라면 화석연료는 취사용 연료로도 공급될 가능성이 크다. 실제로 인도에서 주로 이용되는 네 가지 연료 가운데 세 가지가 화석연료다. 국제시장과의 통합이라는 측면에서는 되돌릴 수 없는 상황이어서 루비콘 강을 이미 건넜다고 할 수 있다. 바로 이런 이유 때문에 석유 부문은 석탄이나 전기에 비해 더 지속가능하지 못한 실정이다. 이에 이 장에서는 인도의 지속가능한 발전을 저해하는 석유 부문의 가격 제한 정책에 대해 살펴보려 한다.

인도 석유산업의 진화

인도가 1947년 영국의 식민지 지배에서 독립했을 당시에는 석유기업인 부르마(Burmah)와 정부가 협력해서 동북부 아삼 지역에서 석유를 생산한 것이 유일한 석유 사업이었다. 이렇게 개발된 석유는 아삼의 디그보이(Digboi) 정유 공장에서 정제되고 소비되었다. 다른 지역에서는 석유를 수입할 수밖에 없었다. 구체적으로는 부르마 셸(Burmah Shell), 칼텍스(Caltex), 스탠더드오일이라는 3개의 다국적 기업과 수많은 무역업체의 소매를 통해 석유가 공급되었다.

초기에는 석유제품의 가격이 정부위원회의 수입 원가 기준에 의거해 결정되었으며, 한편으로는 휘발성 제품의 가격 변동을 완충시키기 위해 석유 공동 계정이 마련되었다. 1960년부터 1969년 사이에 3개의 정부위원회는 수입 기준가격을 점진적으로 하락시켰는데, 이는 대중이 감당할 수 있는 수준으로 가격을 유지하기 위한 조치였다.

1956년에는 인도석유가스공사(Oil and Natural Gas Commission: ONGC)[9]가 설립됨으로써 구소련의 기술을 지원받아 자국 내에서 석유 탐사와 생산을 실시하기 시작했다.[10] 1970년대 들어 인도석유가스공사는 서부 캠베이 분지 및 고지대인 서부 봄베이 해안 분지에서 상당한 규모의 석유 매장지를 발견했다. 그렇지만 아직까지도 여전히 많은 양의 원유와 석유제품을 수입에 의존하고 있다.

1973년의 석유파동 이후 1974년부터 1976년 사이에 인도 정부는 3개의 외국계 석유기업과 주요 다국적 기업의 모든 자회사에 대한 국유화를 단행했다. 또한 셸, 바라트 페트롤리움(Bharat Petroleum Corporation Ltd: BPCL),[11] 에소(Esso), 칼텍스(Caltex), 힌두스탄 페트롤리움(Hindustan Petroleum Corporation Ltd: HPCL)[12]을 모두 국영화함으로써 국가 독점 체계를 구축했다. 결론적으로 인도의 3대 국영 석유회사 가운데 하나인 인도석유공사(Indian Oil Corporation: IOC)[13]는 일찍이 1959년부터 석유의 정제 및 판매 관련 권한을 명시적으로 위임받은 상태다. 이처럼 인도의 3대 정유업체는 사회주의 국가의 기술 지원을 바탕으로 석유 정제업을 시작한 뒤, 암묵적인 동의를 통해 상호 간의 활동 범위를 침해하지 않으면서 판로를 전국적으로 개척해나갈 수 있었다.[14] 그렇지만 이들은 석유의 정제 및 판매 전문업체로 인식되는 반면에 동북 지방의 인도 국영 석유회사인 오일 인디아(Oil India Limited: OIL)는 탐사와 생산만 담당하는 것으로 알려져 있다. 따라서 인도의 석유 부문은 국영 석유회사들이 화석연료와 관련된 전체 가치사슬을 독점하고 있는 상황이다.

9　1956년 4월 설립된 인도의 국영 기업으로 석유(77%)와 가스(81%)의 생산을 주로 담당하고 있다. _옮긴이

10　석유천연가스공사는 1993년에 법인화되었다.

11　인도 3위의 정유업체로, 마하라스트라 주에 정유 설비를 하나 가지고 있을 뿐이지만 시장 점유율은 20%에 달한다. _옮긴이

12　인도석유공사에 이어 두 번째로 큰 정유기업으로, 연간 매출액이 30억 달러 정도다. 이 기업은 안드라프라데시 주의 바이작 항구에 있는 설비를 450만 톤에서 750만 톤으로 증설하고 있다. _옮긴이

13　인도 공기업의 보석으로 알려진 인도석유공사는 자국 내 최대의 원유업체로, 휘발유, 디젤, 액화석유가스, 등유 등을 생산·판매해 연간 매출액이 140억 달러에 달하는 대기업이다. 정부 지분은 현재 91% 수준이다. 일본의 마루베니, 말레이지아의 페트로나스, 아랍에미리트의 에미리트석유공사, 트리니다드 토바고의 내셔널오일 사와 협력 사업을 추진하고 있다. _옮긴이

14　3대 정유업체는 인도석유공사, 바라트 페트롤리움, 힌두스탄 페트롤리움을 가리킨다. _옮긴이

국가 독점에서 시장으로의 전환

인도 정부는 국유화와 함께 가격 관리 메커니즘(Administered Pricing Mechanism: APM)이라는 정책 수단을 이용해 석유제품의 가격을 조절했다. 상류 부문의 석유 기업들은 원가 가산 방식[15]으로 가격을 결정했는데, 이 같은 제도적 기반을 활용해 석유기업들은 원유 공급에 소요되는 모든 비용뿐 아니라 자본 수익도 얻을 수 있었 다. 이와 유사한 체제가 하류 부문의 정유업체에도 적용되었다.

한편으로 자국 내 원유 생산이 3200만 톤에서 안정화되는 상황에서 소비량이 급격히 증가하자 석유제품을 수입해야만 했다. 석유제품은 국제 가격으로 수입 되었으나 가격 관리 메커니즘을 통해 가격이 통제되어 국내에서는 일반 국민들 이 감당할 수 있는 수준으로 판매 가격이 유지되었다.

인도는 1991년에 대규모 경제 개혁을 실시했다. 이 시점에 인도 정부는 가격 관리 메커니즘에서 탈피해 몇몇 석유제품에 대해서는 다른 방식의 가격 메커니 즘을 적용하기 시작했다. 1974년에는 가장 먼저 윤활유의 가격이 해외 수입의 기준가격으로 변경되었다. 1998년에는 휘발유, 디젤, 등유, 액화석유가스, 항공 유라는 다섯 가지 석유를 제외한 모든 석유제품이 가격 관리 메커니즘이 아닌 수입 기준가격 방식으로 가격이 결정되도록 변경되었다. 그렇지만 이상의 다섯 가지 석유가 인도 시장의 80%를 차지한다는 사실에 주목할 필요가 있다. 따라 서 자유로운 시장 경쟁을 위한 조치를 도입했음에도 정부의 가격 통제는 여전히 유효한 실정이었다. 항공유는 2001년부터 가격 관리 메커니즘에서 제외되어 수 입 기준가격의 적용을 받게 되었다.

1997년 11월 인도 정부는 정부위원회의 강력한 권고로 인해 전체 화석연료 부문을 개인 투자자에게 개방하기로 결정했다.[16] 비록 정제 부문과 관련해서는

---

15 원가 가산 방식은 기존의 확정 금액 계약 방식과 달리 실제 투입되는 공사비 또는 원가에 일정 수익 을 보장하는 계약 방식으로, 계약 당사자의 위험 부담을 줄여준다는 장점이 있다.
16 이와 관련한 자세한 내용은 1996년 9월에 발간된 인도 정부의 「석유산업에 관한 석유·천연가스부 구조조정 전략 기획 보고서」를 참고할 수 있다.

외국인의 지분 참여를 49%로 제한하고 있기는 하지만, 탐사·정제·마케팅 부문에서는 외국인 직접 투자가 전면적으로 허용되었다. 새로운 2개의 수출용 대형 정유 공장은 정부의 인센티브와 세금 감면 혜택에 힘입어 국내 민간 자본으로 건설될 수 있었다. 1999년 이후의 투자자들에게는 연·근해의 석유 탐사권이 주어졌는데, 이는 투명한 경쟁 입찰을 통해 생산분배계약을 체결할 수 있도록 제도화된 정책이 마련되었기 때문이었다.

2002년 인도 정부는 석유제품의 가격 관리 메커니즘을 공식적으로 해체했다. 이후 자국 내 석유제품의 가격은 수입 가격의 영향을 받을 수밖에 없었다. 이때 수입 기준가격은 취사용 연료인 등유와 액화석유가스를 제외한 모든 석유제품에 적용되었다. 이 2개 연료의 가격도 명목적으로는 수입 기준가격의 적용을 받기는 했지만 사실상 국내 시장에서는 할인 판매되었다. 구체적으로는 정부가 보조금을 사후 지급하는 방식으로 정유업체에 할인액을 상환해주었다. 이로써 투자 규모에 제한이 있기는 했지만 개인 투자자도 인도에서 석유제품을 판매할 수 있게 되었다. 결과적으로 인도 최대의 에너지업체인 릴라이언스(Reliance), 에사르(Essar), 셸은 등유와 액화석유가스를 제외한 모든 제품에 대해 정유업체와 소매 시장에서 경쟁을 벌이게 되었다. 사실 릴라이언스와 에사르는 수출 중심의 정유기업으로 분류되어 세금 감면 혜택을 받을 수 있었음에도 국내 시장에 참여하기로 결정했다. 왜냐하면 새로운 정책의 도입으로 해외로 수출하는 가격과 국내 수입 기준가격 간의 차이가 사라졌기 때문이다. 결과적으로 민간 소매업체는 참여한 지 1년 만에 휘발유와 디젤 시장에서 18%라는 점유율을 차지하게 되었다.

덕분에 백투백(back to back)[17]이 개선되어 상류 부문의 석유기업에 지불된 가격도 수입 기준가격에 상응하는 수준으로 인상될 수 있었다. 물론 정유업체의 원료 비용이 증가하기는 했지만, 대량 소비 연료인 휘발유와 디젤에 대한 수입 기준가격이 현실화되었을 뿐만 아니라 취사용 연료의 저렴한 가격에 맞춰 보조

---

17   수출과 수입을 결부시키는 무역 방식으로, 거래하는 양자가 동시에 신용장을 개설하는 것을 말한다. _옮긴이

금이 지급되었기 때문에 시장에 그다지 심각한 충격을 주지는 않았다. 당시 국제시장의 원유 가격은 배럴당 24달러로, 석유제품의 수입 기준가격은 경각심을 불러일으킬 만큼 높지 않았다.

당시 인도는 국제 석유 시장에 통합되려고 시도하고 있었으므로 가격 규제를 완화하려는 움직임을 통해 국내 연료 가격에 국제 가격을 반영하겠다는 신호를 보냈다. 당시 수입 물량이 총 소비량의 상당 부분을 차지했다는 사실을 고려할 때 국내 소비자 가격은 당연히 이러한 현실을 반영해야 하는 것으로 인식되었다.

한편으로 정부는 액화석유가스와 등유의 보조금이 세금에서 충당되기 때문에 휘발유의 경우 원가에 상응하는 100%의 무거운 세금을 부과하기로 결정했다. 원유 및 관련 석유제품에 대한 세금, 관세, 조세 및 기타 비용은 종가세[18]로 부과되었다.[19] 한편 정부는 원유 가격이 배럴당 100달러로 급등하자 대중적인 압력으로 인해 과세율을 삭감해야만 했다. 2012년 3월 31일 휘발유를 이용하는 펌프의 가격에서 세금이 차지하는 비중은 중앙정부와 지방정부 각각 24%와 17%였으며, 디젤 엔진의 경우 각각 7%와 11%였다.[20] 사실상 이 같은 세금은 중앙정부와 지방정부 세입의 상당 부분을 차지했다. 또한 일부 지방정부는 물품반입세[21]를 부과했는데, 이는 석유 관련 세수를 확보하는 데 일정 기간 중요한 역할을 해주었다.

보조금의 위력

수입국의 관점에서는 예상치 못한 불운한 발전 과정일 수 있지만, 인도에서

---

18 물품의 가격을 세율 책정의 기초로 하는 세금을 말한다. 종량세의 경우에는 물건의 수량 또는 중량을 세액 산정의 기준으로 삼을 수 있다. _옮긴이

19 2010년 이후 세율은 부분적인 종가세와 고정 가격 형식으로 변경되었다.

20 인도 석유부의 석유 예측 및 분석 자료를 참고할 수 있다(www.ppac.org.in, 2012년 4월 28일 검색).

21 지방정부에서 해당 지역으로 반입되는 특정 재화에 부과하는 세금을 의미한다. _옮긴이

시행된 연료 가격의 규제 완화는 다양한 요인으로 인해 국제 석유 가격의 상승과 동시에 진행되었다. 인도 시장의 석유 가격은 2002년 3월 배럴당 23.65달러였으나, 2003년 26.65달러, 2005년 39.21달러, 2006년 55.72달러, 2008년 79.25달러, 2009년 83.57달러, 2011년 85.09달러, 2012년 115달러로 계속 상승했다. 2000년대 초기에는 이라크 전쟁과 이로 인한 긴축 경제 때문에 석유 가격이 상승한 측면이 있다. 그렇지만 이후 2010년 배럴당 69.76달러로 잠시 내려갔던 때를 제외하면 석유 정점에 대한 우려와 테러 및 투기 프리미엄으로 인해 유가의 상승세가 확고하게 유지되었다.[22]

유가 상승은 정부에 예상치 못한 수익의 증가를 가져왔다. 석유에 대한 세금은 종가세 형태로 부과되었는데, 이에 따른 세수 증가로 국고가 상당히 확충될 수 있었다. 이 같은 국고 확충은 정부 입장에서 당연히 환영할 만한 일이었다. 그렇지만 유가 인상과 종가세 부과로 인해 디젤의 가격이 상승했으며, 이로 인해 정부가 석유 가격을 인하하자 물가 상승률이 영향을 받을 수밖에 없었다.

초기에는 국제 원유 가격이 변화함에 따라 휘발유와 디젤의 소매가격을 주기적으로 점검하는 자율권을 정유업체에 부여하는 것으로 정책이 조정되었다. 그렇지만 인플레이션이 경제에 좋지 않은 영향을 미치자 정부의 보이지 않는 손은 수입 기준가격과 균형을 맞추기 위해 휘발유와 디젤 가격을 상승시키지 못하도록 정유업체의 자율권을 억압하기 시작했다. 첫 해에는 휘발유와 디젤의 가격이 15번이나 변경되었지만, 다음 해부터는 변경 규모와 주기가 줄어들었다. 2004년 이후 정부의 보이지 않는 손은 특히 디젤을 대상으로 가파른 물가 상승에 영향을 미쳤다. 반면 휘발유는, 판매 가격은 소폭 상승했지만 수입 기준가격은 하락했다.[23] 결국 디젤 가격은 지금까지 수입 기준가격 이하로 유지되고 있다. 디

---

22 인도 석유 및 천연가스부의 석유 예측 및 분석 결과를 참고할 수 있다(www.ppac.org.in, 2012년 4월 28일 검색).

23 디젤은 도매물가지수에서 4.67의 비중을 차지하고 도매물가지수 670의 바스켓을 구성하는 중요한 항목이었다. 이때 디젤의 가격이 1루피 증가할 때마다 도매물가지수는 0.14% 증가하는 것으로 추정되었다(2012년 4월 24일 국회의원이 제기한 질문에 대한 답변 참고).

젤과 휘발유는 정제 비용이 낮을 뿐만 아니라 소매 제품에 수입 기준가격이 부과되지 않기 때문에 출고 가격의 손실분이 수입 기준가격으로 상쇄될 수 있었다. 따라서 공공 부문의 정유업체가 이를 주로 관리했다. 따라서 정부는 보조금 및 교차보조금을 혼합함으로써 정유업체를 신속히 진입시키는 복잡한 그물망을 만들 수 있었다.

오늘날의 인도 정부는 지역적 기반을 지닌 다수 정당의 연합으로 구성되어 있기 때문에 이러한 상황이 더욱 악화되고 있다.[24] 가격을 인상하기에 적절한 시기이더라도 지역 정당은 선거 기간에는 가격 인상을 완강히 거부했다. 선거철이면 인도 연방을 구성하는 25개 주는 지역의 반대를 무마하기 위해 정부의 연료 가격 인상을 억제하려 노력했다.[25]

원유 가격이 상승하면서 연정 파트너는 가격 인상에 격렬히 반대했다. 이에 정부는 휘발유와 디젤의 가격을 직접 통제하기 시작했다. 사실 가격 인상은 정유업체가 아닌 석유천연가스부가 발표하기 시작했으므로 수입 기준가격과 국내 시장가격의 격차는 지속적으로 커질 수밖에 없었다. 정유업체의 연료 가격 인상이 허용되었는데도 연정 파트너는 가격을 인하하도록 정부에 종종 강요할 정도였다.[26] 정부는 휘발유 또는 디젤 가격을 인상하기 전에 몇 주 동안 고심했는데, 이 몇 주는 언론이 집중적으로 논의할 수 있는 시간일 뿐만 아니라 연정 파트너가 여론을 동원하기에 충분한 시간이었다.

한편 2005년 이후 인도 정부는 수입 기준가격과 비교해 차액의 1/3은 정부의 직접보조금으로 지급하는 반면, 1/3은 예상 밖의 이윤을 획득한 상류 부문 석유기업이 가격 상승에 대한 책임을 지고 지급하도록 결정했다. 한편으로 정유업체

---

24 2002년 가격 관리 메커니즘이 해체되었을 당시 인도인민당(Bharatiya Janata Party: BJP)이 이끄는 집권 연정은 13개의 정당으로 구성되었다. 이후 의회가 인도통일진보연합(UPA)을 중심으로 연정을 구성했을 때에는 외국 정부로부터 지원받는 인도인민당을 포함한 여러 정당이 참여했다. 그렇지만 인도인민당은 연료 가격 인상에 대해 격렬히 반대했다.

25 석유 가격은 인도 정부의 지배권이 미치는 전국에 영향력을 미칠 수 있었다. 다만 지역에 부과되는 판매세 및 지방세에 따라 차이는 있었다.

26 2002년부터 현재까지 휘발유 가격은 15회, 디젤 가격은 12회 인하되었다. 연정 파트너와 야당이 가격 인하를 요구했기 때문에 가격이 상당히 인하되었다.

는 국내 시장가격과 무역 기준가격의 차액 가운데 나머지 1/3을 부담해야만 했다. 이에 정유업체는 손실 보존금(under recovery)을 대차대조표에 추가했다. 정제 마진으로 인해 국내 시장가격과 수입 기준가격 사이에 격차가 발생하기는 했지만, 이로 인한 정유업체의 피해는 거의 없었다. 정제 및 소매 비용을 포함해 정부와 상류 부문 석유기업이 보조금의 2/3를 책임지는 한 정유업체는 어떻게 해서든 버틸 수 있었다.

그렇지만 원유 가격이 배럴당 100달러를 넘으면서 정유업체의 석유 마진은 취사용 연료뿐 아니라 휘발유 및 디젤의 보조금까지 흡수하기 시작했다. 이는 심지어 1/3에 해당하는 보조금을 충당하기에도 역부족이었다. 2006년에는 수입 기준가격 정책이 폐기되었는데, 이는 자유 무역에 의한 가격 책정을 선호하는 정부위원회의 권고 때문이었다.[27] 당시 정부위원회는 석유제품을 20% 수출할 경우 수입 기준가격 80%, 수출 기준가격 20%를 통합해서 무역 기준가격을 설정해야 한다고 권고했다. 이처럼 무역 기준가격이 수입 기준가격보다 낮기 때문에 정유업체의 수익은 더 큰 영향을 받을 수밖에 없었다.

3대 정유업체의 손실 보존금에서 휘발유와 디젤에 미지급된 누적액은 2011년 현재 3조 6930억 루피로 추정되며, 4개 연료 모두에 미지급된 누적액은 2011년까지 7조 8190억 루피인 172억 5000달러로 추정된다. 개별 석유제품의 경우 2012년 현재 디젤 리터당 14.29루피, 등유 리터당 31.03루피, 액화석유가스 실린더당 570.68루피를 기록했다.[28]

정유업체는 손실 보존금에서 영업 손실을 보지 않기 위해 이익을 확대하는 전략을 수립해서 주도면밀하게 움직였다. 2011년까지 모든 정유업체는 매출액에서 1.69%의 세금을 공제한 누적 이익을 보고했는데, 유가 상승이라는 예상치 못한 위기가 발생한 이후로는, 즉 원유 가격이 상승한 이후에는 경각심을 갖고 회사를 경영하기 시작했다. 인도석유공사에 따르면 정유업체의 손실액은 2011년

---

27 2006년 2월 석유제품가격 및 과세위원회의 보고서를 참고할 수 있다[인도 랑가라잔위원회(Rangarajan Committee)].
28 인도 석유부의 석유 예측 및 분석을 참고할 수 있다(www.ppac.org.in, 2012년 4월 28일 검색).

9월 748억 5000루피에 달해 최대 규모의 손실을 기록했다고 한다. 이로 인해 국제시장으로부터의 원유 조달뿐 아니라 심지어는 일상적인 영업 활동을 위한 대출 신청에서도 심각한 어려움을 겪을 수밖에 없었다.

이러한 조짐으로 인해 정유업체는 보조금에 더욱 의존하게 되었으며, 결과적으로 인도는 곤경에 빠지고 말았다. 이는 인도를 유지하는 현행 민주주의 연방 정부 체제를 지탱하지 못하게 만드는 주요 요인이 되었다.

연료 보조금의 폐단: 악마는 디테일에 숨어 있다

포퓰리즘을 기반으로 한 정치 구조하에서 취사용 연료 외에는 가격 통제를 폐지하는 대신 일반 예산으로 가격 차이를 보조하도록 지원하기로 결정한 것은 어쩌면 당연한 조치였다. 이유는 다음과 같다. 첫째, 이러한 조치는 해당 분야에서 발생한 수익으로부터 보조금을 징수해야 한다는 규범을 충족시킨다. 둘째, 정부는 소비자에 대한 올바른 가격 신호를 통해 무거운 세금이 결정된다는 입장을 정당화할 수 있다. 셋째, 간접세는 징수하기가 용이할 뿐만 아니라 세금 탈루를 최소화할 수 있다. 넷째, 석유 연료는 비탄력적이기 때문에 세금이 국고 확충에 기여할 수 있다. 다섯째, 휘발유를 사용하는 고급 자가용과 디젤이 주로 사용되는 수송 부문의 경우 소비자가 과세 항목을 선택할 수 있다. 이때 디젤의 경우에는 인플레이션의 여파가 일반 대중에게 미치지 않는다. 여섯째, 정부는 관대함을 보여줄 수 있을 뿐 아니라 늘어나는 도시민들에게 적절한 가격의 청정 취사 연료를 제공해야 한다는 책임에서도 벗어날 수 있다.

그렇지만 정책 결정자들은 다음과 같은 두 가지 어려움에 직면한다. 첫째, 사회적 취약 계층과 관련해 연료 보조금의 지급 대상을 식별하기가 어렵다. 예를 들면, 취사용 연료의 보조금은 비용을 충분히 지불할 여력이 있는 풍족한 가정을 포함한 모든 가정에 지급되었다. 실제로 액화석유가스는 안전한 중산층 연료라고 일컬어졌음에도 액화석유가스를 사용하는 모든 가정은 액화석유가스 실린더를 취득할 수 있는 자격을 자동으로 부여받았다. 주로 도시 중산층이 사용하는 액화석유가스에 대해서는 사실 처음부터 보조금이 불필요했으며 액화석유가스는 보조금 지급 대상에 포함되지 말았어야 했다.

둘째, 정부는 집단적인 저항과 포퓰리즘으로 인해 추진 동력을 상실하고 말았다. 왜냐하면 보조금의 지급 범위를 취사용 연료에서 시작해 디젤과 휘발유 순으로 확장하면서 문제가 발생했기 때문이다. 특히 비교적 부자들이 이용하던 휘발유에 보조금이 지급되면서 문제가 불거졌다. 어떤 측면에서 정부는 외부적인 압력에 떠밀렸을 수도 있다. 사실 정부가 취사용 연료에만 보조금을 지급하겠다는 초기 정책을 끝까지 고집했더라면 상황이 그렇게까지 악화되지는 않았을 것이다. 결국 연료 보조금 가운데 취사용 연료가 차지하는 비중은 점점 줄어들었으며, 2011년 손실 보존금에서 차지한 비중은 47%에 불과했다.

현금 인출기인 석유

석유제품에 대한 수요는 비탄력적이므로 정부가 세수를 확보하기에 용이하다. 실제로 중앙 및 지방 정부뿐 아니라 일부 정부 기관의 경우에는 석유제품이 간접적인 조세 수입의 가장 큰 원천이라고 할 수 있다. 브리한뭄바이시립공사(Brihanmumbai Municipal Corporation: BMC) 같은 지방 자치 단체의 산하기관은 석유제품 등록 시 물품반입세 및 기타 세금 등을 통해 상당한 수익을 얻고 있다.

〈표 24.1〉은 2002년부터 2011년까지 석유제품의 판매에서 발생한 중앙정부의 수익을 보여준다. 중앙정부는 국고에서 보조금을 지급하는 대신, 관세, 배당금, 법인세, 사용료 등을 통해 수익을 거둬들이고 있다.

2003년 정부 세수의 절반은 석유 부문에서 발생했다. 중앙정부와 마찬가지로 지방정부도 석유 부문에서 수익성 재원을 확보하고 있다. 중앙정부의 세금에는 판매세, 로열티, 배당금 등이 포함되어 있다. 덕분에 지방정부는 석유 부문이 수익을 얻기 쉬울 뿐만 아니라 당장 준비된 재원이라는 사실을 알게 되었다. 이로

	2002	2003	2004	2005	2006	2007	2008	2009	2010
관세, 소비세, 사용료, 세금, 법인세, 배당금 등	645.96	691.95	776.92	693.47	782.29	848.33	799.80	82.98	1111.72*
중앙정부 국고에만 기여하는 관세, 세금, 조세	465.33	501.07	551.77	631.43	718.93	783.77	705.57	717.67	1026.17*
중앙정부의 취사용 연료 보조금	22.96	40.79	29.30	26.62	25.24	26.41	26.88	27.70	29.05*
중앙정부의 석유 보조금	52.55	63.51	29.56	26.83	26.99	28.20	28.52	149.51	383.86*
정유업체의 손실 보존금	99.26	155.66	207.72	272.92	311.08	372.66	485.13	343.91	441.61*

주: *는 추정치임.
자료: 다양한 자료를 참고해서 저자가 작성.

인해 지방정부는 물품반입세 등을 부과하기 시작했는데, 이는 브리한뭄바이시립공사를 포함한 많은 지방자치단체의 주요 소득원이 되었다. 중앙정부가 지방정부와 지방자치단체에 세금 삭감을 요청하는 경우는 종종 있지만, 지방정부와 지방자치단체가 보조금을 확충해달라고 요구하는 일은 거의 없는 실정이다.

〈표 24.1〉을 보면 지금까지 중앙정부만 보조금을 초과해서 세금을 징수했음을 알 수 있다. 즉, 선거철에 투표 은행[29]에서 이득을 보려는 생각에 홍보 캠페인과 더불어 정유업체에 보조금을 지급했다는 사실을 알 수 있다. 가격 관리 메커니즘이 해체된 이후 2년 동안 중앙정부는 액화석유가스와 등유에 대한 보조금 지급과 관련된 법안의 준비에 착수했다. 그렇지만 정작 2004년에는 상류 부문 석유기업이 보조금을 부담하는 규정이 만들어졌다. 결국 기업이 생산하는 원유에 수입 기준가격을 부여하자 예상치 못했던 이윤을 거둬들일 수 있었다. 왜냐하면 생산 비용이 책정된 가격에 비해 상대적으로 낮았기 때문이다. 결국 정부는 석유 연료 보조금의 1/3만 지급한 뒤 나머지는 상류 부문의 석유기업과 정유업체가 똑같이 부담하자고 제안했다. 처음에 정부가 지불해야 하는 1/3의 보조금은 5~7년 만기의 채권 자금으로 충당되었다. 그렇지만 이는 다음 정부에 보조금 부담을 떠넘기지 않는 대신 현 정부가 석유 세수를 다른 목적으로 자유롭게 사용하겠다는 의미로도 해석될 수 있다. 결론적으로 2009년 이후에서야 정부는

---

29 민주적인 선거에서 특정 후보를 선택하는 유권자 지지층을 가리킨다. _옮긴이

현금 보조금을 지급하기 시작했다.

정유업체는 이로 인해 어려운 상황에 빠졌고 시장에서 석유 채권을 할인하는 방식으로 자금을 조달할 수밖에 없었다. 그렇지만 석유기업이 적극적으로 설득에 나서자 정부는 일반 예산을 통해 현금을 상환하기로 결정했다. 한편으로 언론은 보조금에 대해서는 자주 다루는 반면, 세금 관련 수익에 대해서는 그다지 관심을 기울이지 않는 경향이 있었다.

왜곡된 결과

석유 부문의 정치적인 가격 정책은 손실 보존금이 점증하고 초기에 실제로 손실이 발생함에 따라 정유업체의 재정에 부정적인 영향을 끼쳤다. 게다가 그밖에도 여러 가지 악영향을 미쳐 의도하지 않게 심각한 손해를 입히는 결과가 자주 발생했으며, 이는 정부를 곤란한 상황에 빠뜨리는 악순환을 초래했다. 예를 들면, 보조금이 지급되는 연료의 대규모 전용, SUV를 포함한 디젤 차량의 소유주 등 부정 수혜자의 증가, 빈곤층에 지급되는 등유의 디젤 혼입, 이로 인한 디젤 차량의 효율성 하락, 보조금이 지급되는 액화석유가스의 상업적인 이용 및 악용, 도시가스를 가정용으로 밀어내는 저렴한 액화석유가스에 이르기까지 부정적인 악영향의 사례는 대단히 다양했다. 이러한 악영향을 자세히 살펴보면 다음과 같다.

첫째, 석유 부문이 상당한 금액의 세수 확보에 크게 기여하는 확실한 세입원임에도 이를 중앙·주·지방 정부가 나누어 거둬들이는 것은 정부의 무능력과 관련되는 것으로, 예상치 못했던 결과라고 할 수 있다. 화석연료 세금을 통해 인도 정부가 징수하는 관세와 소비세는 전체 세수의 1/3을 차지하며, 지방정부의 세수에서는 12~30%를 차지하는 실정이다. 특히 몇몇 지방 자치 단체의 경우 화석연료에서 발생하는 세금이 세입에서 차지하는 비중이 상당히 큰 규모다. 따라서 이를 다른 세입원으로 대체하는 것은 추가적인 세금을 쥐어짜내야 하는 엄청난 도전이다. 한편으로 식량 보조금, 비료 보조금, 이자, 연금, 임금 같은 중앙정부의 지출은 점점 늘어났으며, 2011년에는 정부 전체 지출의 38%를 차지할 정도로 규모가 엄청나게 커졌다. 정리하자면, 화석연료 부문은 세수 확보가 용이하기 때문에 정부가 후퇴하기에 점점 더 어려워졌다. 결과적으로 원유와 석유제품의 가격이 높아지자 소비자가 부담해야 하는 연료 비용 역시 늘어났으며, 이로인해 정부는 정유업체가 빚을 지지 않게 더 많은 연료 보조금을 지급해야 하는 악순환에 빠졌다.

둘째, 정부가 취약 계층이 아닌 모든 가정에 취사용 연료에 대한 보조금을 지급하기로 2002년에 결정하면서 심각한 상황이 벌어지고 말았다. 즉, 취사용 연료에 대한 보조금에 길들여진 도시 중산층은 투표 은행을 구성한 뒤 주류 언론을 최대한 유리하게 이용해서 보조금 철회에 반대하는 주장을 강하게 전개했던 것이다. 연료 보조금의 위기에서 어떻게 탈출할 것인가는 분명 정부의 책임일 수밖에 없다. 그렇지만 연정 체제에서는 이러한 개혁이 거의 불가능한 실정이다. 왜냐하면 보조금을 철회하는 비용은 연합 정부의 핵심 정당이 부담하는 반면, 연정 파트너는 혜택만 누리므로 보조금 철회에 반대할 것이기 때문이다. 연정 파트너들은 대중적인 인기를 얻기 위해 연료 가격의 인상을 철회하라고 정부에 여러 차례 반복적으로 강요한 바 있다.

셋째, 국제적인 추세를 반영해 정유업체에 디젤 가격을 인상하지 못하도록 하자 시장에서 예상치 못했던 변화가 발생했다. 즉, 정부가 디젤 가격을 통제하기 시작하자 자동차 제조업체가 디젤차의 생산을 늘린 것이다. 초기 디젤 자동차는 대부분 영업용 택시로 제작되었지만, 점차 일반 자가용으로도 만들어지기 시작했다. 심지어 고급 중형차까지도 연료 가격에 민감한 소비자들을 유인하기 위해 디젤 모델을 내놓을 정도였다. 연구 결과에 따르면 인도에서 소비된 전체 디젤의 40%가 차량용이었다고 한다.[30] 게다가 화물용으로 사용되는 값싼 디젤 때문

---

30 http://articles.timesofindia.indiatimes.com/2012-01-25/pollution/30662379_1_diesel-cars-petrol-car-car-segment

에 더 경제적인 수송 수단인 철도 대신 도로를 이용하게 되면서 트럭으로 인한 교통 혼잡도 야기되었다. 결국 인도의 도로는 화물 차량의 증가로 인해 정체 현상을 빚고 있으며, 최근에는 디젤 소비의 급증으로 인해 환경오염과 교통사고마저 증가하고 있다.[31] 연료 가운데 디젤의 비중은 2002년 35.19%에서 2011년 43.7%로 높아진 상태다. 디젤 차량의 생산 증가 추세는 휘발유 차량을 이미 상당히 앞질렀으며, 이로 인해 디젤 차량업체들이 디젤 보조금을 유지하도록 상당한 압력을 가할 정도로 상황이 역전되고 말았다.[32]

휘발유와 관련해 정부는 정유업체가 국제 가격에 연동해서 가격을 인상하는 것을 허용하지 않을 뿐만 아니라 이를 정당화하기 위한 보호 장치도 마련하지 않고 있다. 이는 세련되지 못한 포퓰리즘의 결과라고 할 수 있다. 휘발유 보조금은 휘발유 자가용을 증가시켜 대중교통을 침체시키는 결과까지 초래했다. 결과적으로는 도로 인프라에 심각한 악영향을 미쳐 교통사고로 매년 수천 명이 목숨을 잃는 상황에 이르렀다.

넷째, 보조금으로 지급된 등유가 디젤에 혼입되면서 막대한 양의 불량 석유가 만들어지는 예기치 못한 결과가 초래되었다. 보조금이 지급되는 등유는 저소득 가정에서 취사용으로 사용되기 때문에 가구 규모에 따라 정해진 할당량을 지급하는 배급제 방식으로 운영된다. 이때 등유는 리터당 27루피의 보조금을 지급받기 때문에 등유와 디젤의 가격차가 커질 수밖에 없는데, 이로 인해 탱크로리 같은 화물차와 자가용에 등유를 혼입하는 사례가 늘어나고 말았다. 등유를 디젤과 섞으면 육안으로는 거의 구별할 수 없다. 이와 같은 전용은 심지어 등유가 공공 배급 시스템(Public Distribution System: PDS)에 반입되기 전에 벌어지기도 한다. 즉, 공공 배급 시스템에서 배급 카드 소지자들이 할당량을 요구하기 전에 이미 판매업자 선에서 등유가 디젤로 전용되는 것이다. 자신들의 이익을 늘리려는 범

---

31 정부 자료에 따르면, 2010년 현재 디젤의 60.4%는 도로 수송 부문에서 소비된다고 한다(http://petroleum.nic.in/pngstat.pdf,P.71, 2012년 4월 27일 검색).

32 http://www.indianexpress.com/news/maruti-sees-diesel-cars-driving-sales-in-com/928336(2012년 5월 11일 검색).

죄 조직은 보조금이 지급된 등유를 구별하기 위해 사용된 화학적 표시 장치를 교묘하게 무력화시켰는데, 이 과정에서 빈곤층뿐 아니라 정유업체까지 희생되었다. 정부위원회는 이러한 불법 전용이 국가 전체 등유 소비량의 40%를 차지하는 것으로 추정하고 있다.[33]

취사용 연료의 보조금으로 지급된 액화석유가스도 고급 호텔과 레스토랑을 포함한 상업용 식당과 점포에서 전용되고 있다. 또한 이중 사용이 가능한 실린더를 보유한 일반 가정에서는 액화석유가스를 추가적으로 연결하는 비행이 확산되었다. 일부 정치인 및 석유 재벌의 부패와 족벌주의가 도시 지역의 일반 가정에 이중·삼중 연결을 촉진시킨 반면, 농촌 지역의 대다수는 현대적인 에너지의 혜택을 전혀 받지 못하고 있다. 가정용과 상업용 액화석유가스 실린더의 연결 방식을 다르게 설계한 정유업체를 배제하기 위해 교묘한 방법이 동원되기도 한다. 가정용 액화석유가스를 상업용 실린더에서 사용하는 불법적이고 위험한 전용이 만연한데, 이는 도시 지역에서 흔히 볼 수 있다. 이러한 불법 전용은 판매업자나 배급업체 차원에서도 종종 이뤄지고 있다. 할당량을 정기적으로 지급받지 못해 부지불식간에 전용하는 가정도 있다.

액화석유가스 보조금에만 2010년 현재 197억 4000만 루피가 국고로 지급되었으며, 등유와 액화석유가스를 합한 보조금은 290억 루피였다.[34] 이 정도의 금액은 등유와 액화석유가스에서 징수한 세금과 비교해서 상대적으로 크지 않기 때문에 결과적으로는 청정 연료가 여러 도시로 확산되지 못하도록 만드는 악영향을 미치고 말았다. 인도의 25개 도시에는 취사용 천연가스를 공급하기 위한 배관망이 설치되어 있다. 따라서 보조금을 지급받는 액화석유가스가 취사용 천연가스보다 가격이 낮아지면서 도시가스에 대한 구매 동기가 낮아졌다. 인도의 천연가스 생산은 최근 몇 달 만에 급격하게 줄어들었는데, 이러한 배경의 원인에 대한 논의는 이 글의 범위를 벗어나기 때문에 더 구체적으로 다루지는 않을

---

33 인도 정부의 2006년 2월 '석유제품 가격 및 과세위원회 보고서'를 참고할 수 있다.
34 같은 글.

것이다. 다만 자국 내 천연가스 생산이 줄어들면 가정용 천연가스를 해외로부터 수입해야 할 것이다. 물론 국내에서 생산되는 천연가스와 수입 액화천연가스는 가격 차이가 상당하기는 하지만, 보조금이 지급된 액화석유가스보다는 취사용 도시가스가 더 비싼 실정이다. 몇몇 기업은 취사용 연료의 가격을 낮게 유지하기 위해 교차 보조금을 받고 있는데 정작 취사용 도시가스에는 보조금이 전혀 지급되지 않고 있다. 게다가 국제시장의 액화천연가스 가격이 상승할 경우 취사용 도시가스의 가격도 상승할 것으로 예상된다. 결과적으로 보조금이 지급된 액화석유가스에 길들여진 시장에서는 취사용 도시가스가 수용되지 못할 가능성이 매우 크다. 정리하자면, 정부는 보조금이 지급된 액화석유가스에 의도하지 않았던 가격 상한을 설정했는데, 결국 이로 인해 예상하지 못했던 왜곡된 결과들이 발생하고 말았다.

보조금 문제의 딜레마

보조금 문제의 딜레마를 정치적으로 해결하는 것은 매우 어렵다. 왜냐하면 정부의 가격 정책이 부패 문제를 야기해 의도하지 않았던 수혜자의 사슬이 만들어졌기 때문이다. 이들 수혜자로는 석유산업계의 정치인, 관료, 판매업자, 운송업자, 소매업자 등을 들 수 있으며, 이들은 이 같은 왜곡을 바로잡으려는 어떠한 시도에도 강하게 반발할 것이다. 게다가 보조금을 지급받을 자격이 없으면서 이미 전용에 길들여진 도시 중산층도 보조금을 지지하고 있다. 따라서 중산층이 보조금 문제의 딜레마를 해결해야 한다는 주장은 전혀 설득력이 없다. 결국 정부가 가격 정책에서 보조금 문제를 해소하기는 힘들어 보이며, 그런 의지조차 없는 듯하다.

최근 들어 정부는 정확한 수혜자를 대상으로 보조금을 지급한다는 정책이 실패했음을 인정한 바 있다. 하지만 첨단 생체 인식 기술로 신분을 확인한 후 적정 수혜자에게 보조금을 지급하는 방식이 어느 정도 문제를 해결해줄지도 모른다.

인도 정부는 국민들에게 개별 확인 번호를 발급하는 프로젝트를 추진하고 있다. 연간·월간 보조금을 스마트카드에 미리 충전한 뒤 엄지손가락으로 생체 정보를 확인하는 방식을 활용해 의도했던 수혜자인 가난한 사람을 대상으로 보조금을 지원하는 시범 사업이 시행되고 있다. 이 방식을 이용하면 서로 크기가 다른 액화석유가스 실린더나 등유의 푸른색 표시 장치처럼 제품을 구분할 필요가 전혀 없다. 모든 석유제품은 시장 요금으로 가격이 책정되며, 공공 배급 시스템을 통해서가 아니라 아무 가게에서나 연료를 구입할 수 있다. 대신 해당 수혜자들은 생체 정보를 확인함으로써 스마트카드에 충전된 보조금으로 시장에서 연료를 구입할 수 있다. 이때 스마트카드는 수혜자가 가격의 일부만 지불하고 나머지는 충전된 보조금에서 인출되는, 직불카드와 유사한 방식으로 활용된다. 물론 스마트카드 보조금 시스템에 여전히 문제가 많기는 하지만 기술적으로 해결할 수 있을 것으로 보인다.

스마트카드의 도입으로 인해 보조금의 전용과 남용이 줄어들 것으로 기대되지만, 정부 보조금 문제를 완전히 해결하지는 못할 것이다. 왜냐하면 빈곤선 이하의 스마트카드 소지자들만 보조금 지급 대상으로 제한함으로써 중산층을 제외할 경우에는 다음 선거에서 표를 얻으려는 정권에 정치적 부담이 될 수밖에 없다. 그렇지만 보조금 문제를 대대적으로 시정할 수 있는 기회가 주어진다면 해결이 불가능한 것만도 아니다. 정부는 이러한 개혁을 통해 보조금을 진정 필요한 대상에게 적절히 지급했다는 정당성을 확보할 수 있기 때문이다.

이러한 조치가 빠르면 빠를수록 정부의 대대적인 개혁은 달성하기 쉬워질 것이다. 현재 국제시장에서 거래되는 액화천연가스 가격으로 공급되는 취사용 천연가스는 여전히 보조금이 지급되는 액화석유가스와 유사한 가격 경쟁력을 지니고 있다. 게다가 정부가 액화석유가스 가격을 약간이라도 인상한다는 신호를 주면 취사용 천연가스는 경쟁력을 강화할 수 있을 것이다. 한편 정부는 취사용 가스 공급용 파이프라인을 제공받는 가정의 액화석유가스 연결을 철회하는 사업에도 착수할 필요가 있다. 현재 이와 관련해서는 독립 규제기관이 도시가스관망을 관리하고 있다. 현명한 정부라면 이러한 조치를 토대로 천연가스 배관망을 가능한 한 많은 가정에 설치할 수 있도록 도시가스 보급 우선순위에 따라 국산 천연가스를 공급할 것이다.[35] 만약 도시가스 배관망이 새로 연결된 가정에 대한 액화석유가스 보조금을 철회한다면 정부는 액화석유가스 관련 보조금을 어느 정도 통제할 수 있게 될 것이다. 한편 액화석유가스를 신규 연결할 때에는 가정용 연료뿐 아니라 농촌 지역도 수혜 대상으로 설정하는 것이 바람직한 제도 설계일 수 있다. 물론 이 경우에도 보조금 문제는 여전히 남는다.

마지막으로, 어떤 자원이라도 적당한 가격이 책정되지 않으면 과도하게 사용될 뿐만 아니라 심지어 낭비적으로 사용될 가능성도 있다. 실제로 인도 국민들은 연료 보조금 때문에 에너지를 효율적이지 못한 방식으로 사용하게 되었다. 석유절약청(Petroleum Conservation Research Agency: PCRA)이 소비자들에게 고효율 제품을 사용하도록 설득하는 것은 적절한 가격 신호를 시장에 제공하는 방식보다 효과적이지 못하다. 게다가 최근 자가용 판매가 폭발적으로 늘어나고 위성 텔레비전을 거실에서 시청하는 국제화된 세상이 됨에 따라 사람들이 더 높은 수준의 생활양식을 기대하게 되었다. 그리고 생활수준의 향상은 대부분 에너지 집약적인 방식을 통해 이뤄진다.

결론: 국제 에너지 정책의 함의

과거 수십 년 동안 '힌두 성장률(Hindu rate of growth)'[36]로 부진에서 벗어나지 못했던 인도는 경제 자유화와 더불어 마침내 도약의 발판을 마련했다. 지난 20년 동안 1/3에 해당하는 인구가 마침내 성장의 열매를 맛볼 수 있었으며, 더 이

---

[35] 인도 국내에서 생산되는 천연가스는 가스 산업 경쟁력의 우선순위를 참고해 정부위원회가 공급량을 할당할 수 있다. 예를 들면, 가스 산업 경쟁력 1위인 비료 및 전력 부문이 도시가스 우선 보급 4위에 오른 상태다.

[36] 힌두 성장률은 1960~1980년대에 인도가 계획경제하에서 연평균 3.5%의 저성장을 유지하던 것을 가리키는 용어다. 당시 아시아의 한국과 대만이 폭발적인 경제성장을 달성했던 성과와 비교해서 지칭되는 비판적인 개념이다. _옮긴이

상 가난에 허덕이지 않게 되었다. 사람들은 이러한 경제성장의 혜택을 누리기 위해 차례를 기다리며 조급하게 지켜봐왔다. 열성적인 젊은이들의 정당한 열망이 충족된다면 성장세는 지속될 수 있을 것이다. 따라서 이러한 모든 상황을 고려할 때 인도는 에너지 집약적인 성장이 불가피할 것으로 판단된다.

그렇지만 에너지 집약적인 경제성장보다 심각한 문제는 연료 보조금이 불필요한 중산층에 지급되어 이들이 값싼 연료에 길들여졌다는 사실이다. 이로 인해 정부는 중산층에 대한 보조금을 중단하고 연료에 대해 정당한 대가를 지불하도록 개혁하기가 어려워졌다. 사실 보조금은 모든 정부에 부담이 되는 문제이지만, 지역 정당이 서로 다른 주장을 제기하는 연방정부 체제의 통치 구조에서는 더욱 풀기 어려운 문제다.

게다가 보조금 딜레마는 화석연료가 아닌 재생가능에너지를 보급하려는 정부의 노력을 무력화시킬 수 있다는 점에서 더 심각한 문제를 내포하고 있다. 왜냐하면 같은 보조금을 지원받더라도 재생가능에너지는 화석연료보다 훨씬 비싸기 때문이다. 물론 시간이 지나면 재생가능에너지가 화석연료와 경쟁할 수 있겠지만, 연료 보조금에 길들여진 소비자들이 화석연료가 아닌 재생가능에너지를 이용할지 의문이다. 게다가 오늘날에는 기후변화가 중요한 문제로 등장하고 있으므로 화석연료에 의존하는 방식의 경제성장 경로하에서 자란 젊은 청년 세대가 급속도로 늘어난 인도는 심각한 결과를 맞을 수도 있다.

분명 인도의 최근 성장 방식은 지속가능하지 않다. 물론 어떤 방향으로 진로를 변경하더라도 고통이 수반될 것이다. 이때 정부가 주도하는 하향식 정책은 이런 문제를 해결하는 데 적합하지 않다. 그렇지만 최근 확인된 성장 방식의 지속 불가능성은 자기 교정 메커니즘을 필요로 한다. 보조금을 지급할 여력이 없는 인도 정부가 이런 상황을 냉정하게 바라보면서도 한 발 물러서서 새로운 대안을 찾아내지 못한다면, 정유업체들이 스스로 문제를 해결해나가야 할 수도 있을 것이다. 인도석유공사의 R. S. 부톨라(R. S. Butola) 회장은 대차대조표상의 수지를 맞추려면 시장에서 요구하는 수준으로 석유를 충분히 제공할 수 없기 때문에 석유제품의 공급에 위기가 올 수 있다고 이미 공식적으로 언급한 바 있다.[37]

물론 연료 공급이 부족해지는 문제가 지금 당장 발생하지는 않겠지만, 만약 연료 가격이 제대로 인상되지 않는다면 가까운 미래에는 반드시 연료의 공급 부족 문제가 나타날 수 있다. 시장의 가격 신호가 약하거나 거의 없는 지역에서는 이 문제가 공급 신호로 이어지므로 소비자들을 강요해 소비를 줄이고 값을 올리는 두 가지 방식을 동시에 적용해 대안을 찾아야 할 것이다. 이와 관련해서는 석유 연료 암시장의 형성과 번성이라는 부수적인 문제가 야기될 수도 있다. 이와 유사한 상황이 이미 전력 부문에서 발생하고 있다. 즉, 전력망이 수요를 충족시키지 못하자 소비자들은 화석연료를 사용하는 개별 발전 설비를 설치하게 된 것이다. 개별 발전 설비를 설치하는 데에는 막대한 비용이 소요됨에도 산업체뿐 아니라 주거용 콘도미니엄에서도 디젤 발전기를 사용하는 사례가 늘어나고 있다. 가까운 장래에 석유 연료 사용자들은 소비를 줄이거나, 아니면 태양광 전지로 움직이는 자동차, 압축천연가스 차량, 심지어 태양광 취사도구 등으로 전환해야 할 것이다. 이러한 대체재는 상당한 비용이 소요될 뿐만 아니라 기술적 결합으로 인해 일상생활이 불편할 수도 있다.[38] 인도의 자국 내에서 생산되는 바이오디젤이나 바이오에탄올, 또는 화석연료의 대체에너지는 이들을 완전히 대체하지 못할 것이다. 왜냐하면 이런 연료의 원료인 에너지 작물의 재배는 전력 집약적일 뿐만 아니라 경작 과정에서 막대한 농업용수를 필요로 하므로 경제에 좋지 않은 영향을 주는 것으로 드러났기 때문이다. 게다가 인구 밀도가 높은 나라에서는 식량 재배용 토지를 전용해서 에너지 작물을 재배하도록 유도하는 정책이 식량 안보를 위협할 수 있기 때문에 이는 쉽게 받아들이기 어려운 대안이다.

단기적인 측면에서는 보조금이 지급된 연료가 소비를 증가시키고 개별 수송의 확산을 촉진시킬 것이다. 하지만 수입 의존도가 심해질 뿐만 아니라 기반 시

---

37 최근 들어 급격히 늘어나는 손실 보존금이 정유업체를 불안하게 만들고 있다(The Hindu, 2012년 4월 4일, http://www.thehindu.com/todays-paper/tp-business/article3274917.ece, 2012년 4월 27일 검색).

38 압축천연가스는 대도시의 대중교통 시스템에서 의무적인 연료로, 도시가스 배관망과 함께 보급될 경우에는 자가용에서도 채택될 수 있는 친환경 연료다. 그렇지만 가격적인 측면에서 소비자가 저렴한 디젤을 선호하는 경우에는 경쟁력이 떨어질 수밖에 없다.

설이나 사회 개발에 이용해야 하는 기금이 보조금으로 지급되는 사태가 발생할 수도 있다. 포퓰리즘에 포위된 정부는 교육 및 공중 보건에 사용될 기금을 석유 수입에 이용할 뿐만 아니라 보조금을 가능한 한 오랫동안 운용하려고 할 것이다. 중장기적인 측면에서는 이처럼 좋지 못한 관행을 고치기 위해 고통스럽지만 전면적인 개혁을 반드시 추진해야 할 것이다. 인도 경제가 악화되거나 심지어 붕괴될 경우 국제시장에도 엄청난 파급효과를 미칠 것이다.

또한 보조금은 고효율 기술의 도입을 방해하는 작용도 할 것이다. 1인당 평균 소득 뒤에 숨어 있는 인도의 탄소 집약도는 부자와 중산층 때문에 불균형이 심해질 것이다. 지속적으로 늘어나는 3억 명의 도시 사람들은 탄소 배출을 억제하려는 국제사회의 노력에 상당한 악영향을 미칠 것이다. 저렴한 연료에 길들여진 사람들은 탄소세에 강하게 반발할 것이다. 보조금의 덫에 갇힌 인구가 많을수록 지구온난화에 대처하는 국가적인 노력이 어려움에 직면할 가능성이 높다.

결론적으로 도시의 시민들에게 취사용 연료를 적정 가격으로 제공하려 했던 정책은 좋은 의도로 시작되었으나 정책의 집행 과정에서 왜곡되고 말았다. 이 같은 사례는 에너지 집약적이고 수입 의존적인 경제성장 시스템을 기반으로 급격한 상승세를 이어가는 아시아나 기타 국가에 중요한 교훈을 준다. 수입 생필품인 생활 연료는 국제시장으로 통합될 수밖에 없는데, 근시안적이고 무차별적인 가격 정책과 보조금 정책을 세우고 집행한다면 시장경제가 심각하게 왜곡될 수 있다. 또한 경제성장 기조를 유지하려는 정부의 능력에도 심각한 위험이 초래될 것이다.

25

유럽의 국제 기후·에너지 정책
추진력의 가속? 감속?

리처드 영스

서론

최근 들어 EU의 에너지·기후 정책은 매우 빠르게 추진되어왔다. EU는 국제 에너지 정책에 유럽의 참여를 강화하는 새로운 문건들을 대거 쏟아냈다. 대표적으로는 EU 에너지 2020 전략, 대외 에너지 안보, 강화된 기후 외교 관련 정책, 향후 40년의 에너지 시나리오를 제시하는 '에너지 로드맵 2050' 등을 들 수 있다. 덕분에 2011년 12월 더반 기후변화 당사국총회에서는 이처럼 많은 신규 계획의 강력한 도입 및 이행이 촉구되었다. 역사적으로도 유럽이 국제 에너지 정책에 그토록 바쁘게 노력했던 적은 없었을 것이다.

이 장에서는 국제 에너지 정책에서의 EU의 주도권 확장에 대해 평가하려 한다. 특히 더욱 일관적이고 적극적인 기후·에너지 정책을 위해 훌륭한 기조들을 만들기는 했지만, 아직 해결되지 못한 상태로 남겨진 대단히 중요한 사안들에 대해 논의하려 한다. 결정적으로 국제 기후변화 정책의 선도자로서 EU의 지위가 최근 들어 매우 위태로워지고 있다는 사실에 주목할 것이다. 이는 유럽의 전통적인 에너지 안보를 포함한 대내외 정책과 기후변화 목표 사이의 갈등에 기인한 것이다. 물론 기후변화와 에너지 시장의 통합에 관한 유럽 국가들의 협력은 EU가 국제적인 영향력을 확대하는 도약대로 기능할 수 있을 것이다. 그렇지만 한편으로는 내부 정책의 불명확성이 국제사회에 대한 EU의 영향력을 떨어뜨리는 요인으로 작용하고 있다.

이런 문제는 EU 고유의 정책적 선호와 복잡한 제도 구조에 기인한다. EU는 에너지 정책에서 독특한 행위자일 뿐만 아니라 초국가적인 조직체와 회원국 사이에 에너지에 대한 권한이 복잡하게 분화된 다극화된 특성을 지니고 있다. 게다가 EU는 에너지 문제를 규제적인 방식으로 해결하려는 경향이 크다. 한편으로 EU의 관습법은 독립적인 회원국의 정책과 공존하는 상황인데, 특히나 광범위한 국제무대에서는 더욱더 그러한 특성을 보이고 있다. 또한 유럽의 국제 에너지 정책은 지정학적인 요인을 상당히 많이 고려해 수립되어 있으며, 회원국이 이를 준수해야 하는 상황이다. 유럽의 국제 에너지 정책은 EU 내에서의 협력적인 과정을 거쳐 수립되기 때문에 대단히 조직적인 특성도 지니고 있다. 정리하자면, EU는 에너지 문제를 고려하는 데 다면성을 보이는데, 이 다면성은 장점과 단점을 모두 지니고 있다. 따라서 EU는 앞으로 법률에 기반을 두면서도 지정학적인 측면을 고려하는 방향으로 정책을 더욱 강화해야 할 것이다. 지금처럼 EU가 경제 정책 및 에너지 안보 대응과 관련해서 전통적인 방식으로 접근할 경우에는 기후변화와 관련된 국제적인 지도자로서의 지위가 위험에 처할 것으로 전망된다.

기후변화 정책의 선구자로서의 유럽의 지위에 대한 내부적 의혹?

EU 집행위원회와 전문가들은 기후변화 정책의 지도자로서의 역할을 맡아온 유럽이 지구온난화에 대한 국제적 논의에 막대한 영향을 미칠 수 있다고 공공연히 주장한다. 그렇지만 유럽의 기후변화 선언이 정말로 국제 에너지 정치에서 선도적인 역할을 할 수 있을 만큼 튼튼한 기초를 제공하고 있는지에 대해서는 고민해볼 필요가 있다.

2011년 12월 더반 기후변화 당사국총회에서 EU는 자신들이 제안한 합의안을 바탕으로 중국, 인도, 미국이 2020년부터 의무적인 온실가스 감축 목표에 동참해줄 것을 강력하게 주장했다. 그 결과 포스트 교토의정서의 2차 공약기간에 대한 35개국의 동의를 얻어낼 수 있었다. 유럽 기후변화 장관인 코니 헤데고르(Connie Hedegaard)는 이와 관련해서 다음과 같이 축하했을 정도다. "EU의 전략이 통한 것이다. 칸쿤 총회 이후 많은 나라들이 더반 체제는 코펜하겐 협정과 칸쿤 협정에서 결정된 사항을 단순히 이행하는 데 그칠 것이라고 예상했지만, EU는 그 이상의 성과를 도출하기를 기대했다. 그리고 결국에는 이를 이뤄냈다. 모든 국가가 의무적으로 참여하는 미래 지향적인 로드맵을 만들어내지 못한다면 우리는 교토의정서를 대체하는 신기후체제를 만들어내지 못할 것이다."

물론 EU는 세계 최대 규모의 에너지 수입국이며, 구체적으로는 미국의 2배, 중국의 5배가량의 에너지를 사들이고 있다. 반면에 EU는 세계에서 에너지 집약도가 가장 낮을 뿐만 아니라 재생가능에너지에 대한 수요가 가장 높다(European Commission, 2011d: 7~8). 여기에서 말하는 에너지 집약도란 GDP당 에너지의 양, 즉 1달러를 벌어들이기 위해 소비하는 에너지의 양을 가리킨다. EU는 2020년까지 재생가능에너지의 비중을 20%로 높이겠다는 목표를 달성하려 한다. 그로 인해 현재 EU 신규 발전 설비의 2/3는 재생가능에너지 설비가 차지할 정도다. 이때 2050년까지 온실가스 배출량을 80% 수준으로 줄이겠다는 더욱 야심찬 목표는 가장 중요한 정책 고려 사항이다. 2011년 11월에 취임한 덴마크 정부는 2035년까지 국가 전체의 전력과 난방을 재생가능에너지원으로 공급하겠다고 약속했다. 2012년 후반에는 법적 구속력을 지닌 에너지 효율 개선과 관련된 EU의 원칙이 발효된 바 있다. 덕분에 EU는 공공 조달 규정에 효율 개선 목표를 포함시킬 수 있었다.

현재 유럽에서 저탄소 기술의 시장 규모는 3000억 유로에 육박하며, 300만 명의 고용을 창출하고 있다. EU 집행위원회는 CCS와 관련된 12개의 대규모 시범 사업을 지원해오고 있다. 2009년에 착수된 '경제 회복을 위한 EU의 에너지 프로그램(EU Energy Programme for Recovery)'에서는 재생가능에너지 사업과 관련된 기반 시설 구축과 국가 간 에너지 네트워크 사업에 40억 유로를 투자하기로 결정했다. 이 중에서 10억 유로는 CCS 사업에 할당될 예정이다. 상업적 CCS 사업의 첫 번째 면허는 2011년 프랑스에 돌아갔다. 2010년 유럽투자은행(European Investment Bank: EIB)은 저탄소 계획에 대해 190억 유로라는 막대한 자금을 쏟아부었다. 이는 2009년에 비해 20%가량 증가한 수치이자 유럽투자은행에서 거래된 모든 대출금의 2/3에 해당할 정도로 엄청난 금액이었다(Platts EU Energy 252, 2011). 같은 맥락에서 EU의 집행위원회는 2010년까지만 해도 '첨단' 저탄소 연구·개발에 10억 유로를 투자할 정도였다.

영국은 자본금 30억 파운드로 녹색투자은행(Green Investment Bank)을 설립했다. 2012년 4월에 영국 정부는 CCS의 상업화를 위한 사업에 10억 파운드를 투입했을 뿐만 아니라 CCS와 관련된 연구·개발에 1억 2500만 파운드를 투입하기로 결정했다. 2011년부터 2014년까지 독일 정부는 녹색기술 관련 연구·개발을 위해 재정적인 지원을 확충했는데, 지원금은 직전 3년에 비해 75%가량 늘어난 금액이었다. 이는 2022년까지 원자력발전소를 단계적으로 폐쇄하기로 했던 결정에 대응하는 조치라고 할 수 있다(Platts EU Energy 264, 2011: 5). 2011년 후반에 EU는 유럽투자은행을 통해 3억 유로의 배출권거래제 수입을 CCS와 재생가능에너지 사업에 사용할 수 있도록 허용해주었다.

이러한 조치들은 모두 상당히 진보한 정책이라고 할 수 있다. 그렇지만 기후변화에 대한 EU의 이처럼 종합적인 성과에는 많은 결점도 드러나고 있다. 예를 들면, 많은 사람들이 '2020년까지 20/20/20 목표'라는 지나치게 이상적인 EU의 전략에 대해 타당성과 실효성을 의심하고 있다. 모든 수를 20으로 맞추는 행정 편의적인 정책 목표일 뿐이라는 것이다. 2010년 5월 EU의 집행위원회는 평가 작업을 통해 온실가스 감축 목표를 20%에서 30%로 바꾸는 방안에 반대한다는 입장을 표명했다. 게다가 EU의 회원국들은 에너지 효율 개선 목표를 달성하지 못할 것으로 예상된다. EU 집행위원회의 에너지총국(DG Energy)은 2008년 이후 회원국들이 수립한 '국가에너지효율실행계획(National Energy Efficiency Action

Plans)'이 실망스러운 수준이라며 안타까워했다(European Commission, 2011c: 5).

다행히도 경제 위기 덕분에 EU는 현재까지 별다른 노력 없이도 20%의 감축 목표를 달성할 수 있었다. 심지어는 30%의 감축 목표를 달성하는 데에도 그다지 큰 개혁이 필요하지 않을 것으로 전망될 정도다. EU 집행위원회는 감축 목표를 20%에서 30%로 강화한다고 해도 GDP의 고작 0.1%에 상응하는 비용만 소요될 것이라고 추정했다. 그렇지만 상황이 이러함에도 EU는 다른 나라들이 동참하는 경우에 한해서만 감축 목표를 30%로 높일 것이라고 약속한 상태다. 게다가 이것은 확고하거나 야심찬 약속도 아니다. 왜냐하면 이러한 약속은 미국과 같은 국가가 기후변화와 관련한 비용을 더 지출하더라도 복지 측면에서 순이익을 얻는 것이 더 나을 것이라고 생각하게 만들 만큼 견고하고 야심찬 약속이 아니기 때문이다(Bréchet et al., 2010).

영국 같은 일부 회원국은 감축 목표를 30% 이상으로 변경했을 뿐만 아니라 이러한 목표가 법적 구속력을 지니고 있을 정도다. 이들은 EU가 기후변화 문제와 관련해서 신뢰받는 지도자로서의 지위를 유지하기 위해서는 이러한 움직임을 유럽 전역으로 확산해야 한다고 주장한다. 특히 영국은 기후변화 문제 해결에서 가장 충실한 국가 가운데 하나다. 그렇지만 영국이 장기 목표를 달성하려면 감축 목표를 2배로 늘려야 하는 상황이다. 게다가 영국은 저탄소 연구·개발에서 다른 OECD국가에 비해 뒤처져 있다. 이로 인해 영국은 기후변화와 관련된 야심찬 정책적 선언이 영향을 확보하지 못하는 상황이다(Bowen and Rydge, 2011: 13, 16). 2011년 가을 영국의 수상인 조지 오스본(George Osborne)은 친환경적인 책무를 다른 EU 국가보다 빠르게 이행하지는 않을 것이라고 선언하면서 그 이유를 일자리를 보존하기 위해서라고 밝혀 파장을 일으켰을 정도다.

유명한 전문가인 디터 헬름(Dieter Helm)은 EU가 단지 동유럽에서 구소련 산업의 붕괴, 석탄에서 가스로의 전환, 현행 경기 불황 등으로 인해 감축 목표를 달성할 수 있었을 뿐이라고 주장한다. 게다가 EU는 막대한 양의 재생가능에너지를 전력망에 공급하기 위한 기반 시설조차 제대로 갖추지 못하고 있으며, 재생가능에너지 보급 사업에 대한 보조금에 초점을 맞춰왔을 뿐이지 에너지 시장의 전반적인 구조를 바꾸지는 못했다고 하면서, 이는 지금의 녹색전력이 전력망을 사용할 수조차 없는 수준임을 의미한다고 말한다(Helm, 2011). 실제로 유럽의 전력망은 EU의 목표를 달성할 정도로 충분한 양의 재생가능전력을 감당할 수 없는 상황이다.

한편으로 회원국들은 저마다 다른 형태의 재생가능에너지 지원책을 세우고 있는데, 이는 단일화된 그린 에너지 시장을 효과적으로 구성할 수 있는 가능성을 약화시키는 요인이 되고 있다. 왜냐하면 어떤 유럽 국가도 다른 회원국에 그린 에너지 보조금을 지급하려 하지 않을 것이기 때문이다(van Agt, 2011). 일부 분석가들이 우려하는 점은 에너지 정책의 주도자들이 선호하는 다양한 자유화(시장분할) 정책이 유럽 시장을 더욱더 파편화시킬 수 있다는 사실이다. 재생가능전력의 국가 간 거래는 여전히 거의 이뤄지지 않고 있으며, 오히려 저지당하고 있는 실정이다. 해상 풍력발전을 위한 북해의 슈퍼그리드 송전망 제안은 자국 시장의 보호라는 명분 덕택에 무기한 지연되고 있다. EU 집행위원회는 국가 전력망에 재생가능전력을 도입하는 데 실패했던 대표적인 사례로 프랑스와 체코를 들고 있다.

최근에는 경기 침체로 인해 재생가능전력에 대한 지원금이 삭감되고 있다. 이탈리아는 태양광 사업에 대한 인센티브를 삭감했고, 스페인에서는 태양광에 대한 투자 보조금이 삭감되면서 많은 기업이 어려움에 처했으며, 덴마크는 비효율성과 간헐성 때문에 풍력발전을 점진적으로 줄이고 있다. 게다가 EU의 임원들은 경제 위기로 인해 재생가능전력에 대한 연구·개발이 급격하게 줄어든 현실에 대해 우려를 표명할 정도였다(Platts EU Energy 246, 2010: 8). EU 집행위원회의 연구·개발 예산(FP7)인 500억 유로 가운데 겨우 23억 5000만 유로만 저탄소 연구에 할당되었다. EU 집행위원회의 계획인 '호라이즌 2020(Horizon 2020)'에도 포스트-FP7 연구·개발을 위한 800억 유로의 예산 가운데 57억 유로만 재생가능전력 연구를 위한 것이라고 명시되어 있을 정도다. 경제계와 시민단체에서는 관련 예산이 충분하지 않다며 비판하고 있다. 그로 인해 2010~2011년 재생가능에너지 매력 지수(2010~2011 Renewable Energy Attractiveness Index)에는

EU 회원국이 아닌 미국과 중국이 최고 순위에 포함되고 말았다. 게다가 유럽 내 저탄소 전력의 비중이 점차 늘어나고는 있지만, 이 중에서 2/3는 여전히 원자력 에너지가 차지하는 상황이다.

2012년 EU의 에너지시설기금에 관한 중간보고서는 현재 진행 중인 대부분의 사업이 가스 발전이며, 4개의 CCS 사업 중 3개가 실패했다는 사실을 보여주고 있다. 2011년 중반 EU의 집행위원회는 CCS 사업의 개발에 관한 2009년 지침을 집행하는 데 실패한 모든 회원국에 대해 조사를 실시했다(Platts EU Energy 263, 2011: 1). 2011년 말 스웨덴의 전력회사인 바텐팔(Vattenfall)은 독일에서의 CCS 사업을 취소해야만 했다.

이 책의 다른 부분에서 심도 있게 다루는 EU의 우수한 배출권거래제로 인한 온실가스 감축 수준은 정작 미흡한 실정이다. 심지어 세 번째 단계에서조차 배출권거래제는 완전한 경매 방식으로 운영되고 있지 않다. 그렇지만 배출권거래제가 영향력을 발휘하기 위해서는 반드시 완전한 경매제를 도입해야 한다. 게다가 탄소 상쇄는 배출권거래제의 명분을 위태롭게 할 가능성이 있다. 왜냐하면 거의 모든 EU 회원국이 공식적으로 발표된 이상의 탄소발자국을 가지고 있으며, 이는 자신들이 EU 밖으로 오염 물질을 배출할 수 있는 권리를 구매해 자신들의 배출량을 상쇄시키기 때문이다. 끝으로 배출권거래제가 담당하지 않는 부문이 여전히 EU 전체 배출량의 50%를 차지하는 상황이다. 결국 배출권거래제의 탄소 가격은 2012년 4월 사상 최저치로 하락하고 말았다.

그리고 원자력 르네상스에 대한 칭송은 현재 중단된 상태다. 2010년까지만 해도 대다수의 EU 회원국이 원자력 도입을 다시 고려하고 있었다. 그렇지만 2011년 3월 후쿠시마 사고 이후 독일, 벨기에, 이탈리아, 스위스를 포함한 많은 나라에서 원자력 재도입을 철회했다. 물론 예외는 존재한다. 프랑스는 원자력에 대한 의존도가 세계에서 가장 높으며, 체코는 '원자력 강대국'이 되기를 원하고 있다. 58기의 원전을 보유하며 에너지의 40%를 원자력으로 공급하는 프랑스의 경우 '재생가능'보다는 '저탄소'라는 담론을 강하게 주장했다.[1] 찬핵론자들은 원자력이 온실가스 감축 목표를 달성하는 데 기여할 뿐만 아니라 캐나다와 호주 같은 협력국으로부터 우라늄을 충분히 안정적으로 공급받을 수 있기 때문에 에너지 안보를 강화하는 데에도 도움이 될 것이라고 주장한다. 물론 현재 유럽은 원자력이 온실가스를 감축하기 손쉬운 수단임에도 원자력으로부터 거리를 두고 있는 추세다.

원자력과 달리 심각한 오염을 일으키는 석탄의 생산은 늘어나고 있다. 독일, 스페인, 폴란드를 포함한 여러 국가는 석탄에 대한 보조금 철폐를 지연시키고 있다. EU 국가는 오직 자신들의 감축 목표에만 집중하는 근시안적인 행태를 보이고 있다. 왜냐하면 유럽은 중국을 포함해서 석탄에 기반을 둔 생산국에 상당히 의존하고 있기 때문이다. 즉, EU 회원국은 자국 내 탄소 배출을 줄이기는 했지만, 반면에 다량의 탄소를 배출하는 제품을 수입함으로써 전 지구적인 탄소 배출은 오히려 늘리고 있다. 게다가 독일을 포함한 몇몇 국가는 원자력에서 벗어나기 위해 석탄의 사용을 늘리려는 계획을 가지고 있다. 실제로 독일의 국토 담당 부서는 석탄 화력발전소의 허가를 늘려왔는데, 이는 원자력발전소를 단계적으로 폐지하겠다는 연방정부의 공약을 이행하기 위한 조치였다.

정리하자면, EU 환경 정책의 핵심적인 구성 요소들이 진보해오기는 했지만 심각한 결함을 지니고 있는 상황이다. EU의 온실가스 감축 선언이 국제 기후변화 정책을 확산시키고 강화할 수 있을 정도로 강력하지는 않다. EU는 기후변화 정책의 선구자였던 사례들이 이 분야에서 자신들의 영향력을 세계화시킬 수 있는 토대가 된다고 종종 주장한다. 그렇지만 이러한 주장을 안팎으로 세밀하게 살펴보면 여러 가지 결점이 눈에 띈다. 물론 EU의 환경 정책이 발전하면서 유럽 대외 정책이 기후변화 문제를 고려할 수밖에 없어진 것도 사실이다. 그렇지만 이러한 진전은 국제 에너지 문제 전반으로 확산되지 않았을 뿐만 아니라 기후변

---

1   그렇지만 프랑스도 2012년에 선거를 통해 사회당의 올랑드 대통령으로 정권이 교체되면서 75%의 원전 비중을 2025년까지 50%로 줄이는 방향으로 정책을 변경한 상태다. 이러한 원전 감축 정책을 지탱하기 위한 법률적 토대로 '에너지 전환법'이 최근에 제정되었다. 이와 관련한 자세한 내용은 진상현, 「프랑스 원자력 정책의 역사와 올랑드 정권의 개혁」, ≪역사비평≫, 104호(2013)를 참고할 수 있다. _옮긴이

화가 최우선적인 정책적 고려 사항이도록 이끌어줄 만큼 모범 사례가 아니라는 사실도 분명하다.

기후변화기금

이러한 정성적인 측면에서의 내·외부 검토는 EU 기후변화기금의 규모 및 특성과 관련해서도 진행될 수 있다. 유럽의 정책 결정자와 장관들은 기후변화기금에 상당한 규모의 예산을 할당하겠다는 약속을 항상 제시한다. 이들은 대규모 기금을 통해 국제 에너지 정책에 실질적으로 기여할 수 있을 것이라고 생각하는 경향이 있다. 이에 유럽의 기후 원조는 기후변화와 관련된 부작용을 해소하기 위한 여러 가지 정책적 수단이 채택될 수 있도록 돕는다는 데 목표를 두고 있다. 코펜하겐 협정은 개발도상국을 위한 긴급 재원과 장기 재원이라는 두 가지 종류로 기후변화기금을 구분하고 있다. 여기서 긴급 재원은 2010년부터 2012년까지 300억 달러가 소요되는 추가적인 자금을 새로 제공하기 위한 선진국의 공약을 가리키며, 기후변화 적응 및 완화 대책에 적절히 할당될 것으로 예상된다. 반면에 장기 재원은 개발도상국의 기본적인 요구를 해결하기 위해 2020년까지 1000억 달러를 조성하기로 약속된 기금으로, 실질적인 온실가스 감축과 사업 시행의 투명성이라는 원칙하에 집행될 예정이다.[2]

2010년부터 2012년까지 모금된 유럽 전체의 기후변화 기부금은 72억 유로이며, 이 중에서 22억 유로는 2010년에 조성된 기금이다. 전체 기부금의 40%는 기후변화 완화에, 33%는 기후변화 적응에, 16%는 삼림 파괴 및 벌채로 인한 온실가스 감축에 사용되었다. 지원 방식과 관련해서는 52%가 융자, 48%가 보조금의 형태로 지급되었다. 지원 대상 가운데 60%가량은 국제기구를 통해 전달되었다.[3]

---

2   http://ec.europa.eu/clima/policies/finance/index_en.htm
3   http://ec.europa.eu/publications/docs/spf_starfinance_en.pdf

지금까지 가장 많은 기금을 기부한 국가는 덴마크, 핀란드, 독일이며, 이들은 기후변화와 관련된 양국 간 원조에 12~15%의 기금을 지원했다.

영국의 기후 원조는 기후변화기금의 대표적인 사례라고 할 수 있다. 영국의 기후 원조에는 환경전환기금(Environmental Transformation Fund: ETF)의 설립, 지구환경기금(Global Environment Facility: GEF)에 대한 지원, 기후·개발 지식 네트워크(Climate and Development Knowledge Network: CDKN)에 대한 1700만 파운드 지원이 포함된다. 여기에서 기후·개발 지식 네트워크는 기후변화 적응에 대한 연구와 더불어 개발도상국에 대한 정보 제공을 목적으로 설립된 조직이다. 방글라데시는 영국으로부터 가장 많은 기후변화기금을 지원받은 국가로, 2013년까지 7500만 파운드의 기금을 제공받았다. 여기서는 영국이 에티오피아에 제공할 계획인 1500만 파운드의 전략적 기후 제도 프로그램(Strategic Climate Institutions Programme)에 특별히 주목할 필요가 있다. 이는 정부, 시민단체, 민간 부문에서의 조직적·제도적 능력을 배양하기 위해 만들어진 프로그램이다. 구체적으로는 기후 변동성과 관련된 회복력을 높이고 미래의 기후변화에 대한 적응 능력을 배양할 뿐만 아니라 저탄소 성장의 혜택을 누릴 수 있도록 지원한다는 목적을 지니고 있다.

기후기금이 EU 기후변화 정책의 주도권을 장악하고 있다고 대대적으로 알려져 있기는 하지만, 명성에 비해 규모는 대단히 실망스러운 수준이다. 심지어 많은 고위 관료들은 EU가 가장 시급한 사항에 대한 재정적 지원에 실패했다는 사실에 실망할 정도다. EU 외부 국가의 완화 및 적응 대책을 위한 기금은 기후변화 이외의 부문에 대한 지원이 얼마나 중요한지를 모르고 있다는 측면에서 대단히 심각한 한계를 지니고 있다.

경제학자들은 기후변화기금의 재정 격차 문제를 지적하고 있다. 구체적으로 현재의 할당액은 연간 150억 달러이고, 2020년의 목표는 연간 1000억 달러를 확보하는 것이며, 가시적인 변화를 이끌어내기 위해서는 2000억 달러까지 확대해야 할 것으로 추정된다(Haites, 2011: 967). UN기후변화협약을 통해 논의된 기후기금의 규모는 OECD 국가 GDP의 0.5%다. 이는 기후변화의 잠재적 피해 비용이 OECD 국가 GDP의 20%라는 사실을 고려하면 대단히 적은 금액이다(Mabey, 2009: 5~6). 그렇지만 정부는 여전히 기후변화기금의 할당 및 배분 문제에 대해 논쟁을 벌이고 있다. EU의 개발 담당 집행위원인 안드리스 피에발그스(Andris Piebalgs)는 위원회의 주요 예산에서 지금까지 합의된 기후 재정의 규모가 약소국의 기후 적응에 약간의 도움을 줄 수 있기는 하지만 지구온난화의 주요 영향에 대한 예방 대책을 신속히 마련하는 데에는 그다지 도움이 되지 않는다는 사실을 인정하고 있다. 에너지총국도 재생가능에너지를 포함한 연구·개발 예산을 더욱 체계적으로 사용해야 한다는 필요성을 인식하고 있다. 한편으로는 회원국의 고위 관료들도 기후 원조 사업에 대한 지원 대상국과의 대화가 지금까지 제한되어왔다는 사실을 깨닫기 시작했다.

EU는 개발도상국에 기후변화기금을 지원하겠다는 자신들의 약속을 아직까지 제대로 지키지 않고 있다. 칸쿤 기후변화 당사국총회의 첫째 날에 EU는 긴급 재정의 절반을 증여가 아닌 차관이나 사모투자⁴의 형태로 지급할 것이라고 입장을 표명해 논란을 일으킨 전례가 있다. 많은 환경운동가들은 EU가 기존의 개발 원조 방식을 고수할 것이라고 우려하고 있는데, EU는 이러한 방식에서 단호하게 벗어날 것이라는 의지를 명확히 보여주어야 한다. 일각에서는 EU가 새로운 형태의 무역 장벽 및 거래 조건을 설정하는 수단으로 기후 적응 의제를 이용하는 것이라고 비난하기도 한다. 게다가 세계 각국의 정부는 기후변화 적응이라는 명목하에 미래의 세금 같은 방식으로 기금을 조성하는 방안을 거부하고 있다. 그중에서도 특히 이탈리아는 약속했던 기금을 거의 제공하지 않는 대표적인 국가로 지목되고 있다.[5]

회원국들은 추가성 및 보고 기준과 관련해 여전히 서로 다른 생각을 가지고

4　사모투자(private equity)란 구조조정이 필요한 기업이나 신생 기업과 같이 성장 잠재력과 위험성이 높은 기업 또는 사업에 투자하는 자금을 가리킨다. 따라서 공개된 시장이 아니라 경영진과의 협상을 통해 해당 기업의 지분을 인수한 뒤 구조조정을 진행해 경영을 정상화시킴으로써 기업의 가치를 높이고 지분을 되팔아 높은 수익을 챙기는 방식으로 진행된다. _옮긴이

5　http://www.europeanvoice.com

있다. 대부분의 국가는 최빈국에 제공한 기후변화기금을 과장해서 보고하는 경향이 있다. 프랑스는 이러한 추가성 기준과 관련해 가장 큰 죄책감을 느껴야 하는 대표적인 국가다. 왜냐하면 프랑스가 약속한 기후변화기금은 대부분 기존의 원조 프로젝트를 그저 재포장한 부정한 방식이기 때문이다(Scholz, 2010: 2). 회원국은 기후변화 프로젝트에 사용될 자금을 배출권거래제 수익의 50%까지 높일 수 있었다. 그렇지만 이는 자신들의 재정적 부담을 줄이기 위한 조치이기도 했다. 이는 기후변화 원칙이 훼손된 또 다른 대표적인 사례다. 즉, 새로운 기후변화기금은 기존의 지원금을 단순히 기후변화기금으로 재산정하는 것이 아니라 반드시 새로운 추가 자금으로 조성해야 한다는 원칙에 어긋나는 사례다.

재생가능에너지에 대한 지원금의 내·외부적 균형은 현재 격렬한 논쟁을 불러일으키고 있다. 대부분의 회원국은 유럽 내부의 재생가능에너지 지원 사업에 대한 기금에 비례해서 늘어나는 외부의 사업을 지원하는 데 어려움을 드러내고 있다. EU의 '에너지 2020 전략(Energy 2020 strategy)'과 관련된 회담에서 대부분의 회원국은 EU 비회원국의 기후변화 적응 사업에 막대한 기금을 제공하는 데 대해 의구심을 드러냈다. 마찬가지로 대부분의 회원국은 EU가 유럽 외부 국가들에 대한 재생가능에너지 보급과 기후변화 적응 대책에 지출하는 보조금을 줄이고, 대신 유럽 내부의 에너지 효율 개선에 기금을 중점적으로 투자해야 한다고 주장한다. 유럽 내의 가난한 회원국들은 중국처럼 빠르게 성장하면서도 대부분의 EU 국가보다 경제적으로 덜 고통 받는 국가에 대규모 기후변화기금을 지급하는 것에 대해 명백히 반대 의견을 표명하고 있다. 고위 관료들은 유럽에서 개발한 재생가능에너지 기술을 다른 국가에 판매하는 것에 대해 매우 공식적으로 지지를 드러내고 있으며, 고도의 정치적 지원 의사를 표명하고 있다. 이는 기후변화기금이 인류의 발전이라는 관점보다는 상업적인 차원에서 접근되고 있음을 보여주는 사례다.

재생가능에너지 기술을 위한 국제 협력

2011년 9월 EU 집행위원회가 발표한 '공급 안보와 국제 협력을 위한 담화문'에서는 재생가능에너지에 대한 국제적인 협력을 증진시키기 위한 여러 가지 방안이 제시되었다(European Commission, 2011a). 이러한 제안에는 재생가능에너지와 관련된 국제 협력을 '최우선적인' 목표로 설정하는 다양한 종류의 새로운 국제 파트너십도 포함되었다. 예를 들면, 재생가능에너지 개발에 대한 국제 규범을 우선적으로 고려하기 위해 G20 같은 포럼의 개최, '지중해 솔라 플랜(Mediterranean Solar Plan)' 추진 체계의 강화, 대외 협정 지침하에서의 EU 비회원국에 대한 탄소 시장의 확장, 유럽의 국경을 넘어선 도시 차원에서 EU 이니셔티브의 확장, 재생가능에너지 연구 프로그램을 공유하는 국제적인 상호주의, 재생가능에너지 부문의 규칙을 포함하는 '에너지 헌장 조약(Energy Charter Treaty: ECT)'의 권한 강화, 재생가능에너지를 지원하기 위해서 아프리카에 대한 EU 에너지 이니셔티브의 확장, EU 집행위원회의 대표와 회원국으로 구성되는 국제 에너지 협의체(International Energy Cooperation)의 설립, 제3세계에서 진행되는 EU 회원국의 에너지 사업에 대한 데이터베이스 구축이 포함되어 있다.

실제로 EU 집행위원회가 이 담화문을 발표하기에 앞서 공식 회담을 개최했을 당시 기업, 시민단체, 전문가들이 제시했던 제안은 EU의 경계를 넘어 재생가능에너지를 지원하기 위해 유럽 국가들에 인센티브를 제공하는 수단에 주로 초점을 맞추고 있었다. 이러한 제안 중에는 다음과 같은 내용이 포함되어 있었다. 첫째, 외부의 재생가능에너지 협력 사업은 회원국의 20/20/20 목표에 이바지해야 한다. 둘째, 제3세계 재생가능에너지 사업의 불확실성을 줄이기 위해 EU는 외교적인 압력을 가해야 한다. 셋째, 유럽 인근 국가의 에너지 효율을 개선하기 위해 EU가 지정학적인 수단과 전략을 이용해서 압력을 행사해야 한다. 넷째, EU는 인근 국가로 발전차액지원제를 확장시켜야 한다. 다섯째, EU는 재생가능에너지의 협력과 성장을 위한 더욱 광범위한 차원에서 경제적 지원 방안을 마련해야 한다(European Commission, 2011e).

가장 가시적인 이니셔티브 가운데 하나는 저탄소 구역 및 CCS에 관한 EU와 중국의 협력이었다. '기후변화에 관한 EU와 중국의 파트너십(EU-China Partnership on Climate Change)'은 청정에너지 기술과 관련된 각종 활동을 지원하고 있다. 2007년 유럽투자은행은 중국에서의 온실가스 감축 사업에 자금을 지원하기 위해 5억 유로의 '기후 변화 차관(Climate Change Framework Loan)'을 승인해주었다. 더욱 구체적인 목표를 갖고 있는 '중국과 EU의 에너지 효율 개선 및 재생가능 에너지에 관한 행동 계획(China-EU Action Plan on Energy Efficiency and Renewable Energies)'은 국제적인 환경보호 관련 산업의 협력을 장려하고 있다. 2년마다 개최되는 중국과 EU의 에너지 회담을 통해 중국과 EU의 정재계 인사들은 화합의 시간을 정기적으로 갖고 있다. EU와 중국의 청정개발체제 촉진 사업(Facilitation Project)은 2010년 1월까지 중국이 지속가능한 발전을 이룩할 수 있도록 도와주는 청정개발체제 사업의 역할을 강화한다는 목표를 가지고 운영되었다. 영국은 '제로 배출 석탄 이니셔티브(Near-Zero Emissions Coal Initiative)'를 주도하고 있는데, 구체적으로는 대규모 CCS 기술의 실현 가능성을 검토하기 위해 중국에 시범적으로 공장을 설립·운영한다는 목표를 지니고 있다. 2010년부터 2012년까지 진행된 이 이니셔티브의 2단계에서는 실제 시범 사업의 지리적 요건에 대한 검토 작업이 이뤄졌다. 2012년 이후의 3단계에서는 중국에서 상업적인 시범 공장을 실제로 건설·운영하는 과정이 진행될 예정이다.

EU는 이 국제 협력을 가장 주목할 만한 성공적인 사례 가운데 하나로 분류하고 있다. 외교관들은 이 같은 중국과의 협력이 양국 간의 전략적 동맹을 강화시켜야 한다는 부담감 때문이었다는 사실을 인정하고 있다. 또한 이번 협력이 EU와 중국이 오랫동안 조율해왔던 다른 정책들의 중요성을 하락시키는 결과를 가져왔다는 것도 사실로 받아들여지고 있다. 이로 인해 CCS 사업에 대한 중국과의 협력이 강조되면서, 다른 모든 기후변화 정책 수단의 중요성이 퇴색되고 말았다는 인식도 만연해졌다. EU는 중국의 CCS 이니셔티브를 가장 모범적인 사업 방식으로 간주했으며, 이와 유사한 이니셔티브를 인도에서도 추진하고 싶어 했다.

다른 국제 협력도 진행되고 있다. 미래에 더욱 중요한 연합체가 구축될 조짐이 보이자 스페인 기업들은 캐나다, 카자흐스탄, 니제르, 나미비아로부터 우라늄을 구매하기 위해 막대한 노력을 기울이고 있다. 스코틀랜드는 재생가능에너지와 관련된 자금을 중동의 국부 펀드로부터 유치하기 위해 공을 들이고 있다. 영국과 독일의 외무장관은 러시아가 에너지 효율 개선 계획을 정교하게 수립하도록 장려하기 위해 2011년 합동 이니셔티브에 착수했다. EU의 '에너지 로드맵 2050'은 러시아와 우크라이나에 대한 파트너십, 특히 바이오매스 관련 파트너십을 요청한 상태다(European Commission, 2011b).

이처럼 각종 이니셔티브가 있는데도 EU는 현재까지 재생가능에너지의 국제적인 개발과 관련해서 몇 개의 막연한 협정만 시험적으로 체결했을 뿐이다. 현재 원자력 프로그램을 추진하고 있는 중동의 6개국은 EU가 재생가능에너지 개발에 충분한 도움을 주지 않는다며 불평하고 있다. EU와 중국의 CCS 프로그램에 대해 공정한 판단을 내릴 수 있는 위치의 제3국들은 EU의 대중국 투자 규모가 그다지 크지 않은 것으로 평가하고 있다. 또한 이들은 EU가 자신의 석탄 산업에 저탄소 기술을 도입하지 않는다면 중국도 이를 도입하지 않을 것이라는 문제를 지적하고 있다(Burke and Mabey, 2011: 30). 영국 상원의 보고서는 EU와 중국이 CCS와 관련해 협력한 속도와 깊이가 사실 극히 제한적이었다고 결론내리고 있다. 실제로 아주 제한적인 기금만 EU와 중국의 CCS 이니셔티브 2단계에 투입되었으며, 3단계에서는 아예 아무런 기금도 약속되지 않았다(House of Lords, 2010: 55).

유럽 정부가 사실 국제적인 사업을 지원하기보다는 토착 기업들을 위해 귀중한 공적 자금을 사용하도록 과도하게 부추긴 부분에 대한 우려도 제기되고 있다. 경제학자들은 EU가 청정 산업에 지나치게 많은 보조금을 지급한다며 비판하고 있다. 관련 보조금은 전문지식과 기반 시설을 이미 보유한 국가에만 유익할 수 있다. 따라서 보조금이 기존의 경쟁력을 강화시킬 수는 있지만 무에서 유를 창조할 수는 없을 것이다(Huberty and Zachmann, 2011). 로열 더치 셸 같은 석유기업들은 내부적인 시장이 공식적으로 문서화되어 있지 않으면 유럽의 자국 내 보조금이 원래의 목적을 해체하는 상황이 벌어질 수도 있다고 경고했다. 그리고 대규모의 보조금에 집중하면 탄소 시장의 국제적 확장 가능성을 약화시킬 수도 있다. 게다가 기업들은 이러한 탄소 시장이 제로섬의 보조금 경쟁보다는 기후변화를 해결하기 위한 지배 시스템을 제공할 가능성이 높다고 보고 있다. EU 비회원국이 배출권거래제의 표면적인 규율을 신뢰하도록 부추기는 상황에서, 유럽의 보조금은 배출권거래제의 시장 메커니즘을 약화시키거나 EU의 신용도를 하락시킬 수도 있다.

일부 EU 비회원국에서는 재생가능에너지 관련 협력의 세부 조건을 놓고 갈등이 발생한 경우도 있었다. EU는 개발도상국의 재생가능에너지 잠재력을 극대화시키려는 순수한 파트너가 아니며 유럽 시장으로 에너지를 수출하는 대규모 재생가능에너지 사업의 독점에만 몰두하고 있다는 불만이 종종 표출되고 있다. 액션에이드(ActionAid)[6]라는 시민단체는 유럽 정부가 지역의 자원 부족을 더욱 악화시킬 수 있는 수출 지향적인 재생가능에너지 사업에 막대한 자금을 쏟아붓는다며 우려하고 있다. 데저텍(Desertec)[7] 같은 사업이 대표적인 사례다. 6억 달러의 예산이 책정된 데저텍은 독일 기업들이 추진한 것으로, 이들은 데저텍 사업을 통해 2050년까지 유럽 전력 수요의 15%를 충당할 수 있을 것이라고 주장했다. 하지만 북아프리카 국가의 입장에서는 이 사업을 부정적으로 바라볼 수밖에 없었다. 왜냐하면 데저텍으로 지역의 전력 수요를 충당하는 것이 아니라 송전망을 통해 유럽 시장으로 에너지를 보낼 것이기 때문이다. 데저텍은 선진국과 개발도상국 간에 새롭고 심각한 갈등을 일으킬 수 있는 생태제국주의의 일환으로 간주되는 바람에 중단되고 말았다.

이는 투자자와 기업들이 EU를 너무 느리고 복잡한 조직으로 여기게 만든 대표적인 사례들이다. 심지어 투자자들은 석유 및 가스에서 회원국의 단일성을 깨트리는 쌍무계약이 바람직하지 않다고 생각하지만, 재생가능에너지 분야에서는 융통성이 있어야 미래의 유망 사업에 대한 기금을 빠르게 획득할 뿐만 아니라 경쟁을 촉진시킬 수도 있다고 주장한다. 미래의 정책은 EU의 제도화된 협력

---

6   빈곤 퇴치와 인권 신장을 위해 노력하는 국제 비영리기구다. _옮긴이
7   데저텍은 일조량이 풍부한 북아프리카의 사하라 사막과 중동에 태양광발전소를 설치한 뒤, 여기에서 생산된 전기를 유럽으로 보내는 대규모 사업을 가리킨다. _옮긴이

의 기준에 구속되기보다는 융통성을 발휘할 필요가 있다. 왜냐하면 투자자들이 EU의 기준이 너무 느릴 뿐만 아니라 불분명하다며 비판하고 있기 때문이다.

아레바(Areva)[8] 같은 기업들은 비유럽 국가의 재생가능에너지 기반 시설이 대단히 미약할 뿐만 아니라 이에 대한 EU의 지원마저 초라한 수준이라며 불만을 드러내고 있다. 이들은 빠른 시일 내에 기반 시설과 송전망 연계에 기금이 마련되거나 개발이 이뤄지지 않는다면 재생가능에너지의 수출입을 제한하는 병목 현상을 겪게 될 것이라고 경고한다. 투자자들은 EU 비회원국의 규제 정책을 예측할 수 없을 뿐만 아니라 EU도 이러한 상황을 개선하는 데 별다른 영향력을 행사하지 않았다고 주장한다.

카운터 밸런스(Counter Balance) 같은 시민단체는 이에 대해 반론을 제기한다. 이들은 대단히 그럴듯해 보이는 지구공학적인 사업을 EU가 지나치게 지원했다며 비판하고 있다. 전문가들에 따르면, 지구공학적인 기술은 일종의 환상에 불과할 뿐이다. 실제로 기술적인 해결책에 대한 연구에 지나치게 의존할 경우 제한적인 자금 부족의 문제를 해결하기보다는 더 많은 문제를 일으킬 수 있다. 심지어는 정책 결정자들이 자원을 확보하는 데 관심을 기울이기보다는 자원 부족으로 책임을 전가하게 만들 수도 있다. 이러한 맥락에서 유럽 각국은 기후변화와 지정학적인 긴장 사이의 가장 심각한 문제인 거버넌스 갈등을 해결하기보다는 기술적인 해결책에 의존하는 EU 비회원국과 과도하게 유착하는 현실을 비난하고 있다. 사실 어떤 EU 비회원국도 기술적인 해결책과 관련해서 믿을 만한 근거를 제시하지 못하는 실정이다.

에너지 안보 대 기후변화?

EU의 에너지 안보에 대한 태도와 기후변화 정책에 대한 입장 간에는 다양한

---

8   프랑스의 원전 건설 전문 공기업이며, 2015년에는 전력 공기업인 EDF에 합병되었다. _옮긴이

갈등이 발생하고 있다. 물론 EU의 경우 이를 공식적으로는 인정하지 않고 있다. 정책 문건들은 재생가능에너지와 기후변화 문제를 통합해서 해결한다는 장기적인 관점에서 에너지 안보를 고려하고 있다. 영국의 에너지부 장관인 크리스 훈(Chris Huhne)은 기후 안보 대 에너지 안보라는 대립적인 논란은 잘못된 이분법적 논리일 뿐만 아니라 기후변화 문제가 석유 및 가스의 공급을 방해할 가능성이 있다고 주장했다.[9]

그렇지만 실제로 EU는 에너지 안보와 관련해서 전통적인 태도를 고수해왔으며, 이러한 방식은 자신들이 선언한 기후변화 목표와 부합하기 어려운 측면이 있다. 예를 들면, 석유 및 가스와 관련해서 강력한 외교 문제, 비전통적인 화석연료의 처리 문제 등이 대표적인 사례다.

최근 들어 EU는 대외적인 에너지 안보 전략을 강화하기 위해 많은 노력을 기울여왔다. 실제로 '에너지 2020 전략'은 다음과 같은 문장으로 시작되고 있다. "EU가 에너지와 기후변화라는 두 가지를 핵심 목표로 설정하기는 했지만, 이를 위한 공동의 협력이 대외적 에너지 정책을 통해서는 아직까지 명확하게 드러나지 않고 있다"(European Commission, 2011c: 20). 이는 EU가 에너지 안보 관련 협력을 대외적 차원에서 앞으로 실체를 만들어갈 계획이라는 일종의 선언일 수도 있다. 이와 관련해서 EU 집행위원회가 2011년 9월 발표한 담화문은 큰 주목을 받았는데, 에너지 협약과 관련한 필수적인 자료의 교환을 명시했을 뿐만 아니라 이 위원회가 회원국을 대신해서 새로운 에너지 조약을 체결할 수 있다는 내용을 포함하고 있었다. 특히 여기서 말하는 새로운 에너지 조약의 첫 번째 사례는 아제르바이잔과 투르크메니스탄 사이의 '카스피 횡단 파이프라인(Trans-Caspian pipeline) 개발 사업'과 관련된 것이었다.

EU는 양자 간 에너지 합의에 지나치게 많이 서명해온 경향이 있다. EU는 2011년에 우즈베키스탄과 양해각서를 체결한 이후 지금은 중앙아시아의 모든

---

9   자세한 내용은 2011년 7월 7일 영국 런던의 왕립통합서비스연구소(Royal United Services Institute)에서 진행된 훈의 연설문 '기후변화의 지정학(Geopolitics of Climate Change)'을 참고할 수 있다.

국가와 유사한 협정을 체결한 상태다. EU와 아제르바이잔의 협약과 관련해서 아제르바이잔은 이른바 '남부노선(Southern Corridor)'이라고 불리는 사업을 시행하고 있다. 이와 관련해 EU의 위원장인 조제 마누엘 바호주(José Manuel Barroso)는 2011년에 투르크메니스탄을 여러 차례 방문했다. 왜냐하면 남부 노선이 나부코(Nabucco) 파이프라인을 통해 막대한 양의 천연가스를 공급할 수 있기 때문이었다. 이러한 방문 덕분에 투르크메니스탄은 나부코 사업에 전념할 수 있었던 반면, EU는 2007년에 투르크메니스탄이 북쪽 배관망을 통해 천연가스를 공급하기로 했던 러시아와의 거래에서 겪었던 문제에 당면했다. 나부코, 아나톨리아 횡단(Trans-Anatolian), ITGI(Interconnector Turkey-Greece-Italy)라는 3개의 남부 가스관이 지난 20년 동안 경쟁하면서 겪은 '파이프라인 외교'의 우여곡절은 정책적으로 상당한 주목을 받았다. 반면에 러시아의 천연가스를 독일 시장으로 직접 공급하는 노르트스트림 파이프라인은 2011년 11월 8일에 완료되어 가동에 들어갔다.

이러한 협약의 범위 내에서 유럽의 에너지 정책은 대단히 전통적인 접근 방식을 유지했다. 에너지 관련 시민단체인 카운터 밸런스는 EU가 대규모 석유·가스 기반 시설에 대해 최근 들어 더 강하게 집착하고 있고 2000년대 중반에 비해 지금 오히려 저탄소 사업에 덜 집중한다며 우려하고 있다. 게다가 모든 프로젝트에서 심각한 차질이 발생했음에도 EU는 여전히 그렇게 하고 있다. 사하라 횡단(Trans-Sahara) 파이프라인에는 배정된 예산인 150억 달러보다 많은 비용이 소요될 것으로 예상되었지만, 결국 어떤 투자자도 관심을 갖지 않았기 때문에 사업이 여전히 지연되는 상황이다. 메드가즈(Medgaz) 파이프라인의 개통식도 2011년까지 계속해서 연기되었다. 2011년 즈음 메드가즈 파이프라인은 10억 달러 이상의 예산을 투입한 덕분에 가동에 들어갔는데, 이 예산은 유럽투자은행의 대출을 통해 지원된 것이었다. 마찬가지로 EU가 가장 오랫동안 기대했던 전형적인 숙원 사업인 나부코 노선도 지연되고 있다. 왜냐하면 파이프라인의 천연가스 공급처가 여전히 분명하지 않을 뿐만 아니라 EU의 집행위원회가 2억 유로의 자금을 투입했는데도 건설 작업을 마무리하기 위한 사업단의 자금이 부족한 상황이기 때문이다. 온실가스 배출을 줄이려면 파이프라인 사업이 지역주의를 벗어나야 하지만, 심각한 환경 파괴, 운송 과정에서의 상당한 손실, 화석연료에 대한 의존성 강화라는 문제가 여전히 남아 있는 상황이다.[10]

EU의 3차 에너지 자유화 패키지는 기본적으로 러시아 문제의 해결을 목표로 삼고 있다. 이러한 자유화가 소유권에 대한 분할을 요구하지 않는 대신 EU 전역에서의 가스프롬 운영의 분할을 요구하기는 했지만, 정작 유럽 회원국들은 러시아와의 양자 간 협상에 자주적으로 임하지 못했다(Barysch, 2011). 물론 2012년 주요 신문은 EU 집행위원회와 가스프롬 간의 대립에 관한 내용을 자주 실었다. 천연가스에 대한 수요 보장을 요구했던 러시아에 대항해 EU는 '에너지 로드맵 2050'을 발표했다. 많은 이들이 재생가능에너지와 관련한 러시아와의 협력을 통해 파이프라인을 둘러싼 정치적 갈등을 극복할 수 있기를 원했지만, 이러한 소규모 협력이 유럽과 러시아의 양자 관계에서 주도권을 행사하지는 못했다. 천연가스 거래와 관련해서 러시아가 선호하는 양자 간 협의 방식도 전혀 개선되지 않고 있다. 실제로 독일 기업인 RWE[11]와 가스프롬은 2011년 7월 협약을 체결해야만 했다.

생산국과 불투명한 양자 간 협약이 확산되는 것을 막기 위해 2011년 2월 EU의 수장들은 에너지 협약 관련 정보를 제3국과 공유해야 한다는 공감대를 형성했다. 이는 투명성을 보장하는 중요한 조치였다. 물론 어떤 유형의 정보가 공개되어야 하는지에 대한 구체적인 사항을 명시하지 않았을 뿐만 아니라 EU 공동의 에너지 정책을 약화시킬 수 있는 거래 정보에 대해 조치를 취할 수 있는 어떠한 권한도 집행위원회에 주지 않았다는 문제가 있었다. 2011년 EU 집행위원회의 담화문에 따르면 정보 공유에 대한 법적인 근거와 양자 간 협정 관련 정보에 대해 조치를 취할 수 있는 권한을 부여하는 법률적 기반이 필요하다는 합의가 형성되었다.

---

10 www.counterbalance-eib.org
11 RWE는 천연가스와 전기를 공급하는 대규모 에너지업체다. _옮긴이

현재 유럽의 고위 관료들은 기후변화 정책으로부터 에너지 정책이 새롭게 해방되어야 한다고 열정적으로 이야기하고 있다. 신고유가와 관련된 경제 위기와 경쟁 심화는 기후변화 정책의 주도권을 다른 쟁점으로 돌려놓고 있다. 전문가와 정책 결정자들은 천연가스에 찬성하고 재생가능에너지에 반대하는 주장에 큰 거부감을 보이고 있다. 게다가 '천연가스로의 돌진(dash for gas)'이 점점 더 심화되면서 장기적인 측면에서의 에너지 안보 문제도 심각해지고 있다. 2012년 3월 발표된 영국의 예산안에는 셰틀랜드(Shetland)에서 생산되는 비전통적인 석유와 천연가스에 대한 대규모 세금 우대 조치가 포함되었다.

정책 결정자들이 가장 우려하는 사항은 이제 분명하다. 즉, 막대한 양의 셰일가스가 공급되는 상황을 우려하고 있다. 이처럼 비전통적 화석연료는 에너지 수급의 상황을 완전히 뒤바꿔놓았다. 현재 천연가스 시장은 극도로 활기를 띠고 있다. 전문가들은 전통적 가스와 비전통적 가스를 합하더라도 지구상에는 300년의 공급량만 남았다는 의견을 제시하고 있다. 반면에 알제리 같은 국가는 자신들이 천연가스보다 셰일가스를 더 많이 보유하고 있다고 주장한다. 이러한 상황에서 정책적 우선순위는 천연가스 기반 시설과 이들이 결합된 단일의 시장을 구성해서 이를 석유 시장으로부터 독립시키는 것일 수도 있다.

미국의 에너지 자립은 EU에 큰 편익을 가져다주었다. 왜냐하면 북미의 에너지 수요가 줄어들면서 현재 대체 석유 공급이 세계적으로 늘어났기 때문이다. 비전통적인 천연가스의 공급으로 인해 미국이 에너지 자립을 추구하자 액화천연가스의 가격이 낮아지면서 유럽 구매자들의 관심이 높아졌다. 우려의 목소리가 늘어나는 것과 달리, 미국은 여전히 국제 에너지 시장에 대한 감시 활동에 지속적으로 관여할 것이다. 왜냐하면 다양한 에너지원의 경쟁이 심화됨에 따라 에너지 시장의 새로운 균형은 독점적인 상태에서 시장 경쟁적인 상황으로 전환되어야 하기 때문이다. 그렇지만 전문가들은 일반적으로 EU가 미국보다 이러한 변화에 느리게 적응할 것으로 예상하고 있다. 실제로 북미에서 셰일가스의 생산으로 인해 천연가스의 가격이 하락했을 때에도 EU의 기업들은 가스프롬과의 장기 계약으로 인해 과도하게 비싼 가격을 지불해야만 했다.

지금은 정책적 관심이 비유럽 국가의 재생가능에너지 사업에서 EU의 에너지 믹스 가운데 셰일가스의 적정 비중에 관한 논쟁으로 이동하고 있다. 일부 전문가들은 폴란드가 보유한 셰일가스의 높은 잠재력이 나부코 사업 중단의 결정적인 요인이 될 것이라고 예측한다. 실제로 엑슨 모빌과 토탈이라는 석유기업은 대규모 투자를 통해 폴란드의 셰일가스를 탐사하기 위해 협력해오고 있다. 반면 EU의 회원국들은 환경문제로 인해 셰일가스의 탐사를 망설이는 상황이다. 예를 들면, 프랑스는 셰일가스의 개발을 가장 명확하게 금지한 나라다. 반면 영국은 이와 대조적으로 2011년 7월 셰일가스 시추에 대한 규제를 철폐하기로 결정했다.

이런 상황에서 비전통적인 석유는 기후변화에 재앙적인 영향을 미칠 수도 있다. 물론 비전통적인 천연가스의 경우 상대적으로 깨끗하기는 하지만, 궁극적으로는 화석연료에 대한 의존을 연장시키기 때문이다. 게다가 최근 천연가스의 과잉은 재생가능에너지를 확대하기 위한 동력을 약화시키고 있다. 한편으로는 안정적이고 진보적인 많은 국가에서 셰일가스가 발견되면서 에너지 안보에 대한 우려 역시 약화되는 듯하다. 일각에서는 셰일가스가 기후변화에 악영향을 끼치지 않는다고 주장한다. 심지어 전문가들도 기후변화의 해결책으로 천연가스를 사용하는 과도기적인 방안은 EU가 20/20/20 목표를 달성하기 위해 풍력이나 태양광발전소에 막대한 보조금을 지급하는 것보다 경제적인 대안일 수 있다고 예측한다. 게다가 더욱 친환경적인 시추 기법을 통해 셰일가스가 개발되고 있다고 생각하는 경향이 있다. 그렇지만 여기서 핵심은 화석연료의 이용과 환경문제 사이의 적정 균형이라는 매우 전통적인 쟁점으로 돌아갔다는 사실이다.

규제적 접근 방식: 기후변화 정책에 해로운가

유럽 에너지 거버넌스의 독특한 모델에 대해 언급하지 않은 채 EU의 국제 에너지 정책을 이해하는 것은 불가능한 일이다. EU는 국경을 초월해 자신들의 규칙과 규제를 확대 적용함으로써 각종 에너지 편익을 추구한다는 목표를 스스로 수립해오고 있다. EU는 자유 시장 자체보다도 이웃 국가에서의 제도적 예측 가능성을 추구하는 경향이 있다. EU 관계자들은 이러한 접근을 신자유주의가 아니라 규제에 대한 신뢰에 입각한 접근 방식으로 규정한다.

EU의 기본적인 철학은 정부 관계자가 다음과 같이 주장한 '유럽의 에너지 공간'이라는 개념으로 요약될 수 있다. 이는 EU 자체보다 더 넓기 때문에 카스피해와 사하라 사막까지 확장 가능한 개념이다. EU의 공식적인 에너지 규칙과 의무의 확대는 2006년의 '에너지 공동체 조약(Energy Community Treaty)'에 명시되어 있으며, 서부의 발칸반도, 우크라이나, 터키가 이 조약을 도입했다.[12] 이들 국가는 자국의 에너지 시장을 관리하는 데 EU의 합법적인 요구를 수용하겠다는 조약에 서명한 것이다. 예를 들면, 이 조약에 의거해 마케도니아는 EU의 에너지 시장에 부합하도록 조정한 법률을 2011년 2월에 도입할 정도였다. 이 법률은 마케도니아에 엄청난 영향을 미칠 것으로 예상된다. '아랍의 봄'에 대응해서 2011년 3월에 만든 EU의 정책 문건은 북아프리카도 유럽의 에너지 공동체에 참여할 수 있음을 암시하고 있다. 대다수의 유럽 회원국은 북아프리카와 코카서스로 에너지 공동체를 확장하는 것을 지지하는 상황이다.

이러한 규제적인 접근을 통해 기후변화를 대외 관계에 포함시키려는 노력도 분명히 존재한다. 유럽의 회원국과 EU의 집행위원회는 '재생가능에너지 지침(Renewable Energy Directive: RED)'을 에너지 공동체에 적용하는 방안을 전폭적으로 지지하고 있다. 에너지 총국은 '재생가능에너지 지침'을 확대해야 하며 재생가능에너지 시장을 지역적인 차원에서 국제적인 차원으로 확장해야 한다고 주장한다(European Commission, 2011c: 12). EU의 에너지규제위원회(Council of European Energy Regulators)는 '재생가능에너지 지침'과 에너지 공동체의 통합을 기꺼이 받아들이는 입장이다. 이들은 공동체의 새로운 구성원들이 '재생가능에너지 지침'을 채택할 수 있도록 도와주기 위한 결연 사업과 역량 구축 사업을 EU가 지원할 필요가 있다고 주장할 정도다.

---

12 터키는 잠재적인 참여자일 수도 있다.

배출권 거래 지침(Emissions Trading Directive)도 '외부화'되고 있다. 이는 EU 비회원국에서 재생가능에너지를 개발하기 위해 노력하고 있는 유럽 기업들에 투자의 기회를 높여주기 위한 목적을 지니고 있다. 게다가 관련 규칙을 강화해야 한다는 주장도 제기된다. 구체적으로는 재생가능에너지 사업에 부정적인 영향을 미치는 제3국에 대한 처벌 관련 규정을 다루고 있다. 재생가능에너지 지침에 따르면 유럽 외부에서 재생가능에너지로 생산된 전기는 회원국의 재생가능에너지 목표를 충족시키는 수단으로도 활용될 수 있다. 1994년 체결되었으며 지리적·공간적 범위가 훨씬 더 넓은 에너지 헌장 조약은 자신의 규칙을 저탄소 에너지원에도 적용할 것을 제안하고 있다. 몇몇 회원국은 재생가능에너지를 포함할 수 있도록 에너지 헌장 조약을 대폭 확장하는 방안에 대해 찬성하는 입장이다. 몇몇 관계자는 기후변화 완화에 대한 협력을 장려하기 위해 중동과 북아프리카에 20/20/20 목표를 적용하는 방안까지 검토하고 있을 정도다.

그렇지만 상당히 많은 이들은 외향적이고 규제적인 EU의 거버넌스는 비유럽 국가에서 재생가능에너지를 우선적으로 개발하기에는 유연성이나 집중력이 부족하다며 우려하고 있다. 에너지 정책을 외교적인 관점에서 보면, 규제의 수출에 초점을 맞추는 EU의 성향으로 인해 EU가 부담스러운 행위자로 느껴질 수 있다. 게다가 기후변화와 관련된 핵심 요인을 외교 정책의 계획과 이니셔티브에 포함시키기 어려워진다는 문제도 발생할 가능성이 있다. 일부 정책 결정자들은 화석 연료와 달리 재생가능에너지에 대해서는 다양한 규제 방식이라는 상이한 접근법을 채택해야 한다고 생각하고 있다. 이들은 EU가 석유 및 천연가스 부분을 지배했던 기본적인 규제 모델을 재생가능에너지 영역에도 그대로 적용하려 한다며 걱정하고 있다. 왜냐하면 재생가능에너지는 석유 및 천연가스와 전혀 다른 역학관계를 지니고 있는데도 EU가 이를 전혀 눈치채지 못하고 있기 때문이다.

'에너지 2020 전략'을 구체화하기 이전에 광범위한 공적 협의가 진행되었다. 그러나 이 협의에서는 오히려 1차적으로 수출 규제에 기반을 둔 EU의 전통적인 접근 방식에 대한 의심이 증가했다. 이 협의에서 회원국의 정부와 기업들은 EU 비회원국과의 에너지 관계에 대해 더욱 직접적인 접근법을 제안했으며, 여기에는 재생가능전력의 송배전망 연계가 포함되어 있었다. 프랑스정부는 지중해에서는 규제 수출보다 기반 시설의 연계에 더욱 주목해야 한다고 주장했다. 왜냐하면 지중해 국가를 유럽의 에너지 시장으로 통합시키기 위해서는 기반 시설을 연계하는 것이 더욱 실용적이고도 절실했기 때문이다. 물론 EU는 아랍 국가들이 자신의 투자자를 보호하도록 압력을 행사하는 데 최우선적인 관심을 갖고 있었으며, 특히 재생가능에너지 분야에 대해서는 더욱 그러했다. 다른 회원국들도 비슷한 생각을 갖고 있었다. 즉, 지나치게 복잡한 일련의 기술적·규제적 기준을 강요하는 것이 유럽 외부와의 에너지 협력을 지체시키는 장애 요인이라는 공통된 인식이 형성되고 있었다.

결론

지난 20년간 EU는 국제 에너지 정책에 대한 야망을 길러왔으며, 수많은 신규 공약이 야심차게 도입되었다. 현재 EU는 이러한 약속을 이행하기 위한 다양하고 포괄적인 정책 수단을 보유하고 있다. 기후변화와 관련해서 마주했던 2009년 코펜하겐 협정의 불운한 망령은 사라진 상태다. EU가 대외적인 영역 전반에서 기후변화 외교를 주류에 편입시키기 위해 부단히 노력한 것은 인정받을 만하다. 에너지 안보와 관련해서 견지한 약간의 지정학적인 관점은 EU 외교 정책의 우위를 견고하게 만들어주었다. 이로 인해 외적인 통합이 강화되기는 했다. 즉, EU가 합의된 공통의 대외 에너지 정책을 갖고 있지 않다는 오래된 조롱은 이제 더 이상 EU에 해당되지 않는다.

그렇지만 특이하게도 EU의 대외 전략이 가속화됨에 따라 EU의 기후변화 정책과 에너지 정책에 새로운 불확실성이 서서히 높아졌다. 일부 국가의 기후변화 목표는 더 이상 개선되지 않고 있다. 그렇지만 정작 유럽 기후변화 목표의 대외적 영향은 분명히 확산되는 중이다. 전략적인 자기반성과 뒤섞인 위기는 대외 목표의 타당성을 악화시키고 있으며, 그 영향은 '재생가능에너지 국제 파트너십'

이나 기후기금과 같은 정책 영역에서 분명하게 나타나고 있다. 반대로 대외적 차원에서 EU가 펼친 전통적인 에너지 안보에 대한 정책 공약은 지난 20년 동안 국제적인 기후변화 정책보다 훨씬 더 발전해왔다. 비전통적인 화석연료의 출현이 이러한 경향을 더욱더 강화시키는 듯하다.

이러한 시나리오들은 EU가 현재 고심하고 있는 어려운 정책적 과제들을 정확히 보여준다. 그렇다면 EU는 현재 어떤 종류의 에너지 행위자이며 어떤 종류의 에너지 행위자를 추구해야 하는가에 관한 질문이 개념적인 측면에서 제기된다. EU는 국제 에너지 정치에서 자신들의 정체성을 규정하는 두 가지 핵심 기조를 주장해왔다. 하나는 현실 정치에서 어려운 안보 대신 기후변화 외교를 우선적으로 고려한다는 점이다. 다른 하나는 자신의 공약과 규제를 국제적인 태도와 입장을 정립하는 최적의 기준으로 활용한다는 점이다. 이러한 원칙은 여전히 적용되고 있기는 하지만, 좀 더 불분명해진 상황이다. EU가 기후변화와 에너지 문제에 대한 접근 방식에서 보이는 어느 정도의 유연성은 분명히 칭찬받을 만하다. 그렇지만 현재 유럽의 전략이 단기적·임시적인 편의성에서 벗어나 현명한 재조정 과정을 보여주고 있는지를 판단하기에는 아직 이르다.

26

미국의
에너지 거버넌스

벤저민 소바쿨, 로만 시도르초프

서론

미국은 국제 에너지 분야에서 특별한 위치를 차지하고 있다. 예를 들면, 미국은 석탄을 제외한 모든 부문에서 가장 큰 에너지 소비국이다(US EIA, 2012). 게다가 사람들은 미국을 에너지 '구역'을 거의 점령하다시피 순찰하는 세계의 경찰로 간주하는 경향이 있다. 그렇지만 이러한 주장은 페르시아 국가의 석유와 관련해서는 해당되지 않기 때문에 이를 전체적으로 일반화시키는 것은 부적절할 수 있다. 국제적인 쟁점에 대한 미국의 관점은 국내외적인 요인들로부터 영향을 받는다. 이는 에너지 정책의 복잡성, 에너지 거버넌스, 국내외 사건 사이의 인과관계와 관련해서 '닭이 먼저냐, 알이 먼저냐'라는 논쟁으로 치달을 수 있다. 그렇지만 논쟁의 결과와 관계없이 에너지 거버넌스는 국제 에너지 정책에 대한 미국의 전망에 중요한 역할을 한다. 따라서 이 장에서는 오랜 역사와 지금의 현실을 기반으로 해서 미국의 에너지 거버넌스 및 의사 결정에 대해 살펴보려 한다.

미국의 에너지 정책 결정자들은 지난 20세기에 수많은 법령과 규정을 만들어 냈다. 20세기 전반에 연방정부는 수력발전, 철도, 석탄, 유전, 가스전 및 광물 자원의 개발을 통해 경제성장을 촉진시키고 기술을 발전시키기 위해 대규모 보조금 지급과 토지의 무상 불하를 단행했다(Gulliver and Zillman, 2006). 그렇지만 20세기 후반에는 '원자력 시대'의 도래와 1970년대 석유파동을 겪으면서 에너지 생산을 다각화하기 위한 노력을 진행했다(Sovacool, 2011). 또한 닉슨 대통령 이후 미국 정부는 수입 석유에 대한 의존도를 줄이는 방향으로 정책을 추진해오고 있다.

그렇지만 이 과정에서 다음과 같은 두 가지 논리적인 모순이 발생했다. 첫째, 미국이 지금까지 추진해온 이런 에너지 정책이 얼마나 효과적이었던가에 대한 의문이 제기되고 있다. 둘째, 제도적인 측면에서 미국의 에너지 정책이 결정되는 과정에서 전제가 된 핵심적인 가정이 무엇이었는지에 관한 의혹도 제기되고 있다. 이 장에서는 미국이 지난 40년 동안 에너지 정책에서 큰 변화를 겪어왔음을 보여주려 한다. 1970년대 카터 행정부는 1930년대 이후 에너지 기업에 대한 지나친 규제라는 고전적인 모델에 변화를 가져왔다. 결과적으로 연방정부와 주정부는 독점을 약화시키는 동시에 전력 시장을 통제할 수 있게 되었다. 게다가 1971년 3월 이후 석유 수입국으로 전락했을 때에도 미국 정부는 자국 내 생산량을 줄이려 하지 않았다(Yergin, 1991: 544). 1980년대와 1990년대에는 소매 전력과 관련된 경쟁 시장을 도입하기 위해 구조조정이 시작되면서 많은 변화가 나타났다. 그리고 정부는 석유를 대체하는 수송 연료에 대해 보조금을 지급하기 시작했다. 이러한 변화는 다양한 에너지 기술과 솔루션을 지원하기 위해 '앞서 언급한 모든 전략'을 채택하는 방식, 즉 포트폴리오적인 접근 방식을 통해 2000년대까지 계속되었다. 다음 2개 절에서는 에너지 거버넌스 지침에서의 변화가 이러한 전환을 촉진시켰다는 사실뿐만 아니라 에너지가 이제 복잡하고 분쟁적인 거버넌스의 영역으로 자리 잡았다는 사실을 설명하려 한다.

7대 기본 원칙

1970년 이전까지만 해도 미국의 에너지 분야는 다음과 같은 일곱 가지 기본 원칙에 의거해 수립되었다. 첫째, 에너지는 정부가 지원하는 공공재다. 둘째, 저렴한 에너지에 대한 풍부한 공급을 보장해야 한다. 셋째, 중앙 집중적인 대규모 에너지 기술을 우선적으로 도입해야 한다. 넷째, 예상되는 수요 증가를 충족시키기 위해서는 공급을 늘려야 한다. 다섯째, 자원 부족의 문제는 기술 진보를 통해 해결해야 한다. 여섯째, 에너지 관련 정책을 결정하는 정부뿐만 아니라 전문 지식도 신뢰해야 한다. 일곱째, 정부는 경쟁적인 사유재산권과 공익 보호 사이에서 균형을 유지해야 한다.

공적 필수재인 에너지

독점권 보장, 공익사업권 부여, 보조금 지급을 통해 에너지가 '공적 필수재'라는 개념은 1970년대까지 전력 산업에 대한 정부의 막대한 지원으로 연결되었다. 그렇지만 이 같은 지원은 전력업계로 하여금 정부가 공적 필수재를 빠짐없이 충족시켜줄 것이라는 기대를 갖게 만들었다. 예를 들어, 전력공사는 역사적으로 서비스 지역 내의 모든 고객에게 '봉사해야 하는 의무'를 지니고 있었다. 따라서 관련 의무의 불이행에 대한 유일한 변명은 기술적으로 불가능하다는 것뿐이었다. 봉사 의무라는 측면에서 전력공사는 예측 가능한 수요 증가에 관계없이 관할 지역 내의 모든 소비자에게 '안전하고 적절한 서비스'를 제공하도록 압력을 받을 수밖에 없다. 따라서 전력공사는 서비스 등급 내의 모든 고객에게 동등한 조건으로 전기를 공급해야 하는 의무가 있었고, 해당 서비스에 대해 '공정하고 합리적인 요금'을 청구해야 했으며, 고객을 부당하게 차별해서는 안 되었다. 대신 봉사 의무에 대한 대가로 전력업체는 상당한 권한을 부여받았으며, 독점적으로 보장된 고객을 확보할 수 있었다. 한편으로 전력공사는 편리성 및 필요성을 근거로 다른 전력업체들과의 경쟁으로부터 보호받았으며, 독점적인 사업권과 보조금이 지급되었을 뿐만 아니라 공공재라는 인정도 받을 수 있었다. 또한 자사의 고객들에게 서비스를 제공하기 위한 자본 투자에 이익을 부가하는 방식으로 공정하고 합리적인 보상 체계의 혜택을 누릴 수 있었다. 많은 주에서 전력공사는 토지 수용권도 보유할 수 있었다. 따라서 이들은 토지 소유자에게 적절한 보상을 제공하기만 하면 충분한 전력 서비스를 제공하기 위해서라는, 즉 공적 이용이라는 명분으로 사유재산을 수용할 수 있었다.

경제성과 풍부한 자원

미국의 에너지 정책은 '풍부하고 저렴한 공급'이라는 전제하에 수립되었다. 미국 에너지 정책의 역사를 살펴보았을 때, 무엇보다도 중요한 핵심적인 원칙은 '저렴하고 신뢰할 수 있는 에너지를 충분히 공급하는 것'이다. 화석연료를 포함해서 풍요로운 미국의 천연자원은 빠른 성장을 통해 자본 집약적 경제 체제로 전환할 수 있었을 뿐만 아니라 광범위한 부를 축적할 수 있는 토대를 제공해주었다. 결과적으로 멜로시에 따르면, 미국인들은 자국 내 에너지의 풍부함과 해외 자원에 대한 접근성을 확보해야 한다고 생각하게 되었으며, 동시에 저렴한 에너지를 지속적으로 공급할 수 있어야 한다는 인식을 갖게 되었다(Melosi, 1985). 클라크는 미국의 에너지 소비와 정책에 대한 연구를 통해 멜로시와 비슷한 의견을 제시한 바 있다(Clark, 1990). 클라크는 에너지의 풍부함과 가격 정책이 미국인들의 에너지 소비 방식에 어떤 영향을 주었으며, 기업과 시장이 기술을 어떻게 발전시키고 정부가 정책을 어떻게 형성하고 실행해왔는가를 정리했다. 즉, 미국 에너지 정책의 확고부동한 비전은 자원을 최대한으로 개발해서 급속도로 늘어나는 소비를 충족시키기 위해 전기를 가장 저렴한 가격으로 공급한다는 것이었다. 이러한 정책 기조는 미국에서 석유 탐사와 채굴이 진행되었던 초창기에 더욱더 두드러졌다. 지층 구조에 대한 충분한 검토 없이 새로운 에너지 제품을 생산하려는 열풍은 펜실베이니아에서 캘리포니아에 이르기까지 지역 공동체를 파괴했을 뿐만 아니라 엄청난 경제적 손실의 초래로까지 이어지고 말았다. 그렇지만 단기적으로 '일시적인 호경기'로 인해 배럴당 10센트라는 저렴한 석유를 막대하게 생산함으로써 미국은 특유의 관련 법률 규정들을 수립하기 시작했다(Bosselman et al., 2006). 이러한 패러다임을 반영하듯 미국 사회에서 저렴하고 풍부한 에너지는 환경보호나 에너지 효율 개선, 사회 복지보다도 훨씬 더 높은 정치적 지지를 얻었다(Freeman, 1973).

중앙 집중적 접근 방식

여러 가지 사회·정치·기술적 요인은 에너지, 특히 전기와 관련해서 대규모의 중앙 집중적인 접근 방식의 출현을 초래했다. 중앙 집중화의 첫 단계는 지역적인 전력 부족 사태를 방지하기 위해 송전망을 연결하기 시작했던 제1차 세계대전 기간에 진행되었다. 이러한 추세는 대공황 시기에도 계속되었으며, 고압 송전선은 전력을 저렴하게 제공하기 위한 핵심적인 요소로 간주되었다. 이처럼 저렴한 전력은 고착화된 경제구조하에서 국가의 경제성장을 견인하는 새로운 수단으로 간주되었다. 결과적으로 대규모 에너지 시스템을 갖춘 중앙 집중적인 접근 방식은 1970년대까지만 해도 순조롭게 작동하는 것처럼 보였다. 규모의 경제를 적용한 교과서 같은 사례인 대형 발전소의 설비 용량은 1930년부터 1970년대 사이에 6.5년마다 2배로 늘어났을 정도다. 동시에 전력의 평균 명목 가격은 1kWh당 1달러에서 7센트로 낮아졌다(〈그림 26.1〉 참조). 이 같은 중앙 집중적 접근 방식의 성공은 전제가 되었던 수많은 잠재적인 확신과 관련이 있다. 예를 들면, 에너지 계획의 담당자들은 전력 공급의 시스템이 소수의 대형 발전소를 보유하기 위해서 송전망을 제대로 구축해야 한다는 신념을 갖고 있었다. 즉, 이 같은 구조하에서 송전망은 대규모의 단일화된 시스템으로 조성되어야만 했다(Hirsh, 1989).

수요를 충족시키기 위한 공급 확대

특히 전력 부문에서 정책 결정자는 미래의 수요를 예측한 뒤 이를 충당하기 위한 공급 시스템을 구축하기 위해 노력했다. 이러한 접근 방식에는 다음과 같은 세 가지 전제 조건이 필요하다. 첫째, 시장은 수요와 공급을 결정하는 가장 효과

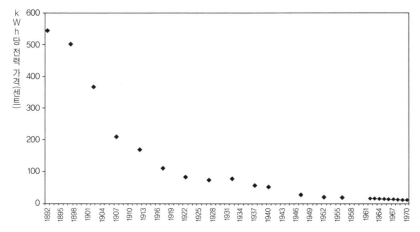

자료: Hirsh, 1989.

적인 공간이다. 즉, 정부 관료주의가 아닌 자유 시장이 에너지의 생산과 소비를 결정해야만 한다. 둘째, 소비자는 자신의 에너지 욕구를 가장 잘 알고 있으며, 개별적인 수요는 시장에서의 교환을 통해 가장 잘 확인될 수 있다. 셋째, 에너지 관련 질적 다양성은 전혀 문제가 되지 않는다. 즉, 소비자의 수요를 충족시키는 것만 중요할 뿐이지, 에너지 종류, 질, 규모는 전혀 중요하지 않다. 심지어 발전소와 소비자의 지리적 문제도 고려할 필요가 없다. 그렇지만 전력 규제는 석유와 가스 산업이 가지고 있는 '호황과 불황'이라는 악순환적인 개발 방식으로부터 전혀 교훈을 얻지 못하고 있다. 그로 인해 자유 시장이라는 '마법적인 힘'에 지나치게 의존한 나머지, 예비 발전 용량의 과잉을 초래하고 말았다. 결과적으로는 다시금 경제적 비효율성으로 이어졌다. 즉, 시장 형성 이전의 수요 비례 할당기에 '석유·천연가스의 과소비'와 유사한 비효율이 전력 시장에서도 발생하고 말았다 (Bosselman et al., 2006). 오늘날에도 일부 에너지 정책 결정자들은 여전히 '수요 추종의 원칙'을 고수하고 있다. 예를 들어, 셸 석유회사의 사장인 존 호프마이스터(John Hofmeister)는 최근에 이러한 원칙을 "수요를 충족시키기 위해 더 많은 화석연료를 끊임없이 확보하는 것이 내 임무"라고 명확하게 요약하기도 했다.

기술 낙관론

역사적으로 미국인들은 과학기술과 관련해서 프로메테우스적인 관점을 수용할 뿐만 아니라 환경문제보다는 개인의 요구를 더 중요하게 생각하는 경향이 있었다. 지난 200여 년 동안 저렴한 에너지와 풍부한 천연자원을 토대로 정책 결정자와 일반 시민들은 환경오염을 일으키지 않는다는 표면적 믿음과 더불어서 자연을 마음껏 정복할 권리를 지니고 있다는 신념을 보유할 수 있었다. 결과적으로 산업화가 가속화되었으며, 그로 인해 미국인들은 경제성장과 에너지 소비 증가를 동일하게 간주하는 세계관을 형성하게 되었다. 이러한 세계관에 따르면, 미국인들은 원하는 만큼의 에너지를 충분히 소비할 권리가 있으며, 국가는 에너지 소비로 인한 자원 부족 문제를 겪더라도 지속적인 기술 개발을 통해 이를 극복해나가야 한다는 인식을 갖게 되었다. 역사적인 측면에서 이러한 세계관은 뉴잉글랜드 청교도의 신념과도 연결될 수 있다. 광활한 자연환경을 발견한 '신세계(New World)'의 초기 정착민들은 자연을 지배하고 정복해야 할 대상으로 간주하는 경향이 있었다. 이로 인해 미국 정부는 개척자 정신에 기반을 둔 미국인의 독창성은 과학기술의 위대한 힘의 도움을 받아 모든 문제를 해결할 수 있다는 신념을 갖게 되었다(Sovacool, 2009b; Smith, 2009; Winner, 1982).

정책 결정자인 정부에 대한 신뢰

이 원칙은 과학기술 전문가, 규제 담당자, 소비자의 역할과 관련된 가정이다. 에너지 분야의 기술적 복잡성을 감안할 때 미국인들은 전반적으로 전문가들이 에너지와 관련된 최적의 결정을 내릴 수 있다고 생각했었다. 정부 담당자도 전문가들이 적절한 기술을 선택해서 결정할 수 있도록 믿고 맡기는 경향이 있었다. 이처럼 에너지 전문가와 규제 담당자는 관련 정책을 결정하는 데 적극적인 역할을 담당할 수 있었다. 반면 소비자는 수동적인 역할에 머무를 수밖에 없었다. 즉, 이들은 에너지를 생산하거나 선택하는 것이 아니라 단지 소비하는 역할만 담당하는 피동적인 존재였다. 이처럼 에너지 분야에 대한 대중적 관심·참여·개입의 부족으로 인해 에너지 기업과 정부 관료들은 경제성장을 지속하는 동시에 풍부한 에너지를 저렴한 비용으로 공급하면서도 안정적인 수익을 거둬들이는 구태의연한 시스템을 유지해올 수 있었다.

사유 재산권을 초월하는 공익

에너지 수요와 공급 간의 완벽한 균형을 만들어내는 자유 시장에 지나치게 의존하면서도 미국의 정책 결정자들은 개인의 권리와 공익 사이에 갈등이 발생할 경우 명백히 후자를 선택하는 경우가 대부분이었다. 이러한 에너지 거버넌스 원칙의 중요성을 인식하기 위해서는 미국의 강력한 사유 재산권 보호에 주목할 필요가 있다. 예를 들면, 대부분의 국가와 달리 미국은 광물자원에 대한 사적 소유권을 인정해주는 특성이 있다. 또한 광물자원에 대한 소유권은 토지의 소유권에 선행하는 경우가 일반적이다. 이는 지상권자가 반대하더라도 광물자원의 소유자가 석유 및 천연가스를 생산하기 위해 자신의 재산권을 행사할 수 있다는 의미다. 따라서 광물의 소유자는 부동산 소유자의 요구를 적절히 들어주고 재산상의 손실에 대해 합리적인 수준으로 보상해주기만 한다면 마음대로 자원을 개발할 수 있다(Bosselman et al., 2006).

물론 무소불위의 광물권 소유자도 표면적으로는 공익을 침해하지 않았다. 미국에서 공익은 상당한 수준으로 보호될 수 있었다. 예를 들면, 매장된 석유와 가스에 대한 최적의 사용을 보장하기 위한 최대 효율 규제에서부터 1900년대 텍사스 스핀들톱(Spindletop)의 사례처럼 도시 미관을 보호하기 위한 토지 이용 제한과 지역지구제에 이르기까지 다양한 방식으로 규제가 이뤄졌다(Laitos and Carr, 1998).

7대 원칙의 변화

현재 미국의 에너지 거버넌스 구조는 앞에서 언급한 7대 원칙을 더 이상 지탱할 수 없게 되었다. 지난 30년 동안 이 원칙들은 다음과 같은 문제에 직면할 수밖에 없었다. 첫째, 에너지는 더 이상 공적 필수재로 인식되지 않았으며, 대신 네 가지 다른 차원에서 자원으로 바라보게 되었다. 둘째, 환경문제를 고려해서 사회적 비용을 부과하려는 정책은 저렴한 에너지를 풍부하게 사용할 수 있다는 토대를 약화시켰다. 셋째, 소규모의 분산화된 기술은 규모의 경제에 기반을 둔 중앙 집중적인 대규모 전력 체계에 대해 점차 경제성을 확보했다. 넷째, 에너지 효율 개선·절약·수요 관리 정책의 산물인 '네가와트(Negawatt)[1]'는 공급 계획이 기준인 에너지 수요 증가의 중요성과 전제를 약화시켰다. 다섯째, 에너지의 생산과 사용으로 인한 환경적·건강적 피해가 늘어나면서 과학기술의 진보에 대한 신뢰가 무너졌다. 여섯째, 주택 소유자, 지역 활동가, 사업가들이 정책 결정 과정에 더욱 적극적으로 참여하기 시작했다. 일곱째, 중앙 집중적인 대규모 전력 시스템, 경제 침체, 정책 결정자의 몇몇 오류는 공익에 기반을 둔 에너지 정책에 대한 반발이 늘어나는 계기가 되었다.

다양한 요소로 구성된 에너지

에너지는 더 이상 공적 필수재로만 간주되지 않는다. 몇몇 선행 연구는 공적 필수재라는 획일적인 관점에 도전하고 있다. 즉, 이들 연구는 정책 분석가, 규제 담당자, 소비자가 지니고 있는 다섯 가지 이상의 편향적이고도 자기 모순적인 관점을 제시하고 있다. 예를 들어, 스턴과 애런슨은 에너지 사용자의 경우 공적 필수재로 간주하지 않는다고 주장한다(Stern and Aronson, 1984). 사실 이들은 다

1　에너지 단위인 'watt'와 에너지 절약을 뜻하는 'negative'가 결합된 말이다. 백열구를 고효율의 LED로 교체하기, 자전거 및 대중교통 이용하기, 가전제품의 대기 전력 줄이기 등 에너지 절약 실천을 포괄하는 개념이다. _옮긴이

섯 가지의 상이한 에너지 소비 유형을 발견해냈다. 먼저 '투자자'는 금융과 관련해서 의사 결정에 신중한 유형이기 때문에 에너지를 비용으로 간주할 뿐만 아니라 내구연한에 따른 투자비용 회수의 수단으로 에너지 기술을 인식하는 경향이 있었다. 한편 '소비자'는 생활 방식을 영위하는 데 필요한 소비재로 집, 전자제품, 자동차를 염두에 두고 있었다. '순응자'는 특정한 사회적 집단에 가입하거나 지위를 얻기 위한 수단으로 에너지 기술을 선택하는 반면, '활동가'는 윤리적인 관점에서 에너지 자립과 환경 보존에 대한 책무를 고려해 에너지를 사용하는 경향이 있었다. 끝으로 '회피자'는 에너지가 현재 생존에 필수불가결한 자원이기는 하지만 미래에는 골칫거리일 수 있다고 생각하는 경향이 있었다. 즉, 과학기술이 붕괴되고 에너지 서비스를 이용할 수 없게 되기 전까지는 문제를 덮어두려는 유형이라고 할 수 있다.

스턴과 애런슨의 연구는 1980년대 전력연구소(Electric Power Research Institute)에서 실시된 소비자 행태에 관한 일련의 작업들을 통해 보완되었다(Lutzenhiser, 1993). 이 연구는 에너지 소비자를 다음 여섯 가지 유형으로 구분했다. 즉, 스포츠카나 온탕 수영장을 통해 에너지 소비의 즐거움을 추구하는 '쾌락주의자', 사회적 지위를 과시하기 위해 에너지 다소비형 자동차와 주택에 매료된 외형 중심의 '순응주의자', 부족한 상황에서만 에너지를 인식하는 단순한 현실주의자 또는 '회피자', 에너지 소비의 결과와 가격에 대해 생각하지 않는 '무관심한 소비자', 태양광·풍력 같은 재생가능에너지에 의존함으로써 에너지를 자급하려는 '비순응주의자', 에너지 소비를 최대한 줄임으로써 환경을 보호하려는 '절약주의자'다.

이처럼 에너지와 관련된 다양한 인식 유형은 1970~1980년대에만 해당되는 것이 아니라 미국인에 대한 최근 조사에서도 다시금 확인되고 있다(Tonn et al., 2009). 이전의 선행 연구와 마찬가지로 이 연구는 일곱 가지의 다른 관점을 발견해냈다. '미국 제일주의자'는 에너지 독립적인 국가를 만드는 것을 목표로 에너지 정책을 수립해야 한다는 입장이었다. 반면 '현실주의자'는 가장 저렴한 에너지를 선호했다. '기업가'는 기술혁신과 발전을 통해 문제를 해결하려는 창의성을 지녔다. '환경운동가'는 오염을 최소화하기 위해 노력할 뿐만 아니라 온실가스 감축 및 기후변화 적응이라는 측면에서 에너지 문제를 인식했다. 반면 '개인주의자'는 높은 수준의 생활과 소비를 원했다. '정치인'은 가능한 많은 이해관계 집단을 포용할 수 있는 에너지 시스템을 선호했다. '기술 낙관론자'는 에너지 문제에 공학적 해결 방안을 주로 추구하는 유형이었다.

생산, 수송, 전달, 유통의 제약

저렴한 비용과 풍부한 에너지 공급을 위한 과거의 원칙은 에너지의 생산 및 이동으로 인한 환경적·사회적 외부 비용을 포함해야 한다는 강력한 요구로 인해 도전을 받고 있다. 심지어는 지금의 저렴한 가격을 올려야 할 정도다. 사실 에너지와 관련된 많은 비용이 가격에 반영되지 않고 있으며, 그로 인해 소비자가 비용을 전혀 부담하지 않는 상황이다. 대신 이러한 비용은 정부의 일반 예산이나 미래 세대에 전가되는 방식으로 '외부화'되고 있다. 예를 들어, 석탄 화력발전소 지지자들은 저렴한 전력 생산을 지지한다. 그렇지만 이러한 전력 비용에는 석탄의 미세먼지로 인해 매년 수천 명이 죽고 다치는 광부들의 의료비와 소득 손실이 포함되지 않는다. 진폐증으로 인한 의료 비용은 350억 달러를 넘는 것으로 추정된다. 반면에 석탄화력발전의 지지자들은 기후변화를 일으키는 온실가스, 산성비, 스모그의 경제적 비용에 대해서는 전혀 언급하지 않는다. 이런 외부 비용들이 가격에 반영된다면 석탄 비용은 즉시 2배로 늘어날 것이다. 세계적인 사망·부상의 원인 가운데 3위인 자동차와 휘발유의 경우에도 교통사고로 인한 매년 120만 명의 사망자와 2500만~5000만 명의 부상자가 포함되지 않기 때문에 가격이 저렴하다. 게다가 자동차는 대기오염 물질을 배출할 뿐만 아니라 산성비, 오존층 파괴와 기후변화에도 영향을 끼치고 있다.

이러한 피해 비용을 계산하기 위해 많은 경제학자들, 심지어 정책 결정자들까지도 객관적인 회계 체계 내에서 에너지의 가격을 높여야 한다고 주장하고 있다. 그리고 에너지 소비와 관련해서 왜곡되지 않은 가격 신호를 반영할 수 있도록 보장하라고 정부에 요청하고 있다. 이러한 '외부 효과의 내부화'는 여러 가지 방법으로 실현될 수 있으며, 지난 10년 동안 각종 환경단체가 수많은 제안을 했었다. 그렇지만 이러한 외부 효과 비용의 추정 방법 및 내부화의 정책 수단에 대한 심도 깊은 토론은 거의 이뤄지지 않고 있다. 예를 들면, 기후변화 완화 또는 적응 정책에 주로 초점을 맞춰야 하는지 아니면 피해 비용이나 회피 비용의 정확한 산정에 주목해야 하는지, 탄소세나 배출권거래제 중에서 어떤 정책이 더 효과적인지, 정책 결정자는 발전차액지원제와 의무할당제 중에서 어떤 선택을 해야 하는지에 대한 논의를 진행해야 할 것이다. 특히 이런 논의들은 이해당사자를 중심으로 유권자들을 다시 결집시키는 정책 패키지의 구성이라는 정치적 과정과도 관련이 있다. 결과적으로 이러한 분열은 현재 상태를 지속하려는 기득권 세력과의 논쟁뿐만 아니라 외부비용의 내부화를 지지하는 사람들 사이의 논쟁마저 비효율적이라는 사실을 보여주고 있다.

그렇지만 풍부하고 저렴한 에너지를 지향하는 전통적인 사고방식은 아직까지도 열렬한 지지 기반을 구축하고 있다. 미국 서부의 수자원을 둘러싼 경쟁이 대표적인 사례다. 전력업체들은 희소성 천연자원을 놓고 다른 산업체와 경쟁해야 한다. 결과적으로 미국 서부의 전력업체들은 더 이상 수자원을 발전용으로 사용하지 못하고 있다. 줄어드는 천연자원 및 토지 이용과 관련된 경쟁은 에너지의 수송·유통·전달 과정에도 영향을 미치고 있다. 고압 송전선 부지에 대한 주택 소유자의 법적 소송부터 농부들의 석유·천연가스 파이프라인 건설 반대에 이르기까지, 저렴하고 풍부한 에너지를 추구하는 과정에서 일으킨 각종 문제들은 더 이상 미국인들이 무시할 수 없을 정도로 심각한 지경에 이르렀다. 한정적인 천연자원과 토지뿐만 아니라 늘어나는 인구를 감안할 때 이런 문제는 앞으로 더욱 심각해질 수밖에 없을 것이다. 따라서 미국은 이러한 시대적 추세를 반영해서 에너지 거버넌스의 원칙들을 변경해나가야 할 것이다.

탈집중화

에너지 공급과 관련된 중앙 집중적인 대규모 모델의 추세는 이미 1960년대 후반과 1970년대 초반에 상당한 반대에 직면해야 했다. 1960년대 화력발전의 효율은 아무런 개선 없이 답보 상태를 유지했으며, 발전소의 설비 규모는 1300MW를 정점으로 오히려 줄어들기 시작했다. 허시는 정보 처리, 재료 과학, 공장 설계와 관련해서 대규모 설비들이 직면하게 된 이런 문제를 '기술적 정체'라고 이름 붙였다(Hirsh, 1989).

널리 찬사 받는 물리학자인 애모리 로빈스(Amory Lovins)는 1976년과 1979년에 발간된 연구를 통해 중앙 집중화된 대규모 생산이 바람직하다고 주장하는 이들을 체계적으로 비판했다. 그는 중앙 집중화된 대규모의 에너지 생산 체계를 '경성 경로(hard path)'로 분류한 뒤 이런 접근 방식이 지니고 있는 심각한 문제점들을 밝혀냈다. 구체적으로는 대형 에너지 시스템이 대규모로 만들어질 수 없다는 주장을 뒷받침하는 네 가지 근거를 다음과 같이 제시했다. 첫째, 중앙 집중화는 값비싼 송전망과 유통망을 요구할 수밖에 없다. 둘째, 중앙 집중화는 과잉으로 생산된 열을 재활용하지 못하기 때문에 비효율적일 수밖에 없다. 셋째, 중앙 집중화는 신뢰성과 안정성이 떨어지기 때문에 결과적으로는 값비싼 예비설비를 별도로 마련해야만 한다. 넷째, 중앙 집중화된 시스템을 구축하는 데 많은 시간이 소요되기 때문에 비용이 증가할 뿐만 아니라 잘못된 수요 예측과 노조의 임금 인상 압력에 취약할 수밖에 없다. 이러한 단점을 해결하기 위해 로빈스는 에너지 관련 '연성 경로(soft path)'를 다음과 같이 구체적으로 제안하고 있다. 첫째, 적은 양의 분산된 에너지원으로 공급하는 다양성을 추구해야 한다. 둘째, 가까운 미래에 고갈될 화석연료를 대체할 수 있는 재생가능에너지로 전환해야 한다. 셋째, 단순하고 상대적으로 이해하기 쉬운 에너지 시스템을 구축해야 한다. 넷째, 에너지 수요의 규모에 상응하는 모듈식 생산 방식을 추구해야 한다. 다섯째, 최종 에너지 사용자의 필요에 부합하는 정성적인 에너지 품질을 고려해야 한다.

수요 관리 및 행태 개선

1970년대의 석유파동으로 인해 에너지 공급의 신뢰성과 가용성을 확보하기 위한 공공과 민간의 캠페인이 전면적으로 진행되면서 효율 개선, 절약, 수요 관리를 추구하는 지지 세력이 형성되었다. 에너지 수요 관리와 관련해 새로운 관점을 취하는 지지자들은 원래 풀뿌리 운동의 일환으로 결집되었으며, 오늘날에는 미국에너지경제효율위원회(American Council for an Energy-Efficient Economy: ACEEE)나 에너지절약협회(Alliance to Save Energy) 같은 단체들을 지지할 뿐만 아니라 강력한 로비 활동에도 참여하고 있다. 이런 단체들은 '강력한 수치 자료(hard data)'[2]를 근거로 화석연료를 대체하고 에너지기술을 발전·개선시키는 방식의 효율화를 주장해오고 있다. 그리고 소비자의 행태 변화야말로 에너지 문제를 적은 비용으로 가장 신속하게 해결할 수 있는 친환경적인 대안임을 보여주고 있다. 1970년대의 높은 에너지 가격은 효율 개선 지지자들의 주장이 낙관적으로 실현 가능해 보이도록 만들어주었다. 이로 인해 개인은 주택의 단열을 강화했고, 연비가 좋은 자동차를 구매했으며, 에너지 낭비를 줄이는 온도 조절법을 배웠다. 기업은 에너지 관리 및 제어 시스템을 설치했으며, 상업용 건물의 에너지 사용량을 25% 절감하는 고효율 냉난방설비로 교체했다. 제조업체는 컨베이어, 압축기, 환풍기, 펌프의 모터를 고효율 장비로 교체하고 낡은 저효율 설비를 개선하는 방식으로 제조 공정의 효율을 전반적으로 높였다.

일부 전력회사는 생산 원가보다 낮은 비용으로 소비자들의 전기를 절약할 수 있다는 사실을 깨달았다. 이런 효율 개선을 통해 운영 비용을 절감하고 투자 부담을 줄이며 소비자들의 비용을 절약해 현금 흐름을 개선시켰다. 결과적으로 에너지 효율 개선을 채택해서 규제 수단을 마련했던 지방정부는 상당한 경제적 이득을 누렸다. 예를 들어, 버몬트는 1999년까지만 해도 7개의 북동부 지역 가운데 전기 요금이 두 번째로 높았다. 그렇지만 2005년 이후 버몬트 주정부가 '에너지 효율 개선 이니셔티브'를 주도한 결과, 전기 요금이 이들 지역에서 가장 낮아졌다(Sautter et al., 2008; 2009). 이러한 효율 개선 정책으로 국가적인 차원에서도

---

2   주로 논쟁의 여지가 없는 명백한 사실, 합리적으로 제시되는 수치 등으로, 일반적으로 쉽게 수집할 수 있으면서도 금전적 가치로 전환하기 쉬운 데이터를 말한다. _옮긴이

다른 어떤 기술보다 많은 에너지가 절약되었으며, 공급 비용보다 훨씬 적은 비용으로 수요가 줄어들었다(Sovacool, 2008b).

기술 비관론

오하이오 주의 오염된 쿠야호가(Cuyahoga) 강에 불이 난 사건,[3] 뉴욕 주 러브 커널(Love Canal) 인근 땅으로 유입된 독성 폐기물로 인해 토양이 오염된 사건,[4] 펜실베이니아 스리마일 섬에서 일어난 원전 사고[5]로 인해 정부와 일부 시민들은 새로운 기술에 대해 점차 의문을 갖게 되었다. 한편으로는 여러 과학자가 오염 물질을 흡수하는 생태계의 용량이 이미 한계에 도달했다고 경고하는 일도 늘어나기 시작했다. 이러한 기술 비관론은 인간이 자연에 절대적으로 의존할 수밖에 없다는 사실을 분명히 보여줄 뿐만 아니라 공기, 물, 토지의 오염이 틀림없이 인간의 건강과 생명을 위협할 수 있다는 사실과 관련이 있다. 그리고 이런 일들이 재발하지 않기 위해서 천연자원의 이용·개발에 한계를 설정해야 할 뿐만 아니라 미래 세대를 위해서 생물권을 보존해야 한다는 주장도 강화되었다(Sovacool, 2009b).

에너지 낙관론에 대한 신뢰를 약화시키는 가장 심각한 환경문제가 기후변화라는 데에는 의심의 여지가 없다. 왜냐하면 기후변화는 기술 낙관론자를 비관론자로 바꿀 만큼 강력하기 때문이다. 우리가 에너지를 생산하고 소비하는 지금의 생활양식을 그대로 유지한다는 전제하의 시나리오는 기후변화로 인해 지구적인 대재앙이 발생할 것임을 분명히 보여주고 있다. '기후변화에 관한 정부 간 협

---

3 1969년 오하이오 주의 쿠야호가 강이 각종 화학물질로 오염된 나머지 불이 붙은 사건을 말한다. _옮긴이
4 1978년 뉴욕 주의 나이아가라폴스의 러브 커널 부지에 후커 케미컬 사(현 옥시덴탈 석유)가 독성 화학물질을 매립하자 토양 오염으로 인한 각종 질병 때문에 환경 재난 지역으로 선포되면서 주민들이 집단적으로 이주했던 사건을 말한다. _옮긴이
5 1979년 펜실베이니아 주에 속한 스리마일 섬의 원자력발전소에서 노심이 파손된 사고를 말한다. 원전이 폭발할 위험 때문에 주민들이 대피하기도 했다. 이후 미국에서 신규 원전이 거의 건설되지 않았을 정도로 이 사건은 큰 충격을 주었다. _옮긴이

의체(IPCC, 2007)', UN(UNDP, 1997), 그리고 기타 기후학자들의 많은 연구는 지금의 온실가스 배출이 지구에 살고 있는 수많은 생물을 무덤으로 이끌 것이라는 결과를 보여주고 있다(Josberger et al., 2009; Lackner and Sachs, 2004; Rosenzweig et al., 2008). 게다가 기후변화는 수자원의 분포와 가용성에 심각한 변화를 가져와 수백만 명의 식수 부족이라는 결과를 초래할 것이다. 물론 생태계, 생물종, 서식지의 파괴도 계속될 것이며, 산호초의 백화 현상과 철새의 광범위한 멸종 또한 심화될 것이다. 회복력이 낮은 주변부 토양에서의 가뭄 증가로 인해 농작물의 성장기가 변하면서 농업과 어업의 생산성에 상당한 손실이 발생할 것이다. 한편으로는 홍수, 특히 해안 지역에서의 심각한 태풍으로 인한 피해는 전 세계적으로 확산되고 규모가 커질 것이다. 질병 매개체의 변화로 인한 사망, 특히 기온과 강수량 변화로 인한 질병이 증가할 것이다. 예상보다 더 심각한 상황이 진행될 경우 기후변화로 인한 피해는 연간 13조 달러 또는 전 세계 GDP의 20%를 초과할 수도 있을 것이다.

지역사회 통제

에너지 거버넌스를 더 이상 전문가와 기술 관료들에게 맡겨둘 수 없다. 이런 움직임은 기존 거버넌스의 참여자에게 국한되지 않고 국제사회, 국가, 지역뿐만 아니라 개인을 포함한 정책 결정자에게까지 확대되고 있다. 비정부기구와 시민들은 데이비드 오어(David Orr)의 '에너지론(energetics)'이 에너지 생산과 소비를 통해 개인과 지역사회에 더 많은 전력을 공급한다는 점에서 에너지 정책 결정 과정에 더욱 접근 가능하고 민주적이고 방식이라고 주장하고 있다. 예를 들면, 소바쿨은 상이한 에너지 시스템에 대한 수용성을 검토하는 연구를 여러 차례 수행한 바 있다(Sovacool, 2009b). 이런 연구를 통해 참여와 소유권이라는 개념이 에너지 프로젝트와 관련된 투자를 지탱하는 지역사회의 지원을 강화하는 역할을 담당한다는 사실을 발견해냈다. 즉, 에너지 기술 및 시스템이 사업의 인허가 및 부지 선정과 관련해서 공정한 입장을 취할 경우 해당 프로젝트에 대한 이해

관계자들의 투자를 활성화시키는 것으로 나타났다. 이처럼 새로운 '에너지 민주주의'는 소비자들로 하여금 에너지를 스스로 생산하거나 적어도 현재와 미래의 에너지와 관련된 의사 결정에 활발히 참여하도록 유도하기 때문에 결과적으로는 과거의 수동적인 소비자들이 적극적인 의사 결정자로 전환하는 방식으로 공적 역할의 변화가 일어난다. 몇몇 연구자는 에너지 관련 참여를 옹호하는 강력한 사례들을 근거로 제시하고 있으며, 구체적으로는 에너지 민주주의가 공익, 지식, 형평성을 확대할 뿐만 아니라 지역사회의 책임성을 전반적으로 강화한다는 긍정적인 측면을 보여주고 있다(Orr, 1979).

사적 권리의 부활

앞에서 논의된 도전적 과제들뿐만 아니라 정책 결정자들의 몇 가지 중요한 실수 또한 미국에서 에너지와 관련된 공익의 우위를 약화시키고 말았다. 에너지 관련 정책 결정자는 더 이상 '에너지가 공적 필수재'라는 장막 뒤에 숨어 지낼 수 없게 되었다. 따라서 개별 고객들은 고유의 수요와 다양한 유연성을 지닐 수 있었다. 일반적으로 병원과 일반 가정에서는 에너지 공급을 중단하기가 불가능하지만, 일부 제조업체의 공장은 에너지 공급을 중단할 수 있다. 결과적으로 후자인 제조업체는 유리한 요금을 요구하는 반면, 전자인 병원과 일반 가정은 '전력 피크 시 할증료'를 지불한다.

1978년의 '공공 규제정책법(Public Utility Regulatory Policy Act)'에 의거해서 '자격을 갖춘 시설'의 형태로 도입된 전력 공급의 분산화는 '공익'이라는 담론에 비판적이었다. 즉, 기존의 메가 프로젝트[6]는 고효율의 경제적인 소형 설비로 대체되기 시작했던 것이다. 위스콘신 주의 필립스 석유회사에 대한 대법원의 판결을

---

6   매우 큰 투자 사업을 말한다. 일반적으로 10억 달러 이상이 투자되어 사회, 환경, 예산에 큰 영향을 미치고 사람들의 관심을 끌 것으로 예상되는 사업으로 정의된다. 이러한 메가 프로젝트에는 교량, 터널, 고속도로, 철도, 공항, 항만, 발전소, 댐, 하수도, 경제특구, 석유·천연가스의 채굴, 공공 건축물, 정보 기술, 항공·우주 개발, 무기 개발이 포함된다. _옮긴이

통해서 재확인된 천연가스 생산에 대한 지나친 규제뿐만 아니라 반대로 천연가스 생산을 장려하려 했던 1978년 '천연가스정책법(Natural Gas Policy Act)'[7]의 서투른 시도 또한 천연가스 시장을 엉뚱한 방향으로 진행시켰다(Bosselman et al., 2006).[8]

에너지 거버넌스의 원칙은 공익의 증진에서 출발했지만, 결과는 사익과 혼재된 형태로 나타났다. 예를 들면, 긍정적인 측면에서 봤을 때 자발적인 성숙기에는 경제적인 효율성을 높이며 시장에 진입할 수 있었지만, 반면에 2001년 캘리포니아의 에너지 위기[9]는 공익과 사익의 균형이 붕괴된 부정적인 측면을 보여주었다. 이는 자유 시장에 대한 지나친 의존이 좋지 않은 결과로 이어질 수 있음을 보여준 사례라고 할 수 있다(Bosselman et al., 2006).

오늘날 거버넌스의 과제

미국 에너지 거버넌스의 구조 및 특성과 관련된 원칙들의 이러한 변화는 수직·수평적 분할뿐만 아니라 복잡성과 모순성과 관련된 잠재적인 문제들도 폭증시키는 결과를 가져왔다.

---

7   1978년 '천연가스정책법'이 통과되면서 천연가스 시장은 종전의 연방 및 주정부 감독하의 독과점식 생산·판매 구조에서 점차 완전 시장 경쟁 구조로 변해가는 구조 개혁을 경험했다. _옮긴이

8   당시 대법원은 '천연가스 회사의 착취'에 대한 소비자의 권리를 보호했을 뿐만 아니라 공익이라는 관점에서 주정부 사이의 천연가스 판매 요금을 규제하도록 허용해주었다. 그렇지만 이처럼 지나친 규제는 지역 내부와 외부의 천연가스 시장을 분할함으로써 천연가스를 생산하지 않는 주에서 천연가스 가격이 폭등하는 결과를 가져왔다.

9   캘리포니아공공정책연구소(Public Policy Institute of California)는 2001년의 전력 위기로 인한 피해 비용이 450억 달러에 달한다는 보고서를 발표한 바 있다. 당시 잘못된 규제의 유도로 인해 발생한 캘리포니아의 에너지 위기는 발전 설비 부족, 불완전한 시장 설계, 일부 회사의 전력 시장 지배 등을 야기해서 도매 전력 가격을 상승시켰다. 이와 관련해서 캘리포니아의 공익사업위원회(Public Utilities Commission)는 규제 완화가 '캘리포니아 역사상 가장 값비싼 정책 실패의 사례'였을 뿐만 아니라 시장의 조정 능력에 대한 맹신이 시민들에게 재난을 안겨주었다고 진단했다. _옮긴이

복잡성

미국의 정책 결정자는 연방·주·지방 정부의 적절한 참여를 보장해야 할 뿐만 아니라 국가적인 대규모의 에너지 기반 시설을 관리하는 각종 규정과 법률을 준수하면서 정책을 수립해야 한다. 예를 들어, 전력 분야는 서로 다른 주와 지방에서 제정된 4만 4000개의 법률과 규정을 적용받고 있다. 엑셀론(Exelon), 도미니언(Dominion), 아메리칸 일렉트릭 파워(American Electric Power)를 포함한 240개의 전력업체는 2008년 현재 미국 전체 발전 설비 용량의 3/4을 차지했다. 게다가 이런 '대형 전력업체들'뿐만 아니라 3187개의 민간 전력회사, 2012개의 전력공사, 900개의 협동조합, 2168개의 비전기 사업자, 400개의 전력 거래업체, 그리고 9개의 연방 전력공사[10]가 함께 전력을 공급하고 있다(Sovacool, 2008b).

모순

이러한 복잡성은 에너지 문제를 해결하는 방식에서 왜 모순이 발생하는지를 설명해줄 수도 있다. 재생가능에너지 보급과 관련된 다음 사례를 살펴보자. 미국의 재생가능에너지 정책은 내부적인 일관성이 전혀 없다. 연방정부는 중앙 집중적인 대규모의 전력업체 보유 기술에 의거한 재생가능에너지 시스템의 보급을 주로 지원하는 반면, 법률은 분산형, 소규모, 독립적인 기술의 발전에 초점을 맞추고 있다. 1935년 '전력공사지주회사법(Public Utility Holding Company Act of 1935)'(PL 74-333), 1980년 '풍력에너지시스템법'(PL 96-345), 1984년 '재생가능에너지산업개발법'(PL 98-370), 1992년 '에너지 정책법'(PL 102-486)은 제대로 이행되지 않았거나 유효 기간이 완료된 상태다. 결과적으로 권한을 위임받은 행정부가 주도해 재생가능에너지를 보급하기가 어려워지고 있다. 17개국에 대한 연구 결과에 따르면 미국의 재생가능에너지 정책이 가장 일관성이 없었다고 한다

---

10 연방정부가 설립한 전력공사로는 테네시 밸리 관리청과 보너빌 전력국 등이 있다.

(Haas et al., 2008). 이 연구는 나머지 16개국에서는 1997~2005년 동안 재생가능 에너지 정책에 대한 법률 개정이 평균 0.6회 이하였던 반면, 미국은 6번이나 대규모로 개정되었다는 사실을 밝혀냈다.

이처럼 정책 방향의 급작스러운 변경이라는 모순적 행태는 연방정부가 후원하는 에너지 연구 분야에서 공통적으로 나타났다. 즉, 이들 연구는 석탄의 경우 연간 지원금의 116%가 변경되었으며, 석유의 경우 84%, 천연가스의 경우 64%라는 재정적 불안정에 처해 있었다. 에너지부의 주요 연구 분야 및 기술 개발에서도 자금 조달에서 이와 유사한 모순적 기복을 보여주었다(Narayanamurti et al., 2009: 8). 걸리버와 질만은 포획이론[11]이라는 관점에서 정부 연구 자금의 모순을 설명한 바 있다(Guliver and Zilman, 2006). 즉, 중앙정부의 많은 부서는 에너지 기업의 강력한 로비로 인해 무역연합이 주도하는 다양한 이해관계에 포획될 수밖에 없다. 이러한 연합은 소비자와 국가의 이익이 아니라 자신들의 이해관계를 보호하기 위해 노력하는 경향이 있다. 보조금과 연구 자금을 받으려는 이러한 노력은 과거에 비해 최근 몇 년 동안 훨씬 더 많은 성과를 거두었으며, 특히 새로운 규제 수단의 도입을 반대하는 데 주력하면서 더 많은 결실을 얻을 수 있었다.

수직적 분할

에너지와 관련된 연방정부와 주정부의 관할권은 매우 명확하게 구분되는데도 연방, 주, 지방의 당사자들은 때로는 서로의 행동을 모방하기도 하고 때로는 서로를 반대하기도 하는 수직 분할적인 요인들이 존재한다. 어떤 경우 수직 분할은 국가 간에서뿐만 아니라 연방정부와 주정부 사이에서도 법적 분쟁의 원인이 되기도 한다.

한편으로 주정부는 지역 고유의 정책 기조하에서 연방정부 역할을 무력화시

---

11 공익을 위해 설립된 규제기관이 오히려 기업이나 산업의 이익을 촉진시키는 상황을 설명하는 이론이다. _옮긴이

키거나 제한하기 위해 의무할당제, 온실가스 감축 목표, 신재생연료 혼합의무화, 전력 요금 상계제,[12] 탄소배출권거래제 같은 제도를 통해 '격차'를 해소했다. 이러한 자발적 시도는 환경적·경제적 편익이 상당히 크지만 문제를 일으키기도 했다. 이 같은 일방적 행동은 권역, 주, 지역의 에너지 시장을 종종 복잡하게 만들었다. 한편 재생가능에너지 기술에 대한 지원이 여론에 미치는 부정적 영향으로 인해 정책적 혼란이 벌어지기도 했다. 주정부 정책의 일환인 '재생가능에너지 의무할당제'는 정해진 시기 동안 생산된 전력의 일정 비율을 재생가능에너지로 제공해야 하는 제도다. 예를 들어, 캘리포니아의 전력회사는 2020년까지 전력의 30%를 재생가능에너지로 생산해야 한다. 그렇지만 정책 결정자들은 동일한 기준, 조건, 목표를 지닌 국가 에너지 시장을 이용하는 대신 일관성이 부족한 주정부 전략에 의존하는 경향이 있다. 이렇게 되면 결과적으로 주정부 사이의 재생가능에너지 정책에 혼선이 발생할 수 있다. 즉, 선택된 재생가능에너지를 어느 정도 규모로 확장할지, 어디에서 공급할지, 재생가능에너지를 어떻게 거래할지 등의 문제들이 재생가능에너지 시장의 성장을 배수구에 떨어진 잎사귀처럼 방해하게 된다. 투자자들은 종종 경쟁적인 주정부의 법률과 규정을 해석하고 선택하느라 시간과 자원을 낭비해야 하며, 실행 기관인 연방정부와 주정부는 지역별 정책 기조의 지속적·팽창적인 변화를 해결하기 위해 끊임없이 노력해야만 한다. 그리고 주정부의 정책 결정자들은 다른 주정부에 뒤처지지 않기 위해 때로는 화석연료 우호 집단의 강요에 떠밀려 재생가능에너지 목표를 계속적으로 삭감해야만 한다. 이 상황을 이해하려면, 미국의 재생가능에너지 시장처럼 만들어진 미국 주정부 간 고속도로를 상상하면 된다. 주정부의 경계선을 넘어갈 때마다 운전자가 엔진을 교체하고 타이어 압력을 조정하며 연료를 바꾸는 것과 같은 상황인 것이다.

---

12 전력 요금 상계제(net metering)는 소비자가 신재생에너지를 통해 전기를 생산하고, 자신이 소비하고 남은 전기를 판매할 수 있는 제도다. 예를 들어, 옥상에 설치된 태양광 설비를 통해 생산된 전기를 전력망에 송전하면 전기 요금이 그만큼 공제되는 방식이다. 물론 전력 소비량을 초과하는 잉여분은 판매 실적으로 계산되어 수익을 얻을 수도 있다. _옮긴이

온실가스 감축과 탄소배출권거래 도입을 위한 주정부의 정책 목표는 수직 분열의 또 다른 좋은 사례다. 의무할당제 이니셔티브와 마찬가지로 주정부의 기후변화 정책은 일관성과 조화의 결핍을 정확히 보여준다. 주정부 온실가스 정책의 다양성은 투자자에게 불필요한 복잡성을 만든다. 이런 정책들은 단일한 연방정부의 정책보다 비용이 많이 소요될 수밖에 없다. 주정부 사이의 상이한 기준은 여러 지역에서 사업을 시도하는 회사의 거래 비용을 증가시킨다. 또한 특정 주정부의 탄소시장에 대한 검토 비용뿐만 아니라 신청서를 제출하고 검증을 받기 위한 진입 비용도 별도로 부담해야만 한다. 이런 비용을 부담하는 기업은 지역별 시장에 실제로 참가할 때 별도의 비용을 다시금 부담해야 한다. 게다가 이러한 기업들은 별도의 인벤토리, 모니터링, 이행 체제를 준수해야 한다. 마찬가지로 프로그램의 관리자는 목표에 대한 진행 상황을 확인하고 전체 비용에 대한 추가적인 피드백을 제공해야 한다. 또한 연구개발을 지원하는 지역의 관계자에게 인센티브를 제공하는 주정부 프로그램의 효율성은 매우 의심스러운 실정이다. 이러한 인센티브는 참여자들의 연구 개발 노력을 중복시킬 뿐만 아니라 연방정부의 재정 지원도 중복시킬 수 있다. 불행히도 현재의 정치적 파국으로 인해 마비된 연방정부는 일관된 기후변화 정책을 추진하지 못하고 있다. 그럼에도 이런 프로그램은 미국에서 그나마 기후 친화적인 개발에 대한 최선의 방법이자 정치적으로 실천 가능한 유일한 해법인 상황이다.

수평적 분할

연방정부 고유의 관리 대상인 것처럼 보이는 에너지 정책의 경우에도 수평적인 분열이 문제가 될 수 있다. 에너지 정책을 집행하는 연방정부 산하 10여 개 부처에서의 의사 결정 과정은 난로 연통처럼 칸막이가 존재하고 파편적인 경우가 대부분이다. 에너지부, 교통부, 재무부 같은 연방정부 기관들 사이의 조정 채널은 매우 혼란스럽고 복잡하기만 하다. 국립연구소는 조직의 임무를 지향해서 연구하기보다는 후원금과 기부금이 제공되는 연구만 진행하는 경향이 있다. 게다가 에너지 관련 연구는 연방정부의 다른 지원 프로그램에 비해 자금이 제대로 마련되지 못하고 있는 실정이다(Sovacool, 2009a). 획기적인 에너지원과 관련 기술의 산실이었던 과거와 달리, 에너지부와 국립연구소들은 비효율적인 관리뿐만 아니라 설립 취지의 상실로 인해 비판을 받고 있다. 에너지부 산하의 연구소는 지나치게 중앙 집중적·위계적일 뿐만 아니라 세부적인 사항까지 일일이 검열하는 관리 시스템으로 인해 어려움을 겪고 있다. 결과적으로는 현실에 대한 대처 능력이 떨어질 뿐만 아니라 비용 대비 효과성마저 낮아지고 있다. 일반적으로 미국 에너지부의 고질적인 문제는 다음과 같은 세 가지로 정리할 수 있다. 첫째, 에너지부의 다양하고 모호한 과제는 거의 조정되지 않고 있을 뿐만 아니라 결국에는 에너지 문제에 대한 접근 방식의 균형도 찾기 어렵게 만들고 있다. 둘째, 조직의 임무를 제대로 파악하지 못함으로써 기능이 제대로 작동하지 않는 문제가 심각하게 발생하고 있다. 셋째, 조직의 구조적인 문제로 인해 에너지부의 연구가 책임성을 담보하지 못하는 실정이다.

정치화와 시장 조작

미국의 에너지 정책이 나아가야 할 미래의 방향과 관련해서 다양한 관점이 새롭게 경쟁적으로 등장했으며, 이는 정치적 논쟁거리가 되었다. 미국에서 2701명을 대상으로 2008년 여름에 실시한 설문조사에 따르면, 특정 유형의 전력에 대한 익숙함과 발전소와의 근접성이 주민들의 수용성을 결정짓는 것으로 밝혀졌다. 이는 에너지 정책이 국가 전체적인 이익만 강조하기보다는 지역사회의 관점에서 수립되어야 한다는 것을 의미한다. 즉, 국지적인 환경문제에 대한 관심으로 인해 지역사회는 제각각 상이할 뿐만 아니라 '미국 전체'를 포괄하는 공동체 의식도 전혀 존재하지 않는다는 것이다. 또한 재생가능에너지에 대한 선호와 화석연료에 대한 반발이 매우 강한 상관관계를 지닌다는 사실도 이 조사를 통해 밝혀졌다(Greenberg, 2009).

서로 다른 관점이 제대로 인정받지 못하게 되자 에너지를 정치적인 문제로 제기하고 더욱더 논쟁적으로 만들기 위해 여론을 조성하려는 노력이 꾸준히 시도되어왔다. 다음의 사례들을 통해 이를 구체적으로 살펴볼 수 있다(Fahrenthold, 2009; Lyons, 2009; Mouawad, 2008; Muller, 1997; Radmacher, 2008; Sheppard, 2009; Sovacool, 2008b).

- 1993년 2월 클린턴 대통령은 원유나 천연가스보다도 휘발유에 더 높은 세율을 적용하는 광범위한 에너지세를 제안했다. 이 제안이 발표된 직후 클린턴 행정부는 로비단체와 이익집단에 특혜를 부여해야 했다. 즉, 엑슨 모빌이나 BP 같은 에너지 기업과 제조업협회의 압력으로 인해 정제용 석유, 철강용 코크스, 알루미늄 및 염소 생산용 전기, 기타 에너지 다소비 설비에 대해서는 세금을 부과하지 않는 것으로 협의가 이뤄졌다. 그나마도 에너지세는 상원에서 기각되면서 제대로 입법화되지도 못하고 말았다.

- 2007년 상원은 국가적인 탄소 시장을 조성하기 위해 배출권거래제와 관련된 법안을 발의했지만, 제조업협회는 이를 '신흥 규제 강화'라며 비판했다. 무역단체들도 이 법안을 반대했던 상공회의소를 중심으로 압력을 행사하며 반발했다. 결국 설득당한 정부는 광고를 통해 혹한기에 촛불을 켜고 아침을 준비하는 남자, 어두운 집, 텅 빈 고속도로에서 조깅하는 사람을 보여주면서 '미국인들이 정말로 이렇게 살고 싶은 것인가?'라는 질문을 제기하고 말았다.

- 2008년 캔자스의 환경공무원들은 수백만 톤의 이산화탄소를 배출한다는 이유로 석탄 화력발전소 2기의 신청을 기각했다. 이로 인해 '저렴한 에너지를 위한 캔자스'라는, 석탄에 우호적인 로비단체가 빠르게 만들어졌다. 이 단체는 와이오밍 주의 광산에서 캔자스로 석탄을 공급하는 업체인 피바디 석탄(Peabody Coal)과 선플라워 전력회사(Sunflower Electric Corporation)로부터 자금을 지원받았다. 이 단체는 이란의 마흐무드 아흐마디네자드 대통령, 러시아의 블라디미르 푸틴 대통령, 그리고 베네수엘라의 우고 차베스 대통령이 웃고 있는 사진과 함께 기후변화 대책이 이런 천연가스 수출국에 도움이 된다는 신문 광고를 게재했다. 이 국가들 중 캔자스로 천연가스를 수출하는 나라는

없기 때문에 이 광고는 완벽한 거짓말이었는데도 이 캠페인은 석탄발전소를 승인하도록 주정부를 설득할 수 있었다. 캔자스 주지사인 캐슬린 시벨리우스(Kathleen Sebelius)가 최종적으로 거부하기 직전까지만 해도 이런 시도는 거의 성공한 것처럼 보였다.

• 2007년 일리노이 주에서 엑셀론 자회사인 커먼웰스 에디슨(Commonwealth Edison)은 전기 요금이 소비자를 보호하기 위해 설정된 상한선에 도달하자 '신뢰할 만한 전기를 위한 소비자'라는 단체를 설립하는 데 1000만 달러를 지원했다. 이 단체는 시민을 위해 전기 요금 동결을 반대한다는 입장의 텔레비전 및 신문 광고를 대대적으로 보도했다. 그렇지만 이들 단체와 전력회사의 유착관계에 대해서는 한 번도 언급한 적이 없었다.

• 2008년에는 석탄업계가 '균형 잡힌 에너지 선택을 위한 미국인(Americans for Balanced Energy Choices)'과 '미국청정석탄전력연합(American Coalition for Clean Coal Electricity)'이라는 2개의 비영리단체를 만들어 석탄이 기후변화를 야기한다는 모든 부정적인 여론에 대응했다. 이들 단체는 석탄에 대한 왜곡된 정보를 수정했을 뿐만 아니라 석탄이 미국 경제를 부흥시키고 천연자원을 보호하며 에너지 안보를 보장하는 데 공헌해왔다고 시민들에게 적극적으로 홍보했다. 그렇지만 천연자원의 보호라는 주장은 조금 이상한데, 왜냐하면 석탄 광산은 자원을 보전하는 것이 아니라 땅에서 석탄을 채굴하는 것이기 때문이다. 자신들의 광고가 효과가 없을 것을 걱정한 미국청정석탄전력연합은 '청정석탄성가대'라는 노래패를 만들어 2008~2009년의 휴가철에 대규모 캠페인을 진행했다. 당시 부른 노래에는 "서리 맞은 탄광", "깨끗한 석탄으로 아름답게 장식하세", "고요한 밤", "크리스마스트리" 등의 가사가 포함되었다.[13]

---

13 이 노래의 일부 가사는 확실히 재미있고 재치 있다. "서리 맞은 탄광은 매일 깨끗해져요. 돈벌이가 될 정도로 사랑스럽고, 노동자들에게 임금을 줄 수 있어요. 석탄은 미국 전역에서 풍부할 뿐만 아니라 경제가 잘 돌아가게 해주지요." 「고요한 밤 거룩한 밤」의 후렴구 "구세주 그리스도 태어났네"는 "다가올 몇 년 동안 석탄이 풍부하네"로 바뀌었다. "오, 크리스마스트리"는 "기술, 기술, 당신은 석탄을 깨끗하게 태울 수 있네"로 바뀌었다.

• 2009년 기후변화와 관련해서 의회의 논쟁이 벌어지고 탄소배출권거래제를 만들기 위한 법안이 발의된 상태에서 석탄 압력 단체는 기후변화 법안에 반대하는 내용을 담은 12통의 편지를 '유색인 지위 향상을 위한 전국연합(National Association for the Advancement of Colored People)'이나 '미국은퇴자협회(American Association of Retired Person)' 같은 시민단체에서 보낸 것처럼 위조해서 의회 사무실로 발송했다.

• 오바마 대통령이 새로운 기후변화 법안을 공약으로 제시하자 미국석유협회(American Petroleum Institute: API)는 여러 개의 에너지 시민연합을 비밀리에 후원하고 조직하기 시작했다. 지역사회를 염려해서 기후변화 법안에 반대하는 것처럼 주장했으나, 석유 로비스트들이 고용되었다는 사실이 밝혀지고 말았다.

• 2009년 존 홀드런(John Holdren)[14]이 에너지 가격의 인상에 대비해서 저탄소 기술을 확보해야 한다고 발표하자 반대 측에서는 "식수에 살균제를 넣어 여성을 강제로 낙태시키는 방식으로 인구 증가를 억제할 수 있다"라는 주장에 문제를 제기하며 그를 신랄하게 공격했다. 이런 비난이 허위 사실을 근거로 했다는 사실이 밝혀지기는 했지만, 결과적으로 홀드런의 즉각적인 사임을 이끌어내는 데에는 성공했다.

• 딥 워터 호라이즌 기름 유출 사고[15]가 마무리된 지 몇 달이 지나지 않은 상황에서 석유산업계는 악명 높은 광물관리청(Minerals Management Service: MMS)의 후신인 해양에너지관리국(Bureau of Ocean Energy Management Regulation

---

14 존 홀드런은 오바마 대통령의 과학기술 보좌관으로, 하버드 케네디 스쿨 공공정책대학원 교수를 역임했다. 특히 에너지를 연구하는 물리학자로서 기후변화로 인한 위험이 증가하고 있음을 적극적으로 설파했다. 1977년에는 공동 집필한 『에코사이언스(ecoscience)』에서 지구를 구하기 위한 방안으로 인구를 조절하기 위해 극단적인 전체주의 해법을 채택해야 한다고 주장했을 정도다. _옮긴이

15 2010년 4월 20일 미국 멕시코 만에서 발생한 사건으로, 영국 최대의 기업이자 미국의 엑슨 모빌에 이어 세계 2위 석유회사인 BP의 해상 석유 시추 시설인 딥 워터 호라이즌(deep water horizon)이 폭발해 5개월 동안 원유가 대량으로 유출된 사고다. 당시 심해의 유정 내부에서 고압의 메탄가스가 급격하게 분출되어 시추관으로 뿜어져 나오면서 폭발로 이어져 사상 최악의 환경 재앙 가운데 하나로 기록되었다. _옮긴이

and Enforcement: BOEMRE)이 해양 석유 플랫폼에 대한 인허가를 신속하게 처리하지 못한다며 규탄하는 캠페인을 전개하기 시작했다. 사고에 대한 책임이 있는 기업들이 회사 이익 때문에 허가 신청을 방해한다는 사실이 여러 보고서를 통해 밝혀졌음에도 해양에너지관리국을 공격했다.

이런 사례들은 에너지 문제에 대한 합의가 미국에서 더 이상 가능하지 않은 현실을 역설적으로 잘 보여주고 있다. 1970년대에 석유파동을 목격한 후 국립아카데미가 설립했던 예전의 패널 '원자력·대체에너지시스템위원회(The Committee on Nuclear and Alternative Energy System)'는 어떤 집단이 에너지 문제에 대한 합의를 도출하기 위해 노력하고 있으며 이 과정에서 어떤 어려움에 직면하는지를 생생하게 보여주었다. 하비 브룩스(Harvey Brooks) 위원장은 "합의는 불가능하며, 적어도 학계, 지식인, 산업계처럼 방어적인 관점을 솔직하게 제시하는 집단에서는 절대로 불가능하다"라고 결론 내렸을 정도다(Harvey Brooks, 1980).

국제 에너지 거버넌스와 상호작용

미국의 에너지 거버넌스가 국제적 차원에서 에너지 거버넌스의 형성에 얼마나 영향을 미쳤으며, 한편으로는 얼마나 영향을 받았는지에 대해서도 살펴볼 필요가 있다. 국제 에너지 거버넌스 흐름에 영향을 미쳤다고 판단되는 네 가지 미국 정책은 기후변화, 무역·보호주의, 다극화, 석유 의존이다. 다음에서는 미국이 국제 에너지 거버넌스에 영향을 미친 두 가지 방식, 즉 '아이디어의 확산'과 '다자 기구에 대한 영향'을 중점적으로 검토하려 한다.

기후변화와 월경성 외부 효과

기후변화와 관련된 국제적인 압력으로부터 미국이 영향을 받았던 한 가지 사례는 국제적 또는 적어도 지역적인 차원에서 탄소배출권거래제를 추진했던 것이다. 조지 W. 부시 대통령이 교토의정서를 폐기하기로 결정했을 때 EU 환경위원회의 마르고트 발스트룀(Margot Wallström)은 이런 결정을 "매우 우려스럽다"라고 논평했으며, EU 대변인 안니카 오스터그렌(Annika Ostergren)은 "교토의정서는 환경 협약일 뿐만 아니라 국제 관계와 경제 협력과도 밀접한 관련이 있다"라고 주장했다(Gelbspan, 2004). 결과적으로 EU 국가들은 기업들이 탄소배출권을 거래하는 시장을 형성하는 데 동의했다. 2005년부터 EU에서는 이산화탄소 배출량의 40%를 차지하는 1만여 개의 대규모 공장이 탄소배출권을 판매하거나 구매하는 방식으로 감축 목표를 달성해야 했다. 현재 거래 대상 산업은 발전, 철강, 유리, 시멘트, 도자기, 벽돌업계로 확장된 상태다. EU의 배출권거래제는 캘리포니아 같은 개별 주뿐 아니라 '북동부 온실가스 이니셔티브(Regional Greenhouse Gas Initiative in the Northeast)' 같은 지역 차원의 탄소배출권 시장을 조성하려는 많은 주정부에도 동기를 부여했다.

시장과 보호무역

무역의 국제 동향은 미국의 에너지 정책에 다양한 방식으로 영향을 주었다. 여기에는 지적 재산권과 관련된 입장, 경쟁력을 유지하기 위한 보호주의 시도, 자국 내 에너지 자산과 기업에 대한 외국인의 소유권 제한이 포함된다. 국제 에너지 시장이 더욱 긴밀하게 연결되면서 미국의 에너지 거버넌스에는 국제적 논의나 국가 간 논의뿐만 아니라 지역과 국가 사이의 문제도 혼재되고 있지만 전 세계의 이해관계자들이 포함되면서 외연이 확장되었다. 즉, 미국의 결정을 넘어서는 국제기구의 영향력 확대를 차단하고 다른 나라에 대한 기술 이전을 제한하는 방식으로 보호주의적인 입장을 강화한 것이다. 따라서 교토의정서를 탈퇴한 지난 10년 동안은 중동과 아프리카에 치우친 공급을 다변화하기 위해 알래스카와 멕시코 만의 해양 유전과 가스전에 대한 개발 사업을 활발히 진행했다. 그리고 브라질의 에탄올과 중국의 태양전지 수입을 억제하기 위해 관세를 부과했으며, 세계를 발전시킬 혁신적인 에너지 기술의 확산을 제한했다.

실제로 2010년에 미국의 풍력발전에 투자하려 했던 중국의 시도는 미국 상원 의원들의 '피를 끓게' 만들었다. 텍사스에 600MW급의 240개 풍력터빈을 설치하는, 자금 4억 5000만 달러의 사업은 중국에서는 3000개의 일자리를 창출할 수 있지만, 미국에서는 단 300개의 일자리를 만들 뿐인 것으로 추정되었다. 이 사실을 알게 된 4명의 상원 의원은 정부 자금이 일부 또는 전부 지원되는 모든 풍력 프로젝트에 대해 '미국산 구매(Buy American)' 조항이 적용될 때까지 사업을 중단하도록 재무부에 요청했다(Chandra, 2010). 다른 사례는 지적 재산권 보호와 관련이 있다. 지적 재산권 보호가 취약한 관계로 미국 기업들은 고효율 석탄 세척 공정, 첨단 연소터빈, 탄소 포집 및 저장 같은 고급 청정 석탄기술을 개발할 수 없었다. 청정 석탄과 관련된 지적 재산권 문제는 중국, 인도네시아, 기타 개발도상국에 이런 기술을 확산하는 데 걸림돌이 되는 대표적인 장애 요인이다. 특히 새로운 기술을 역설계하거나 복제하는 데 가장 문제가 되고 있다. 결과적으로 청정석탄 기술을 채택해야 한다는 인식이 확산되면서 이산화황과 질소산화물의 저감과 관련된 연구가 줄어들었다(Sovacool, 2008c).

에너지 무역과 지적 재산권에 대한 미국의 정책과 집행은 거의 일치하지 않는다고 해도 과언이 아니다. 보호주의와 참여의 두 가지 요소를 동시에 지닌 이니셔티브의 사례로는 미국이 주도하는 '청정개발 및 기후변화에 관한 아시아태평양 파트너십'을 들 수 있다. 아시아태평양 파트너십은 '저탄소 경제로 이어질 수 있는 공동 투자를 촉진시키는 다자간 파트너십'이다. 조지 부시 행정부가 시작한 아시아태평양 파트너십은 청정석탄, 재생가능에너지, 시멘트, 철강에 초점을 맞춘 실무진을 보유하고 있다. 그리고 에너지 안보 개선, 대기오염 저감, 특히 중국과 인도의 기후변화 대응 목표를 달성하기 위해 공공 및 민간 부문의 파트너와 함께 협력하고 있다. 이론적으로는 아시아태평양 파트너십이 훌륭한 협약인 것 같지만, 재원의 일관성이 없다는 문제를 안고 있다. 게다가 중국은 공동연구개발 프로젝트가 기술 이전에 따른 비용 분담이 아니라 정보 공유와 역량 강화에 초점을 맞춘 파트너십에 불과하다며, 아시아태평양 파트너십이 너무나

'안이한 조치'라고 비판하고 있다. 중국은 비용 절감 기술을 기대하지만, 파트너십 자금은 이런 기술에는 지원을 하지 않는다. 게다가 지금까지 지원된 자금은 관련 기술의 실증과 배치를 강제로 요구하지 않는다. 미국은 지적 재산권이 침해받지 않는다는 명확한 보증을 기대하고 있다. 그렇지만 중국은 이를 보장할 수도 없고 보장하려 하지도 않을 것이다. 이들 두 국가는 '국가 안보'를 이유로 천연자원 및 지질 현황에 대한 자료의 공유를 거부하고 있을 정도다.

외교와 군사적 모험

지배적인 단일 패권 체제 대신 강력한 지역적 권력을 지닌 다극화된 세계로의 전환이 미국 에너지 외교의 방향이라고 할 수 있다. 미국은 이런 정책 기조하에 다른 나라에 관여해오고 있다. 결론적으로 미국의 정책 결정자들은 국제무대에서 더 많은 이해당사자들을 받아들여야만 했다. 이들은 해외의 자원을 개발하고 국제적인 협력 관계를 형성하기 위해 노력하고 있다. 그로 인해 미국은 중국, 인도, 심지어 러시아와도 경쟁하고 있다. 아제르바이잔, 조지아, 터키를 통과하는 바쿠 – 트빌리시 – 제이한(Baku - Tbilisi - Ceyhan: BTC) 송유관 사업이 미국과 관련된 대표적인 사례다. 그밖에는 석유에 대한 미국의 수입 의존도와 주로 관련이 있다.

클린턴 대통령과 몇몇 고위직 간부는 양국 간의 원조와 기타 인센티브를 통해 수백만 달러의 BTC 송유관 사업을 강력하게 지지했다. 이 사업은 미국 입장에서는 테러 억제, 경제개발 촉진, 에너지 자원에 대한 접근 확대, 그리고 미국의 리더십 강화라는 목적을 갖고 있었다. 미국의 정부 관료들은 BTC 송유관 사업이 극단주의자를 억제하는 데 도움을 줄 뿐만 아니라 카스피 해 지역의 생활수준을 높임으로써 근본주의와 테러를 예방하는 긍정적인 효과가 있을 것이라고 공공연히 주장했다. 미국은 중동이나 러시아와 무관한 지역으로 석유 공급원을 다변화할 뿐만 아니라 신흥 카스피 해 국가를 세계 시장에 편입시키는 전략적 수단으로 송유관 사업을 간주하고 있었다. 카스피 해의 석유 매장량은 서시베리아와 페르시아 만 다음가는 세계 3위 규모라는 사실이 이후에 알려졌다. 카스피해의 미확인 매장량은 알래스카 주 노스슬로프의 매장량보다 30배 많은 2000억 배럴로 추정된다. 이는 미국이 30년 동안 수요를 충당할 수 있을 정도로 충분한 양이다. 또한 미국 정부는 러시아의 지정학적인 영향력을 약화시키고 이란의 세력 확대를 억제하며 중국의 지배력에 대한 장기적인 완충 장치를 마련하려는 목적을 가지고 중앙아시아 '실크로드'의 일환으로 BTC 송유관 사업을 강력히 추진했다(Sovacool and Cooper, 2013).

또한 OPEC을 포함한 산유국으로부터 수입하는 석유에 대한 의존도가 지나치게 높아 미국의 국내외 정책에 엄청난 영향을 미치고 있다. 1980년대 초 미국중앙사령부(US Central Command)의 창설과 카터 독트린(Carter Doctrine)이라는 이름하에 강력히 진행된 정책으로 인해 로널드 레이건, 조지 부시, 빌 클린턴, 조지 W. 부시로 이어지는 미국 대통령들은 세계적인 석유 공급의 차질을 방지하기 위해 군사적인 무력을 사용할 수밖에 없었다(Kalicki, 2007; Klare, 2007; Stokes, 2007). 지금도 사실상 주요 석유 및 가스업체를 포함한 모든 대규모의 에너지 거래는 미국의 안보 문제와 밀접한 관련을 지니고 있다. 예를 들어, 2011년 1월에 주식 교환을 시도한 BP와 로스네프트(Rosneft)도 예외가 아니었다. 미국 하원 산하 천연자원위원회의 위원장인 민주당 소속 에드워드 마키는 러시아 정부가 석유 대기업의 최대 주주가 되는 것을 우려하면서 "BP는 원래 '영국 석유(British Petroleum)'를 의미했다. 그렇지만 이번 거래로 인해 지금의 BP는 '볼쇼이 석유(Bolshoi Petroleum)'를 상징하는 셈이 되고 말았다"라고 언급했을 정도다. 미군의 가장 큰 석유 공급업체 가운데 하나가 BP였기 때문에 이 기업에 대한 러시아의 소유권이 확대되는 것을 마키 위원장이 견제한 것은 나름 합리적인 계산이었다(Sidortsov, 2011: n. 10).

사실 카터 독트린은 1970년대부터 크게 확대되기 시작했다. 1980년부터 1988년까지 진행된 이란 – 이라크 전쟁이 한창일 무렵, 무기 조달을 목적으로 이라크에 자금을 대출해준 쿠웨이트를 응징하기 위해 이란이 페르시아 만을 통과하는 쿠웨이트 유조선을 공격하기 시작하자 레이건 대통령은 자국의 해군이 이들을 보호할 수 있도록 쿠웨이트 유조선의 선적을 미국으로 변경하는 것을 승인해주었다. 부시 부자와 클린턴 대통령도 페르시아 만과 이 지역의 석유 시설을 보호하는 데 수십억 달러를 쏟아부었을 정도다. 마찬가지로 미국 남부사령부(US Southern Command)는 남미 지역의 산유지, 특히 콜롬비아에서 미국의 영향력을 확대시키면서 잠재적인 미래의 적군을 단념시키기 위한 안보 활동을 추진해오고 있다. 예를 들어 정유 설비, 해양 석유·가스 시추선을 보호하기 위한 군사 훈련, 부대 배치, 전력 육성 등이 실제로 이뤄졌다. 중앙아시아에서도 미국은 석유를 원활하게 공급하기 위해 조지아와 우즈베키스탄에 치안용 군대를 주둔시키면서 각종 군사 작전 및 훈련 프로그램을 운영하고 있다. 서아프리카에서는 미국에서 세 번째로 큰 석유 공급자인 나이지리아에서 석유 시설의 보안을 강화하기 위한 군사 원조와 훈련을 실시했다. 페르시아 만에서 소요되는 군사 활동 비용은 매년 290억~800억 달러에 이를 것으로 예상된다(Delucchi and Murphy, 2008). 심지어는 이라크와 아프가니스탄에서 미군이 철수한다고 해서 일반 사병, 해병대, 항해사뿐만 아니라 전쟁 관련 비용을 부담하는 납세자도 아직까지 완전히 안심하지는 못하고 있다. 호르무즈 해협의 봉쇄 위협으로 인해 이란과 미국 간의 최근에 가열된 분쟁처럼 석유 공급 통로가 영향을 받는 동안 미군은 페르시아 만에 주둔할 수밖에 없을 것이다.[16]

규범과 제도

미국의 에너지·환경 정책은 자국 내뿐만 아니라 전 세계에도 상당한 영향을 미치고 있다. 미국은 진보적인 환경 정책의 일환으로 깨끗한 공기와 수자원 관련 법안을 제정했을 뿐만 아니라 산업공해를 추적할 수 있는 '유독물질배출목록

---

16 2002년 이란이 비밀 핵시설을 운영한다는 사실이 밝혀지면서 미국의 경제 제재 및 미국과의 갈등이 시작되었으나 2015년 7월 양국 간 핵협상이 극적으로 타결되면서 지금은 긴장이 완화된 상태다. 그렇지만 석유 공급 통로의 안정성 확보라는 정책 목표와, 이를 달성하기 위한 미국의 군사적 개입이라는 정책 기조는 아직까지 변하지 않고 있다. _옮긴이

제도(Toxic Release Inventory)'를 최초로 도입한 나라였다. 미국은 주목할 만한 수많은 에너지 정책의 산실이라고 할 수 있다. 예를 들면, 오염 물질에 대한 거래제는 1990년대 초 이산화황 배출을 줄이려는 정책뿐만 아니라 1980년대에 유연 휘발유와 수자원 권리를 거래하는 초기의 정책으로도 역사를 거슬러 올라가며, 재생가능에너지를 장려하기 위해 미국에서 만들어진 대표적인 에너지 정책으로는 시스템 편익 부담제(System Benefit Charge: SBC),[17] 의무할당제, 세액 공제를 들 수 있다. 미국 내 주정부들도 발전, 송전, 배전으로 구분되는 수직 분할뿐만 아니라 도매와 소매를 구분하는 방식의 전력 산업구조 개편과 규제 완화가 이뤄졌던 발상지라고 할 수 있다. 재생가능에너지와 관련된 미국의 정책적 혁신은 현재 80여 개국에서는 보급 확대라는 정책 목표로, 45개국에서는 세제 혜택으로, 51개 국가에서는 의무할당제 같은 방식으로 세계적으로 확산되고 있다. 사실 EU의 배출권거래제도 '미국의 산성비 프로그램(US Acid Rain Program)'을 본받아서 설계된 제도다. 한편으로 미국에서 개발된 전력 산업 구조조정은 EU '3차 에너지 지침(Third Energy Directive)'의 형태로 전역에서 시행되고 있다. 이처럼 혁신적인 아이디어와 새로운 정책 수단을 모색하는 것은 미국이 세계적으로 영향력을 발휘하는 확실한 영역이라고 할 수 있다.

미국이 세계 에너지 거버넌스 무대에서 영향을 미치는 두 번째 방법은 다자간 국제기구와 상호작용하는 것이다. 미국은 자금과 전문 기술에서뿐만 아니라 에너지정보국을 통해 모든 자료를 제공하기도 하는 IEA의 핵심적인 회원이다. 가끔은 이처럼 과도한 영향력에 대해 비판을 받기도 한다. 2009년에 IEA는 당시 고유가로 인한 사재기를 두려워한 나머지 "석유 부족을 실제보다 덜 심각하게 보이도록 의도적으로 사실을 축소했다"라는 비난을 실제로 받기도 했다. IEA의 직원들은 2008년의 1일 생산량이 8300만 배럴이었지만 2030년에는 1억 5000만 배럴로 늘어날 것이라고, 즉 석유 생산량을 과장하도록 미국이 압력을 가했다고

17　시스템편익부담금 또는 수용가편익부담금은 자유 시장이 해결할 수 없는 기능을 지속적으로 수행하기 위한 재원을 확보하는 수단으로 수용가의 요금에 부가하는 비용으로, 이는 수용가에 송전선 또는 배전 시스템을 이용한 대가로 부가하는 비용이라 할 수 있다. _옮긴이

폭로한 바 있다. 한편 미국은 세계은행이나 UN 같은 기구들이 에너지 문제에 대해 행동을 취하는 방식이나 보고하는 방식에도 영향력을 미칠 수 있다. 왜냐하면 미국은 이들 국제기구의 직원 채용을 규정하고 세계은행의 총장을 선출할 뿐만 아니라 UN에 가장 많은 자금을 지원하기 때문이다.

결론

이상의 내용을 정리하자면, 현재 미국의 에너지 거버넌스는 복잡할 뿐만 아니라 모순적·단편적·정치적·역동적이라고 할 수 있다. 국민들에게 봉사해야 하는 공적 의무, 저렴한 가격, 크고 정교한 기술의 준수, 수요 관리, 기술에 대한 믿음, 전문가 및 기술 관료에 대한 신뢰, 사익 대비 공익의 우선처럼 과거 미국 에너지 정책의 기조를 형성했던 역사적 원칙들이 지금 다시 중요해지고 있다. 즉, 지금은 어떤 지배적인 원칙이 미국의 에너지 정책을 주도하지 못하는 상황이다. 미국은 가급적 다양한 이해관계자와 로비스트들, 심지어는 타협적으로 거래하는 사람들까지도 포용해야 한다. 다양한 기술과 시스템을 발전시키는 방식의 포트폴리오적인 접근법을 에너지 정책에서 고집해야만 한다. 여기에서 포트폴리오적인 접근 방식은 제한된 이해관계자에게만 주어졌던 방식이 아니라 정치적으로 수용 가능하면서 상이한 이해관계를 포용하는 방식이라는 전제하에 의미를 지닌다.

그렇지만 문제는 세계 최대의 에너지 소비자가 정해진 방향 없이 전속력으로 달리고 있다는 사실이다. 현재 미국의 에너지 거버넌스는 일관된 전망 없이 나란히 놓인 각종 기술을 무작위로 채택하고 있는 실정이다. 이런 상황은 현행 에너지 시스템의 비기술적인 측면을 잘 설명해주고 있다. 예를 들면, 사회적·정치적 가치는 근본적인 시간이 흐름에 따라 변할 뿐만 아니라 특정 국가의 에너지 정책에도 엄청난 영향력을 미칠 수 있다. 또한 에너지 거버넌스를 강조하면 지배적인 기술에 대한 배타적인 평가로부터 자유로워질 수도 있다. 현재 미국은 국제 에너지 정책에서도 자국의 역할과 관련해 선택의 기로에 서 있다. 미국은 국제 에너지 정책에서 큰 역할을 해야 하며, 정책 혁신으로 다른 나라의 성공을 뒷받침할 필요가 있다. 또한 다른 나라에서 배우고 다른 나라가 잃어버린 세월을 보상할 필요도 있다. 이때 거버넌스라는 개념은 현재 상태에 대해 더욱 함축적인 시각을 제공해줄 수도 있지만, 이제 겨우 드러나게 된 불일치와 복잡성이라는 문제를 해결하는 데에는 거의 아무런 도움이 되지 않을 수도 있다.

27

국제 에너지 정책
브라질의 사례

수아니 코엘류, 조제 골뎀베르그

서론

　전 세계적으로 전기를 이용하지 못하는 인구는 13억 명이며, 난방과 취사용으로 전통적 바이오매스 연료를 사용하는 인구는 27억 명에 달한다. 또한 바이오매스 연료를 이용해서 난방 및 취사하는 과정에서 발생하는 오염 물질은 최빈국 여성과 아동의 주요한 사망 원인 가운데 하나다. 따라서 에너지의 접근성을 지속가능한 방식으로 확보하는 일이 점차 중요해지고 있다. UN 사무총장의 '에너지·기후변화 자문위원회'는 「지속가능한 미래를 위한 에너지(Energy for a Sustainable Future)」 보고서에서 최빈국에서 현대적인 에너지와 청정연료를 이용하는 방식을 통해 에너지 접근성을 법적으로 보장해야 한다고 주장했다(AGECC, 2010).

　에너지·기후변화 자문위원회의 권고 사항은 크게 두 가지로 요약된다. 첫째는 2030년까지 모든 사람이 현대적인 에너지를 사용할 수 있도록 에너지를 제공하는 것이며, 둘째는 전 세계적으로 에너지 집약도를 현 수준에서 40% 줄이는 것이다. 이 같은 목표를 달성하기 위해서는 화석연료에 의존하는 오늘날의 생활양식에서 탈피해 재생가능에너지의 이용을 촉진하는 새로운 방식으로 전환해야 한다. IEA에 따르면, 2009년 한 해 동안 2000만 명 이상의 사람들에게 취사용 바이오매스 난로와 전기를 보급하기 위해 전 세계적으로 90억 달러에 달하는 투자가 이뤄졌다고 한다(IEA, 2011a). 그렇지만 IEA의 시나리오에 따르면, 2010년부터 2030년까지 2조 9600억 달러가 투자되더라도 2030년까지 10억 명의 인구가 여전히 전기를 사용하지 못할 것이며, 27억 명은 깨끗한 취사용 연료를 이용하지 못할 것이라고 한다.

세계 온실가스 배출에서 수송 부문과 에너지 부문이 차지하는 비중은 가히 압도적이다. IEA의 자료에 따르면, 온실가스 배출에서 수송 부문이 차지하는 비중은 22.5%이며, 에너지 부문의 비중은 40.7%라고 한다(IEA, 2011b). 게다가 수송 부문에서 경제성 있는 재생가능에너지는 바이오연료 같은 생물 에너지가 유일한 실정이다. 이처럼 수송 부문에서는 화석연료를 대체할 상업성 있는 기술이 바이오연료밖에 없지만, 전기의 경우 태양열, 풍력, 소수력 같은 여러 종류의 재생가능에너지를 이용해 생산할 수 있다. 물론 수송 부문은 오늘날 우리의 삶에서 매우 중요한 요소다. 그렇지만 수송 부문은 석유에 지나치게 의존하고 있으며, 이는 지역적인 차원을 넘어 국제적으로도 심각한 환경문제를 일으키고 있다. 따라서 수송 부문의 높은 석유 의존도로 인해 앞으로도 온실가스 배출이 지속적으로 증가할 것으로 예상된다.

브라질은 전체 인구의 98.73%가 전기를 사용하고 있으며, 도시 가구의 99.7%가 전력망에 연결되어 있다(IBCE, 2010). 또한 빈곤층에 액화석유가스 관련 보조금을 지급함으로써 땔감을 얻기 위해 삼림을 훼손하는 사태를 방지할 수 있었다. 2006년과 비교했을 때 2010년 브라질에서의 삼림 벌채는 12% 줄어든 상태다. 브라질에서 시행 중인 이런 정책과 에탄올 및 바이오디젤을 이용한 바이오연료 프로그램은 자국의 에너지 안보를 향상시키는 긍정적인 효과를 가져오고 있다. 게다가 브라질은 재생가능에너지를 적극적으로 활용함으로써 온실가스 배출량도 비약적으로 줄일 수 있었다.

이 같은 브라질의 사례는 에너지 문제와 관련해 많은 개발도상국에 모범적인 사례가 되고 있다. 이 장에서는 이처럼 성공적인 경험을 공유한다는 목표하에 브라질 사례를 들어 재생가능에너지에 관해 개괄적으로 분석하려 한다. 또한 브라질에서의 경험을 다른 개발도상국에 적용하기 위한 방법을 제시하려 한다.

전 세계의 재생가능에너지

전 세계적으로 가장 많이 사용되는 에너지는 화석연료다. 전체 에너지 가운데 화석연료가 차지하는 비중은 84%이며, 그중에서도 석유(34%), 석탄(28%), 가스(22%)가 주로 이용된다. 반면 재생가능에너지원이 차지하는 비중은 13%로 화석연료에 비해 매우 낮은 실정이다. 여기서 짚고 넘어가야 할 점은 이 13% 가운데 8%가 최빈국의 삼림 벌채를 통해 얻은 전통적 바이오매스라는 사실이다. 실제로 현대적인 바이오매스가 전체 에너지에서 차지하는 비중은 고작 2.3%에 지나지 않는다(Goldemberg and Coelho, 2004; Karekesi et al., 2006).

〈그림 27.1〉은 2009년 한 해 동안 이용된 주요 에너지원의 비중을 보여준다. 전체 소비량은 492EJ[1]로, 석유환산톤(TOE)으로는 117억 5000만TOE였다. 이는 세계 인구를 67억 9000만 명으로 가정했을 때 1인당 1.73TOE를 소비할 수 있는 양이다. 이 그림을 통해 우리는 석유, 석탄, 천연가스 같은 재생 불가능한 자원이 전체 에너지 가운데 85.1%를 차지한다는 사실을 알 수 있다. 12.9%는 태양, 풍력, 수력, 조력, 바이오매스, 지열 같은 재생가능에너지로 구성되어 있으며, 나머지 2%는 원자력이 차지하고 있다.

재생가능에너지 가운데 바이오매스는 10.2%로 가장 높은 수치를 기록하고 있는데, 이는 현대적 바이오매스와 전통적 바이오매스라는 상이한 형태로 소비되고 있다. 구체적으로는 바이오매스 가운데 60% 이상이 전통적 바이오매스로, 개발도상국의 농촌과 준도시 지역에서 취사용, 목탄 생산용, 주택 난방용으로

---

1   에너지의 단위를 나타내는 용어로, 1EJ(Exajoules, 엑사줄)은 10^{18}J이며, 1J은 1W를 1초 동안 내는 데 필요한 힘을 의미한다. _옮긴이

〈그림 27.1〉 전 세계 주요 에너지원(2009년)

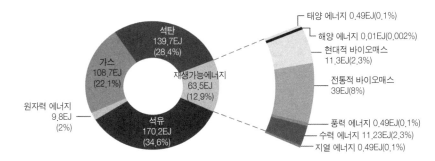

자료: IPCC SRREN, 2011 수정.

〈그림 27.2〉 세계 에너지 공급에서 바이오매스의 유형(2008년)

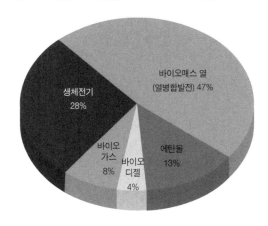

자료: IPCC SRREN, 2011.

이용되고 있다. 나머지는 에탄올, 바이오디젤, 바이오가스, 생체전기, 열병합발전 같은 현대적인 형태의 바이오매스로 이용되고 있다(〈그림 27.2〉 참조). 바이오매스는 오늘날 세계적으로 가장 많이 사용되는 재생가능에너지다. 따라서 단기적인 관점에서는 바이오매스에 대한 투자를 늘리는 방안이 가장 큰 효과를 얻을 수 있는 정책이라고 할 수 있다.

화석연료는 최근 몇 년을 제외하면 매년 2%의 고정적인 성장률을 기록하고 있다. 반면 재생가능에너지는 훨씬 더 빠른 속도로 늘어나고 있다. 〈그림 27.3〉

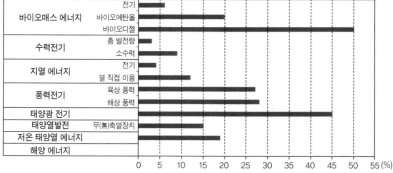

〈그림 27.3〉 재생가능에너지원별 연평균 증가율(2004~2009년)

자료: IPCC SRREN, 2011.

은 2004년부터 2009년까지 재생가능에너지원별로 연평균 증가율을 정리한 것이다.

이처럼 빠른 성장세를 보였음에도 재생가능에너지는 2008년 국제 에너지 소비에 그리 크게 기여하지 못했다. 그렇지만 과거 5년간 재생가능에너지의 성장률은 매년 7%였기 때문에 만약 이러한 성장이 지속된다면 향후 15년 동안 재생가능에너지가 전체 에너지원에서 차지하는 비중은 최소한 현재의 3배 수준으로 증가할 뿐만 아니라 2025년이면 전 세계 에너지 소비에서 20%를 차지할 것으로 전망된다. 예를 들면, 2008년부터 2009년까지 세계 전력 부문에서는 3억kW의 발전 설비가 추가되었는데, 그중 절반이 재생가능에너지인 것으로 나타났다. 2009년에는 수력발전을 제외한 재생가능에너지 부문에 1500억 달러를 투자했는데, 이는 화석연료를 이용한 발전 설비에 대한 투자 규모를 뛰어넘는 액수였다.

일반적으로 재생가능에너지는 화석연료나 핵에너지에 비해 훨씬 더 많은 비용이 소요되는 것으로 간주된다. 그렇지만 일부 국가에서 재생가능에너지는 이미 시장에서 경쟁력을 확보한 상태다. 특히 경제적인 측면에서 보면 재생가능에너지는 생산량이 늘어날 때마다 가격 경쟁력이 점차 강화되고 이로 인해 한계 생산 비용이 지속적으로 줄어들 것으로 전망된다. 지난 30년 동안 브라질에서 에탄올의 생산 비용이 줄어들었다는 사실은 이를 뒷받침하는 좋은 사례라고 할

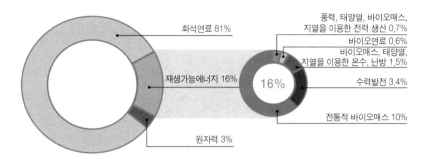

〈그림 27.4〉 전 세계 최종 에너지 소비 구성(2009년)

화석연료 81%

풍력, 태양열, 바이오매스,
지열을 이용한 전력 생산 0.7%

바이오연료 0.6%

바이오매스, 태양열,
지열을 이용한 온수, 난방 1.5%

재생가능에너지 16%   16%

수력발전 3.4%

전통적 바이오매스 10%

원자력 3%

수 있다. 많은 연구 결과에 따르면, 2050년에 이르면 세계 에너지 소비에서 재생
가능에너지가 차지하는 비중이 20~50%에 달할 것이라고 한다.

〈그림 27.4〉에서 볼 수 있듯, 2009년 국제 에너지 소비에서 화석연료와 재생
가능에너지가 차지하는 비중은 각각 81%와 16%였다. 게다가 16%의 재생가능
에너지 가운데 10%는 전통적 바이오매스다. 그리고 이 같은 전통적 바이오매스
는 주로 개발도상국에서 이용되고 있다. 따라서 선진국과 개발도상국의 에너지
소비 형태는 상이할 수밖에 없다. 〈표 27.1〉은 브라질과 세계 각지의 에너지 사
용 비중을 보여주고 있다.

〈표 27.1〉을 보면, 개발도상국의 바이오매스 소비량이 상당히 많다는 것을
알 수 있다. 특히 아프리카에서는 전통적 바이오매스가 전체 에너지 소비에서
차지하는 비중이 65%에 달한다. 특이한 점은 개발도상국 가운데 브라질에서의
바이오매스 소비가 그다지 높지 않다는 사실이다. 브라질에서 바이오매스는 바
이오연료와 땔감으로 구성된다. 전기 보급률이 낮고 전통적 바이오매스가 과도
하게 소비되는 지역은 주로 최빈국으로, 인간개발지수가 낮은 국가들이 여기에
해당된다. 2006년 현재 콩고민주공화국은 인간개발지수가 0.361이고 탄자니아
는 0.503인 반면, 아이슬란드와 노르웨이는 0.968로 상당한 격차를 보인다.[2]

---

2   인간개발지수와 관련해서 더 자세한 내용은 UN개발계획의 홈페이지를 참고할 수 있다(http://
hdr.undp.org/en/media/HDI_2008_EN_Table.pdf).

〈표 27.1〉 브라질과 세계 각지의 에너지원별 비중(단위: %)

	OECD (2009)	아프리카 (2008)	아시아 (2008)	라틴아메리카 (2008)	브라질 (2010)
석유	37.2	21	22	44	38
석탄	19.7	16	51	4.2	5.1
천연가스	24.2	13	8	2.3	10.2
화석연료	81.1	50	81	50.5	53.3
수력	2.1	1	2	10	14.2
CRW*	5.5	48	15	19.9	27.3**
재생가능에너지	7.6	49	17	29.9	41.5
원자력 및 기타	11.3	1	2	19.6	5.2

주: * CRW(Combustible Renewables and Waste)는 가연성 폐기물을 의미함.
　　**는 현대적 바이오에너지의 비중을 의미함.
자료: IEA, 2010; BEN, 2011.

〈표 27.2〉 현대적 에너지를 이용할 수 없는 지역의 인구수와 비중(2008년)

국가/지역	전기 미보급 현황		전통적 바이오매스 취사 이용 현황	
	인구(100만 명)	비중(%)	인구(100만 명)	비중(%)
아프리카	587	58	657	65
나이지리아	76	49	104	67
에티오피아	69	83	77	93
콩고민주공화국	59	89	62	94
탄자니아	38	86	41	94
케냐	33	84	33	83
기타 사하라 사막 이남	310	68	335	74
북아프리카	2	1	4	3
아시아 개발도상국	675	19	1921	54
인도	289	25	836	72
방글라데시	96	59	143	88
인도네시아	82	36	124	54
파키스탄	64	38	122	72
미얀마	44	87	48	95
기타 아시아 개발도상국	102	6	648	36
라틴아메리카	31	7	85	19
중동	21	11	0	0
개발도상국	1314	25	2662	51
전 세계	1317	19	2662	39

자료: IEA, 2011a.

〈표 27.2〉는 전기 보급률이 낮은 국가와 개발도상국의 취사용 바이오매스 사용 현황을 전 세계 주요국 및 지역과 비교해 보여주고 있다.

이 자료를 통해 세계적으로 재생가능에너지의 비중이 점차 늘어나고 있으며, 그 성장 속도가 화석연료를 초월하고 있음을 알 수 있다. 한편으로는 재생가능에너지와 인간개발지수 간에는 국가별로 상관관계가 존재할 뿐만 아니라 전통적 바이오매스에 대한 의존도는 최빈국이 매우 높다는 사실도 확인할 수 있다. 따라서 바이오매스 에너지가 지속가능한 연료로 생산된 것인지 아닌지를 확인하기 위해서는 최빈국의 재생가능에너지가 어떤 에너지원으로 공급되는지를 확인할 필요가 있다. 결국 바이오매스와 재생가능에너지의 경쟁력을 높이고 에너지 믹스에서 이들의 위상을 강화하며 국가 발전과 빈곤 문제의 해결을 연계시킬 수 있는 정책을 마련해야 한다. 브라질은 바로 이러한 방향의 정책 프로그램을 보여주는 대표적인 사례다.

브라질의 에너지

브라질은 다른 나라와 비교할 때 에너지 믹스에서 재생가능에너지가 차지하는 비중이 상당히 큰 국가다. 실제로 브라질은 전력 공급의 74%를 수력에 의존하고 있으며, 1975년부터는 고유의 바이오연료 프로그램을 시행해오고 있다.[3] 당시 도입된 바이오연료 정책은 수입 석유에 대한 의존도를 낮추려는 의도에서 시작되었다. 이 무렵부터 브라질은 사탕수수를 이용해서 에탄올을 생산·보급했으며, 덕분에 수송용 바이오에너지 분야에서 선도적인 위치를 차지할 수 있었다 (이와 관련해서 더 자세한 내용은 〈상자글 27.1〉을 참고할 수 있다).

3 　브라질은 1차 석유파동 이후인 1970년대 중반부터 석유에 대한 의존도를 낮추기 위해서 에탄올 육성 정책을 수립했다. 이에 따라 정부는 차량용 에탄올의 개발·보급 정책인 '프로 – 알코올 프로그램 (Pró-Álcool Program)'을 수립함으로써 에탄올에 대한 가격 보조, 에탄올 자동차에 대한 인센티브 지급 등 다양한 정책을 추진해왔다. _옮긴이

▮상자글 27.1▮ 브라질의 바이오연료 프로그램

브라질은 상당히 오래전부터 바이오에너지를 이용해왔다. 브라질은 1975년부터 에탄올을 대량으로 생산하기 시작했으며, 오늘날 브라질에서 에탄올은 경제적 측면에서 가솔린보다 경쟁력 있는 에너지원이다(Goldemberg et al., 2004; Goldemberg, 2009). 세계에서 에탄올을 가장 많이 생산하는 국가는 미국으로, 옥수수를 이용해서 에탄올을 생산하고 있다. 브라질은 미국의 뒤를 이어 에탄올을 두 번째로 많이 생산하는 국가이며, 2010년 한 해 동안 생산된 에탄올의 양은 275억 리터였다. 그렇지만 사탕수수를 이용해서 에탄올을 생산하는 국가로는 브라질이 세계 최고라 할 수 있다. 이로 인해 사탕수수 수확기에는 에탄올과 설탕을 생산하는 공장이 427개에 달할 정도다. 2010년에는 헥타르당 78톤의 사탕수수가 수확되었으며, 몇몇 지역에서는 헥타르당 100톤이 생산되는 경우도 있었다. 이렇게 수확된 사탕수수 1톤당 43~55리터의 에탄올이 추출되었으며, 몇몇 지역에서는 82리터가 생산되는 경우도 있었다(MAPA, 2011).

사탕수수 에탄올은 옥수수나 다른 작물에서 추출한 에탄올과 비교했을 때 에너지 효율이 높다는 장점이 있다. 사탕수수 에탄올의 에너지 밸런스[4]는 평균적으로 8.3이며, 어떤 경우에는 10.2를 기록하기도 한다(Macedo et al., 2008). 초기에는 에탄올이 에탄올 전용 차량의 연료로 사용되거나 아니면 일반 차량의 노킹 방지용 휘발유 첨가제(Methyl Tertiary Butyl Ether: MTBE)를 대신하는 옥탄가 개선용 첨가제로 사용되었다. 그렇지만 최근에는 에탄올이 전용차가 아닌 겸용 플렉스 차량에서 이용되고 있다. 브라질에서 판매되는 신차 가운데 90% 이상이 에탄올이나 가솔린 또는 이들 혼합물을 모두 연료로 사용할 수 있는 플렉스 차량이다. 플렉스 차량의 운전자는 에탄올과 가솔린 중 저렴한 연료를 선택해서 사용할 수 있다(ANFAVEA, 2010). 브라질에서는 5톤 이하의 트럭이나 승용차 같은 경량 자동차의 41.5%가 플렉스 차량이다(Datagro, 2010).

브라질의 바이오연료 프로그램은 친환경적일 뿐만 아니라 사회적으로도 긍정적인 영향을 주었다. 예를 들면, 브라질에서 에탄올 생산은 100만 개의 일자리를 만들어

냈는데, 특히 농촌 지역에서 많은 일자리가 창출되었다. 또한 기계를 통한 사탕수수 수확은 노동과 관련된 기술 수준을 대폭 향상시켰다.

한편으로 브라질은 세계 2위의 바이오디젤 생산국이다. 2010년 말까지 브라질에서 생산된 바이오디젤은 23억 리터였으며, 68개의 공장에서 최대한으로 생산할 수 있는 설비 용량은 62억 리터에 달한다(ANP, 2011). 물론 콩이 바이오디젤의 80%를 담당하는 주요 원료이고, 뒤이어 동물성 지방이 전체 바이오디젤의 13%를 차지하며, 나머지는 식물성 기름을 이용해 생산하고 있다. 브라질은 바이오디젤 5%를 의무적으로 혼합하도록 강제하는 조치(B5)를 법으로 규정하고 있다. B5 조치를 2013년부터 도입하기로 결정한 2010년 이후부터는 바이오디젤 생산이 급증하기 시작했다. 콩 생산의 증가와 이로 인한 가격 하락 덕분에 대두유의 소비가 늘어나고 있다. 여기서 대두유는 동물의 사료를 생산하는 과정에서 발생하는 일종의 부산물이라고 할 수 있다.[5] 실제로 브라질은 선진국에 육류를 수출하기 위해 2억 마리라는 엄청난 수의 소를 키우고 있으며, 이로 인해 동물성 지방의 공급이 늘어날 수 있었다.

브라질의 에너지 믹스

〈그림 27.5〉는 브라질에서 주로 이용되는 에너지원의 비율을 보여주고 있다. 주목할 점은 수력발전이 현대적인 바이오매스만큼이나 중요한 에너지원으로 부상하고 있다는 사실이다. 여기서 현대적 바이오매스란 펄프·제지 생산 및 선철[6] 생산을 위한 땔감과 수송용 바이오연료를 의미한다.

---

4 에너지 밸런스(energy balance)는 투입 대비 에너지 출력을 의미한다. _옮긴이
5 브라질은 세계에서 두 번째로 콩을 많이 생산하는 국가로, 2010년에 2324만 헥타르의 경작지에서 6800만 톤의 콩을 생산했다. 참고로 같은 기간 전 세계의 콩 생산량은 2억 5800만 톤이었다. 한편 브라질은 2835만 톤의 콩을 수출하고 있다. 또한 2010년에는 600만 톤의 대두유를 생산했으며, 그중 126만 톤을 수출했다(MAPA, 2010).
6 무쇠라고도 불리며, 철광석에서 직접 제조되는 철의 일종이다. 철 속의 탄소 함량이 1.7% 이상이

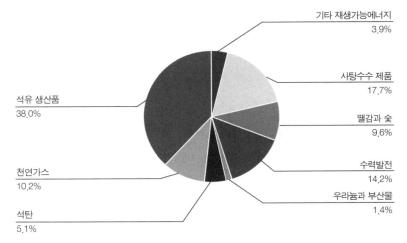

〈그림 27.5〉 브라질의 에너지 공급 비중(2010년)

기타 재생가능에너지
3.9%

사탕수수 제품
17.7%

땔감과 숯
9.6%

수력발전
14.2%

우라늄과 부산물
1.4%

석유 생산품
38.0%

천연가스
10.2%

석탄
5.1%

자료: IBEN, 2011.

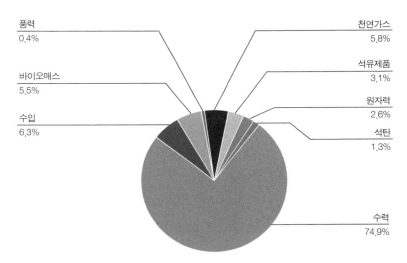

〈그림 27.6〉 브라질의 전력 공급 비중(2010년)

풍력
0.4%

천연가스
5.8%

석유제품
3.1%

원자력
2.6%

석탄
1.3%

바이오매스
5.5%

수입
6.3%

수력
74.9%

자료: BEN, 2010.

브라질은 전력의 74%를 수력에 의존하고 있으며, 나머지의 5%가량은 바이오
매스 에너지를 통해 생산하고 있다(〈그림 27.6〉 참조).

며, 고로와 용광로에서의 제철 과정을 통해 만들어진다. _옮긴이

〈상자글 27.1〉에서 보았듯이, 브라질은 수송 부문에서는 사탕수수 에탄올의 이용이 높기 때문에 에너지 생산 과정에서 발생하는 온실가스 배출량이 매우 낮다. 아마존 유역의 삼림 벌채로 인한 온실가스 배출량을 제외하면 브라질은 세계 온실가스 배출량 순위에서 18위를 차지할 뿐이다. 설탕과 알코올을 생산하고 남은 사탕수수 찌꺼기는 공장에서 열병합발전의 원료로 이용되며, 여기에서 만들어지는 전기는 공장에서 자체적으로 소비되거나 전력망을 통해 판매된다. 2010년 한 해의 발전 용량은 6000MW에 달했으며, 2009년과 2010년의 수확기 동안 사탕수수 찌꺼기를 이용해서 생산한 전기는 2만 31GWh로, 브라질 내 공장의 28.2%가 전력망을 통해 잉여 전력을 판매하고 있다. 향후 10년 동안 브라질의 모든 공장에 99기압의 보일러가 설치된다면 사탕수수 생산량이 10억 400만 톤에 달할 것이다. 특히 사탕수수 찌꺼기로 생산되는 전기는 6만 8730GWh까지 늘어날 것으로 예상된다(CONAB, 2011).

수송용 바이오연료가 차지하는 비중은 상당히 큰데, 그중 사탕수수 에탄올이 17.9%를 차지하고 있다. 그리고 이러한 사탕수수 에탄올은 〈상자글 27.1〉에서 살펴보았듯이 플렉스 차량의 연료로 사용되고 있다. 반면 가솔린의 비중은 25.3%에 불과하다(〈그림 27.7〉참조). 그렇지만 디젤에 지급되는 보조금이 상당히 높기 때문에 디젤유의 소비량이 여전히 높은 실정이다. 그렇지만 디젤은 경차의 연료로만 사용될 수 있을 뿐이다. 즉, 트럭, 농업용 기계, 도시용 차량에는 디젤의 이용이 금지되고 있다. 자국 내 디젤의 소비를 줄이기 위해 2003년 바이오디젤 프로그램이 도입되어 2010년부터 모든 디젤유는 바이오디젤을 5% 포함해야만 판매가 가능하다.

한편 주거용 액화석유가스 프로그램이 도입되면서 땔감인 장작의 소비가 상당히 줄어들었다. 최근 가정에서 사용되는 에너지원 가운데 장작과 액화석유가스가 차지하는 비중은 각각 30%와 26%인 것으로 나타났다(〈그림 27.8〉참조). 전체 바이오매스 소비량에서 가정용 장작의 비중은 1970년 53.5%였지만 2002년 들어서는 13.8%로 줄어든 상태다.

2002년부터 브라질 정부는 재생가능에너지에 대해 인센티브를 제공하기 시

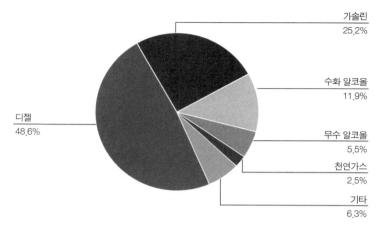

〈그림 27.7〉 브라질 수송 부문의 에너지 소비 비중(2010년)

가솔린
25.2%

수화 알코올
11.9%

무수 알코올
5.5%

천연가스
2.5%

기타
6.3%

디젤
48.6%

자료: BEN, 2011.

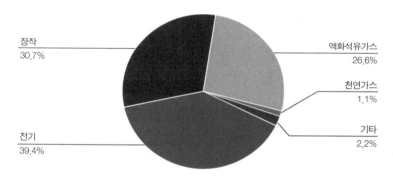

〈그림 27.8〉 브라질 주거 부문의 에너지 소비 비중(2010년)

장작
30.7%

액화석유가스
26.6%

천연가스
1.1%

기타
2.2%

전기
39.4%

자료: BEN, 2011.

작했다. 이런 맥락에서 브라질 정부는 '10.438법'을 2002년 4월 26일 제정했다. 이를 근거로 브라질 전력 부문의 지주 기업인 엘레트로브라스(Eletrobras)가 향후 20년에 걸친 계약을 통해 재생가능에너지 3300MW를 구매하게 되었는데, 구체적으로는 소수력, 풍력, 바이오매스라는 세 분야로 구분해서 구매할 예정이었다. 이때 에너지 생산자는 구매 계약을 체결하려면 환경과 관련된 면허를 미리 발급받아야 했다. 생산자에게 지급되는 지원금은 물론 연방정부에 의해 결정되었다. 그렇지만 바이오매스는 생산자에게 그리 매력적인 에너지원이 아니기 때

〈표 27.3〉 브라질의 에너지 공급 비중(2010년)

에너지원	비중(TOE)
재생 불가능 에너지	54.6%(147.9)
석유 및 기타 부산물	37.9%(102.8)
천연가스	10.1%(27.6)
천연석탄과 코크스	5.0%(13.7)
우라늄	1.4%(3.9)
재생가능에너지	45.3%(122.8)
수력전기	14.1%(38.3)
목탄	9.6%(26.1)
사탕수수 부산물	17.6%(47.8)
기타 재생가능에너지	3.9%(10.6)
합계	100%(270.8)

자료: BEN, 2010.

문에 1100MW라는 목표치는 달성하지 못하고 685MW만 상업화할 수 있었다.

브라질의 재생가능에너지

〈그림 27.1〉에서 볼 수 있듯, 전 세계 에너지 믹스에서 재생가능에너지가 차지하는 비중은 12.9%로 그다지 높지 않다. 그렇지만 〈표 27.3〉에서 나타나듯, 브라질의 경우 전체 에너지 가운데 재생가능에너지가 차지하는 비중이 무려 45.3%에 달한다.

〈그림 27.6〉에서 확인할 수 있듯, 전력 부문의 상황은 더욱 낙관적이다. 브라질의 수력발전은 이타이푸 댐에서 수입되는 전력을 포함해 2010년 현재 브라질 전체 전력 생산의 74% 이상을 차지하고 있다(BEN, 2011).[7] 다만 전력에서 문제가 되는 것은 미래의 전망이다. 다행히 브라질의 인구 증가 추세는 그다지 빠르지 않다. 그렇지만 빈곤층의 생활 개선 요구를 충족시키기 위해서는 더 많은 전

---

7   이타이푸 댐은 브라질과 파라과이 국경의 파라나 강 상류에 자리 잡고 있다. 이 댐은 브라질과 파라과이가 함께 투자해 건설한 것으로 양국이 소유권을 공유하고 있다. 이타이푸 댐에서 생산되는 전기는 브라질 전력 수요의 25%를 담당하고 있으며, 파라과이 전체 전력 수요의 80%를 충당하고 있다. 세계에서 중국의 산샤 댐 다음으로 두 번째로 큰 수력발전소다. _옮긴이

에너지원	2010	2020	2030
수력발전(이타이푸 댐 포함)	82.9	115.1	148.6
열전기	17.5	28.9	42.6
천연가스	9.2	11.7	17.5
원자력	2.0	3.4	7.4
석탄	1.8	3.2	4.9
기타	4.5	10.6	12.9
대체재	9.1	27.0	40.8
소수력	3.8	6.4	9.0
풍력	0.8	11.5	13.5
바이오매스	4.5	9.1	22.3
합계	109.6	171.1	232.0

자료: PDEE-2020, 2011; PNE 2030, 2007.

기가 필요한 실정이다.

〈표 27.4〉는 2010년까지 브라질에 건설된 발전소를 포함하는 '에너지 10개년 계획(PDEE-2020)'[8]과 '국가에너지계획 2030(PNE 2030)'의 내용을 정리한 것이다. 이 자료에 따르면, 전력 설비 용량이 2010년 109GW에서 2020년 171GW로 증가하고, 2030년에는 236GW에 달할 것으로 전망된다. 이때 수력은 2030년 브라질의 전력 생산 부문에서 가장 큰 비중을 차지할 것으로 예상된다. 반면 2020년에는 풍력과 바이오매스가 전력 생산에 상당히 큰 기여를 할 것으로 기대된다.

〈표 27.5〉는 재생가능에너지와 열에너지에 관한 것으로, 2030년까지 재생가능에너지가 전력 생산에서 차지하는 비중을 보여주고 있다. 정리하자면, 향후 브라질에서는 재생가능에너지가 주도적인 역할을 담당할 것으로 전망된다.

최근 브라질의 에너지연구소(EPE)가 아마존을 포함해서 브라질 지역 내에 산재해 있는 20여 개 기업을 대상으로 조사한 결과, 이들의 발전 설비 용량이 3200만kW에 달했다고 한다. 여기에서 주목할 점은, 과거에 엘레트로브라스가 주도했던 수력발전은 1990년대를 기점으로 더 이상 새로 등장하지 않았다는 사실이

---

8   브라질 정부가 공표한 2020년까지의 에너지개발계획(Plano Decenal de Expansão de Energia 2020)을 의미한다. _옮긴이

〈표 27.5〉 브라질의 재생가능에너지와 열에너지에 의한 전력 생산량(단위: 100만TOE, %)

에너지원	2010	2020	2030
재생가능에너지	95.0(84.3)	142.2(83.1)	193.6(82.0)
열에너지	17.1(15.7)	28.9(16.9)	42.6(18.1)
합계	112.1(100)	171.1(100)	236.2(100)

자료: PDEE-2020, 2011; PNE 2030, 2007.

다. 이로 인해 지난 몇 년 동안 전력 거래에 수력발전이 거의 포함되지 않고 있다.

아마존과 벨로 몬테 지역에서는 대략 1600만kW의 전력을 생산할 수 있다. 이들 지역에는 500~1000MW 규모의 수력발전소를 건설할 수 있는데, 이 같은 중간 규모의 발전소를 건립하는 것은 환경에 그리 큰 영향을 미치지 않는다. 중요한 점은 이들 지역에 발전소를 건설할 경우 강물의 흐름이 변경될 수 있으므로 건기에 물을 저장할 수 있는 저수지를 함께 고려해서 건설 여부를 결정해야 한다는 것이다. 브라질의 발전 부문에서 가장 중요한 문제 가운데 하나는 1986년 이후 건립된 수력발전소의 경우 주변 지역으로의 범람을 막기 위한 저수 시설을 갖추지 않고 있다는 것이다. 게다가 브라질은 2001년에 전력 공급이 제한되는 문제마저 발생했다.[9] 이런 문제는 지금 시점에서 다시 고려할 필요가 있다.

일반적으로 수력발전은 산림 지역의 침수 같은 부정적인 문제를 일으키기 때문에 지역 주민들에게 악영향을 미친다. 게다가 발전소 주변 지역에서 벌어지는 삼림 벌채도 문제가 된다. 반면 멀리 떨어진 도시에 거주하는 수백만 명의 사람들에게 전력을 공급해주는 긍정적인 역할도 한다. 따라서 홍수 방지용 저수지를 설치하지 않고 수력발전소를 건설하면 환경문제 해결에는 어느 정도 기여하겠지만 경제적 관점에서는 그다지 바람직하지 않을 수 있다.

물론 환경론자들은 이 같은 판단에 동의하지 않겠지만, 이에 관한 전면적인 재검토가 반드시 필요하다. 벨로 몬테의 사례처럼 500~1000km^{2}에 이르는 저수지가 엄청나게 크다고 여길 수도 있겠지만, 아마존에서 매년 5000km^{2}의 삼림이

---

9 브라질은 2001~2002년에 강수량 부족으로 인해 극심한 전력 부족 사태를 겪어야 했다. 당시 상파울루를 포함한 대도시를 대상으로 전력이 제한적으로 공급되면서 정전 사고가 발생했다. _옮긴이

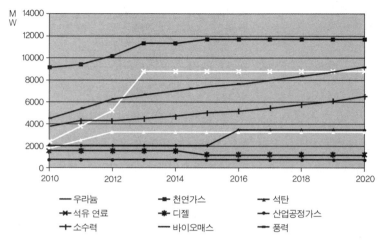

〈그림 27.9〉 수력을 제외한 브라질의 전력 설비 용량 전망치

범례:
— 우라늄   ■ 천연가스   ─★─ 석탄
─✕─ 석유 연료   ✱ 디젤   ─▲─ 산업공정가스
─┼─ 소수력   ── 바이오매스   ─●─ 풍력

자료: PDEE-2020, 2011.

파괴된다는 사실을 고려할 때 이는 그리 큰 규모라 할 수 없다. 열이나 원자력 같은 다른 에너지의 비중을 고려하면 2009년 전까지만 해도 이는 브라질 에너지 연구기관의 계획에서 적절한 수준이었다. 그렇지만 전력 경매에 수력전기가 참여하지 않게 되자 2008년 9월에 열린 전력 경매에서는 열과 석탄화력발전의 비중이 엄청나게 증가했다. 2010년 들어 이런 추세는 역전되었으며, 2020년까지는 풍력발전의 비중이 급격히 증가할 것으로 예상된다(〈그림 27.9〉 참조).

앙그라 원전 3호기(Angra III nuclear reactor) 원전의 건설이 2015년에 완료됨에 따라 원자력 에너지의 비중은 2020년까지 계속 증가할 것으로 전망된다. 브라질 에너지연구소에 따르면, 2030년까지 4개의 원자로가 추가적으로 건설될 것이라고 한다. 그렇지만 후쿠시마 원전 사태가 발생한 이래 원자력발전소 확대에 대한 반발이 전 세계적으로 확산되고 있기 때문에 브라질에서도 이에 대한 논의가 진행 중이다. 다만 후쿠시마 원전 사고 같은 문제가 발생하면 안전장치에 대한 추가적인 요구가 늘어나기 때문에 원자력 비용이 증가할 수밖에 없다. 그리고 이는 결과적으로 원자력 에너지의 경쟁력을 약화시킬 것이다.

브라질 에너지연구소는 2020년 전력 생산에서 바이오매스가 차지하는 중요

	2010	2015	2019	2025	2030	2035
상파울루 2035(2011)	5,130	11,646	17,322	22,382	28,614	34,464
열병합발전계획(2010)	6,715	14,315	22,315	-	-	-
에너지 10개년 계획(2011)	4,496	7,353	9,163	-	-	-
국립식량공사(2011)	5,915	17,190	21,262	-	-	-

성을 과소평가하고 있다. 사탕수수 찌꺼기를 이용한 열병합발전의 가능성에 대해 브라질의 국립식량공사(CONAB)는 브라질 에너지연구소가 예측한 것보다 훨씬 높게 평가하고 있다(〈표 27.6〉 참조).

한편 에너지 효율 개선 정책과 재생가능에너지 보급 정책을 결합할 경우 시너지 효과가 상당히 클 것이다. 예를 들면, 송전망이 연결되지 않은 농촌 지역에서는 태양광 전지를 이용해서 전력을 공급할 수 있는데, 이때 형광등이나 LED 전등을 함께 보급하면 백열등을 사용할 때보다 전력 소비량을 4~5배가량 줄일 수 있다. 따라서 태양광 전지를 이용해서 전력을 공급하는 방식은 비용이 훨씬 더 많이 들지만, 이를 LED 전구와 결합할 경우에는 구형 조명 방식보다 훨씬 더 바람직할 수 있다.

2001년에 제정된 '에너지효율법 10.295(Energy Efficiency Law 10.295)'[10]에서는 브라질 정부에 특정 에너지 소비의 상한선을 결정하는 권한뿐 아니라 브라질 내에서 제조·판매되는 기계나 장비의 최저 에너지 효율을 정하는 권한까지 부여하고 있다. 다만 과거에는 재생가능에너지와 에너지 효율의 시너지 효과를 고려하지 못했으므로 에너지 효율이 에너지 계획에 매우 미미한 영향만 주었다. 결과적으로 이 법률은 제대로 시행되지 못했고, 2007년 12월 '냉장고·냉동고의 에너지 소비 효율 등급에 관한 행정 규칙 362'에 의해서 한시적으로 도입되었다. 2007년 이전까지 브라질은 단순히 '국가 전력 에너지 절약 프로그램(National Electric Energy Conservation Program)', 즉 프로셀(PROCEL) 마크를 부착하는 방식으로 대

---

10 브라질 국립계량품질기술원(INMETRO)은 2001년 에너지 효율에 대한 국가 정책을 수립한 뒤 관련 법률을 제정했다. 이 법은 소비자에게 구매 결정에 필요한 정보를 제공할 뿐만 아니라 지속적인 개선을 통해 산업계의 경쟁력을 강화한다는 목표하에 제정되었다. _옮긴이

〈표 27.7〉 브라질의 에너지 소비량과 에너지 효율 전망치(단위: TOE)

소비량	2011	2015	2020
절약 없는 소비량	239,840	301,611	393,938
에너지 절약	2,028	9,045	22,410
에너지 절약 비중	0.8%	3.0%	5.7%
절약 시 최종 소비량	237,812	292,566	371,527

주: 분야별 전력 소비량에 산업, 에너지, 농업, 서비스, 공공 부문, 수송 부문의 연료 소비량을 합산함. 단, 주거용
연료는 포함시키지 않음.
자료: PDEE-2020, 2011.

중에게 에너지와 관련된 정보를 제공했는데, 이는 단순히 정보를 제공하는 역할
만 했을 뿐, 저효율 제품에 대한 판매를 금지한 것은 아니다.

　브라질은 2011년 5월 26일 국가발전부·산업통상부·과학기술부·에너지부가
공동으로 참여하는 부처 간 행정 규칙을 발표함으로써 난로, 오븐, 냉장고, 냉동
고, 온수기에 대한 에너지 효율 목표를 설정하는 방식으로 에너지 효율 프로그
램을 확대하기 시작했다. 새롭게 설정된 효율 기준을 충족시키지 못한 제품은
2012년까지만 판매하도록 했다. 브라질 에너지연구소에 따르면 효율이 개선될
경우 2020년까지 10년간 에너지 소비를 5.7% 줄일 수 있을 것으로 예상된다
(〈표 27.7〉 참조). 물론 매년 에너지 소비를 0.57% 줄인다는 것은 그다지 큰 감축
이 아닐 수도 있다. 그렇지만 브라질과 달리 OECD 회원국들은 1973년부터
1998년 사이에 연간 약 2%의 에너지를 절약할 수 있었다.

　다른 나라의 사례와 마찬가지로 브라질도 중장기적인 관점에서 합의된 행정
규칙이 에너지 소비에 상당히 큰 영향을 미칠 것으로 전망된다. 왜냐하면 이 같
은 에너지 절약은 브라질의 에너지 믹스에서 2030년까지 재생가능에너지를
50% 보급한다는 국가 목표를 달성하기 위한 필수조건이기 때문이다.

브라질의 에너지 접근성 문제와 에너지 빈곤의 심화

　브라질 정부가 2010년에 실시한 가구 총조사에 따르면, 지역 가구의 99.7%가

전기를 사용하고 있다고 한다. 이는 4920만 가구에 전기가 공급되고 있으며 단 13만 명만 전기를 이용하지 못한다는 것을 의미한다.

이 자료를 통해 브라질의 도시와 교외 지역에서는 전기가 거의 전면적으로 보급되었음을 확인할 수 있다. 그럼에도 불법적인 전력망 연결을 통해 전기를 훔치는 소비자가 여전히 존재한다.[11] 브라질 정부는 단순히 전기 보급에만 주력하는 것이 아니라, 불법적으로 전기를 이용하는 사람들이 송배전망을 통해 합법적으로 전력을 공급받고 사용량만큼 정당한 비용을 지불하도록 유도하기 위해 노력하고 있다.

에너지 접근성 개선 정책

브라질은 정부가 전력 부문을 소유·운영하다가 1966년부터 민영화하기 시작했다. 이로 인해 전력 부문에 관한 새로운 운영 계획이 마련되었으며, 법률 개정을 통해 전력 부문에 대한 외국인 투자가 허용되기 시작했다. 대신 브라질 정부는 에너지 접근성을 향상시키기 위해 '전국민전기공급계획(Luz para Todos)'[12]을 도입했으며, 이를 통해 브라질 전역에 전력망을 확충하기 시작했다. 아마존에 위치한 산간벽촌의 경우 에너지 접근성이 다른 지역에 비해 현저히 낮기 때문에 전국민전기공급계획을 통해 이들 지역에도 에너지를 공급하기 위한 사업이 진행되고 있다.

브라질 에너지부는 전력 정책을 총괄하기 위한 산하기관으로 국가에너지전력청(Agencia Nacional de Energia Elétrica: ANEEL)을 두고 있다. 국가에너지전력청은 1966년에 개정된 법률에 의거해 설립된 전력 관리 기관이다. 따라서 국가에너지전력청은 법률과 정부의 명령·지시·정책에 따라 전력 생산의 통제 및 전기의 송배전 업무를 담당하고 있다. 국가에너지정책협의회(National Council for

---

11 불법적 연결은 소비자가 계량기를 설치하지 않고 스스로 전력망에 직접 연결해 전기를 사용하는 것을 의미한다.

12 포르투갈어인 'Luz para Todos'는 '모두에게 빛을(Light for All)'이라는 의미다. _옮긴이

Energy Policies: CNPE)는 브라질 에너지부의 자문 기구로, 에너지 공급 기준과 '구조적 사업'의 승인을 담당한다. 반면 전력산업감시위원회(Electric Industry Monitoring Committee: CMSE)는 에너지의 안정적·지속적인 공급을 감시하는 역할을 맡고 있다. 엘레트로브라스 역시 브라질의 전력 공급에서 중요한 역할을 담당한다. 엘레트로브라스는 전기를 생산하고 송전하는 업무를 담당하고 있으며, 브라질에서 이 분야의 선두적인 위치에 있다. 엘레트로브라스는 대체에너지 개발 프로그램, 전국민전기공급계획, 국가 전력 에너지 절약 프로그램 같은 정부의 정책적 프로그램을 지원하고 있다. 이런 정책 구조는 브라질에서 전력 부문이 민영화되던 시점에 구축되었으며, 이들 기관은 에너지 접근성 개선 프로그램에서 중요한 역할을 수행하고 있다.[13]

에너지 접근성의 확대

전국민전기공급계획은 2003년 11월에 도입되었으며, 브라질에서 전기를 사용하지 못하는 인구를 줄이기 위해 2008년까지 1000만 명에게 전력 공급을 확대한다는 목표를 가지고 있다. 이 프로그램은 에너지부가 조직화하고, 엘레트로브라스가 운영하며, 전력 기관과 농촌 지역 전력협동조합이 실행하는 사업이다. 최초 목표를 달성하기 위해 2011년 11월을 기준으로 200억 레알, 즉 100억 달러의 자금이 투입되었다. 브라질에서 전기 공급이 원활하지 않는 지역을 지도에 표시한 결과 저소득 가정의 에너지 접근성이 낮은 것으로 나타났다. 물론 이런 저소득 가구의 경우 인간개발지수 역시 낮다. 2010년에 전국민전기공급계획은 전력을 공급받지 못하는 나머지 100만 명을 위해 확대 실시되었다. 여기서 이

---

13 브라질 연방헌법은 전력 공급을 연방정부가 담당해야 하는 공공 서비스로 간주하고 있다. 2002년 4월에는 10.438/2002 법안이 전력회사의 승인을 얻어 발의되었는데, 이 법안은 브라질에서의 전력의 보편적인 공급을 목표로 하고 있다. 이 법안이 발의되자 결의안 223(Resolution n.223)에 대한 수정이 2003년 4월 29일 이뤄졌다. 이 결의안은 '전력보편화계획(Electric Power Universalization Plans)'의 일반적인 조건과 전기 공급자에 대한 책무를 규정하고 있다.

<표 27.8> 브라질 도시 지역 가구의 에너지 접근성

	전기 보급 가구	전기 미보급 가구	전기 보급률(%)
브라질 전체	49,093,032	133,097	99.7
북부권	2,993,228	19,122	99.4
동북권	11,137,927	61,887	99.4
중서부권	3,851,820	7,655	99.8
동남권	23,510,520	28,905	99.9
남부권	7,599,537	15,528	99.8

자료: IBGE, 2010.

프로그램에 참여하는 기관은 수혜 대상이 합법적인 토지 소유권을 보유한 가구일 경우 반드시 전기를 보급해야 하는 의무를 지닌다는 부분이 중요하다. 〈표 27.8〉에 정리된 것처럼 2010년 현재 도시 지역 99.7%의 가구에 전력이 공급되고 있다.

저소득층에 대한 사회적 배려 요금

브라질은 성과 기준 규제를 도입함으로써 이른바 '비경쟁적 소비자', 즉 최저 전력 소비자에 대한 적정 요금이 부과될 수 있도록 보장해주고 있다. 이처럼 성과 기준, 가격 상한, 장기 요금은 보편적인 전력 공급에 대한 신뢰도를 높이고 서비스의 질을 향상시키는 데 이바지할 것으로 기대된다. 브라질의 에너지 요금은 다른 국가와 비교할 때 상대적으로 높은 편이다. 특히 캐나다의 수력발전 가격과 비교하면 격차가 크다. 그렇지만 브라질의 전기 요금에서 세금이 30% 이상을 차지한다는 사실에 유념할 필요가 있다. 즉, 전력에 부과되는 세금이 전 세계 어떤 나라보다도 높다고 할 수 있다(USAID, 2009). 한편 저소득층 대상의 '사회적 요금(Low Income Tariff: LIT)'을 도입해 가난한 소비자들에게 매우 큰 할인율을 제공하고 있다. 〈표 27.9〉는 전력 소비량별로 제공받을 수 있는 할인율을 보여준다.

브라질의 원주민과 킬롬보(quilombo)[14] 지역의 사람들도 사회적 할인율의 혜택을 받았다. 이들은 한 달 전력 소비량이 50kWh 미만일 경우 전액 면제를 받았

<표 27.9> 전력 소비 용량별 할인율

범위	할인율
매월 30kWh 이하 소비 시	65%
매월 31~100kWh 소비 시	40%
매월 101~220kWh 소비 시	10%
매월 220kWh 이상 소비 시	0%

자료: ANEEL, 2011.

다. 만약 전력 소비량이 이보다 많으면 추가분에 대해 〈표 27.9〉에 해당하는 할인율이 적용되었다.

브라질 정부는 1990년대 후반에 RGR 방식을 채택했다. RGR이란 전력 소비자에게 부과하는 요금을 통해 재원을 조달하는 일반 기금으로, 주로 농촌 지역에 전기를 보급하고 빈곤 계층의 전기 요금을 지원해주는 데 사용되었다. 최근에는 에너지개발기금(Conta de Desenvolvimento Energético: CDE)이 RGR 방식을 대체하고 있다.[15] 에너지개발기금도 도시와 농촌 지역의 전기 보급 사업에 이용되고 있다. 국가에너지전력청에 따르면 2006년 한 해 동안 에너지개발기금 가운데 1조 4080억 레알이 전력회사에 지급되었다고 한다. 지금은 1700만 명의 소비자가 저소득층을 대상으로 한 사회적 요금의 혜택을 누리고 있다. 이는 전국 5020만 명의 전력 소비자 가운데 36%를 차지하는 수치다.[16]

---

14 킬롬보는 아프리카계 브라질 이주민이 세운 브라질 내륙 지역의 정착지를 말한다. 따라서 킬롬보에 거주하는 사람들은 대부분 도망친 노예, 소외받던 포르투갈인, 브라질 원주민, 유태인, 아랍인을 비롯해 식민지 시절에 탄압받던 브라질인들로 구성되어 있다.

15 에너지개발기금은 2002년에 개정된 '10,438법'에 의거해 만들어졌다. 에너지개발기금은 브라질의 에너지 개발을 독려하고 대체에너지의 보급을 확산시키며 천연가스와 석탄화력발전의 경쟁력을 확보하기 위해 마련되었다. 이렇게 설립된 발전소는 전력망을 통해 브라질 전역에서 전기를 보편적으로 이용하도록 만들어준다. 에너지개발기금은 브라질 정부와 엘레트로브라스의 관리하에 운영되고 있으며, 향후 25년 동안 유지될 예정이다.

16 에너지개발기금을 통해 1400만 명(82%)이 최저 요금을 보장받고 있다. 왜냐하면 이들이 소비하는 월간 전력 소비량이 80kWh보다 적기 때문이다. 2007년 국가에너지전력청은 저소득층 요금을 이용할 수 있는 사람의 범위를 축소했고, 결과적으로 최저 요금의 혜택을 받으려는 사람은 볼사 파밀리아(Bolsa Família: BF) 같은 저소득층 지원 프로그램에 가입해야 했다. 이러한 노력의 일환으로 국가에너지전력청은 월간 소비량이 80~200kWh에 해당되는 사람들이 카두니코(Cadúnico) 또는 볼사 파밀리아에 가입되어 있으면 혜택을 받을 수 있도록 규정했다. 이때 볼사 파밀리아와 카두니

농촌 지역의 에너지 접근성 개선에 관한 브라질의 사례는 다른 개발도상국에서도 이와 유사한 정책이 도입될 수 있는 가능성을 보여준다. 농촌 지역에서의 에너지 생산은 경제적·환경적·사회적인 측면에서 지속가능한 방식이어야 한다. 개발도상국에서 태양광 보급 사업이 어려움을 겪는 이유는 경제 발전을 이끌 만큼 충분한 동력을 확보하지 못했기 때문이다. 예를 들면, 이들 지역에서의 태양광발전은 고작해야 조명이나 물 펌프를 작동하는 소규모 활동에 이용될 뿐이다.[17]

브라질의 액화석유가스 프로그램

브라질의 도시 및 농촌 지역의 빈곤층은 취사용 에너지로 액화석유가스를 이용하고 있다. 13kg 크기의 액화석유가스는 매장이나 트럭을 통해 쉽게 구입할 수 있다. 액화석유가스 관련 기반 시설은 농촌 지역을 포함해서 브라질 전역에 충분히 갖춰져 있다. 2004년을 기준으로 도시 인구의 98.48%가 취사용 난로를 소유한 반면, 농촌 인구의 7.6%는 어떤 종류의 난로도 보유하지 않은 것으로 조사되었다(PNAD, 2004). 그렇지만 취사용 난로가 요리에 사용되는 유일한 도구는 아니다. 왜냐하면 도시와 농촌 지역의 저소득 가구는 액화석유가스를 구입할 여력이 없을 때를 대비해 장작 난로도 보유하고 있기 때문이다(Lucon et al., 2004). 〈표 27.10〉은 브라질의 에너지원별 소비 추이를 정리한 것이다. 최근 들어서는 장작 소비가 줄어드는 반면, 액화석유가스 소비가 늘어나고 있다.

〈그림 27.10〉은 1995년부터 액화석유가스와 장작의 사용량 변화를 보여주고

코는 별장이나 자택을 소유하고 있음에도 가난한 소비자로 분류되어 저소득층 할인 요금의 혜택을 받는 사람들을 걸러내는 제도적 장치다. 그리고 매달 전기를 220kWh 이상 사용하는 저소득층 대가족에 대해서도 제도를 개선해 지금은 이들에게 저소득층 할인 요금 혜택이 더 이상 제공되지 않고 있다(USAID, 2009).

17 물론 태양광발전은 농촌 지역과 개발도상국에서 기본적인 생존 수요를 충족시키는 데 유용하게 사용되고 있다. 그렇지만 이는 지역 경제를 발전시키기에는 역부족이며 모든 사람이 충분한 에너지를 공급받기에도 미흡한 수준이었다.

〈표 27.10〉 브라질의 에너지원별 소비량(단위: 10³TEP*)

	2010	2009	2009년 대비 2010년 증가분
전기	9,327	8,753	6.6%
장작	7,276	7,529	-3.4%
액화석유가스	6,298	6,115	3.0%
천연가스	255	238	7.1%
기타**	517	592	-12.7%
합계	23,673	23,227	1.9%

주: * TEP(ton of equivalent petrol)는 석유환산톤을 의미하며, TOE와 유사한 개념임.
  ** 기타에는 등유와 목탄이 포함됨.
자료: BEN, 2011.

〈그림 27.10〉 브라질에서 장작, 액화석유가스, 전기의 소비 추이

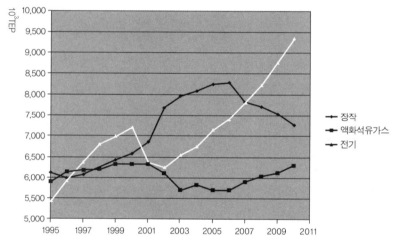

자료: BEN, 2011을 바탕으로 재구성.

있다. 이 그림을 통해 알 수 있듯, 브라질의 가정용 에너지 소비에서 장작과 액화석유가스가 차지하는 비중이 1996년까지만 해도 거의 유사했다. 이후 액화석유가스 소비는 1990년대 중후반부터 2002년까지 지속적으로 증가하다가 보조금이 철폐되자 소비량이 줄어들기 시작했으며, 그 대신 장작의 소비가 늘어났다. 그렇지만 최근 들어 가정용 전통적 바이오매스의 사용이 감소하고 2006년을 기점으로 액화석유가스 소비가 다시 늘어나는 추세다. 이 같은 역전 현상은 취사용으로 사용되던 전통적인 장작 난로가 지난 몇 년 동안 줄어들었기 때문이

다. 현재 농촌 지역에 거주하는 사람은 브라질 전체 인구의 20%도 채 되지 않으며, 국가 전체적으로 도시화가 급속히 진행되고 있다. 이처럼 도시화가 빠른 속도로 진행됨에 따라 사람들의 소득이 증대되었으며, 이로 인해 액화석유가스 사용량도 늘어나게 되었다. 반면 가정용 장작 소비는 1970년에는 전체 바이오매스 소비의 53.5%를 차지했지만, 2002년 이후로는 13.8%로 감소한 상태다.

개발도상국의 지속가능발전과 관련된 정책적 함의

브라질의 액화석유가스 프로그램은 장작 소비와 삼림 벌채를 줄이는 긍정적인 결과를 가져왔으며, 이런 프로그램은 다른 개발도상국에도 적용 가능하다. 13kg 규모의 액화석유가스 가스통은 아마존의 산간벽촌 같은 오지를 포함해 모든 국가와 지역에 공급할 수 있으며, 액화석유가스의 판매 가격도 보조금을 통해 적정 수준으로 유지할 수 있다.

일반적으로 개발도상국은 선진국에 비해 바이오매스의 생산 가능성이 더 높다. 기후 조건이 더 적합하고 노동력이 저렴하기 때문이다. 따라서 국제 무역을 통해 개발도상국에서 선진국으로 바이오연료 수출이 늘어날 것으로 예상되며, 이는 개발도상국의 경제 발전에 긍정적인 영향을 줄 것이다(UNCTAD, 2009). 브라질 사례에서 살펴본 바와 같이 농업 부산물을 이용한 전력 생산은 개발도상국 농촌 지역의 전기 공급에 도움을 줄 것이다. 지구환경기금·UN환경계획·아프리카개발은행으로부터 자금을 지원받는 '아프리카 열병합발전 프로젝트(Cogen for Africa Project)'는 사하라 사막 이남 국가의 발전에 상당히 기여했다.[18] 바이오연료의 생산과 이용은 에너지 안보의 향상, 전기 접근성의 개선, 농촌 지역의 경제 발전에 도움이 되었을 뿐만 아니라 일자리 창출 같은 부가적인 효과도 가져왔다. 이처럼 사하라 사막 이남 지역의 생산성은 토지의 이용 가능성과 매우 밀

---

18 http://www.afrepren.org/cogen/index.htm

접한 관계를 지니고 있다. 아프리카는 바이오매스 작물의 경작이 늘어나면서 세계 바이오매스 생산량의 30%를 공급하고 있다(FAOSTAT, 2009). 그렇지만 사하라 사막 이남 지역에서 사탕수수의 수확률은 브라질의 1/3도 채 되지 않는 실정이다.[19]

그럼에도 아시아와 아프리카 국가는 농업 부문에서 엄청난 발전을 이룩했다. 정부는 농업 부문에 대한 지원을 아끼지 않았으며, 이로 인해 종자와 비료의 사용이 늘어날 수 있었다. 이들 국가의 성공 이면에는 이러한 노력이 있었다. 따라서 농업 부문이 더욱 발전하기 위해서는 생산·유통 관련 시설을 구축하기 위한 더 많은 지원이 필요한 실정이다. 아프리카에서 사탕수수를 생산하는 39개국은 주로 남아프리카 국가로, 이들은 막대한 바이오연료를 공급할 수 있는 잠재력을 지니고 있다. 앙고라, 모잠비크, 잠비아, 탄자니아는 인구 밀도가 낮을 뿐만 아니라 토양과 기후가 바이오작물 재배에 적합한 지역이다. 하지만 아직까지 이들 지역에서의 상업적 바이오연료 생산은 매우 제한적인 수준이다. 그렇지만 남아프리카의 많은 나라들이 사탕수수에서 에탄올을 생산할 뿐만 아니라 자트로파에서 바이오디젤을 얻는 방식으로 바이오연료를 생산하려는 계획을 갖고 있다. 이미 몇몇 국가에서는 바이오연료의 원료로서 자트로파의 재배를 시작한 상태다.[20]

최근 들어서는 소규모 농업과 대규모 농업 사이에서 벌어지는 갈등이 또 다른 쟁점으로 논의되고 있다. 브라질의 경우 사탕수수라는 단일 품종을 대규모로 생산하는 형태이기 때문에 영세 농민이 생산에 참여하기 어렵다. 그렇지만 브라질의 파라나 주에서는 영세농으로 구성된 조합이 사탕수수 농장을 소유하는 형태를 취하고 있으며, 이러한 소유 형태는 긍정적인 기능을 하는 것으로 평가되고 있다. 이로 인해 파라나와 유사한 사례들이 다른 지역에서도 반향을 일으키고

---

19 이는 케냐의 제당 공장(sugar mills)을 방문한 저자의 경험을 바탕으로 한다.
20 이와 관련해서는 '지속가능한 발전을 위한 세계 에너지 네트워크(Global Network on Energy for Sustainable Development: GNESD)'의 2010년 자료인 'Bioenergy Theme'를 참고할 수 있다(www.gnesd.org).

있다. 이때 공장의 규모는 바이오연료의 경쟁력을 결정하는 핵심적인 요소이자 산업 공정에서의 유일한 경제적 쟁점이다.

다만 사람들은 바이오연료에 대해서 몇 가지 근거 없는 믿음을 가지고 있다 (Goldemberg et al., 2011). 그중 대표적인 것이 바이오연료 생산의 경제성에 관한 것이다. 그렇지만 바이오매스를 이용한 전력 생산을 통해 바이오연료가 지속가능한 방식으로 생산·사용될 수 있음을 입증하는 수많은 연구들이 이미 발표된 바 있다. 몇몇 연구는 브라질의 사탕수수 농업이 엄격한 환경 규칙 및 법의 적용을 받고 있음을 보여주고 있다(Goldemberg, 2009). 대표적인 사례로는 상파울루에 있는 수변 산림을 보존 및 복원하기 위한 규제를 들 수 있다. 이러한 규제를 통해 지역의 생물 다양성 보존 및 회복이 가능할 것으로 기대된다.

'무기를 제외한 모든 것(Everything but Arms: EBA)에 관한 협정'[21]은 개발도상국, 특히 최빈국의 바이오연료 생산에 관한 또 다른 어려움을 보여준다. 최빈국과 개도국이 선진국으로 설탕을 수출할 때에는 엄청난 보조금의 혜택을 받을 수 있다. 이러한 특혜 제도는 최빈국과 개발도상국의 경제 발전에 중요하다. 그렇지만 이 제도가 바이오연료 생산 부문에까지 확대되면 세계 각국의 인증 기준을

---

21 1968년 UN무역개발협의회는 선진국이 개발도상국으로부터 수입하는 제품에 대해 관세를 면제하거나 낮은 관세를 부과하는 일반관세특혜제도(Generalized System of Preferences: GSP)를 채택했다. 유럽공동체는 1997년에 GSP를 세계 최초로 도입했다. 여기서 GSP는 일반관세특혜제도의 약자로 해당 제도를 의미하기도 하지만, 이 제도하에서 시행되는 개별 계획을 뜻하기도 한다. 기타 지역에서는 품목 범위와 원산지 규정을 달리하는 자체적인 GSP 제도를 구축하고 있다. 물론 GPS 제도는 정기적으로 내용이 개정되고 있는데, 이는 다자간 무역으로 인해 변화된 정세를 반영하기 위함이다. EU는 10년을 주기로 GSP 제도를 개정하고 있다. 현행 GSP 제도는 2004년에 도입되었으며, 2006년부터 2015년까지 유지될 예정이다. 이때 최빈국은 개발도상국에 비해 더 나은 대우를 받는다. 결론적으로 최빈국과 개도국에서 생산된 제품의 시장 접근성이 점차 확대될 수 있었다. 2001년 2월 EU는 '무기를 제외한 모든 것에 관한 협정'이라고 불리는 EBA 협정을 도입함으로써 최빈국으로부터 수입되는 모든 제품에 대해 면세 혜택을 제공하고 있다. 이러한 면세 혜택은 무기와 탄약을 제외한 모든 부문에 적용되며, 면세를 받을 수 있는 물량도 제한받지 않는다. 그렇지만 바나나, 설탕, 쌀의 경우 면세 혜택을 한시적으로 받지 못하고 있다. 이후 EBA 협정은 GSP 규제에 통합된 상태다(EC 2501/2001). 이는 최빈국을 위한 특별한 제도가 무제한적으로 유지되어야 할 뿐만 아니라 EU가 GSP를 주기적으로 개편하는 것으로부터 영향을 받지 말아야 한다는 주장과도 관련이 있다. 이에 대한 더 구체적인 자료는 다음 홈페이지를 참고할 수 있다. http://ec.europa.eu/trade/policy/countries-and-regions/development/generalised-scheme-of-preferences/index_en.htm

충족하는지 여부가 규제로 작동할 수 있다. 이러한 맥락에서 바이오연료의 인증이 최빈국 및 개발도상국의 수출 장벽이 되지 않아야 한다. 한편으로 개발도상국 및 최빈국이 능력을 충분히 배양하고 재정적인 지원을 받을 수 있다면 일정한 목표 및 계획과 이러한 기준을 단계적으로 이행할 수 있도록 유도해야 할 것이다. UN무역개발협의회는 이러한 자격 기준을 도입하는 데 매우 신중을 기해야 하며 이러한 기준이 일종의 비관세 무역장벽으로 사용되는 신식민주의를 지양해야 한다고 주장한다(UNCTAD, 2008).

결론

앞에서 언급했던 것처럼 브라질의 바이오연료 프로그램을 다른 개발도상국에 적용하는 과정에서 발생한 문제를 고려할 때 우리가 얻을 수 있는 가장 중요한 교훈은 바이오연료 작물을 선택할 때 매우 신중해야 한다는 사실이다. 바이오연료 작물은 '농업 – 환경 – 경제 구역'을 설정함으로써 선택할 수 있다. 여기서 농업 – 환경 – 경제 구역이란 식량과 연료 생산의 최적지로서, 식량 안보를 보장하고 농촌 지역 발전에 기여할 수 있는 지역을 의미한다. 이때 농촌 지역의 발전은 단지 농촌 지역에서 단순히 일자리를 창출하는 것을 의미하는 것이 아니라 사탕수수 찌꺼기를 이용한 에너지 생산을 통해 농촌 지역의 에너지 접근성 문제를 해결하는 것을 포함하는 개념이다(Goldemberg, 2009). 라틴아메리카, 아프리카, 아시아의 개발도상국들은 에탄올과 바이오디젤의 원료로 사용 가능한 원자재를 생산할 수 있는 잠재력을 지니고 있으며, 이러한 자원은 선진국으로부터 기술을 이전받음으로써 더욱 빠르게 개발될 수 있을 것이다.[22] 그렇지만 이러한 시도가 성공을 거두기 위해서는 다음과 같은 조건이 충족되어야 한다. 즉, 능력 배양이

---

22 모잠비크의 '국가 바이오매스 연구센터(National Reference Center on Biomass: CENBIO)'는 상업적으로 이용 가능한 기술을 통해 아프리카가 지속가능한 바이오연료를 생산할 수 있는 기술을 이미 확보한 것으로 판단하고 있다.

요구되는 부문과 사업에 적절한 지역 인센티브 정책과 해외 자금을 즉시 투입해야 한다. 브라질 농업연구청(Brazilian Agricultural Research Corporation)인 엠브라파(EMBRAPA)에 따르면 대규모 자트로파 농장에 대해 매우 조심스럽게 평가할 필요가 있다고 한다. 자트로파에는 아직 질병 확산 및 경작 손실에 대한 보험 장치가 제대로 마련되어 있지 않기 때문이다(Sato et al., 2009).

아프리카와 아시아의 개발도상국은 자국 내 시장의 규모가 작긴 하지만 토지나 기후 조건이 바이오연료를 생산하기에 적합한 지역으로 알려져 있다. 따라서 선진국으로 수출되는 바이오연료는 농촌 지역의 경제 발전을 독려하고 일자리를 창출하며 에너지 접근성을 높일 뿐만 아니라 에너지 빈곤을 해소하는 데에도 기여할 것이다. 따라서 이들 국가의 인재를 양성하는 것을 포함해 바이오연료를 생산하기 위해서는 관련 농업 및 산업 분야에서 요구되는 기술을 반드시 익히는 것이 전제되어야 한다. 브라질이나 인도 같은 개발도상국은 남남 협력[23]을 통해 설탕이나 에탄올을 생산하기 위한 사탕수수를 재배하는 데 상호 간에 중요한 도움을 줄 수 있을 것이다.

다만 개발도상국에서는 생태학적으로 적절한 지역에서 바이오에탄올을 생산해야 한다. 왜냐하면 바이오연료 생산이 지역의 환경 보전에 부합하는 인증 기준을 준수하지 못한다는 비판이 제기될 수 있기 때문이다. 실제로 이 같은 논쟁은 유럽과 미국 같은 선진국에서 자국의 경쟁력 없는 농업 및 공업을 보호하기 위한 비관세 무역 장벽의 형태로 이용되고 있다.

---

23 남남 협력이란 남반구에 속하는 개발도상국들 간의 자원, 기술, 지식의 교환을 의미한다. 특히 아프리카와 남아메리카 사이의 협력이 가장 잘 알려져 있다. _옮긴이

28 국제 석유 시장의 발전과 러시아의 영향

안드레이 코노플랴니크

서론

이 장에서는 국제 석유 시장 발전이라는 맥락하에서 러시아 석유 경제의 위치와 역할에 대해 살펴보려 한다. 사실 석유 시장에 대한 논의를 생략하고 러시아의 에너지 정책을 살펴보는 것은 불가능한 일이다. 그렇지만 대부분의 사람들은 러시아의 석유보다는 가스에 더 큰 관심을 가지고 있다. 따라서 왜 석유와 가스 모두가 아닌 석유만 분석 대상으로 삼는지에 대한 의문이 당연히 제기될 것이다. 이유는 다음과 같다. 첫째, 국제 석유 및 가스 시장은 약간의 시차만 존재할 뿐, 동일한 경로를 통해 발전해왔다. 결과적으로 국제 가스 시장의 발전 경로는 사실 석유 시장에 의해 형성되었다고 볼 수 있다. 물론 천연가스가 생산되는 지역적 특수성도 물론 존재할 수 있다. 둘째, 천연가스는 러시아의 지역적 수출품이다. 즉, 구소련 시절의 파이프라인과 신규 파이프라인을 통해 유럽행 가스는 앞으로도 거의 독점적으로 공급될 예정인 반면, 석유는 해상 수송을 통해 더 많이 수출되는 국제적인 상품이라는 차이가 있다. EU통계청(Eurostat)은 러시아 수출의 핵심 지역인 EU 시장에서 천연가스가 2010년 현재 EU 수출액의 9%를 차지한 반면, 석유 수출액은 64%를 차지했다는 사실을 보여주었다(DG Energy, 2011). 이는 러시아에 석유가 가스보다 더 중요한 수출품임을 증명하는 수치다. 셋째, 2006년 1월과 2009년 1월 발생한 러시아와 우크라이나의 가스 수송·수출 위기[1] 이후 러시아에 대한 의존도가 높은 유럽에서는 천연가스가 정치적 사안으로 등장했다. 최근 '미국의 조용한 셰일가스 혁명'으로 인한 천연가스 현물 가격이 하락하고 과거에 높았던 장기 계약 가격의 차이가 벌어지고 세계경제 위기가 지속되면서 현재 유럽에는 천연가스가 공급 과잉 상태다. 이때 러시아가 계약한 천연가스 가격은 석유 생산과 직접적으로 연동되어 있다(Konoplyanik, 2012e). 결국 이 장에서 천연가스와 석유 모두를 완벽히 분석하기에는 물리적 한계가 존재하며, 피상적인 분석에 머무를 가능성도 있다.

러시아는 주요 산유국이지만 국제 석유 시장이라는 측면에서는 가격의 결정자가 아니라 가격의 순응자일 수밖에 없다. 이는 러시아 석유 시장의 발달 과정 및 결과를 살펴봄으로써 파악할 수 있다. 국제 석유 시장에서의 러시아의 역할을 이해하기 위해서는 이들이 지금의 국제시장에서 어떻게 발전해왔는지, 오늘날 어떠한 입장에 처해 있는지, 누가 책임을 져야 하는지에 대해 이해할 필요가 있다.

국제 석유 시장은 실물 시장[2]과 페이퍼 시장[3]으로 이뤄져 있다. 여기서 실물 시장은 실물 석유의 수요와 공급 균형을 반영해서 가격이 결정되는 시장을 가리

---

1 2006년과 2009년, 러시아와 우크라이나에서는 두 차례에 걸쳐 가스 분쟁이 일어났다. 유럽으로 가는 러시아 가스의 가장 중요한 통로인 우크라이나가 가스를 몰래 사용한 뒤 요금을 체불했기 때문이었다. 이로 인해 러시아는 유럽행 가스관의 밸브를 잠가버렸다. 결론적으로 두 나라 간 분쟁의 피해는 프랑스와 이탈리아를 포함해서 러시아로부터 가스를 공급받는 EU 국가들에 전가될 수밖에 없었다. 결론적으로 가스 공급이 중단되자 이들 국가의 공장은 가동을 멈춰야만 했다. 결국 유럽에서 비상사태가 선포되었으며, 일부 국가에서는 가스 난방 중단으로 인해 사망자가 발생했을 정도다. _옮긴이

2 실물 시장(physical market)은 국제 석유 시장의 주요 형태로, 실제로 석유의 인수를 목적으로 거래되는 시장을 가리킨다. 더욱 구체적으로는 현물 시장과 장기 계약으로 구분될 수 있다. _옮긴이

3 페이퍼 시장(paper market)은 미래의 가격 변동에 대한 위험 회피 또는 가격 변동에 따른 시세 차익 추구 등을 목적으로 이뤄지는 서류상의 거래 시장을 가리킨다. 구체적으로는 선물 시장과 선도 시장으로 구분된다. _옮긴이

키며, 페이퍼 시장은 실물 석유와 페이퍼 석유가 유연하게 결합되어 있는 시장을 의미한다. 오늘날에는 후자인 페이퍼 시장의 가치가 급격히 상승하면서 실물 시장을 지배하는 상황이다. 오늘날의 유가 변동은 실물 시장이 아닌 석유 관련 파생 상품의 수급에 따라 결정될 정도다.

결과적으로 러시아가 국제 금융권의 도전에 직면한 이유는 석유 시장이 파생 상품 시장과 직접적으로 관련되어 있기 때문이다. 러시아는 통계적 불일치를 보이는 실물 시장에 의존하고 있기 때문에 페이퍼 시장으로 발전된 오늘날의 국제 금융시장에는 취약할 수밖에 없다. 즉, 실물 시장에서 석유 부문에 대한 의존도가 줄어들면서, 국제 석유 시장의 유가 변동은 과거보다 오늘날의 러시아에 더욱더 치명적인 영향을 미칠 수 있다. 이는 국제 석유 시장의 환경 변화에 제대로 대응하지 못할 경우, 즉 잘못된 목표를 설정하고 행동할 경우 에너지 강국이 되려는 러시아의 정치적 야망이 일순간에 물거품이 되어버릴지도 모른다는 것을 의미한다.

러시아는 다른 방식의 회계 패러다임을 채택해야 할 뿐만 아니라 비생산적인 소비를 야기하는 국가 주도적인 생산과 석유 수익의 비효율적인 사용으로부터 벗어나야 한다. 이러한 측면에서 러시아의 주요 과제는 신규 석유 생산지의 개발 여건이 지속적으로 악화될 것이라는 사실을 염두에 두면서, 석유와 관련된 높은 탐사 비용과 생산 비용을 줄이기 위해 노력하는 것이다. 결과적으로 러시아는 북극해의 석유 및 가스를 개발해야만 한다. 다시 말해 러시아 석유 경제의 모든 측면, 즉 기술, 기업 구조, 에너지 정책, 투자 환경 등 다차원적인 혁명적 혁신 말고는 대안이 없다. 이때 기술혁신은 자본을 이용해서 러시아의 에너지 관련 국내 투자 환경을 개선하기 위한 첫 단계로서 매우 중요한 의미를 지닌다. 이를 위해서는 법적 안정화와 함께 차별화된 석유세를 포함해서 러시아의 지하자원을 이용하기 위한 여러 가지 투자 제도를 마련해야 한다(Konoplyanik, 2012d).

이러한 관점을 기반으로 하는 이 장의 구조는 다음과 같다. 먼저, 허버트 곡선의 경제 기반 해석에 따른 설명을 토대로 석유 시장 발전의 일반적인 경향을 서술하는 작업부터 시작할 것이다. 허버트[4]는 실물 시장에서 페이퍼 시장까지 석유 시장 진화의 특수성을 설명하면서, 지금은 석유 시장이 허버트 곡선의 왼쪽 상단 부분에 자리를 잡은 상황이라고 주장한다. 1928년 이후 현재까지 국제 석유 시장의 진화 과정은 5단계로 구분된다. 다음으로는 이 기간에 '7대 석유기업(Seven Sisters)', OPEC과 투기 세력을 포함해서 누가 유가를 결정하는지 살펴볼 것이다. 한편으로는 투기 세력이 페이퍼 시장에서 중요한 역할을 하게 된 이유와 더불어, 최근의 손실과 관련해서 미국이 국제 석유 시장에서 선물 및 상품 시장의 역할을 어떠한 방식으로 개선하려고 하는지를 설명할 것이다. 끝으로, 유가 변동의 경제적 한계치인 최저선 및 상한선을 분석한 뒤, 마지막으로는 러시아의 에너지 정책 관련 함의를 역사적인 측면에서 결론으로 제시할 것이다.

허버트 곡선과 석유 시장의 구조

석유 시장의 발달 과정은 일반적으로 허버트 곡선을 이용해서 설명할 수 있다. 에너지 경제학이라는 관점에서 보자면 모든 재생 불가능한 에너지와 마찬가지로 석유의 정점은 허버트 곡선을 통해 이해될 수 있다. 석유 및 가스는 특정 기간 내에 고정된 자원이 아니라 일종의 '이동 목표물'이라고 할 수 있다. 일반적으로는 오른쪽으로 상향 이동하는 경향이 있다. 석유와 관련해서는, 다음의 여러 가지 요인으로 인해 경제적 가채 매장량에 신규 매장량이 추가되는 형태로 발전해왔다. 먼저 지질학의 발전은 지하자원에 대한 더 많은 지식의 확대로 이어져 개별 액체 에너지의 가채 매장량이 늘어나게 하는 중요한 요인이었다. 다음으로 기술적인 측면에서는 과학기술의 발전으로 기타 액체 에너지와 비액체 에너지가 액체연료로 전환할 수 있게 되어 가채 매장량 및 액체연료의 공급량이 늘어났다. 한편으로는 최근에 늘어나는 기존 매장지의 재활용에 필요한 투자비

---

4 1956년에 미국의 지질학자 킹 허버트는 미국의 석유 매장량과 새로 발견되는 매장량, 그리고 생산량 곡선을 비교한 오랜 연구 끝에 석유는 1970년대 초 생산 정점에 이를 것이라고 예측했다. _옮긴이

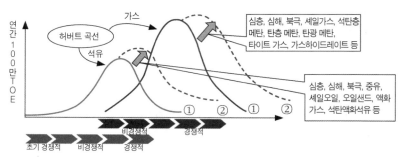

〈그림 28.1〉 석유 및 가스의 허버트 곡선(정점이 오른쪽으로 상향 이동하는 추세)

심층, 심해, 북극, 셰일가스, 석탄층 메탄, 탄층 메탄, 탄광 메탄, 타이트 가스, 가스하이드레이트 등

심층, 심해, 북극, 중유, 셰일오일, 오일샌드, 액화 가스, 석탄액화석유 등

경쟁적·기술적 요인에 따라 예측 가능한 미래의 허버트 곡선의 이동
① 오늘날 전통적 석유와 가스 자원
② 오늘날 비전통적 석유와 가스 자원이 미래에는 전통적 자원이 될 것이다

자료: Konoplyanik, 2004; Dickel et al., 2007: 53.

용이 하락했을 뿐만 아니라 장래의 공급 가능한 매장량의 증가라는 경제적 요인도 중요한 역할을 담당했다. 결과적으로 인류 지식의 발달과 에너지에 대한 지속적인 수요 증가로 인해 기존의 비전통적인 에너지가 최근 들어 주류의 전통적인 에너지로 전환되면서 추가적인 신규 매장량이 늘어나는 과정이 반복되고 있다. 즉, 액체연료가 전통적인 액체연료와 석유뿐만 아니라 심해, 북극, 중유, 셰일오일, 오일샌드, 액화천연가스, 셰일가스, 액화가스, 석탄액화석유를 포함하는 비전통적인 액체연료로 전환되면서, 허버트의 석유 정점은 오른쪽으로 상향 이동하는 경향을 띠었다(〈그림 28.1〉 참조).

따라서 2개의 기술 사이클이라는 측면에서, 허버트 곡선을 따르는 석유·가스 및 기타 화석연료의 정점이 적어도 15년 또는 20년 이상 소요될 것으로 전망된다. 첫 번째 '기술 사이클'은 가치사슬의 모든 단계에서 이용 가능한 에너지 기술을 통해 나타난다. 이를 상용화하기 위해서는 투자 자금의 마련과 더불어 이에 상응하는 현행 경제 사이클 내에서 자금을 회수할 수 있는 자본 지출(Capital Expenditures: CAPEX)이 필요할 수 있다. 두 번째 '기술 사이클'은 대규모 상용화를 위해 아직까지 자금이 조달되지 않은 기존 기술이다. 왜냐하면 현재까지도 연구 개발 단계에만 머물고 있기 때문이다. 따라서 투자 사이클 기술의 자본이

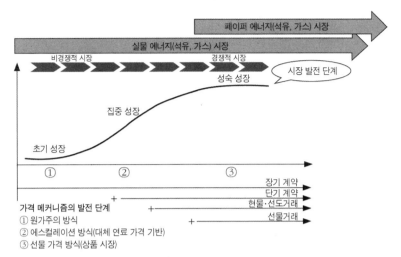

〈그림 28.2〉 허버트 곡선 좌측에서 석유·가스 시장의 발전 단계(계약 구조와 가격 메커니즘 간 상관관계)

자료: Konoplyanik, 2004; Dickel et al., 2007: 60.

회수된 뒤에는 기존 기술이 계승해나갈 수 있을 것이다. 이는 세계가 향후 최소 50년 동안 허버트 석유 곡선의 좌측 부분에서 여전히 성장하는 경향을 지속할 것으로 전망하는 근거이기도 하다.

허버트 곡선이 좌측 부분에서 성장하는 중일 때 에너지 시장의 진화는 명백한 장기적 경향, 즉 비경쟁적인 시장에서 더욱 경쟁적인 에너지 시장으로의 발전, 액체 시장의 수직적 통합에서 한시적 계약으로의 발전, 장기 계약에서 중기·단기·선물거래인 계약 방식으로의 발전(〈그림 28.3〉 참조),[5] 에너지 가격의 '원가주의 방식'에서 '넷백 산정 방식'[6]과 '교환 기반 방식'으로의 발전[7] 등과 같은 경향을 지닌다(〈그림 28.2〉 참조).

여기서의 '경쟁'은 에너지 시장 참여자의 증가를 의미할 뿐만 아니라 에너지

---

5 실물 시장에서 거래 기간의 단축 및 페이퍼 시장에서의 거래 기간 증가 같은 계약 기간의 U자 형태를 지닌 미래의 거래 방식으로의 발전을 의미한다. _옮긴이

6 넷백 산정 방식이란 정제 제품의 판매로부터 얻는 수익에서 정제 비용 및 운송비를 제외한 수익으로부터 역산해 원유의 가치를 산정하는 방식이다. _옮긴이

7 궁극적으로는 파생 금융 상품에 기반을 둔 에너지 가격 책정 방식으로의 발전도 가능하다. _옮긴이

자료: Konoplyanik, 2011b.

의 시장 기능과 관련된 모든 측면에서의 다면적 경쟁을 의미한다. 예를 들어, 과거의 지배적인 단일 에너지와 달리 미래의 에너지 균형은 더욱더 경쟁적인 에너지 믹스, 국제적·지역적 계약뿐만 아니라 단일 국가 내에서 서로 다른 계약 구조와 가격 책정 메커니즘의 다양성이 공존하는 것과도 관련될 수밖에 없다. 따라서 미래의 에너지 균형은 더 이상 과거와 같이 지배적인 단일 화석연료로 구성되지 않을 것이다. 이러한 일반적인 규칙은, 새로운 시장 제도를 필요로 하는 것이 아니라 개별 에너지 시장의 발전 단계에서 더욱더 경쟁적인 에너지 조합과 그로 인한 시장 메커니즘 사이의 동적인 균형을 필요로 한다.

허버트 곡선의 좌측: 실물 시장에서 페이퍼 시장으로의 진화

허버트 곡선의 좌측 부분은 국제 석유 시장이 실물 시장에서 페이퍼 시장으로 진화하고 있음을 보여주고 있다(〈그림 28.2〉 참조). 국제 석유 시장의 현대적인 계약 구조와 가격 결정 메커니즘은 개방적·경쟁적·유동적·자기규제적인 앵글로 - 색슨 모델[8]의 일환으로 과거 80년 동안 발전해왔다. 특히 지난 20~25년 사이에 국제 석유 시장은 페이퍼 시장의 주요 특징을 드러내며 광범위한 국제 금융시장의 중요한 부분으로 자리 잡았다.

〈상자글 28.1〉은 석유의 가격 결정 메커니즘, 계약 방식, 시장 구조를 고려해 국제 석유 시장의 발달 과정을 다섯 단계로 구분해서 설명하고 있다(Chevalier, 1975; Dickel et al., 2007: 56; Konoplyanik, 2000, 2004: 105, 2009~2012).

해외 석유 탐사가 시작된 것은 영국의 사업가인 윌리엄 녹스 다르시(William Knox D'Arcy)[9]가 중동에서 이란 국왕으로부터 석유 탐사권을 얻었던 1901년이라고 할 수 있다. 1970년대 초까지만 해도 국제 유가는 '수직 통합'이 지배했다(〈그림 28.4〉 참조). 이후 1970년대 말에는 국제 석유 거래의 70%가 국제 석유회사인 '7대 석유기업' 또는 '국제 석유 카르텔'을 통해 이뤄졌으며, 이는 OPEC 회원국이었던 개발도상국과 1960년대에 체결된 양허계약에 기반을 두고 있었다. 페이퍼 시장은 당시까지만 해도 존재하지 않았으며, 주요 기업들이 실물 시장을 지배하는 시기였다.

7대 석유기업의 지배 기간에 국제 유가는 1928년 아크나카리 협정[10]을 토대로 가격이 결정되었다. 이 협정은 이전의 과다 경쟁을 '단일 가격'(1928~1947년)과 '이중 가격'(1947~1973년)이라는 장기 협력 방식으로 전환시켰던 석유업계의 천재적인 발명품이라고 할 수 있다(Chevalier, 1975; Yergin, 1991). 기업의 관점에서 보았을 때 아크나카리 원칙은 40년 이상 지속되는 효과적인 지배 체제로 자리 잡았다. 이 기간에 석유·가스의 탐사 및 채굴 비용은 줄어들었으며, 이후로도 꾸준히 감소했다. 이는 유리한 자연적 조건의 광활한 매장지와 수출이 용이한

---

8 유럽에서는 레이거노믹스와 대처리즘으로 대표되는 신자유주의를 앵글로 - 색슨(미국·영국) 모델이라고 부른다. _옮긴이

9 1954년 이전까지 BP의 회사 명칭은 앵글로 - 이란 오일 컴퍼니(Anglo-Iranian Oil Company: AIOC)였다. 이 회사는 영국의 사업가인 윌리엄 녹스 다르시가 1901년 이란 국왕으로부터 석유 탐사권을 얻으면서 비롯됐다. 이는 중동에서 처음으로 진행된 상업적인 석유 탐사였다. _옮긴이

10 7대 석유기업은 석유 생산량을 통제하는 아크나카리 협정을 1928년에 체결해 1차 석유파동이 발생하기 전까지 석유 시장을 지배하며 거대한 이익을 올렸다. _옮긴이

▮상자글 28.1▮ 국제 석유 시장의 발전 단계별 특성

단계	특성
1기: 1928~ 1947년	- 비경쟁 실물 시장
	- 석유 카르텔 7개 업체의 지배 구조
	- '단일가격'에 기반을 둔 결정(원가주의 방식)
	- 이전(移轉) 가격: 수직 통합적 및 전통적인 장기 양허계약하의 가격
2기: 1947~ 1973년	- 비경쟁 실물 시장
	- 석유 카르텔 7개 업체의 지배 구조
	- '이중 가격'에 기반을 둔 결정(원가주의 방식의 원유와 석유제품의 넷백 산정 방식)
	- 이전 가격: 수직 통합적 및 현대적인 양허계약, 생산물 분배 계약
	- 1969~1973년: 13개국 7개 업체의 독점 기간
3기: 1973~ 1986년	- 비경쟁 실물 시장
	- OPEC의 지배(13개 국가의 카르텔 형성)
	- 계약 가격 및 현물 가격
	- 공식 판매가(원가주의 방식/넷포워드 방식): 단기·중기·장기 계약하의 현물과 관련된 시세
	- 펀드멘털의 가격 결정(실물 시장의 수급 균형)
	- 주요 행위자: 실물 시장의 참여자
	- 1985~1986년: 원유 가격이 넷포워드에서 넷백 방식으로 전환됨(넷백 방식도 처음에는 수입 시장에서의 바스켓 가격에 기반을 두었지만 이후로는 거래 시장의 선물 시세 가격으로 전환됨)
4기: 1986~ 2004년	- 성숙한 실물 시장과 신흥 페이퍼 시장의 경쟁적 조합
	- 석유 시장의 상품화가 진행됨
	- 가격이 주로 석유 헤저*에 의해 결정
	- 석유 선물 시세에 기반을 둔 넷백 방식
	- 페이퍼 시장의 형성과 금융시장의 등장(관리자에 의해 금융시장에 페이퍼 시장이 도입됨)
	- 실물 시장에서 페이퍼 시장으로의 전환(석유산업에 대한 투자가 저하될 정도로 불안정하고 저렴한 변동성 가격이 도입되면서 비용 및 가격 상승을 일으키는 조건이 형성되기 시작함)
	- 실물 및 페이퍼 시장의 주요 참가자: 헤저
	- 가격 결정 요인: 시장의 펀드멘털
5기: 2004년 이후	- 실물·페이퍼 시장의 경쟁적 조합
	- 석유 시장의 상품화에서 금융화로의 대규모 전환
	- 거래 규모 측면에서 페이퍼 시장의 지배
	- 페이퍼 시장을 연중무휴로 활성화시키기 위한 제도 마련
	- 금융자산으로 전환된 석유제품의 '진공청소기' 효과뿐만 아니라 세계화와 정보 통신 기술 덕분에 전문·비전문 투자자의 참여 확대
	- 페이퍼 시장은 금융시장의 일부분만 차지함
	- 주요 참가자들은 비석유 투기 세력임(투자 은행 및 석유 거래업자들과의 제휴를 통한 시장 교란)
	- 주로 비석유 금융시장에서 비석유 투기 세력이 석유 가격을 결정
	- 석유 선물 및 파생 상품에 의한 넷백 방식
	- 금융적 요인에 의한 가격 결정: 석유 관련 단기 파생 상품에 의한 수급 균형

* 헤저: 파생 상품을 목적에 부합하게 사용하는 사람들을 말하며, 이들은 위험 회피의 수단으로 파생 시장에 참여하는 경향이 있다. _옮긴이

〈그림 28.4〉 국제 석유 시장에서 계약 구조의 발전과 시장 조직 간의 관련성

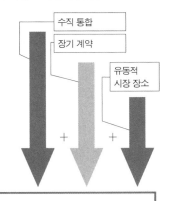

- 이전 거래(1970년대까지 지배적인 방식)
'실물 에너지' 시장 → 실제 에너지 생산의 운반(비유동적 에너지 시장)
- 장기 계약(1970년대 이후)
- 단기 계약(1970년대 이후)
- 현물거래(1980년대 이후)
- 선도거래 ①(실물 에너지 운반 지연)(1970년대 이후)
'페이퍼 에너지' 시장 → 에너지 기반의 재정적 도구 및 파생 상품
(유동적 에너지 시장)
- 선도거래 ②(실물 에너지 운반 없음)(1980년대 이후)
- 선물, 옵션, 스왑(1990년대 이후)
- …?(시기…?)

수직 통합

장기 계약

유동적
시장 장소

일반적인 규칙
에너지 시장 발전의 이전 단계에서는 기존의 계약 관계에 익숙해진 사람들이 새로운 유형의 계약 관계를 받아들이기 어려웠지만, 경쟁력 있는 틈새시장에서 생존하기 위해 경쟁을 시작했다.
→ 하지만 '낡은 것을 버리고 새것을 채택'하는 방식이 아닌, '기존의 것에 새로운 것을 추가하는 방식'을 채택했다.
→ 결과적으로 에너지 시장의 다각적인 경쟁이 강화되었다.

자료: Konoplyanik, 2008a.

해양 터미널을 통해 상업적 발견을 하고 새로운 석유 매장량을 추가 확보함으로써 규모의 경제가 발생했기 때문이다. 그리고 유조선의 수송량이 늘어나면서 또 다른 규모의 경제가 가능해졌기 때문에 미국, 서유럽, 일본 같은 주요 시장으로의 운송 비용도 줄어들었다. 이처럼 7대 석유기업의 비용이 줄어드는 반면 가격이 안정화됨으로써 석유 관련 이익이 늘어났을 뿐만 아니라 궁극적으로는 석유 수요 증가와 안정적인 가격을 오랫동안 유지할 수 있는 기반이 마련되었다 (Chevalier, 1975). 또한 제2차 세계대전 동안 서방 국가의 성장을 위한 '에너지의 토대'가 조성되었는데, 특히 1960년대는 '황금의 10년'이라고 불렸을 정도다.

7대 석유기업의 두 번째 발명은 석유제품의 바스켓과 관련해서 '넷백 산정 방식'에 기반을 둔 가격 원리를 도입한 것으로, 덕분에 석유제품의 수요가 상당히 증가되었다. 실제로 중동의 석유가 서유럽에 공급되었을 때, 가솔린, 디젤, 제트 연료를 포함한 모든 수송용 연료를 대체할 만한 경쟁적인 대안이 없는 상태였다. 다만 난방용 보일러나 발전용 잔사유(Residual Fuel Oil: RFO)[11]와 독일의 자국 내 석탄만 중동의 석유와 경쟁할 수 있었을 뿐이었다. 따라서 당시 석유의 전

환율은 오히려 낮았다. 대신 많은 양의 잔사유가 수송 연료로 사용되기 위해 시장에서 석탄과 경쟁하게 되었다. 당시의 해결책은 석유 가격을 시장에서 석탄 가격보다 약간 낮은 수준으로 유지하면서, 잔사유에 교환가치를 기반으로 하는 가격 결정의 원리를 구현하는 것이었다. 경질유의 가격은 원유에서 생산된 석유 제품의 바스켓 가격을 상대적으로 높였으며, 석유 카르텔 업체들은 정제에 필요한 마진을 확보할 수 있었다.

이후 석유 메이저 업체의 수직 통합적인 구조하에서의 '이전(移轉) 계약'은 독립적인 기업체들 사이의 장기 계약으로 대체되었다. 처음에는 선진국들이 독립적인 신규 업체를 통해 신흥 시장으로 진입하려고 했기 때문에 석유 메이저 업계는 이들이 지하자원에 접근하는 것을 사전에 차단하려고 했다. 이후 수직 통합형 석유회사(Vertically Integrated Oil Company: VIOC)는 자원이 풍부한 OPEC 개발도상국의 석유 자산을 주로 국유화시켰다. 국영 석유회사는 메이저 업체의 상류 부문 자산을 개발·관리했다. 당시 국영 석유회사는 해외에서의 정제 능력을 보유하지는 못하고 있었다(Chevalier, 1975; Yergin, 1991).

이러한 과정에서 브레튼우즈 체제의 실패, 금본위제의 폐지, 고정 달러 환율, OPEC 비회원국에서의 석유 개발 한계로 인한 국제 석유 시장의 비용 증가 및 성장의 한계에 부딪혀 급속한 가격 상승이 초래되었고, 석유 고정 가격을 유지하기가 불가능해졌다.

가격 변동이 급격히 불안정해지고 상업적 신규 발견에 따른 매장량이 줄어들면서 장기 계약은 더욱더 단기 계약으로 대체되고 말았다. 결과적으로 현물거래가 대폭 늘어나게 되었다. 이후 석유 시장은 반대 방향으로 움직였으며, 계약의 혼합을 통해 현물거래는 선물거래 방식으로 전환되기 시작했다. 이는 장기 거래로 간주될 수도 있지만, 초창기의 장기 계약과는 본질적으로 차이가 있었다.

실물 시장의 발전 단계를 설명하는 〈상자글 28.1〉의 세 번째 시기는 OPEC 회

---

11 발전, 난방 보일러, 선박, 공장기계 등에 주로 사용되며, 일반적으로는 중유를 지칭하기도 한다. _
    옮긴이

원국의 독점기였다. 1970년의 현물 시세는 OPEC 관계자의 판매 가격에 따라 결정되었다. 구체적으로는 1973년의 엠바고로 인한 석유 부족 및 제한 생산뿐만 아니라 1979년의 이란혁명과 1980년대의 이란·이라크 군사 충돌이라는 상황까지 되풀이되면서 소비국들을 두렵게 만들었다. 그렇지만 당시까지만 하더라도 OPEC 비회원국의 석유 생산 설비 및 인프라 관련 투자가 그다지 실현되지 못한 상황이었다. 마찬가지로 OPEC의 석유에 대한 의존도를 감소시키고 상업적인 석유 비축량을 마련하기 위한 수단도 마련되지 못했다. 오히려 자본 집약적인 조치가 이뤄지면서 주요 에너지 소비국이자 수입국의 석유 의존도는 줄어들지 않았다. 1970년대의 석유 무역은 높은 자본 집약도와 석유산업의 관성으로 인해 여전히 메이저 업체에 의한 기존 시장 조직에 의존하는 형태였다. 그렇지만 이들은 해외 자산의 소유권을 상실하고 말았으며, 소유권은 국영 석유회사로 넘어가고 말았다.

석유 시장 계약 구조의 발전 단계에서 예전처럼 하나의 수직 통합형 석유회사 구조 또는 개별 기업체 사이의 장기 계약을 기반으로 해서 하나의 생산자가 하나의 소비자에게 '영구적으로' 연결되는 상황은 더 이상 존재하지 않게 되었다. 석유 공급 시스템의 다양화로 인해 관할 지역별로 지배적인 생산 시설을 지닌 '분할'된 국제 거래에만 의존하지 않게 되었다. 즉, 1970년대 이전처럼 7대 석유 기업이 통합적인 지배력을 행사하는 것은 아니지만, 구매자가 필요한 만큼의 원유는 보장받을 수 있게 되었다.

새로 도입된 계약 방식은 현물 계약이었지만, 석유제품의 실질적인 운반은 지연되었다. 이러한 제품에 대해 상업적 거래량은 적절한 운반 방법으로 안전하게 보장되었다(선도거래 ①). 이러한 상황은 이후의 선도거래에서는 필요하지 않았다(선도거래 ②)(〈그림 28.4〉 참조). 이는 선물 및 옵션의 형태를 미리 결정하기는 하지만 물리적 자산이나 현물의 거래를 책임지지는 않는 방식이다. 그렇지만 제품의 매매에 대해서는 거래상의 책임을 갖는다. 즉, 페이퍼 시장이 탄생한 것이다. 이런 신규 시장의 출현으로 인해 국제 석유 시장의 계약 구조는 끊임없이 변화하고 훨씬 더 정교해졌으며 경쟁력을 갖추게 되었다. '실물 시장'의 발전 과정이 일반적으로 과거에 비해 계약 기간이 짧은 형태로 전환되면서, 최대 99년의 장기 계약은 15년, 20년, 30년 또는 단기적인 몇 년까지로 짧아졌으며, 지금은 1개월 단위로 결제 즉시 운반하는 현물거래 방식이 주류를 차지하고 있다. '페이퍼 시장'은 다른 방식도 발전시켰다. 선물 계약 조건이 확대됨에 따라 서부텍사스중질유의 선물거래가 뉴욕상업거래소에서 9년 만에 이뤄졌다. 그렇지만 모든 선물거래의 80~85%는 처음 몇 개월 이내에 자리 잡았다. 결론적으로 수직 통합의 장기 계약을 통해 이전 거래에서 유동적인 시장으로 전환함과 더불어 지역 확대 및 국제시장을 조성하려는 노력도 증가했다.

이처럼 국제 석유 무역이 발전함에 따라 거래량과 실질 공급량의 차이도 늘어났다. 장기 계약에서 '실물 시장'의 판매량은 실제 공급량과 일치했다. 그렇지만 현물거래로의 전환이 지속적으로 진행되었을 뿐만 아니라 장기 계약의 재정 조항이 폐지되면서 구매자는 특정 상품을 묶음으로 재판매할 수 있게 되었다. 결과적으로 실물 시장에서 석유 거래량과 실질 공급량의 차이를 만들어내는 '데이지 체인(daisy chains)'[12]이 출현하면서, 선물거래가 비약적으로 발전했다. 이 단계에서 거래에 필요한 유동성은 작은 유조선 정도의 크기와 물량으로 줄어들었다. 결과적으로 이 시점에서는 더욱 보편적인 거래 수단으로서 시장을 표준화하기 위한 계약이 필요해졌다.

석유 시장에서 계약 구조의 발전과 더불어 지배적인 가격 시스템도 함께 변했다. 기존의 7대 석유기업에 상응하는 생산국의 양허 시스템에서 거래 가격의 핵심 요소인 '공시 가격'은 국제 거래에 대한 세금 할당을 최적화할 뿐만 아니라 산유국으로 수익을 이전함으로써 1970년대 초반까지 석유 무역을 지배했다. 1970년대에는 공시 가격이 OPEC 회원국에 의한 '공식 판매가(Official Selling Price: OSP)'로 대체되었다. 처음에는 공식 판매가를 정해줌으로써 현물 시세를 안정시킬 수 있었다. 이는 산유국의 가격 지대를 구성했으며, 이후 일회성 거래 시장의

---

12 가상 매매를 통해 주가를 인위적으로 부풀린 다음, 고가에 주식을 팔아 이익을 남기는 투자를 말한다. 거래량이 많은 주식은 주가 조작이 어렵기 때문에 유동성이 적은 주식들이 주로 주가 부풀리기의 대상이 되었다. _옮긴이

판매 가격인 현물 시세는 사실상 유일한 실질 가격의 기준이 되었다. 공식 판매가는 이전의 공시 가격처럼 생산 비용에 연계되는 것이 아니라 반대로 현물 시세와 연계되는 경향이 있었다. 이는 OPEC 회원국에서 자원 지대의 손실분을 보상한다는 목적을 지니고 있었다. 이러한 방식은 7대 석유기업이 자원을 추출·채굴해서 이익의 중심을 본국으로 이동시켰던 석유 시장 발전의 다음 단계 이전까지만 유지될 수 있었다.

나중에 석유 시장에 참여했던 금융시장의 관리자들이 페이퍼 시장으로 이동하면서, 이들은 국제 금융시장과 유사한 형태의 페이퍼 시장을 형성했다. 이후 주요 석유거래소의 선물 시세는 모든 계약에서 실물거래와 관련된 단기·장기 거래의 가격 지침이 되었다.

오늘날 모든 계약 방식의 가격은 거래소에서 만들어진 가격 등급을 참조해서 결정된다. 이는 '3대 석유'[13]에 대한 시세로, 차등 시스템을 통해 기타 등급의 원유에 대한 가격이 부여된다. 이 시세는 넷백 생산지 가격이며, 개별 생산자에게 경쟁적인 가격 기준을 제시하게 된다. 이는 장기 계약뿐만 아니라 현물거래에도 적용된다. 여기서 현물거래는 해상 수송을 통해 이뤄지며, 장기 계약은 OPEC 회원국과 기타 생산자로부터 유조선 및 송유관을 통해 석유가 공급되는 방식으로 거래가 이뤄진다.

7대 석유기업, OPEC, 투기 세력 중 누가 유가를 결정하는가

국제 석유 시장의 첫 번째와 두 번째 발전 단계에서는 마치 생산 비용에 기반을 둔 것처럼 넷포워드 방식으로 석유 카르텔 업체에 의해 유가가 결정되었다. 그렇지만 실제로는 가상적인 가치에 기반을 둔 가상 가격이었다. 이런 결정 방

---

13 3대 석유는 국제 석유 시장의 가격을 결정하는 주요 원유를 가리킨다. 예를 들면, 미국에서는 서부 텍사스중질유, 유럽에서는 브렌트유, 아시아에서는 두바이유가 가격을 결정하는 역할을 담당하고 있다. _옮긴이

〈표 28.1〉 국제 석유 시장에서 가격 메커니즘의 진화

기간	가격 설정의 주체	실물 공급의 가격 공식
1928~1947년	국제 석유 카르텔(단일 가격)	넷포워드: P_{CIF} = P_{FOB}(멕시코 만)+가상 운임(멕시코 만)
1947~1973년	국제 석유 카르텔(이중 가격)	중립점의 서측 넷포워드: P_{CIF} = P_{FOB}(멕시코 만)+실제 운임(멕시코 만) 중립점의 동측 넷포워드: P_{CIF} = P_{FOB}(멕시코 만)+실제 운임(페르시아 만)
1973~1986년	OPEC	넷포워드: P_{CIF} = P_{FOB}(OPEC OSP)+실제 운임(OPEC)
1986~2004년	석유거래소 1(헤저 → 석유투기 세력)	넷백*: P_{FOB} = P_{CIF}/거래소−실제 운임 P_{CIF} = 거래소 시세(페이퍼 시장)
2004년 이후	석유거래소 2(비석유 투기 세력)	넷백: P_{FOB} = P_{CIF}/거래소−실제 운임 P_{CIF} = 거래소 시세(비석유·비상품 페이퍼 시장)

- P_{CIF}(넷포워드): 원가주의 방식으로 계산된 수출업자 측의 CIF 가격
- P_{FOB}(멕시코 만): 멕시코 만 지역에서 계산된 공급자 측의 FOB 가격
- 가상 운임(멕시코 만): 멕시코 만에서 수입국으로의 석유 운반에 대한 가상 운임
- 실제 운임(멕시코 만·페르시아 만): 멕시코 만과 페르시아 만에서 수입국까지의 실제 석유 운임
- P_{FOB}(OPEC OSP): OPEC 공식 판매가의 FOB
- 실제 운임(OPEC): OPEC 회원국에서 수입국까지의 실제 석유 운임
- P_{FOB}(넷백): 운송 비용보다 적은 CIF 가격인 넷백 가격으로 계산된 가격 FOB
- P_{CIF}(거래소): 거래소 시세로서 소비자 측의 CIF 가격
- 실제 운임: 산유국에서 수입국까지의 실제 석유 운임
* 넷백: 나프타, 가솔린, 중유 등 석유제품의 현물 가격에 각각의 생산 비율을 곱해 각 유종별로 산출한 가격을 가중평균한 가격에 정제 코스트와 탱크 운임을 차감한 가격으로 원유를 판매하는 방식을 말하는데, 시장의 실세 가격에 연동하는 점이 특징이다. _옮긴이
자료: Chevalier, 1975; Konoplyanik, 2004, 2011c.

식은 아크나카리 협정을 통해 가능했다. '단일 가격' 메커니즘(1928~1947년)은 유전 고갈과 인건비 상승으로 인해 생산 비용이 가장 높았던 미국에서 생산된 석유처럼 '보험료 및 운임 포함 가격(Cost Insurance Freight: CIF)'[14]으로 결정되었다. 즉, 멕시코 만에서 전 세계의 최종 목적지로 운반되는 석유처럼 원산지와는 상관없이 가격이 결정되었다. '이중 가격' 메커니즘(1947~1973년)도 부분적으로는 이 방식을 채택했다(Chevalier, 1975; Konoplyanik, 2004: Figures 34~35)(〈표 28.1〉 참조).

---

14 무역 거래에서 매도인(수출자)이 수입업자에게 물건을 인도하기까지 소요되는 비용, 즉 물품 선적에서 목적지까지의 비용(C)과 목적항 도착까지의 운임(F), 보험료(I)의 일체를 부담할 것을 조건으로 한 무역 계약이다. 일반적으로 통관 통계 시 수출은 본인 인도 가격(FOB)을, 수입은 운임 및 보험료 포함 가격(CIF)을 기준으로 평가한다. 수입 화물의 운송 중 사고에 대해서는 수입자가 부담해야 하는데, 이때 수입자가 운송 보험을 들어야 보상을 받을 수 있다. _옮긴이

〈표 28.2〉 현물·선도·선물·옵션 거래의 특징

	현물거래	선도거래	선물거래	옵션거래
거래	장외거래	장외거래	거래소	거래소/장외거래
파생 상품	×	○	○	○
운반	○	(○)	(×)	(×)

자료: Dickel et al., 2007: 81.

석유 시장의 세 번째 발전 단계인 1980년대 초까지는 OPEC의 공식 판매가가 현물 시세에 따라 결정되었다. 통제되지 않는 OPEC의 조정자(swing produce)[15] 였던 사우디아라비아가 결국 인내심을 잃자 넷포워드 가격 결정 방식은 1985년부터 종료되고 말았다. 다른 OPEC 회원국들이 할당량을 위반함으로써 지속적으로 이익을 취하는 동안 사우디아라비아는 할당량 이하로 생산량을 줄임으로써 1981년 이후의 유가 하락을 막는 데 기여할 수 있었다. 그렇지만 1985년 말 들어 사우디아라비아는 OPEC 할당량보다 생산량을 늘리기 시작했으며, 결과적으로 이는 원유 가격을 하락시켰고 소비자 측 가치사슬의 종착점인 뉴욕거래소에서는 석유제품 바스켓의 가격까지 끌어내릴 수 있었다. 덕분에 사우디아라비아는 가장 낮은 생산 비용으로 시장 점유율을 확장할 수 있었다. 이처럼 넷포워드에서 넷백으로의 전환은 페이퍼 시장을 급격히 발전시켜 시세에 기반을 둔 새로운 석유 시장을 개척하는 계기가 되었다(〈표 28.2〉 참조).

2000년대 중반까지만 해도 페이퍼 시장은 실물거래에 어느 정도 종속되어 있었다. 헤저는 투기 세력을 지배했으며, 금융 상품은 실물 시장에서의 가격 위험을 회피하는 수단으로만 사용되었다. 결과적으로 페이퍼 시장에서의 유가는 석유 거래를 통해 이뤄졌지만, 2000년대 중반 이후부터는 달라지기 시작했다. 그때부터는 페이퍼 시장이 지배적이었으며 비석유 부문 투기 세력이 국제 금융시장을 장악함에 따라 국제 금융시장이 실물거래로부터 분리되는 상황이 발생했다. 오늘날에는 석유 관련 파생 상품을 통해 비석유 페이퍼 시장에서 금융 상품

---

15 OPEC 회원국 가운데 수급의 변화에 맞춰 석유 생산을 증감시킴으로써 시장을 안정시키는 능력을 지닌 산유국을 말한다. 특히 사우디아라비아가 조정자의 역할을 맡았다. _옮긴이

으로 거래되는 과정에서 석유 가격이 결정된다. 어떻게 이러한 상황이 가능해졌을까?

페이퍼 시장: 비석유 투기 세력의 등장

네 번째 단계인 1980년대 후반부터 국제 석유 시장은 실제 상품 시장에서 파생 상품 시장으로 전환되었다. 이는 액체연료를 실제로 운반하거나 실물 에너지를 직접 전달하지 않은 채 금융거래의 수익을 올릴 목적으로 실물 제품을 거래하는 방식으로, 현대적인 옵션이나 파생 상품과 동일한 기능을 하게 되었다(〈표 28.2〉 참조). 반대되는 이해관계를 지닌 2개의 참여 그룹인 헤저와 투기 세력은 두 가지 중요한 역할을 수행한다(Oil Tabloid, 2010).

헤저는 가격 위험을 회피하기 위해 금융시장을 이용하는 실제 제품의 생산자와 소비자다. 미국이 석유 생산을 시작하면서 1860년대에 도입했던 교환 거래 방식은 이후 거의 100년 동안을 지배하다가, 액체연료 대상 선물거래와 함께 시장에 다시 등장했다(Tarbell, 1904). 1978년 경질연료유(light fuel oil: LFO)와 1983년 서부텍사스중질유를 대상으로 뉴욕상업거래소에서 액체연료의 선물거래가 시작되었다. 1988년에는 오늘날 국제적으로 거래되는 석유의 2/3를 차지하는 브렌트유를 대상으로 런던의 국제석유거래소에서도 선물거래가 도입되었다.

석유 헤저는 일반적으로 '페이퍼 시장'에 고정되어 있기는 하지만, 실물 자산과 연결되어 있기 때문에 유동적이지는 않으며 석유 시장 밖으로의 이동도 불가능했다. 다만 개발 사업의 자금을 조달하기 위해 금융시장에 진입하는 경우가 유일한 예외였다. 게다가 '페이퍼' 석유는 '실물' 석유와 비교했을 때 중요도가 훨씬 떨어진다는 단점이 있었다.

1990년대 이후의 석유 투기 세력은 실제 구매 및 배송과 관계없이 가격의 변동 과정에서 이익을 챙기려는 참여자들이었다. 이들은 비석유 금융시장으로의 수평적 자본 흐름 없이 페이퍼 석유 시장 내에서만 거의 움직인다는 특징을 지니고 있었다. 2000년대 중반 이후의 비석유 투기 세력은 순수하게 통화적 수익을 목표로 삼았으므로 석유 시장을 초월한 전체 금융시장 내에서 움직인다는 차이가 있다. 이들은 비석유·비상품 금융시장을 통해 페이퍼 시장에 참가하기도 한다.

1980년대 중반부터 2000년대 중반까지 20년 동안 석유 선물 시장은 구매와 배송의 가격 변동이라는 위험을 회피하려는, 에너지 회사 및 석유제품의 사용자인 항공 및 해상 수송과 같은 실물 시장의 참여자들이 주류를 형성했다. 그렇지만 2000년대 중반 이후의 시장에서는 은행, 투자, 헤지, 연금펀드 같은 금융시장 거래인들의 참여가 급격히 늘어나기 시작했다. 페이퍼 시장과 실물 시장에서 석유 무역 회사와의 제휴를 통해 시너지 효과를 확대하려는 경우를 제외하면, 이들은 실물 시장과 전혀 다른 방식으로 페이퍼 시장에 참여했다.

투기 세력의 자금은 대단히 유동적인 재정 자산으로 구성된다. 이때 유동성의 지표인 '이탈률'은 국제석유거래소를 승계한 런던의 인터콘티넨탈거래소, 뉴욕상업거래소, 서부텍사스중질유 등의 모든 선물거래에서 2000을 초과했다. 이는 순간적으로 높은 가격을 형성함으로써 가장 높은 수익률을 보장해 투자자들의 참여를 높이는 유인책으로 작동한다. 따라서 오늘날의 투기 세력은 시장 참여자로서 느슨한 금융시장의 특정 분야인 페이퍼 시장을 통해 국제 금융 포트폴리오의 수익을 극대화하려 한다.

석유 선물 시장은 석유거래소 같은 '규제 시장'과, 거래소를 거치지 않거나 장외에서 거래되는 '비규제 시장'으로 구분된다. 규제 시장인 뉴욕상업거래소와 인터콘티넨탈거래소에서의 계약은 운반 장소, 품질, 수량, 날짜 등 표준화된 상세 데이터를 이용할 수 있으며, 이들을 활용하는 선물 시장에서는 미국 상품선물거래위원회(Commodity Futures Trading Commission: CFTC)의 규칙에 따라 관리·감독된다.

헤저는 규모와 구조라는 측면에서 상대적으로 안정성이 높다. 반면에 투기 세력은 불안정한 규모나 참가자의 구조 변동 같은 거시 경제적인 환경 변화에 민감할 수밖에 없다. 일반적으로 안정적인 석유 시장에서 헤저와 투기 세력의

〈그림 28.5〉2007~2008년 국제 석유 시장에서 가격 거품을 형성한 비석유 투기 세력의 역할

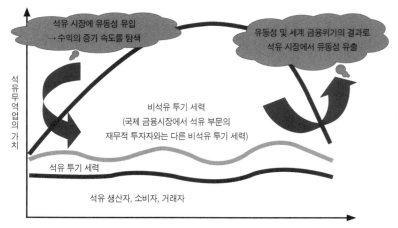

자료: Konoplyanik, 2009b, 2010, 2011b, 2011c, 2011d, 2012a, 2012b, 2012c.

비율은 75 대 25 또는 70 대 30이었다. 그렇지만 시장의 규모가 커질 경우 이런 비율은 역전되는 경향이 있었다. 미국 상품선물거래위원회에 따르면, 상업적 헤저와 비상업적 투기 세력의 비율은 2000년 75 대 25에서 2007년에는 55 대 45로 변경되었다(Konoplyanik, 2011c). 이 과정에서의 역학관계는 국제 금융시장의 다른 부문으로부터 페이퍼 시장으로 새로운 참가자가 유출입한 데 따른 '파동'이라고도 할 수 있다. 이때 투기 자본의 유입과 유출은 양쪽 모두 폭발적일 수 있다. 이는 2008년 유가 폭등의 특성을 그대로 보여준다(〈그림 28.5〉참조).

석유 가격의 새로운 단계로 규정된 2000년대는 다양한 시장 발전의 연속선에서 의미가 부여될 수 있다(Konoplyanik, 2012a). 특히 2000년대 초반 이후 중동에서의 비용 증가로 인해 생산력이 하락하면서 석유 가격이 배럴당 10달러에서 25달러 사이로 상승했다. 이는 1990년대의 투자 부족과도 관련이 있다. 또한 주요 소비국인 미국과 중국이 전략적 석유 매장량을 확보한 데다, 2003년 이후로 중국과 인도에서 수요 증가가 가속화된 것도 하나의 이유일 수 있다. 2000년 12월에 채택된 미국의 '상품선물현대화법(Commodity Futures Modernization Act: CFMA)'은 비교적으로 저렴하지만 막대한 양의 자금을 석유 시장으로 유입시키는 계기가 되었다. 이 법을 통해 이전까지만 해도 위험하기 때문에 페이퍼 석유

에 대한 투자를 금지했던 연금펀드와 보험회사로부터 대규모 자금을 끌어들일 수 있었다.

거래나 선물처럼 상품이 자체적으로 진화하는 동시에 거래소의 품질과 특성의 변화도 촉발되었다. 인터넷과 정보 통신 기술의 발전으로 인해 전자시장인 인터콘티넨탈거래소는 세계 최대의 온라인 에너지선물거래소로서 국제석유거래소를 계승했을 뿐만 아니라 기존 거래 방식의 토대도 근본적으로 바꾸어 놓았다. 이러한 전자거래의 '자동화'는 신규 참여자를 위한 시장 진입을 완화함으로써 거래인의 수를 대폭 늘렸다.

달러 환율의 하락은 미국의 석유 수입을 증가시켜 무역 및 재정 적자를 증가시키는 영향을 미쳤다. 이는 달러 환율이 하락하는 것에 대비하기 위한 석유 관련 금융 투자의 확대라는 인덱스펀드(Index Fund)[16]의 출현을 가져왔다. 이때 페이퍼 시장은 하락하는 달러에 대한 피난처로 간주되기 시작했다. 결과적으로 재정 운영의 국제화는 페이퍼 시장에서 비석유 금융 부문으로 이어졌으며, 수평적인 금융 흐름을 완화시킬 수 있었다. 석유 시장에서 금융자본의 투자를 용이하게 만드는 파생 상품뿐만 아니라 파생 상품을 연결하는 석유 관련 금융 상품의 다양성은 중간 계층과 비전문적인 투자자가 페이퍼 시장에 쉽게 접근하도록 만들어주었다. 예를 들면, '벨기에의 치과의사'가 페이퍼 시장의 중요한 개인·비기관 투자자로 등장하게 되었다.

인덱스펀드의 석유 연계 파생 상품은 보상을 기대하는 새로운 종류의 금융자산으로서, 달러 환율의 하락을 가져왔다. 마지막으로 실물 시장에서 페이퍼 시장으로 석유 가격이 전환되었다. 여기서 실물 시장은 실제 석유의 수요·공급에 기반을 둔 시장을 말하며, 페이퍼 시장은 석유와 관련된 파생 상품의 수급에 기반을 둔 시장을 말한다. 이러한 시장의 변화는 2007~2008년에 석유 가격이 폭락하면서 거품이 붕괴되었을 뿐만 아니라 2008~2009년에 가격이 더 급격히 하락했던 현상도 설명해준다.

---

16 지수의 변동과 동일한 투자성과 실현을 목표로 포트폴리오를 구성한 펀드다. _옮긴이

석유 관련 국제 선물 및 상품 시장을 파괴·교정하는 미국의 역할

2000년대 국제 석유 시장의 격동은 미국의 손에 달려 있다고 할 수 있다. 여기서 미국의 역할은 두 가지로 나타난다(Konoplyanik, 2011c). 먼저, '피해'를 입히는 역할이다. 2000년 12월 '상품선물현대화법'이 승인됨으로써 미국은 더 이상 상품선물거래위원회의 관리·감독을 받지 않게 되었으며, 그로 인해 아무런 규제 없이 상품을 거래할 수 있게 되었다. 이는 위험도가 높은 회사에 훨씬 낮은 수준에서 최소한의 의무만 부담하도록 완화시켜준 조치였다. 반면 미국은 '교정'이라는 역할을 직시하고, 초기의 대처가 페이퍼 시장에 피해를 입힐 수 있다는 사실을 인식한 뒤, 이를 줄이려는 노력을 기울이는 역할도 한다. 2010년 7월 14일 미국 의회가 제정한 월스트리트의 투명성과 책임에 관한 법안인 '도드 – 프랭크법'은 '상품선물현대화법'을 효과적으로 대체할 수 있었다. 즉, '도드 – 프랭크법'에서는 상품선물거래위원회 규정을 더 엄격히 강화해 이러한 거래를 생산자에 대한 불법으로 규정했다.

그렇다면 '상품선물현대화법'의 채택으로 인한 결과는 무엇일까? 전문가들의 추정에 따르면, 이는 상품선물거래위원회의 규제 범위를 피해서 '과도한 투기 활동'을 가능하게 함으로써 석유 가격을 30%까지 부풀리는 악영향을 주었다고 한다(Stowers, 2011). 헤저와 상품선물거래위원회의 투기 제한이 적용되지 않는 계약이 늘어났다는 사실을 고려했을 때, 석유 시장에서는 투기가 기존의 20%에서 50% 또는 최대 80%까지 증가한 것으로 추정된다. '런던 허점(London loophole)'[17]이라고 불리는 해외 거래소 및 시장에서의 미국 계약에 대한 상품선물거래위원회의 판결과 상품거래법의 악명 덕분에 투기 세력의 참여가 가능했다. 한편으로는 계약 가격의 시세 차익인 '스왑 허점(swap loophole)'[18]도 투기에 영향을 미쳤

---

17 미국 펀드가 법 규제를 피하기 위해 런던의 원유 시장에서 서부텍사스중질유를 투기적으로 거래하는 현상을 말한다. _옮긴이

18 스왑 허점 덕분에 투자 은행들은 보고 의무 또는 다른 투자자에게 적용되는 거래 제한 의무를 면제받을 수 있다. 이로 인해 연기금 펀드가 투자 은행들과 함께 스왑 계약을 하는 것이 가능해진다. 그

을 수 있다. '상품선물현대화법'은 석유 파생 상품이 장외 시장에서 거래되도록 자극했을 뿐만 아니라 상품선물거래위원회의 통제를 벗어나도록 촉구하는 계기가 되었다. 이는 저렴한 장기적 자금인 연기금 및 보험금의 의사 결정자들에게 진입장벽을 낮춤으로써 위험한 금융 상품에 대한 투자를 이끌어내는 계기가 되었다(Medlock and Jaffe, 2009). 마지막으로 투기 활동은 '이용 가능한 상품'의 증가뿐만 아니라 '투기자'의 증가라는 이중적인 성장 효과를 가져왔다. 결과적으로 페이퍼 시장에서 투기 세력의 지위는 '가격 순응자'에서 '가격 결정자'로 위상이 높아졌다.

그렇다면 새롭게 채택된 '도드 – 프랭크법'을 통해 예상되는 결과는 무엇일까? 모든 거래는 상품선물거래위원회의 관리·감독을 받게 될 가능성이 높다. '도드 – 프랭크법'에 규제 의무가 있는지를 판단하기 위해서는 먼저 평가를 실시해야 한다. '도드 – 프랭크법'하에서 '스왑'의 정의는 포괄적이지만, 모든 스왑거래는 몇 가지 예외를 제외하고는 삭제되어야 한다. 일반적으로 스왑은 금융 상품의 일종이며, 상품선물거래위원회는 광의의 스왑이라는 관점에서 가격의 예기치 못한 변동도 포함시키고 있다. 게다가 '도드 – 프랭크법'은 생산자가 상품을 실제로 인도하지 못했을 경우에도 스왑으로 인정하도록 허용해주고 있다. 따라서 모든 거래 시장의 참가자는 '도드 – 프랭크법'의 영향을 받을 수밖에 없다. 이 법률의 입안자 가운데 한 명이자 전 상원의원인 크리스 도드(Chris Dodd)는 다음과 같이 주장한 바 있다. "우리는 장외 파생 상품 시장에서 소비자 및 투자자의 신뢰를 회복하기 위해 명백한 투명성이 필요하다. …… 우리가 이 법안을 통과시킨다면 장외거래는 발생하지 않을 것이다. 사실 2007년과 2008년의 금융위기는 이 법안을 통과시키는 데 오히려 도움이 되었다고 할 수 있다. 만약 이런 위기가 없었더라면 이 법안은 통과되지 않았을 것이다"(Allott, 2011; Stowers, 2011).

'도드 – 프랭크법'은 투기뿐만 아니라 유가 급등까지도 억제할 수 있을 것이다. 그렇지만 페이퍼 시장이 국제 금융시장의 극히 일부분에 불과하다는 사실뿐

리고 이를 통해 선물 시장에서는 무제한적으로 계약이 거래될 수 있다. _옮긴이

만 아니라 전산화된 세계에서의 금융 거래의 특징까지 고려했을 때 국제 석유 시장에서는 가격 변동이 더욱더 급격히 진행될 수밖에 없다. 대략적으로 비교해보면 실물 석유, 페이퍼 석유, 상품, 금융시장에서의 거래 규모는 1 대 3 대 10 대 100으로 추정될 수 있다. 물론 실제로는 차이가 더욱 클 수도 있다(Konoplyanik, 2009b). 그렇다면 이제는 가격 변동이 어느 정도 수준인지에 대해 고민해야 할 것이다.

유가 변동의 경제적 한계: 상한선과 하한선

경제적으로 정당화시킬 수 있는 유가 변동성의 경우 적어도 이론적으로는 판단이 가능하다. 하한선은 다음 두 가지의 가격 가운데 높은 값에 따라 결정된다. 먼저 석유의 '장기 한계 생산 비용(Long-Run Marginal Costs: LRMC)'이다. 즉, 매장량의 자연 감소와 수요 증가에 대한 보상비용 및 생산 과정의 장기 비용에 따라 결정될 수 있다. 다음으로는 사우디아라비아 균형예산의 손익분기 가격에 따라서도 결정될 수 있다(Konoplyanik, 2011a, 2011d). 마찬가지로 유가 변동의 상한선도 다음 두 가지 가격 가운데 낮은 값에 따라 결정된다. 먼저, 다른 에너지원과의 경쟁력에서 석유가 지니는 소비자 측면에서의 대체 가치다. 다음으로는 세계경제의 에너지 구매력, 특히 석유 구매력에 따라서도 결정될 수 있다. 여기서 구매력이란 다른 생산요소인 노동, 자본과 더불어 에너지 및 석유의 경쟁력을 가리킨다.

석유의 생산 비용을 추정한 연구는 전 세계적으로 여러 편 있다(Takin, 2008). 석유 시세의 하한선[19]은 기존의 장기 한계 생산 비용보다 낮을 수 없다. 물론 투자 기간 동안 기존 및 잠재 매장량은 미래의 수요를 충분히 감당할 수 있을 것이

---

19 여기서 하한선이란 특정 시점이 아니라 석유 생산 프로젝트의 회수 기간에 의해 결정되는 특정 기간 동안의 평균 가격을 의미한다. _옮긴이

다. 따라서 이러한 생산 비용의 추정 범위는 지나치게 넓은 편이며, 매우 논쟁적일 수밖에 없다(Konoplyanik 2009a, 2009b, 2011a). IEA는 580개 주요 유전의 누적 매장량을 10조 배럴로 추정하고 있으며, 장기 한계 생산 비용이 배럴당 110달러에 달할 것으로 예상한 바 있다(IEA, 2008). 반면에 국제응용시스템분석연구원(IIASA/CSM/PUCC)은 발견·미발견된 937개 유전 지대의 누적 매장량이 32조 배럴이라고 가정하더라도 장기 한계 생산 비용은 2006년 기준 배럴당 35달러라고 추정했다(Aguilera et al., 2009). 한편 영국에너지연구센터(UK Energy Research Centre: UKERC)는 누적량을 19조 배럴로 가정한 뒤, 장기 한계 생산 비용을 2000년 기준 배럴당 90달러로 추정하는 등 편차가 존재했다(Sorrell et al., 2009).

이러한 수치 논쟁은 일찍이 1970년대 초반 이전의 일반적인 경향과도 관련이 있다. 즉, 이전에는 자원 개발과 관련한 평균 비용과 한계비용이 하락했지만 1970년대 초반 이후로는 이들 비용이 상승하는 추세로 상황이 역전되었다. 이로 인해 장기 한계 생산 비용의 추정 범위가 크게 넓어졌고, 개발 가능한 매장량이 늘어났으며, 장기 한계 생산 비용 자체도 높아졌다. 이상의 세 가지 연구 외의 다른 시나리오에서도 배럴당 35~110달러로 3배 가까운 차이를 보여준다.

게다가 1962년 12월 14일에 채택된 UN 총회 결의안 1803호는 '천연자원에 대한 영구 주권'의 근거를 제공해주었으며, '에너지헌장' 제18조는 '에너지 자원에 대한 주권'을 규정하고 있다. 따라서 산유국은 자신을 위해 천연자원을 자유롭게 처분할 권리를 가지고 있었다. 그렇지만 많은 산유국은 천연자원에 대한 접근을 제한하는 정책을 실시했기 때문에 모든 경제적 매장지를 상업적으로 이용할 수는 없었다. 이는 장기 한계 생산 비용이 기술적인 평가 비용보다 높을 것이라는 사실을 의미한다(〈그림 28.6〉 참조).

그렇지만 감당할 수 있는 유가 하락의 임계값은 업체별 생산 능력에 따라 달라질 수밖에 없다. 왜냐하면 기업별 생산 능력과 관련된 장기 한계 생산 비용은 균형예산에서 가격의 손익분기점과 직결되기 때문이다. '공정한 유가'에 대한 논쟁을 불러일으켰을 뿐만 아니라 유가를 지속적으로 인상해야 한다고 주장했던 사우디아라비아의 손익분기와 유가는 밀접하게 관련되어 있었으나 최근 들

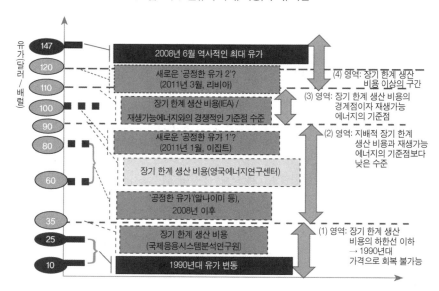

〈그림 28.6〉 원유의 가격, 비용, 추측, 사실

유가(달러/배럴)

- 147 — 2008년 6월 역사적인 최대 유가
- 120 — 새로운 '공정한 유가 2'? (2011년 3월, 리비아)
- 110
- 100 — 장기 한계 생산 비용(IEA) / 재생가능에너지와의 경쟁적인 기준점 수준
- 90
- 80 — 새로운 '공정한 유가 1'? (2011년 1월, 이집트)
- 60 — 장기 한계 생산 비용(영국에너지연구센터)
  '공정한 유가'(알나이미 등), 2008년 이후
- 35
- 25 — 장기 한계 생산 비용 (국제응용시스템분석연구원)
- 10 — 1990년대 유가 변동

(4) 영역: 장기 한계 생산 비용 이상의 구간
(3) 영역: 장기 한계 생산 비용의 경계점이자 재생가능에너지의 기준점
(2) 영역: 지배적 장기 한계 생산 비용과 재생가능에너지의 기준점보다 낮은 수준
(1) 영역: 장기 한계 생산 비용의 하한선 이하 → 1990년대 가격으로 회복 불가능

어 그 결합이 깨지고 있다. 그렇지만 국제 유가 변동과 관련해서 하한선을 결정한 것은 여전히 사우디아라비아 균형예산의 손익분기 가격이었다.

런던 소재 국제에너지연구센터(Centre for Global Energy Studies: CGES)에 따르면, 사우디아라비아가 계획된 지출액을 충당하기 위해 요구했던 OPEC의 바스켓 가격은 2000년대 초반부터 2009년까지 실제 유가보다 훨씬 낮은 수준에서 꾸준히 증가했다고 한다(CGES, 2011; Drollas, 2011). 그때까지만 해도 사우디아리비아의 손익분기 가격은 지속적으로 높아졌다. 그렇지만 이후 유가는 가파르게 하락했으며, 심지어 2008년에는 손익분기점 이하로 떨어져 배럴당 59달러에 불과했다(〈그림 28.7〉 참조). 2009년 이후 사우디아라비아 석유장관인 알나이미(Al-Naimi)는 '공정한 유가' 또는 '최적의 유가'가 손익분기점보다 훨씬 높은 배럴당 60~70달러 수준이라고 발표했다가 이후에는 70~80달러를 유지해야 한다고 목소리를 높였을 정도다. 이는 분명 시장에 영향을 미치고 있다.

국제에너지포럼 전 사무총장인 누 판 헐스트(Noe van Hulst)는 2011년 1월 제네바에서 개최된 국제상품포럼(Global Commodities Forum)에서 "사우디아라비

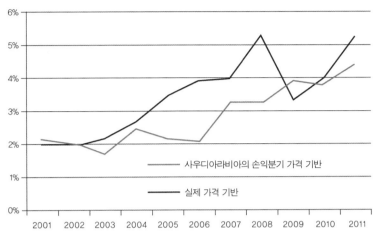

〈그림 28.7〉 세계 GDP에서 원유가 차지하는 비중(사우디아라비아의 균형예산 관련)

사우디아라비아의 손익분기 가격 기반

실제 가격 기반

자료: CGES, 2011.

아가 말할 때 시장은 들어야 한다"라고 언급한 바 있다. 사실 석유 시장은 사우
디아라비아의 발표를 경청했을 뿐만 아니라 알나이미의 주장도 그대로 수용할
정도였다. 2009년 6월 상트페테르부르크 경제포럼에서도 시장 참가자들의 일
반적인 견해는 이러한 주장을 점진적으로 수용하는 것이었다. 러시아의 고위관
리자도 자국의 대통령에게 국제 석유회사가 알나이미의 주장을 그대로 받아들
이기 때문에 유가가 배럴당 60~80달러선에 도달할 것이라는 여론 조사를 토대
로 향후의 전망을 제시했을 정도다. 2011년 국제에너지연구센터는 사우디아라
비아 석유의 손익분기점 가격이 배럴당 83달러일 것으로 예상했다. 게다가 '아
랍의 봄'으로 인해 다른 OPEC 회원국들이 더 높은 가격을 제시하면서 실제로는
배럴당 90달러로 상승할 것이며, 이후에는 배럴당 100달러까지 상승할 수도 있
을 것으로 추정했다(Konoplyanik, 2011a). 그리고 이후의 손익분기 가격은 '아랍
의 봄'이 영향을 미치지 않는 한도 내에서 중장기적으로 더욱 상승할 것으로 전
망했다. 그렇지만 생산량뿐만 아니라 잠재적인 생산 능력까지 고려할 때 석유
시장에서 양방향으로 영향을 줄 수 있는 나라는 OPEC 국가 중 사우디아라비아
가 유일하다.

게다가 미국은 금융시장을 장악하고 사우디아라비아는 실물 시장을 지배하는 역할 분담을 통해 사우디아라비아는 오늘날의 국제 석유 시장에서 실제로 영향을 미칠 수 있는 유일한 국가라고 할 수 있다. 또한 사우디아라비아는 세계에서 가장 적은 비용으로 양질의 석유를 생산할 수 있는 역량을 지니고 있을 뿐만 아니라 의도적인 개입을 통해 유가에 대한 시장의 기대 수준을 변화시킬 수 있는 영향력도 가지고 있다. 또한 매장량뿐만 아니라 생산량이라는 측면에서 가장 막강한 능력을 지닌 유일한 국가다. 그리고 '공정한 유가'를 통해 세계적으로 발표된 사우디아라비아 석유의 손익분기 균형예산 가격은 자국의 석유 생산 비용보다 훨씬 높기 때문에 시장에 영향력을 미치는 강력한 수단을 확보한 유일한 국가이기도 하다. 물론 IEA가 상업적·전략적인 측면에서 석유 비축 정책을 추진하고 있기는 하지만, 이 국제기구가 석유 시장에서 사우디아라비아만큼의 영향력을 지니기는 어려울 수밖에 없다.

다만 미국 정부와 자국의 금융기관은 다양한 수단을 활용함으로써 페이퍼 시장에서 유사한 수준의 능력을 발휘할 수 있다. 이는 미국이 세계경제·금융 시스템에서 주도적인 역할을 하는 데서 기인한다. 1936년 미국, 영국, 프랑스의 3개국 협정이 체결된 이후 석유 가격은 달러로 책정되었으며, 석유 관련 파생 상품도 대부분 달러로 결제되고 있다. 결과적으로 미국은 달러 방출권을 독점적으로 지니고 있기 때문에 석유 달러를 사실상 통제할 수 있다. 그리고 이것은 미국의 경제력을 뒷받침하는 기반이 되었다. 즉, 미국은 전 세계 GDP의 25%와 국제 금융자산의 30%를 차지하며, 달러는 국제 파생 상품 시장의 50% 이상을 차지하는 결제 수단일 뿐만 아니라 전 세계 자본 회전율의 60%를 상회한다. 또한 달러는 국제 외환 보유고의 2/3를 차지하는 상황이다(Mirkin, 2011). 세계경제연구소·국제에너지연구센터·러시아과학아카데미에 따르면, 파생 상품 시장의 95%는 4개의 미국계 투자 은행[20]에 의해 통제된다고 한다(Zhukov, 2011). 게다가 국제에너

---

20 4개의 투자 은행은 JP모건체이스(JP Morgan Chase), 시티뱅크(Citibank), 뱅크 오브 아메리카(Bank of America), 골드만삭스(Goldman Sachs)다. _옮긴이

지연구센터에 따르면, 미국은 오늘날 세계경제에 부정적인 영향을 미치는 고유 가보다는 저유가 상황에서 훨씬 더 많은 이익을 얻는다고 한다(Zhukov, 2012). 정리하자면, 국제 석유 시장의 2개 핵심 참가국은 고유가가 아니라 저유가를 더 선호하는 것으로 판단된다. 그렇지만 어느 수준 이하가 적당한지는 여전히 불명 확할 수밖에 없다.

한편 유가 변동의 상한선은 소비 부문의 석유 대체 비용을 초과할 필요가 없 다. 이때 장기적인 측면에서 대체 연료의 한계 생산 비용은 배럴당 110~120달러 일 것으로 추정된다(IEA, 2008; Kanygin, 2010). 한편 유가의 상승은 소비자의 구 매력, 즉 소득 대비 에너지 비용이라는 석유 구입비를 초월할 수도 없다. 이와 관련해서 바시마코프는 다음과 같이 설명한 바 있다. "GDP 대비 감당할 수 있는 에너지 비용은 미국의 경우 8~10%, OECD 국가는 9~11% 수준이다. 1949~1952 년, 1973~1985년, 2005년 이후에는 유가가 상한선에 도달하거나 초과했으나 1998~1999년에는 하한선에 접근한 다음 오히려 반등했다"(Bashmakov, 2006, 2007). 결과적으로 시장구조의 발전과 에너지 소비의 효율성을 고려했을 때, 에 너지 가격의 이러한 역동적인 변화는 GDP 대비 국제 석유 가격의 허용 수준이 5% 범위 이내여야 한다는 사실을 보여준다. 석유 시장의 발전적 변화 가운데 네 번째 기간에는 거래 가격의 경우 GDP 대비 석유 비용의 비율이 3% 이하였으며, 다섯 번째 기간에는 3~5% 수준이었다. 르네상스 캐피털에 따르면, 석유의 평균 가격이 2008년에는 배럴당 98.5달러로 1980년의 배럴당 97.5달러와 거의 일치 했으며, 2010년에도 이와 비슷한 수준이 유지되었다고 한다(Renaissance Capital, 2011). GDP 대비 석유 비용이라는 석유 부담률이 1980년에는 7%를 넘을 정도 였지만, 이후 에너지 효율의 비약적인 개선과 더불어 탈석유화를 추구하는 세계 경제의 적극적인 변화로 인해 2008년에는 5%도 채 되지 않았다.

그렇다면 특정 상황에서 IEA는 유가의 투기성 거품과 지나치게 높은 장기 한 계 생산 비용을 어떻게 추정하고 평가할 것인가? 즉, 석유는 비용적인 측면에서 지금보다 더 큰 부담이 될 것인가 아니면 탈석유 사회로 전환이 가능할 것인가 를 고민하고 준비해야 한다. 2011년 12월 카타르 도하에서 개최된 제20회 세계 석유회의에서 IEA의 사무총장인 마리아 판데르 후번(Maria van der Hoeven)은 2035년이면 유가가 배럴당 120달러에 육박할 것이라고 주장했다. 이는 IEA가 자체적으로 추정한 수치로, 비전통적인 화석연료와 이미 상용화된 신재생에너지원의 장기 한계 생산 비용 추정치인 110달러보다 높은 수준이었다. 이는 IEA와 석유 투기 세력 사이의 보이지 않은 동맹 관계를 보여주는 반증일 수도 있다.

왜 이러한 추측이 가능했을까? IEA는 2008년의 고유가에 투기적인 성향이 없다고 주장했다. 이처럼 고유가의 지속이라는 IEA의 전망은 이론적 기반을 지니고 있었다. 결과적으로 망아지 같은 투기 세력은 다음 단계로 발전·도약하기 위해 세계경제를 선택의 기로에 서게 만들었다. 즉, 세계는 값비싼 석유를 지속적으로 소비할 것인지 아니면 탈석유 경제로 전환할 것인지의 갈림길에서 처하게 되었다. 그렇지만 탈석유로의 전환과 관련된 경제적 비용을 전부 고려하는 것이 가능할지는 의문이다. 유가 인상에 따른 경제적 부담이 5~7%라고 했을 때, 유가가 100달러를 넘으면 국제 석유 시장이 어떻게 변할지 알 수 없다. 오늘날의 5%는 값비싼 석유를 의미하지만, 석유를 소비하는 시대에서는 이 정도의 비용 부담이 어쩌면 당연할지도 모른다. 그렇지만 에너지 부담이 7%를 초과할 정도로 유가가 상승할 경우에는 석유 시대의 종말이 시작되는 것으로 예측할 수도 있다. 셰이크 야마니(Sheikh Yamani)[21]가 말했듯이, "석기 시대는 돌이 없어져서 끝난 것이 아니다".[22] 따라서 장기적으로 GDP 대비 석유 비용이라는 석유 부담이 7%를 넘어설 정도로 유가가 상승할 것이라고 예측할 수만은 없다. 따라서 시장의 모든 참여자는 유가를 〈그림 28.6〉에서 (3)의 낮은 부분 또는 (3) 영역과 (4) 영역의 경계 지점에서 묶어두고 싶을 것이다.

---

21 OPEC 설립자이자 사우디아라비아의 전 석유부 장관이다. _옮긴이
22 증기기관의 시대가 종말을 맞이한 것은 물과 원료가 바닥났기 때문이 아니다. 단지 증기보다 나은 석유라는 대체 수단이 있었기에 점진적으로 19세기 증기기관의 시대에서 석유 동력의 시대인 20세기로 이행한 것이다. 석유 시대 또한 이제 곧 절정에 이른 뒤 야마니가 예측한 것처럼 쇠퇴할 것이다. 그러나 그것은 대체 광물이나 새로운 기술 때문이 아니라 지속가능한 동력원의 매트릭스와 소비자 구매 습관 변화에 기인한 결과일 것이다. _옮긴이

러시아의 역사적 결론

그렇다면 이상의 논의를 통해 러시아에 미친 영향을 도출할 수 있다. 1960년 대에 구소련은 유럽으로 대규모 석유 수출을 다시 시작했다. 1970년대의 석유파 동 당시 구소련은 고유가를 주도했다. 그렇지만 고유가를 통해 얻은 이익은 서 방과의 세력 균형을 유지하기 위한 군비 경쟁에 대부분 사용했으며, 군수 산업을 제외한 다른 혁신적인 기술의 연구개발에는 거의 투자하지 않았다. 결과적으로 석유 수익에 대한 러시아의 의존은 1980년대 중반 이후의 유가 하락을 극복하기 어렵게 만들었다. 외부로부터 석유 수익의 감소분을 보충하기 위해 내부적으로 '금주법(dry law)'을 시행하기는 했지만 그다지 효과적이지 못했다. 게다가 개혁· 개방을 추구했던 '페레스트로이카(perestroika)와 우스코레니예(uskoreniye)'로 인해 서방과의 군비 경쟁이 병행되면서 구소련은 국가 부채가 늘어나기 시작했 으며, 외국으로부터 점점 더 많은 자금을 빌릴 수밖에 없었다. 결과적으로 국가 는 파산했으며, 구소련은 해체되고 말았다.

이러한 1970년대의 상황은 2000년대에도 러시아에서 어느 정도 반복된 것으 로 판단된다. 또한 실물 시장과 페이퍼 시장이 혼재된 오늘날의 국제 석유 시장 에서 러시아의 역할은 여러 가지 부가적인 문제를 야기하고 있는 페이퍼 시장이 등장하기 전보다 미미할 수밖에 없다(Konoplyanik, 2012c).

석유 시장 발전 단계에서 과거에는 실물 시장만 유일하게 존재했던 두 번째와 세 번째 기간에 구소련의 석유 생산량은 국제적인 석유 거래 및 시장에서 그다 지 중요한 역할을 담당하지 못했다. 구소련은 국제 석유 시장에서 가격 결정자 가 아니라 가격 순응자였다. 이처럼 다양한 이유로 인해 구소련의 석유 관련 경 쟁력은 약화될 수밖에 없었다. 게다가 구소련의 석유 생산 지역은 주요 수입국 과 멀리 떨어져 있었기 때문에 석유를 수송하기 위한 장거리 송유관이 필요한 상황이었다. 이런 석유 매장지의 지정학적 불리함으로 인해 생산 비용마저 높았 다. 게다가 구소련은 석유 매장량이 적을 뿐만 아니라 심지어 생산이 가능한 경 우에도 일정한 가격을 유지하는 중앙 계획경제 체제였으므로 그다지 융통성을 발휘할 수 없는 구조였다.

페이퍼 시장이 지배하는 현재 석유 시장 발전 단계의 네 번째와 다섯 번째 기간에서도 러시아는 여전히 석유 시장의 맹주로 자리 잡지 못하고 있다. 러시아는 지금도 국제 석유 시장에서 가격 순응자일 뿐, 가격 결정자가 될 수 없는 상황이다. 이런 관점에서 러시아는 '에너지 초강대국'의 특징을 지니지 않기 때문에 굳이 석유 시장에서 에너지 총아가 되려고 노력할 필요가 없다. 러시아는 구소련이 과거에 겪었던 석유 매장지의 불리한 지리적 위치, 고비용, 매장량의 부족의 문제에 여전히 직면해 있다. 게다가 페이퍼 시장의 역할이 강화된 오늘날에는 금융 시스템마저 제대로 발전하지 못해 어려움을 겪고 있는 실정이다.

결과적으로 러시아는 석유를 포함한 국제 파생 상품 시장에서 거의 아무런 역할을 하지 못하고 있다. 그렇다면 러시아는 자국 내 금융시장에서만이라도 발전된 모습으로 중요한 역할을 담당하고 있을까? 안타깝게도 러시아는 석유거래소를 이용한 상품 시장이 없다는 문제를 안고 있다. 민영화의 장기화로 인한 금융 시스템의 불안정으로 인해 초창기에 독점적으로 운영되었던 석유와 관련해서 장기적으로 품질을 제대로 관리하지 않는 문제가 발생했다. 이는 국제 석유 시장을 포함한 세계적인 경험을 통해 페이퍼 시장으로 발전하는 것이 핵심적인 국가 목표여야 한다는 사실을 보여주고 있다. 이때 무엇보다도 교환 및 선물거래를 발전시키기 위한 효과적 금융 시스템이라는 토대를 마련해야 할 것이다.

사우디아라비아가 적자 예산을 방지하기 위해 '공정한 유가'라는 개념을 제안했던 2009년에는 많은 나라에서 이를 지지했다. 심지어 균형예산을 유지하기 위해 유가 수준이 훨씬 더 높았던 나라들까지도 동참했으며, 러시아도 그중 하나의 국가였다. 2000년대 들어 유가가 상승하기 시작했을 당시 러시아는 가격 순응자이지 가격 결정자가 아니었다. 정리하면 러시아는 유가 상승에 편승했던 무임승차자라고 할 수 있다. 러시아는 2000년대 초까지만 해도 보수적인 예산 정책을 추진했으며, 균형예산의 유가는 1980년대 가격 변동의 수준이던 배럴당 20달러의 수출 가격을 책정하고 있었다. 그렇지만 이후 러시아는 오히려 더 빠른 속도로 예산의 규모를 늘리기 시작했으며, 이는 유가 상승을 가속화시키는

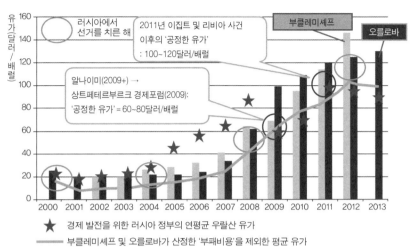

〈그림 28.8〉 러시아 예산의 균형 유가와 '공정한 유가'(부패세 포함 또는 미포함)

러시아에서 선거를 치른 해

2011년 이집트 및 리비아 사건 이후의 '공정한 유가'
: 100~120달러/배럴

부클레미셰프

오를로바

알나이미(2009+) →
상트페테르부르크 경제포럼(2009):
'공정한 유가' = 60~80달러/배럴

★ 경제 발전을 위한 러시아 정부의 연평균 우랄산 유가

─── 부클레미셰프 및 오를로바가 산정한 '부패비용'을 제외한 평균 유가

자료: Konoplyanik, 2011a.

결과를 가져왔다. 러시아의 균형예산 유가는 4년 만에 2배로 높아졌으며, 석유 가격은 2007년에 배럴당 40달러에 도달했고, 1년 뒤인 2008년에는 배럴당 60달러로 상승했다. 4년 뒤에는 다시 120달러에 달할 정도로 높아졌다(〈그림 28.8〉 참조).[23]

이러한 관성을 멈추기는 어려우며, 예산 적자를 해소하기 위한 가격 인상은 지금까지도 계속되고 있다. 올레그 부클레미셰프(Oleg Buklemishev)[24]와 나탈리아 오를로바(Natalia Orlova)[25]의 추정에 따르면, 러시아의 예산 적자를 해소하기 위한 석유 수출 가격은 2009년 이후 실제 수출 가격을 지속적으로 초과해왔다고 한다. 이러한 러시아의 장기 경향과 2009년 사우디아라비아가 직면했던 상황[26]

---

23 〈그림 28.8〉은 2011년 6월 9일 모스크바에서 개최된 회의에서 '20년 후에는 소련이 어떻게 될 것인가?'라는 제목으로 발표한 부클레미셰프와 오를로바의 프레젠테이션의 자료를 기초로 그린 것이다(Konoplyanik, 2011a).

24 모스크바 국립대 경제학부 교수다. _옮긴이

25 러시아 최대 민간 은행인 알파방크의 수석 애널리스트다. _옮긴이

26 2009년 당시 사우디아라비아에서는 예산 적자를 해소하기 위해 유가를 실제 수출 가격보다 낮게 책정했다. _옮긴이

에는 분명 유사한 측면이 있다(〈그림 28.7〉 참조). 이들 두 국가의 가장 큰 차이점은, 러시아는 석유 매장량이 부족한 반면 사우디아라비아는 막대한 매장량을 바탕으로 국제 석유 시장에 영향력을 행사한다는 것이다.

게다가 안이한 인생이 사람을 망치듯이, 유가 상승은 결국 비효율적인 생산구조와 낭비적인 소비 행태로 귀착될 수밖에 없다. 사실 유가 상승은 석유 수출로 인한 초과 이익 덕분에 자원의 비효율적인 소비를 일으킬 뿐만 아니라 석유 수출을 통한 안정적인 소득에 길들여지게 만든다는 문제도 있다. 이처럼 러시아는 좋지 않은 만성 질병을 오랫동안 앓아왔다. 특히 러시아의 조달 시스템을 고려하면 이러한 상황은 앞으로도 개선될 여지가 거의 없을 것이다. 이전 대통령인 메드베데프(D. Medvedev)[27]는 러시아의 부패 관련 수치를 일반 대중에게 폭로하면서 절망적인 분노를 공개적으로 표출했을 정도다. 즉, 정부가 공적 서비스 구매에 지출한 연간 5조 루블 가운데 연간 1조 루블인 20% 정도가 '부패 비용(corruption tax)'이었다고 한다(Konoplyanik, 2011a).

적자를 해소하기 위한 석유 가격과 러시아 정치 선거 간의 상관관계는 명백하게 드러난다. 예를 들면, 선거가 실시되는 해는 석유 가격이 이전 연도보다 약간 높게 형성되는 경향이 있다. 이는 2000, 2004, 2008년 러시아의 대통령 선거가 있었던 해에 특히 두드러지는 현상이다(〈그림 28.8〉 참조). 그렇지만 이 같은 수치는 선거가 있는 해에는 러시아 국민이 풍족한 예산을 가지고 과분한 생활을 누렸던 것으로도 해석될 수 있다(Konoplyanik, 2011a). 마찬가지로 러시아 대통령 선거가 있는 2012년에도 동일한 현상이 반복될 것으로 예상된다.

부클레미셰프와 오를로바는 정부의 모든 분야에서 부패 비용이 '적당한' 수준인 20%를 초과하지만 않는다면 이를 충분히 제거할 수 있다는 견해를 갖고 있다(Konoplyanik, 2011a). 결과적으로 균형예산 유가는 20% 낮아질 수 있는 것이다. 그럼에도 현재의 선거 주기 내에서 러시아의 균형예산 유가는 우랄산 석유 수출 가격의 수준에 비해 높을 수밖에 없을 것으로 전망된다(〈그림 28.8〉 참조).

---

[27] 2008년 푸틴의 뒤를 이어 러시아의 제3대 대통령으로 취임했다. _옮긴이

적응이 필요한 러시아의 에너지 정책

'아랍의 봄' 사건이 발생하고 러시아의 균형예산 유가가 급격히 상승하는 상황에서 상당히 우연적인 요소가 개입하고 있기는 하다(〈그림 28.6〉, 〈그림 28.8〉 참조). 그렇지만 사우디아라비아의 '공정한 유가'가 균형예산 가격보다는 높은 수준이지만, 반대로 러시아의 균형예산이라는 측면에서는 충분하지 않은 가격일 수 있다. 르네상스 캐피털에 따르면, 전 세계 GDP 대비 석유의 점유율이 매우 높았던 1980년대 수준인 7%를 유지하기 위한 2010년의 원유 가격은 80달러라고 한다(Renaissance Capital, 2011). 선거가 있는 2012년에는 배럴당 145~147달러일 것으로 부클레미셰프는 추정했지만, 실제로는 배럴당 152달러로 러시아의 균형예산 가격을 3~4% 초과하는 것으로 나타났다(〈그림 28.8〉 참조).

최근의 국제 원유 가격은 2011년에 배럴당 90달러로 사우디아라비아 석유의 '새로운' 균형예산 가격에 상응하는 수준이며, GDP 대비 석유 비용은 5% 범위 내에서 완벽하게 유지되면서 세계경제는 제법 잘 버텨내고 있다. 그렇지만 러시아에서 선거가 있는 해에 균형예산을 확보하기 위한 유가를 세계경제가 감당하기는 어려울 것으로 전망된다.

모든 나라는 다음과 같은 두 가지 지출 정책을 통해 균형예산 유가에 영향을 미칠 수 있다. 먼저 정부 지출을 확대하고, 시장경제에서의 정부 비중을 늘리며, '부패세'라고 불리는 석유 달러의 비효율성을 강화함으로써 균형예산 유가를 높일 수 있다. 반면, 정부 지출을 축소하고, 정부 비중을 줄이며, 공적 자금의 효율성을 높일 뿐만 아니라 부패를 척결함으로써 균형예산 유가를 떨어뜨릴 수도 있다.

신중한 정책을 통해 산유국은 석유기업의 투자를 자극하고 한계비용을 낮추는 방향으로 영향을 미칠 수 있다. 자본은 혁신의 도구다. 가장 현대적이고 효율적으로 기술을 구현하는 방법은 직접 투자자를 증가시키는 것이다. 한편으로 이는 현재와 미래의 한계비용을 늘리거나 줄이는 가장 확실한 방법이기도 하다. 이는 심각한 피해를 입지 않으면서 유가를 하락시킬 수 있기 때문에 세계경제가 감당할 수 있는 대안이다. 석유회사는 유가가 하한선보다 높게 유지되는 한, 정부의 세금 정책에도 불구하고 무엇을 창출해낼 수 있다. 물론 초창기에는 정부의 세금 정책이 유연하고 적응 가능한 내용을 토대로 수립되어야 도움이 될 수 있을 것이다.

이를 통해 다음과 같은 몇 가지 중요한 결론을 내릴 수 있다. 지금의 낭비적인 방식으로 석유 달러를 사용하는 것은 석유 경제에 과도하게 의존하는 수요 압력을 형성할 수 있다. 이는 지하자원과 관련해서 비효율적인 회계 중심의 투자 환경과 결합되어 있으며, 단일 요금 체계를 유지하고 있는 광물자원 생산세와 수출 관세를 기반으로 삼고 있다. 최적의 투자 환경을 위해서는 법적 안정성뿐만 아니라 유연하고 수용 가능한 세금 제도와의 결합도 필요하다. 이는 국가 기관의 개별적인 의사 결정에 따라 개별 프로젝트에 주어지는 '편리한 방식'의 허가와는 관련이 없다. 게다가 석유와 천연가스는 러시아 경제의 여섯 번째 혁신 클러스터(innovative cluster)로 고려되어야 한다.[28]

---

[28] 그렇지만 이는 여기에서 다루는 주제를 벗어난다. 이와 관련된 내용은 저자의 논문(Konoplyanik, 2012d)과 웹사이트(ww.konoplyanik.ru)를 참고할 수 있다.

29 나이지리아
정책의 비일관성과 에너지 안보의 위기

이케 오콘타

서론

나이지리아는 아프리카에서 인구가 가장 많은 국가일 뿐만 아니라 세계 최대의 석유 수출국 가운데 하나다. 석유의 채산성이 1950년대 후반 이후 악화되었음에도 나이지리아의 석유산업은 저개발과 정책 혼란에 관한 연구를 다양한 측면에서 진행해오고 있다. 그로 인해 장기간에 걸쳐 추구되었던 에너지의 안보는 정작 달성하기 힘든 목표가 되고 말았다. 심지어 석유가 나이지리아 GDP의 25%, 수출 수익의 95%, 정부 수입의 75%를 차지하고 있음에도 나이지리아의 에너지 안보는 여전히 불안정한 실정이다(EIA, 2010). 나이지리아석유공사는 362억 배럴가량의 석유 매장량을 관리하고 있으며, 매일 200만 배럴을 수출하고 있다. 그렇지만 나이지리아는 국가 경제 발전의 핵심 동력으로 석유산업을 육성하기에는 관료주의적 비효율과 정부의 지나친 간섭을 포함한 만성적인 무능력에 시달리고 있다. 나이지리아에서 생산되는 석유는 대부분 델타 지역에서 생산되고 있는데, 이 지역은 경제적 소외 및 석유 생산과 관련된 환경오염에 대한 주민들의 반발이 심해지면서 정치적 위기에 휘말리고 있다.

즉, 나이지리아 석유 정책은 일관성 없는 정책 모순에 갇혀 있고 작은 기득권에 집착하며, 더 많은 사회·경제적 이익을 요구하는 시민들의 저항이 늘어나는 상황이다. 이로 인해 나이지리아 석유산업 부문의 혼란이 가속화되고 있다. 이는 자국의 에너지 수급을 불안하게 만들 뿐만 아니라 유럽과 북미라는 석유 수입국에 대한 의무를 이행하는 나이지리아의 능력이 직접적으로 위협받는 결과를 야기할 수 있다. 이 장의 핵심적인 내용은 현재 나이지리아가 겪고 있는 에너지 안보 위기의 주요 원인이 정부의 무능력이라는 사실이다. 즉, 정부는 석유산업과 기타 경제 부분이 상호 보완하도록 유도하기 위해 혁신적·포괄적인 정책을 수립해나가야 하는데, 실제로는 전혀 그렇지 못하고 있다. 여기서 한 발 더 나아가면 석유 수익을 기반으로 이용해 고용을 창출함으로써 궁극적으로는 빈곤 문제를 해결하는 정책적 성과를 기대해볼 필요가 있다. 이후에 좀 더 자세히 살펴볼 나이지리아의 이러한 정책적 모순은 사회 전반적으로 큰 영향을 미치고 있다. 즉, 여전한 권위주의 체제와 석유 수익이 통제권을 지닌 무능력한 정부를 더욱 강화시키고 있으며, 시민들은 가난하고 힘없는 방관자로 전락하고 있는 실정이다.

'자원의 저주'를 연구하는 학자들은 네덜란드 병이 나이지리아에도 적용될 수 있다고 주장한다. 따라서 원자재 가격의 변화가 가져오는 파괴적인 결과, 즉 석유 수익을 기반으로 유지되는 권위주의적·비효율적 정치체제로 인해 고통 받는 자원부국의 현실에 주목할 필요가 있다. 특히 아프리카의 비극적인 국가 발전의 역사에 대해 좀 더 자세히 살펴봐야 할 것이다(Humphreys et al., 2007). 여기서 나이지리아의 사례는 이론에 대한 실증적 근거를 제공할 뿐만 아니라 설명적 수단으로서의 한계를 드러낸다는 측면에서도 주목을 받고 있다. 물론 자원이 풍부하다는 자체가 '자원의 저주'를 필연적으로 발생시키지는 않는다. 오히려 자원의 소유 구조와 자원 개발을 결정하는 정치체제의 본질적 특성이 해당 국가의 발전 과정에서 천연자원이 어떠한 역할을 담당할지를 결정하는 핵심적인 요인일 수 있다. 책임성과 투명성을 확보하기 위한 정치체제가 뿌리 내리기 전이나 뿌리 내린 후에 국가가 천연자원을 악용하기 시작하면 심각한 문제가 야기될 수 있다(Okonta, 2006). 이때 자원부국의 역사는 이러한 정치체제의 형성 과정을 설명하는 데 중요한 역할을 담당할 수 있다. 에릭 채니(Eric Chaney)는 아랍권의 지속적인 정치적 격변 과정을 자신의 연구에서 정확히 보여주었다. 이른바 '민주주의의 진공 상태'라고 불리는 이들 지역은 이슬람이라는 종교가 아니라 100년 전 아랍 군대의 정복으로 도입된 역사적 제도와 관련 있다(Chaney, 2012). 1960년에 독립한 나이지리아는 중앙집권적인 권위주의 정치 제도를 영국으로부터 물려받았다. 이러한 정치체제는 지역 주민들을 국민으로 편입·복종시켰으며, 천연자원을 물리적인 군사력으로 장악했다. 이 장에서는 나이지리아의 '자원의 저주'가 식민지 경험의 소산이라는 사실을 드러내려 한다.

실제로 나이지리아의 정치 지도자와 에너지 관련 정책 결정자들은 자원의 저주를 막아낼 창의적인 전략을 만들어내지 못했다. 따라서 나이지리아는 천연자원이 풍부해 갈등을 겪는 국가에 대한 대단히 흥미로운 사례일 수 있다. 왜냐하면 정치적 구습의 잔존과 민영화된 전력 업체의 약화된 책임감을 보여주는 적절한 사례이기 때문이다. 게다가 나이지리아는 정책 결정자와 학자들에게 천연자원의 혜택을 국가적인 번영으로 전환하는 데 정부가 무능력해진 원인에 대해 좀 더 깊이 생각하고 폭넓게 숙고하도록 만들어주는 대표적인 사례다.

이 장은 크게 다섯 부분으로 구성된다. 1절에서는 나이지리아의 에너지 안보와 관련된 정책 결정 초창기의 특징에 대해 살펴볼 예정이다. 즉, 신생 독립국의 정책에 과거 권위주의적이었던 식민지 시절의 유산이 반영되어 있음을 보여주려 한다. 구체적으로는 석유 자원을 개발하려는 중앙정부가 독점적인 권리를 부당하게 요구한 뒤 미래에 발생할 문제를 해결해나가는 방식에 대해 살펴볼 것이다. 2절에서는 연속적으로 권력을 장악한 군사정권이 국가 발전을 위한 토대가 되는 '호황기'에 석유 수익을 제대로 사용하지 못하면서 발생했던 경제적인 어려움에 대해 검토해볼 것이다. 즉, 지방 토호세력과 몇몇 부족 엘리트, 조직된 노동자들이 주도해 중앙집중화된 권력의 과잉으로 인한 문제에 저항했던 내용이다. 3절에서는 무소불위의 정부 지배에 반발하는 세력이 등장하면서 에너지 안보를 확충하려는 나이지리아 정책 결정자들의 야심이 위협받는 상황을 다루려 한다. 구체적으로는 주요 석유 산지의 빈곤 문제와 석유의 생산 과정에서 발생한 환경문제에 대응하기 위해 만들어진 '오고니 주민들의 생존을 위한 운동(Movement for the Survival of the Ogoni People: MOSOP)'과 폭력적인 성향의 '니제르델타해방운동(Movement for the Emancipation of the Niger Delta: MEND)'의 결성 과정에 대해 살펴볼 것이다. 4절에서는 1999년에 새롭게 등장한 문민정부의 정책 개입과 관련된 네 가지의 핵심 사항에 대해 살펴보려 한다. 당시의 문민정부는 석유산업을 마비시키는 정치적·경제적 알력 관계를 해소하기 위해 필사적으로 노력했다. 4절에서는 협력적 문화를 구축하고 정책적 일관성을 확보하기 위한 문민정부의 노력이 상충적인 이해관계와 축적된 무능력에 의해 얼마나 지속적으로 방해받았는지를 설명할 것이다. 결론적으로 5절에서는 무책임한 권위적 통치 체제하에 국영 석유회사를 활용해서 국가 발전과 에너지 안보를 달성하려 했던 나이지리아라는 핵심적인 산유국의 정책이 실패한 의미에 대해 살펴보려 한다.

초기의 정책 결정과 에너지 안보

식민지 시대의 광산법과 독립 직후 나이지리아의 광산법 사이에는 분명히 유사한 측면이 있다. 이것은 단순한 우연의 일치가 아니다. 중앙집권적인 무소불위의 권력으로 천연자원을 마음대로 개발하려는 의지는 식민지 시대를 계승한 후계자에게도 변함없이 그대로 복제되고 말았다. 1940년대부터 독립 운동을 벌였던 나이지리아 민족주의자는 억압적인 식민 통치 체제에 대해 비난했다. 따라서 1960년대의 독립국 체제에서 제정된 불공정하고 권위적인 석유법령에 의해 피해를 입은 주민들은 동일한 배신감을 느낄 수밖에 없었다. 나이지리아 석유벨트인 니제르 델타 지역에서 부당한 대우를 받았던 주민들의 반발이 특히 심했다. 게다가 정책 결정에서 주도권을 행사하고 생산된 석유제품의 지분을 늘리려는 이해당사자들의 갈등이 끊임없이 지속되었다. 나이지리아에서 석유 자원에 기반을 둔 경제 발전과 국가 번영을 달성하지 못하게 만들었던 정책의 실패와 무능한 부패 정치인의 출현은 이러한 갈등에 뿌리를 두고 있었다.

1998년 12월 청년 중심의 민족주의 단체 '이조청년위원회(Ijaw Youth Council: IYC)'의 지도자와 니제르 델타 지역이 극단적으로 대결했던 양상은 에너지 안보를 추구하는 나이지리아의 노력에서 석유 관련 정책 결정자들이 처한 딜레마를 분명히 보여주었다. 게다가 당시는 나이지리아의 군사정권이 30년 만에 민주적으로 선출된 정부에 권력을 이양하기 위해 준비하고 있던 시기였다.

1998년 초에 설립된 IYC는 중요한 삼각주인 리버스, 바엘사, 델타 이 3개 지역 이조 민족으로 구성된 청년 단체다(Ikelegbe, 2001). 이 조직은 니제르 델타 지역에서 생산되는 석유의 수익을 실질적으로 통제하는 나이지리아의 연방정부를 상대로 지역사회와 부족민들이 압력을 행사하기 위해 만들어졌다. 또한 자신들의 생계를 위협하는 오염된 토지와 하천을 정화하기 위해 로열 더치 셸 같은 국제 석유회사와도 협상을 진행했다. 1998년 11월 11일에 이조청년위원회의 지도자들은 바엘사 주 카이아마 마을에서 다양한 부족, 지역사회, 향토 조직의 청년 5000명이 참여한 '카이아마 선언(Kaiama Declaration)'을 발표했다. 카이아마 선언은 니제르 델타에 배치된 군인 및 다른 권력기관의 철수를 요구했다. 이들 군인은 석유 설비를 보호하고 관련 회사 직원의 안전을 보장한다는 명분으로 주둔했는데, 사실상 '나이지리아 정부에 의한 점령과 탄압의 공권력'으로 간주될 수밖에 없었다(Ijaw Youth Council, 2009). 당시 이 선언은 다음과 같은 사항도 추가적으로 요구했다. "우리는 모든 석유기업이 이조 지역에서의 모든 탐사·개발을 중단하기를 요청한다. 우리는 가스의 불법 소각과 원유의 유출 및 누출에 진절머리가 날 뿐만 아니라 주민들을 불법 설비파괴자나 테러리스트로 분류하는 것에 대해서도 단호히 반대한다. 우리는 니제르 델타의 이조 지역에서 자원의 소유권과 통제 관련 문제를 해결하기 위해 모든 석유기업이 1998년 12월 30일까지 철수할 것을 요구한다."

이러한 선언이 발표되자 당시의 군사정부는 바엘사 주에 비상사태를 선포했다. 탱크, 수륙양용 고속정, 군함, 수천 명의 전투병이 1998년 12월부터 1999년

1월 사이에 주도(州都), 예나고아, 카이아마와 인근 마을에 투입되었다. 1999년 1월 1일 연례 예산 연설에서 주지사인 압둘살람 아부바카르 장군은 "유전, 시추 시설, 플랫폼의 점거뿐만 아니라 반정부적인 성향의 인질극을 포함한 어떤 불온 세력의 행동도 용납할 수 없다"라고 밝혔을 정도다. 당시 나이지리아 군대는 200명의 청년을 사살한 것으로 추정된다(Human Rights Watch, 1999). 한편으로 는 석유기업의 직원이 이 지역에서 도피하는 바람에 일시적으로 석유 생산이 중 단되기도 했다. 당시 일부 석유회사는 통제 불능을 선언할 정도로 심각한 상황 이었다.

다만 군사정권과의 힘든 교전 상태에서도 IYC의 지도자들이 나이지리아 연 방에 이조 지역이 남아 있어야 한다고 결정했던 선언은 대단히 중요한 의미를 지닌다. IYC의 지도자들은 이조 사람들을 위한 지방자치를 끊임없이 추구했으 며, 민족국가의 새로운 연합체인 연방정부는 '평등과 정의'를 기초로 운영되었 다. 또한 이조청년위원회는 니제르 델타 지역 고유의 경제적·생태적 위기를 해 결하기 위해 나이지리아 350여 개 부족 대표가 국가를 위한 새로운 정치 구조를 논의하는 '주권국가회의(Sovereign National Conference)'를 결성해야 한다고 주장 했다. 또한 주권국가회의에서는 '자원에 대한 통제, 자기 결정권, 재정 연방주의' 라는 세 가지 원칙에 기반을 둔 합의가 이뤄져야 한다고도 주장했다. 사실 이러 한 정치적 요구는 나이지리아 위기의 핵심을 정확히 지적하고 있다. 현재 나이 지리아 석유산업은 진퇴양난에 처해 있으며, 에너지 안보를 추구한다는 목표를 달성하기 위한 일관성 있는 정책이 1960년대부터 지금까지 제대로 추진되지 못 하고 있다.

영국의 식민지였던 나이지리아는 3개의 자치국으로 1960년 10월에 독립한 뒤 1963년에 연방제 국가로 통합되었다. 이처럼 나이지리아는 상이한 인종, 언 어, 종교의 복합체임에도 3개의 주요 부족이 지배하고 있다. 즉, 북쪽의 핵심 부 족은 이슬람교도가 지배하는 하우사 풀라니(Hausa-Fulani)이고, 동쪽의 핵심 부 족은 기독교인 이그보(Igbo)이며, 남서쪽의 핵심 부족은 이슬람교와 기독교 신 앙을 지닌 요루바(Yoruba)다. 니제르 델타의 가장 큰 부족인 이조와 중부 지방에 거주하는 티브(Tiv)는 기타 '소수 부족'으로 분류되며, 지역의 정치적 목소리를 대변하는 집단으로 간주된다. 이처럼 나이지리아에는 지역의 정치와 지방정부를 지배하는 주요 부족에 기반을 둔 3개의 정당을 토대로 연방 헌법이 수립되었을 뿐만 아니라 의회 제도가 운영되고 있다(Wolpe, 1974). 이후 하우사족이 이끄는 '북부인민의회(Northern Peoples' Congress: NPC)'는 중앙의 연방정부를 주도할 수 있었다. 그렇지만 부패의 만연, 경기 침체, 분쟁 지역의 정치와 자원을 지배하는 지역 정치 엘리트들의 도전은 이그보의 독립을 자극하는 계기가 되었다. 결정적으로 이그보 공무원과 주민들에 대한 대량 학살로 인해 1967년 7월 동부 지역에서 이그보족은 비아프라라는 새로운 공화국의 수립을 선언하기에 이르렀다. 결과적으로 30개월에 걸친 내전을 통해 수많은 사망자들이 발생했으며, 1970년 1월 이그보 독립 세력이 패배함으로써 상황은 종결되었다.

당시의 비아프라 전쟁에서 니제르 델타 지역 유전의 분리 독립을 추구했던 이그보의 바람은 실현되지 못했다. 그렇지만 이들 석유 매장지에 대한 재통합은 연방정부의 전쟁 야심을 폭로하는 계기가 되었다(Williams, 1983). 1945년 제2차 세계대전 직후까지만 해도 나이지리아의 주요 외화벌이 수단은 코코아, 야자유, 땅콩이 전부였다. 그렇지만 1960년대 후반 들어 셸, BP의 컨소시엄이 석유 개발에 착수한 이래 프랑스의 석유기업인 엘프와 미국 기업인 모빌 또한 니제르 델타 지역의 내륙과 연안에서 석유를 생산하기 시작했다. 결과적으로 석유에서 벌어들인 외화는 나이지리아의 주요 수입원이 되었다. 따라서 이 시기 이후의 석유 정책은 군사정부에 석유 수입의 가장 큰 몫을 보장하는 방향으로 결정되기 시작했다. 즉, 나이지리아의 정부는 1966년의 군사 쿠데타와 이후의 반쿠데타를 겪으면서 강력한 3개 지역의 민주주의 체제를 잠식해나갔다. 정리하자면, 델타 지역에서의 유전에 대한 지나친 의존 및 정치적 투쟁은 나이지리아에서 에너지 안보가 취약한 이유를 설명해주는 핵심 요인이다. 그로 인해 나이지리아에서는 사회적인 격변이 끊임없이 진행되면서 수익 배분의 정치만 치열하게 전개될 뿐이었다.

1967년 5월 내전이 발생하기 직전의 수익 배분 시스템은 광산 임대료 및 사용료의 5%를 중앙정부에 납부하는 방식이었다. 중앙정부는 이를 전부 징수하기는 했지만, 수익의 발생지 원칙에 따라 해당 지역에 광산 임대료 및 사용료의 45%를 이전해야 했다. 남은 광산 임대료 및 사용료 가운데 가장 큰 50%는 발생지 원칙으로 인해 발생한 지역 간 불균형을 해소하고자 마련된 '공동분배계정(Distributable Pool Account)'을 통해 지역에 할당되었다(Oyovbaire, 1985). 당시 군부 출신의 국가원수였던 야쿠부 고원(Yakubu Gowon) 장군은 1967년 5월에 지역을 대체할 수 있는 12개의 주를 새로 만들었으며, 석유 수익을 배분하는 공정한 기준을 수립하기 위해 위원회를 구성하겠다는 공약을 제시했다. 결과적으로 중앙정부를 대폭 강화시키는 계기가 된 당시의 급박했던 내전으로 인해 고원 장군은 '임시세수위원회(Interim Revenue Committee)'를 설립했다. 이 위원회는 국가 재정 시스템에 대한 권장사항을 제공하기 위해 공보장교인 디나(Dina)가 위원장을 맡았으며 8명의 위원으로 구성되었다.

디나위원회는 내전의 핵심적인 교훈이 나이지리아의 국가적 통일에 대한 필요성이었다며, "나이지리아의 모든 수익은 국가 통합을 유지하기 위한 프로그램의 공적 자금으로 간주되어야 한다"라고 주장했다(Federal Ministry of Information, 1969). 간단히 말해 디나위원회와 지지자들은 지대의 형태로 지불된 석유 소득, 유전 사용료, 기타 세금을 포함하는 재원을 중앙정부 계정으로 집중·통합해야 한다고 주장했던 것이다. 당시 경제전문가들은 나이지리아가 1975년까지 석유 부문에서 연간 3억 파운드의 외화를 벌어들인 것으로 추정했다(Financial Times, 1969). 이러한 재원이 중앙정부에 반드시 필요하기는 했지만, 사실 이들은 니제르 델타의 가난한 석유 매장지의 권리를 박탈하는 새로운 회계 방식을 요구한 셈이었다. 왜냐하면 디나위원회의 핵심적인 요구사항은 석유의 임대료 및 사용료에서부터 수익에 이르기까지 모든 이익을 중앙정부가 관리해야 한다는 것이었기 때문이다.

이 같은 석유 수입의 중앙 집중화는 여러 단계를 거치면서 행정 부문의 정책 결정 과정을 완벽히 장악하고 있던 고원 장군의 상임 비서관에 의해 주도되었다. 1969년 11월에 드디어 '발생지의 원칙'이 폐기되었으며, 그로 인해 매장지의 석유 관련 소득이 상당히 줄어들고 말았다. 당시 니제르 델타 지역 고위 공무원들이 극렬하게 반대했음에도 중앙정부는 "나이지리아의 모든 지역에서 발생하는 석유 자원에 대한 모든 통제권과 소유권은 국가에 귀속된다"라는 '석유 법령'(Decree no. 51 of 1969)을 발표했다. 또한 이 법령은 나이지리아의 육상뿐 아니라 대륙붕을 포함하는 해안 지역에도 적용되는 것으로 수립되었다(Petroleum Intelligence Weekly, 1969).

비아프라 전쟁이 끝난 직후인 1970년에 성공적으로 내전을 종식시켰던 중앙정부는 석유 법령 제13조를 근거로 관련 수익의 배분 구조를 근본적으로 개혁하기 시작했다. 즉, 이 법령의 제13조는 중앙과 지방 사이에서 공동 분배 계정을 동일하게 절반씩으로 분할한 뒤, 주정부 몫의 절반은 인구에 비례해 다시 배분하는 것으로 규정했다. 이러한 변화는 두 가지 측면에서 중요한 효과를 가져왔다. 즉, 공동 분배 계정과 관련된 수익이 늘어났을 뿐만 아니라 리버스, 미드웨스트, 남동부 같은 석유 매장지 지방정부 대비 중앙정부의 재정 능력이 크게 개선되었다. 그렇지만 한편으로는 심각한 부정적인 결과도 나타났다. 중앙정부가 급성장하는 석유 부문의 수익을 장악하고 관련 제도를 강화하면서 자본과 노동의 끊어진 연결고리를 다시 연결해야 하는 상황이 발생했다. 핵심 관료와의 인맥은 나이지리아에서 부자가 되기 위한 필수 조건이었다. 결과적으로 다국적 기업, 지역의 중간 거래상, 정부 공무원 사이에서 상업적인 삼각동맹이 결성되었다. 서방의 다국적 기업들은 나이지리아처럼 석유가 풍부하기는 하지만 저개발 상태인 후진국에 품질이 의심스러운 제품을 판매하려고 했으며, 정부 관료는 다국적 기업과 지역의 거래상을 도와주는 역할을 맡았다(Turner, 1978: 167). 결과적으로 외국 제품의 수입을 장려함으로써 지역의 제조업 성장에 피해를 입히는 새로운 상업적인 자본주의 경제구조뿐만 아니라 뇌물과 낭비라는 바람직하지 못한 사회 풍토까지 자리 잡게 되었다(Williams, 1976).

석유산업과 관련한 중요한 정책을 결정할 때는 첫 번째 단계로 이러한 진흙탕을 반드시 거쳐야만 했다. 지대를 추구하고 돈을 쉽게 벌어들이려는 문화는 기업가 정신을 잠식하기 시작했으며, 심지어 석유를 포함한 나이지리아 천연자원의 활용을 통한 생산적인 자본주의를 대체해나갔다. 1914년에 제정된 '식민지 광물조례(Colonial Mineral Ordinance)'는 당시 영국의 식민지였던 나이지리아에서 석유와 관련되어 제정된 최초의 법률이었다. 그렇지만 이것은 영국의 국민과 기업에만 광산 임대와 관련된 계약과 허가를 보장하기 위한 법률일 뿐이었다. 1937년에 이 조례는 '셸 다르시(Shell D'Arcy)'[1]에 나이지리아 전역의 탐사권과 채굴권을 독점적으로 보장해주었다(Khan, 1994: 16). 그렇지만 1955년에는 미국 정부의 압력으로 인해 모빌에도 탐사권이 부여되었다. 1960년에 영국의 식민 통치가 종료되면서 걸프(Gulf), 아지프(Agip), 사프라프(Safrap)라는 석유기업에도 탐사권이 부여되었다. 이후 고원 장군의 1969년 법령은 1937년의 식민지 법령을 무력화시켰는데, 이는 중요한 천연자원을 국가의 관할하에 두면서 중앙집권적인 통제를 강화하기 위한 조치였다(Frynas et al., 2000). 또한 이 법령은 다양한 석유 생산 허가와 관련된 형태, 권리, 제한 조건 등을 명시하고 있었다. 게다가 이 법령은 석유 탐사 라이선스(OEL), 석유 채굴 라이선스(OPL), 석유광업임대(OML)와 관련된 권한을 나이지리아의 시민 또는 기업에만 부여하는 것으로 규정하고 있었다.

고원의 군사정부 시절이던 1971년 나이지리아는 OPEC의 정회원으로 가입했다. 1968년 6월 열린 제16차 OPEC 회의에서 체결된 '석유정책선언문(Resolution XVI 90)'은 회원국이 '석유와 관련된 모든 영업 과정에 대한 통제권을 정부가 갖고 개입할 것'을 권고했다. 이러한 권고는 고원 정부의 당시 재무부 차관이자 이후 장관이 된 압둘아지즈 아타(Abdulazeez Atta)가 2개의 기관을 설립한 중요한 근거가 되었다. 이 2개의 기관은 충분한 정보가 제공되는 공개 포럼 형태인 석유자문위원회(Petroleum Advisory Board)와 효율적인 방법으로 석유 정책을 조정·실행하는 나이지리아석유공사였다(Turner, 1978: 179). 나이지리아는 당시 황이 거의 포함되지 않은 원유를 가장 많이 생산하는 국가 가운데 하나로 등장했다. 또한 나이지리아는 대서양에 위치해 있기 때문에 원유와 정제 석유제품을

---

1   현재 석유 대기업인 로열 더치 셸의 전신이다.

세계에서 가장 많이 소비하는 두 지역인 서유럽 및 미국과 가깝다는 장점도 있었다. 따라서 중동 지역의 산유국에 비해 지리적으로 훨씬 더 유리한 입지 조건 덕분에 석유 가격에 프리미엄을 덧붙일 수 있었다. 아타가 이처럼 나이지리아의 석유 정책과 관련한 조직들을 하나씩 만들어간 본질적인 이유는 다음과 같다. 첫째, 나이지리아의 석유 생산을 증가시킬 뿐만 아니라 다변화시켜야 했다. 둘째, 매장지 주민들의 소유권뿐만 아니라 급성장하는 석유산업에 대한 통제권도 확보해야 했다. 셋째, 석유화학산업 및 액화석유가스와 관련된 생산, 유통 같은 하류 부문의 출현을 장려함으로써 정부의 경제 발전 계획을 통합적으로 추진해야 했다. 아타가 구상했던 이 세 가지 목적은 에너지 안보를 확장할 뿐만 아니라 석유 부문의 부가가치를 높일 것으로 기대되었다.

그렇지만 고원의 군사정권에 의한 내전 종식이 경제적 특권과 정치적 영향력을 차지하려는 지역 및 부족 엘리트 사이의 맹렬한 투쟁을 감소시키지는 못했다. 1966년에는 1공화국이 임기를 마무리하면서 제대로 교육받은 관료들은 권력을 장악하고 신분 상승과 정치적 영향력의 확대를 경험했다. 이전까지만 해도 이들은 국무총리 산하의 내각 장관이던 선출직 정치인의 통제를 받았지만, 이후부터는 군사 정권의 지휘부와 직접적으로 함께 일하면서 상당한 영향력을 행사했다. 심지어 정부 부처와 장관들을 감독하기 위해 고원이 임명한 국장급 정치인들을 좌천시키는 경우도 있었다(Osaghae, 1998: 77~79). 고위 관료와 국장급 정치인, 경쟁적인 관료들 사이에서 고원에게 접근하기 위해 권력투쟁이 악순환함으로써 일관되고 미래지향적인 석유 정책은 수립되지 못했으며, 그로 인한 피해는 전부 국민들의 몫이었다. 특히 광산전력부(Ministry of Mines and Power)와 재무부(Ministry of Finance)의 관료들 사이에서 석유산업의 정책 결정 및 통제권을 둘러싼 경쟁은 공개적으로 진행되었을 정도다. 재무부는 국제 정책과 산업 부문에 대한 정부의 직접적인 개입을 선호한 반면, 광산전력부는 규제 정책과 비개입 방식을 더 선호한다는 차이가 있었다. OPEC에 참여하면서 최종적으로는 재무부가 권력투쟁에서 승리했다.

나이지리아석유공사는 정부의 개입을 보장하는 핵심적인 정책 수단으로 1971

년에 설립되었음에도 정작 이와 관련된 기능을 수행할 수 있는 재량권을 다음과 같은 이유 때문에 제대로 부여받지 못했다. 첫째, 나이지리아석유공사는 석유부 (광산전력부) 산하의 준공공기관으로 지정되었다. 둘째, 연방집행위원회가 승인 해준 재정적 한도를 초과해서 석유와 관련된 탐사·개발 작업을 수행할 수 없었 을 뿐만 아니라 생산과 마케팅을 포함하는 석유 영업의 과정에서 독점적인 권한 을 갖고 있지 않았다. 셋째, 이사회의 의장은 석유부의 고위 공무원인 차관이 차 지하는 경직적인 의사 결정 구조였다(Turner, 1978: 180). 결과적으로 나이지리아 석유공사는 다양한 산업 분야의 잘 훈련된 기술 관료들을 확보한 반면, 전혀 독 립적이지 못한 조직으로 발전했다. 이로 인한 긴장 관계는 해당 부처의 차관과 일반 관리자 사이에서 주로 발생했다.

기술 관료는 석유산업을 경제개발의 주요 도구로 간주했을 뿐만 아니라 해당 산업에 대한 통제를 강화하는 정책적 방향을 지지했던 반면, 일반 정부 관료는 오랫동안 나이지리아의 석유산업에서 지배력을 유지해왔던 기존의 정책 기조 를 계승하려 했다. 게다가 일반 관료들은 기존의 정책 기조하에서 자신의 이익 을 보장받아왔던 국제 석유회사와도 밀접한 관계를 맺고 있었다. 이들은 기술 관료들에 대해 완강히 반대하는 입장을 취하고 있었다. 그렇지만 일반 관료들에 의한 부정부패가 국가 전체적으로 광범위하게 퍼져 있었기 때문에 과학기술 분 야 전문가의 사기는 저하될 수밖에 없었다. 또한 초기의 지나친 관료적 개입은 나이지리아석유공사를 외국의 석유기업들처럼 석유산업과 관련된 상류·하류 부문의 주요 기업으로 성장시키지 못했으며, 결과적으로 기술 부족, 낮은 생산 성, 무능으로 특징지어지는 국영 석유회사가 출현할 수밖에 없었다.

나이지리아는 1970년 내전이 종식된 이후 1985년까지 정치적으로 심각한 변 동을 겪었고, 군사정부는 피로 얼룩진 쿠데타를 통해 교체되고 말았다. 이후 선 거를 통해 다시 등장한 2공화국은 단 4년 동안 집권한 뒤 또 다른 군인 독재자에 의해 막을 내려야만 했다. 그렇지만 이러한 격변기를 거치면서 나이지리아의 석 유 정책은 놀라울 정도로 안정화되었다. 산업의 국유화가 일부 진행되기는 했지 만, 이러한 변화는 주로 1970년대에 일어났다. 나이지리아 정부는 프랑스 소유의 석유기업인 사프라프가 비아프라공화국을 지원하는 것으로 인식했기 때문에 전쟁이 끝나자마자 사프라프의 지분 35%를 인수해버렸다. 정부는 매년 이 합작 기업의 지분을 60%까지 늘려 국제 석유회사들과 함께 공동으로 합작 기업을 설립했다(NNPC, 1981). 연간 생산량의 절반을 차지하는 로열 더치 셸은 셸생산개발회사(Shell Producing Development Company: SPDC)의 운영자였다. 이 기업은 나이지리아 정부와 로열 더치 셸, 아지프, 엘프[2]의 합작회사였다. 5대 주요 업체인 셸, 모빌, 셰브런, 아지프, 엘프는 나이지리아의 석유산업을 계속적으로 지배할 수 있었다. 이들 석유기업의 이익을 줄이는 방향으로 정부가 수행했던 유일한 정책은 1979년 셸 - BP 파트너십에서 BP의 지분을 국유화하는 것이었다. 이는 BP가 인종차별적인 정책을 취하는 남아프리카공화국과의 수출입 금지령을 어기고 남아프리카공화국과 거래를 했기 때문에 내려진 조치였다. 당시 나이지리아 정부는 남아프리카공화국과 짐바브웨에서 흑인이 통치를 하도록 국제적인 협력을 이끌어내고 싶어 했으며, 이러한 목표하에 영국의 외교 정책에 영향력을 미치고 싶어 했다. 이후의 후속 정권들은 정부의 석유 소득이 늘어나자 석유기업을 보호하고 경제를 활성화시키기 위해 노력했다.

그렇지만 이러한 석유 정책의 안정성은 정작 석유산업에 대한 국가의 개입을 효과적으로 확대하고 부가가치를 높이며 안전한 에너지를 공급하는 환경으로 전환되지는 않았다. 중앙정부는 석유에서 창출되는 소득에 대한 통제권을 강화하기 위해 석유 정책에 저항할 가능성이 있는 부족 집단과 지역의 지배 계층을 관료로 임명했고, 이들에게 유리한 계약 조건과 다양한 혜택을 제공함으로써 불만을 무마시켰다. 1977년의 군사 법률을 기반으로 명칭을 변경한 '나이지리아석유공사(Nigerian National Petroleum Corporation: NNPC)'[3]는 산업의 규제와 합병으로 인해 비효율성이 점점 더 증대되었다. 게다가 대중의 감시로부터도 자유로워졌으며, 불투명한 거래가 늘어났다. 1979년 9월 진보 성향의 신문사인 펀치(Punch)는

---

2   엘프는 프랑스 사프라프 석유기업의 전신이다.
3   이전 명칭은 NNOC(Nigerian National Oil Corporation)로, Oil이 Petroleum으로만 변경되었다.

30억 달러에 이르는 금액이 런던 미들랜드 은행(Midland Bank) 계정에서 사라져 버렸다는 사실을 폭로했다. 고발자들은 국제 석유회사가 1975년부터 1978년 사이 국영 석유회사의 고위관리들과 결탁해 관례처럼 과잉 인상에 관여해왔다고 고발했다. 지배계층 사이의 권력투쟁은 또한 자국 내 정제산업의 육성 계획과 실행을 지연시켰을 뿐만 아니라 추가적인 수익을 얻고 경제를 활성화시킬 수 있는 석유 정제품, 석유화학제품, 액화천연가스의 수출도 지연시켰다. 가스오일의 생산량 증가로 인해 가속화될 수 있었던 전력 생산은 당시 거의 탈진 상태였다.

한편으로 나이지리아는 3조~3조 4000억m^{3}로 추정되는 천연가스 매장량을 보유하고 있으며, 세계적으로는 8위이자 OPEC 내에서는 5위를 차지하는 천연가스 대국이었다(Africa Oil and Gas Report, 2012). 그렇지만 부실한 정부 계획과 통찰력의 부족으로 인해 석유기업들은 유전에서 부가적으로 발생하는 천연가스를 태워버리는 결과를 초래했다. 또한 열악한 기반 시설, 집행 불가능한 가스 활용 계획, 천연가스의 추출·처리·분배와 관련된 대단히 높은 비용은 하류 부문의 개발에 큰 걸림돌이 되었다. 정작 1999년에 나이지리아석유공사가 액화천연가스기업의 하청업체로 격하되면서부터 국제 석유회사가 천연가스 제품을 생산·수출할 수 있게 되었다. 물론 후임 정권도 '석유 호황기'에 나타난 네덜란드병을 해결할 수는 없었다. 왜냐하면 농업이나 제조업 같은 주요 수출 가능 부문이 붕괴되면서 '흰 코끼리'[4] 사업이라고 불리는 대규모 정부 지출이 급증했기 때문이다.

험난한 미래에 대한 예견

자원이 풍부한 저개발 국가에서 독재정권의 결말은 사익을 추구하는 지도자

---

4 비용은 많이 소요되는 반면 그다지 쓸모는 없는 사업을 의미한다. 마음에 안 드는 누군가에게 왕이 흰 코끼리를 선물로 주자 그 사람은 희귀한 동물을 돌보기 위해 가진 돈을 다 써야 했다는 태국의 옛이야기에서 유래된 개념이다. _옮긴이

가 정책 결정 과정에서 시민들이 공익을 추구하지 못하게 억제함으로써 결국에는 가난한 국가로 전락시키는 것일 수 있다. 무소불위의 권력에 기반을 둔 정책 결정의 이러한 모순적 결과는 사회·경제 전반에 악영향을 미친다. 또한 이는 에너지 풍요와 안정을 위해 필요한 정치적 안정이라는 토대를 약화시키는 사회적 불안을 일으킬 수 있다.

서양의 수입국들이 자국 내 문제로 고전하자 나이지리아는 석유 수요의 감소로 인해서 1982년에 경기 침체를 맞이했다. 한편으로는 북해산 석유의 생산 증가도 경기 침체의 또 다른 원인일 수 있다. 1979년에 출범한 셰후 사가리(Shehu Shagari) 정권은 1983년 12월에 또 다른 군사정권에 의해 붕괴되기 전까지 각종 부정부패와 자본 유출 문제를 일으켰고 이로 인해 나이지리아 경제가 회복할 가능성은 사라지고 말았다. 나이지리아 석유산업의 핵심적인 문제는 원유 수출에 기인한 수익을 점진적으로 다변화시킬 만큼 응집력 있는 국가계획을 실행하지 못하는 정부 관료의 무능력과 효율적인 정책의 부재라는 딜레마였다고 전문가들은 지적한다. 결과적으로 이러한 여러 가지 정책 실패와 관련된 비용을 이제는 시민들이 지불해야 하는 상황이 되고 말았다. 즉, 사회·경제 지표는 악화되었고, 정주 여건은 나빠졌으며, 실업률이 높아지고 노동조합 및 시민사회의 시위도 급증했다(Jega, 2000: 11~18). 주요 외화 공급원인 석유에 대한 중앙정부의 지배 방식과 정치체제에 대한 지역사회의 반발도 크게 증가했다. 이는 에너지 안보를 위협했을 뿐만 아니라 석유산업에도 심각한 손상을 입힌 플랫폼을 제공했던 후반기의 전개 양상이었다.

이브라힘 바방기다(Ibrahim Babangida) 장군이 쿠데타를 일으켰던 1985년 8월에 나이지리아의 경제는 이미 수습 불가능한 상황으로 전락했으며, 시민들의 불만은 걷잡을 수 없이 커져버렸다. 원유 수출로 인한 수익은 1980년 249억 달러를 정점으로 1983년에는 99억 달러로 하락하고 말았다. 1985년 들어 원유 수익이 조금 상승하기는 했지만 1986년에는 1980년 석유 수출액의 1/5 수준인 57억 달러만 벌어들였을 뿐이다. 즉, 나이지리아의 원유 수익마저 바닥으로 추락하고 말았다(Khan, 1994: 52). 바방기다는 석유 생산을 늘리고 나이지리아의 에너지 안보를 강화하기 위한 시도로 두 가지 정책을 추진했다. 먼저 1986년부터 1991년 사이에는 석유의 탐사 및 생산 관련 인센티브를 개선하기 위해 다국적 석유기업들과 좋은 조건으로 양해각서를 체결하기 시작했다. 결과적으로 추상적인 이윤과 생산 비용 충당금이 개선되었으며, 기존 합작회사를 보완하는 생산분배계약으로 변화함으로써 셸, 엘프, 모빌, 엑슨, 스타토일, BP 같은 석유기업이 나이지리아 정부와 새로운 계약을 체결하도록 장려했다. 이에 셸은 연안의 석유를 탐사·생산하는 '셸 나이지리아 탐사생산회사(Shell Nigeria Exploration and Production Company: SNEPCO)'라는 자회사를 전액 출자해서 설립했다. 합작회사 방식과 달리 생산물을 공유하는 방식은 석유기업이 10년 동안 세금 납부와 투자비 회수를 공제한 뒤에도 석유 생산량의 80%를 가져갈 수 있도록 허용해주었다(Ofoh, 1992). 이러한 변화에도 정부 지출의 투명성과 책임성의 부재는 부정부패를 지속적으로 야기했으며, 신규 석유 사업에서 발생하는 수익을 여전히 낭비해버리는 결과를 가져왔다.

또한 바방기다는 IMF와 세계은행의 자문을 얻어 나이지리아 경제에 시장 메커니즘을 활용하기 위해 '구조조정 프로그램(Structural Adjustment Programme: SAP)'을 도입했다. 그로 인해 나이지리아 화폐인 나이라(naira)는 급격히 가치가 하락했고, 건강·교육·사회복지 부문에 대한 보조금은 감소했으며, 공기업의 민영화가 시작되었다. 그럼에도 나이지리아의 구조조정 프로그램은 경제를 다각화하고 석유 수익에 대한 의존도를 줄이는 데 실패하고 말았다. 1990년대 초반까지만 해도 외환 수익의 90%, 수출액의 97%, 예산 수입원의 70%, GDP의 25%는 여전히 석유 부문에서 발생했다(Forrest, 1995: 30~42). 구조조정 프로그램의 예상과 달리 농업이 GDP에서 차지하는 비중은 1986년 41%에서 1991년 37%로 감소했다. 같은 기간에 산업이 GDP에서 차지하는 비중은 29%에서 31%로 약간 증가하기는 했지만, 이후 7%로 감소해서 지금까지 이어지고 있다. 이처럼 문제가 악화되면서 대외 채무는 1980년 90억 달러에서 1992년 300억 달러로 증가했으며, 채무 변제액 가운데 60억 달러는 지불하지도 못하는 상황이었다(Okogu, 1992). 또한 합작회사의 파트너에 대한 채무는 신규 탐사 및 생산에 착수해야 하는 메이저 석유기업을 점점 더 어려운 상황에 빠뜨리고 말았다. 나이지리아 정부는 증가하는 경제적 어려움뿐만 아니라 지역적·종족적·종교적 긴장으로 인해 석유가 풍부한 델타 지역을 관리할 수 없는 상황에 빠지고 말았다. 이들 델타 지역은 40년 동안 막대한 양의 석유를 생산하면서도 수익을 제대로 돌려받지 못해 이조, 오고니, 기타 부족의 불만이 폭발하기 직전이었다.

혼란의 시기, 1990~2006년

앞에서 살펴보았듯이, 독특하고 광대한 지배 권력의 출현은 석유라는 에너지원에 기반을 두고 있는 데다 석유라는 영양분을 공급받았기 때문에 가능했다. 따라서 나이지리아처럼 자원이 풍부한 권위주의적 국가에서의 민주화는 어렵고 위험할 수밖에 없다. 군인들은 석유에서 벌어들인 돈을 권력의 수단을 노련하게 조정하면서 민주화를 중단시키거나 끊임없이 실패하게 만들었다. 그러면서 '민주적인 정부'를 자신이 권력을 장악하는 데 순종적인 수단으로 전락시키고 있다. 풍요로운 석유 자원에서 제외되었던 군인들의 불만이 1990년대부터 석유 생산 시설의 폭력적인 파괴로 드러나자 군사 정권은 권위적인 민간 부문으로 권력을 이양했다. 하지만 민간 부문도 무능한 정치체제와 정책 모순, 그리고 사회적 혼란이 전혀 해소되지 않은 군사정권의 판박이였을 뿐이다.

게다가 니제르 델타 지역에서의 석유 생산은 환경 파괴를 일으켰다. 1958년에 셸이 이 지역에서 원유를 처음으로 개발한 이후로는 농지뿐만 아니라 어류의 산란 장소인 강과 개울까지도 끊임없이 오염에 시달려야만 했다(Okonta and Douglas, 2001). 1969년의 '석유시행령'과 1972년의 '토지 이용시행령'을 개정한 1978년의 '토지 이용법'은 중앙정부가 니제르 델타 지역의 석유 매장지에 대한 소유권을 보유하는 것으로 정리했다. 이는 석유 탐사·개발 과정에서 입은 피해를 개선하고 금전적으로 보상하도록 석유기업을 압박하는 지역사회 지도자들의 힘을 약화시키는 일종의 악법이었다. 왜냐하면 환경보호에 대한 정부의 정책은 니제르 델타 지역의 끔찍한 현실을 반영해서 만들어진 것이 아니었을 뿐만 아니라, 법률도 석유회사의 위반을 효과적으로 처벌하기 위해 제정된 것이 아니었기 때문이다.

1980년대 후반 들어 경기 침체가 심화되자 일자리가 없는 수천 명의 도시 노동자들은 고향인 니제르 델타 지역으로 돌아가야만 했다. 이들은 고향의 강에 더 이상 물고기와 수산물이 생존하지 못하며, 농지는 유출된 석유로 오염되어 농작물을 더 이상 경작할 수 없는 상황에 직면했다. 이들 지역은 분노로 들끓었으며, 이들의 분노는 석유회사를 향할 수밖에 없었다. 주민들은 주변의 석유 생산 설비를 파괴하고 석유 노동자를 공격하기 시작했다. 이로 인해 1988년까지 석유 생산이 344번 중단되었으며, 송유관은 211번이나 망가지고 말았다. 니제르 델타에서 셸의 석유 생산은 1991년 1월과 8월 사이에 자그마치 22회나 연기되었다(African Guardian, 1992). 1990년부터 1993년 사이에는 이러한 혼란 때문에 셸의 석유 생산량이 줄어들 지경이었다. 1993년 셸의 동부지부는 1일 1269명만큼의 작업 피해를 입었으며, 서부지부도 비슷한 손실을 입었다. 1992년에는 2645회의 유출 사고가 발생했으며, 1837회의 집회 및 시위가 벌어졌다(African Guardian, 1994).

1990년 8월 작가이자 인권 운동가인 켄 사로 - 위와(Ken Saro-Wiwa)는 '오고니 주민들의 생존을 위한 운동(Movement for the Survival of the Ogoni People: MOSOP)'을 전개하기 시작했다. 50여만 명으로 구성된 오고니 인들은 델타 지역에서 소규모 부족 집단 가운데 하나였는데 오고니 인들의 정착지에서 대규모 보무(Bomu) 유전이 발견되면서 1958년부터는 셸 시추 설비의 주요 거점이 되었다. 국제사회에 제출된 '오고니 권리장전(Ogoni Bill of Rights)'에서 MOSOP의 활동가와 사로 - 위와는 셸과 나이지리아 정부에 대한 주민들의 불만을 그대로 표출했다. 그리고 오고니 인들이 사회적·경제적 필요를 충족시킬 수 있도록 오고니 유전에서 발생하는 석유 수익의 공정한 지분을 지역사회에 돌려줄 것을 요구했다(Okonta, 2008: 179~180). 또한 권리장전은 석유기업들이 더 이상 오고니의 생태를 오염시키지 않도록 요구했을 뿐만 아니라 '오고니 관련 사항에 대한 오고니 주민들에 의한 자치 및 통제'도 선언했다. 그렇지만 기업이나 중앙정부가 이들의 요구에 전혀 주의를 기울이지 않았음에도 1993년 1월 MOSOP의 활동은 평화로운 시위행진에 엄청나게 많은 오고니 주민들을 소집했으며, 결과적으로 오고니 유전에서 셸의 노동자를 추방하는 데 성공했다.

이런 오고니 사례가 유사한 피해를 겪고 있던 인근의 다른 델타 지역으로 확산될 것을 우려한 군사정권은 두 가지 방법으로 문제를 해결하려 했다. 먼저, 오고니 지역에 군대를 배치한 뒤 '석유광물산지개발위원회(Oil Minerals Producing Areas Development Commission: OMPADEC)'를 설치했다. 석유광물산지개발위원회 설치 근거가 되는 법령은 유전 지역에 3%를 할당했던 석유 수익을 1.5% 증가시켰고, 이 기금은 석유광물산지개발위원회가 주민들을 대신해서 관리할 수 있도록 전달되었다(Federal Ministry of Information, 1992). 석유광물산지개발위원회는 석유기업의 생산 및 탐사 활동으로 인한 생태적·환경적 문제들을 모니터링하고 관리하는 책임을 지닌 별도의 개발 기관이었음에도 군사 정권은 이 위원회를 지역에서 급증하는 불안을 관리하는 보안 기관으로만 여겼을 뿐이다. 이런 맥락하에 정부 측의 고위 관료가 1993년 7월 니제르 델타의 수도인 포트하커트에 석유광물산지개발위원회의 관리자로 배치되었다. 이 위원회는 군사정권의 수장 말고는 누구에게서도 관리·감독을 받지 않는 독립적인 기관이었기 때문에 조직 운영의 비효율성과 재무적인 측면의 불안이 급격히 증가했다.

1995년에 니제르 델타에서 석유광물산지개발위원회의 활동을 조사한 세계은행은 이 위원회가 개발 기관으로서의 업무를 적절히 수행하는 것이 불가능하다고 결론을 내렸다. 왜냐하면 이 위원회에는 생태적인 측면에서 지속가능한 개발을 관리할 수 있는 필수적인 전문 인력이 없었으며, 장기 계획도 전혀 수립되지 않은 상태였기 때문이다. 게다가 이 위원회는 지역 공동체와 정부 조직의 협력을 유도할 수 있는 지역 개발 계획에 대한 통합적인 접근 체계도 전혀 갖추지 못한 상황이었다(Greenpeace Nederland, 1996: 33). 반면에 석유광물산지개발위원회는 오고니 주민의 생존권 운동을 거꾸로 억압하고 오고니로 파견했던 군사정권에 비밀자금을 조달하기 위해 석유기업인 셸과 정기적으로 협력하는 행태를 보였다(The Observer, 1995). 게다가 군사정권은 오고니 지역에서 대량 학살, 강간, 테러 등을 자행했다. 그 와중에 4명의 지역 지도자들이 군사정권과 결탁해서 셸 노동자들이 유전으로 복귀할 수 있도록 음모를 꾸몄다는 사실에 분노한 군중들에 의해 살해당하는 사건이 발생했다. 이와 관련해서 석유광물산지개발위원회는 당시의 살인을 사로-위와가 지시했다고 주장했으며, 2명의 오고니 기능공을 뇌물로 매수했다. 결국 8명의 MOSOP 활동가와 사로-위와는 1995년 11월에 군사정권이 주도했던 엉터리 군사 재판에 의해 처형되고 말았다.

그렇지만 사로-위와에 대한 처형은 유전 지역 소수 부족들의 반발을 증폭시켰을 뿐이었다. 결과적으로 이들은 탐사·개발로 인한 환경 파괴와 기타 위험에 대한 적절한 보상, 소수 부족에 대한 석유 수익의 비중 확대, 그리고 부족민들의 정치적 자율을 더욱더 강력히 요구하게 되었다(Osaghae, 1998: 245). 이후 '니제르 델타 이조 부족의 생존을 위한 운동(Movement for the Survival of Ijaw Ethnic Nationality in the Niger Delta: MOSIEND)'과 '오그비아 배상 운동(Movement for Reparation to Ogbia: MORETO)'이라는 조직이 MOSOP의 활동과 동원 전략에 의지하던 이조 지역에서 새롭게 등장했다. 그로 인해 석유 설비와 노동자를 보호하기 위해 파견된 나이지리아 군인과 석유기업, 청년단체 사이의 물리적 충돌이 더욱 빈번하게 벌어지면서 석유 생산 중단이 잦아졌다. 이들 지역에서 석유기업이 철수할 것을 요구한 '이조청년위원회(Ijaw Youth Council)'가 등장했던 1998년 후반에는 니제르 델타 지역에서 합법적인 시위를 억압하고 유전을 보호하기 위해 군사적인 힘을 사용했던 중앙정부의 정책이 실패하고 말았다는 사실을 더 이상 숨길 수 없게 되었다.

1999년의 총선거는 군사 통치의 종말을 보여주었으며, 이로써 분노한 델타 지역의 민심을 달래고 유전을 확보하기 위한 새로운 정책적 기반이 마련되었다. 시민들의 참여 없이 퇴역한 장군들에 의해 작성되었음에도 제4공화국에서 도입된 헌법은 니제르 델타의 지역에 전체 석유 수익의 13%라는 전례 없는 할당량을 부여했다. 이후 '니제르델타개발위원회(Niger Delta Development Commission: NDDC)'는 실패한 석유광물산지개발위원회를 대신해 무능하고 부패한 중앙정부에 대한 분노와 빈곤, 절망으로 가득했던 반항적인 지역에서 각종 개발 사업을 진행하기 위해 설립되었다. 이 위원회의 설립 근거가 되었던 법은 석유기업들이 기금을 납부하도록 규정하고 있으며, 이 기금은 새로운 위원회가 지역사회의 각종 개발 사업에 필요한 자금을 조달하는 데 활용될 예정이었다. 미국의 전직 대통령인 지미 카터와 애틀랜타 소재 카터센터의 관계자는 니제르 델타 지역의 선거를 감시했으며, 인민민주당(Peoples Democratic Party: PDP)과 전직 군사정권의 수장이자 군부를 배경으로 대통령 선거에 출마한 올루세군 오바산조(Olusegun Obasanjo)의 정치 조작과 위법 행위를 고발했다(Kew, 1999). 현지의 인권단체도 유권자에 대한 협박뿐만 아니라 다른 지역에서의 투표상자 조작 행위를 보고했다. 그렇지만 국민적인 반발에도 오바산조는 1999년 5월에 대통령으로 취임했다. 델타 주의 핵심 지역인 리버스, 바옐사, 델타에서도 부정한 군사정권의 지지자로 알려졌던 주지사와 의회 의원들이 취임해 권력을 양도받았다. 따라서 분규에 휩싸인 델타 지역에서 새로운 '민주주의' 제도는 일반적인 시민들의 정당한 동의 없이 출범했다.

이러한 유전 지대에서 민주주의가 부재한 결과 가난한 지역사회에서 절박하게 필요한 사항들을 해결하기 위해 13%의 새로운 할당을 끌어내거나 인력을 동원해내는 대신 '선출직' 공무원들이 공적 자금을 사적인 용도로 사용했다. 여기서는 투명성이나 책임성을 전혀 찾아볼 수가 없었다. 마찬가지로 문제가 해결되지 못했던 다른 유전 지역의 경우에도 석유 채굴 및 생산으로 인해 환경이 파괴될 수밖에 없었다. 이들 지역에서 인민민주당 정치인들은 실직한 청년들을 무장시키기 시작했다. 이는 사로-위와의 처형으로 인해 확산된 1999년의 선거와 2003년의 후속 선거를 조직하는 데 사용되었던 민족자결주의적인 요소를 지니고 있었다. 이에 채굴 설비를 보유한 국제 석유회사들은 유정과 플로 스테이션[5]을 보호하기 위한 '구사대' 같은 집단을 모집했다. 이처럼 지역의 정치인들과 석

---

5 플로 스테이션(flow station)은 유정에서 생산된 원유를 1단계로 처리하기 위해 설치한 고정식 플랫폼을 가리킨다. 여기에서 처리된 원유는 다시 중앙 집중적인 처리장으로 보내 2단계의 과정을 거친다. _옮긴이

유기업은 비슷하게 무기 산업을 발전시켰고, 몸값을 받기 위해 석유 노동자들을 납치하는 지역의 무장 청년 범죄 조직을 부지불식간에 확산시켰으며, 지역 주민들을 위협하기도 했다. 심지어는 송유관에서 상당한 양의 석유를 불법적으로 탈취해서 지하시장에서 판매하는 경우도 있었다. 2003년 셸에 대한 경영 진단 보고서에 따르면, 27만 5000배럴에서 68만 5000배럴로 추정되는 석유가 델타 지역에서 매일 도난당했다고 한다(SPDC, 2003). 유조선으로 석유를 판매해서 벌어들인 자금의 일부는 더 많은 무기를 구입하는 데 이용되었다. 또한 이 보고서는 "니제르 델타 지역 갈등의 핵심적인 부분이 바로 셸"이라고 주장했다. 그리고 이 지역의 폭력적인 성향은 당시 컬럼비아와 체첸의 분쟁 상황과 유사하다고 언급했다. 톰 아테케(Tom Ateke)가 주도하는 '니제르 델타 자경단(Niger Delta Vigilante)'과 이조청년위원회의 전직 의장이자 리버스 주의 부패 정치인들과 연계된 아사리 도쿠보(Asari Dokubo)가 주도하는 '니제르 델타 인민 의용군(Niger Delta Peoples Volunteer Force: NDPVF)'이라는 2개의 무장단체는, 이 기간에 '이조를 위한 민족 자결과 자원 통제'라는 목표를 내걸고 투쟁을 벌였다.

2005년에 국제 석유 가격이 처음으로 배럴당 50달러를 넘기 시작했는데, 이때는 도쿠보와 니제르 델타 지역의 무장한 인민 의용군들이 이들 지역에 배치된 군인들과 대결하면서 석유산업에 심각한 피해를 입힌 시기였다. 이들의 무장 공격으로 인해 시장에서 판매되는 나이지리아의 석유 50만 배럴이 확보될 수 있었다(Shaxson, 2007). 델타 서부 지역의 이조 부족이 이끄는 무장단체인 니제르델타 해방운동은 중앙정부에 의해 반역 혐의를 받았던 아사리 도쿠보가 체포·구금되면서 2005년 후반에 등장했다. 2006년 1월에 니제르델타해방운동이라는 무장 세력은 나이지리아에서 두 번째로 중요한 석유 도시인 와리(Warri) 인근에 셸이 소유한 유정을 보호하려는 해군 장교를 공격했다. 이후 델타 시내에서 무장 세력과 나이지리아 정규군 사이의 교전이 치열하게 벌어졌으며, 이들 지역 인근에 있던 셸의 송유관이 폭파되면서 석유 생산의 중단은 일상화되고 말았다(Ukiwo, 2007: 587). 2006년 초 무장 세력은 셸의 중요한 터미널을 폭파했을 뿐 아니라 미국의 서비스업체인 윌브로스(Wilbros)의 외국인 직원 9명을 납치했다. 니제르델타해방운동은 도쿠보 부족의 땅에서 석유를 통제하는 이조의 소송 사건을 옹호했다는 이유로 바옐사의 전직 주지사가 감금당했다고 주장하면서, 전직 주지사의 석방을 요구했다. 니제르델타해방운동의 대변인 그보모 조모(Gbomo Jomo)는 2006년 2월 인터뷰에서 다음과 같이 말했다. "모든 송유관, 플로 스테이션, 원유 저장 플랫폼은 파괴의 대상이 될 것이다. 그렇지만 우리는 공산주의자가 아니라 단지 극도로 억울한 남자들일 뿐이다"(Wall Street Journal, 2006).

모순된 정책의 결말

석유 도둑질로 쌓아올린 부에 의해 유지되는 불법적인 권력은 본질적으로 불안정할 수밖에 없다. 게다가 미래지향적인 종합 정책을 분명히 제시할 뿐만 아니라 공익을 확보하려는 도전에 항상 직면하면서 이들과 싸우거나 회유하거나 집착하는 경향이 있다. 나이지리아석유공사와 석유산업을 국가적인 번영과 에너지 안보를 확보하기 위한 효과적인 수단으로 전환해나가려는 인민민주당 정부의 다양한 노력을 관통하는 공통적인 상황은 민주주의의 부재라고 할 수 있다. 이러한 상황은 정부가 1999년에 정권을 창출하는 과정을 힘으로 밀어붙였기 때문이기도 하다. 또한 이는 석유 관련 정책이 시민들의 확고한 참여를 보장한 것도 아니었을 뿐만 아니라 시민들의 절박한 문제에 호소력 있게 접근하지도 못했다는 것을 의미한다(Zalik, 2011: 184~199). 혼수상태인 나이지리아석유공사와 원유 매장지의 갈등이라는 난제, 무책임한 정부가 쏟아내는 실패한 정책은 독재의 위험성뿐만 아니라 나이지리아가 당면한 부정부패를 그대로 보여주고 있다. 이는 에너지 안보를 확보하려는 과정에서 의심스러우면서도 치열하게 경쟁을 벌이는 정부 권력에 기반을 둔 국영 석유회사라는 정책 수단을 활용할 때 주로 나타난다. 이 절에서는 이러한 네 가지 정책에 대해 살펴보려 한다. 이 정책들은 초창기에 나이지리아 에너지 안보의 위기를 촉발했던 권위주의적 수단과 중앙집권적인 동인들과 관련해서 이 장의 서론에서 논의한 '자원의 저주'를 해결하려는 시도의 일환으로 도입되었던 것이다.

이미 앞에서 살펴본 바와 같이, 현재 나이지리아 에너지 안보의 위기는 정부, 군부, 민간의 연이은 무능과 관련이 있다. 물론 이들은 석유 수익을 핵심적인 수단으로 이용해서 다른 경제 부문과 석유산업을 통합하는 정책을 도입하려고 했으며, 그렇게 함으로써 심화되는 빈곤 문제를 해결하고 일자리를 창출할 수 있을 것으로 기대했다. 그렇지만 이러한 정책의 반복적인 실패는 불법적인 국가 권력에 위기를 가져왔다. 이로 인해 석유 자원을 선점하기 위해 경쟁하는 지배계층의 대립과 경쟁이 가속화될 수밖에 없었다. 석유 호황기가 시작되기 직전이던 1970년에는 1900만 명이 나이지리아에서 빈곤선 이하의 열악한 생활에 직면했다. 그렇지만 30년의 시간이 흐른 뒤인 1999년에는 석유 수익이 4000억 달러에 달하고 오바산조의 문민정부가 출범했는데도 9000만 명이 빈곤선 이하의 생활 여건에 허덕이고 있었다(Shaxson, 2007: 4). 정부 기관인 '경제·금융 관련 범죄위원회(Economic and Financial Crimes Commission)'는 같은 기간 동안에 부패한 나이지리아인들이 3000억 달러를 해외로 빼돌린 것으로 추정했다(Ribadu, 2009).

빈곤이 심화되고 사람들의 분노가 커지자 오바산조 정부는 2000년에 '석유가스개혁위원회(Oil and Gas Reform Implementation Committee)'를 설립했다. 이 위원회는 폭넓은 협의 과정을 통해 시장경제를 유지하는 방향으로 석유산업을 구조조정하도록 제도를 설계했다. 이를 통해 석유산업을 더욱 투명하게 운영하고 경제 활성화의 중요한 수단으로 석유를 다시금 자리매김시키며 국가적인 에너지 안보를 확보해나갈 계획이었다. 네 가지 주요 정책에서는 새로운 석유 체제가 중심적인 역할을 담당한다. 4개의 새로운 석유 체제란 바로 니제르델타개발위원회, 나이지리아 채굴 산업 투명성 이니셔티브(Nigerian Extractive Industries Transparency Initiative: NEITI), 현지조달·석유산업법(Local Content-Petroleum Industry Bill), 앰네스티 프로그램과 기니 만 에너지 안보 전략이다. 그렇지만 나이지리아의 국민들과 니제르 델타 지역의 주민들은 이런 정책의 결정 및 실행 과정에 참여할 수 없었다. 여기에서는 목표 달성이라는 측면에서 4개의 새로운 석유 체제 정책을 검토하려 한다.

니제르델타개발위원회

2000년 국회에서 통과된 법률에 의거해 니제르델타개발위원회가 설립되었다. 이 위원회는 저항이 심한 유전 지역에서 당시 식물조직이던 석유광물산지개발위원회를 대신해서 지역 개발을 주도하는 실질적인 전담 조직으로 만들어졌다. 4년 뒤 이 위원회는 이 지역에 29억 달러가 소요되는 15년에 걸친 종합 계획을 수립했다(International Crisis Group, 2006). 리버스, 바엘사, 델타 같은 핵심적인 델타 지역의 주민들은 아비아, 아콰이봄, 크로스리버, 에도, 이모, 온도 같은 주변 지역으로 이 계획을 확장하려는 중앙정부를 비판했다. MOSOP의 활동가들도 지역사회가 아닌 중앙정부가 의사 결정을 장악했을 뿐만 아니라 니제르델타개발위원회가 델타 지역의 주민들에게 아무런 책임도 지지 않는 방식으로 제도가 수립되었다며 비난했다.

2000년의 법률에 의거해 석유회사 예산의 3%, 연방정부가 유전 소재지에 법적으로 할당한 예산의 15%, 생태기금 할당액의 50%가 니제르델타개발위원회에 주어졌다. 그렇지만 위원회 관계자는 실제 지급받은 자금이 해당 지역의 프로젝트에 적합하지 않았다며 불만을 털어놓았다. 2001년부터 2004년 사이에 중앙정부는 니제르델타개발위원회에 연평균 640억 달러, 즉 책정된 전체 예산의 77%를 실제로 지급해주었다. 2006년에는 델타 지역의 압력으로 인해 연방정부의 국회의원들이 이 위원회의 연간 지출을 1억 8500만 달러로 증액시켜주었다(International Crisis Group, 2006). 그럼에도 니제르델타개발위원회는 제대로 관리되지 않는다며 사기 혐의로 기소되는 경우가 끊이지 않았다. 훔쳐낸 6850만 달러에 대한 혐의를 은폐하려는 위원회의 임원이 연방정부의 국회의원에게 뇌물을 전달했다는 사실이 밝혀지면서 비난이 고조되기도 했다(Daily Champion, 2004). 게다가 지역 언론사와 시민단체는 니제르델타개발위원회 재정 운영과 개발 사업에 자금이 할당되는 방식에 대한 정보 접근이 대부분 거부된다는 문제도

제기했다.

2006년 초 니제르델타해방운동의 출현과 석유 시설에 대한 지속적인 공격으로 인해 석유 수출이 크게 줄어들면서 궁지에 몰린 오바산조 대통령은 유전 지역에 대한 신규 도로 건설 및 전력 공급을 포함하는 16억 달러 규모의 지역 개발 계획을 발표했다. 그리고 이들 지역에서 공무원의 채용을 늘렸다(The Guardian, 2006). 또한 실패한 석유광물산지개발위원회를 감독했던 은퇴한 비밀감찰부장을 '니제르 델타 연안 지역의 사회·경제 발전에 관한 통합위원회(Consolidated Council on Socio-Economic Development of the Coastal States of the Niger Delta)'의 새로운 의장으로 임명했다. 이는 니제르델타개발위원회가 지나치게 포괄적이고 광범위하다는 핵심 델타 지역의 비판을 수용한, 일종의 미끼였다.

그렇지만 니제르델타개발위원회는 유전 지역의 빈곤과 사회 불안이라는 근본적인 문제를 해결하는 데에는 실패했다. 니제르델타해방운동의 대변인은 이들 지역에서 진행되었다가 실패한 중앙정부의 개발 사업과 관련해서 "도둑맞은 석유가 정당한 소유자에게 절도와 노예의 기간만큼 보상되고 반환될 때까지 나이지리아 정부와 합작 석유기업에 편안한 휴식이란 있을 수 없다"라고 언급했다 (International Crisis Group, 2006).

나이지리아 채굴 산업 투명성 이니셔티브

니제르델타개발위원회 같은 정부 조직은 책임성과 투명성을 확보하지 못한 중앙정부에 의해 운영될 경우 제대로 성과를 달성하지 못할 가능성이 높다. 저소득 국가에서 공공 부문의 부정부패와 국정 운영의 불투명이 경제 발전을 방해하는 현실을 우려했던 세계은행의 총재 제임스 울펀슨(James Wolfensohn)은 세계은행이 이 문제를 해결하기 위해 국제적인 노력을 기울일 것이라고 1996년 선언했다(World Bank, 1996). 이것이 국제 투명성 캠페인의 시작이었다. 2002년 6월에 헝가리 출신의 금융인이자 자선사업가인 조지 소로스(George Soros)는 '글로벌 위트니스(Global Witness)'에 가입했다. 이 단체는 영국 런던에 본부를 두고 있는 캠페인 중심의 비정부 조직으로, '원유 수입액 공개(Publish What You Pay)'라는 단체를 통해 '석유기업이 활동하는 지역에서 모든 정부 기관에 대한 지불금을 공개하도록 요구하는 캠페인'을 진행했다. 즉, 이 캠페인은 석유기업이 산유국에서도 서방 국가의 법령과 규칙을 준수하도록 요청하는 운동이라고 할 수 있다(Shaxson, 2007: 215). 비슷한 맥락에서 채굴 산업 투명성 이니셔티브가 같은 해인 2002년에 요하네스버그에서 개최되었던 '지속가능한 발전을 위한 세계정상회의'에서 설립되었다. 당시 오바산조 대통령은 채굴 산업 투명성 이니셔티브에 참여하도록 설득되었으며, 2004년 2월에 '나이지리아 채굴 산업 투명성 이니셔티브'가 발족했다. 2007년 5월에 국회를 통과한 수권법(授權法)⁶은 석유 세금을 수령하는 중앙정부뿐만 아니라 나이지리아의 이니셔티브에도 포괄적인 권한을 부여했는데, 이는 채굴 수익과 관련된 투명성과 책임성을 확보하는 절차적 공정성을 촉진시키기 위해서였다. 이 법률의 제정 목적은 "자원 개발을 장려할 뿐만 아니라 빈곤, 갈등, 무지, 궁핍, 질병을 해소하기 위한 목적으로 채굴 수익을 투명하게 관리하도록 보장하는 것"이었다(NEITI, 2011).

2004년 출범한 직후 나이지리아 채굴 산업 투명성 이니셔티브는 1999년부터 2004년까지 전체 석유산업의 재정적·물리적·절차적 감사를 의뢰했다. 이는 1958년에 석유 생산이 시작된 이래로 석유산업에 대한 최초의 종합적인 감사였다. 나이지리아 채굴 산업 투명성 이니셔티브 관계자는 정부 관료, 언론인, 시민단체, 국회의원을 포함한 각종 이해관계자들에게 감사 결과를 전달했다. 그렇지만 이러한 감사 결과는 과거에도 몇 년 동안 제기되었던 석유산업 부문에 대한 비판을 재확인하는 것에 불과했다. 즉, 나이지리아석유공사 관계자는 대부분 무능하고 부패한 것으로 밝혀졌다. 또한 합작회사에 대한 석유기업의 세금 납부 실정은 명확하지도 투명하지도 않았으며, 연간 석유의 생산량조차 제대로 확인되지 않는 상황이었다(NEITI, 2009).

6　행정부에 법률을 제정할 수 있는 권한을 위임하는 법률이다. 특히 광범위한 법률을 제정할 수 있도록 권한을 포괄적으로 위임하는 경우 수권법이라는 명칭을 사용한다. 대표적인 사례로는 1933년 독일 나치의 국민혁명하에서 제정된 수권법을 들 수 있다. _옮긴이

나이지리아 채굴 산업 투명성 이니셔티브는 주요 산업의 금융 처리에 대한 대중적인 관심을 끌어모으는 데에는 어느 정도 성공을 거두었다. 왜냐하면 이전까지는 산업 관련 정보가 시민들의 접근을 거부해왔기 때문이다. 그럼에도 시민단체의 활동가들은 나이지리아 채굴 산업 투명성 이니셔티브가 감사 보고서를 즉시 발표하지 않았다는 문제를 제기했다. 게다가 나이지리아 채굴 산업 투명성 이니셔티브의 관계자까지도 공적 자금을 개인적인 용도로 전용한 혐의로 기소되었을 정도다. 2010년 7월 채굴 산업 투명성 이니셔티브의 국제 사무국은 "이니셔티브의 효율성과 효과성에 대해 충분히 고려하지 않는다면 나이지리아의 회원 자격을 취소하겠다"라고 협박했을 정도다(The Guardian, 2010). 게다가 연료 보조금 삭감에 대한 대중 시위의 여파로 2012년 1월에 출범한 국회 특별조사위원회는 나이지리아 채굴 산업 투명성 이니셔티브가 국영 석유회사의 행정적 부패와 결함을 해소하는 데 성공적이지 못했음을 밝혀냈다. 또한 국가 발전과 관련된 필수적인 요구를 충족시키기 위해 석유와 관련된 자금을 지원하도록 장려하는 데 정부 관료들이 실패했다는 사실도 당시 조사를 통해 알려졌다(The Vanguard, 2012).

현지조달·석유산업법

군사 통치 기간에 정책을 통제하고 권력을 획득하기 위해 무책임한 지배 계층이 벌인 투쟁은 1999년에 '민주적으로 선출된 정부'가 국정을 운영하던 때에도 전혀 약화되지 않았다. 문제가 있는 선거를 통해 권한을 획득한 정부는 항상 파벌 싸움에 시달릴 수밖에 없다. 왜냐하면 냉소적인 정치 당사자들이 선거 과정에서 공익을 무시한 채 정부 예산의 일부를 확보하기 위해 부지런히 움직였기 때문이다. 당시 나이지리아석유공사는 예산을 확보하기 위한 핵심적인 수단이었다. 만약 국민들이 자유롭고 공정한 선거를 통해 권력을 합법적으로 획득하지 못한다면 나이지리아석유공사가 효율적이고 공정한 당사자로서 아무리 정당한 정책에 참여하더라도 굴욕을 당할 수밖에 없을 것이다.

나이지리아가 토착민의 참여를 높이는 방향으로 움직이기 시작했던 1970년대에 석유부 공무원들이 갖고 있던 중요한 불만 가운데 하나는 국제 석유회사가 모든 자산을 소유하고 필요한 자본이 대부분 외국으로부터 조달된다는 사실이었다. 지역의 투자자, 기업, 기술자는 석유산업의 지분에 전혀 참여할 수 없었으며, 다른 경제 분야와의 통합도 거의 이뤄지지 않았다. 나이지리아가 문민정부 체제로 복귀한 1999년에도 상황은 크게 달라지지 않았다. 2005년에 나이지리아는 빠른 경제성장과 산업 발전을 통해 국가적인 기술력을 확보하기 위해 노르웨이 방식의 성장 전략을 채택했다. 구체적으로 나이지리아 정부는 석유·가스 산업의 현지 조달률을 2006년까지 45%, 2010년까지는 70% 달성한다는 목표를 수립했다. 이러한 조치는 실업률, 특히 청년 실업률이 높았던 델타 지역에 산업 발전과 기술 개발이라는 파급효과를 가져올 것으로 정부는 희망했다. 이를 통해 나이지리아 정부가 달성하려 했던 정책 목표는 지역 안정과 에너지 안보였다.

국산품 이니셔티브의 핵심 추진 주체였던 나이지리아석유공사는 지역 업체의 참여율을 높이는 데 어느 정도 성공했다. 2011년 국산품의 비중은 2010년 목표치였던 70%보다 훨씬 낮은 수치였지만, 일부 전문가들은 이니셔티브가 시작되었던 2005년의 비중이 5~8%였던 것과 비교하면 2009년 35%의 비중을 보인 것은 대단히 높은 수치라고 평가했다(The Guardian, 2011). 그렇지만 이는 나이지리아석유공사가 2010년 연구에서 언급한 "현재 진행 중인 사업에서 골칫거리 가운데 하나는 중간 거래상을 포함한 수많은 사례에서 나이지리아의 합법적인 부가가치를 어떻게 분리해서 추정할 것인가"라는 문제와 관련이 있다(Thurber et al., 2010). 분명히 1970년대 초에 급증한 석유 수익을 중앙정부가 장악하면서 성장한 거래상의 문화는 여전히 잘 작동하고 있다. 따라서 나이지리아석유공사 자체는 석유산업에서 유리한 중개인의 역할을 놓고 경쟁하는 지배 계층 권력투쟁의 진원지로 남았다.

지역 제품 이니셔티브라는 관점에서 생각하면 '석유산업법(Petroleum Industry Bill: PIB)'은 나이지리아석유공사의 구조조정과 석유 부문의 해묵은 문제를 해결하기 위한 노력의 일환으로 2009년 국회를 통해 도입되었다. 당시 나이지리아석유공사는 일종의 변칙적인 조직이었다. 왜냐하면 공식적으로는 수직 통합된 석유기업이지만 진정으로 상업적인 기업도 아니고 실질적인 석유 생산업체도 아니었기 때문이다. 나이지리아석유공사는 발생하는 수익을 전혀 통제하지 못한다. 따라서 독립적인 사업 전략을 구상할 수 없다. 그로 인해 합작회사의 파트너인 다국적 기업이 석유를 탐사·생산하는 중요하고 어려운 기능을 거의 전부 담당하고 있다. 그럼에도 나이지리아석유공사의 활동 포트폴리오는 너무 광범위하고 모순적이기 때문에 중앙정부가 통제권을 부과할 수 없을 뿐만 아니라 정책 결정의 효과적인 플랫폼으로도 사용할 수 없는 실정이다.

'석유산업법'은 자신의 수익을 통제하고 재투자하는 유한책임회사 형태로 나이지리아석유공사를 전환하도록 제안하고 있다. 상업적 기업으로서 합작회사의 파트너와 함께 일해야 하는 나이지리아석유공사는 관료적 형식주의를 철저히 배제해야 한다. 다만 석유산업을 규제하고 정책을 수립하기 위해 2개의 새로운 독립기관을 만들어야 할 것이다. 이전까지만 해도 나이지리아석유공사는 운영자와 규제자라는 양측의 기능을 모두 지니고 있었다(Thisday, 2011). 델타 지역사회는 유한책임회사의 형태를 지닌 나이지리아석유공사의 주식을 새로 할당받을 것이다. 새로운 회사는 상업적으로 성공을 거둔 노르웨이의 스타토일이라는 국가 소유 석유기업을 참고로 하고 있다. 그렇지만 정부가 관련 법안을 직접 제정할 수는 없다. 반면 국회에서는 부족 간에 논쟁이 벌어졌으며, 현 상태를 지지하는 깊게 뿌리박힌 나이지리아석유공사 임원들이 의사진행을 방해했다. 게다가 신규 법안이 세금 인상과 이익의 감소를 일으킬 것으로 우려했던 국제 석유회사는 적극적으로 로비를 벌였는데, 이러한 모든 행동이 법률 제정을 교착 상태에 빠뜨리고 말았다.

다만 이 법안이 통과되더라도 국영 석유회사에 의해 창출된 수익을 놓고 지역 및 부족들이 서로 경쟁하면서 적대적인 투쟁을 벌이고 있기 때문에 이 법률이 만병통치약이 될 수는 없을 것이다. 이처럼 '석유산업법'은 관련 수익을 누가 관리할 것인가라는 근본적인 문제를 해결해야 한다는 측면에서 유익한 교훈을 준다. 즉, 석유 관리의 주체가 중앙정부인지 아니면 새로운 나이지리아석유공사의 임원인지는 앞으로 해결해야 할 과제다.

앰네스티 프로그램과 기니 만 에너지 안보 전략

초창기였던 1999년부터 나이지리아의 민주화 프로젝트를 오랫동안 괴롭혔던 공직자의 부정부패와 탈법은 니제르 델타의 심각한 위기를 해소하기 위한 정책 이니셔티브의 출범을 촉구하는 계기가 되었다. 석유 수입국, 특히 미국과 서유럽은 나이지리아 같은 석유 수출국의 정치적 안정을 바랄 수밖에 없었다. 2005년에 미국은 중동에서보다 나이지리아의 석유 지대인 기니 만에서 더 많은 양의 석유를 수입했다(Shaxson, 2007: 2). 실제로 엑슨 모빌은 2008년까지 미국에서보다 기니 만의 앙골라에서 더 많은 석유를 생산했다. 이것은 미국의 영향력 있는 싱크탱크인 국제전략연구센터(Center for Strategic and International Studies)가 2004년 10월에 '기니 만의 안보에 관한 태스크포스'를 설립하기로 결정하면서 고려했던 사항이었다. 2005년에 발표된 보고서에서 태스크포스는 "미국은 기니 만 관련 정책의 우선순위를 분명 안보 및 거버넌스로 설정해야 한다"라고 주장했다(CSIS, 2005). 실제로 3년 뒤에 미국은 석유가 풍부한데도 정치적으로 불안정했던 기니 만 지역을 감시·관리하기 위해 별도의 아프리카사령부인 아프리콤을 설치해야 했다.

미국의 관리들은 아프리카 석유 벨트의 지역적 분노와 정치적 불안정의 핵심적인 원인 가운데 하나가 석유 자원의 이용과 관련된 투명성 및 책임성의 부족 때문이라는 사실을 정확히 인식하고 있다. 2000년대로 접어들면서 미국은 나이지리아의 정부 관료들을 조용히 압박하기 시작했다. 이는 나이지리아 정부가 석유 관련 문서를 적절히 공개할 뿐만 아니라 민주적 거버넌스 제도를 확립하도록 유도하기 위한 목적을 가지고 있었다. 이러한 조치들 덕분에 장기적으로는 나이지리아와 석유 수입국 모두의 에너지 안보를 보장할 수 있었다. 나이지리아 무장 세력과 정부군 사이의 유혈 사태로 인해 석유 생산량이 줄어들고 유가가 급등했던 2004년에 미국 정부는 아사리 도쿠보와 중앙정부 사이에서 중재자 역할을 맡았다. 2009년 3월 니제르델타해방운동의 폭격 작전으로 인해 2006년에 일평균 260만 배럴이던 석유 수출 물량이 160만 배럴로 줄어들고 말았다(The Guardian, 2009). 2009년 10월에 이르러 조금 온건해진 나이지리아 정부는 '반성하는 전투원(repentant militants)'을 위한 앰네스티 프로그램을 출범시켰다. 여기서 반성하는 전투원이란 무기를 버리고 교전을 중단하는 대신 재활, 직업훈련, 월급을 선택한 무장 세력을 가리킨다(Nwajiaku-Dahou, 2010).

물론 이런 앰네스티 프로그램이 니제르 델타 지역 갈등의 근본적인 원인을 해결해주지는 못한다. 이 지역에서 갈등이 일어나는 근본적인 원인은 유전 지대의 지역발전기금을 횡령하는 중앙정부 및 지방정부의 무책임한 부패 관료, 광범위한 빈곤과 청년 실업, 석유로 인한 환경 파괴, 농지와 수자원의 착취, 지역 주민과 엘리트들의 깊은 분노 같은 이유 때문이다. 이는 1970년 내전이 종식된 이후 권위적인 정부의 정책으로 인해 이전까지만 해도 정당하게 지역 주민들이 소유했던 석유를 아무런 동의 없이 빼앗아갔기 때문에 벌어진 갈등이다. 따라서 정부가 중간에서 연결해주었던 앰네스티 프로그램은 지역의 근본적인 문제를 해결해주지 못하는 일시적인 미봉책일 뿐이었다.

결론

1970년대 이후 에너지 안보와 석유산업에서 의미 있는 성과를 달성하려고 했던 나이지리아의 정책은 다른 분야에서의 노력과도 밀접한 관련성을 지니고 있다. 즉, 에너지 안보는 시민들을 위한 국가적 번영과 정치적 질서를 확보하기 위해 사회적·경제적 생활의 수준과 긴밀히 결합될 수밖에 없다. 그렇지만 이러한 시도를 기반으로 한 정책은 지속적으로 실패를 거듭했다. 지난 몇 년 동안 '석유 배당'과 관련된 소수 부족 및 지배 계층의 경쟁은 공정한 규칙을 수립해야 하는 나이지리아의 정치, 제도, 절차를 쇠퇴시켜온 게 사실이다. 그로 인한 정책적 비일관성과 모순성은 나이지리아의 사회·경제적 생활수준에 해로운 결과를 초래했다. 즉, 분노한 시민, 부족, 지역, 시민단체의 사람들이 중앙정부의 석유산업 지배에 점차 도전하게 되었다.

나이지리아는 '자원의 저주'라는 네덜란드 병의 대표적인 사례다. 즉, 제품의 가격 결정에 내재된 호황과 파산, 그리고 무능하고 이기적인 관료가 주도하는 중앙 집중적인 권위주의 국가라는 현상이 그대로 드러나고 있다. 1960년을 기점으로 영국의 과거 식민지 체제는 약탈적인 국정 운영과 무책임한 통치 체제를 후임자에게 물려주었다. 석유가 풍부한 지역에 사는 주민들의 재산을 빼앗았던 식민지 시대의 불공정한 법은, 나이지리아가 독립한 뒤에도 지배 계층 사이에서 석유를 놓고 무자비한 경쟁을 벌이는 부패한 독재자에 의해 그대로 계승되었다. 이러한 과정에서 에너지 안보와 공공의 이익을 보장하기 위한 일관되고 종합적인 정책은 피해를 입을 수밖에 없었다.

이처럼 자기 파괴적인 경쟁의 중심에는 바로 나이지리아석유공사가 자리하고 있다. 왜냐하면 인구의 90%가 빈곤선 이하에서 생활하는 가난한 아프리카 국가에서 나이지리아석유공사가 더 많은 수익을 창출하고 경제 발전을 추진하는 경쟁력 있고 효율적인 조직으로 성장하지 못했기에 모든 문제가 발생한 것이라 할 수 있기 때문이다. 따라서 첨예한 갈등이 발생하고 있는 나이지리아의 니제르 델타 지역은 위험한 석유를 지속적으로 생산하는 데 대한 분노와 저항으로 들끓는 가마솥이라고 할 수 있다. 세계 여러 나라에서 안정적인 석유 생산과 범국가적 번영을 위한 정책 수단으로 국영 석유회사를 설립하고 있지만, 나이지리아의 사례는 국제 에너지 정책과 관련된 도전적인 과제로서 국영 석유회사의 효과성에 대해 의문을 제기하고 있다. 실제로 국영 석유회사를 설립한 국가에서는 천연자원의 소유권을 보유하고 적절히 관리할 수 있는 적합한 정부 조직이 어떤 형태여야 하는가에 대한 근본적인 논의를 매우 치열하게 전개하고 있다. 이러한 질문은 정책 결정자와 정책학자들도 앞으로 몇 년 동안 꼼꼼히 들여다보고 심각하게 고민해야 하는 도전적인 과제다.

나이지리아는 여전히 아프리카의 주요 산유국일 뿐만 아니라 미국을 포함한 석유 수입국들이 신뢰할 수 있는 동맹국이다. 그렇지만 중동 지역의 산유국들이 정치적 갈등에 굴복함에 따라 생산량을 늘리려는 나이지리아의 야망을 방해하는 장애물들이 엄청나게 늘어나고 있다. 게다가 제대로 작동하지 않는 정치체제와 무책임한 관료들로 인해 나이지리아가 당면하는 어려움은 향후 몇 년 동안 더욱더 심각해질 가능성도 있다.

결론

국제 에너지 정책의 향후 연구 과제

앤드리스 골드소

이 책은 국제 에너지 문제와 관련해서 정책적인 관점을 제시하기 위한 목적으로 기획되었다. 지금까지 국제 에너지에 관한 연구는 국제 에너지에 관한 국가적·학술적·정책적 논쟁에 주로 초점을 맞춰왔다. 일부 선행 연구는 에너지 문제를 외교적인 관점에서 접근하는 반면, 다른 연구는 거버넌스 또는 공공경제학적인 관점에서 에너지 문제를 개념화했다. 그렇지만 서론에서 언급했듯이, 기후변화에 대한 대응이라는 목표를 달성하는 동시에 국제 에너지 시장에서 거물급의 새로운 소비자로부터 협력을 얻어내고 13억 명을 에너지 빈곤에서 벗어나게 하려면 더욱 거시적인 관점에서 국제 에너지 문제에 접근해야 한다. 실제로 에너지 정책에서 전통적인 관심 사항이던 공급 안보라는 국가 목표에 지속가능성이라는 목표가 추가되었다. 게다가 최근에는 인류의 발전이라는 의제에 대한 관심도 높아지고 있다. 결론적으로 저자의 견해를 첨언해서 한마디로 요약하면 다음과 같이 정리할 수 있다. "지난 20년 동안 일어난 사건들은 국제 에너지 정책의 초점을 변화시켰다고 볼 수 있다. 이로 인해 현재와 미래의 전략은 안보, 적정 가격, 환경적 지속가능성, 에너지 서비스에 대한 사회적 평등 접근을 목표로 해야 한다"(브래드쇼, 96쪽).

이 책에서는 포괄적인 분야의 주제를 통해 에너지 문제에 접근했으며, 동시에 시장과 국가 재정, 빈곤과 발전, 기후변화와 지속가능성, 전통적인 안보 정책이라는 양상을 개괄적으로 살펴보았다. 이런 초국가적 문제를 해결하는 데 국가의 역할은 거의 무시될 수 있는 반면, 민간 기업, 국제기구, 정책 네트워크 같은 에너지 행위자들은 매우 중요하다. 게다가 초국가적인 에너지 문제는 국가적인 차원뿐만 아니라 국제, 지역, 지방이라는 차원에서 동시에 다뤄야만 한다. 이러한 방향하에 이 책은 학문적으로 논의·설명하는 협소한 관점이 아닌, 일반 대중이 이해하기 쉽도록 다차원적인 관점에서 현실을 분석하려고 노력한 결과물이다. 따라서 이 책은 당면한 두 가지 문제를 해결해야만 했다. 첫째, 국제 에너지와 관련된 핵심 쟁점에 대한 학문적·경험적 평가들을 다채롭게 제공해야 했다. 둘째, 그와 동시에 미래 지향적인 관점에서 정책적 함의를 제시해야 했다. 이는 한층 더 어려운 과제이기는 했지만, 새로운 정책 분야를 보여줄 수 있다는 측면에서 의미 있는 작업이었다.

국제 에너지 문제의 다차원적인 특징을 살펴보려면, 시장, 안보, 지속가능성, 발전이라는 밀접한 네 가지 측면을 체계적으로 분석해야 한다. 이러한 접근 방식으로 분석하기 위해서는 기존의 학문적인 관점을 뛰어넘어 각각의 측면에 대한 학제적 관점을 감안해 논의를 진행해야만 했다. 또한 이 책은 다양한 학자와 현역 종사자들의 현실 인식과 관점을 포함하고 있다. 이는 국제 에너지 정책에 대한 학제적 관점을 받아들일 뿐만 아니라 이론과 현실을 연결시키는 토대가 될 수 있다. 더욱이 이 책은 다섯 대륙의 저자들이 참여했을 뿐만 아니라 OECD 비회원국의 인식을 고려함으로써 국제 에너지의 중심축이 신흥국가로 이동한다는 변화를 파악해냈다. 구체적으로는 중국, 인도, 영국, 미국, 브라질, 러시아, 나이지리아 7개국의 사례 연구를 통해 이들 신흥국의 '관점'을 분석해냈다. 이 7개국의 사례를 통해 밝혀진 국제 에너지 정책의 주요 경향은 다음과 같이 요약할 수 있다. 첫째, 에너지 다소비국이 OECD 국가에서 신흥 아시아 국가로 이미 변하고 있다. 둘째, 에너지 생산·소비·사용에서 저탄소 패러다임이 강력하게 등장하고 있다. 셋째, 에너지 정책에서 사회적 형평성 문제가 중요한 의제로 자리 잡고 있다.

한편으로 이들 사례 연구는 국제 에너지 정책이 당면한 중요한 도전적 과제도 함께 제시하고 있다. 즉, 자원 거버넌스, 화석연료 정책의 고착화, 일관성 없는 정책 설계, 상충되는 에너지 정책 목표 사이의 균형 등이 앞으로 해결해야 하는 대표적인 핵심 과제다. 이때 부분적으로는 하향식 접근 방식과 더불어 상향식 접근 방식을 보완해야 한다. 이는 국가적 관점에서 풍부한 경험적 통찰력을 더불어 제공해줄 것이다.

이 책에서 도입한 두 가지 접근 방식은 성공적인 것으로 판단된다. 종합적으로 정리하자면, 이 책은 국제 에너지 문제 및 이 문제를 해결하기 위해 정책이 필요하다는 사실을 포괄적이면서도 자세하게 평가하면서 다음과 같은 결과를 제공하고 있다. 첫째, 국가 중심적인 모델과 시장 중심적인 모델의 경쟁이 다시 가속화되고 있다는 것이 명백해졌다. 이는 앞에서 언급했던 국제적 변화 자체뿐만 아니라 행위자의 상호작용을 구조화하는 제도, 규칙, 체제에 대한 변화의 영향도 직접적으로 반영하는 것이다. 예를 들어, 석유 상류 부문 협정의 최근 경향은 화석연료의 개발 여부가 재정 시스템의 변화에 따라 영향을 받는다는 사실이다. 이는 석유 시장의 특징인 높은 가격 변동성 때문이기도 하지만 자원공사가 다시 주도권을 장악하면서 전반적으로 높게 형성된 석유 가격 때문이기도 하다. 게다가 에너지 시장의 부정적인 외부 효과와 엄청난 온실가스 배출을 적절하게 해결하지 못하자 강력한 하향식 규제가 해결책으로 등장했다. 이러한 하향식 규제는 아직까지 국제적인 차원에서 완전히 도입되지는 못했다.[1] 그렇지만 국가적인 개입이 전면적으로 이뤄지지는 않았지만 권역이나 지역적인 차원에서는 하향식 규제가 분명 유의미한 규제 수단으로 자리 잡을 수 있을 것이다. 여기서 권역적인 차원에서 진행된 하향식 규제의 사례로는 전력 부문의 탈탄소화를 시도한 유럽을 들 수 있으며, 지역적인 차원에서 진행된 하향식 규제의 사례로는 에너

---

1 2015년 12월에 개최된 기후변화 당사국총회에서 체결된 파리협정에는 국제 탄소 시장의 구성에 대한 합의가 포함되어 있다. _옮긴이

지 효율 개선을 목표로 하는 중국의 정책을 들 수 있다. 결국 에너지 목표를 달성하기 위한 국가의 개입은 상당한 지지를 받았다. 에너지 보조금을 지급했던 인도가 여기에 해당하는 사례다. 그렇지만 이 책에서 밝혀진 바와 같이 기술혁신을 유발하거나 에너지 투자를 위한 자금을 제공할 수 있는 시장 행위자의 중요성도 무시할 수는 없다. 물론 민간 부문 행위자의 전략적 선택은 분명 국가 정책과 규제 환경의 영향을 받지만, 이들은 재생가능에너지 또는 화석연료라는 에너지 관련 사업에 투입되는 자금을 결정하는 핵심적인 역할을 맡을 수밖에 없다. 그리고 이러한 민간 부문의 선택은 정부 정책을 통해 장려되기도 하지만, 한편으로는 기술적 진보를 가능하게 하는 기업인의 도전적인 자세와 혁신적인 노력에 따른 것이기도 하다. 이처럼 시장에서 사적 행위자의 역할이 여전히 중요하기 때문에 국제 에너지 문제에 대한 국가의 개입 증대에 대해서는 아직까지도 반대의 목소리가 제기되고 있다.

둘째, 외견상으로는 국제 에너지 거버넌스의 구조가 최근 전 지구적 에너지 패턴의 변화에 적응할 수 있을 것이라고 판단되었다. 즉, 국가 정책의 목표이자 수단이자 결과물인 에너지가 안보 문제를 야기한 반면, 국제 가스 시장의 구조 변화에 대한 반작용으로 출현한 가스수출국포럼은 OPEC이나 IEA 같은 국제 석유 기구를 보완해오고 있다. 한편으로는 신흥 세력을 수용하면서 파편화된 생산자와 소비자를 연결하는 G20 같은 새로운 포럼이 기존의 G8을 보완하기 시작했다. 그리고 UN기후변화협약, IEA, G8 같은 국제 기후 거버넌스가 구성되었으며, 에너지 안보 문제를 처리하는 국제적인 연계 조직이 결성되었다. 게다가 공공 부문과 민간 부문의 파트너십과 국제적인 에너지 네트워크가 전통적인 다극 체제를 뒤늦게나마 보완하고 있다. 이러한 체제 변화는 최근 국제 에너지의 다극화 현상을 반영하는 것일 수 있지만, 그럼에도 국제 에너지 문제를 총괄하는 거대 국제기구의 부재로 인해 에너지 안보 쟁점을 처리하는 데에는 분명 한계가 존재할 수밖에 없다. 몇몇 저자가 언급했듯이 새로운 포럼은 매우 다양한 회원으로 구성되어 있기 때문에 내부적으로도 다양한 이해관계가 존재한다. 게다가 이런 포럼은 에너지 빈곤이나 기후변화 같은 중요한 쟁점을 다루는 데서도 명확한 권한을 부여받지 못한 상태다. 결과적으로 기존 국제기구의 능력은 제한적이어서 지구적인 에너지 문제를 전면적으로 해결하기는 쉽지 않을 것이다. 그리고 이들의 능력으로는 점점 복잡해지는 국제 에너지 상황 속에서 상생의 결과를 도출해내기에 한계가 있다. 무엇보다도 기술적 진보로 인해 일부 국제기구들의 효과성에 대한 의문이 제기되고 있다. 예를 들어, 원자력 기술의 습득과 관련된 기술적 한계가 낮아지면서 세계적인 핵 확산 방지 레짐은 이를 억제하기 위해 고군분투하고 있다. 따라서 몇몇 저자가 언급하고 있듯이, 안보 문제의 특성을 분명히 아는 것이 중요할 수밖에 없다. 예를 들어, '자원 쟁탈전'에 대한 공포는 개별 국가뿐만 아니라 국제적인 차원에서도 잘못된 정책을 만들어낼 수 있다.

셋째, 에너지 문제에서 복잡성이 증가함에 따라 에너지 문제는 혁신적 정책 수단에 대한 국제사회의 요구를 충족시키지 못하고 있다. 여기서 혁신적인 정책 수단이란 저탄소 정책을 전 지구적으로 구현·확산시키기 위한 메커니즘, 국제적인 인센티브 체제, 청정에너지 기술의 보급, 에너지 시장에 탄소 가격을 도입하기 위한 적절한 제도들이라고 할 수 있다. 이 책에서는 강력한 국가적 리더십을 요구하는 규제와 경제적 수단이 결합된 시장 메커니즘 중심의 다양한 정책 수단을 대안적으로 보여주고 있다. 물론 국가 정책도 중요하지만, 사회경제적 주체와 개인 모두가 바람직한 에너지를 선택할 수 있도록 유도하기 위해 초국가적인 레짐을 효과적으로 마련하는 것도 중요하다. 이러한 혁신적 정책 수단의 필요성은 지속가능성과 국가 발전이라는 문제를 동시에 고려해야 할 때 특히 중요할 수밖에 없다. 브라질의 사례에서 드러난 것처럼 저탄소 에너지 공급을 목표로 하는 정책은 지역공동체의 발전과 에너지 접근성의 향상이라는 긍정적인 외부 효과를 가져올 수 있다. 에너지 효율 개선은 저탄소 체계 구축이라는 지속가능한 발전을 추구할 뿐만 아니라 자원 이용을 극대화시키는 엄청난 기회를 국가에 제공할 수 있다. 그렇지만 재생가능에너지와 바이오연료를 개발하기 위한 정책이 제대로 설계·관리되지 않는다면 식량 부족이라는 부작용이 발생할 수도 있다. 이런 맥락에서 전 지구적으로 실천 가능한 모범 사례가 가능하다는 주장은 결코 과장된 것이 아니다. 브라질 같은 신흥경제국은 연료와 식량 문제를 해결하는 과정에서 얻은 교훈을 공유함으로써 중요한 역할을 수행할 수 있을 것이다. 인도 같은 신흥국은 저탄소 정책을 통해 이익을 얻을 수 있기는 했지만, 연료 보조금의 덫에 빠지지 않기 위해 조심해야 하는 조건에 대한 교훈을 제공할 수 있을 것이다. 산유국들은 성공적인 사례를 통해 '자원의 저주'를 피하는 방안을 배울 수 있을 것이다. EU 같은 선진국은 에너지 효율 개선과 관련된 효과적인 정책을 제시하거나 전력 시스템을 탈탄소화시키는 방안에 대한 함의를 제공해줄 수 있을 것이다. 이는 선진산업국이나 신흥경제국이 겪고 있는 재정 및 규제 문제와 관련이 있다. 이러한 정책을 성공적으로 이끌기 위해서는 국제 메커니즘이 국내 메커니즘을 대체할 필요가 있다. 예를 들면, 국제 에너지 파트너십의 촉진, 국제 개발 기구에 의한 재정 지원, 채굴 산업 투명성 이니셔티브처럼 압력을 부드럽게 행사하는 방식이 가능할 수 있다.

이 책은 국제 에너지 정책의 네 가지 차원으로 시장, 안보, 발전, 지속가능성을 강조하면서 새로운 정책 영역을 성공적으로 보여주었을 뿐만 아니라 국제 에너지 정책이 가지는 문제의 다양한 특징도 설명했다. 그리고 일반적인 '석유 문제'의 차원을 넘어 국제 에너지 정책으로 논의를 확장했으며, 권역별로 고유의 국제 에너지 정책이 필요하며 향후 전망 또한 다르다는 사실을 제시했다. 그렇지만 이러한 논의는 여전히 시작에 불과한 실정이다. 이 책을 계기로 국제 에너지 정책에 대한 연구가 다양한 방식으로 진행되어 더 많은 학문적인 연구가 다음과 같이 이뤄지기를 바라는 바다.

첫째, 에너지는 다양한 정책 분야에서 분명히 주류로 편입되기 시작했다. 예를 들면, 이 책에서는 에너지 빈곤이나 기후변화 관련 정책을 다루었지만, 여기서 언급된 사례들이 필요한 정책 분야의 전체 스펙트럼을 완전히 반영하는 것은 아닐 수 있다. 에너지 평등이나 정의 같은 정책 영역은 더 많은 향후 연구의 출발점이 될 수 있으며, 이 책에서 제시한 네 가지 차원을 넘어 국제 에너지 정책의 논의에 영향을 미칠 수 있을 것이다. 둘째, 늘어나는 선행 연구는 에너지 정책을 패러다임 전환과 연결시키고 있다. 여기서 패러다임이란 관찰되는 현상을 이해하기 위한 일종의 세계관이라고 할 수 있다. 이때 에너지 문제는 현행 사회 체제의 패러다임이 채택한 각종 정책적 수단을 해결할 수 있다. 국제 에너지 문제에 대한 서구권 국가의 영향력이 후퇴했다는 점을 고려하면 자유 시장 모델 같은 현재의 지배적 패러다임은 새로운 패러다임에 굴복할 가능성이 있다. 따라서 앞으로 다극화되어가는 세계에서 국제 에너지 정책에 영향을 미치는 패러다임의 역할을 분석하는 것은 가치 있는 연구가 될 것이다. 셋째, 혁신적인 정책은 에너지 효율 개선, 탄소 배출량 감축, 에너지 접근성 개선이라는 목표와 관련이 있다. 국제 에너지 문제는 다차원적인 정책적 연계나 풍부한 경험적·학술적 자료를 제공할 뿐만 아니라 정책의 과정, 원인, 결과 등을 연구하기 위한 실험적 환경에서의 학문적인 연구를 가능하게 한다. 이는 사회과학에서는 상당히 드문 연구 기회라고 할 수 있다.

끝으로 이 책을 바탕으로 진일보한 후속 연구가 계속되기를 기대한다. 그리고 이 책에서 수집한 분석 자료와 제시한 연구 결과가 국제 에너지 정책이 학문적 연구 분야로 확고히 자리 잡는 데 도움이 되기를 진심으로 바란다.

참고문헌

서론

Alhajji, Anas F., and David Huettner. 2000. OPEC and Other Commodity Cartels: A Comparison. *Energy Policy* 28.

Andrews-Speed, Philip. 2011. *Energy Market Integration in East Asia: A Regional Public Goods Approach*. ERIA Discussion Paper 2011-06.

Baker Institute. 2007. *The Changing Role of National Oil Companies in International Energy Markets*. Baker Institute Policy Report 35.

Barnett, Jon, and W. Neil Adger. 2007. Climate Change, Human Security and Violent Conflict. *Political Geography* 26.

Biermann, Frank, Philipp Pattberg, and Fariborz Zelli. 2010. *Global Climate Governance Beyond 2012. Architecture, Agency and Adaptation*. Cambridge: Cambridge University Press.

Bilgin, Mert. 2011. Energy Security and Russia's Gas Strategy: The Symbiotic Relationship between the State and Firms. *Communist and Post-Communist Studies* 44, 2.

Brown, Marilyn A., and Benjamin K. Sovacool. 2011. *Climate Change and Global Energy Security: Technology and Policy Options*. Cambridge: MIT Press.

Campbell, Kurt M., Jay Gulledge, John R. McNeill, et al. 2007. *The Age of Consequences: The Foreign Policy and National Security Implications of Global Climate Change*. Washington, DC: Center for Strategic and International Studies.

Crane, Keith, Andreas Goldthau, Michael Toman, et al. 2009. *Imported Oil and U.S. National Security*. Washington, DC: RAND Corporation.

Deutch, John M., James R. Schlesinger, and David G. Victor. 2006. *National Security Consequences of U.S. Oil Dependency: Report of an Independent Task Force*. New York: Council on Foreign Relations.

Goldthau, Andreas. 2011. A Public Policy Perspective on Global Energy Security. *International Studies Perspectives* 13(December).

Goldthau, Andreas. 2012. From the State to the Market and Back. Policy Implications of Changing Energy Paradigms. *Global Policy* 3, 2.

Goldthau, Andreas, and Jan Martin Witte. 2010. *Global Energy Governance. The New Rules of the Game*. Washington, DC: Brookings Institution.

Graaf, Thijs Van de, and Dries Lesage. 2009. The International Energy Agency After 35 Years: Reform Needs and Institutional Adaptability. *Review of International Organizations* 4.

Grübler, Arnulf. 2008. Energy Transitions. In C. J. Cleveland, ed. *Encyclopedia of Earth*.

Hallouche, Hadi. 2006. *The Gas Exporting Countries Forum: Is It Really a Gas OPEC in the Making?* Oxford: Oxford Institute for Energy Studies.

Helm, Dieter. 2011. Infrastructure and Infrastructure Finance: The Role of the Government and the Private Sector. *EIB Papers* 15, 2.

Hoffmann, Ulrich. 2011. *Some Reflections on Climate Change, Green Growth Illusions and Development Space*. Geneva: UNCTAD.

IEA. 2011. *World Energy Outlook 2011*. Paris: OECD.

IPCC. 2007. *IPCC Fourth Assessment Report: Climate Change*.

Jong, Sijbren De. 2011. Vers une gouvernance mondiale de l'énergie: comment compléter le puzzle. *Revue internationale de politique de développement* 2.

Klare, Michael. 2001. *Resource Wars: The New Landscape of Global Conflict*. New York: Henry Holt.

Kuenneke, Rolf W. 1999. Electricity Networks: How Natural Is the Monopoly? *Utilities Policy* 8, 2.

Lesage, Dries, Thijs Van de Graaf, and Kirsten Westphal. 2009. The G8's Role in Global Energy Governance since the 2005 Gleneagles Summit. *Global Governance* 15, 2.

Marcel, Valerie. 2006. *Oil Titans: National Oil Companies in the Middle East.* Baltimore, MD: Brookings Institution.

Newell, Peter, and Harriet Bulkeley. 2010. *Governing Climate Change.* London: Routledge.

Orban, Anita. 2008. *Power, Energy, and the New Russian Imperialism.* Westport, CT: Praeger.

Rutland, Peter. 2008. Russia as an Energy Superpower. *New Political Economy* 13, 2.

Smil, Vaclav. 2010. *Energy Transitions: History, Requirements, Prospects.* St Barbara: Praeger.

Stevens, Paul. 2008. National Oil Companies and International Oil Companies in the Middle East: Under the Shadow of Government and the Resource Nationalism Cycle. *Journal of World Energy Law & Business* 1, 1.

Stulberg, Adam N. 2008. *Well-Oiled Diplomacy: Strategic Manipulation and Russia's Energy Statecraft in Eurasia.* New York: State University of New York Press.

UN. 2010. *Energy for a Sustainable Future: The Secretary-General's Advisory Group on Energy and Climate Change(AGECC): Summary Report and Recommendations.* New York: United Nations.

Victor, David G., David R. Hults, and Mark C. Thurber, eds. 2011. *Oil and Governance. State-Owned Enterprises and the World Energy Supply.* Cambridge: Cambridge University Press.

Victor, David, and Linda Yueh. 2010. The New Energy Order. Managing Insecurities in the Twentyfirst Century. *Foreign Affairs* January/February.

Youngs, Richard. 2009. *Energy Security: Europe's New Foreign Policy Challenge.* New York: Routledge.

Zha, Daojiong. 2006. China's Energy Security: Domestic and International Issues. *Survival* 48, 1.

제1장

BP. 2011. *Statistical Yearbook of World Energy.* London: BP.

Bressand, Albert. 2009. Foreign Direct Investment in the Oil and Gas Sector: Recent Trends and Strategic Drivers. In K. Sauvant, ed. *Yearbook on Investment Law and Policy.* Oxford: Oxford University Press.

Bressand, Albert, ed. 2011. *Getting It Right: Lessons from the South in Managing New Hydrocarbon Economies.* New York: UNDP Special Unit for South-South Cooperation.

C-Span. 2012. Interior Secretary Ken Salazar on US energy policy, April 24. Available from http://www.c-spanvideo.org/program/305624-1.

Deffeyes, Kenneth S. 2001. *Hubbert's Peak: The Impending World Oil Shortage.* Princeton, NJ: Princeton University Press.

Desta, Melaku Geboye. 2003. The Organization of Petroleum Exporting Countries, the World Trade Organization, and Regional Trade Agreements. *Journal of World Trade* 37, 3.

Fattouh, Bassam, and Coby van der Linde. 2011. *The International Energy Forum, Twenty Years of Producer-Consumer Dialogue in a Changing World.* Riyadh: IEF.

Gipe, Paul. 1995. *Wind Energy Comes of Age.* New York: John Wiley & Sons, Inc.

Gustafson, Thane. 2012. *Wheel of Fortune: The Battle for Oil and Power in Russia.* Cambridge, MA: Harvard University Press.

Heal, Geoffrey M. 2000. *Nature and the Marketplace: Capturing the Value of Ecosystem Services.* Washington, DC: Island Press.

Hubbert, Marion King. 1956. Nuclear Energy and the Fossil Fuels. Paper read at Spring Meeting of the Southern District, American Petroleum Institute, March 7–9, at Plaza Hotel, San Antonio, Texas.

Hunt, Sally. 2002. *Making Competition Work in Electricity.* New York: John Wiley & Sons, Inc.

IEA. 2011a. *World Energy Outlook 2011.* Paris: OECD/IEA.

IEA. 2011b. *World Energy Outlook 2011 Special Report: Are We Entering a Golden Age of Gas?* Paris: OECD/IEA.

IEA. 2012. *World Energy Outlook 2012.* Paris: OECD/IEA.

Keohane, Robert O., and Joseph S.Nye. 1977. *Power and Interdependence: World Politics in Transition.*

Boston: Little, Brown.

Knill, Christoph, and DirkLehmkuhl. 2002. Private Actors and the State: Internationalization and Changing Patterns of Governance. *Governance － An International Journal of Policy and Administration* 5, 1.

Konoplyanik, Andrei. 2009. Gas Transit in Eurasia: Transit Issues between Russia and the European Union, and the Role of the Energy Charter. *Journal of Energy & Natural Resources Law* 27, 3.

Lackner, Klaus. 2010. Washing Carbon Out of the Air. *Scientific American* 302(June).

Lackner, Klaus, Christoph Johannes Meinrenken, Eric Dahlgren, et al. 2010. *Closing the Carbon Cycle: Liquid fuels from Air, Water and Sunshine.* New York: Lenfest Center for Sustainable Energy, Columbia University.

Mabro, Robert. 2005. The International Oil Price Regime: Origins, Rationale and Assessment. *Journal of Energy Literature* 11, 1.

Mills, Robin M. 2008. *The Myth of the Oil Crisis: Overcoming the Challenges of Depletion, Geopolitics, and Global Warming.* Westport, CT: Praeger.

Morse, Ed. 2012. Resurging North American Oil Production and the Death of the Peak Oil Hypothesis. *Commodities Strategy(Citi)*, February 15(Citigroup).

North, Douglass. 1990. *Institutions, Institutional Change and Economic Performance.* Cambridge: Cambridge University Press.

Shell. 2005. *Shell Global Scenarios to 2025; The Future Business Environment: Trends, Trade-Offs and Choices,* ed. Albert Bressand. Washington, DC: Peterson Institute for International Economics.

Yergin, Daniel. 1991. *The Prize: The Epic Quest for Oil, Money, and Power.* New York: Simon & Schuster.

제2장

Bernstein Research. 2010. The Herculean Challenge of Lifting Iraq's Oil Production. August 3.

Boussena, Sadek, and Catherine Locatelli. 2005. Towards a More Coherent Oil Policy in Russia?" *OPEC Review* 29, 2(June 1).

Bruno, Greg. 2011. State Sponsors: Iran. *Council on Foreign Relations*, October 13. http://www.cfr.org/iran/state-sponsors-iran/p9362, accessed 04/06/2012.

Campos, Indira, and Alex Vines. 2008. *Angola and China: A Pragmatic Partnership.* Washington, DC: CSIS. http://csis.org/files/media/csis/pubs/080306 angolachina.pdf, accessed 04/06/2012.

Christoff, Joseph A. 2004. *Observations on the Oil for Food Program and Areas for Further Investigation.* Washington, DC: Government Accountability Office. http://www.gao.gov/new.items/d04880t.pdf, accessed 04/06/2012.

Colgan, Jeff. 2010. Oil and Revolutionary Governments: Fuel for International Conflict. *International Organization* 64, 4.

Corkin, Lucy. 2011. Uneasy Allies: China's Evolving Relations with Angola. *Journal of Contemporary African Studies* 29, 2.

Crane, Keith, Andreas Goldthau, Michael Toman, et al. 2009. *Imported Oil and US National Security.* Santa Monica, CA: RAND.

Deutch, J. 2011. Good News About Gas: The Natural Gas Revolution and Its Consequences. *Foreign Affairs* 90(February).

Deutch, J., E. J. Moniz, S. Ansolabehere, et al. 2003. *The Future of Nuclear Power.* Cambridge, MA: MIT Nuclear Energy Study Advisory Committee. http://web.mit.edu/nuclearpower.

Downs, Erica S. 2007. The Fact and Fiction of Sino-African Energy Relations. *China Security* 3, 3.

EIA. 2008. *South China Seas Analysis Brief,* March. http://www.eia.gov/countries/regionstopics.cfm?fips=SCS.

Evans, Gareth, and Yoriko Kawaguchi. 2009. *Eliminating Nuclear Threats: A Practical Agenda for Global Policymakers.* International Commission on Nuclear Non-proliferation and Disarmament.

Friedberg, Aaron L. 2011. *A Contest for Supremacy: China, America, and the Struggle for Mastery in Asia.* New

York: W.W. Norton & Co.

Goldthau, Andreas. 2010. Energy Diplomacy in Trade and Investment of Oil and Gas. In Andreas Goldthau and Jan Martin Witte, eds. *Global Energy Governance. The New Rules of the Game*. Washington, DC: Brookings Institution.

Greenspan, Alan. 2007. *The Age of Turbulence: Adventures in a New World*. New York: Penguin.

Hookway, James. 2011. Philippine Oil Vessel Confronted By China, Spurring New Dispute. *Wall Street Journal*, March 4. http://online.wsj.com/article/SB10001424052748703300904576178161531819874. html, accessed 04/06/2012.

Jaffe, Amy Myers, Michael T. Klare, and Nader Elhefnawy. 2008. The Impending Oil Shock: An Exchange. *Survival: Global Politics and Strategy* 50, 4.

Jiang, Julie, and Jonathan Sinton. 2011. Overseas Investments by Chinese National Oil Companies. *IEA Information Paper*(February).

Kaplan, Robert D. 2005. "How We Would Fight China." *The Atlantic*, June 2005. http://www. theatlantic.com/magazine/archive/2005/06/how-we-would-fight-china/3959/, accessed 04/06/2012.

Kaplan, Robert D. 2011. The South China Sea Is the Future of Conflict. *Foreign Policy*(October). http:// www.foreignpolicy.com/articles/2011/08/15/the_south_china_sea_is_the_future_of_conflict?page=f ull, accessed 04/06/2012.

Kershaw, Ian. 2008. *Fateful Choices: Ten Decisions That Changed the World, 1940–1941*. London: Penguin.

Kissinger, Henry. 2011. *On China*. New York: Penguin.

Kong, Bo. 2010. *China's International Petroleum Policy*. Santa Barbara, CA: Praeger.

Lieberthal, Kenneth, and Mikkal Herberg. 2006. *China's Search for Energy Security: Implications for US Policy*. Seattle, WA: National Bureau of Asian Research.

Lovins, Amory B., Imran Sheikh, and Alex Markevich. 2008. Forget Nuclear. *Rocky Mountain Institute Solutions* 24, 1.

Morse, Ed, et al. 2012. "Energy 2020: North America, the New Middle East?" Citi GPS: Global Perspectives & Solutions, March 20. http://fa.smithbarney.com/public/projectfiles/ce1d2d99-c133-4343-8ad0 -43aa1da63cc2.pdf.

Nerurkar, Neelesh. 2011. *U.S. Oil Imports: Context and Considerations*. Washington, DC: Congressional Research Service. https://www.fas.org/sgp/crs/misc/R41765.pdf, accessed 04/06/2012.

O'Sullivan, Meghan L. 2003. *Shrewd Sanctions: Statecraft and State Sponsors of Terrorism*. Washington, DC: Brookings Institution.

Romero, Simon. 2005. Demand for Natural Gas Brings Big Import Plans, and Objections. *The New York Times,* June 15, sec. Business. http://www.nytimes.com/2005/06/15/business/15gas.html, accessed 04/06/2012.

Ross, Michael L. 1999. The Political Economy of the Resource Curse. *World Politics* 51, 2.

Rutland, Peter. 2008. Russia as an Energy Superpower. *New Political Economy* 13, 2.

Shan, He. 2012. Sino-ASEAN Trade Grows 36 Times in 20 Years. Xinhua Press Agency, February 20. http://cn-ph.china.org.cn/2012-02/20/content 4821179.htm, accessed 04/06/2012.

Stern, Jonathan P. 2005. *The Future of Russian Gas and Gazprom*. Oxford: Oxford University Press.

USGS. 2010. *Assessment of Undiscovered Oil and Gas Reserves of Southeast Asia*. Washington, DC: Department of the Interior, US Geological Survey. http://pubs.usgs.gov/fs/2010/3015/pdf/FS10- 3015.pdf, accessed 04/06/2012.

Yergin, Daniel. 2006. Ensuring Energy Security. *Foreign Affairs* 85, 2(April).

Yergin, Daniel. 2008. *The Prize: The Epic Quest for Oil, Money & Power*. New York: Simon & Schuster.

Yergin, Daniel. 2011. America's New Energy Security. *Wall Street Journal*, December 12.

제3장

Baumert, K. A., T. Herzog, and J. Pershing. 2005. *Navigating the Numbers: Greenhouse Gas Data and*

International Climate Policy. Washington, DC: World Resources Institute.

Bradshaw, M. J. 2010. Global Energy Dilemmas: A Geographical Perspective. *The Geographical Journal* 176.

Bradshaw, M. J. 2011. In Search of a New Energy Paradigm: Energy Supply, Security of Supply and Demand and Climate Change Mitigation. *Mitteilungen der Österreichischen Geographischen Gesellschaft* 152.

Bradshaw, M. J. 2012. *Time to Take the Foot off the Gas? Gas in UK Energy Security.* London: Friends of the Earth(UK).

Bradshaw, M. J. 2013. *Global Energy Dilemmas: Energy Security, Globalization and Climate Change.* Cambridge: Polity Press.

BP. 2012a. *Statistical Review of World Energy 2011.* London: BP.

BP. 2012b. *BP Energy Outlook 2030.* London: BP.

EIA(US Energy Information Administration). 2011. *International Energy Outlook 2011.* Washington, DC: EIA.

El-Gamal, M. A., and A. M. Jaffe. 2010. *Oil, Dollars, Debt and Crisis: The Global Curse of Black Gold.* Cambridge: Cambridge University Press.

Elzen, M. G. J., A. F. Hof, and M. Roelfsema. 2011. The Emissions Gap Between the Copenhagen Pledges and the 2°C Climate Goal: Options for Closing and Risks That Could Widen the Gap. *Global Environmental Change* 21.

European Commission. 2010. *Energy 2020: A Strategy for Competitive, Sustainable and Secure Energy.* Brussels: European Commission.

Exxon Mobil. 2012. *The Outlook for Energy: A View to 2040.* Houston, TX: Exxon Mobil.

Fouquet, R., and P. J. G. Pearson. 1998. A Thousand Years of Energy Use in the United Kingdom. *The Energy Journal* 19, 4.

Goldthau, A. 2012. From State to the Market and Back. Policy Implications of Changing Energy Paradigms. *Global Policy* 3, 2.

Grübler, A. 2004. Transitions in Energy Use. *Encyclopaedia of Energy* 6.

Guan, D., G. P. Peters, C. L. Weber, and K. Hubacek. 2009. Journey to World's Top Emitter: An Analysis of the Driving Forces of China's Recent CO_2 Emissions Surge. *Geophysical Research Letters* 36.

Helm, D. 2007. The New Energy Paradigm. In Dieter Helm, ed. *The New Energy Paradigm.* Oxford: Oxford University Press.

Hughes, J. D. 2011. *Lifecycle Greenhouse Gas Emissions from Shale Compared to Coal: An Analysis of Two Conflicting Studies.* Santa Rosa, CA: Post Carbon Institute.

IEA(International Energy Agency). 2008. *World Energy Outlook 2008.* Paris: OECD/IEA.

IEA. 2011a. *CO_2 Emissions from Fuel Combustion: Highlights.* Paris: OECD/IEA.

IEA. 2011b. *World Energy Outlook 2011.* Paris: OECD/IEA.

Jaccard, M. 2005. *Sustainable Fossil Fuels: The Unusual Suspect in the Quest for Clean and Enduring Energy.* Cambridge University Press: Cambridge.

Jackson, M. 2009. *Prosperity Without Growth? The Transition to a Sustainable Economy.* London: Sustainable Development Commission.

Klare, M. 2012. *The Race for What's Left: The Global Scramble for the World's Last Resources.* New York: Metropolitan Books.

Kramer, G. J., and M. Haigh. 2009. No Quick Switch to Low-Carbon Energy. *Nature* 462.

McNeil, J. 2000. *Something New under the Sun: An Environmental History of the Twentieth Century.* London: Penguin Books.

Metz, B., O. R. Davidson, P. R. Bosch, et al., eds. 2007. *Reports of the Intergovernmental Panel on Climate Change.* Cambridge: Cambridge University Press.

Murphy, D. J., and C. A. S. Hall. 2010. Year in Review − EROI or Energy Return on(Energy) Invested. *Annals of the New York Academy of Sciences* 1185.

O'Neill, B. C., M. Dalton, R. Fuchs, et al. 2010. Global Demographic Trends and Future Carbon Emissions. *Proceedings of the National Academy of Sciences* 107, 41.

Pachauri, R. K., and A. Reisinger, eds. 2007. *Contribution of Working Groups I, II and III to the Fourth*

Assessment Report of the Intergovernmental Panel on Climate Change. Geneva: IPCC.

Peters, G. P., G. Marland, C. Le Quéré, et al. 2012. Rapid Growth in CO_2 Emissions after the 2008–2009 Global Financial Crisis. *Nature Climate Change* 2.

Peters, G. P., J. C. Minx, C. L. Weber, and O. Edenhofer. 2011. Growth in Emission Transfers via International Trade from 1990 to 2008. *Proceedings of the National Academy of Sciences*, early view, doi: 10.1073/pnas.1006388108.

Pielke, Jr., R. 2010. *The Climate Fix: What Scientists and Politicians Won't Tell You About Global Warming.* New York: Basic Books.

Raupach, M. R., G. Marland, P. Ciais, et al. 2007. Global and Regional Drivers of Accelerating CO_2 Emissions. *Proceedings of the National Academy of Sciences* 104.

Rühl, C., P. Appleby, J. Fennema, et al. 2012. Economic Development and Demand for Energy: A Historical Perspective on the Next 20 Years. Paper published to coincide with *BP Energy Outlook 2030.* http://www.bp.com/liveassets/bp internet/globalbp/STAGING/global assets/downloads/R/ reports and publications economic development demand for energy.pdf, accessed May 3, 2012.

Smil, V. 2010. *Energy Transitions: History, Requirements and Prospects.* Denver, CO: Praeger.

Unruh, G. C. 2000. Understanding Carbon Lock-in. *Energy Policy* 28.

Watson, J., ed. 2012. *Carbon Capture and Storage: Realising the Potential.* London: UK Energy Research Centre.

World Energy Council. 2010. *Energy Efficiency: A Recipe for Success.* London: World Energy Council.

제4장

Abram, Aleksander, and D. Lynn Forster. 2005. A Primer on Ammonia, Nitrogen Fertilizers, and Natural Gas Markets. *Agricultural, Environmental and Development Economics* 53.

Acemoglu, Daron, and Simon Johnson. 2005. Unbundling Institutions. *Journal of Political Economy* 113, 5.

Andrés, Luis Alberto, José Luis Guasch, and Sebastián López Azumendi. 2011. *Governance in State-Owned Enterprises Revisited. The Cases of Water and Electricity in Latin America and the Caribbean.* Policy Research Working Paper 5747. Washington, DC: World Bank.

AOPIG. 2002. *African Oil: A Priority for U.S. National Security and African Development.* Research Papers in Strategy 14. Washington, DC: Institute for Advanced Strategic and Political Studies.

Auty, Richard M. 1993. *Sustaining Development in Mineral Economies: The Resource Curse Thesis.* London: Routledge.

Beblawi, Hazem, and Giacomo Luciani. 1987. *The Rentier State.* London: Croom Helm.

Blas, Javier. 2011. Oil Hits $120 After Strike in Gabon. *Financial Times*, April 4.

Boden, T. A., G. Marland, and R. J. Andres. 2011. Global, Regional, and National Fossil-Fuel CO_2 Emissions. http://cdiac.ornl.gov/by new/bysubjec.html#carbon, accessed January 12, 2012.

Carbonnier, Gilles, and Jacques Grinevald. 2011. Energy and Development. *Revue internationale de politique de développement* 2.

Carbonnier, Gilles, Fritz Brugger, and Jana Krause. 2011a. Global and Local Policy Responses to the Resource Trap. *Global Governance* 14, 2.

Carbonnier, Gilles, Natascha Wagner, and Fritz Brugger. 2011b. Oil, Gas and Minerals: The Impact of Resource-Dependence and Governance on Sustainable Development. *CCDP Working Paper* 8.

Collier, Paul, and Benedikt Goderis. 2007. *Commodity Prices, Growth, and the Natural Resource Curse: Reconciling a Conundrum.* CSAE Working Paper 15.

Collier, Paul, and Anke Hoeffler. 2004. Greed and Grievance in Civil War. *Oxford Economic Papers* 56, 4.

Collier, Paul, Michael Spence, Frederick van der Ploeg, and Anthony J. Venables. 2010. Managing Resource Revenues in Developing Economies. *IMF Staff Papers* 57, 1.

Dabla-Norris, Era, Jim Brumby, Annette Kyobe, et al. 2010. *Investing in Public Investment: An Index of Public Investment Efficiency.* IMF Working Paper WP/11/37.

Di John, Jonathan. 2011. Is There Really a Resource Curse? A Critical Survey of Theory and Evidence. *Global Governance* 14, 2.

Dietz, Simon, Eric Neumayer, and Indra de Soysa. 2007. Corruption, the Resource Curse and Genuine Saving. *Environment and Development Economics* 12.

Drelichman, Mauricio, and Hans-Joachim Voth. 2008. *Institutions and the Resource Curse in Early Modern Spain.* In Elhanan Helpman, ed. *Institutions and Economic Performance.* Cambridge, MA: Harvard University Press.

Economist. 2011a. South Asia's Water: Unquenchable Thirst. *The Economist*, November 19.

Economist. 2011b. Brazil's Oil Boom: Filling Up the Future. *The Economist*, November 5.

Fattouh, Bassam. 2010. *Oil Market Dynamics Through the Lens of the 2002–2009 Price Cycle.* Oxford: Oxford Institute for Energy Studies.

Feeley, Thomas J., Timothy J. Skone, Gary J. Stiegel Jr., et al. 2008. Water: A Critical Resource in the Thermoelectric Power Industry. *Energy* 33, 1.

Florini, Ann, and Benjamin K. Sovacool. 2011. Bridging the Gaps in Global Energy Governance. *Global Governance* 17, 1.

Gaye, Amie. 2007. *Access to Energy and Human Development.* Occasional Paper 25. New York: UNDP, Human Development Report Office Gould, John A., and Matthew S. Winters. 2011. Petroleum Blues: The Political Economy of Resources and Conflict in Chad. In Päivi Lujala and Siri Aas Rustad, eds. *High-Value Natural Resources and Post-Conflict Peacebuilding.* Washington, DC: Environmental Law Institute.

Greenberger, Michael. 2011. *Will the CFTC Defy Congress's Mandate to Stop Excessive Speculation in Commodity Markets and Aid and Abet Hyperinflation in World Food and Energy Prices? Analysis of the CFTC's Proposed Rules on Speculative Position Limits.* University of Maryland Legal Studies Research Paper 20.

Gustavsson, Jenny, Christel Cederberg, Ulf Sonesson, et al. 2011. *Global Food Losses and Food Waste. Extent, Causes and Prevention.* Rome: Food and Agriculture Organization of the United Nations (FAO).

Haque, Emranul, and Richard Kellner. 2008. *Public Investment and Growth: The Role of Corruption.* Discussion Paper Series 098. Manchester: Centre for Growth and Business Cycle Research, Economic Studies, University of Manchester.

IEA (International Energy Agency). 2008. *World Energy Outlook 2008.* Paris: IEA.

IEA. 2010. *World Energy Outlook – Energy Development Index.* Paris: IEA.

IEA. 2011. *Energy for All: Financing Access for the Poor. Special Early Excerpt of the World Energy Outlook 2011.* Paris: IEA.

IEA, UN Development Programme, and UN Industrial Development Organization. 2010. *Energy Poverty: How to Make Modern Energy Access Universal? Special Early Excerpt of the World Energy Outlook 2010 for the UN General Assembly on the Millennium Development Goals.* Paris: IEA.

Jiang, Julie, and Jonathan Sinton. 2011. *Overseas Investments by Chinese National Oil Companies. Assessing the Drivers and Impacts.* Paris: IEA.

Jung-a, Song. 2006. Posco in Talks Over $10bn Rail Project in Nigeria. *Financial Times*, November 2.

Karl, Terry Lynn. 1997. *The Paradox of Plenty: Oil Booms and Petro-States.* Berkeley, CA: University of California Press.

Kolstad, Ivar, and Arne Wiig. 2008. *Political Economy Models of the Resource Curse: Implications for Policy and Research.* Bergen: Chr. Michelsen Institute.

Le Billon, Philippe. 2003. *Fuelling War: Natural Resources and Armed Conflicts.* Oxford: Oxford University Press.

Lewis, Steven W. 2007. *Chinese NOCs and World Energy Markets: CNPC, Sinopec and CNOOC.* Houston, TX: Baker Institute for Public Policy, Rice University.

Luciani, Giacomo. 2011. Price and Revenue Volatility: What Policy Options and Role for the State? *Global Governance* 17, 2.

858

Mabro, Robert. 2005. The International Oil Price Regime. Origins, Rationale and Assessment. *Journal of Energy Literature* 11, 1.

Maddison, Angus. 2001. *The World Economy, a Millennial Perspective*. Paris: OECD.

Mahdavy, H. 1970. Patterns and Problems of Economic Development in Rentier States. The Case of Iran. In M. A. Cook, ed. *Studies in the Economic History of the Middle East*. Oxford: Oxford University Press.

Martínez, Daniel M., and Ben W. Ebenhack. 2008. Understanding the Role of Energy Consumption in Human Development Through the Use of Saturation Phenomena. *Energy Policy* 36.

Medlock, III, Kenneth B., and Amy Myers Jaffe. 2009. *Who Is in the Oil Futures Market and How Has It Changed?* Houston, TX: Baker Institute for Public Policy, Rice University.

Mills, Evan, and Arne Jacobson. 2011. From Carbon to Light: A New Framework for Estimating Greenhouse Gas Emissions Reductions from Replacing Fuel-Based Lighting with LED Systems. *Energy Efficiency* 4.

Mitchell, Donald. 2008. *A Note on Rising Food Prices*. Policy Research Working Paper 4682. Washington, DC: World Bank.

North, Douglas. 1973. *The Rise of the Western World: A New Economic History*. Cambridge: Cambridge University Press.

OECD. 2008. *Biofuel Support Policies. An Economic Assessment*. Paris: OECD.

Paik, Keun-Wook, Valerie Marcel, Glada Lahn, et al. 2007. *Trends in Asian NOC Investment Abroad*. London: Chatham House.

Papyrakis, Elissaios, and Reyer Gerlagh. 2004. The Resource Curse Hypothesis and Its Transmission Channels. *Journal of Comparative Economics* 32, 1.

Pegg, Scott. 2009. Briefing: Chronicle of a Death Foretold: The Collapse of the Chad – Cameroon Pipeline Project. *African Affairs* 108, 431.

PRC Ministry of Foreign Affairs. 2006. *China's African Policy*. Beijing: Ministry of Foreign Affairs.

Rosegrant, Mark W. 2008. Biofuels and Grain Prices: Impacts and Policy Responses. Testimony for the US Senate Committee on Homeland Security and Governmental Affairs.

Ross, Michael L. 1999. The Political Economy of the Resource Curse. *World Politics* 51, 2.

Ross, Michael L. 2001. Does Oil Hinder Democracy? *World Politics* 53, 3.

Rothstein, Bo, and Jan Teorell. 2008. What Is Quality of Government? A Theory of Impartial Government Institutions. *Governance: An International Journal of Policy, Administration, and Institutions* 21, 2.

Sachs, Jeffrey D., and Andrew M. Warner. 1997. Natural Resource Abundance and Economic Growth. In *Leading Issues in Economic Development*, 7th edn. Oxford: Oxford University Press.

Schaber, Peter. 2011. Property Rights and the Resource Curse. *Global Governance* 17, 2.

Severino, Jean-Michel, and Olivier Ray. 2011. *Le Grand Basculement: La question sociale à l'échelle mondiale*. Paris: Odile Jacob.

Stoever, Jana. 2012. On Comprehensive Wealth, Institutional Quality and Sustainable Development – Quantifying the Effect of Institutional Quality on Sustainability. *Journal of Economic Behavior & Organization* 81, 3.

Suh, Moon Kyu. 2006. Oil Security and Overseas Oil Development Strategy in Korea. Paper read at Toward Regional Energy Cooperation in Northeast Asia: Key Issues in the Development of Oil and Gas in Russia, Korea Energy Economics Institute's International Symposium, September 15, Seoul.

Torvik, Ragnar. 2009. Why Do Some Resource Abundant Countries Succeed While Others Do Not? *Oxford Review of Economic Policy* 25, 2.

UNCTAD. 2006. *World Investment Report. FDI from Developing and Transition Economies: Implications for Development*. Geneva: UNCTAD.

UNCTAD. 2007. *The Least Developed Countries Report 2007. Knowledge, Technological Learning and Innovation for Development*. Geneva: UNCTAD.

UNCTAD. 2009. *The Least Developed Countries Report 2009. The State and Development Governance*. Geneva: UNCTAD.

US Committee on Foreign Relations. 2011. *Avoiding Water Wars: Water Scarcity and Central Asia's Growing*

Importance for Stability in Afghanistan and Pakistan. Washington, DC: US Committee on Foreign Relations.

Viñales, Jorge E. 2011. The Resource Curse: A Legal Perspective. *Global Governance* 17, 2.

Woods, Jeremy, Adrian Williams, John K. Hughes, et al. 2010. Energy and the Food System. *Philosophical Transactions of the Royal Society B* 365.

World Bank. 2011. Global Gas Flaring Reduction. http://go.worldbank.org/R54GVV2QD1, accessed January 12, 2012.

Zehnder, Alexander J. B., Hong Yang, and Roland Schertenleib. 2003. Water Issues: The Need for Action at Different Levels. *Aquatic Sciences* 65.

제5장

Allen, F., S. Morris, and H. S. Shin. 2006. Beauty Contests and Iterated Expectations in Asset Markets. *Review of Financial Studies* 19.

BP. 2011. *BP Statistical Review of World Energy.* London: BP.

Büyükşahin, Bahattin, Michael S. Haigh, Jeffrey H. Harris, et al. 2009. *Fundamentals, Trader Activity, and Derivative Pricing.* Working Paper. Washington, DC: CFTC.

Cecchetti, S., and R. Moessner. 2008. Commodity Prices and Inflation Dynamics. *BIS Quarterly Review*, December.

Dargay, Joyce, Dermot Gately, and Martin Sommer. 2007. Vehicle Ownership and Income Growth, Worldwide: 1960–2030. *The Energy Journal* 28, 4.

Deutsche Bank. 2009. The Peak Oil Market: Price Dynamics at the End of the Oil Age. October 4.

Economist. 1999. Drowning in oil. *The Economist*, March 4.

EIA. 2010. *International Energy Outlook 2010.* Washington, DC: Energy Information Administration.

El-Katiri, L., and B. Fattouh. 2012. Oil Embargoes and the Myth of the Iranian Oil Weapon. *Energy and Geopolitical Risk* 3, 2(February).

El-Katiri, L., B. Fattouh, and P. Segal. 2011. Anatomy of an Oil-based Welfare State: Rent Distribution in Kuwait. In David Held and Kristian Ulrichsen, eds. *The Transformation of the Gulf: Politics, Economics and the Global Order.* London: Routledge.

Fattouh, B. 2010. *Oil Market Dynamics through the Lens of the 2002–2009 Price Cycle.* Working Paper 39. Oxford: Oxford Institute for Energy Studies.

Fattouh, B., and P. Scaramozzino. 2011. Uncertainty, Expectations, and Fundamentals: Whatever Happened to Long-term Oil Prices? *Oxford Review of Economic Policy* 27, 1.

Fattouh, B., and C. van der Linde. 2011. *The International Energy Forum: Twenty Years of Producer – Consumer Dialogue in a Changing World.* Riyadh: IEF.

Fattouh, B., L. Kilian, and L. Mahadava. 2012. *The Role of Speculation in Oil Markets: What Have We Learnt So Far?* Working Paper 45. Oxford: Oxford Institute for Energy Studies.

Frankel, P. 1969. *Essentials of Petroleum.* 2nd edn. London: Routledge.

Gupta, S., and W. Mahler, 1995. Taxation of Petroleum Products: Theory and Empirical Evidence. *Energy Economics* 17, 2.

Hamilton, James D. 1983. Oil and the Macroeconomy since World War II. *Journal of Political Economy* 91, 2.

Hamilton, James D., and J. Cynthia Wu. 2011. *Risk Premia in Crude Oil Futures Prices.* Working Paper. University of California at San Diego.

IEA. 2010. *World Energy Outlook 2010.* Paris: International Energy Agency.

Jain, A., and A. Sen, 2011. *Natural Gas in India: An Analysis of Policy.* Working Paper NG 50. Oxford: Oxford Institute for Energy Studies.

Kilian, L. 2009. Not All Oil Price Shocks Are Alike: Disentangling Demand and Supply Shocks in the Crude Oil Market. *American Economic Review* 99, 3.

Krauss, C., and E. Lipton. 2012. U.S. Inches Toward Goal of Energy Independence. *The New York Times*, March 22.

Lombardi, Marco J., and Ine Van Robays. 2011. *Do Financial Investors Destabilize the Oil Price?* Working Paper. European Central Bank.

Mabro, R. 1991. *A Dialogue Between Oil Producers and Consumers: The Why and the How*. Oxford: Oxford Institute for Energy Studies.

Masters, Michael W. 2010. Testimony before the US Commodity Futures Trading Commission, March 25.

Morris, S., and H. S. Shin. 2003. Global Games: Theory and Applications. In M. Dewatripont, L. Hansen, and S. Turnovsky, eds. *Advances in Economics and Econometrics(Proceedings of the Eighth World Congress of the Econometric Society)*. Cambridge: Cambridge University Press.

OPEC. 2009. *World Oil Market Outlook 2009*. Vienna: OPEC.

Penrose, E. 1976. Oil and International Relations. *British Journal of International Studies* 2, 1.

Pirrong, S. Craig. 2011. *Commodity Price Dynamics: A Structural Approach*. Cambridge: Cambridge University Press.

Rasmussen, Tobias N., and Agustin Roitman. 2011. *Oil Shocks in a Global Perspective: Are They Really That Bad?* Working Paper WP/11/194. Washington, DC: IMF.

Segal, P. 2011. Oil Price Shocks and the Macroeconomy. *Oxford Review of Economic Policy* 27, 1.

Silvennoinen, Annastiina, and Susan Thorp. 2010. *Financialization, Crisis, and Commodity Correlation Dynamics*. Working Paper. Sydney: University of Technology.

Stevens, P. 2005. Oil Markets. *Oxford Review of Economic Policy* 21, 1.

Tang, K., and W. Xiong. 2010. *Index Investing and the Financialization of Commodities*. Working Paper. Princeton, NJ: Princeton University Department of Economics.

Turner, A., J. Farrimond, and J. Hill. 2011. The Oil Trading Markets, 2003–10: Analysis of Market Behaviour and Possible Policy Responses. *Oxford Review of Economic Policy* 27, 1.

Wall Street Journal. 2012. Market Talk Roundup: Updates from IHS CERA Energy Conference. *The Wall Street Journal*, March 6.

제6장

Bloomberg. 2012. NBP Pricing Data http://www.bloomberg.com/quote/NBPGWTHN:IND, accessed July 26, 2012.

BP. 2012. *Statistical Yearbook of World Energy*. London: BP.

Butler, Nick. 2011. How Shale Gas Will Transform the Markets. *Financial Times*, May 8.

Butler, Nick. 2012. Prepare to Celebrate OPEC's Demise. *Financial Times*, May 21.

China Daily. 2009. China, Russia Sign 12 Agreements During Putin's Visit. *China Daily*, October 13.

Downstream Today. 2012. Turkmengas Signs Framework Agreement with CNPC. Downstream Today (.com), June 7.

Economist. 2012. Special Report, Natural Gas, Shale Shock. *The Economist*, July 14.

EIA. 2011. World Shale Gas Resources: An Initial Assessment of 14 Regions Outside the United States. Washington, DC: US Energy Information Agency.

EIA. 2012. *Annual Energy Outlook*. Washington, DC: US Energy Information Agency.

Energy Intelligence. 2011. Natural Gas Week. Energy Intelligence Group.

European Commission. 2011. *Energy Roadmap 2050*. Brussels.

Financial Times. 2012. Japan Pushes Asia Gas Price Close to High. *Financial Times*, May 17.

Forster, Christine. 2012. US LNG Exports Loom But Australia's Santos Keeps Watch on Qatar. Platts, The Barrel, April 3. http://blogs.platts.com/2012/04/03/us lng exports/, accessed November 15, 2012.

IEA. 2011a. *World Energy Outlook 2011 Special Report: Are We Entering a Golden Age of Gas?* Paris: International Energy Agency.

IEA. 2011b. *World Energy Outlook 2011*. Paris: International Energy Agency.

Jaffe, Amy Myers. 2011. The Americas, Not the Middle East Will Be the New World Capital of Energy. *Foreign Policy*, August 15.

Komlev, Sergei. 2012. European Gas Market Reforms Undermine Security of Supply. *European Energy Review*, May 7.

Konoplyanik, Andrei. 2011. Gazprom's Concessions in Oil-Indexed Long-Term Contracts Reflect "Forced Adaptation" to New Realities. *Gas Matters*, April.

Levi, Michael. 2012. A Strategy for US Natural Gas Exports. Washington, DC/New York: Brookings Institution / Council on Foreign Relations.

MIT. 2010. *The Future of Natural Gas: An Interdisciplinary MIT Study*. Cambridge, MA: MIT.

Morse, E. 2012. *Energy 2020, North America, The New Middle East*. New York: Citi.

Moscow Times. 2010. E.ON Asks for Lower Gas Prices. *Moscow Times*, August 23.

RBC. 2010. Gazprom's European Partners to Get Gas with Discount. RosBusiness Consulting, February 27.

RBC. 2012. E.ON, Gazprom Iron Out Price Dispute. RosBusiness Consulting, July 3.

Reuters. 2010. Gazprom Adjusts Gas Pricing to Defend Market Share. Reuters, February 19.

RIA Novosti. 2010. E.ON Ruhrgas Presses Gazprom for Discounts Again. Russian International News Agency, August 20.

Stern, Jonathan. 2010. Continental European Long-Term Gas Contracts: Is a Transition Away From Oil Product-Linked Pricing Inevitable and Imminent? *Oil, Gas&Energy Law Intelligence*, June.

Stern, Jonathan, and Howard Rogers. 2011. *The Transition to Hub-Based Gas Pricing in Continental Europe*. Oxford: Oxford Institute for Energy Studies.

Stevens, Paul. 2010. *The "Shale Gas Revolution": Hype and Reality*. London: Chatham House.

Talus, Kim. 2012. Winds of Change: Long-Term Gas Contracts and the Changing Energy Paradigms in the European Union. In C. Kuzemko, M. Keating, A. Goldthau, and A. Belyi, eds. *Dynamics of Energy Governance in Europe and Russia*. Basingstoke: Palgrave Macmillan.

UPI. 2012. Gazprom Weighs Renewables as Price Peg. United Press International, June 7.

Worldwatch and Deutsche Bank Climate Change Advisors. 2011. *Comparing Life Cycle Greenhouse Gas Emissions from Natural Gas and Coal*. Frankfurt am Main: Deutsche Bank AG.

Yergin, Daniel, and Robert Inieson. 2009. America's Natural Gas Revolution. *Wall Street Journal*, November 2.

제7장

Aanesen, Krister, Stefan Heck, and Dickon Pinner. 2012. *Solar Power: Darkest Before Dawn*. McKinsey & Company, eBook.

Accenture. 2009. Accelerating Smart Grid Investments. Geneva: World Economic Forum / Accenture.

Alic, John, Daniel Sarewitz, Charles Weis, and William Bonvillian. 2010. A New Strategy for Energy Innovation. *Nature* 466(July).

Boxell, James. 2012. US Ahead of Europe on Energy Policy. *Financial Times*, May 13.

Breakthrough Institute. 2011. The Breakthrough Institute: Interview with Dan Steward, Former Mitchell Energy Vice President. http://thebreakthrough.org/blog/2011/12/interview with dan steward for. shtml.

Buchner, Barbara. 2007. *Policy Uncertainty, Investment and Commitment Periods*. Paris: International Energy Agency.

Buijs, Bram. 2012. *China and the Future of New Energy Technologies: Trends in Global Competition and Innovation*. The Hague: Clingendael International Energy Programme.

Calvert, Kirby, and Dragos Simandan. 2010. Energy, Space, and Society: A Reassessment of the Changing Landscape of Energy Production, Distribution, and Use. *Journal of Economics and Business Research* 16, 1.

Christensen, Clayton M., and Joseph L. Bower. 1996. Customer Power, Strategic Investment, and the Failure of Leading Firms. *Strategic Management Journal* 17, 3.

Coen, David. 2005. Business-Regulatory Regulations: Learning to Play Regulatory Games in European Utility Markets. *Governance* 18, 3(July).

Eisner, Marc Allen. 1993. *Regulatory Politics in Transition*. Baltimore, MD: Johns Hopkins University Press.

European Commission. 2011. A Roadmap for Moving to a Competitive Low Carbon Economy in 2050. http://ec.europa.eu/clima/documentation/roadmap/docs/com 2011 112 en.pdf.

Ewing Marion Kauffman Foundation. 2010. *A Clean Energy Roadmap: Forging the Path Ahead*. Kansas City, MO: Ewing Marion Kauffman Foundation.

Fleiter, Tobias, Ernst Worrell, and Wolfgang Eichhammer. 2011. Barriers to Energy Efficiency in Industrial Bottom-up Energy Demand Models. *A Review. Renewable and Sustainable Energy Reviews* 15, 6(August). doi: 10.1016/j.rser.2011.03.025.

Hervás Soriano, Fernando, and Fulvio Mulatero. 2011. EU Research and Innovation(R&I) in Renewable Energies: The Role of the Strategic Energy Technology Plan(SET-Plan). *Energy Policy* 39, 6(June). doi: 10.1016/j.enpol.2011.03.059.

Hirsh, R. 1999. *Power Loss: The Origins of Deregulation and Restructuring in the American Electric Utility System*. Cambridge, MA: MIT Press.

Horwitch, Mel, and Bala Mulloth. 2010. The Interlinking of Entrepreneurs, Grassroots Movements, Public Policy and Hubs of Innovation: The Rise of Cleantech in New York City. *Exploring Technological Innovation* 21, 1.

Islas, Jorge. 1997. Getting Round the Lock-in in Electricity Generating Systems: The Example of the Gas Turbine. *Research Policy* 26, 1(March). doi: 10.1016/S0048-7333(96)00912-2.

Jänicke, Martin. 2012. Dynamic Governance of Clean-Energy Markets: How Technical Innovation Could Accelerate Climate Policies. *Journal of Cleaner Production* 22, 1(February). doi: 10.1016/j.jclepro. 2011.09.006.

Knill, Christoph, and Dirk Lehmkuhl. 2002. Private Actors and the State: Internationalization and Changing Patterns of Governance. *Governance* 15, 1.

LaBelle, Michael. 2012. Constructing Post-Carbon Institutions: Assessing EU Carbon Reduction Efforts Through an Institutional Risk Governance Approach. *Energy Policy* 40(January). doi: 10.1016/ j.enpol.2011.10.024.

LaBelle, Michael, and Maurizio Sajeva. 2010. Pathways for Carbon Transitions: Workpackage 4. Transition Towards Post-Carbon Society. University of Turku, Finland / REKK, Budapest. http://www.pact-carbon-transition.org/delivrables/D-4.2.pdf.

Linebaugh, Kate. 2011. Cities, Utilities Are Poles Apart Over Streetlights. *Wall Street Journal*, December 24, sec. Business.

Linebaugh, Kate. 2012. LED Streetlight's Price Cut in Half. *Wall Street Journal*, April 9, sec. Technology.

Natural Gas Europe. 2012. Unconventionals: All About Innovation. http://www.naturalgaseurope.com/ unconventionals-all-about-innovation-5855.

Pearson, Ben Sills, Natalie Obiko, and Stefan Nicola. 2012. Farmers Foil Utilities Using Cell Phones to Access Solar. Bloomberg. http://www.bloomberg.com/news/2012-04-11/farmers-foilutilities-using-cell-phones-to-access-solar.html.

Richter, Mario. 2011. *Business Model Innovation for Sustainable Energy*. Lüneburg: Leuphana University, Centre for Sustainability Management. www.leuphana.de/csm/.

Rifkin, Jeremy. 2011. *The Third Industrial Revolution: How Lateral Power Is Transforming Energy, the Economy, and the World*. New York: Palgrave Macmillan.

Seyfang, G., and A. Smith. 2007. Grassroots Innovations for Sustainable Development: Towards a New Research and Policy Agenda. *Environment and Politics* 16, 4(August).

Shellenberger, Michael, and Ted Nordhaus. 2011. A Boom in Shale Gas? Credit the Feds. *The Washington Post*, December 16, sec. Opinions.

Smart Grid Today. 2009. European Commission Smart Grid Task Force Sets Goals. Smart Grid Today.

http://www.smartgridtoday.com/public/939.cfm.

State Grid Corporation of China. 2010. SGCC Framework and Roadmap for Strong and Smart Grid Standards. http://collaborate.nist.gov/twiki-sggrid/pub/SmartGrid/SGIPDocumentsAnd ReferencesSGAC/China_State_Grid_Framework_and_Roadmap_for_SG_Standards.pdf.

Trembath, Alex. 2011. History of the Shale Gas Revolution. Breakthrough Institute, December 14. http://thebreakthrough.org/blog/2011/12/history of the shale gas revolution.shtml.

Unruh, Gregory C. 2000. Understanding Carbon Lock-in. *Energy Policy* 28, 12(October). doi: 10.1016 /S0301-4215(00)00070-7.

Unruh, Gregory C. 2002. Escaping Carbon Lock-in. *Energy Policy* 30, 4(March). doi: 10.1016/S0301 -4215(01)00098-2.

van der Vleuten, Erik, and Rob Raven. 2006. Lock-in and Change: Distributed Generation in Denmark in a Long-Term Perspective. *Energy Policy* 34, 1)(December). doi: 10.1016/j.enpol.2005.08.016.

Walsh, Philip R. 2012. Innovation Nirvana or Innovation Wasteland? Identifying Commercialization Strategies for Small and Medium Renewable Energy Enterprises. *Technovation* 32, 1(January). doi: 10.1016/j.technovation.2011.09.002.

Warren, Andrew. 2009. European Alliance of Companies for Energy Efficiency in Buildings. *Personal interview*, July.

Weyant, John P. 2011. Accelerating the Development and Diffusion of New Energy Technologies: Beyond the "Valley of Death." *Energy Economics* 33, 4(July). doi: 10.1016/j.eneco.2010.08.008.

Woerdman, Edwin. 2004. *Path Dependence and Lock-in of Market-based Climate Policy.* Developments in Environmental Economics 7. Amsterdam: Elsevier.

World Business Council for Sustainable Development. 2011. *Collaboration, Innovation, Transformation Ideas and Inspiration to Accelerate Sustainable Growth – A Value Chain Approach.* Geneva: World Business Council for Sustainable Development.

제8장

Cameron, Peter. 1984. *Petroleum Licensing Comparative Analysis.* London: Financial Times Business Information Ltd.

Cameron, Peter D. 2006. *Stabilisation in Investment Contracts and Change of Rules in Host Countries: Tools for Oil & Gas Investors.* Research Paper. Houston, TX: Association of International Petroleum Negotiators.

Daintith, Terrence C., and Geoffrey D. M. Willoughby. 2000. *United Kingdom Oil and Gas Law.* 3rd edn. London: Sweet & Maxwell.

Daniel, Philip, Michael Keen, and Charles McPherson. 2010. *The Taxation of Petroleum and Minerals: Principles, Problems and Practice.* London and New York: Routledge.

Duval, Claude, Honoré Le Leuch, Andre Pertuzio, and Jacqueline Weaver, eds. 2009. *International Petroleum Exploration and Exploitation Agreements: Legal, Economic and Policy Aspects.* New York: Barrows Company Inc.

Favennec, Jean-Pierre, and Nadine Bret-Rouzaut. 2011. *Oil and Gas Exploration and Production: Reserves, Costs, Contracts.* Paris: Éditions Technip.

IMF. 2007. *Guide on Resource Revenue Transparency.* Washington, DC: International Monetary Fund.

Kemp, Alexander. 1987. *Petroleum Rent Collection Around the World.* Halifax, Nova Scotia: Institute for Research on Public Policy.

Lucas, Alastair R., and Constance D. Hunt. 1990. *Oil and Gas Law in Canada.* Calgary: Carswell.

Nackle, Carole. 2008. *Petroleum Taxation: Sharing the Wealth.* London and New York: Routledge.

The Extractive Industries Source Book for oil, gas and mining at http://www.eisourcebook.org.

Tordo, Silvana. 2007. *Fiscal Systems for Hydrocarbons: Design Issues.* Working Paper 123. Washington, DC: World Bank.

제9장

Al-Kasim, Farouk. 2006. *Managing Petroleum Resources: The Norwegian Model*. Oxford: Oxford Institute of Energy Studies.

Benner, Thorsten, and Ricardo Soares de Oliveira. 2010. The Good/Bad Nexus in Global Energy Governance. In Andreas Goldthau and Jan Martin Witte, eds. *Global Energy Governance: The New Rules of the Game*. Berlin and Washington, DC: Global Public Policy Institute and Brookings Institution.

Daniel, Philip. 1995. Evaluating State Participation in Mineral Projects: Equity, Infrastructure and Taxation. In James Otto, ed. *Taxation of Mineral Enterprises*. London: Graham & Trotman.

Eifert, Benn, Alan Gelb, and Nils Bjorn Tallroth. 2003. The Political Economy of Fiscal Policy and Economic Management in Oil-exporting Countries. In Jeff M. Davis et al., eds. *Fiscal Policy Formulation and Implementation in Oil Producing Countries*. Washington, DC: International Monetary Fund.

Extractive Industries Source Book, available at: www.eisourcebook.org.

Gillies, Alexandra. 2011. Reputational Concerns and the Emergence of Oil Sector Transparency as an International Norm. *International Studies Quarterly*, 54, 1.

Goldthau, Andreas. 2010. Energy Diplomacy in Trade and Investment of Oil and Gas. In Andreas-Goldthau and Jan Martin Witte, eds. *Global Energy Governance: The New Rules of the Game*. Berlin and Washington, DC: Global Public Policy Institute and Brookings Institution.

Gupta, Sanjeev, Benedict Clements, Kevin Fletcher, and Gabriela Inchauste. 2003. Issues in Domestic Petroleum Pricing in Oil-Producing Countries. In Jeff M. Davis et al., eds. *Fiscal Policy Formulation and Implementation in Oil Producing Countries*. Washington, DC: International Monetary Fund.

Hartley, Peter, and Kenneth Medlock. 2008. A Model of the Operation and Development of a National Oil Company. *Energy Economics* 30, 5.

Heller, Patrick. 2012. Angola's Sonangol: Dexterous Right Hand of the State. In Victor et al. 2012.

Hults, David. 2012. Hybrid Governance: State Management of National Oil Companies. In Victor et al. 2012.

Humphreys, Macartan, Jeffrey Sachs, and Joseph Stiglitz, eds. 2007. *Escaping the Resource Curse*. New York: Columbia University Press.

IMF. 2007. *Guide on Resource Revenue Transparency*. Washington, DC: International Monetary Fund, available at www.imf.org/external/np/fad/trans/guide.htm.

Jaffe, Amy, and Roland Soligo. 2010. State-backed Financing in Oil and Gas Projects. In Andreas-Goldthau and Jan Martin Witte, eds. *Global Energy Governance: The New Rules of the Game*. Berlin and Washington, DC: Global Public Policy Institute and Brookings Institution.

Karl, Terry Lynn. 1997. *The Paradox of Plenty: Oil Booms and Petrostates*. Berkeley, CA: University of California Press.

Karl, Terry Lynn. 2007. Ensuring Fairness: The Case for a Transparent Social Contract. In Humphreys et al. 2007.

McPherson, Charles. 2003. National Oil Companies: Evolution, Issues and Outlook. In Jeff M. Davis et al., eds. *Fiscal Policy Formulation and Implementation in Oil Producing Countries*. Washington, DC: International Monetary Fund.

McPherson, Charles. 2005. Governance, Transparency, and Sustainable Development. In Jan Kalicki and David Goldwyn, eds. *Energy and Security: Toward a New Foreign Policy Strategy*. Washington, DC: Woodrow Wilson Center Press.

McPherson, Charles. 2010. State Participation in the Natural Resource Sectors. In Philip Daniel, Michael Keen, and Charles McPherson, eds. *The Taxation of Petroleum and Minerals: Principles, Problems and Practice*. New York: Routledge.

McPherson, Charles, and Stephen MacSearraigh. 2007. Corruption in the Petroleum Sector. In J. Edgardo Campos and Sanjay Pradhan, eds. *The Many Faces of Corruption: Tracking Vulnerabilities at the Sector Level*. Washington, DC: World Bank.

Natural Resources Charter, available at: www.naturalresourcescharter.org.

OECD. 2005. *OECD Guidelines on Corporate Governance of State-owned Enterprises*. Paris: OECD.

Soares de Oliveira, Ricardo. 2007. Business Success, Angola Style: Postcolonial Politics and the Rise and Rise of Sonangol. *Journal of Modern African Studies* 45, 4.

Stevens, Paul. 2007. *Investing in the Middle East and North Africa: Institutions, Incentives and the National Oil Companies*. Report 40405-MNA. Washington, DC: World Bank.

Thurber, Mark C., David R. Hults, and Patrick Heller. 2011. Exporting the "Norwegian Model" The Effect of Administrative Design on Oil Sector Performance. *Energy Policy* 39, 9.

Tordo, Silvana. 2011. *National Oil Companies and Value Creation*. Working Paper 218. Washington, DC: World Bank/ESMAP.

Victor, David, David Hults, and Mark Thurber, eds. 2012. *Oil and Governance: State-Owned Enterprises and World Energy Supply*. Cambridge: Cambridge University Press.

Victor, Nadejda. 2007. On Measuring the Performance of National Oil Companies. Working Paper 71, Palo Alto, CA: Stanford University Program on Energy and Sustainable Development.

Warshaw, Christopher. 2012. The Political Economy of Expropriation and Privatization in the Oil Sector. In Victor et al. 2012.

Yergin, Daniel, and Joseph Stanislaw. 1998. *The Commanding Heights*. New York: Simon & Schuster.

제10장

Adelman, M. A., and G. C. Watkins. 2008. Reserve Prices and Mineral Resource Theory. *Energy Journal*, Special Issue to Acknowledge the Contribution of Campbell Watkins to Energy Economics.

Alexander, Andrew. 2011. *America and the Imperialism of Ignorance*. London: Biteback.

Alyousef, Yousef, and Paul Stevens. 2011. The Cost of Domestic Energy Prices to Saudi Arabia. *Energy Policy* 39, 11.

Azelton, Aaron M., and Andrew S. Teufel. 2009. *Fisher Investments on Energy*. New York: John Wiley & Sons, Inc.

Babusiaux, Denis, Axel Pierru, and Frédéric Lasserre. 2011. Examining the Role of Financial Investors and Speculators in the Oil Markets. *Journal of Alternative Investments* 14, 1.

Beaudreau, Bernard C. 1998. *Energy and Organization*. London: Greenwood Press.

Becker, Gary P. 1978. *The Economic Approach to Human Behaviour*. Chicago, IL: University of Chicago Press.

Blair, John. 1976. *The Control of Oil*. New York: Panther Books.

Brautigam, Deborah. 2009. *The Dragon's Gift*. Oxford: Oxford University Press.

Brodman, John. 2012. *The U.S. Oil and Gas Boom*. Paris: IFRI.

Bromley, Simon. 1991. *American Hegemony and World Oil*. University Park, PA: Pennsylvania State University Press.

Bromley, Simon. 2005. The United States and the Control of World Oil. *Government and Opposition* 2.

Browser, Derek. 2011. The War for Libya's Oil. *Petroleum Economist*(May).

Bryce, Robert. 2008. *Gusher of Lies*. New York: Public Affairs.

Bryce, Robert. 2010. *Power Hungry*. New York: BBS Publications.

Campbell, Colin J. 1991. *The Golden Century of Oil 1950-2050*. London: Kluwer Academic.

Campbell, Colin J., and Jean Laherrère. 1998. The End of Cheap Oil. *Scientific American*(March).

Chevalier, Jean-Marie. 2010. *Report of the Working Group on Oil Price Volatility*. Paris: Ministère de l'économie, de l'industrie et de l'emploi.

CIA. 1979. *The World Market in the Years Ahead*. Washington, DC: CIA, National Foreign Assessment Center.

Clarke, Duncan. 2007. *The Battle for Barrels*. London: Profile Books.

Cooley, John K. 2005. *Alliance Against Babylon*. London: Pluto Press.

Dasgupta, P. P., and G. M. Heal. 1979. *Economic Theory and Exhaustible Resources*. Cambridge: Cambridge University Press.

Ebel, Robert E. 2005. *China's Energy Future*. Washington, DC: CSIS Press.

866

EU. 2011. *Roadmap for Moving to a Competitive Low-Carbon Economy in 2050*. Brussels: European Commission.

Friedman, Thomas L. 2011. Newt, Mitt, Bibi and Vladimir. *New York Times*, December 12.

Gorelick, Steven M. 2010. *Oil Panic and the Global Crisis*. Oxford: John Wiley & Sons Ltd.

Greenspan, Alan. 2008. *The Age of Turbulence: Adventures in a New World*. New York: Penguin Books.

Haass, Richard. 2011. Libya Now Needs Boots on the Ground. *Financial Times*, August 22.

Helm, Dieter. 2011. The Peak Oil Brigade Is Leading Us into Bad Policymaking on Energy. *The Guardian*, October 18.

Hirsch, Robert L. 2005. The Inevitable Peaking of World Oil Production. *The Atlantic Council Bulletin* 16, 3.

Hofmeister, John. 2010. *Why We Hate the Oil Companies*. New York: Palgrave Macmillan.

Holland, Stephen P. 2008. Modeling Peak Oil. *Energy Journal* 29, 2.

IEA. 2010. *World Energy Outlook 2010*. Paris: IEA/OECD.

Jesse, Jan-Hein, and Coby van der Linde. 2008. *Oil Turbulence in the Next Decade*. The Hague: Clingendael, Netherlands Institute for International Relations.

Kong, Bo. 2010. *China's International Petroleum Policy*. Westport, CT: Praeger.

Laherrère, Jean. 2000. Learn Strengths, Weaknesses to Understand Hubbert Curve. *Oil and Gas Journal*, April 17.

Learsy, Raymond J. 2008. *Over a Barrel*. New York: Encounter Books.

Le Bideau, Hervé. 2010. *Le pétrole, enjeu stratégique des guerres modernes*. Paris: Éditions l'esprit du livre.

Lutzenhiser, Loren. 1993. Social and Behavioural Aspects of Energy Use. *Annual Review of Energy and the Environment* 18.

Lynch, Michael C. 2002. Forecasting Oil Supply: Theory and Practice. *The Quarterly Review of Economics and Finance* 42.

Meadows, D. H., Dennis Meadows, Jørgen Randers, and William W. Behrens III. 1972. *The Limits to Growth*. New York: Universe Books.

Meadows, Donnella, Jørgen Randers, and Dennis Meadows. 2010. *Limits to Growth - The 30-Year Update*. London: Earthscan.

Mearsheimer, John J., and Stephen M. Walt. 2007. *The Israel Lobby and U.S. Foreign Policy*. New York: Farrar, Straus and Giroux.

Mills, Robin M. 2008. *The Myth of the Oil Crisis*. Westport, CT: Praeger.

Mitchell, John. 2010. *More for Asia*. London: Royal Institute of International Affairs.

Mohn, Klaus. 2010. *Elastic Oil*. Working Papers in Economics and Finance 2010/10. Stavanger: University of Stavanger.

Morris, Andrew P., William T. Bogart, Roger E. Meiners, and Andrew Dorchak. 2011. *The False Promise of Green Energy*. Washington, DC: Cato Institute.

Muller, Richard A. 2008. *Physics for Future Presidents*. New York: Norton.

Muttitt, Greg. 2011. *Fuel on the Fire*. London: The Bodley Head.

Newbery, David M. 2012. Contracting for Wind Generation. *Economics of Energy & Environmental Policy Issues* 1, 2.

Nordhaus, Wiliam D. 1973. *The Allocation of Energy Resources*. Washington, DC: Brookings Institution.

Parsi, Trita. 2007. *Treacherous Alliance*. New Haven, CT: Yale University Press.

Reinhart, Carmen M., and Kenneth P. Rogoff. 2011. *A Decade of Debt*. Washington, DC: Peterson Institute for International Economics.

Ridley, Matt. 2010. *The Rational Optimist*. New York: Harper Perennial.

Roberts, Paul. 2004. *The End of Oil*. Boston: Houghton Mifflin.

Rosa, Eugene E., Gary E. Machlis, and Kenneth M. Keating. 1988. Energy and Society. *American Review of Sociology* 14.

Rubin, Jeff. 2009. *Why Your World Is About to Get a Whole Lot Smaller: Oil and the End of Globalization*. New York: Random House.

Simmons, Matthew. 2006. *Twilight in the Desert*. Oxford: John Wiley & Sons Ltd.

Smil, Vaclav. 2003. *Energy at the Crossroads*. Cambridge, MA: MIT Press.

Subramanian, Arvind. 2011. *Eclipse*. Washington, DC: Peterson Institute for International Economics.

WAES. 1977. *Workshop on Alternative Energy Strategies*. Cambridge, MA: MIT Press.

Watkins, G. C. 1992. The Hotelling Principle: Autobahn or Cul de Sac? *Energy Journal* 13, 1.

Wirl, Franz. 1997. *The Economics of Conservation Programs*. Boston: Kluwer Academic.

Yergin, Daniel. 2011. *The Quest*. New York: Penguin Press.

Zenko, Micah, and Michael A. Cohen. 2012. Clear and Present Safety. *Foreign Affairs* 91, 2.

제11장

Adelman, Morris A. 1995. *The Genie out of the Bottle – World Oil since 1970*. Cambridge, MA: MIT Press.

Anderson, Irvine H. 1981. *Aramco, the United States and Saudi Arabia: A Study of the Dynamics of Foreign Oil Policy, 1933–1950*. Princeton, NJ: Princeton University Press.

Bamberg, James H. 1994. *The History of the British Petroleum Company*, vol. 2: *The Anglo-Iranian Years, 1928–1954*. Cambridge: Cambridge University Press.

Claes, Dag Harald. 2001. *The Politics of Oil-Producer Cooperation*. Boulder, CO: Westview Press.

de Jong, Dick, Coby van der Linde and Tom Smeenk. 2010. The Evolving Role of LNG in the Gas Market. In Andreas Goldthau and Jan Martin Witte, eds. *Global Energy Governance – The New Rules of the Game*. Washington, DC: Brookings Institution.

Eller, Stacy L., Peter Hartley, and Kenneth B. Medlock III. 2007. *Empirical Evidence on the Operational Efficiency of National Oil Companies*. Houston, TX: James A. Baker Institute for Public Policy, Rice University.

Finon, Dominique. 1991. The Prospects for a New International Petroleum Order. *Energy Studies Review* 3, 3.

FRUS 1920. *Papers Relating to the Foreign Relations of the United States, 1920*. Washington, DC: US Department of State.

FTC. 1952. *The International Petroleum Cartel*. Staff Report. Washington, DC: US Federal Trade Commission.

Goldthau, Andreas, and Jan Martin Witte. 2009. Back to the Future or Forward to the Past? Strengthening Markets and Rules for Effective Global Energy Governance. *International Affairs* 85, 2.

Goldthau, Andreas, and Jan Martin Witte, eds. 2010. *Global Energy Governance – The New Rules of the Game*. Washington, DC: Brookings Institution.

Jentleson, Bruce. 1986. *Pipeline Politics: The Complex Political Economy of East – West Energy Trade*. Ithaca, NY: Cornell University Press.

Keohane, Robert O. 1989. *International Institutions and State Power: Essays in International Relations Theory*. Boulder, CO: Westview Press.

Klare, Michael T. 2004. *Blood and Oil – The Dangers and Consequences of America's Growing Dependency on Imported Petroleum*. New York: Metropolitan Books.

Kohl, Wilfrid L. 2010. Consumer Countries' Energy Cooperation: The International Energy Agency and the Global Energy Order. In Andreas Goldthau and Jan Martin Witte, eds. *Global Energy Governance – The New Rules of the Game*. Washington, DC: Brookings Institution.

Lesage, Dries, Thijs Van de Graaf, and Kirsten Westphal. 2010. *Global Energy Governance in a Multipolar World*. Farnham: Ashgate Publishing.

Likosky, Michael. 2009. Contracting and Regulatory Issues in the Oil and Gas and Metallic Minerals Industries. *Transnational Corporations* 18, 1.

Marcel, Valérie. 2006. *Oil Titans – National Oil Companies in the Middle East*. London: Royal Institute of International Affairs.

MNC Hearings. 1974. *Multinational Corporations and the United States' Foreign Policy*. Hearings before the Subcommittee on Multinational Corporations of the Committee on Foreign Relations, United States

Senate, Ninety-third Congress. Washington, DC: Government Printing House.

Odell, Peter R. 1986. *Oil and World Power*. Harmondsworth: Penguin Books.

Sampson, Anthony. 1975. *The Seven Sisters: The Great Oil Companies and the World They Made*. London: Hodder & Stoughton.

Schneider, Steven A. 1983. *The Oil Price Revolution*. Baltimore, MD: Johns Hopkins University Press.

Stopford, John, and Susan Strange. 1991. *Rival States, Rival Firms – Competition for World Market Shares*. Cambridge: Cambridge University Press.

Strange, Susan. 1988. *States and Markets*. London: Pinter.

UNCTAD. 2007. *World Investment Report. Transnational Corporations, Extractive Industries, and Development*. New York and Geneva: The United Nations.

Vernon, Raymond. 1971. *Sovereignty at Bay*. New York: Basic Books.

Vivoda, Vlado. 2008. *The Return of the Obsolescing Bargain and the Decline of Big Oil – A Study of Bargaining in the Contemporary Oil Industry*. Saarbrücken: VDM Verlag Dr Müller.

Yergin, Daniel. 1991. *The Prize – The Epic Quest for Oil, Money and Power*. New York: Simon & Schuster.

제12장

Ebinger, Charles, Wayne Berman, Richard Kessler, and Eugenie Maechling. 1982. *The Critical Link: Energy and National Security*. Washington, DC: Center for Strategic and International Studies.

Florini, Ann. 2009. Global Governance and Energy. In Carlos Pascual and Jonathan Elkind, eds. *Energy Security: Economics, Politics, Strategies, and Implications*. Washington, DC: Brookings Institution.

Goldthau, Andreas and Jan Martin Witte. 2010. *Global Energy Governance*. Washington, DC: Brookings Institution.

IEA. 2008. *National Reports on Global Energy Security Principles and St. Petersburg Plan of Action*. Paris: IEA.

IEA. 2010. *World Energy Outlook 2010*. Paris: IEA.

IEA. 2011. *World Energy Outlook 2011*. Paris: IEA.

IMF. 2011a. *World Economic Outlook Database*. Washington, DC: IMF.

IMF. 2011b. *World Economic and Financial Surveys: Regional Economic Outlook, Middle East and Central Asia*. Washington, DC: IMF.

Kirton, John. 2010. The G20, the G8, the G5, and the Role of the Ascending Powers. Paper presented to "Ascending Powers and the International System," a seminar in Mexico City, December 13–4(http://www.g20.utoronto.ca/biblio/kirton-g20-g8-g5.pdf).

Subacchi, Paolo and Stephen Pickford. 2011. *Legitimacy vs. Effectiveness for the G20: A Dynamic Approach to Global Economic Governance*. Briefing Paper. London: Chatham House.

UN. 2012. *Report of the Conference of Parties on Its Seventeenth Session, Held in Durban from 29 November to 11 December 2011*. United Nations Framework Convention on Climate Change, March 15, FCCC/CP/2011/9/Add.1.

Van de Graaf, Thijs and Kirsten Westphal. 2011. The G8 and G20 as Global Steering Committees for Energy: Opportunities and Constraints. *Global Policy* 2(September).

제13장

Albright, David, Frans Berkhout, and William Walker. 1993. *World Inventory of Plutonium and Highly Enriched Uranium 1992*. Oxford: Oxford University Press.

ElBaradei, Mohamed. 2004. Nuclear Non-Proliferation: Global Security in a Rapidly Changing World. Speech at the Carnegie International Non-Proliferation Conference, Washington, DC, 21 June. www.iaea.org/newscenter/statements/2004/ebsp2004n004.html, accessed December 19, 2011.

Goldschmidt, Pierre. 2008. The Nuclear Non-Proliferation Regime: Avoiding the Void. In Henry D. Sokolski, ed. *Falling Behind: International Scrutiny of the Peaceful Atom*. Carlisle, PA: Strategic Studies Institute,

US Army War College.

IAEA. 1972. *The Structure and Content of Agreements between the Agency and States Required in Connection with the Treaty on the Non-Proliferation of Nuclear Weapons.* Document INFCIRC/153(Corrected). Vienna: IAEA.

IAEA. 1979. *The Revised Guiding Principles and General Operating Rules to Govern the Provision of Technical Assistance by the Agency.* Document INFCIRC/267. Vienna: IAEA.

IAEA. 2002. *IAEA Safeguards Glossary.* Vienna: IAEA.

IAEA. 2006. Addressing Verification Challenges by Director General Dr. Mohamed ElBaradei. Symposium on International Safeguards, Vienna, October 16. www.iaea.org/NewsCenter/Statements/2006/ebsp2006n018.html, accessed December 17, 2011.

IAEA. 2010. *Annual Report 2010.* Vienna: IAEA.

IAEA. 2011a. *Guidelines for Nuclear Transfers.* Document INFCIRC/254/Rev.10/Part 1. Vienna: IAEA.

IAEA. 2011b. *Nuclear Power Reactors in the World 2011 Edition.* Vienna: IAEA.

IAEA. 2011c. Powering Development: IAEA Helps Countries on the Path to Nuclear Power. http://www.iaea.org/newscenter/news/2011/powerdevelopment.html, accessed November 27, 2011.

IAEA. 2011d. Power Reactor Information System. http://www.iaea.org/programmes/a2/, accessed December 20, 2011.

Mark, J. Carson. 1993. Explosive Properties of Reactor-Grade Plutonium. *Science and Global Security* 4.

Miller, Marvin M. 1990. Are IAEA Safeguards on Plutonium Bulk-Handling Facilities Effective? www.nci.org/k-m/mmsgrds.htm, accessed December 19, 2011.

Stober, Dan. 2003. No Experience Necessary. *Bulletin of the Atomic Scientists* 59, 2.

UN. 1965. Letter Dated 24 September 1965 from the Minister for Foreign Affairs of the Union of Soviet Socialist Republics Addressed to the President of the General Assembly. UN document A/5976, art. I, para. 2(emphasis added).

UN. 1966. *Final Verbatim Record of the Two Hundred and Forty-Third Meeting.* Conference of the Eighteen-Nation Committee on Disarmament. UN document ENDC/PV.243.

UN. 1967. *Final Verbatim Record of the Three Hundred and Third Meeting.* Conference of the Eighteen-Nation Committee on Disarmament. UN document ENDC/PV.303.

UN. 1975. Resolution 3472(XXX). Comprehensive Study of the Question of Nuclear-Weapon-Free Zones in All Its Aspects. UN General Assembly, December 11.

UN. 2010. *Final Document of the 2010 Review Conference of the Parties to the Treaty on the Non-Proliferation of Nuclear Weapons.* UN document NPT/CONF.2010/50(Vol. I).

US Arms Control and Disarmament Agency. 1969. *International Negotiations on the Treaty on the Nonproliferation of Nuclear Weapons.* Washington, DC: US Arms Control and Disarmament Agency.

World Nuclear Association. 2011. Emerging Nuclear Energy Countries. http://www.worldnuclear.org/info/inf102.html, accessed December 19, 2011.

Yudin, Yury. 2009. *Multilateralization of the Nuclear Fuel Cycle: Assessing the Existing Proposals.* Geneva: UNIDIR.

Yudin, Yury. 2010. *Multilateralization of the Nuclear Fuel Cycle: Helping to Fulfil the NPT Grand Bargain.* Geneva: UNIDIR.

Yudin, Yury. 2011. *Multilateralization of the Nuclear Fuel Cycle: A Long Road Ahead.* Geneva: UNIDIR.

Zarate, Robert. 2008. The NPT, IAEA Safeguards and Peaceful Nuclear Energy: An "Inalienable Right," But Precisely to What? In Henry D. Sokolski, ed. *Falling Behind: International Scrutiny of the Peaceful Atom.* Carlisle, PA: Strategic Studies Institute, US Army War College.

제14장

Ailawadi, V. S., and S. C. Bhattacharyya. 2006. Access to Energy Services by the Poor in India: Current Situation and Need for Alternative Strategies. *Natural Resources Forum* 30, 1.

Barnes, D. F. 2011. Effective Solutions for Rural Electrification in Developing Countries: Lessons from Successful Programs. *Current Opinion in Environmental Sustainability* 3, 4.

Bhattacharyya, S. C. 2006. Energy Access Problem of the Poor in India: Is Rural Electrification a Remedy? *Energy Policy* 34, 18.

Bhattacharyya, S. C. 2010. *Off-Grid Electrification Experience Outside South Asia: Status and Best Practice.* Working Paper 2. OASYS South Asia Project, see www.oasyssouthasia.info.

Bhattacharyya, S. C. 2011. *Energy Economics: Concepts, Issues, Markets and Governance.* London: Springer.

Bhattacharyya, S. C., and S. Ohiare. 2011. *The Chinese Electricity Access Model for Rural Electrification: Approach, Experience and Lessons for Others.* Working Paper 10. OASYS South Asia Project, see www.oasyssouthasia.info.

Chen, Y., G. Yang, S. Sweeney, and Y. Feng. 2010. Household Biogas Use in China: Opportunities and Constraints. *Renewable and Sustainable Energy Reviews* 14.

Cook, P. 2011. Infrastructure, Rural Electrification and Development. *Energy for Sustainable Development* 15, 3.

Ekouevi, K., and V. Tuntivate. 2011. *Household Energy Access for Cooking and Heating: Lessons Learned and the Way Forward.* Energy and Mining Sector Discussion Paper 23. Washington, DC: World Bank.

Foell, W., S. Pachauri, D. Spreng, and H. Zerriffi. 2011. Household Cooking Fuels and Technologies in Developing Economies. *Energy Policy* 39, 12.

IEA. 2009. *World Energy Outlook 2009.* Paris: International Energy Agency.

IEA. 2010. *World Energy Outlook 2010.* Paris: International Energy Agency.

IEA. 2011. *Energy for All: Financing Access for the Poor.* Special early excerpt of World Energy Outlook 2011. Paris: International Energy Agency.

Palit, D., and A. Chaurey. 2011. Off-grid Rural Electrification Experiences from South Asia: Status and Best Practices. *Energy for Sustainable Development* 15, 3.

UNDP-WHO. 2009. *The Energy Access Situation in Developing Countries: A Review Focusing on the Least-Developed Countries and Sub-Saharan Africa.* New York: United Nations Development Programme.

제15장

Arezki, Rabah, and Markus Brückner. 2009. Oil Rents, Corruption, and State Stability: Evidence from Panel Data Regressions. IMF Working Paper 09/267. Washington, DC: International Monetary Fund.

Auty, Richard. 2007. Patterns of Rent-Extraction and Deployment in Developing Countries: Implications for Governance, Economic Policy and Performance. In G. Mavrotas and A. Shorrocks, eds. *Advancing Development: Core Themes in Global Economics.* London: Palgrave Macmillan.

Bauer, Andrew. 2012. *Managing and Spending Revenues Well.* New York: RWI. http://www.revenuewatch.org/publications/managing-and-spending-resource-revenues-well, accessed November 28, 2012.

Brautigam, Deborah, Odd-Helge Fjeldstad, and Mick Moore. 2008. *Taxation and State Building in Developing Countries: Capacity and Consent.* Cambridge: Cambridge University Press.

Bulte, Erwin, Richard Damania, and Robert Deacon. 2005. Resource Intensity, Institutions and Development. *World Development* 33 7.

Calder, Jack. 2010. Resource Tax Administration: Functions, Procedures and Institutions. In P. Daniel, M. Keen, and C. McPherson, eds. *The Taxation of Petroleum and Minerals: Principles, Problems and Practice.* London: Routledge.

Campanella, David. 2010. *Misplaced Generosity: Extraordinary Profits in Alberta's Oil and Gas Industry.* Edmonton: Parkland Institute.

Collier, Paul. 2007. *The Bottom Billion.* Oxford: Oxford University Press.

Collier, Paul. 2010. *The Plundered Planet.* Oxford: Oxford University Press.

Collins, William F. 1918. *Mineral Enterprise in China*. London: W. Heinemann.

Corden, Max, and Peter Neary. 1982. Booming Sector and De-Industrialization in a Small Open Economy. *Economic Journal* 92(368).

Darvas, Zsolt. 2012. *Real Effective Exchange Rates for 178 Countries: A New Database*. Working Paper 2012/06. Brussels: Bruegel.

EITI. 2012. *Nigeria EITI: Making Transparency Count, Uncovering Billions*. Oslo: EITI. http://eiti.org/document/case-study-nigeria.

Esanov, Akram, and Karlygash Kuralbayeva. 2011. Kazakhstan: Public Saving and Private Spending. In P. Collier and A. Venables, eds. *Plundered Nations? Successes and Failures in Natural Resource Extraction*. London: Palgrave Macmillan.

Gillies, Alexandra. 2011. *What Do the Numbers Say? Analyzing Report Data*. New York: RWI. http://data.revenuewatch.org/eiti/, accessed November 28, 2012.

Heuty, Antoine. 2012. *Iran's Oil and Gas Management*. New York: RWI. http://www.revenuewatch.org/publications/iran%E2%80%99s-oil-and-gas-management, accessed November 28, 2012.

Humphreys, Macartan, Jeffrey Sachs, and Joseph Stiglitz. 2007. Introduction: What is the Problem with Natural Resource Wealth? In M. Humphreys, J. Sachs, and J. Stiglitz, eds. *Escaping the Resource Curse*. New York: Columbia University Press.

IMF. 2007. *Guide on Resource Revenue Transparency*. Washington, DC: International Monetary Fund.

IMF. 2012. *World Economic Outlook: Growth Resuming, Dangers Remain*. Washington, DC: International Monetary Fund.

Isham, Jonathan, Michael Woolcock, Lant Pritchett, and Gwen Busby. 2005. The Varieties of Resource Experience: Natural Resource Export Structures and the Political Economy of Economic Growth. *The World Bank Economic Review* 19, 2.

Ismail, Kareem. 2010. *The Structural Manifestation of the "Dutch Disease": The Case of Oil Exporting Countries*. IMF Working Paper 10/103. Washington, DC: International Monetary Fund.

Karl, Terry Lynn. 1997. *The Paradox of Plenty: Oil Booms and Petro-States*. Berkeley, CA: University of California Press.

Lynch, Martin. 2002. *Mining in World History*. London: Reaktion Books.

Maples, Susan, and Peter Rosenblum. 2009. *Contracts Confidential*. New York: RWI.

McPherson, Charles. 2010. State Participation in the Natural Resource Sectors: Evolution, Issues and Outlook. In P. Daniel, M. Keen, and C. McPherson, eds. *The Taxation of Petroleum and Minerals: Principles, Problems and Practice*. London: Routledge.

Moss, Todd. 2011. *Oil to Cash: Fighting the Resource Curse Through Cash Transfers*. Washington, DC: Center for Global Development. http://www.cgdev.org/content/publications/detail/1424714/, accessed November 28, 2012.

Mullins, Peter. 2010. International Tax Issues for the Resources Sector. In P. Daniel, M. Keen, and C. McPherson, eds. *The Taxation of Petroleum and Minerals: Principles, Problems and Practice*. London: Routledge.

Natural Resource Charter. 2010. http://naturalresourcecharter.org.

Pallage, Stephane, and Michel A. Robe, 2003. On the Welfare Cost of Economic Fluctuations in Developing Countries. *International Economic Review*, 44, 2.

Plutarch. *Life of Themistocles*.

Ramey, Garey and Valerie A. Ramey. 1995. Cross-Country Evidence on the Link between Volatility and Growth. *American Economic Review*, 85, 5.

Revenue Watch. 2011. International Development Committee. Written evidence submitted by the Revenue Watch Institute. UK Parliament. http://www.publications.parliament.uk/pa/cm201213/cmselect/cmintdev/130/130vw22.htm, accessed December 4, 2012.

Ross, Michael. 2001. *Timber Booms and Institutional Breakdown in Southeast Asia*. Ann Arbor: University of Michigan Press.

Ross, Michael. 2012. *The Oil Curse*. Princeton, NJ: Princeton University Press.

제16장

Abbott, P., C. Hurt, and W. Tyner. 2011. *What's Driving Food Prices in 2011?* Oak Brook, IL: Farm
    Foundation.

Anseeuw, W., L. Alden Wily, L. Cotula, and M. Taylor. 2012. *Land Rights and the Rush for Land: Findings
    of the Global Commercial Pressures on Land Research Project*. Rome: International Land Coalition.

Babcock, B. 2010. *Impact on Ethanol, Corn, and Livestock from Imminent U.S. Ethanol Policy Decisions*.
    CARD Policy Brief 10-PB 3. Ames, IA: Iowa State University.

Babcock, B., and J. Fabiosa. 2011. *The Impact of Ethanol and Ethanol Subsidies on Corn Prices: Revisiting
    History*. CARD Policy Brief 11-PB 5. Ames, IA: Iowa State University.

Baffes, J., and T. Haniotis. 2010. *Placing the 2006/8 Commodity Price Boom in Perspective*. Policy Research
    Working Paper 5371. Washington, DC: World Bank.

Bailey, R. 2008. *Another Inconvenient Truth: How Biofuel Policies are Deepening Poverty and Accelerating
    Climate Change*. Oxfam International Briefing Paper 114. Oxford: Oxfam International.

BP. 2011. *BP Statistical Review of World Energy June 2011*. London: BP.

Cheng, J., and G. Timilsina. 2010. *Advanced Biofuel Technologies: Status and Barriers*. Policy Research
    Working Paper 5411. Washington, DC: World Bank.

de Gorter, H., and D. Just. 2010. The Social Costs and Benefits of Biofuels: The Intersection of Environmental,
    Energy and Agricultural Policy." *Applied Economic Perspectives and Policy* 32, 1.

De Schutter, O. 2010. *Food Commodities Speculation and Food Price Crises. Regulation to Reduce the Risks
    of Price Volatility. Briefing note by the Special Rapporteur on the Right to Food*. New York: United
    Nations.

FAO, IFAD, IMF, et al. 2011. *Price Volatility in Food and Agricultural Markets: Policy Responses*. Rome: Food
    and Agriculture Organization of the United Nations.

FAO. 2010. *Bioenergy and Food Security: The BEFS Analytical Framework*. Rome: Food and Agriculture
    Organization of the United Nations.

FAO. 2011. *The State of the World's Land and Water Resources for Food and Agriculture(SOLAW) – Managing
    Systems at Risk*. Rome: Food and Agriculture Organization of the United Nations / London: Earthscan.

Fargione, J., J. Hill, D. Tilman, et al. 2008. Land Clearing and the Biofuel Carbon Debt. *Science* 319(5867).

Foresight. 2011. *The Future of Food and Farming, Final Project Report*. London: Foresight Project,
    Government Office for Science.

GBEP. 2011. *GBEP Report to the G8 Deauville Summit 2011*. Rome: Food and Agriculture Organization of
    the United Nations.

HLPE. 2011. *Price Volatility and Food Security. A Report by the High Level Panel of Experts on Food Security
    and Nutrition of the Committee on World Food Security*. Rome: Food and Agriculture Organization of
    the United Nations.

IEA. 2010. *2010 World Energy Outlook*. Paris: International Energy Agency.

IEA. 2011. *Technology Roadmap: Biofuels for Transport*. Paris: International Energy Agency.

IPC. 2011. *Biofuel Policies in the US and EU*. IPC Policy Focus. Washington, DC: International Food &
    Agriculture Trade Policy Council.

Irwin, S., and D. Sanders. 2010. *The Impact of Index and Swap Funds on Commodity Futures Markets:
    Preliminary Results*. OECD Food, Agriculture and Fisheries Working Papers 27. Paris: Organization for
    Economic Cooperation and Development.

Ivanic, M., and W. Martin. 2008. *Implications of Higher Global Food Prices for Poverty in Low-Income
    Countries*. Policy Research Working Paper 4594. Washington, DC: World Bank.

Ivanic, M., W. Martin, and H. Zaman. 2012. *Estimating the Short-Run Poverty Impacts of the 2010−11 Surge
    in Food Prices*. Policy Research Working Paper 5633. Washington, DC: World Bank.

Jung, A., P. Dörrenberg, A. Rauch, and M. Thöne. 2010. *Biofuels – At What Cost? Government Support for Ethanol and Biodiesel in the European Union – 2010 Update.* Geneva: International Institute for Sustainable Development.

Kim, S., and B. Dale. 2011. Indirect Land Use Change for Biofuels: Testing Predictions and Improving Analytical Methodologies. *Biomass and Bioenergy* 35, 7.

Laborde, D. 2011. *Assessing the Land Use Change Consequences of European Biofuel Policies.* Washington, DC: International Food Policy Research Institute.

Malins, C. 2011. *Indirect Land Use Change in Europe – Considering the Policy Options.* Washington, DC: The International Council on Clean Transportation.

Mitchell, D. 2008. *A Note on Rising Food Prices.* Policy Research Working Paper 4682. Washington, DC: World Bank.

OECD. 2008. Rising Food Prices: Causes and Consequences. OECD paper prepared for the DAC High Level Meeting, May 20–1, 2008.

OECD-FAO. 2011. *OECD-FAO Agricultural Outlook 2011–2020.* Paris: OECD / Rome: Food and Agriculture Organization of the United Nations.

Oladosu, G., K. Kline, R. Uria-Martinez, and L. Eaton. 2011. Sources of Corn for Ethanol Production in the United States: A Decomposition Analysis of the Empirical Data. *Biofuels, Bioproducts & Biorefining* 5.

Robles, M., M. Torero, and J. von Braun. 2009. *When Speculation Matters.* IFPRI Issue Brief 57. Washington, DC: International Food Policy Research Institute.

RSB. 2011. *RSB Principles and Criteria Version 2.0.* Lausanne: Roundtable on Sustainable Biofuels.

Searchinger, T., R. Heimlich, R. A. Houghton, et al. 2008. Use of US Croplands for Biofuels Increases Greenhouse Gases Through Emissions from Land-Use Change. *Science* 319(5867).

Tangermann, S. 2011. *Policy Solutions to Agricultural Market Volatility.* Geneva: International Centre for Trade and Sustainable Development.

Timilsina, G., and S. Mevel. 2011. *Biofuels and Climate Change Mitigation: A CGE Analysis Incorporating Land-Use Change.* Policy Research Working Paper 5672. Washington, DC: World Bank.

Trostle, R., D. Marti, S. Rosen, and P. Westcott. 2011. *Why Have Food Commodity Prices Risen Again?* Washington, DC: United States Department of Agriculture.

Wright, B. 2009. *International Grains Reserves and Other Instruments to Address Volatility in Grain Markets.* Policy Research Working Paper 5028. Washington, DC: World Bank.

Wright, B. 2011. Addressing the Biofuels Problem: Food Security Options for Agricultural Feedstocks. In Adam Prakash, ed. *Safeguarding Food Security in Volatile Global Markets.* Rome: Food and Agriculture Organization of the United Nations.

제17장

Abbott, R. J. 1992. Plant Invasions, Interspecific Hybridization and the Evolution of New Plant Taxa. *Trends in Ecology and Evolution* 7, 12.

Albrecht, J., D. François, and K. Schoors. 2000. A Shapley Decomposition of Carbon Emissions Without Residuals. *Energy Policy* 30, 9.

Allen, R. 1983. Collective Invention. *Journal of Economic Behaviour and Organization* 4, 1.

Ang, B. W., and F. Zhang. 1999. Inter-Regional Comparisons of Energy-Related CO_2 Emissions Using the Decomposition Technique. *Energy* 24, 4.

Anson, S., and K. Turner. 2009. Rebound and Disinvestment Effects in Refined Oil Consumption and Supply Resulting from an Increase in Energy Efficiency in the Scottish Commercial Transport Sector. *Energy Policy* 37, 9.

Arthur, B. W. 1988. Self-Reinforcing Mechanisms in Economics. In P. W. Anderson, K. J. Arrow, and D. Pines, eds. *The Economy as an Evolving Complex System.* Reading, MA: Addison-Wesley.

Ausubel, J. H. 1995. Technical Progress and Climate Change. *Energy Policy* 23, 4–5.

874

Babiker, M. H., J. M. Reilly, M. Mayer, et al. 2001. *The MIT Emissions Prediction and Policy Analysis(EPPA) Model: Revisions, Sensitivities, and Comparisons of Results.* Report 71, MIT Joint Program on the Science and Policy of Global Change. Cambridge, MA: MIT Press.

Barro, R. J., and X. Sala-i-Martin. 1992. Convergence. *Journal of Political Economy* 100, 2.

Baumol, W. J. 1994. *Entrepreneurship, Management and the Structure of Payoffs.* Cambridge, MA: MIT Press.

Berkhout, P. H. G., J. C. Muskens, and J. W. Velthuijsen. 2000. Defining the Rebound Effect. *Energy Policy* 28, 6-7.

Berndt, E. R., and G. C. Watkins. 1981. Energy Prices and Productivity Trends in the Canadian Manufacturing Sector 1957-76: Some Exploratory Results. Study for the Economic Council of Canada.

Binswanger, M. 2001. Technological Progress and Sustainable Development: What About the Rebound Effect? *Ecological Economics* 36.

Boyd, G. A., D. A. Hanson, and T. Sterner. 1988. Decomposition of Changes in Energy Intensity: A Comparison of the Divisia Index and Other Methods. *Energy Economics* 10, 4.

Brookes, L. 1990. The Greenhouse Effect: The Fallacies in the Energy Efficiency Solution. *Energy Policy* 18.

Christensen, L. R., D. W. Jorgenson, and L. J. Lau. 1971. Conjugate Duality and the Transcendental Logarithmic Production Function. *Econometrica* 39, 4.

Clark, N. 2002. Innovation Systems, Institutional Change and the New Knowledge Market: Implications for Third World Agricultural Development. *Economics of Innovation and New Technology* 11, 4-5.

Dasgupta, M., and J. Roy. 2001. Estimation and Analysis of Carbon Dioxide Emissions from Energy Intensive Manufacturing Industries in India. *International Journal of Energy Environment and Economics* 11, 3.

Dasgupta, M., and J. Roy. 2002. Energy Consumption in India: An Indicator Analysis. *Development Alternatives* October.

Dasgupta, S. 2010. Understanding Productivity Growth and Climate Change Mitigation Potential of Iron and Steel Industries in India. MPhil Dissertation. Department of Economics, Jadavpur University, Kolkata.

Dasgupta, S., F. Salm, and J. Roy. 2011. Designing PAT as a Climate Policy in India: Issues Learnt from EU-ETS. Presented at Sixth Biennial Conference of Indian Society of Ecological Economics, October 20 -22, 2011, Hyderabad.

David, P. A. 1975. *Technological Choice, Innovation and Economic Growth.* Cambridge: Cambridge University Press.

Denison, E. 1972. Some Major Issues in Productivity Analysis: An Examination of the Estimates by Jorgenson and Griliches. *Survey of Current Business* 49, 5.

Denison, E. 1979. Explanations of Declining Productivity Growth. *Survey of Current Business* 59(August).

Denison, E. 1985. *Trends in American Economic Growth, 1929-1982.* Washington, DC: Brookings Institution.

Duro, J. A., and E. Padilla. 2006. International Inequalities in Per Capita CO_2 Emissions: A Decomposition Methodology by Kaya Factors. *Energy Economics* 28, 2.

Ethridge, D. 1973. The Inclusion of Wastes in the Theory of the Firm. *Journal of Political Economy* 81, 6.

Farla, J., K. Blok, and L. Schipper. 1997. Energy Efficiency Developments in the Pulp and Paper Industry: A Cross-Country Comparison Using Physical Production Data. *Energy Policy* 25, 7-9.

Geels, F. W., and J. Schot. 2011. The Dynamics of Transitions: A Socio-Technical Perspective in Transitions to Sustainable Development - New Directions. In J. Grin, J. Rotmans, and J. Schot, eds. *The Study of Long Term Transformative Change.* London: Routledge.

Ghosh, D., and J. Roy. 2011. *Approach to Energy Efficiency Among Micro, Small and Medium Enterprises in India: Results of a Field Survey.* Working Paper 08/11. Vienna: UNIDO.

Girod, B. 2009. Integration of Rebound Effects into LCA. PhD Thesis, Swiss Federal Institute of Technology, Zurich.

Goldar, B., and A. Kumari. 2003. Import Liberalization and Productivity Growth in Indian Manufacturing Industries in the 1990s. *The Developing Economies* 41, 4.

Goldar, B. 2010. *Energy Intensity of Indian Manufacturing Firms: Effect of Energy Prices, Technology and*

Firm Characteristics. Delhi: University of Delhi, Institute of Economic Growth.

Golove, W. H., and L. J. Schipper. 1996. Long-Term Trends in U.S. Manufacturing Energy Consumption and Carbon Dioxide Emissions. *Energy* 21, 7–8.

Golove, W. H., and L. J. Schipper. 1997. Restraining Carbon Emissions: Measuring Energy Use and Efficiency in the USA. *Energy Policy* 25, 7–9.

Greene, D. L. 1992. Vehicle Use and Fuel-Economy: How Big Is the Rebound Effect? *Energy Journal* 13, 1.

Greening, L. A., D. L. Greene, and C. Difiglio. 2000. Energy Efficiency and Consumption. The Rebound Effect − a Survey. *Energy Policy* 28.

Greening, L. A., and D. L. Greene. 1998. *Energy Use, Technical Efficiency, and the Rebound Effect: A Review of the Literature*. Oak Ridge, TN: Oak Ridge National Laboratory, Center for Transportation Analysis.

Greening, L.A., and M. Khrusch. 1996. Modeling the Processes of Technological Innovation and Diffusion: An Overview of Issues. White Paper, Climate Policies and Programs Division, Office of Economy and Environment. Washington, DC: US Environmental Protection Agency.

Grin, J. 2011. The Politics of Transition Governance. Conceptual Understanding and Implications for Transition Management. *International Journal of Sustainable Development* 14.

Herring, H., and R. Roy. 2007. Technological Innovation, Energy Efficient Design and the Rebound Effect. *Technovation* 27, 4.

Hogan, W. W., and D. W. Jorgenson. 1991. Productivity Trends and the Costs of Reducing Carbon Dioxide Emissions. *Energy Journal* 12.

Howarth, R. B., and B. Andersson 1993. Market Barriers to Energy Efficiency. *Energy Economics* 15, 4.

INCCA. 2010. *India: Greenhouse Gas Emission 2007*. Indian Network for Climate Change Assessment. Delhi: Ministry of Environment and Forests, Government of India.

IPCC. 2007. *Climate Change 2007: Synthesis Report, Summary for Climate Change*. Geneva: Intergovernmental Panel on Climate Change.

Jorgenson, D. W., and B. M. Fraumeni. 1981. Relative Prices and Technical Change. In E. R. Berndt and B. Field, eds. *Modeling and Measuring Natural Resource Substitution*. Cambridge, MA: MIT Press.

Jungbluth, N., R. Steiner, and R. Frischknecht. 2007. Graue Treibhausemissionen der Schweiz 1990–2004. Umwelt-Wissen Nr. UW-0711. Bern: Bundesamt für Umwelt.

Kanbur, R., and L. Squire. 1999. *The Evolution of Thinking About Poverty: Exploring the Interactions*. Washington, DC: World Bank.

Katz, M. L., and C. Shapiro. 1985. Network Externalities, Competition, and Compatibility. *American Economic Review* 75, 3.

Kawase, R., Y. Matsuoka, and J. Fujino. 2006. Decomposition Analysis of CO_2 Emission in Long-Term Climate Stabilization Scenarios. *Energy Policy* 34, 15.

Kaya, Y. 1990. Impact of Carbon Dioxide Emission Control on GNP Growth: Interpretation of Proposed Scenarios. Paper presented to the IPCC Energy and Industry Subgroup, Response Strategies Working Group, Paris(mimeo).

Kaya, Y., and K. Yokobori. 1993. *Environment, Energy, and Economy: Strategies for Sustainability*. Tokyo: United Nations University Press.

Khazzoom, D. J. 1980. Economic Implications of Mandated Efficiency in Standards for Household Appliances. *Energy Journal* 1, 4.

Khazzoom, D. J. 1987. Energy Saving Resulting from the Adoption of More Efficient Appliances. *Energy Journal* 8.

Khazzoom, D. J. 1989. Energy Saving Resulting from the Adoption of More Efficient Appliances: A Rejoinder. *Energy Journal* 10.

Khazzoom, J. D., and S. Miller. 1982. Economic Implications of Mandated Efficiency Standards for Household Appliances: Response to Besen and Johnson's Comments. *Energy Journal* 3, 1.

Kim, Y., and Worrell, E. 2002. International Comparison of CO_2 Emissions Trends in the Iron and Steel Industry. *Energy Policy* 30.

876

Liaskas, K., G. Mavrotas, M. Mandaraka, and D. Diakoulaki. 2000. Decomposition of Industrial CO_2 Emissions: The Case of European Union. *Energy Economics* 22, 4.

Lovins, A. B. 1988. Energy Saving Resulting from the Adaptation of More Efficient Appliances: Another View. *Energy Journal* 9, 2.

Manne, A. S., and R. G. Richels. 1990. CO_2 Emission Limits: An Economic Cost Analysis for the USA. *Energy Journal* 11, 2.

Manne, A. S., and R. G. Richels. 1992. Buying Greenhouse Insurance: The Economic Costs of CO_2 Emissions Limits. Cambridge, MA: MIT Press.

Ministry of Power, Government of India. 2012. PAT Notification. *Gazette of India*, Extraordinary, March 30, Part II Section 3, Sub-Section(ii).

NAPCC. 2008. National Action Plan on Climate Change. Government of India, Prime Minister's Council on Climate Change.

Nelson, N., and S. Wright. 1994. Participation and Power. In N. Nelson and S. Wright, eds. *Power and Participatory Development: Theory and Practice*. London: IT Publications.

Pradhan, G., and K. Barik. 1998. Fluctuating Total Factor Productivity in India: Evidence from Selected Polluting Industries. *Economic and Political Weekly* 33, 9.

Reitler, W., M. Rudolph, and M. Schaefer. 1987. Analysis of the Factors Influencing Energy Consumption in Industry: A Revised Method. *Energy Economics* 9, 3.

Rotmans, J., R. Kemp, M. B. A. van Asselt, et al. 2000. *Transitions and Transition Management: The Case of a Low-Emission Energy Supply*. Maastricht: ICIS.

Roy, J. 1992. *Demand for Energy in Indian Manufacturing Industries*. Delhi: Daya Publishing.

Roy, J. 2000. The Rebound Effect: Some Empirical Evidence from India. *Energy Policy* 28.

Roy, J. 2007. Delinking Economic Growth from GHG Emission Through Energy Efficiency Route: How Far Are We in India? *The Bulletin of Energy Efficiency* 7(Annual Issue).

Roy, J. 2010. Iron and Steel Sectoral Approach to the Mitigation of Climate Change: Perform Achieve and Trade in India. Briefing Paper, Climate Strategies, UK.

Roy, J., and S. Pal. 2009. Lifestyle and Climate Change. *Current Opinion in Environmental Sustainability* 1, 2.

Roy, J., J. Sathaye, A. Sanstad, et al. 1999. Productivity Trends in Indian Energy Intensive Manufacturing Industries. *Energy Journal* 20, 3.

Roy, J., B. Roy, S. Dasgupta, and D. Chakravarty. 2011. *Business Model to Promote Energy Efficiency: Use of Appliances in Domestic Sector in West Bengal – A Baseline Study*. Energy Conservation and Commercialization Project, Phase III(ECO III).

Roy, J., A. H. Sanstad, J. A. Sathaye, and R. Khaddaria. 2006. Substitution and Price Elasticity Estimates Using Inter-Country Pooled Data in a Translog Cost Model. *Energy Economics*(Special Issue).

Sanne, C. 2000. Dealing with Environmental Savings in a Dynamical Economy. How to Stop Chasing Your Tail in the Pursuit of Sustainability. *Energy Policy* 28, 6–7.

Sanstad, A. H., J. Roy, and J. A. Sathaye. 2006. Estimating Energy-Augmenting Technological Change in Developing Country Industries. *Energy Economics* 28, 5–6.

Sarkar, S., and J. Roy. 1995. Interfuel Substitution During Post Oil Embargo Period – Case Study of Two Energy Intensive Manufacturing Industries in India. *Indian Economic Journal*(Oct.–Dec.).

Sathaye, J., J. Roy, R. Khaddaria, and S. Das. 2005. *Reducing Electricity Deficit Through Energy Efficiency in India: An Evaluation of Macroeconomic Benefits*. Berkeley, CA: Lawrence Berkeley National Laboratory.

Saunders, H. D. 1992. The Khazzoom-Brookes Postulate and Neoclassical Growth. *Energy Journal* 13, 4.

Saxena, A. 2010. Best Practices and Technologies for Energy Efficiency in Indian Cement Industry. http://beeindia.in/seminar/document/2010/, BEE-A Saxena, accessed November 30, 2012.

Schipper, L., and M. Grubb. 2000. On the Rebound? Feedback Between Energy Intensities and Energy Uses in IEA Countries. *Energy Policy* 28.

Schipper, L. J., S. Meyers, R. Howarth, and R. Steiner. 1992. *Energy Efficiency and Human Activity: Past Trends, Future Prospects*. Cambridge: Cambridge University Press.

Schipper, L. J., F. Unander, C. Marie, et al. 1998. The Road from Kyoto: The Evolution of Carbon Dioxide Emissions from Energy Use in IEA Countries. In *Proceedings of the 1998 Summer Study on Energy Efficiency in Buildings, August 23–27, 1998*. Washington, DC: American Council for an Energy-Efficient Economy.

Sheerin, J. C. 1992. Energy and Economic interaction in Thailand. *Energy Journal* 13, 1.

Sheinbaum, C., and L. Rodríguez. 1997. Recent Trends in Mexican Industrial Energy Use and Their Impact on Carbon Dioxide Emissions. *Energy Policy* 25, 7–9.

Solow, R. M. 1956. A Contribution to the Theory of Economic Growth. *Quarterly Journal of Economics* 70, 1.

Sorrell, S., and J. Dimitropoulos. 2008. The Rebound Effect: Microeconomic Definitions, Limitations and Extensions. *Ecological Economics* 65, 3.

Stern, N. 2007. *The Economics of Climate Change*. Cambridge: Cambridge University Press.

Sun, J. 1999. Decomposition of Aggregate CO_2 Emissions in the OECD: 1960–1995. *Energy Journal* 20, 3.

Tomson, R. 1988. *The Path to Mechanized Shoe Production in the United States*. Chapel Hill: University of North Carolina Press.

Torvanger, A. 1991. Manufacturing Sector Carbon Dioxide Emissions in Nine OECD Countries, 1973–1987. *Energy Economics* 13.

Turner, K. 2009. Negative Rebound and Disinvestment Effects in Response to an Improvement in Energy Efficiency in the UK Economy. *Energy Economics* 31, 5.

UNIDO. 2011. *Industrial Development Report 2011: Industrial Energy Efficiency for Sustainable Wealth Creation*. Vienna: UNIDO.

Wang, C., J. Chen, and J. Zou. 2005. Decomposition of Energy-Related CO_2 Emission in China: 1957–2000. *Energy* 30, 1.

Weizsacker, V. E., A. Lovins, and L. Lovins. 1998. Factor Four: Doubling Wealth – Halving Resource Use. London: Earthscan Publications.

Worrell, E., J. A. Laitner, M. Ruth, and H. Finman. 2003. Productivity Benefits of Industrial Energy Efficiency Measures. *Energy* 28, 11.

Worrell, E., L. Price, N. Martin, et al. 1997. Energy Intensity in the Iron and Steel Industry: A Comparison of Physical and Economic Indicators. *Energy Policy* 25, 7–9.

제18장

Aldy, Joseph, and William Pizer. 2008. *Issues in Developing US Climate Change Policy*. Washington, DC: Resources for the Future.

Aldy, Joseph, and Robert Stavins. Forthcoming. The Promise and Problems of Pricing Carbon: Theory and Practice. *Journal of Environment and Development*.

Anger, Niels. 2008. Emissions Trading Beyond Europe: Linking Schemes in a Post-Kyoto World. *Energy Economics* 30, 4.

Antes, Ralf, Bernd Hansjürgens, Peter Letmathe, and Stefan Pickl, eds. 2011. *Emissions Trading: Institutional Design, Decision Making and Corporate Strategies*. 2nd edn. Dordrecht: Springer.

APEC. 2005. *Thailand's Energy Efficiency Revolving Fund: A Case Study*. Asia-Pacific Economic Cooperation Energy Working Group.

Ban, Ki-moon. 2011. *Sustainable Energy for All: A Vision Statement by Ban Ki-moon, Secretary-General of the United Nations*. New York: United Nations.

Banks, Gary. 2011. Comparing Carbon Policies Internationally: The "Challenges." Presentation to the BCA/AIGN Carbon Pricing Forum, Parliament House, Canberra, March 23.

BIO Intelligence Service. 2008. *A Study on the Costs and Benefits Associated with the Use of Tax Incentives* to Promote the Manufacturing of More and Better Energy-efficient Appliances and Equipment and the Consumer Purchasing of these Products. Copenhagen Economics for European Commission, DG TAXUD.

Buchan, David. 2011. *Expanding the European Dimension in Energy Policy: The Commission's Latest Initiatives.* Oxford: Oxford Institute for Energy Studies.

Cone, Marla. 2005. Europe's Rules Forcing US Firms to Clean Up. *Los Angeles Times*, May 16.

Ellerman, A. Denny, Frank J. Convery, and Christian de Perthuis. 2010. *Pricing Carbon: The European Union Emissions Trading Scheme.* Cambridge: Cambridge University Press.

Farhangi, Hassan. 2010. The Path of the Smart Grid. *IEEE Power&Energy Magazine* 8, 1.

Garnaut, Ross. 2008. *Emissions Trading Scheme Discussion Paper.* Canberra: Australian Government.

Global Climate Network. 2009. *Breaking Through on Technology: Overcoming the Barriers to the Development and Wide Deployment of Low-carbon Technology.* Washington, DC and London: Center for American Progress and Global Climate Network.

Gunningham, Neil. 2012. Confronting the Challenge of Energy Governance. *Transnational Environmental Law* 1, 1.

Gunningham, Neil, Robert Kagan, and Dorothy Thornton. 2003. *Shades of Green: Business, Regulation and Environment.* Palo Alto, CA: Stanford University Press.

Hanemann, Michael. 2010. Cap-and-trade: A Sufficient or Necessary Condition for Emission Reduction? *Oxford Review of Economic Policy* 26, 2.

Helm, Dieter, ed. 2007. *The New Energy Paradigm.* Oxford: Oxford University Press.

Hoel, Michael. 2010. *Climate Change and Carbon Tax Expectations.* CESifo Working Paper Series 2966. Munich: CESifo.

IEA. 2007. *Renewables for Heating and Cooling: Untapped Potential.* Paris: International Energy Agency.

IEA. 2008. *World Energy Outlook: 2008.* Paris: International Energy Agency.

IEA. 2010a. *Combining Policy Instruments for Least-Cost Climate Mitigation Strategies.* Paris: International Energy Agency.

IEA. 2010b. *World Energy Outlook: 2010.* Paris: International Energy Agency.

IEA. 2010c. *Energy Poverty: How to Make Modern Energy Access Universal?* Paris: International Energy Agency.

IEA. 2011a. Energy Efficiency Policy and Carbon Pricing. Paris: International Energy Agency.

IEA. 2011b. *Summing Up the Parts: Combining Policy Instruments for Least-Cost Climate Mitigation Strategies.* Paris: International Energy Agency.

IPCC. 2011. *IPCC Special Report on Renewable Energy Sources and Climate Change Mitigation.* UK: Cambridge University Press.

Irbaris and Climate Bonds Initiative. 2011. *Evaluating Clean Energy Public Finance Mechanisms.* Montpelier, VT: UNEP SEF Alliance.

Kerr, Suzi, ed. 2000. *Global Emissions Trading: Key Issues for Industrialized Countries.* Cheltenham, UK: Edward Elgar Publishing.

Kosonen, Katri, and Gaëten Nicodème. 2009. *The Role of Fiscal Instruments in Environmental Policy.* European Commission: Directorate-General for Taxation and Customs Union.

Latin, Howard. 1984. Ideal v. Real Regulatory Efficiency: Implementation of Uniform Standards and Fine Tuning Reforms. *Stanford Law Review* 37.

Lauber, Volkmar. 2005. Renewable Energy at the Level of the European Union. In Danyel Reiche, ed. *Handbook of Renewable Energies in the European Union.* Frankfurt: Peter Lang.

Lauber, Volkmar. 2006. Tradeable Certificate Schemes and Feed-in Tariffs: Expectation versus Performance. In Volkmar Lauber, ed. *Switching to Renewable Power*, chap. 12. London: Earthscan.

Macintosh, Andrew. 2011. Searching for Public Benefits in Solar Subsidies: A Case Study on the Australian Government's Residential Photovoltaic Rebate Program. *Energy Policy* 39.

McKibbin, Warwick, and Peter Wilcoxen. 2008. *Building on Kyoto: Towards a realistic Global Climate*

Agreement. Working Papers in International Economics 3.08. Sydney: Lowy Institute.

Mitchell, Catherine. 2008. *The Political Economy of Sustainable Energy*. London: Palgrave Macmillan.

NDRC. 2004. *Medium and Long-Term Energy Conservation Plan*. Beijing: National Development and Reform Commission.

OECD. 2009. *The Economics of Climate Change Mitigation*. Paris: OECD.

Pearson, Charles. 2000. *Economics and the Global Environment*. Cambridge: Cambridge University Press.

Productivity Commission. 2011. *Carbon Emission Policies in Key Economies: Research Report*. Canberra: Australian Government.

PT Media. 2008. *Comprehensive Study on Crash Program Progress and National Electricity Business Opportunity, 2008–2015*. Jakarta: PT Media Data Riset.

Sachs, Noah. 2009. Greening Demand: Energy Consumption and US Climate Policy. *Duke Environmental Law and Policy Forum* 19.

Schmidt, Sigurd Naess, Eske Stig Hansen, Janatan Tops, et al. 2011. *Innovation of Energy Technologies: The Role of Taxes*. Copenhagen Economics for European Commission.

Sims, Ralph. 2009. Can Energy Technologies Provide Energy Security and Climate Change Mitigation? In S. Stec and B. Baraj, eds. *Energy and Environmental Challenges to Security*. Dordrecht: Springer.

Sivak, Michael, and Brandon Schoettle. 2009. *The Effect of the "Cash for Clunkers" Program on the Overall Fuel Economy of Purchased New Vehicles*. Ann Arbor: University of Michigan Transportation Research Institute.

Stern, Nicholas. 2006. *Stern Review on the Economics of Climate Change*. London: HM Treasury.

Traber, Thure, and Claudia Kemfert. 2011. Refunding ETS Proceeds to Spur the Diffusion of Renewable Energies: An Analysis Based on the Dynamic Oligopolistic Electricity Market Model EMELIE. *Utilities Policy* 19, 1.

Tyler, Emily, Michelle du Toit, and Zelda Dunn. 2009. *Emissions Trading as a Policy Option for Greenhouse Gas Mitigation in South Africa*. Cape Town: Energy Research Centre.

United Nations. 2009. *World Economic and Social Survey 2009: Promoting Development, Saving the Planet*. New York: United Nations.

UNEP. 2008. *Public Finance Mechanisms to Mobilise Investment in Climate Change Mitigation*. Nairobi: United Nations Environment Programme.

UNEP-Centre. 2012. *Case Study: The Thai Energy Efficiency Revolving Fund*. Frankfurt: Frankfurt School UNEP Collaborating Centre for Climate and Sustainable Energy Finance, available at http://fs-unep-centre.org/sites/default/files/publications/fs-unepthaieerffinal2012_0.pdf, accessed December 11, 2012.

UN General Assembly. 2011. *Promotion of New and Renewable Sources of Energy: Report to the Secretary General*, New York: United Nations.

US Government Accountability Office. 2009.Testimony Before the Subcommittee on Energy and Environment, Committee on Energy and Commerce, House of Representatives: Observations on the Potential Role of Carbon Offsets in Climate Change Legislation. Statement of John Stephenson, Director Natural Resources and Environment, March 5. Washington, DC: United States Government Accountability Office.

Vogel, David. 1995 *Trading Up: Consumer and Environmental Regulation in a Global Economy*. Cambridge, MA: Harvard University Press.

Vogel, David. Forthcoming. The Transatlantic Shift in Health, Safety and Environmental Risk Regulation, 1960 to 2010. In *The Politics of Precaution: Regulating Health, Safety and Environmental Risks in Europe and the United States*. Princeton, NJ: Princeton University Press.

Watson, Jim, Rob Byrne, Michele Stua, et al. 2011. *UK–China Collaborative Study on Low Carbon Technology Transfer*. University of Sussex(UK), Sussex Energy Group.

World Resources Institute. 2009. China's Ten Key Energy Efficiency Projects. Washington, DC: WRI.

Yacobucci, Brent, and Bill Canis. 2010. *Accelerated Vehicle Retirement for Fuel Economy: "Cash for*

Clunkers." Washington, DC: Congressional Research Service.

Zerriffi, Hisham. 2010. *Rural Electrification: Strategies for Distributed Distribution.* Dordrecht: Springer.

Zhou, Nan, Mark Levine, and Lynn Price. 2010. Overview of Current Energy Efficiency Policies in China. *Energy Policy* 38, 11.

제19장

ACER. 2011. *Framework Guidelines on Capacity Allocation and Congestion.* Management for Electricity. FG-20110E-002. Ljubljana, July 29.

Baldick, Ross, James Bushnell, Benjamin Hobbs, and Frank Wolak. 2011. *Optimal Charging Arrangements for Energy Transmission: Final Report.* Report prepared for and commissioned by Project Transmit. Great Britain Office of Gas & Electricity Markets, May 1.

de Jong, H. 2009. Towards a Single European Electricity Market–A Structured Approach to Regulatory Mode Decision-Making. PhD, Delft University of Technology.

Dijk, Justin, and Bert Willems. 2011. The Effect of Counter-Trading on Competition in Electricity Markets. *Energy Policy* 39.

ENTSO-E. 2010. *Ten Year Network Development Plan 2010–2020.* Brussels, June.

ENTSO-E. 2012. *Ten Year Network Development Plan 2012.* Draft for public consultation. Brussels, March.

ETSO. 2005. *An Evaluation of Preventive Countertrade as a Means to Guarantee Firm Transmission Capacity.* Background paper. Brussels, April.

Eurelectric. 2011. *RES Integration and Market Design: Are Capacity Remuneration Mechanisms Needed to Ensure Generation Adequacy?* Brussels: Eurelectric.

European Commission. 2011. *Proposal for a Regulation of the European Parliament and of the Council on Guidelines for Trans-European Energy Infrastructure and Repealing Decision No 1364/2006/EC.* COM(2011) 658 final. Brussels.

European Union. 2009a. *Directive 2009/28/EC of the European Parliament and the Council of 23 April 2009 on the Promotion of the Use of Energy from Renewable Sources and Amending and Subsequently Repealing Directives 2001/77/EC and 2003/30/EC.* OJ L 140/16. Brussels.

European Union. 2009b. *Regulation(EC) No 714/2009 of the European Parliament and of the Council of 13 July 2009 on Conditions for Access to the Network for Cross-Border Exchanges in Electricity and Repealing Regulation(EC) No 1228/2003.* OJ L 211. Brussels.

FERC. 2011. Transmission Planning and Cost Allocation by Transmission Owning and Operating Public Utilities. Docket No. RM10-23-000; Order No. 1000, July 21. Washington, DC: Federal Energy Regulatory Commission.

Frontier Economics and Consentec. 2011. *Relevance of Established National Bidding Areas for European Power Market Integration–An Approach to Welfare Oriented Evaluation.* Report prepared for Bundesnetzagentur. London.

IEA. 2011. *Harnessing Variable Renewables. A Guide to the Balancing Challenge.* Paris: International Energy Agency.

Leuthold, Florian, Hannes Weigt, and Christian von Hirschhausen. 2008. Efficient Pricing for European Electricity Networks – The Theory of Nodal Pricing Applied to Feeding-in Wind in Germany. *Utilities Policy* 16.

Neuhoff, Karsten, and Benjamin Hobbs. 2011. *Congestion Management in European Power Networks: Criteria to Assess the Available Options.* Discussion Paper 1161. Berlin: DIW(German Institute for Economic Research).

Roques, Fabian. 2008. Market Design for Generation Adequacy: Healing Causes Rather Than Symptoms. *Utilities Policy* 16.

Van der Welle, Adriaan, Jeroen de Joode, Karina Veum, et al. 2011. *Socio-Economic Approaches for Integration of Renewable Energy Sources into Grid Infrastructures.* D5.1 of FP7 Susplan project.

Petten, Netherlands: ECN.

제20장

Abbott, Kenneth. 2012. Engaging the Public and the Private in Global Environmental Governance. *International Affairs* 88, 3.

Abbott, Kenneth, Philipp Genschel, Duncan Snidal, and Bernhard Zangl. 2010. International Organizations as Orchestrators. Unpublished paper presented at the 7th Pan-European International Relations Conference of the European Consortium for Political Research / Standing Group on International Relations, Stockholm, September 9‒11.

Andonova, Liliana B., Michele M. Betsill, and Harriet Bulkeley. 2009. *Transnational Climate Governance. Global Environmental Politics* 9, 2.

Bausch, Camilla, and Michael Mehling. 2011. *Addressing the Challenge of Global Climate Mitigation ‒ An Assessment of Existing Venues and Institutions.* Berlin: Friedrich-Ebert Stiftung.

Biermann, Frank, Philipp Pattberg, Harro van Asselt, and Fariborz Zelli. 2009. The Fragmentation of Global Governance Architectures: A Framework for Analysis. *Global Environmental Politics* 9, 4.

Bradshaw, Michael J. 2010. Global Energy Dilemmas: A Geographical Perspective. *The Geographical Journal* 176.

Brewer, Thomas L. 2004. The WTO and the Kyoto Protocol: Interaction Issues. *Climate Policy* 4.

Bruggink, Jos. 2012. *Energy Aid in Times of Climate Change: Designing Climate Compatible Development Strategies.* Publication No. 12-006. Petten: ECN.

Cherp, Aleh, Jessica Jewell, and Andreas Goldthau. 2011. Governing Global Energy: Systems, Transitions, Complexity. *Global Policy* 2.

Colgan, Jeff D., Robert O. Keohane, and Thijs Van de Graaf. 2011. Punctuated Equilibrium in the Energy Regime Complex. *The Review of International Organizations* 7, 2.

Das, Katsuri. 2011. *Technology Transfer under the Clean Development Mechanism: An Empirical Study of 1000 CDM Projects.* The Governance of Clean Development Working Paper 014. Norwich, UK: University of East Anglia.

de Coninck, Heleen, Frauke Haake, and Nico van der Linden. 2007. Technology Transfer in the Clean Development Mechanism" *Climate Policy* 7.

Dechezleprêtre, Antoine, Matthie Glachant, and Yann Ménière. 2009. Technology Transfer by CDM Projects: A Comparison of Brazil, China, India and Mexico. *Energy Policy* 37.

Depledge, Joanna. 2008. Striving for No: Saudi Arabia in the Climate Change Regime. *Global Environmental Politics* 8.

Dessai, Suraje. 2004. An Analysis of the Role of OPEC as a G77 Member at the UNFCCC. Report for WWF. http://assets.panda.org/downloads/opecfullreportpublic.pdf, accessed March 21, 2012.

Dessler, Andrew, and Edward A. Parson. 2010. *The Science and Politics of Global Climate Change. A Guide to the Debate.* Cambridge: Cambridge University Press.

Driesen, David M. 2006. Links between European Emissions Trading and CDM Credits for Renewable Energy and Energy Efficiency Projects. http://ssrn.com/abstract=881830, accessed April 3, 2012.

Dubash, Navroz K., and Ann Florini. 2011. Mapping Global Energy Governance. *Global Policy* 2(SI).

Eckersley, Robyn. 2004. The Big Chill: The WTO and Multilateral Environmental Agreements. *Global Environmental Politics* 4, 2.

Eckersley, Robyn. 2012. Moving Forward in the Climate Negotiations: Multilateralism or Minilateralism? *Global Environmental Politics* 12, 2.

Fenhann, Jørgen. 2012. CDM Pipeline Overview. http://www.cdmpipeline.org/, accessed April 3, 2012.

Ferrey, Steven. 2010. The Failure of International Global Warming Regulation to Promote Needed Renewable Energy. *Boston College Environmental Affairs Law Review* 37.

Florini, Ann. 2011. The International Energy Agency in Global Energy Governance. *Global Policy* 2.

Florini, Ann, and Navroz K. Dubash. 2011. Introduction to the Special Issue: Governing Energy in a Fragmented World. *Global Policy* 2(SI).

Florini, Ann, and Saleena Saleem. 2011. Information Disclosure in Global Energy Governance. *Global Policy* 2(SI).

Friedlingstein, P., R. A. Houghton, G. Marland, et al. 2010. Update on CO_2 Emissions. *Nature Geoscience* 3.

Ghosh, Arunabha. 2011. Seeking Coherence in Complexity? The Governance of Energy by Trade and Investment Institutions. *Global Policy* 2(SI).

Goldthau, Andreas. 2012. From the State to the Market and Back. Policy Implications of Changing Energy Paradigms. *Global Policy* 3, 2.

Goldthau, Andreas, and Jan Martin Witte. 2011. Assessing OPEC's Performance in Global Energy. *Global Policy* 2(SI).

Haites, Erik, Duan Maosheng, and Stephen Seres. 2006. Technology Transfer by CDM Projects. *Climate Policy* 6.

Hoffmann, Ulrich. 2011. *Some Reflections on Climate Change, Green Growth Illusions and Development Space*. UNCTAD Discussion Paper 205. Geneva: UNCTAD.

IEA. 2011. *World Energy Outlook 2011*. Paris: International Energy Agency.

INCR. 2008. *Investor Progress on Climate Risks and Opportunities: Results Achieved since the 2005 Investor Summit on Climate Risk at the United Nations*. Boston: CERES.

Karlsson-Vinkhuyzen, Sylvia I. 2010. The United Nations and Global Energy Governance: Past Challenges, Future Choices" *Global Change, Peace & Security* 2.

Karlsson-Vinkhuyzen, S. I., and M. Kok. 2011. Interplay Management in the Climate, Energy and Development Nexus. In Sebastian Oberthür and Olav Schram Stokke, eds. *Managing Institutional Complexity: Regime Interplay and Global Environmental Change*. Cambridge, MA: MIT Press.

Karlsson-Vinkhuyzen, Sylvia I., and Harro van Asselt. 2009. Introduction: Exploring and Explaining the Asia-Pacific Partnership on Clean Development and Climate. *International Environmental Agreements* 9, 3.

Keohane, Robert O., and David G. Victor. 2011. The Regime Complex for Climate Change. *Perspectives on Politics* 9.

Lesage, Dries, Thijs Van de Graaf, and Kirsten Westphal. 2010. G8+5 Collaboration on Energy Efficiency and IPEEC: Shortcut to a Sustainable Future? *Energy Policy* 38.

Littleton, Matthew. 2008. *The TRIPS Agreement and Transfer of Climate-Change-Related Technologies to Developing Countries*. UN-Doc. No. ST/ESA/2008/DWP/71. New York: UN DESA. http://www.un.org/esa/desa/papers/2008/wp71 2008.pdf, accessed March 20, 2012.

Matschoss, Patrick. 2007. The Programmatic Approach to CDM: Benefits for Energy Efficiency Projects. *Carbon and Climate Law Review* 1.

McGee, Jeffrey, and Ros Taplin. 2006. The Asia-Pacific Partnership on Clean Development and Climate. A Complement or Competitor to the Kyoto Protocol? *Global Change, Peace&Security* 18.

Michaelowa, Axel, and Katharina Michaelowa. 2011. Climate Business for Poverty Reduction? The Role of the World Bank. *The Review of International Organizations* 6.

Naím, Moisés. 2009. Minilateralism. The Magic Number to Get Real International Action. *Foreign Policy* July/August.

Nakhooda, Smita. 2011. Asia, the Multilateral Development Banks and Energy Governance. *Global Policy* 2.

Newell, Peter. 2011. The Governance of Energy Finance: The Public, the Private, and the Hybrid. *Global Policy* 2.

Oberthür, S. 2009. Interplay Management: Enhancing Environmental Policy Integration Among International Institutions. *International Environmental Agreements: Politics, Law and Economics* 9, 4.

Oberthür, Sebastian, and Thomas Gehring, eds. 2006. *Institutional Interaction in Global Environmental Governance: Synergy and Conflict among International and EU Policies*. Cambridge, MA: MIT Press.

Oberthür, Sebastian, and Olav S. Stokke, eds. 2011. *Managing Institutional Complexity. Regime Interplay and*

Global Environmental Change. Cambridge, MA: MIT Press.

Paterson, Matthew, and Peter Newell. 2010. *Climate Capitalism: Global Warming and the Transformation of the Global Economy.* Cambridge: Cambridge University Press.

Pattberg, Philipp. 2010. Public – Private Partnerships in Global Climate Governance. *Wiley Interdisciplinary Review: Climate Change* 1, 2.

Pattberg, Philipp, and Johannes Stripple. 2008. Beyond the Public and Private Divide: Remapping Transnational Climate Governance in the 21st Century. *International Environmental Agreements* 8, 4.

Pattberg, Philipp, Frank Biermann, Ayşem Mert, and Sander Chan, eds. 2012. *Public – Private Partnerships for Sustainable Development. Emergence, Influence, and Legitimacy.* Cheltenham, UK: Edward Elgar.

Schneider, Malte, Andreas Holzer, and Volker Hoffmann. 2008. Understanding the CDM's Contribution to Technology Transfer. *Energy Policy* 36.

Seres, Stephen, Erik Haites, and Kevin Murphy. 2009. Analysis of Technology Transfer in CDM Projects: An Update. *Energy Policy* 37.

Stokke, Olav S. 2001. *The Interplay of International Regimes: Putting Effectiveness Theory to Work.* Report No. 14/2001. Lysaker, Norway: The Fridtjof Nansen Institute.

Szulecki, Kacper, Philipp Pattberg, and Frank Biermann. 2011. Explaining Variation in the Performance of Energy Partnerships. *Governance: An International Journal of Policy, Administration, and Institutions* 24, 4.

UNDP. 2011. *UNDP in Action – Annual Report 2010/2011.* New York: United Nations Development Programme.

UNEP. 2011. *Towards a Green Economy.* Nairobi: United Nations Environment Programme.

UNFCCC. 2002a. Decision 4/CP.7, Development and Transfer of Technologies(Decisions 4/CP.4 and 9/CP.5), UN Doc. FCCC/CP/2001/13/Add.1(21 January 2002).

UNFCCC. 2002b. Decision 17/CP.7, Modalities and Procedures for a Clean Development Mechanism, as Defined in Article 12 of the Kyoto Protocol, UN Doc. FCCC/CP/2001/13/Add.2(21 January 2002).

UNFCCC. 2007. *Innovative Options for Financing the Development and Transfer of Technologies.* Bonn: UNFCCC.

UNFCCC. 2010. Report on the Review and Assessment of the Effectiveness of the Implementation of Article 4, Paragraphs 1(c) and 5, of the Convention. Note by the Secretariat. UN Doc. FCCC/SBI/2010/INF.4(26 May 2010).

UNFCCC. 2011. Decision 1/CP.16, Outcome of the Work of the Ad Hoc Working Group on Longterm Cooperative Action under the Convention, UN Doc. FCCC/CP/2010/7/Add.1(15 March 2011).

van Asselt, Harro. 2007. From UN-ity to Diversity? The UNFCCC, the Asia-Pacific Partnership, and the Future of International Law on Climate Change. *Carbon and Climate Law Review* 1, 1.

van Asselt, Harro, and Thomas L. Brewer. 2010. Addressing Competitiveness and Leakage Concerns in Climate Policy: An Analysis of Border Adjustment Measures in the US and the EU. *Energy Policy* 38.

van Asselt, Harro, and Sylvia Karlsson-Vinkhuyzen, eds. 2009. *Exploring and Explaining the Asia-Pacific Partnership on Clean Development and Climate.* Special Issue of *International Environmental Agreements* 9, 3. Dordrecht: Springer.

van Asselt, Harro, and Fariborz Zelli. 2012. *Connect the Dots: Managing the Fragmentation of Global Climate Governance.* Earth System Governance Working Paper 25. Lund and Amsterdam: Earth System Governance Project.

Van de Graaf, Thijs. 2013. Fragmentation in Global Energy Governance: Explaining the Creation of IRENA. *Global Environmental Politics* 13, 3(forthcoming).

Van de Graaf, Thijs, and Dries Lesage. 2009. The International Energy Agency After 35 years: Reform Needs and Institutional Adaptability. *Review of International Organizations* 4.

Van de Graaf, Thijs, and Kirsten Westphal. 2011. The G8 and G20 as Global Steering Committees for Energy: Opportunities and Constraints. *Global Policy* 2(SI).

Victor, David. 2009. Plan B for Copenhagen. *Nature* 461.

Vihma, Antto. 2009. Friendly Neighbor or Trojan Horse? Assessing the Interaction of Soft Law Initiatives and the UN Climate Regime. *International Environmental Agreements* 9.

World Bank. 2010. *World Development Report: Development and Climate Change.* Washington, DC: World Bank.

World Bank. 2011. *Annual Report 2011.* Washington, DC: World Bank.

Yamin, Farhana, and Joanna Depledge. 2004. *The International Climate Change Regime: A Guide to Rules, Institutions and Procedures.* Cambridge: Cambridge University Press.

Young, Oran R. 2002. *The Institutional Dimensions of Environmental Change. Fit, Interplay, and Scale.* Cambridge, MA: MIT Press.

Zelli, Fariborz. 2011a. The Fragmentation of the Climate Governance Architecture. *Wiley Interdisciplinary Reviews: Climate Change* 2.

Zelli, Fariborz. 2011b. Regime Conflict and Interplay Management in Global Environmental Governance. In Sebastian Oberthür and Olav S. Stokke, eds. *Managing Institutional Complexity. Regime Interplay and Global Environmental Change.* Cambridge, MA: MIT Press.

제21장

Babu, Nityanandam Yuvaraj Dinesh. 2011. Voluntary Market: Future Perspective. In *Progressing Towards Post-2012 Carbon Markets.* Roskilde: UNEP Risoe Centre.

Bode, S. 2003. *Implications of Linking National Emissions Trading Schemes Prior to the Start of the First Commitment Period of the Kyoto Protocol.* Discussion Paper 214. Hamburg: Hamburg Institute of International Economics(HWWI).

C2ES. 2011. *Australia's Carbon Pricing Mechanism.* Arlington, VA: C2ES.

Delink, Rob, Stephanie Jamet, Jean Chateau, and Roman Duval. 2010. *Towards Global Carbon Pricing: Direct and Indirect Linking of Carbon Markets.* Paris: OECD.

Egenhofer, Christian. 2007. The Making of the EU Emissions Trading Scheme: Status, Prospects and Implications for Business. *European Management Journal* 25, 6.

Egenhofer, Christian, and Anton Georgiev. 2010. *Benchmarking in the EU: Lessons from the EU Emissions Trading System for the Global Climate Change Agenda.* Brussels: Centre for European Policy Studies.

Egenhofer, Christian, Monica Alessi, Anton Georgiev, and Noriko Fujiwara. 2011. *The EU Emissions Trading Scheme and Climate Policy towards 2050.* Brussels: Centre for European Policy Studies.

Ellerman, A. Denny, and Paul Joskow. 2008. *The European Union's Emissions Trading System in Perspective.* Arlington, VA: Pew Center on Global Climate Change.

Ellerman, A. Denny, Barbara Buchner, and Carlo Carraro. 2007. *Allocation in the European Emissions Trading Scheme: Rights, Rents and Fairness.* Cambridge: Cambridge University Press.

Ellerman, A. Denny, Frank Convery, and Christian de Perthuis. 2010. *Pricing Carbon: The European Union Emissions Trading Scheme.* Cambridge: Cambridge University Press.

Ellis, Jane, and Dennis Tirpak. 2006. *Linking GHG Emissions Trading Schemes and Markets.* Paris: OECD/IEA.

Elsworth, Rob, and Bryony Worthington. 2010. *E R Who? Joint Implementation and the EU Emissions Trading System.* London: Sandbag.

European Commission. 2011. *A Roadmap for Moving to a Competitive Low Carbon Economy in 2050.* Luxemburg: Office for Official Publications of the EU.

Fujiwara, Noriko. 2009. *Flexible Mechanisms in Support of a New Climate Change Regime: The CDM and Beyond.* Brussels: Centre for European Policy Studies.

Fujiwara, Noriko. 2012. *Post-2012 Carbon Markets.* Brussels: Centre for European Policy Studies.

Gros, Daniel, and Christian Egenhofer. 2011. The Case for Taxing Carbon at the Border. *Climate Policy* 11, 5.

Gros, Daniel, Christian Egenhofer, Noriko Fujiwara, et al. 2010. *Climate Change and Trade: Taxing Carbon at the Border?* Brussels: Centre for European Policy Studies.

Jaffe, Judson, Mathew Ranson, and Robert N. Stavins. 2009. Linking Tradable Permit Systems: A Key Element of Emerging International Climate Policy Architecture. *Ecological Law Quarterly* 39.

Kettner, Claudia, Angela Köppl, Stefan Schleicher, and Georg Thenius. 2007. *Stringency and Distribution in the EU Emissions Trading Scheme – The 2005 Evidence.* Nota di Lavora 22.2007. Milan: Fondazione Eni Enrico Mattei.

Klaassen, Geert. 1996. *Acid Rain and Environmental Degradation: The Economics of Emissions Trading.* Cheltenham, UK: Edward Elgar.

Lefevere, Jürgen. 2006. The EU ETS Linking Directive Explained. In Jos Delbeke, ed. *The EU Greenhosue Gas Emissisons Trading Scheme.* Deventer: Claeys & Casteels.

Lin, Wei, Hongbo Chen, and Jia Liang. 2011. China Carbon Market. In *Progressing Towards Post-2012 Carbon Markets.* Roskilde: UNEP Risoe Centre.

Linacre, Nicolas, Alexandre Kossoy, and Philippe Ambrosi. 2011. *State and Trends of the Carbon Market 2011.* Washington, DC: World Bank.

Marcu, Andrei. 2011. The Durban Outcome. A Post-2012 Framework Approach for Green House Gas Markets. In *Progressing Towards Post-2012 Carbon Markets.* Roskilde: UNEP Risoe Centre.

Marcu, Andrei. 2012. *Expanding Carbon Markets Through New Market-Based Mechanisms.* Brussels: Centre for European Policy Studies.

Mehling, Michael, and Erik Haites. 2009. Mechanisms for Linking Emissions Trading Schemes. *Climate Policy* 9, 2.

O'Sullivan, Robert, Charlotte Streck, Timothy Pearson, et al. 2010. *Engaging the Private Sector in the Potential Generation of Carbon Credits from REDD+: An Analysis of Issues.* Report to the UK Department for International Development(DFID), Climate Focus.

Skjærseth, J. B., and J. Wettestad. 2008. *EU Emissions Trading.* Aldershot: Ashgate.

Skjærseth, J. B., and J. Wettestad. 2010. Fixing the EU Emissions Trading System? Understanding the Post-2012 Changes. *Global Environmental Politics* 10, 4.

Stavins, Robert. 2011. The National Context of U.S. State Policies for a Global Common Problem. In *Progressing Towards Post-2012 Carbon Markets.* Roskilde: UNEP Risoe Centre.

Sterk, Wolfgang. 2011. Sectoral Approaches as a Way Forward for the Carbon Market? In *Progressing Towards Post-2012 Carbon Markets.* Roskilde: UNEP Risoe Centre.

제22장

Awerbuch, S. 2000a. Getting it Right: The Real Cost Impacts of a Renewables Portfolio Standard. *Public Utilities Fortnightly*, February 15.

Awerbuch, S. 2000b. Investing in Photovoltaics: Risk, Accounting, and the Value of New Technology. *Energy Policy* 28.

Awerbuch, S. 2004. *Portfolio-Based Electricity Generation Planning: Implications for Renewables and Energy Security.* London and Paris: REEEP/UNEP.

Bansal, P. 2005. Responsible Strategic Decision Making. *Proceedings of the International Association for Business and Society* 16.

Barnes, J. H. 1984. Cognitive Biases and Their Impact on Strategic Planning. *Strategic Management Journal* 5.

Bergek, A., and S. Jacobsson. 2010. Are Tradable Green Certificates a Cost-Efficient Policy Driving Technical Change or a Rent-Generating Machine? Lessons from Sweden 2003–2008. *Energy Policy* 38.

Bhattacharya, A., and S. Kojima. 2012. Power Sector Investment Risk and Renewable Energy: A Japanese Case Study Using Portfolio Risk Optimization Method. *Energy Policy* 40.

Bikhchandani, S., and S. Sharma. 2001. Herd Behavior in Financial Markets. *IMF Staff Papers* 47, 3.

Bikhchandani, S., D. Hirshleifer, and I. Welch. 1992. A Theory of Fads, Fashions, Customs and Cultural

Change as Informational Cascades. *Journal of Political Economy* 100.

Bloomberg. 2011. Bloomberg New Energy Finance Summit: Results Book 2011. London. www. bnefsummit.com, accessed December 3, 2012.

BMU. 2012. Erneuerbare Energien 2011. Berlin: Bundes Ministerium für Umwelt.

Breukers, S., and M. Wolsink. 2007. Wind Power Implementation in Changing Institutional Landscapes: An International Comparison. *Energy Policy* 35.

Bürer, M. J., and R. Wüstenhagen. 2008. Cleantech Venture Investors and Energy Policy Risk: An Exploratory Analysis of Regulatory Risk Management Strategies. In R. Wüstenhagen, J. Hamschmidt, S. Sharma, and M. Starik, *Sustainable Innovation and Entrepreneurship*. Cheltenham, UK: Edward Elgar Publishing.

Bürer, M. J., and R. Wüstenhagen. 2009. Which Renewable Energy Policy Is a Venture Capitalist's Best Friend? Empirical Evidence from a Survey of International Cleantech Investors. *Energy Policy* 37.

Campoccia, A., L. Dusonchet, E. Telaretti, and G. Zizzo. 2009. Comparative Analysis of Different Supporting Measures for the Production of Electrical Energy by Solar PV and Wind Systems: Four Representative European Cases. *Solar Energy* 83.

Chan, L. K. C., and J. Lakonishok. 2004. Value and Growth Investing: Review and Update. *Financial Analysts Journal* 60, 1.

De Jager, D., and M. Rathmann. 2008. Policy Instrument Design to Reduce Financing Costs in Renewable Energy Technology Projects. Utrecht: Ecofys.

Dinica, V. 2006. Support Systems for the Diffusion of Renewable Energy Technologies—An Investor Perspective. *Energy Policy* 34.

Donovan, C., and L. Nuñez. 2012. Figuring What's Fair: The Cost of Equity Capital for Renewable Energy in Emerging Markets. *Energy Policy* 40.

Eisenhardt, K. M., and M. J. Zbaracki. 1992. Strategic Decision Making. *Strategic Management Journal* 13.

EWEA. 2010. *Wind in Power. 2009 European Statistics*. Brussels: European Wind Energy Association.

EWEA. 2011. *Wind in Power. 2010 European Statistics*. Brussels: European Wind Energy Association.

Frankl, P., and C. Philibert. 2009. Critical Role of Renewable Energy to Climate Change Mitigation. Presented at COP 15 IEA Day Side Event, Copenhagen, December 16.

Frondel, M., N. Ritter, and C. M. Schmidt. 2008. Germany's Solar Cell Promotion: Dark Clouds on the Horizon. *Energy Policy* 36.

Froot, K., D. Scharfstein, and J. Stein. 1992. Herd on the Street: Informational Efficiencies in a Market with Short-Term Speculation. *Journal of Finance* 47.

Fuss, S., J. Szolgayová, N. Khabarov, and N. Obersteiner. 2012. Renewables and Climate Change Mitigation: Irreversible Energy Investment Under Uncertainty and Portfolio Effects. *Energy Policy* 40.

Goldstein, D. G., and G. Gigerenzer. 2009. Fast and Frugal Forecasting. *International Journal of Forecasting* 25.

Goldstone, J. A. 1998. Initial Conditions, General Laws, Path Dependence, and Explanation in Historical Sociology. *American Journal of Sociology* 104, 3.

Gross, R., W. Blyth, and P. Heptonstall. 2010. Risks, Revenues and Investment in Electricity Generation: Why Policy Needs to Look Beyond Costs. *Energy Economics* 32.

Grubb, M. J. 1990. The Cinderella Options. A Study of Modernized Renewable Energy Technologies. Part 2 – Political and Policy Analysis. *Energy Policy* 18, 8.

Grubb, M. J. 2004. Technology Innovation and Climate Policy: An Overview of Issues and Options. *Keio Economic Studies* 41, 2.

GWEC. 2011. *Global Wind Report. Annual Market Update 2010*. Brussels: Global Wind Energy Council.

Hamilton, K. 2009. *Unlocking Finance for Clean Energy: The Need for "Investment Grade" Policy*. Energy, Environment and Development Programme Paper no. 09/04. London: Chatham House, Renewable Energy Finance Project.

IEA. 2003. *World Energy Investment Outlook*. Paris: International Energy Agency.

IEA. 2012. *Tracking Clean Energy Progress*. Energy Technology Perspectives 2012 excerpt as IEA input to the Clean Energy Ministerial. Paris: International Energy Agency.

IPCC. 2011a. Summary for Policymakers. In *IPCC Special Report on Renewable Energy Sources and Climate Change Mitigation*. Cambridge: Cambridge University Press.

IPCC. 2011b. Policy, Financing and Implementation. In *IPCC Special Report on Renewable Energy Sources and Climate Change Mitigation*. Cambridge: Cambridge University Press.

Jacobsson, S., and V. Lauber. 2006. The Politics and Policy of Energy System Transformation – Explaining the German Diffusion of Renewable Energy Technology. *Energy Policy* 34.

Jacobsson, S., A. Bergek, D. Finon, et al. 2009. EU Renewable Energy Support Policy: Faith or Facts? *Energy Policy* 37.

Jensen, S. G., and K. Skytte. 2002. Interactions Between the Power and Green Certificate Markets. *Energy Policy* 30.

Jordan, J., and K. P. Kaas. 2002. Advertising in the Mutual Fund Business: The Role of Judgmental Heuristics in Private Investors' Evaluation of Risk and Return. *Journal of Financial Services Marketing* 7, 2.

Kahneman, D. 2003. Maps of Bounded Rationality: Psychology for Behavioral Economics. *American Economic Review* 93, 5.

Kahneman, D., and A. Tversky. 1979. Prospect Theory: An Analysis of Decisions Under Risk. *Econometrica* 47, 2.

Katz, J. A. 1992. A Psychosocial Cognitive Model of Employment Status Choice. *Entrepreneurship Theory and Practice* 17, 1.

Krewitt, W., S. Simon, W. Graus, et al. 2007. The 2℃ Scenario – A Sustainable World Energy Perspective. *Energy Policy* 35.

Lakonishok, J., A. Shleifer, and R. W. Vishny. 1994. Contrarian Investment, Extrapolation, and Risk. *Journal of Finance* 49, 5.

Langniss, O., ed. 1999. *Financing Renewable Energy Systems*. Stuttgart: Deutsche Forschungsanstalt für Luft-und Raumfahrt.

Laurikka, H. 2008. A Case Study on Risk and Return Implications of Emissions Trading in Power Generation Investments. In R. Antes et al., eds. *Emissions Trading*. Heidelberg: Springer.

Lipp, J. 2007. Lessons for Effective Renewable Electricity Policy from Denmark, Germany and the United Kingdom. *Energy Policy* 35.

Lovio, R., P. Mickwitz, and E. Heiskanen. 2011. Path Dependence, Path Creation and Creative Destruction in the Evolution of Energy Systems. In R. Wüstenhagen and R. Wuebker, eds. *Handbook of Research on Energy Entrepreneurship*. Cheltenham, UK: Edward Elgar Publishing.

Lüthi, S. 2010. Effective Deployment of Photovoltaics in the Mediterranean Countries: Balancing Policy Risk and Return. *Solar Energy* 84.

Lüthi, S., and R. Wüstenhagen. 2012. The Price of Policy Risk – Empirical Insights from Choice Experiments with European Photovoltaic Project Developers. *Energy Economics* 34.

Markowitz, H. M. 1952. Portfolio Selection. *Journal of Finance* 7, 1.

Masini, A., and E. Menichetti. 2012. The Impact of Behavioural Factors in the Renewable Energy Investment Decision Making Process: Conceptual Framework and Empirical Findings. *Energy Policy* 40.

McFadden, D. 2001. Economic Choices. *American Economic Review* 91, 3.

McKinsey. 2011. *Mapping Global Capital Markets 2011*. McKinsey Global Institute.

McNamara, G., and P. Bromiley. 1999. Risk and Return in Organization Decision Making. *Academy of Management Journal* 42, 3.

Menanteau, P., D. Finon, and M.-L. Lamy. 2003. Prices Versus Quantities: Choosing Policies For Promoting the Development of Renewable Energy. *Energy Policy* 31.

Mintzberg, H., D. Raisinghani, and A. Theoret. 1976. The Structure of "Unstructured" Decision Processes. *Administrative Science Quarterly* 21.

Mitchell, C., D. Bauknecht, and P. M. Connor. 2006. Effectiveness Through Risk Reduction: A Comparison of the Renewable Obligation in England and Wales and the Feed-in System in Germany. *Energy Policy* 34.

North, D. C. 1990. *Institutions, Institutional Change and Economic Performance*. Cambridge: Cambridge University Press.

Palmer, K., and D. Burtraw. 2005. Cost-Effectiveness of Renewable Electricity Policies. *Energy Economics* 27.

Pinkse, J., and D. van den Buuse. 2012. The Development and Commercialization of Solar PV Technology in the Oil Industry. *Energy Policy* 40.

Pitz, G. F., and N. J. Sachs. 1984. Judgment and Decision: Theory and Application. *Annual Review of Psychology* 35.

Ringel, M. 2006. Fostering the Use of Renewable Energies in the European Union: The Race Between Feed-in Tariffs and Green Certificates. *Renewable Energy* 31.

Rowlands, I. H. 2005. Envisaging Feed-in Tariffs for Solar Photovoltaic Electricity: European Lessons for Canada. *Renewable and Sustainable Energy Reviews* 9.

Sadorsky, P. 2012. Modeling Renewable Energy Company Risk. *Energy Policy* 40.

Samuelson, W., and R. Zeckhauser. 1988. Status Quo Bias in Decision Making. *Journal of Risk and Uncertainty* 1, 1.

Simon, H. A. 1955. A Behavioral Model of Rational Choice. *Quarterly Journal of Economics* 69, 1.

Toke, D., S. Breukers, and M. Wolsink. 2008. Wind Power Deployment Outcomes: How Can We Account for the Differences? *Renewable and Sustainable Energy Reviews* 12.

Tversky, A., and D. Kahneman. 1974. Judgment Under Uncertainty: Heuristics and Biases. *Science* 185(4157).

UNEP. 2010. *Global Trends in Sustainable Energy Investment 2010*. Paris: United Nations Environment Programme.

Unruh, G. 2000. Understanding Carbon Lock-in. *Energy Policy* 28, 12.

Unruh, G. 2002. Escaping Carbon Lock-in. *Energy Policy* 30, 4.

Usher, E. 2008. Global Investment in the Renewable Energy Sector. In O. Hohmeyer and T. Trittin, eds. *IPCC Scoping Meeting on Renewable Energy Sources*. Geneva: IPCC.

Verbruggen, A. 2004. Tradable Green Certificates in Flanders(Belgium). *Energy Policy* 32.

Wiser, R., and M. Bolinger. 2008. *Annual Report on U.S. Wind Power Installation, Cost, and Performance Trends: 2007*. Washington, DC: US Department of Energy.

Wiser, R., and S. Pickle. 1998. Financing Investments in Renewable Energy: The Impacts of Policy Design. *Renewable and Sustainable Energy Reviews* 2.

Wüstenhagen, R., and M. Bilharz. 2006. Green Energy Market Development in Germany: Effective Public Policy and Emerging Customer Demand. *Energy Policy* 34.

Wüstenhagen, R., and E. Menichetti. 2012. Strategic Choices for Renewable Energy Investment: Conceptual Framework and Opportunities for Further Research. *Energy Policy* 40.

Wüstenhagen, R. and T. Teppo. 2006. Do Venture Capitalists Really Invest in Good Industries? Risk-Return Perceptions and Path Dependence in the Emerging European Energy VC Market. *International Journal of Technology Management* 34, 1/2.

Wüstenhagen, R., M. Wolsink, and M. J. Bürer. 2007. Social Acceptance of Renewable Energy Innovation: An Introduction to the Concept. *Energy Policy* 35.

제23장

BP. 2011. *BP Statistical Review of World Energy*, June 2011. London: BP.

BP. 2012. *BP Statistical Review of World Energy*, June 2012. London: BP.

Caijing. 2012. Carbon Tax Planned as an Independent Tax(Chinese). http://economy.caijing.com.cn/2012-01-05/111590186.html.

China Daily. 2009. China Surpasses US Auto Market in H1 Sales. http://www.chinadaily.com.cn/china/

2009-07/09/content_8404128.htm.

China Daily. 2010. China is Now World Champion in Car Production. http://www.chinadaily.com.cn/business/2010-02/03/content_9420521.htm.

China Daily. 2012. Energy Use May be Capped for 2015. http://www.china.org.cn/business/2012-05/03/content_25288835.htm.

China Energy Net. 2012. Development of China-Russia Energy Cooperation Diversifying, Electricity Cooperation Continuing to Heat Up(Chinese). http://finance.qq.com/a/20120427/000599.htm.

China Energy Research Society. 2010. *Energy Policy Research*(Chinese). Beijing: China Energy Research Society.

China Energy Research Society. 2011. *China Energy Development Report*(Chinese). Beijing: China Energy Research Society.

China News. 2012. Last Year Chinese Enterprise Oversees Oil and Gas Rights Reached 85 Million Tons of Oil Equivalent(Chinese). http://finance.chinanews.com/ny/2012/02-09/3657672.shtml.

China Oil News. 2012. China Crude Oil Import Country and Regional Statistics(Chinese). http://oilinfo.cnpc.com.cn/ypxx/ypsc/tjsj/yy/.

China Petrochemical News Net. 2012. China Must Strengthen Energy Independence(Chinese). http://www.china5e.com/show.php?contentid=216128#weblog.

China State Council Development Research Center, National Development and Reform Commission Energy Research Institute, and Tsinghua University Nuclear Energy and New Energy Technology Research Institute. 2009. 2050 China Low Carbon Development Scenario Research(Chinese). *2050 China Energy and CO$_2$ Emissions Report*. Beijing: Science Press.

Cui, Carolyn. 2012. China Seen Bolstering Oil Reserves. *The Wall Street Journal*, April 11.

Downs, Erica S. 2008. China's "New" Energy Administration: China's National Energy Administration Will Struggle to Manage the Energy Sector Effectively. *China Business Review*, November–December.

Finamore, Barbara. 2010. Taking Action to Meet its Climate Pledge – China Enacts National Energy Efficiency DSM Regulations to Dramatically Scale Up Investments in Energy Efficiency. http://switchboard.nrdc.org/blogs/bfinamore/taking_action_to_meet_its_clim.html.

First Caijing. 2012. America Has Achieved "Energy Independence," What Should China Do?"(Chinese). http://finance.qq.com/a/20120229/000298.htm.

IEA. n.d. Oil Markets and Energy Preparedness. http://www.iea.org/about/ome.htm.

IEA. 2010. *World Energy Outlook 2010*. Paris: International Energy Agency.

IEA. 2012. *Gas Pricing and Regulation: China's Challenges and IEA Experience*. Paris: International Energy Agency.

Li, Ting. 2012. Discussion of Systemic Reform for China's Energy Management System(Chinese). *Energy Review* 62.

Lin, Alvin and Fuqiang, Yang. 2012. Design Tips for a Carbon Market. China Dialogue. http://www.chinadialogue.net/article/show/single/en/4797-Design-tips-for-a-carbon-market.

Mao, Yushi, Hong Sheng, and Fuqiang Yang. 2008. *The True Cost of Coal*(Chinese). Beijing: Coal Industry Publishing.

Ministry of Commerce of the People's Republic of China. 2012. Natural Gas Industry Promotion Has Led to Significant Growth in the Oil Industry(Chinese). http://www.mofcom.gov.cn/aarticle/hyxx/fuwu/201203/20120307997202.html.

Ministry of Finance, Research Institute for Fiscal Science. 2009. Analysis of the Necessity and Feasibility of a National Carbon Tax(Chinese). http://finance.ifeng.com/roll/20090923/1273279.shtml.

Ministry of Land and Resources. 2012. Xu Dacun: 2011 National Coal Bed Methane Exploration Newly Discovered Geologically Reserves Total 142.174 Billion Cubic Meters(Chinese). http://www.mlr.gov.cn/wszb/2012/sytrq/zhibozhaiyao/201202/t20120223_1066530.htm.

National Bureau of Statistics. 1990. *1990 China Statistical Yearbook*. Beijing: China Statistics Press.

National Bureau of Statistics. 2002. *2002 China Statistical Yearbook*. Beijing: China Statistics Press.

National Bureau of Statistics. 2011. *2011 China Statistical Yearbook.* Beijing: China Statistics Press.

National Bureau of Statistics. 2012a. *2012 China Statistical Yearbook.* Beijing: China Statistics Press.

National Bureau of Statistics. 2012b. *2011 National Economic and Societal Development Statistical Report* (Chinese). National Bureau of Statistics of China.

NDRC. 2010. Notice from the National Development and Reform Commission Regarding Establishment of Low Carbon Provinces and Low Carbon Cities Pilots(Chinese). National Development and Reform Commission, Climate Change Department, No. 1587.

NDRC. 2011a. *Outline of the 12th Five Year Plan for Economic and Social Development*(Chinese). National Development and Reform Commission.

NDRC. 2011b. Notice from the NDRC Office on Establishing Carbon Emissions Rights Trading Pilot Work(Chinese). National Development and Reform Commission, Climate Change Department, No. 2601.

NDRC. 2012. *Twelfth Five Year Plan for Coal Industry Development*(Chinese). National Development and Reform Commission.

National Energy Administration. 2012a. *12th Five Year Plan for Coal Bed Methane Development*(Chinese). National Energy Administration.

National Energy Administration. 2012b. *Shale Gas Development Plan(2011−2015)*(Chinese). National Energy Administration.

PBL. 2007. China Now No. 1 in CO_2 Emissions; USA in Second Position. PBL Netherlands Environmental Assessment Agency. http://www.pbl.nl/en/dossiers/Climatechange/moreinfo/Chinanowno1inCO2 emissionsUSAinsecondposition

Price, Lynn, Mark D. Levine, Nan Zhou, et al. 2011. Assessment of China's Energy-Saving and Emission-Reduction Accomplishments and Opportunities During the 11th Five Year Plan. *Energy Policy* 39, 4.

Qi, Ye, et al. 2012. *Blue Book of Low-Carbon Development: Annual Review of Low-Carbon Development in China(2011−2012)*(Chinese). Tsinghua University Center for Climate Policy Analysis. Beijing: Social Sciences Academic Press.

Rosen, Daniel, and Trevor Houser. 2007. *China Energy: A Guide for the Perplexed.* Washington, DC: Peterson Institute for International Economics.

Schuman, Sara. 2010. *Improving China's Existing Renewable Energy Legal Framework: Lessons from the International and Domestic Experience.* Beijing: Natural Resources Defense Council.

Science Publishing. 2011. *Second National Climate Change Assessment Report*(Chinese). Beijing: Science Publishing.

State Coal Mine Safety Supervision Bureau. 2011. *China Coal Industry Yearbook 2010*(Chinese). Beijing: Coal Information Research Institute.

Thermal Energy Net. 2012. China in 2012 Will Remain a Net Importer of Coal Chinese. http://news.bjx.com.cn/html/20120120/337810.shtml.

US Department of Commerce International Trade Administration. 2011. Renewable Energy − Solar and Wind. http://export.gov/china/doingbizinchina/eg_cn_025864.asp.

Wang, Xiuqiang. 2012. Tong Xiaoguang: The Main Problem with Restricting Imported Natural Gas is Gas Prices(Chinese). Sina Finance. http://finance.sina.com.cn/roll/20120307/041311530070.shtml.

Xinhua. 2012a. Iran Oil Ban Triggers Chinese Oil Reserve Concerns. Xinhua News Agency, February 21. http://www.china.org.cn/world/2012-02/21/content_24695371.htm.

Xinhua. 2012b. 8 Chinese Cities Air Does Not Meet Standards, Photochemical Smog Is Severe(Chinese). Xinhua News Agency, May 14. http://news.xinhuanet.com/society/2012-05/14/c_111941222.htm.

Xinhua. 2012c. China World's Wind Power Leader: New Figures. Xinhua News Agency, March 23. http://news.xinhuanet.com/english/china/2012-03/23/c_131485088.htm.

Yu, George, and Rob Elsworth. 2012. *Turning the Tanker: China's Changing Economic Imperatives and Its Tentative Look to Emissions Trading.* London: Sandbag Climate Campaign.

Zhang, Guobao. 2012. The Price of Wind Energy Has Already Dropped to 3500 RMB Per Kilowatt

Hour(Chinese). http://finance.ifeng.com/stock/roll/20120310/5730778.shtml.

Zhang, Hui. 2011. The First One Gigawatt Coal Fired Power Generation Program Has Been Launched at Caofeidian(Chinese). http://ts.yzdsb.com.cn/system/2011/08/25/011389441.shtml.

제25장

Barysch, K. 2011. *The EU and Russia: All Smiles and No Action.* London: Centre for European Reform.

Bowen, Alex, and James Rydge. 2011. *Climate Change Policy in the United Kingdom.* London: London School of Economics, Grantham Research Institute on Climate Change.

Bréchet, Thierry, Johan Eyckmans, François Gerard, et al. 2010. The Impact of the Unilateral EU Commitment on the Stability of International Climate Agreements. *Climate Policy* 10.

Burke, Tom, and Nick Mabey. 2011. *Europe in the World.* London: E3G.

European Commission. 2011a. *On Security of Supply and International Cooperation — The EU Energy Policy: Engaging With Partners Beyond Our Borders.* COM(2011)539. Brussels.

European Commission. 2011b. *Energy Roadmap 2050.* COM(2011)885/2. Brussels.

European Commission. 2011c. *Energy 2020.* Brussels: DG Energy.

European Commission. 2011d. *Key Facts and Figures on the External Dimension of the EU Energy Policy.* Commission Staff Working Paper SEC(2011)1022. Brussels.

European Commission. 2011e. *Results of the Public Consultation on the External Dimension of the EU Energy Policy.* Commission Staff Working Paper SEC(2011)1023. Brussels.

Haites, E. 2011. Climate Change Finance. *Special edition of Climate Policy* 11, 3.

Helm, D. 2011. What Next for EU Energy Policy? In K. Barysch, *Green, Safe, Cheap: Where Next for EU Energy Policy?* London: Centre for European Reform.

House of Lords. 2010. *Stars and Dragons: The EU and China.* European Union Committee, 7th Report. London: The Stationery Office.

Huberty, M., and G. Zachmann. 2011. *Green Exports and the Global Product Space: Prospects for EU Industrial Policy.* Brussels: Bruegel.

Mabey, Nick. 2009. Climate Change and Global Governance. Memo, October. London: E3G.

Scholz, Imme. 2010. *European Climate and Development Financing Before Cancún.* EDC 2020 Opinion 7. Bonn: EADI.

van Agt, C. 2011. The Energy Infrastructure Challenge. In K. Barysch, *Green, Safe, Cheap: Where Next for EU Energy Policy?* London: Centre for European Reform.

제26장

Bosselman, Fred, Jim Rossi, and Jacqueline Weaver. 2006. *Energy, Economics and the Environment, Cases and Materials.* 2nd edn. New York: Foundation Press.

Brooks, Harvey. 1980. Energy: A Summary of the CONAES Report. *Bulletin of the Atomic Scientists* (February).

Bupp, Irvin C., and Jean-Claude Derian. 1978. *Light Water: How the Nuclear Dream Dissolved.* New York: Basic Books.

Chandra, Nayan. 2010. Thorns Amid Green Shoots. *The Straits Times,* March 15, 2010, A18.

Clark, J. G., 1982. Federal Management of Fuel Crisis Between the World Wars. In H. D. George and H. R. Mark, eds. *Energy and Transport: Historical Perspectives on Policy Issues.* London: Sage Publications.

Clark, John G. 1990. *The Political Economy of World Energy: A Twentieth Century Perspective.* Hemel Hempstead, UK: Harvester Wheatsheaf.

Delucchi, M. A., and J. J. Murphy. 2008. US Military Expenditures to Protect the Use of Persian Gulf Oil for Motor Vehicles. *Energy Policy* 36.

Fahrenthold, David A. 2009. Coal Group Reveals 6 More Forged Lobbying Letters. *Washington Post,* August

5.

Freeman, S. David. 1973. Is There an Energy Crisis? *An Overview. Annals of the American Academy of Political and Social Science* 410, 1.

Garrison, Jean A. 2009. China's Quest for Energy Security: Political, Economic, and Security Implications. Paper Presented to the 50th Annual Meeting of the International Studies Association, New York, February.

Gelbspan, Ross. 2004. *Boiling Point: How Politicians, Big Oil and Coal, Journalists, and Activists Are Fueling the Climate Crisis – And What We Can Do to Avert Disaster.* New York: Basic Books.

Greenberg, Michael. 2009. Energy Sources, Public Policy, and Public Preferences: Analysis of US National and Site-Specific Data. *Energy Policy* 37.

Gulliver, John, and D. N. Zillman. 2006. Contemporary United States Energy Regulation. In Barry Barton, Lila Barrera-Hernandez, and Alastair Lucas, eds. *Regulating Energy and Natural Resources.* Oxford: Oxford University Press.

Haas, Reinhard, Niels I. Meyer, Anne Held, et al. 2008. Promoting Electricity from Renewable Energy Sources – Lessons Learned from the EU, United States, and Japan. In Fereidoon P. Sioshansi, ed. *Competitive Electricity Markets: Design, Implementation and Performance.* Amsterdam: Elsevier.

Hirsh, Richard F. 1989. *Technology and Transformation in the American Electric Utility Industry.* Cambridge: Cambridge University Press.

IPCC. 2007. Summary for Policy-makers. In *Climate Change: 2007.* Washington, DC: Government Printing Office.

Josberger, Edward, William Bidlake, Rod March, and Shad O'Neel. 2009. Fifty Year Record of Glacier Change. *US Geological Survey Fact Sheet* 2009-3046.

Kalicki, J. H. 2007. Prescription for Oil Addition: The Middle East and Energy Security. *Middle East Policy* 14, 1.

Klare, M. T. 2007. The Futile Pursuit of Energy Security by Military Force. *Brown Journal of World Affairs* 13, 2.

Lackner, Klaus S., and Jeffrey D. Sachs. 2004. A Robust Strategy for Sustainable Energy. *Brookings Papers on Economic Activity* 2.

Laitos, Jan G., and Thomas A. Carr. 1998. The New Dominant Use Reality on Multiple Lands. *Rocky Mountain Mineral Law Institute* 44.

Lovins, Amory. 1976. Energy Strategy – The Road Not Taken? *Foreign Affairs* 55.

Lovins, Amory. 1979a. *Soft Energy Paths: Towards a Durable Peace.* New York: Harper Collins.

Lovins, Amory. 1979b. A Target Critics Can't Seem to Get in Their Sights. In Hugh Nash, ed. *The Energy Controversy: Soft Path Questions and Answers.* San Francisco, CA: Friends of the Earth.

Lutzenhiser, Loren. 1993. Social and Behavioral Aspects of Energy Use. *Annual Review of Energy and the Environment* 18.

Lyons, Daniel. 2009. An SOS for Science: Clean Energy Should Trump Politics. *Newsweek*, October 12, 26.

Macalister, Terry. 2009. Key Oil Figures Were Distorted by US Pressure, Says Whistleblower. *The Guardian*, November 9.

Melosi, Martin V. 1985. *Coping with Abundance: Energy and Environment in Industrial America.* New York: Knopf.

Mouawad, Jad. 2008. Industries Allied to Cap Carbon Differ on the Details. *New York Times*, June 2.

Muller, Frank. 1997. Energy Taxes, the Climate Change Convention, and Economic Competitiveness. In Olav Hohmeyer, Richard L. Ottinger, and Klaus Rennings, eds. *Social Costs and Sustainability: Valuation and Implementation in the Energy and Transport Sector.* New York: Springer.

Narayanamurti, Venkatesh, Laura D. Anadon, and Ambuj D. Sagar. 2009. *Institutions for Energy Innovation: A Transformational Challenge.* Cambridge, MA: Harvard University Press.

Orr, David W. 1979. US Energy Policy and the Political Economy of Participation. *Journal of Politics* 41.

Radmacher, Dan. 2008. Effort to Clean Coal's Image Won't Work. *Roanoke Times*, December 21, 7.

Rosenzweig, Cynthia, David Karoly, Marta Vicarelli, et al. 2008. Attributing Physical and Biological Impacts to Anthropogenic Climate Change. *Nature* 453.

Sautter, J. A., J. Landis, and M. H. Dworkin. 2008–2009. Energy Trilemma in the Green Mountain State: An Analysis of Vermont's Energy Challenges and Policy Options. *Vermont Journal of Environmental Law* 10.

Sheppard, Kate. 2009. Majority of Energy Citizens' Rallies Organized by Oil-Industry Lobbyists. *Grist*, August 21.

Sidortsov, Roman. 2011. Measuring Our Investment in the Carbon Status Quo: Case Study of New Oil Production Development in the Russian Arctic. LL.M thesis, Vermont Law School.

Smith, Zachary A. 2009. *The Environmental Policy Paradox*. 5th edn. Upper Saddle River, NJ: Prentice Hall.

Sovacool, Benjamin K. 2008a. The Best of Both Worlds: Environmental Federalism and the Need for Federal Action on Renewable Energy and Climate Change. *Stanford Environmental Law Journal* 27, 2.

Sovacool, Benjamin K. 2008b. *The Dirty Energy Dilemma: What's Blocking Clean Power in the United States*. Westport, CT: Praeger.

Sovacool, Benjamin K. 2008c. Placing a Glove on the Invisible Hand: How Intellectual Property Rights May Impede Innovation in Energy Research and Development(R&D). *Albany Law Journal of Science & Technology* 18, 2.

Sovacool, Benjamin K. 2009a. Resolving the Impasse in American Energy Policy: The Case for a Transformational R&D Strategy at the US Department of Energy. *Renewable and Sustainable Energy Reviews* 13, 2.

Sovacool, Benjamin K. 2009b. Exploring and Contextualizing Public Opposition to Renewable Electricity in the United States. *Sustainability* 1, 3.

Sovacool, Benjamin K. 2011. National Energy Governance in the United States. *Journal of World Energy Law and Business* 4, 2.

Sovacool, Benjamin K., and Christopher J. Cooper. 2013. *The Governance of Energy Megaprojects: Politics, Hubris, and Energy Security*. London: Edward Elgar.

Stern, Paul C., and Elliot Aronson. 1984. *Energy Use: The Human Dimension*. New York: Freeman & Co.

Stokes, D. 2007. Blood for Oil? Global Capital, Counter-Insurgency and the Dual Logic of American Energy Security. *Review of International Studies* 33.

Tonn, Bruce, K. C. Healy, Amy Gibson, et al. 2009. Power from Perspective: Potential Future United States Energy Portfolios. *Energy Policy* 37.

UNDP. 1997. *Energy After Rio: Prospects and Challenges*. Geneva: United Nations Development Programme.

US EIA. 2012. United States Energy Information Administration, Country Analysis Brief, United States. http://www.eia.gov/countries/country-data.cfm?fips=US&trk=p1.

Winner, Langdon. 1982. Energy Regimes and the Ideology of Efficiency. In George H. Daniels and Mark H. Rose, eds. *Energy and Transport: Historical Perspectives on Policy Issues*. London: Sage Publications.

Yergin, Daniel. 1991. *The Prize: The Epic Quest for Oil, Money and Power*. New York: Simon & Shuster.

제27장

AGECC. 2010. *Energy for a Sustainable Future. Summary Report and Recommendations*. The Secretary General's Advisory Group on Energy and Climate Change. New York: United Nations.

ANEEL. 2011. National Regulatory Agency on Electric Energy. Available at www.aneel.gov.br.

ANFAVEA. 2010. *Official Brazilian Automotive and Autoparts Industry Guide*. Brazil Automotive Industry Yearbook.

ANP. 2011. National Petroleum Agency. Available at www.anp.gov.br.

BEN. 2011. *Brazilian Energy Balance(preliminary version)*. Brasilia: Ministry of Mining and Energy.

COGEN. 2010. Associação das Industrias de Cogeração de Energia. Private communication.

CONAB. 2011. National Company of Food Supply. Available at www.conab.gov.br.

894

Datagro. 2010. *Datagro Bulletin.*

FAOSTAT. 2009. *Crops. Sugarcane.* Rome: FAO.

Goldemberg, J. 2009. The Brazilian Experience with Biofuels. *Innovations Journal* 4.

Goldemberg, J., and S. T. Coelho. 2004. Renewable Energy – Traditional Biomass vs. Modern Biomass. *Energy Policy* 32.

Goldemberg, J., E. L. La Rovere, S. T. Coelho, et al. 2011. *Bioenergy Study Theme. Final Report.* Roskilde: Global Network on Energy for Sustainable Development.

Goldemberg, J., S. T. Coelho, P. M. Nastari, and O. S. Lucon. 2004. Ethanol Learning Curve – The Brazilian Experience. *Biomass and Bioenergy* 26.

IBGE. 2010. Census 2010. Instituto Brasileiro de Geografia e Estatística. http://www.ibge.gov.br.

IEA. 2010. *Energy Statistics of Non-OECD Countries.* Paris: International Energy Agency.

IEA. 2011a. *World Energy Outlook 2011.* Paris: International Energy Agency.

IEA. 2011b. *World Energy Statistics.* Paris: International Energy Agency.

IPCC SRREN. 2011. *Renewable Energy Sources and Climate Change Mitigation.* Special report of the International Panel on Climate Change, Working Group III. Cambridge: Cambridge University Press.

Karekesi, S., K. Lata, and S. T. Coelho. 2006. Traditional Biomass Energy: Improving Its Use and Moving to Modern Energy Use. In Dirk Assmann, Ulrich Laumanns, and Dieter Uh, eds. *Renewable Energy: A Global Review of Technologies, Policies and Markets.* London: Earthscan.

Lucon, O., S. T. Coelho, and J. Goldemberg. 2004. LPG in Brazil: Lessons and Challenges. *Energy for Sustainable Development* 8, 3.

Macedo, I. C., J. Seabra, and J. Silva. 2008. Green House Gases Emissions in the Production and Use of Ethanol from Sugarcane in Brazil: The 2005/2006 Averages and a Prediction for 2020. *Biomass and Bioenergy* 32.

MAPA. 2010. *Anuário Estatístico da Bioenergia.* Brasília: Ministério da Agricultura, Pecuária e Abastecimento.

PDEE-2020. 2011. *Plano Decenal de Expansão de Energia 2020.* Brasilia: Ministério de Minas e Energia.

PNAD. 2004. *Pesquisa Nacional Por Amostra de Domicílios.* Instituto Brasileiro de Geografia e Estatística.

PNE 2030. 2007. *Plano Nacional de Energia 2030.* Brasilia: Ministério de Minas e Energia colaboração Empresa de Pesquisa Energética.

São Paulo 2035. 2011. *Matriz Energetica do Estado de São Paulo 2035 – Energy Matrix State of São Paulo 2035.* Available at http://www.energia.sp.gov.br/a2sitebox/arquivos/documentos/45.pdf.

Sato, M., et al. 2009. A Cultura do Pinhão-Manso(*Jatropha Curcas L.*): Uso para fins combustíveis e descrição agronôica. *EMBRAPA. Revista Varia Scientia* 7, 13.

UNCTAD. 2008. *Making Certification Work for Sustainable Development: the Case of Biofuels.* Geneva and New York: United Nations.

UNCTAD. 2009. *The Biofuels Market: Current Situation and Alternative Scenarios.* Geneva and New York: United Nations.

USAID. 2009. *Transforming Electricity Consumers into Customers: Case Study of a Slum Electrification and Loss Reduction Project in São Paulo, Brazil.* Washington, DC: US Agency for International Development.

제28장

Aguilera, R. F., R. G. Eggert, C. C. Lagos, and J. E. Tilton. 2009. Depletion and the Future Availability of Petroleum Resources. *The Energy Journal* 30, 1.

Allott, Gordon. 2011. Welcome to Wall Street's Briar Patch. *Oil & Gas Financial Journal*, June.

Bashmakov, Igor. 2006. Цены на нефть: пределы роста и глубины падения[Oil prices: limits of growth and the depth of fall]. Вопросы экономики[*Economic Questions*], 3.

Bashmakov, Igor. 2007. Three Laws of Energy Transition. *Energy Policy* 35.

CGES. 2011. *Arab Spring Will Impact Oil Prices in the Long Term.* London: Centre for Global Energy Studies,

Monthly Oil Report, August.

Chevalier, Jean-Marie. 1975. Нефтяной кризис[Oil crisis], transl. into Russian, Москва: Мысль [Moscow: Mysl].

Dickel, Ralf, Tim Gould, Gurbuz Gunul, et al. 2007. *Putting a Price on Energy: International Pricing Mechanisms for Oil and Gas.* Brussels: Energy Charter Secretariat.

DG Energy. 2011. *EU-Russian relations: The Role of Gas.* Brussels: European Commission, Directorate-General for Energy(1st meeting of EU-Russia Gas Advisory Council, Vienna, 17 October 2011).

Drollas, Leo. 2011. *Saudi Arabia's Target Oil Price in 2011.* London: Centre for Global Energy Studies.

IEA. 2008. *World Energy Outlook 2008.* Paris: International Energy Agency.

Kanygin, Petr S. 2010. Экономика освоения альтернативных источников энергии(на примере ЕС)[Economic development of alternative sources of energy(case-study of the EU)]. Dissertation for Doctor of Economic Sciences, Moscow, Institute of Europe, Russian Academy of Science, 2010.

Konoplyanik, Andrey. 2000. Мировой рынок нефти: возврат эпохи низких цен?(после дствия для России)[The world oil market: return of the era of low prices?(Consequences for Russia)]. Moscow: INP, Russian Academy of Science.

Konoplyanik, Andrey. 2004. Россия на формирующемся Евроазиатском энергетическом пространстве: проблемы конкурентоспособности[Russia in the emerging Eurasian energy space: problems of competitiveness]. Moscow: Nestor Academic Publishers.

Konoplyanik, Andrey. 2008a. Повышение конкурентоспособности России на мировых энергетических рынках через инструменты Энергетической Хартии [Improving the competitiveness of Russia on world energy markets through instruments of the Energy Charter Treaty]. Speech at plenary session "Global Energy Security" 8th St Petersburg International Energy Forum, April.

Konoplyanik, Andrey. 2008b. Нефтяной рынок необходимо реформировать[The oil market needs to be reformed]. *Vremia Novostey,* December 12].

Konoplyanik, Andrey. 2009a. О причинах взлета и падения нефтяных цен[On the causes of the rise and fall of oil prices]. Нефть и газ[Oil and Gas(Ukraine)] 2.

Konoplyanik, Andrey. 2009b. Кто определяет цену нефти? Ответ на этот вопрос позво ляет прогнозировать будущее рынкачерного золота[Who determines the price of oil? The answer to this question allows predicting the future market of "black gold". Нефть Рос сии[Oil of Russia] 3, 4.

Konoplyanik, Andrey. 2010. *Who Set International Oil Price? A View From Russia.* Dundee: Centre for Energy, Petroleum & Mineral Law & Policy(CEPMLP), University of Dundee. Reprinted in *Oil, Gas and Energy Law* 9, 1, January 2011.

Konoplyanik, Andrey. 2011a. В поисках справедливости. Существует ли обоснованная цена на черное золотои каков может быть ее уровень?[In search of "justice." Whether there is a reasonable price of "black gold" and what may be its level?]. Нефть России [Oil of Russia] 10, 11.

Konoplyanik, Andrey. 2011b. Эволюция механизмов ценообразования на мировом рын ке нефти: проблемы и риски движения от рынка физической к рынку бума жной энергии[Evolution of pricing mechanisms in the global oil market: challenges and risks of moving from a physical market to a paper energy market]. Speech and review presentation at plenary session 3, First Russian Petroleum Congress, Moscow, World Trade Center, March.

Konoplyanik, Andrey. 2011c. Energy Markets, Financial and Monetary Systems. Presentation at the workshop organized by Norwegian Centre for Strategic Studies and Institute of the Oil & Gas Problems, Russian Academy of Sciences, Narvik, Norway, June 24.

Konoplyanik, Andrey. 2011d. Современный мировой рынок нефти: ненефтяные спек

896

улянты правят бал[The contemporary world oil market: non-oil speculators run the show]. Speech at the scientific-practical conference "Oil as a Special Class of Assets – Current Trends and Risks," Gazprombank and Institute of World Economy and International Relations, Moscow, December 13.

Konoplyanik, Andrey. 2012a. Эволюция международных рынков нефти и газа и инстр ументов защиты/стимулирования инвестиций в энергетику[Evolution of international oil and gas markets, and instruments for the protection of / incentives for investment in the energy sector]. Speech at the first scientific-educational conference "Economics of the Energy Sector as Direction of Research: Frontlines and Everyday Reality," Moscow, MSE MGU, March 23.

Konoplyanik, Andrey. 2012b. Эволюция мирового рынка нефти: закономерности разви тия vs. устой чивое развитие[Evolution of the global oil market: patterns of development vs. sustainable development]. Presentation at the conference "Sustainable Development in the Energy Sector," organized by NIU HSE and University of Dundee, Perm, April.

Konoplyanik, Andrey. 2012c. Эволюция контрактной структуры и механизмов ценоо бразования на мировом рынке нефти: кто определяет цену нефти?[Evolution of contractual structures and pricing mechanisms in the global oil market: Who determines the price of oil?] Speech at the round table "Topical Questions of Pricing Global Hydrocarbon Markets," Institute of Energy Strategy, Moscow, May 16.

Konoplyanik, Andrey. 2012d. Шестой инновационный кластер. Такую роль в россий ской экономике могут сыграть нефть и газ[Sixth innovation cluster. This is the role oil and gas could play in the Russian economy]. Нефть России[Oil of Russia] 4, 5.

Konoplyanik, Andrey. 2012e. Russian Gas in Europe: Why Adaptation Is Inevitable. *Energy Strategy Reviews* 1, 1.

Kurenkov, Yuri, and Andrey Konoplyanik. 1985. Динамика издержек производства, цен и рентабельности в мировой нефтяной промышленности[Dynamics of production costs, prices and profitability in the global oil industry]. Мировая экономика и международные отношения[*World Economy and International Relations*] 2.

Medlock III, Kenneth B., and Amy M. Jaffe. 2009. *Who Is in the Oil Futures Market and How Has It Changed?* Houston, TX: Rice University, James A. Baker III Institute for Public Policy.

Mirkin, Jakov M. 2011. Финансовый механизм формирования цен на нефть[Financial mechanism of forming oil prices]. Speech at seminar "Volatility of World Oil Prices – Threat to the Budgetary Process," IMEMO, Russian Academy of Sciences, June 22. *Oil Tabloid*, 2010. ENI quarterly 10(June).

Renaissance Capital. 2011. The Revolutionary Nature of Growth. Renaissance Capital, Frontier and Emerging Markets. Update, Economics and Strategy Research, June 22.

Sorrell, Steve, Jamie Speirs, Roger Bentley, et al. 2009. *Global Oil Depletion: An Assessment of the Evidence for a Near-Term Peak in Global Oil Production.* London: UK Energy Research Centre.

Stowers, Don. 2011. Dodd-Frank to impact producers. *Oil & Gas Financial Journal*, June.

Takin, Manouchehr. 2008. *Upstream Costs and the Price of Oil.* London: Centre for Global Energy Studies.

Tarbell, Ida. 1904. *The History of the Standard Oil Company.* New York: McClure, Phillips.

Yergin, Dan. 1991. *The Prize: The Epic Quest for Oil, Money & Power.* New York: Simon & Schuster.

Zhukov, Stanislav V. 2011. Нефть как финансовый актив[Oil as a financial asset]. Speech at the scientific-practical conference "il as a Special Class of Assets – Current Trends and Risks," Gazprombank and Institute of World Economy and International Relations, Moscow, December 13.

Zhukov, Stanislav V. 2012. Интеграция нефтяного и финансового рынков[Integration of oil and financial markets]. Speech at the 128th session of the continuing open seminar "Economic

Problems of the Energy Complex"(seminar A. N. Nekrasov), Russian Academy of Science, Moscow, March 27.

제29장

Africa Oil and Gas Report. 2012. How NNPC Cripples Nigeria's Gas to Power Aspirations. Lagos, April 4.

Chaney, Eric. 2012. Democratic Change in the Arab World, Past and Present. Paper presented at the Spring 2012 Conference of the Brookings Institution, Washington, DC.

CSIS. 2005. *A Strategic US Approach to Governance and Security in the Gulf of Guinea.* Washington, DC: Center for Strategic and International Studies.

Daily Champion. 2004. Mbah Aja on NDDC. Lagos, August 3.

EIA. 2010. Nigeria. US Energy Information Administration Country Analysis Briefs, www.eia.gov.

Federal Ministry of Information. 1969. *Nigeria, Report of the Interim Revenue Allocation Committee.* Lagos: Federal Ministry of Information.

Federal Ministry of Information. 1992. *OMPADEC: New Dawn for the Oil-Producing Communities.* Abuja: Federal Ministry of Information.

Financial Times. 1969. Oil: The Boom Now, Bonanza to Come. London, August 4, Special Supplement on Nigeria.

Forrest, Tom. 1995. *Political and Economic Development in Nigeria.* Boulder, CO: Westview Press.

Frynas, Jedrzej George, Matthias P. Beck, and Kamel Mellahi. 2000. Maintaining Corporate Dominance after Decolonization: the "First Mover Advantage" of Shell-BP in Nigeria. *Review of African Political Economy* 85.

Greenpeace Nederland. 1996. *The Niger Delta: A Disrupted Ecology. The Role of Shell and Other Oil Companies.* Amsterdam: Greenpeace.

Human Rights Watch. 1999. *Nigeria: Crackdown in the Niger Delta.* New York: Human Rights Watch.

Humphreys, Macartan, Jeffrey Sachs, and Joseph Stiglitz. 2007. *Escaping the Resource Curse.* New York: Columbia University Press.

Ijaw Youth Council. 2009. *The Kaiama Declaration.* Port Harcourt: Isis Press.

Ikelegbe, Augustine. 2001. The Perverse Manifestation of Civil Society: Evidence from Nigeria. *Journal of Modern African Studies* 39, 1.

International Crisis Group. 2006. *The Swamps of Insurgency: Nigeria's Delta Unrest.* Africa Report No. 115. Brussels: International Crisis Group.

Jega, Attahiru, ed. 2000. *Identity Transformation and Identity Politics Under Structural Adjustment in Nigeria.* Uppsala: Nordiska Afrikainstitutet.

Kew, Darren. 1999. "Democracy, Dem Go Craze, O": Monitoring the 1999 Nigerian Elections. *Issue* 27, 1.

Khan, Sarah Ahmad. 1994. *Nigeria: The Political Economy of Oil.* Oxford: Oxford University Press.

NEITI. 2009. *NEITI: Its Structure and Activities.* Abuja: Nigeria Extractive Industries Transparency Initiative.

NEITI. 2011. *NEITI Audit Report, 2005.* Abuja: Nigeria Extractive Industries Transparency Initiative.

NNPC. 1981. *The Nigerian Oil Industry: Facts and Data.* Lagos: Nigerian National Petroleum Corporation.

Nwajiaku-Dahou, Kathryn. 2010. *The Politics of Amnesty in the Niger Delta: Challenges Ahead.* Paris: Institut Français des Relations Internationales.

Ofoh, E. P. 1992. *Trends in Production Sharing Contracts in Nigeria.* London: Society of Petroleum Engineers.

Okogu, B. E. 1992. *Africa and Economic Structural Adjustment: Case Studies of Ghana, Nigeria, and Zambia.* Pamphlet Series 29. Vienna: OPEC Fund for International Development.

Okonta, Ike. 2006. *Behind the Mask: Explaining the Emergence of the MEND Militia in Nigeria's Oil-Producing Niger Delta.* Berkeley, CA: University of California, Working Papers on the Economies of Violence.

Okonta, Ike. 2008. *When Citizens Revolt: Nigerian Elites, Big Oil, and the Ogoni Struggle for Self-Determination.* Trenton, NJ: Africa World Press.

898

Okonta, Ike, and Oronto Douglas. 2001. *Where Vultures Feast: Shell, Human Rights and Oil in the Niger Delta.* San Francisco, CA: Sierra Club Books.

Osaghae, Eghosa. 1998. *Crippled Giant: Nigeria Since Independence.* London: Hurst & Co.

Oyovbaire, Egite. 1985. *Federalism in Nigeria.* London: Macmillan.

Petroleum Intelligence Weekly. 1969. Sudden New Oil Law Issued by Nigeria to Oil Firms. December 22.

Ribadu, Nuhu. 2009. Nigeria and the Challenge of Corruption. Paper presented at the Centre for the Study of African Economies, University of Oxford.

Shaxson, Nicholas. 2007. *Poisoned Wells: The Dirty Politics of African Oil.* London: Palgrave Macmillan.

SPDC. 2003. *Peace and Security in the Niger Delta: Conflict Expert Group Baseline Report.* Lagos: Shell Producing Development Company.

The African Guardian. 1992. Oil-Producing Communities Disrupt Production. Lagos, August 17.

The African Guardian. 1994. Chaos, Disruptions in the Oil Industry. Lagos, July 25.

The Guardian. 2006. The Return of Horsfall. Lagos, November 4.

The Guardian. 2009. Militants Cut Oil Production. Lagos, May 12.

The Guardian. 2010. Nigeria May Lose EITI Status. Lagos, July 14.

The Guardian. 2011. NNPC and Local Content: Hope at Last? Lagos, December 12.

The Observer. 1995. Shell Letters Shows Nigerian Army Links. London, December 17.

The Punch. 1979. Scam Uncovered in the Oil Industry. Lagos, September 3.

The Vanguard. 2012. NNPC and the Cult of Corruption. Lagos, January 20.

Thisday. 2011. Oil and Gas: PIB – Will It Ever Be Enacted? Lagos, November 18.

Thurber, Mark C., Ifenyinwa M. Emelife, and Patrick R. P. Heller. 2010. *NNPC and Nigeria's Patronage System.* Palo Alto, CA: Stanford University, Freeman Spogli Institute for International Studies.

Turner, Terisa. 1978. Commercial Capitalism and the 1975 Coup. In Keith Panter-Brick, ed. *Soldiers and Oil: The Political Transformation of Nigeria.* London: Frank Cass.

Ukiwo, Ukoha. 2007. From "Pirates" to "Militants": A Historical Perspective on Anti-State and Anti-Oil Company Mobilization Among the Ijaw of Warri, Western Niger Delta. *African Affairs* 106/425.

Wall Street Journal. 2006. As Oil Supplies are Stretched, Rebels, Terrorists, Get New Clout. April 10.

Williams, Gavin. 1976. Nigeria: A Political Economy. In Gavin Williams, ed. *Nigeria: Economy and Society.* London: Rex Collins.

Williams, Gavin. 1983. *The Origins of the Nigerian Civil War.* Milton Keynes: Open University Press.

World Bank. 1996. Ten Things You Did Not Know About the World Bank and Anti-Corruption. Washington, DC: World Bank.

Wolpe, Harold. 1974. *Urban Politics in Nigeria: A Study of Port Harcourt.* Berkeley, CA: University of California Press.

Zalik, Anna. 2011. Labeling Oil, Contesting Governance: Legal Oil, the GMoU, and Profiteering in the Niger Delta. In Cyril Obi and Siri Aas Rustad, eds. *Oil and Insurgency in the Niger Delta: Managing the Complex Politics of Petro-Violence.* Uppsala and London: Nordic Africa Institute and Zed Books.

저자 소개

크리스토퍼 올솝(Christopher Allsopp) 옥스퍼드 대학교의 경제학과 교수이자 옥스퍼드 뉴 칼리지(New College)의 선임연구원이며, 옥스퍼드에너지연구소(Oxford Institute for Energy Studies)의 소장을 맡고 있다. 2003년에 발간되어 '올솝 리뷰'라고도 불리는 「경제적인 정책 결정을 위한 통계(Review of Statistics for Economic Policymaking)」라는 보고서의 책임자이기도 하다. 1997년부터 2000년까지 잉글랜드은행 이사회, 2000년부터 2003년까지 영국 통화정책위원회의 위원을 역임했다. 한편으로는 학술지인 ≪옥스퍼드 리뷰 오브 이코노믹 폴리시(Oxford Review of Economic Policy)≫를 창립해 편집자로 활동하고 있으며, 대학 산하의 연구기관인 옥스퍼드 이코노믹스(Oxford Economics)의 기관장도 맡고 있다. 영국 재무부(HM Treasury), 경제협력개발기구(OECD), 잉글랜드은행 같은 국제기구 및 민간 조직에서 국내외의 정책 이슈에 관한 자문위원으로 활동한 경력도 있다. 경제 개혁, 통화, 재정, 환율 등의 문제와 관련해서 다양한 저서를 집필한 바 있다.

고빈다 아바사랄라(Govinda Avasarala) 브루킹스연구소 에너지 안보 이니셔티브(Energy Security Initiative)의 선임 연구원이다. 신흥 시장에서 에너지의 지정학, 국내외 석유·천연가스 시장의 동향, 다자간 에너지 협력틀에 관한 연구를 진행하고 있다. 메리 워싱턴 대학교에서 경제학으로 학사학위를 취득했다.

로버트 베일리(Robert Bailey) 영국의 왕립 국제 문제 연구소인 채텀하우스(Chatham House)에서 식량 및 환경 안보 분야의 선임 연구원으로 재직 중이다. 그전에는 영국 옥스팜(Oxfarm)의 경제 정의 분과의 회장을 맡은 바 있다. 바이오연료, 기후변화, 식량 안보와 관련해서 수많은 보고서를 발간했으며, 대표작으로는 『두 번째 불편한 진실: 바이오연료 정책이 어떻게 빈곤을 심화시키고 기후변화를 가속화시키는가?(Another Inconvenient Truth: How biofuel policies are deepening poverty and accelerating climate change)』와 『더 좋은 미래 만들기: 자원이 한정된 세계에서의 식량 정의(Growing a Better Future: Food Justice in a Resource-Constrained World)』가 있다. 2011년에는 데벡스(Devex)에서 선정한 세계 발전을 이끈 40인 가운데 한 명으로 선정되었다.

앤드류 바워(Andrew Bauer) 수익감시기구(Revenue Watch Institute: RWI)의 경제 분석가다. 주로 경제적 기술 지원 및 연구에 관한 업무를 담당하고, 자원 채굴과 관련된 정책 대안들의 경제적 영향과 관련해서 정부와 시민사회의 자문위원을 맡고 있으며, 정책 결정자를 도와 천연자원의 세입 관리에 관련된 개선 방안도 제시하고 있다. 과거에는 캐나다의 주요국 정상회담인 G7과 G20에서 재정 분야의 전문가로 경제 정책에 대한 자문을 맡았으며, 캐나다에서 G8과 G20의 사전회의를 계획·진행하는 데 참여한 바 있다. 영국의 부채 탕감 인터내셔널(Debt Relief International), 유니세프 캐나다(UNICEF-Canada), 케냐의 국제투명성기구(Transparency International-Kenya), 가나의 인권과 행정정의 위원회(Commission on Human Rights and Administrative Justice)를 포함해 정부, 비영리단체, 민간 부문에서 다양하게 활동했다. 맥길 대학교에서 경제학과 국제개발로 학사학위를 취득했으며, 옥스퍼드 대학교에서는 경제개발 관련 석사과정을 이수했다.

수베스 바타차리야(Subhes Bhattacharyya) 영국 레스터에 위치한 드몽트포르 대학교의 지속가능발전·에너지연구소(Institute of Energy and Sustainable Development)에서 에너지 경제학 및 정책학의 교수로 근무하고 있다. 분산형 발전 시스템을 통한 남아시아의 전력화 관련 사업 모델을 개발하기 위해 영국과 인도가 지원하는 대학 협력단의 단장도 맡고 있다. 개발도상국의 에너지 관련 이슈에 관한 전문가로 25년 이상 활동해왔다. 대표적으로는 『에너지경제학: 개념, 쟁점, 시장, 거버넌스(Energy Economics: Concepts, Issues, Markets and Governance)』와 『개발도상국에서 분산형 시스템을 이용한 농촌 지역의 전력화(Rural Electrification Through Decentralised Off-grid Systems in Developing Countries)』 등의 저서를 발간한 바 있다.

마이클 브래드쇼(Michael Bradshaw) 영국 레스터 대학교의 교수이며, 인문지리학과의 학과장을 역임한 바 있다. 박사학위는 캐나다의 브리티시컬럼비아 대학교에서 취득했다. 자원지리학 중에서도 러시아의 경제·지리 및 세계 에너지 안보에 관한 연구를 수행하고 있으며, 최근에는 국제적인 에너지 이슈와 관련해서 연구하고 있다. 에너지안보, 세계화, 기후변화의 관계에 주목하고 있는 레버흄 재단(Leverhulme Trust)의 지원을 받아 2008년부터 2011년까지 세계 에너지 딜레마에 관한 연구 프로그램을 진행한 바 있다. 2011년 1월에는 영국 에너지연구센터(UK Energy Research Centre)의 지원을 받아 국제 가스 안보에 관한 연구를 2년간 진행했다. 와일리 블랙웰(Wiley-Blackwell)에서 발간하는 저널인 ≪지오그래피 컴퍼스(Geography Compass)≫의 편집장을 맡았으며, 『유라시아 지리 및 경제(Eurasian Geography and Economics)』를 발간하기도 했다. 버밍엄 대학교 러시아·동유럽 연구센터(Centre for Russia and East European Studies)의 명예 선임연구원이자 옥스퍼드대학에너지연구소(Oxford Institute for Energy Studies)의 객원연구원으로도 재직하고 있다.

앨버트 브레샌드(Albert Bressand) 네덜란드 흐로닝언에 위치한 림뷔르흐 주립대학교 국제전략관리학과의 교수이며, EU 집행위원회 산하 개발위원회의 특별 자문위원과 베일 콜롬비아 국제지속가능투자센터(Vale Columbia Center on Sustainable International Investment)의 수석연구원을 맡고 있다. 한편으로는 뉴욕 컬럼비아 대학교 국제공공정책학과의 교수와 콜롬비아 에너지·해상운송·공공정책센터(Columbia's Center for Energy, Marine Transportation and Public Policy)의 상임이사도 역임한 바 있다. 또한 로열 더치 셸의 런던 본사에서 국제 비즈니스 환경국의 국장을 지냈으며, EU의 에너지 관련 특별 자문을 맡기도 했다. 세계경제포럼(World Economic Forum), 킹스 칼리지 런던(King's College London) 산하 유럽에너지·자원 안보센터(European Center for Energy and Resources Security: EUCERS)의 자문위원을 맡은 바 있으며,

세인트 안토니 칼리지(St Antony's College) 옥스퍼드 에너지 정책 클럽(Oxford Energy Policy Club)의 회원이자 런던에 위치한 공적통화·금융기구포럼(Official Monetary and Financial Institutions Forum: OMFIF) 산하 과학위원회의 위원이기도 하다. 주로 ≪포린 어페어스(Foreign Affaires)≫, ≪인터내셔널 어페어스(International Affairs)≫, ≪퓌티리블(Futuribles)≫, ≪폴리티크 엥테르나시오날(Politique Internationale)≫, ≪르몽드(Le Monde)≫ 등을 통해 글을 발표해오고 있다. 파리 공과대학(École Polytechnique), 국립교량·도로학교(École Nationale des Ponts et Chaussèes), 파리 소르본 대학교(Paris-Sorbonne)에서 수학과 공학 학위를 받았다. 하버드 대학교의 케네디 공공정책대학원(Kennedy School of Government)에서는 행정학 석사학위와 정치경제학 박사학위를 받았다.

프리츠 브루거(Fritz Brugger) 수단과 차드에 있는 아시아계 석유공기업과 서구 석유업체의 사회적 책임에 관한 연구를 통해 제네바의 국제개발대학원에서 박사학위를 취득했다. 천연자원, 국제 개발, 개발 협력 등에 관심을 갖고 있다.

질 카르보니에(Gilles Carbonnier) 제네바 국제개발대학원 개발경제학과의 교수이며, ≪인터내셔널 디벨럽먼트 폴리시(International Development Policy)≫의 편집장이기도 하다. 국제 무역, 개발 정책, 인도적 지원 분야에서 20년 동안 활동한 경력을 가지고 있다. 인도적 활동을 위한 교육연구센터(Centre for Education and Research in Humanitarian Action)의 기관장일 뿐만 아니라 유럽발전연구소(European Association of Development Institutes)의 부소장을 맡고 있다. 에너지와 발전의 관련성, 자원의 거버넌스, 인도주의, 무력분쟁의 정치경제학, 국제 개발 협력과 관련해서 연구를 진행하고 있다.

데발리나 차크라바티(Debalina Chakravarty) 인도 콜카타의 자다푸르 대학교(Jadavpur University)에서 경제학 박사과정을 밟고 있으며, 전임 연구원으로 재직 중이다. 기후변화와 반등효과에 대해 연구하고 있다. 인도 가정 부문에서 에너지 사용의 반등효과를 추정하는 연구를 통해 석사학위를 받았다. 여러 학회와 저널에 연구 논문을 발표해오고 있다.

다그 하랄 클라스(Dag Harald Claes) 오슬로 대학교 정치학과의 교수이자 몰데 대학(Molde University College)의 겸임 교수다. 오슬로 대학교에서 정치학을 전공해 박사학위를 받았다. 석유생산자 협정, 에너지 관련 노르웨이와 EU의 관계, 중동 분쟁에서 석유의 역할 등에 관한 저서를 발표한 바 있다. 현재는 오슬로 대학교 정치학과의 학과장을 맡고 있다.

수아니 코엘류(Suani T. Coelho) 파피 대학(Armando Alvares Penteado Foundation: FAAP)에서 화학공학을 전공했으며, 상파울루 대학교(University of São Paulo)에서 에너지 전공으로 석·박사학위를 취득했다. 현재는 상파울루 대학교 에너지대학원(Postgraduate Program in Energy: PPGE)의 교수로 재직하고 있으며, 바이오매스를 에너지원으로 사용할 수 있도록 연구하는 브라질 바이오매스 연구센터(Brazilian Reference Center on Biomass)의 코디네이터도 맡고 있다. 또한 에너지, 에너지 전환, 바이오매스에 대해 연구하는 상파울루 대학교 전기공학·에너지연구소의 연구원으로 에너지 사업의 환경관리와 관련된 대학원 전문과정의 협력 코디네이터를 맡고 있다.

시아마스리 다스굽타(Shyamasree Dasgupta) 사사카와 료이치 청년지도자 장학기금(Ryoichi Sasakawa Young leader's Fellowship Fund: SYLFF)의 지원을 받아 인도 콜카타 자다푸르 대학교에서 경제학 박사과정을 밟고 있다. 인도의 에너지집약적인 산업이 지속가능한 발전 경로를 채택할 수 있도록 유도하기 위한 연구 과제를 진행하고 있으며, 저탄소 성장을 위한 국내외 기후변화 완화 정책의 잠재성 평가에 관심을 갖고 있다. 석사과정도 SYLFF 재단의 지원을 받았으며, 2010년 자다푸르 대학교에서 경제학으로 학위를 취득했다. 해외의 각종 학회에 참여한 경험이 있으며, 여러 학술지에 논문을 게재한 경력이 있다.

찰스 에빈저(Charles Ebinger) 브루킹스연구소 에너지 안보 이니셔티브의 선임연구원이자 소장을 맡고 있다. 석유, 가스, 석탄, 원자력 등의 국내외 에너지 시장 및 지정학과 관련해서 30년 이상의 연구 경력을 지닌 전문가이며, 50여 개국의 에너지 정책 자문위원으로 활동해오고 있다. 조지타운 대학교의 월시 외교대학(Walsh School of Foreign Service)과 존스 홉킨스 대학(Johns Hopkins School)에서 에너지 경제학과의 겸임 교수로 근무하고 있다.

크리스티안 에겐호퍼(Christian Egenhofer) 브뤼셀 유럽정책연구센터(Centre for European Policy Studies: CEPS)의 에너지·기후 관련 연구 책임자이자 선임연구원이다. 벨기에의 브루제와 폴란드의 나톨린에 위치한 유럽대학(College of Europe), 프랑스의 파리정치대학(SciencesPo), 로마의 루이스대학(LUISS University)에서 겸임교수로 재직하면서 에너지·기후변화 관련 규제 및 정책을 가르치고 있다. 1997년부터 2010년까지 스코틀랜드의 던디 대학교(University of Dundee) 산하 에너지, 석유, 광물에 관한 법과 정책을 분석하는 연구센터(Centre for Energy, Petroleum and Mineral Law and Policy: CEPMLP)에서 선임연구원으로 근무했으며, 장 모네 대학에서 강의도 하고 있다. EU와 함께 20년 이상 수많은 정책을 연구한 경험이 있다. 특히 에너지, 기후, 교통 같은 분야에서의 EU의 정책들을 10년 동안 담당해오고 있다.

바삼 파투(Bassam Fattouh) 옥스퍼드 에너지 연구소 석유 및 중동 프로그램(Oil and Middle East Programme)의 책임자이며, 런던 대학 아시아·아프리카 학과(School of Oriental and African Studies)의 교수로 재직 중이다. 국제 석유 시장 및 가격 시스템과 관련해서 다양한 논문을 발표한 바 있다. ≪에너지 저널(Energy Journal)≫, ≪에너지 이코노믹스(Energy Economics)≫, ≪에너지 폴리시(Energy Policy)≫, ≪저널 오브 디벨럽먼트 이코노믹스(Journal of Development Economics)≫, ≪옥스퍼드 리뷰 오브 이코노믹 폴리시≫, ≪이코노믹 인콰이어리(Economic Inquiry)≫, ≪엠피리컬 이코노믹스(Empirical Economics)≫, ≪저널 오브 파이낸셜 인터미디에이션(Journal of Financial Intermediation)≫, ≪이코노믹스 레터(Economics Letters)≫, ≪매크로이코노믹 다이내믹스(Macroeconomic Dynamics)≫ 등의 학술지에 논문을 투고하고 다양한 저서를 집필했다.

조제 골뎀베르그(José Goldemberg) 1954년 상파울루 대학교에서 물리학으로 박사학위를 받았으며, 공과대학 물리학과의 전임 교수로 재직하다가 1986년부터 1991년까지 총장으로 근무했다. 브라질 과학아카데미(Brazilian Academy of Science)의 회원이며, 브라질과학진흥회(Brazilian Association for the Advancement of Science)와 상파울루 에너지공기업(Energy Company of the State of São Paulo: CESP)의 사장을 맡기도 했다. 1990년부터 1992년까지는 과학기술부 장관과 교육부 장관을 역임한 바 있다. 일리노이 대학교, 파리 오르세의 스탠퍼드 대학교, 프린스턴 대학교에서 강의와 연구를 담당했다. 1998년부터 2000년까지 세계에너지평가원(World Energy Assessment)의 원장으로 재직했으며, 2002년부터 2006년까지는 상파울루의 환경부 장관을 역임했다. ≪타임≫지는 조제 골뎀베르그를 2007년의 '환경 영웅' 가운데 한 명으로 선정했을 정도다. 2008년에는 일본 아사히 글라스 재단(Asahi Glass Foundation)으로부터 '푸른 지구상(Blue Planet Prize)'을 받았으며, 2010년에는 세계과학아카데미(World Academy of Sciences)로부터 제3회 트리에스테과학상(Trieste Science Prize)을 수상한 경력도 있다. 현재는 상파울루 대학교의 명예교수다.

앤드리스 골드소(Andreas Goldthau) 부다페스트에 위치한 미국계 대학원인 중앙유럽대학(Central European University)에서 공공정책학과의 학과장이자 조교수로 재직 중이다. 또한 베를린과 제네바에 위치한 글로벌공공정책연구소(Global Public Policy Institute)의 선임연구원이기도 하며, 존스 홉킨스 대학에서는 에너지·기후변화정책대학원의 겸임교수도 맡고 있다. 존스 홉킨스 대학 국제관계대학원(SAIS)과 랜드연구소(RAND Corporation)에서 근무한 경력도 지니고 있다. 에너지 안보 및 석유·가스와 관련된 국제 거버넌스에 관심을 갖고 연구를 진행 중이다. 『유럽과 러시아에서의 에너지 거버넌스의 역학관계(Dynamics of Energy Governance in Europe and Russia)』, 『국제 에너지 거버넌스(Global Energy Governance: The New Rules of the Game)』, 『석유 수입과 미국의 안보(Imported Oil and U.S. National Security)』, 『석유수출국기구(OPEC)』, 『미국, 중국, 이란의 국내 동향(Domestic Trends in the United States, China and Iran)』 등을 발간했다.

닐 거닝엄(Neil Gunningham) 호주 국립대학 페너 환경대학원(Fenner School of Environment and Society)과 규제적 제도 네트워크(Regulatory Institutions Network)의 교수로 재직 중이며, 기후·환경 거버넌스 네트워크(Elimate and Environmental Governance Network: CEGNet)의 공동소장을 맡고 있다. 2003년에 카간(Kagan) 및 손턴(Thornton)과 공동으로 집필한 『초록의 그늘(Shades of Green: Business, Regulation and Environment)』, 1999년 그래보스키와 공저로 발표한 『현명한 규제(Smart Regulation)』 등이 주요 저서다. 환경·에너지 관련 법률, 규제, 거버넌스 등에 관심을 갖고 있다.

멜 호위치(Mel Horwitch) 부다페스트에 위치한 중앙유럽대학 경영대학원의 학장이자 석좌교수로 재직 중이다. 최근에는 청정기술, 지속가능한 관리, 개발도상국을 포함한 국제사회의 혁신, 개인 및 법인 사업체의 글로벌 기업가 정신, 현대 혁신의 미래 영향에 대한 연구를 진행하고 있다. 이전에는 뉴욕 대학 폴리텍 연구소(Polytechnic Institute) 기술관리학과의 학과장과 기술·기업연구소(Institute for Technology and

Enterprise)의 소장을 역임한 바 있다.

매슈 헐버트(Mathew Hulbert) 사우디 석유공사인 아람코의 정치고문이자 여러 나라의 자문위원을 맡고 있으며, ≪유러피언 에너지 리뷰(European Energy Review)≫의 수석 애널리스트로 재직 중이다. 최근에는 『패러독스의 시대(Age of Paradox: Exploring the Uncertain World of Energy 2000~2020)』를 집필했으며, 헤이그에 위치한 클링겐델 국제에너지프로그램(Clingendael International Energy Programme)의 수석연구원으로 근무하고 있다. 영국 출신이며, 데이터모니터(Datamonitor)라는 업체에서 에너지 관련 수석 애널리스트로 재직했다. 이후 런던과 워싱턴에 위치한 컨트롤 리스크스 그룹(Control Risks Group) 글로벌 리스크 분석 연구소(Global Risk Analysis)의 소장으로 활동하다가 스위스 취리히 연방 공과대학(ETH Zurich)의 수석연구원으로 자리를 옮기면서 에너지 안보와 정치적 위험성에 관한 연구를 진행하기도 했다. 이전에는 웨버 샌드윅(Weber Shandwick)에서 정치고문과 영국 상원공동의원회의 정책국장을 역임했으며, 외교정책센터에서 근무한 경력도 지니고 있다. 정책 관련 학술지와 대중매체를 통해 다양한 논문과 저서를 발간한 바 있다. 특히 ≪포브스 매거진(Forbes Magazine)≫에서는 "구식 에너지, 새로운 세계 질서(Old School Energy, New World Order)"라는 제목으로 에너지 관련 칼럼을 기고하기도 했다. 이후 캠브리지 대학교와 더럼 대학교에서도 근무했다.

야프 얀선(Jaap Jansen) 이학 및 국제금융과 관련해서 석사학위를 취득했으며, 네덜란드 에너지 연구센터(Energy Research Centre of Netherlands: ECN)의 수석연구원으로 에너지 정책을 사회·경제적인 관점에서 연구하고 있다. 정책적 동기부여, 재생가능에너지 시장·시스템의 통합, 공급 안보, 에너지 관련 환경 시장과 관련해서 여러 편의 논문, 보고서, 도서 등을 집필한 바 있다.

안드레이 코노플랴니크(Andrey A. Konoplyanik) 러시아 공기업인 가스프롬의 수출 담당 유한회사(Gazprom export LLC)의 회장 직속 자문위원이다. 모스크바 국립 경영대학에서 1978년에 국제에너지경제학으로 박사학위를, 1995년에는 이학 박사학위를 취득했다. 2012년에는 국제석유가스·경영학과의 교수가 되었다. 소련 시절에는 모스크바 세계경제·국제관계연구소(Moscow Institute of World Economy and International Relations: IMEMO)에서 근무했으며, 1979년부터 1990년까지는 국가계획위원회(USSR State Planning Committee: GOSPLAN)에서 재직했다. 1991년부터 1993년까지는 자원에너지부 차관으로 취임해서 대외경제 및 해외직접투자 관련 업무를 담당했다. 1993년부터 2002년까지는 가이다르(E. Gaidar) 부총리를 도와 에너지, 경제, 재정 등과 관련된 여러 부처의 정책자문을 맡았으며, 러시아 총선에서는 촉탁 고문관을 맡았다. 1996년부터 1999년까지 러시아부흥개발은행의 총장, 1999년부터 2002년까지 모스크바 ENIP & PF(Energy and Investment Policy & Project Financing Development Foundation) 재단의 이사장, 2002년부터 2008년까지 벨기에 브뤼셀에서 에너지헌장조약(Energy Charter Secretariat)의 사무차장, 2008년부터 2011년까지 러시아 가스프롬은행 이사회의 고문과 민간 기업(GPB Neftegaz Services BV) 모스크바 지사의 고문, 2011년부터 2012년까지 모스크바 에너지·재정연구재단(Foundation Institute for Energy and Finance)에서 에너지 시장 규제의 책임자를 역임한 바 있다. 1997년부터는 모스크

바 경영대학원(Moscow Academy of Management)의 객원교수를 맡고 있으며, 2008년부터 현재까지는 러시아 국립 굽킨 석유·가스 대학교(Gubkin Russian State Oil and Gas University)에서 국제석유·가스경영학과의 객원 교수로 있으면서, 국제 석유·가스시장의 진화와 에너지 투자의 보호 방안이라는 특별 강좌를 가르치고 있다.

마이클 라벨(Micheal Labelle) 중앙유럽대학의 조교수이자, 경영대학원과 환경과학정책학과에 공동으로 임용되었다. 리스크 거버넌스, 투자전략, 규제 같은 에너지 분야의 제도와 조직이 저탄소 미래로 어떻게 변화하는지에 대해 연구하고 있다. 이전에는 중앙유럽대학의 기후변화·지속가능에너지정책센터(CEU Center for Climate Change and Sustainable Energy Policy: 3CSEP)와 코비너스 대학의 지역에너지정책연구센터(regional center for energy policy research: REKK)에서 근무한 바 있다. 석·박사학위는 브리스톨 대학교의 지리학과에서 취득했다.

오노레 르 로슈(Honoré Le Leuch) 국제 석유·가스 관련 경영학을 40년 이상 전공한 석유 분야의 저명한 전문가다. 석유 관련 법률·세제·계약, 제도, 규제, 경제학, 재정, 계약협상에 관한 수석자문관으로 활동하면서 60여 개 국가 및 기업의 석유 관련 정책, 법률, 세금, 투자 전략에 대한 자문을 담당해오고 있다.

앨빈 린(Alvin Lin) 천연자원보호협회(Natural Resources Defense Council: NRDC)의 베이징 지사에서 중국의 기후변화·에너지정책협회의 협회장으로 재직 중이다. 연구 분야는 중국의 기후·청정에너지 정책이며, 구체적으로는 중국이 어떻게 에너지 효율을 높이고 재생가능에너지를 확대했으며 저탄소 발전을 위한 인센티브와 시스템을 확립할 수 있었는지를 연구하고 있다. 여러 연구를 통해 재생가능에너지 관련 중국의 법률 및 정책을 분석하고, 중국의 대기오염법에 대한 개선책을 제시하며, 국제 기후변화 협상 관련 청정에너지 부문에서 미국과 중국의 협력 방안을 모색해오고 있다. 최근에는 전력 부문에서의 온실가스 배출 모니터링 및 후쿠시마 사고 이후 원자력의 안전 강화에 관한 워크숍을 조직한 바 있다. 예일 대학에서 정치학과 동아시아학으로 학사학위, 홍콩 대학에서 정부학 및 행정학으로 석사학위, 뉴욕 대학 로스쿨에서 박사학위를 취득했다. 천연자원보호협회에서 근무하기 전에는 미국 뉴욕의 모리슨 앤 퍼스터(Morrison & Foerster) 로펌에서 상업 소송 담당자로 근무했으며, 뉴욕 브루클린에서는 연방법원의 판사를 역임한 경력을 지니고 있다.

수다 마하링감(Sudha Mahalingam) 에너지 경제학자 및 변호사로 30년 이상 활동하다가 최근에는 인도 석유 하류 부문의 규제기관인 석유·천연가스규제위원회(Petroleum and Natural Gas Regulatory Board)에서 규제담당자로 5년 동안 근무하고 있다. 또한 국가안보자문위원회의 국가 안보 보좌관으로 에너지 부문에 관한 조언을 국무총리에게 직접 제공하고 있으며, 학계와 언론에서도 활발히 활동하고 있다. 현재는 조지 워싱턴 대학교의 객원 연구원이자 델프트 공과대학의 과학자문위원도 겸임하고 있다.

찰스 맥퍼슨(Charles McPherson) 석유·광물자원 정책 관련 국제적인 전문가다. 2007년부터 2010년까지 국제통화기금(IMF)에서 자원 부국의 재정 정책 및 금융 정책 관련 자문위원으로 활동했다. 이전에는 세계은행에서 석유·가스 분야의 수석 자문위원으로 근무하며 많은 국가에서 석유 부문의 개혁을 위해 노력한 바 있다. 특히 세계은행에서는 채굴 산업 투명성 이니셔티브(Extractive Industries Transparency Initiative: EITI) 관련 업무를 담당했다. 세계은행에서 근무하기 전에는 2개 국제 석유회사의 국제 협력 및 정부 협약 부문에서 상급 관리자로 15년간 근무한 경력이 있다. 맥길 대학교에서 경제학 및 정치학으로 학사학위, 런던 정경대학에서 석사학위, 시카고 대학교에서 경제학으로 박사학위를 취득했다.

에마누엘라 메니체티(Emanuela Menichetti) 30여 개의 에너지 회사가 모여 설립한 협회인 지중해에너지연합(Observatoire Méditerranéen de l'Énergie: OME)의 지속가능에너지 부장으로 재직 중이다. 지중해에너지연합에 근무하기 전에는 유엔환경계획(UNEP) 기술산업경제과의 협회 담당 사무관으로, 로마에 위치한 암비엔테 이탈리아(Ambiente Italia) 연구소의 자문위원 및 연구원으로 근무했다. 재생가능에너지와 지속가능발전 분야에서 12년 이상의 경력을 지니고 있으며, 스위스의 장크트갈렌 대학교에서 경제학으로 박사학위를 취득했다.

외위스테인 노렝(Øystein Noreng) BI 노르웨이 경영대학원(BI Norwegian School of Management)에서 석유 경제·경영 관련 탐사개발 학과장을 역임했으며, 현재는 명예교수다. 파리 소르본 대학교에서 정치학으로 박사학위를 취득했으며, 스탠퍼드 대학교의 에너지연구소(Institute of Energy Studies)에서 박사후 연구원으로 근무했다. 하버드 대학교의 케네디 스쿨에서 정부학 관련 객원연구원으로 근무했던 경력도 지니고 있다. 석유산업과 관련된 수많은 저서를 집필한 저명한 학자일 뿐만 아니라 국제기구, 정부, 석유·가스업체의 자문위원 및 연구자이기도 하다.

이케 오콘타(Ike Okonta) 나이지리아 아부자에 위치한 사회연구센터(New Centre for Social Research)의 선임연구원이다. 옥스퍼드 대학교에서 정치학 및 국제관계학으로 2002년에 박사학위를 취득한 뒤, 같은 대학에서 레버흄 신진 선임연구원(Leverhulme Early Career Fellow)으로 근무했다. 영국의 캠브리지 대학교, 버클리의 캘리포니아 대학교, 뉴욕의 컬럼비아 대학교, 뉴욕의 열린사회연구소(Open Society Institute)에서 연구원으로 근무한 경력을 지니고 있다. 『시민들은 언제 반란을 일으키는가?(When Citizens Revolt?: Nigerian Elites, Big Oil, and the Ogoni Struggle for Self Determination)』, 『셸, 석유, 인권(co-author of Shell, Human Rights and Oil)』, 『비아프라 지역의 유령(Biafran Ghosts: The MASSOB Ethnic Militia and Nigeria's Democratisation Process)』 등의 저서를 집필했다. 오고니 주민들의 생존을 위한 운동(Movement for the Survival of the Ongoni People: MOSOP), 지구의 벗(Friends of the Earth Nigeria)을 포함한 아프리카 여러 시민단체에서 자문위원으로도 활동하고 있다. 2011년에는 나이지리아 대통령 선거에서 제1야당이던 나이지리아행동당(Action Congress of Nigeria: ACN)의 대선 후보였던 누후 리바두(Nuhu Ribadu)의 수석 정책 자문위원을 맡았다.

메간 오설리번(Meghan L. O'Sullivan) 하버드 대학교 케네디 스쿨 국제정치학과의 교수이며, 에너지

지정학 연구의 총괄 책임자다. 2004년부터 2007년까지 조지 부시(George W. Bush) 대통령의 특별 보좌관을 맡았으며, 재임 기간 중에는 이라크 및 아프가니스탄 관련 국가 안보에 대한 보좌관의 역할을 수행했다. 이전에는 국가안전보장회의의 전략 계획 및 동남아시아 관련 수석 담당관, 바그다드의 거버넌스를 위한 임시연합정부의 정치 고문, 북아일랜드의 평화 진전을 위한 대통령 사절단의 수석 고문관, 브루킹스연구소의 연구원 등을 역임한 바 있다. 2003년에는 『주도면밀한 제재(Shrewd Sanctions: Statecraft and State Sponsors of Terrorism)』를 발간했다. 한편으로는 외교협회(Council on Foreign Relations)의 선임 연구원, 미국 국가정보위원회(National Intelligence Council)의 자문위원, 미국의 석유·가스업체인 헤스 코퍼레이션(Hess Corporation)의 전략 자문위원을 역임했던 경력도 지니고 있다. 지금은 외교협회인 3국 위원회(Trilateral Commission)와 아스펜 전략그룹(Aspen Strategy Group)의 회원으로 활동하고 있다. ≪에스콰이어(Esquire)≫에서 2008년에 발표한 가장 영향력 있는 인물 가운데 한 명으로 선정되기도 했다. 조지타운 대학교에서는 학사학위를, 옥스퍼드 대학교에서는 경제학으로 석사학위와 정치학으로 박사학위를 취득했다.

필리프 파트베르흐(Philipp Pattberg) 암스테르담 자유대학 환경연구소(Institute for Environmental Studies)의 환경정책분석학과에서 초국가적 환경 거버넌스를 전공하는 부교수로 재직 중이다. 『사적 제도와 글로벌 거버넌스(Private Institutions and Global Governance: The New Politics of Environmental Sustainability)』, 『2012년 이후의 지구적 기후 거버넌스(Global Climate Governance beyond 2012: Architecture, Agency and Adaptation)』, 『지구적 환경거버넌스의 재고(Global Environmental Governance Reconsidered)』, 『지속가능발전을 위한 공적·사적 파트너십(Public-Private Partnerships for Sustainable Development: Emergence, Influence and Legitimacy)』 등의 저서를 공동으로 집필한 바 있다.

제이슨 포트너(Jason Portner) 원자력안전연구협회(Nuclear Safety Research Associate)의 회원이며, 천연자원보호협회의 중국 프로그램에서 기후·에너지팀 소속으로 근무했다. 후쿠시마 원전 사고 이후 원자력의 안전 강화, 국제 관계에서의 규범 형성에 관한 연구를 수행해오고 있다. 노스이스턴 대학교에서 국제정치 및 아시아학으로 학사학위를 받았다.

후안 카를로스 키로스(Juan Carlos Quiroz) 뉴욕의 수익감시기구에서 수석 정책분석가로 2007년 1월부터 근무하고 있다. 이전에는 라틴아메리카의 에너지 정책에 대한 분석을 담당했으며, 세계은행의 채굴산업 투명성 이니셔티브 관련 업무를 지원했다. 멕시코의 석유 부문에 대한 논문을 여러 편 발표했으며, 멕시코 외교부에서 정책기획원의 연설문 작성자로 근무한 경력도 지니고 있다. 현재 수익감시기구의 세입투명성지수(Revenue Transparency Index)를 새로 개발하기 위한 연구의 책임자로 활동하고 있다. 멕시코 대학교와 존스 홉킨스 대학의 국제관계대학원(School of Advanced International Studies)에서 공부했다.

조이아시리 로이(Joyashree Roy) 인도 콜카타 자다푸르 대학교에서 경제학 교수로 재직 중이다. 2007

년에 노벨평화상을 수상했던 기후변화에 관한 정부 간 협의체(Intergovernmental Panel on Climate Change: IPCC)에서 발표한 보고서 「기후변화 2007(Climate Change 2007: Mitigation of Climate Change)」의 공저자 가운데 한 명이다. IPCC 4차 평가보고서(WGIII)의 주요 공저자일 뿐만 아니라 IPCC 5차 평가보고서의 특별보고서와 관련해서 운영위원으로 활동하고 있다. 그밖에 스턴 보고서(Stern Report) 작성 및 세계에너지평가기구(Global Energy Assessment: GEA)의 설립 작업에도 참여했으며, 기후변화 관련 수많은 국제 활동에도 동참하고 있다. 그리고 기후변화 연구에 큰 관심을 갖고 있는 자다푸르 대학교의 세계변화프로그램(Global Change Programme)을 제안했을 뿐만 아니라 운영에도 관여하고 있다. 그리고 '전통, 사회변화, 지속가능발전(Traditional, Social Change, and Sustainable Development: A Holistic Approach)'이라는 사사카와 료이치 청년지도자 장학기금의 프로젝트를 총괄하고 있다. 이전에는 미국 캘리포니아의 로런스버클리 국립연구소(Lawrence Berkeley National Laboratory)에서 포드 재단(Ford Foundation)의 박사후 연구원으로 환경경제학을 담당한 경력을 지니고 있다.

로만 시도르초프(Roman Sidortsov) 이르쿠츠크 국립대학교에서 법학으로 석사학위, 버몬트 대학교 로스쿨에서 법학으로 박사학위를 취득했다. 현재 버몬트 로스쿨의 에너지·환경연구소(Institute for Energy and the Environment)에서 국제 에너지 관련 수석연구원으로 재직 중이며, 에너지법을 강의할 뿐만 아니라 원격 학습 프로그램을 통해 에너지 정책도 가르치고 있다.

벤저민 소바쿨(Benjamin Sovacool) 버몬트 대학교 로스쿨에서 객원 부교수로 재직 중이며, 에너지·환경연구소의 에너지 안보 및 정의 관련 프로그램을 관리하고 있다. IPCC의 5차 평가보고서에 공저자로 참여했다. 『에너지와 미국 사회(Energy and American Society)』, 『불공정한 에너지 딜레마(The Dirty Energy Dilemma)』, 『녹색경제의 강화(Powering the Green Economy)』, 『에너지안보 핸드북(The Routledge Handbook of Energy Security)』, 『원자력의 미래에 대한 의혹(Contesting the Future of Nuclear Power)』, 『기후변화와 지구적 에너지 안보(Climate Change and Global Energy Security)』, 『원자력의 국가적 정치(The National Politics of Nuclear Power)』, 『아시아 개발도상국에서 소규모 재생가능에너지의 거버넌스(The Governance of Small-Scale Renewable Energy in Developing Asia)』, 『에너지 메가 프로젝트의 거버넌스(The Governance of Energy Megaprojects: Politics, Hubris, and Energy Security)』 등의 저서를 집필한 바 있다.

한네스 스테판(Hannes Stephan) 스코틀랜드 스털링 대학교에서 환경 관련 정치학 및 정책학의 강사로 근무하면서 유럽 정치 연구 컨소시엄(European Consortium for Political Research: ECPR)의 환경정치 상임그룹에서 공동의장을 맡고 있다. 학술지인 ≪글로벌 폴리시(Global Policy)≫에 2010년 게재된 「코펜하겐 이후 국제 기후정책(International Climate Policy after Copenhagen)」의 공저자이기도 하다. ≪글로벌 인바이런멘털 폴리틱스(Global Environmental Politics)≫에 2012년에 발표한 유전자 변형 식품 및 작물에 대한 대서양 연안 국가들의 문화정치 관련 논문을 작성한 경력도 지니고 있다.

하로 판 아셀트(Harro van Asselt) 스웨덴 스톡홀름 환경연구소(Stockholm Environment Institute)의 연구원, 옥스퍼드 대학교 기후변화연구소(Environmental Change Institute)의 객원연구원, 암스테르담 자유대학 환경연구소(Institute for Environmental Studies)의 객원연구원으로 재직 중이다. 최근에는 『EU의 기후변화 정책: 완화 정책과 적응 정책의 딜레마?(Climate Change Policy in the European Union: Confronting the Dilemmas of Mitigation and Adaptation?)』라는 제목의 저서를 발간한 바 있다.

아드리안 판데르 벨레(Adriaan van der Welle) 이학으로 석사학위를 취득했으며, 네덜란드 에너지연구센터(Energy Research Centre of Netherlands: ECN)의 연구원으로 2006년부터 재직 중이다. 전력 시스템 및 공급 안보 부문에서 재생가능에너지의 통합에 관한 여러 편의 논문과 서적을 공동으로 집필한 경력이 있다.

롤프 뷔스텐하겐(Rolf Wüstenhagen) 장크트갈렌 대학교 경제·환경연구소(Institute for Economy and the Environment)의 소장과 '지속가능한 에너지관리를 위한 좋은 에너지(Good Energies Chair for Management of Renewable Energies)'의 의장을 맡고 있다. 베를린 공과대학에서 경영학과 공학을 공부했으며, 경영학으로 박사학위를 취득했다. 2005년, 2008년, 2011년에는 각각 밴쿠버의 브리티시컬럼비아 대학교, 코펜하겐 경영대학원, 싱가포르 국립대학교의 객원교수로 근무했다. 불확실한 상황에서 에너지 관련 투자자·소비자·기업 사이의 의사결정에 관한 연구를 주로 진행하고 있다. 유럽의 에너지 벤처 금융업체에서 퇴직한 뒤 학계로 진출했다. 2008년부터 2011년까지는 재생가능에너지와 기후변화 완화에 관한 IPCC 특별보고서에 주저자로 참여했으며, 2011년 이후로는 스위스의 『에너지 전략 2050(Energy Strategy 2050)』의 자문위원으로 활동하고 있다. 지금은 장크트갈렌 대학교 실무 교육 프로그램인 '재생가능에너지 관리 과정'의 총괄 책임자를 맡고 있다.

푸창 양(Fuqiang Yang) 에너지·환경 문제를 30년 이상 연구해왔으며, 천연자원보호협회에서 기후변화·에너지·환경 부문의 수석 고문으로 재직 중이다. 2008년부터 2010년까지는 세계자연기금(WWF International)에서 글로벌 기후변화 솔루션(Global Climate Solution)의 책임자를, 2000년부터 2008년까지는 에너지재단(Energy Foundation)의 이사장과 베이징 지사의 대표를 역임했다. 에너지재단 중국지사의 지속가능에너지 프로그램(China Sustainable Energy Programme)은 에너지 효율 개선과 재생가능에너지 관련 기술을 축적함으로써 중국이 탄소 배출을 비용 대비 효율적으로 감소시킬 수 있는 정책을 개발하려는 목표를 지니고 있다. 중국의 에너지·환경 문제와 관련해서는 로런스버클리 국립연구소와 협력관계를 유지해오고 있다. 1984년에는 세계은행의 연구원으로 근무하면서 코넬 대학교의 지역 에너지 계획에 참여한 경력이 있다. 미국으로 건너갔던 1984년 이전에는 중국 국가계획위원회의 에너지연구소(Energy Research Institute)와 공동으로 재생가능에너지 정책, 농촌 에너지 정책, 에너지 모델링 및 예측, 사업 평가, 장기 국가계획 등에 대한 연구를 진행한 바 있다. 결과적으로 중국에 대한 많은 논문과 보고서를 발표할 수 있었다. 1991년에는 웨스트버지니아 대학교에서 산업공학으로 박사학위를, 1977년에는 중국의 지린 대학교에서 물리학으로 학사학위를 취득했다.

리처드 영스(Richard Youngs) '국제관계 및 대화를 위한 재단(FRIDE)'의 이사장이자 영국 워릭 대학교의 교수다. FRIDE에 들어가기 이전인 2001년부터 2004년까지는 노르웨이 국제관계연구소(Norwegian Institute for International Relations)에서 마리퀴리 연구원으로 재직했으며, 1995년부터 1998년까지는 영국 외무성의 선임연구원으로 근무했다. 워릭 대학교에서 국제학으로 석사학위와 박사학위를, 캠브리지 대학교에서 사회학 및 정치학으로 학사학위를 취득했다. 주로 민주주의 확산, 유럽의 외교 정책, 에너지 안보, 중동 및 북아프리카 지역에 대한 연구를 수행해오고 있다. 유럽 외교 정책의 다양한 요소와 관련해서 여러 편의 저서와 40편 이상의 논문과 보고서를 발간했으며, 국내외 언론 매체를 통해서도 적극적인 활동을 펼치고 있다. 최근의 저서로는 『유럽의 침체와 하락: 지구적 부적절함에 대한 투쟁(Europe's Decline and Fall: The Struggle Against Global Irrelevance)』이 있다.

유리 유딘(Yury Yudin) 유엔 군축연구소(UNIDIR)의 선임연구원이자 핵연료 주기에 대한 다자간 협력 사업의 책임자다. 이전에는 러시아의 비정부 조직인 핵확산방지분석센터(Analytical Center for Non-proliferation)'의 대표를 역임했으며, 러시아 연방 원자력센터 – 러시아 실험물리 과학연구소(Russian Federal Nuclear Center—All-Russian Research Institute of Experimental Physics)의 선임연구원으로 근무한 바 있다. 국립원자력대학교 모스크바 공학 물리연구소(Moscow Engineering Physics Institute)의 실험물리학과를 졸업했으며, 핵공학으로 박사학위를 취득했다. 원자력 공학, 핵 확산 방지, 핵무기 군축, 국제 안보 분야의 전문가다.

파리보즈 젤리(Fariborz Zelli) 스웨덴 룬드 대학교 정치학과의 조교수이자 본에 위치한 독일발전연구소(German Development Institute)의 협동 연구위원이다. 최근에는 『2012년 이후의 지구적 기후 거버넌스(Global Climate Governance Beyond 2012)』와 『2012년 이후 세계에서의 기후 및 무역 정책(Climate and Trade Policies in a Post-2012 World)』 등의 저서를 발간한 바 있다.

한울아카데미 1902

국제 에너지 정책론

엮은이 **앤드리스 골드소** ┃ 옮긴이 **진상현·이은진·박경진·박현주·오수미·오용석**
펴낸이 **김종수** ┃ 펴낸곳 **한울엠플러스(주)** ┃ 편집 **신순남**

초판 1쇄 인쇄 **2016년 6월 2일** ┃ 초판 1쇄 발행 **2016년 6월 15일**

주소 **10881 경기도 파주시 광인사길 153 한울시소빌딩 3층** ┃ 전화 **031-955-0655** ┃ 팩스 **031-955-0656**
홈페이지 **www.hanulmplus.kr** ┃ 등록번호 **제406-2015-000143호**

Printed in Korea.
ISBN 978-89-460-5902-3 93300(양장)
    978-89-460-6178-1 93300(학생판)